吕东来 著

台儿庄大战中的中共党员
（上）

团结出版社
UNITY PRESS

图书在版编目（CIP）数据

台儿庄大战中的中共党员 / 吕东来著. -- 北京：
团结出版社，（2024.3重印）
ISBN 978-7-5126-5168-5

Ⅰ.①台… Ⅱ.①吕… Ⅲ.①台儿庄会战（1938）- 史
料②中国共产党 - 党员 - 生平事迹 Ⅳ.①K265.210.6
②D263

中国版本图书馆CIP数据核字（2017）第107427号

出　　版：团结出版社
　　　　　（北京市东城区东皇城根南街84号　邮编：100006）
电　　话：（010）65228880　65244790（出版社）
　　　　　（010）65238766　85113874　65133603（发行部）
　　　　　（010）65133603（邮购）
网　　址：http://www.tjpress.com
E-mail：zb65244790@vip.163.com
　　　　　tjcbsfxb@163.com（发行部邮购）
经　　销：全国新华书店
印　　装：天津盛辉印刷有限公司

开　　本：170mm×240mm　1/16
印　　张：55
字　　数：960千字
版　　次：2018年8月　第1版
印　　次：2024年3月　第2次印刷

书　　号：978-7-5126-5168-5
定　　价：139.00元（全两册）

中国人民抗日战争，是近代以来中国反抗外敌入侵第一次取得完全胜利的民族解放战争，是中华民族由衰败走向复兴的重大转折，也是世界反法西斯战争历史的光辉一页。中国人民之所以能够夺取抗日战争的伟大胜利，就是因为有中国共产党作为全民族的中流砥柱。

谨以此书纪念：
　中国共产党成立一〇三周年！
　台儿庄大捷八十六周年！

序

中国人民抗日战争，是一场全民族共同奋起御侮的人民战争。在中国共产党倡导的以国共合作为基础的抗日民族统一战线旗帜下，全国各族、各阶级、各党派、各社会团体、各界爱国人士、港澳台同胞和海外侨胞，同仇敌忾，共赴国难，都为取得这场战争的胜利做出了重要贡献。中国人民之所以能够夺取抗日战争的伟大胜利，最根本的，就是因为有中国共产党作为全民族的中流砥柱。

1938年春，在国共两党第二次合作时期，国民党领导的国民革命军在山东台儿庄，击败了日军矶谷廉介、板垣征四郎两个精锐师团的主要部队，获得抗战以来正面战场首次大捷，在抗日战争史上具有重要地位。5月，毛泽东主席在延安窑洞《论持久战》中写道："每个月打一个较大的胜仗，如像平型关、台儿庄一类的，就能大大地沮丧敌人的精神，振起我军的士气，号召世界的声援。"

台儿庄战役是整个抗战史的亮点之一，更是山东抗战研究的重要内容。

《台儿庄大战中的中共党员》一书将中国共产党与台儿庄战役参战部队中的国民党西北军、桂系军队、东北军、川军、滇军以及中央军等军队开展统一战线的历史分别作了梳理；对中共组织在这些部队中所发挥的作用及中共地下党员在台儿庄战役中的英勇事迹进行了挖掘；对第五战区（鲁、苏）共产党领导的敌后抗日游击队在台儿庄战役中发挥的作用进行了考证；对中共以"帮助友军工作，推动友军进步"为目的派战地服务团加强对国民党中央军工作的情况作了简述。全书全方位地介绍了台儿庄战役期间中共党组织在参战部队和第五战区中所发挥的重要作用。

该书力图通过反映在国民党领导的正面战场的首次胜利中所包含的中共及其地下党组织的活动，从一个侧面阐述，中国共产党倡导、维护的抗日民族统一战线，无论是在敌后游击战场还是在正面战场，中共党组织和中国共产党人都发挥了极其重要的作用；从一个角度阐明，中国共产党倡导的抗日民族统一战线是取得抗日战争胜利的重要政治保障和思想武器，中国共产党在全民族抗日战争中发挥了中流砥柱的作用。

习近平总书记在纪念中国人民抗日战争暨世界反法西斯战争胜利70周年大会上的重要讲话中强调："中国人民抗日战争和世界反法西斯战争，是正义和邪恶、光明和黑暗、进步和反动的大决战。在那场惨烈的战争中，中国人民抗日战争开始时间最早、持续时间最长。面对侵略者，中华儿女不屈不挠、浴血奋战，彻底打败了日本军国主义侵略者，捍卫了中华民族5000多年发展的文明成果，捍卫了人类和平事业，铸就了战争史上的奇观、中华民族的壮举。""这一伟大胜利，开辟了中华民族伟大复兴的光明前景，开启了古老中国凤凰涅槃、浴火重生的新征程。"深刻认识中国人民抗日战争胜利的伟大历史意义，可以更好地弘扬无数英烈用生命铸就的抗战精神，更好地铭记历史、缅怀先烈、珍爱和平、开创未来，勠力同心实现"两个一百年"奋斗目标，实现中华民族伟大复兴的中国梦。

目前，在反映正面战场抗战历史的书籍中，鲜有发现系统记述中共党组织在其中发挥作用的专著，《台儿庄大战中的中共党员》在这方面先走出了可贵的一步。这是响应习近平总书记对中国抗日战争研究做出的"让历史说话，用史实发言，深入开展中国人民抗日战争研究"，"总体要深、专题要细"的指示精神，以及"要推动海峡两岸史学界共享史料、共写史书，共同捍卫民族尊严和荣誉"这一殷切期望的重要探索；也是山东省及枣庄市在抗战资源挖掘、传播中走在前列、富有开创性意义的一项工作。

作者吕东来同志曾是一名民主党派机关工作者，也是一名抗战史研究的业余爱好者，职业的特点使他更加关注从统一战线的角度去研究抗战历史。多年来，他刻苦钻研，笔耕不辍，收集整理了大量关于台儿庄战役的史料并发表了一些有一定分量的文章，该书的出版发行是他在此基础上进行的一次新的重要开拓。其视角独特，内容丰富，文字流畅，整体质量较高。该书广泛搜集台儿庄战役期间中国共产党活动的情况，整理出中共党员名单，具有较高的史料价值和研究参考价值。吕东来同志作为党外人士能主动积极地研究抗战中正面战场上的中共党组织和共产党人所发挥的重要作用，反映了他对中国共产党的感情和求实态度，其精神可嘉，其成果可贺。当然，由于时间久远，台儿庄大战涉及的人和事很多，资料收集难免会有诸多不便，由此也可能会使该书在内容的表述上有不周、不全和少数不当、不准确的地方，相信作者会重视读者提出的意见，在深入研究的基础上，在有机会修订再版时把该书修改得更好。

　　该书还特别邀请到了当年的抗日救国服务团团长、中共山东省委原书记梁步庭同志和3名成稿时健在的台儿庄战役参战老同志等作为本书的顾问，这是对抗战老兵的尊重，是对伟大抗战精神的礼赞，也是对中国共产党97周年华诞的最好献礼。

　　是为序。

2008. 3. 20

前　言

　　1911年，辛亥革命推翻了清朝统治，结束了中国两千多年来的封建专制，开启了民主共和的新纪元，创立了中华民国。然而这次资产阶级民主革命的成果，被北洋军阀、甚至短暂的帝制复辟颠覆、窃取。军阀混战，民不聊生，中国革命该走向何方……

　　1921年，辛亥革命爆发10周年，作为中国工人阶级的政党，中国共产党在上海诞生了；他不仅代表着工人阶级的利益，而且代表着整个中华民族的利益；为中国革命指明了前进的方向，使中国革命的面目焕然一新。

　　1924年，中国国民党第一次全国代表大会新阐释了"三民主义"，确定了"联俄、联共、扶助农工"的三大政策，标志着国共第一次合作正式形成。掀起了全国革命的高潮，打败了北洋军阀，取得了北伐战争的胜利。

　　1937年，为抗击日本侵略者，国共两党再度联手，实现第二次合作，形成了抗日民族统一战线。经过14年艰苦抗战，取得了中国人民近百年来第一次民族解放战争的胜利。

　　1938年春，发生在鲁南苏北的台儿庄战役就是在国共两党第二次合作期间，国民党领导的中国军队击败了日军矶谷廉介、板垣征四郎两个精锐师团的主要部队，获得抗战以来正面战场上首次重大胜利。

　　纵观在台儿庄战役参战的主力部队，无论是在西北军、川军、东北军、桂军、滇军，还是在国民党嫡系中央军中，都留有中共高层领导对其将领进行统战工作的身影，而且这些部队中大都有中共的地下组织或地下党员。

　　自九一八以来，中国共产党就在积极谋求与国民党以及国民党系统内带有军阀色彩的各地方实力派建立统一战线。这对促成国民党及各地方实力派走上联共抗日道路、促进停止内战、实现第二次国共合作和全民族抗战起到了至关重要的作用。同时，中共对各地方实力派也分别进行了甄别。在整个抗日战争期间，中国共产党采取了坚持发展进步势力，争取中间势力，反对顽固势力的策略方针。

　　比如，中共对西北军的策略，一是对降蒋的一部分西北军执行抗日民族统一战线政策，二是对投日当伪军的另一部分西北军采取打击消灭、分化瓦解政策。对宋哲元的第二十九军、杨虎城的第十七路军以及投日之前的孙良诚、张岚峰、石友三部，做了大量的统战工作，与第十七路军达成了互不侵犯协议，与冯治安、高树勋部达成了团结抗日的默契，与鹿钟麟、石友三还有过短期的合作。

抗战初期，应二十六路军孙连仲部（后改编为第二集团军）三十一师师长池峰城、二十七师师长黄樵松的邀请，中共党组织派出一些中共党员和进步学生去该部做战地宣传工作和地下统战工作，但遭到了国民党反动派的破坏与杀害，绝大部分中共党员和进步学生后期都撤离了该部，只有个别人仍留下来坚持做秘密工作。这些中共地下党员和进步学生为密切该部的官兵关系、军民关系，为促进团结抗战做出了有益贡献。

对东北军，1936年6月周恩来亲自主持制定了中共中央《关于东北军工作的指导原则》，指出："东北军内应该有共产党的小组，应该吸收最优秀分子入党，在东北军的领导核心中应该有共产党的核心小组，以实现党在东北军的一切策略和决定。""共产党的组织愈有力量，则东北军亦是愈坚强，必须排斥共产党的发展会瓦解东北军的思想。""争取东北军到抗日战线上来是我们的基本方针"。陕甘根据地广大军民在此方针指导下，积极开展了对东北军的争取工作。这为共产党对国民党军队的工作由单纯的兵运工作提高到抗日民族统一战线上来指明了方向。在西北甚至形成了以张学良为代表的东北军、以杨虎城为代表的第十七路军西北军和中国共产党领导的红军"三位一体"的合作抗日局面。

对桂系、川军，中共将其定性为国民党系统中的中间派、地方实力派加以争取，并推动他们实行各项开明、进步的政策，与他们建立较为密切的统一战线关系，特别是双方在两广事变、西安事变中合作得当，为全国抗日民族统一战线的形成起到了相当大的作用，构成了国共合作的一个重要方面。1937年夏，中共与桂系、刘湘为代表的川军三方签订了《红、桂、川协定》，旨在"团结一致，共同抗日"。

日本军国主义对中国不断地野蛮侵略，使中华民族处在了生死存亡的危急关头，民族矛盾上升为主要矛盾。中国共产党顾全大局，以民族利益为重，毅然摒弃前嫌，倡导和推动第二次国共合作，最终促成了以国共合作为基础的抗日民族统一战线的建立，极大地推动了中国社会各阶级、阶层和各种力量的团结，最大限度地动员了全国军民，为最终打败日本侵略者，取得抗日战争的胜利奠定了坚实的政治基础并提供了不竭的力量源泉。

台儿庄战役期间是国共合作关系最为密切、配合最好的时期。在台儿庄大战参战的国民党军队及其所属第五战区中，也无不闪现着共产党人的身影。共产党人作为国民党军队中的一分子，在台儿庄战役中和国民党军队战士一道浴血奋战，视死如归。东北军第五十一军第一一四师六八四团一营营附、中共地下党员罗广智率一营反击越淮河来犯的日军，迫使日军节节败退，罗身负重伤仍坚守阵地指挥，直至英勇牺牲，给全团树立了榜样；第六七九团一营一连6名中共党员，在战斗中冲锋在前，英勇顽强，牺牲4人，重伤1人，轻伤1人。

东北军第五十一军、五十七军中竟有几近健全的中共地下党组织。

第五十一军中有中共党员数百人，军师建有秘密工委，团建有秘密总支，大部分连队建有秘密支部。在淮河阻击战中，中共五十一军工委号召所有党员勇猛作战。①

两千多敌（日）军乘民船在飞机、大炮的掩护下，从临淮关、蚌埠间强渡淮河。一一四师三四二旅旅长与副旅长贾陶（中共地下党员）率广大官兵英勇阻击。六八一团一营副罗广智（中共地下党员）率部阻击日军，迫使敌人节节后退。罗负伤后，仍坚持指挥，最后光荣牺牲。②

同样，在台儿庄战斗中，中共地下党员阎振兴任六七七团中共团总支委员兼二营支部书记。在战壕里，他一面作战，一面领唱《大刀进行曲》《救亡进行曲》，引得日寇惊呼："请问贵军是哪一军？"成为战场上的奇闻。也是在台儿庄战斗中，六八三团总支书记徐瑞林所在的三营八连，在坚守丁滩阵地时，与排长何克等几名党员用模范行动影响官兵浴血奋战，打退敌人多次进攻。在左右邻部队撤退后，继续坚守阵地3日，受到军部3次通令嘉奖。③

对于战地服务团，时任三十一师战地服务团团长的张之强（曲茹）回忆道：④

伤员从台儿庄内下来之后，服务团带领群众慰问伤员，喂水喂饭，包扎

---

①王晓华、戚厚杰主编：《抗日战争正面战场档案全纪录》（上）第252页，团结出版社，2012年6月。

②吕正操、万毅、宋黎：《血溅失地 功献中华——记抗日战争中的东北军》，中共东北军党史组编著：《中共东北军党史概述》，第222页，中共党史出版社，1994年。勘误：六八一团一营，应为六八四团一营副（作者）。

③《中共东北军五十一军党史》《中共东北军党史概述》，第95页，中共党史出版社，1995年3月。

④张之强：《枣庄文史资料》第三辑，《31师战地服务团》，第31页，1989年4月。

后连夜送上火车转后方医院。从3月23日开始，大家在飞机、大炮轰炸下工作，很少休息、睡觉，有的同志带病工作。部队对战地服务团的工作反映很好，有的战士说："大学生，男的女的，上前线和我们一起打日本，老百姓给我们喂水喂饭，这是从来没有的事，这才是全民族抗战。"

在台儿庄战役期间，由共产党人组织的鲁南民众抗日自卫军、鲁南人民义勇队这两支队伍都是使用第五战区国民党政府的合法名义建立的，前者是以旧军人为领导人，但为共产党人所组织，并团结抗日民主人士所控制的抗日武装，其基层有部分红色群众，部队骨干基本上掌握在共产党员干部手中；后者受中共苏鲁豫皖特委直接领导，领导人及基层骨干，大多是共产党员，基层武装大部为红色群众。

中共苏鲁豫皖特委在同第五战区的统战工作中，还有不应忽视的一点——这就是对台儿庄战役做出的贡献。谷牧同志参加了台儿庄战役并且在《忆郭子化》一书的序中写道：

抗战爆发后，他（郭子化）受党的派遣对国民党高级将领进行统一战线工作，积极发动民众，实行全面抗战，为国共两党合作抗日以及台儿庄战役的胜利作出了贡献。同时他还建立起一支我党领导下的抗日武装——苏鲁人民抗日义勇队，为坚持敌后抗日、开辟淮北、湖西和鲁南抗日革命根据地打下了良好基础。①

国民党军队中的这些共产党人所做出的牺牲和贡献由此可窥一斑，他们和数十万默默无闻的国民党军队爱国将士一样应受到后人的崇敬和铭记，不能因这场战役是国民党领导的而淡薄或湮灭。这也从一个角度阐释，中国共产党在抗日战争中所起到的中流砥柱作用。

为纪念中国共产党成立97周年，台儿庄大战胜利80周年，本书将查阅到的这些共产党人，在台儿庄大战中鲜为人知的英勇事迹和壮举再现给世人，为吾辈及后代所景仰和怀念。

作　者
2016年4月8日于烟台

---

① 董助才：《郭子化传》《忆郭子化》第282页，中共党史出版社，1991年5月。

顾问：

梁步庭 丰县青年抗日救国服务团团员，中共山东省委原书记；

孙新民 山东西区人民抗敌自卫团负责人，国家计量总局情报研究所原党委书记；

林　明 第五十一军一一四师六八四团八连战士，青岛市社会科学研究所原副所长；

蓝孝永 第五十七军一一二师六六七团机枪连战士，全国农业展览馆原副馆长；

夏家骏 第五战区司令长官部机要秘书、第五战区民众总动员委员会组织部长夏次叔之子；

杨小川 第五战区司令长官部作战参谋杨必声（杨德华）之子；

郭晓峰 第五战区民众总动员委员会委员、中共苏鲁豫皖特委书记郭子化之子；

郭少陵 第五战区民众总动员委员会组织部总干事郭影秋之子；

丛亚东 中共苏鲁豫皖特委秘书丛林之子；

覃　珊 第五十二军二十五师参谋长、七十三旅旅长覃异之之女；

韩　瑞 第五十二军二十五师七十三旅一四五团团长、二十五师参谋长韩梅村之女；

万　满 第五十七军一一二师六六七团团长万毅之女；

张德溢 第二十二集团军四十五军一二七师担架连连长张晓峰之子；

乌　谷 第六十军一八四师师长张冲之子；

潘海义 第六十军一八三师一〇八一团团长潘朔端之女；

李先慧 第六十军一八四师一〇八六团三连连长李佐之女；

范苏苏 《大公报》记者、中国青年新闻记者学会常务理事范长江之子；

陆良年 《新华日报》记者、中国青年新闻记者学会理事陆诒之子；

曾学锋 第六十军一八四师一〇八五团团长曾泽生嫡孙女，民革青岛市委会副主委；

杜蔚然 第四十二军二十七师一五七团团长杜新民嫡孙女，山东省电子商务促进会企业促进中心主任。

目　录

第六章 台儿庄大战中的中共党员 ·················· 451

第七章　台儿庄外围禹王山血战中的中共党员 ······ 542

第八章　台儿庄大战战略配合中的中共党员 ········· 586

第九章　第五战区敌后抗日游击队中的中共党员 … 626

第一章　抗日民族统一战线

　　20世纪30年代，日本军国主义对中国不断地野蛮侵略，使中华民族处在了生死存亡的严重关头，民族矛盾上升为主要矛盾。中国共产党顾全大局，以民族利益为重，毅然捐弃前嫌，倡导和推动第二次国共合作，最终促成了以国共合作为基础的抗日民族统一战线的建立，极大地推动了中国社会各阶级、阶层和各种力量的团结，最大限度地动员了全国军民，为最终打败日本侵略者，取得抗日战争的胜利奠定了坚实的政治基础并提供了不竭的力量源泉。

　　1931年，日本军国主义发动的九一八事变是中国人民抗日战争的开端。它的发生实际上是日本、俄国及在中国的各世界列强围绕中国东北的主权和各种权益往来斗争近半世纪后的总爆发。

一、日本的中国驻屯军、关东军

　　1901年9月7日，清政府被迫与诸列强签订了中国近代史上最屈辱的《辛丑条约》，国门洞开。日本政府以"护侨""护路"为名，宣布成立"清国驻屯军"，兵营分别设于天津海光寺和北京东交民巷，兵力部署于北京、天津、塘沽、秦皇岛、山海关等地。辛亥革命爆发后，日本乘机增加驻屯军的人数，并将"清国驻屯军"改名为"中国驻屯军"。

　　1905年日俄战争后，日本强占了中国的辽东半岛和南满铁路。不久，日本将辽东半岛改名为关东州，在旅顺设立关东都督府，下设民政部和陆军部。1919年，都督府撤销，改设关东厅，成立关东军，司令部设在旅顺，直接隶属于日本天皇。

　　就这样，在中国东北地区及华北京津一带，长期侵驻着两支日本的陆军重兵集团。

（一）日本中国驻屯军与七七事变

1868年，日本明治天皇建立了新政府，进行近代化的政治改革，建立了君主立宪政体。在经济上，推行"殖产兴业"，学习欧美技术，掀起工业化浪潮，并且提倡"文明开化"、社会生活欧洲化，大力发展教育等，史称明治维新。明治维新后，日本经过20多年的发展，通过学习西方，"脱亚入欧"，改革落后的封建制度，走上了资本主义的发展道路。日本还利用日趋强盛的国力，逐步废除了幕府时代与西方列强签订的不平等条约，重新夺回了国家主权，摆脱了沦为殖民地的危机，成为亚洲唯一能保持民族独立的国家。尔后随着经济实力的快速提升，军事力量也快速强化，更在1895年以及1904—1905年，分别于中日甲午战争与日俄战争中击败昔日强盛的两个大国——大清帝国（1644—1911）与沙皇俄国（1721—1917），因而跻身于世界资本主义列强的行列。

日本在走上强国之路的同时也走向扩张之路，逐渐形成了以侵略中国为中心的"大陆政策"。其第一步是攻占台湾，第二步是吞并朝鲜，第三步是进军满蒙，第四步是灭亡中国，第五步是征服亚洲，称霸世界，实现所谓的"八纮一宇"①，即日本天皇为最高君主的一家天下。

1871年，日本为麻痹中国，与中国签订了第一个条约——《中日修好条规》，该条约第一款就写明："嗣后大清国、大日本国倍敦和谊，与天壤无穷。即两国所属邦土，亦各以礼相待，不可稍有侵越，俾获永久安全。"

次年，1872年，日本即不顾条约中"两国所属邦土……不可稍有侵越"之规定，入侵中国属国琉球。

1874年5月，日本在美国帮助下，派陆军中将西乡从道率兵3000余侵犯台湾。还迫使清政府间接承认琉球为日本属国，并于1879年正式吞并琉球国，改设为日本的冲绳县。同时，日本还入侵中国的另一个属国——朝鲜，

---

① "八纮一宇"是当时日军宣扬大东亚战争正当性的用语，意为"天下一家"。"八纮"语出中国古籍《列子·汤问》："……汤又问：'物有巨细乎？有修短乎？有同异乎？'革曰：'渤海之东不知几亿万里，大壑焉，实惟无底之谷，其下无底，名曰归墟。八纮九野之水，天汉之流，莫不注之，而无增无减焉。'……"日本统治者神武天皇下达"八纮一宇"诏书的神话，即完成"征服世间的四面八方，置诸于一个屋顶之下"的使命，也就是说，因为"日本是神国""日本民族是世界上最优秀的民族"，所以全世界要合并成一个大民族、成立一个大国家，即世界一家，日本天皇是世界的最高君主。

于1875年制造"云扬号事件"①，1876年以此为借口，强迫朝鲜签订不平等的《江华条约》。其后日本又利用朝鲜发生的"壬午兵变"和"甲申政变"进一步扩大在朝鲜的势力，排挤朝鲜的原宗主国——中国，并于1885年与清政府签订《天津会议专条》，在事实上取得了与中国在朝鲜半岛的对等地位。此后日本即有计划地投入全国国力开展了针对中国的扩军备战活动，以进行一场"国运相赌"的战争。

1894年，朝鲜东学党起义，朝鲜政府向中国请兵，日本以此为契机派大军进入朝鲜，并挑起了甲午中日战争。中日两军在陆上的主要战役有成欢之战、平壤之战、鸭绿江江防之战、金旅之战、辽东之战等，海上的主要战役有丰岛海战、黄海海战、威海卫之战等，日军基本上节节胜利。其中清军在1894年9月平壤之战和黄海海战中的相继失利，使战局急转直下，战场亦由境外转移到中国境内。而1895年2月威海卫之战清军失败，北洋水师全军覆灭。北洋海军提督、北洋舰队司令丁汝昌将军在刘公岛提督府因弹尽粮绝后又无援军来援的希望，对清政府已绝望，服鸦片自尽以谢国人。

此时，清廷无心恋战，日本则继续保持军事压力，大有海陆并进直捣京师（今中国北京）之势。于是，清廷早从1894年10月起便不断透过欧美列强向日本求和，而到战争后期，日本亦认为"日清战争不能无限期继续下去，媾和谈判的时机早晚必会成熟"，因此也同意媾和。就这样，中日两国最终坐到谈判桌上。

1895年4月17日，中国清朝政府全权代表李鸿章、李经方和日本明治政府全权代表伊藤博文、陆奥宗光在日本马关（今山口县下关市）签订了不平等条约——《马关条约》，原名《马关新约》，日本称为《下关条约》或《日清讲和条约》。根据条约规定，中国割让辽东半岛（后因"三国干涉还辽"而未能得逞）、台湾岛及其附属各岛屿、澎湖列岛给日本，赔偿日本2亿两白银。要求中国增开沙市（今湖北省荆州市沙市区）、重庆、苏州、杭州为商埠，并允许日本在中国的通商口岸投资办厂。

《马关条约》的签订使日本获得巨大利益，刺激其侵略野心；使中国民族危机空前严重，半殖民地化程度大大加深，使中国的国际地位一落千丈；使英国和俄国在远东地区争霸的原有格局受到了冲击；随后西方列强掀起了瓜分中国的狂潮。

---

①云扬号事件，又称江华岛事件。1875年5月，"云扬"号等日本军舰奉命在朝鲜釜山、江华岛一带，进行炮击骚扰；9月入侵江华岛一带并与当地朝鲜守军发生冲突，日军大获全胜。云扬号事件是朝日《江华条约》签订的导火索，最终迫使朝鲜打开了国门。

为阻止日本在远东的势力发展，俄国联合德国和法国，于《马关条约》签订后不久分别照会日本，要求日本放弃占有辽东半岛。在列强的干预下，日本被迫退让，同意放弃辽东半岛，但又向中国索取了3000万两白银的"赎辽费"。这就是著名的"三国干涉还辽"事件。此后，在大清国内部，"联俄制日"成了甲午战争后大清外交的基调。

1896年5月，清政府代表李鸿章赴俄参加沙皇尼古拉二世的加冕典礼。在与李鸿章密谈时，俄国财政大臣维特以便于对华军事援助和利于两国边界经济资源开发为借口，提议修建一条穿越蒙古和满洲北部的通往海参崴的铁路。初始未敢答应的李鸿章最终不耐对方诱逼，与俄方签订了后来被称为《中俄御敌互相援助条约》（又称《中俄密约》）的文件。根据该约第四款，俄国获得西伯利亚铁路穿越中国东北直达海参崴的筑路权。同年9月，清驻俄公使许景澄与华俄道胜银行签订了《中俄合办东省铁路公司合同》。这条铁路，就是著名的"中东铁路"，又称"东清铁路""东省铁路"。

伴随着筑路，俄国还获得了铁路沿线的行政、司法和警察及驻军等权力。中东铁路不是一个纯商业企业，而是俄国在中国东北的殖民机构。"中东铁路"的建成也就实际上在中国东北建立了沙俄的"国中之国"。

1897年，德国以传教士被杀为借口，派兵攻占胶州湾。为了制衡德国，大清国再次想到了利用俄国势力。1898年3月，李鸿章、张荫桓代表大清国，与沙俄签订了《旅大租地条约》，将旅顺港与大连湾的沿海地区，租借给了沙俄25年，作为军港使用。并商定原有的中东铁路开辟一条支线连接旅顺。

于是，依靠中东铁路和旅顺的租借，沙俄将势力伸入中国东北。

而沙俄的目标，就是将整个东北吞并，在东方大地上建立一个"黄俄罗斯"，成为沙俄帝国的一部分。这就是沙俄差一点就实现的臭名昭著的"黄俄罗斯"计划。

随着《马关条约》规定的甲午战争赔款的深入，帝国主义与中华民族的矛盾日益激烈化，各帝国主义又加强了对中国的政治与经济侵略，人民不堪重负，终于引发义和团运动。

义和团，又称义和拳。义和团运动又称"庚子事变"，它是以"扶清灭洋"为口号，针对西方在华人士包括在华传教士及中国基督徒所进行的大规模群众暴力运动，后由于遭受到中外反动势力的联合绞杀而失败。它在一定程度上起到了打击帝国主义列强的作用，促进了中国人民大众的觉醒，也成为八国联军入侵的导火索。

1900年，英、法、德、美、日、俄、意、奥八个帝国主义国家互相勾结，以保护本国侨民为由，组建并派遣联合远征军，以镇压中国北方的义和团运动，并导致京津一带清军的溃败，进而占领了北京紫禁城，迫使慈禧太后挟光绪帝逃往陕西西安。

1901年9月7日，清廷被迫在北京与包括派兵八国在内的十一国签订丧权辱国的《辛丑条约》，付出巨额的赔款（即"庚子赔款"），并丧失多项主权。划定北京东交民巷为使馆界，允许列强可以在北京驻扎防守使馆的卫队；拆除大沽炮台和北京至海通道的各炮台；在天津周围20里内不得驻扎中国军队。《辛丑条约》签订后，中国完全沦为半殖民地半封建社会，清政府完全成为"西方列强"统治中国的工具，变成了"洋人的朝廷"。

与此同时，俄国以镇压东北义和团运动为名，以国防部长兼陆军大臣A.H.库罗帕特金为总参谋长，征调13.5万余官兵，编成4个军，大举入侵我东北地区，其目的是独吞我东北三省。俄国陆军大臣库罗帕特金公然叫嚷："我们将把满洲变成第二个布哈拉①。"当时清廷京畿危急，对沙俄入侵东北持妥协求和方针；东北全境兵力仅9万余人，三地区的主官又和、战分歧，不能统一部署抗敌。1900年10月1日，俄军占领奉天（今沈阳），4日占领锦州，6日各路俄军在铁岭会师。至此，东北三省各战略要地均为俄军所控制。

东交民巷日本大使馆

①布哈拉(Bukhara)，现为乌兹别克斯坦第三大城市，位于泽拉夫尚河三角洲畔，沙赫库德运河穿城而过，有2500多年历史，中亚最古老城市之一。9—10世纪时为萨曼王朝首都，1220年为成吉思汗所占领，1370年被突厥人帖木儿征服，1868年为沙俄军队侵占。

当参加八国联军的其他帝国主义侵略军撤出北京后，占领中国东北的俄军仍赖着不走，图谋永远独霸我东北，实现其所谓"黄俄罗斯计划"。俄国的阴谋引起中国东北和全国人民的强烈义愤，英日等帝国主义从本身的利益出发，也坚决反对。1902年4月8日，沙皇政府不得不签订《交收东三省条约》，被迫同意分三期撤兵，一年半撤完。但是，1903年8月俄国又悍然成立以旅顺为中心的远东总督区，任命阿列克塞耶夫为总督，实际上把我东北当成了俄国领土，接着又重占奉天（沈阳）。这样，俄国摆出一副独占中国东北并且不惜为此一战的架势。

俄国的行动威胁英、美等希望维持中国领土完整及贸易开放（门户开放）政策，并最终引发了与在辽东和满洲东部省份希望扩展势力范围的日本的冲突。经过两年的谈判，最终双方关系破裂。

1904年2月，日本与沙俄在中国东北及朝鲜北部爆发了惨烈的"日俄战争"。

腐朽透顶的清政府，竟置国家主权和人民生命财产于不顾，听任日俄两国铁蹄践踏我东北锦绣河山。1904年2月12日，清政府无耻宣布"局外中立"，划辽河以东地区为日俄两军"交战区"，并严令地方军政长官对人民群众"加意严防""切实弹压"。

中国东北是日俄双方陆上交锋的战场，这场战争不仅是对中国领土和主权的粗暴践踏，而且使中国东北人民在战争中遭受了巨大的损失和人身伤亡，给中朝两国人民造成了极为深重的灾难。旅顺的工厂被炸毁，房屋被炸毁，就连寺庙也未能幸免。耕牛被抢走，粮食被抢光，流离失所的难民有几十万人。日、俄都强拉中国百姓为他们运送弹药，服劳役，许多人冤死在两国侵略者的炮火之下，更有成批的中国平民被日俄双方当作"间谍"，惨遭杀害。仅就中国东三省部分地区而言，"自旅顺迤北，直至边墙内外，凡属俄日大军经过处，大都因粮于民。菽黍高粱，均被芟割，以作马料。纵横千里，几同赤地。""盖州海城各属被扰者有300村，计遭难者8400家，约共男女5万多名。"辽阳战场"难民之避入奉天省城者不下3万余人"。"烽燧所至，村舍为墟，小民转徙流离哭号于路者，以数十万计。"甚至连日本人办的《盛京时报》（1906年10月18日）也不得不承认，东北人民"陷于枪烟弹雨之中，死于炮林雷阵之上者数万生灵，血飞肉溅，产破家倾，父子兄弟哭于途，夫妇亲朋呼于路，痛心疾首，惨不忍闻。"

日俄战争最后以日本的胜利而告终，俄国被迫于1905年9月5日在美国新罕布什尔州朴茨茅斯海军基地同日本签订《朴茨茅斯和约》，和约规定：俄国承认日本在朝鲜享有政治军事及经济上之"卓越利益"，并且不得阻碍或干涉日本对朝鲜的任何措施。俄国将旅顺口、大连湾并其附近领土领水之租借权以及有关的其他特权，均移让与日本政府，还将由长春（宽城子）至旅顺口之铁路及一切支线（日本改称"南满铁路"），以及附属之一切权利、财产和煤矿，均转让与日本政府。此外，条约还规定将库页岛南部和俄国对辽东半岛的租借权以及其附近一切岛屿永远让与日本。

日俄签约后，日本又强迫清政府承认《朴茨茅斯和约》中有关中国的各项规定，并取得经营安（东）奉（天）路、修筑长春到吉林的铁路以及在鸭绿江右岸伐木等权利，又开放东三省十六处为商埠。自此，中国东北成为日俄两国的势力范围，出现了由一国独占变为两国分据南北的局面。

根据《辛丑条约》，外国军队取得驻扎于北京和从北京到山海关沿线的12个战略要地等的特权。实际上，早在《辛丑条约》签订前的4个月，日本政府就以"护侨""护路"为名，宣布成立"清国驻屯军"，任命大岛久直中将为第一任司令官，司令部设于天津海光寺，兵营分别设于海光寺和北京东交民巷，兵力部署于北京、天津、塘沽、秦皇岛、山海关等地，因天津有日租界，驻军最多。作为中国的首都，北京及其周围的战略要地，本来应该是中国最核心的守备区域，但这里却驻扎着日本和其他列强的庞大武装！这支庞大的武装，犹如一只登堂入室的恶狼，对中国人民不仅是一种威胁，而且是一种创巨痛深的民族耻辱。正是这支驻屯军为日后的日本全面侵华埋下了极其严重的恶果，成为侵华日军的一部分。

1911年辛亥革命爆发，日本乘机增加驻屯军的人数。1912年，清国（即清朝）灭亡后，日本将"清国驻屯军"改名为"中国驻屯军"。因该军驻扎华

位于海光寺的日本驻屯军兵营

北，通常被人们称为"华北驻屯军"，因其司令部设于天津，又被称之为"天津驻屯军"，它在中国犯下了一系列罪行。

1928年春，蒋介石发动反奉战争，日本借口保护侨民派兵侵占济南，屠杀中国军民数千人，成为震惊一时的济南惨案（史称"五三惨案"）。这批日本侵略军中包括从海光寺驻屯军派出的由小泉恭次中佐率领的3个步兵中队。

1931年九一八事变后，日本又制造天津事变（即"便衣队事件"）。日本特务土肥原贤二与日本驻屯军司令香椎浩平勾结，收买汉奸、土匪，先后两次在日本军炮火掩护下，从海光寺出发袭击天津的行政机关和警察机构，制造暴乱，并乘机挟持清废帝溥仪去东北，扶植了一个傀儡伪政权——伪"满洲国"（1932年3月1日—1945年8月18日）。因国民政府和中共及国际社会对伪满政权均不予承认，故被称作伪"满洲国"或"伪满"。"首都"设于新京（今吉林长春），"领土"包括现今中国辽宁、吉林和黑龙江三省全境（不含"关东州"，即旅大），以及内蒙古东部、河北省承德市。

1945年日本投降，同年8月17日午夜至18日凌晨，溥仪在通化临江县（今属白山市）大栗子沟矿山株式会社技工培养所（今白山临江大栗子镇"伪满"皇帝溥仪行宫博物馆）内举行"退位仪式"，宣读"退位诏书"，"伪满"灭亡。之后包括溥仪在内的"伪满"战犯被苏军抓获，并于1950年被移交给刚成立的新中国，接受改造。

1932年11月，驻屯军司令中村孝太郎策划诱降中国驻山海关军队遭到失败。翌年初，便与日本关东军联合，制造山海关事件，乘机占领热河，进攻长城各要塞，强迫国民党政府签订《塘沽协定》，规定中国军队撤至延庆、通州、宝坻、芦台所连之线以西、以南地区，以上地区以北、以东至长城沿线为非武装区，实际上承认了日本对东北、热河的占领，同时划绥东、察北、冀东为日军自由出入地区，从此华北门户洞开。

1935年，日本天津驻屯军配合关东军制造河北事件，压迫北平军分会委员长何应钦，与日本天津驻屯军司令梅津美治郎签订《何梅协定》。主要内容是取缔河北省的反日团体和反日活动。这个协定实际上是国民党政府放弃了华北主权。国民党当局在日本的淫威面前又一次屈服。

这时日本认为对中国发动全面武装侵略的时机日渐成熟，于是把海光寺的日本驻屯军作为正规军编入作战系列，定为占领平津的主力部队。

日本驻屯军利用中国的亲日分子，组织汉奸队伍。驻屯军参谋部操纵的三同会，是由日本士官学校同窗会、留日学生同学会及中日同道会三个亲日团体组成，一切活动听命日本驻军参谋部，其成员后大多沦为汉奸。驻屯军高级参谋石井嘉穗以佛教组织名义成立"中日密教研究会"，以策划建立华北伪政权。日本天津驻屯军参谋部多次与山东军阀、省主席韩复榘秘密接触，策动山东"独立"。其参谋部的不少高级军官，分别以"公馆"名义，建立特务机关近20个。

1936年4月，日本认为全面发动侵华战争的时机已经成熟，决定增兵华北，抽调各个军种编入海光寺的中国驻屯军。驻屯军除司令部外，尚有步兵旅团司令部，两个步兵联队（华北驻屯步兵第一联队和第二联队），驻屯军陆战军队、骑兵队、炮兵队、工兵队，以及受驻屯军节制的驻华北航空大队，各地守备队等，总数约2万人，成为一支兵种齐全，具有攻战能力的正规军队和野战兵团。与此同时正式使用华北驻屯军名称，司令官提升为中将级，由原军部任命改为日本天皇亲授。

为掌握华北地区的制空权，日本华北驻屯军与国民党政府签订《中日通航协定》，以中日合组的惠通公司名义，开辟天津至大连、承德、锦州、张家口和北平至沈阳等5条以天津为中心的航线及线路。驻屯军还在天津东部李明庄修建了一座占地2000亩的机场（今天津滨海国际机场），附设有可容10架飞机的机库。

为全面控制和掠夺华北经济，驻屯军曾对华北的煤、铁、棉花、交通、港口做全面的调查，制定《华北产业开发指导纲领》，驻屯军调查部为施行这一纲领的指导机构。为破坏华北地区经济秩序，日本驻屯军支持冀东地区日本人大规模武装走私，使白银大量流入日本。七七事变后，日本驻屯军强迫中国海关把天津、秦皇岛两海关税款悉数存入天津的正金银行，作为侵华日军的后备财力。

正是这支驻丰台的日本"中国驻屯军"步兵旅团第一联队第三大队于1937年制造了卢沟桥事变。截至卢沟桥事变，日本"中国驻屯军"驻扎北平已有36个年头了。而日本驻屯军的使命已基本完成。日本参谋本部决定成立华北方面军司令部，设于北平，天津海光寺的华北驻屯军遂成为其直辖部队，日本"中国驻屯军"成了名副其实的侵略军。卢沟桥事变是日本帝国主义全面侵华战争的开始，也成为中华民族进行全面抗战的起点。

（二）日本关东军与九一八事变

日俄战争后，日本强占中国辽东半岛和南满铁路。不久，日本将辽东半岛的金县、大连地区改名为"关东州"，在旅顺设立关东都督府，下设民政部和陆军部。1919年在关东都督府陆军部的基础上，成立关东军，在旅顺口设关东军司令部，并设立关东总督府。次年，总督府改为都督府，下设陆军部，辖1个陆军师、6个独立守备营、旅顺重炮营和宪兵队等。关东军于1945年8月解散，20世纪上半叶，它是长期侵驻中国东北地区的日本陆军重兵集团。

1926年进入昭和时代后，日本加紧推行侵略中国和准备对苏作战的大陆政策。1928年，关东军制造皇姑屯事件，炸死中国奉系军阀首领张作霖。1931年策划九一八事变，侵占中国东北全境。次年炮制伪"满洲国"傀儡政权，司令部迁至长春，司令兼任日本驻"满"大使和关东厅长官，掌握伪满军政大权，把中国东北建成日本进一步侵略扩张的重要战略基地。

1928年6月，关东军制造"皇姑屯事件"。1931年9月18日，关东军制造"柳条湖事件"，并以此为借口炮击东北军大营，发动了九一八事变，拉开了长达十四年的侵华战争的序幕。1932年3月，建立伪"满洲国"。

1919年，为提升关东军地位，日本撤销了关东都督府，设立了权限较小的关东厅，并在关东都督府陆军部的基础上组建了关东军司令部，统帅驻扎在中国东北的日军各部。关东军隶属于日本天皇并直接受其指挥，极大地增强了关东军的独立性。

日本关东军司令部

　　1929 年 7 月，关东军参谋石原莞尔参加了板垣征四郎①组织的"北满参谋旅行"，全面讲解了他策划的《关东军占领满蒙计划》，得到与会者的支持。石原莞尔在计划中对进攻东北各城市如奉天、辽西、长春、哈尔滨、齐齐哈尔、海拉尔、满洲里等进行了详细规划，甚至细致到渡河作战、火炮战位、情报侦察、心理战、宣传战以及翔实的后勤补给计划。之后两年，关东军进行多次实战演练，石原莞尔亲自率领指挥的就有 4 次大规模演习。1931 年 1 月起，关东军参谋部每周六就作战计划进行讨论补充。可以说，关东军为即将进行的侵略行径，做了充分准备。

　　板垣征四郎一直认为，日本关东军与东三省中国军队之间必有一战，力主关东军"未雨绸缪"，预为部署。为此，从 1930 年 6 月起，板垣开始进行其所谓的"参谋旅行"，对哈尔滨、锦州、旅顺等进行全面彻底的调查。1931 年 3 月，板垣在日本陆军步兵学校发表题为《从军事上所见到的满蒙》的演讲，宣称中国东北地区为日本"国防的第一线"，大肆鼓吹日本侵占中国东北地区；5 月 29 日，在部队长会议上他再次发表题为《关于满蒙问题》的演讲，进一步鼓吹出兵侵略中国东北和蒙古地区，是日本"当前的急务"。6 月 19 日，由日本陆军省和参谋本部草拟了《解决满蒙问题的方策大纲》，本计划于次年春采取军事行动，但日本关东军参谋部则主张满蒙决策要立即动手，"要亲自制造机会"。在日本军部的支持下，板垣征四郎和石原莞尔一起进行了详细的规划和部署，决定在沈阳北郊柳条湖炸毁南满铁路路轨，以此为口实，出兵占领沈阳，进而占领整个中国东三省。

　　1931 年 9 月 18 日晚 10 时许，日本关东军驻南满铁路守备队柳条湖分遣队，按照关东军司令官本庄繁密令，炸毁了南满铁路沈阳北郊柳条湖一段路轨，然后反诬是中国军队破坏铁路，袭击日军。11 时许，日军大举向中国东北军驻地北大营进攻，震惊中外的九一八事变爆发，日本军国主义由此一步一步地迈向了全面侵华战争的不归之路。

　　磨刀霍霍的日本关东军借机从南满铁路属地冲出，一天内便占领沈阳、长春、辽阳等城市。与此同时，关东军开始急速增加兵力：1931 年关东军仅有 3 个师团，1932 年就已达到 6 个师团的兵力。1941 年七八月间，为了配合纳粹德国法西斯对苏联的进攻，关东军接连组织以苏联为目标的特别大演习，

---

　　①板垣征四郎（1885.1.21—1948.12.23）台儿庄战役中侵占临沂、台儿庄的祸首。日本岩手县人，生于日本士官家庭，1904 年 10 月毕业于东京陆军士官学校。他是策划九一八事变的元凶，炮制伪"满洲国"的主谋，毕生效忠于日本军国主义侵略扩张政策，双手沾满了中国人民的鲜血。日本甲级战犯之一，在东京被远东国际法庭处以绞首刑。

并再次调集大量部队囤积东北。到日本偷袭珍珠港前，关东军的总兵力已经达到31个步兵师团，11个步兵和坦克旅团，1个敢死队旅团和2个航空军，以及伪"满洲国"部队等，共约120万人。1945年8月，苏联红军出兵东北，关东军被击毙8.3万人，被俘59.4万人。战后，余下的关东军官兵作为俘虏被送到西伯利亚从事强制劳动。

二、抗日民族统一战线的形成

1931年九一八事变后，日本加快了全面侵华的步伐。在民族危亡关头，中国共产党捐弃前嫌，提出并倡导了建立以国共两党合作为基础的广泛的抗日民族统一战线。

（一）从九一八事变到西安事变

"抗日民族统一战线的酝酿时间很长，差不多九一八以后就逐渐向着这个方向发展"。从九一八到抗战胜利可以分为五个阶段："第一个阶段，是从九一八到西安事变；第二个阶段，是从西安事变到七七事变；第三个阶段，是从七七事变到武汉撤退；……"[①]台儿庄战役处在第三个阶段，这个阶段也是国共两党合作相对最好的时期。

从九一八事变到西安事变，五年多时间里，国共两方面政治斗争的中心"是抵抗日本侵略还是不抵抗日本侵略"[②]。中国共产党在这一阶段经历了从"反蒋抗日"到"逼蒋抗日"的转变过程。

日本帝国主义自九一八以来，步步向中国内地侵入，中华民族面临亡国灭种之灾，只有奋起抗战才能收复国土，复兴民族。然而，蒋介石国民党却实行"攘外必先安内"政策，继命令东北军不抵抗，丢失东北之后，上海抗战又遭破坏，直到1935年秘密承认"广田三原则"，几乎把全国政治、经济、军事的控制权送给日本。从九一八事变到1935年，蒋介石先后以五十万到一百万兵力对中共中央苏区根据地，发动第四次、第五次"围剿"，迫使中央红军长征。与此同时，国民党还残酷地镇压全国高涨的抗日救亡运动，逮捕爱国人士，屠杀爱国人民，全国笼罩在一片白色恐怖中。日本的猖狂进攻，蒋介石的倒行逆施，激起了全国人民反蒋抗日的怒潮，在国民党营垒中也逐渐

---

①周恩来在中国共产党第七次全国代表大会上的讲话：《论统一战线》，见《周恩来选集》上卷，第190—191页。

②同上。

产生了分化。

面对这种新的严峻形势，中国共产党人高举抗日的旗帜。1932年4月15日，中华苏维埃临时中央政府宣布《对日战争宣言》；1933年1月17日，临时中央政府与红军革命军事委员会又发布《为反对日本帝国主义侵入华北愿在三条件下与全国各军队共同抗日宣言》，"向全国国民党的军队提议，在停止进攻、给予人民以自由权利和武装人民三个条件之下，订立停战协定，以便一致抗日"①。

中共的号召得到了若干国民党军队的响应。例如：1932年参加一·二八淞沪抗战的主力部队国民革命军第十九路军，在一·二八抗战结束后，被蒋介石调往福建"剿共"。1933年11月20日，十九路军将领联合国民党内李济深等一部分势力，在福建福州发动了抗日反蒋事件——福建事变，简称闽变，成立了中华共和国人民革命政府。福建事变是中国近代史上一个独具特色的政治事件，是抗日民族统一战线发展史上具有标志性意义和重大影响的历史事件之一。

由于九一八事变极大地改变了国内的阶级关系，民族矛盾逐步上升为主要矛盾；在国际上，加深了英、美与日本帝国主义的矛盾。1934年4月20日，中国共产党以"中国民族武装自卫委员会筹备会"名义，经宋庆龄、何香凝、李杜等1779人签名发表了《中国人民对日作战的基本纲领》，提出了著名的"六条纲领"。号召工农兵学商大联合，号召全民动员，全体人民武装大联合，放弃了"打倒一切帝国主义"的口号，主张联合日本的一切敌人，使党的统战思想得到新发展。

1935年1月，在遵义会议上确立了以毛泽东为代表的新中央的正确领导，为确定正确的统一战线策略提供了有利条件。

1935年七八月间，共产国际在莫斯科召开了第七届代表大会。季米特洛夫作了《法西斯主义进攻与共产国际为工人阶级的反法西斯主义的统一而斗争的任务》的政治报告。报告对国际形势做了分析，规定了建立工人阶级反法西斯统一战线和各民主阶级反法西斯人民战线的新策略。报告对殖民地、半殖民地的反帝统一战线，对在中国建立抗日统一战线，作了具体阐述，指出"在中国应联合中国境内所有那些愿意为救国救民而真正斗争的有组织的队伍，来建设一个反帝国主义及其代理人的非常广泛的统一战线。"共产国际七大，也纠正了自身长期的关门主义，转而执行统一战线的新策略，这是一

①周恩来在中国共产党第七次全国代表大会上的讲话：《论统一战线》，见《周恩来选集》上卷，第190—191页。

个根本性的转变。

根据共产国际七大的精神，1935年8月1日，以中共中央和苏维埃中国政府的名义，发表了《为抗日救国告全体同胞书》，即著名的八一宣言。宣言较完整地提出了中共的抗日民族统一战线，同以前的战线主张相比，有许多特点，宣言不再是局限于过去的下层统一战线，而是扩大为各党、各派、各行、各界、各个民族的联合，地主资产阶级、一切军队，都包括在统一战线之中。宣言主张成立"统一的国防政府""统一抗日联军"，要求有效地合作。宣言虽未把蒋介石包括在统战内，却号召各党派抛弃过去的成见，以"兄弟阋于墙，外御其侮"的精神，为抗日救国的神圣事业而奋斗。宣言提出了抗日救国十大纲领，他比1934年所提的六大纲领更为完善。宣言的发布，不仅仅是出于策略上的考虑，而且是真诚地要求付诸实践。"八一宣言"推动了抗日民族统一战线的形成。

1935年5月，日本帝国主义发动了华北事变，民族危机加深。为反对日本帝国主义策划的"华北五省自治"，北平爆发了一二·九爱国学生运动，它标志着抗日救亡运动新高潮的到来。

1935年12月下旬，为了迎接抗日的新高潮，中共中央在陕北瓦窑堡召开了中央政治局会议。会议正确分析了当时的政治形势，规定了党的策略路线："发动、团结与组织全中国全民族的一切力量去反对当前主要的敌人——日本帝国主义与卖国贼头子蒋介石"。会议指出：主张以国防政府、抗日联军作为抗日民族统一战线的组织形式，执行抗日救国十大纲领，决议将"工农共和国"口号改为"人民共和国"口号，并调整了党的各项政策。

在会上，毛泽东作了《论反对日本帝国主义的策略》的报告。报告把马列主义同中国革命实践相结合，论述了抗日民族统一战线的必要性和可能性。尤其是对在民族危机的严重关头，地主买办阶级营垒的破裂及利用这些破裂的可能性，作了精辟的阐述。并对统一战线中的领导权问题，对党的"左"倾关门主义的错误，作了深刻地分析。

瓦窑堡会议精神及毛泽东同志的报告，是九一八事变以来，共产党阐述抗日民族统一战线最完整的纲领性文件，是建立抗日民族统一战线的伟大纲领，它标志着以毛泽东同志为代表的中国共产党的抗日民族统一战线策略理论的形成。从此，抗日民族统一战线工作就真正蓬勃地开展起来。

首先，做了争取全国各界爱国领袖的工作。以毛泽东同志为代表的党中央曾先后致信沈钧儒、邹韬奋、陶行知、章乃器、宋庆龄、蔡元培，积极支持他们的爱国主张和行动；其次，争取地方实力派，如调往陕西"剿匪"的张学良、杨虎城，山西的阎锡山，两广的李宗仁、白崇禧、李济深，四川、云南的刘湘、刘文辉、龙云，华北的冯玉祥、傅作义、宋哲元等。中共中央曾派出许多重要干部来做他们的工作，表示愿同他们建立统一战线，收到了较好效果。最后，做上层统一战线工作，开展对蒋介石的争取。1935年冬，中共在南京同国民党进行了建立抗日民族统一战线的最初接触。谈判是国民党首先提出的，谈判的具体问题有：1.停止军事冲突问题；2.建立国防政府；3.抗日联军问题；4.红军改

1937年7月13日，毛泽东在延安号召"共产党员和抗日的革命者应准备随时出动到抗日的最前线"。

编问题；5.南方游击队问题；6.开放抗日舆论；7.释放政治犯和停止土地改革等。谈判一直延续到西安事变前夕，最终谈判未达成具体协议。

在为实现抗日民族统一战线的斗争中，中共把在西北地区"剿匪"的东北军、西北军作为争取工作的重点，作为逼蒋介石抗日的中心环节，以西北地区的统一战线，来推动全国的抗日民族统一战线。

1936年4月9日，周恩来受党中央的重托和张学良的邀请，到达当时还在东北军控制下的延安，与张举行秘密会谈。这时的张学良已在中共抗日民族统一战线政策的感召和推动下，有了联合红军共同抗日的打算。因此在停止内战，组织国防政府与抗日联军，红军集中、通商、联苏、互派常驻代表方面达成初步协议。1936年9月18日，红军与东北军第六骑兵师签订了局部停战协议。

1936年2月，西北军将领杨虎城就与中共接触。实际上，中共做争取杨

虎城的工作早已通过派人去西北军工作、陕北中共中央直接派人去西北军、共产国际三条途径进行，实现了红军、东北军、西北军"三位一体"的团结局面。

1936年9月21日，陈诚把汤恩伯在陕北截获的东北军与红军联络的文件转呈给蒋介石后，蒋惊呼："这一事态的发展，如不设法防止，势必演成叛乱。"①

1936年10月下旬，蒋介石飞抵西安，命令张学良进攻红军。11月27日，张学良发表《请缨抗敌军》，置蒋介石命令于不顾，反要求蒋介石厚集兵力，北上抗日，对蒋介石胁迫他"反共"表示公开抗议。此即表明，争取东北军的工作基本实现。

而此时的蒋介石一意孤行，无视全国人民的抗日要求，不听张学良、杨虎城等人的一再劝谏。蒋介石认为中央红军初到陕北贫瘠之地，立足未稳，红二、红四方面军又经过长途行军人少力薄，正是消灭红军的极好机会，并于1936年12月2日再飞西安，坐镇督促"剿共"军事行动，强迫东北军和西北军对红军作战。因此，引发了"兵谏"——西安事变。所以，周恩来说："西安事变是蒋介石自己逼成的。"②

（二）从西安事变到七七事变

西安事变发生后，西安顿时成为国内外关注的中心，成为各种矛盾的焦点。日本帝国主义力图改变事变的性质、方向，阴谋把事变引向国民党与张学良、杨虎城、共产党之间的大规模内战，以便从中渔利。苏联主张和平解决事变。英、美帝国主义鉴于各自的利益，也主张和平解决。英、美、日对事变的不同态度，反映在南京政府，就是亲日派和英美派的对立。以何应钦为代表的亲日派，坚决主张"讨伐"张、杨。以宋子文、孔祥熙为代表的英美派则坚决主张和解。

中共中央随即对产生事变的原因及对事变的处置作了正确的分析，主张南京与西安在团结和抗日的基础上，和平解决。应张、杨的多次请求，以周恩来为首的中共代表团17日到达西安，坚定地执行了中共中央和平解决西安事变的方针，提出了和平解决西安事变的六项主张，各方基本上表示接受。

西安事变得以和平解决，国内和平基本实现。从西安事变到七七事变，

①李云汉：《西安事变始末之研究》。

②周恩来：《在延安各界举行"双十二"十周年纪念大会上的讲话》。

中国共产党为了巩固初步实现的国内和平，尽快实现抗战，本着"和平统一团结御侮"的方针，于1937年2月10日致电国民党五届三中全会提出合作抗日的五项要求和四项保证，建议以此作为实行第二次国共合作、发动抗战的政治基础。以国民党五届三中全会为标志，第二次国共合作初步形成。

1937年7月17日，蒋介石在庐山第二次谈话会上讲演。

为了推动国民党在政策上进一步转变，以建立抗日民族统一战线，实现国共两党的第二次合作，发动全国抗日战争，周恩来等人在中共中央领导下，自1937年1月9日起，奔走往返于西安、杭州、南京、庐山与延安之间，和国民党政府进行多次谈判，进行了大量艰苦卓绝的工作。

7月4日，周恩来代中共中央起草的《中共中央为公布国共合作宣言》在西安完成。7月7日，卢沟桥事变爆发。7月8日，周恩来即根据中共中央决定，率中共代表团与博古、林伯渠再次上庐山与蒋介石国民党谈判。

7月15日，中共代表团在庐山向国民党提交了《中共中央为公布国共合作宣言》，并约定由国民党通讯社发表。这时，蒋介石虽然承认了中共陕甘宁边区政府的合法地位，但对发表国共合作宣言和红军改编问题仍迟迟不作答复。直至八一三上海抗战之后，于8月22日，国民党政府宣布在西北的主力红军改编为国民革命军第八路军，并任命朱德为总指挥，彭德怀为副总指挥。9月22日，国民党中央通讯社发表了《中共中央为公布国共合作宣言》。9月23日，蒋介石在庐山又发表了承认中国共产党合法地位和两党合作的谈话。至此，由中国共产党倡导提出的抗日民族统一战线正式形成。

抗日民族统一战线的形成具有重大的历史意义，在中国革命史上开辟了新纪元，它是战胜日本帝国主义的最强大武器，是第二次世界大战中世界反法西斯统一战线的重要组成部分。

第二章 第五战区司令部及救亡团体中的中共党员

抗日战争期间,中国共产党采取坚持发展进步势力、争取中间势力、反对顽固势力的策略方针,因此,中国共产党在与国民党建立统一战线的同时,也积极与国民党各地方实力派建立统一战线。桂系是国民党内以李宗仁、白崇禧为首,占有广西地盘的一个重要派系。抗战初期,李宗仁出任第五战区司令长官,长官部驻节徐州,并兼任安徽省政府主席。其桂系势力范围也随之扩展到安徽省境内,并拥有五个军的兵力。对于这样一个有军队有地盘的地方实力派,中共将桂系定性为国民党系统中的中间派、地方实力派加以争取,并推动他们实行各项开明、进步的政策,与他们建立较为密切的统一战线关系,特别是双方在经历两广事变、西安事变中合作得当,为全国抗日民族统一战线的形成起到了积极作用,构成了国共合作的一个重要方面。而中国共产党与国民党地方实力派的关系问题,也是中国革命史的重要环节。

一、中共与桂系的统一战线

中国共产党与以李宗仁为首的桂系,为抗日救国所进行的合作,开展得比较早。

1927年初,第二方面军参谋处长张云逸为使共产党掌握武装,他大胆向第二方面军总指挥张发奎力荐,由共产党员卢德铭出任武汉国民政府警卫团团长。后来,卢德铭率部参加秋收起义,成为毛泽东的得力干将。在张云逸的秘密支持和掩护下,第四军二十五师大部分武装由李硕勋(李鹏同志的父亲)、周士第率领参加了八一南昌起义,1927年参加了广州起义。1928年8月,党中央军事部长杨殷向张云逸转达中央决定,派他赴广西进行兵运工作。

1929年3月,第一次蒋桂战争爆发,蒋介石侥幸取胜,俞作柏、李明瑞从李宗仁、白崇禧的桂系中分化出来,控制了广西局势。为稳定局势,蒋介石任命俞作柏为广西省政府主席,李明瑞为广西省绥靖公署司令。他们为巩固政权，暗中请求共产党派干部来广西协助。为发展广西革命事业，中共中央代表邓小平（化名邓斌）领导张云逸、叶季壮等几十名共产党员，通过各种社会关系进入广西。

1929年7月，张云逸离开妻子韩碧和刚出生几个月的长子远之抵达南宁，中共地下党组织通过秘密党员俞作豫（俞作柏的胞弟、李明瑞的表弟）向李明瑞建议：创办有三个营九个连共千余人的教导总队，由张云逸担任副总队长。到职后，张云逸首先在连队建立党的组织，发展党员，两个月便发展了300余名新党员。一个多月后，张云逸又兼任广西警备部队第四大队（相当于团）大队长。上任伊始，他从教导总队调来百余名党员改造这支旧军队。这样，这两支军队的领导权很快掌握在共产党手里。不久，经俞作豫向俞作柏、李明瑞提议，张云逸被任命为南宁警备司令，兼管省军械库大权，成为"桂军新秀"。

桂系为了达到反蒋的目的，20世纪30年代中后期，便开始对中共采取联合的态度。中央红军长征途经广西，桂系采取"开放"湘桂边境，催促红军快走的做法。

1932年初夏，当中共和冯玉祥在察哈尔建立抗日同盟军与日寇浴血奋战时，桂系即采取积极支持的态度，不仅发通电表示拥护，还汇款表示慰问与资助。

察哈尔抗日同盟军失败后，参加抗日的共产党人因蒋介石的镇压，无处藏身。

1934年初，中共为保存抗日力量，经冯玉祥、李济深推荐，中共中央特科将同盟军中的宣侠父、谢和赓等秘密共产党员，派往广西到李宗仁、白崇禧身边工作，从事与桂系上层及广西地方的统一战线工作。宣侠父着重做十九路军在桂将领的工作，在国民党广西省政府任科员的谢和赓则负责了解桂系上层的情况并相机做他们的工作。

原来在1933年初，党就派谢和赓到察哈尔，由地下党员宣侠父介绍见到冯玉祥总司令和吉鸿昌军长，不久赶上抗日同盟军成立，谢和赓仅当了3天三等兵，就被派任吉鸿昌的上尉秘书。

出于策略上的需要，李、白领导的桂系从1935年也开始寻找与中国共产党建立合作关系的途径。与此同时，1935年8月中共驻共产国际代表团派驻香港从事抗日救国联合战线工作的潘汉年，委派在香港做抗日统一战线工作的中共党员胡兰畦到广西南宁，与白崇禧及其高级幕僚潘宜之①晤谈，宣传中共的抗日反蒋救国、建立联合战线的主张。白崇禧、刘斐、潘宜之与胡兰畦多次交换意见，潘宜之表示计划成立独立的抗日政府，与中共合作，以能够得到苏联的支持。但对此未作进一步的商讨，也没有达成任何具体的协议。②在香港，潘汉年还特意会见了桂系驻港代表王公度、刘仲容、黄一欧等人。

在莫斯科中山大学学习政治的刘仲容回国后不久，经桂系驻上海代表黄建平、陈劭先及留苏同学王公度的介绍，来到广西谒见李宗仁，刘仲容深受李宗仁赞赏，委以重任，随即派刘仲容到上海、华北、西北等地了解各方面情况，并与之取得联系。

1935年冬，刘仲容受李、白秘密派遣赴西安。途经天津时，他在曾任桂系驻天津代表的父亲刘承烈家中见到了共产党谢甫生、南汉宸、王世英等人。刘仲容向他们介绍了李宗仁愿意联合抗日的意向及两广情况。桂系还在天津设立秘密电台，以便及时与中共联络，了解北方动态。

谢甫生所在的中共北方局直属下的天津联络局，其主要任务是搜集日军的军事情报。1938年春，谢甫生为台儿庄战役的胜利提供了一份极其重要的情报。据谢甫生撰文回忆③：

在天津租界有个"自卫会"，是国共两党及党外爱国人士建立的抗日爱国组织，我们联络局在台儿庄大战前夕，从一位姓毛的人手里，搞到一份有关日军最精锐的机械化装备的板垣师团的人员编制，各级军官名单、武器装备、军事布置等重要情报十分清楚。党组织指示我设法报告给指挥台儿庄大战的国民党将领李宗仁将军。我便通过"自卫会"找到了何佩时，他是"CC"的代表，由他设在天津的电台，将这一情报拍发到第五战区。

当时，李宗仁在天津设有秘密机关和电台，我北方局与其有统战关系。台儿庄大捷后，转来了李宗仁的感谢电，他赞扬天津方面报来的有关日军板垣师团的情报，非常及时，感谢我们的支持和帮助，为台儿庄的胜利贡献了

---

①潘宜之（1893.11.30—1945.9.9）字祖义，祖籍湖北广济（今武穴）大金镇下周煜村，出生于南京。保定军校毕业。历任国民革命军总司令部秘书、北伐军东路军总指挥秘书长兼办公室主任、中央日报社社长、国民党第五战区政治部主任、国民政府经济部常务次长、交通部常务次长、行政院参事等。1945年在昆明受辱自杀。在参与策划四一二反革命政变时，解救过周恩来；被一起被捕的中共党员、全国学联代表主席何洛的妻子，中共党员、北京大学学生刘尊一的容貌所打动，终生娶其为妻。

②《胡兰畦回忆录》第284—295页，四川人民出版社，1995年。

③谢甫生：《绝密情报》，载《枣庄文史资料》第三辑，第127—128页，1989年4月。

力量。

台儿庄大捷后，李宗仁发电报嘉奖天津方面提供的情报，这一细节在电影《血战台儿庄》中亦有生动表现。

随后，刘仲容从天津来到西安，见到了杨虎城将军。次年春，他返回南方，向李宗仁汇报了三点：一是与中共有了初步接触，中共方面对广西方面的抗日主张表示支持；二是东北军和西北军都不愿意为蒋介石打内战；三是杨虎城认为共产党北上抗日是不可阻挡的，西北军愿意与李宗仁保持联系。1936年初，李宗仁决定于6月1日，拟以抗日反蒋名义出兵，发动两广事变（即六一事变），并决定派刘仲容赴西北要求张学良、杨虎城共同采取行动。刘仲容途经上海时，恰好张学良在上海。刘仲容见到了张的秘书栗又文，栗转达张的意见，要刘赴西安等张回西安再说。张随即又派其参谋解如川（即解方）赴广西了解出兵情况。刘仲容到西安后，因为局势变得十分复杂，张、杨都没有同他见面，但表示广西只要抗日，肯定有机会合作，要刘速回广西向李宗仁致意。

两广事变发生后，中共中央毛泽东、朱德、周恩来、张闻天、叶剑英以及李克农等研究，决定派云广英以红军代表名义赴两广了解真实情况，并做两广实力派的工作，促使他们逼蒋抗日。

1937年1月，桂系代表刘仲容根据李宗仁的指示，接受周恩来的邀请，从西安前往延安，受到了毛泽东的接见，直到4月才离开延安。毛泽东向刘仲容详细了解了广西的情况，对李宗仁的抗日主张表示赞赏，并说明只要各方都从国家民族利益出发，逼蒋抗日，建立全国抗日民族统一战线是完全可能的，希望李、白做好准备。刘仲容接受中共中央的委托，回桂林向李宗仁、白崇禧转达毛泽东主席的谈话和中共关于联合各方力量逼蒋抗日的策略方针。

1937年5月，中共从延安派广西籍党员杨必升（或必声，即杨德华）回广西，与桂系当局接头，转达中共党中央拟派张云逸为全权代表与桂系谈判合作抗日的意见。6月6日，中共中央全权代表张云逸经香港入梧州抵达桂林，与李宗仁、白崇禧共商合作抗日大计。张云逸到桂林前，先派人请刘仲容事前做好会谈准备工作。6月12日到达桂林后，即同李宗仁、白崇禧进行了首次会谈。会谈中李、白表示同意中共的抗日统一战线主张，并愿意与中共团结抗战。张云逸从刘仲容那里得知，李、白这样做，是开过高级干部会议决定的，是有诚意的。6月15日，再次会谈时李宗仁已原则上同意共产党提出的巩固国内和平、实现民主和团结抗战等主张，并决定由桂方几个高级干部同张云逸具体讨论如何巩固和平、实现民主和团结抗战的具体方案。张云逸分别于6月13日、16日两次致电毛泽东、朱德、周恩来，汇报了上述两次会谈的内容和刘仲容所提供的情况。双方共同拟出了关于巩固国内和平，实现民主和抗战的七条纲领草案。6月26日，张云逸将此纲领草案电告中共中央，毛泽东主席于接电后次日复电表示："纲领草案是对的，我们赞成本此做去，并促请桂方向粤、港、沪各方努力去做。"[①]

西南诸省地缘相邻，历史渊源深广，又都有防止被蒋介石中央军吃掉的戒心，因而，常有一个为共同目标而暂时联盟，正所谓：川、滇、黔、康，唇齿相依，地理、历史、风土人情，彼此交融。联合起来，尚可图存；各自为政，则终必同归于尽。而西南诸实力派中，桂系地位独特，他们的政治态度深深影响着其他地方实力派。九一八事变后，桂系政策态度的变化深深影

1938年张云逸(左一)与叶剑英、王明、博古、周恩来、曾山、项英等中共中央长江局、新四军负责人在武汉八路军办事处。

---

① 《毛泽东致张云逸电》1937年6月23日（藏于中央档案馆）。

响着同处一体的川、滇地方实力派。西安事变后，张学良、杨虎城邀请桂系派代表到西安。中共在西安的代表叶剑英、周恩来也约见了桂系代表刘仲容，告以中共解决西安事变的方针。刘仲容电告李宗仁、白崇禧后，两人联名致电周恩来，同意中共和平解决西安事变的主张。12月16日，李宗仁、白崇禧通电全国，反对南京发动讨伐西安的内战，要求"出动攻击西安之中央军，从速移开绥远战线"。

李宗仁桂系明确表示支持张、杨。云南龙云的态度则较含蓄，他一面通电斥责张、杨；一面与各地方实力派密切联系，互通信息，商量对策；他也曾给李宗仁、白崇禧发电，征询、试探桂系的态度，以便决定对策。据杨虎城回忆，龙云是明确支持西安事变的一家。可见，龙在一定程度上是受了桂系态度的影响；四川刘湘在事变后也派代表到广西，探询桂系对于时局的态度。当时中共亦有代表在桂，三方进行了长时间会谈。1937年夏，三方签订了《红、桂、川协定》，旨在："团结一致，共同抗日"。

刘仲容作为桂系代表，三次到西安，两次到延安，同毛泽东、周恩来、叶剑英等领导人先后进行长谈。刘详细介绍了广西的情况，了解到中共关于团结抗日的真实意图，关于建立抗日民族统一战线的方针政策。刘回到桂林后向李宗仁转达了毛泽东的谈话内容和中共关于联合各方力量从"反蒋抗日"到"逼蒋抗日"再到"联蒋抗日"的主张。

1937年七七事变后，李宗仁再度派刘仲容到延安，作为桂系常驻延安的代表，一直到1938年2月台儿庄战役打响前夕，才被李宗仁调回徐州前线工作。[①]

还有一位被李宗仁、白崇禧指派为李、白桂系与各方联络的军事代表韩练成，七七事变时，正在庐山参加军官训练团集训。白推荐韩练成做了第五战区司令长官李宗仁的高级参谋。1938年1月，李宗仁以第五战区司令长官名义委任韩练成为江苏省主席、第二十四集团军司令韩德勤部第八十九军第一一七师副师长兼三五一旅旅长。同时，指令韩练成："这支部队是保安队改编而成，战斗力很差，你要尽快整训。"韩练成到了三五一旅，才知道这是一支怎么样的部队：大官吃兵饷，小官喝兵血，没有纪律可言，军纪散乱，更不要说打仗了。面对这种现状，韩练成对这支"豆腐军"极度不满意，但他没有失去信心，更没有顾及军长韩德勤与师长李守维的裙带关系，下决心整顿。在向军长的呈报中写道："职自到任一一七师三五一旅旅长，已经月余，

---

①刘仲容：《西安事变的回忆》（载《广西文史资料》第九辑，1981年出版）。

自察本部军官战术意识模糊，士兵战斗技能低下，后勤管理混乱，全旅革命精神不振。眼看部队出兵抗战在即，职乞准予依《战时军律》及《战时军律施行条例》进行严肃整顿。"①正当韩练成依律治军之时，复兴社激进分子师长李守维，对思想进步、积极抗日的韩练成视为眼中钉，予以排挤打击，三个多月后派人暗中狙击韩练成，打断了韩的左臂，幸未击中要害。李宗仁、白崇禧得报后，派车疾驰苏北韩部驻地，将韩练成抢救出来，并辗转送往武汉养伤。

二、第五战区民众总动员委员会

抗日战争是关系到整个中华民族生死存亡的战争。为适应战时需要，做好民众动员的谋划，办理全国总动员事宜。1937年8月1日，国民党中央成立了国家总动员设计委员会，先后隶属于军事委员会和国防最高委员会，主要掌理国家总动员业务的研究、设计并指导、督促、考核各级动员委员会业务的进行。8月13日，国家总动员设计委员会制定了《战时民众团体工作指导纲要草案》，指定各省市原有民众团体联合组织有系统的抗敌后援会，受当地高级党政军机关的指挥。②随之，行政院制定了抗敌后援会组织及工作大纲，规定各抗敌后援会分省、市、县、区四级，由当地党政军当局召集发起，民众自动组织等。国家总动员设计委员会主任委员由何应钦担任，各关系部部长、次长皆为当然委员。③

为了保障战时全国秩序和安全，各战区还厉行戒严，严惩奸特等规约。1937年10月12日，李宗仁到达第五战区司令长官部驻节地徐州，正式上任第五战区司令长官。他为了稳定时局，打开五战区的抗战局面，有力打击日寇，铲除汉奸，上任伊始，便发布《约法七章》：

约法七章

一、本战区党政军各机关，除依据政府明令规定，不得向民众强征任何劳役及向民众强派任何捐款或物品。

二、本战区各级政府公务人员，办理征兵征工及其他征发事宜，须绝对公

---

①薛正昌：《隐形将军韩练成》，第48—49页，商务印书馆，2015年5月。

②中国第二历史档案馆：《中华民国史档案资料汇编》，第五辑，第二编：政治(五)，江苏古籍出版社，1998年4月。

③何应钦：《关于军事准备的报告》《抗日战争正面战场》上册，第261页。

平廉洁，其有贪污贿赂或徇私舞弊情事，一经查实，当以军法处置。

三、本战区征兵办法，应按地方人口多寡，公平分配，用抽签方式征取，除故意规避抽签及私自逃亡之壮丁外，禁止使用强力逮捕。

四、禁止擅自征发民枪，各县民枪以保留于乡镇自卫为原则，并应由县府速行编区训练，以增强地方自卫力量。

五、本战区民众，在不违反抗日救国原则及在本战区民众总动员委员会指导之下，得享有言论、出版、集会、结社请愿之自由，各级政府不得妄加干涉。

六、本战区征派粮食或捐款，须向殷实富户摊派，不得向自耕农及佃农强征。

七、本战区征用民力，须酌给予饮食，并禁止拉夫。

此七原则所未包括之事，当依照中国国民党临时全国代表大会之抗战建国纲领实行一切。

1937年11月底，李宗仁成立了第五战区民众总动员委员会（简称"总动委会"），这是一个具有半官方、半群众性，具有统战性质的动员组织。李宗仁司令长官亲任主任委员，刘云昭（字汉川）担任秘书长，郑天民担任秘书。聘请国民党的党政军要员和苏、鲁、皖三省知名人士为委员，总动委会下设总务、组织、宣传、战勤、情报五个部。

第五战区民众总动员委员会机构

主任委员：李宗仁

秘　书　长：刘云昭[①]

秘　　书：郑天民

总 务 部：部　长　尹聘三[②]

---

①刘云昭（1885—1962）字汉川，江苏萧县（今安徽省淮北市吴庄乡薛庄）人，幼读私塾，后考入清江江北师范学堂。国民党一大代表、中央委员、国民政府立法委员。中华人民共和国成立后，出席第一届全国政协会议，任民革中央团结委员，第一任民革扬州市主任委员，扬州市政协副主席。

②尹聘三（1894—1966）名耕新，号聘三，安徽萧县皇藏区孤山乡孤山村人。北京农业大学农学系毕业，后供职于江苏省实业厅，后任省立第二农业试验场（徐州农场）场长。1951年被选为徐州市人民政府委员，仍任徐州农场场长。先后任徐州农场场长20余年，是一位卓有建树的农业科技人员。

组 织 部：部　长　**夏次叔**①（李宗仁机要秘书）

　　　　　　副部长　赵光涛（徐州民众教育馆馆长）、郑继禹

　　　　　　（总干事　**郭影秋**〈时任中共铜山县工委书记，徐州民众教育馆开办的四年制师范农民生活学校教书〉，干事　**唐秉光、邹育才、徐智雨**。）

宣 传 部：部　长　**晁庆昌**②、常藩侯③

　　　　　　副部长　郝惊涛、包华国

　　　　　　（总干事　郭若水、陈凌亚、**周镇寰**）

战勤部（后方勤务部）：部　长　李明扬④

　　　　　　　　　　　副部长　平祖仁⑤

情 报 部：部　长　**卢　斌**

　　第五战区总动委会成立后，公布了各级动委会及设计委员会组织条例。按照条例规定：各级动委会是动员民众抗日的领导机构，应动员民众抗日，组织民众抗日，武装工人、农民，肃清汉奸。按总动委会的组织条例规定，各县相继成立了动委会。各县动委会的主任委员均由国民党主要行政官员兼任，另由总动委会派指导员一人去做实际工作。

　　《约法七章》和各级动委会组织条例的制定得益于较为开明的李宗仁，更出自第五战区民众动员委员会核心的组织部长夏次叔及其部下组织部总干事

①本书姓名黑体字者为具有中共党员背景，且参加了台儿庄战役或密切相关者，下同。

②晁庆昌，时任第五战区司令长官部秘书，后任河南新野县县长等职。

③常藩侯（1882—1950）名恒芳，安徽寿县保义集人，老同盟会会员，国民党左派。18岁中秀才。1903年赴安庆武备练军学堂，加入"同学会"，次年入安徽公学，和陈仲甫、柏文蔚等重新组织"岳王会"，进行反清活动。曾任国民党安徽支部长、国会议员。北伐时任国民革命军第三十三军党代表兼政治部主任。抗战初期，任第五战区民众动员委员会委员、安徽省民众总动员委员会组织部长。

④李明扬（1891—1978）字师广，安徽萧县人，同盟会会员，毕业于日本大浩然军事学社和德国柏林大学，参加辛亥首义。任驻粤赣军总司令时，曾邀周恩来到其部演说，宣传革命主张。四一二政变中，曾掩护和帮助一些中共党员脱险。历任第五战区游击总指挥兼江苏省政府委员，江苏徐州督察专员，徐州防空司令兼苏北第二、第四游击区总指挥官，第十战区副司令长官兼江苏淮南行署主任、国民党中央监察委员等职。中华人民共和国成立后，出席第一届全国政协会议，历任华东军政委员会委员，江苏省政协第一届委员会副主席，江苏省农林厅厅长，第一至五届全国人大代表，国防委员会委员，民革中央团结委员等职。

⑤平祖仁（？—1942.1.8）湖南人，毕业于上海暨南大学，曾任江苏青埔县县长。抗战期间，他潜伏上海，任重庆情报机关负责人，秘密从事抗日活动，1941年4月被日本宪兵逮捕，牺牲。

郭影秋之手，只是，他们是没有横向联系的中共地下党员，但都扮演着各自的角色，为了抗日民族统一战线而默契地配合着。

夏次叔原是北大学生领袖、中共北大党支部书记，中共党组织为保护革命力量，对在学运中处境危险的中共党员采取送出国外留学的方法，以便长期隐蔽下来，以待承担起更为重要的工作。随着国内形势的变化，将李、白作为统一战线对象，组成抗日反蒋的统一战线成为一项重要工作。1935夏，中共党组织提前召回了在法国留学的夏次叔，途经香港时，在中共地下党组织和友人的帮助下，他找到正在香港组织"民族革命大同盟"并且与李宗仁关系密切的国民党元老陈铭枢，陈铭枢修书一封给正在广西从事抗日反蒋活动的白崇禧的参谋长刘斐，把夏次叔推荐给李宗仁。夏次叔以其才智，很快成为李宗仁身边的高参和幕僚。

1937年9月，李宗仁上任第五战区司令长官后，任命夏次叔为第五战区司令部上校机要秘书，携往徐州。李宗仁到任徐州伊始，在各方的要求下，迅速成立了"第五战区民众总动员委员会"。他对夏次叔说，总动委会是一个仅次于总司令部的重要抗日领导机构，请你以总动委会的常委和组织部长的身份全权处理好总动委会的事项。夏次叔欣然接受，由于不熟悉军事，他提出要长官司令部懂军事的参谋、黄埔生杨萍（即杨必声，后改名为杨德华）做自己的助手。西安事变后，杨必声一直奔走在中共和国民党上层之间，毛

第五战区司令部所在地(徐州旧道台衙门)

总动委会刷写的抗日宣传标语

泽东赞扬他是"光荣使者""国共特使"。

1937年冬，杨萍参与筹备第五战区司令长官部工作，任中校参谋，综合办理作战情报、后勤、战教、备战事宜。由于工作需要，他每月都要到武汉参加战区代表会议，按照事先周恩来和他的约定，他每到武汉就去八路军武汉办事处汇报，将五战区所辖的群众基础和军事情况、经济情况一一汇报，甚至每隔一定时间就将五战区的作战计划送给长江局八路军办事处。杨必声与中共党组织的频繁接触，引起了国民党军统的密切关注。第五战区参谋长徐祖诒（又名徐祖贻）曾组织特务对其暗杀，未遂。徐祖诒就密电军委会要求对他军法处置。长官司令部机要处长将此事告知了杨必声和夏次叔。于是夏次叔和杨必声利用蒋桂矛盾，排挤桂系人员为由，及时向李宗仁、白崇禧汇报才得以脱险。夏次叔还要杨必声及时向周恩来、叶剑英、李克农汇报。为保护干部，周恩来郑重委托李济深从中斡旋，最后，由李宗仁及第一战区司令长官程潜出面，任命杨必声为第五战区上校高级参谋兼任国民政府河南商城中心县县长。后又调任湖北英山县县长，在英山县他因带领军民顽强地阻击日军的进攻而名声远播。杨必声中共地下党身份的暴露，使夏次叔的处境变得艰难，他不得不更加谨慎了。但他仍尽其所能地支持徐州地下党的工作。

据杨必声在《穿针引线——回忆在白区做统战工作》[1]一文中的"奋战在

① 全国政协文史资料研究委员会：《革命史资料》（九），《穿针引线——回忆在白区做统战工作》，文史资料出版社。

第五战区"这一章节写道：

　　七七事变后，我随李济深、蔡廷锴两先生到上海、南京从事抗日组织宣传活动。李济深应阎锡山之请，将任第一战区副司令长官。李济深、蔡廷锴劝我随去作幕僚以协助工作。经周恩来同志同意，并介绍我到太原接任后，与彭雪枫同志取得秘密联系（当时彭雪枫同志任八路军太原办事处主任）。不料到太原后，李济深不满阎锡山放弃太原降日的不抵抗主张，一周后即愤然而返南京，我也随返南京。

　　抗战开始后，周恩来、叶剑英、董必武同志主张我到桂系工作，因我较了解桂系情况，在桂系军队中有不少武汉军校的同学，很有利于开展统战工作。于是我又通过李济深先生的介绍，于1937年的初冬到徐州，参加李宗仁第五战区长官司令部的筹备工作，任司令部中校参谋。初期，我综合办理作战、情报、后勤、战教、备战等工作。后来，分工主管后勤与情报等，最后又主持战教动员等业务工作，兼与李宗仁的主任秘书夏次叔办理五战区总动员工作。那时按约定，每月我到汉口参加战区代表会时，到武汉八路军办事处向周恩来、叶剑英、林伯渠、董必武、李克农等同志汇报情况，使我党随时掌握五战区所辖二亿人口地区敌、友、我动态和所指挥的50万地方杂牌军概况。我每隔两三个月将五战区作战计划送给八路军办事处作分析敌、友、我动态的参考，有时交章汉夫同志代送，因章为新华社特派记者。

　　1938年初，蒋介石不战而弃南京，卫戌司令唐生智曾誓言与首都共存亡，南京失陷，他只身逃到徐州。李宗仁问他："你不是讲与首都共存亡吗？"唐生智答说："我是一个光杆司令，宋希濂等人带着十万蒋家军经浦口逃跑，我追问时，他还说是奉蒋命撤退的，所以他也只好逃亡以待时机。"那时我正在写一本《抗日必胜之路》的小册子，于是在小册子里引用唐生智的以上谈话加以评论："古有名训，只有亡国之君，才有亡国之臣，只有亡国之官，没有亡国之兵。难道代表5亿人口的首都南京，还不如只代表千多万人口的马德里吗？！我们黄帝子孙、深望守土保民有责的当道者，猛醒回头团结御侮，秣马厉兵，抗日救亡才有前途，否则遗臭万年，后悔莫及……"不久我到武汉见周恩来同志，请他对我写的小册子提些意见，他很坦率地说，关于唐生智一段评语有点过火，易招误解，反遭攻击，希我注意在团结抗日中搞好革命统战工作。周的指示使我此后在统战工作中注意防止极"左"路线的错误。

　　1938年5月中旬徐州突围，第五战区参谋长徐祖贻要我代理五战区参谋处长，计划并指挥从徐州到阜阳与信阳的突围。突围中有20担机要文件和作战地图，由少校参谋蒋元押运。行军第三天，情况紧急，蒋元以电话向左翼指挥曾志沂、蔡灏请示，经他俩同意将20担机要文件和作战地图淋上火油付之一炬。后来曾、蔡不认账，先给蔡降职处分，又阴谋诬害我，密电请蒋介石军委对我执行军法处理。机要处长李扬将电报内容私下通知我，要我注意应付。我乃向李宗仁、白崇禧说明蒋介石嫡系分子阴谋排挤打击我桂系人员的真相，同时向周恩来、叶剑英、李克农同志汇报，坚请离开五战区司令部。叶剑英同志同意我的意见，并当面告诉我，中央已批准我入党，以1937年为候补期，于1938年转正。又嘱咐我说，今后党和我只单线联系，要我遵守"长期埋伏，积蓄力量，待机而动"的方针，没有上级通知不能发生横向的组织关系，坚守党的秘密工作原则，以保安全，李克农同志当时亦在座，还对我说了些赞扬的话，从此我成为光荣的共产党的一员，感到党对我十分信任，党交给我的革命工作，责任是多么重大！

为了离开五战区司令部，1938年7月，通过李济深先生的关系，经李宗仁、程潜的批准，我以五战区上校高级参谋兼河南省商城县长名义到商城工作，中共长江局通过叶剑英、李克农同志介绍共产党员魏文伯到商城做地下党县委工作，行政职务是县政府主任秘书，共产党员马纪新任县常备大队长主力中队指导员，亦参加地下县委工作。我们相互配合，决定相机创造抗日游击根据地。

1973年5月20日，陆诒完成了他的一篇回忆录《忆友人杨德华》，他在文

陆诒手稿（陆诒之子陆良年先生提供）

中这样写道：

一生中有40多年连续从事新闻工作，我所结交的海内外朋友，可谓"历人多矣"！

有些人已为中国的革命事业壮烈牺牲了，有些人由于时过境迁，也就彼此淡忘。从30年代到60年代，期间历经抗日战争，解放战争，中华人民共和国成立以及解放以后的历次政治运动，一直到1966年爆发无产阶级"文化大革命"为止，生平友好中最使我敬佩而不能忘却的，便是中共党员杨德华同志。

回忆1938年3月至5月徐州会战的往事，记忆犹新。我开始认识老杨，就在这个时候。当时我和《大公报》记者范长江同志同住在徐州一家小旅馆内，名叫"万里饭店"，一间小房间，每天只收四毛钱宿费。我们经常到前线去采访，也不退掉房间，每次从前线归来，就在这小房间内伏案作战地通讯。老杨那时叫杨萍，别号必声，是第五战区司令长官部参谋处的中校作战参谋。自从我们在长官部采访时认识之后，他经常单独的到"万里饭店"来访问我们。

他自称是汉口《新华日报》的读者，抗战之前曾在广西参加过救国会，认识广西的进步人士李任仁、陈此生等。我们在一起谈国内外的政治形势，使我们获益匪浅。在他走后，范长江总是在我面前竖起大拇指说："老杨此人了不起！"当时我们还不知道他是中共地下党党员，只知道他是广西部队的少壮派，在长官部深得李宗仁、白崇禧的信任。

1982年4月8日，在纪念台儿庄战役44周年之际，时任中国人民大学党委第二书记兼副校长的郭影秋在《回忆夏次叔在徐州》的文章中写道：

无论从几件大事，还是从处理日常问题看，我们提出的意见，夏次叔没有不同意的，也没有不批准的，所以抗战中，徐州地区的统战工作的成绩与夏次叔是分不开的。

（他）对我们党的许多主张，如统一战线、抗日救国、共同抗日，等等，他都是同意的。

有一次，夏次叔还对郭影秋说："在目前这种情况下（国民党特务干扰），你们留下来已没有必要，不如借下去检查工作之名推动下面的工作。"于是，郭影秋以总动委会的名义举办了"保卫大徐州宣传周"活动，组织第五战区宣慰团体赴台儿庄前线举行宣传和慰问；还组织了若干个抗日宣传队，派到各县进行抗日宣传活动。

郭影秋曾这样回忆[①]：

在总动委会工作过程中，夏次叔是我难以忘怀的人士，他在各方面给了我们很大的帮助和支持，我和他接触很多，经常相互谈论一些问题，他对许多问题的看法都和我们一致或比较接近，其思想表现了明显的进步倾向，不同于一般的国民党员，但我始终没有弄清他的政治身份。徐州沦陷后就再没有见到他。有的说他是在撤退时牺牲在日寇的流弹下，也有的说他是被国民党内部顽固势力所杀害。

第五战区民众总动员委员会于4月下旬还召开了三届全体委员会，修订了各条例和训练大纲。

第五战区民众总动员委员会组织条例
（第三届全体委员会决议修正）

一、为动员本战区广大民众力量对日抗战起见，特制定本条例。

二、本会总会设立于本战区司令长官部所在地，定名为第五战区民众总动员委员会，并于本战区所属各省设立省分会、县分会、区分会、乡镇分会，其组织条例另定之。

三、本会工作定为下列各种：

1.动员民众踊跃从军及为国家服劳役。

2.策动各种民众团体工作，并实施战时政治军事训练。

3.协助政府办理军队粮秣给养运输事宜。

4.协助政府办理伤兵救护事宜。

5.协助政府办理战区难民护送及救济事宜。

6.协助军队办理战地坚壁清野及侦察敌情封锁消息事宜。

7.协助政府办理联保及铲除汉奸事宜。

8.监督并协助兵役机关实施对征兵各项优待办法。

---

①郭影秋口述、王俊义整理：《往事漫忆——郭影秋回忆录》，第64页，中国人民大学出版社，2010年4月第2次印刷。

9．办理慰劳及募捐事宜。

10．警卫交通网及通讯网。

四、本会总会由战区司令长官部代表、各省党部代表、各省政府代表、司令长官部所在地党政军各机关代表暨各民众团体代表共同组织之，各代表均为本会委员。

五、社会有声望或有特殊学识技能之热心人士，经战区司令长官及副司令长官之介绍，均得为本会委员。

六、总会全体委员应互推常务委员十五人至廿一人组织常务委员会，并推定主任委员一人，总揽全会事务。

七、本会设秘书长一人、秘书若干人，组织秘书厅。秘书长由常务委员互推，协助主任委员处理一切会务。

八、本会于常务委员会之下设下列各部，每部设正副部长各一人，部长以常务委员兼任，副部长以常务委员或委员兼任，均由常务委员会决定之，每部得斟酌事务之繁简，分组办事，各组设主任干事一人，干事若干人，由常务委员会任用之。各部之名称职掌如下：

1．总务部：掌理文书会计庶务及不属于其他各部事宜。

2．组织部：掌理组织及训练事宜。

3．宣传部：掌理宣传事宜。

4．后方勤务部：掌理伤兵难民之救护募捐慰劳，并协助政府办理粮秣及一切军需用品运输事宜。

5．情报部：掌理侦察敌情检举汉奸及其他交通情报事宜。

九、本会设视察委员若干人，视察各级分会工作，由常务委员会选任之。

十、本会遇必要时得设立各种委员会。

十一、本会全部工作以战区司令长官部为最高指导机关。

十二、本会委员大会每一个月举行一次，常务委员会每周举行一次，必要时得举行临时会，均由主任委员召集之。

十三、本会工作方案及各部办事细则另定之。

十四、本条例如有未尽事宜，得由本会常务委员会提请委员大会修正之。

十五、本条例经本会委员大会议决呈由战区司令长官转呈中央核准后施行。

第五战区民众总动员委员会县分会组织条例

（第三届全体委员会决议修正）

一、本条例根据第五战区民众总动员委员会组织条例第二条之规定制定之。

二、各县分会设立于本战区各县县政府所在地，定名为第五战区××省××县民众总动员委员会。

三、县分会之下设区分会、乡镇分会，其组织条例另定之。

四、县分会工作定为下列各种：

1.动员民众踊跃参军及为国家服劳役。

2.策动各种民众团体工作，并实施战时政治军事训练。

3.协助政府办理军队粮秣给养运输事宜。

4.协助政府办理伤兵救护事宜。

5.协助政府办理战区难民护送及救济事宜。

6.协助军队办理战地坚壁清野及侦察敌情封锁消息事宜。

7.协助政府办理联保及铲除汉奸事宜。

8.监督并协助兵役机关实施对征兵各项优待办法。

9.办理慰劳及募捐事宜。

10.警卫交通网及通讯网。

五、各县分会由该县县党部代表、县政府代表、各区公所代表、县分会所在地党政军机关代、各学校代表暨各民众团体代表共同组织，各代表均为县分会委员。

六、社会有声望或有特殊学识技能之热心人士，经由总会或该省省分会县之介绍，亦得为县分会委员。

七、县分会委员应互推常务委员七人至九人组织常务委员会，并推定主任委员一人，总揽全会事务。

八、县分会设秘书一人，由常务委员互推，协助主任委员处理一切会务。

九、县分会于常务委员之下设下列各部，每部设正、副部长各一人，部长以常务委员兼任，副部长以常务委员或委员兼任，均有常务委员会决定之。各部得斟酌事务繁简，设干事若干人，由常务委员任用。各部之名称职掌如下。

1.总务部：掌理文书会计事务及不属于其他各部事宜。

2.组织部：掌理组织及训练事宜。

3.宣传部：掌理宣传事宜。

4.后方勤务部：掌理伤兵难民之救护募捐慰劳，并协助政府办理粮秣及一切军需用品运输事宜。

5.情报部：掌理侦察敌情检举汉奸及其他情报交通事宜。

十、县分会委员大会每月举行一次，常务委员会每周举行一次，遇必要时得举行临时会，均由主任委员召集之。

十一、县分会办事细则由各该会自行订定。

十二、本条例经总会委员大会议决呈请战区司令长官核准公布施行。

第五战区民众总动员委员会区分会乡镇分会组织条例
（第三届全体委员会决议修正）

一、本条例根据总会组织条例第二条之规定制定之。

二、各区分会定名为××县××区××乡镇民众总动员委员会。

三、各区分会由区党部代表、区公所代表、区内各级学校代表、各民众团体代表、各乡镇公所推选之地方公正人士共同组织之，上列各项人员均为区分会委员。

四、各乡镇分会由乡镇公所代表、乡镇内各级学校代表、各保所推选之地方公正人士共同组织之，上列各项人员均为乡镇分会委员。

五、区分会设常务委员四人，常务委员兼主任委员一人，组织常务委员会，主任委员总揽该分会一切事务。

六、乡镇分会设常务委员一人，常务委员兼主任委员一人，组织常务委员会，主任委员总揽该分会一切事务。

七、区分会、乡镇分会常务委员兼主任委员及常务委员由区乡镇分会全体委员用无记名投票法选举之。

八、区分会、乡镇分会工作定为下列各种：

1.动员民众踊跃参军及为国家服劳役。

2.策动各种民众团体工作，并实施战时政治军事训练。

3.协助政府办理军队粮秣给养运输事宜。

4.协助政府办理伤兵救护事宜。

5.协助政府办理战区难民护送及救济事宜。

6.协助军队办理战地坚壁清野及侦察敌情封锁消息事宜。

7. 协助政府办理联保及铲除汉奸事宜。

8. 监督并协助兵役机关实施对征兵各项优待办法。

9. 办理慰劳及募捐事宜。

10. 警卫交通网及通讯网。

九、区分会、乡镇分会办事细则由各分会自行订定。

十、乡镇分会委员大会每两周举行一次，常务委员会每周举行一次，必要时得举行临时会，均由主任委员召集之。

十一、本条例因地方特殊情形得由省分会呈请总会核准变通办理。

十二、本条例经总会委员大会议决呈请司令长官核准公布施行。

第五战区民众总动员委员会各县乡镇自卫队组织训练大纲
（第三届全体委员大会决议修正）

一、为普遍组织民众、训练民众，充实自卫力量起见，应就本战区所辖各县乡镇组织乡镇自卫队。

二、凡年龄在十八岁至四十五岁之壮丁，除加入他种部队训练外，均需编入乡镇自卫队受训，其编制与训练方法，由各省省分会斟酌情形规定。

三、各乡镇自卫队，办理保卫地方缉捕匪盗，查拿汉奸，修护道路桥梁

第五战区总动委会办公地旧址(今青年路小学东隔壁)

电缆，传递消息，防空防毒，保护生产交通运输救护等事宜。

四、乡镇自卫队之训练，分军事训练与政治训练，统由县动员委员会遵照省分会规定筹划办理。

五、各乡镇在乡军人均有担任自卫队军事训练之义务。

六、各乡镇自卫队之成立及训练经过应由县分会呈报省分会转呈总会备核。

七、本大纲经本会委员大会决议通过，呈请　　战区司令长官核准公布实行。

　　第五战区民众总动员委员会成立之时，还成立了第五战区总动员委员会设计委员会，下设政治、经济、文化、军事四个组。主任委员林素园①，政治设计组组长王葆真②、副组长包华国，经济设计组组长王浩如（如皋县县长）、副组长王勉民，文化设计组组长郁达夫、盛成③，副组长胡定芬，军事设计组组长黄闲道④、副组长包钟敏。

①林素园（1890—1967.4）祖籍福建长乐，福州台江苍霞洲荔枝下人，1912年毕业于福建师范学堂，后赴日本留学，回国后任北平大学教授，北京女子师范大学校长，与高一涵、沈钧儒等创办《自治周刊》。集资创办黄花岗中学，自任校长。中华人民共和国成立后，任福建省文史馆馆员，是全国著名的书法家，杭州岳王庙的围墙上气派非凡的"忠孝无双"4个擘窠大字，出自他的手笔。

②王葆真（1880—1977年）字卓山，河北深泽县人。同盟会会员，参加了辛亥革命。抗战时期，任国民参政员及冀察党政分会副主任。1948年中国国民党革命委员会成立时，被选为中央常委，是政协第一届全体会议代表。中华人民共和国成立后，任政务院政法委员会委员，华北行政委员会委员，第一届全国人大代表，河北省政协副主席，第二届政协全国委员会常务委员等职。

③盛成（1899—1996）江苏仪征人。作家、诗人、翻译家、语言学家。光复南京的"辛亥三童子"之一，后赴法国、意大利半工半读，在巴黎大学曾担任主讲。1928年在法国出版《我的母亲》一书，轰动一时。抗战初期回国，投笔从戎。1938年，作为池峰城三十一师的战地记者，经历台儿庄血战。1965年从中国台湾赴美，后又转赴欧洲，从事写作和教学。1978年秋回国，一直在北京语言大学任教。为了表彰盛成在和谐人类文化方面所作出的杰出贡献，1984年法国总统弗朗索瓦·密特朗授予他法兰西共和国荣誉军团骑士勋章。

④黄闲道（1906—？）别号友林，广西桂林人。中央军校南宁分校一期，陆军大学正则班十二期。历任中央军校南京分校政治队少尉队副，"清党"委员会执行委员，国民党广西省党部指导员，南宁市特别党部执行委员。抗战期间，任广西绥靖公署特别党部副书记长兼政训处副处长，第四十八军政治部少将副主任，第五战区战地党政指导委员会少将组长、大队长。1948年任滇桂黔边"清剿"总指挥部政治部主任。1949年底被俘。1975年获第七批特赦，1978年回桂林两江公社定居。曾任广西省政协文史资料委员会资料员，著有《南宁军校"清党""反共"惨案点滴》《李默庵对解决西安事变的主和倾向》等。

名单如下：

第五战区民众总动员委员会设计委员会委员名册①

姓 名	通讯处	备 注	姓 名	通讯处	备 注
林素园	司令长官部	主任委员	包钟敏	司令长官部	军事组副组长
郑继禹	山东省政府驻徐办事处		杨石苏		
棠牧民	专员公署		杜襄甫		
王香谷	专署丁秘书转		刘仲华		
王勉民	牙税局	经济组副组长 文化	彭畏三	民治里	文化
秦亦文	第二农场	经济	苏企六	款产处	
平祖仁	专员公署		汪止豪	动员日报	
王蓝田	徐报社	文化	洪雪村	动员日报	政治
胡定芬	郑秘书转	文化组副组长	黄同仇	花园饭店七号	
徐西民	县党部		粟豁蒙	花园饭店七号	
韩多峰	大同旅社一号	军事	王葆真	花园饭店卅二号	政治组组长 军事
王浩如	农民银行	经济组组长	张月庭	四马路七号	
陈选之	本会	文化	王志圣	花园饭店九号	经济
陈东阜	司令长官部		杨必声	黄闲道转	军事
曹寅甫	县政府	政治	蒋 元	黄闲道转	
郑天民	本会	政治 经济	王仙舟	马市街小学	政治 文化
夏次叔	本会	政治	包华国	司令长官部	政治组副组长 文化
晁庆昌	本会	文化	盛 成	花园饭店十号	文化组组长
梁寿笙	司令长官部		郁达夫	花园饭店十号	文化组组长
黄闲道	司令长官部	军事组组长	常藩侯	本会	

第五战区民众总动委会还制定了设计委员会组织条例：

第五战区民众总动员委员会设计委员会组织条例

一、本条例根据第五战区民众总动员委员会组织条例第十条之规定制定之。

二、本会定名为第五战区民众总动员委员会设计委员会。

三、本会直隶于第五战区民众总动员委员会，专司本战区各项动员工作

①盛成：《台儿庄纪事》《徐州慰劳报告》，第80页，北京语言大学出版社，2007年10月第一版。

之研究与计划事宜。

四、本会设主席一人、委员若干人，均由第五战区民众总动员委员会主任委员聘任之。

五、本会设下列各组，各组设组长一人、组员若干人，由本会主席委员就委员中选任之。各组之名称职掌如下：

1. 政治设计组：掌理民众组织训练及有关行政革新设计事宜。

2. 经济设计组：掌理人民生活改善及其他物力动员设计事宜。

3. 文化设计组：掌理文化宣传及其他民众精神动员设计事宜。

4. 军事设计组：掌理民众武力编制训练及发动民众游击抗战设计事宜。

六、本会会期由本会主席委员随时规定之。

七、本会开会时，得请求第五战区民众总动员委员会之有关部长或其他负责人列席，提供研究材料及解答质疑。

八、本会讨论之决议案及设计事项，得呈由第五战区民众总动员委员会主任委员，提交常务委员会核定施行。

九、本条例经第五战区民众总动员委员会委员大会通过施行。以上会务，根据第五战区司令长官所颁布之七原则而推行。

在盛成《台儿庄纪事》"前线慰劳报告"中，有第五战区民众总动员委员会设计委员会召开的一次会议记录：

第五战区民众总动员委员会设计委员会第四次会议记录

时　间：二十七（1938）年四月二十二日下午三时

地　点：民众总动员委员会会议室

出席者：刘汉川　王仙舟　王浩如　盛成（列席）　　王葆真　王志圣
　　　　夏次叔　**杨必声**　包钟敏　韩多峰　王勉民　包华国　**彭畏三**
　　　　洪雪村　胡定芬　林素园　郑天民　晁庆昌

主　席：林素园

记　录：高紫庭

主席报告：（略）

讨论事项：

一、本会各组为工作便利计，为加推副组长一人，当否？请　公决案决议　通过。

二、本会各组正副组长如何推定案。决议推定王葆真为政治设计组组长，

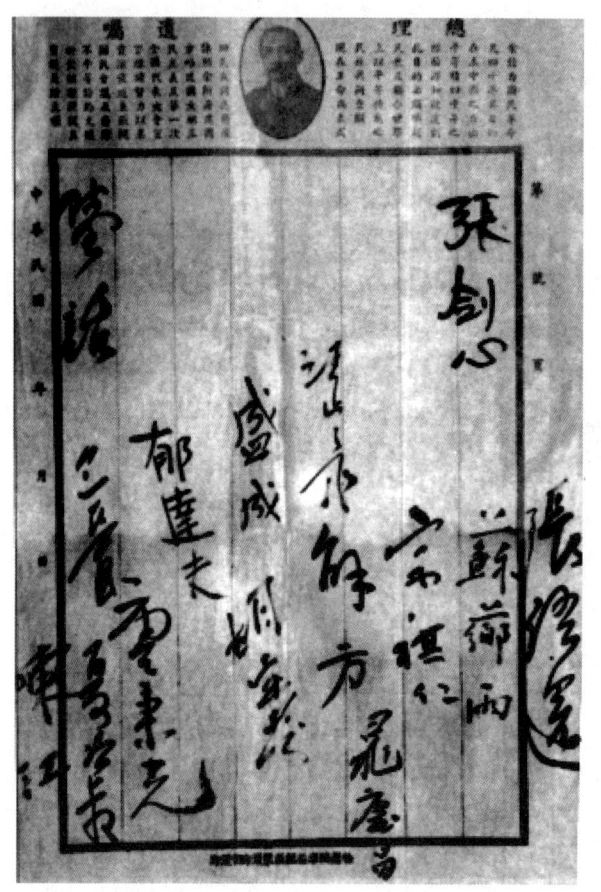

"原稿所存签名笔迹"，第五战区民众总动员委员会设计委员会第四次会议签到便签

包华国为副组长；王浩如为经济设计组组长，盛成为文化设计组组长，胡定芬为副组长；黄闲道为军事设计组组长，包钟敏为副组长。

三、拟建议在总会下设立编审委员会，负责编审一切方案，当否？请公决案决议，由本会各组组长文化组组员暨总会有关各部负责人共同组织之，由本会主席委员负责筹备。

四、拟将各戏院所演旧剧剧目加以审查，其违及民族意识及足予观剧士兵以不良印象者，禁止出演；其能提高抗战情绪，足以激励军心民气者，加以提倡。当否？请公决案决议，建议总会核办。

五、拟在各戏院表演旧剧时间内，使总会宣传队加演抗敌话剧，以扩大宣传工作。当否？请公决案决议，建议总会核办。

六、拟请由总会各部负责人提各项中心问题，交由本会，视其性质分组讨论。当否？请公决案决议 通过。

六时散会。

当年，盛成先生留存："原稿所存签名笔迹"中签名者15人，与"会议记录出席者"18人出入较大，其中签名者：张剑心、陆诒、汪止豪、郁达夫、张语还、苏乡雨、宗祺仁、解方、唐秉光、陈江10人均未在出席者名单中。不知是在战争非常时期，计划设计参会人员，还是由于大家的参会热情，抑或参会人员变动很大或临时增加之原因，不得而知。

第五战区所属地域包括苏、鲁、皖三省，中共苏鲁豫皖边区特委主要活动的四省边区的二十多个县也在范围之内。

早在1937年8月，中共苏鲁豫皖边区特委书记郭子化派丛林找到上级河南省委书记朱理治汇报工作并送交文件。朱理治派刘文（即刘敏）和何一萍随同丛林到特委，河南省委还决定让刘文和何一萍担任特委委员，从而充实加强了特委的集体领导力量。特委组织委员张光中和河南省委特派员刘文还一起来到郭影秋教书的徐州民众教育馆开办的四年制师范农民生活学校，宣布任命郭影秋为中共铜山县工委书记，并恢复了陈诚一、万凤仪（即万众一）、杨涵之的组织关系，万众一和杨涵之分任组织、宣传委员。

1937年10月，特委根据河南省委指示和形势发展的需要，便于同第五战区上层接触，以利于开展统战工作，把特委机关由鲁南抱犊崮山区的高桥镇迁往徐州，公开活动地点在徐州北关牙税局内，而秘密办公处设坝子街在民众教育馆刘文和郭影秋的住处。特委迁至徐州后，为尽快打开第五战区抗日民族统一战线局面，11月，郭子化以八路军特派员的身份，在萧县早期中共党员丁毅忱的陪同下，主动拜会第五战区总动员委员会秘书长刘云昭。刘曾在徐州省立师范学校任职，郭子化是该校学生，因此而认识刘。两人一见如故，刘当即表示愿意对徐州地区国共合作、共同抗日工作鼎力襄助，并决定由刘引荐郭子化去晤见李宗仁。郭子化向李宗仁详细阐明了中共建立抗日民族统一战线的主张。此时，日军已逼近黄河北岸，军事形势紧迫，人民群众抗日呼声一浪高过一浪。为了赢得民心，争取群众，抵御日军，李宗仁向郭子化表示："只有八路军和桂军能担负中国救亡的责任。"[1]并答复了三点：一、"同意各党各派共同抗日"；二、"接受抗日民族统一战线，同意郭子化公开设立办事处办公"；三、以社会名流身份"聘请郭子化为民众抗日总动员委员会委员"。[2]李宗仁还说："我们（指桂系）和共产党八路军建立统战关系最早，至今关系也最好。"[3]同时郭子化还与中共派往李宗仁幕僚中担任第五战区司令部参议的刘仲华取得了联系。著名实业家、教育家黄炎培到徐州考察的日记称："共产党第八路军特派员郭子化来谈。郭在徐州地区极得民众信仰，藉联庄会发动民众，其吸引力远出国民党之上。"

---

① 《河南省委李逊关于河南工作致长江局综合报告》，1938年2月18日，原件存河南省档案馆。

② 丁毅忱《关于第五战区动委会的情况》《徐州党史资料》，第十辑，第73页。

③ 郭子化：《关于1937年冬至1938年春国民党第五战区的情况》《忆郭子化》，第329页，中共党史出版社，1991年5月。

1937年苏鲁豫皖特委秘密办公处,郭影秋住处,坝子街徐州民众教育馆旧址。

郭子化被聘为第五战区总动会委员后,群众都亲切地称他为"郭委员"。郭子化毕业于江苏省立(徐州)第七师范,在徐州国民党上层有许多老关系。他便以第五战区总动委会委员的公开身份进行工作。动委会战勤部部长是国民党徐州专员兼第五战区游击司令总指挥李明扬,以徐州为中心的苏鲁豫皖四省边区游击队全归他掌管,他是徐州地方的实力派,长期和中共保持统战关系,他和郭子化也有较深的私交。国民党铜山县县长曹寅甫、沛县县长冯子固、丰县县长董玉珏、永城县县长鲁雨亭、萧县县长王紫石等人,比较开明,他们与郭子化的关系也很熟。郭子化还和临沂专员兼保安司令张里元、砀山县县长窦雪岩、宿迁县县长黄楚白等建立了较好的统战关系。

在特委和河南省委特派员刘文的领导下,以徐州为中心的第五战区和苏鲁豫皖四省边区的全民抗日救亡运动形成了高潮。

由于动委会组织部是个权力机关,战区所属各省、县民众抗日团体,都要在组织部登记,登记的就是合法的,不登记的就是不合法的。只有掌握了组织部,才能发展抗日的进步力量,限制国民党右派势力破坏抗战。因此,经过刘文和特委的精心安排和争取,通过赵光涛任动委会组织部副部长的关系,由赵推荐郭影秋任组织部总干事,特委还任命他为战区动委会中共党团书记,负责整个战区动委会的党团工作。动委会的部长、副部长都是挂名,实际上,日常具体工作都由总干事负责处理。为配合郭影秋开展工作,特委又选派唐秉光、邹育才到组织部任青年干事,徐智雨任职工干事,他们全是中共党员。①国民党的各派势力也纷纷进入动委会,其中徐海区就派祝仲冶、

①郭影秋:《抗战初期党在徐州的统战工作》《江苏革命史料选辑》第八辑,第94—106页。

吴梅庵任组织部干事，中央日报记者、《徐报》主编任宣传部干事。

第五战区民众总动员委员会这个机构，虽是国民党李宗仁搞的领导群众抗日的机构，但经过中共地下党的工作和改造，已经变成徐州地区的最高统战机构。各级动委会的条例都是由动委会郭影秋领导的中共党团组织起草，经河南省委特派员刘文审阅之后，提交总动委会通过公布的。中共利用这个机构，做了大量抗日民族统一战线的工作，为贯彻中共党组织动员群众、组织群众、武装群众进行全面抗战的方针政策，推动以徐州为中心的苏鲁豫皖四省边界地区抗战事业的发展，发挥了重要作用，也取得了很大的成效。

国民党方面是不甘心的，因此，总动委会的工作受到了国民党的竭力干扰和破坏，斗争有时非常激烈。他们妄想把进步势力从总动委会排挤出去。开始，总动委会的委员都是聘请的。但是，1938年3月下旬，第五战区总动委会召开代表会议，突然宣布取消原动委会委员，委员要投票选举。由于苏鲁豫皖四省军、政人员，以及国共合作后共产党人与各民主党派、爱国人士、各流亡团体等云集徐州，所以，出席会议的大都是国民党的官僚、军阀、政客。苏、鲁、皖三省主席的代表，省党部的专员，各行署的主任都到了。总动委会十二名常委，主任委员是司令长官李宗仁，这是法定的，其他十一名常委，名单全由李宗仁圈定，然后再提交代表大会选举。李宗仁提出桂系两名，CC两名，复兴社两名，社会贤达两名，还有三名是苏、鲁、皖三省动委会机构的头头。所谓社会贤达，就是指共产党员，一名是郭影秋，一名是张语还。张语还实际上不是共产党员，李宗仁觉得他像，也就提了他。这个人是个大炮，在会议上不讲究策略，顶撞了李宗仁。李宗仁很生气，最后又把他圈掉了，换上张语还的爱人、画家高某。尽管中共地下党在上层有些统战关系，掌握了总动委会的组织、战勤两个部和秘书处，但是，人数太少，对他们没有丝毫的约束力量。只好通过刘云昭、李明扬、雷宾南①等统战关系和李宗仁协商。选举结果，国民党得八十一票，中共只得十八票。致使重新选出的总动委会委员中，国民党的名额是中共及进步人士的4倍。最后，只好以这样的形式通过。其实，这十八票也不全是中共的代表，中共的代表没这么多人。国民党中比较开明的人士，像山东省第五区专员就投了中共的票。国

①雷沛鸿（1888—1967.7.21）字宾南，广西南宁人，博士，中国现代教育史上一位杰出的教育改革家和教育思想家。早年加入同盟会。1911年参加广州黄花岗起义。曾四任广西省教育厅厅长，创办广西普及国民基础教育研究院和西江学院，出任广西省立第一中学（今南宁二中和南宁三中的前身）的首任校长，曾任广西大学校长和广西教育科学研究所所长。中华人民共和国成立后，历任中国致公党中央常委、致公党广西壮族自治区委员会主任委员、全国政协委员、广西壮族自治区政协副主席、自治区侨联主席等职。著有《英宪精义》等书。

民党修改动委会的组织条例，妄图束缚中共方面代表的手脚。动委会组织条例，原实际由中共地下党动委会党团起草，总动委会通过。条例第七条明文规定，各级动委会要动员群众、组织群众、武装群众，抵抗日寇侵略。但是，国民党说动委会是个群众组织，不能搞武装。在动委会代表大会上，中共同国民党展开了激烈的辩论。最后投票表决，照样他们八十一票，中共十八票。武装群众这一条就被否决了。

特委在做好第五战区上层统战工作的同时，还切实做好了各县基层抗日民族统一战线的工作。1937年12月，第五战区各县相继建立了县民众动员委员会组织。按照总动委会的组织条例规定，各县动委会的主任委员均由当地国民党主要行政官员充任，县长是由徐州专员李明扬提名，如铜山县县长耿继勋、睢宁县县长陆选之、邳县县长王化云、沛县县长冯子固、宿迁县县长鲁统轩、永城县县长鲁雨亭、峄县县长李同伟等。总动委会则另派遣指导员一人去做实际工作。因此，争取派遣动委会指导员和安排各级动委会委员，是抓好基层统战工作的关键。由于中共地下党掌握了总动委会的组织部，经过努力和斗争，各县动委会指导员都是由中共地下党挑选的，绝大多数是共产党员，如丰县的**陈筹**，沛县的**苗宗藩**、萧县的**李砥平**、砀山县的尹易生、邳县的**栗培元**、睢宁县的**吴季讷**、宿迁县的**于化琪**、永城县的**刘屏江**、枣庄煤矿的**张福林**等，也有少数是失去联系的老党员，像铜山县的**佟子实**；或者中共的同情人士，如宿县的郭子豪、烈山煤矿的张云树等人。这样，虽然战区各县动委会的主任委员名义上是国民党各县县长，但实际领导权已掌握在中共地下党的手里。而且县以下区、乡也都建立了组织。当时的口号是：有钱出钱，有力出力，有枪扛枪上前线，组织起来游击战！所以，党的统战意图，通过各县动委会可以一直贯彻到区、乡、保。[1]

郭影秋在口述回忆录《往事漫忆》中回忆道：[2]

为庆祝（台儿庄）胜利，慰劳前线抗日将士，我们总动委会组织了慰问团，由我率领于4月下旬到台儿庄进行慰问。

我赴台儿庄慰师前，徐州的形势已很紧张。临出发前，我参加了特委的一次会议，研究徐州沦陷后党的工作如何办。讨论的中心是转移敌后打游击。

---

①郭影秋：《抗战初期党在徐州的统战工作》《江苏革命史料选辑》第八辑，第94—106页，1983年9月。

②郭影秋口述、王俊义整理：《往事漫忆——郭影秋回忆录》，第67—68页，中国人民大学出版社，2009年9月。

正当我在台儿庄慰劳巡视期间，大概是5月十六七号，一个国民党的赈务委员对我说："国军要撤退！"

我连夜赶往徐州，铁路已经不通。我只得沿着铁路线步行。

当时敌人已打到徐州车站。我只好往徐州东南方向的殷庄去找党的联络点，在那里发动群众，开展游击活动。

我想，很有可能我是最后一个从徐州撤退出来的共产党员。

台儿庄战役期间，在中共党组织的领导下，以总动委会名义组织宣传队、担架队、卫生队和运输队开赴前线，邳县动委会指导员栗培元以邳县动委会的名义集中全县一万多辆牛马车在陇海铁路运河车站附近，负责给参战部队运送粮草、弹药和抢救伤员。据时任接替六十军防守禹王山、连防山的第一四〇师八三五团代团长李祖明，于1988年5月为纪念台儿庄大捷50周年撰写的文章，记载了当地政府率领民众支援前线的事迹：①

战场邻近的邳县、郯城、苍山等县行政官吏都率地方武装配合军队作战，或筹办人力和物资接济前线，各地爱国绅士纷纷组织救亡团体，鼓励民众抗战，筹集钱物慰劳伤员，组织文娱活动到前线演出，鼓舞士气。六十军及一四〇师在台儿庄以东与日军血战月余，邳县民众多次到前线慰问。我感受最深的是栗培元和戴亮霞先生领导的"抗日青年救国团"，他们组织群众到连防山、禹王山、运河一带帮助守军抢救伤员，护送到后方医院治疗。并在烈日蒸蒸下掩埋忠骨，把物品送往医院及前线。"救亡宣传队"深入山地演唱抗日歌曲，高唱"工农兵学商，一齐来救亡"。还以锣鼓助兴唱：

日本强盗野心狂（齐咚呛），
杀人放火占地方（齐咚呛）。
宰了鸡，杀了羊，还要一个花姑娘，
真是太凶狂！太凶狂！（齐咚齐咚呛，齐咚呛）。
谁知中国变了样（齐咚呛），
不受压迫来抵抗（齐咚呛）。
东一村，西一庄，大家组织游呀击队，
和它干一场！干一场（齐咚齐咚呛，齐咚呛）。

这些由肺腑发出的爱国之声，响遍战场，激发了将士们杀敌卫国的豪情

---

① 李祖明：《军民合奏的一曲凯歌》《枣庄文史资料》第三辑，第152—154页，1989年4月。

和救亡图存的信念。

邳县的鲁同轩县长，组织民众协同部队作战，组织爱国人士开展救亡活动亦做得很出色。车辐山、宿羊山、赵墩一带的民众组织起来，救护伤员，掩埋阵亡将士尸体。尽管前线枪声炮声不断，群众还是运粮秣、弹药到前线补充。市集公平交易，不因战地而抬高物价，相反民众为了关心卫国战士，售物价格较低，当时烧鸡一般2角一个，鸡蛋1角买七八个。部队也不压价，军民感情融洽。

当战事逆转时，部队转移，白天行军，易被日寇飞机发现，多昼伏夜行，地形不熟、敌情不明，当地百姓主动当向导或提供情报。我们在苏北、皖北游击，沿途都得到"红枪会"的帮助，老百姓也主动售给食物。尤其是在敌后活动的八路军政工人员，多是些青年男女学生，他们动员群众协助我们，使我们避免了意外损失。我们也将余裕的轻机枪、步枪、手榴弹等赠送给地方武装。在战地的民兵参加救亡活动，不少人被日军飞机扫射，也有的被炮弹杀伤，有的倒在民族战争的血泊里。这些不穿军装的老百姓为保家卫国而献出宝贵的生命，永远值得后人怀念！

睢宁县动委会指导员**吴季讷**带领学生宣传队和二百多名武装担架队携带粮草、药品、衣物等奔赴前线，驻守在马山、汴塘附近进行抗日宣传活动，给参战部队送粮送草和抢救伤员并准备截击敌人。铜山县北部和沛县东部靠近台儿庄附近的一些区、乡农村军民在**佟子实**、**苗宗藩**的带领下全力以赴支援台儿庄。他们并不惧怕战场的枪炮和炸弹声，不畏惧敌机的轰炸与扫射，只要枪炮声一停，马上就跑出来抢救伤员或送茶水和食品到战壕里。当参战部队从台儿庄战场撤下来的时候，当地老百姓提着茶水、鸡蛋、大枣等食品硬往每个战士手里塞。战士们说："我们永远忘不了台儿庄及徐州的老大娘们。"这对国民党军队来说是从未有过的。①

在铜山县，动委会主任委员由国民党铜山县县长曹寅甫担任，**佟子实**任指导员，委员有**陈瑞生**、**万众一**、**佟兰昌**等。曹寅甫虽是国民党县长，但他是1927年四一二反革命政变前的国民党员，"比较开明，与我党有合作的基础，其余多系中共党员或开明人士，对开展基层统战工作十分有利"。铜山县动委会成立之后，"在佟子实、万众一、张道平（即张文盛）等人的积极推动下，全县区、乡级动委会相继成立"。"由于区、乡动委会成员基本上是按照

---

① 吴振华：《徐州民众抗日总动员委员会始末》《徐州文史资料》第21辑，第212页。

我党的意志确定的，实际领导权控制在我们手里"，使我党宣传群众、发动群众、组织群众投入抗日战争有了切实的保证。①

在丰县，中共党员"**王文彬、张如、陈筹、孙鹤一**等积极领导了丰县动委会的工作，宣传党的抗日主张，激发民众的抗日救国热情，并筹集和购买了枪支、弹药和车辆（曾一次就购买了匣枪十支、自行车十四辆），为后来开展抗日游击战争奠定了一定的物质基础"。在该县李新庄村"举办了两期训练班，培养了抗日游击骨干六十余人。同时，党也派干部对丰县其他各区进行了许多工作，从而使我们党基本掌握了二、三、五、七区的政权"②。连丰县国民党负责人黄体润也不得不感叹道：共产党人"吃苦耐劳，接近民众，确较现任党政工作人员做事积极"。③

在沛县，在中共苏鲁豫皖特委领导下，中共沛县县委"与国民党沛县县长兼第五战区游击总指挥部一支队队长冯子固建立了抗日民族统一战线"，从县到区都建立了动委会，冯子固任县动委会主任，中共沛县县委领导人**郝中士、苗宗藩**任副主任，我党通过动委会发展组织，训练干部，组建抗日武装。至1938年5月，沛县沦陷前，全县恢复和发展党员五六百人，建立了四个区委。通过各地党组织，全县各区均普遍建立了农民救国会、妇女救国会、青年救国会。④

在萧县，国民党萧县县政府行政科长王雪琴和财政科长**彭笑千**，非常赞成郭子化提出的"发动群众，组织群众，全民抗日"的方针。在郭子化的推动下，彭笑千以原县长姚雪怀业已逃离为由，提出由王雪琴担任县长。于是，在刘云昭大力推荐下，第五战区长官司令部遂任命王雪琴为萧县县长，彭笑千为县政府秘书。"县政府成立后，即根据郭子化等同志的意见，把流落在外地的过去的萧县共产党员找回来，成立了萧县抗日动员委员会，以丁毅忱为主任，因为他和郭子化同志有私人关系，便于转达党的意图，其次他和县里的旧势力有关系，便于应付旧势力对动员委员会的攻击"。动委会的工作实际上由**许西连、纵翰民**和张舒民主持。县动委会成立之后，接着成立区、乡动委会。在各区举办了数百人的农民抗日训练班，并轮流在各区召开万人宣传大会，散发宣传品。"大大鼓舞了群众的抗日情绪，彻底清除了国民党在群众

①中共铜山县委党史资料征集领导小组办公室编：《铜山县革命斗争史》，第86页。

②李秉真、李光路：《回忆大哥李贞乾》，中共丰县县委党史资料征集办公室、丰县档案局编《丰县革命史料选》，第三辑，第5页。

③《黄体润日记》，原件存丰县档案局。

④中共沛县委员会党史办公室，沛县档案局编：《沛县党史资料》第二辑，第64页。

中造成的恐日病，给沦陷后的抗日工作打下了思想基础和组织基础。其次是着手改造区政权，逐步撤换国民党时期的旧区长，由中共党员或进步民主人士担任各区区长。最后，对国民党县常备队也作了初步的人事调整，下发了政治教材，以便改造成为抗日的武装"。①

由于萧县统战工作做得踏实，群众发动充分，所以在保卫萧县县城的战斗中，县长王雪琴率广大人民群众同日寇进行了一场殊死搏斗，谱写了一曲悲壮战歌。1938年5月，日军直逼萧县城下，民众奋起抵抗。日军久攻不克，乃调动大量部队，以坦克为前导指向萧城。"县长王雪琴即以他坚强而勇猛的气魄，向地方武装力量发出与萧城共存亡的悲壮号召，博得部属响亮的响应，人人同仇敌忾，共同拼搏杀敌，竟使敌人有两天两夜之久未能向我前进一步，最后是北关城墙终被敌人以坦克摧毁，敌寇乃蜂拥而入，先生于是率部勇猛迎敌搏斗，终因敌众我寡，先生与部下壮烈牺牲。萧城遂亦为敌寇占领"。②

在砀山，1937年9月25日，郭子化、刘云昭由徐州抵砀山，同国民党砀山县县长贡沛城"就如何进行统战宣传工作，组织广大群众进行抗战等，认真交换了意见"。之后，郭子化从陕北派讲解员到砀山。这些讲解员"积极热情，宣传国共合作、全民抗战，坚定抗战必胜信心，利用县府各单位工余时间，教唱抗战歌曲，还应城区各校的邀约，分别前往协助开展抗日动员宣传，提供音乐教师所需的抗战歌曲教材。在短短的一个月内，抗战歌声洋溢于街头巷尾。③

三、徐州职工抗日联合总会

通过动委会，共产党在第五战区范围内组织了许多抗日群众团体。1937年12月，津浦、胶济、陇海铁路的工人，枣庄、贾汪、烈山煤矿的工人，联合发起组织第五战区徐州职工抗日联合总会，中共党员徐智雨当选为主任委员。联合总会的领导机构由各矿山、铁路选派代表组成，枣庄的张福林成为总会主要负责人之一。以后，津浦、陇海铁路的徐州段，枣庄、贾汪、烈山三个煤矿的职工抗日联合会也相继成立。共产党通过总动委会组织部，以给各联合会派指导员的名义，派去了党员和进步人士。在我党领导下，第五战

---

①《张舒民回忆录》，原件存中共萧县县委党史办公室。

②丁毅忱：《忆我师王雪琴先生》，原件存中共徐州市委党史办公室资料室。

③贡沛城：《砀山县抗战初期纪事》《江苏文史资料选辑》，第十七辑，第18—22页。

区职工抗日群众运动轰轰烈烈开展起来。①在台儿庄大战时，徐州职工抗日联合总会统一行动，炸毁了烈山煤矿，破坏了陇海铁路，配合国民党军队作战。枣庄煤矿工人为了有力地支援中国军队消灭敌人，主动与津浦、陇海线上的铁路工人及贾汪、烈山煤矿的工人取得联系，在边区特委书记郭子化"破坏敌人运输"的指示下，组织了3000多人的破袭队、爆破队。枣庄矿工抗日联合会负责人张福林动员数百名煤矿职工，利用熟悉的地形，经常不断、神出鬼没地夜袭日军的后方，致使日军攻打台儿庄受到牵制。他们将临（城）枣（庄）赵（墩）铁路支线大部分路段的铁轨扒掉，切断了日军的交通联络和补给线。这支游击队还袭击了日军的汽油库，据驻防在台儿庄的国民党军孙连仲第二集团军参谋处处长何章海的回忆："矿工游击队以手榴弹炸毁日军的汽油库，汽油库上空烈焰腾空，一片火海。自日军的汽油库被炸后，日军的飞机就不那么猖狂了。"同时，枣庄矿工还组织大批人力、物力，支援台儿庄战役，许多矿工奔赴台儿庄前线为抵抗日军侵略的国民党军带路、抬伤员。

在临枣支线，矿工游击队还伏击了一股敌人，缴获马车一辆。炸毁日军的南下列车，致使日军改由周村、益都用汽车、马车向台儿庄补给，矿工又组织3个摧毁队，炸坏了台潍公路，使侵入台儿庄之敌支援无着、后退无路。

枣庄煤矿工人的爱国抗日举动，多次得到第五战区职工抗日联合会总会的通报表扬。当山东省职工抗日联合会总会成立时，大会报告中也指出："枣庄矿工的游击队，在台儿庄大战中，炸毁敌人南下列车，配合正规军队取得了台儿庄大战的胜利。"

枣庄沦陷前夕，煤矿地下党组织撤到北山开展游击战争，不少矿工和学生纷纷随之撤离到北山区，拿起武器，参加了鲁南人民抗日义勇队，为创建抱犊崮山区抗日根据地做出了贡献。徐州沦陷后，联合总会迁至山东淄博矿区，得到了八路军的援助。为国家为民族为鲁南抗日根据地的建设，枣庄煤矿工人及中兴中学的学生，做出了巨大贡献。②

1938年5月1日，进行了徐州职工五一节纪念大会，发表了"大会宣言""告职工书（铜山总工会）"及"告妇女书（妇女委员会）"。

徐州街上贴了很多的标语："提高工人政治地位""救济失业工友""争取最后胜利""打倒日本帝国主义""中华民族解放万岁！"下午6时，在公安街

---

①郭影秋：《抗战初期党在徐州的统战工作》《江苏革命史料选辑》第八辑，第94—106页，1983年9月。

②修杰、任山：《枣庄煤矿与台儿庄大战》《枣庄文史资料》第三辑，第157—158页，1989年4月。

中山纪念堂举行群众大会，会场内外人山人海，离前线仅60公里的徐州，市面安定如常，群众之情绪热烈如此！竟有此盛大的劳动节纪念会，令人万分兴奋。驻在花园饭店的外国朋友也来参加，他们也兴奋不已，称徐州真不愧为东方马德里！计到有各职业工会全体工友、各机关团体代表及群众万余人，当场通过成立徐州职工抗敌协会。主席团为总动员委员会代表包华国，职工抗日联合总会代表刘凤来、吴效乾、魏传义、李庆麟、郝思俊、田玉胜、何应询、齐锦庭、王宗民、张云树等十一人，吴效乾为大会主席。他报告的大意可分为下列四项：一、五一节的事实；二、纪念五一节要牺牲个人利益，争取民族的解放；三、在抗战时期，工人要拥护最高领袖抗战到底，拥护李司令长官保卫徐州，鲁南大战，是奠定最后胜利的基础；四、徐州职工抗敌会的成立，就是领导徐州职工完成抗战工作的唯一团体。继有包华国、刘凤来及青年救国团代表唐秉光相继演说。当场通过职工抗敌会执行委员：徐智雨、吴效乾、魏传义、刘凤来、李庆麟、王开明、张仁尧、张庆祥、王新年、田玉胜、龚承恩、杨开杰、郝思俊、傅昌太、杜基科、解高氏、胡天才、丁元太、李明千、郑立发、赵凤祥共21人。大会高呼口号，声响云霄。大会礼成后，各职业工会，本拟列队提灯游行，因时间已晚，未曾举行，但有各种玩意，如大头、高跷、旱路小黑驴、狮子等，情况至为热烈，尤以移动剧团放映抗战影片，极受群众欢迎。

会后还致电各界，以示五战区工人抗战之决心。致电："电林（森）主席""电委员长""电李长官""电工人总会（全国工人抗战总会）""电世界工人"。①

四、第五战区青年救国团

1938年2月，总动委会组织部召开青年代表会议，第五战区各县的青年代表和各地来徐的青年学生参加了会议，成立了"第五战区青年救国团"，选举中共党员刘剑为团长。唐秉光由长江局来到徐州后，做了第二任团长。随后，各县、区、乡的青年救国团也相继建立起来。仅两三个月的时间，青年救国团便发展成为拥有几万人的群众抗日组织。一大批爱国有为的年轻人，生龙活虎地开展着抗日活动。以后，中共领导的全区性质的"农民抗日救国会""儿童团""姊妹团"等群众抗日团体如雨后春笋，遍地皆是。人民群众

①盛成：《台儿庄纪事》《徐州慰劳报告》，第82—90页，北京语言大学出版社，2007年10月第一版。

发动起来之后，不但对国民党是否抗日敢于监督，而且对他们的贪污枉法也敢于揭发斗争。派到沛县去的共产党员**蓝铭述**、**权进庭**、**权翊庭**，发动儿童斗争土豪劣绅，在当时轰动一时，极有影响。派到宿县去的党的力量比较强，在宿县第五区发动几千人检举揭发国民党区长贪污罪行，并到徐州请愿要求罢免这个区长。李宗仁的机要秘书夏次叔是支持中共地下党工作的，向他汇报后，他亲自拟了电报发至各县，说总动委会派出的民众动员工作团有权揭发一切贪官污吏。这个电报对正常开展工作帮助很大。从此以后，各县工作团又增加了这一项任务。中共地下党这些宣传抗日、发动群众的革命活动，国民党是反对的。但是，中共地下党这些活动是通过他们自己的组织——动委会贯彻下去的，因此，国民党方面也无可奈何。①

改革开放后，任中共中央党校文史研究室副主任的周南同志在回忆第五战区青年救国团的情况时，写道②：

1938年1、2月间我从山西回徐州看看，恰巧老同学刘剑同志也刚刚从延安回到徐州。他说他是由党组织派他回徐州工作的，并劝我也留在徐州工作。他说，"郭影秋同志就在第五战区动员委员会里，我们可以找他，请他分配工作。"我很高兴地同意了。

我们见到影秋同志后，他先是分配我们在动委会第二宣传队里作政治工作，不久又调我到动委会宣传部工作。十来天以后，他又对我们俩说，组织上决定成立第五战区青年救国团，叫我们参加做筹备工作。筹备工作主要由动委会组织部的邹育才、徐智雨（当时都是党员）负责，平津同学会等团体的李光仪、李锐、狄庆楼等也参加。刘和我是徐州的学生，就作为徐州青年学生的代表参加。

……

青救团的筹备工作虽然很紧张，但是很顺利。事先已经取得李宗仁的同意，又有动委会组织部的具体指导，又有各个工作团和地方积极分子（有的是中共党员）的支持，所以工作进展很快。

……

成立大会是在动委会大礼堂开的。（这个院子早先是城隍庙，二十年代后

①郭影秋：《抗战初期党在徐州的统战工作》《江苏革命史料选辑》第八辑，第94—106页，1983年9月。

②周南：《第五战区青年救国团纪略》《徐州党史资料》第六辑，第14—18页，1984年6月。

期改为县民众教育馆，抗日战争开始后，第五战区总动员委员会就设在这里；大礼堂原来是城隍庙的大殿。）到会的人满满一礼堂，有徐州本城和外乡外县的青年代表，有驻徐抗日救亡团体的代表，还有各单位的来宾。哪几个人讲话我记不住了，只记得选举总团部执委会的时候，是李锐（似乎是司仪）在台阶上介绍候选人名单，主持表决。各候选人都依次作一个简单自我介绍。大会选出的执行委员会委员有**唐秉光、刘剑、狄庆楼、李锐、林世均**、苏某和我共九人（或十一人？）。大会还通过了青救团的组织章程、慰问前方将士的电文等。

大会以后，执委会开第一次会议。会上推选刘剑为常务委员（简称常委，即主要负责人）。其它执委的分工是：林世均和我分工组织部，唐秉光和李锐分工训练部，狄庆楼和另外一位同志（名字记不清了）分工宣传部，其它执委的分工记不清了，但其中可能有在外地工作的就没在总团部里担任职务。

……

成立后两三个月中，各地的分团部（有的是县，有的是边界，有的是水上）约有几十处，会员数目记不清，可是光团费就收了上千元，估计会员一定有几万人。

总团部训练部还办了一个八开的小报，取名为《救国青年》，三五天出一期，登载一些青年救国团的活动、经验和一些评论。这个刊物是由李锐主编，他（可能还有另外两个同志）天天约稿、看稿、编排、校对、付印、分发，也是忙碌得很。这个刊物旗帜鲜明地宣传抗战必胜，必须发动群众，必须搞统一战线，必须准备打游击战等等道理，当时也起了不小的作用。

《救国青年》之外，宣传部还编印一些宣传品，参加组织一些群众大会，特别像庆祝"台儿庄大捷"、纪念"五一"节等宣传活动，由于驻徐州各团体的共同努力，搞得真是热火朝天。

五月进入中旬，陇海路西段被敌人切断，形成了对徐州的大包围圈。第五战区司令长官部决定向西南方向突围。一天（约在五月十五日左右），青救团执委会在南郊旧黄河大堤上开了最后一次会议。会上决定主要负责人唐秉光和别的几位同志随长官部去西南方向潢川一带，仍以总团部名义活动；刘剑和我两人随特委书记郭子化同志插入鲁南敌后，可以用总团部代表的名义活动。散会后，我问唐秉光同志我的党的关系如何转，他说："郭子化同志知道了，你跟他去就是"。恰巧这时我们的忠于职守的会计吴同志带着他保管的现款几百元来交给我，我交给唐，唐自带大部分，分一部分给我作我们的活动经费。从此我和唐秉光同志就分手了。晚间，动委会机关紧张地忙着撤退，宣布各人分散行动。我急忙回家，准备去鲁南的行装。第二天凌晨，我与刘剑到西门外向郭子化同志报到，接着就在郭子化同志的率领下，十来个人动身插向鲁南敌后了。

鲁南临沂、郯城边界早已由丁梦孙同志等成立了临郯青年救国团，颇有一些基础。刘剑六月里就到了那里，我在十月里也到了那里。开始还用一用第五战区青救团总团部代表的名义，以后我们都有实际工作岗位，就不再用总团部代表的名义了。

关于第五战区青年救国团的情况，李锐于1987年撰写了回忆文章《投笔从戎的三天》[1]，他写道：

1938年1月到5月，除开3月间到武汉参加全国学联代表大会外，我在徐州做青年工作。当时徐州是第五战区首府，司令长官李宗仁政治上比较开明，成立有第五战区民众抗日总动员委员会，会中吸收了一批进步人士和地方开明士绅。中共的苏鲁特委负责人郭子化几乎是半公开的，被聘为委员；特委成员郭影秋就在动委会内工作。因此，徐州及附近各县的抗日救亡群众工作相当活跃。同我发生工作联系的王文彬，即在他的家乡丰县准备打游击。我作为第五战区青年救国团的负责人，参加过李宗仁主持的动委会的会议；这个团体是公开合法存在的（动委会给经费补助），在徐州周围地区得到迅速的发展。当时党组织的工作重心是准备在敌后开展游击战争。记得范长江、陆诒两位《大公报》《新华日报》记者到徐州时，还向我作过采访，报道过当时徐州的群众抗日活动和鲁南正在起步的游击战争情况。我自己正是少年气盛，满腔热血，决心投笔从戎。卢沟桥事变之后，大批离开了学校的知识青年，尤其是平津流亡同学，多是决心留在敌后参加游击战争的。

当时在武汉有好多个青年群众团体，"全国学联"即是其一，它是由蒋南翔领导的，受长江局青委直接管辖。长江局青委在武汉举行了一次规模大、比较隆重的"全国学联代表大会"。外地有一些学联代表到武汉。这个代表大会的报告由广州来的吴华作，报告稿是蒋南翔主持起草的。长江局领导青委的何凯丰审改。这个报告一开头引用《松花江上》这首流行得很的歌曲是何

---

①李锐：《投笔从戎的第三天》《群言》，1987年第9期。

凯丰加上去的。全国学联还办了一个《战时青年》的刊物。①

据蒋南翔回忆：1938年3月25日，全国学联第二次代表大会在汉口商会大礼堂举行，参加会议的有来自河南、四川、两湖、两广、江西、陕西等16个省市的主要学生团体，共73个单位120名代表。国共两党和其他民主党派的领导人周恩来、郭沫若、陈诚、黄琪翔、康泽、邵力子等到会祝贺。代表中有北京学联的王文彬等人，还有李锐等人。第五战区司令长官李宗仁还为大会捐款500元。②

董必武出席了这次由中国学生救国联合会召开的第二次代表大会，并为大会题词："中国目前统一的学生运动是统一的青年运动的先锋。"③

这次会议后，李锐等人又回到了徐州。2006年元旦，李锐在给《李普自选集》撰写的序言中回忆道："1938年5月，徐州突围后，在苏北短暂停留，经上海、香港回到武汉，长江局派我回到家乡湖南省委工作。"

以中共党员刘剑为团长的第五战区抗日青年救国团（简称"青救团"）在徐州成立后，还创办了《救国青年报》，李锐任该报主编。徐州周边各县也先后成立了抗日青年团救国团。其中，教书先生徐玉珍投笔从戎，参与了邳县青救团的筹备和组建工作。邳县青救团在县城黄庙里宣布成立后，徐玉珍又与王书楼、杨学忠等在邳县东区发展青救团组织。徐玉珍和王书楼、杨学忠一起组织战地服务团，奔赴前线，慰问抗日将士，支援台儿庄战役。

1938年3月下旬，邳县青救团组织战地服务团，在王书楼、吴云培等带领下，奔赴前线，慰问抗日将士。4月下旬，鲁南的炮声越来越逼近邳县，许多知识青年和富人子弟成群结队地向西逃难。国民党军队的伤员成百上千地从炮车站集中乘火车西去。5月12日起，日本飞机连续轰炸炮车站。国民党军队的汽车、辎重车滚滚西撤，日军随后追击。两天后，日军突破运河防线。5月19日，徐州沦陷。7月，邳县青救团以赵兴仁的游击队为主正式组建抗日义勇队，成立大会特地选择在土山镇关帝庙里举行。赵兴仁任邳县抗日义勇队大队长。下辖一、三两个中队，徐玉珍任第三中队中队长。④

在徐州的东北重镇临沂，1938年3月，中共党员丁梦孙以第五战区民众

①于光远：《抗战初期在武汉的日子》《平原大学学报》1996年12月，第4期。

②蒋南翔：《第二次学联代表大会前后》《抗战初期中共中央长江局》，第545—547页，湖北人民出版社，1991年5月。

③《董必武年谱》第131—140页，中央文献出版社，1991年5月。

④张绍俊、王志华：《威震敌胆——徐玉珍传》，第55—57页，江苏人民出版社，2012年12月。

总动员委员会临沂县副主任的身份从济南来到临沂城南三重村、丁庄（今分别属临沂市罗庄区傅庄街道、汤庄街道）一带宣传、发动群众组织起来，开展抗日救国斗争。

前黄山村（今属罗庄区黄山镇）有个大户人家，当家的叫徐奎元，身兼黄山乡乡长、联庄会会长等职。丁梦孙找到徐奎元，得到他的理解，他当即答应支持抗战，同时为了掩护丁梦孙，还认他做了义子。这期间，徐奎元在丁梦孙的介绍下，秘密加入了中国共产党。

1938年5月，丁梦孙在丁庄召开"临郯青年救国团"县团部成立大会。临郯青年救国团（简称"青救团"）是中共在临郯地区第一次公开组织成立的抗日救亡群众团体，影响颇大。距前黄山村不远的汤庄，村民孙秀廷是位出身农家的文化人，文质彬彬，他毫不迟疑地报名参加了青救团。丁梦孙告诉他："可暂时以教书为掩护，宣传发动群众抗日救国，必要时可出来工作。"

在当时，很多像徐奎元、孙秀廷一样的临沂爱国志士，纷纷参加青救团，抗日救国，从侧面配合了台儿庄战役。

后来，随着青救团在黄山镇一带队伍的稳定壮大，徐奎元又介绍丁梦孙到其亲家所在的庄坞（今属兰陵县）开展工作，同时引荐了自己的儿子徐洪恂、侄子徐洪贵两位热血青年参加青救团。其中，中共党员石金芝主动与青救团取得联系，在石家村成立了第十九分团，并担任团长。截至1938年7月，短短数月，所属分团发展到了37个，成为临郯敌后群众基础最为广泛的抗日组织。

为了鼓舞大家的抗日热情，他们还制作了青救团团歌："苍山浮着白云，沂河流着黄金。我们为了生存，下定了抗战的决心。我们活泼勇敢、朴实坚定，更有牺牲的精神。团结临郯的青年，大家一条心……临郯的青年，青年！向前进！进！"

五、第五战区抗敌青年军团

平、津、太原、上海等地相继失守后，津浦铁路沿线各大城市学校大部停办，大批大中学生、公教人员纷纷沿平汉线到武汉或津浦线抵达徐州，而上海、南京的学生除由水路沿长江去武汉，更多的是由浦口北上至徐州。各地的流亡学生和爱国青年纷纷云集徐州，他们苦无出路而又怀着满腔热忱和报国之心，请缨杀敌。

1937年11月，在第五战区总动委会秘书长刘云昭、第五战区参议刘仲

第五战区抗日青年训练班成立旧址(今徐州一中)

华、刚从延安归来的刘仲容等人的建议及徐州青年抗日团体的要求下，李宗仁决定在徐州中学举办"第五战区抗日青年训练班"。第五战区司令长官部还通过报纸、招贴，招收学员。凡大专院校和中等程度学生，只需持有一定证件，即可报名参加。第一期招收培训青年及学生300余人。学员基本上是来自徐州农民生活学校、萧县师范、邳县运河乡师、宿县师范、铜山县读书会的青年。对班主任的人选李宗仁极为重视，他亲自邀请聘任桂籍著名教育家雷宾南先生担任班主任。雷宾南原系广西省教育厅厅长，曾在无锡教育学院任教，是郭影秋的老师。时任江苏教育学院院长，他当时就带领教育学院学生数十人到徐州参加"抗日训练班"。郭影秋通过雷宾南安插了中共党员陈筹为指导员，政治教官匡亚明和佟子实等人，中共党组织还选派张文盛等一批共产党员和进步青年到训练班学习。郭影秋他们通过雷宾南在学员中做工作，发展了三十多个党员和一批团员。在发展党员工作中，学员张文盛、蓝铭述、权启礼、权进庭、权翊庭等人起了很大的作用。

此时，正准备第二批赴延安而滞留在徐州睢宁县的进步青年学生，全部转入训练班学习。在"青训班"内，睢宁"私农"学生李光军、吴献贤、许辉、朱雪村、黄廷旭和邳县运河师范学校睢宁籍学生戴尚义等6人被发展入党，并组建了中共"睢宁支部"。戴尚义任支部书记。"青训班"结业时，"睢宁支部"全体成员回到睢宁，以"徐州第五战区民众总动员委员会工作团"的名义从事党的恢复和发展工作。

这一期学员学习三个月，1938年2月毕业时，通过动委会组织部，由中共通过郭影秋来掌握分配，把这批学员分为11个组，以第五战区某某县民众动员工作团的名义派往各县，安排他们参加各县民众动员工作团的工作。每个工作团都有一至五六名党员。工作团隶属组织部，下到各县之后，由县动委会指导员指导，具体任务是发动群众、组织群众、武装群众。对各县工作团团长，郭影秋能回忆起来的有：铜山县张文盛、沛县赵楷梁、萧县曹鹏、邳县陈瑞生、睢宁县戴尚义、宿迁县朱太纲、宿县王子模、赣榆县孙朝旭、沭阳县夏际霞。同年2月，动委会组织部又把铜山县柳泉至佟村一带的农村知识青年，组成"第五战区总动委会第三宣传队"，派到各县进行抗日宣传，宣传的内容全是中共地下党组织编排指定的。这样，在第五战区动委会这个旗号下，尽管有曲折，有斗争，有困难，但是，中共地下党可以把大批共产党员和进步力量，公开合法地派往各县，深入到群众中间去，大张旗鼓地进行抗日宣传。以徐州为中心的苏鲁豫皖四省边区的群众抗日热情，在中共地下党组织的宣传鼓动之下，迅速地高涨起来。

由于工作团团长大多是共产党员担任，所以他们在宣传、组织、武装群众方面做了大量工作，发挥了重要作用。徐州沦陷之后，他们绝大多数参加了革命，成为苏、鲁、豫、皖四省边区创立革命武装、开展敌后游击战争的骨干力量。在抗战和解放战争中，有些同志为革命流尽了最后一滴血。新中国成立后，大多数人已是地方地委以上、军队师级以上的领导干部。像武汉军区副司令员李光军、一机部副部长吴献贤、空降军某军军长权启礼等都是这一期的学员。①

1937年年底，随着济南、青岛等山东省大片土地沦陷，山东及邻近各地流亡而来的知识分子、青年学生，一批又一批涌到徐州并

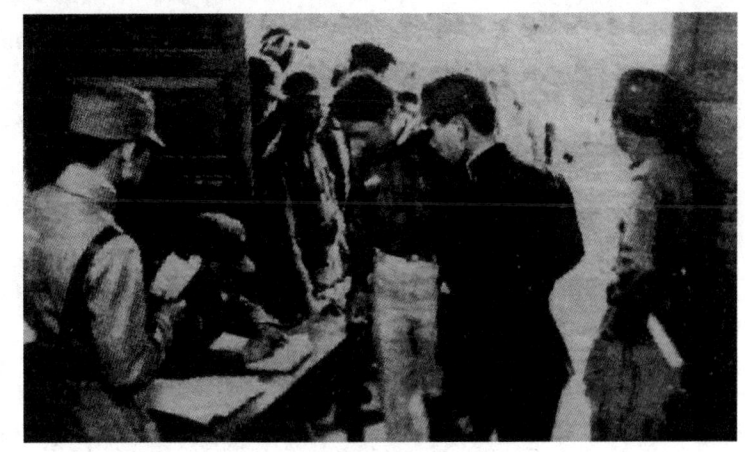

第五战区抗日青年训练班招募学员

---

①郭影秋：《抗战初期党在徐州的统战工作》《江苏革命史料选辑》第八辑，第94—106页。

参加了训练班。但是，李宗仁发现训练班没有按照他的意图办，而是中共党组织训练了抗日骨干，就找到班主任雷宾南谈话，责问他训练班是为谁培养人才，雷宾南回答说，现在是抗日的时候，训练班为抗日培养人才。李宗仁听了很不高兴，就免去雷宾南的班主任、陈筹的政治指导员，换上他们自己的桂系干将潘宜之担任班主任。

第二期"抗日青年训练班"开始扩招，由于招生条件宽泛，一不限年龄性别，二不问学历与信仰，三不管职业与资历。只考一篇作文，题目是《天下兴亡，匹夫有责论》，再由长官部高参兼第五战区民众总动员委员会（主任委员李宗仁）秘书长刘云昭口试录取。总之，招生只有一个重要条件："坚决抗日到底。"这个招生简章，极富有号召力，具有动员民众起来参加全民抗战的作用。所以，报名者十分踊跃，其中：有全校师生一齐报名者；有抗日群众组织集体报名者；有祖孙三代人一块报名者。这个报名行动，体现了同仇敌忾、抗战到底的决心。报名情形，非常感人。招生人数迅速增加到5000人，李宗仁大喜，把"抗日青年训练班"更名为"第五战区抗敌青年军团"，亲自兼任团长，刘云昭、刘仲华、刘仲容等为顾问。而实际掌权负责的是李宗仁的称心助手、第五战区军法执行总监兼任副团长的中将张任民，潘宜之中将任教育长，郑昌繁任军训处少将处长，黄季陆任政训处少将处长（后为刘世衡），陆选之为团部秘书，而具体管训各队学员的，则是张任民的亲信周聪。

第五战区抗敌青年军团招生后，按入团先后次序进行了第一次编队，共编为四个大队，一个女生队；每大队辖4个中队，中队辖4个区队，每区队4个班，每班14—16人。第一大队少将大队长梁松樵，第二大队上校大队长陈大中，第三大队上校大队长陈步藩，第四大队上校大队长张敬；女生队少校大队长曹汝慧，王深汀（又名王慧兰，臧克家发妻，1928年结婚，育有乐源、乐安二子）、左岫泉（曾留学日本）任指导员。

青年军团虽已成立，但国民党中央却不给经费，李宗仁只有商请原广西"绥靖"公署从士兵空饷中拨款维持。由于徐州战事吃紧，李宗仁决定把校址由徐州搬到河南省潢川。中共苏鲁豫皖边区特委和刘文研究了这个问题，认为潢川虽然不属特委领导范围，但为了不削弱抗日青年训练班中中共的工作，仍决定派匡亚明和佟子实等人以"政治教官"的身份，随第二期去潢川，并把第三宣传队的全体队员，以及平津流亡同学会，"民先徐州办事处"等抗日团体中的部分进步学员，派去当学员，准备在学员中继续起作用。

1938年1月全团离开徐州，开往河南潢川县城。临行前一天，在徐州中学大操场集合，李宗仁、李明扬、刘云昭讲了话。那天天降大雪，天气严寒，大家在风雪中一直站立了近4个小时，身上落满了积雪，手脚都麻木了，活像一队队人工塑造的雪人，但会场秩序井然。次日当地报纸作了详细报道，盛赞学员们的报国热情和严明纪律。大家当夜乘火车抵河南信阳，然后徒步行军，于泥泞中跋涉120公里，才到达潢川县城。

在潢川通过考核后按文化程度进行了第二次编队，这一阶段的教育方针是三分军事、七分政治，生活管理军事化，严肃紧张，颇有朝气。每天日出前升旗朝会，上午、下午两操三讲，晚间座谈讨论。不断有专家学者及高级官员讲话，如白崇禧、陈豹隐、张志让、黄炎培、江问渔、梁漱溟等。政治课程有战时宣传、民众组织、军队政工、唯物辩证法、战时法令等，政治教官有匡亚明、郝惊涛、王伯伦、张百川（即张勃川）、佟子实、许大川、窦雪岩等20余人；军事课程有步兵操典、野战勤务、射击教范、内务条例、谍报业务、战地救护、防空常识、野外演习、实弹射击等。

第三次编队是按个人志愿，分为特别政治组、普通政治组、军事组、艺术组。特别政治组提前结业，组成宣慰团到第五战区前线战地服务；艺术组由万籁天率领，到湖北鸡公山进行专业训练；军事组结业后，一部分转入中央军校南宁分校学习，成为了真正的黄埔生；一部分派充第五战区所属部队基层官佐；普通政治组人数最多，于1938年4月底结业，分为江苏、山东、安徽三个实习队，由窦雪岩、匡亚明、王伯伦率领，参加三个省的抗战工作及民众组训工作。另编8个中队，由队长郝惊涛、佟子实等带领，到豫东南的潢川、商城、固始、罗山等8县，分头进行宣传和民众组训工作，准备武装斗争。第二期学员一共5000人，成员很复杂，内部斗争很激烈。学习没有结束，徐州已经沦陷，张劲夫带一部分学员去了安徽，匡亚明带一部分学员到了山东。这些学员，以后在革命中也发挥了重要作用。

青年军团艺术组也叫艺术大队，亦称抗敌剧社，由万籁天领导。艺术组归属政训处宣传科领导，政训处处长刘士衡，原是北伐时期的中共党员，受通缉后到桂系任参议。宣传科科长王深林①，在德国留学时与第五战区司令部政治部主任韦永成是同学好友。王深林应韦永成之邀，由青岛来到徐州，他的妹妹王深汀与丈夫臧克家也一起到徐州从事抗战工作。

---

①王深林（1904—1978）诸城市相州镇相州三村人。早年于同济大学肄业，后去苏联中山大学学习，1937年毕业于德国柏林大学。回国后曾任第五战区长官司令部参议兼潢川青年军团宣传委员会副主任、桂林行营参议兼广西绥靖公署政治部代主任等职。后在重庆、上海、香港等地从事民主派活动。中华人民共和国成立后，曾任政务院参事、农工民主党中央执行局委员、山东省政协副主席。

青年军团宣传科当时是最受欢迎的地方，科长王深林政治思想进步，作风平易近人，进步教官及学员都喜欢与他接近。几乎每天来宣传科交谈，互为交换意见。接受任务的人中，进步教官有郝惊涛、匡亚明、佟子实、张百川等；学生队指导员有王立行、乔冠华（后为外交部部长）、左岫泉（女）等；学生有张景华（后在八一电影制片厂厂长）、俞铭璜（后为江苏省委宣传部部长）等；女生队有沈序（后在江苏省文联任职，俞铭璜之妻）、赵敏（后在国家公安部任职）、徐勉宜、汪云、李德宽等。当时的宣传科聚集了一批进步文化人，有诗人臧克家、日文翻译家杜宇、画家王景鲁、版画家王寄舟、作家黄碧野、姚雪垠、王林度（王统照侄子）及中共地下党员张维（又名张兆麟，本名刘乐扬）等人。青年军团结业时制发的图案为一顶钢盔一杆枪的纪念章，就是王寄舟设计的。宣传科一时成为进步师生的活动中心。他们有的是共产党地下党员、"民先"队员，但大家都是心照不宣，思想可以完全解放。他们在宣传科里谈话时非常愉快。[1]

台儿庄传来大捷的喜讯，在鸡公山受训的艺术队的同学们群情振奋。青年军团派出第一、二两个中队一百多人，由严恭、纪维纲率领，到徐州前方去劳军，作小型话剧、歌咏演出。

他们到徐州后不几天，日军就迂回黄口，包围了徐州。

5月6日，百余名男女同学坐满一节车厢。许多徐州籍学员是离家后第一次返乡，心情兴奋而复杂。途经平汉路小站，遇到在台儿庄重创日寇的西北军官兵，学员们立即从车窗中展开慰问活动。西北军战士向以威震敌胆的大刀队闻名，同学们请战士高唱《大刀进行曲》，车厢中则高唱《青年进行曲》。歌声此起彼落，情景十分感人。

5月9日深夜到达徐州北站，学员整体入城。沿途岗哨林立，口令声不绝于耳，战时气氛十分浓重。当晚便下榻铜山县民众教育馆，即原来的城隍庙的大殿中。在徐州见到先期到达的徐韬、瞿白音率领的抗敌剧团（上海救亡演剧队）。两支队伍一齐展开劳军慰问演出，作小型话剧和歌咏表演。长官部拨下来步枪、钢盔、太阳旗等战利品作为道具。在徐州不过五六天，得知日军已迂回黄口，包围了徐州。两个中队的人员只好随部队突围。严恭由一位广西军官陪同，颇费周折，才在徐州南郊的一个小村庄找到第五战区长官部，李宗仁、白崇禧正在吃午饭，周围散置着绿色铁皮行军箱，显然是匆匆上路

---

①郑培心、王寄舟口述，董治祥整理：《从徐州到老河口》——回忆第五战区艺宣队；《徐州文史资料》第十一辑，第58—59页，1991年10月。

模样。李宗仁听完汇报，挥手命令火速率队随军转移。队员化装成难民模样，从萧县皇藏峪，向西突围。①

青年军团里还有两位很受人爱戴的刘高参：一位是刘云昭，一位是刘仲华。刘云昭是徐州萧县人（萧县原属江苏徐州），是民主人士，早在大革命时，因避难逃到了广西，结识了李宗仁，多年在广西帮李治理地方，颇见成效，是患难之交。刘仲华是多年留在李宗仁身边工作的中共地下党员，帮助成立了青年军团。不管是在招收新生中进行口试，或是同去潢川长期协助张任民主持青年军团的各项具体工作，他们二位都有很大的功劳。

青年军团在当时名气颇盛，李宗仁自豪地说："蒋介石有中央干训团，共产党有抗大，我有青年军团。"无怪乎有人把当时潢川第五战区抗敌青年军团比作"黄埔第二"。最终，蒋介石将青年军团纳入黄埔序列"中央军校战时干部训练团二团"。学籍序列为中央军校第十四期政治科。

"第五战区抗敌青年军团"诞生于抗日战争的历史大潮中，它存在的时间并不算长，但在抗日战争时期，确起到了一定的积极作用和影响。后来人们曾给予它各种不同的评价，其中以匡亚明先生对它的评价是最为中肯的。匡亚明作为中共老党员，当年曾在抗敌青年军团任政治教官，他对抗敌青年军团的始末和各方面的情况都了解。他在《俞铭璜同志——其人其文》②一文中写道：

第五战区抗敌青年军团"是一个统一战线性质的'抗大式'的短期干部学校"（俞铭璜同志当时是抗敌青年军团第一大队学员，中共地下党员，新中国成立后是中共江苏省委宣传部长）。抗敌青年军团学员四五千人，政治面貌各异：有一部分是以中共地下党员和"民先"队员为主体的进步知识分子，是左派；也有一部分是国民党员，属于右派；最多的则是广大的爱国青年，是中间派。尽管他们的政治倾向不同，但却在全国一致抗战这个共同的目标下走到一起来了，为争取抗战胜利而团结奋斗。所以说它是统一战线性质是恰当的。抗敌青年军团的目标是培养抗战的政治、军事、艺术工作干部，是短期速成的，学习多采取上大课和分组讨论的方式，学员都是按士兵待遇，物质生活是很艰苦的，所有这些情况与延安的"抗大"颇多相似之处，所以

①郑培心、王寄舟口述，董治祥整理：《从徐州到老河口》——回忆第五战区艺宣队；《徐州文史资料》第十一辑，第62—63页，1991年10月。

②匡亚明：上海《文汇报》1980年7月20日，第3版。

说抗敌青年军团是"'抗大式'的短期干部学校"也是恰当的。

第五战区安徽境内各县，如寿县组织了第五战区的"抗战青年干部训练团"，训练结束后作为第五战区桂系第十一、二十一集团军学生军的一员。徐州一二·九运动徐州学联核心成员**潘琰**就是其中最杰出的代表之一。

六、第五战区文化界抗敌协会

1938年3月27日，由国民政府军事委员会政治部副主任周恩来提议，邀请老舍和阳翰笙发起筹备的"中华全国文艺界抗敌协会"在武汉成立。4月7日，当台儿庄大捷的喜讯传遍武汉三镇时，满怀兴奋激情的文艺界同仁更是喊出"我们要呕尽心血道出诸同志的伟大精神，歌颂这历史的功绩。"这一口号。由老舍执笔的《中华全国文艺界抗敌协会告同志书》，给第五战区的将士们及民众极大的鼓舞！并委派郁达夫、盛成代表中华全国文艺界抗敌协会及国际宣传委员会到前线台儿庄慰劳我前方将士。

中华全国文艺界抗敌协会告同志书

诸位同志！

台儿庄的胜利，使全世界的人都换了一对眼睛来看我们中国人。在前几个月，世界上爱护和平的人都同情我们，而厌恶日本，可是在同情之中有点不放心：中国弱而日本强啊！台儿庄的大胜利，把这种不放心消除了！全世界的人开始认识我们的伟大，钦佩我们的民族复兴的决心与勇气，就是那与日本有些交情的人们，也没法不承认我们有根，而日本的侵略是自掘坟墓了。这样，台儿庄的胜利加强了全世界和平主义者的信心，削减了侵略主义者的威风。由这一战，我们已确定了转败为有名的地方，更将在历史上永远成为大中华民族复兴的光荣纪念碑。

日本的重炮与战车在这里失去了效用，我们的血肉牺牲却因维护正义与保卫江山得到空前的胜利与无上的价值。战士们，你们的每一滴血、每一滴汗，都是神圣的；在血染过的战场上会生出民族复兴的新芽来。诸同志的精诚英勇改变了历史！中国从此必能抬起头来，成为自由的国家，与有骨气的民族；也只有这么着，世界才会见到真正的和平。

你们的壮烈，你们的牺牲，你们的辛苦，使全国同胞都感激敬爱。我们——全国文艺界的同仁——是更兴奋感动。我们要呕尽心血道出诸同志的伟大精神，歌颂这历史的功绩。我们必须把后方对诸同志的希冀与帮助，传达到前线；必须把诸同志艰苦卓绝的真情，带回到后方。枪杆与笔杆必须配备在一起，前方与后方定要一心一德；全国军民都骨肉相联的共赴国难，我们才能有更大的胜利，最后的胜利。因此，我们推举了代表，今日到前方与诸同志相见：一来向诸同志致敬慰问，二来是观察战场上的情形，而后报告给后方。

中华全国文艺界抗敌协会成立没有好久，诸事还没能就绪，所以这次来慰问诸同志的代表人数不多，而给诸同志带来的礼物也不过只是一面得胜纪念旗。可是，我们还要再来。诸同志的卫国抗战的精神与功劳是我们时刻不能忘记的，我们必须要常来常往，与诸同志会面。我们正计划着，在最近的将来，我们自己特为诸同志写些小书，送到前方去，使诸同志或能得到些精神的安慰，我们也可以略表敬爱之忱。

谨祝

继续胜利！

中华全国文艺界抗敌协会启
老舍

盛成正是拿着印有《告同志书》的这份宣传单，走向台儿庄前线。为更好地鼓舞五战区前方浴血奋战的将士，加大宣传力度，李宗仁意欲在徐州设立"中华全国文艺界抗敌协会第五战区分会"。

"28日晨8时，当敌机32架飞徐狂炸，共投弹87枚，死伤男女234人，焚毁民房400余间"的情形下，据盛成《台儿庄纪事》"前线慰劳报告"当时的记载看，丝毫没有干扰徐州文化人抗日的决心和信心。司令长官部之夏秘书次叔、晁秘书庆昌依然约徐州文化人在奎光阁宴谈。盛成转录了五战区的徐州《动员日报》：

一个划期的文化人座谈会
五战区文化运动的基础将由此建立起来

（本报特写）今天是自抗战以来，敌机轰炸徐州最疯狂，投弹最多的一天。就在这个下午，十几个留在这里的文化人，在奎光阁举行了一个极严肃的座谈会。主催的人虽是夏次叔、晁庆昌两位先生，然可以说是每一个参加者内心的共同要求。

"六点半钟，被邀请者和主催的人，到齐了，一共是十五位：包华国，汪止豪①，宗祺仁②，郁达夫，胡定芬③，陆诒，晁庆昌，唐秉光，夏次叔，陈江，盛成，张语还④，张剑心，解方，苏芗雨⑤。

夏次叔先生以主人的地位，简单说明了这次邀集的意义，接着便请盛成先生报告武汉方面文化人最近的活跃姿态。盛先生是一位负盛名的文艺作家，他说的每一句话都生动而有力。在报告全国文艺界抗敌协会的中间，他说："国内的文艺作者素来党派成见，门户成见非常之深……预料在大会中一定要打破头的，然而结果我的预料完全错了……大会中充满融合的团结的空气。"

第二，由包华国报告国际反侵略大会最近在英伦开会的情形。包先生是新近由欧洲回国来参加抗战的，对于国际情势有极深刻的认识。从他的报告中间，我们得到许多极宝贵的材料；尤其对于国际间普遍同情中国抗战，盼望中国胜利的事实，更使得大家兴奋。

陆诒先生是青年记者中最活跃的分子，在战地采访新闻，他是有名的突击队长，说话的技术也是好样的。他报告中国青年新闻记者学会成立的经过，五战区新闻记者联谊会的现状并代表记者同业说明中国青年记者组合的希望与工作计划，一字一句，都能吸引全场每一个人注意力。

苏芗雨先生发言，对战区文化工作提出了三个具体的宝贵意见：一、运用《动员日报》，推动战区文化运动；发动后方文化人，多写稿在《动员日报》上发表。二、积极解决战地书报供应问题。最好征求后方书报组战地图

---

①汪止豪，第五战区《动员日报》主编兼记者，文协桂林分会（中共领导的桂林文艺界统一战线的组织，筹备委员为巴金、夏衍、盛成）候补委员，桂林国际新闻社记者。

②宗祺仁，1935年在北平任记者，1940年8月在桂林办《自由报》（晚刊），任社长。2015年高考新课标全国卷Ⅱ语文试题文本阅读类题目中，有戴安澜将军与《自由报》记者宗祺仁彻夜讨论时局，探讨国共合作抗日的未来，两人很快成为莫逆之交的故事。

③胡定芬，抗战期间《中央日报》的战地记者、中央社记者。曾随张自忠、徐祖诒前往临沂前线随军采访。

④张语还（1905—1979）字若谷，原名张金铎，山东东平县人。曾入曲阜师范，继在天津北洋大学就读。北伐前，经周恩来介绍任黄埔军校政治教官。北伐时出任北伐军第一路军参谋长。1930年后，投奔冯玉祥任中将高参。抗战期间，是山东救国会负责人之一，第六战区顾问、第五战区民众动员委员会委员。后赴延安，任抗大教员，新四军教导队教员。1949年，从香港回到北平，列席全国政协会议，参加开国大典。后定居济南，任山东大学教授、山东省政协常委、全国人大代表。

⑤苏芗雨（1902—1986）名维霖，中国台湾省新竹人，曾留学日本。中国台湾心理学研究者、教师、图书馆行政人员，台湾大学总图书馆和心理学系的奠基人。台儿庄战役期间，在五战区主要做日语翻译工作。

书馆。三、出版合于士兵阅读的战地周刊（最好由《动员日报》负责编辑发行）。

张语还先生分五点报告第五战区文化界抗敌协会筹备情形。一、根据总动员委员会组织宣传两部所召集之各救亡团体座谈会的决议案筹备组织。二、确定"五四"纪念日开成立大会。三、决定在成立大会前，邀集多数团体及个人开预备会。四、会章草案已拟定。五、电请武汉及各省文化先进来徐指导。

唐秉光代表第五战区青年救国团发言：一、感觉前方与后方，乡村与都市文化发展不平衡。二、青救各地团员共同要求多供给文化食粮。三、希望后方文化人多到前方参加战区文化工作。前方战士，尤其是下级干部之精神食粮的供给，目前有迫切的需要。

汪止豪先生，感谢苏芗雨先生对《动员日报》的关切与重视之后，他报告：一、《动员日报》创刊三个月由五百份销到四千份。二、现在前线战壕里面的官兵每天可以看到《动员日报》，不过数量不多，还怕一般士兵看不懂。三、报纸拉稿困难，内容无法充实，希望后方文化人多写稿交《动员日报》发表。充实了内容，提高了地位才可满足读者的要求，发展广大的数量，而达到工作的目的。四、书报供应问题，前此到武汉已与沈钧儒、钱俊瑞诸先生接洽，原则已无问题。

陈江先生主张：一、战时文化工作不应只唱高调。二、战区有战区特性，把后方的一切搬到前方来是没有用的，在战区应多注重士兵及下层民众所必需的精神粮食。

晁庆昌先生说：一、在战区干文化工作，尤其是宣传工作，人缺乏，材料更缺乏。二、动委会之宣委会将出版动员半月刊。三、希望文协成立后，补助动委会宣传工作之不足。四、希望后方多供给宣传工作人员参考用之特殊读物。

解方先生发表意见：一、战时战区的文化工作，不能进行太慢。二、应运用政治力量把文化粮食输送到乡村去军营去。三、战区似有办一与"文摘"类似的刊物，转运后方作品精华到前方的必要。

夏次叔先生认为：一、文化人统一团结是进步的事实，但仍是实践的方法少，空洞的理论多。二、现在不应再说"为什么抗敌"，应该讨论"如何抗敌"。三、文化散布的区域仍是畸形发展，乡村与都市，前方与后方，应该有机地联系。四、有很多人还不能认识抗战建国的新局势，这是文化工作未能深入的原因。五、前方工作者共同的迫切感觉，是人才的缺乏，经济的缺乏。

盛成先生对大家的意见，感觉极浓厚的兴趣。他接着肯定地说：第二期抗战与第一期中文化人的作风完全不同，过去大家还是偶然接触，现在是有意识的团结，现在不是"你"或"我"而是"我们"。任何人对任何人都不许算旧账。全国文化人现在熔化在武汉这个火炉里面，私人的恩怨已绝对不存在了。后方的文化人的看法与愿望与前方各位的看法与愿望，完全是不谋而合的。前后方的文化人之工作统一的形成，不久就会实现。中华民族的新文化，是非诞生不可的。

最后，大家请郁达夫先生发表这次来前方观战的感想，他说：五战区军纪好，军民合作，一切皆生气勃勃。必须阻止敌人打通津浦的企图。我方士兵抗战情绪极高，毫无畏怕心理，反之日军则异常厌战怯战，从曹聚仁①那里看到一本日本军官的日记，是一个彻底法西斯蒂曾参加二二六事变的青年将校所遗失的。内容记载非常强硬顽固，但是他写的"这次调为守备军，总算有了回家的希望"这么一句，却无形中暴露了他怕死的心理。

郁先生的话说完后已经是十一点了，大家很严肃而愉快离开了奎光阁。

四月二十八日二十四时

（中华民国廿七年四月二十九日《动员日报》第四版）

对于这篇报刊文章，盛成先生在《台儿庄纪事》"前线慰劳报告"中不无感慨、态度鲜明并且补充地写道：

在这上面的文章里几个人的谈话，太简略了一些，我需要加入补充的。第一，第五战区青年救国团代表唐秉光的发言，非常透彻，特将全璧录后：后方对前方，很少实际了解。因此前方与后方，发展不平衡，前方需要超过后方；前方实践过于后方。因文化之分布不平衡，而使战事发生影响。文化

---

①曹聚仁（1900—1972）浙江浦江县（今兰溪市）人，著名记者、作家、学者。抗战爆发后，曹聚仁任中央社战地特派员，来往前线各地，报道抗战战况。曾首报台儿庄大捷和首次向海外报道"皖南事变"真相，成为抗战名记者之一。1941年，在江西赣南的蒋经国邀其创办《正气日报》，任总编辑，使该报成为当时东南三大报之一。抗战胜利后，返沪，任《前线日报》主笔，兼香港《星岛日报》驻京沪特约记者。1947年在上海法学院、复旦、大夏等校任教。1950年，只身赴港写作，任《星岛日报》编辑，并主办《学生日报》《热风》，还为新加坡《南洋商报》写特约文章，1959年后同林霭民合办《循环日报》《循环午报》《循环晚报》。在此期间，他频频来往于北京和台湾之间成为两岸和平使者。1972年7月23日，在中国澳门镜湖医院病逝。其子曹景行曾是凤凰卫视言论部总监、《时事开讲》节目主持人，凤凰卫视新闻评论员。

食粮上，后方要充分供给前方。前方怀疑着自己的力量不够，不敢工作，而国防的后方，所出的刊物，都是千篇一律，刊物与刊物，内容相同，同一刊物中，前后篇文字，内容相同，前后期文字，内容相同，文化离开了现实，后方形成浪费，前方形成饥饿。提高一般水准，希望后方文化界根据现实的要求来领导前方。谈到士兵，精神陷于苦闷，不过是一种直感的爱国，要赶快补救，使下级干部不致颓丧而灰心。要推进文化工作，使他们明白人生观的出发点，如何自行解除他们自身的烦闷。至于青年，要确定他们工作的线路，他们工作的态度，不必要的摩擦一概免除。过去的作风可以改变。加强统一战线的认识，造成几个战区的文化堡垒。第五战区的文化堡垒，建立战事文化供应所："加深文化工作，巩固统一战线"。

解方先生的一番话，也值得我们注意的。他说："文化的构成一定是先从知识分子在后方酝酿起，将它送到前方，送到乡村去，到军营去，到工厂去。到前方来的文化人再将前方的现实，乡村的，军营的，工厂的带回后方，加以研究，再经酝酿而形成新中国之新文化。"不过张语还先生还是以过去的作风来经营第五战区文化界抗敌协会并曾致电汉口总会及庆祝五一节之言论。其原文如下：

文化界抗敌筹委会
电汉全国文艺界抗敌协会诸同志
拨冗莅徐参加成立会　予切实指导尤所切盼

汉口全国文艺界抗敌协会诸先生惠鉴，第五战区文化界抗战协会，定于五四纪念日，在徐州举行成立大会，甚盼贵会诸先生拨冗莅临参加，予以切实指导。贵会代表郁达夫、盛成两先生到徐，第五战区文化界及敝会同人尤表欢迎。关于会后第五战区抗敌文化工作如何推进，文协会成立之后如何充实内部，健全领导，亦经与郁盛两先生交换意见。诸先生乃全国文艺界先进，亦全国文化界中坚，三镇一呼，全国皆应，当此为发扬抗战建国文化，保卫五战区，作广大之号召后，文化界同志惠然肯来，主持一切，尤所切盼。第五战区文化界抗战协会筹备委员会叩寝。

至于文化的见解，张语还作了以下论点。

中国工人解放运动对于新文化的影响
——为纪念五一劳动节
张语还

文化是人类在一定的经济基础之上，从事生产劳动各方面的表现，因而文化的内容及其形式，应当决定于其时代的经济基础之上。原始社会的经济基础，决定了原始社会文化的内容及其形式；氏族社会的经济基础，决定了氏族社会文化的内容及其形式；以次及于封建社会，资本主义社会，社会主义社会，以至于全人类幸福的大同社会，其文化内容及形式莫不皆然。这就说明了，所谓"文化"的范畴已不容作狭义的，表面的，片面的解释；而应最宽泛、最深入、最基本地来了解。也就是说文化运动已经脱离了生产劳动的中心意义，其文化即其真的价值与实际的力量，我们对于世界现代文化及中国的新文化，都应当把握着这一点来理解；中国工人解放运动与中国新文化，从这一中心意义来把握。

中国现代新文化，自"五四"前后以战斗的姿态开始发展以来，到现在已足足有了20年的光辉历史，随着国际情势和国内政治社会的变迁，20年来的中国新文化，其斗争的对象或其内容，显然的可以划分为三个鲜明不同的阶段：一、从1919"五四"到1925"五卅"的反封建时代；二、"五卅"到1931"九一八"的反帝反封建时代；三、"九一八"以来的反日本帝国主义时代，此每一时代都差不多平均占有六七年的时间，给当时社会以划时代的色彩。

中国现代工人的英勇参加，并且作为主导力量的"五卅"运动，把"五四"以来中华民族解放斗争的反封建内容，更推进一步到反帝国主义阶段。使中华民族对于自己的解放有更进一步的了解，亦给中国新文化以更丰富的内容；社会科学及新的哲学的输入，使中国文化人对人类社会文化及中国社会文化，有更进步、更深切的了解，不再满足于"五四"精神的"德谟克拉西"和"赛因斯"的简单肤浅的反封建的解释；使中国的新文化向人类合理的文化上发展。

这是中国工人一开始他的解放运动时，即给人类文化之一部的落后的中国新文化以积极的、光辉的进步影响，尽了他创造并领导人类文化的神圣责任；使中国文化有划时代的大变化。

虽然自"九一八"以来，因为国际情势的变化，因为日本帝国主义成为中华民族的唯一敌人，中国新文化运动的内容不得不有所变换，以担负起现阶段的中华民族解放的责任；但是"五卅"运动以来所给中国新文化的进步精神不仅依然未变，反更深入地被应用发展了起来。

此次全面抗战发动以来的八九个月间，各处武装的和非武装的工人同胞参加抗战，已有种种英勇的表现；这不仅仅是十一二年前大革命时代，参加北伐时伟大力量的恢复；实是对中国新文化的继续不断创造；创造抗敌建国的新文化有世界各国近代文化发展的先例，有中国新文化过去发展的经验。都将证明中国工人同胞是创造中国真正合理的新文化的主力之一；无疑同时也是抗战建国的积极参加者。

中国工人群众，和世界其他各国工人群众一样，无论在过去，现在或将来，都担负起人类文化创造的历史使命，现阶段的中华民族解放运动与中国工人的解放运动，有不可分离的密切关系；新文化运动应当朝着这个方向努力。

对于张语还先生的言论之批评，有"徐报"之来论一篇，亦介绍如下：

文化界救亡运动应有之检讨（来论）

丘八

从第一期战争转入第二期战争，我们在军事上，战略有新的转变，在政治上，政略也有新的发展，全盘战局，日益好转。然而，我们觉得文化界救亡运动做得还不够十分切实，因而民众动员工作，也就很难展开。在我看来，文化界救亡运动最主要的工作，是动员民众，宣传组织，训练，领导，都需要文化界负责任，可是现在文化界工作的人员，在最低限度上说，并没有能够真正负起责任来，寻找其中原因，计有三点。

一、一般文化界的朋友，多爱多说话，少做事，而说的话又多半论调太高，不问是否切乎当前实际。

二、一般文化界上的朋友，第二个缺陷，在力求生活安逸化甚至于奢侈化，假若偶一吃着普通老百姓吃的饭，便以为如吃毒药一般，这样怎么能去和人民打成一片而动员大众？

三、尤其是有少数文化界流氓，革命骗子，专门挂着文化界的招牌，来组织些谋权力谋地位的有名无实的团体，甚或三五个团体，名词虽有不同，而内容的成分，确少分别，这种买空卖空勾当，一日不去，则文化界救亡工作，将永难成功。

此次第五战区，某一部分人士，发起组织第五战区文化界抗敌协会，我们认为很需要，迅速成立，来做下列各项最迫切最重要的工作。

1. 统一文化界宣传的资料和训练要点。

2. 提倡吃苦，鼓励各个文化人去到农村或前线服务。

3. 严格考核现有的各文化救亡团体，审核是否有团员群众，并指定其应有之工作，绝不许一些无群众的领袖出来招摇撞骗，挑拨生事。

4. 少开无谓的座谈会，与其坐而谈，不如起而行，清谈误国已有前鉴，我们绝不要忘了它，尤其是文化界的朋友，要少说话多做事。

固然，战区民众总动员委员会，也负有上述四项责任，对于文化抗敌协会，也有指导之权，可是，我还愿意说，文化界应该自己来健全自己，来重新检讨过去的错误和缺陷，改变工作态度，等到文化界的朋友，真正大部分都到农村或者前线服务的时候，我想动员民众便会成为事实，前方的抗战，也会得到很大的帮助了。

（寄自前线炮火声中）

由此可以窥见，在五战区血与火的战场上，仍然活跃着一批拿着笔杆子作为武器的热血文化青年，他们也在用不同的方式和日寇作无畏而坚决的战斗。

七、奔赴台儿庄前线的记者

1937年底，南京失守前夕，国民政府和国民党中央机关大部西迁武汉，武汉一度成为全国抗日运动与新闻出版业的中心。抗战开始，国共合作局面形成；大批新闻工作者、众多文化界的知名人士及机关、出版机构云集武汉；为了宣传抗日救亡的需要，创办复刊了大量报纸杂志。在不到一年时间里，创刊、复刊之报刊近200种，书写了大武汉抗战新闻出版业的又一新篇章。

1937年12月11日，中共中央长江局主办的《群众》周刊在汉口创刊。署名编辑兼发行人为潘梓年（堂弟潘汉年），实际主持者是许涤新。以宣传中共抗日救国十大纲领和中共全面抗战的路线为宗旨。创刊号头版是一篇社论文章《由失败到胜利的枢纽》，意在"肃清民族失败主义"。抗战期间，不少中共关于抗日的主张，毛泽东关于全面抗战、持久抗战的思想，党的其他领导人有关抗战的言论，以及八路军、新四军抗战的战绩都是通过《群众》周刊介绍给国统区人民的，诸如周恩来的《目前抗战形势与坚持长期抗战的任务》、朱德的《八路军半年来抗战的经验与教训》、董必武的《怎样动员群众积极参战》、彭德怀的《目前抗战形势与今后任务》和叶剑英的《目前战局与保卫武汉》等重要文章。

1938年1月11日，中共中央长江局主办的《新华日报》在汉口创刊。这是中共在国统区公开出版的第一张大型日报，四开一大张。创刊时社长潘梓年，总编辑华西园（华岗），总经理熊瑾玎，工作人员多为年轻的革命者和进步分子。国民党元老于右任题写了报头。其创刊号的发刊词中写道："本报愿在争取民族生存独立的伟大的斗争中作一个鼓励前进的号角。""我们深信，当前挽救国家危亡的民族自卫抗战实为我中华民族复兴之必需途径及其起点。"

《新华日报》重视在各界人士中广交朋友，请知名人士撰稿。从创刊之日起，就辟有以"促进团结，维护抗战"为己任的《团结》专刊。注重加强新闻界内部的团结合作，同在汉出版的各种报刊建立联系。及时分析抗战的新形势，引导读者正确认识战争的性质、中国人民争取胜利之道路。刊登毛泽东同志的《抗日游击战争的战略问题》等文，以小册子的形式出版《论持久战》。全面报道最新战况，揭露日本侵略者的罪行。

此时在汉口的各类刊物中，最多的是各党派团体主办的综合性政治读物，数量达40种以上。1937年12月，综合性政论刊物《全民周刊》在武汉创刊。创办人沈钧儒，主编是李公朴、柳湜，由汉口民意周刊社出版；提出要"为争取全国全民族战争胜利而奋斗"，突出反映民主人士的政治主张。翌年7月，《全民周刊》和邹韬奋主编的《抗战》合并出版《全民抗战》三日刊，这份由救国会主办的刊物影响很大，发行30万份。由张季鸾主持的《大公报》是当时发行量最大的报纸，创武汉报业史上发行最高之纪录。

《新华日报》筹办时，范长江找到同在《大公报》的陆诒，陆立即答应："只要是抗战，我都去。"1938年1月15日，陆诒就任《新华日报》编委兼采访部主任，月薪40大洋。而社长潘梓年当时的月薪只有20大洋。2015年6月4日，在上海的一家僻静的小区内，陆诒之子陆良年给来访的记者回忆时，特别指出："编委这个职位现今报社很常见，当时却是'创新'，这打动了父亲。'编委体现这里人人都是老板，一律平等。'"[①]

《新华日报》在战地报道上非常活跃，各媒体之间在战地报道上竞争也很

---

① 《新华日报》2015年6月17日，第三版：《捷报精彩，因为他就在前线》。

激烈。《新华日报》在其中影响力排名靠前，尤其通讯、社论影响很大，其中陆诒功不可没，特别是在台儿庄大捷中的报道上表现尤为精彩。

"作为著名作者，陆诒曾供职于多家报纸。在《大公报》和《新华日报》报道抗战，则是陆诒新闻生涯中最耀眼的经历。"陆良年如是说。

台儿庄战役打响之前，陆诒刚加入报社，就于1月27日，首篇稿件《北线动态》在《新华日报》刊出。题目平常，却是陆诒在《新华日报》发表有关台儿庄战役数十万字稿件的开端。

如今上海图书馆收藏着1938年1—5月间的《新华日报》。翻阅陈旧发黄、沾满硝烟味道的纸张，就会发现许多关于台儿庄战事的报道，自当年2月14日起，"本报特派记者通讯""本报特派员陆诒"电头每隔数日就见诸报端。

每篇报道文末陆诒都会写下"行踪"。如《从平汉到陇海》注明"二月十一日早上寄自开封车站"，《徐州大会战的前夕》写于12日晚的徐州。统计徐州会战期间陆诒行踪，寄自"前线"的稿件多达三分之一。"二月二十八日诒寄自田家庵前线"，这是会战中陆诒首次上火线，在战壕中现场采访。广西籍士兵告诉他，只要夜袭日军，人人奋勇报名。"据士兵们说：'说你怕死，是广西人认为最最难堪的侮辱！'"采访中，日军"炮弹掠空而过的嗤嗤声，响个不停"。

"台儿庄附近我与敌主力大混战，连日激战情形，为抗战以来所仅有。"这是1938年4月4日陆诒拍回的电报。当日起，陆诒以连续拍发电讯稿的形式及时传递火线消息，《新华日报》均次日即在重要版面刊登。

人们常发现，会战期间常有见报日期早的通讯寄出时间反而晚的情况。后寄稿件先刊登，"烽火连三月"邮路不畅可见一斑。因此在战况瞬息万变的战役决胜时，邮寄已难以反映前线战况，陆诒选用了电报，虽有一天延迟，却是当时传递新闻的最快方式。当时仅有国民党中央社随军组带有电台，其他人只能自己想办法，要么就只能老实用中央社二手电讯稿。从台儿庄大战电讯稿电头均为"本报徐州专电"看，《新华日报》记者是亲身采访，并在战地想方设法抢发了回来。

4月初，在台儿庄战役最关键的时刻，扼守台儿庄的第二集团军总司令孙连仲，邀请媒体记者到台儿庄前线视察采访。当时一起前去的有《大公报》记者范长江，中央社记者胡定芬、曹聚仁，《新华日报》记者陆诒等一行17人。

4月6日中午，在台儿庄的指挥官、第三十一师师长池峰城，特约记者于下午到运河站见面。正往运河站的途中，忽然敌寇的炮弹密集射击过来，前路被阻断，正在进退两难之际，师部的副长官赶来，把众记者请到了附近的一个小村庄，闲谈了一阵，接待就算是结束，记者们不免有些失望。

但是金典戎参谋长最后对记者说："你们来得正好，可以看一场热闹的胜仗了。"

当晚，集团军总司令部有一辆军车正要回徐州，大部分人都回徐州了。曹聚仁也决定回徐州，他对随军采访的夫人邓珂云说："我想到长官部去看看综合战讯，在这里独处一隅，无法看到全局。"邓珂云支持他的看法。

事实正如曹聚仁所料，他一回到徐州，就和留在台儿庄的胡定芬通电话，从右翼军团汤恩伯部得来的消息，完全证实了台儿庄已获全胜。他高兴极了，立刻写了一篇通讯，发到了中央社总社。

然而，在台儿庄胜利的前夜，范长江和陆诒没有回徐州，他们选择留在死守台儿庄一角——为最终合围日军立下大功的三十一师师长池峰城的指挥所。他们此时在这个位置非常了不起，"此地就在日军炮火威胁之下，当时炮火猛烈，十多个中外记者都已撤回，就范长江和陆诒留了下来。"池峰城虽几昼夜未合眼，见到记者却很兴奋："这里有几捆稻草，欢迎你们在此过夜。"还拍着陆诒的肩膀说："胜败存亡就看今晚了。"

陆诒留到最后，因而记下了最精彩的一幕。池峰城告诉他，敌已穷途末路："歼敌之期，当不在远。"言毕就与陆诒告别，率部进行最后突击。当时月光遍照大地："师长跳起身来看手表，向我们庄严地说：'全线总攻的时间已到，今晚一定要肃清残敌，明天准请你们到台儿庄去参观战迹，现在我要上去了！'"

4月7日清晨，我军克复台儿庄，范长江和陆诒立即上前沿阵地采访。当日，陆诒拍发了一条简讯，是后来闻名全国的台儿庄敢死队的最早报道之一："5日选敢死队57名，各持手榴弹，向台儿庄东北之敌夜袭，出发前均宣誓誓死杀敌，绝不生还，冲入敌阵，奋勇投击，毙敌甚众……我伤亡53名，余四名不屈自戕，壮烈牺牲，可表我民族之精神。"

随后，描写大捷前后的7篇通讯在《新华日报》连续刊登。其中有4篇稿件都写于1938年4月7日晚。据陆良年分析说："父亲当时应该是被胜利所鼓舞，4稿一气呵成。"这些稿件诞生于一家简陋旅社中。陆良年拿出一份1973年陆诒手书的回忆，其中提到，陆、范二人当时借住徐州小旅馆万里饭店，每天只收4毛钱住宿费。"我们经常到前线去采访，也不退掉房间，每次从前线归来，就在这小房间内伏案写作战地通讯。"其中陆诒的《鲁南会战》《台儿庄血战座谈会》等文，尤为社会各界所重视和欢迎。

　　徐州会战期间，陆诒一共发表27篇通讯及10多篇电讯稿，平均每四五天就有一篇稿件见报，可谓高产。而正是由于这些鼓舞人心的报道，大后方的人们能更多地了解中国军人在前线浴血奋战的英雄事迹，极大地增强了战胜日寇、恢复家园的信心。

　　陆诒后来在《一支铁笔一块钢板的〈大众报〉》的一篇回忆文章称：

　　到同年（1938年）2月初，我就奉命出发到徐州采访第五战区战讯去了。我记得采访台儿庄战役不久，在4月中旬，汉口报社托人（报社派戈矛即徐光霄同志来徐州协助我工作①）带来一封编辑部同志集体写的慰问信和一袋慰劳品，每位同志都在信上写几句，并签上名。我在徐州万里饭店打开慰问信，开头一信就是何云同志写的，大意是："所寄通讯都收到，一到我们就编、就发。你跑前线很辛苦，有时吃不饱、睡不好，还免不了碰钉子，走点冤枉路，说不定有时情绪不太好。我们在编辑部里时常谈起你，想念你。我提议每人凑几毛钱，买几包香烟和一点糖果，聊表心意，让你提高提高情绪，再接再厉多发通讯！"几位同住的战地记者一听说我收到慰问信和慰劳品，都聚集到我的房间，争读信件，并老实不客气分享慰劳品。范长江同志意味深长地说："这种慰问信和慰劳品只有你们《新华日报》有，老陆，如果你再不拼命工作，将何以见"江东父老"（指编辑部的同志们）？"我连连点头，心中感到无限温暖和振奋。

　　1978年春，台儿庄大战40周年之际，在台湾的孙连仲将军回忆说："台儿庄大战时，新闻记者群来访问我。我军拂晓反攻，正面三十师，右边二十七师，到下午二三点钟还没有消息，我请记者们去睡觉，独范长江不睡，我走到哪里，他跟到哪里，结果他抢到最早反攻胜利的消息，发往汉口，《大公报》因此而发了'号外'。"②

　　"台儿庄大捷"的消息刊登在《大公报》的头版头条，全国人民为之欢欣鼓舞。范长江在《大公报》上还发表了《台儿庄血战》《慰问台儿庄》《台儿庄血战的故事》三篇战地通讯。

　　台儿庄战役打响后，数以百计的中外记者、作家、摄影师，还有外国军事观察团等，他们冒着硝烟炮火，布满了以台儿庄为中心的战场。

---

①《何云烈士传集》第52—55页，中共上虞县委党史办公室、上虞县民政局编，1992年。

②孙连仲：《台儿庄大战前后》《枣庄文史资料》第三辑，第3页，1989年4月。

国内有：

郁达夫　国民政府军事委员会政治部第三厅设计委员会、政治部代表团代表

盛　成　中华文艺界抗敌协会理事、国民政府国际宣传委员会总干事

曹聚仁、邓珂云夫妇、万迪生、石家驹、杨昌震　中央通讯社记者、特派员

胡定芬　中央通讯社兼《华文日报》记者

范长江、高元礼　《大公报》（汉口版）记者

陆　诒、张企程　《新华日报》记者

陈振纲、丁继旭、李丕祖、韩侍桁、李凯生　《中央日报》记者

赵家欣　厦门《星光日报》记者

房沧浪、周海萍　《武汉日报》记者

张剑心、韩清涛、蒋思豫　《扫荡报》记者

高　天（高紫瑜）　《扫荡报》《时事新报》记者

汪止豪、洪雪村　《动员日报》记者

谢冰莹（女）　《新民报》编辑记者

宗祺仁　第五战区《动员日报》记者

李　蕤　《大刚报》记者

严怪愚　《力报》记者

石宝瑚（石燕）　《新蜀报》记者

乔秋远（字冠生）　河南《国民日报》记者

陈北鸥　《救亡日报》记者

俞创硕、顾廷鹏　《良友画报》摄影记者

卓世杰、顾秉良、陈　晨、席与群、杨同（童）震、叶　炯　中央电影摄影场摄影师

臧克家　中华全国文艺界抗敌协会理事

曲　茹、秋　江（孟秋江）　《全民通讯社》记者，等等。

还有许多作家也来到台儿庄：钱俊瑞、罗　荪（即孔罗荪）、王西彦、海　萍、于黑丁、维特等人。①

国外有：

窦丁（德丁或窦奠安Tillman Durdin）、宋德和　《纽约时报》记者

---

①间邻：《记者上战场　作家赴火线》《台儿庄文史资料》第一辑，第85页，1990年9月。

爱泼斯坦、白得恩　美国合众社记者

阿希博尔德·博斯哈德　芝加哥《每日新闻》记者

马菊斯　哈瓦斯通讯社记者

韦尔根生（女）　纽西兰《今日妇女报》及《观察报》记者

乔易斯·伊文思　（著名的电影纪录片导演，荷兰人）、约翰·费恩豪特（摄影师）、罗伯特·卡帕（战地摄影记者）组成"今日历史"电影摄制组

法蓝明（佛兰明）　英国《泰晤士报》《伦敦时报》记者

谷礼宾斯基、罗果夫　苏联塔斯社记者（翻译张郁廉①）

胡守愚、黄　薇（女）　新加坡《星洲日报》记者

蔡学余　暹罗《华侨日报》记者

威尔金森（女）　新西兰作家

马菊斯　哈瓦斯社记者

华伦　英国《美尔邦日报》记者

江华德·约条　法新社记者

王纽尼　美国米高梅公司摄影师

卡尔逊　美国海军助理（随从艾温、约翰·斐罗）

庄明崇、纪志文、龙炎川、骆德露（华侨战地记者通讯团团本部汉口河街）　马来西亚槟城《现代日报》记者，等等。

菲律宾华侨记者也组织了记者团。

他们通过新闻报道、评论、照片和电话、电报等，传向全国、全世界。他们以极大的热情宣传台儿庄中国军队的英勇抗战和民众踊跃支援前线的事迹，揭露日寇的野蛮行径，讴歌了抗日军民的业绩，大大鼓舞了后方军民的斗志。使世界各国人民更多了解中国，并对中国人民反法西斯战争取得胜利增强了信心。

国内的中央电影摄影场、中央通讯社、《申报》《文汇报》《良友》画报，美国的《华盛顿邮报》《华盛顿星报》《华盛顿日报》《先锋论坛报》《太阳报》《大美晚报》《大陆报》《生活》杂志，法国的《共和报》，德国的《日耳曼报》

---

①张郁廉（1914—2010）女，哈尔滨人，从小被寄养于白俄家庭，燕京大学毕业，俄语娴熟，后从事新闻工作，先后在苏联塔斯社、中央党部国际宣传处及中央社工作，是中国首位战地女记者。1949年，张郁廉随丈夫、时任长春市长的孙桂籍赴台。她一生充满传奇。前半生为中国首位战地女记者，后半生师从黄君璧，成为卓有成就的女画家。自传体新书《白云飞渡：中国首位战地女记者张郁廉传奇》于2015年11月6日在北京国贸商城举行了新书发布并举办了张郁廉照片展览。书中"徐州会战最前线的第一位女记者""亲历'徐州大突围'"描写了台儿庄大战的情形。

《哥隆新闻》，英国的路透社、《新闻纪事报》《泰晤士报》《字林西报》，香港《南华日报》（英文），苏联的《真理报》《红星报》《共产党》杂志等媒体和刊物，也连续以显著位置刊登台儿庄大战战况，并

外国记者在开赴台儿庄战场的火车上的合影。左起依次为：罗伯特·卡帕、爱泼斯坦、约翰·费尔诺、尤里斯·伊文思、杰克·杨。

纷纷发表评论，对中国抗战给以肯定和赞扬，在国内外产生了广泛深远的影响。

美国合众社记者爱泼斯坦、电影摄影师伊文思及其助手约翰、卡帕和美国驻华使馆的海军助理卡尔逊组成一个记者组，于3月下旬从汉口前往徐州，专程观察采访台儿庄战事。3月20日，周恩来还亲笔致信政治部三厅厅长郭沫若，"周恩来关于三厅当派人协助伊文思拍片致郭沫若信"。①纪录电影先驱、有"荷兰飞人"之称的伊文思在台儿庄采访期间，拍摄了大量的电影视频，后来被剪辑成电影纪录片《四万万人民》。伊文思的助手卡帕用相机记录了台儿庄战役的场面，拍摄了大量的新闻照片，发表在5月23日的美国《生活》杂志上，卡帕写道：

"历史上作为转折点的小城的名字有很多——滑铁卢、葛底斯堡、凡尔登，今天又增加了一个新的名字，台儿庄。"

目前，我们看到的绝大多数关于台儿庄战役的视频及照片均出于他俩之手。

苏联塔斯社战地记者谷礼宾斯基从台儿庄战场回来，写下了《"我不愿

①湖北省委党史资料征集编研委员会：《抗战初期中共中央长江局》，第184页，湖北人民出版社，1991年5月。

作亡国奴"》一文，被收录在《徐州突围》一书中。他写道[1]：

> 这期间，在济宁，淮河北岸，临沂及台儿庄曾给日本"皇军"很大的打击。这些战绩将在中华民族争取独立解放的历史上，占很重要的一页。
> ……
> 台儿庄西北十五公里的一个小村中，居民都回来了。他们请我们喝茶，一边谈着话。年约四五十岁的女人述说着他们到山里避日军的情形："在山里住着可真不容易，没有东西吃。回来，房屋都烧净啦！可是咱情愿住破瓦堆里，也不愿做日本的亡国奴！"一个没有受过教育的中国女人，所说的这几句简单的话，表露着应当为祖国而活为祖国而奋斗的意志。
> "我不愿意做亡国奴！"——中国人民正在生长中的抗战力量就在这里！

美国驻北京使馆武官史迪威、海军陆战队武官卡尔逊海等人也来台儿庄前线观察。

美国合众社派驻战地记者爱泼斯坦不顾生命危险，坚决要求到台儿庄战地前线采访。"这是他很难忘的一次采访。"在台儿庄爱泼斯坦目睹了战争的惨烈：到处是瓦砾，尸横遍野。他留意到战斗的枪炮声依稀可闻，炮弹从他的头顶呼啸而过。他采访到了孙连仲将军。孙连仲向爱泼斯坦一行谈及了台儿庄作战经过，但对我军反攻的信息讳莫如深。爱泼斯坦在《台儿庄目击恶战》一文中记载："4月5日，爱泼斯坦自台儿庄发来电讯称：自4日晚，此间日军战地为华军破坏。"

1939年，爱泼斯坦反映中国人民抗战的《人民之战》一书在伦敦出版，其中两个章节详细记录了台儿庄战役中军民齐心抗战的情况，《反击》一文还被编入了《徐州会战》一书。《人民之战》真实地报道了中国人民奋起抗日前两年的战绩。宋庆龄读到了这本书后写道："这本书不同于任何的外国人关于中国抗战的著作，因为它把第一手分析性报道同过去的历史和未来的展望联系了起来。每一位中国的友人都应该读一读。"美国著名记者斯诺称赞这本书是"极为出色的战争新闻作品，对中国所希望达到的目标充满同情和理解"。爱泼斯坦后来在《我又来到了台儿庄》中写道："1982年秋，一个晴朗的日子里，我又回到台儿庄。40年像流经此地的运河水一样，一去不复返了。"

新加坡《星洲日报》特派女记者黄薇，以战地记者身份回到祖国，旋即

---

① （苏联）谷礼宾斯基：《"我不愿作亡国奴"》《徐州突围》，第125—126页，生活·读书·新知三联书店，2014年1月。

参加了徐州会战实况采访。黄薇后来曾这样回忆："为了战地行动方便，也为了在前线不被人一眼看出我是一个女性，我把头发剪短，把衣裙换上军装，变成了一个'小兵'。"

此后，她又深入敌后，采写了百余篇敌后通讯，或报道民众英勇抗战，或揭露日寇发指兽行，或呼吁侨胞筹措物资……这些通讯在《星洲日报》上连载6个多月，极大地唤起了华侨的抗战热情。不少人被黄薇的文字所感染，回国参战。她写的长篇通讯报道《从火线到后方》也被《徐州突围》收录。

《力报》记者严怪愚冒着枪林弹雨，与范长江等一批战地青年记者在战火连天的台儿庄最前线，坚持了两个多月。他零距离采访了台儿庄战役，采访了第五战区司令长官李宗仁，写出了《凭吊台儿庄》《陇海东线》《我们新的长城——黄河防线》等10万多字的战地通讯。

《扫荡报》记者高天常常不顾个人安危，深入到前沿阵地，访问参战的官兵，抢拍历史的镜头。在举世闻名的台儿庄战役和徐州会战中，他亲临前线，写出了不少生动的战地通讯。1938年5月徐州会战突围时，日军第十三师团封锁了陇海路，一些记者和战地服务团的同志被堵在黄河故道，日军派出四架飞机低空扫射，前进的道路被阻，大家连续奔波，疲惫不堪，饥渴难耐，不少同志十分懊丧；高天同志临危不惧，带领大家高唱《五月的鲜花》等救亡歌曲，鼓励大家战胜疲劳，克服困难，继续前进。通过四天的昼伏夜行，这些记者和服务团的同志有惊无险地冲过了封锁线，到达豫东平原安全地带。

1938年春，被《大刚报》改任为战地记者的李蕤，被派到台儿庄。和他一路同行的还有好友河南《民国日报》战地记者乔秋远。据李蕤1991年在《新闻爱好者》杂志撰文《台儿庄前线采访的回忆》中回忆道：

当时的徐州，充满大战胜利后的欢乐气氛。人群熙来攘往，满面笑容，大小商店照常开门营业，社会秩序井然，满街是庆祝台儿庄大捷的标语，庆祝的锣鼓声不绝于耳。我们下榻到一个名叫"朝阳旅社"的旅馆里，立刻遇到了从全国各地大报派来的记者，不少是久已闻名而未相见的，见面十分亲切。其中有：《大公报》特派记者范长江（原名范希天），《新华日报》特派员陆诒，《新闻报》特派记者高天（原名高紫琦），中央社特派记者曹聚仁，《和平日报》①记者张剑心，《武汉日报》记者韩清涛、周海萍，《华西日报》的石

---

①此处应为《扫荡报》。《和平日报》的前身为国民党国防部机关报《扫荡报》。抗战胜利后，《扫荡报》改称《和平日报》并于1946年5月在台中市创刊，总社设于南京，全国各省设有由《扫荡报》分社或《扫荡简报》改组的《和平日报》分社。

宝瑜（陆良年先生批注：应为《新蜀报》）等等。大家笑着说：这次徐州大会战，把我们的笔杆子也调到一起来了，真是机会难得！有人说：一支秃笔胜过十万毛瑟，我们的笔杆子拧成一股绳，也会使敌人心惊胆战吧？大家互相鼓励，互相关心支持，使我们一点也不感到陌生和孤单。

在台儿庄战地，李蕤带着一身泥土和硝烟采访了于学忠、孙连仲、关麟征等作战将领。他接连写了《台儿庄战场巡礼》《板垣师团的溃灭》《于学忠访问记》等通讯报告。可惜由于时局变化，这些通讯报告都失散了。后来，李蕤随军突围，回到即将遣散的报社，将他的历难情形，写了一篇题为《突围前后》的文章在《徐州突围》一书发表。1991年，当李蕤重新回忆这段经历时，感慨道："今天重写这段回忆，心潮起伏，很不平静。"当年在徐州结识范长江、陆诒后，李蕤还加入了中国青年新闻记者学会（简称"青记"）。

徐州突围后，乔秋远（字冠生）写了一篇《在包围圈内》的长篇报告收入在《徐州突围》一书中，他从（一）陇海路上的往返，（二）津浦道上的徘徊，（三）突围之夜三个方面讲述了在前线中的记者们的艰辛和乐观。他写道：

5月13日徐州夜间的空隙，使我们一群记者于月光明亮的夜色中又集合到云龙山。大家谈的不像昨天那么样兴奋，彼此交换了消息以后，似乎一阵忧郁蒙上了心头。我是5月7日左右才从邳北前线回来，对鲁南二次会战抱着极大的企望和乐观。但是永城失守了，沛县、丰县都有了问题，敌人将不取归德，而取直径切断铁道，这样就可以威胁到整个的徐州全局。当时有两位

1936年4月12日，乔秋远（冠生）与赵悔深（右）、张剑梅（左）在开封美光照相馆合影。

同业还打算觅汽车往××军去采访战地新闻，我们劝他们要看看大局的转变再说。结果无效，他们走了。我同悔深（李蕤，字悔深）两个河南报纸的记者，因为我们的报馆在开封郑州，都在接近徐州的陇海线上，徐西铁路发生了问题，我们报馆支持到不可支持时就有搬家的可能。若是外派记者与报馆都流离失散了，那就什么工作也做不成。于是我们决定当夜离开徐州。

《武汉日报》战地记者房沧浪，在徐州会战中突围不成被日军俘虏，历尽艰险，九死一生，逃出虎口，辗转回到武汉，写有《倭营历险记》一书。

1938年5月19日，徐州沦陷，大军突围，各路记者也纷纷散去。作为《新华日报》特派记者的陆诒，自1938年2月至5月被派往第五战区采访战地新闻，直至5月下旬，他才从徐州突围回到了汉口报社，向报社的领导博古同志汇报了台儿庄前线采访的情况和突围经过。博古说："徐州失守，大家都为你担心，两天前，遇到范长江同志，他说你们是分道随军突围的，他也为你焦急，现在你安然回来了，真叫人高兴！这次报社应该请一次客，慰劳慰劳，提高情绪。"

对于这次"请客"，可以说是一次不平凡的"请客"。陆诒在1985年人民日报出版社出版的《战地萍踪》一书中，专门以"《新华日报》慰问战地记者"为题做了追述。在该书的首页，还首次向外界展示了"新华日报社欢迎战地记者"的一张珍贵合影照片。

周恩来因有事，未能参加这次盛宴。他为慰问前线归来记者，写了一封致范长江信[1]：

长江先生：

听到你饱载着前线上英勇的战息，并带着光荣的伤痕归来，不仅使人兴奋，而且使人感念。闻前线上归来的记者正在聚会，特驰函致慰问于你，并请代致敬意于风尘仆仆的诸位记者。专此。祝健康！

周恩来
五月二十六日

1938年5月27日，《新华日报》报社在汉口普海春西菜社，举行盛大宴会，邀请了从徐州突围及其他前线归来的各报战地记者，同时邀请也包括了

---

[1]《抗战初期中共中央长江局》文献，第246页，湖北人民出版社，1991年5月。

1938年5月27日，摄于汉口普海春西菜馆。

前排就座者右起：范长江（《大公报》采访主任）、顾廷鹏（《良友画报》摄影记者）、陆诒（《新华日报》编委、采访主任）、高元礼（《大公报》记者）、黄薇（《星洲日报》记者）、骆德露（华侨战地记者团）、周海萍（《武汉日报》记者）、蔡学余（暹罗《华侨日报》记者）、胡守愚（《星洲日报》记者）。

中排站立者右起：张企程（《新华日报》记者）、俞创硕（《良友画报》摄影记者），潘梓年（《新华日报》社长）、胡愈之（政治部第三厅）、陈绍禹（王明）（《新华日报》董事长）、吴克坚（《新华日报》编委）、陈北鸥（五战区文化工作委员会）、杨放之（吴敏）（《新华日报》编委）。

后排站立者右起：张剑心（《扫荡报》记者）、石家驹（中央社汉口分社记者）、徐迈进（《新华日报》编辑）、宗祺仁（五战区《动员日报》记者）、勾迁生（政治部第三厅）、秦邦宪（博古）（《新华日报》董事）、吴玉章（《新华日报》董事）、章汉夫（《新华日报》编委）。

国民党中央社、《扫荡报》《武汉日报》和《大公报》的负责人参加。作为东道主，《新华日报》报社的董事会成员以及编委成员等共计有二十九人参加了这次招待会。他们围坐在一张长形的餐桌上，济济一堂。首先由这次招待会的主席、《新华日报》社长潘梓年致欢迎词；接着由《新华日报》编委领导人吴克坚代表报社致慰问词；陈绍禹先生（即王明，中共长江局书记）作为《新华日报》董事会的董事长最后做了发言。

1938年5月28日，《新华日报》第二版、第三版刊登了题为"本报昨招待战地记者志盛"的本报特讯，翔实地报道了这次招待会的情况：

本报昨招待战地记者志盛

到有各报战地记者多人

陈绍禹先生等亦均列席

（本报特讯）自我军退出徐州，各报战地记者，都先后回汉，为国服务，备受艰苦，本报特于昨日午假座普海春聚餐，藉表欢迎慰劳之意。计到有新加坡《星洲日报》胡守愚先生、黄薇女士、暹罗《华侨日报》蔡学余先生、华侨记者纪志文先生、《大公报》长江及高元礼先生、《扫荡报》张剑心先生、《武汉日报》周海萍先生、《时事新报》宗祺仁先生，新从上海来汉之胡愈之先生、《救亡日报》陈北鸥先生、中央社石家驹先生、全民社勾适生先生、良友社俞创硕先生、中国摄影社马伯超先生、《新生画报》顾廷鹏先生，此外有黄霈先生及中共领导人陈绍禹、秦博古、凯丰、吴玉章四先生，本报有潘梓年、吴克坚、陆诒、章汉夫、吴敏、张企程、徐迈进等先生出席。当大家围坐在一只长方形的餐桌上。

本社社长　潘梓年先生　主席谓：

我们今天欢迎新从战地回来的记者朋友们，在前线英勇的奋斗，不避艰苦牺牲，实在是我们新闻记者莫大的光荣，我们向记者诸君表示最大的敬意和慰劳的热忱。

吴克坚先生：

代表本报致慰劳词。他首先对战地记者诸君及新从敌人后方来的胡愈之先生等表示热烈欢迎，他说：不久以前我们接到陆诒先生电报，当时我们不仅对陆先生关怀，同时也深切关怀各位先生安全，现在大家都安全回来了，我们感觉非常高兴。但可忧虑的是还有一部分记者朋友们尚未回来，所以我们还不能完全安心。

第二期抗战在各方面均有许多进步，这固然是由于各方面的努力，同时各报记者把前方情形忠实的报道给后方，把后方民众的救亡工作传达到前方，鼓励了前后方军民抗战的热忱，坚强了抗战胜利的信心，各位是尽了很大的努力。诸君在前方看见许多的实际问题，当不限报纸上所发表的，如我军抗战许多英勇事迹，如民众的动员和组织不够深入，军民的关系还不够密切，民众疾苦，还有许多没有解决，粮食运输问题还有种种困难，所有这些问题都希望诸君写些报告发表出来，这不仅是国人的希望，而且对于地方行政当局也将会有很大的帮助。最后，此次诸君在前方的工作中表现出空前团结。大家相互关心相互帮助，这种互助团结的精神，不仅是新闻事业取得胜利的保障，而且是民族解放胜利的保障。现在我举杯庆祝诸君的健康和新的胜利。（鼓掌）

《星洲日报》胡守愚先生发言：

说到三点前线归来的感想：一、民众的动员和组织还不够。老百姓见了军队还有逃跑的，汉奸的活动也还是很厉害。希望新闻界同仁对此大声疾呼，使有所改进。二、谍报工作不够，三、由于交通不便，给养感觉不够。希望大家从这次徐州战争中得出教训，竭力改善。（鼓掌）

《大公报》长江先生发言：

当我们想着新闻界过去的情形，总是依他的报纸做活动范围，很少有超出一个报纸的局面。我们想着每个报馆一定都对他们的记者分别举行慰劳，没有一个报馆会对我们举行全体慰劳的。今天《新华日报》不仅慰劳他的记者陆诒先生，而且慰劳我们大家，使我们非常兴奋和感谢。今天下午青年记者学会对于我们全体举行慰劳，都是以前所没有的，新闻界由狭隘的活动变成广泛的职业的活动，这是一个很大的进步。

我们在徐州成立了一个青年记者学会的分会，我们举行彻底的自我批判。徐州的材料很多，但工作的成绩，自己很不满意。我们自己对军事政治的修养不够，不能控制战争的发展局势。另一方面，交通工具感觉困难。希望大家来改善战地通讯的工具，最好每个记者，能有一架小型无线电机，随身带着。

这次特别使人兴奋的，是侨胞记者。他们离开过去的优裕生活，到国内极苦的生活中来，毫无难色。当徐州紧急时，我们提议请他们先走，最后请女同志先走，但大家都不同意，就是《星洲日报》的黄小姐也不肯走。大家都想留在那里，知道更多的事情。

虽然大家的热心与勇气值得钦佩，但工作成绩不够，所以希望青年记者学会在军事政治的学习上，能帮助我们，并且希望当局能把交通工具，加以改善，那我们的工作，将会有大进步。（鼓掌）

《星洲日报》黄薇女士发言，报告她跟军队离开徐州市，从士兵的谈话中所觉察到的几点：

一、一般士兵都很了解保国卫民的责任。二、民众缺乏组织，对民众的宣传也不够，以致军民的关系，还不够好。三、人民生活太苦。现在虽不能彻底改善人民生活，但人民生活问题非加以注意不可，卫民要教育和组织民众，使他们明了国民的责任，不致为敌人所利用。

《新华日报》陆诒先生发言：

这次中外记者汇集徐州，最多时，曾有五十余人，有一个军团长笑着说，叫我们编一个排，守一个碉堡。大家人数虽多，但团结的精神是空前的，虽然各人所工作的报纸不同，但大家为抗战而工作是一致的。我到徐州去了两次，得《大公报》《扫荡报》

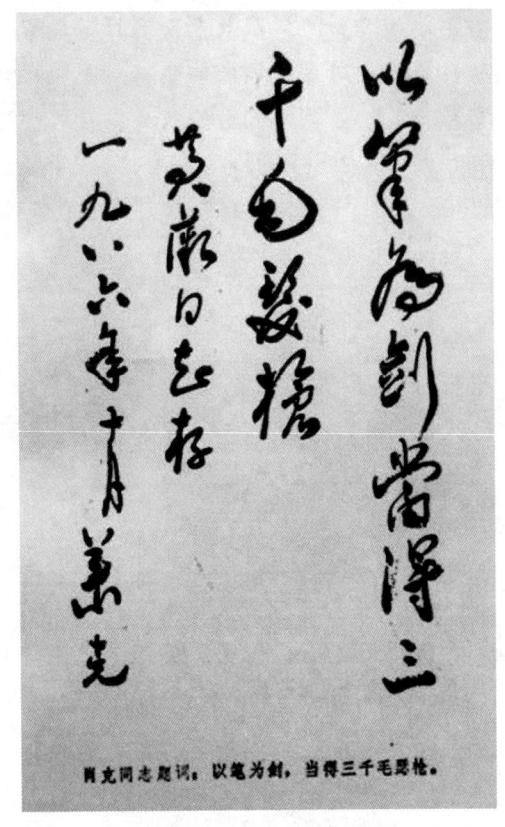

萧克将军为黄薇的《回到抗战中的祖国》一书题字

《武汉日报》《时事新报》《学报》以及华侨战地记者团朋友们的帮助，非常感谢。

记得十四、十五日徐州大轰炸时，我们还举行座谈会，请军官给我们讲战略战术，这种精神，是自己感觉非常安慰的。

此次在徐州工作，武装同志们，也对我们热烈帮助，是我们永远不会忘记的。在行军的时候，他们总让我们走在部队的中间，当我们走得疲倦时，他们还把马给我们骑，因此我想应当随时随地安慰他们，要把报纸迅速的大量带到前方，同时前方弟兄们是很辛苦的，他们只有一双鞋，有许多是赤足，我们后方从事新闻的朋友们，要随时帮助他们。（鼓掌）

胡愈之先生新近由上海来，他详细地讲了上海新闻界的现状：

自从我国军队从上海撤退以后，各大报纸因不愿受日方检查而自动停刊的颇多，继续出版的受检查的洋商报却销路很好，《大美报》《华美报》两报的销路从二万增到四五万份。可是他们为维持中立态度起见，没有评论和副刊，不能满足上海市民的要求。不久出来《文汇报》有很痛快的评论，因此销路很好，一跃而为第一位。跟着又有《导报》及《文汇报》二家洋商的出版，都有评论和副刊，《大美报》《华美报》为竞争起见，闻后，也都刊载了评论。这些评论，听说都由几个优秀的青年记者撰写。所以现在上海的新闻界倒可以说真正统一起来。

有张汉奸报叫《新申报》，虽然广告到处贴得很多，但谁都找不到《新申报》的馆址，买不到《新申报》。开始的时候，有该报的报贩在街上叫卖《新申报》，被其他报贩打死了，因此无人敢再卖《新申报》。现在它只雇佣流氓把报纸夹在洋商报纸里，偷偷地分送各商店。这可见汉奸的言论，害怕公开发卖。所以上海的新闻事业，只要努力，还是可以进行，希望大家予以帮助。（鼓掌）

《扫荡报》张剑心先生发言：

在第五战区里停留了四个月，有一些感想：第一，我们的军事在战略战术上，有很大的进步，但政治上的进步不够；第二，军民的合作不够；第三，那里的动员委员会的工作，还有许多不切实际，这是有待舆论上的不断地鼓吹的。（鼓掌）

《武汉日报》周海萍先生发言：

我从卢沟桥事变起，就到了第五战区，只是时常走动。当时鲁南打得很好，愈打愈有力，大家非常兴奋。我在前线会见了死守卢沟桥的吉星文将军，他的英勇奋发的精神，给我们很大的鼓励。我们在工作中，有时记得异常疲倦，有时饿着肚子，但我们的精神是饱满的。（鼓掌）

在陈绍禹先生发言（词另见）以后，时已三点钟，青年记者学会恰定是时招待各报战地记者，故大家不克久留，遂摄影尽欢而散。

出席招待会的每一个人，都被这些在沦陷区坚持抗日爱国新闻工作的同业们的事迹所感动，每个人发言结束时，都引起全场热烈的掌声。

最后，陈绍禹分析了战地记者的工作特性，他还特别表扬了在沦陷区上海坚持抗日工作的新闻工作者们，以及远涉重洋归国参加抗日的华侨记者们和黄薇女士。他还向记者们提出了几点希望，这些希望和要求，实际上体现了当时中共的新闻思想，对于当时的新闻工作起到了指导作用。他的发言赢得了全体人员阵阵掌声，使这次招待会延续到近下午三点钟，终因中国青年记者学会也要在下午三点在同一地点，举行学会自己举办从前线归来的会友们的慰劳会而结束。

在《新华日报》的招待会结束之前，全体参会人员进行了合影。于是，就有了这张历史性照片。据陆诒先生回忆，合影前排定各人的位置时，报社领导同志要各报战地记者端坐在前排，而自己执意站在第二排或第三排，体现了领导同志对战地记者的重视和尊敬，是当时中共领导和群众亲密无间关系的真实写照。这张珍贵历史照片中的主人公有共产党、国民党、民营以及华侨界的新闻人士、记者和相关的领导，见证了国共两党和全民族浴血抗日的史实和热血激情，集中体现了当年国共第二次合作背景下中国新闻界空前的团结抗日精神。人称记者是"无冕之王"，政治家更是深知"枪杆子、笔杆子，干革命要靠这两杆子"，新闻宣传的重要作用如同萧克将军的生动比喻："以笔为剑，当得三千毛瑟枪！"

在这次不平凡的"请客"之后，在武汉的各个报社，如《大公报》《扫荡报》和国民党中央通讯社等也相继效法，纷纷召开从徐州突围归来的战地记者慰劳会。不仅请自己报社的记者，而且还请其他报社的记者们参加，使各家报社之间的关系更加融洽，更体现了当时武汉新闻界的团结抗战精神！

以下是陈绍禹作为《新华日报》董事会的董事长在最后作的饱含激情，同时对于"青记"所给予大希望的发言稿：

陈绍禹先生发言（全稿）

听见《新华日报》的朋友们说，今天要招待从战地回来的记者们，我们非常高兴。本来我和邦宪、玉章诸同志都和凯丰同志一路准备早来的，但可惜得很，恩来同志竟因事不能前来，我们三个也因事迟到，没有能够听到好几位先生的宝贵讲话，现在还觉得后悔的。

刚才长江先生说：《新华日报》不仅慰劳自己的记者陆诒先生，而且招待国内和侨胞的一切从战区返汉的记者，这是料想不到的事情，这开了报界一个新纪元。我想，这件事在现在环境下是很普通的和应有的现象。我们中国人现在正在反对一个敌人——日寇而共同努力，正在为达到一个目的——创造独立、自由、幸福的新中国而共同奋斗，这是中华民族史上一个崭新的从前所没有的现象。在新的时代中，全国的同胞们都应该团结得像一家人一样，无分彼此，何况负有振兴舆论的记者们呢！当然，我说大家不分彼此，并不是说记者们不应在共同奋斗目标下有工作上友谊的竞赛，譬如说，记者们大家争着表现谁写得最好，谁最会反映前线军民英勇抗战的情形，谁最能影响社会的舆论，等等。相反的，我恰以为凡事只有在共同奋斗目标下发扬个人和各方面应有的工作上的竞赛，才能更加推动整个事业前进，才能达到和加速整个事业的胜利。

在我国战地做新闻记者工作，是一种很特殊困难的任务。因为战区的辽阔，交通的不便，敌我阵地的交错，民众组织的不健全，单身奔走战地工作的记者，不仅时时有被敌人危害的危险，而且有时可以有被土匪流氓危害的危险。所以这种工作，也需要一种特殊的勇气和决心。这种决心和勇气与大规模活动的正规军队不同，大规模军队的战士是进行着集体的活动，而战地记者们却多半进行着个别的活动，这种个别活动时的勇气和决心，我想有两种人的工作或可以与战地记者们的工作相比：一种是航空队员，他们单独飞行或凌空战斗，都需要特殊个性的决心和勇气，另一种是秘密条件下工作的革命党员，他们处在敌人的重重监视和压迫下为着自己的理想而各自奋斗着，也要有特殊的个性的决心和勇气。所以我们今天要把各位战地记者当作具有英勇的航空队员，和秘密条件下工作的革命党员的勇气和决心一样的战士来欢迎。（鼓掌）

长江先生说：还有几位战地记者迄今仍无音信，恐有些人有牺牲的可能。这几句话引起我们对他们的系念，我们热诚地切盼他们安全归来。但是，假如他们之中有个别人而不幸为国牺牲，这种牺牲是异常值得的，长江先生已为战地工作而受伤，这是非常可惜的事，但这是很光荣的事。

今天到会的有许多侨胞记者，还有新从上海来的胡愈之先生。日本人污蔑中国人是一盘散沙，说我们中国人不是一个团结的民族。各位侨胞记者，远涉重洋，回到祖国来参加抗战工作，又一次证明我们中国人，无论到什么天涯地角，都关心着自己的祖国，都热念着自己的民族，证明我们中国人是一个团结得像一个人一样的民族。团结起来为争取中国的独立自由而奋斗！

胡愈之先生告诉我们留在上海的各记者的工作情形，我们知道留在敌人占领区后方工作的记者，正如留在敌人后方战斗的军队一样会遭遇更大的困难和需要更大的勇气和牺牲精神。因此，我们应当热烈地欢迎一切留在敌人后方工作的记者们。

今天到会的有华侨女记者黄薇女士，是我们应当特别表示欢迎的（鼓掌）。我们正在走向新的伟大的时代，虽然中国现在男女尚未完全平等，但在大时代的战斗中，正锻炼出大批新的女英雄，黄女士正是这千万新的女英雄中间的一个。（鼓掌）

后方同胞对于你们前线回来的记者抱着很大的希望。希望你们能把战地所见的一切现象，都忠实地介绍给全国同胞。譬如说：民众们热烈地希望了解我军将士的英勇奋斗和壮烈牺牲情形，民众们不仅希望知道各军队的集体作战情形，而且希望知道许多战地的个别英雄。他们希望记者们把那些到现在还不知名的英勇奋斗的将士们也加以描述；他们希望把上、中、下各级长官以及士兵中的每一个可歌可泣的故事，特别加以表扬。

同时，记者们在前方也最容易看到各种工作的缺点：例如河南山东一带，有许多民间武装，到现在不仅还没有适当使用的办法，使他们能为保乡卫国而努力，而且常常发生纠纷。这不仅是抗战力量的损失，而且有时如果处置不当，甚至许多部分，在落后分子影响之下，有受敌利用的可能。此外，由于许多地方采取强迫征兵的方式，以致一部分新的士兵不知为何血战的原因，因而影响到士兵作战的情绪，这也是很严重的问题。所有这一类的问题，战地记者诸先生见闻最切，如果具体发表出来，当更能引起政府和社会人士的注意，促成这些问题迅速正确的解决。

最后，我讲到《新华日报》。《新华日报》是中国现有各报中最年轻的报纸，她诞生还只不过五个月，内容还有许多缺点，如何克服这些缺点，还要请求诸位有经验的老记者们常常帮助。有许多青年名记者，我说你们是"老记者"，请你们不要生气，我说你们"老"，不过是表示你们的经验多而并非说你们的年纪老。我知道各位都是青年记者学会的会员。说到这里，我可以告诉你们另外一个故事，就是有些人曾经说你们不应该组织什么青年记者学会，因为在外国有些国家当得上名记者的，一定是五十左右年纪的人。不错，在有些国家里，政治活动家和社会名人及有名记者，大都要五十左右年纪的人，但这是表示他们国家的衰老，我们年轻的中国有青年记者学会这种组织，我觉得这是很光荣和值得骄傲的事情。中国青年现在在各部门工作中都表现出很大的作用，这不是坏的现象，这正是象征着我们以古老无名的中国已经过去，崭新的青年的中国正在苦斗中生长起来。请你们不要因为人家说你们年轻而不满意，其实，有人用这种理由来非难青年记者学会，同时，也还有人以此来指责我们共产党的。有人说：中国共产党员最大多数是青年，领导人也大半是青年，因此，中国共产党，是"幼稚"的。我们中国共产党员把这种说法，当作无稽之谈。我们以为，青年与老年绝不是政治和能力的幼稚或老成的界限，同时，我们很自豪的，就是我们党的最大多数党员和领导者是青年，当然这并不是说，我们共产党不欢迎革命的老前辈。相反的，事实证明，我们不仅对于我们党的老年同志，如今天在座的吴玉章先生，以及我们的朱德、林伯渠、董必武、徐特立等老同志，大受青年共产党员的尊敬，而且一切非共产党的革命前辈和社会先进，都是为我们青年共产党员所推崇。不过我们尊敬和推重他们，并不是因为他们年龄老，而是因为他们是永远不老，永远是青年！我国现在在各种工作方面，都活跃和战斗着无数的青年，青年的作用和积极性无限的增强着。这些现象正是值得欣慰的，这正昭示着新的年轻的中国正在艰苦奋斗中成长起来。（大鼓掌）

八、中国青年记者学会第五战区（徐州）分会

1937年七七事变爆发后，许多青年记者奔赴华北和西北战场，采访战时新闻。为了团结广大新闻工作者参加抗战、促进抗战宣传，在中国共产党和周恩来同志的直接关心下，经范长江、羊枣（即杨潮烈士）、夏衍、碧泉、邵宗汉、朱明、恽逸群、王文彬、章丹枫、孟秋江、陆诒等新闻界人士的共同筹划，1937年11月8日晚7时，"中国青年新闻记者协会"成立大会在上海山西路南京饭店举行。大会推举范长江、羊枣、碧泉、恽逸群、朱明等5人为总干事，夏衍、邵宗汉等人为候补干事，这时会员24人。1938年3月15日，"中国青年新闻记者协会"在武汉更名为"中国青年新闻记者学会"（简称"青记"）。30日下午2时，"中国青年新闻记者学会"首届代表大会在武汉召开，范长江致开幕词，国民党中央宣传部部长邵力子、监察院院长于右任、沈钧儒和国际友人美国合众社的爱泼斯坦讲话；出席会议的除上海、武汉两地代表外，还有长沙、广州、西安、成都、重庆、香港、南洋的会员代表；文化界知名人士郭沫若、潘梓年、杜重远、阎宝航等出席大会；苏联塔斯社的罗果夫、美国记者史沫特莱等国际友人也出席了大会。大会通过了《中国青年新闻记者学会宣言》，选举了领导机构常务理事会。范长江、钟期森、徐迈进当选为常务理事，陆诒、陈农菲等10余人为理事。在常务理事之下，设秘书一名，负责处理日常事务，并设总务、组织、学术三个组，作为日常工作机构。大会勉励青年新闻工作者加强团结，力求进步，担负起抗敌救亡的任务。会后，范长江、陆诒等一批记者相继北上，经郑州、开封，前往徐州。4月4日，范长江、陆诒抵达徐州第五战区司令部。4月5日，范长江和陆诒在徐州谒见了第五战区司令长官、台儿庄大战的主要指挥者李宗仁将军。在范长江和陆诒的号召下，一批相识在台儿庄战场上的青年记者后来也加入了"青记"。

关于"青记"的有关情况，据当时长期在《武汉日报》工作的徐叔明

回忆：[①]

参加（"青记"）者多是风华正茂的俊彦，例如苏联塔斯社编辑舒宗侨，《大公报》记者徐盈、彭子冈夫妇，衡阳《立报》记者冯英子，《扫荡报》记者钟期森（可惜不久到战地翻车亡故），中央社记者徐怨宇，还有徐迈进、戈宝权、傅于琛、周海萍等。

徐叔明与舒宗侨、徐怨宇三人作为该会理事主持武汉分会。他们曾经多次在汉口"普海春"西菜厅用茶会形式，邀请国际友好的同业，例如美国的史沫特莱女士、日本反战作家鹿地亘、苏联塔斯社驻中国分社社长罗果夫等，以及文化界知名人士如田汉、冼星海和一批批从前线归来的记者们，讲演介绍前方抗战将士英勇杀敌的所见所闻。

"青记"的宗旨是团结抗日救亡的青年记者，互相学习，交流经验；反对搞派系、搞分裂，拥护国共及社会贤达真诚合作，一致对敌，抗战到底。

武汉新闻检查所所长杨耕经，早年对徐叔明说："'青记'是中共所操纵，你何必去吹喇叭、抬轿子？各方面对你很注意，希望当心！"徐叔明回答说："据我所知，该会骨干如范长江、陆诒、舒宗侨等并不都是中共党员，何况人各有志，不必介意。国共合作，救亡图存要紧；承你关心，感谢你的好意。"杨听后也就没有话说了。然而，《武汉日报》社长王亚明比较开明，他却对徐叔明说："报纸当务之急，是要战地消息灵通，本报限于人力财力，不可能多派记者出访，'青记'成员，不管是哪一党派，多是在战地出生入死，干劲冲天，你身为采访主任，接触面越广越好，联络友谊，取长补短，有何不可。"

有了社长王亚明的支持，徐叔明参加活动就可以丢掉担忧。这也从一个侧面反映出"青记"在当时的影响力和作用。

"青记"还于1938年4月在武汉创刊了自己的机关刊物《新闻记者》（在汉出版了七期），主编范长江，实际负责编辑事务的是陈农菲。通过这本刊物，一方面对会员进行团结和鼓舞；另一方面则对当时的新闻政策、新闻事业的发展进行建议与讨论。

"青记"一开始就注意团结广大新闻工作者，增强新闻界的团结。"青记"为了帮助前方将士解决精神食粮，在武汉保卫战前夕，还设立了"战地报纸

[①]《湖北文史资料》第三辑（总第十三辑），1985年。

供应部"，把《新华日报》《大公报》《武汉日报》等报纸送往前线。每次开招待会、报告会，或者欢迎会友从前线归来，总是尽可能把各报记者都请来，消除各报记者之间的隔阂，增强新闻界的团结。"青记"还建立了"记者之家"，在武汉长春里临时租了几间房子，接待从前线回来的战地记者，大家在一起写稿子、译电码、发电报，取长补短，互相合作。在长沙、重庆等地也都有过"记者之家"。

作为"青记"的海外部主任和香港分会的总务部主任，恽逸群多方联络海外各国华侨报纸的记者编辑，动员他们参加"青记"，在华侨中宣传抗日和进步思想。所有的海外"青记"会员到香港时，他都派人接待，为他们解决住宿问题。为了发展"青记"在香港的会务，他除了组织"青记"会员定期集会活动外，还以"青记"香港分会的名义，创办了香港第一所新闻学校——中国新闻学院。他还发起组织香港新闻界聚餐会，每两个星期举行一次，邀请所有左、中、右立场的报纸参加，以联络感情，增进团结，营造共同抗战的氛围。

"青记"还团结了国民党的中央社、《中央日报》《扫荡报》中的一些爱国进步的新闻工作者，以致国民党对这个团体是非常头痛，终于在"皖南事变"后的1941年4月28日将"青记"查封了。

徐州突围前，记者们在云龙山合影。前排左起第二人为范长江、右二为李蕤；后排右起第三人为陆诒。

"青记"总会被封后，"青记"活动虽然被迫停止，但是解放区延安分会、晋西分会、晋察冀边区分会的活动一直坚持到抗日战争胜利。"青记"2000多名会员继续在各自不同的岗位上进行不懈的斗争，一直坚持到全国解放。

抗战烽火中诞生的"中国青年新闻记者学会"，团结了一大批新闻界的仁人志士，英勇地踏上了民族解放的战场。他们以笔为枪，从枪林弹雨中发出一篇篇饱含激情的战地通讯、一张张震撼人心的新闻照片，唤起了民族自觉，鼓舞了人民斗志，坚定了必胜信心。"青记"是爱国进步的新闻工作者的一面旗帜，也是中华全国新闻工作者协会（简称"中国记协"）的前身。2000年8月，国务院正式批准，确定以"青记"成立日——11月8日为中国记者节，让"青记"的精神在一代又一代新闻工作者身上传承和延续。[1]

1938年4月15日，面对徐州市区日机连连的轰炸，一批青年记者躲在云龙山的树林中开座谈会。云龙山树木葱茏，风景秀丽，大家敞开思想，交换对时局的看法。为了组织联系在徐州采访的战地新闻记者，战区的记者们又在徐州成立了"中国青年新闻记者学会第五战区分会"，云龙山见证了青年记者们肝胆相照的友谊和保家卫国的激情。

盛成《台儿庄纪事》"前线慰劳报告"也记载了炮火战场中这一新闻界的盛事：

卅日（1938年4月），上午九时，中国青年记者学会徐州分会筹备会在云龙山下一家茶楼上，聚集一群战地记者开会。一个战地座谈会，到有石宝瑚[2]（重庆新蜀报），曹觉民[3]（重庆《国民公报》），长江、高元礼（《大公报》），陆诒、戈矛（即戈茅、徐光霄，《新华日报》），张剑心（《扫荡

---

①本段文字根据范长江《卢沟桥到漳河》，王大龙《中国青年记者学会在抗战中的历史作用》等文章整理。

②石宝瑚（1911.8.24—2012.12.1）著名记者，曾用笔名有"石燕""石炎""时燕"等，河北乐亭县人。先后就读于哈尔滨三育中学、哈尔滨一中、北京大学预科、北京大学经济系、日本东京日本大学和美国加州大学伯克莱分校。1931年在北大读书时曾任学生期刊《北大新闻》主编。20世纪30年代中叶留学日本，在东京参加抗日运动。抗战全面爆发后回国，成为职业记者，任重庆《新蜀报》前线战地记者及主笔，1938年初在武汉加入中国青年新闻记者学会，是该会最早的会员之一。后来在中共的领导下与同仁一起创办国际新闻社，是国际新闻社17个创办人之一。1944年任印度加尔各答中文报纸《中国周报》主编，从事战时宣传。1945年3月赴美工作，1981年退休定居旧金山至辞世，享年102岁。其《突围三百里》收入《徐州突围》一书。

③曹觉民，中华人民共和国成立前后任兰州大学文学院教授，整理民间故事《火龙潭传奇》《避风珠》《异侠图书馆》及撰写中国现代文艺心理学回顾《论意境》《论神境》等。

报》），顾延鹏（新生中华杂志社），俞创硕①（良友杂志社），汪止豪、洪雪村（《动员日报》），龙炎川（华侨战地记者通讯团中华晨报）十二人。他们都感觉到紧密的团结，是不可少的。互相帮助，互相批评，加紧自我教育，交换工作经验，讨论写作方法。人人笑容满面，对于敌机的空袭，似与他们无关，并决定五四纪念日召开成立大会。负责筹备人为洪雪村、张剑心、高元礼。下午六时我偕苏芗雨欢宴司令长官部及动员委员会诸负责人员。

在纪念卢沟桥事变75周年时，范长江之子范苏苏慨叹，如果没有这些抗战期间穿梭在硝烟中的一线战地记者，那无论是29岁就已名列"抗战四大名团"团长的吉星文、30岁的团长罗芳珪，还是鲜血染红了滕县城的师长王铭章，他们的一些事迹恐怕就很难为世人所知。

不仅如此，抗战时期的记者们还以自己细致的观察、理性的思考，为抗战的思潮和战备提供宝贵的引导和建议。

范苏苏回忆说，"青记"成立后不久，组织了最大、最典型的大规模行动，即对台儿庄战役的集中报道。

而4月4日，"青记"全国代表大会召开仅6天后，范长江和陆诒就从湖北赶到了山东台儿庄孙连仲将军的指挥部。在孙连仲处仅盘桓了一天，就在4月6日下午骑马行至池峰城的三十一师指挥部所在的小村。此时，他们离前沿仅有3里。对于在这样的情况下到来的记者，池峰城感到非常高兴。他告诉记者，尽管他的4个团长已经只剩1个、12个营长也只剩下2个，"但只要今夜反攻令下，疲兵而战，我们还是有决心打一场胜仗给你们看看的！"

4月6日当晚9时30分，反攻令果然到来。池峰城也不负前言，中国军队经过整夜激战，于4月7日凌晨，收复台儿庄。

于是范长江和陆诒得以在战斗刚刚结束4个小时之后——下午1：30与池峰城师长坐着铁路手摇扶车进入台儿庄，发出了最早的报道，记录下双方使用重炮和火攻造成的满地焦土，已被烧焦却依然紧握手榴弹和枪支的中国士兵，还有堆成小山一样的敌军来不及带走的骨灰盒。

此时，战场的硝烟依旧弥漫，日军的飞机仍在轰炸，零星的枪声从未断绝。

---

①俞创硕（1911.9—1991.7）摄影家。浙江平湖人。1932年毕业于上海美术专科学校西画系。曾任《良友》画报、《申报》摄影记者，国民党政府中央通讯社记者。俞创硕拍摄了李宗仁在台儿庄车站牌旁的一张历史性的照片。中华人民共和国成立后，历任《解放日报》摄影记者，中国摄影家协会第一、二届理事，中国老年摄影学会理事。作品有《浦江日出》《送粮》等。

此次，"青记"有二三十位当时各大报社记者云集台儿庄前线各地，规模前所未有，留下了宝贵的第一手资料。也显示了"青记"组织的力量。

在后来进行的徐州突围中，仅范苏苏手中的资料就显示，"青记"至少有36位记者冒着与敌人遭遇的危险，不避矢石、不惧榴弹，在战争最残酷的时段第一时间现身在战斗一线，为这次抗战中的大兵团运作留下了翔实的记载。因为，当时的"青记"包括了各党各派各界的青年记者，所以，对"青记"在抗战中的史料的发掘，现在还需海峡两岸和散居在世界各地当事人的后代亲属们共同努力，以更加完整地呈现中国人民抗日战争这段历史的原貌、全貌。

"徐州会战在中国抗战史上是很重要的一页，好多故事不为世人所知。"陆诒之子陆良年也在为搜集"青记"史料奔走四方。"当年'青记'为民族敢于担当的精神，永远鼓舞着我。"陆良年如是说。

关于范长江在徐州采访的经历，还有一段有趣的小故事。2015年5月刚刚辞世的"抗战老兵、艺术家"，出生于徐州的王杰先生，从小就是一个"小

徐州突围前夕，在前线采访的记者于5月16日上午随二十五师部出发，行军至陇海铁路杨楼车站以北2里的郝集休息。后排右起：胡守愚（《星洲日报》记者）、黄××（二十五师政治部主任）、高天（汉口《扫荡报》记者）、石燕（重庆《新蜀报》记者）、王西彦（作家）、文毓秋（十三军战地服务团成员），第八人为记者，第九人陆诒，第十人张剑心（汉口《扫荡报》记者）。前排蹲下或席地而坐的都是华侨战地记者通讯团成员。

戏迷"。台儿庄大战时，他在徐州参加救亡演剧，一次在后台，《大公报》记者范长江和英国《泰晤士报》记者窦丁采访他，问："你为什么参加这些活动？""为了不当亡国奴。"15岁的王杰掷地有声地回答，这让他俩大加赞赏，范长江当即递给王杰一张名片，说："以后有需要我帮助的地方，尽管来找我。"1938年5月19日，日寇占领徐州，王杰作为一名战区难童流亡到武汉，栖身于东北抗日救亡协会。举目无亲的他独坐长江畔唱起"流亡三部曲"，这时他突然想起了范长江留下的名片！第二天，他在《大公报》报馆找到了这位进步文化名人，经他介绍，少年王杰辗转来到延安，进入陕北公学学习，最终成为一名优秀的人民艺术家。

时任《扫荡报》和《时事新报》战地记者的高天，当年也投身到台儿庄战役和徐州会战的前线，写出了不少生动的战地通讯。他参加了由范长江领导的"青记"，并担任会务联络员，团结了一大批进步青年新闻工作者投身抗日宣传工作。由于抗战形势发展的需要，周恩来指示：可以建立一个通讯社为国际宣传处服务。高天和范长江、胡愈之、孟秋江、金仲华、刘尊棋等一道，共同发起创建了"国际新闻社"①。

关于"中国青年新闻记者学会第五战区分会"，陆诒之子陆良年先生在撰写的《徐州突围前夕结识的中共秘密党员杨萍》一文说：

当时，我父亲是《新华日报》采访部主任兼报社的编委。可能因为杨德华的特殊身份，他知道《新华日报》是我们党南方局办的报纸，他对于"自己人"办的报社派出的战地记者，有一种特殊的亲切感，所以我父亲和范长江同住的小房间成了他经常光顾的地方，更是互相"交流情报"的场所。因为他那时候负责第五战区的情报工作。除此之外，他还负责第五战区的战区动员工作。而我父亲和范长江在徐州也组织并且成立了"中国青年新闻记者学会第五战区分会"。这个分会的核心成员是当时的第五战区动员委会办的《动员日报》。

而陆诒则在《徐州突围》②一文中写道：

1938年5月15日，中国青年记者学会五战区分会，约集在徐州的各报

---

① 目前在陆良年家里还保留着陆诒的《国新社》第一号记者证。
② 陆诒《徐州突围》《战地萍踪》，第141—142页，人民日报出版社，1985年。

社同业到郊外云龙山公园品茗座谈，商量进一步做好战地新闻工作。座谈时，敌机分批狂炸徐州城内。他们见到的敌机大部分是意大利制造的巨型轰炸机，称它为"墨索里尼"。敌机肆虐，把徐州炸成一片火海。不一会儿，《动员日报》的负责人，汪止豪和洪雪村各提着一架电话机匆匆从山下赶来，告诉大家说："城里被炸得很凶，《动员日报》的印刷厂和编辑部已全部炸毁，我们只是从瓦砾堆中抢出这两架电话机。"他们劝这两人先休息，但是这两人仍然是非常激动，汪止豪大声向在座同业说："敌机可以炸毁我们的报社，但永远毁不了我们的抗战意志！今后，铅印报出不成，我们还可以办油印报。希望你们继续支持我们，坚持抗战新闻工作！"

经过一整天的敌机轮番轰炸，徐州城里的老百姓也有点慌张，连夜纷纷逃难到乡下。我父亲和范长江等仍安居在小旅馆中，等待第二天的变化。当晚十二点整，第五战区司令长官部参谋处的作战参谋杨萍特来叩门，把他们从睡梦中唤醒。他紧急通知："徐州西南角上的永城已经失守，萧县危急，日军的快速部队直奔砀山，想切断陇海铁路，从西边包围徐州。为了避免不利条件下打无把握的仗，司令长官部已作出决定，下令全线我军按照部署分道突围，以保存有生力量。你们应该赶快找部队一起撤退，或者随五战区司令长官部共同移动。我的坐骑已经牵来，请你们两人任何一位立刻上马出发，一路上我当尽力保卫你们杀出重围！"当时，我父亲和范长江十分感激他的及时通知，而他的舍己为人的崇高品质尤其使他们两人感动，但无论如何不能骑他的马匹，影响他作战参谋的工作，只好推说他们还要略作准备，再到长官部和他联系。

后来，陆诒又在《追记徐州突围》一文中回忆，5月底，各路记者陆续回到武汉，由中国青年新闻记者学会发起，组成了《徐州突围》编辑委员会，成员有王昆仑、石燕、李工组、汪止豪、林素园、宗祺仁、范长江、胡守愚、高元礼、陆诒、曹孟君等十多人，登报征稿，广泛搜集参加徐州突围的军政人员、政治工作者和新闻工作者写出的亲见亲闻。新四军鄂豫皖根据地从事新闻工作的包之静在该书中撰写了《皖北的红枪会》一文。这本书具有重要的史料价值，也为台儿庄战役的历史记载，完美地落下帷幕。

九、第五战区社会各界救亡、慰问团体

1938年初，随着抗战形势的发展，第五战区司令长官部所在地徐州，一

时成为全国抗战的中心，全国各地的爱国青年学生潮水般地涌向徐州，全国各地的救亡团体和知名人士也纷纷到徐州演讲、宣传和慰问。中华民族解放先锋队，平津流亡同学会，北平移动剧团，上海歌咏队，上海话剧演出二、三、四队，无锡流亡青年服务团（简称"锡流"），四川旅沪同乡会战地服务团，东北救亡总会，临汾同学会，青海战地考察慰劳团，苏北抗日同盟，山东各救，山东文抗等团体，以及黄炎培、江问渔、顾孟余、陈豹隐、梁漱溟、杜重远、许德珩、章乃器、李公朴、钱俊瑞、张语还、田汉、冼星海、荣高棠、杨易辰、张震寰、武衡、张瑞芳、瞿白音、洪深、徐韬、郑君里、金山、王莹等一批知名爱国人士先后抵达徐州，他们中不少人是中共党员或秘密党员。他们在徐州和台儿庄前线积极开展演出、讲演、战地服务等活动，起到了很好的发动群众、宣传抗日、激励士气的作用。

（一）中国战时儿童保育会

"敌掳我战区肥壮少年，作为伤员兵输血之工具，因此辈纯洁精壮，输于出血过度之负伤者，得能早日健康，重返支那战场"。1938年初的《大公报》语出惊悚。当年此类传闻似幽灵在各地不断浮现，中央社电报更证实，日军"俟血液吸尽，则沉尸江海，现长江沿岸，已有不少装袋童尸"。

抽血，沉尸，令郭德洁不忍直视，身为五战区司令长官李宗仁的夫人，消息灵通的郭德洁女士提笔写出《谨为难童请命》一文，并在文中透露了另一个骇人听闻的故事：在沦陷区，一批批儿童被运送回日本及朝鲜等国及中国台湾等日据地区，补充日本因战争而损失的人口，在奴化教育之下，让他们长大，转而重返中国，残杀同胞。

此时国民政府首都南京已陷落，江淮一带的难民涌向相对安全的湖北武汉，战时难童裹挟其间，充满了武汉三镇的大街小巷。有的孩子衣衫褴褛，有的孩子蓬头垢面，但里层衣物光鲜考究，想必来自大户人家，但此时无论是劳苦身世还是名门之后，终究没了爹妈，寒冬游荡，沿街乞讨，夜里蜷曲街巷。每天早晨都有冻饿而死的难童，红十字会、防疫所便只有推着车子到处收尸。

在《大公报》所发表的《拥护国联反侵略——武汉各儿童团体告同胞书》中，曾以惨烈的数字，来描述这段历史："中国700万儿童，在十几个月内，估计遭敌人杀害死亡的，至少在10万以上，被掳掠的儿童，至少在15万以上。因敌人的侵略战争而流离失所的，至少40万以上。因遭意外刺激，而精神失常的和残废的还不在内。"

作为最早获知日军抓捕难童抽血一事的报界人士，汉口《妇女生活》杂志主编沈兹九此时再也坐不住了。她呼吁发起儿童保育会，挽救这难民中的最弱势群体。但响应者只是一些无职无权的文人学者。在几乎陷入绝望的境地之时，沈兹九想到了邓颖超。据儿童保育会发起人徐镜平日后回忆，保育会筹办迟迟不能如愿，沈兹九等人找到中共长江局妇女部，邓颖超当即指示，把力量集中起来，好好干。

在抗日救亡团体救国会中未公开身份的女共产党员安娥、陈波儿、曹孟君、沈兹九、徐镜平、杜君慧以及中共早期党员刘清扬四处奔走，争取支援。在多方努力下，1938年1月24日，邓颖超联络各界知名人士在汉口基督教女青年会举行保育儿童发起人会议。救国会领袖沈钧儒和冯玉祥夫人李德全，文化界人士郭沫若、蔡元培等184人名列发起人名单。推举冯玉祥夫人李德全为主任委员。会后，中共长江局妇女部承担起了儿童保育会的筹备工作。但关于儿童保育会筹备工作的一举一动，都被纳入了中统的秘密监视范围。因为这个筹委会云集了中国知识界绝大部分名流和各民主党派，而组织者又是

1938年3月，战时儿童保育会理事会主要成员在汉口合影。前排左起：赵一恒、吕晓道、陈纪彝、沈兹九、徐镜平、钱用和、陈逸云；中排左起：张蔼真、安娥、庄静、宋美龄、李德全、谢兰郁、杨崇瑞、吴贻芳；后排左起：孟庆树、刘清扬、唐国桢、沈慧莲、曹孟君、郭秀仪、史良、邓颖超。

共产党，这不能不引起国民党的担忧。

武汉儿童保育会发起人顿时陷入紧张当中。邓颖超日后回忆道："在宣布保育会成立大会的日期后，特务机关狂呼要破坏大会，使大会开不成，我们便去约请宋美龄出来主持保育工作并出席大会。"宋美龄答应出任主席，但提出了一个条件，必须将保育会纳入她所领导的妇女组织"中国妇女慰劳自卫抗战将士总会"名下，而这个组织的基础即是她先前创办的"新生活运动总会妇女指导委员会"。宋美龄的加盟，果然使保育会的成立一帆风顺。发起人背后的跟踪者也没了踪影。

3月10日，战时儿童保育会成立大会在汉口圣罗以女子中学举行，妇女界、中外来宾等700余人到会，安娥做筹备工作报告。宋美龄一身黑色丝绒旗袍到会，作了题目为《谨为难童请命》的三千字讲话，"当此国家存亡之际，何为男子应尽之职务？何为女子应尽之职务？原无分别，只与抗战有关，乃均能参加"。宋美龄在会上表达了抗战到底的决心和拯救难童义不容辞的责任。会议选出了包括国共两党和无党派在内的56名妇女界人士为理事。次日中央社以通稿的形式向海内外发布，《新华日报》亦全文照登。这一天，宋美龄与邓颖超第一次见面，会后，宋美龄特意会见了邓颖超，宋很客气地走过来与邓颖超握手，说对她"仰慕已久"。表示要"真诚合作，全力抢救难童"。

保育会的正式名称即为"中国妇女慰劳自卫抗战将士总会战时儿童保育会"，一般通称为"中国战时儿童保育会"。①因后来各地成立有分会，此时成立的战时儿童保育会又称战时儿童保育会总会。

3月13日，战时儿童保育会在武昌召开了第一次理事会，选出：宋美龄、李德全、黄卓群、邓颖超、史良、曹孟君、沈兹九、安娥、孟庆树、张蔼真、陈纪彝、郭秀仪、唐国桢、舒颜昭、任培道、徐瑞、陈逸云等17人为常务理事；徐镜平、刘清扬、庄静、吕晓道、朱纶等五人为候补常务理事。保育总会在一开始并未赢得广大民众的好感，在国民政府崩坏的时代下，他们不免疑惑，"不会是要把我的孩子抓去当兵吧？"为扩大社会影响，总会先后聘请蒋介石、冯玉祥、李宗仁、毛泽东、周恩来、朱德等党政要人为保育行动发起人、名誉理事。宋美龄提议邓颖超为组织委员会主任，遭到国民党理事反对。邓颖超为了大局，此后一直以常务理事的身份参与工作。后来在9月中旬召开的常务理事会上，宋美龄、李德全分别被一致推选为正、副理事长。为争取多方支持赞助，扩大影响，保育会还聘请了286位名誉理事，其中包括国

①李文宜：《战时儿童保育会的片断回忆》《李文宜纪念文集》，第248—249页；邓颖超：《继承和发扬抗日烽火中育才的光荣传统》《抗日烽火中的摇篮》，第4页。

共双方领导人、各界知名人士、国际友人，如蒋介石、林森、冯玉祥、孔祥熙、宋子文、李宗仁，毛泽东、周恩来、朱德、彭德怀及各界知名人士沈钧儒、邹韬奋、马相伯、郭沫若、陶行知、茅盾、老舍、蔡元培、晏阳初、胡适、陈嘉庚、胡文虎和国际友人斯诺、史沫特莱、司徒雷登、鹿地亘等。

战时儿童保育会一成立，即面临两项紧迫的任务：一是募捐；二是抢救战区难童，建立保育院接收难童。由于当时国家所处形势和政府财政状况，拯救难童的经费基本上靠募捐。按每个儿童每月最低生活费5元计算，全年需60元，面对千千万万要救助的难童，所需经费可想而知。在保育会成立前后，已不断有各界团体和人士为难童踊跃捐款，上至名流，下至百姓，都表现出了炽烈的爱国之情。这期间，为募捐而多方奔走的黄琪翔将军夫人郭秀仪，冯玉祥将军夫人李德全和女儿冯弗伐贡献尤为突出。从3月10日至4月12日，战时儿童保育会募款总计94845.23元，其中宋美龄个人捐款10英镑、15美元、现款26389.63元，数额居首位。

保育会既已运作，但无钱粮来路，极度紧张的国民政府财政实在拨不出钱来，募集善款的工作就落到了负责保育会工作的各位国民党官太太身上。这些地位显赫的女人，何时伸手向人要过钱？日后担任新中国卫生部部长的冯玉祥夫人李德全就曾说："我一遇到能捐款的人就脸红，他们看见我就头疼。"但为了孩子，她豁出去了。

冯玉祥的二女儿冯弗伐的募款方式更为高明一些。她每次皆指令其父亲的秘书，给中央要人如陈诚、何应钦等打电话，说冯副委员长女儿冯弗伐要来拜访。对方就回答说，转告冯小姐，捐款叫人送去，不必亲自来了。有时对方哭穷，冯弗伐就再三恳求，并说还是亲自来取款。对方无奈，只好追加善款。

轮到冯玉祥募款，则军人气势尽显。冯曾命卫兵挑来一担水，向川康盐贩募捐，说兄弟有难，这一担水两万五千块，使盐贩不敢不捐。

不过更多的官太太们，面对由各地抢救回汉的难童时，忌惮于孩子们的脏乱，纷纷借故离去。

保育会成立不久，在汉口原日本同仁医院还建立了临时保育院，李昆源出任院长。以后陆续接收了550多名从前线抢救来的难童进入保育院。5月1日上午，汉口第一临时保育院举行了开院典礼，下午蒋介石、宋美龄、冯玉祥、周恩来等参观了保育院，蒋介石发表了讲话。

时局一日紧复一日。1938年3月，江苏和山东大部分城镇被日军占领。保育会常务理事、保育委员会主任曹孟君于1938年3月中旬主持保育人员训练班，不久即率领首批工作队奔赴开封，短期内即收容近400名难童，带领他们于3月底顺利返回汉口。①4月8日这天下午，保育会正在制定难童收容细则，突然传来台儿庄大捷的喜讯。邓颖超当即提议战时儿童保育会派出两路精干人员前往战区抢救难童。一路由保育委员会主任曹孟君带队，奔赴徐州、台儿庄地区；另一路由保育委员会副主任唐国桢和宣传委员会委员徐镜平率领，到达郑州和开封一带。4月中旬，曹孟君和冯光灌、陈茵、张刚等几位女同志怀揣盖有常务理事会公章和正副理事长签名的介绍函再赴前线，到台儿庄、徐州一带抢救难童。赴徐州前线收容难童，不少与会者大为惊动，言称奔赴前线是男人的事情。就在这时，徐州战区司令长官李宗仁打来电话，要求保育会立即派人收容流浪儿童。原来台儿庄大捷后，日本准备包围徐州，一些流浪儿童在前线经常被乱枪打死。

这次曹孟君她们屡遭险境，最后在徐州城内被困八昼夜后，于5月14日仅带领10名难童随突围士兵冲出徐州城。②

在炮火连天的战场上，许多难童的衣服已被扒得精光。野狗、老鸹围着这些已是残肢断臂的骨骸，继续撕咬着，你争我夺。十几名青年妇女，冒着硝烟在收容流浪儿童，甚至从死人堆里寻找没断气的孩子。整个徐州战区遍地狼烟，与家人失散的孩子们则哭声震天。曹孟君所带领的收容队不分昼夜地穿梭于战火纷飞的前沿阵地，经6天奔波，收容了35名儿童。这一天，她们来到离台儿庄不远的一个村子李庄，继续寻找流散的孩子。瞧！那不是两个小男孩吗？她们欣喜若狂地冲了过去，然而她们却不知道鬼子在村子里设有埋伏，刹那间一队鬼子从村东头窜了出来。说时迟，那时快，曹孟君和另外一名年轻的干事一人抓住一个孩子分别朝村西头的两个方向跑去。按大家预先的约定，收容队的其他队员也各自分散撤离。曹孟君边跑边从腰间拔出一支勃朗宁手枪以防不测。在这十分紧要的关头，担负保护收容队任务的一支小分队及时赶到与鬼子交上了火。原来，这一大片区域已经被日军包围，是时，我军也正在实施突围的计划。一场紧张激烈的突围战打了将近6天6夜，当曹孟君她们在历经艰险撤至萧县会合时，发现只剩下32名孩子，有5名孩子已不知下落。曹孟君远望着火光跳动的战场，两串泪珠滚了出来。

曹孟君带领200余名难童从前线回到徐州城，徐州公署却拒绝解决儿童的吃住问题。她们又找到徐州难民救济署，救济署官员要求难童必须参加城防

---

①林震声：《抢救难童到开封》《保育生通讯》1996年第3期。

②沈兹九、罗琼、左诵芬：《深切怀念曹孟君同志》《人民日报》1981年1月6日。

劳动才能得到相应的救济。

曹孟君在徐州的尴尬境地并不是个别现象。江西保育分会在长江湖口收容难童1000多人，由于得不到政府的帮助，饥寒交迫的难童队伍不得不就地解散。安徽保育分会的一支抢救队伍在芜湖收容难童600人，中途却被一支国民党部队扣留，强迫他们替部队挖掘战壕，后在宋美龄的直接干预下才得以解脱。

最终由于日军包围徐州，曹孟君无法硬冲，只好将大部分孩子安顿在徐州城内，不过她仍决意带100个难童突围。这突围的日子，整整八个昼夜，到处是枪炮的呼啸与难民的呼喊。难童恐惧绝望地跟着曹孟君跑，瞌睡得不知在走路，互相紧拉着手。

激战中，人群不断被冲散，在走完六百华里到达河南驻马店时，曹孟君身边只剩下10个孩子。据当时亲历者后来回忆，就是在这次历险中，曹孟君还从被敌人击中起火的房屋中抢救出一个孤儿。

回到武汉，曹孟君受到保育总会同仁的热泪相迎。宋美龄在大会上大为褒奖，会议完毕，宋美龄走到曹的面前，问了一句话："你是不是共产党？"曹一时惊愕，但未等她回答，宋美龄就转身离去。

邓颖超似乎也看出了宋美龄的用心，就悄悄将曹调派出去，不再在保育总会出现。事实上，此时国民党人士不断要求在保育儿童中发展"三民主义青年团"，培植党派势力，宋美龄未予理睬；与此同时，在保育会中，不仅有公开身份的共产党员，如邓颖超，也有隐藏身份的地下党员，如曹孟君等人，两党碰撞时有发生，但宋美龄对此也一直保持沉默。

从台儿庄前线历经艰难地回到武汉后，曹孟君和冯光灌分别在《徐州突围》一书中撰写了《敌围中的妇人与孩子》和《老百姓到哪儿去了》的文章。

与曹孟君一起赴台儿庄前线的还有她的未婚夫、时任国民政府立法院立法委员、国民党中央候补执行委员、《全民抗战》三日刊负责人身份的中共秘密党员王昆仑。他不顾自己身患严重的胃病，与曹孟君还有中国青年记者学会的一些记者奔赴徐州前线慰问部队将士、抢救难童、报道战场消息。王昆仑从徐州战场突围回到武汉后，写下了《风雨涡河》《临沂的老太婆》《萧山一牧童》《炮车队长》等战场纪实的报告文学收录在《徐州突围》一书中。

1938年5月底，宋美龄以个人名义在庐山召开了妇女座谈会，邀请40多人参加，包括中共代表邓颖超、孟庆树，国民党方面的沈慧莲、唐国桢、陈逸云，救国会代表史良、沈兹九、刘清扬、安娥，基督教女青年会的张蔼真、陈纪彝、邓裕志，妇女界知名人士李德全、吴贻芳、俞庆棠，以及各地妇女代表雷洁琼、熊芷、张素我、曾宝荪、劳君展、杨崇瑞等。会上宋美龄提出，以新生活运动总会妇女指导委员会为领导妇女参加抗战建国工作的全国性总机构。经各方协商，会议通过了沈兹九起草的《动员妇女参加抗战建国工作大纲》。新运总会妇指会进行了改组和扩大，下设九个组和一个联络委员会，宋美龄仍任指导长。

从1938年4月起，战时儿童保育会的各地分会和保育院陆续建立起来，接收难童。到1940年3月先后有江西、安徽、广东、四川、香港、福建、贵州、广西、成都、浙江、湖南、山西、陕西、陕甘宁等分会成立，下辖37所保育院。战时儿童保育总会也有9所保育院。另外还有接受总会领导、由基督教会创办的贵州伯特利保育院；由刘王立明为纪念为国捐躯的丈夫，个人创办的湛恩儿童教养院等。总计收养儿童15000多名。1939年10月20日，宋美龄在重庆求精中学主持召开了第一届保育院长会议，会议交流了保育工作的经验，通过了加强保育工作管理的各项决定。宋美龄还数次亲自视察保育院。1938年12月25日，在广西桂林遭到敌机轰炸的第二天，宋美龄就在保育总会副理事长李德全和广西分会理事长郭德洁的陪同下，视察了桂林第一保育院。1939年8月28日，宋美龄陪同蒋介石、孔祥熙、宋霭龄和印度国大党领袖尼赫鲁参观重庆歌乐山川一院。1940年2月，宋美龄赴香港短暂休养，特意视察了香港保育院。尤为难得的历史镜头是：1940年4月3日，宋氏三姊妹宋霭龄、宋庆龄、宋美龄一起来到歌乐山的川一院，与孩子们共度儿童节。

1938年5月，日军对武汉轰炸加剧，保育总会开始分批将汉口临时保育院的难童由长江转运入川。6月保育总会在宜昌设置接运站，接送入川难童，由方雪琼、徐镜平负责。她们冒着敌机轰炸，克服运输船只紧张等困难，进行了卓有成效的工作。至1940年6月宜昌失守前，成功转运汉口临时保育院和其他保育院的难童，以及在沙市收容的难童和在襄樊抢救的难童总计15000多名。1939年春末，日军向鄂西北第五战区进攻，均县保育院处境危险。院长罗叔章向保育总会请示后，带领500多名难童向重庆转移。一路上得到第五战区司令长官李宗仁的大力援助，经宜昌转运站安排，乘民生公司轮船于30日到达重庆，正赶上敌机对重庆大轰炸，根据总会指示，马上又向江北大田坎转移，路遇宋美龄车队。宋美龄了解情况后，立即帮助拦截车辆，又让随从找食品给孩子们充饥，师生们乘车顺利到达大田坎。后来在1940年，香港保育院向贵州转移。1944年日军发动湘桂战役，湖南、江西、广东、广西、贵州等地的保育院纷纷转移。每次转移，保育院师生们都要克服许多难以想象的困难，艰难跋涉。

武汉沦陷后，保育院乘船继续往重庆逃难，每个孩子都被绑上草绳，以免走丢。到达重庆时，难童被分批就地分配。当得知部分难童无车接送且暂时无处收容时，宋美龄带领着多个官太太，亲自到码头指挥调度车辆。忙乱中，宋美龄身后官太太们的高跟鞋当当作响，宋美龄回过头来说："我们是去接孩子，要爬坡下坎，不是参加舞会，求求你们把这些孩子当成自己的孩子！"

当得知难童们要被安顿到偏远的歌乐山时，宋美龄环顾四周，转身走到马路中间，伸开双臂，拦住一辆卡车，然后登上踏板，手扶车门，大声对司机说："我是蒋夫人，请你把我的孩子送到歌乐山去。"这幕场景令多位难童一生难忘。

最为戏剧性的一幕发生在重庆的保育生演讲比赛中。蒋介石亲临大会，宋美龄在会后提议保育生高唱《义勇军进行曲》："我们万众一心，冒着敌人的炮火，前进！"蒋介石也跟着唱起来。末了，他还平起右臂，竖起巴掌，应着歌曲的节拍，朝前推。

蒋介石觉得，眼前的这些孩子一定是将来抗日的新生力量。但他没有料到的是，在保育生群体中，日后不仅出现了共产党，还走出了一批中共高官。

战时收养的难童实行"保教合一"，把他们培养成为抗战建国的接班人。宋美龄指出："现在孩子们无家庭教育，全靠保育院，我们是对他们负了相当责任的，我们应使他们自动的有能力的做一个国民，才不负社会及捐款人的希望。"保育总会保育委员会主任曹孟君主持制定了保育院"教导实施大纲"，保育总会据此编写了教育保育生用的统一教材《抗战建国读本》。各保育院首先强调"加强儿童的民族意识，增强其国家观念"，要"培养报效国家民族的英勇坚毅、刻苦耐劳的新生一代国民"。在具体方法上，劳动教育、职业技能培训、集体生活和健康卫生习惯的培养，针对"问题儿童"的措施等，都是十分有特色的教育实践。宋美龄在保育院长会议上提出过具体意见："一是必须注意儿童的健康和生活习惯，二是我们要培养儿童的人格和启发儿童的义务观，三是我们要使儿童们知道国家的困苦和物力的艰难，要使他们特别刻苦和节约。"从1938年3月到1945年12月，战时儿童保育总会和分会所属的各保育院共收容教育儿童29849名。他们中的很多人都成长为国家各个领域里的杰出代表和合格人才，以自己的勤奋工作来报答当年含辛茹苦养育他们的妈妈们。

战时儿童保育会集合了中国妇女界的精英，共赴国难，拯救难童，为神圣抗战做出了自己特殊的贡献。但在这个过程中，也一直有不和谐之音，国民党右派的触角也伸进了保育会。在总会，据保育会总会理事、秘书处干事赵一恒回忆："一到开会讨论经费的事，几个国民党人就拼命吵，说是不能给陕甘宁边区的保育院经费了。宋美龄不表态，我不怕鬼神，拿出记录说：'每三个月发一次经费，凡是保育院，都享受平等待遇。'坚持要给边区保育院经费。"1941年1月，国民党当局制造了震惊中外的皖南事变，各保育院一批未暴露身份的共产党员纷纷撤离。宋美龄在对待保育院内国共双方的矛盾时，保持了一种中立的姿态。因为她心里清楚，凡是被认为是共产党或"左"倾的保育院院长和老师，也都是全身心投入保育事业的人才，在她出面领导的战时儿童保育事业中成绩卓著。例如宋美龄曾在第一届保育院长会议上公开表扬直一院院长罗叔章，说她带领500多名难童，在极端困难的条件下，两千里跋涉，从湖北均县安全转移到重庆，是立了大功的。

1945年保育会宣布结束使命。这些历经千辛万苦的孩子，背井离乡时还不经人事，此时已风华正茂，他们要为父辈复仇了。有家的保育儿童可以回家，无家可归的孩子，可由国民政府教育部财力支持到高中毕业。1945年底，曹孟君主编的《现代妇女》杂志社邀请二十多位保育工作者座谈儿童保育工作，总结报告说：

在儿童保育总会收容的29751个儿童中，升学的有5160人，习艺的1862人，至三十三年（1944年）底止，除家长领回外，在院教育者尚有9023人。所有这些儿童，不仅保全了生命，还被培植成为有用的人，这是一件大功绩。受过教育以后，保育院的儿童是坚强、能干的，是能够代表新生一代儿童的。完成这一大功绩的主要是从总会到分会和各保育院的一批不平凡的女性。正是她们不畏艰难、为国分忧的爱国热情和慈爱之心驱使着在微薄的薪酬待遇条件下，拯救抚育了数万难童。保育生们对抚育他们成长的院长老师永远感恩在心，视她们为自己的妈妈。"

从整个战时儿童保育事业来说，宋美龄的领导确实起到了独特的作用。1946年第1期《现代妇女》载文说："全国保育工作，都在蒋夫人的领导之下。这是保育工作尚能有一些成果的最有关系的事情。因为有蒋夫人在上头，有些从政治上来的困难就比较好避免一点。"

时代进入1980年，邓颖超与宋美龄常有书信往来，邓颖超还在新年寄送贺年卡给宋。1984年的2月4日是邓颖超八十大寿，宋美龄托人送来一只玻璃玉兔，因为宋还记得邓颖超属兔。

1987年，已退身政坛、罕于露面的宋美龄，在台北一个学校参加台湾300多名保育生聚会。听取大家汇报各自经历，历时3个多小时。寓居美国之后，她只接见过两个团体，战时儿童保育会便是其中的一个。足见这位保育会理事长对昔日这段经历的看重和怀念。

1988年，是战时儿童保育会成立50周年，邓颖超致函宋美龄，信中说："回首当年，国难方殷，夫人致力全民抗战，促成国内团结，争取国际援助，弘扬抗日民气，救助难童伤兵，厥功至伟。"

1991年4月28日，适逢台湾保育生惯例的母亲节聚会，以感谢当年抢救、养教他们的保育会领导及教师。年逾九旬的宋美龄再次出席集会，并发表训辞。她说："届值社会中多人迷失为人处世之正途，尔等曾受爱心恩泽，更切身经历艰险苦难举目无亲之痛楚，当经已训诫子孙，故确信彼辈绝不在其列。兹盼尔等各尽己能，回馈社会，若遇有损及国家情事，应具敢言敢为之胆识，挺身而出，择善固执，虽千万人吾往也。"

（二）北平学生移动剧团①

九一八事变后，日本侵略军侵占东北，又步步进逼华北，华北岌岌可危，正如北平《学联宣言》所称：华北之大，已经安放不得一张平静的课桌了。

1937年5月，中共北平市委书记黄敬指示，由"中华民族解放先锋队"（以下简称民先队）总部，组织"农村服务宣传团"（以下简称宣传团），利用暑假到保定一带宣传动员抗日救亡。团员有：张楠（张瑞芳和张昕的姐姐，中国大学国学系学生，中共党员）、杨振玖（即杨易辰，中国大学法律系学生，中共党员）、程光烈（东北大学学生，中共党员）、张瑞芳（北平国立艺术专科

严平著《1938：青春与战争同在》封面

————————————
①本节参考：严平《1938：青春与战争同在》人民文学出版社，2009年4月；胡述文《我在"北平学生移动剧团"的经历》《纵横》2006年，第3期。

1937年移动剧团在济南慰问伤员，二排左起：郝龙、张楠、张瑞芳、胡述文、张昕、伤兵团长、郭同震、荒煤。三排左二起：荣高棠、方深、程光烈、姚时晓、王拓，右一杨易辰。

学校美术系学生，民先队员）、郝龙（北平国立艺术专科学校美术系学生，民先队员）、曹述铎（即方深，北平大学学生）、管振堃（即管平，中共预备党员）、胡述文（中国大学学生，民先队员）、郭同震（北平沙滩地区民先队长）[①]等。

宣传团原计划去保定一带宣传抗日救亡活动，但宣传团尚未出发，七七事变就爆发了。张楠等向黄敬请示，黄敬说："形势变了，北平已非久留之地，除留校做工作的，北平学生中的党员、民先队员和进步力量大部分都要撤出北平，到全国各地开展抗日救亡活动。农村服务宣传团的任务和暑假前

[①]郭同震（1910—2007.1.25）后改名谷正文，山西汾阳路家庄人，早年就读于汾阳中学，后考入北京大学。九一八事变后成为学运的积极分子。抗战前夕，在一次执行任务时被擒，投靠军统。谷曾说，1935在北大读中文系就加入了军统局，戴笠每个月还会派一个人与他联系，七七事变后，参加了北平学生移动剧团。后参加八路军一一五师任侦察大队队长，不久被国民党逮捕，随即叛变，成为一名真正的军统特务，并深受戴笠的赏识，长期担任军统华北地区负责人。

在国民党败退台湾之际，获蒋介石重用，赴台后，在岛内有"活阎王"之称，专门从事对大陆的颠覆渗透工作。直接参与策划了"克什米尔公主号"事件。

2005年，95岁的谷正文口述《白色恐怖秘密档案》一书，书中详尽叙述了他一生所经历所侦办的种种大案要案，如亲自在北平市市长何思源家中安放炸弹将何的女儿炸死，与蒋纬国一起密谋绑架傅作义，遵照蒋介石的旨意毒死白崇禧等。

2007年在台北医院病逝，终年97岁。

规定的不一样了，不要再去保定一带，任务期限也不止暑假期间的一个多月。日本侵略者即将进城，北平即将沦陷，抗日中心将由北平移至上海，宣传团要去就去上海。"黄敬让宣传团先到上海，取得公开身份和活动经费，然后在河北、山东一带开展救亡工作（当时河北、山东已成为抗日前线）。

黄敬让中共北平市委负责农村工作的荣千祥（即荣高棠，清华大学学生）来团，与团内的杨易辰、张楠、程光烈组成党支部，荣高棠任支部书记。

此时，奉命前往延安学习的陈荒煤，途经北平，恰遇七七事变，去延安的路走不通了，金肇野又带着中国大学的郝龙、张楠、荣高棠来找他，他们组织了一个剧团要到前线慰问部队，希望荒煤担任导演，于是他就参加了宣传团。陈荒煤能写剧本、能导、能演，是宣传团中党龄最长的党员，但当时他们之间并不知道。

为打通国民党上层关系，黄敬亲笔写好给沈钧儒、邹韬奋等五人的信，交给张楠。因黄敬曾在上海活动过，沈钧儒等国民党左派比较了解他。为躲避途中搜查，信用极小的字，写在约5厘米见方极薄的纸上，张楠将它卷好藏在牙膏筒中。黄敬还交给她200元钱，告诉她这笔钱是组织上给的，一定要省着用，并叮嘱一旦站住脚立刻想办法和他取得联系，他再设法把组织关系转过去。

由于北平失守，出城的道路都有日本兵把守，出不去了。直到8月8日，

张楠(左一)、张昕(左二)与父母、哥哥、张瑞芳(右一)

平津间通车。荣高棠、张楠、陈荒煤、张瑞芳、郝龙等分批先乘从北平开出的第一列火车去天津，打算从天津乘船去上海。为防路上遇到盘查，张楠、张瑞芳作小姐打扮，荣高棠剃成平头，着对襟小褂，准备遇到盘查，就佯称佣人接小姐回南方。

沿途见到行进的日本兵，海河中有浮尸，一般行人不得进入天津市。荣高棠、张楠、张瑞芳等乘出租汽车挤进市内，此时天津学联已安排在天津小学接待北平流亡学生。张楠、张瑞芳被邀住在杨易辰这个曾经在一二·九运动中与老同学任仲夷一起冲锋陷阵的学生运动骨干的家里。在天津，第一次只买到四张去上海的船票，大家商定让荣高棠、张楠、陈荒煤和张瑞芳带着黄敬的信先走。

8月13日，淞沪抗战爆发，船不能前进，在青岛停泊。船长宣布乘客或在青岛上岸或跟船继续走，船走到哪儿就算哪儿。几百名同学只得全部上岸。

张楠有位舅父在胶济铁路青岛机务段工作，民先队总负责人李昌、荣高棠、张楠代表几百名上岸人员，向他求助，他设法加挂了两节车厢把大家送到济南。

李昌、荣高棠原准备在济南成立"平津流亡同学会"，到济南后知道"济南平津流亡同学会"已成立，并成为南下同学的中转站。

荣高棠、张楠等在济南暂住，等候其他团员。管平、王拓（中国大学学生）、庄璧华（天津学生）、程光烈和方深等相继到济南后，向黄敬做了报告。黄敬指示，团员到齐后即去上海，并派专人到济南送来荣高棠等人的党组织关系。

在济南团员们看到邹韬奋关于《战地移动剧团》的报道，受到这个团名的启发，考虑到他们的工作阵地不再限于农村，将不断转移阵地，原"农村服务宣传团"已名实不符，剧团遂改名为"北平学生移动剧团"。

由于去上海的火车不通，不可在济南滞留太久，团员们就乘上去南京的货车，坐在货物的缝隙中。到南京后，剧团的成员增加了荒煤邀请的姚时晓（中共党员，戏剧工作者），张昕和胡述文也赶到，全团15人齐聚南京。

此时张楠、张瑞芳、张昕——张家三朵正在绽开的花朵也齐聚在了抗日救亡的征程中。三姐妹的父亲张基，曾是保定陆军军官学校和黄埔军校的教官。北伐时任第一集团军炮兵总指挥，由于徐州的失守，性情刚烈的父亲面对败局痛苦不堪，留下遗书，饮弹自尽。性格温顺而又倔强的母亲杜健如（后改名廉威），决定要用自己坚强的臂膀遮庇孩子们失去父亲的天空，让她们既不仰仗别人的施舍也不自哀自怜地健康成长，毅然离开竭力挽留他们母女的公婆，于1928年初回到北平。在父亲好友的帮助下，买下了曾经是梅兰芳的三进套、前后五个院子的一座宽敞幽静的宅院。九一八事变后，宁静的家园时常被在中国大学读书的张楠带来零落而又神秘的同学所打破，一二·九运动中，大名鼎鼎的人物黄敬（俞启威）更是常客，有时索性住进了张家，同来的还有彭真、姚依林、蒋南翔等人，这正是北平市委的一班人马，他们选中了这个僻静又有着特殊身份的宅院作为掩护，召开了一次又一次秘密会议。大哥继承父志，报考了黄埔军校炮科。后来母亲带着小儿子去了八路军的晋察冀边区，并加入了共产党。

黄敬介绍他们去联系的五个人中，只有沈钧儒先生在南京。沈钧儒见到黄敬的信后表示，他因"七君子事件"刚刚出狱，不好出面，转而介绍他们去找时任国民党中宣部长的邵力子，由邵力子转介绍给适宜受理此事的人士。邵力子介绍他们去见国民党教育部长陈立夫。陈立夫说用戏剧等手段宣传抗日救亡很好，但他本人不懂得文艺宣传，陈立夫又转介绍他们去见时任教育部次长的张道藩。

张道藩详细盘查了剧团成员们的学历、家庭出身、剧团打算进行什么活动等情况，接着又问剧团成员演戏行不行。他们介绍：1937年张瑞芳在小汤山的大集会上，当着几万北平同学，和崔嵬合演过街头名剧《放下你的鞭子》，让围观的附近群众为亡国之痛流下了热泪，赢得极好的社会效果；她在北平还演过不少名剧，如《日出》中的陈白露等主角。杨易辰、方深、郭同震都是业余话剧演员，演技不错。陈荒煤、姚时晓能编、能导、能演。其他同志也都业余演过戏。张道藩让他们演出一次看看。

沈钧儒叮嘱他们要认真准备，并给了200元钱，让他们租个礼堂，邀请国民党上层人士观看，节目单要印得考究点。

1937年9月，剧团先后在"国立戏剧专门学校"礼堂、"建国会堂"作了两次演出。演出节目有：《北平七二八之夜》（丽尼、陈荒煤合写）、《打鬼子去》（陈荒煤写）、《反正》、鼓书《好团长吉星文》《卢沟桥之战》（杨易辰写鼓词，荣高棠演唱）、大合唱《义勇军进行曲》《松花江上》等。

除邵力子、陈立夫、张道藩等外，王昆仑、曹孟君（救国会成员）也观看了演出。"南京平津流亡同学会"负责同志、住在"平津流亡同学会"的很多同学、平津流亡文化界人士都来观看演出，剧场挤得满满的。第一次演出时，因日本飞机轰炸，演出稍停，但秩序良好。张道藩还指挥维持了秩序。

看了两场后，张道藩表示满意，同意"北平学生移动剧团"可以作为一个群众宣传团体进行活动。但为了便于管理，剧团需加入教育部下属宣传队。

经中共党组织决定,他们向张提出这样做有困难:一是语言隔阂,若随教育部宣传队在南方巡回宣传,他们这些北方人听不懂南方话,而南方人也听不懂他们的北方话,宣传效果不会好;二是到山东、河北一带活动,他们离家也近些,仗打完了,好就近回家,他们还要继续读书。

张道藩考虑后,同意剧团去山东,由山东省教育厅领导。山东省教育厅是教育部的下属单位。

去山东前,荣高棠、张楠去看望沈钧儒、邵力子,并辞行。因其他同志有事安排不开,张楠独自一人向张道藩告别。当得知张楠父亲曾在陆军大学学炮兵,是陆军中将,参加过北伐战争;哥哥刚从中央军校第十一期毕业等情况后,张道藩说:像你们这样的家庭,就应该赶紧回家继续读书。你带着妹妹在外面跑,多么危险。张道藩指着墙上的大地图说,陕北离苏联较近,共产党宣称北上抗日是假的,其实是打算在抗日战争形势不好时,就近投靠苏联。他还说,剧团到山东后,将给剧团派去一名团长。

9月底,剧团回到济南,教育厅长何思源要求剧团改名为"山东省教育厅移动剧团"(实际上两个名字并用),并派钟志青为剧团团长,原团长郝龙改任副团长;剧团经费由教育厅负责,每人每月发生活费20元;办公费实报实销,后改为每月200元;剧团编制可以适当扩充。于是剧团取得了在国民党统治区活动的合法身份,也有了经济来源。

张道藩派来的剧团团长钟志青是中统特务,佩中校军衔。钟志青试图将剧团纳入国民党宣传活动的轨道。经过针锋相对的斗争,钟志青彻底失败了,他既无从掌握剧团的政治情况,也指挥不动,反而是按照荣高棠他们的意图行事。剧团的组织原则是民主集中制,最高权力属于全体团员大会,团员大会选出执行委员会。执行委员会(后改称干事会)由团长、副团长、总务干事三人组成。郝龙是副团长,荣高棠是总务干事,研究决定问题时永远是两个对一个,钟志青不得不听他们的指挥。他们宣传抗日救亡,是国民党允许的,无可非议。共产党的活动,都在极其秘密的条件下展开。钟志青不知道剧团里有党员、有民先队员。他们相约在团体日记和个人日记中不记涉及和党有关的事,严防失密;对延安出版的刊物,说是兄弟团体送来的;和中共党组织及民先队联系,则说是和抗日救亡团体、平津同学组织交流工作经验。钟志青无从分辨。

钟乐得利用剧团做出的成绩向上级邀功,如到何地、向谁演出、观众多少人次、效果很好,等等。剧团在各地巡回工作,不少当地军政长官都给剧团以礼遇。台儿庄大战时,剧团在徐州,李宗仁观看演出后到后台看望大家,夸奖剧团演技是一流的。在军队驻地，如在柳河县荣光兴部驻地，东明县刘汝珍、刘汝明部驻地，开封市刘峙部驻地时，驻地长官都表示友好，钟志青引以为荣，经常夸口说，他领导的是清一色的北平大学生。

在济南，韩复榘看了演出后，允许剧团在山东省境内和第三集团军驻地巡回演出。

为剧团在军队驻地活动方便，钟志青拿来空白胸章说，军衔可填少校、上尉，说这就是资历，可填履历表。程光烈字写得好，就由他填写胸章的姓名和军衔。"文革"中，因为所谓"军衔"问题，他们被打成了"反革命分子"。被责问，你们去什么地方不行，为什么要去国民党统治区？怎么解释都不行，说他们是狡辩、不肯认罪。折腾了一段时间，不问了，挂起来了，以后就一直没有再提及此事，这是后话。粉碎"四人帮"以后，他们才得知是周总理保护了他们。荣高棠、管平曾在重庆红岩村工作过，周总理了解这个剧团。

他们作为一个抗日救亡工作的团体，而不仅仅是一个剧团。演戏只是一个重要的工作手段，除演戏外，还要用各种方式做宣传组织工作。他们制定了作息时间。按时起床，早饭前做体操，集体练习唱歌。白天一部分人排练剧目，其余的人便各忙各的。演出一般在晚上。

他们对剧团工作做了具体分工：

荣高棠负责对外联络，和党组织、民先队、兄弟团体、当地政府、当地驻军联系。

陈荒煤、姚时晓负责编导，陈荒煤写过《打鬼子去》，姚时晓写过《林中口哨》。有时演"幕表戏"。所谓"幕表戏"就是"即兴表演"，即根据当时某一事件，确定主题思想、明确通过表演说明什么问题、准备达到什么宣传效果，并确定谁扮演什么角色，至于台词，就在台上各按主题思想和当时场合自己编，演起来生动活泼，效果不错。

杨易辰、王拓负责编《移动周刊》，在地方报纸上办副刊、发通讯。编《移动周刊》是为了向上级汇报工作以及和兄弟救亡团体互通情报。《移动周刊》是一张蜡纸大小的油印刊物，篇幅不大，但字很小，有"移动情况""战况""青运"等专栏，内容颇丰富。后因定期发行有困难，改为不定期发行的《移动中间》。在徐州、开封等较大城市停留时间较长时，常在当地报纸上办一期副刊。凡剧团主办的副刊不管在哪家报纸上，一律命名为"移动专刊"。在专刊上发表政论及报道剧团工作宗旨和情况，发表过的政论有：《对五战区的形势分析与展望》《告别宿迁与对当地的意见》等。对当地意见内容一般是对学运、群众组织、壮丁训练、学校教材的看法与商榷。政论都是杨易辰、王拓撰稿。只可惜，当时没有保留一份在地方报纸上办的副刊。

胡述文负责壁报。壁报一般张贴在见不到报纸的乡镇，内容为报道战况、揭露日寇暴行，激励同胞同仇敌忾，战况靠收听广播取得。此外，还兼管服装道具。剧团的服装道具有限，每到一地，常需要有几个人出去寻找借用。

程光烈负责书刊保管，书刊多是内部材料，所以需专人严密保管。

程光烈、张昕负责油印要排练的剧目、歌曲和刊物《移动中间》，并负责印刷的全过程：刻蜡纸、油印、装订。

在演出时，他们每个人都是演员、合唱队员、舞台工作人员。演出开始和结尾是合唱，全体15个人组成四部合唱，荣高棠指挥。演戏时，全班人马上台。张楠个子高，装上胡子演老头；荣高棠扮演老太太；管平演小男孩；年龄最大的程光烈演过一个剧中的儒弟。1985年时，他已70多岁了，大家仍然叫他儒弟。方深负责舞台灯光。舞台工作中的运幕布、挂幕布、挂汽灯，及扛运装卸服装、道具、行李等这些力气活都是男同志包了。

剧团经常移动，移动的方式更是五花八门：乘火车、坐没有篷的大卡车、步行，间或骑马。战时乘火车不需买票，能挤就挤上去。从济南到南京，他们乘敞篷货车，碰到下雨，车中无处躲藏，杨易辰却豪兴大发，做起诗来。从湖北的东篁店、南新店到河南信阳，挤不进车厢，他们就爬到火车顶上，遭遇日本飞机轰炸，火车钻进武胜关隧道中待了10几分钟，火车头喷的二氧化碳、二氧化硫，呛得大家呼吸都困难。从山东曹县撤出，走进河南柳林，沿太康、西华到郾城约400里，枪声密集如大年夜放鞭炮。昼夜行走，人极困乏，有几个人坐上独轮车，好心的老乡怕他们摔下来，用绳子把他们绑在车上。

他们路上大多住在学校，打地铺。有时住在可观天象的陋室；有时住在舞台的后台；有时住在破火车厢里。在没有被子的时候，他们把脚伸进棉大衣的袖子里，用士兵睡觉的办法入眠。

尽管他们的生活危险而紧张，严格的组织生活却从未间断。每人汇报当天的工作和待解决的问题，干事会宣布大事，安排第二天工作。只有在移动中或演出过晚，例会才暂停。每星期六开生活会，开展批评和自我批评。

剧团实行"军事共产主义"生活。剧团的经费由张楠掌管，团员的伙食、服装、书籍都由剧团供给，按月发给每人很少的零用钱，以便大家买些特需用品。服装统一制作。1937年初冬，他们穿上黑面白里的棉袄、棉大衣，从此，告别了学生装束。伙食轮流管，每人管一个星期。在那个年代，相比较他们的经费还是较充裕的。有不少兄弟团体，无固定的经费来源，很穷，他们常常给予支援。

"救国的责任落在我们双肩"是《毕业歌》中的一句歌词，《毕业歌》是他们常唱的歌曲。为能给抗日救亡出一把力，他们为过迥异于课堂的生活而充满自豪感。如果谁显得不够愉快，杨易辰就唱："不要皱着眉头，大众的歌手。"一唱这个人真的就欢快起来了。荣高棠总是笑嘻嘻的，是最乐观的一个。

他们曾相约在胜利的那一天回到北平，一定为北平各界作汇报演出，来一次狂欢，用狂欢表达胜利的喜悦。

他们开启了一种半军事化的集体生活。在济南他们每天从驻地山东省民众教育馆出发经过美丽的大明湖到省府礼堂排戏。在省民众教育馆的第一场演出就很轰动。在省府礼堂演出的时候韩复榘来了，他兴高采烈地看完演出，下了一道命令：允许剧团在山东境内整个第三集团军巡回演出。于是，他们在济南演出了三个月后，到周村、长山又到鲁西南一带演出。

12月27日，济南沦陷后，山东省教育厅随政府撤退到徐州办公。剧团离开曹县步行出山东进入河南柳河，南下开封，又西行到兰封、考城（两县合并后成为兰考县）、民权、商丘后到达徐州第五战区司令部驻地。此时，徐州是军事要地，又是仅次于武汉的政治中心。全国学联、平津流亡同学会和许多进步团体聚集到这里。

剧团从1938年2月23日到达徐州之日起，开始了轮流记团体日记，一直到10月6日秘密到达延安为止。日记原稿保留成为一段十分难得的历史资料。这本日记手稿真实记录了从2月23日到达徐州，5月4日离开徐州，剧团在五战区巡回演出宣传慰问和与动委会、军队将领、记者和群众交往的真实感人情节，是台儿庄战役期间极其少有的一本手稿。本书摘录部分"北平学生移动剧团团体日记"[①]以飨读者。

2月23日　庄璧华记

我们在商丘车站等东来的车等了二十四小时之多，今天早上十点来钟来到第五战区——徐州，平津同学会已经代我们找妥了住处——徐州中学内第二院。

第一天到此地没有工作，动员委员会和其他的朋友们来访。

_____

①严平：《1938：青春与战争同在》，第167—225页，人民文学出版社，2009年4月。

没想到敌人企图迂回的中心还这样安宁，街面上还繁荣，使我们的精神为此一振。

2月24日　庄璧华记

下午三点动员委员会召开茶话会，一方面表示欢迎我们，另一方面彼此作工作报告交换意见，到会的有动员委员会的宣传大队、妇女委员会，情绪很热烈，而且约我们参加二十五六日慰劳伤兵的演艺大会。

2月25日　庄璧华记

上午11时五十九军张自忠军长请我们吃饭，并约我们给他们工作几日。

下午7时在金城大戏院演戏，演出的是《冲上前线去》《打鬼子去》，观众约千余人。

2月26日　庄璧华记

早上九点半在徐州操场开联欢大会，参加的有平津同学会、临汾同学会、鲁东游击队和我们。

3月8日　庄璧华记

今天是"三八妇女节"，晚上我们要参加第五战区的妇女动员会的"三八"纪念大会。

排戏很紧张，上午对《游击队》词，下午排演。

晚上在中正堂演《林中口哨》，成绩很好，观众约七八百人。

李宗仁司令来看戏，戏完后，他亲自到后台慰问。李司令并不很高。

3月12日　庄璧华记

总理逝世13周年纪念日，各处都行纪念仪式。是的，先总理你的精神是值得我们纪念的，更要紧的，还是要继承先生的遗志，当着生死存亡的时期，我们要挽救现状，我们必须自己更努力，但是现在的现实告诉我们，照目前这样下去，未必能把握住最后的胜利。

3月18日　庄璧华记

古礼宾斯基先生（音译）——一位俄国记者——到我们这里来，没有桌子，我们预备了茶点，很薄的茶点，用席子铺在地上，围成了圈。他很活泼，代表了他们国家的作风，没有一点拘束，没有一点虚伪的客套。他不大会说中国话，可以说他一点不会我们的话，假如没有邱铁生来翻译，那该多有意思。

我们请他在那普罗的小饭店吃饭，他没有吃多少东西。吃得高兴的时候，警报来了，他放了饭碗去看飞机。这次放了五个弹，这样饭虽吃完却不能回家，于是借此机会我们谈了些问题。

当俄国十月革命的时候，那里的民气如何？

3月22日　庄璧华记

得到了李司令要我们去韩庄的消息，很早地起来，收拾好行李等着动员会的通知，等待出发最能耽误时间，不能做一点正经事，大家的心里不能安定下来。

有一列车装满武装的弟兄，要开到前线去——二十七师七十九旅二十六路孙连仲军长的队伍，我们整起了三个团体集合的队伍来欢送他们，我们向着一个个的车厢唱歌，致敬，喊口号，他们是那样热烈地回答着我们。我们喊着收复失地，他们却喊着打到东京去。不打倒日本人不回徐州。领导人的喉哑了，在苍茫的夜色里，听到的似万马奔腾的欢欣……

3月24日　庄璧华记

时光还早就有一师的军队要开到前线去，我们急急忙忙的脸都没有洗，就忙着去献旗，师长是黄樵松。

3月27日　张瑞芳记

谒白（白崇禧）的团体为我们、青救、平津同学会、东北救亡总会、苏北抗日同盟、山东各救、山东文抗、第五战区职工联会筹备会。我们的代表是荣和芳。后又得着通知白日内离徐，昨晚在中山纪念堂演讲，很忙，愿呈建议书给他。

7点到中山堂，不大的礼堂里挤满了各团体各色的人。白八点到场，很魁梧的个子，声音很响亮，戴着一副白框的眼镜，说话很幽默。

白的题目：《从军事抗战到政治抗战》，拉杂的谈到第一期的纯军事抗战的收效小牺牲大，以致第二期抗战开始，实行运动战，发动广大的民众，由纯军事抗战扩大为全民抗战。现在于敌人占据的省份都派了主席，不断扰乱敌人后方，敌人只能占据线及点，而面总是我们的。所以从第二期抗战开始以来，最后胜利的信念在每个人的心中坚固起来。并顺便地谈到7年来广西的训练情形，上至白发苍苍的厅长委员，下至所有的老百姓通通受训，所以抗战以来广西很容易的征来48万抗日军。白并断言第二第三各48万可源源不断征来。演讲足有两点钟。在那老地方饺子铺吃罢饭，十点多走回家。

3月29日　张瑞芳记

每个上午都让警报闹得不胜其烦，决定到云龙山去安安静静地开次全体大会，继续27日未谈完的问题，关于团体改组及一些内部问题。很高兴新从武汉回来的北平同学武衡同志报告了全国各地救亡情形，并给我们团体改组问题许多可贵的建议。从上午10时到下午2时改组问题解决。

3月31日　张瑞芳记

今晚将在中山纪念堂招待国际记者，开一个民众大会。

接着《林中口哨》的是十三军战地工作团的《张家店》，今天一天排成的，演出得相当生硬。会开到11点多卸完幕12点，路上都戒了严。

十三军战地服务团，有许多北平同学，说我们是他们从广东到武汉的路上所见到剧团中表演最佳的，天知道。

4月1日　张瑞芳记

晚八点武衡在他家——万生糖食公司——等着我们到他家大吃，吃不完还拿着走，许多饼干、果脯、青果、糖。

徐州第一次飞机夜袭。

4月9日　张昕记

收复台儿庄、白马山（济南南）、禹城（济南北）。

双沟镇开祝捷会，游行、开会、放鞭炮。

游行队伍包括：游击队、小学生、妇女会、青救、移动剧团、商民，最前面打着我们在徐州制的"庆祝前方胜利旗子"，有军号前导，游击队员的枪上插着写了标语的纸旗，绕双沟一周，沿途放鞭、唱歌、喊口号，队伍停在南关外围成圈子演讲。

4月28日　荣千祥记

干事会开了一个临时会议，决定三十日演戏为难民救济院募捐。五月一日在体育场公演，招待五十七军军官教导队、学生与民众。下午三点在县党部与刘常委、救济院萧院长会面，定妥三十日晚七时演《窗外黑影》《无名小卒》与《打鬼子去》。

王文彬来信要我们迅速回徐州，那边需要工作的人。

5月2日　管振堃记

中午在青年会军人服务部聚餐。

下午二点钟我们到同学会去，李锐报告全连的经过情形，并且给我们带来很多的书。

5月4日　管振堃记

又是警报了，是侦察机，没有投弹。

今天是"五四"，是学生运动的开始，去年的北平在今天的下午四点正是新旧学联，也就是真伪学联开纪念会时，互相打起架来了，现在团体的人恐怕也是当时的主角、生力军啊。

下午田汉到我们那去，拍了一照，他并答应以后可以经常地供给我们宣传材料。

当时，全国学联代表王文彬在徐州，武衡刚从武汉回来。王文彬在一次青年大会上，代表青救会、平津流亡同学会作报告，讲当前青年运动动向、任务、训练等问题。武衡报告全国各地救亡工作开展情况，并对剧团今后工作提出了很多的建议。

在徐州，送别了两个伙伴：郝龙觉得做宣传工作不过瘾，要到前线打仗；方深被第五战区留下工作。民先队介绍饶洁、叶宝琛、戴厚基来剧团工作。

范长江在徐州与他们相遇时，有外国记者在场。田汉为剧团拍了照，答应给他们提供宣传资料。李锐介绍了全国学联工作情况，给了他们很多书刊。钟志青从汉口带来电影机和《台儿庄大捷》《汉口防空》《空中大战》等几部影片，又多了一种宣传手段。剧团演出后，加映电影，大受欢迎。

徐州失守后，剧团撤退到郾城，郾城和漯河隔河相望，人称小武汉三镇。这一带是第三十三集团军驻地，张自忠将军的五十九军也在这一带驻防。张将军在徐州曾邀剧团去他驻地工作，这次又相逢了。

张自忠是北平学生所熟悉的将军，七七事变前他任二十九军三十八师师长兼天津市市长。北平沦陷前后，张曾一度逗留北平，随即出北平任五十九军军长。剧团在徐州和驻马店时，张都曾看望过。在驻马店时，团员住在舞台的后台，有一天下大雨，后台漏雨，前台漏得轻些，他们把行李搬到前台，坐在行李卷上唱《松花江上》。张自忠披着雨衣、打着赤脚走来。张说："你们都是北平大学生，看见你们流亡在外，我心里很难过。日寇进攻北平时，外界对我有误会。砸开我张自忠的骨头，若有一点不忠，我就对不起中华民国。将来，我一定战死沙场以明心迹。"

荣高棠他们也遇到不少兄弟剧团，观摩过他们的演戏。比较起来，荣高棠他们的演技要好一些，张瑞芳、张昕、庄璧华、陈荒煤、姚时晓、方深、郭同震的演技都很好。同一个剧目，多次演出，其他剧团往往就不如刚排练时演得好，荣高棠他们的剧团却能始终如一。

胡述文有一个任务是到观众席中观察效果，听意见。有一次在换景时，张瑞芳在幕前独唱《松花江上》，她唱着唱着就热泪横流，全场也泣不成声。一次演《放下你的鞭子》，演到老汉把饥饿的香姐打得倒下时，一位观众跳上台打抱不平。观众进入角色的事常常发生。管平是剧团中年龄最小的女团员。有一次她演一个从沦陷区逃出来的小男孩，面容憔悴，衣衫褴褛。演出结束

荣高棠（右一）、杨易辰（中）、方深（左一）在排练

后，一位老大娘送来半篮馒头说："孩子，饿坏了，吃吧！"一位大姐要带她去洗澡，洗掉身上的污垢。管平怎么推辞也不行，还是杨易辰出来说，剧团有活动，才算解了围。庄璧华病了，居民送稀饭送炭。那些也有孩子出外做抗日救亡工作的百姓，简直把他们看成他们的亲生子弟。

在扩大宣传台儿庄胜利时，把徐州划分为几个区，剧团负责黄河滩及民众市场区域。忘了是谁出的主意，编了一个抗日战士押解日俘游街的活报剧，程光烈扮演日俘。程光烈装作诚惶诚恐、低头认罪的样子，群众就认定程光烈是一个真正的日俘。群众围观跟着游街，人越聚越多，吵吵嚷嚷，为了解恨，有的要咬、要揍，如果不是三支手枪保镖，程光烈绝难回到驻地。

从徐州开始，有5个伙伴陆续离去。由于颠沛流离的生活，再加上营养不良，剧团的大部分同志都身患疾病，更有人员调离（在徐州走了郝龙和方深；在信阳走了3个：张瑞芳去重庆参加大后方的戏剧运动，胡述文和陈荒煤去武汉转延安）。

剧团面临解散。剧团党支部和驻武汉的中共长江局取得联系，荣高棠和张楠把剧团情况向长江局董（必武）老做了汇报。董老建议剧团全体成员去延安休整。董老给剧团写了一封去延安的介绍信（此介绍信一直存在荣高棠的档案中，"文化大革命"中，造反派查阅荣高棠的档案时曾发现此信）。

何思源原来打算要剧团去南阳，济南失守后，山东不少单位撤到南阳。接着何思源改变原打算，希望剧团北渡黄河到山东。北渡黄河就意味着要拿起武器打游击战，如果不是董老指示让剧团全体去延安休整，团员们都愿意就地休整后再渡黄河去打仗。

在何思源的邀请下，剧团党支部决定去郑州开展工作。为了让剧团"不渡河"这个弯子转得好些，使国民政府和钟志青信服，以免去延安时遇到麻烦，党支部便研究怎么"转弯子"。为把"转弯子"这出"戏"演得可信，大家推选张楠当"执行导演"。

钟志青很快从郑州回到信阳。在剧团全体会上，钟志青喜气洋洋地告诉大家，何思源急待他们去郑州，渡河的一切准备工作均已就绪。何思源决定给每人发一支枪，给每个男同志发一辆自行车，笨重东西存放南阳。

剧团必须和钟志青"演戏"了。张楠首先提出，她和张昕不得不退出剧团了，家里不同意她和张昕继续留在剧团，说已经荒废学业一年，家里让她和妹妹去西南联大读书。王拓、姚时晓、庄璧华等也提出要退出剧团，各自阐明了理由。只剩下荣高棠、杨易辰、程光烈和郭同震没有说什么。钟志青一向得意，常向人夸耀他的剧团成员是清一色的北平大学生。现在大部分人要退出剧团，对他无疑是个沉重打击。荣高棠、杨易辰出来打圆场，建议休会，大家认真考虑后，再做最后决定。

8月底，整理行装，做北上郑州的准备。剧团去张自忠将军处辞行，青年军团信阳分团、开封青年工作团都来送行，大家围坐一起，依依惜别。各方都谈过河，剧团也谈过河。但长江局指示剧团到延安休整的指令已下，否则，剧团本应去敌人后方抗敌。

在郑州，剧团明确向何思源提出，剧团要脱离山东省教育厅到西安去。何思源考虑了一天，同意了。脱离山东省教育厅，剧团恢复了"北平学生移动剧团"名称。郭同震提出，他和大家志趣不合，要换换环境，他仍和钟志青在一起。钟志青宣布，保留"山东省教育厅移动剧团"名称，以备发展。大家和钟志青、郭同震一起吃了最后的晚餐。钟志青酩酊大醉，痛哭流涕，丑态百出。

准备西去的人员开了全体大会，经过艰难的历程，终于经西安到达了延安，交际处安置了剧团的生活，安排剧团参观了抗日军政大学、鲁艺。剧团做了最后一次汇报演出后，组织对剧团成员做了分配。荣高棠到中央组织部工作，陈荒煤、姚时晓到鲁艺工作。杨易辰、管平、方深和胡述文分别分配到马列学院、组织部训练班、陕北公学、鲁艺学习。

到延安后，剧团把节余的300元钱和服装、道具全部上交给党组织。剧团在江苏、山东、河南、湖北、陕西五省34县及附近村镇开展了宣传组织工作，行程约2万余里，历时一年零三个月。至此，"北平学生移动剧团"完成了它的历史使命。

（三）上海抗敌剧团——上海救亡演剧第二、三、四队

卢沟桥事变后，1937年7月15日，上海剧作者协会举行全体会议，根据中国共产党领导的抗日民族统一战线精神，由夏衍提议并经会议一致通过将上海剧作者协会扩大改组为中国剧作者协会。中共上海地下党领导的中国剧作者协会（负责人夏衍、于伶）经八路军驻沪办事处同意，8月15日在卡尔登戏院（现长江剧场）召开紧急会议，倡议组织救亡演剧队奔赴抗日前线开展宣传动员工作。广大爱国文艺工作者纷纷响应，迅速组成了12支救亡演剧队。全称为上海话剧界救亡协会战时移动演剧队，简称为上海救亡演剧队，成员多为左翼文艺运动和抗日救亡运动中锻炼培养出来的话剧、电影、音乐与美术骨干。

除第十、十二两队留沪工作外，其他各队自20日起就从上海陆续出发，奔赴抗日前线进行慰问宣传。

1938年4月，以郭沫若为厅长的国民政府军事委员会政治部第三厅成立，阳翰笙任主任秘书，田汉任第六处处长，主管艺术宣传。洪深、张曙、冼星海、马彦祥、应云卫等人都参加了第六处的宣传工作。三厅里当时聚集了田汉、胡愈之、杜国庠、徐悲鸿、张曙等著名文化界人士，设立有以冯乃超、刘季平、张光年为领导人的中共特别支部。在三厅六处戏剧科音乐组张曙（中共党员）、冼星海、任光、林路、赵启海等人的组织领导下，曾在武汉连续举办了"抗战扩大宣传周""火炬水上游行""七七抗战周年纪念歌咏游行""抗战献金音乐大会""音乐游园大会""八一三宣传游艺会""抗战歌曲播送会""九一八纪念音乐会"等多次有上万人到十余万人参加的大型抗战歌咏活动。

针对国民党当局压制群众的救亡活动，与共产党争夺人才与青年的企图，周恩来考虑到上海救亡演剧队等宣传团体都是民间组织，不仅工作和活动经费困难，政治地位也没有保障，为保证国统区抗日宣传工作长期深入开展，决定由三厅出面收编这些民众救亡团体。周恩来指出："抗日救国是全国人民的共同事业，国共两党都有庄严的责任。可是国民党对抗战宣传消极怠工，那么这份工作只能由我们担负起来了。让这些演剧队有一块'政治部第三厅'

的招牌，用他们的钱，演我们的戏，唱我们的歌，我认为这是一个好主意。"①

周恩来通过合法斗争，从政治部争取到了一些编制和少量的经费。1938年7月起，三厅以原上海救亡演剧队人员为骨干，陆续组建了10个抗敌演剧队、4个抗敌宣传队、4个电影放映队。中共地下党组织在上海创办的孩子剧团来到武汉后，也归属三厅领导。8月1日，抗敌演剧队和宣传队正式宣布成立，并在郭沫若、田汉的领导下，由洪深任集训队主任、张光年为教务主任，在武昌县华林集中进行了一个月的短期集训。全体人员进行政治形势学习和宣传工作业务进修，由专家举办戏剧、音乐等讲座，准备与创作演出节目。8月10日政治部部长陈诚向演剧队授旗，其后根据战时工作的需要，还专门进行了军事与救护训练。

周恩来教导全体队员说："要坚持艺术为政治服务，为抗战服务。宣传方法和形式要合民众的口味，你们要入乡随俗，老百姓才能喜闻乐见，才能收到宣传的预期效果。你们是演剧队、工作队，也是战斗队，除了演戏，还要做许多工作。"演剧队每到一地首先投入紧张的救护伤病员和难民的工作，通过深入群众和实际，就地取材，各队都创造了许多唤起观众的共鸣、激发观众的思想感情的好作品。田汉对抗敌剧团的同事们说："我们戏剧工作者为抗战服务，首先要去为抗日前线的军民服务。"他访问台儿庄时，深感前线文化宣传太少，遂有协助周恩来成立十个抗敌演剧队与一个孩子剧团的动议。

救亡演剧队从上海大城市走到农村、工厂、部队、矿山，足迹遍及半个中国，还远涉南洋各地，作了空前规模的抗日救亡宣传。他们以演剧活动为主，同时进行演讲、教唱救亡歌曲、展览连环漫画、制作标语及广告，采用各种形式进行宣传活动。在戏剧演出形式上有街头剧、活报、拉洋片等简捷轻便的方式。他们每到一地，便结合当时当地的情况编演节目，以日军的暴行、人民的苦难，唤起群众的爱国之情。《放下你的鞭子》等短剧演出时，观众情绪激昂，声泪俱下，和演员一起喊口号，一起唱《义勇军进行曲》等救亡歌曲，体现了同仇敌忾的战斗精神。在火热的斗争中，各演剧队创作了一批抗战新剧目，如《八百壮士》《火中的上海》《血祭九一八》《顺民》《归关之战》《渡黄河》《血战台儿庄》《米》《同心合力打东洋》《壮丁》《为自由和平而战》《生路》等，迅速及时地反映现实生活，具有强烈的战斗性、鼓动性。各演剧队在演出方式上也多方探索，大胆创造，取得了很好的效果。

---

①夏衍：《周总理对演剧队的关怀》，刊《周总理与抗敌演剧队》，上海文艺出版社1979年出版。

　　救亡演剧队不仅有高昂的工作热情，在内部管理、工作作风方面也体现出崭新的面貌。队员们一边进行宣传演出，一边筹募生活费用；演出时也身兼数事，人人动手，保持团结、和谐、紧张、高效率的工作状态。演剧队员们从卡尔登剧场走到街头，通过工作锻炼，学会了接近群众、团结群众、依靠群众的工作方法，逐步养成了集体主义精神和艰苦奋斗的工作作风。许多艺术上有造诣的演员在和老百姓接触的过程中改变了艺术观点和演出作风，他们由向往西方明星到学习中国戏曲、曲艺，并体验普通群众的生活风习和思想感情，使话剧艺术民族化迈开了切实的一步。

　　救亡演剧队在中国全面抗战初期以戏剧为主要武器，为深入而广泛地发动群众做出了贡献。救亡演剧运动是中国20世纪30年代左翼戏剧运动的必然成果和继续，无论在戏剧内容或表现方式上，都发生了革命性的转折。当时的剧目虽然不免简单、粗糙，但更主要的是它是走向革命化、群众化、民族化的重要步骤。救亡演剧队在组织上、思想上、剧目上、工作方式上为此后的抗敌演剧队积累了经验，奠定了基础。救亡演剧队的宣传演出活动，是抗战戏剧运动的序幕。

　　其中上海救亡演剧第二、三、四队及大部分成员分别赴台儿庄慰问演出。二队队长洪深，副队长金山、田方，秘书颜一烟。队员有：冼星海、王莹、张季纯、白鲁、欧阳菲莉（欧阳红樱，《小兵张嘎》导演，《革命家庭》副导演）、贺路、黄治、邹雷、金子坚、田烈、熊塞声。二队自上海出发，在南京、徐州、开封、洛阳、郑州等地进行宣传演出，到达汉口后分为两队，洪深队在黄石、安陆、随县、襄樊等地活动一个时期后归入政治部所属抗敌演剧队一、二队；金山队在宋埠一带活动，后经桂林到香港，在南洋各地进行抗日宣传。

　　三队队长徐韬，中共支部书记为陈元（孟启予），主要成员先后有魏曼青①、张客、舒模、李超、刘双楫（刘木铎）、高博、蒋超、冯法禩、葛文骅、史莽等人。四队队长郑君里、瞿白音，成员有原左翼剧联盟员沙蒙、吕复、赵明、许之乔、舒强、水华、许秉铎、洪道，还有参加过左翼戏剧活动的严恭、于因、田青、陈家松、王家乙和来自苏区的石联星，并吸收了青年演员刁光覃、夏淳、朱琳、江俊、高重实等。不久瞿白音、郑君里先后离去，吕复继任为队长，赵明为副队长。三、四两队总队长为应云卫。两队在沪宁线苏州、无锡、常州、镇江一带流动演出，于南京会合。当时军事委员会政训处

<hr>

　　①魏曼青，是电影《梅兰芳舞台艺术》（共上下两部，上部拍摄于1955年，下部拍摄于1956年）的制片主任。

提出，希望两队编为政府所属的宣传团体。两队内部就"入朝""在野"问题进行了讨论，赵丹等部分队员另组上海业余剧人协会入川；郑君里等大部分队员在议定合作条件后改编为抗敌剧团，在芜湖、安庆、九江、武汉一带进行宣传活

上海演剧二队在台儿庄前线休息时的情形(左二为王莹)

动。1938年5月台儿庄会战时，曾到前线演出。7月，编入政治部所属抗敌演剧队一、二队。

回国仅年余的冼星海，再次挥泪告别白发苍苍的寡母（这竟然成了他们的永诀），于1937年8月20日乘木船与救亡演剧第二队离开了上海。

1937年9月14日，二队唱着队歌，高擎着队旗，在白崇禧机要秘书谢和赓的帮助下，奔赴第五战区的最前线，随广西部队转战徐州、开封、郑州、商城、潢川、宋阜、洛阳、浠水、大别山等地。他们步行了15个省区，跋涉22500多里，途经几百个乡镇，目睹过150多个大小战斗，沿途为部队、农民培养了无数的文艺活动骨干，光战士剧团、农民剧团、学生剧团就有40多个，歌咏队多达二三百个。在抗战前线，二队成了享誉中原的"文艺铁军"。

10月3日，冼星海、王莹等随洪深、金山带领的上海救亡演剧第二队（以下简称二队）从洛阳乘车到达武汉，住在汉口吉庆街和瑞祥路转弯处的一幢房子里。在周恩来、郭沫若的邀请下，冼星海担任了三厅第六处第二科（音乐）科长。冼星海到武汉宣传抗日救国的消息，立即传遍了江城的大街小巷，武汉各抗日救亡团体竞相聘请这位音乐界杰出人士担任歌咏"顾问"。

上海救亡演剧第二队一行十四人在徐州进行抗日宣传活动有十多天。他们住在徐州北关环城路，江苏省立徐州民众教育馆（现在的徐州人民第三医院地址）民众草堂内，住地安排好后，立刻就开始进行活动。当时徐州绿光剧社王寄舟，艺波音乐会郑培心，都到演剧队去协助工作。

他们在北关坝子街和铜山县民众教育馆（在老城隍庙内）进行了抗日宣

传活动。演出的街头剧《放下你的鞭子》还有活报哑剧《九一八以来》以及《东北之家》等，由洪琛编导，金山、王莹等演出，观众很受感动，受了爱国主义的教育。冼星海在每戏剧演完后，他都用普通话带有一点广东话尾音，亲自教唱抗日歌曲，每到一处他都用洪亮的嗓音，站在凳子上，手拿银色指挥棒，指挥群众，大唱抗日爱国歌曲，如《义勇军进行曲》《救国军歌》《松花江上》《九一八小调》等抗日歌曲，激发了徐州民众的抗日情绪，也给徐州文艺界增添了宣传材料，徐州人受过他们的宣传教育后，无不称赞。

演剧二队在徐州城内演出后，随即深入农村，先后到徐州东贺村去宣传。当时东贺村也有一个剧团是佟苏丹等领导的，他们到了农村就和剧团配合演出，把农民的抗日积极性调动起来了。演剧二队回徐后又到城北郑集一带进行抗敌宣传，当时王寄舟陪同前往。

冼星海亲眼看到徐州城乡人民的抗日激情，专为徐州人民谱写了一首抗日歌曲——《徐州是英雄的故乡》：[①]

> 徐州是古来的战场，
> 英雄的故乡。
> 挺起胸拿起枪，
> 冲锋向前上，
> 日本帝国主义一定灭亡。
> 血泪洒成河，
> 国旗放光芒，
> 中华民族永存世界上。

1938年春　徐州

人们都知道冼星海这个名字，他谱写的抗日歌曲传遍了中原大地。而王莹正是冼星海的好帮手，他们二人作为抗战作曲家与歌唱家的合作可说是珠联璧合，相得益彰。冼星海每创作一首歌曲，首先要征求王莹的意见，请她先试唱，冼星海凝神细听，然后再根据王莹和其他队友的意见进行修改。

在第五战区，王莹、金山亦系中共地下党员的演剧二队，云南妇女随军服务团，于黑丁和臧克家的文化团等都受到了全军官兵的热烈欢迎。谢和赓

①郑培心：《上海抗敌演剧队第二队在徐州宣传抗日的情况》《徐州文史资料》第五辑，第111—112页。

当时奉命专门与这些文化人打交道。李宗仁和白崇禧对上海等地来的女同胞最为关怀，对其他文化人的生活也很重视。

有一次，李、白两将军视察阵地回到长官部。一下车，李宗仁忽然问副官处傅少伟处长："那个女明星王莹，还有别的文化人，在前线生活过得怎么样？"

傅处长报告："他们对战地生活都很适应，对饮食也无任何要求。只听说臧克家是山东人，最喜欢吃大蒜、大葱，但伙房一时缺蒜供应。"

两位将军听了，相视一笑。李宗仁幽默地说："长官部里都是广西人，广西人可没有嚼大蒜的习惯哟。"

白崇禧转身对谢和赓说道："你去让勤务兵设法搞些来，给他送去。"

谢和赓兴奋地回答："是。"

不久，谢和赓的勤务兵小张在农民家里买了二斤蒜，用废报纸包好给臧克家送去了。臧克家收到后，高兴地给谢和赓回了一张纸条，写道："收到你的'礼物'，真可谓'雪中送蒜'了，请代我向李、白两公致谢。"

王莹她们由上海来，不习惯吃大蒜，臧克家就劝她们试着尝一尝，还说大蒜营养好并可杀菌。但王莹她们觉得吃了大蒜有气味，臧克家笑着点拨说："吃后抓一把茶叶嚼在口中，便可解除异味。"

后来，伙房供应大蒜，文化人都跟着臧克家大吃特吃起来了。从此，"雪中送蒜"一词不胫而走，成了第五战区长官部里的一段佳话。偶尔，李宗仁和白崇禧闲谈时，一提到这件事还不禁捧腹大笑。[①]

台儿庄大捷后，蒋介石和程潜到台儿庄向李、白表示慰问。白崇禧机要秘书谢和赓曾为蒋、李、白三人拍了一张合影，蒋居中，白居左、李居右。此照片在当时的报纸上发表了，白、李十分高兴，称赞谢和赓摄影技术很好。谢和赓借机请李、白去看再次来徐州慰问的二队的演出。李、白二人在谢和赓等官员的陪同下，几次在宋卓等地观看了王莹和金山主演的《放下你的鞭子》，后来又看了《九一八以来》《保卫卢沟桥》等剧目。官兵和老百姓看戏后的强烈反响，使李、白二人亲眼看到了二队演出的抗战剧目对鼓舞士气的良好作用。谢和赓借机告诉李、白，二队在生活待遇上一律平等，他们与士兵、老百姓同吃、同住。王莹、金山等人一天演出六七场，不辞辛劳等。李、白对王莹、金山不怕艰苦，辛勤工作的精神深表钦佩，当即要谢和赓送去4000元大洋，给他俩改善生活之用，谢和赓立刻将钱送到王莹和金山的驻地。

---

① 肖松：《台儿庄大战纪事》，载《文史精华》1997(7)：13-18。

王莹、金山二人都表示，国难当头，他们不能搞特殊待遇，这钱决不能收。谢和赓将王、金二人婉言谢绝的话回复给李、白，白崇禧又要他送5000元给二队全体队员，他们也同样坚决谢绝了。白崇禧对二队的爱国抗战的精神十分满意，他即以司令长官的名义，特向二队写了表示慰问和致谢的信，信中表示：第五战区全体官兵，非常钦佩洪深、金山、王莹和全体队员不辞劳苦，不惧危险，与前线军民共甘苦、同命运的爱国精神。这封慰问信，使王莹、金山和二队不收重金的感人事迹，很快传遍了第五战区，后来，周恩来、董必武和郭沫若等文艺界人士也都知道了。白崇禧的机要秘书谢和赓和王莹在战火纷飞的台儿庄相遇。这对恋人，互相鼓励，谢赠书给王莹，在书的封面上题《赠爱人王莹》写道：

> 把我们的血肉筑成
> 保卫祖国的长城！
> 我愿和你们在共同的
> 战壕里做个游击兵。

> 1938年3月

　　王莹在洪深领导下在台儿庄运河两岸等地巡回演出，撤退到大别山后写下了《石榴花开红艳艳》：

> 台儿庄的炮火震天撼地，
> 青翠的运河两边，
> 石榴花开红艳艳。
> 啊，
> 我自幼爱它如梅似莲。
> 空中敌机狂轰滥炸，
> 地上大炮引起处处火烟。
> 杀声，
> 炮声震耳欲聋——
> 从街巷里到田野间。

> 我凝望着石榴花开一片片，

它象征烈士们把血肉奉献，
它象征了军民英勇的精神——
赴汤蹈火，
恐后争先！

石榴花开红艳艳，
它照亮了可爱的锦绣河山，
它鼓舞了军民抗敌愈战愈强。
啊！
祖国最后胜利终会换来春天。

1938年5月　大别山

云南妇女战地服务团的成员彭明绪、刘先德、刘佩兰为纪念台儿庄大战胜利50周年，于1988年4月在贵阳撰写了《与上海战地演出队相会》①一文，记述了以王莹为代表的二队在台儿庄的演出经历：

5月上旬末，在车辐山（台儿庄南10公里）与前来战地慰问前线战士的上海战地话剧巡回演出队的同志不期相遇。记得那是5月里一个十分晴朗的天气，暖洋洋的，上海战地话剧巡回演出队10余人，乘坐宣传车来到车辐山军医处。他们一下车，不顾沿途奔波的劳累，就先把一册册抗战图书分别摆在打麦场上，送到伤员住的屋里。然后，10余人分成几个小组，到各间伤员住的屋里慰问演出。演出的节目多种多样，话剧短小精悍，无乐器演奏，抗战歌曲唱的慷慨感人。我们不仅看到了他们高水平的演出技巧，而且更看到了他们高昂的爱国热情。

演出后他们同我们座谈，了解战斗情况，他们还对我们进行了演出技巧的指导，使我们受益不浅。

我们负责护理的这间屋里，来了1个小组3个人，1位男队员，3位女队员，记得有位女的叫王莹。他们一进来，一个先介绍说是上海话剧队来台儿庄慰问战士们的，"你们为了抗击日军留血受伤，后方人民向你们致敬。"两位女演员即时准备，接着开始演出。

_____

① 《枣庄文史资料》第三辑，第41—46页，1989年4月。

记得第一个节目是小剧《游击队过渡口》。剧中是一个50多岁的"老头"（游击队员），由男队员扮演。另一个人物是防守渡口的伪军，则由一女队员担任。剧情大概是这样的，老头演过河回游击队，但无证明。伪军执行日寇指示，无证明者不能渡河。老头坐在河边哼起了家乡小调，唱到："正月里是正月正，我和小妹妹看花灯……"伪军开始阻止，继而倾听，时而沉思，时而冥想。似乎从乡音中想到了家乡和亲人，伪军对老头的态度有所转变。老头再唱："想起你呀，小妹妹，真想马上回到家，但，我不能过河呀……"伪军受感动同情同乡，就与老头攀谈起来。向同乡诉说心情、待遇、受日寇的窝囊气、家中父母受压榨、生活没法过等。最后，老头趁机做工作，在爱国保家的感召下，老头与伪军一起渡河，投奔游击队了。伤员们看了有的叫好、有的拍手高兴。

第二个节目是一出小歌剧，叫《河边对唱》。由王莹和另一位女队员演出。她俩的演唱、表演声情并茂，十分动人，伤员看得全神贯注，忘记了伤残的痛苦。

最后一个节目是3人合唱《慰问歌》，他们处理极巧。不是站在屋子中间不动，而是边走边唱，走到重伤员的身边时，还刻意停留片刻。用手抚摸着重伤员的肩和背，同伤员握手，仿佛与一个个伤员亲切交谈。在烽火连年，炮火震天的战地，伤员们感到亲切、欣慰。他们感到这是中国人民对伤员们的关怀，有的伤员感动得流下热泪。当队员们唱到"你们正为着我们老百姓，为着千百万妇女儿童，受了极荣誉的伤，躺在这病院的床上"。伤兵员感到莫大的安慰。当队员们唱到"我们凭着最后的一滴血，守住我们的家乡！"时，屋里个个激情不可遏止，伤员中有人高呼："打倒日本帝国主义！""誓死不做亡国奴！"全屋里的人也随之高呼。回忆起这一情景，虽已是半个世纪前的事，但仍历历在目，使我激动不已。

演出完毕，我们一起开了个小座谈会。大家高谈宣传工作的重要，交换了战地工作的经验。上海战地演出队的同志非常热情地向我们介绍了演出的经验，指导我们的宣传演出。上海演出队的同志说：一般慰问伤员，如果是在屋内就不同于舞台演出。舞台演出时离群众较远，演员要随时面对群众，动作要大，台词相对要慢一些。在室内演出，则要照顾四面的观众，动作要全面兼顾，同时面部的表情较之舞台表演要更加细腻，更加准确。

这时我才体会到，在屋内演《游击队员过渡口》小剧时，扮演老头的演员表情处理细腻，语言时而轻声自言自语，时而语重心长的交谈，时而对敌愤慨谴责。其苦心所在，全是为了以真情动人、教育人。他们表演在面部的哀、怒、恨之情是惟妙惟肖，不知道下了多少工夫。

他们还告诉我们，慰问伤员要重情，唱慰问歌要边走边唱，可以吸引伤员的视线，而在重伤员面前停留片刻，安抚或握手会使人产生亲切感，以达到宣传的作用，收到更好的效果。我当时想，他们具有愤恨日本侵略者的感情，选用爱国家爱民族的节目，加上他们高超的演出技巧，无怪他们的宣传能使战士声泪俱下。

他们送给我们一些才改编的新剧本，我记得有一本叫《送郎上前线》，内容生动，并配上东北民歌曲调。我们排练后，无论在后方医院演出，还是在湖北为新战士演出，都收到很好的效果，受到战士们的欢迎。

座谈会时，我们唱了一些云南民歌，还唱了《六十军军歌》。他们十分赞赏这首军歌，说这首军歌不仅唱出了云南三迤健儿奔赴抗日前线、保卫祖国的决心，还有优美动人的云南民歌曲调，恰当地掺糅其中，更能鼓励战士们保家乡杀敌人的决心。

座谈会上大家一致认为：当前日寇侵略中国形势险恶，但只要全民一致，坚持抗战，我们必能取得最后胜利。大家表示：我们革命青年要有家可破、国需保、身可杀、志不摇的决心。

结束时，我们云南战地服务团与上海战地巡回演出队，共同高唱《前进，中国的青年！挺战，中国的青年》这首爱国歌曲。当我们唱到"中国恰像风暴中的破船……我们要以一当十、一百当千。我们没有退后，只有向前！向前……"时，无不热泪盈眶，激情满怀。歌曲唱完，大家不约而同地振臂高呼："头可断，血可流，誓死不做亡国奴！"

暮色来临，春风徐徐吹过运河，上海演出队的同志即将离去。我们收拾好了摆出的抗日图书，然后依依不舍的把他们10余人送上宣传车。

宣传车开动了，在暮色苍茫中他们又将去另一处慰问演出，他们的足迹踏遍了运河两岸。双方挥手告别，我们站在麦场上一直目送他们远去，车渐渐消失在暮色中，消失在视野之外，我们还一动不动地站在那里远望，不忍回屋去。

他们后来回到了大后方创作了话剧《台儿庄》《台儿庄大战》。由王莹、舒群、楼适夷、锡金、罗烽、罗苏集体创作《台儿庄》，由王莹、睦知微、金山、丹青执笔创作了《台儿庄之战》。《台儿庄之战》1939年1月在桂林由王莹等演出，郭德洁致开幕词，倾城倾巷，轰动一时。深入战地对他们的创作起了很大作用。

50年后，回忆赴前线战地服务，在台儿庄在大运河岸偶然与上海话剧战地演出队相会，至今仍感到幸运、留恋。

火与血的洗礼，可歌可泣的英雄事迹，轰轰烈烈的抗日救亡运动，激发了王莹的创作热情。她说："尽我们的微力，在舞台上，在文字上把他们记录下来。"王莹深入阵地，访问王震（三十一师台儿庄守城团长，孙连仲外甥），为士兵们演出，到医院慰问伤员。她把战场上看得到和亲身体验到的，集中概括创作了两个话剧《台儿庄》《台儿庄之战》，由一个青年演员成长为一名作家。王莹创作的话剧反映了台儿庄大战的全貌，讴歌了中国军民与国土共存的民族精神，揭露了日军在台儿庄烧杀奸淫的残暴罪行。剧本一出，引起全国文艺界的关注。1939年1月14日，中国救亡剧团在桂林首次演出《台儿庄之战》慰问抗日伤员，募集战时儿童保育基金。王莹在剧中演大妞，由于战地体验生活和高超的技艺，她把山东姑娘大妞演活了。群众争相购票，场场爆满。

李宗仁夫人郭德洁女士在首映式致开幕词时说："《台儿庄之战》从战争观点看，是很有价值的历史记载；从艺术观点看，是有意义的历史名剧。这一出话剧，是中国救亡剧团的同志，以台儿庄的胜利战争为背景，以艺术的手腕，作侧面描写，以艺术作历史的记载，在救亡图存确保胜利的宣传工作上，是很有意义，很有价值的。"[1]

陈鲤庭创作的《放下你的鞭子》，作为各演剧队的基本剧目频繁演出。许多剧团在北平、汉口、成都、重庆、昆明等地演出，甚至演到了我国香港，以及新加坡、美国，影响深远。朱铭仙、王为一、崔嵬、金山、赵丹、吴雪、王莹、张瑞芳、章曼苹等众多著名演员都在戏里扮演过香姐和她的父亲。其中要数金山、王莹两人演的次数最多。据王莹自己统计，自七七事变后，她在前线及后方、南洋与美国等地演出过2200多场次，也就是说当了2200多回的香姐。1939年秋，王莹随新中国剧团在新加坡演出《放下你的鞭子》，深得郁达夫、徐悲鸿的赞赏，徐悲鸿还为她创作了油画《中华女杰王莹》。

阳翰笙在《第三厅——国统区抗日民族统一战线的一个战斗堡垒》（三）一文中写道：

早在三厅成立以前，在政治部就有了一个实际上由我党领导的文艺宣传团体，这就是郑君里任团长、瞿白音和徐韬任副团长的"抗敌剧团"。他们原是

---

①问邻：《记者上战场 作家赴火线》《台儿庄文史资料》第一辑，第94页。

上海救亡演剧三队和四队。经过我党组织同意，他们和军事委员会政训处（即政治部的前身）的"抗战剧团"合并。政训处"抗战剧团"刚成立，还是个空架子。原领导人王瑞麟是我们的朋友，是他提出邀请合并的。合并前我方提了十个条件，如人事自主、剧目自主、不穿军装，等等。政训处后来改为政治部，"抗敌剧团"也就随之隶属于政治部，吕复、舒强、舒模、王为一，等等这些同志都是这个团的。他们在武汉演出了《放下你的鞭子》《三江好》《卖梨膏糖》《塞上风云》等话剧，又到徐州前线一带进行慰问演出，鼓舞士气。他们因为有政治部的招牌，是第一个被国民党准许到前线去的实际由我党领导的剧团。

《中华女杰王莹》——徐悲鸿于新加坡

　　当台儿庄告捷的消息传到武汉后，抗敌剧团奉"三厅"命令，赴前线慰问演出。自1938年4月17日出发，5月中旬徐州被包围后，曾数次企图在津浦北段突围未果，后转辗迂回自鲁南、皖北、苏西北等敌军后方，有的还剃发换装，留下与孙连仲部陈参谋一道参加游击队组训工作。抗敌剧团终于在7月9日安然抵汉。这是文艺界首次奔赴前线的行动，也是文艺界"为自由中国而奋斗"的最坚决的体现。其中，艺术家赵曙①在这次突围中中弹牺牲，是"文化界第一个死于敌人枪弹下的英勇战士"。瞿白音、胡考在敌人包围线中徘徊了十七日，险些饿死。

　　吕复带领队员到达台儿庄后，还立刻组织创作人员根据台儿庄大捷的胜

---

　　①赵曙（？—1938.5）山东人，上海业余剧人协会著名演员，参加抗敌剧团后到台儿庄前线，慰问演出突围时，在台儿庄南（邳县）庙山子中弹牺牲。田汉写下《悼念文化战士赵曙同志》的诗文："啊！同志！你竟做了文化的国殇！这是我们的不幸，失去了一位有力的战友。"

利进行创作，很快创作、演出了活报剧《血战台儿庄》（王为一编剧），演出后大大鼓舞了全体官兵的抗战斗志。后来，他们又把这个戏改编为卡车剧《台儿庄大捷》，到各战区和各地演出，很受抗战军民的欢迎。

被喻为中国电影史上活化石的著名电影导演艺术家王为一先生在《亲身经历：救亡演剧队突围记》一文中，较详细地记载了抗敌剧团赴台儿庄慰问及突围的情况：

中国军队在山东南部台儿庄地区，取得了歼敌两万余人的大胜利，我们的抗敌剧团30人被派去前线作慰问演出。

第五战区司令李宗仁接见后，派人带我们去台儿庄参观。收集一些当地的资料，赶写出一个非常粗糙的剧本，当即排戏。第二天，准备请李宗仁及司令部来看，突然日军向徐州反攻，司令部派人通知我们立即往西撤。

队长瞿白音下令只带随身行李，沿铁路西撤。一位上校参谋，见我们几十口男男女女的文化人，突围危险大，认为往西边走，敌人快一点就追上了。假若冲着敌人来的方向走，找个空隙躲到他后方，突围可能要容易得多。

我们团魏曼青是徐州东边的邳县人，他说表亲是冯玉祥部下，在家乡领

抗敌剧团于1938年4月赴台儿庄前线慰问，田汉（中立穿黑衫者）送行留影。前排自左向右：席与群、吕复、赵曙、吕班、苏丹、周希濂、张客、石炎、范莱、顾敏香；后排自左向右：魏曼非、舒强、郑岩、陈元、赵明、吴珩、魏曼青、海涛、田汉、熊焰、舒模、俞佩珊、陆蔚芳、钱风、王为一、瞿白音。

导游击队，我们商议之后决定去。第二天到了邳县魏曼青的家乡，他的表亲热情地安排了我们安顿下来。不停地走了一整天确实很累，大家躺在院子的麦秆上睡着了。忽然给"鬼子来啦"的叫喊声惊醒，大家惊恐地到门口去张望，村外的公路上正经过日本鬼子的炮车。事情严重，表叔说："大家不要慌，悄悄地撤到后村去。"瞿白音让我们把东西藏好，随老乡跑向后村。炮车经过的隆隆声响了一宿。

第二天一早，炮车已经没有了踪影，静得有点令人害怕，大家惦念着没有来的瞿白音、赵曙等3位伙伴。

后村回前村约300米，平坦无阻，遇到鬼子容易暴露，我们就绕右边的小山坡过去。快到山坡时，一个老乡对我们说："坡上有你们的一个人！"

话有点蹊跷，吕班飞奔上山坡，突然伤感地大喊："赵曙死了！"我正要奔上去，被喝住了："别上来，赶快告诉表叔，他来处理。"赵曙参加实验剧团时才20多岁，是北方人的魁梧形象。他在著名话剧《原野》中扮演男主角虎子，与扮演金子的舒绣文合演。才演了两场，因"8·13"战争爆发，剧场停演，就参加演剧队随队出发，在演剧队经常上演的保留剧目《最后一计》中演马百计一角。可惜他的才华正待发展时，却牺牲在敌人的枪弹下，成为上海出发的13个救亡演剧队中第一位为国捐躯的文艺工作者。据老乡说，鬼子来的时候，往山坡跑的人都成了射击目标。

瞿白音在邳县失踪后，生死未卜。我们在芦苇林里待了3天，终于突围回到一年前救亡演剧队的发源地、已变成了孤岛的上海。上海蚂蚁剧社（属剧联领导的）召开一个茶点座谈会以示慰问。这时，瞿白音突然从外进来，一身破烂，大家惊喜交集，为突围成功而相拥。

社会各界救亡演剧队及慰问团体的到来，极大地鼓舞了第五战区民众的抗日热情和前线将士的斗志。李宗仁说："台儿庄大捷，演剧队是有一份功劳的。"[1]

（四）郁达夫、盛成的前线慰劳之旅

时任国民政府军事委员会政治部第三厅设计委员的郁达夫、李侠公与庄智焕、罗任一等人组成政治部代表团，郁达夫还与盛成组成中华全国文艺界抗敌协会代表团，身兼两职。1938年4月17日，他们携带大量慰劳品、慰问

---

[1]问邻：《记者上战场 作家赴火线》《台儿庄文史资料》第一辑，第93页。

信及"还我山河"的锦旗，前往台儿庄前线劳军。郁达夫和盛成参加了第五区民众动员委员会会议，先后被选为文化组组长。在第三厅这段时间里，郁达夫冒锋镝，顶轰炸，赴战场，两度代表政治部巡视苏鲁豫皖前线。台儿庄大捷的消息传来，郁达夫为之欢呼雀跃，他写诗祝贺：

> 大战临城捷讯驰，倭夷一蹶势难支。
> 拼成焦土非无策，痛饮黄龙自有期。

5月3日，郁达夫返回武汉，先后写了《黄河南岸》《平汉陇海津浦的一带》《在警报声中》等文章，生动地描写了在台儿庄的所见所闻，热情讴歌了中国军民坚决抗战的英雄气概。他在《毁家诗纪》中写道：[①]

> 千里劳军此一行，计程戒驿慎宵征。
> 春风渐绿中原土，大纛初明细柳营。
> 碛里碉壕连作寨，江东子弟妙知兵。
> 驱车直指彭城道，伫看雄师复两京。

1938年4月，文艺界抗敌协会代表向司令官李宗仁献旗，祝贺台儿庄大捷。

---

①问邻：《记者上战场 作家赴火线》《台儿庄文史资料》第一辑，第89—90页。

水井沟头血战酣，台儿庄外夕阳昙。

平原立马凝眸处，忽报奇师捷邳郯。

中华全国文艺界抗敌协会及国际宣传委员会为慰劳前线将士特派盛成为代表出发前方，恰巧军事委员会政治部亦派代表团到前方慰劳，遂与之结伴同行。①

4月17日早七时一刻，盛成乘车由汉口大智门车站出发，深夜抵达郑州。18日中午，他还在火车站遇到滇军卢汉部兵车正经过。沿途因须让兵车先过，因此，21日早始抵距徐州十八里之夹河寨。因开车无期，遂下车骑驴，依公路进徐州城，入住花园饭店。

盛成《台儿庄纪事》"前线慰劳报告"，以其独特视角，生动真实地再现了一些历史人物的历史萍踪及台儿庄大战历史大背景下的前线总指挥部——司令长官部里的见闻②：

午后到第五战区司令长官部，敬谒李司令长官。在大门口，适遇张任民③先生，他对我说："司令长官说你要来。"先往访林参议素④园，得识晁秘书庆昌⑤及《动员日报》记者洪雪邨先生。五时整，见李司令长官，代表中华全国文艺界抗敌协会及上海文化界国际宣传委员会向之致敬。（李宗仁）意欲留餐，因有紧急电话到，遂辞出。

22日7时，偕政治部代表郁达夫、庄智焕、罗任一、李侠公、林冰坡等往司令长官部献旗。由陈参议江领导，第一，政治部代表献旗，第二，中华全国文艺界抗敌协会献"还我河山"旗，第三，上海文化界国际宣传委员会献"为世界和平而战"旗。李司令长官三受旗答礼毕……因李司令长官特别忙，代表等遂兴辞而出。抵寓适逢警报，警报解除后，时已十一点钟，陈参议来导往游徐州名胜云龙山……回寓午后，林素园先生来约往第五战区民众总动员委员会开设计委员会，又遇警报，解除后前往。我谈到文艺界抗敌协会准备编译通俗读物及士兵读物，极希望能彼此合作。因为要取得与武汉联

---

①盛成：《台儿庄纪事》《徐州慰劳报告》，第17页，北京语言大学出版社，2007年10月第一版。

②盛成：《台儿庄纪事》，第23—51页，北京语言大学出版社，2007年10月。

③张任民曾任广西绥靖公署参谋长，是李宗仁的幕僚。

④林素园是段祺瑞任总理时期的北师大校长。

⑤晁庆昌曾任李宗仁的秘书和中华人民共和国成立前的河南新野县县长。

盛成戎装照

络的关系，结果请我担任他们的设计委员会并任文化组组长。晚间赴李司令长官宴。饭后见谢冰莹、陆诒、苏芗雨及台儿庄抗战民族英雄池峰城师长，谈至夜深始散。

我们去台儿庄之前，很希望池师长来替我们上一课台儿庄。所以3个团体代表们决定公宴池师长于徐州致美楼。23日警报解除后时已正午，三团体代表慰劳池师长并请林素园、刘汉川、郑天民、包华国、黄冈仇、郁达夫、谢冰莹、陆诒、苏芗雨等作陪。酒过一巡，池师长开讲台儿庄。

……

饭后，偕包华国先生往游徐州快哉亭公园……晚间，池师长回宴代表，席间有三十一师军需处长牛欣铨及参谋处长屈伸……9时因需乘车前往台儿庄遂暂时握别。

我们排队上车站，前面军事委员会抗敌剧团，歌唱着《义勇军进行曲》。其次青海慰问团，政治部代表团，战地通信员，同行者有《新华日报》陆诒，《扫荡报》张剑心、谢冰莹夫妇，苏芗雨，还有第五战区司令长官部陈参议江招待着我们，一同出发。到了东站，但见担架队将伤兵一个一个地抬出来，这都是沙场上下来的健儿，我们上前去慰问他们。有的是四川人，有的是云南人，有的是河北人，有的是山东人，他们的血都洒在中华民族解放斗争的土地上。过天桥，车已进站，一辆头等车，涂满泥土，同货车一样，登车，解开带来的行李就睡，打算直睡到台儿庄。第二天醒来，24日清晨车停在赵墩，还不曾开进岔道。下车漱洗，饱啖鸡卵、油条烧饼以果腹。七时，车向临枣台赵支路北开，隐约闻炮声。过宿羊山站，炮声清晰。至车辐小站，炮声隆隆，距运河边不远。张参谋长任民下车打听前面消息，决定步行至杨楼孙军部。

行18里，经过数小村，和煦的春风飘拂着万物，麦浪深处，大炮的乌烟突起，平静的自然，有这一点的波动，这就是前方了。抗敌剧团的朋友们，一二一地走着，业余实验剧团，变成救亡剧团，走到乡村里来和广大的下层见面，走到队伍里，来和血肉的长城聚首。过去的千金小姐或明星如是都上了前线，好像抗敌是每一个黄帝子孙必须担负的任务，不分男女老少，都要起来参加的……

日将午到杨楼司令部，休息吃茶，见合众社记者白得恩氏。白氏与我军士兵同起居，遇险多次，炸弹碎片曾在他头上纷纷飞过，杀杀作声，幸而不死。由杨楼乘车往于军部，见于学忠将军，多年不见，面貌变丰满。因时间匆促，未多谈仅致慰劳而已。再回到军部，见孙连仲将军。西北军中，二孙一石皆善战之将。今日一见，其沉毅果敢，确把握着最后胜利。孙将军不多言，而他的言语却含在他的行动里面。他就是血战半月、指挥若定、粉碎敌人、打通津浦线、歼灭敌人最精锐矶谷师团的孙将军！我们向他致敬，他反说："不敢当，不敢当！"

辞别了出来。时间已是下午三时半了，有人还要回到副官处去午餐，那慰问台儿庄的时间何处来咧？并且我们此行最大目的，是台儿庄的慰问，饿着肚子，可当作把斋，虔诚地来上现代战场。所以我同芎雨，离了政治部代表团，追上抗敌剧团跨过小河，即到台儿庄南火车站，由此过运河铁桥，北为北火车站，北站东约2里，即这台儿庄城。

……

不数10步，进台儿庄西门，堵塞一半，城外桥已塞断，卫兵守着城门，我们将慰劳品散在他们手中，一张《中华全国文艺界抗敌协会告诸位同志书》（宣传单，见上文）。他们念得很起劲，我说："同志们，辛苦啦！"他们说："你们老远地跑来才辛苦呢。"四时卅分，我们大踏步进了西门，眼前是一幅焦土抗战的画图。瓦砾、沙土、破布、烂纸、秃屋、颓垣，箱柜堆成工事，尸骸筑成防线，有福音堂一所，也是顶破壁穿，无例外地毁于敌人的炮火。过尼庵，老尼归来，只能拜残废之佛。全城只有两间完整的房屋，左为邮局，右为峄县政府驻台办事处，曾在此陈列战利品。路遇张冲师长，闲谈少顷。但是家家房屋都变成瓦砾一片，分不出东西南北，辨不出大街小巷，真武庙只留下真武帝的偶像，清真寺，只剩下周围的围墙。路旁边有一家染坊，招牌是清泉，门上还有一副今年贴的对联，上联"鹅黄鸭绿鸡冠紫"，尚可认识，下联"鹭白"之下五字（"鸦青鹤顶红"）就被炮火烧去了。巷战的工事，还清楚地摆在眼前，一条一条的战壕纵横交织着。一堆白骨，一个老太婆的尸体，脸上已经腐烂了。这口池塘内，不知葬送了多少性命。就在这塘边我拾起一顶日本军官的钢盔。盔的外面有黄色布套，布套下衬着丝棉，避火燃烧。可是这顶钢盔，右顶部已被带火药之炸片烧焦，布上有血迹，致命伤由左后下面打进洞穿，钢边留有血印。大约在炮击东岳庙之火药库时，弹药起火，纷飞乱炸，以致阵线动摇，正拟越城逃走，后面我军追至，头部中弹而亡。同时拾得木刻佛像及木鱼，同那些"武运长久""祈武必胜""大和魂"，到处都是乱丢着。北门内有一个敌人的火葬场，还留着方烧未尽的一大堆尸骨。沿城墙走去，东门内有许多坟墓，此为敌校尉官埋骨之所，有四十多个神位。可惜没有时间出城去凭吊那些"矮子墓"。

……

25日清晨车停车辐山①，因无轨道，不能开回赵墩②。炮声隆隆，又据新闻记者回来报告某军部已西移，遂引起少数人之恐慌，下车先行，结果行仅十里又回车一齐南去，12点到宿羊山，下午2时抵赵墩，因需让军用车先开，专车夹在50辆空车之内同回徐州。5时，车无路签，由大许家③开出，向前疾驰。车队长发出信号，因车太长，车头听不见。适值夕阳西下，车烟蔽天，乘客以为失火，慌作一团，有抗敌剧团团员跳下车去，与火车赛跑，想叫司机停车。直至四公里外，始退回原站，当晚遂无回徐州之望。

……

26日清晨，车抵徐州，仍回花园饭店。稍休息后，即往司令长官部敬谒白副参谋总长，面呈文艺界抗敌协会名誉理事的公函，代表慰劳并致敬礼。他对战事前途非常乐观，他说："敌人不能从国内增援支持目前的大会战。"关于文协的工作，能同第二期抗战配合起来，他觉得满意。并蒙题赠台儿庄照像云："战胜不骄，受挫不馁。" 因其公事太忙，遂请见司令长官，报告去台儿庄经过。李德公坚示坚守徐州，他极有把握。午间政治部代表团公宴陈参议。

28日晨8时敌机32架飞徐狂炸，共投弹87枚，死伤男女234人，焚毁

---

①车辐山现为江苏省徐州市邳州市车辐山镇（乡）。地处苏鲁交界处，是邳西北的中心城镇，镇域面积98平方公里，人口5.6万。所属的宿羊山镇年产优质白蒜12万吨，是驰名中外的"大蒜之乡"，中国大蒜第一镇。

②赵墩站建于1923年，现属江苏省邳州市赵墩乡，今隶属济南铁路局管辖，为陇海线四等站。距离连云港东站161公里，离兰州站1598公里（陇海线）。

③大许家站建于1921年。在现江苏省铜山县大许乡，离连云港东站188公里，离兰州站1571公里，隶属济南铁路局徐州铁路分局管辖。现为四等站。

民房400余间。

4月28日，下午6时，盛成参加了由司令长官部之夏秘书次叔、晁秘书庆昌约徐州文化人在奎光阁进行的第五战区文化界抗敌协会筹备情况的宴谈。

盛成在《台儿庄纪事》"前线慰劳报告"中继续写道：

4月29日上午，偕友人往游云龙山，午后见刘守中①先生。下午4时，陪美国驻华大使馆参赞史迪威去见池峰城师长，史氏对于池将军的勇敢善战称赞不已。晚6时代表国际宣传委员会，欢宴塔斯社记者谷礼冰斯基、合众社记者白得恩、哈瓦斯记者马菊斯，马氏因即须起程未到。席间有中央社记者李圶祖、《大公报》长江、《新华日报》陆诒作陪，《扫荡报》张剑心作陪。当时在徐的外报记者尚有《纽约时报》记者窦奠安、伦敦《泰晤士报》记者佛兰明、纽西兰《今日妇女报》及《观察报》记者韦尔根生女士、英国记者华伦、德国记者江毕德等十余人。他们对我鲁南的战绩的批评，中国已因抗战而起重大的转变，新中国之产生已在酝酿，并已发现端倪。并且说中国已开始统一，将从实际而产生新的民族。又说中国愈打愈强，愈打愈接近胜利。他们希望中国朋友千万不要错过这个好机会，为中国为世界谋和平谋秩序之建立而努力抗战工作。晚间陪他们到中正堂去看抗敌剧团之公演，他们对于"梨膏糖"特别感觉到兴趣。

……

（卅日）下午六时我偕苏芗雨欢宴司令长官部及动员委员会诸负责人员。

5月1日，徐州举行劳动节……下午6时，在公安街中山纪念堂举行群众大会，我因赴苏联塔斯社记者谷礼冰斯基氏民众草堂的宴会，到了会场时已8点，只见人山人海，前方竟有此盛大的劳动节纪念会，令人万分兴奋，我于是打电话到花园饭店约外国朋友来参加，使他们也兴奋一下。徐州离前线仅卅里，而市面安定如常，群众之情绪热烈如此！徐州真不愧为东方马德里！

2日，早往见李司令长官，送去国际宣传委员会报告及材料。并露辞行之意，他希望我以后常来常往。

3日正午到司令长官部辞行，适遇警报，即往云龙山，见敌机廿一架于下

---

①刘守中（1882—1941）民国将领，陕西富平人。1909年加入同盟会。武昌起义后，在陕西参与军幕。1920年任靖国军总指挥。1924年10月与冯玉祥等发动北京政变。1926年脱离政界隐居。九一八事变后，任国民政府委员、国民党中央政治会议委员。抗日战争爆发后，往来于南京、武汉、重庆之间，主张抗战。

午一时半由蚌埠分批北飞，到徐轰炸，第一批14架，第二批7架，共在徐州上空盘旋40分钟，投弹70多枚，仍多烧夷弹，计毁民房200余间，死平民70多人，伤者不知其数。下午2时20分又来一次，情形不详。5时到司令长官部向李司令长官辞行，畅谈片刻。关于文抗，他希望多写一些士兵读物并希文艺作家多到前方去。关于国宣，他希望多做美国的宣传。

4日早晨离徐州回武汉，苏芎雨兄同行。因避警报，步行出站外，树下见李绍良夫人，自仪征逃难出来，说敌人将我家抢劫一空，并告我坚妹，我的爱人，我的妻子，我的朋友，她是多少生命所造成的妇人，她是多少爱情所结晶的生命，如今，她死我不知时日，如今，她死在我沦陷的故乡；我的报告不能再写，谨在此辍笔，谨在此辍笔……

五月十四日武汉华中里一○三号楼上

盛成的台儿庄"慰劳之旅"以妻子在自己家乡命陨日寇的铁蹄之下的噩耗中黯然落笔。

（五）青海慰劳团

据盛成《台儿庄纪事》"前线慰劳报告"中记述，4月22日，青海战地考察团在马团长步勋领导之下与郁达夫、盛成等一起应邀，随车同往徐州云龙山。24日，盛成在台儿庄看到了回汉人民携手抗日的场面，兴奋地写道：

僧侣救护队，战地服务团，牺牲的决心，不分男女老少，大家是一致的，所以伤兵们说："我们虽说人打伤了，可是我们的仗打好了；人打死了，仗是打活了。"轻伤有由老百姓背来的，有扶着来的，可见军民合作的精神，是铁一般的事实。最令人注目的，就是青海慰问团团员二人左右扶着一个伤兵上车，这是多么美满的回汉合作的象征！中华民族已走上大一统的途中，流人家血的罪，自然要归到自己的头上的。伤兵的忍痛，令人万分感动，觉得几句慰劳的话表示不出慰劳的情绪。他们要水喝，水是生命之源，如今在最高热度之下，水是要命的魔鬼，劝他们忍着点。一个小贩，将煮熟鸡卵，破碎了一块一块地喂不能举手及不能张嘴的伤兵。车站附近，充满炮弹和炸弹所炸的巨坑，炮弹的弹穴，焦土呈深兰色。道旁尚留一个未炸的炸弹。

十、安徽省民众总动员委员会

1937年11月，国民党军事委员会颁布《省（市）县动员委员会组织大纲》，要求各地将党政军联席会议改组为动员委员会，开展抗战动员工作。

国民党军事委员会将长江浦口以北，济南黄河以南，东自长江吴淞口向北延伸至黄河口海岸线，计有山东省全境、长江以北江苏省和安徽省大部为第五战区，任命李宗仁为第五战区司令长官，驻节徐州。为实施战时"军政合一"，1938年1月25日，国民政府行政院又任命李宗仁兼任安徽省政府主席。新桂系迫于抗战形势和自身利益的需要，无论是在徐州还是在安徽，对抗日都采取了比较积极的态度。

在第五战区司令长官部徐州，李宗仁成立了第五战区民众总动员委员会，并兼任主任委员。

1938年1月13日，安徽省府由安庆迁至六安；2月13日，第五战区司令长官李宗仁在战时省会六安就任安徽省政府主席，他在就职典礼上就强调："如何的发动民众武力配合国军，适应长期抗战的要求，这也是当前所感觉到迫切的问题。"他在施政方针中更是提出要"政治与军事打成一片，政府与人民打成一片。"白崇禧在对安徽党政军全体人员演讲时也强调："现代的战争是全民战争，单单军事动员是不够的，而是需要政治动员，民众动员，一定要民众起来与军队政府配合起来才行。"

李宗仁新桂系主皖后，与安徽的国民党顽固派、地方势力相互斗争，形成了复杂的政治局面。当时，日寇铁蹄深入安徽，形势严峻，广大人民群众抗日要求日烈，使得桂系不得不与以中国共产党为核心的进步力量搞好统一战线工作。新桂系为了笼络青年，对抗和排挤国民党顽固派和拉拢地方实力派，巩固其在安徽的统治，接受了安徽省籍的国民党左派人士、老同盟会员朱蕴山和沈子珍、常藩侯、光明甫、周新民等人的建议，根据第五战区民众总动员会组织条例的规定，决定筹建安徽省分会。

李宗仁在徐州成立第五战区民众总动员委员会的基础上，于2月23日，在六安万寿寺巷的刘铭传家"宫保第"（现六安市明珠广场步行街内）成立了第五战区民众总动员委员会安徽省分会，后改为"安徽省民众总动员委员会"，李宗仁兼任主任委员。颁布了民众总动员委员会省分会组织条例，如下：

第五战区民众总动员委员会省分会组织条例
（第三届全体委员会决议修正）

一、本条例根据第五战区民众总动员委员会组织条例第二条之规定制定之。

二、各省分会设立于本战区各省政府所在地，定名为第五战区××省民众总动员委员会。

三、省分会之下设县分会、区分会、乡镇分会，其组织条例另定之。

四、省分会工作定为下列各种：

1.动员民众踊跃参军及为国家服劳役。

2.策动各种民众团体工作，并实施战时政治军事训练。

3.协助政府办理军队粮秣给养运输事宜。

4.协助政府办理伤兵救护事宜。

5.协助政府办理战区难民护送及救济事宜。

6.协助军队办理战地坚壁清野及侦察敌情封锁消息事宜。

7.协助政府办理联保及铲除汉奸事宜。

8.监督并协助兵役机关实施对征兵各项优待办法。

9.办理慰劳及募捐事宜。

10.警卫交通网及通讯网。

五、各省分会由该省党部代表、省政府代表、各行政事务公署代表、分会所在地党政军机关代表暨各民众团体代表共同组织之，各代表均为省分会委员。

六、社会有声望或有特殊学识技能之热心人士，经由本战区司令长官、副司令长官及该省省政府主席介绍，亦得为省分会委员。

七、省分会委员应互推常务委员九人至十五人组织常务委员会，并推定主任委员一人，总揽全会事务。

八、省分会设秘书一人，由常务委员互推，协助主任委员处理一切会务。

九、省分会于常务委员之下设下列各部，每部设正副部长各一人，部长以常务委员兼任，副部长以常务委员或委员兼任，均由常务委员会决定之。各部得斟酌事务繁简，设干事若干人，由常务委员任用之。各部之名称职事如下。

1.总务部：掌理文书会计事务及不属于其他各部事宜。

2．组织部：掌理组织及训练事宜。

3．宣传部：掌理宣传事宜。

4．后方勤务部：掌理伤兵难民之救护募捐慰劳，并协助政府办理粮秣及一切军需用品运输事宜。

5．情报部：掌理侦察敌情检举汉奸及其他情报交通事宜。

十、省分会派视察委员若干人，视察所属各级分会工作，由常务委员会选任之。

十一、省分会遇必要时设立各种委员会。

十二、省分会委员大会两个月举行一次，常务委员会每周举行一次，遇必要时得举行临时会，均由主任委员召集之。

十三、本条例得因各省特殊情形由各省分会请总会核准变通办理。

十四、省分会办事细则由各该会自行订定。

十五、本条例经总会委员大会议决呈请战区司令长官核准公布施行。

根据第五战区民众总动员委员会省分会组织条例的规定，安徽省动委会的组织形式是设置常务委员会，从常委中推定主任委员一人，总揽全会事务，下设秘书室和总务、组织、宣传、后勤、情报五部，后又增设文化事业工作委员会和妇女工作委员会。

为了推动各县动员工作的开展，在县、区、乡镇设立各级动委会分会，并在各级分会中设立指导员制度。县分会主任委员由县长兼任，指导员由省动委会选派。为避免地方官员和士绅对动员工作的干扰，排除被土豪劣绅操纵的联保制度对动员工作的障碍，切实加强民众动员工作，省动委会还成立工作团深入到县以下地区开展民众动员工作。

3月5日，第五战区民众总动员委员会安徽省分会正式对外开始办公，动委会主要负责人均由不公开身份的共产党党员和爱国进步人士担任。任命章乃器担任省动委会秘书，在成立会议上推举：常恒芳、光明甫、沈子修、朱蕴山、丘国珍、刘贻燕、张义纯、苗培成、章乃器、邵华、韦贽唐等11人为常务委员，并推皖籍桂系将领、省民政厅厅长张义纯（不久他即代理省政府主席）兼任主任委员，周新民、狄超白、童汉璋、朱子帆、石德纯、余亚农、翟宗文等进步人士为委员。

原来，李宗仁确定主政安徽后，白崇禧的机要秘书、中共秘密党员谢和赓就向李宗仁推荐了章乃器。李宗仁为了显示桂系与蒋介石的不同，乃派亲信、第五战区政治部主任韦永成、黎蒙二人专程去香港邀请著名的上海救国会"七君子"之一的章乃器来皖工作。

章乃器来皖经过汉口时,特地到中共办事处看望周恩来,并说明自己应邀去安徽工作的情况。周恩来要求他到安徽后注意做好两件事:一、彻底释放政治犯,二、搞好同新四军的合作。①

李宗仁原要章乃器担任安徽省政府秘书长,因蒋介石不同意,只好委他担任省政府委员,代理秘书长。不久任命章乃器担任省动委会秘书,又推荐他担任财政厅厅长。

南京沦陷前夕,董必武、叶剑英在中共办事处接见了朱蕴山,要其"迅速回安徽发动群众,开展抗日救亡工作"。后来,朱蕴山又会见了即将担任第五战区司令长官的李宗仁,向他建议组织总动员委员会,集中人力、物力、财力,以制胜于疆场。经国民政府批准后,李宗仁乃邀请朱蕴山筹建苏鲁豫皖鄂五省总动员委员会。②

1938年3月,安徽省政府公布由章乃器拟稿的《安徽省民众总动员初步纲要草案》。③规定从设置的常委中推定主任委员总揽全会事务。据此任命章乃器为秘书代拆代行,下设的总务、组织、宣传、后勤、情报5部的各正副部长主要由皖籍著名的民主革命者、社会贤达和中共秘密党员担任。

安徽省民众总动员委员会机构如下:

主任委员:李宗仁(1938.2.23—1938.3.5)

　　　　　张义纯(1938.3.5—1938.10.24)

　　　　　廖　磊(1938.10.24—1939.10.24)

　　　　　陈良左(1939.10.24—1940.1.8)

　　　　　李品仙(1940.1.8—1942.7)

秘　书:章乃器

总务部:部　长　朱蕴山

　　　　副部长　**童汉璋**

　　　　[第一组主任干事　光兰荪;第二组主任干事　**唐晓光、史迁**(主管全会财务)]

组织部:部　长　沈子修

---

① 《安徽文史资料》第二十五辑,第112页。

② 朱蕴山:《关于动委会的一些回忆》,载安徽省社科所历史室:《安徽革命史研究资料》,1981年第4期。

③ 《安徽政治》第2期,1938年3月5日,存安徽省图书馆。

副部长　**周新民**

（总干事　**周新民**兼、雷济东；主任干事　**张劲夫**；干事　**汪胜文、陈良、王铸之**）

宣传部：部　长　光明甫

副部长　**狄超白**

（总干事　**狄超白**兼；主任干事　**许晴、朱凡**；干事　顾训芳、何兆玲）

后勤部：部　长　常恒芳

副部长　**朱子凡**

[总干事　**朱子凡**兼、徐俊；主任干事　蒋其孝、**史伯石**（维岫）、王光治；干事　倪竹君、李一鸣]

情报部：部　长　丘国珍

副部长　黄宾一

（主任干事　倪望棠）

大革命时期安徽的早期中共党员周新民时任两湖监察使署秘书，他悄然离沪来到"九省通衢"的武汉，并及时与董必武秘密取得联系，向董必武汇报了上海救亡和地下情报网的工作。董必武认为他不宜继续与上海保持联系，指示他今后直接与自己联系，接受指导开展工作。从此，他就在董必武的直接领导下从事革命活动。

1938年1月，周新民收到一份章乃器和他在上海法专的老同事、时任安徽省政府秘书长的朱佛定邀请周新民前往安徽任职的电报，周新民就此事请示董必武，董必武指示周新民，前往安徽省政府挂名任职，开展情报工作。周新民迅速来到当时安徽省政府所在地六安。

据张劲夫回忆，1938年春节后，他携带冯玉祥将军写给李宗仁的信从武汉到六安，信中说张劲夫、操震球与宋承勋三人都是陶行知的学生，回乡抗战，望给机会。李会见三人后，表示欢迎，当即交代其秘书与他们进一步商谈工作安排问题。张到省动委会协助章乃器工作，操去流波（石童）担任临时中学校长，宋在省政府担任会计方面工作。

省动委会成立大会一结束，李宗仁就去了前线。省动委会主要由章乃器、朱蕴山、光明甫等人负责，日常工作由常委兼秘书的章乃器代行。3月17日，章乃器就任财政厅长，他担任的秘书的职责实际上由朱蕴山、周新民分担了。"章乃器调任财政厅长，省动委会秘书之职由安徽省著名进步人士、动委会总务部长朱蕴山接任。"①

4月，董必武受中共中央嘱托赴皖视察新四军高敬亭第四支队。事毕，途经六安分别与周新民、朱蕴山作了面谈。他根据周新民的汇报，明确指示周新民："你应该专门搞动员工作。"周新民与章乃器是上海"救国会"的老朋友，章同情共产党，所以他们在省动委会配合默契。由于省政府各厅处长和省党部代表虽兼任常务委员，但因忙于政务，无暇顾及会务。所以，章乃器曾回忆说："我在动委会只做了一些承上启下的工作和批阅重要文件。当然，更重要的是顶住外来的歪风。""一般日常工作就完全让周新民去做了。"②

抗战爆发后，地处大别山区的六安是华中通往大后方的要冲。中共中央长江局及时发出了开辟大别山区工作的指示，并派遣彭康、张劲夫、李世农、谭光廷等到地处大别山区的六安，组建安徽省工作委员会。当时，国共两党虽然在共同抗日的前提下达成了合作，但在国民党统治区，中共地方党组织还不便公开活动，党员身份也不能随意公开，只能以公开合法的组织掩护党的活动。因此，作为民众动员的组织和指导机关，"动委会"就成为安徽各地党组织集聚力量、开展活动的重要场所。

时任中共安徽省工委宣传部部长的张劲夫，以省动委会组织部主任干事的名义掩护从事地下党工作。中共党组织与省动委会之间主要由张劲夫负责联系。张劲夫曾回忆说："周新民是秘密党员，与董老直接联系，组织关系没有转到安徽，开始我也不知道他是党员。""他可能知道我的身份，因此他用人主要尊重我的意见。"在省动委会的重要人事任免问题上，周新民总是按照张劲夫提出的名单，先同朱蕴山、光明甫、常恒芳、沈子修商议，达成共识后，再以李宗仁及其继任者张义纯、廖磊的名义公布。所以，张劲夫在回忆四位老先生时说："参与主持其事，一时人心振奋，青年向首，可谓自北伐以后，在安徽省政上第一次得到全皖民众热烈的拥戴和企望。"③

为切实推动动员工作，李宗仁规定县动委会由县长担任主任委员，并将民众动员工作成绩"列为县长主要考成项目④"。省动委会成立后即选派指导

①张劲夫：《长江局时期的安徽工作》《抗战初期中共中央长江局》第635页，湖北人民出版社，1991年5月版。

②章乃器：《抗战时期我在安徽的一段经历》《安徽文史资料》第25辑，安徽人民出版社，1986年版，第111页。

③张劲夫：《紧急时期的民众动员》(1938.8.20)，《安徽省动委会档案文史资料选编》，第457页，安徽人民出版社，1991年出版。

④安徽省档案馆：《安徽省动委会档案资料选编》，合肥：安徽人民出版社，1991年版，第49页。

员，分往江北各县发动组织各县分会。约经两个月，皖西、皖中、皖北各县成立县分会的有33县之多。①省动委会还将乡政训练班和潢川抗敌青年军团结业的学员配备起来，组织直属工作团派往各县从事宣传及组织工作。1938年5月已成立直属工作团34个团，团员共698人。②

中共为了充分运用动委会这个公开机构和合法形式，开展统一战线工作，长江局和中共安徽工委先后推荐了周新民、张劲夫、陈国栋、魏文伯、孙以瑾（女）、麦世发、詹运生（詹大悲之弟）、史迁、田兰田、刘鸿文、汪胜文、徐智雨、周侗、杨思九、朱凡、许晴、陈良、曾谋、胡竺冰、顾训芳、何兆玲、史维岫等一大批共产党员和进步青年，以抗日积极分子的身份担任各部主任干事、干事和县动委会指导员。省工委宣传部部长张劲夫以省动委会组织部主任干事的公开身份，负责动委会的地下党工作。党在省动委会内建立了地下党支部，各部都有党的小组。地下党与动委会内的爱国民主人士一道工作，推动了全省抗日救亡运动的开展。③

据朱蕴山回忆：1938年5月，长江局派董必武到舒城新四军四支队传达中央指示，帮助高敬亭"秘密路过六安时，要我利用动委会，为党秘密地培养干部，并出示毛泽东主席《论持久战》，对指导我们工作帮助很大。董老来之前，就已派周新民（党员）到我这里来。这次，他来皖西，又介绍中共党员詹运生和李相符来我处，到五战区工作。董老来六安时，还召开过一次会议，参加会议的约20人，其中有朱蕴山、许杰、彭康、孙以瑾、狄超白等，主要讲推动抗日的问题"。④

"自1938年春省动委会成立，至次年春的一年时间内的绝大部分时间，省动委会实际是蕴老在主持工作，皖西大别山地区的上述抗战局面，蕴老做了大量工作，起了积极的作用，做出了历史性的贡献"。⑤"在这一年左右时间中，我与蕴老接触较多，留给我的印象最深的是：对于我党不仅自觉地尊重……而且对地下党员充满着感情，热爱青年。当时像我这样的党员，要比蕴老年轻二十多岁，他是我们的革命前辈、长者，而我每有事进言，蕴老无不采纳，无不支持。"⑥

①同上，第145页。

②同上，第143页。

③张劲夫：《动委会在皖西》《皖西革命回忆录》第二部，第22页，安徽人民出版社。

④朱蕴山：《我所知道的省动委会》《皖西革命回忆录》第二部，第29页。

⑤张劲夫：《怀念朱蕴山先生》《纪念朱蕴山文集》第17页，中国文史出版社。

⑥张劲夫：《怀念朱蕴山先生》《纪念朱蕴山文集》第17页，中国文史出版社。

为了派出一批共产党员和进步人士进入桂系统治区的各县地方行政部门工作，朱蕴山与中共地下党组织密切配合，提出一批名单，向省政府推荐任命，如任命翟宗文为庐江县县长，陈国栋、史伯石、黄宗柏为庐江县政府科长，胡竺冰为无为县县长，胡邦宪（即胡允恭）为怀宁县县长，吴功为怀宁县县政府科员，李竹平为怀宁县县政府主任秘书，陶若存任舒城县县长，何德润（即贺希明）为寿县县长，王建五为太湖县县长，马忍言（即冯宏谦）为巢县县长，盛子瑾为六安县县长等。盛子瑾被任命为六安县县长时，曾带着冯玉祥将军的名片请求朱蕴山推荐人员去帮助他工作。他与中共地下党同志商定后，除抽出一批骨干力量去工作外，并由省动委会组织一个工作团（即第25工作团）去六安开展抗战活动。该团由谭光廷、孙威分任团长、指导员，团员有李志中（即李任之）、杨能（即杨效椿）、朱世昌（即朱明）、金仲涛（即金涛）等。盛子瑾不久被提升为皖东北专员后，又要求动委会多派干部同赴皖东北开展敌后工作。这时中共地下党即安排江上青、昊云邮、赵敏、周邻等及第8工作团（团长谢景鸿）20多人随盛一起到皖东北地区开展抗日工作[①]。

时任中共安徽省工作委员会书记彭康在给长江局书记王明的报告中就指出，朱蕴山和周新民"表现非常之好，不但拥护统一战线，而且愿意替我们帮忙"。各县的指导员大半都是中共的同情者，其中派往滁县、霍山、六安等地的指导员还是中共秘密党员。省动委会直属工作团"有几团有同志，其他也有私人关系""利用这些工作团的同志，在没有基础的县份去开展党的工作，比较顺利。"[②]中共以各地的动委会工作团为单位，通过活动在团内的秘密党员，成立党支部，团结青年，发展党员，动员民众。这时的安徽省动委会实际控制在中共和安徽进步人士的手中。正如时任中共安徽省工作委员会宣传部长的张劲夫所指出的那样，"省动委会名义上是国民党的安徽省政府所属的官方组织，但实际上由中共党组织通过与进步人士的合作而起到政治领导作用"。[③]

到1939年5月时统计，省动委会成立了省直属工作团43个，委托工作团

---

①朱明：《回忆父亲朱蕴山和安徽省民众动员会》《纪念朱蕴山文集》第47页，中国文史出版社，1987年10月。

②彭康：《关于安徽工作给秦邦宪的报告》，中共中央东南局，下卷，第580—581页，中共党史出版社，2007年。

③张劲夫：《长江局时期的安徽工作》，《抗战初期中共中央长江局》，第635页，湖北人民出版社，1991年。

30个，以及县属工作团34个，合计有2400余人。据1939年10月统计，全省江北地区共成立各级各类民众抗敌协会2884个，会员达40.6万余人，皖南地区会员也达25万人。这些抗敌协会都设有运输队、侦察队、慰劳队、救护队以及盘查哨等，在支援前线、救护伤病员、运送粮草等方面做了大量工作。不仅如此，安徽省动委会还在中共的组织和推动下，"开辟了大别山区八年抗战中最生动活泼的政治局面"，其抗日救亡运动对中共中央提出的"创建根据地和建立人民政权的战略任务"做出了成功的探索和实践，从而在总体上深化了救亡运动的方式，丰富了救亡运动的内容，拓展了救亡运动的局面，在救亡运动中扩大了中共的阶级基础和群众基础。

省动委会成立后，就有大批流亡青年、救亡团体、逃难者蜂拥来到六安，如"上海文化界内地服务团""江都文化界救亡协会流动宣传团""武进青年抗敌服务团""延安派遣陕北公学""抗大毕业的学生"和"北平救亡服务团"等等也到大别山区开展救亡工作，有的被分配至安徽长江以北各县以及五战区其他地区从事民众抗日动员工作。他们为配合省动委会开展工作，或演唱，或教唱抗日救亡歌曲，或举行动员宣传周活动。这些救亡团体基本上是由青年人组织起来，其中有共产党员、"民先"队员，也有一般的爱国青年。他们都有强烈的爱国思想和崇高的抱负，富有朝气。但他们刚来六安时，因人地生疏，在工作中常遇到一些困难。周新民根据他们的长处和在工作中遇到困难时的表现，经常给他们以无微不至的帮助。还把他们中的骨干分子派往各县动委会担任指导员，使他们在斗争中得到锻炼，增强才干。在驻皖桂系军队中有广西学生军地下中共党组织，是一个特殊的中共基层组织。1938年5月，长江局将学生军中党员的组织关系，由广西地下党组织转到中共安徽省工委，后来成立了学生军党支部，也在六安地区开展救亡活动。

仅在1938年一年内，省动委会就领导各县分会举办了民众总动员宣传周、肃清汉奸宣传周、雪耻宣传周、兵役宣传周等活动。3月，省动委会在六安还举行动员工作扩大宣传周，参加人数达万人，一时使大别山敌后抗日群众运动形成了声势浩大的潮流，有"抗日红旗高高飘扬在大别山上"的盛誉。

至1939年底，国民党掀起"反共"逆流波及安徽，省、县动委会所属工作团大部分转入新四军活动地区，继续参加抗战。此情此景被著名记者范长江称为"以六安为中心"的安徽新局面。

十一、中共人物（一）

壹 爱泼斯坦

爱泼斯坦（1915.4.20—2005.5.26）伊斯雷尔·爱泼斯坦，又名艾培，生于波兰华沙，犹太人。出生时，波兰正在俄罗斯帝国的控制范围内。他父亲曾因领导劳动者起义而被俄罗斯帝国关押，母亲被放逐到西伯利亚。父亲在第一次世界大战爆发后被他所在的公司派往日本；德军逼近华沙时，爱泼斯坦和母亲逃亡亚洲投奔他父亲，于1917年迁往中国，并于1920年定居天津。

1931年开始在一家设立于天津的英文《京津泰晤士报》（*Peking and Tientsin Times*）担任新闻工作。抗战中，与美国合众国际社和一些西方新闻社参与了掩护中国平民的行动。他作为美国合众社的驻华记者，先后到上海、南京、武汉、广州等地采访。特别是在1938年4月，奔赴前线采访台儿庄战役。1939年，在伦敦出版了第一本著作《人民之战》，向国外真实报道了中国人民奋起抗日头两年的战绩。

1938年底，应邀参加了宋庆龄在香港创建的"保卫中国同盟"的工作。这是宋庆龄邀请部分中外著名人士建立的国际性统一战线组织，主要从事战时的医疗救济工作和国际传播。爱泼斯坦在"保盟"中央委员会负责编辑出版英文半月刊《新闻通讯》。1941年，他制造自己死亡的假新闻以欺骗试图逮捕他的日本政府，这则假新闻甚至被以短消息形式印刷到了《纽约时报》上。但他仍然在香港被抓入集中营。1942年3月18日，他在后来成为其妻子的邱茉莉（*Elsie Fairfax-Cholmeley*）的帮助下越狱成功。

1944年5月，中外记者团突破国民党的多年封锁访问陕北。他作为美国《联合劳动新闻》《纽约时报》《时代》杂志的记者参加了记者团，深入延安及晋西北采访。他访问了毛泽东、朱德、周恩来等领导人，以及众多军民，写了十几篇通讯，在国外重要报刊上发表，向全世界报道了中国共产党领导中国人民抗战的真实情况。

1944年下半年，第一次访问了英国，然后与邱茉莉在美国居住了5年。其间，他担任了《联合劳动新闻》（*Allied Labor News*）的总编辑并于1949年出版了《中国尚未结束的革命》（*The Unfinished Revolution in China*）一书。邱茉莉为中国最广泛使用的《汉英辞典》的编辑出版做出了重要贡献。

1945 年至 1951 年初，在美国担任《联合劳动新闻》总编辑，妻子邱茉莉主办进步月刊《聚焦远东》。他们夫妇不顾美国反动势力的迫害，积极投入反对美国干涉中国内政、增进美中两国人民友谊的进步活动。

1951 年他们夫妇应宋庆龄之邀回到新中国，参与创办了对外英文刊物《中国建设》杂志（今更名为《今日中国》），为执行编辑。1979 年被任命为杂志社的总编辑。《今日中国》已发展成为有中、英、法、西、阿等多语种文版的综合性

毛主席当年送给爱泼斯坦的石版画像,他一直珍藏,并随身携带,挂在家中。

月刊，他为这本杂志的不断改进与发展倾注了大量心血。

"文革"期间，蒙受冤屈，被囚禁狱中五年，但他没有动摇过对中国革命的坚定信念。

1973 年初，获平反回到工作岗位后，依然满腔热情地投入中国的对外传播事业。他在 70 岁以前都是《今日中国》的总编辑，70 岁退休后成为该杂志的名誉总编辑。

1957 年加入了中国国籍，1964 年加入了中国共产党。1983 年被选举为全国政协常委。

他曾受到周恩来、毛泽东、邓小平等党和国家领导人的高度赞扬。他拥有中华人民共和国国籍，是为数不多的几名加入了中国共产党的外国裔人士。他信仰马克思列宁主义，被誉为中国共产党的优秀党员、杰出的国际主义战士。

2004 年，高龄的他以惊人的勤奋与毅力完成了《见证中国——爱泼斯坦回忆录》一书。他说："在历史为我设定的时空中，我觉得没有任何事情比我

亲历并跻身于中国人民的革命事业更好和更有意义。"

2005年病逝于北京，享年90岁。

葬于八宝山革命公墓。胡锦涛、温家宝、贾庆林、李长春等领导人出席了追悼会。

著作有：《人民战争》（1939年），《见证中国：爱泼斯坦回忆录》（沈苏儒等译，2004年），《历史不应忘记》（沈苏儒，贾宗谊等译，2005年），《见证中国：一个中国籍犹太人的诉说》（2005年）。

英文版：《中国尚未结束的革命》力图布朗公司（Little, Brown and Company）（1947年）；

中文版后英文版：《从鸦片战争到解放》（1956年），《西藏的转变》（1983年），《宋庆龄：二十世纪的伟大女性》（1993年）。

贰　包之静

包之静（1912.12.31—1971.10.26）江苏苏州人。1930年夏考入上海东南医科大学，后转入复旦大学。1931年夏因病回家休养，参加了苏州世界语学会及社会科学研究会。1931年冬加入共产主义青年团并任县委委员。后经他介绍，发展马继忠（唐纳）、佘增涛（林史枚）、徐寿娟（罗琼）等加入团组织。

1932年春，由于叛徒出卖，在家中被捕，被判八年徒刑，关进南京国民党中央军人监狱。1934年春，因查无实据（未承认团员身份），和几名学生由先行出狱的有家庭背景的狱友帮助，通过活动，由蔡元培、于右任、李石曾、张静江四位国民党元老，共同向国民党政府军政部保释出狱。1934年夏到上海，同马继忠、佘增涛及叶籁士、胡绳等一起从事进步的文化工作。

抗战全面爆发后，在参加救亡工作的同时，积极寻找党组织。于1938年夏在汉口经中共湖北省委郭树勋介绍，加入了中国共产党。随后，受组织派遣（郑位三）进入淮南抗日根据地。此后一直从事党的新闻工作。先后任《前锋报》（新四军五支队机关报）主编兼社长，《新路东报》（中共津浦路东区党委机关报）社长。1943年任《淮南日报》（新四军二师及中共淮南区党委机关报）社长并兼新华社淮南分社社长。1945年10月调任《新华日报》（华中版，中共华中局机关报）副社长兼新华社华中总分社副社长（社长范长江）。1947年初随部队转移到山东，任《大众日报》（中共华东局机关报）副社长兼新华社华东分社副社长（社长匡亚明）。

1948年底，大众日报社进驻济南，改为中共山东分局机关报，包之静任《大众日报》及新华社山东总分社社长兼总编辑。

1951年冬，调北京任中共中央宣传部出版处副处长。1953年初，调任政务院文化教育委员会办公室副主任（主任徐迈进）。1954年底调回中宣部，任新闻出版处处长。

1964年初，当选第三届全国人大代表。

1969年秋，离开北京入宁夏贺兰县中宣部"五七"干校。

1971年10月在宁夏逝世，时年59岁。1973年春，当时的中宣部军管会在八宝山革命公墓为包之静举行了骨灰送葬告别仪式。

译著有：《潜水员》。

叁 曹孟君（女） 王昆仑

曹孟君（1903—1967）女，湖南省长沙人榔梨镇人，名门望族家庭。她的两个哥哥投身民主革命，对其影响很大。在梨江小学读书时，因反抗校长的封建压制而被开除。1921年入长沙稻田女子师范学校，因带头剪辫子被开除。入周南女校后，又因反对禁锢学生思想的会考制度再次被开除。考入湖南省立第一师范后，参加反对军阀无理更换校长的罢课斗争，愤而退学。转入协均中学，当选为学生会负责人，任校刊《炸弹》编辑，成为学生反帝爱国运动的领头人。1925年考取北京大学。同年加入中国共产党。1927年任《妇女之友》编辑。积极参与领导高校师生和各界人士从事民主进步活动，反对国民党反动派的独裁统治。曾任南京国民党政府农矿部三等科员。1931年转入实业部任职。

九一八事变后，在南京从事抗日救亡活动。先后参加组织妇女文化促进会、南京妇女救国会的工作，任南京妇女救国会主要负责人。曾组织中华妇女救国救护队并任队长，率队赴前线支援淞沪抗战，救护抗日受伤将士。1933年和王昆仑等组织秘密读书会，参加宋庆龄领导的反帝大同盟，并发起组织南京妇女界文化促进会，任南京各界救国会常委、全国各界救国会常委、《新民报》副刊《新妇女》主编，从事抗日救亡和妇女解放工作。1936年4月，她与冯玉祥夫人李德全合作，创办首都女子学术研究会，以此团结广大妇女进行抗日救亡。1936年11月，救国会"七君子"被国民党当局逮捕。她也因爱国而被捕入狱9个月，被称为"南京女君子"，至第二次国共合作时期获释。抗战爆发后，被选为中国妇女慰劳总会常委，组织南京妇女界救国会成员投入抗日救亡运动，后到武汉在邓颖超领导下从事抗日民族统一战线工作。因共同的志向和工作，与救国会的王昆仑产生了深挚的感情，在武汉结为终身伴侣。

1938年任中国战时儿童保育会常务理事、保育委主任，到战区抢救难民难童。后任重庆歌乐山保育院院长，建立了被海内外记者誉为"难童之家"的保育院。1939年接办沈兹九主办的《妇女生活》杂志，被迫停刊后又设法改出《现代妇女》，在极其困难的条件下坚持宣传团结抗日的主张。1941年在周恩来、董必武、王若飞的直接领导下，参加发起组织中国民主革命同盟；被选为中央委员，做团结国民党民主派的工作。

抗战期间先后参加发起组织中苏文化协会妇女工作委员会、中国妇女联谊会总会、中国民主实践社，均为负责人之一，获抗日胜利勋章。

1945年前后，她的公开职务是中央银行经济研究处编纂，以此为掩护开展革命工作。1948年任全国妇联国统区工作部长，被国民党军警列入黑名单加以追捕，遂经香港进入解放区。1949年参加中国人民政治协商会议的筹备工作，出席第一次全国政协会议。

中华人民共和国成立后，她是政务院第一批32位参事之一，历任全国妇联第一、二届常委、副秘书长，第三届书记处书记，国际民主妇联理事会候补理事、执行局候补执委，国际母亲常设委员会委员，在中国妇女工作和对外交流方面做出了重要贡献。她作为全国妇联妇女服务部部长，曾参加《中华人民共和国婚姻法》的起草工作和宣传贯彻工作。

她还是中国人民对外文化协会常务理事、中苏友好协会理事、中朝友好协会理事，是第一至三届全国人大代表、第二届全国人大常委会委员，第一至三届全国政协委员。她享有较高社会声誉，被称为中国妇女界著名的社会活动家。

1967年在北京病逝，终年64岁。

王昆仑（1902.8.1—1985.8.23）原名王汝虞，字鲁瞻，笔名太愚。江苏无锡人，祖父王忠荫，官居三品。父亲王镜明，字心如。王昆仑生于河北省定县，长于北京。幼年就读于北京新开路小学；11岁时升入正志中学；越二年，转北京四中读书；1917年，张勋复辟失败，少年的王昆仑考入北京大学预科，学业期满，以优异的成绩升入北京大学中文系，后改为哲学系，1921年毕业于北京大学哲学系。

曾参加五四运动。1922年加入中国国民党。1924年任杭州第一中学教师。后又返回北京，在师大女附中等学校教书。1926年北京"三一八"惨案之后遭北洋政府通缉，南下潮州，任黄埔军校潮州分校政治教官，后随军北伐，历任政治部宣传科长、代政治部主任。1927年四一二政变后，辞去国民革命军总司令部政治部秘书长之职，在上海发起组织"再造社"。1932年任国民政府立法院立法委员。1933年加入中国共产党。

1935年8月，王昆仑与钱俊瑞等在无锡鼋头渚王家的万方楼召开由沪、宁、锡三地读书会骨干参加的"万方楼会议"，研究建立抗日民族统一战线的问题，决定以"南京读书会"为基础，筹建南京各界救国会，以推动国共合作，一致抗日。1935年11月任国民党第五届候补中央执行委员。1941年皖南事变后，与王炳南、屈武等发起组织中国民主革命同盟。1943年与谭平山、陈铭枢等发起组织三民主义同志联合会，在国民党内部积极进行抗日民主活动。

抗战胜利后，历任国民政府立法委员、国民党候补中央执行委员、中山文化教育馆总干事、中苏文化协会常务理事等职。1947下半年，因遭国民党迫害而赴美国考察，协助冯玉祥组织成立旅美中国和平民主同盟。

1949年1月回国，参加中国人民政治协商会议筹备会和第一届全体会议，当选为全国政协常委；11月，在中国国民党民主派第二次代表会议上当选为民革中央常委兼宣传部部长。1954年当选为全国人大第一届常委。1954年至1964年任北京市副市长。1956年倡议民革中央创办《团结报》，任报社社长。

1979年7月至1985年8月任政协五、六届全国委员会副主席。1979年10月至1981年12月任民革第五届中央副主席。1981年12月至1985年8月历任民革第五、六届中央主席。

曾任政务院政务委员，第一、二、三、四届全国人大常委，民革第一届中央执行委员会委员，第二、三、四届中央常委、宣传部长，第五届中央代主席。

著有《红楼梦人物论》、昆曲剧本《晴雯》（与女儿王金陵合著）等。一生代表作均收入《王昆仑文集》。

1985年在北京病逝，享年83岁。

肆 陈 筹

陈 筹（1912—1973）江苏宿迁人。1931年考入江苏省教育学院。1934年毕业后任徐州民众教育馆教导干事、教员。1937年8月加入中国共产党。

抗战时期，先后任中共丰县县委书记，湖西工委组织部长、书记，苏鲁豫边区抗日军政干部学校校长，中共苏鲁豫边区特委会执委、政府工作部长兼苏鲁抗日联军政治部主任，鲁南行政专员公署科员、邹县民主政府科长、鲁南行政专员公署第一行署秘书主任、临费办事处主任、温河县（今费县）县长等职。

解放战争时期，先后任铜山县办事处主任、鲁南行政专员公署第二专员公署副专员、华东支前司令部浙江办事处副主任、西南服务行政处处长、五支队政委等职。

中华人民共和国成立后，历任重庆市军事管制委员会政务接管委员会副主任、重庆市民政局长，市人民政府委员、秘书长兼办公厅主任，中共重庆市市委委员、重庆市副市长、市城市建设委员会主任、中共重庆市监察委员会委员等职。1958年受到错误处理。

1979年6月中共四川省委决定撤销原给予他的一切处分，恢复政治名誉。

伍 陈诚一

陈诚一（1897—1940.10.11）原名陈立信，字中孚，江苏铜山县北部小李庄人（今大泉乡宗庄村），生于贫苦农民家庭。7岁入本村私塾，13岁进入铜山县立柳泉第五高级小学，1914年夏考入山东省立第七中学，任学生组织伙食管理委员会副主任委员。二年级时，校长以"不服从领导"为由勒令其退学，进入山东省济南育英中学。

1918年夏毕业回到家乡，先后到东贺村、新庄当小学教师。

1929年底加入共产党，1930年11月被捕，被判处5年徒刑。

1936年5月出狱，回到家乡小李庄。受聘新庄户部山小学当教员，与万众一一起商讨开展革命活动。1937年8月，被张光中、刘文恢复组织关系。1938年7月，任苏鲁边区抗日游击队政训处处长，后改编为运河大队，他任政委。

1940年1月，与孙伯龙的武装合编为八路军一一五师运河支队，他任第二大队政治处副主任兼组织科科长。10月在反"扫荡"中被俘，英勇牺牲，时年43岁。

陆　陈国栋

陈国栋（1911.11—2005.6.7）原名吴永和，曾用名陈慎之，江西婺源县赋春镇赋春村人，生于江西南昌市。曾祖父吴元视，为清光绪年间江西永新县丞，后为知县，是西汉长沙王吴芮的78世孙；祖父吴德乾，国学生，钦加五品衔，光绪壬辰年补授江西广信府照磨；父亲吴云彩，后改名吴清芬，从小资质聪颖，以学医为主，兼学化工等专业，先在南昌制碱厂、制皂厂做技术员，后在南昌开一家私人诊所，随后参加北伐军，在许崇智部任军医官，1926年在福建漳州征战中殉难。吴清芬有三子一女，陈国栋为老大，因在上海从事党的地下工作，从母姓。

1929年至1938年，在上海交通部无线电专科学校学习，历任上海左翼社会科学联合会支会书记，共青团上海国际电讯局特别支部书记，共青团法南区委宣传部长。1932年3月加入中国共产党。

1934年起历任共青团沪东区委组织部部长、共青团沪东区委书记、共青团江苏省委巡视员、共青团江苏省委组织部长、共青团临时江苏省委书记（与上海市工联的日本纱厂工作委员会和国难教育社党组织等一起领导了全市日商纱厂工人反日大罢工并取得重大胜利）。

抗战期间，曾任上海文委组织的战地服务团团员、队长，安徽省动员委员会干事，皖东北区泗县县长，江淮银行经理，中共中央华中局苏北区财政部秘书，苏中区四分区税务局局长，专署财政科科长，海启行署财政科科长，苏中区贸易局局长，两淮盐务局局长，二专署财经处处长。

1945年至1949年，陈国栋历任苏中区党委财委副书记、行署二厅厅长、苏皖边区政府财政厅副厅长、苏北区党委常委、苏北行政办事处主任、华中行政办事处副主任、华中工委财委副书记、华中支前司令部副司令员、苏南行署副主任、苏南财委副书记、华东军政委员会财政部部长、华东财委副主任。

中华人民共和国成立后，历任中央人民政府财政部副部长、党组副书记兼交通银行董事长，中央人民政府粮食部副部长、代部长、党组第一副书记、书记，国务院财贸党委委员。其间，他创立了粮票制度。

1975年2月至1980年1月，历任全国供销合作总社主任、党组书记，国务院财贸小组副组长、组长，国家农业委员会副主任、党组成员，国务院财政经济委员会成员，粮食部部长、党组书记。

1979年12月至1980年4月，任中共上海市委第二书记。

1980年4月至1985年6月，任中共上海市委第一书记兼上海警备区第一政委。

1985年6月至1992年12月，任中共上海市顾问委员会主任。

是中共八大代表，中共第十一届、十二届中央委员，中顾委委员，全国政协第四届常委，第四届全国人大代表。

2005年在上海华东医院逝世，享年94岁。

2005年9月20日，上海市慈善基金会将陈国栋、夫人沈一尘两位老人省吃俭用积攒下来的20万元人民币及其孙辈们捐献的50万元人民币作为启动资金，成立"国栋慈善助学基金"，用于帮助品学兼优、家庭贫困的学生完成学业，成为国家栋梁之材。

柒　陈荒煤　张　昕（女）

陈荒煤（1913—1996.10.25）原名陈光美，笔名荒煤，小名沪生，生于上海。祖籍湖北襄阳，在上海读小学，1928年考入汉口第二中学商业专科学校。曾参加武汉、上海左翼戏剧家联盟，旋即加入中国共产党。1934年秋发表小说《苦难中的人群》，著有短篇小说集《忧郁的歌》和《长江上》，被视为左翼文学的新人。1938年秋赴延安，在鲁迅艺术学院戏剧系、文学系任教。曾带领该院文艺工作团赴华北抗日前线采访，创作《陈赓将军印象记》《刘伯承将军印象记》等报告文学作品。延安文艺座谈会后又创作了《模范党员申长林》等作品，后来结集为《新的一代》。

抗战胜利后，到晋冀鲁豫边区文联、北方大学文艺研究室工作，主编《北方文化》。

中华人民共和国成立后，先后任中南军区文化部部长、中南军政委员会文化部副部长、文化部电影局局长、文化部副部长等职，主要负责电影工作，同时撰写文艺评论。1952年有论文集《为创造英雄人物的典型而努力》出版。"文革"中长期受迫害。后历任中国社会科学院文学研究所副所长、顾问，文化部副部长、顾问，中国作家协会副主席和中国电影艺术研究中心主任等职。

1996年在北京病逝，享年83岁。

一生中先后创作出版了20多部小说、报告文学、散文、文学评论和电影评论等著作，在中国现当代文学史和电影史上占有重要地位。代表作品：《忧郁的歌》《长江上》《在教学里唱歌》。

张　昕（1919.12.6—2021.3.14）女，原名张瑞珊，北京人。1937年毕业于北平市立女一中，同年加入民族解放先锋队。北平沦陷后，南下参加中共地下党领导的"北平学生移动剧团"，先后在鲁、豫、苏、鄂等地开展抗日救亡宣传工作。1938年加入中国共产党。同年冬到延安，入陕北公学高级班学习，继而在新华社为《今日中国》刻钢板，后入延安女子大学上学。后被借调到鲁艺实验剧团演出话剧《带枪的人》，并成为该团演员。1941年，与在"移动剧团"相识的陈荒煤结婚。1946年，调至晋冀鲁豫文联当戏剧研究员，参加农村土改运动。

中华人民共和国成立后，与二姐张瑞芳一起任北京电影制片厂演员。1950年，她参加了故事片《神鬼不灵》的拍摄，饰演大神姑母。1955年北京电影学校改制为北京电影学院，特聘请苏联表演艺术家鲍·玛·卡赞斯基来校授课，并举办了演员专修班。她和肖龙、邸力、欧阳儒秋、史宽等协助苏联专家参与教学工作。结业后，留在电影学院担任表演教员兼班主任。教过56班、60班、61班。1964年，电影界整风。1965年5月，陈荒煤调任重庆市副市长，她也同行。

1979年调回北京电影学院表演系任教直至离休，曾在78班、85班（明星班）任课。1981年，他与人合作编导故事片《百合花》。

2021年3月15日，北京电影学院官博发布讣告：我国著名电影艺术家、电影教育家、北京电影学院原表演系副教授张昕因病于2021年3月14日逝世，享年102岁。

陈荒煤、张昕夫妇1942年在延安

捌 程光烈

程光烈(1912.6.2—2007.2.9)原名程起遂,辽宁省辽中县养土堡村人。参加革命后曾用林风、林澄等名字,在延安时以凌风为笔名发表文章。1936年9月,参加革命工作,同年加入共产主义青年团,同年转为中国共产党党员。

七七事变后,程光烈参加了北平学生组织的"北平学生移动剧团",在山东、河南、江苏、安徽等省的许多地方都留下了他们的足迹。1938年夏,剧团中许多演员和导演相继离开,程光烈等人经上级党组织决定于11月间经西安到达延安,曾任延安马列学院秘书,俄语和英语翻译。

在辽沈战役中,他任情报站站长。东北解放后,曾任东北公安部科长、处长、副局长。1957年,任长春公安局局长、副市长。

"文革"中受诬陷,遭迫害。1972年5月,落实政策后,任长春市革命委员会办公室副主任。1973年,调吉林省革委会任办公厅副主任兼省外事办公室副主任。粉碎"四人帮"以后,1978年7月,他任省委副秘书长兼办公厅主任。1980年7月,他响应党中央关于废除干部终身制,调任省科委顾问,1983年,任吉林省顾问委员会委员。1983年离休。1985年,被国家安全部聘为特约咨询委员。

他连续当选为长春市第三、四、五届人民代表。

1984年,他完成了《无声的事业》一书的创作。1985年,应吉林省社会科学院的邀请写了一篇《另一场战斗——解放沈阳情报工作回忆》的文章,刊载在《社会科学战线》上。1990年,他为国家安全部撰写《无声进行曲——解放前沈阳部门情报工作纪实》一文,载于国家安全部的《情报史资料选编》上,这是一篇很有史料价值又极具可读性的文章。1998年,长春市公安局庆祝成立50周年,他以"往事悠悠乡"为题,写了一篇长长的回忆录,收录在《峥嵘岁月乡》的纪念集上。

2007年2月9日,在长春逝世,享年95岁。

玖 戴尚义

戴尚义(1919—1973)江苏邳县戴楼村人。1937年10月,中共苏鲁豫皖边区特委派陈筹来县"私农"中学与教务主任郝中士(党的外围组织"反帝大同盟"成员)、教员张蔚梅(秘密党员)等人进行联系,选送王敦均、魏学远等一批进步师生奔赴延安。11月,第二批准备赴延安而滞留在徐州的睢宁县进步青年学生，全部转入李宗仁举办的第五战区抗日青年训练班（简称"青训班"）学习。

在"青训班"内，睢宁"私农"学生李光军、吴献贤、许辉、朱雪村、黄廷旭和邳县运河师范学校睢宁籍学生戴尚义等6人被发展入党，并组建了中共"睢宁支部"。戴尚义任支部书记。1938年1月，徐州"青训班"结业，"睢宁支部"全体成员回到睢宁，以"徐州第五战区民众总动员委员会工作团"的名义从事党的恢复和发展工作。1938年5月，中共睢宁县第七区区委、第八区区委分别在古邳姚集地区、魏集皂河地区建立，李光军、戴尚义分别任区委书记，以"动委会工作团"的名义在各区开展工作。

后任中共睢宁县委书记，为建立邳、睢、铜抗日民主根据地做出了卓越贡献。中华人民共和国成立后，历任浙江平阳县委书记，温州专署副专员、水电部第二工程局副局长等职。

拾　狄超白

狄超白（1910.4.17—1978.11.7日）经济学家，江苏溧阳人。1930年入南京中央大学政治系学习，同年入党。曾任中共溧阳县特别支部书记，创办《溧阳日报》。1932年3月被县政府逮捕送南京警备司令部，判10年徒刑。在狱中写成的《通俗政治经济学讲话》一书，于1935年4月由上海新知书店出版，至20世纪40年代末，再版达9次并于1951年和1952年二次增订再版。1934年
7月在党的营救下被保释出狱。1935年至1936年在无锡、南京等地从事救亡运动。

抗战期间，任沈钧儒创办的《抗战周刊》主编，安徽省民众动员委员会宣传部副部长。1939年春创办《文化月报》。1940年1月在重庆从事文化宣传与统一战线工作。1941年皖南事变后，被派往广州。1946年转移到香港，任中共香港工作委员会学术小组组长。1947年兼任香港达德学院教授，主编《中国经济年鉴》。1948年底达德学院被港英当局查封。1949年3月，奉命率领达德学院部分师生回抵北平，任中央财政经济委员会统计处处长，兼任北京大学经济系教授。

中华人民共和国成立后，历任政务院财经委员会统计处处长、国家统计局综合处处长、中国科学院经济研究所代理所长、中科院哲学社会科学部委员等职。1955年创办了《经济研究》杂志。1956年主持制定《经济科学研究十二年（1956—1967）远景规划（草案）》，并担任经济学副博士研究生导师。1958年遭受错误处分，被开除党籍。1977年重新工作，担任许涤新主编的《政治经济学辞典》编辑部的负责人。

是第一届全国人大代表。著有《通俗政治经济学讲话》《经济学讲话》《论城乡关系》《狄超白集》等。

1977年在北京病逝，享年67岁。

拾壹　狄克东（狄庆楼）

狄克东（1911.12.19—2007.11.18）原名狄庆楼，山东济宁嘉祥县疃里镇狄家村人。1937年春，在山东大学学习时加入民族解放先锋队。1938年7月，加入中国共产党。早年读书时，数次集资接济被捕入狱的共产党员。七七事变后回到家乡，与校友成立了济宁县学生抗敌后援会、济宁县各界抗敌后援会，创办《后援报》《救亡情报》等，并成立了民先地方组织。先后任商城民先地方队部队长、商城县政府政工大队队长、安徽省抗日动员委员会十六工作团团长，开展抗日救国活动。后任中共寿县县委统战部部长、淮北泗县三区区长、淮北行政公署泗宿县县长兼县总队队长、淮北行政公署泗灵县副县长、中共淮北泗阳县县委书记兼独立团政治委员，参加了淮北金镇、三十三天反"扫荡"、泗阳码头、小张庄等战斗。建立了泗宿行政办事处，成立了区乡抗日武装组织。纠正了"泗阳案件"中县反特案件的错误，为一大批蒙冤受屈的干部平反昭雪，领导县武装与敌、伪、顽进行了坚决斗争。

抗日战争胜利后，先后任淮北军区二分区二团政治委员、华野第九纵队第七十九团副政治委员、华野第二纵队第十五团副政治委员、华野第二纵队新兵团政治委员、江淮军区二分区政治部副主任、江淮军区警备一旅政治部主任等职，参加了收复五河、沱河、花庄、破袭津浦路、草沟、濠东、后行圩等战斗。在主力部队撤出淮北的情况下，带领部队坚持在敌占区展开游击战，参与指挥了青阳、温岗、管镇、君李家等战斗。随部参加了孟良崮、南麻、临朐等战役。整顿区县武装、开展边区工作，在部队中开展诉苦教育和立功运动。在警备一旅任职期间，任蚌埠军管会成员，担负接收、警备蚌埠的任务。

中华人民共和国成立后，先后任皖北军区政治部组织部部长、皖北军区干管部副部长，安徽军区干部部副部长。1953年，参加抗美援朝，任志愿军第九兵团干部部副部长、第二十三军六十七师政治委员、志愿军政治部秘书长、志愿军干部部副部长等职。

1959年，调任军事科学院政委办公室副主任、院政治部副主任（正军职）。1965年任军事科学院教研馆副政治委员（副军职）。1982年离休。

曾荣获二级独立自由勋章、二级解放勋章和二级红星功勋荣誉章。1955年9月，被授予上校军衔，1960年晋升为大校军衔。

2007年11月18日，在北京逝世，享年96岁。

拾贰　丁梦孙

丁梦孙（1911—1956.7.22）又名丁梦荪，原名丁惟一，曾用名丁愚樵，济南市人。

1929年考入山东省建设厅任职。1934年夏与丁适存、高光宇等人组织"众鸣文艺社"，他主持出版了不定期刊物《一线》。1935年末，同徐智雨、丁适存等秘密组织"抗日反蒋同盟"。1936年5月被捕，9月经多方营救获释。出狱后回建设厅任职，并在山东各界救国联合会负责组织工作。1937年12月入党。

1938年1月任第五战区民众总动员委员会临沂县指导员兼副主任，3月建立"第五战区临郯青年救国团"，后又建立了37个分团，使临郯一带成为鲁南、苏北各地流亡青年向往的地方。1939年下半年，青救团又组建了义勇大队，不久发展到200多人，编入苏鲁人民抗日义勇总队二营。

1938年6月至1943年2月，先后任中共临郯县委委员兼青年部长和统战部长、临沂县抗日民主政府县长、中共鲁南三地委常委、鲁南专署第三行署主任。

1940年3月中旬临沂县抗日民主政府成立后，在庄坞组建"临沂游击总队"成立，任总队长，后编入沂河支队第一大队。1943年3月后，任滨海专署秘书长，中共滨海区三地委常委、三行署主任，滨海行署三专署专员。1946年至1948年，先后任滨海建国学院院长，山东大学党委书记、秘书长。

1948年9月济南解放后，先后任济南市敌产清理委员会副主任，市民政局长，市各界人民代表会议协商委员会秘书长，中共济南市委委员、市委统战部副部长、部长，市政协副主席，济南市副市长等职。1956年5月调任山东省城市建设局局长。

1956年因触电意外事故于济南去世，终年45岁。

拾叁 范 莱

范 莱，中国演员、导演。1937年进入联华影业公司任演员，在影片《前台与后台》中扮演桃艳云的跟随。从1947年到1949年参加演出的影片有《迎春曲》《舐犊情深》《鸡鸣早看天》《同心结》《几番风雨》等。1951年起开始转入导演行列，在影片《团结起来到明天》中任副导演。1961年开始独立拍片。1978年导演了影片《江姐》，获得了较大的成功。

参演电影：《前台与后台》（桃艳云的跟随，1937）、《迎春曲》（1947）、《鸡鸣早看天》（1948）、《舐犊情深》（1948）、《几番风雨》（1949）、《同心结》（1949）、《团结起来到明天》（黄教员，1951）、《伟大的起点》（田承谟，1954）、《斩断魔爪》（人事科长，1954）、《水乡的春天》（邰有才，1955）、《洞箫横吹》（安振邦，1957）、《椰林曲》（林海，1957）、《聪明的人》（王支书，1958）、《老兵新传》（程国亮，1959）、《水手长的故事》（大队政委，1963）。

导演电影：《蔓萝花》（1961）、《江姐》（1978）、《琴童》（1980）。

拾肆 范长江

范长江（1909.10.16—1970.10.23）原名希天，四川内江县赵家坝村（今内江市东兴区田家办事处）人。1927年初，报考黄埔军校未果的范长江进入吴玉章创办的中法大学重庆分校学习。后加入国民革命军第二十军教导团，成为一名学生兵，参加南昌起义。1928年秋，范长江考入蒋介石兼任校长的中央政治学校并加入了国民党。1932年秋，进入了北京大学哲学系学习。1933年开始为北平《晨报》《世界日报》、天津《益世报》等撰写新闻通讯，内容多为文化教育方面。由于他文笔精练、视角独特，引起了天津大公报社的注意。大公报社总经理胡政之亲自邀请范长江专为《大公报》撰稿。1935年5月，以大公报社旅行记者的名义开始了他著名的西北之行。历时10个月，行程6000余里，他沿途写下了大量的旅行通讯，真实地记录了中国西北部人民生活的困苦、宗教、民族关系等问题，还记载了红军长征的真实情况，使《大公报》的发行数量陡增。这些通讯汇编为《中国的西北角》一书后，出现了读者抢购潮，数月内连出了七版。

报道西安事变的文章《动荡中之西北大局》轰动了朝野，又成为第一个正式以新闻记者身份进入延安的人（除美国记者埃德加·斯诺外），连续在上海《大公报》上刊登了他的《暂别了，绥远》《宁夏进入记》《陇东未走通》等约三万字的长篇通讯。全国人民从这些通讯中，第一次看到了中国共产党及中华民族的希望。

1937年11月8日，在周恩来的直接指导下，组织了"中国青年记者学会"。1939年5月，在重庆曾家岩五十号"周公馆"里，由周恩来介绍，秘密加入中国共产党，并指定与周恩来、李克农单线联系。

1950年1月，被任命为人民日报社社长。1967年"文革"时，任国家科委副主任、中国科协副主席，却以"反革命分子"的罪名受残酷迫害，后在被关押的河南确山县的一个农村机井里发现了他的遗体，时年61岁。

1978年，得了平反后，时任中央组织部部长的胡耀邦在北京八宝山革命公墓为其主持了追悼会。

1991年设立了"范长江新闻奖"，每三年举办一次，是中国记协主办的全国中青年记者的优秀成果最高荣誉奖，也是经中共中央宣传部批准常设的全国性新闻奖。自2000年起本奖改为每两年举办一次。2005年根据中央关于《全国性文艺新闻出版评奖管理办法》的精神，与"韬奋新闻奖"合并为"长江韬奋奖"。

2009年在他百年诞辰之际，在四川内江其故居进行修复性建设的基础上，建立范长江纪念馆，以纪念这位杰出的新闻记者、新闻家、社会活动家。

拾伍　方　深（曹述铎）胡述文（女）

方　深（1914.9.10—1983.3）曾用名曹百顺、曹叔铎。祖籍河北乐亭县，吉林省吉林市人，父亲是高级职员。小学、初中及高中都是在吉林市就读。1931年九一八事变后，东北沦陷。其父不愿当亡国奴，携全家流亡到北平。

1932年，考入国立北平大学工学院电机系。大学期间，和校外的大中学生经常一起演出抗日救亡的话剧。1935年末参加了一二·九抗日救亡运动。1936年加入中华民族解放先锋队。1937年6月大学毕业。当时的北平大学工学院，是北平唯一可为毕业生分配工作的学校，拟分配他到广西百色就业。在面临去百色就业还是参加抗日救亡运动的人生选择时，他选择了参加宣传抗日救亡的北平学生移动剧团。

北平学生移动剧团是抗战时期唯一以北平学生命名、由共产党领导的剧

团,当时的党支部书记是荣高棠。该团跨越江苏、山东、河南、湖北、陕西5省34县及附近村镇,行程2万余里,历时一年多,演出了上百场《放下你的鞭子》《打鬼子去》《反正》《林中口哨》等十几个剧目,积极宣传抗日,在民族危亡的关头唱出了中华民族的最强音。

1938年8月,方深与剧团到达延安,同年加入了中国共产党。他进入延安抗日军政大学学习,1938年末到鲁迅艺术学院戏剧系学习。毕业后在鲁迅艺术学院实验话剧院当演员,成为《日出》(饰会计李石清)、《雷雨》(饰鲁贵)、《前线》(苏联剧目,饰集团军参谋长)等剧目的A角演员。

1940年5月,到八路军一二〇师三五九旅工作,先后在奋斗剧社任教员、导演、政治指导员、旅政治部任宣传科副科长。1944年任三五九旅司令部秘书。在南泥湾大生产运动中被评为劳动模范。

1945年10月,方深先抵锦州,后入沈阳,调东北民主联军军事工业部任秘书处主任。1947年7月,调延边电业局,历任延边电力局长、佳木斯电业局长、东北电业管理局生产技术处长、计划处长、副局长。

1958年,调任水利电力部技术改进局(现中国电力科学研究院)局长、党委书记兼北京电力学院(现华北电力大学)院长、党委书记。1959年被错误定为右倾机会主义分子,下放到北京供电局任副局长。1962年被甄别平反,出任水电部生产司副司长。同年,调任国家基本建设委员会三局局长。

1971年9月,任国家建委建材局党组核心成员、建材组组长。

1983年3月,在北京去世,享年69岁。

胡述文(1917.10—2009.5)字郭虹,安徽省合肥市人。生于河南开封一个皖系军阀家庭。

1935年9月,考入北平中国大学,参加一二·九运动。1937年1月,加入中华民族解放先锋队,后到南京参加北平学生移动剧团。1938年秋冬到延安,入马列学院、组织部训练班、陕北公学、鲁艺学习。1940年到八路军一二〇师三五九旅政治部工作。1941年加入中国共产党。1944年下半年在三五九旅家属学校教务处工作。1945年10

月，被派往东北。东北全境解放后，先在东北邮电系统工作，后调入东北电业管理局，先后任机要秘书、人事处长、劳资处长等职。

1955年到清华大学干部特训班脱产学习4年。1959年毕业后，任水电部技术司热工处长。

1982年12月，离休。

2009年5月，在北京辞世，享年92岁。

拾陆　冯光灌（女）

冯光灌（1913—1961.5）女，江苏崇明（今属上海市）人。1930年7月毕业于苏州女子中学，因迫于生计而弃学从教。

九一八事变后，投身抗日救亡运动。1934年，在上海结识了薛暮桥等共产党人，阅读了不少进步书籍。后参加上海妇女界救国联合会。1935年，参加中国人民救国会，积极在女教师中开展救亡工作，在上海发起成立女教师会。1938年春，在武汉参加战时儿童保育会，同年7月因革命工作需要加入新生活运动妇女指导委员会，并任总干事的秘书。其间，宋美龄曾三次亲自动员她加入国民党，均遭婉言拒绝。1940年5月，冯光灌加入中国共产党，直接受邓颖超领导。为隐蔽身份，保守机密，冯杜绝一切外界活动，默默无闻地工作，在紧张艰险中度过了青春年华。

1949年初，按党的指示，冯离开新生活运动妇女指导委员会，赴解放区筹备第一届全国妇女代表大会。中华人民共和国成立后，冯虽有志于教育，但仍以党的需要为重，服从安排，继续从事妇女工作，历任中国人民保卫儿童委员会委员，全国妇联秘书处秘书科长、秘书长、办公厅秘书主任、秘书处处长、办公厅副主任，曾一度任邓颖超的秘书。1956年当选为中国共产党第八次全国代表大会代表。

冯光灌积劳成疾，身患严重高血压和恶性贫血，长期抱病工作。领导多次安排她去疗养，她总怕离开工作太久而提前上班。工作一丝不苟，有

中华全国妇女联合会便笺

为冯光灌同志革命历史题词

冯光灌同志是一位优秀的共产党员，对党忠诚，对工作认真负责，严守党纪律，从不计较个人得失安危，舍己为人，全心全意为人民，是值得我们学习和纪念的！

邓颖超题

一九八三

邓颖超为冯光灌题词

次审核文件漏校了一个错字，她深感内疚，次日便在玻璃台板下放置"细心"两个加圈大字。此后经她审阅的文件，再未有过差错。冯对人平易宽厚，深受同志爱戴。

1961年5月，冯光灌因病逝世，时年48岁。

1984年3月，邓颖超亲笔题词："冯光灌同志是一位优秀的共产党员，对党忠诚，对工作认真负责，严守党纪律，从不计较个人得失安危，舍己为人，全心全意为人民，是值得我们学习和纪念的。"

拾柒　高　博

高　博（1918.6.18—1992.5.27）著名演员，山东惠民人，幼时随家人迁居北京，读过北京师范大学附小。1929年随父母迁居南京。1932年起先后就读于南京金陵大学附属中学和五洲中学。抗战爆发后，随校到长沙。1938年3月到武汉，考入上海大公剧团任演员，在石凌鹤导演的话剧《中国万岁》中扮演一个日本兵。同年由唐纳介绍参加抗敌演剧队一队任演员。1944年入新中国剧社任演员。1948年2月，由洪深介绍入上海大同电影企业公司任演员，拍摄了《红楼残梦》等。

抗战胜利后，随剧社至上海。1947年在影片《鸡鸣早看天》中扮演角色，同年入大同电影企业公司。

1950年起任上海电影制片厂演员。曾在《两家春》（1951），《老兵新传》（1959），《早春二月》（1963），《红日》（1963），《神圣的使命》（1979），《流亡大学》（1985）等三十余部影片中饰演角色。

代表作品：《两家春》《海魂》《聂耳》《老兵新传》《早春二月》。

1992年去世，终年72岁。在新中国银幕上，与张平、邢吉田、浦克被誉为"四大老生"。

拾捌　高　天（高紫瑜）

高　天（1917.8—1994.6.19）原名高紫瑜，生于河南洛阳，江苏淮安人，世居城内西长街的高氏，原本是名门望族，后家道中落，其父辈离淮去河南谋生。

少年时只身去郑州求学，高中毕业后，由于家庭经济困窘，17岁辍学步入社会，进入《郑州日报》当了一名记者。他青年时酷爱文学,尤其钟情新诗。时日本侵略者步步扩大对华蚕食,国土沦丧,全国人民掀起救亡图存的浪潮,作为热血青年,他以诗作《南天诗》:"谁叫你到这世界上来? 落地便是一声痛哭……已得了厄运的征兆么? 伴着最初一滴泪以俱来的是永生的悲剧。"于1936年2月7日,发表在郑州《大华晨报》副刊《沙漠诗风》第4期上,以出众的才华在中原文坛上崭露头角。

1934年,任郑州《华北日报》记者和编辑。

1935年,任郑州《通俗日报》总编辑,并经常在上海、郑州和开封等地报刊上发表诗作。

1936年,在郑州《大华晨报》主编《跋涉》(文学周刊)和《沙漠诗风》(诗歌周刊)。在该刊被迫停刊后,又和程率真、刘心皇在郑州发起成立新文学团体"劲风文艺社",主编《劲风文艺》。

1937年,任《扫荡报》和《时事新报》战地记者。

1938年,参加了由范长江同志领导的"中国青年记者学会",共同发起创建了"国际新闻社"。在台儿庄战役和徐州会战中,他亲临前线,写出了不少生动的战地通讯。

1940年春,负责国新社重庆办事处工作。兼任新加坡《南洋商报》和香港《华商报》驻重庆记者。1941年,经邓颖超介绍,高天与宋黎野女士在重庆结婚。新房安排在嘉陵江畔、出版界元老孙伏园老主办的中外出版社的吊脚楼里,老舍先生诙谐调侃赋诗称:"天高洞房矮。"

1942年,任重庆《新蜀报》代总编辑。由于高天办报坚持团结进步,国民党予以抵制,决定逮捕高天。好友徐迈进得知消息通知他赶快出走,高天家也未回,未来得及看一眼在医院生产的妻子和刚出生的儿子,就奔赴昆明。在昆明,任《扫荡报》总编辑。他约请一批进步朋友收录外电,以独家新闻报道延安解放区的消息,并发表一些进步文章,社长李诚毅立场反动,带武装特务威胁高天改变立场,否则不能保证其人身安全。高天遂辞职,但李诚毅仍决定进行逮捕。周恩来闻讯立即派人到昆明营救,高天在地下党的掩护下进入越南。

1945年8月,先后任香港《华商报》部主任、社务委员会委员,国际新闻社香港分社负责人,中国人民救国会港九分会秘书主任,香港中国新闻学院教务主任,香港达德学院政治系教授。

1946年1月,加入中国民主同盟,任民盟香港、九龙支部执行委员兼秘书主任。

1949年,参加中原大学研究班学习后,被分配到河南大学任教授。同年8月,参加民盟总部机关报《光明日报》组建工作,担任第一任室主任。

中华人民共和国成立后,在光明日报社先后担任采访部主任、部主任、副总编辑。

1956年,加入中国共产党。

兼任民盟北京市支部宣传委员,民盟总部宣传委员。第五届全国政协委员,第六、七、八届全国政协常委。民盟中央第一、二届候补中央委员,第三届中央委员,第四届中央常委、秘书长,第五届中央副主席,执行局主任,第六、七届中央常务副主席。

高天生前对自己的诗作从不重视,不愿结集出版,大量的诗歌散见全国报刊,高天逝世后,夫人宋黎野决心将其大量通讯、诗作、文稿收集整理,我们期待高天的文集早日问世。

1994年6月19日,在北京逝世,享年77岁。

拾玖　管　平（管振埕，女）　荣高棠（荣千祥）

管　平（1920—1986）女，1937年加入北平学生移动剧团。1939年随丈夫荣高棠在重庆从事党的地下工作。1941年秋转移到中共南方局工作。中华人民共和国成立后,在国家体委任职。

荣高棠（1912.5—2006.11.15）原名荣千祥,河北霸县堂二里镇人,新中国体育战线杰出的老领导人。1932年考入清华大学外语系。1933年春,加入中国共产主义青年团,曾任清华大学团支部书记、北平西郊区团工委书记。1936年加入中国共产党。

抗战爆发后,奉地下党组织指派,任党支部书记并带领"北平学生移动剧团",赴前线宣传抗日。

1938年8月,率剧团一部分人来到了延安,进入延安马列学院学习。

1939年在重庆从事党的地下工作,曾先后担任中共川东特委委员、青委书记、宣传部部长兼南方局青委委员。后调往成都,任中共川康特委书记。1941年6月,调入重庆八路军办事处,任中共南方局组织部秘书。

1946年后,先后任军调处执行部中共方面行政处副处长、处长,中共华北局城工委委员，中央团校第一任教育长。

中华人民共和国成立后，任团中央秘书长、书记处书记，中华全国体育总会副主席兼秘书长。1954年后，历任国家体委副主任、党组副书记、党组第二书记。是贺龙在体育战线上倚重的主要助手。

1979年2月再次担任国家体委副主任，1982年任国家体委顾问。

他曾担任第一任人民体育出版社社长，中国乒乓球队的创建人之一，中国桥牌协会主席，中国高尔夫球协会主席、顾问，宋庆龄基金会副主席，中国儿童少年基金会副主席等重要社会职务。也曾担任中国电影基金会总顾问，并在中国京剧艺术基金会和残疾人基金会中担任职务。

1983年1月，接受中央任命，任中共中央顾问委员会秘书长，1985年，当选为中顾委委员。

是中共八大、十二大代表，第一、二、三届全国人大代表，第六届全国人大常委会委员，全国政协第五届常委会委员。为表彰他在中国传播奥林匹克理想和推动奥林匹克运动所做的贡献，国际奥委会于1983年授予他奥林匹克银质勋章，他成为获得此项殊荣的第一位中国人。主编有《中国大百科全书·体育卷》《当代中国的体育》。

2006年在北京病逝，享年94岁。

贰拾　郭影秋

郭影秋（1909—1985.10.29）又作郭映秋，原名玉昆，又名萃章，江苏铜山县棠张乡马兰村人，贫苦农民家庭出身。1928年肄业于无锡国学专修科。1932年毕业于江苏教育学院。1934年任江苏省沛县中学教务主任。1935年加入中国共产党，并在教务主任的身份掩护下从事中共地下工作。曾任中共徐州特委联络员，铜山工委书记，第五战区动员委员会党团书记。在微山湖一带发动组织抗日，任中共山东湖西区特委委员、地委副书记、军分区副司令员、专署专员，冀鲁豫军区湖西分区司令员、政委，中共济宁市委书记，解放军第十八军政治部主任等职。

中华人民共和国成立后，历任川南行署副主任、主任。1952年秋，任云南省政府副主席。当时云南省政府主席是陈赓，省委书记是宋任穷。半年之后，被委任为省长，并任省委书记处书记。

20世纪50年代，针对社会上一些人议论"共产党领导不了高校"，甚至有人公然要共产党"退出高校",他主动向中央"请缨"。1957年7月当时的中央组织部长安子文找郭影秋谈话,转达了政治局的意见,决定调他担任南京大学校长兼党委书记。后来,周恩来总理曾对云南籍的辛亥革命老人李根源说:"贵省的省长郭影秋,不愿当省长,自告奋勇到大学去。"1959年,他还完成了史学研究专著《李定国纪年》。

1963年初,周总理要调他去国务院任副秘书长,郭影秋因钟爱教育事业而要求仍留在南大工作。不久,中国人民大学老校长吴玉章急请总理给他派一得力助手,是年5月,中央改派他到人大协助吴老主持校政,任中国人民大学党委书记、副校长。

1964年在人民大会堂开会,周总理看到他说:"你靠近我坐,你不是到底来北京了吗?"周总理又问:"你为什么不愿意到国务院工作?"他回答:"不是我不愿在总理身边工作,实在是怕耽误您的大事。您精力那么好,每天睡得那么少,我精神不济,误了您的大事怎么办?"总理挥了挥手,笑着说:"什么精神不济,你不就是失眠吗?每晚睡前喝两杯白兰地,保你能睡好觉。"郭影秋不禁想起:九年前,周总理等出席万隆会议后回到昆明,他和秦基伟等陪周总理和陈毅副总理畅饮茅台。酒过数巡,郭影秋不胜酒力、莫辨东西,而总理仍神采奕奕,若无其事。

1978年人大复校后任党委第二书记兼副校长、名誉校长,中共北京市委文教书记,北京市政协第五届副主席。

中共八大代表,第二、三、五届全国人大代表,全国政协第五届常委。

对明、清史和文学有较深入的研究。代表作品:《李定国纪年》《郭影秋诗选》《往事漫忆》。

1985年在北京病逝,终年76岁。

贰拾壹 韩练成

韩练成(1909.2.5—1984.2.27)宁夏固原县(今固原市原州区)人,出生于贫苦的牧民家庭。1925年元月,他借了甘肃省立第二中学毕业生韩圭璋的文凭,冒"韩圭璋"之名考入西北陆军第七师军官教导队。1926年9月,他所在的陆军第七师被编为国民联军第四军,军长马鸿逵,政治处长是共产党人刘志丹。刘伯坚、刘志丹曾单独找韩练成谈话,刘志丹为韩指定了加入共产党的联系人。(1998年10月,习仲勋、马文瑞曾撰文纪念刘志丹同志诞辰95

周年，第一次在党报上公开了韩练成早期接触党组织的情况。）

曾任国民联军排长、连长，国民革命军第二集团军营长、团长。参加北伐战争。后任国民党军第七十二师参谋长，独立第十一旅旅长，第一七〇师副师长、师长，第十六集团军副总司令兼参谋长，国防部研究院研究员，军事委员会委员长侍从室高级参谋，第四十六军副军长兼师长、军长，海南岛防卫司令官。

1945年6月28日，被国民政府授予少将军衔。

1942年6月，经缜密地考虑，韩练成委托无党派人士周士观通过他的女婿、中共地下党员于伶安排与周恩来第一次单独会面。明确表示要投身革命，要求加入共产党。周恩来则谨慎地表示，国共合作期间，共产党不在国民党内部、国军上层发展党员，希望韩在国统区，在蒋、桂高层好好工作，为国家、为抗日统一战线做贡献。在谈话要结束准备分手时，周恩来突然问："韩参谋长，你是桂系将领，刚才你说在西北军为焕公（冯玉祥）解围，是怎么回事？"韩介绍了他与冯的渊源。周恩来又问："那么，'四一二政变'前后，你也在西北军了？有一位也姓韩，叫韩圭璋的人，你认识吗？"韩练成惊呆了！半晌才说："我就是韩圭璋。"周恩来也吃了一惊："你就是？"周恩来告诉韩，他是从刘志丹处知道韩圭璋的。

从此，韩确定了与党的同志关系，开始了在周恩来直接领导下的秘密工作。韩严格遵照周恩来的指示：从整体战略高度，以人民解放事业的大战略为目标，直接参与制定或影响国民党的既定战略；除了周或周本人指定的王若飞、董必武、李克农、潘汉年之外，绝不接触党的其他地下组织及党领导下的各种武装力量。

1948年，脱离国民党军队，参加中国人民解放军。

中华人民共和国成立后，任兰州军事管制委员会副主任，西北军区副参谋长。

1950年加入中国共产党。后任西北军政委员会委员，任兰州军区第一副司令员，中国人民解放军训练总监部科学和条令部副部长，军事科学院战史研究部部长，甘肃省副省长。以兰州军区第一副司令员名义离休。

1950年1月，时任西北军政委员会副主席的张治中曾当着彭德怀、习仲勋的面说，我问过周总理：韩练成"是蒋身边的红人，并非常人从表面上看到的'杂牌'军人，也不是受排挤、没出路的人，这样的人为什么也会跟共产党走？"周恩来答："这正是信仰的力量。"

韩练成的特殊经历在西北无人知晓，周恩来委托西北军区副司令员张宗逊、副政委兼政治部主任甘泗淇做他的入党介绍人，周恩来向张、甘交底：韩练成"是一个没有办理过正式入党手续的共产党员，他的行动是对党的最忠诚的誓言。"

1955年被授予中将军衔，获一级解放勋章。他是第一、二届国防委员会委员，第一、三、四届全国人民代表大会代表，全国政协第五届常委、第六届委员。

韩练成是原国民党军高级将领，中国共产党深入龙潭虎穴的四大传奇将军之一（其他三位将军是熊向晖、郭汝瑰、钱壮飞），是被蒋经国称为在"总统身边隐藏时间最长、最隐秘的隐形将军"。

1984年在北京解放军总医院病逝，终年76岁。

韩练成逝世后，中共中央第十二届中央委员会政治局全体常委胡耀邦、叶剑英、邓小平、赵紫阳、李先念、陈云送了花圈，送花圈的还有彭真、邓颖超、徐向前，聂荣臻、万里、习仲勋、杨尚昆以及中央军委、中央组织部、中央统战部等。这一超过常规的举动，给这位职位并不算高、曝光率较低的将军传奇的一生画了一个圆满的句号。

贰拾贰 郝 龙

郝 龙（1916—1947）山东齐河县孙耿乡潘家村人。1933年在济南正谊中学读书时，因积极参加革命运动，被学校开除。1935年考入北平清华大学。1937年在校加入中国共产党。抗日战争爆发后，组织南下请愿救亡团，在济南、徐州一带宣传抗日救亡。历任冀鲁豫军区一分区政治部民运科长、新兵团政委、第二野战军七纵队三十八团副团长等职。1947年牺牲于河南安阳，终年31岁。

贰拾叁 郝中士

郝中士（1911—1985.12.11）字栖幡，1932年在北平中国大学借读时加入共产党的外围组织"反帝大同盟"。同年12月，回沛县发展盟员建立组织。至1933年春，全县发展盟员30多人，建立"反帝大同盟沛县临时工作委员会"，任组织委员。翌年，沛县党组织遭到破坏，他到上海中国公学读书。1935年夏回沛县，冒生命危险，掩护了受国民党通缉来沛县避难的党中央林枫同志。同年8月，去睢宁县农业中学，以教书为掩护，继续进行"抗日同盟"活动。民国二十六年（1937）11月，加入中国共产党，任中共沛县一区区委书记。1938年秋至1939年夏，他先后任中共沛县县委书记，中共丰、沛、鱼中心县委书记。其间，他积极发动群众组织抗日武装，建立了八路军苏鲁豫第八纵队，建立了农、青、妇、儿童等抗日团体；利用与国民党沛县县长冯子固的统战关系，派李剑波任国民党沛县第五区区长、孟宪璞任第二区区长；派朱煜如等人到冯子固的胡团，葛步海、张涵广等人到吴团做政治工作。

1939年夏至1947年夏，他历任中共苏鲁豫区党委组织部长，中共冀鲁豫湖西地委组织部长、宣传部长、地委书记兼军分区政治委员。1947年夏至1950年夏，他历任鄂豫区二地委书记兼军分区政委，鄂豫区党委民运部长、宣传部长，中共湖北省委秘书长兼政策研究室主任。

1950年夏至1951年初，历任中南军政委员会土地改革委员会副主任，中共华南分局委员，鄂东区党委第二书记、第一书记兼军区政治委员。1953年夏至1956年秋，历任中共广西省委副书记、书记处书记兼副省长。1957年8月至1984年，历任中共中央农村工作部资料编辑室副主任、主任、副秘书长，国务院农林办公室副主任，农林部副部长、党组成员、纪检组组长，中国农学会代理事长。

全国政协第五、第六届委员，中日友谊协会理事，联合国世界粮农组织会议副主席；先后出访了非洲7国、中东地区4国、日本及东南亚一些国家；率中国农业农民代表团赴罗马尼亚出席联合国召开的世界粮农组织会议。其间，他不顾年高多病，受中组部的委托，带领工作组到山东，帮助省委、省政府整顿、调整领导班子。

1985年于北京逝世，终年74岁。骨灰安放在八宝山革命公墓。

贰拾肆　洪　遒

洪　遒（1913—1994）原名章鸿猷，笔名蔚夫。电影评论家。浙江绍兴人。1948年加入中国共产党。1933年后参加左联和剧联。1936年毕业于大夏大学法学院。

1938年参加抗敌演剧二队。后任《广西日报》、昆明《评论报》编辑。1940年赴桂林参加中华全国文艺界抗敌协会桂林分会，后在昆明编辑《评论报》。1946年在广州与他人合办《国民》月刊，并与夏衍、瞿白音等

人组成七人影评小组，在《华商报》上发表影评文章。1949年任香港《文汇报》副刊编辑。

1950年后历任华南文联常委，中国作协广东分会秘书长，《作品》副主编，广州电影制片厂筹委会办公室副主任。1956年后，历任珠江电影制片厂副厂长、厂长、党委副书记，

中国文联第四届委员，广东省文联副主席，中国影协第三届理事、第四届常务理事、广东分会主席，中国剧协广东分会副主席。

贰拾伍 洪 深

洪 深（1894.12.31—1955.8.29）学名洪达，字伯骏，号潜斋，别号浅哉，曾用笔名庄正平、乐水、肖振声等。江苏武进人。中国电影戏剧理论家、剧作家、导演，是中国现代话剧和电影的奠基人之一。

6岁入私塾。后在上海徐汇公学、南洋公学就读。1912年，考入北京清华大学，其间热心新剧活动。1913年，因"宋教仁事件"，举家避难于青岛。1915年开始创作剧本，《卖梨人》是受青岛崂山梨启发而成就的处女作。1916年毕业后赴美国留学，入俄亥俄州立大学学习陶瓷工程，继续编戏演戏。1919年考入哈佛大学戏剧训练班，成为中国第一个专习戏剧的留学生。在美国哈佛大学习文学与戏剧，并在波士顿声音表现学校学习，又在考柏莱剧院附设戏剧学校学习表演、导演、舞台技术、剧场管理等课程，获硕士学位。1920年结业后到纽约参加职业剧团演出，翌年与张彭春合写英文剧《木兰从军》。

1922年回国，先在南洋兄弟烟草公司上海总公司材料总管理处任理事，兼任总经理简照南之私人英文秘书。1923年上演第一部剧作《赵阎王》，自饰主角。同年9月加入戏剧协社，任排演主任，先后上演《泼妇》《终身大事》等，并实现男女合演，将舞台布景也由原来的平面景改为立体布景，这在当时国内尚属首创。1928年4月提议用"话剧"一词统一当时戏剧的称谓，同年冬加入南国社，任中华电影学校校长、明星电影公司编导主任。1926年创办复旦剧社，历任复旦大学、暨南大学、山东大学、中山大学、厦门大学、北京师范大学等校外文系教授、主任。

1930年加入中国左翼作家联盟，任英文秘书。8月与田汉等发起成立光明剧社，并以其名义加入中国左翼剧团联盟（1931年改组为"左翼剧作者联盟"），任总书记。1931年到复旦大学、暨南大学任教。1934年回到青岛，在

山东大学任外文系主任。授课之余仍从事戏剧研究和有关活动。他参加了著名京剧票社"和声社"，带领师生演出了话剧《寄生草》，创作了正规的电影文学剧本《劫后桃花》。1935年7月，会同在青岛的王统照、老舍、王余杞、王亚平、杜宇、李同愈、吴伯箫、孟超、赵少侯、克家、刘西蒙等人，创办文学期刊《避暑录话》，每周一期，随《青岛民报》发行。曾抵制美国辱华影片《不怕死》的上映。

抗战期间，任上海救亡演剧第二队队长。1938年4月任国民政府军事委员会政治部第三厅戏剧科科长，和田汉一起组建了10个抗敌演剧队、1个孩子剧团及其他团队深入战区宣传抗日。同年11月，长沙大火，周恩来派他为善后委员会总指挥，负责灾民救济金的发放工作。1939年12月，随第三厅至重庆。1943年任中央青年剧社编导委员。1946年在重庆复旦大学任教，兼任军委会政治部文化研究班戏剧系教官，创办教导团，自任团长；同年8月，回上海复旦大学任教。1947年5月，因支持学生运动被解聘，旋去厦门大学外文系任教。

1948年12月，赴东北解放区，翌年2月抵北平，5月赴苏联参加第一届世界和平代表大会。6月任全国政治协商会议筹备会议代表；9月出席全国政协代表大会；同年任北京师范大学外语系主任，兼文化部对外文化事务联络局副局长。1953年被选为中国文学艺术界联合会主席团委员、中国戏剧家协会副主席、中国作家协会理事。1954年任中国对外文化联络局局长，兼中国人民对外文化协会副会长。

1955年在北京逝世，终年61岁。

著有《洪深文集》《洪深选集》，一生创作、编译了38部话剧剧本。

贰拾陆　洪雪村（邨）

洪雪村（1911—1988）又名刘思明，福建同安人，1926年参加革命。1929年赴新加坡，任反帝大同盟常委兼宣传部长。1931年加入中国共产党，因参加进步活动被捕入狱并被驱逐出境。回国后从事报纸编辑和中共党的地下工作。曾在《厦门日报》《桂林日报》任编辑。1937年6月在桂林创始广西版画研究会。1938年秋，任新四军二支队政委，军政治部宣传部一科科长、《抗敌报》总编辑、新四军华侨联谊会主席等职。1941年元月皖南事变被俘入狱。1941年5月与原新四军军医陈延圣一起越狱，回归革命队伍。

中华人民共和国成立后，历任中国人民政治协商会议筹备会秘书处秘书主任、政务院秘书处处长兼人事处副处长、第三机械工业部基建司司长、文化部办公厅副主任兼党委副书记、云南省文化局副局长兼云南人民出版社社长、中共云南省顾问委员会委员。

贰拾柒　胡　考

胡　考（1912.12—1994.6）生于上海，原籍浙江余姚。小说家、文艺理论家、著名漫画家，擅长中国画、文艺理论。画室名聊以斋。1931年毕业于上海新华艺术专科学校。1937年任武汉《新华日报》美术编辑、重庆《新华日报》社。1938年任教于延安鲁迅艺术文学院。

中华人民共和国成立后，任《人民画报》副总编辑，中国美术家协会会员。出版有《胡考素描》及长篇小说《上海滩》。晚年作中国画，并曾于中国美术馆举办个人画展。

1957年，被打成"右派"。"文革"期间受冲击。曾先后担任《苏北画报》社社长，上海华东大学教授，《人民画报》副总编辑、顾问，是中国美术家协会会员。

贰拾捌　胡允恭（胡邦宪）

胡允恭（1902.11—1991.6.13）又名胡萍舟、胡邦宪，安徽寿县杨庙乡豸铺田埠村人，世代务农，家境贫寒。16岁考入安徽省立第三蚕桑讲习所（宣城）。宣城的省立第四师范学校校长章伯钧思想开明，他请恽代英上大课讲一战和五四形势，并欢迎同城的省立八中和省立蚕桑所的同学们旁听。这是他接受马列主义启蒙之始。1920年秋考入安徽省立第二甲种农业学校。后考入以于右任为校长、邓中夏任教务长、邵力子为总务长、陈望道为中文系主任、瞿秋白为社会科学系主任的上海大学。1923年，上大二的胡允恭由瞿秋白亲自介绍，加入中国共产党。

1924年夏，受上海党组织派遣，返乡以办"淮上中学补习班"为掩护，秘密进行党团组织创建。1925年胡允恭奉派赴穗，任《革命青年军人联合会》周刊的主编。

1926年4月，被中共两广区委军委调到国民革命军第四军十二师三十五团担任团政治指导员。在攻打武昌时左腿受重伤。

1927年7月，奉命退出国民革命军，潜回上海和寿县。1929年秋，中央军委决定派他为驻烟台中央军事特派员，行前周恩来特地召见他，并替他改名胡克波。1930年1月，他身份暴露，不得已退回上海，任江苏省委军委秘书，并办一秋阳书店作联络点。因叛徒出卖，书店被查封，胡允恭被捕。后交保释放。

1930年秋，由党中央另派赴山东工作，历任青岛市委宣传部长、济南市委书记、山东省委宣传部长、省委书记等职。九一八事变后，省委书记胡允恭在山东各地组织了声势浩大的抗日救亡斗争（省委在青岛）。1932年4月被王明以"莫须有"的罪名解除职务。

1934年在上海再次被捕。1937年，经朱蕴山营救出狱后去福建。他每到一县接任县长，第一件事就是释放"政治犯"。遇有国民党省政府、专员公署发来密电要求逮捕我地下党员时，他便秘密派人通知他们逃走，然后再派人履行公事。

1938年，任泰宁县长期间，接到叶挺同志的密信，要他通过桂系军阀高级将领的上层关系，取得合法身份到安徽打游击，配合皖南新四军的斗争。

后被改派任怀宁县长。他又为掩护怀宁地下党的活动做了大量工作。由于安徽反动当局公开通缉胡允恭，他再回福建，1946年经福建省委批准恢复了党籍。

1946年4月受陈仪之邀到台湾，任台湾长官公署宣传委员会委员，陈仪辞职回内地后，他于当年3月到了上海，策动陈仪起义。

中华人民共和国成立后，任福建师范学院院长。1951年审干中受停止党籍的处理，1952年调任南京大学历史系教授。在"反右"和"文革"中都受到冲击。

1983年1月，经中共中央书记处批准，恢复党籍，党龄从1923年算起。

1991年在南京逝世，享年89岁。

贰拾玖　黄　薇〔女〕

黄　薇（1912—2000）福建龙岩人。著名华侨女记者。日本东京明治大学肄业。1936年参加发起中共东京支部领导下的外围组织"留东妇女会"，并当选为该会领导人之一。

抗日战争爆发，她在马来西亚、新加坡以记者身份从事抗日宣传和募捐活动以支持共产党领导的抗日战争。1938年3月，她以新加坡《星洲日报》特派记者身份回国，兼任香港《星岛日报》驻武汉、重庆记者。同年5月参加"武汉战地记者团"去徐州前线采访，在《徐州突围》一书中有她写的《从火线到后方》一文。她是范长江等人发起的中国青年新闻记者学会的早期会员。1938年6月，她在八路军武汉办事处安排下，以记者身份随"世界学生联合会代表团"到延安采访，三次受到毛主席接见。同年9月到晋察冀边区参观并采访，1939年回重庆后，把在解放区的见闻写了100多篇文章寄往海外报刊发表。1941年皖南事变后组织上安排她去菲律宾，从事华侨中、上层人士的统战工作。1941年12月她加入了中国共产党。1942年1月后，历任《华侨导报》编辑、编辑主任、总编辑。

1949年9月21日，黄薇在中国人民政治协商会议开幕式上代表华侨向毛主席和朱总司令献旗献花，并向大会致辞。

1948年任新华社香港分社总编辑。

中华人民共和国成立后，历任全国妇联第一届候补委员，第二、三届执行委员，中央统战部研究员，中联部研究组组长等职，1982年7月离休。

离休后还出版了《回到抗战中的祖国》等书。

2000年在北京逝世，享年88岁。

叁拾　金　山

金　山（1911—1982.7.7）原名赵默，表演艺术家、编导。生于江苏苏州，祖籍湖南沅陵，清光绪年间其父赵锦文定居苏州城区三多桥塘。7岁入私塾，课余对文明戏、苏州戏曲发生兴趣，并模拟表演。1921年入上海徐汇公学，1927年春因得罪神父而被校方开除。回到苏州后，因生父早逝，受到继父的虐待，而浪迹街头，至盘门古庙请求削发为僧，不久，投奔驻扎于西园寺的国民革命军第十七教导团当兵。

1932年在上海参加中国共产党，主办《远东时报》，并与章泯等组织东方剧社，后加入左翼戏曲家联盟，30年代中期从事电影活动。他的扮相宜古宜今。他的处女作是明月影片公司拍摄的《昏狂》。1936年转入新华影业公司，参加拍摄了史东山导演的《长恨歌》，他在片中扮演一个玩弄女性的坏蛋。同年又主演了根据果戈理名著《钦差大臣》改编成的电影《狂欢之夜》，他仍扮演他在舞台上演的那个假钦差，同样取得了很大的成功，从而奠定了他在电影界小生的地位。1937年，他主演影片《夜半歌声》、古装片《貂蝉》（饰吕布）。

抗战期间，受周恩来委托率中国救亡剧团赴南洋群岛、中国香港地区、越南、新加坡等地进行抗日募捐义演，后在重庆主演话剧《屈原》，曾参加旅港剧人的领导工作，筹办中国艺术剧社，后主持长春电影制片厂工作。

中华人民共和国成立后，任中央戏剧学院院长、中国戏剧家协会副主席、电视剧艺委会主任等职。

1950年在排练《保尔·柯察金》时与时任中国青年艺术剧院导演孙维世相恋后结婚。

1982年病逝，终年71岁。

曾主演《狂欢之夜》、话剧《于无声处》《夜半歌声》和导演《松花江上》《风暴》《文成公主》电影等。

叁拾壹　孔罗荪

孔罗荪（1912—1996）原名孔繁衍，笔名：叶知秋、罗荪。生于山东济南，原籍上海。入小学不久又随父母来到北京，继续读小学和中学，爱好文学。1927年其父调到哈尔滨电报局任职。次年他到哈尔滨考入邮局。其间，他还进法政大学夜校和俄文补习班。

九一八事变后，他积极参加了抗日救亡宣传活动。1932年2月，日军侵占哈尔滨，邮局也被日本人接管了。9月他与周玉屏结婚，四天后，他们以"度蜜月"的名义离开哈尔滨去上海，继续在上海邮电部门工作。以后在上海参加了左翼作家联盟。历任《国际协报》副刊《蓓蕾》《紫线》及《战斗》旬刊主编。1938年在汉口参与发起成立中华全国文艺界抗敌协会，并任理事兼出版部副部长、《抗敌文艺》编委。后任重庆《文学月报》主编。

中华人民共和国成立后，历任南京市文联副主席，华东作家协会副秘书长，中国作协上海分会、上海作协书记处常务书记。

1975年调上海师范大学中文系。

1978年调北京中国文联，任《文艺报》主编。中国现代文学馆名誉馆长。中国作家协会常务书记。

1980年他写了《哈尔滨之忆》一文，回顾他在哈尔滨邮局从事文学活动的那些难忘的岁月。

1988年曾获中国作家协会文学编辑荣誉奖。

著有杂文集《罗荪文学评论集》《野火集》《小雨点》《决裂集》《喜剧世界》等。

评论集《文艺漫笔》《文学散论》《罗荪文学论集》，短篇小说集《寂寞》，剧本《台儿庄》（集体创作）等。

叁拾贰　匡亚明

匡亚明（1906.3.17—1996.12.16）原名匡洁玉，又名匡世，曾用名匡梦苏、匡润之，曾用笔名何畏、何晨、梦苏，江苏丹阳导墅镇匡村人，贫苦塾师家庭出身。1923年入苏州第一师范学校就读。1924年因从事革命活动被学校开除。1926年考入上海大学就读，同年8月加入中国共产主义青年团，9月转为中国共产党党员。

先后任上海沪东、沪西、闸北等区共青团区委书记及中共区委常委，共青团无锡中心县委书记及共青团江苏省委巡视员。1927年曾以江苏团省委特派员名义领导宜兴秋收起义。后任中共江苏省委徐海蚌特委宣传部长，上海沪东、沪西、闸北等区共青团区委书记及党的区委常委，共青团无锡中心县委书记，上海总工会秘书长兼宣传部部长。

1929年曾被中共特科红队误认为是叛徒而遭枪击，子弹从口中射入，穿过脖颈险而未死。先后四次被捕，受尽酷刑而坚贞不屈，1937年被营救出狱。

抗日战争和解放战争时期，历任中共中央社会部政治研究室副主任、华东局宣传部副部长兼中共中央华东局机关报大众日报社社长、总编辑等职，中共中央山东分局宣传部长兼政策研究室主任。

中华人民共和国成立后，历任华东政治研究院党委书记兼院长、中共华东局宣传部常务副部长等职。1955年至1963年任东北人民大学（后更名为吉林大学）常务书记兼校长。1963年起任南京大学党委书记兼校长。"文革"中受迫害。1978年复出，担任南京大学党委书记兼校长。1982年起为南京大学名誉校长。1991年被任命为国家古籍整理出版规划小组组长。

是第三届全国人大代表，江苏省第五、六届人大常委会副主任。

他对当代中国的高等教育事业有重要贡献，做出了许多开创性的工作，是吉林大学的重要奠基人，并曾两度出任南京大学校长。其间冲破旧束缚，延揽名师，注重传统文化教育，是新时期中国高等教育界的代表性人物。是我国著名的教育家、中国思想史专家。他长期从事党的宣传、理论、教育工作，在马克思主义理论研究、中国传统文化研究、高等教育理论研究与实践中，建树卓越。

其教育论著《匡亚明教育文选》，是研究我国高等教育的宝贵遗产。他多年钻研孔子思想，被学术界誉为"孔学泰斗"，著有《孔子评传》。晚年主持编撰的《中国思想家评传丛书》，对中国传统思想文化进行全面和系统的总结，被称为"二十世纪中国规模最大的思想文化工程"。

1996年在南京逝世，享年91岁。

叁拾叁　蓝名述（蓝铭述）

蓝名述（1921—1995）江苏省徐州市人。1936年10月，参加革命工作，1938年1月，加入中国共产党。抗日战争时期，历任鲁南人民抗日义勇队中队政治指导员，山东省第九保安司令部直辖四团二营中共党总支副书记，青年抗日救国联合会会长，鲁南特委委员、青年部长，鲁南四（三）地委委员、青委书记，鲁南文协、青联主任，温河县委群委书记兼武委会主任等。

解放战争时期，历任徐州市委委员，鲁南二地委民运部部长，赵镈县县委副书记等。

中华人民共和国成立后，先后任徐州市青年学校副校长，淄博工矿特区团委书记，淄博矿务局党委书记，淄博地委常委，工业部部长，山东省人民委员会副秘书长，山东省冶金工业局副局长、党组副书记，山东省重工业厅厅长、党组书记，山东拖拉机厂核心小组副组长，济南钢铁厂党委书记，山东省经委副主任、党组成员，山东省机械设备成套局局长、党组书记，山东省城乡建设委员会副主任、党组副书记，山东省顾问委员会委员等职。

1995年逝世，享年74岁。

叁拾肆 李 超

李 超（1916—1995.1.21）河北迁安人，原名李超然，回族，经名伊斯玛仪，著名戏剧家。早年就读于北京的西北中学。九一八事变后，投身抗日救国运动，创办学社，编印刊物。

1937年参加平津学生救亡宣传团，南下请愿。后被派到抗敌演剧队一队，改名李救亡。先后任演员、编剧、副队长。1939年加入中国共产党。

1948年到华北解放区，任华北大学文工团三团团长兼编导，他从编、导、演到灯光设计、布景制作，无所不能。抗战期间，他写了几十个剧本，只幸存下十几个，编成《湘桂线上——李超剧作选》，1994年出版。

中华人民共和国成立后，先后任中国人民大学文工团团长兼编辑、文化部艺术局戏剧处副处长和办公室主任、中国戏曲学校革委会副主任等职。创作有《吴老的故事》《开会忙》等十余部剧目，还发表了数百篇理论研究文章。

"文革"后，又先后担任中国戏曲学院院长、文化部教育局副局长等职。

1984年他创建了中国少数民族戏剧学会。他关心回族的文化发展，并和丁峤等人筹建了北京穆斯林文化学会。曾当选为中国戏剧家协会理事、秘书长、艺委会副主任，中国少数民族戏剧学会会长，中国少数民族文化艺术基金会副会长，北京市民族民间文化艺术研究会会长，北京越剧艺术研究会会长，世界语民族文艺学会名誉会长、对外联络委员会副主任。

1995年因公务赴广州时病逝，终年80岁。

叁拾伍 李 蕤

李 蕤（1911.9.20—1998）原名赵悔深，笔名赵初、华云，河南荥阳人。1929年考入公费师范，1936年考入河南大学文史系。从1939年肄业于河南国立大学中文系。20世纪30年代初涉足文艺，1935年开始在《中流》《大公报》《国文周报》等报刊上发表作品，反映农村破产和小人物的悲惨命运，有《柿园》《眼》《楼上》等。

抗战爆发后，先后在《大刚报》《前锋报》《中国时报》任编辑、战地记者、副刊主编。曾在中原地区主编《燧火》等文艺报刊。1938年8月29日，与宋映雪在河南南阳结婚。1940年，因参加胡愈之、范长江组织的国际新闻社，担任洛阳站长，被国民党"劳动营"逮捕。1942年，由于支持学生"反饥饿反内战"运动，再次被捕入狱。1942年，揭露河南大旱灾饿死300万人的惨景报道，集为《豫灾剪影》（重版时更名为《无尽头的死亡线》）。

1948年，携全家进入豫西解放区，途中写《水终必到海》，号召中原地区文艺青年和旧社会决裂投奔革命。

中华人民共和国成立后，先在《开封日报》《河南日报》编副刊。参加全国第一次文代会后，筹备河南省文联，任副主席，主编《河南文艺》和《翻身文艺》。曾两次参加土改，写有短篇小说《九九归一》等。

1952年参加赴朝写作访问团，在开城前线生活将近一年，连续写了10多篇反映志愿军英雄事迹的报告文学，在《人民日报》发表，集为《在朝鲜战场上》（重版时，更名为《难忘的会见》）。

1953年，奉调到武汉，任中南文联、中南作协第一副主席，《长江文艺》副主编。

1956年与作家西虹二次访朝，参加朝鲜作家代表大会。同年访问莫斯科。

1957年被错划为"右派"，1980年改正。

1978年任武汉文联副主席，1982年加入中国共产党，同年任武汉作家协会主席。

1998年逝世，享年87岁。

叁拾陆　李　锐

李　锐（1917.4.13—2019.2.16）中共著名党史专家、毛泽东研究专家、政治家、作家。

湖南省岳阳市平江县人，原名李厚生。其父李积芳早年留学日本，为同盟会会员。1928年考入湖南私立岳云中学。1934年考入武汉大学机械系。积极投入一二·九运动，成为武汉秘密学联负责人。1937年2月入党。卢沟桥事变爆发后，按照组织安排，到山东打游击。1938年3月，到武汉参加全国学联代表大会，随即到徐州任第五战区青年救国团负责人。后调任湖南省青委书记、湖南省委特派员。1939年底由重庆到延安，任中央青委宣传部宣传科长。1941年9月，任延安《解放日报》评论部组长。1943年初在延安"抢救运动"中蒙冤囚禁一年多,仍不气馁,继续坚持革命工作。

1945年10月,赴冀热辽区,任《冀热辽日报》社社长。1946年国民党进攻解放区时,千方百计保证报纸照常出版。1948年2月,在东北局工作,任高岗政治秘书。1949年5月,南下湖南,负责报社工作,执笔撰写创刊社论《庆祝新湖南诞生》,明确提出:今后湖南人民的长期任务,就是"发展湖南的经济建设和文化建设,将落后的湖南,建设成为人民的、进步的、繁荣的新湖南。"

1949年9月,主持开办短期新闻干部训练班,培养了140多名新闻骨干。还兼管新华社湖南分社的工作,从报社抽调干部帮助创办湖南人民广播电台、湖南人民出版社。先后任《新湖南报》社社长,中共湖南省委宣传部副部长、部长。

1952年9月,调任国家燃料工业部水电局局长、水利电力部副部长。1957年在国务院讨论三峡工程的会议上,不少人认为应快动工,他却提出了不同看法。1958年1月,在南宁会议讨论三峡问题时,毛泽东听取两方面的意见后,肯定了李锐的意见,否定了大修快修三峡工程的方案。会后,任毛泽东的兼职秘书。1958年6月,给毛泽东写信,针对全国电力设备情况,建议全国工业必须分轻重缓急,很好排队,否则会出现国民经济失调。还说:"有些事可以蛮干,有些事蛮干不得。"1959年7月,在庐山会议上,他受到严厉批判。1960年至1964年,下放北大荒虎林八五〇农场劳动。1964年至1967年,在安徽磨子潭水电站当文化教员。1967年至1975年,关押北京秦城监狱8年。尽管受到种种冤屈和迫害,对党的事业始终充满希望。

1979年恢复工作后,历任电力工业部党组副书记、副部长兼基建工程兵水电指挥部政委、国家能源委员会副主任、中央组织部青年干部局局长、中组部副部长,当选为中共十二届中央委员、中顾委委员。1983年回湖南,关注洞庭湖的围垦问题,在《湖南日报》发表的诗词跋语中说:"洞庭形势日趋险恶,实为湖南一大隐患。愿湘中治水同仁——读近代改革先驱邵阳魏公诗文,庶其知所鉴戒,恢复生态平衡。"

退居二线后,他注重历史反思,总结历史经验教训,兼任全国中共组织史资料编纂领导小组组长,主持指导全国的中共组织史编纂工作,出版组织史3000余卷,数亿字。对家乡县志、党史征编工作亦予关注,亲任平江县志总纂。他从20世纪50年代初开始研究毛泽东生平和思想,是国内外知名的毛泽东研究专家,其著作有《毛泽东同志的早期革命活动》《庐山会议实录》《新湖南的诞生》《毛泽东早年读书生活》《龙胆紫集》《怀念十篇》《毛泽东的晚年悲剧》等,颇有影响。

2003年,被评为武汉大学第三届杰出校友。2008年12月,入选"中国改革开放30年30名杰出人物"名单。

2019年2月16日，在北京逝世，享年102岁。

叁拾柒　李砥平

李砥平（1909.9.19—2007.2.3）原名李中道，江苏萧县（今属安徽）人。1931年9月参加反帝大同盟。1932年8月加入中国共产党。同年在萧县张庄寨暴动后被捕入狱。

1937年8月出狱。同年底，到中共萧县陇海路南地区工作。1938年2月任中共萧县陇海路南地区工委书记，同年7月任中共萧县陇海路南县工委书记兼湖西人民抗日义勇队二总队十七大队大队长，10月任中共萧县中心县委组织部部长。1939年7月任中共萧县中心县委书记兼独立团政委。

1940年9月任陇海路南地委书记兼萧县独立旅政委。1941年9月任淮北、邳、睢、铜、灵、萧东地委书记兼军分区政委。1943年2月赴延安学习，任支部委员。1944年1月在延安中央党校学习，任党校二部十六支部书记。

1946年2月，任辽北省一地委书记兼军分区政委，同年4月任辽北省委民运部部长，5月任辽宁二地委书记兼军分区政委。1948年12月起历任辽北省省委常委、组织部部长，辽西省省委常委、组织部部长。

1950年5月，任辽西省省委常委、秘书长。1952年下半年任辽西省委第二副书记。1954年8月任中共吉林省委第一副书记。1955年2月至1959年6月任吉林省政协第一届主席。

1955年3月兼任中共吉林省委第四书记。1955年6月至1956年6月兼任中共吉林省监察委员会书记。1956年7月兼任中共吉林省委书记处书记。1959年6月至1963年12月任吉林省政协第二届主席。1963年12月至1966年5月任吉林省政协第三届主席。1956年6月至1966年5月兼任中共吉林省监察委员会第一书记。

1966年5月至1967年1月任吉林省政协第三届主席。

1972年2月下放到农场、制药厂劳动。

1979年1月至1981年5月任中共吉林省委书记。1981年5月至1983年3月任中共吉林省委书记兼中共吉林省委纪委第一书记。1980年4月至1983年4月任吉林省政协第四届主席（接栗又文）。1983年4月至1985年3月任吉林省政协第五届主席。

第一、二、三届全国人大代表，全国第六届政协委员。1997年出版了自传——《我的往事片段》。

2007年在长春逝世，享年98岁。

叁拾捌　李光军

李光军（1919.1—1995.4.28）江苏徐州市睢宁县古邳镇象山村人，自幼家境贫寒。曾在徐东南私立农业中学学习。在地下党培养下，参加徐州第五战区抗敌青年训练班。在训练班学习期间于1937年11月加入中国共产党。1938年他在家乡任第七区区委书记并组织武装力量进行抗日活动，曾任古邳地区青年救国团主任。八路军南下后，他领导的抗日武装编入八路军，先后任陇海南进支队一队二营五连连长，邳睢县独立团二营、八路军陇海南进支队二营、皖东北苏纵二团二营、八路军陇海支队八团一营、八路军五纵三支队八团一营教导员，新四军四师九旅二十六团一营营长，新四军高级军事研究班学员，新四军四师九旅二十六团副团长等职。

解放战争时期，历任华东二纵六师十七团团长、二十一军六十三师参谋长等职。先后参加了孟良崮、临朐、南麻、益林、罗原、三都岙等战斗，参加了淮海战役。1949年10月任第二十一军六十三师师长。

1953年1月，第二十一军六十三师师长李光军率该师入朝作战，全师营以上干部都参加过抗日战争，连排干部都参加过解放战争，战斗经验丰富，指挥技术娴熟，部队作风过硬，纪律严明。他先后参加了中线坚守阵地防御作战和著名的1953年夏季金城川战役等。在朝鲜升任五十四军副军长。

1956年4月回国，5月，奉调入苏联伏罗希洛夫高等军事学院深造。1959年毕业归国，1960年8月任第三十九军副军长。1963年8月任六十四军军长。1964年8月任三十八军军长。

1968年10月，调至武汉军区任副参谋长，后为武汉军区参谋长。1971年7月任七机部党的核心小组第一副组长。

1975年3月任国防科委副主任兼参谋长。

1978年7月任武汉军区副司令员。

1955年被授予大校军衔，1964年晋升为少将军衔。荣获三级独立自由勋章、二级解放勋章、朝鲜二级国旗勋章。1988年被授予中国人民解放军独立功勋荣誉章。

1983年6月，当选第六届全国人大代表。

1985年6月离职休养。

1995年4月28日在武汉逝世，享年76岁。

叁拾玖　李侠公

李侠公（1899.12—1994.2.7）贵州贵阳城北贵筑县西下里下堰寨（今贵阳市白云区麦架乡下堰村）人，知识分子家庭出身。其父李农卿以岁贡纳捐教谕，做过几年的贵州省视学和台拱厅知事，回乡后团馆授童，课士子弟，是一位具有维新思想的乡村老教师。侠公长兄李仲公早年离乡到北京、日本求学，曾在北京与李大钊等人创办《晨钟报》。他在五四运动的影响下，21岁东渡日本，以官费生留学日本明治大学攻读政治经济学，与同在日本求学的周逸群相交甚笃。

1923年初归国，受《中国青年》《浙江潮》《湘江评论》等影响和启发，1924年在上海与周逸群、胡秉铎等几位贵州青年创办《贵州青年》旬刊，受到中共团中央负责人、《中国青年》主编萧楚女的赞扬。

1924年7月，应邀离沪赴穗，出任黄埔军校特别官佐。在军校工作期间，经鲁易、周逸群介绍，李侠公加入了中国共产党，并在政治部主任周恩来的领导下开展党的秘密工作，与蒋先云、周逸群、王一飞等同志一道组织了"青年军人联合会"，担任联合会机关刊物《青年军人》编辑，团结军校中的滇黔籍官兵。1926年3月12日，在成立"西南革命同志联合会"时险遭谋杀。

东征、北伐中，历任东征军第一师（师长何应钦）政治部主任、第三军军官学校政治教官，并担任了广州中共军委会技术书记，成为革命军中有名的共产党人。"四一二"后，遭通缉。

受党组织派遣，1927年2月赴苏联，在东方劳动大学、列宁格勒军政大学学习。留苏期间，担任中共旅苏支部宣传部长。1930年10月回国，在上海被捕入狱，出狱后与党失去联系而脱党。到无锡匿居孙冶方家，开始教书，并潜心翻译苏联名著《政治经济学丛书》。1932年又与孙冶方一起赴日本，在东京商务书馆继续从事翻译工作。1936年回国，得到孙冶方的关心，娶妻姜曼薇。

抗战期间，受聘担任政治部设计委员和陆军大学政治部主任，任文化工作委员会副主任。

1945年以后，在上海参加了国民党内民主人士谭平山等人组织的三民主义同志联合会三人小组，后又到苏州继续翻译卢森堡的《政治经济学史》，与杨杰和定居苏州的国民党立法委员李仲公一道，积极参加反蒋民主运动。

1949年7月，李侠公、李仲公兄弟先后自苏州赴北平，参加新政协的筹备及会议，出席开国典礼。写下了《天安门城楼观开国典礼》一诗：扫净妖氛翻旧宇，昭苏万姓建新朝；蔽空赤帜千层浪，旷代殊勋一羽毛；执手温存恩义重，开元讲话激情高；从兹十月夸双璧，崛起中华敢自豪。

中华人民共和国成立后，被任命为政务院参事、西南军政委员会委员。1950年7月，历任贵州省政治法律委员会副主任、省民政厅厅长等职，并负责组建民革贵州省委员会，1951年任民革贵州省委召集人。1956年后担任民革贵州省委第一至五届主任委员、政协贵州省委员会第四至六届副主席、民革中央常委会顾问、监委常委等职务。

第二、三、四届全国人大代表。

1994年在贵阳病逝，享年96岁。

肆拾　李竹平

李竹平（1912—1992.11.17）江苏涟水县五港乡人，1929年11月在淮阴中学读书时加入中国共产主义青年团。1930年6月因参加学潮被校方开除。7月回到涟水，在五港区参加共产领导的"八一"暴动。10月到共青团南京市委工作。1931年5月因叛徒出卖被捕入狱，在狱中坚贞不屈。8月经狱中地下党支部批准，转为中国共产党党员。1935年10月出狱后赴日本求学。抗日战争爆发后即回国，参加了上海文化界内地服务团。

1938年1月，先后任舒城县抗敌动员委员会指导员、县政府秘书等职。1940年7月进新四军抗大四分校学习。1941年1月后，历任淮南抗日根据地联合中学师范部主任、淮南行政学院行政系主任、淮南路东行政办事处民政科科长、淮南行政公署民政处长、经济建设处长、华中四分区专员公署副专员等职。

1945年11月，奉调中共华中分局，任高邮面粉厂总经理兼党支部书记。次年11月调任华东财委驻大连办事处财贸部主任，后任办事处副主任。1949年7月任山东省人民政府生产部副部长、青岛军管会生产部长和中纺公司青岛分公司总军代表。

1951年1月，任华东纺织管理局青岛分局局长、党委书记。1953年2月，调纺织工业部任基本建设局局长、建设司司长。1964年4月，任纺织工业部副部长，兼任中国纺织机械工业公司经理，组织试办"托拉斯"，调整纺织机械生产组织和企业机构，在内地建新厂。

1978年12月，任纺织工业部副部长，1981年7月兼任纺织工业部党组副书记。1982年7月，改任纺织工业部顾问，1983年5月至1985年1月，兼任纺织工业部机关党委书记，1985年7月离休。

1992年在北京病逝，享年80岁。

肆拾壹　栗培元

栗培元（1910.4—2007.2.27）江苏邳县呦鹿山乡上河头村（现江苏邳州市四户镇栗家村）人，普通农民家庭出身。1928年加入中国共产党，任党小组长、支部书记。1935年以后，组织、发动苏鲁地区社会各界开展抗日救亡运动。在中国共产党的著名领导人宋绮云[①]（邳州人）和中共苏鲁豫皖特委书记郭子化（邳州人）的领导下，于1937年成立邳县青年抗日救国团，任主任，支援台儿庄大战、徐州会战。1938年任邳县青年抗日救国团义勇队总指挥。1939年任八路军陇海游击支队邳县独立团团长。1940年任邳县第一届抗日民主政府县长，兼邳县游击总队队长。1942年任鲁南第三行政公署副主任，兼邳县县长、游击总队队长。1943年1月加入中国共产党。1944年任鲁南第三专员公署专员，鲁南地委委员。1946年任鲁南第三军分区副司令，鲁南军政委员会委员。1948年任华东野战军支前司令部交通部长、煤炭供应部长。1949年任华东军区军事运输司令部第一副参谋长、党委副书记。

1949年11月任上海铁路总局副局长、党委委员，兼任南昌铁路分局局长、党委书记。

1950年任中央军委军事运输司令部第一副参谋长、参谋长、党委副书记。1953年任总参军事交通部副部长、党委副书记、总参机关党委委员。1962年

[①]宋绮云（1904—1949.9.6）1929年由中共组织派到杨虎城军部工作，任中共西北特支委员、《西北文化日报》社长兼总编辑。西安事变前后对杨虎城部作了大量的统战工作，为宣传党的抗日民族统一战线政策作出了积极贡献。1949年9月6日，与妻子徐林侠及未满9岁的幼子"小萝卜头"及杨虎城将军父子一起，被杀害于重庆歌乐山松林坡戴笠警卫室。是为新中国成立做出突出贡献的英雄模范人物。

兼任中央军委鹰潭军事运输司令部副司令、党委委员。1963年兼任中央军委交通战备规划小组办公室主任。

1968年受迫害，下放"五七"干校劳改。

1979年平反，任总后军事交通运输部顾问。

1982年离休，正军职待遇。

2007年在北京逝世，享年97岁。

肆拾贰　刘　剑

刘　剑（1918—1974）曾用名刘刚，江苏铜山人。1934年考入江苏省立徐州中学。任徐州中学学生救国会负责人。1937年加入中国共产党，后到延安抗日军政大学学习。

1938年任中共临（沂）郯（城）中心县委书记兼临沂县委书记。1939年1月，任中共鲁南特委委员、组织部部长，同年10月任中共苏鲁豫区委委员、青年部部长兼苏鲁豫边区各界抗日救国联合会主任、苏鲁豫边区青年抗日救国联合会主任。在湖西"肃托"事件中，被错误关押，后平反。1941年初又受到错误处理，被开除党籍，调鲁南专署，先后任专署文教科科员、副科长、科长，温河县（今山东费县）县长。

1947年经中共华东局批准，恢复党籍。同年秋任费县县委书记。1949年初，随军南下，先后任杭州军管会财经部实业处处长、浙江省实业厅副厅长。

中华人民共和国成立后，历任中共台州地委书记、浙江省农林厅厅长、吉林化工区建设公司经理、国家重工业部化工局副局长、化工部有机局局长、中共浙江省委工交部部长、浙江省基本建设委员会副主任、浙江省计划经济委员会副主任、浙江省副省长。

"文革"期间被关押。

1973年9月，任宁波港建设领导小组副组长。

1974年去世，终年56岁。

肆拾叁　刘　文〔刘　敏〕

刘　文（1905—1947）字问之，号颖卿，又名刘敏，化名老黄、老郑、方利民、余子彬，合肥西乡（今肥西县）井王乡刘老圩人。幼读私塾，1920年秋进安庆第一师范附小学习，因参加学生运动受当局追查，且学费难以为继而辍学。1928年夏进六安师资讲习所学习，同年经同学孙实介绍加入中国共产党。

师资讲习所学习结束后，先后在六安南官亭和舒城鸳鸯庙以设馆教书为掩护，从事革命活动。1930年夏去上海，进新华袜厂和汽车公司从事工人运动，并担任党的秘密交通员。次年6月被任命为中央巡视员，到合肥、庐江、巢县指导工作，10月返回上海，不久又去东三省巡视工作。

1932年9月，由于叛徒告密，中共合肥中心县委机关遭破坏。10月，中共中央速派刘敏以中央巡视员身份来合肥，组成了合肥临时中心县委，使党的组织迅速恢复。1933年3月，任合肥中心县委书记。他在上海工作时，由于劳累过度，染有肺病，此时旧病复发，常大口吐血，但仍坚持工作。1934年7月，合肥中心县委机关再次遭到破坏，爱人宋继蕴亦被捕，8月牺牲于六安。他在巨大打击下，仍坚持斗争。8月，中共寿县中心县委和游击队转移到合肥，和他接上关系。双方决定将两个中心县委合并，成立中共皖西北中心县委和游击大队，并派交通员去上海临时中央局汇报。10月6日，中央来信决定成立安徽省委，由刘敏任书记。刘敏认为，就目前形势而言，成立省委似空谈，于11月26日向中央报告，建议成立特委，中央同意他的意见。1935年2月，中共皖西北特委在肥西缺牙山成立，刘敏任书记。

1935年夏，特委委员李德保和游击师排长仁继舟先后叛变，致使特委委员有3个被捕，游击师留在合肥的200余名战士在黄渡之战中大部牺牲。他决定保存精干，分散活动。他到了巢县中庙小学以教书作掩护。1936年夏，特委跑上海交通的薛汉章叛变，致使特委与上海组织联系中断。刘敏抱病赴沪，寻找临时中央局（已被破坏），得知中央红军已到达陕北，即回皖在庐江召开特委会议，决定派孙仲德去陕北与中央取得联系。1937年5月，孙仲德自陕北回来，传达中央指示决定特委成员分批赴延安学习。刘敏立即作了周密的安排，分批出发。他们还自筹1500块银圆，作为党费交给中央。

刘敏到陕西三原县时，被中央转派河南，重建省委，并以特派员身份前往徐州开展工作。刘敏与徐州党组织负责人郭影秋取得联系，迅速恢复、整顿了中共铜山县委组织，发展了十几名党员。10月，中共苏鲁豫皖边区特委成立，刘敏参加特委，并在特委成员分散情况下，经常主持特委工作。此时，他派遣郭影秋等一批共产党员参加了李宗仁的五战区民众抗日动员委员会，进行了卓有成效的工作。

1938年4月，他被调延安养病。

1947年国民党军队进攻延安时，他在转移途中，病故于陕西临县三交镇。

肆拾肆　刘鸿文

刘鸿文（1916—1979.1.30）安徽合肥县（今肥东县六家畈镇刘寿三村）人，幼年跟随执教的姐夫吴端礼，先后在撮镇小学、安庆师范读书，在安庆参加学生运动被开除。1935年去上海参加革命，次年加入中国共产党。在上海时，深入郊区从事农民运动、工人运动和抗日救亡工作。

抗战爆发后，转入白区工作，任中国共产党霍邱县委书记兼皖北中心县委宣传部长，在复杂的环境中，机智沉着，建立了抗日民主政权。后在解放区，历任中共全椒县、合肥县、定合县县委书记、县长、江北游击纵队政治部民运科长、皖东专署党团书记兼秘书长、淮南路东地委城工部部长、淮南区党委城工部副部长。

解放战争期间，奉命再次到白区进行地下工作，与国民党上层军官面对面进行斗争，粉碎了国民党企图决堤放黄河水阻止刘邓大军南下的阴谋。

中华人民共和国成立后，历任开封特别市副市长、河南省委统战部副部长、部长，河南省委组织部部长、省委委员、省委常委、省革命委员会副主任、省委副书记等职。

中共八大代表，第二、三、五届全国人大代表，全国政协第五届委员，河南省第一至四届政协副主席，在党的统一战线、组织和外事工作中有颇多建树。

1979年在郑州病逝，终年63岁。

肆拾伍　刘木铎（刘双楫）

刘木铎（1913.8—1990.2.24）京剧生角、导演，原名刘双楫，湖北武汉市人。父刘艺舟为汉调艺人。早年习京剧、汉调，从师杨得禄、王素云。工武生、老生、小生。曾随父刘艺舟在鄂、川等地从事演出活动。1937年参加革命，1938年至1948年参加周恩来领导的抗敌演剧队。

1948年10月在华北大学三部学习，并参加华大文工三团。

中华人民共和国成立后，相继在中央戏剧学院、中国戏曲学校、中国戏剧研究院实验京剧团、中国艺术研究院等单位从事导演、教学和研究工作，为新中国戏曲导演制和戏曲导演队伍的建立、建设做过不懈的努力。

他是中国艺术研究院研究员，中国戏剧家协会会员，中国戏曲学会理事，戏曲研究所研究员。

导演及演出的剧目主要有：《包得行》《国家至上》《大明英烈传》《缉私关》《靖西风光》《红旗歌》《黑旋风李逵》《梁山伯与祝英台》及京剧《四川白毛女》等。

主要著述有：《萧长华谈表演艺术》（与祁兆良等人合作），1956年艺术出版社出版；《关于中国戏曲导演的几个问题》（杨舒整理），载于《戏剧艺术讲座》导演专辑；《导演元素十讲》（龚战、高法全整理），由湖北省戏曲学校1984年编印。

1963年、1980年两度导演马少波创作的《正气歌》。该剧于1981年获北京市文化局、北京市文联颁发的剧本创作、演出一等奖。

1990年在北京病逝，终年78岁。

肆拾陆　刘屏江

刘屏江（1907—1941）河南永城县北薛湖集人，士绅家庭。自幼在薛湖集小学读书，1921年毕业于永城高等小学，同年考入商丘河南省立第二中学，1924年毕业后考入北京大学学习，1927年加入中国共产党。1928年夏，毕业于北京大学，到陕西省政府任监印，继续做党的工作。1930年受党的指派，回到家乡永城，在薛湖集小学以当教师为掩护，领导永城的革命斗争。

1932年9月25日，刘屏江、张宗孔、郭子化、刘自章等在永东二区秦双庙召开会议，研究制定了领导农民暴动的计划。失败后，被捕入狱，在狱中宁死不屈，被判以长期关禁。

1936年12月，经党组织营救出狱。遂返回永城县原籍，投入抗日救亡运动。

1937年11月，中共苏鲁豫皖特委书记郭子化在江苏省萧县黄口车站召开特委扩大会议，刘屏江作为永城党组织的代表参加会议。会后，成立了中共永城县工作委员会，刘屏江被推举为工委书记。29日，永城县民众抗日救亡运动动员委员会成立，抗日县长鲁雨亭任主任委员，刘屏江等工委成员皆被选为委员。1938年2月4日，中共永城县工委以县动委会的名义开办了永城县抗日青年集训班。

1938年5月12日，永城沦入日军之手。1938年秋，鲁雨亭在芒砀山区组织抗日武装游击队，刘屏江、王卓然、陈建平等参加。他们搜集枪支，动员青年农民参加游击队，还促使鲁雨亭接受共产党的领导，把游击队列入中国共产党领导的湖西人民抗日义勇队第二总队第二十九大队，后编入彭雪枫领导的新四军游击支队，为第一总队。

1940年夏，调任新四军游击支队政治部宣传科长，协助政治部主任萧望东工作。不久，又调到豫皖苏边区党委宣传部工作。1941年春，国民党反动派发起第二次"反共"高潮，新四军第四师奉命撤往津浦路东休整。在随军东撤途中不幸牺牲，时年34岁。

肆拾柒　刘仲华

刘仲华（1899—1970.4.21）本名刘廷英，字子华，仲华是其别号。山西崞县（今原平）沟北村人。1918年由崞县高小考入省立一中旧制中等科第二十二班就读。他组织了青年学会，参加了领导驱逐反动校长和教育厅长的斗争。遭军警的追捕，投奔北京大学，在图书馆找到了一份誊写资料的工作。当时，李大钊任馆长。1923年由李大钊和李彪介绍，加入中国共产党，成为崞县第一位共产党员。

1924年，受李大钊派遣，到上海大学从事学运工作。1925年参加了"五卅运动"，同年秋，被派往河南等地为党募捐经费。1926年初，到五原地区续范亭部任军政教导团。同年陪鹿钟麟赴苏联参观考察军事。

回国后，到冯玉祥部做政治工作，1927年夏，奉命到河南四望山游击队。后经河南省委指派，前往安徽太河县杨虎城部、阳县高桂兹部、亳州方振武部，向党内同志传达中央指示，建立皖北特委，任军事委员，并任方部中共前委书记。组织当地农民，发动武装暴动。1928年，到上海，在周恩来、聂荣臻的领导下，在军委从事情报工作。

1935年3月，他从原上海中央局军委系统干部组建了"上海临时中央局"，任书记，王世英负责军委系统的工作，刘仲华和南汉宸、王世英等一起，积极开展情报工作和国民党部队"军运"工作。

1936年，他接受第三国际驻上海代表的指示将工作移交王世英后，取道法国赴苏联，却接到不准入境的通知，他回国又收到党组织的不接纳，从此与党失去联系。

抗战开始后，刘仲华经张任民介绍，到五战区司令长官部李宗仁手下担任高级参议。以"非党员"的身份做共产党员做的统战工作。此时，五战区还有周恩来、李克农派到白崇禧身边的绝密人物谢和赓及神秘人物刘仲容。李宗仁对刘仲华的身份是了如指掌的，但他对刘仲华却很赏识、器重，通过刘仲华与李先念的新四军取得几次联系。北平解放前夕，他参加了李宗仁组织的国共和谈代表团，担任首席顾问。

中华人民共和国成立后，历任政务院参事，北京市地震局局长、房管局局长、园林局局长等职。

1953年，北京市委决定，报请中央组织部批准，接受他重新入党，因有周恩来、聂荣臻证明，无入党介绍人。这是他30年前入党后的重新归队。尽管历史给他开了一个很大的玩笑，但他从无怨言。

北京市第一、二、三、四、五届人代会代表，北京市政协第四届常委。

1970年在北京病逝，终年71岁。

后彻底平反、恢复名誉，恢复他自1923年的党籍。1980年5月24日，中共北京市委在北京中山公园中山堂为其召开追悼会。

肆拾捌 卢 斌

卢 斌（1899—1940.2.13）谱名世延，字吉山（珊），化名陆沉。湖北黄冈回龙山镇戴家冲人。与毛泽东等一起任中共第五届中央候补委员。

早年入武昌中华大学中学部学习。1921年随恽代英去四川泸州川南师范学校，曾参与恽代英、林育南、李求实、林毓英（张浩）、萧楚女等人组织的利群书社。1921年冬入党，不久被派往安源，和李立三、刘少奇一起开展工运，曾任安源团地委书记。1924年冬任安源路矿工人俱乐部主任。1925年赴广州，任黄埔军校政治教官，后任中央农委委员、广州农民讲习所主任、湖北省农协委员长、全国农协临时执委会五常委之一（另四人是谭延闿、邓演达、毛泽东、谭平山）。1927年参加八七会议，并当选为中共五大候补中央委员，同年11月，被临时中央政治局认为不搞农运、专搞军事投机而被撤销候补中央委员。1928年调任江西省委书记、中共鄂北特委书记。

1929年后调至江苏、河北等地工作，参加了托派组织并在《81人声明》上签了名，但此时的卢斌却在上海的监狱中。1930年被开除党籍。后被国民党逮捕叛变，1935年加入中统。后被派赴青岛任中统胶东特派员。

抗战爆发后，任第五战区总动员委员会常务委员，3月参加徐州会战，在台儿庄战役中负伤，5月同李宗仁突围返回武汉。

1938年夏伤愈后，受武汉国民政府派遣与时任山东省主席沈鸿烈的邀请，再次赴山东莱阳抗日前线。1939年春在敌后任国民政府鲁东行署主任。1939年正月初六，遭国民党军统特务头子戴笠、沈鸿烈指令，被国民党地方保安司令兼莱阳县长王海如（三青分子）、叛变投日的行署副主任厉文礼（原国民政府军事委员会调查统计局成员，叛前因门户之见与陆沉结怨甚深）及部下胡定山劫持，在莱阳西大街约十里处红石岩，将卢斌活埋杀害，终年41岁。

1940年4月国民政府下令褒扬，后被追认为抗战殉职人员。

肆拾玖　鲁雨亭

鲁雨亭（1899.11.18—1940.4.1）原名鸿逵，字羽亭，因梦大鹏覆体，自改为鲁鹏，字翼亭，又梦大鹏一翅被伤，改字为雨亭，以备将来羽翼国家、雨露人民，乳名"献"。河南永城县山城集（今永城市芒山镇）人，世代殷实的书香家庭。

1906年，入山城集小学。1915年春，考入河南法政学堂。毕业时，在一篇《杂感》中写道："前人创业非容易，后代无贤总是空。""妙算龙韬虎略，英雄铁马金戈"。

1918年秋，考入开封军士学校。1920年秋，到河南陆军第二混成旅任掌旗官和军法官。

1924年冬，转入樊钟秀的建国豫军任军法处长。1925年初，任靖国豫军军法处长兼总部秘书。同时向孙中山书谏十策，写道："吾等拥护孙先生联俄联共之策。对内联共，则精神足；对外联俄，则军实不患无备。"同年11月，任河南武安县（现属河北）县长。1926年秋，建国豫军总司令樊钟秀攻晋失败，他闭门家居，读书自娱。

1931年经友人劝召，任孙殿英四十一军驻南京办事处处长、军长代表一职，誓为抗日周旋。1933年初，他推动孙殿英率部从山西进攻热河，在赤峰与日军血战7昼夜，获得全国舆论的好评。1934年春，蒋介石密令何应钦、阎锡山等部消灭孙殿英部，四十一军驻京办事处亦被关闭。

1936年10月，被国民党政府委为财政部咨议，他婉谢返乡，为促使团结抗战，撰写《抗日应有的步骤》和《国共合作应定为抗日国策》投送天津《大公报》和《益世报》。1937年初，应河北省保安处长高树勋的邀请任该处秘书长。

　　抗战全面爆发后，他借整训保安名义成立8个团队，请求率队奔赴前线抗日，未获批准。保定失守，他携眷回乡。1937年11月，经李宗仁推荐，被委任为永城县长。在此期间，他兼任动委会主任委员。

　　1938年3月，他把永城县青训班学员分为5个抗日工作团，深入各区进行抗日宣传，掀起了全县抗日高潮。1938年5月永城沦陷后，他在豫南筹措抗日经费。1938年9月初，经汉口、漯河、周口、鹿邑潜回永城芒砀山区，在王卓然、陈建平协助下正式成立永城人民抗日游击队。1938年11月20日，宣布成立湖西人民抗日义勇队第二总队第二十九大队，任大队长。其间他变卖家产，购买枪支弹药，抚恤遗孤，为国纾难。

　　1939年1月，他派30多名青年到彭雪枫率领的新四军游击支队随营学校学习，并接纳共产党员到本部发展党组织，开办训练班，协助八路军苏鲁豫支队打击日军。1939年8月，他亲见新四军游击支队参谋长张震，请求加入共产党和归编为新四军。1939年8月29日，任新四军游击支队第一总队总队长，同时加入中国共产党。

　　1940年2月下旬，带领一总队阻击日军于僖山，击毁敌汽车两辆，毙伤敌30余人。3月，鲁雨亭指挥部队与日军连续战斗10余次，迭获胜利，歼敌佐野联队长北山大尉等300余人。4月1日晨，日寇从永城、夏邑、砀山、萧县、黄口等据点调集数千人分4路向芒砀山一总队围攻，在磨山、僖山、柿园等村展开激战。鲁雨亭率特务连坚守阵地，不幸身中数弹，壮烈殉国于李黑楼东门外，时年41岁。

　　彭雪枫对他的评价："他是一个只知有党不知有己，只知有国不知有家的真正的出色的民族的布尔什维克的英雄！"

　　张震对他的评价："雨亭同志死的光荣，死的伟大。他的英名和光辉形象，像保安山一样，必将永远屹立在豫东平原上，活在豫皖苏边区人民心中。"

　　1940年4月3日，豫皖苏边区党政军委员会决定，将山城集改名为"雨亭集"，第一总队报纸命名为《雨亭报》，抗大四分校图书馆命名为"雨亭图书馆"，在河南芒砀山南麓兴建了"雨亭祠"。1942年在他墓前修建了"鲁雨亭纪念馆"。

　　1949年之后，芒山镇又分别命名了雨亭小学、雨亭中学、雨亭街、雨亭社区等以示纪念。

　　2007年4月1日，殉国六十七周年之际，永城市在芒山镇李黑楼他的殉难处树立了纪念碑。

2008年9月以鲁雨亭烈士命名的公益活动"雨亭行动"正式发起。

2014年9月1日，入选民政部公布的第一批著名抗日英烈和英雄群体名录。

伍拾 陆诒

陆　诒（1911—1997.1.9）字翼雏，上海县鲁汇镇（今属上海市闵行区）人。1930年在上海私立民治新闻学院学习一年，翌年10月进上海新闻报社，在画刊编辑室实习。1932年，一·二八淞沪抗战爆发后任战地记者。1935年任《救亡情报》编委。1936年参加上海文化界救国会。

七七事变后，赴卢沟桥和上海战场报道前线战讯。同年10月转入《大公报》社，被派赴太原、延安等地采访。

1938年1月，到武汉《新华日报》担任编委兼采访部主任，先后采访过承德失陷、七七卢沟桥事变、八一三上海抗战、太原之战、台儿庄战役，以及保卫武汉战役。他还先后到太行山、晋察冀和平西等抗日根据地采访，访问了朱德、彭德怀、刘伯承、邓小平、贺龙等将领，写了大量的新闻通讯，宣传共产党的政治主张和八路军在华北敌后英勇打击敌寇的光辉业绩。1940年10底，他赴昆明，采访重新开放的滇缅路，并且到缅甸、泰国采访。

1941年皖南事变后，去中国香港地区和新加坡，向海外华侨写文章报道祖国抗战的新闻。太平洋战争爆发不久，他还在新加坡报纸上写军事评论文章，号召华侨起来抗日。1942年1月底撤离兵临城下的新加坡。横渡印度洋，到达印度加尔各答，翻越印度与缅甸边界的阿拉甘山脉到缅北，取道滇缅路回国，回到重庆新华日报社。1943年6月，奉周恩来指示，借参加国民党组织的鄂西慰问团之机，通过陈诚访问了被国民党软禁的新四军军长叶挺，并向叶转达了党中央和周恩来的关怀和问候。1944年2月，到重庆任《大公报》记者，兼重庆私立民治新闻专科学校代理校长。

抗战胜利后，任上海《联合日报》《联合晚报》和《时代日报》编委、采访部主任。

1946年8月，在上海参加中国民主同盟，同年10月，离沪去香港，任国新社香港分社社长，并筹建民治新闻专科学校香港分校，任校长。他还兼任民盟中央宣传委员、《光明报》主编和民盟港九支部委员，达德学院新闻专修班主任、教授。

1949年7月，上海解放不久，回上海参加《新闻日报》工作，担任编委兼采访部主任，1956年任《新闻日报》副总编辑兼复旦大学教授。1957年被错划为"右派分子"（后改正）。1960年《新闻日报》与《解放日报》合并，在解放日报社资料组工作。其间任上海市政协常委、上海市文史资料工作委员会副主任。

1979年在解放日报社加入中国共产党。

上海市新闻工作者协会顾问、中华全国新闻工作者协会名誉理事，第五、六、七届届全国政协委员，上海市第三、四、五届政协常委，中国民主同盟第五、六届中央委员，民盟上海市委第八届副主任委员。

著有通讯集《前线巡礼》《火线上的五路军》《热河失陷目击记》《战地萍踪》《文史杂忆》等。

1997年在上海逝世，享年87岁。

伍拾壹　罗任一

罗任一（1897—1965.6）四川资中球溪镇人，1917年留学日本攻读化学，1920年考入东京早稻田大学，改读政治经济学。1923年归国后，在重庆时与陈毅、漆树芬等人常在《新蜀报》上宣传马列主义理论。1924年任国民党上海执行部宣传委员会委员。1925年在彰德十一中教书，加入中国共产党，与王若飞、徐向前等常有工作上的联系。

1926年，南走广东参加国民革命军北伐，任总政治部特务员。1930年与季方共商组建中国国民党临时行动委员会（简称"临委会"，是中国农工民主党前身，国内成立最早的民主党派）。当选中央干部会干事（中央委员），他与季方负责中央领导机关总务与联络工作，并成立了上海市干部会，他与郑太朴负责。此后，脱离了中共组织。

1931年8月，由于叛徒出卖，邓演达、罗任一等11人在上海被捕。11月29日，邓演达遭杀害。

1932年1月，经宋庆龄、冯玉祥作保，罗任一等人获释放，后担任上海《申新日报》主编。

1933年，参加了冯玉祥组织的"察哈尔民众抗日同盟军"的活动。

1934年冬，与章伯钧等同志，复去日本，研究日本军需工业及政治动向，在留日学生中发展组织，成立了东京支部，进行反蒋抗日的宣传。

1935年回国，冬，奉中华"解委会"之命，去西安与杨虎城联络，商讨反蒋抗日。

1938年初，参加了以周恩来、黄琪翔为副部长的国民政府军事委员会政治部，担任统计委员。

1939年冬，出任三十八集团军政治部主任。

1944年9月，任中国民主同盟中央委员。

1945年，任国民政府军政部中将咨议。

抗战胜利后，受中共中央副主席周恩来的指示，为和平谈判奔赴于各党派之间。

1947年罗任一等九人被选为中国农工民主党中央执行委员会常务委员。他按照周恩来的指示，回到四川工作，住在成都原川军师长、中共地下党员、民盟中央委员张志和家里，以国民党军政部中将咨议的合法身份做策动川军将领起义的工作，多次策动潘文华、刘文辉、邓锡侯起义。

1949年11月，连续当选中国农工民主党第五届中央执行委员会委员。

1950年，任西南军政委会委员、中苏友协西南分会理事长、川西行署委员和川西土地改革委员会委员。

1951年因"三台事件"无辜受牵连，受到停职反省处分。

1953年调北京任中国农工民主党中央秘书处处长、全国政协委员。

1964年6月病故于京，终年68岁。

1985年不白之冤得以平反昭雪。

伍拾贰　吕　班

吕　班（1913.3.24—1976.10.14）原名郝恩星，原籍山西榆次，生于山西太谷。出身于知识分子家庭，六岁至十五岁在山西太谷县铭贤学校（今山西农业大学）、汾阳县高小和铭义中学读书。自幼聪敏勤学，爱好文艺，富有艺术才能。后因战乱频仍，遭遇变故，家道败落而辍学。当过学徒、杂役、矿工、医兵，饱受辛酸。

1929年冬到北平，1930年春入北平日月影片公司培训班学习。同年又考入联华影业公司北平分厂演员养成所，学习表演、化妆和导演艺术，结业后留在该厂当场记，参加拍摄影片《故宫新怨》。1931年底到上海，入联华影业公司任导演部职员并加入左翼戏剧家联盟，并先后在新地剧社、怒潮剧社、上海实验剧团当演员。1934年参加上海业余剧人协会，积极从事左翼戏剧运动。1935年末至1936年初，曾赴太原西北影业公司任剧务主任、副导演兼训练班主任，参加拍摄了影片《无限生涯》，还参加演出过《强盗》《一元钱》《一致》等话剧。1936年夏回到上海，在上海业余剧人协会参加演出过《欲魔》（饰某甲）、《大雷雨》（饰库德略慈）、《醉生梦死》（饰兵乙）、《罗密欧与朱丽叶》（饰公爵）、《太平天国》（饰石达开）、《武则天》（饰薛怀义）等话剧。同年入明星影片公司二厂当临时演员，在优秀影片《十字街头》中饰演大学生阿唐，表演真挚朴实，从此蜚声影坛，有"东方卓别林"之誉。继而在新华影片公司拍摄了《青年进行曲》《貂蝉》等影片。

抗战爆发后，参加上海救亡演剧三队，沿津浦线北上，深入民众演出《我们的故乡》《东北之家》《放下你的鞭子》等剧目，积极从事抗日救亡的宣传活动。1938年8月到达武汉，由武汉赴延安，入抗日军政大学学习，后到抗大总校文工团任艺术指导。1939年7月到太行山任八路军野战政治部实验剧团团长。后调一二九师任宣传队副队长。除演出外，还唱大鼓，在延安有"吕班大鼓"之称。1942年6月加入中国共产党。

1946年后先后任晋鲁豫军区文工团团长兼任政治部艺术科科长、兼任晋冀鲁豫解放区邯郸剧院经理、邯郸戏剧工作委员会主任、晋冀鲁豫边区政府北方大学艺术学院秘书等职。其间，他编导了不少深受边区人民欢迎的剧目，并深入到敌后前线演出。1948年8月调东北电影制片厂工作，参加拍摄了新中国第一部故事片《桥》，之后担任了《无形的战线》的副导演。

1950年起任导演，并被借到北京电影制片厂与伊琳合导了北影第一部故事片《吕梁英雄》。与史东山联合导演了优秀影片《新儿女英雄传》，并于1951年7月获第六届卡罗维·发利国际电影节导演特别荣誉奖。1952年起独立导演了《六号门》《英雄司机》。其中，《六号门》在文化部1949—1955年优秀影片评奖中荣获优秀影片三等奖；1955年夏他同一些有志于电影喜剧研究的同仁在北京成立了电影喜剧研究组，翌年，又同何迟、罗泰等人酝酿成立"春天喜剧社"，《新局长到来之前》《不拘小节的人》和《没有完成的喜剧》，就是他们在电影喜剧探索中第一批艺术实践的成果，他是新中国喜剧电影的开拓者之一。

1957年被错划为"右派"，停止了艺术创作活动。被贬到长影锅炉房劳动，后被遣送到吉林省东丰县中育公社劳动改造。

1976年病逝，终年63岁。

电影作品有：1931：《故宫新怨》（联华）场记；1935：《无限生涯》（西

北）副导演兼饰经理；1936：《清明时节》（明星）饰李达宝，《王先生奇侠传》（天一）饰强盗甲；1937：《十字街头》（明星）饰阿唐，《青年进行曲》（新华）饰王柏松；1938：《貂蝉》（新华）饰老太监；1949：《桥》（东影）饰厂长，《无形的战线》（东影）副导演兼饰特务李天民；1950：《吕梁英雄》（北影）与伊琳联合导演兼饰说书人，《新儿女英雄传》（北影）与史东山联合导演；1952：《六号门》（东影）导演；1954：《英雄司机》（东影）导演；1955：《黄河大合唱》（舞台艺术片，新影）导演；1956：《新局长到来之前》（长影）导演，《不拘小节的人》（长影）导演；1957：《没有完成的喜剧》（长影）导演。

伍拾叁　吕　复

吕　复（1914—1992）中国著名戏剧活动家、话剧编导。原名高履谦，祖籍江苏扬州，生于南京。在南京中区实验中学读书时期即热爱艺术，组织胎儿艺社，出版文艺周刊。18岁时父亲病逝，顶替进南京上海商业储蓄银行。1932年发起创办磨风剧社。1933年参加南钟剧社，筹组左翼剧联南京分盟。1937年初到上海参加上海业余实验剧团任演员。八一三后参加上海救亡演剧队。1938年加入中国共产党，并参加抗敌演剧队（后改为九队）担任队长，兼中共二队支部书记。

抗战期间，率队辗转江苏、山东、湘、桂、黔、川进行抗日进步戏剧活动。抗战胜利后，在上海、无锡等地配合民主运动，演出进步戏剧。上海解放前夕，筹组地下剧影协会，迎接解放。

中华人民共和国成立后，历任上海军事管制委员会文艺处戏音室副主任，演剧九队扩建改编为华东文工二团，他任团长，并任上海戏剧电影工作者协会副秘书长，上海艺术剧场经理。而后，参加上海人民艺术剧院筹建工作，1950年8月，担任该剧院副院长。1955年曾兼任中央戏剧学院由苏联专家主持的表演训练班班主任。1960年1月，调任上海市文化局副局长。1978年，调往北京任中国戏剧家协会领导小组成员和中央实验话剧院副院长。1987年，任文化部党史征集委员会委员兼艺术组组长。

是中国剧协第一、二届理事和第三届常务理事。在《蜕变》《胜利进行曲》《鉴真东渡》等剧中扮演角色。导演的话剧有《大地回春》《北京人》等。著有多幕剧《胜利进行曲》。

1994年逝世，享年78岁。

伍拾肆　麦世发

麦世发（1909—1943.12）广西北流市西埌乡木棉村人。1932年入广西桂林师范专科学校。1935年2月毕业后分配到广西第四集团军政训处工作，后到广西民团干校当教官。1936年在民团干校经刘敦安介绍加入中国共产党，次年为中共广西省军团成员，中共广西省工委委员，参与领导民团干校和南宁军校中共组织的工作及左、右江武装斗争。

抗战爆发后，在南宁南国街15号设立秘密联络站，油印秘密文件和传单，又主编铅印刊物《现实》，公开发行。1937年冬，受党组织安排随桂系军队北上抗日，经武汉、浙江到达安徽抗日前线，在二十一集团军总政训处工作，成立了青年服务团。次年9月起任一七二师政治处中校科长；1941年起，任皖干训团政治处上校科长。在此期间，秘密组织中华民族抗日先锋队，担任队长，开展抗日救亡活动。他负责情报工作，将二十一集团军的军事部署、军事行动、军械仓库等情况，以及该部队与国民党省党部CC系的矛盾向中共豫鄂皖边区党委及新四军的有关负责人汇报。曾利用合法身份掩护中共秘密电台转移。

1943年，麦世发被调到安徽民政厅当科长（同上校）。当时李宗仁到安徽与李品仙共商搞第三次"反共"摩擦，准备袭击新四军。麦世发等及时将此重要情报传送给新四军。情报是由他和史迁（史谦）在立煌石稻坊开设的复盛店交通站所派的一名交通员送出的。不料，这交通员被立煌警备司令部哨卡截获而致机密泄露。同年9月，他和史迁、刘敦安、詹远生等一批人被捕，被关禁在立煌（今金寨县）古碑冲张家湾。麦世发同大家曾夺枪越狱，但未成功，于当年12月一起被国民党特务活埋，时年34岁。此事件称为"大别山惨案"。

中华人民共和国成立后，安徽省文史馆副馆长曾作《哭麦公》诗一首悼念他，诗曰："三七烽烟认麦公，蛰惊顿开茅塞胸；纵有亥潭深千尺，难忘心底恩万钟。怒控恶莽盘古冲，夺我坚贞鬼神恸；青山长埋忠烈骨，绿水渊处幡英风。"

伍拾伍　孟启予（陈元，女）

孟启予（1920—），原名陈元，福建长乐人。1938年加入中国共产党。1941年至1945年在延安鲁艺音乐系学习。曾任延安新华广播电台、陕北新华广播电台播音员。

抗战胜利后，中共中央决定马上恢复延安新华广播电台，孟启予卷起铺盖，带着刚刚学步的孩子就上路了。1947年3月，她随电台一起突破敌人封锁，改呼号为"陕北新华广播电台"继续播音。她的声音高亢清脆，音调义正词严，像战鼓般鼓舞着全军士气。

1949年北平和平解放，陕北新华广播随人民解放军总部进入北平，她继续奋战在广播工作的第一线。她是中央人民广播电台少儿广播的创办者，也是新中国广播电视事业的先驱者。

历任中央广播事业局编委。曾负责筹建中央人民广播电台少年儿童广播部，并任主任。1955年赴苏联，任莫斯科广播电台华语广播部编辑。1957年参与筹建我国第一个电视台——北京电视台，并任副主任。

1960—1966年，任中央电视台第二任台长。

1978年后任中央电视台副台长、中国广播电视学会理事。

著作：长篇传记文学《大海的一朵浪花——孟启予的广播电视生涯》。

伍拾陆　苗宗藩

苗宗藩（1890.4—1960.9）又名苗沛城，江苏沛县大屯镇宋庄人。1929年12月参加中国共产党。同年参与创办望湖小学、农民夜校。为了便于发展革命力量，开展工作，他把自己家的八亩地改成菜园，打了一口井，以种菜为掩护，和张光中、郭子化、郝中士等共产党人经常在菜园里商讨革命大计，这就是沛县广为传诵的"八亩菜园聚英雄"的故事。

1930年国民党当局疑其为共产党将他逮捕，半年后释放。1933年任中共沛县县委书记。同年12月22日因叛徒告密第二次被捕，称是受骗被释放。后任"沛县三民主义救国会"会长，他以合法身份继续发展中共沛县党组织。1935年5月经中共苏鲁特委负责人郭子化批准重新入党。

在沛县中学做党的工作。翌年6月第三次被捕，他经受了严刑拷打，坚定立场。西安事变后经党组织营救获释。

七七事变后，在沛滕一带组织人民抗日，建立沛县农民抗日救国会，任会长。1938年5月徐州沦陷后参与湖西抗日武装，勋绩卓著。抗战期间，历任中共沛县县委书记、湖西地区参议院、沛滕边办事处主任、湖西专署司法科科长等。

中华人民共和国成立后，历任湖西专署监察处副处长，中共山东省委参事室参事。

1960年9月在济南病逝，终年70岁。

伍拾柒　潘　琰（女）

潘　琰（1915.10—1945.12.1）原名潘虹，江苏徐州人。1934年考取江苏省立徐州女子师范学校。她是一二·九运动徐州学联核心成员之一。七七事变后，她离开学校到军医院做救护工作。1937年底，到安徽寿县参加第五战区的"抗战青年干部训练团"，训练结束后作为第五战区第十一集团军学生军的一员，参加了津浦南段的保卫战、台儿庄战役救护工作。

1939年初，随部队撤到湖北宜昌，不久学生军解散，潘琰以优异成绩考入湖北省立第一女子师范学校。这年夏天加入中国共产党。她出色地完成党组织交给的各项任务，被国民党列入"黑名单"。1940年夏，奉命转移到恩施。这年冬天，改名潘虹，到重庆进手工业纺织人员训练班，结业后到川北乐至县教村民纺棉花，还利用一切机会教农家孩子念书识字，与当地群众建立了深厚的感情，有歌赞曰："蜀北家家忆潘虹。"1943年夏，考入昆明西南联大师范学院。她一面努力学习，一面积极参加进步学生的各种活动。

抗战胜利后，她积极投入争取民主的各项活动中。1944年秋，考入被誉为昆明"民主堡垒"的西南联大师范学院。在昆明，她一面读书，一面投入到如火如荼的爱国民主运动中。她严守组织纪律，从未暴露自己的党员身份，积极配合云南地下党外围组织"民青"开展各种进步活动。

1945年12月1日，50多名国民党军人和便衣特务闯进师院校园，向同学们大打出手，潘琰带领同学们与之抗争，凶恶的敌人竟将两颗手榴弹投向人群，潘琰胸部中弹，仍奋力抢救同学，又被敌人用石头击倒在地，后经抢救无效而牺牲。临终时仍呼喊着："同学们，团结呀！"时年30岁，为"一二·一"四烈士之一。

在徐州市档案馆珍藏的潘琰烈士的个人档案中,记录了潘琰从训练团毕业后的经历。

离开寿县的潘琰和同学们组成了担架队和宣传队,先后到了台儿庄、大别山和湖北罗田县参加救援和宣传工作。

伍拾捌　彭畏三

彭畏三(1901—1969.1.25)曾用名彭国相,山东滕县东沙河镇前大庙村人。1923年,考取北平师范大学外文系,毕业后至抗战前一直从事教育工作。在任教期间,积极参与营救和资助地下党组织的活动,多次支持和保护进步青年学生,使其免遭国民党当局的迫害。

七七事变后,团结和组织山东各界人士和"平津流亡学生"开展抗日救国活动。1939年底,被罗荣桓将军聘为八路军一一五师特约高级参议,后继任鲁南总动员委员会宣传部长、鲁南行署教育处副处长、鲁南参议会参议长。1944年6月,由张光中、李乐平介绍加入中国共产党。

中华人民共和国成立后,先后任青岛市教育局长、青岛市文教委副主任、山东师范学院院长、名誉院长等职。

1969年病逝,终年68岁。

伍拾玖　彭笑千

彭笑千(1897—1980)字效骞,原名彭其峰,又名彭其汝,安徽萧县人,家境殷实。1919年于徐州府铜山县高等小学毕业后,受聘于萧县第一高等小学任会计。

卢沟桥事变后,回到家乡萧县。当时,萧县县长卷款潜逃,他利用自己在萧县的声望及与上层人士的关系,奔走呼号,共赴国难。在共产党员郭子化和郭影秋的举荐下,第五战区民众总动员委员会主任李宗仁任命王雪琴为萧县县长,彭笑千为县政府秘书。

1938年5月18日,萧县城沦陷,王雪琴守城阵亡。中共萧县党组织决定成立萧县抗日民主政府,由彭笑千出任代理县长。10月,被推选为县长,兼任政委会主任委员,成为淮北地区共产党领导的第一个抗日政府县长。为了组建抗日武装,他从旧县政府存款中拿出几万元作为经费,购买了大批枪支弹药。在中共萧县中心县委的领导下，利用政权的力量，组建了300余人的萧县常备大队，他兼任总队长。1939年底，日军对萧县进行报复性"扫荡"。他家中财产被抢劫一空，大儿子彭哲民和侄儿彭捷三被捕。日军以此威胁他。他不为所动，带领抗日武装，粉碎了日军的"扫荡"。

1940年，被调任豫皖苏边区联防委员会（边区抗日民主政权）民政处副处长。

1941年5月，新四军第四师奉中共中央华中局和新四军军部命令，撤离豫皖苏边区，转移到皖东北地区。中共豫皖苏边区委员会决定，留彭笑千等人在萧县做国民党耿蕴斋和吴信容部队的争取工作。1944年8月，新四军第四师师长彭雪枫率第四师主力部队西征豫皖苏边区，当西征部队进入萧县作战时，在地下党员彭笑千等人的争取下，吴信容的弟弟吴信元率部1700余人起义，西征部队解放了萧县全境，建立了萧县抗日政府，彭笑千任县长。年底，西进部队收复了原豫皖苏边区失地，建立了淮北第二行政区专员公署，彭笑千任专员，领导津浦路以西8个县抗日政权工作。

抗战胜利后，历任苏皖边区政府第八专署专员、豫皖苏边区行政工作委员会副主任、豫皖苏边区行政公署副主任及中原临时人民政府委员兼农业部部长等职。

解放战争后期，经吴芝圃介绍，加入中国共产党。

中华人民共和国成立后，他一直从事农业工作，先后担任河南省农业厅厅长、中南军政委员会委员兼农业部副部长、中南行政委员会委员兼农业局局长、中南财经委员会副主任、河南省副省长、河南省政协副主席等职。

1980年病逝，享年83岁。

陆拾　钱俊瑞

钱俊瑞（1908.9.28—1985.5.25）别名陶直夫、钱泽夫、泽甫、周彬，无锡县鸿声里（今无锡市锡山区鸿山镇）人，生于农民家庭。先后在鸿声小学、江苏省立第三师范、江苏民众教育学院读书。1929年在陈翰笙领导的中国农村经济调查中，他参加了在无锡、保定农村以及江苏、河南、山东、陕北、安徽、广东等省的一些县的农村调查，在掌握了大量农村经济材料的基础上，运用马克思主义的观点立场进行了研究，撰写了《中国农村经济现阶段性质之研究》《中国地租的本质》等多篇论文。

1935年加入中国共产党，曾任中共中央文委委员，"左翼文化总同盟"宣传委员。1938年后历任第五战区司令长官部文化工作委员会主任、中共中央华中局文委书记、新四军政治部宣传部长等职。1946年任新华社北平分社社长兼总编辑。同年赴延安，历任《解放日报》和新华社社论委员会主任。1947年后任华北大学教务长。

中华人民共和国成立后，历任教育部党组书记、副部长，文化部党组书记、副部长，中国社会科学院世界经济与政治研究所所长，国家计划委员会顾问，国务院经济中心顾问，中科院哲学社会科学部学部委员，中国世界经济学会会长。

曾任中共第八届中央委员会候补委员，第一、二届全国人大代表，第一、二届全国政协委员和第三至六届常委；他还担任《中国大百科全书》总编辑委员会委员和《世界经济百科全书》编辑委员会主任。中国农村经济和世界经济学家、教育家，中科院院士。

1985年在北京逝世，终年77岁。

陆拾壹　乔秋远

乔秋远（1911—1942.5）本名乔周冕，字冠生，祖籍河南偃师，生于书香门第。1932年考入开封第一师范，与李蕤是同学，他们一起创办了《晨曦》《河畔》文学社，开始在《河南民国日报》副刊上发表文章。乔秋远的笔名为依平。1935年从开封师范毕业后，乔秋远到北平求学，并参加了进步学生组织"中华民族先锋队"（简称"民先"）。抗战爆发后，北平沦陷，乔秋远返回故乡，在《河南民国日报》当记者。

1938年春，台儿庄大捷，乔秋远和李蕤分别被所在报社派到台儿庄去采访。在徐州突围中，他们一路形影不离，经历了生死考验，随部队8天8夜冲出日寇的包围圈，并共同参加了"中国青年新闻记者学会"（简称"青记"）。这段经历，他俩在范长江等主编的《徐州突围》一书中，都分别有文章记述。

1942年5月19日，日军集中两万五千余兵力，对太行山区根据地涉县、偏城一带疯狂扫荡，企图一举消灭我八路军总部和一二九师司令部机关。24日夜，总部及北方局党政机关大部分人员已转移到外线，但仍有北方局高级党校、新华日报华北版等机关两千余人被围在偏城县庄子岭一带。新华日报社社长何云、政委朱三省、国际版编辑缪乙平、编辑黄中坚、乔秋远、总务科长韩秩吾、经理部主任黄君钰、医生韩瑞生、译电员王健等46名同志牺牲。乔秋远被敌人抓住后，被鬼子砍下头颅，牺牲时年仅31岁。

陆拾贰　瞿白音

瞿白音（1910—1979.11.1）原名瞿金驹，曾用名颜可凤、朱诚、胡幕云等。江苏嘉定（今属上海市）人。因家境贫寒，未读完初中即进电报局当发报生，业余刻苦自学英语和世界语。1932年加入中国共产主义青年团。曾任中国左翼戏剧家联盟南京分盟负责人。1934年，参与组织上海业余实验剧团。

抗战时期，任上海救亡演剧三队、四队负责人，后任抗敌演剧二队队长。新中国剧社理事长。1938年进入西北影业公司。1940年编辑了大型纪录片《华北是我们的》。1941年，在桂林任新中国剧社理事长，导演了《大雷雨》《钦差大臣》《戏剧春秋》等著名剧目。其间，还翻译了苏联话剧剧本《苏瓦洛夫元帅》，创作长诗《岁寒图》。1948年后任香港大光明影业公司编剧。曾与夏衍等人组成七人影评小组，从事电影评论。在《华商报》的"舞台与银幕"双周刊上开展电影批评，同时，创作了电影剧本《水上人家》。

中华人民共和国成立后，历任上海长江电影制片厂厂长、上海电影制片公司副经理、上海市电影局副局长、上海影协副主席等职。1951年与他人联合编导了《两家春》。1958年，与他人合作编写了故事片《万紫千红总是春》。1960年，根据同名小说改编电影《红日》。1962年6月，发表了《关于电影创新问题的独白》一文。著有电影剧本《水上人家》《红日》，论文《关于电影创新问题的独白》，译有（苏）斯坦尼斯拉夫斯基《我的艺术生活》等。

任上海市电影局顾问，发表了《铭记箴言，总结经验》。

1979年在上海逝世，终年69岁。

陆拾叁　权启礼

权启礼（1920.12—2012.12）江苏省徐州市人。1935年参加抗日救亡运动，1938年赴延安抗日军政大学学习，而后转战南北。

1950年参加空降兵建设，任伞兵师参谋长。1955年负责组建中国第一支竞技跳伞运动队，7月他率领我国第一个跳伞代表团参加在保加利亚首都索菲亚举行的7个社会主义国家跳伞友谊赛，并访问苏联。9月，向中央国防体育俱乐部和空军报请进一步普及伞塔跳伞，试办氢气球跳伞，深入开展群众性飞机跳伞。

1956年1月并受命组建国家跳伞集训队并出任队长，并且他们家祖孙三代都献身于中国的跳伞运动。

1971年春，任空降兵第十五军副军长。

他是新中国跳伞运动的领导者、实施者之一，为发展我国跳伞运动做出了重要贡献。

2012年12月，在武汉逝世，享年92岁。

陆拾肆　沙　蒙

沙　蒙（1907.11.2—1964.6.26）沙蒙是法文的音译，意为"忍辱负重"，原名刘尚文，河北玉田县孙各庄乡刘现庄人。生于农民家庭。早年读私塾，师从李秉钧（清朝拔贡）。1919年到北京北师大附小读书，1922年考入法文高等学校，受"五四"运动的影响，积极投身学生运动。1925年，因参加为"五卅"运动受害者募捐活动，受到留级处分，便愤然退学。第二年考入中法大学服尔德学院预科，由于时局动荡，只上了一年便辍学。1929年考入哈尔滨满绥长途电话局做话务员。在东北期间，结识了塞克，在塞克的影响下，萌发了从事文艺的志向。1933年3月，进入上海美术专科学校学习并结识了赵丹、王为一、徐韬等人，不久即加入左翼戏剧活动，先后加入过新地剧社、晨曦剧社、狮吼剧社、大地剧社、上海业余剧人协会等进步戏剧团体；参加过《太平天国》《罗密欧与朱丽叶》《大雷雨》等戏的演出，参加过《都市风光》《夜半歌声》《十字街头》等影片的拍摄。他懂法语和俄语，曾翻译过高尔基的短篇小说、巴拉希的剧本等。

1938年，任第五战区青年团艺术组教员，在鸡公山与学员欧阳儒秋相识，以后成婚。长沙大火时，演剧二队从长沙撤退，他置个人衣物于不顾，背着一捆幕布行军，任劳任怨，不声不响，大家送他个"骆驼"的雅号。在演剧九队期间，上面要求队员集体加入国民党，沙蒙不愿参加，断然离开演剧队。

1939年，沙蒙与爱人欧阳儒秋同到重庆北碚陶行知主办的育才学校任教。1940年，在重庆与周恩来结识。"皖南事变"后，欧阳儒秋伪装为新四军家属带着不满周岁的儿子刘钟潍先期到达延安，沙蒙则在重庆由上级安排转去香港。在港期间，他加入了旅港剧人协会，参加了《雾重庆》《马门教授》《北京人》等话剧的演出。太平洋战争爆发后，他辗转回到重庆，加入中国艺术剧社。1944年3月，到了向往已久的延安，在鲁迅艺术学院戏剧系做教员，兼任鲁艺实验剧团团长。

1945年9月，与田方、舒群、吕班等率领第八中队（后改称东北文艺工作团一团）从延安出发，经千里跋涉，赶到沈阳，成为到达东北的首批根据地文艺干部，在沈阳、本溪、大连等城市进行宣传演出。

1946年，经著名电影演员于蓝介绍，加入了共产党。1948年9月，以沙蒙、张平、何文今为首的东北文工一团140余人参加东影工作。当时东影实行集体领导，由袁牧之、吴印咸、田方、陈波儿、沙蒙等11人组成东影管理委员会，沙蒙同时担任编导主任、导演。他导演的第一部影片是于敏编剧的传记片《赵一曼》，先后又导演了《上饶集中营》《丰收》。

1956年，与林杉合作完成了以抗美援朝战争为题材的故事片《上甘岭》。这是他导演的代表作。

1957年4月11日至17日，参加了第二次全国电影工作者代表大会，并当选为大会主席团成员和中国电影工作者联谊会副主席。

1960年，由长春电影制片厂调到北京电影制片厂任导演。1962年，他与人合作导演的最后一部作品是《汾水长流》。

1964年在北京病逝，时年57岁。

陆拾伍　石金芝

石金芝（1915—1941.5）字涵九。山东临沂河东石家村人。哥哥石金鼎1939年秋任中共苍马办事处联埠乡民主乡长，1941年4月在苍马区（今临沭县）石埠村突围战中牺牲。弟弟石金铎，中共党员，1939年被滕县汉奸申宪五逮捕，不久就义。

他1938年初加入共产党。在沂沭河地区组建了临郯青救团第十九分团，成立了"抗日义勇军"。先后担任中共苍马工委委员、军事部长，苍马办事处武装科长、青抗大队长等职。

1941年在临沭县西里庄战斗中牺牲，时年26岁。

陆拾陆　石联星

石联星（1914.6.1—1984.8.1）曾用笔名石莲馨，湖北黄梅县人。1932年参加革命，她参加革命后不久即奔中央苏区先后在列宁师范、红军学校看护连、高尔基戏剧学校、中央苏区星火剧团任文化教员、演员。

1938年参加上海抗日救亡演剧二队（存疑，据颜一烟《在救亡演剧二队的日子里》中全体队员名单，其中没有石联星），同年，参加抗敌演剧二队。

1940年在广西担任广西省立艺术馆教员。1941年至1944年进入新中国剧社担任演员。

1945年进入延安鲁艺。1945年至1946年担任华北联大戏剧系教员。1948年进入河北石家庄宣传部工作，1948年7月1日加入中国共产党。

她是苏区红色红剧运动的开拓者之一，她因主演《武装起来》《海上十月》《沈阳号炮》及参演《我——红军》《女英雄》等话剧，在瑞金苏区进行艺术活动，与李伯钊、刘月华被广大红军和苏区群众誉为苏区"三大赤色红星之一"。

之后她在《疯了的母亲》《水车转了》《大地回春》《日出》《大雷雨》等剧目又中塑造了许多生动鲜明的艺术形象。

1949年在"东北电影制片厂"拍摄影片《赵一曼》，主演了《湖上的斗争》等影片，参加了中苏合拍的《风从东方来》的导演工作。

中华人民共和国成立后，先后在北京电影制片厂任演员，北京电影学院教表演、导演课。尤其是她创造的赵一曼的形象，轰动了新中国，曾给予亿万人民群众以巨大的鼓舞。在1950年第五届国际电影比赛大会上，《赵一曼》受到热烈欢迎，她也因此荣获了"优秀表演奖"。

1961年至1979年进入北京人民艺术剧院，担任导演。重返话剧舞台，在北京人艺先后与欧阳山尊等同志合作导演了《渔人之家》《红岩》《年轻的一代》《生活的彩练》等多幕剧。

第五届全国政协特邀代表，第六届全国政协委员，中国电影工作者协会第一届理事会理事，中国戏剧家协会会员，北京市文联理事，中国戏剧家协会北京分会会员。

丈夫是著名导演、艺术家凌子风。

1984年在北京逝世，终年70岁。

陆拾柒　史　迁

史　迁（1902—1943.12）原名谦，字益吾。安徽枞阳县偶山镇人。1924年毕业于安徽省立芜湖甲种工业学校。次年春，与王步文、童长荣等东渡日本，入东京铁道专门学校学习。

1926在东京加入中国共产党。1929年夏，回国后任职南浔、平汉铁路局，并从事地下活动。

抗战爆发时，在汉口铁路局工作，曾多次掩护大批青年去延安。1938年董必武调他至当时安徽省会所在地立煌（今金寨），任安徽省运动委员会总务主任干事，主管财务工作。他辛勤工作，多方筹措，从而保证了大别山区共产党组织所需各项经费。

皖南事变爆发后，转入地下工作，千方百计为新四军第七师储存物资、准备给养。又在桐城大关、立煌石稻场等地创建交通联络站，掩护新四军干部和有关人员进出大别山。

1943年9月9日，遭国民党特务逮捕，12月被杀害，时年41岁。

陆拾捌　舒　模

舒　模（1912—1991.11.20）原名蒋树模，江苏南京人。1935年毕业于南京国立中央大学艺术科音乐专业。曾师从马思聪学提琴，也向喻宜萱学习过声乐。抗日战争爆发后，他离开家乡参加了抗日救亡宣传活动，并加入中国共产党。1937年8月1日，他被编入抗敌演剧四队，任副队长。

1949年后，历任中国音协浙江分会主席，浙江省文联筹委会副主任兼秘书长，中国戏曲研究院艺术研究室主任，中国剧协第三届常务理事、书记处书记。

创作的歌曲有《军民合作》《你这个坏东西》《大家唱》《跌倒算什么》等。

著有《舒模歌曲选》。

1991年在北京逝世，终年79岁。

陆拾玖　舒　强

舒　强（1915.7.21—1999.11.12）本名蒋树强，江苏南京人。父亲是一位小学校长，母亲是一位有文化的家庭妇女。家庭中两个儿子一个女儿，都参加了革命，而且蒋家的两个儿子都成为我国著名的艺术家。大儿子舒模是作曲家，中华人民共和国成立前夕学生运动中的许多优秀歌曲，如《跌倒算什么》《你这个坏东西》等都是出自他之手。小儿子舒强，自幼喜欢绘画，在江苏省立南京中学师范科读高中时，已经有画作在全国美术展览展出。

他学生时代的理想是当画家，他的画得到学校同学公认，被学生剧社请去帮忙。参与到学生剧社活动中的舒强，很快被话剧特有的激情和魅力所吸引，画布景的同时，他也上场跑跑龙套，一来二去，他喜爱上了话剧。1931年，只有16岁的舒强，参加南钟剧社演剧活动已经一年多，终于因成功扮演了话剧《贞操》中的角色被正式吸收为演员。不经意间，他就这样走上了演剧道路。

1934年，中学毕业后，舒强参加了中国左翼戏剧家联盟南京分盟。戏剧家水华后来有回忆："1934年春，我和舒强被请去开会，我们正式被吸收为南京左翼剧联小组的成员。"

1937年抗战爆发前夕，他因参加左翼剧联的活动而受到当局关注，行动被监视。为此，他和同学吕复于1937年初去了上海，加入左翼剧联组建的上海业余实验剧团，参演了《罗密欧与朱丽叶》《武则天》《太平天国》等剧目。

上海八一三事件发生时，他正在上海。他立刻随上海业余实验剧团加入上海话剧界救亡演剧队第四队，随队前往当时的抗战中心武汉。后又被编入国民革命军抗敌演剧队第二队，担任演剧二队剧务主任。

1939年夏天，他和水华因不愿接受国民政府要求演剧队集体加入国民党的命令，离开了演剧二队。他们在重庆北碚和章泯一起，加入了教育家陶行知创办不久的育才学校戏剧组。在育才学校，章泯担任戏剧组主任和戏剧理论课教学，舒强担任表演课和化妆课教学，水华担任导演课教学。

1940年初春，他和章泯、水华等人离开育才学校奔赴延安。他却因"皖南事变"等历史事件被阻断了行程，直到1944年3月才辗转到达延安。

抵达延安之前的三年里，他为避开皖南事变引发的国共争端而去了香港，却又遭遇1942年太平洋战争爆发，香港沦陷。在中共地下党的帮助下，他转道桂林而回到重庆。在重庆加入了新成立的中国艺术剧社。

在延安，他凭自己丰富的演剧经验、顽强的毅力和勤奋努力的连续工作，完成了现代戏剧史上被界定为"将斯坦尼理论运用于导演"的歌剧《白毛女》的执导任务。

1945年5月，当歌剧《白毛女》作为新文艺代表作，向中共第七次代表大会献礼而准时公演时，得到了毛泽东等最高领导层的肯定。

1946年，31岁的舒强如愿以偿加入中国共产党，成为名副其实的延安革命戏剧人。不久，他接到上级任命，担任华北联合大学文艺学院戏剧系主任，进入河北张家口地区。歌剧《白毛女》作为华北联大戏剧系和后来的华大文工一团的保留剧目，从延安、冀中平原，一直演到北京。他作为华大三部戏剧科主任和文工一团的团长，也和歌剧《白毛女》一路演到了中南海怀仁堂。

1948年8月，中共领导下的华北联合大学，奉命在河北正定县与晋冀鲁豫边区的北方大学合并，成立华北大学，随时准备战略转移。舒强被任命为华大戏剧系主任和华大文工团团长两职。

1949年春天，北平和平解放。他和改编后的华大三部、华大文工团一起，进入北京。1949年7月，第一届文代会通过成立中央戏剧学院的决定。两个月后，华大三部和华大文工团作为第一支文艺队伍，进驻确定不久的中戏院址——东城棉花胡同。

1950年4月，中央戏剧学院正式成立。初期设立的三个本科系：话剧系、歌剧系和舞美系。他被任命为话剧系主任。

1956年9月15日，中戏附属实验话剧院正式成立。欧阳予倩任院长，孙维世任总导演，他任副院长。

"文革"期间，被下放到文化部隶属的湖北咸宁"五七"干校劳动数年。

"文革"结束后，舒强回到中央实验话剧院，恢复副院长职务。此后，他参与导演了三部名剧《大风歌》《灵与肉》和《报童》，均获得文化部演出一等奖。

曾任中国文联第四届委员，中国剧协第二届理事和第一、三、四届常务理事，文化部艺委会委员。

第六届全国政协委员。

著作有《表演和导演问题》《新歌剧表演的初步探索》《斯坦尼斯拉夫斯基体系问题》和《舒强戏剧论文集》。

1999年在北京逝世，享年84岁。

柒拾　水　华

水　华（1916.11.23—1995.12.16）原名张水华，江苏南京人。1931年投身左翼戏剧活动。1933年入复旦大学法学系学习。1934年为左翼戏剧联盟南京分盟成员。1936年赴日留学。1937年回国。

七七事变后，他参加上海救亡演剧四队，积极参与抗日宣传演出活动。1939年他在重庆育才学校当戏剧教员，1940年在延安鲁迅艺术学院实验剧团担任导演，与王滨合作导演《带枪的人》《神手》等话剧及秧歌剧《周山子》。1942年加入中国共产党。1944年，他参加了新歌剧《白毛女》的创作。

1949年，任东北电影制片厂（长春电影制片厂前身）导演，开始了电影导演生涯，任东北鲁艺实验剧团团长。次年，与人联合执导了《白毛女》，并在卡罗维发利国际电影节上获特别荣誉奖。此后，调入北京电影制片厂，执导了影片《林家铺子》《革命家庭》《烈火中永生》等影响极大的影片。

"文革"后，他继续其电影创作，执导了著名影片《伤逝》，影片严谨、深沉、细腻、含蓄，被视为水华最优秀的作品之一。

获第一届大众电影百花奖最佳编剧奖，1995年，在纪念世界电影100周年暨中国电影90周年"世纪杯"评奖中，被评为中国电影最佳导演之一。

曾任中国影协第二、三届理事，第四届常务理事，第五届主席团委员，第三届全国人大代表，第五、六届全国政协委员。

1995年在京逝世，终年79岁。

柒拾壹 粟豁蒙

粟豁蒙（1901—1968.2）原名粟丰，广西临桂渡头乡粟村人，乡绅家庭。1916年考入省立桂林第三中学。1918年任三中学生自治会会长。次年作为桂林学生代表参加全国学联在上海的成立大会。1922年考入国立北京医科大学，次年加入社会主义青年团，后因领导学潮被开除学籍。1924年考入满洲医科大学，在校组织木铎社。

1925年夏在上海全国学生促进会工作。秋，前往广州从事青年运动工作，在广州加入中国共产党。年末担任中共梧州支部宣传干事，并由组织指定加入中国国民党。1926年参加北伐，任国民革命军第七军政治部主任，后调任国民政府经理处少将处长。1927年4月参加中共第五次党代会。9月，奉中共中央密令赴苏联莫斯科东方大学学习。12月，因"托派"问题被苏联政府关押，1929年2月被押解遣送回国。1930年，在上海加入中国自由运动大同盟。同期担任南开大学教授、中山大学教授、政法学院训育主任。1934年春，自费赴日本早稻田大学留学。1936年回国。

抗日战争期间，先后任第五路军总政训处副处长、第五战区抗日青年军团政训处副处长、军委会政治部设计委员会委员、国民党中训团指导员、三青团广西支部筹备处书记。1943年，创办榕门中学，并任校长。

中华人民共和国成立后，仍任榕门中学校长，并为临桂县各界人民代表会议代表、主席团常委。1950年12月，因"托派"问题被捕，1956年恢复自由，9月赴北京，经中共中央统战部安排，1957年4月任九三学社中央机关秘书处处长。

1968年2月，在桂林病逝，终年67岁。

柒拾贰 孙朝旭

孙朝旭（1917—2005.2.15）江苏铜山人，1937年10月参加革命，同年10月加入中国共产党。入伍后历任连长兼政治指导员，旅政治处主任，团政治处主任、副政委、政委，军干部部部长、上海市兵役局局长、浙江省军区副政治委员、浙江省军区顾问（正军职待遇）等职。

2005年2月15日，在北京逝世，享年88岁。

柒拾叁　孙以瑾（女）

孙以瑾（1912.1.17—1999.4.18）安徽寿县人，生于仕宦家庭。曾就读安徽省立第三女子中学，1930年，入南京教会学校汇文女子中学。九一八事变时，因带头参加抗日青年请愿大游行和围攻南京政府外长官邸，遭汇文女中训导主任予以开除处分，后被外籍女校长撤销处分。

1933年，考入北平大学女子文理学院。1934年，该校并入北平师范大学文理学院。1935年12月9日，北平发生爱国学生的抗日示威大游行。正在杭州实习的孙以瑾与同学们返回北平，积极参加了一二·一六大游行等抗日救国活动。1936年春，在北师大加入中华民族解放先锋队。之后多次参加民先小分队到北平、天津等地工矿与乡村的抗日宣传活动。

1938年1月，参加安徽省民众总动员委员会，同年3月，加入中国共产党。历任安徽省六安县独山镇区委书记、立煌县一区区委书记、中共鄂豫皖区委妇委书记、安徽省舒无地委民运部长、安徽省无为县委书记等职。1939年9月，孙以瑾按照党的指示，竞选省参议员，成为战时安徽省参议会唯一的女议员。其间，她利用自己的特殊地位，为党做了大量的统战工作，掩护一批批过境安徽和出入大别山的党员和干部。历任安徽省六安县独山镇、立煌县一区区委书记，中共鄂豫皖区委妇委书记、安徽省舒无地委民运部长、无为县委书记等职。1939年按照党的指示，参选为安徽省参议会唯一的女议员。1944年2月，到延安中央党校二部学习。

解放战争时期，曾任松江省拉林县委书记，牡丹江省新海县委书记。后调任东北局任妇委常委兼秘书长、武汉市委武昌分委副书记。

1949年5月，奉命到武汉参加军事接管。11月初，随解放大军由湘入桂。12月11日，出任南宁解放后第一任市委书记。1950年1月，南宁正式定为广西省会。同月，省委为便于协调工作，将中共南宁市委书记、市长一职改由省委第二副书记、南宁市军管会主任莫文骅兼任。孙以瑾改任副书记（1951年5月后，孙以瑾再任市委书记）。

1952年8月，调离南宁后先后任广州市委工业部副部长，国务院轻工业部橡胶局副局长、化工部计划司司长、基本化学局局长、办公厅主任、北京市化工局局长。

1961年9月至1963年2月,随丈夫何伟出任中国驻越南大使馆党委委员、驻越大使馆和驻老挝大使馆经济代表处副代表。

1963年3月,任河南省委工业部副部长。

1964年,当选为第三届全国人民代表大会。

1978年至1983年,任第五届全国政协委员。1983年3月离休。

1999年4月18日,在北京去世,享年87岁。

柒拾肆　唐秉光

唐秉光(1910—1990.1.10)又名唐君照,江苏建湖县草堰口镇人。1926年,由中共盐阜地下党员仇一民介绍加入中国共产党,后因仇一民被反动军阀杀害而与党组织失去联系。1931年秋,考入上海复旦大学,与同为建湖籍青年陈延庆(王翰)一起领导学生运动。

1932年,担任中国社会科学家联盟(简称"社联")上海复旦大学分盟支部书记。

1937年秋,恢复党的组织关系,赴徐州第五战区任抗日青年救国团团长。皖南事变后,调苏北盐阜区做抗日根据地开辟工作,任盐城县西北行署主任。1941年9月,建阳县立县时为首任县长,后调射阳县任县委书记。

解放战争时期,任华中十一地委组织部部长、社会部部长、解放军华东野战军十二纵支队政委、盐城城防警备司令部政委,后任苏北公学副校长、华中大学副教务长;1949年4月,渡江战役期间,与四弟唐秉琳、五弟唐秉煜成功策反江阴要塞国民党军队起义,为人民解放军胜利突破长江天堑立下战功,并出任解放军江阴要塞政委。

中华人民共和国成立后,历任南京市秦淮区第一任区委书记,华东革命大学副校长,金陵机器制造厂筹委会副主任,江苏省重工机械厅常务副厅长,南京工学院副院长、党委副书记,东南大学顾问等职。

1990年病逝,享年80岁。

柒拾伍　唐晓光

唐晓光(1912—1968)原名唐庆甫,安徽舒城县人。1938年,唐庆甫任六安县财政科长,不久升任县长。1939年7月,调离六安,出任合肥县县长。任职期间,思想进步,靠近共产党,积极开展抗日工作。1940年,他参加革命工作,改名唐晓光。1942年1月,加入共产党。

解放战争时期，随军南下，回到皖西地区打游击。

1948年11月至1949年4月，任中共皖西三地委（六安）第二书记，曾多次派人潜入六安城进行地下活动，为本县全境解放做出了积极贡献。

"文革"期间，任华东局计经委驻江西第二基建指挥部任副指挥。1968年逝世，时年56岁。

1978年9月，中共上海市委组织部为他恢复了名誉。

柒拾陆　田　方

　　田　方（1911—1974）河北保定人，早年在天津读书时，即参加舞台演出。中学时代就参加了学校的"春笋"社，发表文学作品，并热心参加学校的演艺活动，曾演出刘半农所写的剧本。1930年中学毕业后考入北平辅仁大学。

　　1931年辍学至上海，任天一影片公司场记和语言教员，后任演员，主演《飞絮》等影片。1935年后任吉星、新华等影片公司演员，在《红羊豪侠传》《壮志凌云》等影片中扮演主要角色。1937年参加抗日救亡演剧二队。1938年入延安抗日军政大学学习，同年加入共产党。

　　1939年后任延安鲁艺实验剧团艺术指导科长、教员兼演员，曾在《日出》《粮食》《带枪的人》《前线》等话剧中扮演重要角色。

　　1945年任东北文工团一团副团长。后参加筹建东北电影制片厂，任秘书长。1949年参加组建北京电影制片厂，任厂长。后任文化部电影局副局长、北京电影制片厂副厂长兼演员剧团团长，中国影协第二届常务理事、第三届副主席等职。

　　1953年，创建并直接领导了北京电影演员剧团，兼任第一任团长。先后在《深山里的菊花》《革命家庭》《风从东方来》等影片中担任角色。

　　1964年，主演影片《英雄儿女》。

　　1974年病逝，终年63岁。

　　和于蓝在延安时期结婚，他们的儿子是著名导演田壮壮。

柒拾柒　田　汉

田　汉（1898.3.12—1968.12.10）乳名和儿，学名寿昌，笔名田汉、陈瑜、伯鸿、汉儿倚声、首甲、绍伯、漱人、陈哲生、明高、嘉陵、张坤等。湖南长沙县东乡茅坪田家塅人，贫农家庭。

1912年，就读于长沙师范学校；1916年，考入日本东京高等师范学校。1919年，在东京加入李大钊等组织的少年中国学会，开始发表诗歌和评论。1920年，发表处女作《梵峨琳与蔷薇》。1921年，与郭沫若等组织创造社，倡导新文学。1922年，回国，受聘于上海中华书局编辑所。1924年，与妻子易漱瑜创办《南国》半月刊。以后相继任教于长沙第一师范学校、上海大学、大夏大学。1926年，在上海与唐槐秋等创办南国电影剧社。1927年秋，到上海艺术大学任文学科主任、校长，创作了话剧《苏州夜话》《名优之死》等，年底同欧阳予倩、周信芳等举行"鱼龙会"演出，影响甚广。1928年，与徐悲鸿、欧阳予倩组建南国艺术学院，同年秋成立南国社，以狂飙精神推进新戏剧运动，多次到南京、杭州、广州等地演出，同时主编《南国月刊》。1929年冬开始，他在从事文艺活动的同时，积极参加政治活动。1930年3月，他以发起人之一的身份参加了中国左翼作家联盟成立大会，并被选为7人执行委员会之一，接着参加了中国自由运动大同盟。同年6月，南国社被查封，左翼剧团联盟改组为左翼戏剧家联盟，他是发起与组织者之一。

1932年，加入中国共产党后参与了党对文艺的领导工作，和夏衍等打入电影阵地，为艺华、联华等影片公司写了《三个摩登的女性》《青年进行曲》等进步电影文学剧本，使电影文学从思想到艺术出现了新的面貌。

1934年，作三幕话剧《回春之曲》及电影故事《风云儿女》（后经夏衍改为电影台本，主题歌即田汉作词、聂耳作曲的《义勇军进行曲》）。作歌剧《扬子江的暴风雨》。

1935年2月，田汉曾被捕入狱，后被保释出狱。

1937年七七事变后，创作了五幕话剧《卢沟桥》，并举行劳军演出。8月赴上海，参加文化界救亡工作。上海沦陷后到长沙、武汉从事戏剧界抗日统一战线工作。12月成立了中华全国戏剧界抗敌协会，他是组织者之一。

1938年初与马彦祥等编辑出版了《抗战戏剧》半月刊，后又去长沙筹办了《抗战日报》。2月，到武汉加入国民政府军事委员会政治部第三厅，负责艺术宣传工作，同洪深等组建了10个抗敌演剧队、4个抗敌宣传队和1个孩子剧团。

1940年，到重庆，与欧阳予倩等创办《戏剧春秋》，后到桂林领导组建新中国剧社和京剧、湘剧等民间抗日演剧团体。

1944年春，与欧阳予倩等在桂林主持了西南第一届戏剧展览会，对加强戏剧队伍的团结和坚持进步戏剧运动起到了推动作用。

1949年后田汉任职文化部戏曲改进局、艺术局局长。

1968年逝世，终年70岁。

1979年4月，在北京召开了隆重的追悼大会。

中国现代戏三大奠基人之一。他创作歌词的歌曲《万里长城》的第一段后来成为中华人民共和国国歌《义勇军进行曲》的歌词。代表作品：《名优之死》《关汉卿》《谢瑶环》。

柒拾捌　田　烈

田　烈（1913—1976）原名田树炎，山东肥城西穆家河村人，富裕之家。自幼酷爱文艺，多次到泰安、济南等地戏园、书场打短工，有时扮演小角色，出台帮场。

1928年考入山东省立民众剧场学习表演。1929年为山东省立实验剧院演员。毕业后，他去过徐州、南京等城市，在上海曾与赵丹同台演出。后到天津、北京、沈阳、长春等地谋生。后相继任北平晦鸣剧社、上海集美歌舞剧社、狮吼剧社演员。后在明星影片公司摄制的《生死同心》、联华影业公司摄制的《新旧时代》等影片中饰演角色。

抗日战争爆发后，参加上海救亡演剧二队，辗转南京、徐州、武汉、重庆等地演出抗日剧目，并自编自导自演话剧《东北的烽火》。1939年受金山之邀，在香港参加中国救亡剧团。年末，经昆明回到重庆，在中国电影制片厂参加演员工作。先后参加拍摄《白云故乡》《火的洗礼》《青年中国》《日本间谍》等影片。

抗日战争胜利后，参加了人民文艺队伍，成为东北电影制片厂（今长春电影制片厂）最早的演员之一。1947年至北平，任中电三厂演员，参加拍摄《满庭芳》《碧血千秋》等影片。

中华人民共和国成立后，在北京电影制片厂、长春电影制片厂任演员，在影片中饰演反派角色，先后在《民主进行曲》《吕梁英雄》《新儿女英雄传》

《一贯害人道》《龙须沟》《六号门》《英雄司机》《神秘的旅伴》《怒海轻骑》《上甘岭》《铁道卫士》《三进山城》等20多部影片中饰演角色，深受观众的喜爱。

1976年去世，时年63岁。

柒拾玖　童汉璋

童汉璋（1897—1943.8.8）安徽合肥东乡童小郢人。1918年，就读于安徽法政专门学堂（安庆）。1919年，在安庆，他响应、鼓动并组织全校同学投入五四爱国运动。

1920年5月，被选为安徽学生联合会副会长。不久，作为组织者之一，领导了安徽著名的"六二学潮"。

1924年留学日本东京明治大学。此间，他联合留学日本的左派学生周新民、翟宗文等同右派学生进行激烈斗争。1926年5月回国，在芜湖第二职业学校作短期任教，与中共早期地下党员高语罕一起开展革命活动。10月，奔赴武汉，参加北伐，不久加入了共产党。此时，国民党安徽省临时党部暂设在武汉，汉璋以共产党员身份加入国民党，并担任安徽临时党部总干事。

1927年8月，他由武汉前往南昌参加起义，并被革命委员会委任为宣传委员会委员，后因起义失败，乘帆船避至香港。9月间，由香港潜回上海，奉命回到合肥，以在第六师范（后与省立二中合并为省立第六中学）教书为掩护。在许继慎帮助下，于1927年9月下旬建立了合肥城内第一个中共党小组，并任组长。他先后发展了20多名党员。由党的小组相继发展为中共合肥特别支部、特别区委，他先后担任特支书记，特区书记。他所在的省立六中创办了工人业余夜校，以高语罕白话文书籍为教材，有四五百名工人、店员、贫民参加学习。利用这一阵地传播马克思主义，培养积极分子，扩大党的影响。并先后在城内将理发业、糕点业、木匠业、碾米业工人自发的经济斗争逐步向政治斗争引导。此间，党在城内的斗争还逐渐扩展到合肥西乡，南乡农民的抗烟苗捐和扒粮等斗争，威震合肥地区。

此时他身份暴露，被迫于1928年暑假前仓促出走到上海、北京等地，与党组织失去了联系。1932年，他重返安徽，隐姓埋名，有人劝他到国民党政府中谋取官职，他断然拒绝，发誓"宁可饿死，也不做国民党的官"。后经友人介绍，在贵池乡村师范和凤阳乡村师范教书。

七七事变后，他到六安，1938年3月同周新民、张劲夫等在第五战区民众总动员委员会工作。该会系抗日民族统战组织，以共产党人为核心的进步力量在动委会内占绝对优势，董必武曾亲临指导。童汉璋任该会总务部副部长。

1939年底，李品仙出任安徽省主席，宣布解散动员委员会和各种工作团。童汉璋按照组织安排，率领部分人员，突破国民党顽固派的重重堵截，奔赴皖东抗日根据地。8月1日，津浦路西各县联防办事处成立，黄岩任办事处主任，魏文伯任副主任，童汉璋任秘书长。9月，中共领导的合肥东南各区联合办事处在肥东王子城成立，童汉璋受命兼任主任。

1940年10月间，李品仙部1个团突然向肥东地区发动攻击。童汉璋于11月率办事处人员撤回路西根据地。1941年9月18日，改任津浦路西联防办事处主任。1941年，经魏今非介绍，重新加入共产党。

1943年初，奉命赴延安学习，后因无法通过封锁线而奉命返回。同年6月，正当他准备行装打算再赴延安考察学习之时，因积劳成疾，疗养于津浦路东的盱眙县大柳村，与在此地疗养的陈毅朝夕相处。8月初，他又染痢疾，于8日凌晨停止了呼吸，终年46岁。

病逝后，淮南根据地军民为他举行了隆重的追悼大会。陈毅同志亲致悼词，称赞他："以利国福民为依归，唯真理正义之是从。"

捌拾　万籁天

万籁天（1899.5.7—1977.4.9）曾用名万群，湖北武昌县葛店镇人牌坊街人。1919年在东京日本大学学习，1921年2月回国，8月进北京人艺戏剧专门学校学习。1924—1933年在上海曾任明星电影公司编导兼明星影戏学校教务主任、南国社导演和演员。1935年参加南京中国舞台协会，任首席理事。

1938年8月应田汉邀请到武汉参加国民政府军事委员会政治部第三厅工作。1944年9月任私立成都南虹戏剧学校戏剧科主任、重庆陪都剧艺社社长、中华剧专教授。

1950年1月任中国人民解放军三兵团文工团戏剧指导，同年8月调东北鲁迅文艺学院戏剧部任教授。1954年8月任辽宁人民艺术剧院导演，兼艺术委员会主任。

1924—1949年先后创作了独幕话剧：《东道主》《童养媳》《摸索》《不吃人的狼》《花花世界》（1931）和三幕历史剧《唐宫秘史》等。

中华人民共和国成立后，导演十几部话剧，其中主要有：《第一次打击》

《吝啬鬼》《李闯王》《娜拉》《在那一边》《渔人之家》《日出》等20多部中外话剧。

曾任第三届全国人大代表、中国戏剧家协会辽宁分会主席。

1977年在辽宁盘锦市病逝，终年78岁。

捌拾壹　万众一

万众一（1907—1989）原名万凤仪，江苏铜山人，1936年入党，历任共青团东海县委书记、共青团江苏省委组织部部长等职。

1937年底参加第五战区民众抗日总动员委员会。徐州会战期间，他发动群众支前，有力地支援了主战场。徐州沦陷后，他组建苏皖游击队，开展敌后抗日斗争。

1939年初，任中共铜山县委书记，成立了五乡联防队和近千人的民众自卫武装。1939年7月初，到淮属地区开辟抗日根据地。当时淮安、涟水一带仍在日、伪和国民党江苏省政府主席韩德勤严密统治下，他到达后迅速组建了中共苏皖第三地委并任书记。

1939年12月，任八路军陇海南进支队第三梯队（对外称"淮河大队"）政委。1941—1945年，在日、伪军根据地，领导地方武装和民兵配合新四军主力进行反"扫荡"和"清剿"武装斗争。

解放战争时期，历任华中工委民运部长、苏北区党委副书记兼行政公署主任等职。

中华人民共和国成立后，历任中共江苏省委常委兼农委书记、国家农业部党组成员兼宣传总局局长等职。

1989年在北京逝世，享年82岁。

捌拾贰　王　杰

王　杰（1923.12—2015.5.12）江苏徐州市人。作为一个"小戏迷"，他不但与戏班里的一些小演员交上了朋友，还加入京剧"子弟班"学戏。他常在早上背着书包溜到戏班，一泡就是一天，偷偷地喊嗓、踢腿、下腰，并学了开蒙戏《铡美案》，在剧中饰演包公。然而，在那个把唱戏看作"下九流"的年代，他逃学学戏的事情很快遭到家人反对，被揪回家中，一顿痛打。

但这并未泯灭他心头的戏剧梦。13岁时，由私塾转入江苏省徐州实验小学插班读书，令他惊喜的是，老师中有两位京剧爱好者，并在两位先生的指导下，得以重拾他的艺术理想。

1938年，时年15岁的王杰经范长江介绍，辗转来到延安，进入陕北公学学习，并在学校光荣入党。

1939年初，转入抗日军政大学第一分校，5月，加入了抗大文工团。同年冬，抗大一分校挺进山东沂蒙山区。"一手拿笔，一手拿枪"是他们战斗生活的真实写照。他们每个人虽出自戏剧、音乐、绘画等不同专业，但同时又是多面手：在紧张的战斗情况下，要担负通信、侦察任务，还要以战地记者身份到前线采访，抑或到战斗前沿开展对敌伪政治攻势的"火线喊话"……

1941年11月，日、伪军5万多人包围了山东沂蒙大青山，他与少数机关人员被捕入狱。因年纪小，他被鬼子从狱中提出做杂役。趁日伪军醉酒之际，他偷偷换上日军军服逃过岗哨，以胆略和智慧上演了"虎胆越狱"的精彩一幕。

"郑信的镢头宽又长，又沉又重好开荒。咳！出大力流大汗为了呀多打粮……"这支由他填词的歌曲《郑信开荒》，因描摹了当时"劳动英雄"郑信的事迹而广为传唱。他还写下了《扛枪拿锄都一样》《打得好》《快乐的村庄》等闻名全国的歌曲。中华人民共和国成立前夕，三野文工团在全国文代会汇报演出《淮海战役组歌》，就以这首《打得好》收尾。连在场观看演出的毛主席都夸赞说："三野仗打得好，歌也唱得好。"

1952年山东省话剧团（今山东省话剧院）成立后，他对自己的定位更清晰了——专注地投入到表演、导演事业中。在山东省话剧团，执导了《曙光照耀莫斯科》《年轻一代》等剧目。

1962年，山东省话剧团创排《丰收之后》，并决定以该剧参加"华东话剧会演"，王杰被委任为导演。他还执导了山东梆子《龙马精神》，京剧《前沿人家》《红嫂》，柳琴戏《匡衡》等60余出舞台剧，在戏剧史上留下了浓墨重彩的一笔。

曾受聘为山东省文化厅艺术委员会副主任、山东省文艺创作研究室特约导演，获山东省文联颁发的"艺术终身成就奖"、中国戏剧家协会授予的"从事话剧事业年逾50年奖章"等。

2015年在济南逝世，享年92岁。

捌拾叁　王　拓　张　楠（女）

王　拓（1913.1—1997.8）山东潍坊市寒亭区大辛庄村。1935年在北平中国大学参加一二·九运动。1936年春，参加左翼作家联盟。七七事变后，参加中共地下党领导的北平学生移动剧团，1938年加入中国共产党。同年9月到延安，从组织部训练班第二期毕业后到统战部工作。1939年9月，到重庆新华日报社工作。1941年在成都、南阳、西安、长春、沈阳、北平做地下工作。

1946年，周恩来副主席指示中共地下党员金山、张瑞芳接受国民党中宣部的任命，去长春接收"满洲映画株式会社"，王拓与妻子张楠参与此项工作。他们与一批进步文化人利用电影制片厂的阵地拍摄了《松花江上》《哈尔滨之夜》等进步影片。东北解放前夕，转移关内继续从事地下工作。

1948年，在北平与张楠合办进步刊物《新艺苑》《海内外》，被国民党查封后，更名《人民论坛》继续出版。1949年，北平和平解放后，参加北平军管会工作，任交际处副处长，同年10月，任政务院交际处处长。1953年，调外交部，先后任礼宾司副司长、国际司副司长。1956年，调中科院，任国际联络局局长。1960年，调回外交部，任国际司副司长。1971年，调国家体委，任国际司司长。

摄于20世纪70年代

1982年离休。

1997年8月，在北京逝世，享年84岁。

张　楠（1916—1996.6.25）女，原名张瑞珍，曾就读于中国大学国文系。1936年初，参加了刚成立的中华民族解放先锋队，接着又参加了左翼作家联盟，并于同年入党。1937年，参加北平学生移动剧团南下，先后在鲁、豫、苏、鄂等省开展抗日救亡工作。

她和"移动剧团"的大多数成员一样，后来都去了延安。到延安后，她在组织部培训学习了三个月，然后被分配到刚成立的以王明为部长，柯庆施、徐冰为副部长的中央统战部工作。1939年，她和王拓结为夫妻。王拓是高于张楠两个年级的中大政治系的学生。9月，张楠因身体不好，由组织批准到重庆养病，并在《新华日报》工作。1940年4月，张楠夫妇的大女儿王好为出生了（后为北影导演，以导演《瞧这一家子》《潜网》《哦，香雪》等影片而蜚声影坛）。

　　1941年皖南事变发生后，她为掩护这时已在重庆崭露头角、为各方所注意的大妹张瑞芳的中共党员身份，决定和丈夫王拓转移到成都。1942年，他们夫妇又到了河南南阳。这期间，张楠一直和在重庆的张瑞芳保持着联系。1946年，中组部通知他们赴张家口工作。同年，张楠夫妇又调入北平军调处，后到长春。1948年，经沈阳返回北平。1949年2月，中国人民解放军入城后的第二天，她便进了北平市军管会。以后又在市秘书厅、政务院人事处工作。

　　1954年，她在中央党校马列主义师资训练部学习了两年。毕业后，被中组部分配到陈伯达为主任、田家英和胡绳为副主任的中央政治研究室工作。

　　1958年5月，政研室和中央党校各五人创办了《红旗》杂志。她先后在《红旗》任政治编辑和办公室主任。

　　1964年，陈伯达任院长，胡乔木、周扬任副院长的马列主义研究院成立。她任党总支书记和人事处处长。应该说张楠先后涉足的单位，均是中国当时意识形态领域中顶尖的机构。这也间接印证了张楠的政治素质之高。

　　1967年，马列主义研究院解散后，她去了河北汉沽农场。1978年到社科院法学所任副书记。1982年离休。

　　1996年6月25日，在北京逝世，享年80岁。

捌拾肆　王　莹（女）　谢和赓

　　王　莹（1913.3.8—1974.3.3）原名喻志华，又名王克勤，乳名桂贞，安徽芜湖人，做过童养媳、护士。

　　1928年的秋天，为逃离家庭，躲避军阀的追捕，在中共地下党组织和阿英等人的帮助下，她从南京逃到上海。最初，她在浦东的一所小学任教，同年10月，王莹加入了由阿英、夏衍等人领导的"上海艺术剧社"，其间，她跟随剧社参加了不少演出，在演出当中，她渐渐地展露出过人的表演天赋。1930年加入共青团，同年加入共产党，曾4次被捕。1930年在上海艺术剧社参加话剧《炭坑夫》演出，后加入复旦剧社，演出《少奶奶的扇子》《酒后》等剧。1932年参加左翼话剧运动，与袁牧之等著名演员同台演出。同年入明星影片公司，主演《女性的呐喊》（1932）、《铁板红泪录》（1933）、《同仇》（1934）等影片，这三部影片是当时上海"明星电影公司"的经典之作。1936年23岁的王莹出演夏衍名剧《赛金花》主角。

因对电影界腐朽现象不满，1934年发表《冲出黑暗的电影圈》一文后去日本留学；1935年回国进电通股份有限公司，在夏衍编剧的《自由神》中饰演冲出封建家庭的五四新女性陈行素。著名演员赵丹在自己的回忆录中，讲述了观看王莹演出时的情景："我当时去看她演出的时候，演完以后整个静场，过了很快，底下掌声像暴风雨般响起。我是佩服得五体投地。"1936年主演夏衍创作的国防戏剧《赛金花》，成为20世纪30年代中国话剧的奇迹。

抗日战争爆发后，参加组织救亡演剧二队，到15个省区巡回演出抗战戏剧。1939年任新中国剧社副团长兼主要演员。同年，根据周恩来指示，她和金山带领文艺工作者赴中国香港地区、新加坡、马来西亚等地募捐演出，宣传抗日救国，深受当地侨胞欢迎。在陈嘉庚协助下，购买药品，支援抗日。在新加坡，徐悲鸿在为王莹作题为《放下你的鞭子》的画上题词："中华女杰——王莹"，此画由陈嘉庚珍藏，现存台北博物馆。

1940年，新加坡、马来西亚在日本压力下，将王莹等驱逐出境。1941年，在中国香港参加"旅港剧人协会"，为配合全世界反法西斯斗争宣传，她参加《马门教授》（又名《希特勒的杰作》）演出，并得到香港"保卫中国大同盟"领导人宋庆龄和外国友人的帮助。不久，港督向日军投降，撤离香港，王莹、夏衍、金山、蔡楚生、司徒慧敏等辗转至重庆。

1942年，她离开重庆去美国，周恩来单独接见并叮嘱她要不断求艺，向美国人民宣传中国的抗日战争。同年7月，她和未婚夫谢和赓一起，在中共党组织的协作下，以国民党政府"选派留学生"的名义，前往美国学习。王莹先在耶鲁大学攻读文学，后去邓肯舞蹈学校，常与美国文学家、诺贝尔奖获得者赛珍珠，美国著名戏剧家勃莱希特以及美国作家史沫特莱交往，并帮助史沫特莱拟定朱德将军传记。王莹担任了美国民间组织"东西文化协会"的董事兼中国戏剧部主任，组织在美国的中国文艺工作者到美国各地演出抗战戏剧，介绍中国抗战的情况。1943年，王莹应美国政府的邀请，以纯正流利的英文在白宫表演了话剧《元配》和街头剧《放下你的鞭子》，身已瘫痪、坐手摇车的美国总统罗斯福，携其妻子、子女等前来观看，副总统华莱士以及白宫高级官员、各国驻美国使节等也看了演出。赛珍珠女士报幕，王莹用英语介绍节目，接着演出《到敌人后方去》《义勇军进行曲》和其他民歌，当王莹演出话剧《放下你的鞭子》时，观众深受感染，全场爆发雷鸣般的掌声。

演出结束后，王莹与罗斯福总统合影留念，她的这次演出在很多年后被称为"第一个在白宫演出的中国演员"。

1946年，王莹开始自传体小说《宝姑》的创作。这部长达30多万字的小说的写作整整用了两年多时间，她以细腻而温情的笔触详尽地描述了故乡芜湖的风土人情，生动地讲述了自己和祖母、母亲三代女人各自不同的故事。其间，她还将这部小说翻译成英文。

中华人民共和国成立后，美国移民局为了阻止王莹夫妇回国，将他们逮捕入狱，经过中国政府的严正交涉，在周恩来总理的关怀下，终于于1955年元旦之夜回到北京，受到董必武副主席的亲切接见。周总理说："你们夫妇俩光荣地完成了党交给你们的使命，对革命事业做出了重要的贡献。"

1956年调北京电影制片厂，旋迁居北京西郊香山从事小说创作，其间，她完成了《两种美国人》的写作，这是王莹留给这个世界的最后挂念。20世纪60年代全国文代会在香山召开的时候，周总理发现王莹没有到会，就叫人把王莹找来参加会议，而且当着那么多与会代表的面对王莹说："你在美国做的事情我们都是知道的，你做了不少事。"

她有"文艺明星"之称。夏衍赞誉她"耽于阅读，好学深思，文思敏慧，行文细腻，叙事委婉多情"。王莹被认为是电影圈内的女作家。

1967年"文革"中，和丈夫谢和赓被关进了秦城监狱。

1970年后，她全身瘫痪，失去说话能力。1974年逝于狱中，终年61岁。

一直到1979年7月6日，文化部正式为王莹平反昭雪，才得以恢复了名誉。王莹所写《宝姑》《两种美国人》等著作出版，夏衍、阳翰笙等为其作序，她的传记《洁白的明星——王莹》也已出版。

2006年11月1日，安徽省芜湖市神仙台陵园建起了王莹和谢和赓同志合葬墓，墓碑上刻着原外交部长黄华亲笔题写的"革命精神垂范千古"。

谢和赓（1912.12.25—2006）笔名张诚、张春熙等，广西桂林人，生于书香门第。二哥谢铁民在广西省立第三中学读书期间，积极参加了学生爱国运动，1927年10月14日就义，这对谢和赓影响很深。桂林中学毕业后，考入北平中国大学。

1932年12月，谢和赓投笔从戎，奔赴察哈尔抗日前线参加了西北军，协助冯玉祥组建抗日同盟军。1933年2月加入中国共青团，在宣侠父等人的介绍下，3月即转为了共产党员，5月，抗日同盟军成立。当了三天三等兵后，他被吉鸿昌委任为上尉秘书，并兼任司令部教导队教员，成了一个连升八级的"火箭炮"式的军官。之后他便随吉鸿昌转战南北，可是不到半年，由于抗日同盟军实力太薄弱，受到日、蒋的夹击，于九月宣告失败。吉鸿昌、宣侠父、谢和赓被迫转移。中共决定派宣侠父、谢和赓参与到对桂系上层的统战工作

中。南下前，中共北方局的领导向谢和赓交代了工作的原则：第一，站稳脚跟后，调查研究桂系上层军政情况；第二，设法争取接近李宗仁、白崇禧；第三，秘密进行发动全国抗日宣传鼓动工作；第四，每月或两个月，写信给天津吉鸿昌的饭店经理，随便说几句无关紧要的生活上的话，不用真名，就算未失掉组织联系。上级还特别指示这次工作为绝密，不能让任何人发现他是共产党员，只能同宣侠父单线联系，他成了周恩来、董必武、叶剑英、李克农直接领导下的"特密"地下党员，代号"八一"。

1934年元月中旬，谢和赓持吉鸿昌信函到泰山五贤祠见冯玉祥。冯玉祥知道了谢和赓原是自己部下，又是李、白的同乡，便照吉鸿昌的意思给谢和赓开了封介绍信。冯玉祥又答应谢和赓给李济深写信，请李济深向李宗仁、白崇禧推荐谢、宣二人。又由于谢父谢顺慈与白崇禧的岳父马健卿同是清末秀才，为世交，谢很快得到白崇禧的信任，成为其机要秘书。

为取得白崇禧的信任和重用，他将自己在大学期间的笔记和收集的资料加以整理，之后在很短的时间内撰写了《半殖民地的中国经济概观》一书。他以自己和同学马仲孚（白崇禧内弟）合著的名义出版，又请了白崇禧的高参刘斐作序。后又接连写了《论美国倾销政策对中国经济的影响》《谈广西的对外贸易》等几篇文章，并分别呈给李宗仁、白崇禧加以指正。

通过这样的方式，谢和赓开始受到白崇禧、李宗仁的欣赏和器重。

抗战爆发后，白崇禧到南京就任副总参谋长，谢和赓被白崇禧任命为中校机要秘书；在武汉时，白崇禧让谢和赓写一份《军队政治工作与群众政治工作之关系》的讲演稿，谢和赓找到李克农，请求党组织给予帮助。李克农向他提供了大量的材料。谢经过三天三夜，终于写成，由李克农转交周恩来审阅。李克农连夜找到周恩来，周恩来认真推敲文句，对讲演稿进行了较大

修改。后来白崇禧完全采用了谢和赓起草的讲演稿，向师以上干部和师级政工人员进行训话。

1942年，被中共中央派往美国做秘密调研统战工作。1946年毕业于美国国际事务研究所。1954年冬，和妻子王莹因共产党嫌疑被捕，后用朝鲜战争中的美国战俘换回了王莹和谢和赓。

回国后曾任《世界知识》高级编辑兼欧美组组长等职。

1967年7月1日被捕入狱。

1975年春，重病在身的周恩来得知他的情况后，立即指示有关部门释放并出狱治病，5月15日，谢和赓总算重见天日，但出来时精神已近失常。后调外交部工作。

平反后在外交部工作直至离休；后任中华诗词学会首届顾问，国际友人研究会理事，北京诗书画学会常务副会长。

他早在1926年便开始发表作品，1994年加入中国作家协会。著有长篇小说《永远在初恋》，专著《半殖民的中国经济概观》《全民总动员纲领及发动全国游击战争方案》《王莹、谢和赓诗文选集》《国共关系中的我》，电视剧剧本《王莹谢和赓》，论文《论美国倾销政策对中国经济之影响》《论广西的出入口贸易》等。

被称为中国共产党16名卧底英雄之一。

2006年逝世，享年94岁。

捌拾伍　王家乙

王家乙（1919—1988）江苏南京人。1935年入上海震旦大学医学院学习。1937年参加上海救亡演剧队，1940年入延安鲁迅艺术学院实验剧团任演员，1948年入东北电影制片厂，曾在中国第一部故事片《桥》中饰演角色，1949年成为独立导演。

从1950年起导演了《高歌猛进》《葡萄熟了的时候》。1958年，北京电影制片厂与法国加郎斯艺术制片公司合拍电影《风筝》，任导演之一，这是我国与外国合拍的第一部彩色儿童故事片，也是新中国第一部中外合拍片。1959年同摄影师王春泉、作曲家雷振邦一起深入少数民族地区，仅用四个月时间拍出了影片《五朵金花》，1960年获埃及第二届亚非电影节最佳导演银鹰奖。还导演了《达吉和她的父亲》（1961）、《小字辈》（1979）等。

捌拾陆　王为一

王为一（1912—2013.10.8）江苏吴县人，生于上海。1931年入上海美术专科学校研究所学习，这期间，他和剧团的赵丹、徐韬等成为密友，并参加中国左翼戏剧家联盟及美专剧团。因擅长拉二胡，被挑选为王人美演唱的影片插曲《渔光曲》配乐。

1934年后任艺华影片公司场记，新华影片公司演员、副导演。同年10月，因多年从事进步运动，国民党准备将其逮捕。他在其妹妹举行的结婚宴会上，巧妙地摆脱了国民党特务的盯梢乘船离开上海前往香港，到全球影片公司工作。

1935年底，回到上海，参加了上海业余剧人协会。1936年，经史东山介绍，加入新华影业公司，在《狂欢之夜》《夜半歌声》等影片中担任角色。史东山很欣赏这位具有多方面才能的年轻人，在自己导演《青年进行曲》时提拔他为副导演。

1937年抗战爆发后，他参加了救亡演剧队第三队（后改为抗敌演剧队一队），他编导了具有电影手法的大型活报剧《为自由和平而战》。武汉失陷后，转赴重庆，任中国电影制片厂编导。

1939年夏，和赵丹、徐韬、朱今明等赴新疆开拓话剧工作，准备从新疆前往苏联学习，遭到军阀盛世才逮捕，过了五年铁窗生活。在中共地下党和进步人士的营救下，直到抗战胜利前夕，才回到重庆。

1946年，根据周恩来指示，在上海建立了进步电影基地——联华影艺社（后合并为昆仑影业公司）。1947年初，他作为副导演，协助史东山完成了该公司的第一部影片——《八千里路云和月》。他和徐韬合作，导演了《关不住的春光》（欧阳予倩编剧）。

1948年冬，昆仑影业公司的主要创作领导者阳翰笙、蔡楚生、史东山等撤离上海，南下香港，筹建南国影业公司。他也前往南国影业公司工作。1949年夏，独立导演了南国公司的第一部粤语片——《珠江泪》（蔡楚生监制、陈残云编剧）。南国影业公司停办后，他参加了司马文森、洪遒、齐闻韶等人主持的、以合作社形式组成的五十年代影业公司。

中华人民共和国成立后，五十年代影业公司留港的部分电影工作者成立了凤凰影业公司。

1951年，他回广州参加珠江电影制片厂的筹建，兼任华南文艺学院戏剧部主任。1952年，珠影因故停止筹建，他先后调至北京电影制片厂和上海电影制片厂担任导演。1956年加入中国共产党。此间，他导演了《山间铃响马帮来》《椰林曲》《铁窗烈火》等影片。

1958年，他回到再次进行筹建的珠江电影制片厂。次年，投入了与蔡楚生联合导演《南海潮》的工作。

1963年，导演了粤语喜剧片《七十二家房客》（珠江电影制片厂与香港鸿图影业公司联合摄制）。1965年，导演了喜剧片《打铜锣》和《补锅》。

"文革"后，他导演了故事影片《蓝天防线》和《一个美国飞行员》。1981年，导演了根据欧阳山的同名小说改编的《三家巷》。

2012年9月29日，第21届中国金鸡百花电影节暨第31届大众电影百花奖颁奖典礼在绍兴举行，他获金鸡奖终身成就奖。

曾任中国影协第一届委员、第二至四届理事，影协广东分会副主席，珠影艺委会主任等职。

2013年在广东省中医院大学城分院逝世，享年102岁。

根据他的个人遗愿及家人要求，不举行公开的遗体告别会。而珠影集团则策划举办作品展览等多种形式的追思会。

捌拾柒　王文彬

王文彬（1912—1939）又名王文斌，江苏徐州丰县人。1929年入省立徐州中学读书。1931年九一八事变后，参加抗日救国运动。1932年考入江苏省立高级中学。1935年毕业后，考入北平师范大学文学院，参加北平左翼作家联盟组织。参加北平学生抗日救亡的游行示威和集会，是一二·九运动中的活跃分子。1936年2月加入中华民族解放先锋队，任北师大民先队队长。6月加入共产党。被选为北平学生救国会宣传部部长，并任中共北平学联党团成员，成为北平学生运动领导人之一。1937年春主持创办《北方青年》杂志，任社长。

卢沟桥事变后，在济南主持平津流亡学生的输送工作。不久到南京，组织成立"平津流亡同学会"，任中共党团负责人，领导进行街头抗日救亡宣传。随后返回家乡领导当地群众开展抗日武装斗争，任中共徐州西北工委书记。1938年初组织成立湖西抗日游击队，任政治委员。6月游击队扩大成立为湖西人民抗日义勇队第二总队，任政治委员。7月成立中共湖西特委，任书记。领导创建湖西抗日根据地，开展抗日游击战争。他是湖西抗日根据地主要创建人，为发展苏鲁豫根据地做出了贡献。

1939年调任中共苏鲁豫区党委统战部部长，后任中共苏鲁豫特委书记。1939年9月，混进党内的暗害分子利用职权制造"湖西肃托"事件，不幸遭杀害，时年28岁。

1940年12月，中共山东分局根据中共中央的决定，在单县辛羊庙为遇难烈士召开了追悼会。1941年2月，党中央发出文件指出：王文彬是"党的忠实干部"，在"群众中有威信的干部"，纯属被"故意陷害"，并宣布王文彬为革命烈士。

1980年5月18日，中共丰县县委和丰县人民政府举行迁葬仪式，将烈士忠骨安放在丰县革命烈士陵园。

捌拾捌　王子模

王子模（1919—1948.4.28）原名王守范，江苏铜山县大吴王台村（今贾汪区大吴镇建平村）人。幼年丧父，7岁入读小学，成绩优异，五年级时曾获全县作文会考第一名。1937年，铜山师范毕业后，任教王台小学，同年冬，由郭影秋介绍加入共产党。

1937年11月，参加国民党第五战区抗日青年训练班第一期学习，结业后被委任为宿县工作团团长。他在宿县大力宣传、发动、组织群众，各区乡纷纷组织抗日武装，掀起抗日高潮。次年夏，回到铜山，与王建平等人组织抗日游击队，队伍很快发展到百余人。

1939年，游击队改编为八路军陇海游击队独立四大队。同年夏，任中共铜山县委书记兼四大队政委，后相继调任中共邳睢中心县委组织部长、邳南县委书记兼县大队政委。

1942年4月，再任铜山县委书记，恶劣的环境，繁重的工作，使他患上了肺结核病，身体每况愈下，党组织和同志们多次劝他休息治疗，他总是乐观地说："没有问题，等打败了日寇，我去住院。"有一次，他一边吐血一边布置工作，在场的同志无不掉泪。

1944年10月，调任萧宿铜县委书记兼县总队政委。他虽肺病日趋严重，仍跟随部队转战南北。日本投降后，地委负责人要他住院治疗，但他意识到疾病留给他的时间已不多了，更是加倍工作。

1946年1月，上级党组织不得不免去他的职务，让他专心治病。但此时已疾成不治，1948年在大连中长铁路医院逝世，年仅30岁。

逝世后，大连党政军界举行追悼大会。中华人民共和国成立后，其遗骨移到铜山，安葬于大吴镇大吴中学西侧。

捌拾玖　吴季讷

吴季讷（1904—1966.10.8）原名吴志锐，江苏睢宁县人。早年在徐州中学读书，聆听青年运动的著名革命家萧楚女演讲"国将不国，何以家为？为拯救中国，必须推翻帝国主义和军阀的黑暗统治"。后来在睢宁师范读书，是学生会领导人之一。当时国民党睢宁县长蒋士峻劣迹昭著，调走之际，土豪劣绅设宴为之饯行，学生闻讯愤怒，不约而同聚集县府门口，以示抗议。蒋带着卫兵和保镖趾高气扬走出来，想吓唬学生，不料季讷等人蹿上去就打，给他一个"下马威"，蒋只得溜之大吉。睢宁师范毕业，留校当庶务员。

1926年加入共产党。1927年任中共睢宁县委委员，负责农民运动，发动农民抗租。1929年，抗租运动取得胜利，遂遭通缉，奉调到泗县任县委组织部长，暂时隐蔽。不久组织发动泗县第一次农民暴动，使苏北农民运动蓬勃发展。1931年调任萧县县委委员，在津浦铁路沿线从事工人运动。

1938年春，任睢宁县抗日动员委员会负责人兼第五战区游击司令部独立大队长。徐州失守后，日寇对徐州外围邳县、睢宁、灵璧等县进行残酷"扫荡"，他领导千余人的独立大队开展艰苦卓绝的反"扫荡"。在外无援兵、内无粮草的困境中，经过一年多的几十次血战，终因敌强我弱，不得不转入洪泽湖隐伏于芦苇荡。开始，白天隐蔽，夜晚还可上岸补充粮草弹药，后来被汉奸发觉，日寇便在岸上设岗放哨，扬言要把独立大队困死在洪泽湖中。他们只好吃芦根，吃水草，后来甚至生吞鱼虾；身体被水泡肿了，皮肤变成黑色，甚至糜烂。至1939年元月，独立大队仅剩百余人。一天深夜，他率部突围上岸，沿陇海铁路线找到党组织。独立大队被编入八路军陇海南进支队，他被任命为睢宁独立营营长，后被编为八路军陇海南进支队第一梯队，他被任命为独立团团长。后又被任命为苏皖纵队第六大队长兼苏皖八路军后方办事处主任，第六大队不久被编为皖苏北抗日支队。

1940年春，奉命到山东抗日大学学习。1941年秋结业后，回到皖苏北，为抗日前线不断输送兵员。

1945年冬，奉中共华中局联络部部长杨帆委派，到郑州国民党第四集团军联系工作，拟通过与该军副官长张清波的同乡关系，在国统区长期隐蔽下来，以探听蒋介石的政治军事动向。此后又受杨帆委派到西安搜集敌军情报。

一次被军统特务觉察、跟踪，无可奈何，星夜乘火车逃走，敌特又到车上严密搜查，遂急中生智，混在旅客中下车，躲到车肚里。手抓车肚铁轴，脚蹬车肚梁架，背向铁轨，忍着剧痛，坚持到了徐州。棉衣被铁轨磨破，脊背也被磨烂，血与汗混合，肉与衣粘贴，其刚强坚毅，可惊天地而泣鬼神。

1948年冬淮海战役胜利后，为培养大批南下干部，1948年11月将原雪枫公学改为雪枫中学，调他任校长。1949年6月，该校一千三百多名学生结业分配工作后，他调任怀远中学校长。

1952年春至1958年秋，调任六安中学校长。

1958年秋，调任六安县政协副主席。他注重文史资料的征集和古代典籍的保存，热心帮助解决民主党派工作和生活上的问题。

1966年，自缢身亡，终年62岁。

玖拾　吴献贤

吴献贤（1921.1—1984）江苏睢宁县城西北二十五华里小吴庄人，5岁读书，1937年10月入党。

抗日战争时期，历任直属苏鲁豫皖特委领导的睢宁党支部宣传委员、中共苏皖特委秘书、中共邳睢铜地委秘书、中共睢宿县工委副书记、中共邳睢县委书记兼任邳睢总队政治委员。

解放战争时期，历任邳睢铜工委副书记兼中共邳睢县委书记、中共山东省张店市委书记、华东局南下干部大队队长、中共灵璧县委书记。

中华人民共和国成立后，历任安徽省宿县地区行政公署专员、沈阳机床厂厂长兼党委书记，国家第一机械工业部二局局长、成套领导组组长、机床工具总局党组书记等职，行政九级。

他是邳睢铜地区抗日民主根据地和解放区的开拓者之一、重要领导人。

1982年离职休养，1984年病逝于北京，终年63岁。

玖拾壹　吴云培

吴云培，又名吴景山，江苏新沂县人，1932年毕业于灌云师范，在邳县农村小学任教。1937年12月入伍，翌年12月入党。不久，任邳县沂河区区委书记。1939年后，相继担任宿迁、宿水县委书记，陇海南进支队第二梯队队长兼政治委员、邳睢铜独立团政委、邳南县县长等职。1940年2月随地委机关来灵北活动。1943年1月担任淮北三地委敌工部长、睢宿工委书记,之后任灵睢工委书记。接着担任邳睢铜灵4县联防办事处副主任、淮北行署第三专员公署专员等职。

1943年底,上级组织为了加强各根据地的联系,决定拔除张大路据点。1944年初,彭雪枫师长亲临战地指挥。吴云培受邳睢铜地委书记康志强的派遣,由睢六区护送电台到张大路,交给彭师长。

1945年9月灵璧县委正式成立。一个月后,他接替李任之出任中共灵璧县委书记。1946年10月,调任睢宁县委书记。1947年1月,共产党在运河东组织干部和部队重返淮北收复失地。随后组建了泗灵睢县委,他担任书记。年底,淮北地委决定开辟灵璧,成立灵璧县委。翌年1月,他第四次在灵璧属地出任书记,他担任县委书记兼任县长。1948年4月,淮北西工委成立,领导泗灵睢、灵璧、宿东三县。他调任西工委书记,后任淮北三地委副书记。

1949年3月至1952年8月,相继任宿县地委副书记、书记,1952年9月以后,先后任安徽省委农委第二书记,芜湖专署水利局副局长,阜阳地委第二书记、副书记等职。

"文革"中,不幸受迫害致死。

玖拾贰　武　衡

武　衡(1914.3.18—1999.1.15)曾用名武仁惠,江苏徐州市人,生于小商家庭。其父武朗轩经营小糕点铺。他在徐州城上小学,又上了两年私塾。1929年考入江苏省立南京中学,因反对校长克扣学生伙食而被记大过一次。1931年考入江苏省立扬州中学高中。1934年毕业后,考入北平清华大学地学系。参加一二·九运动。1936年2月,首批加入"中国抗日民族解放先锋队"(简称"民先"),同时被推选为学生会干事会干事,管理食堂、消费合作社、进城班车等服务工作。同年秋,他又当选为学生会干事会副主席,在"民先"队部领导下,参与"清华大学实用科学研究会"的工作。他们利用改组派的报纸《北平新报》开辟了若干专栏,武衡任《新科学》副刊的主编。当时国民党当局不准谈国防,他们就以"实用科学"的名义唤起人民的国防意识。他亲自撰写《怎样防毒》《绥东战争与中国科学界》《怎样利用寒假》《长卢盐》等文章。七七事变后被迫停止。

西安事变后,大多数进步学生与少数右派学生因为喊"中华民族解放万岁"和"中华民国万岁"的口号发生争执，演成斗殴，武衡作为学生会副主席前去劝阻，遭到扭打。事后学校当局反而将武衡等11人通令记大过2次。次日学生会召开谈话会，与会代表认为处理不公，签名请校长重新考虑对学生的处分，此事在北平《世界日报》披露，系主任冯景兰、教授袁复礼、涂长望等仗义执言。

1937年7月底，北平沦陷后，他化装乘难民车到天津，又坐中国小海轮到山东龙口港，到济南组织"平津流亡同学会"，又在"民先"山东省队部工作，输送大批革命青年去山西临汾、陕西延安。他们还在济南《民国日报》开辟了《冲锋号》副刊，鼓励抗日救国。他在济南工作了三个月，济南沦陷后到泰安，由中共山东省委书记黎玉介绍入党。然后他去了山西临汾，又到武汉，再回到徐州前线，成立"民先"第五战区办事处，该战区司令长官李宗仁让他们公开活动。1938年5月，徐州突围后，他到了广州、长沙、桂林，最后到重庆，任川东中共特委巡视员，联络中共地下党员。1939年初，奉调去延安，于是经西安乘八路军军车前往。

到延安后，任中共中央青年工作委员会宣传部宣传科长，以后又任联络处长，分管延安的大学生工作，又分管国统区青年团体的统战工作。

1940年初，在毛泽东同志直接指示下，他与于光远、屈伯传等同志负责筹备组织了边区自然科学研究会。2月5日，毛泽东、陈云、李富春、吴玉章、徐特立等同志光临成立大会并讲了话。5月，为纪念五四青年节，举办"青年运动成就展览会"。武衡由中央青委副书记冯文彬引荐，请毛泽东主席题词："困难二字是我们所不知道的。"

1941年，任延安最大的图书馆——中山图书馆主任，边区政府主席林伯渠兼任中山图书馆馆长。

1941年，兼任延安自然科学院地矿系的教员，在院长徐特立等领导下，在极艰苦条件下办学，为边区培养了地质矿业方面的人才。他还参加了边区的地质调查，又任延安《解放日报》《科学园地》副刊主编。

抗战胜利后，奉派去东北解放区工作。先后担任中共吉林省委研究室副主任、黑龙江省杜尔伯特旗旗长、吉林省扶余县县长、嫩江省企业局局长。1948年初任黑龙江省工业厅厅长。

1954年1月调北京，任中国科学院副秘书长。1955年任中国科学院党组成员，副秘书长，地学部委员（院士）。1957年任国务院科学规划委员会副秘书长。1958—1966年任国家科学技术委员会常务副主任，党组副书记。1972年后任中国科学院党组副书记。

1977年任国家科委常务副主任，党组副书记。1983年任国家科委顾问。1984年任中国科学院学部主席团执行主席，后任名誉主席（正部级），国务院学位委员会副主任委员。

全国地层委员会主任，《国家大地图集》编委员会主任，《当代中国》丛书主编，《中国大百科全书》总编辑委员会副主任，中国国际文化交流中心副理事长，国家南极考察委员会主任，国家科委发明评选委员会主任，自然科学奖励委员会主任，全国科学技术情报学会理事长，中科院地学部常委，中国科技情报学会1—3届理事长，中国发明协会会长。

第五届全国政协委员，第六届全国人大常委，中共八大代表，中共十二、十三届中顾委委员。国务院学位委员会副主任，全国人大常委兼教科文卫委员会委员，国家自然科学奖励委员会委员，中国图书馆学会顾问，中国档案学会顾问，中国国际文化交流中心副主任，中国技术市场研究协会顾问。

1999年在北京逝世，享年85岁。

玖拾叁　夏次叔

夏次叔（1904—1938.5）字振玲，笔名次之，土家族，湖南龙山县桶东乡小湾村人。父亲系清末进士。他幼时随父课读多年，故旧学颇有功底。1916年，考入龙山县城高等学堂后，同学们都戏称他为"五经博士"。1923年，他来到省城，寄居亲戚家中，白天去大麓中学补习，晚上为店里搞些会计业务。他在长沙半工半读了三年，除补习英语外，还自修了德语和日语。1926年，考取北京大学政治系预科。1927年转入北大本科。他布衣素食，刻苦攻读，深得萧瑜、郑浩然等教授的赏识，常予资助和指导。

1928年，他先后当选为北大政治学会主席和北大学生自治会主席。他常为报刊写些抨击时政的文章，有时也作为传单在校内散发。他的《要求蒋介石停止"围剿"井冈山红军》和《田中奏折》两文，公开指出"围剿"红军是"将中国人民推向痛苦深渊的罪恶战争"。而"田中奏折是日本帝国主义并吞中国野心的大暴露"，在学生中产生了很大影响。

1930年12月9日，他在《北京大学日刊》上发表《青年与责任》一文，痛切地指出："军阀政客官僚对社会国家可以不负责任，但是站在时代前面，负有领导社会使命的青年，对社会国家是不能不负责任的！"而中国青年应怎样负起这一责任呢？他写道："现时青年的责任，在于为解除民众的痛苦，鞭策实际政治社会的进步，参与劳动，为促进社会经济的生产而努力求学……时刻想到为工农而效力，不然，我们学成之后，充其量也只能解决个人利禄，造成社会的特殊阶级，为社会上多添一批高等流氓，于社会人类的福利无益！"

1931年九一八事变第二天，他与一些同学即发起组织北大学生抗日运动委员会，并担任主席。他撰写和散发《抗日运动宣言》和《告全国同胞书》，并同北平各校学生自治会及各反日团体取得联系。几天后，他又针对北平市政府于9月23日公布的所谓严禁学生罢课和结队游行的八条禁令，于第二天便组织北大师生集会抗议，用各种文字向国际社会说明日本帝国主义侵华的真相，还提出与日绝交的主张。当他与中共北大支部书记魏克仁结识后，又共同组织了北平大学生南下示威团，同东北爱国人士领导的请愿团一起南下，向南京政府请愿，遭到国民政府军警的镇压。在中共地下党组织的安排下，他于同年11月，由北大二斋94号转移到宝相胡同，后迁蜡库胡同。参与组建北大学生非常委员会的工作。12月，他被中共沙滩支部秘密吸收为共产党员。

1932年春，经萧瑜保送，赴法国巴黎大学留学。在法国期间，他掌握了英、法、日、德、俄等五国文字，并对日本的政治、经济、军事等作了较多的研究。1935年回国，由国民党政界要员陈铭枢、刘斐推荐给李宗仁，任广西省政府秘书兼李宗仁私人秘书。在广西工作期间，他是经济研究会的成员，同陈劭光、李四光、范长江、夏孟辉、林素园、藩宜之等过从甚密，交宜很深。后调迁第四集团军长官司令部上校机要秘书。

1937年4月25日发表的《现阶段中、英、日三角关系》一文，直率告诫国人："英为保其在华利益，它不愿日本独吞中国，更不愿中国真能彻底独立自主。其对华援助是有条件的、有限度的，故现阶段中华民族的解放，主要的还是在于自身的努力和自身牺牲抗战的决心，依靠任何列强，尤其依赖帝国主义列强，其结果会徒然失望。"至于对日本的看法，他在1937年6月5日发表的《林内阁崩溃与日本政局展望》一文中，断言："由于日本政治、经济、社会的各种危机仍无法解决，相反，在军部高度国防要求下，且将益转强烈，最后诱导日本出于冒险战争之一途。"果如其言，不到一个月，卢沟桥事变爆发了。平津失陷后，他在8月15日发表的《抗战中远东国际形势的展望》一文中，大声疾呼："中国在这场战争中，显然是处于被侵略地位。我们唯一的生路，便只有抱焦土抗战的决心，凭自己的热血头颅去牺牲奋斗，以争取国家民族的生存解放……因为不抵抗，其结果便只有亡国！""不能对国际援助作过大奢望，转至减低吾人抗战勇气……中国果能运用有利国际形势，同时又能痛下自力牺牲奋斗决心，则最后胜利必属吾人。"

1937年10月，随李宗仁同机到达南京转赴徐州，负责协助李宗仁处理第五战区军政事务，随即起草发布有关打击日军，铲除汉奸，允许民众有言论、集会、结社自由的《约法七章》。12月，又成立第五战区民众总动员委员会，由李宗仁任主任委员，他任组织部长，名列总动委12名常委之首。他还吸收一批中共地下党员到总动委工作，如郭影秋担任组织总干事等。他派任各县动委的指导员大都是共产党员和进步人士，并将统战工作一直贯彻到区乡，使这个战区的抗日救亡运动开展得很有活力。

1938年4月初，台儿庄大捷后，国民党顽固派采取种种阴谋把持了总动委，削弱夏次叔在总动委中的实权。一次，他对郭影秋说："在目前这种情况下，你们留下来已没有必要，不如借下去检查工作之名推动下面的工作。"中华人民共和国成立后，曾任北京市委副书记的郭影秋在回忆这一时期的情况时说："抗战中徐州地区的统战工作的成绩与夏次叔是分不开的。""他对我党许多主张如统一战线、抗日救国等无不同意，无论从几件大事，还是从处理日常问题上看，我们提出的意见，他没有不同意的。"寥寥数语，充分地肯定了他在党的抗日民族统一战线中起的重大作用。

1938年5月19日徐州沦陷，他随司令部撤抵安徽宿县北，旋即退至涡河北岸。这时桥梁渡船已被日军炸毁，于是部队分兵三路进行强渡。夏次叔负责指挥中路官兵抢渡时，不幸被赶上来的日本骑兵包围，壮烈殉国，时年34岁（亦有被国民党暗杀之说）。

2015年8月，被民政部收入第二批600名著名抗日英烈和英雄群体名录。

玖拾肆　冼星海

冼星海（1905.6.13—1945.10.30）曾用名黄训、孔宇，出生于澳门贫苦家庭，祖籍广东番禺（广州市南沙区榄核镇）。6岁时随母亲黄苏英去新加坡，进入新加坡的养正学校。养正学校的区健夫老师，最先赏识他的音乐禀赋，将其选入学校军乐队，开始接触乐器和音乐训练。为了得到更好的教育，1918年，母亲设法来到广州，把13岁的冼星海送进了岭南大学（现中山大学）附中学习小提琴。为贴补家用，冼星海依靠每天售卖两个钟头的书、纸、笔等物，和加入岭南银行乐队这两件工作，来维持学费和伙食费。他在乐队里担任演奏直箫，后来成了附中管弦乐队的指挥，因为他吹奏单簧管很有韵味，由此得到"南国箫手"的雅号，连培正中学也请他去做音乐教员和乐队指挥。

1926年春，考入北京大学音乐传习所，靠在学校图书馆任助理员维持生活，期间师从作曲家萧友梅和俄籍小提琴教授托诺夫。

1928年，进入上海国立音乐学院，主修小提琴和钢琴，后因参加学潮被迫退学。1929年，去巴黎勤工俭学，靠在餐馆跑堂、在理发店做杂役等维持生活。1934年，考入巴黎音乐学院高级作曲班，学习作曲兼学指挥。他是该班的第一个中国考生，由于衣着不够华丽，险些被法国门警所阻而不得入考场。考试后，主考老师保罗·杜卡斯代表全体评委宣布："我们决定给你荣誉奖，按照学院的传统规定，你可以自己提出物质方面的要求。"冼星海只说了"饭票"两个字，就再也说不出话来了。

1935年，毕业回国，投入抗战歌曲创作和救亡音乐活动，创作大量群众歌曲，并为进步电影《壮志凌云》《青年进行曲》，话剧《复活》《大雷雨》等作曲。后参加上海救亡演剧二队，并赴武汉与张曙一起负责救亡歌咏运动。

一次，冼星海参加了上海学联到郊区救亡宣传的活动。国民党当局派保安队到现场阻止学生，对峙时剑拔弩张。这时，青年诗人塞克把自己写的一首诗交给冼星海。冼星海怀着满腔激愤，朗诵了两遍，倚墙只用了5分钟就写出曲谱——"枪口朝外/齐步前进/不伤老百姓/不打自己人/……"这首《救国军歌》当场在学生中唱响，随后在场的老百姓甚至连保安队的士兵也跟着唱，很多人边唱边流泪。

1938年9月，冼星海接到延安鲁迅艺术学院全体师生的邀请电报。于是，他和钱韵玲离开汉口去延安，在途中他们结成了伴侣。他担任了鲁迅艺术学院音乐系主任，并在延安"女大"兼课。在鲁艺，他负责音乐理论、作曲的主要课程，还教授音乐史及指挥。在延安的一年半，他进入创作的巅峰期，谱写了《军民进行曲》《生产运动大合唱》《黄河大合唱》《九一八大合唱》等旷世千古的作品。1939年6月加入共产党。

1939年5月11日，在延安庆祝鲁艺成立周年晚会上，他穿着灰布军装和草鞋、打着绑腿指挥《黄河大合唱》，在场的毛泽东和其他中央首长连声叫好。更有许多人唱着"风在吼，马在叫"，走向抗日战争最前线。

在延安的艰苦条件下，党中央决定每月给冼星海15元津贴，而当时朱德总司令每月津贴只有5元，鲁艺的助教6元，教员12元。冼星海每星期能吃两次肉，两次大米饭，每餐多加一个汤。这些都体现了党组织对特殊人才的尊重。

1940年5月，赴苏联，为大型纪录片《延安与八路军》进行后期制作与配乐。临行前，毛泽东在家中请他吃饭并饯行。1941年6月22日随着苏德战争爆发，该片制作停顿。他想经新疆回延安，却因当地军阀盛世才"反共"、交通中断而未成，被迫羁留于哈萨克的阿拉木图。在供应十分困难的战时条件下，他相继完成了《民族解放交响乐》（"第一交响乐"）、《神圣之战》（"第二交响乐"）、管弦乐组曲《满江红》、交响诗《阿曼该尔达》和以中国古诗为题材的独唱曲。因劳累和营养不良，他的肺病日益严重。1945年初，苏联有关方面将他送到莫斯科的克里姆林宫医院接受治疗。刚住进医院，他便开始创作管弦乐《中国狂想曲》。

在李立三的奔波下，得到苏共领导人斯大林批示，在苏联国际救济总会协助下，冼星海入住莫斯科一家医院。由于患严重血癌，医生回天无力，1945年10月30日病逝于克里姆林宫医院，年仅40岁。

李立三夫妇为其料理后事，与苏方一起为其举行隆重安葬仪式。致悼词的是后来为《莫斯科——北京》谱曲的苏联著名音乐家穆拉杰利。冼星海被安葬在莫斯科近郊公墓，骨灰盛放于一灰色大理石小匣，匣子正中镶着音乐家的一张椭圆形照片，周围环绕缎制花束，下刻金色俄文：中国作曲家、爱国主义者和共产党员：黄训（赴苏联后用母姓）。

1945年11月14日，延安各界为"人民音乐家"冼星海举行追悼会。

玖拾伍　谢甫生

谢甫生（1902—1985.9.3）原名祥荫，湖北大悟县夏店镇（原黄陂县夏店区）谢家湾人。1921年以后，就读于武汉中学，在董必武、陈潭秋等共产党人的教育影响下，研读革命书刊，接受革命思想。1927年10月，加入共产党，先后在河南、陕西、湖北、天津、上海从事兵运、情报联络工作。他在严酷的白色恐怖下，置个人身家于不顾，往返奔走于上海、南京、武汉等地，传递情报，负责联络。

他的情报工作有三次是很有贡献的。第一次是将情报转给上海中央局，使得红二十五军从敌方兵力是我方20倍的情况下突出重围，胜利进行长征，起了重大作用。第二次是在1936年，通过电台将情报发陕北，与中共北方局和中共中央取得联系。第三次是提供了日军情报，为台儿庄大捷做出了贡献。他还及时准确地向党中央提供重要军事情报，为保卫第三国际驻远东代表的安全做出了贡献。

1938年，参加了中共河北省委和冀热边特委在冀东8县发动的抗日武装起义。6月，宋时轮、邓华率领八路军第四纵队开进冀东，他任第四纵队参谋长。

1939年2月，在八路军第四纵队的基础上组建冀热察挺进军，萧克任司令员，陈漫远任政委，程世才任参谋长，他任挺进军参谋主任。

1941年，任中共晋察冀分局社会部科长，负责对东北日军的情报工作。1942年，入中央党校学习。

抗战胜利后，奉调东北，任东北人民自治军十六军分区参谋长。南满军区成立时，任南满军区兼第三纵队参谋长。后任军调部东北执行分部中共代表。

1948年，任独五师政委，这个师是由营口起义的国民党五十八师改编而成。以后任东北军区政治部保卫部副部长、部长，辽东军区副参谋长。

中华人民共和国成立后，调到海军工作，任海军政治部保卫部部长、海军军事检察院检察长。

1955年被授予少将军衔。

1958年离开军队，出任中国驻蒙古人民共和国大使。

1963年离任回国。1964年起任湖北省第三、四届政协副主席。

1985年在北京病逝，享年82岁。

玖拾陆　熊塞声（女）

熊塞声（1915—1981）原名熊贤瑹，黑龙江齐齐哈尔人。1937年参加革命工作，历任延安鲁艺戏剧干部，东北文工团演员，东北特区文艺干部，东北电影厂演员，北京电影厂、北京电影演员剧团演员。

1953年开始发表作品。著有童话剧剧本《巧媳妇》《还我的孩子》《一架缝纫机》《骄傲的小燕子》，童话长诗《马莲花》《孟二先生》《吹笛子的人》，电影文学剧本《钟义和小白龙》，民间故事集《马郎》等。

《马莲花》获全国第二届少年儿童文艺二等奖。

玖拾柒　徐　韬

徐　韬（1910—1966）原名保斋，江苏邳县（今邳州）人。1930年入上海美术专科学校学习。1932年参加中国左翼戏剧家联盟。1935年加入共产党。曾任上海业余剧人协会、抗敌演剧宣传队导演。1939年参加新疆旅行剧团，赴新疆。1945年后任中国艺术剧社导演、上海昆仑影业公司编导。1948年导演电影《关不住的春光》。

1949年参与创建上海电影制片厂，任秘书长兼导演。

中国影协第一届委员、第三届理事。合编电影剧本《乌鸦与麻雀》。导演的影片有《草原上的人们》等。

《海魂》1959年获捷克斯洛伐克第十届劳动人民电影节为世界和平而斗争二等奖。

玖拾捌　徐光霄（戈茅）

徐光霄（1915.11—1989.12.21）笔名戈茅，山东莘县人，1932年参加进步学生运动，1934年加入中国共产党。第二次国内革命战争时期，他从事党的地下文化工作，编辑出版《青锋》《笔端》等进步书刊。1937年奔赴延安，任中央党校文化教员。抗战时期，他参加西北战地服务团担任通讯股股长，在八路军总部任随军记者。后来，他到达重庆，任《新华日报》副刊编辑。1940年，他以《新华日报》特派员身份赴新四军工作。1946年，他参加中共驻南京代表团，从事统一战线工作。

中华人民共和国成立后，历任情报总署办公厅主任、中央军委联络部办公厅主任，出版总署办公厅副主任、党委书记，文化部办公厅主任、部长助理、副部长（1960.02—1967.01），国家出版事业管理局局长，文化部顾问等职，在公安战线、新闻出版文化战线为党做出了积极贡献。

主要作品有：诗集《草原牧歌》《将军的马》、长篇叙事诗《我们的共和国》和杂文论文集《散失集》《徐光霄诗文集》等。

1989年在北京逝世，终年74岁。

玖拾玖　徐玉珍

徐玉珍（1910.12.23—2004.9.29），江苏邳县东部二区窑湾（今属江苏省新沂市窑湾镇沂运村）人。1917—1928年，在本村读私塾，后在家务农。1929年，加入共产党，组织发动了为农村短工增加工资的斗争。1930年，他在邳县暴动（旧州起义）失败后，写传单，贴告示，隐蔽地打击敌人气焰。不久，邳县成立青救团，他积极参加，在邳东区发展人员。1934年，经人介绍，先后在尹庄、陆口小学教书，同时还举办农民夜校，传播革命火种。

1938年2月，他与王书楼等在邳东发展青年救国团抗击日寇，并于7月任邳县青救团抗日义勇队三中队队长。1939年3月初，创建了宿北县抗日自卫队，月底编入八路军陇海南进游击支队宿北独立大队第三中队，任中队长。

他从建立第一支武装到1949年2月的10年间，先后组建了五支抗日武装，且全部补充、升编到了八路军、解放军的主力部队，被誉为"革命的兵贩子"。1939年6月，他率部在尹庄伏击日军，未损一兵一卒，毙敌50余人，创造了沂运平原上的"平型关大捷"。解放战争期间，任宿北县独立团团长。

中华人民共和国成立后，先后任苏北荣校校长、苏北行署民政处副处长、江苏省卫生厅药政管理局局长。1961年下放后，担任中共清江市委常委、副市长，清江市政协第一副主席，清江市人大常委会副主任等职。

1983年离休，享受副部级待遇。2004年逝世，享年94岁。

壹佰　徐智雨

徐智雨（1907—1964.2）又名徐庆云、徐庆余、徐如，化名王荣、余小三等。河南潢川人。1924年加入中国社会主义青年团。1925年加入中国共产党。曾任南京中山中学教员，下关五卅工人子弟学校校长，湖北省总工会组织部干事，汉口团市委组织部长。1927年被调回河南，在潢川、固始一带组织农民武装起义。1929年12月参加红军，任红十二军三师一〇〇团指导员。后受"山头主义"错误影响被排除红军部队，又遭河南军阀通缉。经过周折，于1930年底来济南。在山东省建设厅运河工程局任课员。1935年12月担任济南（山东）各界救国联合会主要负责人。期间，他和陈希堂、丁梦孙等五人，共同组织了"众鸣文艺社"，出版进步刊物《一线》。他还组织了秘密团体"抗日反蒋同盟"。5月1日，散发宣传品时，丁适存和丁梦孙二人被特务绑架，身陷囹圄。

1938年2月调任徐州第五战区总动员会组织部总干事、委员。同年6月到河南潢川组织抗日游击队。1941年4月被捕。1943年出狱后，积极寻找党的组织，继续从事革命活动。曾任潢川县人民政府秘书，县立中学副校长。

1951年7月至1964年2月，先后任济南市各界人民代表会议协商委员会秘书，济南师范、济南一中、济南九中历史教员。

1964年2月病故，时年57岁。1986年12月中央组织部批准恢复其党籍。

壹佰零壹　许西连

许西连（1905—1979.4.26）安徽萧县丁里区丁里镇许堂村人。9岁时在外祖母家上私塾，16岁考入萧县第一高等小学，后入江苏省立第七师范。

九一八事变后，学校停课。他组织几位同学到萧县白庄、永堌、朔里、萧城等处动员学生参加抗日运动。学校当局借用军队镇压，他被开除后，受聘于萧县实验小学，任教务主任。

1935年又考入山东邹平乡村建设研究院，学习政教合一的乡村建设知识。次年回县，任梅村实验乡乡长，并被萧县师范聘请为三年级乡村教育教师。他试办乡学、民校、青年训练班，失学儿童识字班，另外还办了医疗站、种猪配种站、合作社等。半年后，调任县政府合作指导员。

七七事变后，王雪琴出任萧县县长，实行国共合作。他以非党人士的身份任一区区长（全县为五个区）。萧县沦陷，地方汉奸勾结日本侵略军组织维持会。他联合李忠道等攻打县城，任攻城总指挥，把维持会赶出县城。萧县抗日政府成立，他任行政科长、代理县长。1941年5月，县政府随新四军四师撤向津浦路以东。

他经县长纵翰民同意，与冯蕴言、王可风等留在萧东皇藏山区发动群众坚持抗日，成立了萧东办事处（后改为萧铜办事处），他任主任。次年冬，萧东的抗日武装已由原来的数十人发展到三个营，成立了抗日总队，他任总队长。1944年5月，成立萧宿铜灵县，他任县长，11月下旬萧铜分建，他带领三分之二的干部回到萧县，重建萧县抗日民主政权，他任县长兼总队总队长。

1946年6月，国民党发动全面内战，为了便于开展游击战争，将萧、永两县政权和武装力量合并成立第一办事处和第一支队，他任办事处主任兼支队长。次年底，部队到鹿邑一带集结，成立豫皖苏行署，分三个专署，他任第三专署专员。在军区部队支持下，很快打开了局面，恢复12个县政权。淮海战役开始，第三专署支前任务繁重，成立支前指挥部，他任副指挥，负责双堆集和陈官庄两个战场的供应工作，他全力以赴，确保各项物资供应。淮海战役胜利后，他同王光宇、冯蕴言一起去徐州，找到粟裕将军，动员部队捐助战后救济物资。

1949年初，经三地委批准加入共产党，旋即调往河南任中原临时人民政府农林部秘书主任。同年底，任河南省政府农业厅副厅长、厅长。

1955年春，任河南省人民委员会农林水利办公室副主任，次年调任河南农学院院长。粉碎"四人帮"后，任全国政协第五届委员，河南省政协常务委员，河南省直属机关老干部休养所党组副书记。

1979年在郑州病逝，终年74岁。骨灰安放在萧县革命烈士陵园。

壹佰零贰　许之乔

许之乔（1914—1986）广西桂林人。笔名之乔（见1940年《戏剧春秋》、1943年《文学创作》）、成菲茵（见20世纪30年代《影剧周刊》）、吴之月（见《戏剧春秋》）、何茵（见集体创作独幕剧《三江好》，生活书店）、贺鹰（抗战前后用，中华人民共和国成立后发表《海之歌》亦用）、黄旬（见1940年《影剧周刊》）。

1937年在南京中央大学学习，期间，参加大众剧社、左翼剧联南京小组，曾任抗敌演剧队第二队演员，《戏剧春秋》编辑。1945年后，任云南大学附中教员，上海戏剧专科学校副教授。

1949年后历任北京电影学院教师，文化部干部。

1933年开始发表作品。1961年加入中国作家协会。

著有独幕话剧剧本《三江好》，电影文学剧本《歌仙刘三妹》《望穿秋水》，论文《再论关汉卿——与杨晦同志商榷》《〈红楼梦〉是人民的》《琵琶记论辩》，多幕剧剧本《钢铁是怎样炼成的》等。

壹佰零叁　严　恭

严　恭（1914.1.19—2010.7.4）江苏南京人，1934年，加入中国左翼联盟南京分盟的公开组织"磨风艺社"。1935年10月，经党组织派遣，入"国立南京戏剧专科学校"第一期学习。

1937年8月抗战爆发，即参加中央局"文委"在上海的第一批"救亡演剧队"。1938年8月，参加了周恩来同志领导的"抗敌演剧队"第二队，任艺术部长。1940年10月，在广西省立艺术馆戏剧部从事艺术指导和演员工作。1941年9月，遵照党的指示，作为发起和创建人之一，创办了"新中国剧社"，任理事、艺委会主任、导演。期间，参加第一支赴台文化团体，开展台湾进步戏剧活动。1947年9月，在党领导的上海启明影片公司、上海昆仑影业公司任导演。

1949年10月，在中央电影事业管理局艺术处从事导演工作。1951年5月，在长春电影制片厂从事导演工作，任中国电影家协会理事、中国戏剧家协会理事、中国文化艺术界代表大会代表、中国儿童少年电影学会顾问。

1982年2月，调任南京电影制片厂艺术顾问。

江苏省电影家协会顾问、江苏省政协第五届委员。

1985年12月离休，享受副厅级待遇。2009年9月，享受副省级医疗待遇。

导演的《三毛流浪记》《卫国保家》《祖国的花朵》《朝霞》《满意不满意》《结婚》《月到中秋》《炉火正红》等多部优秀影片已成为20世纪中国电影经典，影响了几代少年儿童的成长。

2010年7月4日，在南京逝世，享年96岁。

壹佰零肆　严怪愚

严怪愚（1911—1984.3.1）原名严正，湖南邵阳邵东县九龙岭严家桥人。他的启蒙老师是人民音乐家贺绿汀，受贺老师革命思想的熏陶，16岁时即加入了共产党，后因组织被破坏，失去联系。1930年在湖南农校毕业后，考入湖南大学经济系。之后改名怪愚，是因为邵东乡下多鲶鱼，此鱼形象丑陋，习性刁钻古怪，乡人乃喜欢以"鲶鱼拐子"或"鲶拐鱼"来骂人。在湖南大学读书时，严正即谐"鲶拐鱼"取"严怪鱼"为笔名发表文章。

1935年他与好友康德、冯英子在长沙创办了《力报》，并担任副刊主编兼采访部主任。1936年10月19日，鲁迅逝世，国民党统治者下令禁止新闻界著文悼念。《力报》却挺身而出，刊登了一系列悼念鲁迅先生的文章。此举激怒了《国民日报》副刊主编、国民党湖南省党部主任秘书、当时湖南新闻界风头十足的人物——壶公。11月2日，北洋军阀大头目段祺瑞一命呜呼了。壶公立即抛出《鲁迅、段祺瑞遗嘱的评价》一文，文中大肆吹捧段祺瑞"公而忘私"，贬责鲁迅"私而忘国"。严怪愚立即撰文反驳，称鲁迅先生站在反帝、反封建的前沿，为民众的觉醒而呐喊。如果说段祺瑞功在"民国"，那么鲁迅则功在"国民"了。几个回合下来后，壶公理屈词穷，举手投降了。25岁的一介书生严怪愚"牛刀小试露锋芒，敢与权贵来较量"的勇气使《力报》名声大振。

1938年春，他与范长江等一批战地青年记者在战火连天的最前线坚持了两个多月。他零距离采访了台儿庄战役，受到了第五战区司令长官李宗仁将军的接见，写出了《凭吊台儿庄》《陇海东线》《我们新的长城——黄河防线》等10万多字的战地通讯。

1939年，严怪愚与康德等主办邵阳《力报》，聘请中共邵阳中心县委书记唐旭之任主笔，自任采访部主任。严怪愚从重庆国际新闻社负责人范长江处获悉国民党副总裁汪精卫准备在南京成立汉奸政权，首先在《力报》发表《汪精卫叛国投敌前后》一文，在国内外产生极大影响。随后，他任《力报》总编辑。

1940年5月，《力报》被薛岳封闭，严怪愚被逮捕，经多方营救出狱。又相继在衡阳主办《正中日报》，在沅陵创办《力报》，在晃县、辰溪创办《中国晨报》。

抗战胜利后，他任青岛《东南日报》驻沪记者。

1946年秋，在南京梅园新村受到周恩来嘉勉。1948年7月，他在长沙创办《实践晚报》，任主编，宣传时事，抨击时政。7月31日开始，在第三版辟《大家诉》专栏，以社会各界底层人士的名义，写出专文。主要有《看农村百姓的痛苦》《要求砸烂雇佣制》《要履历、要登记，却不给工作》《奴化教育毒害了我》《物价暴涨风袭击邵阳》《耒阳粮政漆黑一团》《退役回乡生活无着》等。

1949年春，加入中国民主同盟长沙地下组织。5月，严受中共地下党湖南省工委之托回邵阳，担任魏镇、宋涛起义前的联络工作。10月9日下午，陪同解放军前导车进入邵阳城。

中华人民共和国成立初期，先后担任邵阳《工商晚报》《大众报》、湖南通俗读物出版社副社长。

1955年在批判"胡风反革命集团"运动中受到审查，离开新闻界，先后在长沙一中、长沙师专任教。

1957年被错划为"右派"。

1962年调湖南师范学院任图书资料员。

1979年改正后，当选为湖南省政协第五届委员。

1984年3月病逝，终年73岁。

壹佰零伍　颜一烟（女）

颜一烟（1913.6.13—1997）别名颜毓芬，满族，北京人，贵族家庭。早年在北京师范大学附小和附中读书，后又转到山西温泉女子中学读书，在中学期间，开始文学创作。1930年考入河北省立女子师范学院中文系学习。1932年她与同学一起创办"未名小社"，并编辑《破晓》《霜宫》等文艺杂志。1933年转到北京大学中文系读书。1934年又赴日本早稻田大学文学部学习。其间，曾担任中华留日戏剧协会干事、《东流》杂志编委、中华留日左翼文化团体联合会执行委员等职。

卢沟桥事变后，回国任上海留日同学救亡会理事，并参加上海救亡演剧队（先五队后二队），与金山、王莹等人在武汉、徐州等地奔波，期间王莹还牵线她与冼星海谈恋爱。1938年，辗转来到延安，在延安抗日军政大学学习，同年加入共产党。1939年，担任鲁迅艺术学院艺术指导科教员。

1945年调东北文艺工作团做编剧工作。1948年，调东北电影制片厂任编剧。

1950年，调中央电影局剧本创作所任编剧。1956年，调北京电影制片厂任编剧。历任鲁迅艺术学院艺术指导科教员，编译处翻译员，东北文艺工作团一团团委及编辑出版部部长、编剧、演员，东北电影制片厂编剧，中央文化部电影剧本创作室编剧，北京电影演员剧团编剧、演员，1963年调北京电影制片厂任编剧，曾任艺术委员会委员。

1985年，根据自己的亲身经历写成了一部叫《盐丁儿》的自传体小说。其胞兄颜毓蘅是"文革"中在南开大学马蹄湖含冤自沉的资深教授。

1992年获政府特殊津贴。

著有电影文学剧本《中华女儿》《一贯害人道》《陈秀华》《祁建华》《烽火少年》等。

话剧剧本《黄花岗》《九一八以来》《军民一家》《渡黄河》《飞将军》《先锋》《秋瑾》，秧歌剧剧本《反巫婆》《农家乐》《血泪仇》。

散文集《烽火明星》《大海的女儿》。

小说《我的童年》《初夏》《一个苍蝇的梦》《弟弟》。

译著《歌德论》《饥饿的人们》《剧作法》《给青年导演》，小说《老鼠的尾巴》，短篇小说集《保江山》等。

壹佰零陆　杨必声（杨德华）

杨必声（1903.10—1982.1.11）字德华，亦必升，又名杨萍，壮族，广西来宾县蒙村乡那村人。1926年，中共党员张胆到来宾讲学，宣传"耕者有其田"和"铲除私有剥削制"。他深受教育和影响，曾运筹建立"乡村共产主义委员会"。后考入黄埔军校武汉分校。1929年到高树勋师负责新兵训练。1932年起在广西师专任职3年间，是该校有名的思想进步的军训大队长。

1935年春，他得知张学良由欧洲回到上海，便毛遂自荐任少校参谋。1936年4月，他在上海参加抗日救国会。次年1月初，赴西安拜会周恩来、叶剑英等中共领导人。3月奉命往上海、南京、武汉、广州等地向救国会成员及进步人士传达"西安事变"情况，并专程到梧州李济深居所向李传达；又和李一道赴香港蔡廷锴居所告知蔡廷锴。李致信中共中央（蔡附笔），交由杨德华送往西安。后经周恩来、叶剑英安排杨赴延安，将李、蔡亲笔信呈交毛泽东主席。其时杨德华——拜会了朱德、林伯渠、董必武等中共中央领导人，并被称赞为"光荣使者""国共特使"。

七七事变后，随李、蔡二人到上海、南宁从事抗日宣传活动。八一三全面抗战开始后，由李济深介绍到李宗仁部工作。他到徐州参加李宗仁第五战区长官司令部的筹备工作，任司令部中校参谋，并与武汉八路军办事处保持联系，递送情报。1938年5月，在他代理五战区参谋处长时，蒋介石嫡系为排除异己，企图对他进行陷害，他及时撤离了五战区司令部。就在这时，中共中央批准他加入共产党。

1938年7月，他接任商城县长以后，中共长江局便介绍魏文伯等地方党组织负责人，到商城建立中共商城县委。1939年初，他奉命接任英山县长，魏文伯、王枫、林擒、郑重、李静一等同志亦先后来到英山，魏任英山中心县委书记，其公开身份是国民党英山县抗日动员委员会指导员，郑重公开身份是国民自卫军政治部主任，李静一、王枫、林擒等同志都是县委委员，他们的公开身份都是县政府科长、秘书等职。当时他除与魏文伯秘密联系外，其他同志和广大群众一样，只知道杨必声是国民党的一位公正廉洁、主持正义的好县长，被誉为"杨青天""草鞋县长"，第五战区司令长官李宗仁授予英山"抗日建政模范县"称号，并传令嘉奖。

1940年初，他调离英山时，群众自动集队送行数十里，很多人以泪惜别。

他到安徽省立煌县皖干班任上校军事科长。1个月后，调到河南省潢川、罗山任第五战区抗日游击队第三纵队副司令员兼参谋长，并兼任政治部主任。此时，桂系密电逮捕中共党员，他身为纵队副司令，挺身而出，掩护中共党员脱险。

1941年底，到延安中共中央统战部工作，所写白区统战工作总结报告受到了毛泽东主席的肯定。此后，他先后进入延安马列学院、军事干部学习班、中共中央高级党校学习，参加延安"整风运动"。1946年，参加中共代表团，跟随毛泽东赴重庆谈判。谈判破裂后，到香港中共华南分局工作。期间7次陪中共华南局负责人与李济深、蔡廷锴进行会谈，并参加中共华南局协助国民党革命委员会举办3期游击队训练班，培训两广游击队骨干。他负责讲授游击队战略战术课。

1948年在滇桂黔边区党委任统战部部长、政权部部长和解放军滇桂黔纵队政治部主任。

1948年夏，任中国人民解放军滇桂黔边区纵队政治部主任，为配合解放大军南下，解放滇、桂、黔三省做了大量工作。

1950年10月至1955年2月，先后任广西省人民政府副秘书长、省人民法院院长、省政法办公室副主任等职。他曾代表省人民政府到靖西、百色、龙州、南丹等地与陈汉光、张先辉、莫树杰等国民党军政要人进行谈判和平改编事宜。

1956年以后调浙江、四川、云南等工作。

1961年因病回桂林定居。

1982年在上海病逝，终年79岁。

壹佰零柒　杨思九

杨思九（1911—1995.10.8）安徽省涡阳县人，1938年3月参加革命工作，同年12月加入中国共产党，任安徽省民众抗敌总动员委员会干事、指导员。1940年起历任淮南抗日根据地路东八县联防办事处秘书，淮南路东半塔直属区中共县委书记兼区长，淮南路东盱眙县县长，淮南行政公署经建处副处长，淮南路东分区武委会主任。

1945年起历任山东省工商总局科长、山东矿业公司行政管理系主任，在大连任关东实业公司经理，旅大行政公署工业厅副厅长。

1950年起历任重工业部基建局筹备组组长、建材局副局长、建筑材料工业部部长助理。1957年任北京邮电学院党委书记。1979年调中共中央纪律检查委员会任副秘书长。

1995年在北京逝世，享年84岁。

壹佰零捌　杨易辰（杨振玖）

杨易辰（1914.3.21—1997.6.28）原名杨振久，辽宁法库县东火石岗子村人。6岁入私塾，13岁进法库县第三高小读书。1929年，就读于哈尔滨第三中学。1931年初，到沈阳启明中学补习班读书，不久转到冯庸大学预科高中学习。1932年夏，考入天津河北省立法商学院，1934年毕业后考入北平中国大学法律系。1935年参加一二·九学生运动。在示威游行中，他奋不顾身救出了两名被警察打倒在地的女同学。1936年，参加中共领导下的"中华民族解放先锋队"，任中国大学"民先"大队长。9月，加入共产党。

抗战时期，参加北平学生移动剧团，到达延安后入马列学院学习。1939年9月，他离开延安，在中共冀南区第三地委宣传部任编审科长，主编地区党刊《平原》。1940年至1945年，先后任冀南区第三地委宣传部长、平原分局第七地委副书记。

抗战胜利后，率地方干部团赴东北工作，任辽宁省铁岭中心县委书记，辽吉省第一地委书记，辽北省第二地委书记。

1948年后历任辽北省人民政府副主席，辽西人民政府副主席、辽西省委副书记、辽西省人民政府主席、辽西省委书记。

1954年8月后历任中共黑龙江省委常委、黑龙江省人民政府副主席。

1955年11月任黑龙江省副省长。1955年4月—1957年2月兼黑龙江省计委主任。

1956年7月—1967年1月任黑龙江省委书记处书记，副省长。1959年8月兼省政协副主席。

1972年任黑龙江省革委会生产指挥部副主任、党委副书记。

1973年4月任黑龙江省委书记、省革委会副主任。

1977年12月任黑龙江省委第一书记、省革委会主任、省军区第一政委、省政协主席。

1979年12月任黑龙江省委第一书记、省军区第一政委。

1983年2月任中共黑龙江省委顾问委员会主任。1983年4月任最高人民检察院党组副书记。6月任最高人民检察院检察长、党组书记。1988年3月不再担任最高人民检察院检察长。

中共第十一、十二届中央委员，第十三次全国人民代表大会当选为中顾委委员。第二至第六届全国人大代表。

1997年在北京逝世，享年83岁。

壹佰零玖　姚时晓

姚时晓（1909—2002）原名治孝。浙江吴兴（今湖州）人，曾读过私塾。1924年后历任上海中华书局印刷厂工人。1933年在上海参加中国左翼戏剧家联盟。1936年加入中国共产党。1938年后任延安鲁艺教员、南下支队政治部文工队队长、中原军区政治部文工科科长。

中华人民共和国成立后，历任中国作协上海分会副秘书长，中国文联第四届委员，中国剧协第一、二届理事和第三届常务理事、上海分会副主席。

著有《别的苦女人》《炮火中》《棋局未终》《左翼戏剧运动大事记》《林中口哨》《原形毕露》《竞选》等。

2002年，在上海逝世，享年93岁。

壹佰壹拾　于黑丁

于黑丁（1914—2001.2.4）原名于敏亦，笔名黑丁、于雁。山东即墨人。1933年参加左联。1937年到延安，历任延文艺界抗敌协会理事、秘书长，《谷雨》杂志编委，晋冀鲁豫边区文联常务理事，《北方》杂志主编。1941年加入中国共产党。1944年毕业于延安中央研究院、延安中央党校新闻研究室。

历任河南中原文协副主席，武汉中南文联副主席、党组书记，中南局宣传部文艺处处长，中南作家协会党组书记，《长江文艺》主编，河南省文联主席、党组书记、名誉主席，文学创作一级。

河南省人大常委，第五、六、七届全国人大代表，全国文联委员，中国作家协会理事、顾问。

1933年开始发表作品。1949年加入中国作家协会。

著有短篇小说集《北荒之夜》《火场》《战友》《沁河岸上》《炭窑》《战地报告》《母子》《农村故事》《回家》《流浪》《雾》《夏》《区委书记》，评论集

《文艺论》《生活·创作·学习》《作家·时代·生活》等。

1988年曾获中国作家协会文学艺术期刊编辑荣誉奖。

壹佰壹拾壹 余亚农

余亚农（1887—1959）安徽寿县下塘集（今属长丰县）人。祖开荒垦殖，后习文事。父亲余海门精于文墨，教书之余，率子女躬耕习文。长兄余申甫及次兄余丹甫均去安庆新军制安徽武备练军学堂就读。武备学堂改陆军小学后，在兄长的影响下，1904年考入该校。两年后，徐锡麟任安徽陆军小学堂会办，暗中号召推翻清廷专制政权，他受其革命思想的启蒙。

陆军小学毕业，升入北京清河镇陆军第一中学。两年后，入保定军官学校入伍生队学习。1910年秘密参加了同盟会。

武昌起义前夕，他受吴禄贞之命，去汉阳联系湖北新军起事。在汉阳，因起事日期尚未最后确定，乃离鄂返皖，进行联络。时值合肥光复，其次兄及孙品骖等人在合肥大同书院成立军政府庐州分府，前去襄助。南京临时政府成立后，他被推为全椒民军司令，复应聘为第一军训练处代理处长。

1912年2月，被解除第一军职务，调入刚成立的保定军校学习。1913年7月，孙中山组织武装讨袁，发动"二次革命"，安徽宣布独立。他闻讯后离校南下，投入讨袁淮上军张孟介（汇滔）部任营长。9月，"二次革命"失败，他追随张汇滔逃亡至沪。1914年7月8日，他响应孙中山号召，赴日本东京参加中华革命党成立大会。返沪后，联络同志，图谋起事。王亚樵建议爆炸北京政府，迫袁退位，孙中山未予同意。王亚樵乃命余亚农在上海吕斑路文德里秘密制造炸弹，拟去爆炸上海警察厅，然后举事。不料火药爆炸，余亚农面、腿均受伤，因而被法租界巡捕房拘留3个月。被释后，仍在沪、粤过流亡生活。

1917年，护法运动期间，他曾投滇军方声涛部，任夏述唐旅参谋。国共两党合作后，他返回安徽，与孙品骖等人发动"讨曹（锟）驱马（联甲）"运动，后因奉军进攻而失败，孙品骖下野，他只身走保定，去天津。不久即自天津投奔国民军第五军方振武部，初任参议。1926年3月，任第二（混成）旅第六团团长。9月，国民联军成立，五军余部被整编为国民联军第二军，他任第二军第八旅旅长。

1926年9月，冯玉祥五原誓师，参加北伐。国民联军出兵援陕，解西安之围。余亚农率全师官兵经察、绥、宁而援陕，解救了被围困8个月的杨虎城部。1927年春，他率部经三原，出潼关，进驻襄樊。此时，冯玉祥部国民军改隶蒋介石指挥，国民联军加入国民革命军，改编为第二集团军，宣布全军集体加入国民党，参加北伐。方振武所部第二军扩编为第三方面军，隶属第二集团军，他升任第一军第三师师长。

1928年3月，南京政府二次北伐，方振武所部此时已改编为第一集团军第四军团，他改任第三十四军八十九师师长。

1929年1月，国民革命军各部缩编。八十九师被缩编为四十四师一三一旅，他任旅长，调驻安庆集贤关。8月，余亚农调任四十五师一三四旅旅长。

中原大战爆发后，他乘船去天津转郑州，被冯玉祥委为豫皖边区第一路军司令，活动于中原。后因为蒋介石分化瓦解，重返上海。

九一八事变后，王亚樵秘密组织铁血锄奸团，以锄杀汉奸、日军特务为己任，并发动工人、学生、市民抵制日货，检查奸商。他在团中分工负责政治，专事抗日宣传，并调查了解日谍、汉奸情况，以作为打击对象。1933年5月，参加冯玉祥领导的抗日同盟军，任援助沽源及多伦的预备队司令。失败后回到上海。同年冬，福建事变发生，他星夜赶往福州，被委为二十九路军总指挥。但该军未成立，事变便告失败，他又回上海继续从事秘密反蒋活动。1935年11月1日，孙凤鸣于国民党四届六中全会上刺伤汪精卫，引起全国震动。戴笠亲自带人去香港要求港方引渡王亚樵等人。余亚农与郑抱真等人伴王亚樵自水路出逃，经西江直驶广西梧州李济深圩子。

1936年8月，余亚农受李济深领导的民族革命大同盟委托与张献廷持密信去延安，联系反蒋，受到了周恩来、李克农的热情接待，毛泽东、朱德还亲自为他饯行。在他返回梧州时，王亚樵已被蒋帮特务暗杀。

1938年春，任皖北人民抗日自卫军第五路指挥。因余亚农与新四军第六支队司令员彭雪枫合作较好，遭国民党内反共顽固派忌恨，同年冬自卫军为广西军黄瑞华、蒙若刚部包围缴械。他被逮捕后，经安徽省民众总动员委员会及社会人士营救始获释，在淮北经商耕地，以资糊口。李品仙、廖磊数次说其出山，均遭拒绝。

日军投降后，应中共华中局邓子恢之邀，赴苏北与蔡蹈和、郑抱真等共商大计。回沪，经沈钧儒、沈志远介绍，加入民主同盟，复以"民革"名义开展兵运工作。1949年冬，他与中共地下工作者一起在宁、沪、芜间进行策动起义活动，以协助大军渡江。

中华人民共和国成立后，先后任华东军政委员会委员，皖北政治协商委员会副主席，皖北行署监委会副主任，安徽省人民政府委员、副省长等职。

1959年去世，终年72岁。

中共安徽省委员会在余亚农病危时，根据他本人的请求，批准他为中国共产党正式党员。

壹佰壹拾贰　翟宗文

翟宗文（1900—1957.12.5）曾用名周新潮，巢县柘皋镇翟家桥村人，普通农民家庭。1918年就读于芜湖萃文中学。五四运动爆发后，积极参与、组织学生运动，参与芜湖学生联合会的筹备工作，并被推为学生联合会副会长。1921年安庆六二惨案发生后，他代表芜湖学生联合会亲至安庆声援。

1922年东渡日本留学于明治大学法律科，其间，加入国民党东京支部，任驻日总支部常务委员，发动旅日华侨参加孙中山领导的革命。1927年与日本进步妇女石锦昭子结成伉俪。

1929年秋留学回国后，曾任外交部编译和兼职律师、交通部法规委员会委员等要职。受周新民等进步人士的影响，在政治上开始逐步倾向共产党。

抗战时期，曾任安徽省人民委员会委员、安徽省民众总动员委员会委员兼宣传部总干事。1938年11月，在中共地下党的支持下出任庐江县长，并联络新四军四支队八团歼灭了反共的庐江县长李志强部。1946年6月，回到芜湖，在芜湖中学、安徽学院执教兼执行律师，其间积极与中共地下党联系，并鼓励广大进步青年投身中国进步革命，利用各种便利条件，掩护青年渡江北上参加革命

中华人民共和国成立后，历任安徽省芜湖市芜关中学校长、安徽大学教授、皖南中苏友好协会副会长、皖南人民行政公署委员会委员、皖南人民行政公署土改委员会委员、安徽省人民政府委员、安徽省民政厅副厅长、民革安徽省委员会常务委员等职。

1957年因病去世，终年57岁。

壹佰壹拾叁　张　客

张　客（1914.4—1989.12.10）河北宝坻人，早年在天津南开中学、北京大学学习期间，受到进步思想的熏陶。1935年到上海参加"左联"后，即投入抗日活动，演出了《放下你的鞭子》等抗日剧目。1937年他在上海参加了由地下党领导的救亡演剧四队，成为队里的骨干

导演，他导演的《流寇队长》以及如《国家至上》《包得行》《蜕变》《日出》《原野》等演遍了两广各地。在此期间，他还创作了大量独幕话剧，其中《最后一颗手榴弹》被选入最佳抗战独幕话剧集。

1947年调至上海昆仑影片公司做中共地下党的工作，7月加入共产党，翌年初被国民党逮捕，经组织营救出狱后，即投入影片《新闺怨》和《西湖春晓》的摄制工作，并在上海实验戏剧学校任教。

1949年上海解放后，任市军管会文艺处电影室委员，后被中央文化部电影局任命为导演，并调上海电影制片厂工作，导演了该厂成立后第一部以农民为主角的影片《农家乐》。1951年他与沙蒙联合导演的《上饶集中营》曾获中央文化部1949—1955年优秀影片二等奖。以后他又陆续导演了《伟大的起点》《闽江橘子红》《红叶题诗》等影片。

1955年调北京电影学校任教。1956年北京电影学院成立以来，他曾担任过表演系主任、导演系主任。后任北京电影学院副院长、中国电影家协会名誉理事等职。

30多年来他为培养一代代新的电影事业人才，倾注了全部的心血，并于教学之余撰写了多篇艺术论文和电影评论，辑为《论电影艺术的视觉性》一书。

1989年逝世，终年75岁。

壹佰壹拾肆　张　如（张鹤如）

张　如（1915—1939）曾用名张贺如、张鹤如，山东济宁市鱼台县人。1935年考入北平师大附中，参加一二·九运动。1936年加入民先，同年加入中国共产党，到西安东北军学兵队做兵运工作，参加了西安事变。1937年11月，任中共丰县县委委员。1938年3月，任县委组织部长兼湖西人民抗日义勇队第二总队参谋长。后历任中共苏鲁豫特委军事委员、军事部长等。

1939年9月，在错误的"湖西肃托事件"中遇害，年仅24岁。

壹佰壹拾伍　张道平（张文盛）

张道平（1917.4—1945.2）原名张文盛，江苏铜山县蛤针窝村，中农家庭。7岁入私塾，2年后转入本村小学半耕半读，1929年因家庭困难辍学。

1931年在族兄张文焕帮助下到徐州北郊柳泉高等小学学习。1933年毕业，以优异成绩考入铜山师范。在校参加学生运动，1935年12月被捕入狱。1936年4月被释放。

1937年9月入党，派任徐州卧牛山小学校长为职业掩护工作。11月参加第五战区抗日青年训练班，1938年1月结业后，任铜山县民众工作团团长。1939年任邳睢中心县委书记，12月任邳睢铜地委组织部长。1940年11月任八路军苏皖纵队第三大队政治委员。1943年初邳睢铜地委改为淮北苏皖边区第三地委，他任组织部长，是年冬身患疾病。1945年5月到地委党校轮训休养治疗，1945年12月在邳县巨山村病逝，时年29岁。

壹佰壹拾陆　张季纯

张季纯（1907—2000）原名继纯，山西阳城人。1932年毕业于北平大学艺术学院戏剧系，加入中国左翼戏剧家联盟，在太原、上海从事话剧运动。曾任《联华画报》编辑。1935年任山西西北剧社社长。1937年参加上海救亡演剧二队。1941年赴延安，任鲁艺教员、西北文工团团长、陕甘宁边区文协副主任、西北军政委员会文化部副部长及西北文联副主席。1946年加入中国共产党。

中华人民共和国成立后，历任西北军政委员会文化部副部长，西北行政委员会文化局局长，北京市文化局局长。中国文联第一至四届委员，西北文联、北京市文联副主席。1953年加入中国作家协会，为中国剧协常务理事。

著有独幕剧剧本集《塞外的狂涛》《卫生针》，短诗集《太行山》，秧歌剧剧本《保卫和平》，剧本《保卫卢沟桥》（合作），四幕剧《醒来吧》等。

壹佰壹拾柒　张劲夫

张劲夫（1914.6.6—2015.7.31）原名张世德，因为生肖属虎，乳名叫"虎仔"，后来更名"劲夫"，安徽合肥县（今肥东县）东北乡大张村人，农民家庭。

1930年就读于陶行知创办的南京晓庄学校，思想追求进步。1931年后参与编辑《生活教育》杂志，九一八事变后积极参加抗日救亡宣传活动。

1932年冬到上海郊区大场山海工学团当教师，后任团长（即校长）。

1935年12月加入共产党。先后任上海国难教育社中共总党团委员、中共战地服务团特别支部委员。

1937年10月领导上海战地服务团在卢汉部云南部队开展抗日救国宣传教育工作。上海沦陷后，率战地服务团转入市郊打游击。不久调到中共江苏省委军委机关工作。

1938年初撤至武汉，4月任中共安徽省工作委员会常务委员兼宣传部部长。

1939年5月任新四军江北指挥部政治部副主任，并任中共鄂豫皖区党委常务委员兼民运部部长。

1940年1月任中共皖东津浦路东省委书记，兼任新四军第五支队政治部主任。参与领导创建津浦路东抗日根据地。

1941年1月皖南事变后，任新四军第二师政治部副主任。

1942年2月起任新四军第二师四旅政治委员，兼任中共淮南区党委宣传部部长，率部坚持淮南敌后抗日游击战争。

解放战争时期，先后任中共鲁南第二地委书记兼鲁南军区第二军分区政治委员，鲁中南行政公署副主任。1949年夏随军南下，任中共浙江省杭州市委副书记兼杭州市副市长。

中华人民共和国成立后，历任中共浙江省委常务委员兼浙江省人民政府财政经济委员会主任，华东军政委员会财政经济委员会副主任，国务院地方工业部副部长。

1956年，张劲夫出任中国科学院党组书记、副院长，作为郭沫若院长的助手，主持全院的日常工作。同年，发出了"向科学进军"的号召。

1975年后，历任国务院财政部部长，中共安徽省委第一书记、安徽省省长，并兼任安徽省军区第一政治委员。

1980年，张劲夫接替万里，任安徽省委第一书记、安徽省省长。

1982年起担任国务委员兼国家经济委员会主任。

中共第八届候补中央委员，第十一、十二届中央委员，全国政协第三、四届常务委员。在中共十三大上被选为中央顾问委员会常务委员。

2015年在北京逝世，享年101岁。

壹佰壹拾捌　张企程

张企程（1913—2004.12.22）又名张明理。曾用雪尘笔名。浙江吴兴（今湖州）人。世界语名C.Cen。1919年入南寻镇小学。1924年入湖州海岛中学。1925年入上海电信学校。1928至1938年，先后任南京电报局、青岛电报局、上海电报局、武昌电报局报务员。1928年在上海世界语学会附设的函授学社学习世界语。后加入上海世界语学会、上海世界语者协会。1931年与胡愈之、叶籁士、陈世德等同志发起成立中国左翼世界语者联盟，主编过《中国普罗世界语者通讯》。20世纪30年代同叶籁士编辑《世界》杂志。同时是《中国报道》创始人之一。

1938年2月，参加武汉《新华日报》工作。1941年8月至1942年2月在新加坡《南洋商报》任翻译，后流亡印度尼西亚苏门答腊岛。

1945至1949年先后在新加坡、中国香港地区从事进步新闻工作。

1949至1953年在国际新闻局任编撰处副处长。1950年加入中国共产党。1953至1969年在外交部任专员。

1973至1979年在国际问题研究所任研究员。

1979至1983年任外文局中国报道社总编辑。

曾与他人合译《列宁传》《领导者》，译著还有《印度尼西亚民歌选》《英国》。

历任中华全国世界语协会理事、常务理事、秘书长、副会长，中国世界语之友会秘书长、国际世界语协会执委会委员，国际世界语协会终身名誉会员，中国翻译工作者协会理事。曾主编《中国文学作品选》（1949—1959）和世界语国际通讯集《世界的呼声》。

2004年12月22日，在北京逝世，享年91岁。

壹佰壹拾玖　张瑞芳

张瑞芳（1918.6.15—2012.6.28）生于河北保定，原籍北京，旧军官家庭。父亲张基曾任保定陆军军官学校炮科科长。北伐开始时，任国民革命军第一集团军中将炮兵总指挥。母亲投入五四新文化运动，是位意志坚定的老共产党员。姐姐投身革命，影响她年少时就走上革命道路。中学毕业的她考入北京国立艺术专科学校，攻读西洋画专业，华北危在旦夕之时，她与进步学生一起开展抗日救亡运动，走出画室用自己的画笔当匕首，在街头画壁报、宣传画，激励大众抗日救国，她还走上舞台与蓝马等名角儿共演了田汉的名剧《名优之死》，她与崔嵬等一起演出街头话剧《放下你的鞭子》。她参加了党领导的北平学生移动剧团，踏上了为之奋斗终生的艺术道路。

移动剧团活跃在华东地区演出《打鬼子去》《林中口哨》《七二八之夜》等抗战独幕剧。

1938年她到重庆，同年加入中国共产党。先后签约于怒吼剧组、中国万岁剧团、中华剧艺社，活跃于戏剧舞台，主演了几十出话剧。《棠棣之花》是她这一时期的代表作，周恩来观看过六七次。《屈原》则是她的成名作。剧中她饰演婵娟，金山饰屈原，白杨饰南后，石羽饰宋玉，堪称"黄金搭档"。接着，她又出演了曹禺的《北京人》以及巴金的《家》，都引起了强烈的社会反响，与白杨、舒绣文、秦怡一起被誉为话剧"四大名旦"。

1940年在重庆参加拍摄影片《火的洗礼》。

1946年任长春电影制片厂特约演员，在影片《松花江上》中以质朴的表演塑造了村姑妞儿的形象。

1949年后相继在北京电影制片厂、中国青年艺术剧院、上海电影制片厂任演员，上影演员剧团团长。

她在电影《南征北战》《三年》中第一次扮演工农兵形象。

因主演影片《李双双》，1963年获第二届电影百花奖最佳女演员奖。主演的其他影片有《母亲》《家》《凤凰之歌》《三八河边》《大河奔流》《泉水叮咚》等，并在《南征北战》《聂耳》等影片中扮演重要角色。

全国文联第三、四届委员、中国影协第三届理事、第四届常务理事，影协上海分会副主席。

中共十一、十三大代表，第三届全国人大代表，全国政协第三、五、六、七届委员，第四届全国妇联执行委员，上海市政协第六、七届副主席。

2000年7月11日，82岁的张瑞芳"下海了"！一个有着"爱晚亭"美好名字的敬老院在上海正式开张。"办敬老院，不是做生意。我是想办一个温馨的家，让我们这些有着共同爱好、共同语言的老人，有一个共同的家"。

2012年在上海逝世，享年94岁。

壹佰贰拾　赵　明

赵　明（1915.1.20—1999.9.4）原名赵炳章，中国著名电影导演，电影教育家。1954年，加入中国共产党。江苏扬州江都大桥镇（今镇江市）人。幼时在私塾读书时即喜爱绘画，模仿戏剧演出，对艺术有浓烈爱好。1934年，入上海美术专科学校西画系学习。1936年7月，在上海参加革命。抗战期间在党领导的抗敌演剧队第二队、第九队任队副兼导演，参加过保卫大武汉、徐州突围、长沙会战等战役，导演过《胜利进行曲》《愁城记》《杏花 春雨 江南》《小人物狂想曲》等多幕剧。解放前夕曾和严恭联合导演了《三毛流浪记》。

中华人民共和国成立后，任上海电影制片厂导演，先后导演了《团结起来到明天》《三年》《铁道游击队》《凤凰之歌》《年轻的一代》等影片。《团结起来到明天》曾于1951年参加了捷克斯洛伐克举行的国际电影节。1960年后，任上海电影专科学校副校长兼导演系主任。1964年，任北京电影学院副院长、教授。1984年，与司徒兆敦合作导演《青山夕照》。

1983年离休。社会兼职为中国电影家协会理事、名誉理事。著有《影剧浮沉录》一书。1993年，获电影学院首届"金烛奖"。

1999年9月4日，在北京逝世，享年84岁。

壹佰贰拾壹　郑君里

郑君里（1911.12.6—1969.4.23）原名蔚章，曾用名郑重，千里。生于上海，原籍广东香山县（今中山市）三乡镇平岚田堡村。自幼家境贫寒，进义学念书。因酷爱艺术，读到初中二年级，毅然中途辍学，考入南国艺术学院戏剧科学习。1929年夏，在南国社参加《莎乐美》《卡门》等剧的演出，与陈白尘等创办《摩登》戏剧半月刊。1931年参加左翼戏剧家联盟，起草《最近行动纲领——现阶段对于白色区域戏剧运动的领导纲领》。同时，他还加入摩登剧社、大道剧社，演出《乞丐与国王》《血衣》《乱钟》等剧。1932年，加入联华影业公司为基本演员，先后在《火山情血》《奋斗》《大路》《新女性》《迷途的羔羊》等近20部影片中担任主要或重要角色，并参加上海业余剧人协会，演出《娜拉》《大雷雨》等剧。

抗战爆发后，任上海救亡演剧三队队长。1940年，在重庆加入中国电影制片厂，任新闻影片部主任。他历时两年，赴西北、西南地区拍摄各兄弟民族团结抗战的长纪录片《民族万岁》。1943年，参加中国艺术剧社，导演了《戏剧春秋》《祖国》等剧。

抗战胜利后，回到上海，任昆仑影业公司编导委员会委员。1947年，与蔡楚生合作编导《一江春水向东流》。翌年，他参加了电影剧本《乌鸦与麻雀》的集体创作，并单独执导了该片。影片于1957年荣获文化部1949—1955年优秀影片一等奖。

20世纪50年代后，他导演了影片《宋景诗》（与孙瑜合导）。他执导的《林则徐》和《聂耳》，被誉为"红烧头尾"，是上影向中华人民共和国成立10周年献上的一份厚礼。1961年导演《枯木逢春》。

他还致力于电影、戏剧的翻译和著述。《论抗战戏剧运动》，在1939年曾以单行本出版。进入20世纪40年代后，他即开始《角色的诞生》的构思和撰稿。论著有《角色的诞生》《画外音》，译著有杰希·波里斯拉夫斯基的《演讲六技》、斯坦尼斯拉夫斯基的《演员自我修养》等。

曾任上海市第一、二、三届人大代表，全国政协第三、四届委员，中国影协、剧协常务理事、上海影协常务理事。

因"文革"遭受迫害，1969年死于监狱，时年58岁。

代表作：《一江春水向东流》（1947）、《乌鸦与麻雀》（1949）、《我们夫妇之间》（1951）、《宋景诗》（1955）、《林则徐》（1957）、《聂耳》（1959）、《枯木逢春》（1961）。

其中《乌鸦与麻雀》于1956年获文化部优秀影片一等奖、个人一等奖。《聂耳》：获第12届卡罗·维发利国际电影节传记片奖，1995年获中国电影世纪奖最佳导演奖。

壹佰贰拾贰　周新民

周新民（1897—1979.10）原名周骏，别名振飞，安徽庐江县大化乡（已并入乐桥镇）陡岗村人。早年在家乡兴办竞存小学（后为县立陡岗小学）。五四运动时期，积极投身于反帝反封建的学生爱国运动，曾任安徽省学生联合会副会长。

1922年赴日本明治大学研究院攻读法学，回国后在皖省立法政专门学校任教。1926年加入中国共产党。在第一次国共合作时期，任国民党（左派）安庆市党部执委、安徽省党务执监委员会候补执委兼书记长，积极执行"联俄、联共、扶助农工"三大政策，为安徽的大革命运动做出贡献。

20世纪30年代中期，他在上海协助沈钧儒等筹建上海各界救国会，是救国会的发起人之一，以后受中共的委派，长期从事地下工作，在河北训政学院、上海法政学院、复旦大学、云南大学、香港达德学院任教。

1938年遵照董必武的指示，周回到安徽，在第五战区民众总动员会工作，并任安徽省总动员会委员会组织部副部长兼总干事。1942年在重庆加入中国民主政团同盟（民盟前身）。1944年被选为民盟中央委员。1946年随民盟总部迁往上海、南京，为维护《双十协定》，实施政协决议，发展民盟组织。1948年在香港协助沈钧儒先生恢复民盟总部，公开声明与中国共产党合作。

中华人民共和国成立后，任中央人民政府办公厅副主任、最高人民检察署秘书长、全国政协副秘书长、沈阳市副市长、中国民主同盟中央常委兼组织部长、中国科学院法学研究所副所长。

曾率代表团出席匈牙利国际法学会第五次大会。

全国政协第一至五届委员，第一、二届全国人大代表。

1979年10月在北京逝世，享年82岁。

著述有：《民法根论》《亲属继承》《物权》《债权》《民事诉讼法》《婚姻法讲话》《中国民主同盟简史》等。

壹佰贰拾叁　周　南（周镇寰）

周　南（1916—？）原名周镇寰，江苏省徐州市人，一二·九后参加学生抗日救亡活动。1936年参加中华民族解放先锋队。七七事变后，参加平津流亡同学会，由北平转山西参加抗战工作，9月，在太原参加牺盟会。1938年2月，回徐州在第五战区总动员委员会工作，并参与发起成立第五战区青年救国团，任总团部执行委员。5月，经唐乘光同志介绍加入中国共产党。

徐州沦陷前夕，随郭子化同志转鲁南敌后，曾任中共峄滕县委委员，徐庄支部书记。1938年10月，任中共临郯中心县委委员兼宣传部长。1939年1月以后，任中共鲁南特委，鲁南四地委宣传科长。1940年1月以后，任四地委（后改三地委）宣传部副部长、部长、鲁南区党委宣传科长兼苏鲁边干校校长。1942年夏，在鲁南区党委宣传部任科长，不久即任费南县县委书记、天宝工委书记。1944年秋，任中共鲁南区徐州工委书记。1947年2月回区党委。1948年1月，任中共徐州市委委员兼宣传部副部长，同年7月，任中共淄博特委委员、宣传部长等职。

1952年8月，调中共山东分局宣传部任部长。1955年任山东省委宣传部副部长。1963年9月，被选为省委候补委员、省政协常委。1964年5月，调任中共中央华东局内部刊物《未定文稿》副总编辑。1969年夏，初派往上海工人政治学校教研组任副组长、组长。1978年调任中央党校文史教研室副主任。1982年离休。

壹佰贰拾肆　朱　凡

朱　凡（1909—1987.1.8）原名朱宗仁，又名朱一苇、朱石清、笔名阿累，江苏涟水县河网乡潘刘村人。先后就读于县小学、金陵大学附中、上海立达学园、上海同文书院（肄业），1932年毕业于上海艺术大学。

九一八后，参加反帝大同盟。1932年在上海参加"左翼剧联"，同年8月受中共派遣，考进上海英商公共汽车公司当售票员，不久加入共青团，9月加入共产党。1933年因参加卖票工人大罢工而被捕，解往南京，判刑15年，与党组织失去联系。

1935年由涟水县教育局长郑宾等人出面，请顾祝同保释。出狱后赴马来西亚，在吉隆坡尊孔学校教书。后因参加和支持学生爱国运动被官方驱逐出境。1936年8月，在陶行知帮助下，返回上海，与左翼作家张天翼、陈白尘、蒋牧良等一起从事左翼文化活动。同艾思奇创办《大家看》《少年丛书》等刊物，译有《鲁迅是一把剑》等作品。

1937年8月，重新加入共产党，由上海"文总"指派，在国民党陈诚部队中任地下党特支书记。上海沦陷前，他参加上海"文救"工作，和陈国栋等人率领一批年轻文艺工作者，组织战地服务团，任党支部书记。11月上海沦陷后，他率战地服务团到达皖南新四军军部，次年5月战地服务团被顾祝同逼离皖南到武汉。经长江局和周恩来同志介绍，他到大别山参加安徽省动委会工作，主编《文化月刊》。

1941年1月，被调到新四军二师所在地参加建立抗日民主根据地工作，先后任淮南津浦路西区《新民主报》主编、文教科长，淮南津浦路东区教育科长，《江淮日报》主编。不久，又调任新四军政治部宣传科科长、淮海行署秘书长。

1943年3月任涟水县长，兼敌工部长和涟水中学校长。1945年5月南下浙西，任天北专署专员。不久又到苏南任区委书记。9月抗战胜利后，北撤山东，先后任中共胶东区东海地委宣传部部长，第三野战军敌工委、宣传部长。

1948年辗转至豫西，在宝丰创办中原大学并任党委副书记、副教务长。1949年春，从开封随军南下，5月进入武汉，以军事代表身份接管武汉大学。1949年8月，湖南和平解放。他随湖南省委到长沙，先后担任湖南革命大学副校长、省文教厅长、省文委副主任、省委宣传部长等职。

1953年4月至9月任湖南大学代理校长。1953年9月至1955年7月任湖南师范学院筹委会主任。1959年7月再任湖南大学校长，并兼任湖南省社联主席。1981年3月第三次出任湖南大学校长。1982年离休。

1987年在长沙病逝，终年78岁。

壹佰贰拾伍　纵翰民

纵翰民（1905.3.1—1992.1.29）江苏萧县（现属安徽）丁里镇纵瓦房村人。幼读萧县第一高等小学，后考入南京五年制第四师范。1926年四师毕业后，与同乡同学投奔国共合作的大革命策源地广州，先入中山大学旁听，后考入黄埔军校第六期。四一二政变后，广州开始"清党"，他和几位进步同学逃奔武汉，被编入张发奎任军长的第四军军官教导团（团长由第四军参谋长叶剑英兼任）。参加广州起义后，编为中国工农红军第四师。

1928年春，被派到河南漯河中心县委做青运工作，不幸被捕受刑。经组织与亲属营救于1929年底保释。被派回家乡萧县工作，以小学教员为掩护先任县委委员后任书记，并与同任小学教员的党员陈一民（聿敏）结婚。

他参与领导发动黄口暴动，任红十五军一师党代表兼萧县苏维埃主席。因暴露被敌通缉，调宿迁中心县委先任委员后任书记，遭叛徒出卖被捕，由亲属营救，判刑入苏州反省院关押后保释，回乡任教并宣传抗日。

抗战开始后，先任萧县中心县委委员、统战部长，后任萧县县长兼独立旅长，转移路东后任邳睢铜灵四县联防办事处主任兼联中校长。抗战胜利后，任华中八地委委员兼副专员，后调豫皖苏区党委任民运部长。

中华人民共和国成立后，历任南京市委政策研究室副主任、市委党校教育长、市干校教育长、南京师范学院副院长。

1957年底"反右"后，被派赴无锡华东艺专任校长兼书记。后该校迁往南京并改为南京艺术学院，他任院长另调专职书记任副院长主持党的工作。

"文革"后，任南艺顾问、省政协常委。1989年中央组织部通知，他参加革命的时间从1927年6月算起、按副省级待遇。其老伴陈聿敏批复党龄从1927年12月算起、按老红军待遇。

他夫妻俩离休后为家乡及曾工作过的市县提供了许多史志资料。

1992年在南京逝世，享年87岁。

第三章 台儿庄序战之淮河阻击战及外围战中的中共党员

1937年12月，日军侵占南京后，其第十三师团在津浦南线北渡长江，进至安徽池河东岸的藕塘、明光一线。1938年1月，又向安徽凤阳、蚌埠进攻，欲攻破淮河防线，越河北上。东北军第五十一军于学忠部受命布防于淮河北岸，这也是东北军第一次正面大规模与日军作战。为了守住防线，第五战区长官司令部又令张自忠率领西北军第五十九军增援，从而拉开了台儿庄战役的序幕。

西安事变后，蒋介石将20万东北军进行整训、缩编为6个军，于学忠任第五十一军军长。1937年4月26日，于学忠率部由甘肃东调至江苏淮阴整编，并被任命为江苏绥靖公署主任兼五十一军军长。

七七事变后，蒋介石任命于学忠为第三集团军副总司令兼五十一军军长，命令五十一军开赴青岛，担任海防守备，阻止日军从海上登陆。于学忠率全军经新安镇（今江苏新沂市）、临沂、沿台潍公路进抵胶县和青岛地区。军部

20世纪30年代的青岛栈桥

驻四方车站附近，其中一一三师沿青岛、崂山胶州湾沿岸修挖防御战壕布防；一一四师师部率一个旅驻扎在胶县城里，另一个旅推进到兰村、城阳一带，以便随时策应青岛方面作战。

后因山东省主席兼第三集团军总司令韩复榘不战而退，擅自撤离济南，津浦路北线德州、济南、泰安相继落入敌手。南线又因南京失守，日军南北两面夹击，打通津浦铁路会攻徐州的野心明显。第五战区及统帅部以为孤军死守青岛已失去战略意义，而且，12月13日，日军在青岛崂山湾和福岛登陆后，图谋向西推进，于学忠部有被敌人切断后路，陷入被前后夹击的危险境地。于是，12月25日，于学忠奉命率部撤出青岛，重新撤回新安镇地区集结待命。于学忠在撤离时奉命实行"焦土抗战"政策，摧毁了青岛的一批日本企业，包括9家纱厂、2家橡胶厂，还有啤酒厂、铃木丝厂、丰田油厂，以及港口塔吊、青岛船坞等机械和厂房，同时还将海军第三舰队停泊在青岛港的"镇海"等7艘军舰和港务局的"飞鲸"等5艘小火轮沉没在大港至小港的航道上。

五十一军撤出青岛后，青岛市长沈鸿烈不久也率市政府机关人员和海军陆战队撤离青岛，转移到临沂及鲁南山区。

1938年1月24日，韩复榘因抗命不遵、弃战逃跑被执行枪决，于学忠被任命为第三集团军总司令。2月2日，李宗仁电召第五十一军军长于学忠前往徐州接受任务，命其开往淮河北岸，接替第三十一军在临淮关、蚌埠一带的防务，阻止北进之敌。4日，于学忠率五十一军开抵淮河前线。

于学忠以两个师约2.5万人的兵力，死守小蚌埠，血战临淮关，顶住日寇3个师团共计4万人的疯狂进攻。副军长韩博文对于学忠说："你是集团军总司令，不必守在前线。"于学忠回答："我在阵地在，可以激励士气！"在连续8

东北军炸毁了日本在青岛的大部分企业；将装满砂石的5艘军舰和5艘小火轮沉入港口阻塞航道；为保存经济命脉，四方机车厂等厂矿企业向内地迁移。

天的防守中，五十一军伤亡7000人，但他们守住了淮河，日军的伤亡达9000人以上。

淮河一战，使于学忠和他的五十一军声威大震，当时的中外媒体都称五十一军为"血肉长城"，于学忠则被誉为"伟大的将军"。

当时国内各大报纸几乎都在显著位置刊登了中国军队在淮河痛击日寇的消息。中共在武汉刚创刊的《新华日报》发表评论说：池淮阻击战"告诉了全世界爱好和平的人士，中华民族是不能以野蛮的武力所可征服的"，[①]并将这次战斗称为"抗战以来第四次大战，可与上海、南口、忻口三役媲美"。[②]

1938年2月17日，东北救亡总会为了表达对五十一军的敬意，特制锦旗一面并附慰问信，从武汉赶送至五十一军驻地。同时，池淮阻击战的胜利在国际上也产生了一定影响，苏联慰问团及美国记者都先后赶到淮河前线参观拍照，对奋勇抗敌的前线将士们表示慰问。

池淮阻击战成功地阻止了华中日军北上进攻，使之滞留于淮河南岸，挫败了日军互相配合、南北夹击的图谋，造成了尔后华北日军孤军南下、我军得以调集主力围歼的契机，为以后的台儿庄大捷创造了重要的条件。李宗仁在其回忆录中写道：从津浦线南北夹击徐州的敌军，"一阻于明光，再挫于临沂，三阻于滕县，最后至台儿庄决战"。[③]

台儿庄大捷后，当日军卷土重来再度向台儿庄发起进攻的关键时刻，第五战区司令长官李宗仁于4月12日发出电示：盘踞在峄县日军有再犯台儿庄之企图，命令第五十一军于学忠部以铁路运送抵达台儿庄，下车后立即到作字沟集结，向向城之日军发起进攻。另以一个团的兵力在利国驿下车，配合川军第二十二集团军阻击由韩庄进攻的日军。此时，于学忠部正在固镇休整，接到命令后，受任台儿庄鲁南兵团副总指挥的于学忠（总指挥为孙连仲），立即率疲劳之师乘车北上增援台儿庄。分别于4月16日、17日抵达目的地，于学忠在率部智取韩庄、坚守防线、争夺贾家埠、血战禹王山战斗中再立战功。战斗一直持续到5月14日，第五十一军奉命占领运河西岸，固守台儿庄车站、侯新闸之线。

在台儿庄战役中，于学忠不仅严令部队，不准放弃寸土，还曾率领敢死队上阵杀敌，在战斗中，该军4名旅长1死2伤，8名团长2死5伤，营以下官

---

① 《新华日报》，1938年2月12日。

② 《新华日报》，1938年2月14日。

③ 《李宗仁回忆录》（下册），第512页，广西师范大学出版社，2009年8月。

兵伤亡万余人，缴获火炮30余门，击毁坦克20余辆，缴获、击毁汽车70多辆，击落、击伤敌机数架，沉重地打击日军，阻止了日军南下，掩护大军集中和撤退，受到了第五战区的传谕嘉奖。

一、中共与东北军的统一战线①

中国共产党对东北军的工作是九一八事变后抗日民族统一战线工作的重要内容之一。

对促成东北军走上联共抗日道路、促成停止内战和实现第二次国共合作，实现全民族对日抗战起到了至关重要的作用。

东北军内最早有中国共产党的活动是在东北讲武堂。从1928年2月起，先后有在日本留学时就已加入共产党的赵唯刚、刘伯刚等同志在其中进行工作。

1929年7月，刘少奇任中共满洲省委书记，十分注意军事工作。10月省委扩大会议上通过的《满洲党的目前政治任务决议案草案》指出："士兵运动，在满洲需马上开始，用各种方法加派干部……接近士兵群众，领导他们作经济的改良待遇的各种斗争，发展党的支部，加强政治宣传与鼓励，提高他们的政治认识，使他们同情于工农革命运动……"

1931年九一八事变后，共产党员刘澜波（刘玉田，族兄是东北军将领刘多荃师长）同黄显声在辽宁组织民众抗日义勇军。1932年，刘澜波所在部队改为东北军骑兵二师，在东北军中最早建立起党组织。刘澜波的公开身份是师长黄显声的秘书。他介绍共产党员孙志远、白坚到该师工作。共产党在骑兵二师成立了师工委，白坚任师工委书记，刘澜波任组织部长，孙志远等是师工委委员。骑二师党的工作分为上层和下层两部分。上层工作以师长、参谋长为对象，下层工作以士兵为对象。

1934年3月，张学良就任鄂豫皖"剿总"副司令，部分东北军南下"剿共"。1935年秋中国工农红军长征胜利到达陕北。蒋介石在西安设立西北"剿总"，任命张学良为副司令，调东北军入陕甘。此时，东北军兵力十六万左右，五分之四被驱入陕甘参加"剿共"。1935年9月至11月，在不到三个月中，东北军在"反共"内战中被红军歼灭近三个师。事情发生后，蒋介石不仅不给东北军补充，拒绝张学良为两位战死的师长发抚恤金的请求，而且下

---

①本节参照《中共东北军党史概述》，第4—76页，第83—99页，中共党史出版社，1995年3月。

令撤销其中一一〇师的番号。此前，东北军在鄂豫皖进攻红军时曾损失了一一五师的一个整团，惊动不算大。而这次近三个师的损失，震动了整个东北军，对张学良和东北军官兵是一个沉重的打击，大多数官兵怨声载道，士气低落。他们认识到了"剿共"无前途，自己只能越"剿"越少，消耗殆尽，无力抗日复土，也认识到了蒋介石借"剿共"来消灭东北军的一箭双雕的险恶用心。东北军内部所起的这种变化，为共产党争取东北军的工作创造了有利的条件。东北军一方面被蒋介石掣肘，另一方面将士们思念故乡、厌倦内战，要求停止内战、团结抗日的呼声日益高涨，张学良也感到再继续下去将使全军覆灭，永无回乡之望。12月，张学良赴南京开会，秘密转上海会见杜重远、李杜等爱国人士。杜李二人直率地向张学良进言：停止内战，联合一切爱国力量抗日是东北军最好的出路。后来，又辗转介绍中共秘密党员刘鼎赴张学良处工作。

1936年1月，被红军俘虏的东北军团长高福源，自愿回东北军说服张学良将军抗日。经他沟通，先有了洛川会谈，接着又有了延安会谈，从而架起了东北军与中国共产党之间的桥梁。

1936年初，中共中央为加强对东北军的争取工作，成立了中共中央东北军工作委员会（简称中央工委），周恩来兼书记，叶剑英、边章五、朱理治（兼秘书长）为委员。6月20日，周恩来亲自主持制定了中共中央《关于东北军工作的指导原则》。

中央工委在东线的负责人叶剑英、朱理治领导设立了安塞、延安两个工委。安塞工委由马文瑞、刘德明、时文平负责，下设牡丹川、富川及川口办事处。

在西线的陇东曲子镇，有张浩、张策等人负责对东北军的工作；在预旺堡、固原一带，有红一方面军政治部主任朱瑞等人负责对东北军的工作。

叶剑英亲自在东北军一〇七师发展党员，建立了中国共产党在该师的秘密党委，第一〇七师六三〇团营长陶翙周为党委书记，王昌奎、李璞玉为委员。

1936年初，刘澜波分别与苗浡然、宋黎、孙达生酝酿在东北军中建立一个共产党的统一领导机构，以便更好地开展工作。同年4月（或5月），刘澜波到天津向中共中央北方局负责人汇报工作。经北方局决定，成立了中共东北军工作委员会（简称东工委）。北方局指定刘澜波任书记、苗浡然为组织部长、宋黎为宣传部长的三人东工委。刘澜波于1936年6月初返西安，向苗、宋传达了北方局的决定。从此，东北军内的地下党逐步实现了统一领导，工作比较有力地开展起来。由于工作需要，东工委决定邹鲁风、项乃光任巡视员。

1936年8月30日，中共中央派朱理治到西安任中央特派员，领导东工委的工作。从此，东工委成为党中央直接领导下的组织。朱理治到西安后，根据《关于东北军工作的指导原则》及关于逼蒋抗日的指示，在组织上逐步充实东工委。刘澜波、苗浡然、宋黎原任职务不变，增加了项乃光为组织部副部长，高锦明为宣传部副部长。

10月底，张学良派黄显声去河北省任东北军五十三军副军长。黄显声向张学良坚请刘澜波随行，协助他改造五十三军以准备抗日。刘澜波遂随黄显声去河北省五十三军工作，至次年1月返回西安。苗浡然于西安事变第三天代表张学良出使山西做联络工作，至次年3月回陕。在此期间，宋黎代理书记主持东工委工作。

1936年4月9日，周恩来、张学良在延安会谈取得良好成果后，张学良积极着手改造他的部队。首先和杨虎城共同举办了长安军官训练团，训练高、中级军官。接着办起了学生队（通称学兵队），招收大批青年爱国学生，培养下级军官。另外，还建立了一个为实现联共抗日方针的秘密的核心组织——抗日同志会。

《关于东北军工作的指导原则》指出："东北军内应该有共产党的小组，应该吸收最优秀分子入党，在东北军的领导核心中应该有共产党的核心小组，以实现党在东北军的一切策略和决定。""共产党的组织愈有力量，则东北军亦是愈坚强，必须排斥共产党的发展会瓦解东北军的思想"。因此，刘澜波、苗浡然先后发展了解方、贾陶、王再天、栗又文等人加入共产党。解、贾、王、栗都是东北军总部中的校级军官，为张学良所信任、器重。这对于开展上层统战工作和掌握东北军的领导动态，起了重要作用。孙达生又将《东望》月刊编辑王士达、张学良侍从参密室参谋李泽民两位失掉党的联系的同志，编成临时小组。刘澜波、宋黎、孙达生等先后从平、津、沪等地迎来一批又一批共产党员和进步青年安排到东北军部队中去，建立了党的基层组织，开展了工作。还在一些进步军官中物色发展对象，进行启蒙教育（如刘澜波对万毅、陈大章等）。1936年秋，东工委还决定在西安的东北人士中成立抗日民族统一战线的群众组织——东北民众救亡会（简称"东救"）。

1936年9月，东北军学兵队成立，东工委将组织发展的重点放了在学兵队中，除队长康鸿泰和队附于维哲是党员外，学员中还有从各地来的20余名共产党员。第一批学员从北平到西安的途中，就组建了党的临时工委。第二批、第三批学员陆续从平津等地来到西安后，组成四连和三连，也相继建立了党支部。西安事变时，学兵队中已有共产党员150余名，建立了总支。

此外，也有一些党员从平津沪等地来西安，并没有到学兵队中去，而去了党的基础较好的如六六七团、骑兵七团、东救会和《西京民报》等；也有党员是从红军中来的；还有个别支部是中央工委或陕北苏区派人发展起来的。

东北军中的地下党组织经过西安事变和抗日战争初期的发展，从1936年东工委成立至1940年按党中央指示停止在友军中发展共产党员为止，东北军的地下党员由30多名发展到七八百名，东北军内的中共党组织是当时国民党部队中人数最多、战斗力强的中共党组织之一。

为配合西安事变，张学良密电当时驻防兰州的东北军五十一军地下党员解方（公开身份是张学良派驻该军的联络参谋），推动该军参谋长刘忠干等果敢采取行动（当时军长于学忠不在兰州），解除兰州蒋介石的嫡系、胡宗南的二团和绥靖公署朱绍良特务营及与军统有关的部分警察的武装，对重要人员限制自由，有力地支援了西安事变。

西安事变后，东北军内地下党的工作环境大为有利，但党的组织活动仍处于秘密状态。二二事件后，东北军总部及直属队西撤邠州（今彬县），地下党内及进步分子中思想比较混乱，西撤途中一部分党员和进步分子脱离东北军到红军总部要求参加红军。彭德怀、杨尚昆等亲自做说服工作，东工委也派人前去动员，使他们返回了东北军。

蒋介石在对东北军进行"整编"过程中，借机排斥进步力量，对其恨之入骨的由抗日先锋总队改编的一一〇师和军官差遣二队（原学兵队）被强令解散。东北军地下党组织，通过做上层统战争取工作，把蒋介石强令解散的一一〇师改为四个营编入于学忠的第五十一军内，还把军官差遣二队的一部分队员，通过各种渠道分配到东北军各军、师中去。

1937年3月，东北军启程东调前夕，

刘澜波（中）与谷牧（左）、李富春（右）。

中共中央特派员朱理治根据东北军地下党处境的变化等情况，报经中共中央批准，做出了新的工作部署。改组了东工委，由项乃光任书记、高锦明为组织部长。原东工委书记刘澜波、宣传部长宋黎因身份暴露和工作需要调出。新成立东北军上层工作委员会，苗浡然任书记。4月底，朱理治返回延安，参加了中共全国代表大会和白区工作会议。5月就任河南省委书记，受中共中央委托代管东北军地下党的工作，直到东工委撤销。8月项乃光在济南传达了中共中央白区工作会议的决定，东工委增加二人：伍志刚（吴山）由五十一军工委书记调入东工委任宣传部长，王西萍任东工委委员兼五十一军工委书记。不久，中共中央北方局将张文海派调东工委任副书记，还未到任即转到中共中央长江局工作。

卢沟桥事变后，东北军频繁调动。东工委以五十一军为依托，其他各军中的地下党组织逐渐处于独立工作的状态。因此，抗战初期东工委宣布撤销。原属其领导的东北军各军地下党组织先后分别接受中共中央北方局、长江局、中原局、山东分局、东南分局的领导。1937年9月间，东北军第五十三军南撤途中，该军六一九团团长吕正操（中共党员）率两个营留在敌后，发动抗日游击战，后改编为八路军第三纵队。

一一〇师编入五十一军后，师工委改为五十一军工委，书记先后是伍志刚、王西萍、项乃光、解方，委员先后有刘培植、徐瑞林、王学明、贾陶、汪洋、邹怒涛、王再天。

五十一军、五十七军及其所属各师中的地下党组织比较健全，特别是在抗战初期的一段时间内（1938—1939年），五十一军下属8个团中有7个团建立起党的总支，在一些营、连建立了特支或支部，个别连队的连、排长均是党员，有的连队中党员的数量达到20余名，与八路军抗战初期连队中党员的平均数量不相上下。如六八〇团的八连和六八四团的八连，这两个连队党的力量最强，战斗力也最强，在台儿庄战斗和挺进鲁南的战斗中英勇顽强，重创了日军。

抗战期间，东北军各单位中的地下党组织，都尽可能利用各种可能的条件（主要是党员军官和进步军官的掩护、支持）、各种机会和方式如上政治课、教唱歌曲、编印小报等，对部队进行政治工作，进行广泛的抗日民族统一战线宣传工作，部队中编印的报纸，有的坚持出刊了很长时间（如一一二师的《火线下》，一一一师的《烽火报》《阵中日报》）。一一〇师出版油印小报《尖兵》，还编印了党内刊物《党的生活》。五十一军个别连队的党支部办起了抗战室、救亡室。有的部队里组成了宣传队、战地服务团（如五十一军、五十七军、四十九军）、歌咏队等组织，也有从外边派进来的宣传队（如抗敌演出第六队到五十七军）。这些团体都是地下党组织所掌握、领导的。它们在部队中进行抗日宣传活动，受到了广大官兵的欢迎。

1937年秋，第五十一军驻防青岛时，东工委和五十一军工委还曾经协助筹建中共青岛市工委，还派出汪洋、张岗、韩去非等同志到鲁南地方工作，汪洋担任泰安地委书记兼政委，张岗任团政委等职务。同时，东工委还派于会川、梁成功等一批同志到山西参加东北游击纵队的工作。1937年冬，派张鹤如去微山湖西区党委工作，派吴山、邹鲁风协助地方组建了高密游击队。后来组成了以吴山为书记，邹鲁风、李欣、赵志刚等为委员的鲁东南特委，开展地方党、政、武装工作和群众工作。曾任中共诸城县委书记的赵志刚，在一一一师工委领导下，在苏北区成立了赣榆特支，在山东日照也建立了党的组织。同期，派项乃光、刘培植、邹鲁风以山东大学做掩护，发展党组织，协助建立了青岛市工委，同时在青岛市接收平津流亡学生百余人，分派至第三路军（即韩复榘的第三集团军）和山东省政府开辟党的工作。

1938年初，王再天被派到第五战区第二路游击司令部任参谋长，利用各种条件和机会在国民党部队开展工作，团结争取国民党部队中的进步力量，扩大抗日民族统一战线。

1938年春，五十一军工委派范离开辟西北军二十六路军（孙连仲第二集团军）的工作。范离在二十六路军恢复和发展了地下党组织，并且吸收了几位高中级军官入党。如杜新民（团长，后为师长）就是范离介绍入党的，后来在解放战争中率部起义，中华人民共和国成立后任中国人民解放军二十七军军长。

抗战期间，东北军第五十一、五十七两个军的地下党组织较大，领导也比较健全，这两支军队正是台儿庄战役主力部队之一。东北军中的共产党员们在战火中浴血拼搏，奋勇杀敌，执行党的抗日民族统一战线政策，为使东北军成为坚强的抗日友军做出了杰出的贡献。

二、中共党组织在第五十一军

从1936年6月至西安事变发生，解方是五十一军中唯一的中共地下党员。他的公开职务是军参谋处二科中校科长，实际是张学良派驻五十一军的联络员，参加中枢机要。

1936年春夏以后，解方在东工委直接领导下，利用其特殊身份，进行争取东北军上层人物张学良、于学忠等参加联共抗日统一战线的活动。他先后三次代表张学良、于学忠去广西与地方实力派李宗仁、白崇禧洽谈，使李、白表示同意合作抗日；在五十一军上层散发《活路》小册子，宣传反蒋抗日；积极参加王曲军官训练团，进行联共抗日宣传；参加张学良亲自组建的抗日同志会，并执行张学良的决定，在兰州筹建抗日同志会分会。

西安事变发生时，于学忠及五十一军3位师长都在西安开军事会议。事变当日的凌晨，张学良直接给解方发出密码特急电报，并要其亲译转达五十一军，命令五十一军部队与西安方面协同行动，即发动了兰州事变。在事变中，五十一军解除了蒋介石嫡系部队及驻兰州的国民党党、政特务的武装，解方并同冯梦瑞、李翔云在"绥署"主任朱绍良的办公室里，查获了特务报告及其他重要文件。当晚五十一军及甘肃省政府发出拥护张、杨两将军《八项主张》的通电。

西安事变后，1936年12月15日，张学良电令解方去广西联络李宗仁、白崇禧共同合作。1937年2月初，解方从广西返回西安向周恩来同志汇报广西情况和李、白的政治态度。这时二二事件发生，东北军内部分裂，被迫接受了东调的方案，"三位一体"的西北大联合解体。周恩来仔细听取解方汇报后指示："要把东北人民、东北军、东北救亡团体团结起来，扩大抗日民族统一战线，争取民主，实现抗战。"随即刘澜波召集解方、苗渤然，根据周副主席指示分析了东北军的情况，决定苗、解随东北军东调安徽蚌埠，建立东北军上层工作委员会，在东北军上层开展工作，与东北军各军地下党组织协同推动东北军继续坚持联共抗日。

1937年春，抗日先锋总队撤销番号，改编为一一〇师，贾陶利用他当六二九团团长的身份，在掩护许多中共党员进入一一〇师起了决定性的作用。此时，叶剑英指派刘培植等4名红军干部随师东调。[①]后由于一一〇师有"赤化"嫌疑，被强令解散。解方给于学忠军长作了卓有成效的工作，使得一一〇师人员特别是中共党员得以保留，被编遣为4个营，编入五十一军。贾陶、乌庆霖两位团长提升为副旅长。师工委书记伍志刚（吴山）委员王西萍、徐瑞林也随五十一军由皖北到达山东，原一一〇师师工委以五十一军一一四师为基础，改为五十一军工委，军工委就秘密设置在贾陶的三四二旅内。伍志刚任书记，委员有王西萍、刘培植。1937年9月，伍志刚调东工委任宣传部长，王西萍任五十一军工委书记。东工委撤销后，1938年初，项乃光任五十

---

①解方：《党在东北军五十一军中的工作概况》《中共东北军地下党工作回忆》，第216页，中共党史出版社，1995年3月。

一军工委书记，委员有王西萍、贾陶、解方、徐瑞林、王学明、刘培植。

中共五十一军工委成立后至1939年初，在艰难的环境下使中共党组织得到了大的发展。起初中共派进五十一军的党员的公开职务大都是士兵，也有少数下级军官。由当兵的发展当官的，下级军官发展上级军官，就更困难。为选准发展对象，必须谨慎地与之接触，注意观察、分析其平时的言论是否进步，在一些政治问题上立场是否坚定、正确，是否倾向共产党。经过反复观察，才能确定好发展对象。六六七团文书阎振兴和王艺发展团长王协一入党，就是采取经常接近，以进步的思想诱导和影响的方法。之后于会川以同样的方法发展了三三七旅旅长张炳南入党。除团以上军官外，一批营、连、排长也是这样发展成共产党员的。如六八四团三营营长于维哲，在他的营里先后发展几个连长入党。有的连长被调走后，新来的连长又被发展为党员。班、排长被发展入党的就更多了。这种情况在其他团里也不少。从1936年末到1939年春，于维哲营八连的共产党员发展到17人之多。①

由于地下党员的艰辛努力，在五十一军建立起党的秘密组织。军所辖的两个师分别建立了师工委，共8个团中，在六六三、六六七、六六八、六七九、六八〇、六八三、六八四团7个团建立了党总支，许多营、连建立了支部，发展党员300多人。除军工委成员外，五十一军地下党各级组织负责人或骨干分子有：**王再天、徐瑞林、周怒涛、范离、曲径、项鄂、李亚光、阎振兴、孙毅、张鹤如、张炳南、王协一、韩英林、张玉璞、张彬、张紧、刘致、林千、杨国治、王幻舟、赵久春（沈涛）、李长汉、王琳英、苑金勋、方树栋、于维哲、王艺、邹鲁风、杨在田、苏恩启、丛之发、丛树人、张雱、任永安、毛真、张树华、李晓林、林紧、孙明、张明三、孙谦、李特夫、刘坚璧、刘大明、孙大特、陈明、常城、黄玉齐、陈湘（林明）、刘放、王涛**等。

1937年9月，伍志钢同志被捕。在军部副官处工作的地下党员王再天为营救他，设法多次担任军部总值星官。当伍志钢被押到军部时，正值王再天任值星官。王再天便利用职权之便，先将伍志钢被捕时被查收的联络名单及部队番号等物证销毁，后又经过一番周旋，释放了伍志钢。1937年刘培植在山东高密被军警督查处扣押，地下党员、副旅长贾陶出面掩护使其获释，使党的组织免遭破坏。

由于解方曾作为张学良联络桂系的代表，所以在整个台儿庄战役期间，解方作为第五十一军的代表，常驻第五战区司令长官部作联络参谋，参与了

①李晓林：《东北军中的一支红色连队》《中共东北军地下党工作回忆》，第294页，中共党史出版社，1995年3月。

五战区及动委会的工作。

1937年底，东北军于学忠军长率第五十一军驻扎青岛时，中共第五十一军军工委副书记王学明向李欣提出，要找一名符合以下3个条件的大学生加入第五十一军搞兵运工作：第一，政治思想好；第二，身材高大结实，能吃苦；第三，要能扛一挺机枪外加一台油印机。李欣从当时20几个民先队员中挑选了在青岛山东大学土木系学生身高1.82米的韩宁夫。接到通知，韩宁夫毫不犹豫地接受了组织的安排，背着父母于1937年12月投笔从戎，来到第五十一军一一四师六七九团八连，担任机枪手兼文书。①

在上高中时就爱好篮球和田径运动的天津人刘国良，于1935年9月，经人介绍去西安参加了五十一军，同去的还有张恩毅、齐秉玉、李瑛贵、蒋纹生。部队西去兰州后，刘国良和李瑛贵就在一一三师组织了一个师篮球代表队，他和李瑛贵任体育教官（刘国良兼任队长）。在对外比赛时，他们同时又是运动员，队员都是从各部队调来的。

西安事变和平解决后，部队于1937年春东调，5—6月间在蚌埠进行整编（实际上是缩编）后，随即移驻宿迁。此时篮球队解散，刘国良就暂时随师部副官处行动。8—9月间，刘国良随部队进驻青岛，在青岛驻扎约有三个月，又奉调到蚌埠。于1938年1月他又被调到砀山。

在这个期间，他接受了一些抗日的进步思想。于1月底离开砀山去西安，经八路军办事处介绍，于2月进入了安吴青训班（主任是冯元彬，副主任是胡乔木）四队（队长姓董，指导员姓杨）学习。

5月初结业后，刘国良想去延安抗大学习，队长动员他到前方去，从实际工作中锻炼自己。经中共党组织介绍到西安民先大队部分配，他和刘寄平还有一个姓孟的同志被分到第五战区（在徐州）。此时刘国良改名刘准。到徐州后，经民先华东支部介绍到宿迁新政府找于化琪（教育科的），他们到宿迁住了两天还没分配工作，第三天找到科长时，新政府已经不在了。经打听老百姓才知道徐州失守了，新政府在夜间就走了。于是，刘准就暂时留在了苏北一所小学当教员。1938年12月，由当时在万毅六六七团的谷牧（当时名字是刘曼生）与淮阴地方党联系，动员一批学员参加部队，地方党组织想在东北军掩护下办训练班，这时就决定由刘准和刘寄平、丁九等几个人共同负责带一百多名学员参加了五十七军一一二师三三四旅六六七团。②

①《李欣口述自传》第106页，中国大百科全书出版社，2014年4月。

②根据刘准自述材料，整理，刘准之子刘兆婴提供。

1939年冬，由于项乃光叛变，中共中央山东分局传达党中央决定，东北军中同项乃光有联系的党员迅速撤离。解方与周怒涛、王琳瑛研究决定：按山东分局指示，解方带领王琳瑛、苑金勋、王福光、安庆云等同志立即撤离五十一军。周怒涛因等待率部队外出未归的王协一、王匡，于7月撤出。只留下阎振兴根据山东分局的决定在五十一军长期埋伏，以待时机，组织关系亦交到山东分局。从此共产党在五十一军的组织工作结束。

附：东北军五十一军已知共产党员名单[1]

解　方	李　烈	陈再励	贾　陶	于维哲	项　颚	金铁群
汪　洋	林　军	田志刚	秦　川	李特夫	李　都	孙　谦
张树杈	刘坚壁	郭　巩	杨锦发	何畏之	吕志先	王西萍
罗立斌	徐瑞林	冯良骥	张　岗	项乃光	张　紧	刘培植
刘　致	周怒涛	林　千	王协一	杨国治	王幻舟	王再天
赵久春	范　离	李长汉	曲　径	王琳英	王学明	苑金勋
阎振兴	孙　毅	王　艺	张鹤如	邹鲁风	韩英林	杨在田
苏恩启	张　彬	丛之发	丛树人	刘　放	张　零	王惠衡（女）
王　明	毛　真	张树华	李　欣	李晓林	毛　璋	林　紧
陆　诚	孙　明	韩菊村	王亦民	刘大明	吴　昆	王福光
陈　明	安庆云	常　诚	王　匡	黄玉齐	陈　湘	刘庆余
王跃武	蒋庆云	吴茂金	刘翼人	黄坤一	周宜明	张志毅

（以下为地下党组织撤出五十一军前牺牲者）

张玉璞	张明三	张炳南	王忠良	李连峰	黄继才	刘翼成
张作栋	罗广智	储怀中	方树栋	张成山	佟　毅	宋国宝
王鸣序	冯国栋	任坤刚	张墨林	竺树人	伍志钢	孙清溪（孙大特）
李亚光	任永安	吉炳跃	段敬坤	郭善儒		

---

　　[1]《中共东北军党史概述》，第98页，中共党史出版社，1995年3月。这份名单中绝大多数人参加了台儿庄战役，但也无法细考，所以名字一律为黑体字。本书在本章作中共人物简介时，以第五十一军（中共党员）战斗序列中出现的中共人物为准，有些简历不详或资料少者，仅作注释来介绍。

1937年至1940年，第五十一军军工委先后在中共中央长江局、中原局、山东分局领导下进行工作。

台儿庄战役期间，中共第五十一军党的组织系统①

书　　记：**项乃光**（1937.9—1938.10）、**王西萍**

副 书 记：**刘培植**（时名陈百川）

上 工 委：**解　方**

军事部长：**贾　陶**（个别联系，不参加组织生活）

组织部长：**刘培植**（兼）

宣传部长：**王西萍**（兼）、**徐瑞林**

委　　员：**王学明**

秘密交通：**张树华**

秘　　书：**张　岗**（淮河战役后转入地方，中华人民共和国成立后，任某军分区政委）

军部直属炮兵营支部

书记：**周宜明**

支委：**刘庆玉**

一一三师特委书记：**王学明**（兼）

三三七旅六七三团总支书记：**董坤一**

三三七旅六七四团：（空白）

三三九旅六七七团总支书记：**周怒涛**（李震、兼）

三三九旅六七八团总支书记：**阎百强**（阎振兴、兼）

一一四师特委书记：**刘培植**（兼）；委员：**徐瑞林**

三四〇旅六七九团总支书记：**韩林英、李亚光、孙　毅**

三四〇旅六八〇团总支书记：**张鹤如**（张如）、**范　离、项　锷**；军事委

---

①主要根据刘培植：《铁骨春秋——刘培植回忆录》，第72页，湖南文艺出版社，1989年3月。兼顾其他人在《中共东北军地下党工作回忆》中的文章整理。

员：**张玉璞**

三四二旅六八三团总支书记：**徐瑞林**（兼）

三四二旅六八四团总支书记：**曲　径、方书栋、苏恩启**；军事委员：**于维哲**

战地服务团支部书记：**毛　真**（团长：吴　昆，副团长：刘　放、黄玉齐）

第五十一军战斗序列中的中共党员（黑体字者）[1]：

军　　长：于学忠

副 军 长：李振堂　韩博文

参谋长：刘忠干　葛　覃

机要秘书：**郭维城**

参谋处二科（侦查科）科长：**解　方**（上校参谋，中共军工委委员）

副官处参谋兼交通站站长：**王再天**（少校参谋）

通信营营长：**冯梦瑞**

炮兵营营长：赵大光

营部副官：**刘庆玉**

三连连长：**王耀武、刘庆玉**[2]（王耀武台儿庄战役重伤后任）

副连长：**张志毅**

排长：**张××**

第一一三师师长：周光烈

副师长：周毓英

副官处：**刘国良**（即：刘　准）

通信营营长：**程云鹏**

---

[1] 根据解方、王西萍、刘培植、冯梦瑞、孙谦、李晓林、沈涛、阎振兴等人在《中共东北军地下党工作回忆》中的文章整理，第213—309页，第544—583页，中共党史出版社，1995年3月。

[2] 刘庆玉，直到解放战争时期回到我军任炮兵营营长，中华人民共和国成立后，于哈尔滨红星农场离休。

第三三七旅旅长：窦光殿（窦希哲）

第六七三团团长：梁忠武、张少舫（张植梓）

士兵：**周宜明**（团中共党总支书记，中华人民共和国成立后，任社会科学院哲学所支部书记、办公室主任）

第六七四团团长：张儒彬

第三三九旅旅长：孟宪周、张炳南①（台儿庄战役及徐州突围）

副旅长：乌庆霖（淮河阻击战）

第六七七团团长：张炳南、王协一

团附：李桢（淮河阻击战）

团部文书：**周怒涛**（即**李震**，范占元调走后，任团党总支书记。中华人民共和国成立后，任铁道部副部长）

团部：**董坤一**（淮河阻击战后由六七九团调来）

一营

班长：**周宜明**（淮河阻击战后由六七九团调来，后调六七三团）

二营营长：黄金印

营附：魏德奎

班长：**阎士弘**（即**阎振兴**、**阎伯强**，团总支委员兼二营支部书记，淮河阻击战后由六七九团调来）

三营营长：**王协一**

营附：王匡（东北讲武堂最后一期毕业）

政治宣传员：王艺（淮河阻击战后由六七九团调来）

第六七八团团长：李玉唐

副团长：曹宗纯

第一一三师地下党员还有：**孟宪章**（中华人民共和国成立后，任福建军区政治部副主任）等人。

第一一四师师长：牟中珩

副师长：张熙光

①张炳南，在徐州突围后，被于学忠撤职，失踪。疑被国民党暗杀。姓名加方框者为台儿庄战役期间牺牲者，下同。

　　　　参谋长：方叔洪

　　　　战地服务团：**刘　放、徐瑞林、李　锐、黄宇齐、
陈　明**（即徐明，中华人民共和国成立后任中苏友协秘书长）、**张震寰**

　　　第三四〇旅旅长：宧先梅（台儿庄战役及徐州突围）

　　　　第六七九团团长：侯者垣

　　　　一营

　　　　　　一连连长：戚天福（东北讲武堂毕业，30岁，
初中文化）

　　　　　　　一排排长：**贾××、蒋庆云**（河南人，小学
文化，中尉，淮河阻击战后）

　　　　　　二排排长：王忠良（淮河阻击战）

　　　　　　三排排长：任坤刚（河北蠡县人，中尉，
淮河阻击战）

　　　　　　　七班班长：张作栋（辽宁人，25岁，
高小文化，淮河阻击战）

　　　　　　　士兵：**吴茂金**（后潜回湖北黄陂
县老家）、**阎振兴**（一营党支部书记兼一连党支部书记）、张成山（一等兵，
淮河阻击战）

　　　　　　　八班班长：**蒋庆云、阎振兴**（淮河阻
击战后）

　　　　机枪连班长：解方平（台儿庄战役及徐州突围）

　　　　　班长：解××（中士，台儿庄战役及徐州突围）

　　　　　小炮排观测班班长：吴××（中士，台儿庄
战役及徐州突围）

　　　　　二营

　　　　　三营

　　　　八连排长：郭善儒（淮河阻击战）

　　　　　排长：黄继才（淮河阻击战）

　　　　九连连长：**张玉璞**

　　　　　士兵：李亚光（即**李济华**，团党总支书记，
台儿庄战役及徐州突围）、**田志刚**（团宣传委员）、**张则明**（团组织委员）。

　　　第六八〇团团长：于学道、李连峰

　　　　机枪连连长：丛树人

团部传令兵班长：吴二忠（淮河阻击战）

团部传令兵：刘培植（即陈百川，团党总支书记）

一营

一连排长：林　千

二营营长：张玉璞（淮河阻击战后）

四连连长：任永安

五连连长：陈百栋、李长汉（中华人民共和国成立后，任邢台军分区副司令）

排长：杨国治

六连连长、副营长：段××

一排排长：张则三（台儿庄战役及徐州突围）

机枪连连长：×××（台儿庄战役及徐州突围）

小炮排排长：陈××（淮河阻击战）

文书：刘冀城（上士，台儿庄战役及徐州突围）

士兵：张　琳（淮河战役后，调地方。中华人民共和国成立后，任解放军某旅副政委）

三营营长：郎振钧（台儿庄战役及徐州突围）

八连连长：孙清溪（即孙大特，追认，1938年4月26日，台儿庄贾家楼战斗）

传令兵：孙　谦（团组织委员、连支部书记。中华人民共和国成立后，任东北最高法院刑事庭庭长）、张树华①（团宣传委员）、王××。

一排排长：汪葵英（1938年4月26日，台儿庄贾家楼战斗）

三排排长：陈××（台儿庄战役及徐州突围）、刘久春（即沈涛，中华人民共和国成立后，任大连市政府纪检书记）代。

司务长：刘久春

九连连长：张玉璞

---

①张树华，1939年回延安后，在中央党校学习，"八一五"（即日本投降）后赴前线途中病故。

在六八〇团做秘密工作的还有：**项　鄂**、**范　离**（即范占元，团党总支书记。后转入第二集团军）

第三四二旅旅长：李雨霖（李步青、李荫坡）

副旅长：**贾　陶**（中共军工委委员）

第六八三团团长：黄德兴

八连

传令兵：**徐瑞林**（中共军工委委员、团党总支书记）、**魏　轩**

连机枪射手：**王　涛**

排长：**何　克**

第六八四团 刘明让 （台儿庄战役及徐州突围）、杭子祥

一营

营附 罗广智 （淮河阻击战）

二营

三营营长：于维哲（中华人民共和国成立后，任铁甲列车总队参谋长）

副官：**苏我华**（即**苏恩起**）

传令兵：**王西萍**（团党总支书记）、**方树栋**（团党总支书记）

七连士兵：**周宝铭**（解放战争有功，后病逝）、方惠德 （即**方树德**，中共七连支部书记，台儿庄战役及徐州突围）

八连连长：**王琳瑛**（中华人民共和国成立后，任广州卫戍区副司令员）、**王鸿序**（1939年入鲁途中于大店战斗牺牲）

传令兵：**李晓林**（中华人民共和国成立后，在中国刑警学院工作）、**曲　径**（1938年初）

轻机枪手：**曲　径**（时化名**曲俊亭**，列兵，团党总支书记）

三排：**陈　湘**（**林明**，二等兵）

机枪连连长：**朱庆孚**

迫击炮排排长：**谷绍贤**

排长：**阎××**

八连地下党员还有：**胡一枫**（中华人民共和国成立后，在空军后勤部工作）、宋国宝 （上等兵，台儿庄战役及徐州突围）、**姜文治**（上等兵，后情况

不明）、**林宝成**（中士班长，后情况不明）、**陶克孝**（上等兵，后情况不明）、**罗××**（上士排副，后情况不明）、**周××**（上等兵，曾在八连担任地下支部书记，后情况不明）、**吴占奎**①、**孙鹤一**②、 李嘉稿 （某排排长，淮河阻击战）、**苑金勋**（朱涛）、**张　紧**。

三、淮河阻击战

国民革命军第五十一军在抗日战争中是一支劲旅，在几次战役中都打得英勇顽强。每次战斗之前，地下党组织都号召党员冲锋在前、退却在后、不怕牺牲、甘当无名英雄，并将此作为党的一条纪律在每次战斗之后进行检查。战斗中，哪个部队有地下党组织和党员，哪个部队就士气旺盛，战斗力就强。

在台儿庄战役序幕战淮河战役中，地下党组织内进行了动员，号召党员在首次与日寇的战斗中，给其以迎头痛击，首战必捷，以鼓舞广大官兵的抗日斗志，增强战胜日寇的信心。所有党员均能身先士卒，英勇杀敌。

第一一四师六七九团一营党支部书记兼一连支部书记阎振兴，曾在一连

中国军队于1938年1月底主动炸毁淮河铁桥，在北岸大堤设防阻敌，使日军特别是其机械化部队只能隔河兴叹，为中国军队取得歼敌万余的台儿庄会战胜利赢得了战机。

---

①吴占奎，中士班长，辽宁北镇县人，在陕北同红军作战时被俘，参训后加入共产党，派回原部队。

②孙鹤一，列兵，曾在八连担任地下支部书记，在红军中担任过营职干部、特派员。作战勇敢，颇有韬略，曾有"小彭德怀"之称。打入五十一军时，在八连补名士兵。由于要暴露，调到地方，在湖西（微山湖西）区任党委保卫局局长，在"肃托"中致残。

发展2名排长、4名士兵入党。该连在打击渡河的日军的战斗中，一夜间连克4个日军占领的村庄，迫使日军退回淮河右岸，而全连只剩30余人。[①]

1938年2月初农历除夕夜晚，六七九团一营第一连全连的人都高高兴兴地忙着包饺子，准备过一个抗日的新年，忽接命令，立即增援前线。原来敌人已抢渡淮河，侵占20余村庄。当时六七九团是预备队，处于第二道防线，离淮河岸边还有15公里路程，接到命令后，全连立即紧急集合，饺子、酒菜都还没有动，背包行李等物品也都存放在老乡家里，轻装急行军增援前线。次日上午9时许，一连即向敌人展开猛烈进攻，日寇以大炮、轻重机枪向一连阵地猛烈射击，阻止一连前进。敌人的机枪子弹在战士阎振兴眼前和左右一两米处扑扑地落地，有的从他头顶上飞过落到了身后。敌人的子弹都是离地皮30厘米左右，打得士兵抬不起头来，许多士兵都是头部中弹而亡或下腿部受伤。全连遂停止前进，就地修筑掩体，以便伺机进攻。

黄昏时分，三排排长任坤刚和张作栋几位班长研究了一下进攻的步骤，任排长指挥各班用机枪火力互相掩护，交互前进。任坤刚在全连的最前头，英勇地向敌人盘踞的村庄猛进。第三排各班士兵紧跟任排长前进，把一、二排各班远远甩在后边，一连夺回了三个小村庄，打得日寇步步向后败退，这一天，全连官兵没有吃一点东西，没有喝一口水，但肚子不觉饥饿，只是口渴得厉害，嘴唇都裂开了。

约在夜间9时许，司务长把饭送上了火线，大家因为没有水喝，吃不下去，只是坐着休息了一个小时的样子，便向淮河岸边敌人盘踞的一个村庄攻击前进。这个村庄都是砖瓦房，结构坚固，四周有高大的土围子，土围子外边还有一道水围子，水围子外面布满了鹿砦，防守十分严密。面对这种形势，戚天福连长决定率领第一排从土围子前面佯攻，二、三排从两翼破鹿砦，涉水爬上土围子，冲入村庄同敌人展开肉搏战。这时天色乌黑看不见人，日寇依靠坚固防御工事向中国军队射击。任坤刚不怕牺牲，指挥第三排士兵用手榴弹把敌人的障碍物炸毁，然后涉水爬上敌人的土围子。这时双方的机枪、手榴弹火力交织在一起。第八班长蒋庆云腿部负重伤，退下了火线。任坤刚第一个爬上了土围子同敌人展开肉搏战。任排长依靠他平时武术高强、刺杀技术又好使敌人一个个地迎刃而倒。七班长张作栋同志带领全班士兵冲上土围子，同日寇展开血战，消灭日寇很多。一部分日寇退入砖房里继续顽抗。此时我方牺牲也很大，七班长张作栋同志就在这次拼杀中英勇牺牲了。就剩

[①]《中共东北军党史概述》，第94—95页，中共党史出版社，1995年3月。

任坤刚、张成山和阎振兴三个人，全排牺牲多半。

敌人缩在院房里，挖开枪眼向中国军队射击，使中国军队处于非常不利的地位。没有炮兵支援，没有炸药，单凭手榴弹和机枪摧毁不了敌人的据点，干着急没办法，后来任排长命令张成山把手榴弹送进敌人的枪眼里，以炸死敌人，但张成山还未爬到敌人枪眼跟前就中弹牺牲了。

天快亮了，人员伤亡得没剩几个了，又没有增援部队，很难攻下敌人的据点，形势越来越不利。任坤刚拿起手榴弹准备亲自冲上去，但刚一站起来就负伤了。阎振兴赶紧搀扶着他脱离战斗，敌人的枪弹不断地从他们身边吱吱飞过。阎振兴也顾不得危险，一心要把任坤刚救出去，为党保存一名干部，忽然一声刺耳的尖叫声向阎振兴扑来，阎振兴赶快把任排长按倒在地，轰然一声，一颗炮弹在他们面前10米远的地方爆炸了，弄得他们满身是灰土。幸好，任坤刚没有再受伤，阎振兴的前额受了点轻伤。阎振兴爬起来扶着任坤刚急速脱离火线危险区，安顿给担架队送后方医院抢救，阎振兴就又返回前线去，继续战斗。走至半路上，只见一连士兵稀稀拉拉地都从敌人村庄里退了出来，问他们怎么回事，他们说，敌人已经出击了，一连没剩几个人了，戚连长也不见了，王忠良排长也牺牲了，他们几个人再不退出来，不是被打死，就要被敌人抓活的了。于是阎振兴和他们一块退到一个村庄的村头上。这个村庄离敌人盘踞的村庄有1公里余。阎振兴站在村庄的边沿上，只见敌人的炮火不断地从淮河岸边打来，但不见敌人出来追击，一片开阔地，炮弹烟雾弥漫，空无一人。阎振兴初次参加战斗不理解，这原是敌人利用炮兵掩护退却。阎振兴看了一回，敌情没有变化，一连的人都走远了，阎振兴在村边上捕住一头没有人管的小毛驴，把遗弃的十几支步枪和一部分子弹放在驴背上，牵着驴追赶一连的人去了。

阎振兴回到一连后，清点人数，原编制154人，现在只剩下20余人。连长失踪，二排长王忠良阵亡，三排长任坤刚被担架队抬到王庄（距作战地点10公里路程）就牺牲了。

全连7名共产党员，除吴茂金战前潜逃回家，蒋庆云负重伤送后方医院和阎振兴负轻伤外，其余同志都在战场上英勇牺牲了。他们为民族的解放事业流尽了鲜血，付出了生命，不愧是共产党的好战士，是抗日的民族英雄。

一排贾排长（因为外出未参加淮河战斗）升任一连连长后，任命阎振兴为八班班长。过了三四天，九连的刘培植同志（又名陈白川，地下党员），来通知阎振兴，让阎振兴到三营九连见张玉璞连长（共产党员）。阎振兴把枪弹被服整理好放妥，就悄悄地离开一连到九连去见张连长了。

从这次淮河战斗痛击日寇的经过来看，尽管敌人武器装备、射击技术等都优于中国军队，但比不上中国军队敢于冲锋拼杀，不怕牺牲的精神，这是共产党政治工作的重大成就，敌人是能够被打败的，事实上已经打败了它，敌人没有什么了不起的。中共党员（地下党员）在战场上带头冲锋陷阵，敢于拼杀的英勇气概，对士兵的斗志影响很大。这次战斗，官兵牺牲很重，特别是中共党员在这次战斗中，几乎牺牲殆尽。①

任坤刚原是（东北军）抗日先锋队的排长，在战斗中他身受重伤，依然坚守阵地，直到英勇牺牲；原学兵队员黄金栋同志（非党员，天津武清人），在战斗中勇敢地扑向日军的防御工事，硬是从枪眼里夺出一挺轻机枪，因负重伤不愿做俘虏，拉响了身上的手榴弹，与敌人同归于尽；营长郎振钧更是英勇不屈，他负伤后满面是血，继续指挥作战；党员连长李长汉、林千和杨国治身负重伤，刘培植把他们3人送到曹老集，扶上火车去养伤。②

地下党员、第一一四师六八四团一营营附罗广智率一营反击越淮河来犯的日军，迫使日军节节败退，罗身负重伤仍坚守阵地指挥，直至英勇牺牲，给全团树立了榜样。第六七九团一营一连6名中共党员，在战斗中冲锋在前，英勇顽强，牺牲4人，重伤1人，轻伤1人。由此可见，共产党人虽在国民党军队中，却依然能执行抗日民族统一战线政策，以民族利益为重，和国民党军队的战士一道浴血奋战，视死如归。

第一一三师三三九旅旅长孟宪周一贯仇视共产党，1938年在保卫淮河的战斗中，以"共党分子，不服从命令"罪名擅自将副旅长乌庆霖、六七七团团附李桢枪杀。乌、李二人是进步军官，地下党组织的发展对象，他们主张联共抗日，因而遭致毒手。事件发生后，全军官兵非常愤恨，地下党五十一军工委领导进行了有理、有力、有节的斗争，由六八四团三营营长于维哲（地下党员）以旧部下怀念旧长官的名义出面给两人召开了追悼会以示抗议，随即由三营派人到乌、李就义地点运回灵柩，通知家属到场守灵，全营官兵向乌、李遗体告别，并向家属捐赠四百多元。后将两位烈士安葬在徐州云龙山巅，立碑纪念。在这一行动影响下，六八四团团长刘明让也亲自过来致祭，并骂孟宪周是抗战败类、民族罪人。这次行动对"反共"分子无疑是一次示威，是共产党对国民党顽固势力的一次有理、有力、有节的抗争。于学忠不得不将孟宪周撤职，但纵容了孟宪周出逃。

①阎振兴：《一个地下党员的自述》《中共东北军地下党工作回忆》，第547—550页，中共党史出版社，1995年3月。

②刘培植：《我参加了台儿庄大战》《台儿庄文史资料》第二辑，第134页，1991年10月。

兰陵镇附近的日军辎重队向台儿庄地区进犯

四、台儿庄外围战

1938年3月下旬，一一三师六七七团从安徽省宿县固镇上车，开赴台儿庄前线，火车开到车辐山就停止前进了。这里离台儿庄还有一段路程，需要徒步前进。

六七七团在车辐山下火车后，就接上级命令即奔向台儿庄东北方向，同日寇展开了激烈的战斗。这是五十一军第二次同日寇较量。第一次是淮河战役，五十一军孤军奋战，把日寇打得狼狈不堪，显示了五十一军的威力，使日寇尝到了中国军队的厉害。这次同日寇作战，与淮河作战时大不相同，因为淮河战役时，日寇没有使用大批飞机坦克。而现在的敌人，却是日本帝国主义武器装备最精良、战斗力最强的板垣、矶谷两个师团。五十一军有步枪、轻重机枪，但是全军只有1个炮兵营，12门野战炮，都是沈阳兵工厂的陈旧货。以这样落后的武器装备，对付日寇精锐的板垣、矶谷师团，是相当困难的。但五十一军官兵长期在共产党抗日民族统一战线的影响和宣传影响下，有着打回老家去的强烈愿望，又有淮河作战的经验，面对武器装备优良的敌人，不但毫不胆怯，而且精神振奋，勇气百倍，一定要打败日寇王牌军为中国人民争气的决心很大。

一一三师六七七团面对武器精良、战斗力最强的日军板垣、矶谷两师团，毫不气馁，以劣式的武器装备与敌激战。当日军以飞机大炮轰炸时，官兵们隐蔽在战壕里不动，当日军的坦克、步兵进攻时，一一三师的官兵则用集束手榴弹向敌人投掷，有的不怕牺牲向前冲去，炸毁敌人的坦克以身殉国。随后，战士们即用各式武器对准敌人的步兵群射击，最后跳出战壕反攻，与敌展开刺刀肉搏战。经过多次反复冲杀，阵地前血流满地，尸横遍野。炮兵营第三连连长王耀武、张排长（共产党员）为了摧毁敌人的坦克，消灭更多的日寇，英勇果敢地把全连四门大炮推进到步兵的前沿阵地，平射敌人的坦克和步兵，把日军炸得血肉横飞。日军飞机集中目标向炮兵第一连轰炸，该连四门大炮均被炸坏，王耀武连长和张排长都负重伤，营部副官刘庆余（共产党员）接任连长职务。[1]

第六八〇团八连地下党支部书记孙谦，先后发展了包括全连五名军官在内的十九名党员（连长孙清溪在台儿庄贾家楼战斗中英勇牺牲，被追认为共产党员）。该连在台儿庄会战进攻东杨楼据点时，全连浴血奋战，一夜攻占四个碉堡，将守敌全部烧死。在左、右邻部队都撤离之后，全连仍屹立在突出的阵地上，顽强战斗，最后在共产党员英勇顽强、不怕牺牲的模范行动鼓舞下，为掩护大军撤退，全连坚守阵地，视死如归，全体官兵光荣殉国。攻打小少庄时，六八〇团团长于学道吓跑了，由团传令兵刘培植指挥党员营、连长打了胜仗，以后那个团长被撤职。[2]

刘培植也在回忆中写道：在六八〇团九连担负攻打东杨楼时，由连长孙大特（即孙清溪）和张则三两同志带领全连攻打，集中了十多挺轻机枪，集中火力，连续作战，烧毁数处敌人的坚固堡垒而取胜。仗打得巧妙漂亮。但由于上级错误指挥，使连长、排长和全连大部分人都牺牲了。[3]

同在六八〇团八连的范离也曾回忆道（周毅整理《范离：一位老革命无怨无悔的自述》）：

经过我们考验和了解，先后在八连里发展了两个排长，四个班长，八个士兵（我记得有一个排长叫王葵英，是辽宁法库人，其余的名字忘记了）。还

①阎振兴：《一个地下党员的自述》《中共东北军地下党工作回忆》，第553页，中共党史出版社，1995年3月。

②解方：《党在东北军五十一军中的工作概况》《中共东北军地下党工作回忆》，第218页，中共党史出版社，1995年3月。

③刘培植：《在抗日战场上的东北军五十一军地下党》《中共东北军地下党工作回忆》，第258页，中共党史出版社，1995年3月。

有一个司务长，叫赵久春（现名沈涛）等十七人、八个人入党。党员增加了，组织上也做了调整，这时我接替刘培植同志做党总支书记。

从此，这个连队里的军阀作风也逐渐改变了，战斗力也增强了。1938年4月台儿庄战役中，五十一军全军投入了战斗，打得非常英勇。我们三四〇旅的旅长启先梅阵亡。八连的党员们带头冲锋陷阵先后拿下敌寇很多的堡垒。两名党员排长牺牲了，准备发展党员的连长孙大特也牺牲了，士兵中的党员也牺牲了大半。我和连长在一个战壕里，机枪子弹不断从我耳边擦过，连长牺牲了，我幸免了，司务长赵久春没有上阵，也幸存了下来。最后下火线的时候，全连只剩七八个人了。

有一次六八四团于维哲营王琳瑛八连接到战斗任务：拂晓前向敌人前沿阵地发动正面进攻。连长王琳瑛指挥全团匍匐前进，没有被敌人发觉。可就在胜负决于瞬间的时刻，团长杭子祥赶到了。他见战功可取，便站出来大呼："弟兄们冲啊！"结果被敌人发现，密集的火网扫向八连，不多时八连伤亡过半。连长王琳瑛带着几名"敢死队员"以二十响驳壳枪迎头还击，掩护全连后撤。当撤下战场时，他的驳壳枪已中了三弹，被打成麻花状，而他的头部却一点伤痕也没有。战友们见状，激动得口不择句地喊："王连长祖上有德，枪弹都不入。"[1]

台儿庄战场方圆几十公里没有一个完整的村庄，没有一处完整的房屋。大战进行时，白日里枪炮响个不停，一片烟雾弥漫地面和天空，夜间四周一片火海，此息彼起。野地上尸体成丘。八连宣传队的热血青年目睹这种情景，纷纷要求重返前线与敌拼杀。此时亦在宣传队的曲径、方树栋（党总支宣传委员，后壮烈牺牲）两人则不厌其烦地做思想说服工作。一个月夜，大家手挽手，边走边唱起"流亡三部曲"的第二部《流亡》来。当唱到"看！火光又起了，不知多少财产毁灭。听！炮声又响了，不知多少生命死亡"的时候，大家痛哭起来，真是一幅泪水复血水、火光映月光、活人伴死人的悲壮场面。曲径同志悲愤加风趣地说："和死难同胞遗体为伴，充满着诗意和友情。"大家紧紧围绕在曲、方二人的周围，保持着高度的斗志和冷静的头脑，进行战场鼓动和宣传。[2]

---

[1] 李晓林：《东北军中的一支红色连队》《中共东北军地下党工作回忆》，第299页，中共党史出版社，1995年3月。

[2] 李晓林：《东北军中的一支红色连队》《中共东北军地下党工作回忆》，第300—301页，中共党史出版社，1995年3月。

原来，当时曲径还有方书栋等人积极要求到火线上去，同全连官兵生死与共，一起战斗。上级中共党组织从爱护、保存干部出发，没有让曲、方等去。当时的三营营长于维哲（中共老地下工作者、老党员）把曲、方等同志，调在距火线较远的地方成立个临时战地宣传队。

曲径是1937年春调——四师六八四团任中共地下党党总支书记的。为了了解、团结、争取和改造东北军更积极地坚持抗战，中共党组织派出了许多得力的干部，深入到东北军中工作。曲径同志的工作非常踏实，他一调入即到八连的一个班里当列兵，一待就是三年。他和士兵们打成一片，交了许多朋友，在下属官兵中他发展的党员最多，而且这些党员经过各种斗争考验证明，政治素质大都是很好的。有的进步很快，提为很负责的领导干部，有的在战争时壮烈牺牲。

曲径没有知识分子洋学生的架子，作战时他冲在前面，行军时他为病号背行李。他是个机枪射手，全副武装荷重四十多斤，但从未要求脱离那个极其艰险的士兵生活环境。他原来的身体基础是很好的，会打篮球，还是中锋。艰苦的生活锻炼了他的意志，但也弄垮了他的身体，积劳成疾，1938年他得了肺结核病，几次大口吐血，但他始终坚持战斗，为党不懈地工作。当时的连长王鸿序同志（共产党员，1939年在转战入鲁途中于大店战斗中壮烈牺牲）赞叹地说："老曲真像一个普通士兵。"

曲径严格遵守秘密工作纪律。在1937年末的一天，大家行军百余里都很累了，他的排长（排附兼班长）喝了点酒，因为和曲说话，曲没立正，就动手打了曲径同志，这时正赶上李晓林到那个班送信，见蒋排附打老曲，立即报告了连长王琳英（共产党员），王连长马上就让李晓林把蒋排附找来，不容分说就痛打了蒋排附几个嘴巴。李晓林看了感到一种报复的痛快。但是后来曲径同志把王连长和李晓林找去，严肃地批评说："这种报复行为是秘密纪律所不允许的，排附打了兵，连长又打排附，这会引起敌人注意的……"①

在日寇迂回威胁台儿庄时，奉命掩护——四师撤退的六八四团于（于维哲）营，阻击和追击敌人，该团党的总支书记方树栋同志英勇牺牲。方系由学兵队派来于营任党代表，公开职务是传令兵。平日，他深入连队，团结同志。是役，他亲自带一个排在右翼迂回，正好被敌人包围。敌人愈来愈多，联络中断。方树栋同志鼓舞士气，顽强抵抗，坚持到下午，打死很多敌人，全连没有一人生还。方树栋牺牲于红山口东南的一个小庄。总之，在东北军

---

①李晓林：《永远怀念曲径同志》《中共东北军地下党工作回忆》，第697页，中共党史出版社，1995年3月。

和五十一军中的共产党员，对日抗战英勇牺牲的还有其他负责人，如：伍石甫同志（即伍志钢），四川人，老共产党员，1935年在北京主编《联合文学》，西安事变时在学兵队，后又被派到五十一军和五十七军，在五十七军一一二师负责该师党的工作，在万毅部队中立足，公开职务是文书。在危机情势下他为营救同志而英勇牺牲了。汪洋是山东人，西安事变前在学兵队，事变后被派到一一〇师做党的工作。抗战开始，该师调往淮河参战，组织决定把他留在山东开展地方工作，工作搞得很出色，遂任胶东地委书记兼分区政委，在胶东抗击日寇，为保卫根据地而战斗牺牲。①

一一四师三四二旅六八四团三营八连三排二等兵陈湘（后改名林明），在西安东北军"学兵队第四连"曾以"帮写文书"名义干过党支部工作，他在堂兄丛宏滋介绍下，于1937年10月2日在青岛沙子口找到了连长王琳瑛和曲径同志，第二天穿上新军衣，开始了一个正规的士兵生活，那年他不到15岁。

当天傍晚"点名"时，王琳瑛亲自指挥唱《中国人不打中国人》，这首歌给陈湘以极大的震撼。歌中唱道：

> 中国人不打中国人，中国人不打中国人！
> 我们不给日寇做开路先锋，我们要做自己土地上的主人！
> 倭寇，屠杀我们东北父老，又进关来蹂躏我们四万万同胞。
> 听吧！爹妈兄弟在老家哭叫，英勇的抗日战士遍地怒号！
> 我们不要再自煎自熬，叫敌人笑哈哈地袖手取巧。
> 弟兄们！抗日军不打抗日军，
> 携起手来打回老家去，携起手来打回老家去！

军中大都是失去家乡的东三省人，他们每天都在希望和日本鬼子干，打回老家去，解救自己的父老兄弟姐妹。

可是，在青岛沙子口沿海山上修筑了三个月的工事，一枪没打就丢弃了。在淮河沿岸狙击日寇北上的战斗，总觉打得不痛快。此时来到台儿庄，可以真刀真枪地跟鬼子拼了。林明老先生在纪念抗战胜利60周年之时，于《在血战台儿庄的日子里》②一文中写道：

①刘培植：《在抗日战场上的东北军五十一军地下党》《中共东北军地下党工作回忆》，第258页，中共党史出版社，1995年3月。

②林明：《在血战台儿庄的日子里》《挥手道别时》，第149—155页，远方出版社，2011年6月。

记得那是1938年4月中旬的一个下午，我们"抗敌俱乐部"正在排练节目，突然传来营部的命令：立即结束"俱乐部"的活动，各回自己连队。八连只有曲径和我，我俩回到连队时，全连已经整装待发。

天刚黑就整队出发，一路朝东，行约二十里到达津浦路固镇车站。车站失去了往常的喧闹，只有低低的口令传送和嚓嚓的脚步声。大家依次坐进敞口车厢里，每个人都知道要去前线，却不知战场在哪里。车头喘着粗气拖着我们朝北、朝东北行进，时快时慢、走走停停，直到第二天拂晓前才停下，此时已经可以听到并不太远的隆隆炮声。

我们下了车，一路小跑来到台儿庄车站。眼前所见，正如电影《血战台儿庄》结尾时的图像：日寇丢弃的三四辆坦克歪斜地躺在那里，车的外壳热乎乎的，有的坦克炸毁了，硝烟还未散尽；不远处的机枪声清晰可闻；从我们身边跑过去的是零零落落从火线退下来的士兵，他们个个都是一身污泥满头大汗，问前方情况怎样？或有人指指身后，不及回言就仓忙跑过去了。

我们八连连长王琳瑛一声呼喊："跑步前进！"于是，我们迎着从前线退下来士兵们前进。子弹在头顶上呼啸，没有人理会。冲前约百余米，一排伙伴们首先和敌人接上火，紧接着，我们二、三排的同伴们也跟敌人接上火。此时，我们四周的冲杀声、枪炮声响成一片。

这儿是一片开阔的平原。我们一边猛烈射击，一边挖掘身边的泥土作掩体，用锹、用镐、用手；把敌人打退了，我们继续前进，再一次的边射击边挖掘掩体。到了太阳升起以后，我们打退了敌人的几次反扑，我们连也抬下去十几个死伤的同伴。近午时，战斗稍有间歇。每个人除眼睛和嘴巴之外，个个都成了泥人。此时，我们也看清了自己的位置（和全军一起）是处在台儿庄正面的第一线。

在攻占兰陵镇的战斗中，我们八连的士兵英勇顽强，非常出色。九班副班长于××左臂重伤，他单手提着独有的大刀片，冲进敌群横冲直撞，流尽最后的一点血；一排的青年士兵第一个冲进兰陵镇，他爬上屋顶高呼："八连在这里！"被敌人一枪击倒。他是"抗日先锋队"的队员，他诚信：要抗日，就要打先锋！

接连几天，战斗异常激烈，几番"拉锯"终于占据了兰陵镇东西一线，可是敌人不甘心他们失败，组织了强大的兵力配合重武器，最终占据了兰陵镇的一半。这时，多亏卢汉指挥的滇军（六十军）增援，才使兰陵一线稳定下来。我们八连与敌人隔墙相持，谁也夺不了谁的阵地，一直僵持到五月中旬的全军大撤退。

在我军占领兰陵镇之前，我已调到营部新成立的"空军联络班"，任务是用白布在地面摆信号，好跟自己的空军取得联系。当天，我在距离前沿阵地一里多地的地方，找到了这个班。一看所有成员都是原先在营部组织的"抗敌俱乐部"的中共党员和"民先"队员。于是，我明了了：这是党组织有意借此机会减少我们这些党员、"民先"成员的牺牲。

我们"空军联络班"距离前沿阵地只有一里路，七八个人都挤在两间场院的草屋里。在这里并不比前沿阵地安全，因为自从我军占领兰陵之后，鬼子就开始每天三次野蛮地进行地毯式炮轰，有时还配合飞机轰炸扫射。因此在我们的四周总是处于硝烟弥漫之中，到处是弹坑和死人尸体；夜晚可以看到四周的火光冲天，听到隆隆的炮声和清脆的机枪声。此情此景，（我们）每每会不约而同的口吟《流亡三部曲》的歌词：

看，火光又起了，不知多少财产毁灭；
听，炮声又响了，不知多少生命死亡。
哪还有个人幸福，哪还有个人安康!?
谁使我们流浪，谁使我们逃亡，谁使我们国土沦丧，谁要我们民族灭亡……

我和曲径同志常到前沿阵地地下掩体看望我们的伙伴。每次都是在鬼子最后一次炮轰之后，在夜色的掩护下才能去，因为那里是一片开阔地。所谓掩体，只不过是在阵地后面挖的一个大坑，上面架了些木头和杂草而已。我俩最后一次到掩体时，里面只有三十几个人，全连已伤亡大半。但这里没有悲哀，只有复仇的怒火！

五月十七日天黑不久，我们接到撤退的命令，于是来到距前沿阵地不远的交通壕边集合。此时，天阴得伸手不见五指，只能靠四周炮火的闪光辨认模模糊糊的人影。队伍走走停停，一会儿朝北走，一会儿朝西行，走了半夜又回到原地。最后，转到一个大村边停下不走了。这时我实在困得要命，就倒在路边睡着了。等我醒来时，已是第二天清晨。我问身边和我一样掉队的战士，可是他们也都和我一样，谁也不知大队去了哪里。这是我第一次离队，心里确实有些慌怕。突然，十几个炮兵驱赶着马拉炮车，停在我们眼前，他们卸下了炮车，跳上马背扬鞭西去。我和身边那个伙伴想问问队伍的去向，跟在马后追了一阵，几分钟后就不见了他们的影踪。在这里，四周到处是尸体、枪炮武器到处都是，硝烟弥漫着狼藉的战场，混杂着隆隆的炮声和偶尔几声清脆的枪声，这一切使我终生难忘。我捡了一支小马枪和四五排子弹，随同几个散兵辗转躲避鬼子飞机和四处搜索的敌人。白天藏在麦田里，搓几把麦粒充饥，晚上四处寻找自己的部队。开始只有我们两个人，当天夜里就汇合了十几人；第二天夜里，我们找到了汇合成百余人集体，他们都是各个部队掉队的士兵，是个名副其实的"杂牌军"。我随同这伙"杂牌军"，白天隐蔽，晚间寻找部队，遇上小股敌人就开枪打一阵子，且战且退；黑夜里，敌人摸不清我们的虚实，也不敢追赶我们。但是，这支"杂牌军"的人数却愈来愈少。最后和我在一起的只剩下六七个人。记得是一个下着大雨的夜里，我们在亳州农村找到了部队。我找到八连，连长王琳瑛和曲径等同志见到我高兴得了不得，我更是了不得的高兴呵！可是说到八连，王琳瑛同志沉重地说："和他在一起的加上我，总共只有十八人。"

此后，我们跟随大部队，越过津浦路，在中原大地上一路西南，夜行昼息，到河南确山进行补充休整，迎接下一个战役——保卫大武汉！

在台儿庄战斗中，阎振兴任六七七团总支委员兼二营支部书记。在战壕里，他一面作战，一面领唱《大刀进行曲》《救亡进行曲》，引得日寇惊呼："请问贵军是哪一军？"成为战场上的奇闻。也是在台儿庄战斗中，六八三团总支书记徐瑞林所在的三营八连，在坚守丁滩阵地时，与排长何克等几名党员用模范行动影响官兵浴血奋战，打退敌人多次进攻。在左右邻部队撤退后，继续坚守阵地3日，受到军部3次通令嘉奖。

六七七团经过和日寇的反复冲杀，终于击败了敌人的一再反扑，并夺取敌占村庄数处，向前推进几公里。从此日寇便把进攻的主力转移到右翼的云南部队六十军了。这时五十一军也采取了掘壕固守待机歼敌的防御战术，前线遂出现了两军相持的状态。

在台儿庄作战一个多月，由于战事很激烈，五十一军地下党的负责人没有来和军中的中共地下党员们联系。他们在征得张炳南团长的同意后，要求到徐州区采集一些生活用品。于是派阎振兴和周宜明、王艺三人为代表，到徐州采购生活用品。他们立即到徐州找到当时党的负责人项乃光（后叛变）和王学明去了。

在徐州找到项、王后，他们一块到云龙山上开会。他们把在台儿庄前线工作的情况作了汇报。王学明传达了我党在友军中今后的工作方针：停止发展党的组织，隐蔽精干，积蓄力量，以待时机，反对急性和暴露。他们还展开了对政策的讨论。

第二天，他们就赶紧返回台儿庄六七七团防地，把到徐州购买东西的情形向张炳南团长做了汇报，随即把物品分发到各营连士兵。

他们回到台儿庄前线后没有几天，有消息说敌人已越过微山湖向河南商丘、开封方向进攻，对徐州采取大包围的形势，继之徐州告急，五十一军奉命掩护其他友军先行撤退，而后撤出防线。

1938年5月中下旬，日寇偷渡微山湖向河南商丘、开封进军，形成对徐州的大包围态势，这就迫使参加徐州大会战的所有部队，不得不迅速撤退，以免被日寇包围歼灭。

5月15日夜里，六七七团在张炳南团长的带领下悄悄地撤离了阵地。第二天上午，部队行进到徐州东北约七八公里处，遥见徐州上空日寇飞机在盘旋侦查轰炸，浓烟冲上天空，市民像潮水般从城里向外奔逃，徐州已告失守。部队没有停留，便向徐州东南方向继续前进。下午三点左右，五十一军在徐州东南山区遭到日寇截击。徐州方向之敌也从后面追上来，形成对五十一军的大包围，我军凭借山地有利防御的条件，同日寇展开激烈战斗。

军长于学忠召集团长以上人员开会研究突围办法。师、旅长都说没有好办法，最好换便衣突围，命令部队到指定地点去集合。张炳南团长说："我有办法，我们有人，有枪炮子弹，打就是好办法。"师、旅长们听了很不高兴，认为你小小团长竟敢耍笑人。但实情就是如此又不好说别的话，就忍下去了。因此军长任命张炳南率领六七七团在前突围。晚9时许，张团长命令第二营向敌人冲锋，经过激烈战斗，终于突破敌人的包围，为后续部队（有三个团的兵力）打开了一条出路，向苏北方向转进。

后来，六七七团团长张炳南提升为旅长，六七七团第三营营长王协一（共产党员）提升为六七七团团长。第三营营附王匡（共产党员）提升为六七七团第三营营长。三个团的兵力，武器弹药齐全，战斗力也强。有的团的营、连长是党员，对部队起着决定性作用。其余营、连长虽不是党员，但他们都有一定的抗战觉悟，对共产党也有较好的印象，形势非常好。[1]

由于突围时，部队溃不成军。在兵败如山倒的情况下，共产党员、一一三师三三九旅旅长张炳南不仅将所属的两个团带出来，还收容了散兵万余人。

一一四师战地服务团由徐瑞林负责，他带领李锐、张震寰等人和王西萍等一起随三四二旅突围。突围一开始就被敌机炸得一团糟，部队完全失去控

---

[1] 阎振兴：《一个地下党员的自述》《中共东北军地下党工作回忆》，第553—556页，中共党史出版社，1995年3月。

制。王西萍遇见三营营长于维哲后，提出让于维哲站出来收集部队，于维哲带着少校领章，手握驳壳枪，登高一呼，霎时周围一带溃散的部队立即成行列队集结到他周围。收容的人数远远超出了于维哲自己指挥的那个营。而少将旅长李雨霖身高体胖，换穿了一身不合体的老百姓服装，一副狼狈相，只顾逃命。此时，他们发现七连和八连支部两个党员方惠德、曲径下落不明，这两个连是三营最可靠的主力。王西萍等人去找他们，不料遇到张紧失声痛哭，告以方惠德所在的那个排在遭遇敌人后坚持抵挡半天之久，直到肉搏白刃战，全排大部牺牲，方也阵亡了，时年22岁。[1]

贾陶、刘培植、徐瑞林等也把贾旅完整带到河南信阳、确山一带整顿，并参加了武汉保卫战。1939年春五十一军向鲁南挺进，日军一个旅团堵截追击，一一四师六八〇团（五十一军中共产党员最多的一个团）担任掩护。党的力量和战斗力最强的第二营（正、副营长、四个连长和一批排长都是共产党员）首当其冲，与敌展开肉搏战，几乎全营牺牲。营长张玉璞（团总支军事委员）在子弹和手榴弹用尽之后，英勇牺牲在敌人刺刀之下。当时在该营的刘培植身负重伤。[2]

五十一军的地下党组织充分发挥了团结五十一军、坚持抗日的主导作用，是五十一军抗日的中坚，是中国共产党在友军里人数最多、力量最强的地下组织。而这样多的地下党员，这么庞大的地下组织，却一直没遭到破坏，这确是党在友军中秘密工作的范例，曾受到陈云同志的赞扬。[3]

五、第五十一军战地服务团

1938年，五十一军在一一四师先后成立了两个战地服务团。他是受西北军第二集团军总司令孙连仲成立战地服务团的影响，认为通过战地服务团的宣传教育可以提高士气。当时由贾陶同志向旅长李雨霖提出建议，取得他的同意以后服务团成立。这是共产党领导下的第一个合法组织，团员多数是学生。这个服务团在徐州被围后依靠军队突围出来。突围后绝大多数人被送往延安学习。这批学生在战争环境中没做多少工作，让他们去延安学习，倒是

---

① 王西萍：《中共在东北军五十一军的秘密工作回忆》《中共东北军地下党工作回忆》，第223—256页，中共党史出版社，1995年3月。

② 解方：《党在东北军五十一军中的工作概况》《中共东北军地下党工作回忆》，第218页，中共党史出版社，1995年3月。

③ 《中共东北军党史概述》，第96页，中共党史出版社，1995年3月。

使延安多了一批青年。

第一个战地服务团是在徐州突围前夕成立的。由徐瑞林负责，其中中共党员有：李锐、陈明（即徐明）、张震寰等。[1]

因中共第五十一军工委与在徐州做"青救"工作的李锐有党组织关系，所以，徐州突围时李锐随五十一军行动，他在《投笔从戎的三天》一文中对战地服务团突围的情况回忆道：[2]

台儿庄战役胜利之后，徐州很快变成前线，敌机轮番轰炸，白天在城里不能待，大概在撤退前的几天，一次最大的轰炸，我留在城里，几乎被炸死。组织上这时已经得悉国民党军队的大撤退计划，同时知道东北军于学忠的五十一军准备留在山东敌后。于部有党的组织，同我在工作上有横的联系（主要联系人是解沛然即解方同志）。青救团奉特委之命，组织一批决心留在敌后的进步青年，以战地工作团形式，进入于部作政治工作，此事由我负责。我原来是准备随特委到山东去的，但王文彬要求于部派一位懂军事的干部同我作"交换"，帮助他们开展游击战争，于是原在于部工作的张如就被派到丰县去了。

可是，临撤退的头一天，于部接到命令，不进入山东，同国民党各部一起向西突围。准备撤退的这天，我率领青救团成员三十多人，来到于部的一个旅，旅长（李杜将军的弟弟，李雨霖）和副旅长贾涛（陶），热情地接待了我们，换军服，会餐。三十多人，分成两个队，我负责带一个队，匆匆组织了党的支部，原在东北军工作的王学明、王西萍、徐锐（瑞）林等同志参加领导。这天晚上就突围，摸黑行军，但行军的路线、宿营地等，都没交代清楚。一个通夜也没有走多少路，各种番号的部队，乱糟糟地在一条公路上拥挤着，谁也不让谁。晚上在一个村子停歇时，我这个队的人还没有全走散，但同王、徐等已联系不上了，同我在一起的支部成员只有张震寰。周围也没有于学忠的部队，杂七杂八的国民党军队中，我们发现有向老百姓换衣服开小差的士兵。为了应付意外，我们每人向这些想开小差的士兵弄到一支步枪，背上一串子弹带，我们这些学生兵自找麻烦的行为，引起那些士兵的奇怪。这样，我们这伙人心里却踏实多了。半夜弄到一些红薯，胡乱煮了充饥。

第二天一早，我们正准备出发，西面不远的村庄后面，突然响起了惊天动

---

①王西萍：《中共在东北军五十一军的秘密工作回忆》《中共东北军地下党工作回忆》，第223—256页，中共党史出版社，1995年3月。

②李锐：《投笔从戎的第三天》，《群言》1987年第9期。

地的大炮轰炸声，似乎朝东发射过来。这时，通过平原田野向东走去的各种番号的散行纵队，像山崩、潮涌一样，成千上万的士兵一齐掉头向东飞跑，没有人阻拦，也没有一个什么军官下个命令。我于是带头领着我们这十几个人，大声呼喊：不要往回跑，向前面冲过去，无奈这如同螳臂当车，最后，我们也被这股潮水冲向东走了。中午在一个村子休息时，我们这十来个人展开讨论，是随大军继续向西突围，还是离开部队朝东去山东敌后。两种意见争论剧烈，大多数人主张去敌后。我虽然也很想去山东，但负有带队的责任，主张仍随部队突围，去找于学忠部。我们这支队伍是在徐州紧急时临时组织起来的，成员比较复杂，尤其几位东北籍的同志态度非常坚决，认为怕去敌后是胆小，贪生怕死。我没能说服大家，只好和大家一起离开突围的部队，朝东向敌后走去。又走了一个通夜，第二天大早，来到徐州东南江苏与安徽交界的双沟地方，由于过分疲劳，又怕遇见敌人，大家分散在原野的苇塘中休息。地上泥湿，无法躺下，只能坐着抱枪打瞌睡。时间没有隔多久，大概附近农村的农民，早就把我们这群人当作国民党军开小差的散兵游勇，他们走进苇塘，用自有军阀战争以来就传下的方法，向我们分头包围、说服、缴械。来到我身边的几个农民，说附近有日本军，硬脱下我的军服，换上他们带来的农装，说往东到皂河镇一带，那里没有敌人。我在徐州时知道，苏北两淮地区还驻有东北军常恩多师，国民党的省政府在淮阴，那里有我新结识的朋友，常师中有横的联系的党员关系。走出苇塘时，同张震寰又失去联系，又见到几个本地青年和东北同志，我们只好先到苏北再说。

以上这段经历，就是抗战初期我投笔从戎三天的故事。以后，直到日本投降从延安出来，过封锁线，我就再也没有到过前线。

（1987年5月8日）

第二个战地服务团也是由贾陶向——四师师长牟中珩建议得到赞同后，在挺进山东前在武汉成立的。团长吴昆，副团长刘放，团员20人。一部分是招收的，一部分是中共派进的。其中中共党员有**毛真**、**徐瑞林**、**刘放**、**毛璋**、**陆诚**、**韩菊村**、**王亦民**、**常诚**、**吴昆**、**黄玉齐**等，并建立了党支部，毛真任书记，徐瑞林任组织委员、刘放任宣传委员。

战地服务团不仅是合法组织，还具有一定的规模和地位。团长吴昆与牟中珩是胶东同乡，牟将吴作为上宾对待，吴对上层统战工作很有办法。副团长刘放也是党员。团员多数是长江局通过不同途径介绍而来。当时王西萍和刘放住在武汉一个旅馆里专门接待报考的学员。由长江局李涛和湖北省委提出服务团党支部负责人名单，成立了服务团的党支部，由王西萍单独领导。支部书记是毛真，组织委员刘放，宣传委员徐瑞林。党员有七八个人。从此王西萍也作为战地服务团的一个团员进行活动。该团建团伊始就遭遇敌机狂轰滥炸。从湖北到河南经过短期整训建立了一系列制度。从团长到团员一律每人发二十元生活费。党内建立了定期的生活会制度和学习计划，进行了关于秘密工作和组织纪律的教育。而后团员分散到连队和士兵共甘苦，教唱救亡歌曲和演剧，对士兵做些思想工作。以后由湖北经河南到安徽。这时为了保存这支力量，又集中起来随三四二旅前进。这个战地服务团一直到挺进山东途中他们撤出五十一军才告结束。

六、中共人物（二）

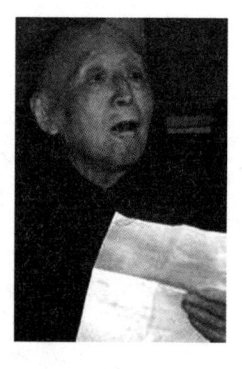

壹佰贰拾陆　常　诚

常　诚（1918.10—2010.10.22）曾用名常耀宗，山东阳信县水落坡乡南常村人，1936年12月参加革命，1938年8月加入中国共产党。

1936年12月起，历任西北抗日联军军事委员会战地宣传队队员、陕西省民众运动指导委员会组织部青年干事、北平山东学生救国联合会负责人。抗战期间，历任山东鲁南"中华民族解放先锋队"（简称"民先"队）负责人、湖北汉阳"民先"队负责人、第五十一军（东北军）战地服务团团员、第五十一军新兵训练处指导员。1939年6月由组织派赴延安，先后在中国人民抗日军政大学第四期和中共中央财政经济部财经班学习，历任陕甘宁边区难民工厂会计科长、延安大学财经班主任兼教员、延安大学山西隰县五区土改工作团团长、西北财经干部学校教育科长。

中华人民共和国成立后，历任西安市军事管制委员会政务秘书，西北局常委、西安市军事管制委员会第一副主任贾拓夫同志秘书，西北军政委员会财政经济委员会秘书处长、统计处长，西北行政委员会统计局长。

1955年至1961年，先后任国家统计局基建统计司、综合司、农业司司长。1961年6月任国家统计局副局长、局党组成员。1978年至1982年任国家统计局副局长、局党组成员、机关党委书记。

1994年12月离职休养。曾担任第六届、第七届全国政协委员，中国统计学会顾问、全国经济网络协会顾问、国务院控制集团购买力中心小组成员。

1952年，被西北军政委员会授予"解放大西北胜利奖章"，著有《常诚统计·经济文集》。

2010年10月22日，在北京逝世，享年92岁。

壹佰贰拾柒　范　离

范　离（1904.5.1—1996.3.20）曾用名范用勋、范钟、范之公。安徽省宣城县大范村人，出生农民家庭，曾就读于安徽省立第四师范学校。

1927年春，到武汉进入"旅汉苏浙皖沪政训班"学习（系国民党左派与共产党合办）。马日事变后，回到家乡宣城县。起初在国民党县党部任组织干事，8月加入中国共产党，并担任党支部支委，负责农运工作。1930年1月，组织上派他到驻潢川的国民党第二十二路军（即吉鸿昌的部队）总部警卫团任军需中士，做党的地下工作。1932年夏，因身份暴露被开除。由于没有找到组织，回到安徽省广德县当教员，失去组织关系。1936年秋，经人介绍到新疆去找一位抗联的同志，途径西安时，由杨西光（原《光明日报》总编）介绍，重新入党。杨西光还把他介绍到张学良的总部警卫二营任政工干事。

西安事变后，东北军东调，他随新一一〇师到安徽怀远。后编入第五十一军一一四师三四〇旅六八〇团三营八连。同去的党员还有孙啸天、王幻舟。范离以连队传令兵公开身份为掩护，做党的支部书记工作。直接领导是刘培植。

在从事党的地下工作中，他严格执行党的指示，团结抗日力量，抵制反共逆流，打击日寇，并为我党我军培养输送了一批优秀干部，在延安受到毛主席等中央领导同志的接见。

1940年春，范离同志在延安参加中央党校的学习，后调到中直财经处。1947年，国民党大举进攻延安时，范离同志任后梯队司令员，他以高度负责的精神，为护送中央机关的人员及大批物资平安转移到河北省平山县西柏坡做出了积极贡献。

中华人民共和国成立后，范离同志先后担任中直机关修建办事处主任，北京市建工局党委书记，中共中央直属机关事务管理局副局长、顾问等职务，为北京市建筑业的创立和发展，为中直机关的后勤建设，做出了重大贡献。

1996年3月20日，在北京逝世，享年92岁。

范离同志逝世后，杨尚昆、谷牧及中央办公厅负责人以不同方式表示哀悼，对他的亲属表示慰问。

据近几年，报刊多篇文章披露，1949年1月中旬，时任中共中央副秘书长兼中央军委秘书长、中共中央办公厅主任的杨尚昆感到"形势发展迅速，移动有提早之可能，需积极作这种准备"。于是，他于1月19日派中共中央直属供给部副部长范离、供给处处长梁锡昌等先期前往北平，为中央离西柏坡迁北平勘察选址。1月底，赴北平做了一番勘察的范离副部长返回西柏坡。范离将他在北平勘察驻地的情况作了详细汇报。他总的感觉是，北平城里的情况比较复杂，中央机关进入北平城，就直接进驻北平城内，安全警戒条件不够成熟，安保工作难度极大。范离拿出叶剑英的亲笔信函，交给杨尚昆。杨尚昆打开信函，信中写道：

尚昆同志：

范（离）、刘（达）二位同志侦察和研究的结果，我们认为地区的选择，以西山为适当。只需牵动一家（兹幼院），就可基本解决（详情可问范、刘）。此外，或由时空不便（如新北京），或则周围环境不良（如颐和园），或房屋不够率过多（如八大处），或则破坏不堪，如汤山，均不适当。这是我们考虑的结果，提供你们参考。

北平工作不易，的确不易。请经常从侧面提醒我们，和过去执行那一样。

至感

敬礼

叶剑英

1月27日夜廿时

由此可见，我们非常明晰了，范离同志是第一个奉命进入北平，为中共中央集体搬家选址的。他就是为党中央和毛泽东选址香山的人。

壹佰贰拾捌　郭维城

郭维城（1912.8.21—1995.1.1）满族，奉天义州（今辽宁义县）人，出生于一个富裕、有文化的家庭。15岁到沈阳东北大学附属高中读书。1930年，考入东北大学文法学院。九一八后，只身到北平，借读燕京大学。1932年参加中国左翼作家联盟。同年考入复旦大学政治系，加入共青团。1933年4月，转为中共党员。毕业后经王卓然力荐进入东北军，被任命为上尉科员，负责给张学良摘译英文报纸杂志。对时局颇有见地，博得张学良的好感和赏识，被提升为少校机要秘书，负责给张学良做记录、发布新闻等工作。后还担任了东北军青训班副主任、西北临时军委会宣传委员。

在西安事变中，草拟了捉蒋新闻稿、宣传提纲。他奉命接收了国民党《西京日报》，将其改为《解放日报》，并主管《解放日报》和广播电台，特请美国著名记者史沫特莱帮助进行国际宣传。1937年，任东北军学兵队代主任、东北军总部办公厅科长。组织创办《时事特刊》和"长虹剧社"，宣传抗日。

抗战期间，随于学忠参加了淮河、台儿庄、武汉等战役，随后东进山东，进行抗日游击战争。任苏鲁战区秘书室主任、政务处处长，保护了大批险遭暗害的革命同志。1941年春天，国民党在重庆召开战地党政会议时，29岁的郭维城已被提升为少将处长，代理东北军总部秘书长。他还布置营救了旅长万毅，病重的———师师长常恩多起义后，将部队交给了郭维城。———师编入八路军，他任八路军山东纵队———师副师长。后任滨海支队副支队长。1943年任山东行政委员会委员。

解放战争时期，曾任齐齐哈尔护路军司令员兼齐齐哈尔铁路局局长、西满护路军司令员、东北野战军铁道运输司令员、中南军区铁道运输司令员兼铁道兵团前进指挥所副司令员、衡阳铁路局局长、衡阳铁道工程学院（现湖南高速铁路职业技术学院）首任校长。

1952年参加抗美援朝，任中朝联合新建铁路指挥局局长、志愿军铁道兵指挥所司令员，获朝鲜一级自由独立勋章、二级国旗勋章。回国后，历任铁道兵副司令员，铁道兵大兴安岭会战指挥部总指挥，西南铁路建设副总指挥，郑州铁路局局长、党委第一书记。1975年1月任铁道部副部长，1978年12月任部长。1955年被授予少将军衔。曾获二级独立自由勋章、一级解放勋章。全国政协第六、七届常委。

1988年12月12日，在美国华盛顿召开"争取张学良将军全面自由研讨会"，郭维城作为唯一被邀请的中国大陆共产党人士参加了研讨会。会后他前往洛杉矶看望张学良的原配夫人于凤至女士。张学良第一次赴美探亲时，特亲自点名郭维城及3位东北元老阎宝航、万福鳞、王卓然及三人之子：阎明复、万国权、王福时赴美参加祝寿活动，但未能如愿。

1995年因病在北京逝世，享年83岁。

壹佰贰拾玖　韩宁夫

韩宁夫（1915.9.8—1995.1.13）山东省聊城市高唐县梁村镇韩庄村人，父亲是当地的教书先生，收入微薄，农忙时也要靠种地才能维系一家生计。韩宁夫兄弟姐妹一共四人，他排行老四。少年韩宁夫天资聪颖，勤奋好学。1932年，考入县立高中，1935年以山东省会考状元身份保送进山东大学工学院土木工程系，并获得山东省政府80块大洋的重奖。韩宁夫用其中的20块买了一支派克钢笔，这支宝贝钢笔一直跟随他转战南北，历经数十年保存至今。在青岛山东大学，他参加了学生抗日救亡运动。1937年3月，参加"中华民族解放先锋队"。同年11月，加入中国共产党，12月至1938年5月在东北军五十一军——四师六七九团三营八连当兵，做兵运工作，先后担任地下党支部书记和党总支书记，参加了徐州会战。

1938年6月，奉命返回高唐家乡，发展党员，建立组织，开展抗日。8月，成立中共高唐县工委，任工委书记。11月，任中共鲁西北特委宣传部部长。翌年春，任中共鲁西三（后为五，均俗称卫东）地委宣传部部长。1940年6月，代理地委书记。1941年1月，任中共鲁西、冀鲁豫区党委秘书长。1942年冬精兵简政时，调任中共冀鲁豫三（后为冀南七、冀鲁豫七、冀南一，均俗称鲁西北）地委宣传部部长、组织部部长。1943年11月，赴太行山参加整风学习。整风结束后，到冀鲁豫区党委党校工作。

1945年11月，任中共冀南一地委宣传部部长。1947年春，任一地委书记。1948年，一地委柳林整党结束后，调任中共冀南区党委秘书长。

1949年2月，南下湖北。武汉解放后，历任中共湖北省委常委、省政府秘书长，武汉钢铁公司党委书记兼总经理，中共湖北省委常委、副省长，中共武汉市委书记等职。1972年后，任中共湖北省委书记、湖北省革命委员会副主任、湖北省第四届政协主席等职。

1980年后，任中共湖北省委书记、省长，湖北省人大常委会主任、党组书记等职。1985年9月，当选为中共中央顾问委员会委员。1992年离休。

1995年病逝，享年100岁。

中共十一至十四大代表，全国人大第四至六届代表。

壹佰叁拾　黄宇齐

黄宇齐（1911.8.9—2011.3.25）四川江津（今重庆市江津区）人，西南学院肄业。1929年10月，加入中国共产主义青年团，1933年6月，加入中国共产党。历任上海社联法南区委委员，中共上海沪中区委宣传部干事，上海社联常委、党团委员，国民党二十二集团军中共特派员，新四军第五师政治部联络部部长，新四军抗大十分校副政委，中共中央中原局武汉工委书记，中原军区一纵队敌工部部长，北平军事调处执行部人事组组长，中共中央东北局城工部处长，第四野战军第四十九军敌工部部长、四野南下工作团教务部副部长等职。

中华人民共和国成立后，历任中共湖北省委统战部部长兼省民政厅厅长，湖北省委委员兼工业厅厅长，电力工业部中南电业管理局局长兼党委书记，电力工业部水电建设总局副局长，水利电力部水利水电建设总局局长兼党委书记，中共中央华东局经济委员会副主任，上海市经委（工交办）副主任等职。1979年8月，任电力工业部副部长、党组成员兼华东电业管理局局长、党组书记。1982年8月，离休。

2011年3月25日，在上海逝世，享年100岁。

壹佰叁拾壹　贾　陶

贾　陶（1909.5.28—1976.10.22）原名国辅，字撰一，生于辽宁开原县城（今开原市老城镇）一个农民家庭。少好学，有报国之志。开原小学毕业后，入奉天（今沈阳）中学。1927年8月考入东北陆军讲武堂炮兵科。1928年12月毕业后，历任东北军模范队山炮连、曲射炮连上尉连副、少校连长。在旧军队中他洁身自爱，他向连里的上士、中共地下党员刘伯刚学习日语。东北军入驻天津、北平后，被任命为天津保安总第二大队中校大队长。国民政府签订《何梅协定》，河北省政府被迫从天津迁到保定。他愤慨不已，辞职投奔当时主持东北军第五十一军驻武汉办事处的解方。第五十一军西北"剿共"后，任西北"剿总"第二科中校参谋。后被任命为张学良的直属特务团（又称卫队团）中校副团长兼第三营营长，还参加主张联共抗日和张忠实的秘密组织——抗日同志会。西安事变第二天上午，张学良指定由孙铭久任抗日先锋队总队长，赵龙韬任参谋长，乌庆霖、贾陶、黄冠南分别任第一、第二、第三支队支队长。同时任中共东北军工委军事委员。卫队团和抗日先锋队改编为东北军第一一〇师，下辖六二八团和六二九团，解方任六二八团团长，贾陶任六二九团上校团长。后一一〇师缩编成4个营，分别插入五十一军各师、团中，贾陶率党员最多的1个营编入五十一军一一四师三四二旅（下辖六八三团、六八四团），贾陶任三四二旅上校副旅长（旅长李雨霖系李杜将军之弟，他同情共产党，后在河南许昌做伪军工作时牺牲）。

抗战期间，因参加淮河战役，增援台儿庄有功，拟升为一一四师参谋长，他考虑到对党的兵运工作不利而放弃，后因起义暴露。已暴露的贾陶等几乎是中共五十一军工委的全部及大部分秘密党员百余人撤出，拉出来的队伍交回五十一军，仅留下解方、王再天等少数未暴露的党员随五十一军开往山东。贾陶带领8名连营级党员干部于1939年6月到达延安，入马列学院学习。1941年6月毕业后，历任中共中央军委四局教育科长、中央军委四局副局长兼科长、中共中央情报部副局长。1942年12月任八路军第一二〇师独立一旅参谋长。1944年9月在中共中央党校二部学习。

抗战胜利后，奉命挺进东北，1945年9月任东北民主联军炮兵旅旅长。1946年10月任东北军区炮兵司令部副司令员兼炮兵学校副校长、校长。1949年9月兼防空学校校长。

中华人民共和国成立后，1951年5月担任中共中央军委炮兵司令部参谋长。翌年8月任军委高级炮兵学校校长。1955年，到南京军事学院战役系学习。1958年，任中国人民解放军炮兵学院副院长。1960年，任沈阳炮兵科学技术研究院院长。"文革"中，他和张学思、高崇民、阎宝航、刘澜波、解方等人被划入"东北叛党集团"。1967年7月被关押，"审查"6年。

1955年，被授予中国人民解放军少将军衔。是中共七大代表。

1976年逝世，终年67岁。

1980年5月，中共中央组织部为"东北叛党集团"大假案彻底平反。

壹佰叁拾贰　解　方（解沛然）

解　方（1908—1984.4.9）原名解如川，又名解沛然。吉林辽源市东丰县四平乡人。地主家庭，早年就读于奉天（今沈阳）第三高等中学，与张学良胞弟张学铭同窗。毕业后被东北军选送日本陆军士官学校第二十期步兵科学习。1930年毕业后回国，加入东北军，同年秋任天津市保安总队队长。11月下旬当日军炮击制造天津事件时，率保安总队英勇反击。发动事变的日军头目土肥原叹曰："想不到学生（指解方）打老师这么狠。"后曾任张学良副官。

1936年秘密加入中国共产党。同年在东北军第五十一军军部参谋处任二科（侦察科）中校科长。积极对于学忠、张学良进行反蒋、联共抗日的宣传。曾三次被张学良派赴两广密见李宗仁、白崇禧，联络合作抗日。西安事变发生时，他密传张学良亲电，使驻兰州的东北军部队及时参加反蒋抗日行动。1937年2月任中共东北军上层工作委员会委员，随军东调。

抗战期间，随军参加台儿庄、徐州等战役。1939年初任第五十一军一一三师三三七旅上校副旅长。同年夏任第一一四师少将参谋长，并任中共五十一军工委书记。1940年6月奉命到延安，先后任中共中央军委情报部第三局局长、中共中央党校军事训练班秘书长、八路军第一二〇师三五八旅参谋长、吕梁军区参谋长等职。赴延安后公开了共产党员身份，毛泽东、周恩来接见了他，毛泽东说："你回家了，解放了，就叫解放好了。"遂改名"解方"。

解放战争时期，历任东北民主联军副参谋长兼参谋处处长，辽北军区副司令员、辽宁军区副司令员兼参谋长、东北野战军纵队副司令员、第四野战军第十二兵团参谋长等职，参加解放东北和进军中南的一系列重大战役。

中华人民共和国成立后，任第十二兵团兼湖南军区参谋长，第四野战军兼中南军区司令部教育处处长并兼中南军政大学教育长，第四十军副军长。

1950年10月担任中国人民志愿军参谋长，参与第一至五次战役的指挥，并作为朝中方面代表之一参加开城停战谈判。回国后历任中央军委军训部副部长，越南停战谈判顾问，南京军事学院科学研究部部长、副教育长，高等军事学院教育长、副院长，后勤学院副院长等职。

1955年被授予中国人民解放军少将军衔（位列第一），曾获一级独立自由勋章、一级解放勋章。荣获朝鲜民主主义人民共和国一级国旗勋章两枚。张学良称之为"难得奇才"；他是彭德怀眼中的"诸葛亮"，被彭总称之为"称职的参谋长"。人称国共两党"双料少将"。

"文革"中受到诬陷迫害。

晚年拿出补发工资为家乡建了一座可容纳500余人的大礼堂,用于中小学生开展爱国主义教育活动。

曾任中共七大代表,第一届全国人大代表,第六届全国人大常务委员。

1984年因病在北京逝世,享年76岁。

壹佰叁拾叁　李　桢

李　桢(1905—1938.2.7)字兴周,山东德县席家辛庄人,毕业于东北讲武堂七期(北京分校)步兵科。后历任东北军第三旅(1933年改编为一○九师)排长、连长、教导队长、少校副官等职。1935年在直罗镇战役中被红军俘虏,被送到瓦窑堡白军军官训练班学习。1936年3月返回西安,任西北"剿总"少校附员,参加了东北军学兵队的组建。12月,参加西安事变,事变后参加了张学良组织的抗日先锋总队,任抗日先锋队第一支队第一大队大队长。

1937年3月,抗日先锋总队被改编为一一○师,任六二八团团附。6月东北军整编,一一○师撤销,所属人员并入五十一军于学忠部,任五十一军一一三师三三九旅六七七团中校团附。1938年参加淮河阻击战,他身先士卒,英勇杀敌。他思想进步,主张联共抗日,支持中共地下党员在所部开展工作。1938年2月6日,被三三九旅旅长孟宪周逮捕,次日与三三九旅副旅长乌庆霖一同被杀害于淮河北岸曹老集村(今安徽蚌埠市淮上区曹老集镇),年仅33岁,死后被葬于徐州龙云山下。

此前,中共五十一军地下党组织已决定吸收其入党,因形势突变未来得及履行手续。1986年3月被陕西省人民政府追认为革命烈士。

壹佰叁拾肆　李　震(周怒涛)

李　震(1915.3—2010.5.3)原名李汝赢,做兵运工作时名周怒涛。山东博兴县人。1932年参加革命工作并加入中国共产党。

1933年任中共博兴县委副书记兼组织部部长。

1934年至1940年,历任中共东北军工作委员会第一○五师巡视员、第一一三师工委副书记、第五十一军工委副书记。

1940年后，历任中共山东分局社会部训练班组织科副科长、清河区社会部部长兼公安局局长、中共渤海区党委常委兼军区保卫部部长、中共华东局社会部研究组组长。

1949年后，历任华东铁路局党委常委兼华东铁路警备司令部副司令员、济南铁路局党委常委兼公安处党委书记、党委副书记兼政治部主任、党委书记、局长，山东省交通工作部副部长兼济南铁路局党委第一书记，东北铁路总局党委副书记，铁道部东北区办事处党委书记，铁道部政治部副主任。

1978年后，历任铁道部副部长兼沈阳铁路局党委书记，东北铁路办事处主任、党组书记。

1982年离休。

2010年5月3日，在北京逝世，享年95岁。

病重期间及逝世后，胡锦涛、温家宝、习近平、李克强、李源潮、张德江和丁关根、韩杼滨等以不同方式表示慰问和哀悼。

壹佰叁拾伍　李特夫

李特夫（1914.1—1990.6.12）曾用名李超，奉天省辽阳县大荒地村（今辽宁省辽阳市灯塔市万宝桥街道大荒地村）人。1933年7月，参加抗日同盟军。1937年1月，加入中国共产党。1939年6月，在延安抗日军政大学学习。1940年8月，在抗大二分校任干事和军事教员。1944年1月，到中共晋察冀二地委敌工部任干事。1945年10月，任沈阳市大东区民主政府区长。1945年12月，任沈阳市柳匠电区民主政府副区长。1946年3月，在沈阳市民主政府任科长。1947年9月，在辽宁省二专署任科长。1948年9月，任清原县民主政府县长。1949年9月，任盖平县民主政府县长。

1952年8月，在辽东省行政干部学校任教员。11月，在辽东省人民政府政策研究室任组长。1954年，在辽东省民政厅任主任。8月，在辽宁省民政厅任处长。1955年5月，任安东市副市长、中共安东市委常委。1960年8月，任辽宁省社会主义政治学校副校长，中共党组书记。1961年6月，任辽宁省民政厅副厅长，中共党组成员。

1983年7月离休。

1990年6月12日逝世，终年77岁。

壹佰叁拾陆　林　明（陈　湘）

林　明（1923.3—2016.10.15）原名丛祥滋，后改名陈湘、林明，山东文登县下徐村人，出生于开明地主家庭。1935年夏考入威海公立第一中学。1936年春节过后转入烟台八中，与二哥丛祺滋、姐姐丛祝滋在一起，并参加了二哥在校内组织的"大路歌咏队"。父亲是1934年的中共党员，以开"福寿堂药房"，掩护党的地下工作，曾任胶东东海区参议长。受父亲的影响，他12岁开始跟着党闹革命，参加过1935年胶东"一一·四暴动"。在烟台参加抗日救亡学生运动，1936年加入"民先"。

七七事变后，到东北军第五十一军一一四师做兵运工作，参加过淮河战役、台儿庄大战、保卫大武汉等战役。

1939年3月，随东北军一一四师的中共党组织撤回延安，先后在"陕北公学""华北联合大学"学习和工作，1940年1月17日加入中国共产党。

1941年皖南事变后离开"联大"，到当时抗战时期最残酷的"平北"地区工作，直到抗战胜利。

日本投降前后，调任新华社冀察支社和察哈尔分社记者，接管了日寇的张家口广播电台，任台长。解放青岛时，又接管了国民党的广播电台，并创建青岛人民广播电台，为首任台长兼总编辑。三年后，先后调任市委宣传部任宣传科长，中央广播电台军事组组长，青岛市文化局党员副局长及党组负责人，市委宣传部副部长及代理部长等工作。

1957年5月，主持召开首届"文代会"，结束了筹备七年的"筹委会"。会开完，被打成"右派"。

"文革"中，被迫入狱达7年之久，于1972年12月25日出狱。

1979年冤案得以平反，被任命为青岛市社会科学研究所副所长、党组成员。隔年4月借调到北京，编写《晋察冀边区平北人民抗日斗争史》。

1983年离休后，担任青岛市冬泳协会主席12年，同时还在省、市"老年体协"搞"老体"科研；另外还参加青岛市国土规划"环保"部分的编制，以及省市"关心下一代"的工作。

刻苦钻研中医学30余年，特别是中医学对癌症的治疗有独特之处，义务为广大群众开药方，颇受群众爱戴。著有《挥手道别时》《话说癌症》。

2016年10月15日，在青岛逝世，享年93岁。

父亲丛月章、二哥丛祺滋（林江）、姐姐丛祝滋（林向英）、妹妹（丛林）四人，先后在抗战和解放战争中牺牲，成为"一门四烈士"。

大哥丛福滋（后改名丛潜伍），北伐时参加国民党军队，后官至上校。中华人民共和国成立前夕去了台湾，后定居美国。

壹佰叁拾柒　林　千（史炳正）

林　千（1903—2001）原名史秉（炳）正，辽宁凤城县红旗镇人，早年入东北讲武堂炮兵科。1937年4月在东北军秘密加入中国共产党。

曾任东北军团参谋长。1938年3月任炮兵连长，参加台儿庄战役，率部坚守阵地，全连阵亡，身负重伤只身幸免。伤愈后奉命护送张学思同志赴延安，参加八路军，任八路军延安炮兵学校教员。1945年3月15日，延安炮兵学校在南泥湾陶宝峪开课，因中共七大正在举行，8月1日举办延安炮兵学校开学典礼，朱德、叶剑英、肖劲光等出席并讲话。时任延安炮兵学校校长郭化若（后朱瑞），政治委员邱创成，副校长匡裕民，教育长李荫南，政治部主任刘登瀛，训练部长张志毅，校务部长朱光，专职炮兵技术教员郑新潮、沈毅、林千、吴振宇（朝鲜人）、李伟、殷鸿，助理邵清廉（女）等十几名教员也参加了开学典礼。

历任晋察冀军区炮兵干部训练队副队长，晋察冀军区炮兵团参谋长，晋察冀军区炮兵旅第二团团长，华北军区特种兵司令部机动炮兵团团长。参加筹建宣化炮兵学校。

中华人民共和国成立后，曾任炮兵师第十四师副师长，师政委。1957年任炮兵学院地炮系主任。1959年任重庆炮兵学校校长。重庆炮校撤销后任北京军区炮兵副参谋长，1980年12月任北京军区炮兵副司令员。1983年4月任北京军区炮兵副军职顾问。

解放军第十四师、第九师、第十二师的主要创建者和首任师领导。1949年中华人民共和国开国大典，作为炮兵方队阅兵指挥，率6个炮兵方队经过天安门接受检阅。

1955年被授予上校军衔。荣获三级独立自由勋章，二级解放勋章，1988年被授予二级红星功勋荣誉章。

2001年在北京逝世，享年98岁。

壹佰叁拾捌 刘 放

刘 放（1914.11.18—2007.11.26）山东省临清县人。1934年5月，在上海复旦大学学习时参加革命工作，同年11月，加入中国共产党。曾参加过一二·九学生运动，在上海、天津从事地下工作。

1937年参加中共湖北省委训练班。1938年任五十一军战地服务团副团长。1939年任中共河南竹沟地委宣传部部长、统战部部长、地委常委。1940年任新四军五师政治部宣传部部长，第十五旅政治部主任兼襄南工委书记。1944年任襄南军分区政治部主任。1946年任中原军区政治部宣传部部长。1947年任中共辽北省委工委（地委）副书记、省委宣扬部部长。1948年任抚顺矿务局第一副局长。

中华人民共和国成立后，任中共抚顺市委委员。1952年国家燃料工业部石油管理总局副局长。1954年任中国驻苏联大使馆商务参赞。1956年石油工业部部长助理、副部长。1960年任驻罗马尼亚全权大使。1966年任第六机械工业部副部长、党组副书记（部长级待遇）。是中国人民政治协商会议第六、七届全国委员会委员。

2007年11月26日，在北京逝世，享年93岁。

壹佰叁拾玖 刘 准（刘国良）

刘 准（1916.1—2018.2.22）天津市和平区人，出生于资产阶级家庭。五岁入私塾学名刘国良，七岁时进入了私立小学，毕业后考入一私立中学，迷恋体育运动。

1935年9月在西安参加五十一军。1938年2月进入了安吴青训班，3月参加了中华民族解放先锋队，12月他和刘寄平、丁九等几个人带领一百多名学员参加了五十七军一一二师三三四旅六六七团。1939年4月入党。

抗战期间，曾任国民革命军五十七军一一二师三三四旅六六七团新兵队副队长兼教官、三三三旅警卫排排长、五十七军独立旅参谋处处长、四大队大队长、滨海支队二十五团团长。

解放战争中，曾任辽沈纵队十九旅五十五团团长、东北野战军一纵队三师七团团长、一纵队炮兵团团长。

中华人民共和国成立后，历任高炮二团团长，军委防空军训处副处长、处长，防空军战斗训练部副部长，空军军事训练部副部长。

1955年被授上校衔，1964年被授大校衔。

1967年，被打成"三反"分子。

1969年，去贵阳花溪空军"五七"干校。

1976年，任空军第四军副军长

1984年离休。

2018年2月22日，在北京逝世，享年102岁。2月28日，追悼会在北京空军总医院告别厅举行，连云港市革命纪念馆、原五十七军的许多革命前辈后代等纷纷前来吊唁。

壹佰肆拾　刘培植（陈百川）

刘培植（1917.2—2006.12.15）陕西宜君县五里镇东舍村人，生于农民家庭，家境艰难。为改变家庭境遇，在亲友的帮助下，他半耕半读上了5年私塾。1932年，15岁的他悄悄离家，参加了刘志丹领导的中国工农红军第二十六军。1932年加入共产主义青年团，党组织派他回到宜君县继续上高小，给红军收集和传送情报，并以学生自治会会长的身份传播革命思想，发展党员。他的活动引起了当局的注意和仇恨，无法在家乡待下去。1933年他约了四位同学再次找到红军，并同时入党。陕甘边区苏维埃政府主席习仲勋、秘书长张文华分别和他们谈了话，赞扬鼓励了他们。

他被分配到边区政府经济建设委员会任经济建设科科长，后任独立团政委、省苏维埃政府粮食部副部长、省委白区工作部副部长。在西安事变中，受周恩来、叶剑英等指派，作为红军代表和中央联络员做争取东北军的统战工作，时任"东工委"组织部长。他先后做了近4年的东北军工作，由半公开到西安事变后，又奉命转入地下，和东北军官兵同吃同住，共同对日军作战。以传令兵身份随五十一军参战淮河阻击战、台儿庄大战和徐州会战。

历任五十一军工委副书记兼组织部长，一一四师特委书记，中央统战部（王明任部长）友军工作科长兼军委联络部（王若飞任部长）调查研究科长，中央调查局（局长贾托夫、欧阳钦）和留守兵团司令部（肖劲光任司令）军事研究室主任，中央秘密交通部（周恩来、任弼时兼正副部长）交通科科长。

解放战争期间，任辽北（辽宁）省委社会部长兼公安总局局长，行政公署专员，东北人民政府荣军与复员委员会主任。

中华人民共和国成立后，任东北人民政府林业部代理部长、党委书记，国家农业部国营农场管理总局局长、党组成员，农垦部长助理、党委书记，农业部副部长（正部级）。

全国政协第六、七届委员。

他一生坎坷，对敌斗争时九次被捕被扣，十次遇险；在党内历次运动中，被打成"右派"撤职，开除党籍，降职五级；"文革"中被抄家，进"五七"干校等。身处逆境二十多年，但始终坚定共产主义信念。离休后，著书立说，发表出版了23本（一千多万字）著作，兼任中国公共关系协会副主席、中华爱国工程联合会副会长、全国民办高等教育委员会主任、中华民族团结友好协会副会长、中国农民企业家研究会名誉会长、中国农村人才研究会会长、中国农村经济学研究会会长、《人民公仆》编委会荣誉顾问、中国甜菊协会理事长、中国教育电视台《专利档案》栏目高级顾问、陕西省老区建设促进会名誉会长、张学良及东北军军史研究会名誉会长等几十个社会职务。

1993年与程思远、杨斯德、贾亦斌、张廉云等人来枣庄参加了台儿庄大战胜利55周年纪念活动。

2006年在北京医院逝世，享年90岁。

壹佰肆拾壹　罗广智

罗广智（1907—1938.2）辽宁灯塔县西马峰乡岳家堡村人，幼年家境贫困。1929年考入东北讲武堂第十期步兵科，毕业后分配到东北军第九旅（旅长何柱国）见习。1930年任一〇九师（师长何柱国）重迫击炮连排长。1933年在山海关参加长城抗战。1935年随军进入陕西"剿共"，任东北军骑兵军（军长何柱国）特务营二连排长。

西安事变前，被选调到学兵队任分队长兼教官。后任"抗日先锋队"一支队二大队第五中队队长。东北军东调后被编入五十一军。任五十一军第一一四师三四二旅六八四团三营七连连长。

1937年10月，在青岛沙子口北姜格庄驻防时，地下党员营长于维哲介绍加入中国共产党。同年底，调到一营任营副。

1938年2月，在淮河阻击战中，不幸在突进中腰部中弹，身负重伤，他咬牙坚持，不下火线，终因流血过多，抬到后方时英勇牺牲，年仅31岁。

遗体被安葬在西安大雁塔公墓。

壹佰肆拾贰 孟宪章

孟宪章（1912—1997.6）山东掖县（今莱州市）人，1935 年 4 月至 1936 年 8 月，由哈尔滨来北京求学，参加一二·九学生运动。1936 年春，加入中华民族解放先锋队，9 月，参加东北军在北平招收的学兵队，随后去西安，12 月，在东北军学兵队从事地下工作，加入中国共产党，参加了西安事变。1938 年 9 月，由地方转入八路军。1938 年 3 月至 1945 年 9 月，历任中共江苏省丰县县委宣传部长兼该县二区区委书记，八路军苏鲁豫游击支队连政治指导员、教导员，安徽萧县中心县委宣传部长、军事部长，新四军第六支队三总队七团政治委员，1939 年受"肃托扩大化"的影响被撤职，为皖东北干部学校的军政教员，新四军第三师八旅二十四团教导队政治教员、团宣传股股长、旅教导队政治教导员，苏北军区盐阜军分区淮安总队政治处主任，参加黄桥战役和盐阜区反击大扫荡战斗。

1945 年 10 月至 1949 年 10 月，先后任新四军华中军区盐阜军分区第二团政治处主任，华东军区第十纵队三十旅八十四团副政委、第十一纵队三十二旅九十四团政委，第十一纵队政治部民运部长，第三野战军二十九军政治部组织部长，八十五师政治部主任。参加了苏中七战七捷、涟水保卫战、淮海战役、渡江战役、解放上海、进军福建、解放福州、厦门等战役。

1951 年至 1964 年，先后任晋江军分区副政委、十兵团兼福建军区后勤部政委、福建省公安军政治部主任、福州军区后勤部副政委。

"文革"期间下放到江西省军区吉安军分区任副司令员。1982 年落实政策恢复副军职待遇。

1955 年被授上校军衔，1960 年晋升大校军衔。获二级独立自由勋章、二级解放勋章、1988 年获二级红星功勋荣誉章。

1997 年 6 月，在福州逝世，享年 85 岁。

壹佰肆拾叁 曲 径（曲俊亭）

曲 径（1917.2—1982.2.1）曾用名曲宗杰、曲国华、曲俊亭（庭）。辽宁奉天复县（今辽宁瓦房店）长兴岛何屯村人。1933 年夏考入北平东北中学。1935 年参加了一二·九学生抗日救亡运动。1936 年参加东北军学兵队，同年加入中国共产党。1937年任东北军五十三军一〇六师独立宣传中队队长和中共支部书记，不久到五十一军做兵运工作，任一一四师六八四团中共总支书记。1939年任东北军五十七军一一二师中共工委干事会组织干事、组织委员。

1940年到中共山东分局工作，任分局党校总支组织委员、分局调研室党派股股长。1942年后任东北军五十七军独立旅政治部主任、滨海军区第四团三营副教导员，中共日北县委书记、山东省委委员。解放战争时期，任中共辽东省凤城县委书记、桓仁县委书记，中共通化地委宣传部部长。

中华人民共和国成立后，任中共通化地委副书记，中共辽东省委委员、商业部长，中共辽宁省委委员、省财贸部部长，省财贸办公室主任、党组书记，辽宁省副省长。

"文革"后恢复工作，后任辽宁省委委员、省政协第四届副主席、省财贸办公室党组书记、主任。

1982年2月1日，在大连病逝，终年65岁。

壹佰肆拾肆　苏我华（苏恩启）

苏我华（1913.5—?）又名苏恩起，辽宁省灯塔县人。1936年参加东北军。1937年5月，加入中国共产党。第五十一军地下党拉出部分队伍后，他仍留在原岗位。1937年至1945年国民党军队从事地下工作。历任连长、营长职务。参加过台儿庄战役、鲁南济南战役、淮海战役和武汉保卫战。少校军衔。后因暴露转移到汪洋四支队。

1939年10月，骑二军军长何柱国把无马骑兵组建成步兵旅，苏我华（原名苏恩起）由山东汪洋同志派到该旅协助二团三营营长于维哲做地下工作。于维哲举荐苏我华当副官，不久升为连长，后又到总部当运输连长。这时整个骑二军内，只有于维哲和苏我华两个共产党员。1941年至1945年，任十五集团军骑兵第三师军械长。

中华人民共和国成立后，参加了合肥印刷厂建立工作。1949年至1962年在合肥新华印刷厂工作，任供销科科长。1983年落实政策后定为红军14级待遇，于辽宁灯塔县离职休养。

壹佰肆拾伍　王西萍

王西萍（1914.12—1993.10.10）山东乐陵人，幼年读书，青年时期立志。1936年8月，弃学从军，到西安参加东北军学兵队，并秘密加入中国共产党。

抗战期间，先后任中共东北军工作委员会委员、军官支部书记、中共东北军五十一军党的工作委员会书记。至1940年3月，他一直在东北军、西北军和川军中从事地下党的领导工作。参加了台儿庄与淮河战役。后来任中原局友军工作部秘书、驻鄂西北代表，延安中央统战部友军工作科科员，友军干部科长，被派到西北军和川军工作。之后任中央机关总生产委员会秘书，被评为中央直属机关甲等劳动模范。

解放战争时期，被调到大连工作，先后任中共大连市委秘书长、宣传部部长，大连县委书记兼县长，旅大区党委财经委员会委员等职。

东北解放后，他调到部队任第四野战军政治部保卫部副部长、中南军区政治部保卫部副部长、部长，武汉警备区政治部秘书长。

中华人民共和国成立后，历任第二机械工业部四局副局长、局长、部党组成员，第二机械工业部部长助理兼航空工业局局长、部党组成员、分党组书记。1963年调交通部，历任交通部公路总局局长、公路运输局局长、水运工业局局长，交通部副部长、部党组成员。他是新中国航空工业创建时期的主要领导者之一。

"文革"中受到诬陷被离职审查，1978年底平反昭雪。

中共七大代表，全国政协第六、七届委员，第八届全国人大列席代表。

1993年在北京逝世，终年79岁。

壹佰肆拾陆　王学明

王学明（1916—1978.7.6）本名清仙，曾用名王健，黑龙江双城人，东北隅望族"王半城"之孙。嘉庆二十四年，其先祖金州八旗汉军领催王成祯，奉文护送金州旗户来双城堡屯田，官至佐领。曾祖士盛，清末举人。祖父允发为族长，管理家族同居者83人，井井有条，家业兴旺，东北隅街基多为王家所有，号"王地东""王半城"。

在哈尔滨东省特别区第一中学读书时，为"哈尔滨马克思主义文艺学习小组"的领导人。九一八事变后流亡北平，在东北大学附中读书，参加反帝大同盟，并加入中国共产党。1933年，转入北平大学读书。同年10月，派往抗日同盟军第十九师，任士兵委员会委员兼二团士兵委员会主席。因作战失败，被撤回北平。

1935年初，任共青团北平市委书记，奉命组建中共北平市工作委员会，任书记，时年19岁。其下属宣传部长彭涛、组织部长朱子贞、北平左翼文化总同盟党团书记谷景生、中华民族武装自卫会党团书记周小舟，都叫他"小王"。是时，党中央奉行"左倾"路线，不久，改变斗争策略，提出"停止内战，一致抗日"主张。谷景生等得知消息后立即响应，王学明不知道，坚持原来的"通过暴动打倒国民党，建立北方苏维埃"的既定方针，他把谷景生、彭涛、周小舟定为"右倾小集团活动"，加以管束。周小舟向省委告状，省委决定撤销北平市工委，以北平临时市委代之。1936年，王学明等人打入东北军第五十一军，任中共地下党工委委员兼师工委书记。后部队奉命参加淮河阻击战，增援台儿庄，王学明等共产党人身先士卒，奋勇杀敌。此后，历任遂平县委书记、涡浍地委宣传部长、淮安县委委员、阜宁县委委员、滨海县委书记兼滨海县独立团政委。

抗战胜利后，奉党中央的命令，随钟子三赴哈尔滨，组建中共滨江省委工委，下设哈北、哈东、哈南、哈西4专署，任哈西专署专员。其间，回双城探亲，动员家人、亲友参加革命。

松江省人民政府成立后，历任省贸易管理局局长、财经委员会副主任、财政厅厅长、省府委员、省府党组成员，以善于聚财支前而著称。

中华人民共和国成立后，历任东北人民政府财政部副部长、辽宁省政府副主席、中央财政部副部长。新中国成立初期，国家实行消极财政，他坚持不出赤字。邓小平、薄一波等兼任部长期间，他都主管国库，对国库资金控制极严，被称为"守财奴"，也确保了国家财政数十年无赤字和"既无内债又无外债"。

"文革"中，因此遭批斗。后恢复职务。

曾任全国政协第四届委员。

1978年7月6日，在北京病逝，终年62岁。

壹佰肆拾柒　王再天

王再天（1907.12—2006.8.5）蒙古族，蒙古名：那木吉乐色楞，又名王星三，内蒙古哲里木盟科尔沁左翼中旗人，生于农民家庭。12岁时被迫进达尔罕王府当奴隶，1926年逃出王府加入东北军，后毕业于东北军讲武堂炮兵科。

1936年7月加入中国共产党。他以张学良联络参谋的身份，在东北军中、高级将领中做了大量的宣传抗日工作。1936—1939年，先后任中共东北军上层工作委员会委员、中共东北军五十一军工作委员会委员，在陕西、江苏、山东、河南等地以合法身份为掩护，从事党的地下工作，使一批中、高级军官坚决抗日，并引导其中的一些人最终走向了革命。

他参与组建统一战线形式的抗日游击队，任参谋长。他巧借东北军的力量，在日军扫荡中保护了中共山东分局机关的安全。

1939年9月，被中共山东分局派往延安。1940年秋进入中共中央社会部训练班学习。毕业后，任中共中央情报部副科长，后被派往陕甘宁边区保安处、交际处，任秘密工作负责人。在他的领导下，巧取国民党特务电报密码，并亲自破解成功。

抗战胜利后，被派往东北任冀察热辽军区交际处处长，负责军调处承德三人小组的秘密保卫工作。1946年秋被派到内蒙古自治运动联合会，任社会部部长兼军事部副部长。1947年任内蒙古党委社会部部长。

内蒙古自治政府成立前后，在乌兰夫领导下，他做了大量工作。自治区成立时，被任命为内蒙古共产党工作委员会委员、常委、社会部长，内蒙古军区副司令员，同时担任内蒙古自治区政府委员、办公厅厅长，是当时自治区的核心领导成员之一。1948年底，他兼任内蒙古剿匪总指挥。1949年10月，他出席了第一届全国政治协商会议，并当选为中央民族事务委员会委员。

中华人民共和国成立后，任中共中央内蒙古分局委员、常委、统战部长兼纪律检查委员会书记，内蒙古军区副司令员（主持日常工作），内蒙古自治区人民政府委员、政法委员会主任兼公安厅长，内蒙古人民检察署检察长，内蒙古公安部队司令员、政治委员。

1954年至1967年任内蒙古自治区政府副主席，同时兼任政府外事办主任、治沙委员会主任、边防委员会主任。

1960年至1967年任内蒙古党委书记处书记，同时兼任党委政法小组组长、人民武装委员会主任等重要领导职务。

"文革"期间，蒙受不白之冤，遭受迫害被停职、关押。他终如一地坚信党、坚信人民群众。

1979年任内蒙古政协党组副书记、副主席。

1985年离职休养。

离休后，苦练书法，作品多次参加国内外大型书法展览及在报刊发表，并被收入《全国首届书法展览作品集》《鸿飞集》等，成为中国书法家协会会员，中国书画函授大学内蒙古自治区分校名誉校长。

曾任中共八大代表，第一、二、三届全国人大代表，全国政协第一届委员、第五届常委，荣获二级独立自由勋章、一级解放勋章。

2006年在山东烟台逝世，享年99岁。

壹佰肆拾捌　魏　轩

魏　轩（1911—1999.10）山东东阿县人，1932年济南育英中学初中毕业，入读山东建设厅水利专科班1年，再入北京文治高中，1935年毕业后回家乡任小学教员。1936年10月到西安入东北军学兵队从事共产党地下工作，参与了西安事变的行动。1937年2月，中共在东北军的地下党组织吸收他为中共党员。东北军学兵队解散后，被调到第五十一军，在连队任文书等职，仍按党的指示做地下工作。

随部队参加淮河阻击战、台儿庄会战、徐州会战等战役。1938年下半年党组织抽调他到延安，在抗日军政大学马列主义学院学习。1940年3月起历任中央宣传部干事，中央秘书处秘书，中央管理局经建处总支书记、所长、科长，南泥湾管理处科长，中央直属党委干事等职。抗战胜利后，调任山东鲁中行署工委副书记、干部科长。1948年随军南下，在豫西军区干校（后改为"军政大学河南军区干校"）任政治部副主任。

1950年6月任中南军政委员会分党委副书记。1953年5月转业，调任广州水泥厂党委书记、厂长。1957年8月起任广州市劳动局局长、党组书记。1960年10月起先后任广州市生产委员会副主任兼市劳动局局长、市计划委员会副主任兼市劳动局局长，并兼任广州市压缩城市人口办公室主任。1964年被调去搞"四清"运动，先后在广州氮肥厂、广州重型机器厂任驻厂直属

"四清"分团（队）长。1965年调任市委工交政治部副主任。

"文革"中"靠边站"，1968年11月下放市委"五七"干校。

1969年10月调任广州市建设局党委书记、革委会主任（局长）。1973年起历任广州市城建办公室主任、党委副书记，广州市规划委员会办公室党委书记、主任。

1977年9月，调任广州市人民防空领导小组办公室任主任、党组书记，1979年兼任广州市第九号工程指挥部办公室主任、党委书记。在任期间陆续改造、修建的南方大厦地下商场等单位，被广州军区授予"人防工程平战结合先进单位"。1981年9月，被选为第七届广州市人大常委会副主任。

1983年10月离休。

1999年10月于广州病逝。

壹佰肆拾玖　乌庆霖

乌庆霖（1903—1938.2.7年）号霁霞，蒙古族，辽宁建平县张家营子海棠村人。幼年家境贫寒，父亲节衣缩食供他读书，十年寒窗，学业渐成，诗书画及雕刻无不通晓，人称"小圣人"。崇正学堂毕业后，即回村教书。为探索救国救民的真理，他离开家乡奔赴沈阳。在沈阳，因所带路费用光，只好上街摆摊写字卖画谋生。一天，东北军的一位军官看了他的字画，很是赏识，随入伍当兵。先后当过文书、排长。后考入沈阳东北讲武堂第八期步科学习，他谦和耿直，在士兵中很有威信，又通晓蒙、汉两种语言文字，毕业后，被任命为东北军哈（尔滨）满（满洲里）司令部上尉参谋。

九一八事变后，因在河北滦西一带阻击日寇，率部队出色地完成阻击任务，重创了日军。荣获东北军颁发的海陆空特等一级勋章。

1934年，作为一二九师中校参谋处长，被推荐进入南京黄埔军校高等教育班学习，考试成绩名列考生第二名。1935年结业时，其考试成绩又名列全班第二，并荣获勤学奖章一枚。由于他学识出众，被留校任教官。张学良得知后，与南京通电将他调回到东北军，续任一二九师中校参谋处长。后任张学良随从副官、西安学兵队队长。学兵队是张学良在西安为组织各地逃亡青年成立的。第一任队长是中共地下党员康博英，第二任队长就是乌庆霖。许多中共地下党员，如谷牧、乔晓光、郭峰等人都曾在学兵队秘密工作过。后又参加抗日同志会，任抗日先锋队第一支队支队长，队中有很多中共地下党员。后抗日先锋队改编为一一〇师，他任第六二八团团长。1937年，国民党又把该师调到安徽蒙城控制起来。面对复杂艰险的困难局面，乌庆霖自筹经费办起了《六二八日报》，积极宣传抗日救国主张。同时，以贾陶为团长的六二九团抗战情绪也很高涨。对此，国民党当局很恼火，1937年5月，把这两个团解散，以营为单位分别编入国民党五十一军一一三师和一一四师各团。还采取明升暗降的手段，令乌庆霖、贾陶分别担任一一三师三三九、三四二旅副旅长。

乌庆霖奉命赴淮河前线抗日，他亲临前线指挥作战，给日本侵略军以沉重打击。因为他指挥作战行为果断，赢得官兵的一致拥戴，称他是"标准军官""抗日好汉"。一贯仇视共产党的三三九旅旅长孟宪周暗中监视乌庆霖的行动。1938年2月6日，孟宪周捏造了"谎报军情"的罪名逮捕了副团长李桢。乌庆霖刚从淮河前线回到旅部，闻讯后要求将李桢无罪释放。孟宪周事前早有预谋，以同是共产党为由逮捕了乌庆霖。唯恐时间一久发生变故，孟宪周迫不及待地于第二天清晨将乌庆霖和李桢杀害。

乌庆霖牺牲后，经中国共产党地下党组织的安排，三三九旅官兵以自发形式将其安葬在徐州云龙山下的苏堤上。

此前，五十一军中共地下党组织已决定吸收其入党，并已指定贾陶为他的入党介绍人，因形势突变，未来得及履行入党手续。中华人民共和国成立后，乌庆霖的胞弟乌庆彬将嫂子（乌庆霖之妻）侯雪筠及其子女由西安接到通辽。根据中共中央党史资料征集委员会东北军党史组的建议，内蒙古自治区党委同意，通辽市人民政府于1984年8月28日举行追认乌庆霖为革命烈士的大会，中共哲里木盟委组织部追认乌庆霖同志为中国共产党党员。

壹佰伍拾　项　锷

项　锷（1914—1991）原名韦济民，安徽省临泉县瓦店西后集人。1933年10月，加入中国共产主义青年团，1934年4月，加入中国共产党，任沈丘集区区委书记，同年8月，任共青团豫皖边区中心县委宣传部长。1935年任孙召集区区委书记，同年鄂豫皖革命根据地遭敌人破坏，韦济民为寻找组织，于1936年在驻马店辗转加入东北军一一五师，任担架队队长，同年参加了西安事变。1937年受党组织派遣，继续留在东北军中发展党员，任连党支部书记。1938年参加了台儿庄战役、武汉战役。1939年辗转来到延安，被调到中央党校工作，历任校务部副大队长，人事科副科长，青年大队大队长等职。

抗战胜利后随军进入东北，任第四野战军兵站指导员，营教导员、团政治处主任，团副政委，团政委。师政治部主任等职。

中华人民共和国成立后，被选送到政治学院学习。后历任公安部政治部计划调配科副科长，山西省军区后勤部政委，山西省军区后勤部顾问等职。1955年被授予中校军衔，1960年晋升为上校军衔。荣获三级解放勋章。1988年10月，获二级红星功勋荣誉章。1981年离休，享受副军级待遇。

1991年3月26日，在北京逝世，享年76岁。

壹佰伍拾壹　徐瑞林

徐瑞林（1914—1999）直隶（今河北）饶阳人。1936年加入中国共产党。曾任中共平泉、承德县委书记，冀中十四地委宣传部部长。

中华人民共和国成立后，历任河北省教育厅副厅长，中共通县地委、桂林地委第一书记，广西壮族自治区区委宣传部部长，河北省副省长，河北省政协第五届副主席。

中共八大代表。

1999年逝世，享年85岁。

壹佰伍拾贰　阎振兴（阎士弘、阎伯强）

阎振兴（1913.4.26—2006.6.9）河北深泽县张村人。1931年12月在河北省第六师范学校加入中国共产党，参加革命。1931年12月至1935年8月在河北搞农民运动。1935年8月至1936年9月在北平搞学生运动。

1936年9月，中共为了帮助张学良提高东北军官兵的抗日觉悟和政治素质，他被党组织派往东北军学兵队做抗日宣传工作。西安事变后从学兵队到五十七军一一二师六三六团做政治宣传工作。1937年2月至6月先后在东北军青年训练班、一一〇师集中训练学习。1937年6月至1938年8月先后在东北军五十一军一一四师六七九团第一营第一连、五十一军炮兵营第三连当士兵，期间参加了台儿庄战役。1938年8月至1939年12月在五十一军干部训练班受训。1939年12月至1945年9月先后在五十一军六七九团第二营、干训团防毒班服役。

1945年9月至1949年12月在安徽省立煌县军政部第一临时教养所疗养，同党组织失去联系。

1950年初至1950年9月，他从安徽途经湖南、江西、浙江、江苏、上海等地寻找党组织，回到家乡河北省深泽县张村。1950年9月至1952年6月在家乡等待组织安排。1952年6月被分配到内蒙古人民政府文教部门工作，后被调到内蒙古师范学院工作。

1984年12月，经党组织批准恢复党籍，任内蒙古师大和林分校副校长。

1985年6月离休（享受厅局级待遇）。

壹佰伍拾叁　杨国治

杨国治（1908.2—1999.3.11）满族，吉林榆树县人（舒兰市杨公村）。早年在黑龙江省陆军教导队，东北昂绥步兵一旅三团三营九连任司务长、排长，富拉尔基步兵一旅三团三营九连任连长，北平五十三军一三〇师六八八团三营中尉，东北军一〇九师六二七团（团长万毅）任排长。

1936年12月由中共党员贾凤林介绍调入张学良于西安事变后第三天组建的抗日先锋总队二支队，历任司务长、警卫连排长、副官等职。1937年7月抗日先锋总队被国民党解散重编，二支队被编入国民党五十一军，他入第五十一军第一一四师六八〇团二营五连排长、炮兵连连长。随军参加蚌埠临淮关战役和台儿庄第二阶段战役，战斗中身负重伤二次，轻伤三次。1938年4月由李长汉介绍加入中国共产党。1939年4月按党和西安八路军办事处指示赴延安抗日军政大学学习。

1940年12月派往冀中军区，历任军区司令部参谋、教导大队长，二十七团营长、团参谋长。

1941年在反击日军"五一"大"扫荡"，保护军区机关突围的掌史村战斗中英勇顽强，受军区及总部奖励，获三等战斗奖章。

1943年二十七团赴西北军区参加保卫党中央的工作。1944年1月在反"扫荡"普明镇战斗中受到军区通令嘉奖，获二等战斗奖章。7月在大青山开展工作，消灭敌四个骑兵大队。后调东北干部团赴辽吉军区第五军分区任参谋长。

1947年调辽北军区司令部任参谋处长。参加了辽沈战役。第四野战军组建特种兵团，炮一师参谋长。1949年1月参加平津战役。4月参加解放太原战役。

1950年10月抗美援朝赴朝作战，参加一、二、三、四次战役。

1953年调炮兵十四师任副师长。

1955年5月调任南京军事学院炮兵系副主任。

1957年任宣化炮兵学院院务部副部长。

1960年任南京炮兵工程学院院务部部长。1965年6月离职休养。

1999年在解放军总医院病逝，享年91岁。

壹佰伍拾肆　于维哲

于维哲，1936年1月加入中国共产党，一直潜伏在东北军里，任张学良卫队二营学兵队副队长。西安事变后，任抗日民族解放先锋大队大队长。东北军改编后，任于学忠五十一军六八四团三营营长，先后参加了台儿庄战役等对日作战。1939年10月，转入何柱国率领的国民党骑兵第二军。1941年，任骑二军步兵旅二团三营营长，直接参加了界首张大桥阻击战。在战斗中，他作战勇敢顽强，直至把日寇赶出界首，表现了一个共产党员英勇不屈的精神。后一直在国民党军队中潜伏。

中华人民共和国成立后，先后任联勤总部铁甲总队副队长，葫芦岛警备司令等职。后在内蒙古工作，"文革"中受迫害，后平反昭雪。

壹佰伍拾伍　张　紧

张　紧（1913—1968.6.15）曾用名景棠、云廷、玺廷、唐富，辽宁开原县古城子村人，出生于贫农之家，满族镶蓝旗，1936年12月参加革命工作，1937年6月加入中国共产党。早年考入奉天陆军讲武堂，学习仅五个月即遇九一八事变，便奔赴关内从事救亡活动。西安事变后，1936年12月参加学生抗日先锋队，后奔赴抗日革命圣地延安。

1941年，被组织派到东北做党的地下工作，曾先后在开原、四平一带搜集敌伪军事、政治、经济情报。1944年，到沈阳继续从事地下工作，1944年9月被捕，在狱中，受尽了各种严刑拷打与折磨，始终没有暴露出党的秘密。

1945年，日本投降时，他组织狱友两次越狱，终于逃出了虎口。历任中共沈阳市委秘书、东北社会总务处长、东北公安干校副处长。

中华人民共和国成立后，任沈阳市公安局人事处处长、副局长、沈阳市中级人民法院院长。1964年任铁岭专员公署副专员，主管铁岭地区政法、文教工作。"文革"中受迫害。1968年逝世，时年46岁。

1980年1月4日，经省委批复，同意市委结论，张紧的历史清楚，无问题。

壹佰伍拾陆　张震寰

张震寰（1915.10.21—1994.3.23）福建闽侯县人，生于北京。1935年，就读于北京大学地质系，参与进步刊物《现实月报》和北大新文学研究会的创办工作，加入中华民族解放先锋队，参加一二·九运动。1936年9月任北平总队秘书长。1937年8月，受党的派遣先从北平到达武汉，组织平津流亡同学会和"民先"武汉队部，后到河南开封革命刊物《抗日早报》社工作，继而又到河南大学游击训练班任总队长，在国民党第十五军干部训练班任中队长、指导员等职务。1938年初，受"民先"派遣，前往江苏徐州组织"民先"华东队部。随后，到第五十一军徐州战地服务团任副团长。1938年5月，加入中国共产党。

1939年1月，先后担任八路军陇海南进支队政治部宣传科科长、政治部主任、党委委员、苏皖边区党委委员。

1940年9月，任八路军第五纵队第三支队政治部副主任。

1943年1月，任新四军四师九旅政治部代主任。

1945年3月，任新四军四师九旅政治部主任，后兼任该旅二十六团政委。参加了淮北反"扫荡"战斗、山子头战役和恢复豫皖苏抗日根据地的西进战役。后任山东野战军第二纵队第九旅政治部主任。

1947年，任华东野战军第二纵队炮兵团团长兼政治委员。

1948年，任华东野战军第二纵队第五师政治委员。率部参加了淮北朝阳集、宿北、讨伐郝鹏举、莱芜、鲁南、孟良崮、胶河、益林等许多重大战役。

1957年至1965年，历任中国人民解放军总参谋部装备部副部长，国防科委副秘书长兼任国防工业办公室五局局长，国防科技技术委员会副秘书长、副主任，国防科委党委常委等职。

1964年，作为首次核试验委员会成员兼试验部部长，参与组织指挥了我国第一颗原子弹爆炸试验工作。

1965年，作为第二次核试验委员会成员，参与组织指挥了我国首次原子弹空爆试验。

1967年6月，按照中央军委的决定，作为我国首次氢弹空爆试验现场指挥主要成员，负责这次氢弹试验的组织工作。

1968年，受迫害离开工作岗位。

　　1975年，恢复工作。1977年，组织论证并向中央提出了研制亿次巨型计算机的报告。

　　1977年11月，经党中央批准后，由他全面负责组织和指挥亿次机的研制工作。经过6个春秋，"银河"亿次计算机于1982年研制成功，填补了我国计算机的空白，使我国成为世界上少数拥有巨型机的国家之一。1978年，参与组织领导了远洋测量船队的组建和洲际导弹、潜地导弹、通信卫星的研制试验。

　　1982年8月，任国防科学技术工业委员会科学技术委员会主任、党委书记，主管国防科技发展战略研究和国防科技发展的重大问题，特别是重要武器装备系统、项目及武器战术技术论证工作。与钱学森等人支持人体特异功能开发研究。离休后，任中国人体科学学会理事长，中国气功科学研究会理事长。

　　1955年被授予大校军衔，1961年晋升少将。荣获二级独立自由勋章、二级解放勋章。1988年7月荣获中国人民解放军一级红星功勋荣誉章。第五、六届全国人大代表。

　　1994年因病于北京逝世，享年79岁。

壹佰伍拾柒　张志毅

　　张志毅（1912.7—1998.3.31）辽宁台安县达牛镇赵荒村人，出生于贫苦农民家庭。1927年，考入东北陆军讲武堂第七期炮兵科，同期同学有李兆麟、萧军、王再天等人。1931年，参加长城抗战。东北沦陷，随部队转入关内。1936年1月，考入南京炮校尉官训练班，毕业后回部队任副连长，经东北救亡总会李华春介绍加入中华民族解放先锋队。参加了西安事变。

　　随东北军五十一军先后参加了淮河战役和台儿庄战役。1938年7月，在进步人士的帮助下，参加了八路军。同年10月，加入中国共产党，并辗转到延安，担任延安抗大代区队长，并先后任晋察冀军区教育科参谋、炮兵组长、军区炮兵独立营营长、延安炮兵学校训练部部长兼一大队大队长等职。

　　在延安炮兵学校，他编写了我军炮兵最早的训练教程和条例。在百团大战中，他任炮兵组长参加了井陉煤矿攻坚战。任晋察冀军区炮兵独立营营长时，率领部队参加了上社、界安、灵山、口头、党埠等诸多战役，以及东庄、行唐等战斗。因指挥果断、战术灵活，多次受到聂荣臻司令员、唐延杰参谋长的表扬。他首创了炮兵教导队，参加了南泥湾大生产活动，受到萧克副司令员的高度评价。

解放战争时期，历任东北民主联军后方参谋长、炮二团第一团长、旅长、四野炮纵副参谋长、特种兵司令部参谋处长、炮二师副师长、炮五师师长。先后参加并指挥了四平、城子街、德惠、吉林、彰武、辽阳、鞍山等地区的战役、战斗。辽沈、平津战役时，他参加并指挥攻打了义县、锦州、太原、新乡等战斗。1949年参加四野南下作战，一路至广西。

中华人民共和国成立后，历任牡丹江炮兵第一训练基地司令员、第四炮兵学校校长兼书记、中南军区炮兵参谋长等职。1950年他再次肩负起改装训练赴朝炮兵20个团的重任。

在抗法援越战争中，他担任中国军事顾问团炮兵顾问，为越南训练了大批炮兵干部。回国后，历任广州军区炮兵副司令员，济南军区炮兵代司令员、副司令员、顾问。

被授予二级独立自由勋章，二级解放勋章，独立功勋荣誉章，1964年晋升为少将军衔。

1998年逝世，享年86岁。按照他的遗愿，安葬在台安县烈士陵园。

壹佰伍拾捌　周宜明

周宜明（1916.9—2002）曾用名周庆荣、周亚明、周家栋，辽宁省铁岭县乌巴海村人，小业主家庭。1922年入本村小学，后毕业于哈尔滨市滨江县立第九小学、第六小学。曾入私塾、哈尔滨市私立职业中学就读。1932年春至1936年7月，分别于哈尔滨市道里地段街吉林省立第六初级中学、山东省立第八中学（省立烟台中学）、北平国立东北中山中学二院（报国寺）、北平弘立弘达中学二院（阜外月坛）毕业。其间，参加一二·九运动，平津学生南下扩大宣传团，加入民先队。1936年7月加入共产党，10月，在西安参加东北军学兵队四连队，参加西安事变。东北军东调，入东北军军官差遣第二队。

1937年9月—1938年8月，历经鲁北利津做群众工作，入国民革命军第三集团军政训所学习，任第五战区第二游击司令部第五纵队司令部（山东单县）参谋，苏鲁豫皖边区特委秘书，国民革命军第五十一军一一三师六七七团做地下工作。

1938年8月—1940年3月，第五十一军军部炮兵营。

1940年3月—1941年8月，受党组织派遣考入中央军校第八分校（湖北草店）学习。

1941年8月—1942年5月，由于地下党领导被捕叛变，遂离开军校。徙转陕西宝鸡国民党特种兵联合分校印刷所工作，与党组织失去联系。

1942年5月—1944年7月，陕西凤翔县东北竞存中学任教。

1944年8月—1946年1月，陕西蓝田县立初级中学任教。

1946年4月—1947年5月，历任辽北省、辽宁省公安总局公安人员训练班教员，辽宁省委干训班（通化市）副主任，辽宁省民政干部学校教导员、教育长。

1947年6月—1948年10月，在辽北省、辽宁省西安县（今辽源市）开展土改工作，任负责人。

1948年11月—1949年8月，任辽源市人民政府秘书兼民政科科长。

1949年9月—1950年5月，任辽东省清原县县委委员、县长、代理县委书记。

1950年5月—1954年9月，历任东北局宣传部理论教育处副科长、科长，东北局组织部延边青年训练大队党委书记兼大队长，东北局沈阳郊区镇反建政工作队队长，沈阳市南市区（五反）区委书记助理，东北局组织部黑龙江省肇东县农村整党试点工作组组长、整党刊物主编，东北局宣传部理论教员训练班支部书记、副主任，东北局宣传部讲师团支部书记兼第一副团长。

1954年9月—1955年3月，调中国科学院人社局干部行政处副处长，筹备中国科学院哲学社会科学部。

1955年3月—1964年11月，中国科学院哲学研究所支部书记、办公室主任等职。其间下放山东曲阜劳动大队。

1964年11月—1965年7月，任中国科学院哲学研究所湖北襄阳"四清"工作队支部书记、副领队、分团党委委员、工作组组长。

1965年8月，因患有心脏病，在家休养。1982年11月，离休。[①]

妻子隗甦，就职于中国社会科学院文学研究所。育有一子三女，周小莹、周维克、周小璘、周小玮。

2002年，在北京逝世，享年86岁。

---

①本简历依据周宜明同志档案填表，"参加革命前后履历"及其他表格文字整理。1938年1月至5月简历与《东北军中共党史》一书老同志回忆文章有出入，也可能两种身份都存在。书中第五十一军序列中的中共党员关于周宜明的情况依据的是回忆文章。但无论如何，参加台儿庄战役必定无疑。

壹佰伍拾玖　朱　涛（苑金勋）

朱　涛（1918—1995.3.21）山东陵县人，1932年1月参加革命，曾在东北军从事党的秘密工作，1935年任西北"剿总"副官处上尉副官，在张学良身边工作。1936年入东北军学兵队学习，曾担任军事班长。亲历了西安事变。1937年春任江苏绥靖公署上尉副官，后担任东北军五十一军一一四师上尉军官，在一一四师三三七旅副旅长解方的影响下，于1938年秘密加入中国共产党。1940年6月，因中共东北军地下党负责人项乃光叛变，奉党组织的指示，解方带领苑金勋等地下党员撤出一一四师，经山东军区转到山西参加八路军，参加八路军后改名朱涛。后历任科长、副处长、副团长、教导大队大队长。

中华人民共和国成立后，任第一公安学校训练部副部长、武警部队干部学校训练部部长、第二炮兵指挥学院研究室研究员等职，是副军职离休干部，1988年被授予二级红星功勋荣誉章。

1995年因病在武汉逝世，终年77岁。

第四章　台儿庄序战之临沂阻击战中的中共党员

　　1938年2月，西北军第五十九军张自忠部调赴徐州，归第五战区司令长官李宗仁指挥，为第五战区机动部队，以策应津浦路南北线作战。张自忠的第五十九军共计3万人，其基干力量是长城抗战、平津御敌的第三十八师和第一八〇师。

　　津浦南线日军连陷明光、定远、蚌埠，拟渡淮河直捣徐州。中国军队淮河防线第五十一军于学忠部予敌以迎头痛击，但因战线过长，兵力分散陷于被动，防线被突破，退至北岸，据险防守。2月上旬，敌又增兵1个师团，在临淮关、小蚌埠、怀远等处强渡淮河。第五十一军力战不支，退至浍河、涡河沿岸。李宗仁急调第五十九军，沿津浦路南下，驰援淮北，迎击北犯之敌。这是张自忠重掌第五十九军后的第一仗，全军上下拼死冲杀，敌渐不支。中国军队收复曹老集、小蚌埠、怀远等据点。此时，西撤的第三十一军与从淞沪战场撤下来的廖磊、李品仙部相配合，向定远一带侧击，使敌第十三师团侧背受敌，各处兵力皆为中国军队牵制，不能相互照应，沿津浦线北上已不可能，后路又有被中国军队随时切断的可能，于是不得不全部退至淮河南岸，沿邵伯、天长、盱眙、临淮关、怀远、三十里铺之线与淮河北岸中国军队形成对峙。

　　3月初，第五十九军奉命将淮北阵地交第五十一军，奔赴徐州附近集结待命，策应川军第二十二集团军固守滕县。正行动中，又奉命于9日东折，限12日到达临沂西郊，驰援临沂庞炳勋第四十军。因此时板垣第五师团与津浦线上的矶谷师团相呼应，正进逼临沂。张自忠率部立即乘火车南下峄县（枣庄），而后以一昼夜90公里之急行军，于3月12日前抵达临沂城西郊集结。

　　至3月29日，两次临沂作战，第五十九军伤亡各级官佐800余人、士兵万人以上。板垣师团的片野定见、坂本顺部亦损失过半。板垣两次败北不能西进。第五十九军犹如一把利剑，断敌之左臂，造成矶谷西线孤兵冒进，陷入台儿庄重围。4月6日中国军队全线反击，台儿庄大战告捷。李宗仁20年后在其回忆录中写到台儿庄胜利时说："临沂一役最大的收获是将板垣、矶谷两师团拟在台儿庄会师的计划彻底粉碎。造成尔后台儿庄血战时，矶谷师团孤军深入，为我围歼的契机。""此次临沂之捷，张自忠的第五十九军奋勇赴战之功，实不可没"。①

抗战伊始，东北军第五十一军、五十七军即投入到战场的前哨。其中，五十一军调青岛一线，守卫海防，五十七军调江苏南通一带，守卫长江下游江防。

1937年7月12日，五十七军从河南周口镇出发，沿陇海路东进至新安镇，然后转公路和运河兼程南下，进至长江口。该军一一一师到达南通、启东、海门、如皋、靖江之线；一一二师到达无锡、江阴一线，沿扬子江南北两岸布防。10月中下旬，一一二师在无锡附近与敌接战，紧接着即参加了巩卫江阴、固守镇江、保卫南京等战斗。五十七军军部于11月4日进驻扬州城里。

11月间，一一一师在靖江、扬州一线抗击登陆日军，打响了靖扬之战，几次战斗均极为激烈。25日拂晓，日军以猛烈炮火轰击长江北岸一一一师阵地，占领施家桥，掩护大批日军登陆，旋又占领都天庙，逐次击退一一一师各分散守备点。一一一师三三三旅全部退守横沟桥。上午8时，日军沿扬州城公路向三三三旅阵地冲击，一一一师师长常恩多亲率两营官兵与敌浴血奋战。酣战之际，常师长又果断地命令六六二团出去，连续击退日军步兵的三次反攻。日军遂调来坦克在前面开路，后继以步兵再次冲向一一一师阵地。常师长指挥士兵以平射炮和集束手榴弹向敌坦克猛轰，并以猛烈火力向日步兵射击。在扬州城南的一马平川上，堆满了日军的尸体。战至下午4时，日军狼狈逃窜。一一一师乘胜追击至施家桥。"这次战斗，虽双方均死伤惨重，却大挫了日军锐气"。

在江南的一一二师于江阴作战中损失较大，师长霍守义负伤，全师撤往江北。12月12日，日军向南京发起总攻。一一二师六七一团、六七三团在南京城北长江一线阵地阻击日军，撤退时部队被挤散，伤亡惨重。②

五十七军长江两岸防御战后，因损失重大，军部移驻淮阴，一一一师驻宝应，三三一旅六六二团在昭关坝一线布防，阻止日军沿大运河北犯。一一二师到海州、灌云一带整顿。

<hr>

① 《李宗仁回忆录》（下册），第541页，广西师范大学出版社，2009年8月。

② 王振乾（王维平）：《东北挺进纵队》。

　　1938年春，徐州会战逐步展开，第五十七军归韩德勤的第二十四集团军指挥，部署于苏北，担任长江北岸右翼牵制敌军任务。在台儿庄战役的关键时刻增援临沂，激战于台儿庄东北面。

一、第五十九军中的中共特别党员

　　卢沟桥事变中参战的第二十九军（军长宋哲元）副参谋长兼第三十八师（师长张自忠）参谋长张克侠一直与张自忠一起征战沙场。二十九军撤出平津后，张克侠又随冯玉祥留在了平津以南黄河以北的第六战区（司令长官冯玉祥）任副参谋长，在津浦线北段、黄河两岸一带抗击日寇。1938年2月，张自忠五十九军奉命调往徐州，归第五战区司令长官李宗仁指挥，成为该战区的机动部队。在淮河协助于学忠五十一军稳住了淮河战局。淮河战役后的1938年2月27日，张自忠派代表葛云龙到武汉觐见冯玉祥先生，热切期望老搭档张克侠能回队工作。冯玉祥大力支持，派王行一随行照料；张克侠向党组织请示，得到赞许。叶剑英、董必武等多人，在武汉普海春饭店为其饯行。张克侠作为张自忠的得力助手，共赴国难。他们肝胆相照、运筹帷幄、转战

　　1938年3月，任第六战区副参谋长的张克侠（左四），在赴台儿庄前线前与周恩来（左六）、王明（左三）等在武汉八路军办事处。

沙场，决胜于千里之外，"一战于沘水，再战于临沂，三战于徐州，四战于随枣"，立下赫赫战功，沉痛地打击了日本侵略者，令日寇闻之丧胆。而临沂之役，"率所部疾趋战地，一日夜达百八十里，与敌板垣师团号称铁军者鏖战七昼夜，卒歼敌师，是为我抗战以来克敌制胜之始"，极大地振奋了中国军民抗日的信心。

关于张克侠在台儿庄战役期间的历史片段，他在《在西北军中从事党的地下工作的经历》一文中，有较详细地介绍：

在武汉期间，八路军办事处设在中街八十九号，我有空即过江去那里找宣侠父同志，或去大正街访晤王梓木同志。那时周恩来、董必武等同志经常到冯玉祥处晤谈。我和周恩来同志多次接触，并曾合影留念。我通过王梓木、宣侠父同志向驻汉口的党中央办事处转交了一封信，请求对今后工作给予指示。党决定叶剑英同志领导我的工作，同我直接联系。与此同时，又介绍了许多当时在汉口的领导同志与我交往，如罗炳辉、张爱萍、张经武等同志。这段日子，对于长期得不到党的指导、远离组织、孤身作战的我来说，是极为可贵的，使我在精神上得到很大慰藉，也了解到八路军、新四军同志们英勇作战的英雄业绩，并且比较深切地理解了当前的革命形势，明确了今后的工作方针。

不久，由于冯玉祥联合李宗仁的力保，张自忠被释放，奉命仍回五十九军任军长职。他打电报给冯玉祥，邀我前去相助，冯表示同意。我将这件事向党报告，党组织鼓励我前去。二月二十五日（1938年）在董老住所附近的普罗春饭店为我饯行。同席的有罗炳辉、边章武、王明夫妇等。叶剑英同志对我的照料非常热情。他一进门就注意地观察环境四周，特意让我坐在背向门口的地方，防止特务窥视。（那时蒋介石在共产党活动的场所，安排了特务进行监视。）这一件小事生动体现了党的领导同志对一个从事白区工作的同志的无微不至的爱护和关怀。

我出发之前，冯玉祥派随从副官王行一做我的副官。为了与党保持联系，经过我的请示，叶剑英同志派一位工农出身的同志与我同行，以便与党及时联络（我已忘记他的姓名）。到军部之后，我安置他在副官处。在一次与日寇激战中，我们分散了。后来收到他的来信，说他已回去了。此后，我与党的联系又中断了。

我到了山东滕县五十九军后，仍任参谋长。由于这一次在武汉获得了党的教导，给我的工作又一次注入了新的力量，并增添了新的信心。

　　不久，临沂吃紧，五十九军奉命以急行军驰援，到后，即与日军王牌之一的板垣师团进行激战，逐屋争夺，日军不支退却。在追击中，俘虏敌兵松井一三一名。报纸在登载战报时，把人名和数字弄混了，误为俘获敌兵松井等一百三十一名，引起轰动，报纸大肆吹嘘临沂大捷，各方面的慰问团及中外记者来了不少，张自忠为此也受到嘉奖，晋升为二十七兵团司令，但所辖部队，仍只有五十九军一个军。

　　这次战斗，部队伤亡很大，张自忠极欲脱离战场休整，可是，台儿庄战事告急，命令我部前往右翼策应，刚急速转移到新阵地，未得喘息，临沂军事又告紧急，要求回援。临沂方面，原定庞炳勋部守城，我部野战，可是庞把临沂城给丢了，我部在城西激战数日，制止了日军进攻，但伤亡过重，奉命开赴许昌、漯河一带休整。

　　随着张自忠的不断迁升，张克侠相继任第二十七军团参谋长、第三十三集团军（辖五十五、五十九、七十七军）参谋长。由于战争残酷，战斗减员，特别是营、连、排干部牺牲严重，培养中下级干部成为当务之急。于是，张自忠亲自担任班主任，张克侠兼任教育长，为抗战培养了大批人才。

　　张克侠是冯玉祥的连襟（冯玉祥的夫人李德全之妹是张克侠的夫人），早在1929年就被时任中共中央组织部长的周恩来秘密发展为特别党员，要他在西北军中开展工作，不可暴露身份，不得与地方党组织联系，由中央直接派人与他接头。直到1948年11月8日，淮海战役的关键时刻，张克侠与何基沣（1939年加入特别党员）一起，率五十九军两个师、七十七军一个半师共二万三千余官兵，在贾汪、台儿庄防地举行起义，为淮海战役的胜利做出了贡献。12月10日，毛泽东、朱德向在淮海战役中举行起义的国民党军第三绥靖区副司令官、中共地下党员何基沣、张克侠发电祝贺起义成功。起义后，张克侠、何基沣分任人民解放军第三野战军三十三、三十四军军长，率部参加渡江战役，直捣南京，为解放全中国立下新功。

　　中华人民共和国成立后，何基沣卸下戎装，1955年获一级解放勋章。先后担任国家水利部副部长、农业部副部长等职，继续为社会主义建设贡献力量。有一次，周恩来总理对他说："基沣同志过去的事就让它作为党的一个秘密吧。"从此，何基沣严格执行总理指示，保守秘密，从来不炫耀自己，就连他的子女都不太清楚他是1929年入党的老党员。1980年1月20日病逝于北京。何基沣的骨灰则按照遗愿，一半撒在卢沟桥畔，一半撒在淮海战场上。

　　而随他俩起义的还有张克侠原五十九军老班底的：五十九军一八〇师师

长崔振伦①（台儿庄战役时任五十九军三十八师六七八团团长）、副师长杨干三②（台儿庄战役时任五十九军三十八师二二七团团长），何德修③（台儿庄战役时任五十九军三十八师副师长），五十五军副官处处长刘照华④（台儿庄战役时任五十九军一八〇师七一五团团长）。

1988年7月，解放军出版社出版了《佩剑将军张克侠军中日记（1937—1948）》一书，抒写了："他日倘雄师在握，当可跃马横刀，荡平狼烟。"的豪迈之情。日记中的有关出征抗日及临沂战役部分，给我们揭开了那个血与火的年代中的一丝夜语所铸就的历史一角：

1938年

二月二十五日（武汉）

鹿先生（系鹿钟麟）来电话，谓张自忠军长约我去，见先生告知此事，先生亦同意，真可谓巧也，幸也！

余为后退及国恨，三次流泪，此后，不可复流泪矣。

二十六日

八时过江，率同行十人见张任民先生（系李宗仁与冯玉祥之联络代表），

---

①崔振伦（1900—1974）原名崔叙堂，山东淄川县人。1916年入山东护国军辎重营当兵。历任正目、排长、连、营、团长。1935年9月入中央军校高教班第四期受训。台儿庄战役时任五十九军一八〇师六七八团团长增援临沂；参加鄂东、豫南抗战；1945年7月任一八〇师师长。后随张克侠、何基沣起义。改编后，任中国人民解放军第三十三军（军长张克侠）九十八师师长、华东军政大学山东分校军事教员。1953年1月转业，历任苏北农场统计员、济南市政协委员。

②杨干三（1899—1980）号栋忱，江苏丰县人。1915年投北洋陆军当伙夫，历任班长、排长、连长、营长。1926年入西北军冯治安部，1930年任团附。中原大战后，任三十八师（师长张自忠）第二二六团团长。参加了长城抗战。台儿庄战役时任五十九军二二七团团长增援临沂。1944年任第五十九军三十八师副师长、1948年任师长。后随张克侠、何基沣起义。改编后，任中国人民解放军第三十三军（军长张克侠）九十七师师长、华东军政大学军事教员、山东费县洋山林场副厂长、山东费县林业局副局长。

③何德修（1897—1968）字润秋，安徽蒙城县人。早年参加西北军入冯玉祥教导团受训。历任排、连、营长。台儿庄战役时任五十九军三十八师副师长增援临沂。后随张克侠、何基沣起义。中华人民共和国成立后任安徽省交通厅副厅长。

④刘照华（1902—1952）字耀中，河南太康县蜜蜂刘人，早年参加西北军跟张自忠当通讯兵，参加了长城抗战。七七事变后，参加天津对日大出击，率领六个保安大队，与日军奋战两昼夜。台儿庄战役时任五十九军七一五团团长增援临沂。抗战胜利后，任第五十五军（军长刘振三）副官处处长。后随张克侠、何基沣起义。改编后，任中国人民解放军第三十三军（军长张克侠）后勤处处长。

张谈论在潢川成立青年军之意义，又谈及中央对于经费不肯帮助情况，希望同人往彼任教。

余旋去章处，与章、邹（系指章伯钧、邹静陶）交谈。

十一时至王梓木处（八路军武汉办事处成员），并一同往会罗炳辉君，经交谈后又与叶剑英君谈，余将经过情形报告一番，希望在抗日途中能取得联络，发挥革命力量。

二十七日

下午，冯将信写好，并交四千元犒赏张部官兵（系指张自忠部）……

晚间在"普海春"由董、王、叶、罗、边、张、李等（系董必武、王明、叶剑英、罗炳辉、边章五、张经武等）八九位宴送，盛谊可感。

饭后依依而别，乃往鹿先生（系鹿钟麟）处辞行。

继又往章、邹处告辞，适陈独秀在。入睡时已子夜矣！

三月十五日

据由夏庄逃出之百姓言：敌约两千余人，午后由夏庄南进。此外，敌人亦伤亡甚大，搬运伤兵之人车络绎不绝。

晚因黄（系三十八师长）告急，将董旅（系三十八——四旅长）之一团开赴高家庄、孙家庄一带。

更晚时，各处送来缴获敌人之战利品若干，其中以信件、日记为宝贵。从中得知敌人作战牺牲甚大，昔日所向披靡不可一世的皇军之板垣师团，为我中华好男儿已打得威风扫地，"铁军"碰到了打铁汉。

二十二日

一八〇师尚余五千人，现正由地方购鞋，因兵多赤足者。

夜十二时仍难入睡，思及阵亡将士之壮烈死难，不禁忆起古诗：

"誓扫匈奴不顾身，五千貂锦丧胡尘，可怜无定河边骨，犹是春闺梦里人。"

众多遗属之抚恤，决不可忘也。

二十八日

全日激战甚烈。日军又用其早、午、晚三段攻法，我因人数单薄、武器又劣，至晚已疲乏难支……

现唯一愿望即援军早日到来。缪部（系缪徵流）一旅似有希望，但汤部（系汤恩伯）骑兵迄无消息。

二十九日

得徐参谋（系徐祖诒）长电话，知悉缪之一旅（系五十七军———师三三三旅，旅长王肇治）已抵东高度。午时又得报告，汤部骑兵团李之山部下午二时可到胡子峪。……

　　军长谈及伤亡，泪已盈睫。

　　美国著名进步记者史沫特莱在战地参访张克侠时称他："年轻，外表清秀、高雅，才华横溢，判断准确"，是"华中前线所结识的一位出类拔萃的人物"。确实，他不仅是一位征战杀戮的将军，而且还是一位心怀怜悯、控诉战争的文将军。

二、中共党组织在第五十七军[①]

　　第五十七军初有党的活动是在一〇九师六二七团（"整编"后为一一二师六六七团）。1935年11月，一〇九师在直罗镇战役中被红军歼灭。1936年1月24日，张学良恢复一〇九师，任命万毅为六二七团团长。万毅1935年认识了刘澜波，深受刘的影响，在组建六二七团时，他要刘派一些进步青年到该团工作。1936年4月，刘澜波、宋黎通过东北特支、北平市委、北平学联党组织，调参加过一二·九运动的东北学生党员和积极分子20多人赴陕西。其中富纪刚、于克（闻昭义）、胡超、杨墨林、夏德田、刘旭东（丛烈光）6位党员到西安与刘澜波接上关系，刘决定他们到六二七团工作。不久富、杨、刘3人调走，于、夏、胡留下，由于克负责。1936年5月，经万毅同意，于克去北平将方效敏(党员)、李兆祥、陈东平找来六二七团工作。当时李兆祥、陈东平还不是党员，后来入了党。

　　西安事变后，为适应形势发展的需要，东工委借助西北抗日联军总司令部政治处，将东北军学兵队改为5个宣传大队，到东北军各军、师、团代替国民党政训人员。第一宣传大队到五十七军，队长何畏之（卫之）兼总支书记。师宣传队均成立党支部。军直属支部的书记为方惠德，一一五师支部书记曲及光。一二〇师支部书记宁凤鸣，一一一师支部书记汤丁光。一〇九师没派宣传队。1937年二二事件后，东北军内部矛盾加剧，进步力量受到打击，各军的宣传大队被迫撤离。一一一师汤丁光等人也随之撤出。与此同时，五十七军军长缪澂流下令逮捕了六二七团团长万毅，使六二七团的地下党组织陷入困难的境地。歌咏队被解散，于克、胡超等十余名同志被迫撤走，地下党

[①]本节参照《中共东北军党史概述》《中共东北军五十七军党史》，第109—149页，中共党史出版社，1995年3月。

的活动随之中断。

1937年3月，东北军东调，五十七军一一一师到达豫东周口镇。一一一师师长常恩多思想进步。一二·九北平学生运动后，经共产党员王再天的介绍，他在西安秘密地会见了叶剑英，对共产党非常敬佩。因此到豫东后，他即向王再天提出给他找个共产党员秘书。于是，由宋黎介绍经东工委研究决定，派出王振乾、张士琦两个学生党员去常师。王振乾改名王维平、张士琦改名张苏平。他们的任务是：争取部队长靠近共产党；团结部队逐步成为友军；改善部队与地方群众的关系。1937年5月，王、张到达周口镇，分别见到常恩多。王维平被任命为上尉秘书，张苏平被任命为上尉译电员。

由于常恩多的庇护，共产党开始在一一一师立足，并成立军上工委和下工委。王维平任上工委书记，主要做上层工作；张苏平任下工委书记，主要负责组织工作。王维平是东大学生，便于公开活动，遂以拥护东北军、拥护张学良"八大主张"为号召，广交朋友，振奋广大军官的团结抗战精神。他们二人清理五十七军两个师的组织关系，接上线索，物色对象，积极培养发展党员。

东北军东调后，驻地分散，以军为单位各自为政，东工委深感领导困难。为了适应新的形势，东工委决定各军成立军工委，独立自主地进行工作。

1937年7月，东工委派曹建华到一一一师。9月将五十七军上工委和下工委合并，成立五十七军工委，负责上、中层统战工作。

12月13日，南京失守，五十七军工委与上级党组织失去联系。王维平到武汉找到八路军办事处，与中共中央长江局接上关系。经过李涛的联系，他向周恩来汇报了五十七军在东战场作战的孤立态势，并提出：为适应这一新的形势，拟将五十七军工委就地改为一一一师工委，请另成立一一二师工委。

1938年1月，五十七军工委就地改为一一一师工委，归苏鲁豫皖省委（山东分局前身）领导，张苏平任五十七军中共工委书记，曹建华任组织委员，王维平任宣传委员。在一一一师工委成立前后，常恩多的思想一直靠近共产党。在台儿庄会战中，他亲率三三一旅增援外围战斗。他手下的三三三旅在旅长王肇治率领下，在邳县东血战15昼夜，伤亡奇重，阵地屹立不动。

1939年2月进入鲁南后，常恩多学习毛泽东著作和进步书刊，经常同王维平谈心，并数次庄重提出加入中国共产党的要求。据时任山东分局书记郭洪涛在中华人民共和国成立后回忆，他派统战部长郭子化到一一一师对常恩多进行考察，随即介绍常恩多为特别党员，经山东分局书记郭洪涛批准并报党中央。（此处存疑，故未列入本书中共人物）

东北军第六二七团团长万毅，一贯力主抗日，言行直率。1937年2月，第五十七军军长缪澂流担心万毅是共产党人或少壮派成员，于4日晚下令将他逮捕，抗战爆发后改为软禁。10月万毅被任命为五十七军一一二师第六七二团团长，率部抗战。在南京保卫战中，第六七二团在城东北沿长江一线执行防御任务。因国民党当局总的指挥上的失策，在突围的大乱中，该团被其他部队挤散，万毅仅带几个人撤到江北。1938年1月，万毅被任命为六六七团团长（以原六二七团官兵为基础编成），虽然又回到他亲手创建的部队，但与共产党失去联系已将近一年了。

上海同济大学福建长汀籍学生李欣，因参加一二·九运动被校方开除，后由中共团组织派往青岛进入山东大学做学运工作。卢沟桥事变后，李欣按照党组织要求，准备在青岛拉队伍抗日。此时，东北军第五十一军于学忠部驻防青岛、高密一线，其中地下党负责人王再天与高密当地士绅蔡晋康拉起的一支称作"抗日游击队"有所接触，后蔡晋康取得了国民党番号"军委会别动总队山东第一支队"。经东北军工委书记项乃光同意并支持，一批从青岛撤出来的由中共青岛市委书记陈振麓等人领导的工人和大学生组成的崂山抗日游击队加入蔡部，由邹鲁风、伍志钢、李欣等领导来到高密，其中有吴绩、胡家珍、王桂荣和李凤4个女同学。其实早在一二·九运动中，**吴绩、王艺（王良）、胡家珍（唐棣华）、陈振麓、程恒诗（陈汉）、周中篪、单勚（王中）、周持衡、蔡国政（蔡天心）**等山东大学的同学就积极参加抗日救亡活动。当吴绩在同学集会中和街头宣传时发表鼓动性很强的演说被军警逮捕时，胡家珍勇敢地站出来捍卫，并说："要抓人就抓我！"就这样她也同时被捕了。被捕同学廷荣懋、王艺、吴绩等带头同反动当局进行了说理，并做了绝食斗争，留校同学做了更大规模的声援，终于取得了无条件释放的胜利。

1936年下半年，山大新生入学，又涌进一批积极分子，其中主要有**李欣、韩玉树（韩宁夫）、王桂荣（王继川）、李凤（李风）**等。1937年初春，李欣与中华民族解放先锋队（简称民先）总队部取得联系，成立了山东大学的民先大队，吴绩被选为队长。他们又吸收了高密的单勚（王中）等人，一起参加了蔡的队伍，并在这支队伍里成立了中共地下党的工作委员会，**伍志钢**任书记，**邹鲁风、李欣**任委员。进入蔡部的人，大都集中在政治部，**邹鲁风**为政治部副主任，**周持衡和李欣**为科长，**赵书扬、杨战韬、陈汉**等分到连队做政治工作，称为政治战士；还有的分配在大队做联络工作，叫联络参谋；廉耀东名为副司令，但没有实权。1938年1月，在日军进迫下，队伍从高密撤到诸城，诸城中共县委临时负责人**伍志钢、刘志琦（董坤一）**等人又发动王希坚等三十余人参加进来。由于青岛以陈振麓为首的中共市委发动的崂山游击队五六十人也奉命分批转移到蔡部，这样就组成了一支属于蔡部而实际由共产党领导的第四中队。同时，在蔡部的中共工委改称中共鲁东南工委，仍由伍志钢任书记，委员有：**邹鲁风、李欣、赵志刚、陈振麓、李西山、王焕章、王景瑞、董坤一、王良、李明海**。工委准备在诸城以南的五莲山区发动群众，建立抗日游击根据地。至2月，第四中队的行动意图引起蔡晋康的不满，最后一百余人被迫撤出蔡部，号称"一百单八将"。他们沿着台潍公路向南转移至徐州，同五十一军驻五战区司令部联络代表、中共地下工委成员解方取得了联系（伍志钢以前曾是该工委的书记），解方认为他们应该去东北军五十七军万毅所在的部队工作。邹鲁风受命赴连云港找到六六七团团长万毅，希望该团能接收这"一百单八将"。邹鲁风和万毅在一年半前相识，二人都了解对方强烈的抗日意愿，彼此不乏信任。于是万毅用招兵的名义向师长霍守义请示接收八十余名男青年，得到同意。在报请中共中央长江局军分委批准后，由伍志钢带领这八十余人换上破旧的棉军衣，作为被招募的新兵，乘火车去新浦投奔万毅所在的部队工作。①由邹鲁风等带领其余二十多人（包括女同志）去山东省政府，做沈鸿烈部的统战工作。

伍志钢还用苏联《祖国进行曲》的曲调，重填新词，作为崂山抗日游击队的战歌，当年的崂山抗日游击队，就是冒着鹅毛大雪，唱着这首激昂的战歌，离开青岛，奔赴新的抗战征途。

> 我们的队伍多么广大强壮，
> 它有优秀的工农和学生。
> 我们共有一百零八个同伴，
> 向着一个目标前进。
> 我们欢笑踏起一串歌声，
> 歌声惊醒天上的星星。
> 我们心胸好像蓝天的彩云，
> 充满抗战救亡的热情。

1995年纪念抗战胜利50周年之际，青岛市为拍摄青岛党史文献片《山海

①王希坚：《回忆抗战时期东北军一一二师地下党的工作》，第413—414页；李欣：《回忆在高密游击队和一一二、一一一师的工作》，第426—427页；《中共东北军地下党工作回忆》中共党史出版社，1995年8月。

魂》第四集《烽火》去采访了李欣，他又熟悉地唱起了这首战歌。

2005年纪念抗战胜利60周年之际，中共青岛市委党史研究室与青岛电视台联合拍摄电视片《崂山抗日游击队》，又采访了李欣，他再次唱起这首战歌，足见这首战歌在李欣心中的地位。他还写了一首叙事诗《新一百单八将赞》：

星星之火，可以燎原。两把菜刀，传为美谈。马恩列斯，数人而已。
胆敢宣言，旧制推翻。匕首一方，敢刺秦王。事虽未成，义重泰山。
山东大学，青岛发端。革命传统，一线所牵。出狱同志，牢底坐穿。
欣然来访，共赴国难。工农兵学，齐上前线。牺牲救国，美名流传。
百零八人，个个好汉。抗日歌声，响遍鲁南。呼应胶东，连系潍坊。
旁及鲁西，南达苏皖。北去延安，西至确山。革命火种，处处点燃。
青萍之末，飓风肇端。微风一动，势不可当。不在弱小，而在坚强。
青岛精神，世代相传。

李欣凭着顽强的记忆，在晚年写下了"一百单八将"的名单[1]：

赵志刚	董昆一	伍志钢	邹鲁风	李 欣	王景瑞	王希坚
王少云	郭虹隽	孙朴风	宫钧民	王 满	孙铁民	田淑贞（女）
陈廷柱（陈先）	王稚云（王洛）		张维桢（张翼）		李 后	
王国栋（鲁平）	王 成（女）		徐 信	赵金农（赵欣）		
张茂森（张茂生）	张景仪（张锐）		徐崇孝（徐炜）		张懋钧	
李 铉	邱抡元	刘家栋	王培义（尤深）		刘本良（罗江）	
吴化民	王儒林	宋玉章	卜善武	王 铸	王英民	朱殿甲
王枕戈（张战戈）	王 翀	李瑞宝	章茂桐	李德智	单中和（单刚）	
单 勋（王中）	张 岗	蓝孝永	程咏陶（陈汉）		姜明吾	
郭存杰	王焕章	王景密	王 平	王守纯	王功哲（王哲）	
王子青	王孔三	王功一	王述江	王 艺	王桂荣（女）	
王桂峰（女）	王茂云（女）		王玉亭	王汝瑞	王 铖	
王思久	陈振麓	王 铺	姜尚文（李西山、李修爽、李旦夫）			
邹 铎	庄明篪	聂士秀（女）		程显恩	吴 绩（女）	

---

[1]李欣口述，徐建中整理：《李欣口述自传》，第125—126页，中国大百科全书出版社，2014年4月。

胡家珍（唐棣华，女）　　　李　凤（女）　　　夏锡铭　毛健民

穆忠信　吴健民　周持衡　赵书扬　李明海　程慕绪　程廷杰

程廷顺　杨战韬　高　义　张　林　侯兴让　张　励　盛作义

郑星瑞（郑洵）　高景明　栾吉庭　宣化辅　毕庶礼　毕庶珍

毕序禄　毕庶喜　毕明余　李朝忠　乌海龙　宋忠堂　赵轼夫

徐天石　徐云浦　王武修（后叛变）

1938年3月初，伍志钢、李欣等八十多人，以新兵入伍的名义加入六六七团，与先前到来的张文海、谷牧等人会合。在张文海主持下，成立了一一二师工委，成员有伍志钢、谷牧、李欣，伍志钢任工委书记（1939年9月牺牲）。1939年秋，增补了（从五十一军来的）曲径和郭虹隽等任工委委员。

原来，1938年春节过后，经刘澜波介绍，中共中央长江局派巡视员张文海、中共地下党员谷牧来连云港找到万毅。中共中央长江局交代的任务是："考察研究发展万毅入党问题，如果他符合条件，就吸收其入党，然后依托他这个团，在五十七军开展工作。"①因此，师工委成立后即讨论万毅入党的问题。1938年3月11日，在新海连地区（现连云港市的旧称）的陇海公寓里，由张文海、谷牧同志介绍，正式吸收万毅为中共特别党员，不参加组织生活，只和工委书记保持联系。此后，张文海回长江局复命。

2011年7月1日，在党的90周年华诞之际，中共江苏省委、连云港市委新建成"连云港市革命纪念馆"并开馆，在馆内复原了陇海公寓这一革命遗址，以纪念这段历史。时任中共中央政治局委员、中央书记处书记、中组部部长李源潮发来贺信。

1938年3月，在六六八团工作的吕志先经张文海介绍到六六七团与谷牧、伍志钢会面，随后吕留在六六八团开展工作。4月，一一二师工委派党员李西山（姜尚文）、王武修（1940年初叛变）和民先队员赵轼夫、朱殿甲到六六八团一营工作，随即建立了营的党支部，李西山任书记，吕志先任副书记。5月5日，由李西山、吕志先介绍，发展刘杰为中共特别党员，后又发展一连连长王福成、三连排长董愚及李信民、石再等人入党。此外，两个失去联系的党员朱长禄、张景尧，也找到谷牧接上组织关系。

由伍志钢带领的八十多人到六六七团后，组成（第一期）新兵队。其中有党员20余人，其余全部是民先队员。经一个多月的训练后结业，大部分分

配到营、连工作，20余人留在团部组成宣传队。表面上是宣传队，实际上是地下党领导的以宣传队名义公开形式出现的。用萝卜来比喻，那是"白皮红心"，外头是白的，里头是红的。

在团部组成宣传队的和下营连的同志除伍志钢（上士文书）外，全部是二等兵待遇。由于有西安事变时期的经历，部队把新兵看成是从前的学兵队员，为开展工作提供了便利条件。宣传队的主要活动是唱抗日进步歌曲，演戏，写标语，活跃部队的文化生活，进行防区附近的群众宣传工作。万毅早在六二七团任团长时就组织过歌咏队，还写过一首六二七团团歌。宣传队以歌咏形式宣传抗战，对鼓舞士气、活跃部队生活起了很大作用。每个连队都学会了许多歌曲。每当团直属队集合时，万团长亲自指挥唱歌，各连互相拉歌，此落彼起，歌声不绝。在淮阴，六六七团曾应韩德勤的二十四集团军宣传队的邀请和该集团军直属队举行联欢晚会。晚会上，六六七团与韩德勤的第二十四集团军宣传队拉歌，从始至终没有重复的。

文化娱乐密切了军地关系、上下关系和友邻部队关系，当时六六七团有个排长的快板说得好："三三四旅六六七，咱们团长叫万毅，奉命令，到此地，保护父老乡亲和兄弟。""咱们的团长笑嘻嘻，咱们的团长好脾气，规定咱们不吃鸡，咱们可别犯纪律"。"六六七、六六八，咱们两团是一家，肩并肩，把敌杀，柘汪一战人人夸"。

宣传队演出的《放下你的鞭子》《东北一角》《连云港暴风雨》等戏很受部队欢迎，对提高部队士气起到了一定作用。宣传队办的油印小报《火线下》，登载新闻、通讯、诗歌、快板等文艺作品及学习新文化的辅导材料，对部队的教育起到很大作用。万毅经常为小报写稿，表扬好人好事，批评不良倾向。伍志钢常驻宣传队，听取汇报，研究布置工作。一一二师工委印发文件、宣传品、党员教材，各营、连同志相互联系等工作，都在这里进行。

一一二师工委对民运工作特别重视。一一二师驻鲁南时，赵志刚、鲁平（王国栋）、李西山等以中共鲁东南特委的名义开辟了日照、赣榆、莒县、诸城等县的工作。赵志刚任鲁东南特委书记兼日照临时县委书记，李欣以一一二师工委的名义联系协助。

1938年春，五十七军一一二师进驻日照县碑廓一带，师部驻碑廓，六六七团团部驻费家湖。4月15日，日照县流亡回家的留日爱国青年学生秦寄萍、秦亢青（民先队员，七七事变前在北平上大学）兄弟俩，与已在六六七团的东北大学流亡学生赵书扬接上了关系。第二天，他们三人一起到了费家湖，见到了六六七团团长万毅。这样，秦寄萍、秦亢青二人便被编入了该部。是年夏天，地下工委派赵志刚、李欣、王国栋（鲁平）等，由秦寄萍、秦亢青做向导，以"五十七军日照宣传队"的名义来到下元村，组成了中共下元特别支部，由赵志刚任特支书记，李欣、王国栋（鲁平）任委员。下元特支属一一二师工委领导，任务是在日照县开展抗日宣传和组织发动工作，主要活动在以下元为中心的涛雒、碑廓、巨峰、高兴一带。在"宣传队"开展宣传活动的过程中，吸引了大批青年学生和爱国知识分子，如郑干、郑炎、丁勋南、许家德、牟友民、赵明德、高燮宸等，其中还有牟锋、郑怡、尹静懿等一批女同志，都参加了宣传队的工作。通过实际斗争的锻炼和考验，下元特支逐步培养和发展了一批共产党员。不久，在下元特支的基础上，成立了中共日照临时县委。

赵志刚下地方做民运工作后，以涛雒下元村一所破庙为办公地点，联系民主进步人士王健一、牟野云、丁君谦等34人，成立了抗日区联会和区联会自卫队。赵志刚兼区联会主任，牟友民为秘书长，鲁平为武装部长，王健一为宣传部长。此外还建立了一个剧团。工作开展得有声有色。在赣榆还发现了过去党的同情分子、第五区区长张树人、县邮局职员李克济及从陕北学习返回的党员刘寄萍。他们积极配合开展工作。赵志刚派李丹夫（姜尚文）去赣榆建立起赣榆特支。师工委以六六七团的名义，在抱犊崮山区南部、西部建立起6个民运点，由伍志钢负责。驻点人员的编制在宣传队。伍志钢经常召开会议，听取汇报。民运工作的主要内容是：宣传教育群众，组织自卫武装，选派乡长、村长管理地方行政事宜，传送情报，动员参军等。在一年多的时间里民运工作做出不少成绩，为八路军进一步开辟这一地区创造了有利条件。

在苏北驻防淮阴时，师工委还帮助地方上一些失掉组织关系的同志接上了关系。当时这些同志成立了苏北抗日同盟会，负责人是宋振鼎。六六七团团部就紧挨着苏北抗日同盟负责人之一谢冰岩的家。他们听到团宣传队唱救亡歌曲和《国际歌》，断定这里有共产党的活动。就主动找上门来，并由此找到了伍志钢、谷牧。1938年底，师工委委员李欣带领苏北的李干成、孙秉球（孙海光），辗转见到中共中央山东分局组织部长程照轩和统战部长郭子化。中共苏皖特委即派张芳九、高兴泰、戴曦到达淮阴、涟水恢复了苏北党的工作。

一一二师工委和苏北的中共党员互相支援，对苏北和一一二师党的工作的开展都起到了重要作用。伍志钢认识谢冰岩后，交谈中彼此摸清了对方的政治面目，伍志钢和谷牧就提出请他们动员一些青年学生来充实宣传队，"抗盟"也正想发动一批青年学生到部队来学习军事，为发动群众起来打游击准备干部，于是第二期新兵队就应运而生。大约有70名苏北青年来到六六七团，主要是淮阴、淮安的。有几人是从延安学习回来的，或在抗大、陕公毕业后来到苏北的，如刘为中（刘准）、劳丁（丁先声）、刘希平（王泊萍）等，也有早在上海读书时就参加了共青团的，如丁九，他们成了第二期新兵队的教员。万毅、伍志钢、谷牧等也亲自给二期新兵队上过课。苏北抗日同盟会还与部队商定：这批人结业后，一半回地方，一半留部队。六六七团上尉副官张景尧（党员）任这一期新兵队的队长。在泗阳经过一个多月训练以后，一一二师部队即奉命向鲁南转移。这一期新兵队的一部分学员未及结业即提前回到地方，后来成为两淮地区对敌斗争的骨干，有的还担任了县委书记。其余30多人随军到达鲁南。

1939年春，六六八团一营第二次南下苏北，又带回来30多名苏北青年，其中有尹楚升、尹营升（陈冰，中华人民共和国成立后曾担任天津市委副书记）、王冰、谭恩雄（谈克）等。

1938年秋部队开赴皖北途中，伍志钢、吕志先同新四军四支队老八团取得联系，通过他们的电台向中共中央长江局汇报了工作情况。长江局以周恩来、叶剑英同志的名义发来复电。

附：东北军五十七军已知共产党员名单[①]

常恩多	万　毅	孙卜菁	富纪刚	周丕炎	于　克（闻绍义）
徐惊百	邹　强	方效敏	刘祖荫	王英才	方惠德　李　菁
曲及光	曹成镒	宁凤鸣	刘　准	汤丁光	张景仪　王　哲
王振乾（王维平）	张士琦（张苏平）	邱　竞	曹建华	陈少先	
刘用贤	赵志刚	刘　杰	张德福	张　翼	初志学　王　翀
吴　云	王希坚	李　欣	丁一九	刘唱凯	徐　炜　孙学仁
常　克	王　凯	李光祥	贾绍宇	彭景文	徐振宇　杜荣民
鲁　平	管松涛	翟仲禹	宋景龙	阎　普	郑　冷　徐泽生
谷　牧	杨墨林	吕志先	夏德田	姜尚文（李西山、李修爽）	
刘旭东	王武修（后叛变）	李丹夫（作者注：与上面姜尚文为同一人）			

[①]《中共东北军党史概述》，第148—149页，中共党史出版社，1995年3月。这份名单中绝大多数人参加了台儿庄战役，但也无法细考，所以名字一律为黑体字。本书在本章作中共人物简介时，以第五十七军（中共党员）战斗序列中出现的中共人物为准。另就已有资料看，姜尚文、李丹夫、李西山为同一人，待考。常恩多共产党员身份存疑，故未列入本书人物。

赵轼夫　刘寄萍　朱殿甲　丁宕之　王　中（单勋）　关长胜
赵书扬　石　再　朱长禄　刘　元　张景尧　王墨坡　孟庆澜
江　潮　宋学舜　陈东平　孟　冲　孟庆漱　秦仲元　刘福庆
黄　毅　王焕章　王冠宇　朱维中　李占武　刘用贤（作者注：重复）
丁　九　刘金淦　王治平　董惠沈　王延士　王丕争
秦亢青（作者注：遗漏）

（以下为地下党组织撤出五十七军前牺牲者）

李福海　王孔山　关长广　吴英侯　王　平　侯宜禄　尹德厚
吴希珍　张道三　王福成　林　钧　董　愚　黄增祥　秦　霜
李信民　葛长祥　夏锡铭　卜善武　郭存杰　吴华民　刘家栋
郭虹隽①　许邦儒　萧　艮　郝兆源　郝浮祝　黄厚坤　陈大山②
周文科　周　道　辛　苦　孙耕山　孙长发　安丰楠　芦　炎
刘长坤　刘千恒　孙成才　王玉亭　武文斌③　姜明吾　孙健昌
李政宣④　张厚英⑤　胡乃超⑥　郭季田⑦（作者注：与郭虹隽为同一人）
尤　深⑧　何　皓　秦　五　杨景仕　黄长胜　田西林
吴英侯（作者注：与上面重复）　　　伍志钢（作者注：遗漏）

台儿庄战役期间，第五十七军中共工委机构：

书　　记：曹建华
组织委员：张苏平
宣传委员：王维平

　　　第一一一师中共工委机构：
　　书　　记：张苏平
　　　组织委员：曹建华
　　　宣传委员：王维平

---

①②③④⑤⑥⑦⑧作者注：由于作者与第五十七军将士后代交流沟通，此名单人员注解者，在撤出五十七军前均没有牺牲，应列入东北军五十七军已知共产党员名单。

第一一二师中共工委机构：

书　记：**伍志钢**

委　员：**谷　牧**、**李　欣**

第五十七军战斗序列：[①]

军　　长：缪澂流

副军长：朴（濮）炳珊

　　参谋长：于一凡

　　　参谋：**李鸿德**

第一一一师：

师　长：常恩多

副师长：张伟斌

　　参谋长：陶景奎

　　　　副　官：刘万胜

　　政训处处长：宋迪玺

　　　　秘　书：叶　崇、**王维平**（少校）

　　　参谋处译电员：**张苏平**、**曹建华**、**李政宣**

　　　抗日义勇宣传队：段克文（队长）、**徐惊百**、**邹　强**、**孙卜菁**、吴　质、赵　琅、张非武、吴　滨、王　衍（王颂璇）、陈瘦秋、王坚、孙振中、梁　腾、吴禾生（蓝琼）、薛鹤年

　　　三三一旅旅长：唐君尧

　　　　六六一团团长：宋光第

　　　　六六二团团长：孙焕彩

　　　三三三旅旅长：王肇治

　　　　六六五团团长：谢祝华（养伤）、李亚东（代）

　　　　　　团附：李亚东、**管松涛**

　　　　六六六团团长：刘晋武

---

①根据《中共东北军党史概述》《中共东北军五十七军党史》，第109—149页；以及李鸿德、王振乾、王希坚、李欣、吕志先等人在《中共东北军地下党工作回忆》中的文章整理，第377—458页，中共党史出版社，1995年8月。黑体字人名为具有中共党员背景者。

第一一二师：

师长：霍守义

参谋长：李寅春

参谋处长：王树军

参谋：于高翔、霍伯英

政训处处长：李其实

三三四旅旅长：马万珍

六六七团团长：**万　毅**

团附：孟广仁（中校）

副官：何儒林（上尉）

团部宣传队队长：**王　中**

团　部：**郭虹隽、王希坚、赵金农（赵　欣）**

一营营长：**李鸿德**（1938年6月任）

文　书：**伍志钢**

营部宣传队：**李　欣**（一营中共党支部书记）、

张　翼（张维贞）

三连

八班班长：**赵英华**

士兵：**谷　牧**

二营营长：樊鸿盛

四连战士：**蓝孝永**

五连连长：孟昭胜

三营

小炮排排长：**陈绍先**

六六七团地下党员还有：**于　克、赵书扬**（二营中共党支部书记）、**赵志刚**（三营中共党支部书记）、**江　潮、陈振麓、邹　铎、王国栋（鲁　平）、李　后、王汝霖、王焕章、王景瑞、王　洛、徐　炜、杨战韬、尤　深、张战戈、王　中、秦寄萍、秦亢青**以及转入山东地方的**邹鲁风、周持衡**等人。

六六八团团长：崔锡璋

一营营长：**刘震远**（即刘　杰）

营部：**李西山**（即姜尚文，一营中共党支部书记）

一连连长：**王福成**

士兵：**朱殿甲**

　　　　　二连
　　　　　　　士兵：**王武修**
　　　　　三连
　　　　　　　排长：**董　愚**
　　　　　　　士兵：**李信民**、**石　再**、**赵轼夫**
　　　　　机枪连：**吕志先**（一营中共党支部副书记）
　　六六八团地下党员还有：**华诚一**、**朱长禄**、**张景尧**。
　　　　三三六旅旅长：刘宗颜
　　　　　副旅长：于文清
　　　　　六七一团团长：车元勋
　　　　　六七二团团长：白习鲁

三、临沂阻击战

　　在台儿庄激战的同时，五十七军全部参加了保卫徐州的外围作战。一一一师三三一旅在阜宁一线保卫徐州东翼的安全；一一二师主守连云港沿海阵地。

　　3月23日，日军第五师团第三次增调兵力猛攻临沂，守军庞炳勋的四十军和前来增援的张自忠的五十九军合力抗击，坚守至3月29日，日军攻势不减，临沂告急。第五战区急调第一一一师王肇治三三三旅增援临沂。

　　3月27日，一一一师师长常恩多接到命令，立即调回在安徽五河执行任务的王肇治三三三旅六六六团。3月29日，王肇治全旅到达临沂以南东西高都、五寺庄一带集结，根据庞炳勋命令，该旅归五十九军军长张自忠指挥，并于3月30日拂晓发起反攻。

　　正面敌情是：日军板垣师团一个联队，拥有步兵千余人，配属火炮十余门，其主力在临沂西北沟上、小官路、大小岭一带，另一部在蒋家王平、曹家王平，企图攻占临沂，但久攻未克。

　　友邻情况是：右翼为庞炳勋的四十军，在沂河以东地区，左翼为张自忠的五十九军，在十里铺、韦家屯、后岗头一带。

　　三三三旅辖六六五团(欠一营)、六六六团，战斗员千余人，拥有步枪1700余支，轻机枪100余挺，重机枪4挺，迫击炮5门，平射炮4门。其作战任务：由四十军、五十九军阵地中间向大小岭沟、上角沂庄之敌发起攻击。六六六团为第一线攻击部队，3月29日夜12时进至后十里铺附近，30日拂晓攻击当面之敌。六六五团为第二线部队，29 日晚推进至十里铺附近，策应六六六团作战。

3 月 30 日凌晨 4 时，大雾弥漫，六六六团一营出敌不意，发起攻击，当即攻占曹家王平。晨 5 时，又攻占蒋家王平、官路与毛家庄，日军撤往大岭，与其主力会合。日军以一部兵力抵抗，大部兵力转向二十里铺，企图迂回我军侧面。

六六六团二营于 30 日晨 5 时许同时一发起攻击，攻占沟上和角沂庄，主力转向进攻二十里铺。在二十里铺东端与日军迂回之敌遭遇，战斗激烈，双方伤亡达 300 余人，二营营长于竹幽身负重伤，仍坚持指挥。

为了支援二营，六六六团投入预备队三营，挺进沟上，与河东岸渡河支援大岭之敌遭遇，夹河对战，杀伤日军百余人。二营苦战日军主力，伤亡殆尽，于营长再次负伤，不幸殉国，南沂庄为日军攻占。

一营乘日军主力迂回之机，猛攻大岭残敌，肉搏数次，残敌不支败退。下午 1 时，一营攻占大岭，对向二十里铺迂回之日军主力侧射压制。三营此时已将渡河策应之日军击退，转向角沂庄进攻。

为了不失战机，王肇治旅长动用第二线部队，将六六五团二营调往沟上，配合六六六团三营进攻占领角沂庄日军。日军主力与二营苦战后，实力顿减，在六六六团一、三营，六六五团二营夹击下不支溃退，向义堂集西北方向纷纷窜逃。这是继 3 月 18 日第一次临沂解围之后的又一次解围胜利。

进攻临沂日军一部退往汤头待援，一部转往向城，援救被包围在峄县、台儿庄的日军。此役，毙伤日军近千人，中国军队亦有重大伤亡，六六六团二营伤亡殆尽，一营伤亡过半。四十军军长庞炳勋致电五十七军军长缪徵流，深表谢意。临沂之役，三三三旅击败进攻临沂之敌，自己也伤亡重大，有的营只剩下十余人，有的连队军官全部伤亡，由军士自动代理连长作战，前仆后继，战斗不止。日军亦伤亡惨重，丢下了上千具尸体。三三三旅参战将士与日军浴血奋战，赢得临沂阻击战的胜利，在中国抗战史上谱写了一曲壮烈凯歌。为此，三三三旅受到五战区的通电嘉奖，五十七军亦通令全军，称之为"解临沂之围，壮本军之誉"。

4 月 6 日晚，中国军队在台儿庄发起全线进攻，日军第十师团大部被歼灭，残部狼狈突围。三三三旅于 4 月 1 日奉令西进，归二十军团长汤恩伯指挥。4 月 5 日，接汤恩伯命令，迅速占领沟渠，大顾栅之线，截击由台儿庄败退、逃窜向城之敌。

大顾栅附近地势开阔，西北为台儿庄至向城的公路线。三三三旅六六五团（欠一营）按时到达指定位置，构筑阵地。4月5日下午1时，日军五六百人，附火炮2门，猛攻大顾栅守军。六六五团三营凭借工事坚守，击退日军首次攻击。日军复以猛烈炮火，掩护步兵发起攻击，激战至下午5时，日军由西北方向夺路窜逃。这次战斗，敌伤亡二三百人，中国军队伤亡100余人。

4月8日，三三三旅奉命进驻四户镇、西道口一带，为二十军团预备队。4月12日，进驻洪山镇。这时，日军大批援军到达，沿津浦线以东增援台儿庄溃败之敌，并突破峄县防线，威胁二十军团侧背。4月18日，汤恩伯命令三三三旅占领兰陵、洪山阵地，掩护二十军团向台儿庄东南地区转移。4月20日，该旅完成掩护任务后，又奉令进驻东、西马甸及岔河镇，占领阵地，掩护二十军团在邳县胡山一带构筑阵地。

三三三旅六六五团中校团附李亚东率该团（欠一营）占领东、西马甸一线，该团二营，附三营七、八连占领东马甸，三营（欠七、八连）占领西马甸。六六六团为预备队，驻岔河镇。

在争夺台儿庄东面的东、西马甸战斗中，六六五团愈战愈勇，虽装备处于劣势，但靠着坚定的信念和不屈的精神，硬是将日寇击退20公里。但因后续部队被牵制于其他战场，没能及时跟进，致使该团与旅部及友军失去联系。日军见该团孤军奋战，便派重兵从三面包围，妄图将其吞食。面对极为不利的形势，全团官兵毫不畏惧、斗志高昂、主动出击，打乱了日寇的"围剿"计划。在自知无援的情况下，坚守东、西马甸，血战十五昼夜，该团仍然坚持了长达半个月之久，屹立不动，还出其不意地接连攻克了敌人三个据点。

4月14日，日军调来增援部队，妄图以绝对优势围歼三三三旅。面对穷凶极恶的日军，该旅一个营的官兵首先跃出战壕，高唱着《大刀进行曲》，抱着必胜的信念向日军猛扑。其他营、连受其鼓舞，迅速吹起冲锋号角，组织官兵与日寇展开殊死搏斗，杀得敌人丢盔弃甲、落荒而逃。第二次临沂之战又以日军溃退告终。此次战斗中，中国军队奋勇杀敌，日寇节节败退，敌师团长板垣征四郎在慌乱中丢掉了大衣和手杖。两次败北，使板垣征四郎寝食难安，恼羞成怒，几次想要自杀。

4月21日上午9时，日军板垣师团、矶谷旅团2000余人，附火炮七八门，进犯西马甸。守军凭借工事固守至中午12时许，阵地屹然不动。日军转向西马甸以西约2里的耿庄进犯，将其攻陷，西马甸顿感威胁。当晚，中国军队调东马甸配属二营的七、八连归还建制，加强西马甸防御力量。

4月22日早9时，攻陷耿庄之日军猛攻西马甸，激战甚烈，西马甸告急。六六五团李亚东团附调东马甸二营五、六连前往增援。激战至下午1时，王肇治旅长再调六六六团一营营长林润厚率该营一、二连至西马甸左翼投入战斗，打到夜幕来临，日军攻势不衰。4月23日凌晨2时，中国军队又调东马甸六六五团二营遗留部队增援，东马甸防务交六六六团三营接替。6时，日军步炮协同，配属坦克猛扑东、西马甸，我官兵英勇奋战，敌我双方死伤均重。7时，六六六团一营营长林润厚光荣殉国。8时，日军昼夜猛攻失利，被迫退往贺庄。

三三三旅抓紧战斗空隙，调整防务，东马甸以六六六团三营营长彭景文率部据守，并派出一个连占领黄家，防敌迂回。西马甸位置重要，系日军频繁发起进攻的主要目标，中国军队须重兵防守，故指定街中为战斗地境，以六六六团一营为右翼，六六五团二、三营为左翼，统归六六六团团长刘晋武指挥。各部队修复工事，准备抗击敌军进犯。

4月24日上午9时，得到增援的日军再次发起猛攻，炮兵猛烈轰击，敌机临空助战，西马甸村内落下炮弹数百发，烈焰冲天，硝烟弥漫，一片大火。日军步兵在坦克掩护下发起冲击，村内守军顽强战斗，坚守阵地，连续击退日军3次冲锋，又短兵相接，肉搏拼杀，敌尸遍野，日军终于被迫退却，在坦克掩护下，由原方向败退而去。

至此，日军深感雷池难越，除每日炮击外，没再大举进犯。为了策应友军作战，我前线部队不时派出小分队袭击日军。坚守至5月8日，改由新五师接防。三三三旅在18个昼夜中，前赴后继，战斗不屈。屡计毙伤日军七八百人，该旅以辉煌战绩，先后受到二十军团、第五战区的传令嘉奖，并犒赏法币20余万元。

三三三旅先后3次作战，其阵亡军官26人，士兵517人，伤军官18人，士兵443人，伤亡合计高达1004人。该旅调往江苏宿迁一带整顿补充。

三三三旅在东、西马甸激战时，南线日军由海门、南通登陆北上，牵制徐州会战迂回台儿庄。日军派出秋山旅团3000余人，附山野炮8门，工骑兵一部，在飞机、汽艇的配合下，直扑江苏阜宁。二十四集团军总司令兼江苏省主席韩德勤的嫡系部队八十九军畏敌如虎，一触即溃。4月24日，东台失守，盐城、阜宁告急，韩德勤急调一一一师三三一旅前往增援。一一一师师长常恩多指挥三三一旅集结于盐阜公路西侧，对北犯之敌全面出击，一夜之间，将敌切成数段，使敌军首尾不能相顾。常恩多率部转移至阜宁以北，迂回至右侧，与敌激战至夜，敌渐渐不支。不料阜宁守军韩德勤三五一旅不战而退，弃城而走，使敌占领阜宁城，得以喘息之机。竟使战局逆转，前功尽弃。常恩多又率部迂回至日军右侧，激战通宵，日军不支，阜宁之围，解放在即，不料守御阜宁的八十九军又不战而溃。5月6日，日军占领阜宁。

阜宁前线战局变幻，常恩多率一一一师苦战于阜宁城郊，很快克复阜宁城，给秋山旅团以沉重打击，粉碎了日军迂回增援台儿庄的阴谋。韩德勤忽派专员携带巨款前往阜宁前线，拉拢常恩多为其保驾。常恩多退还贿款，义正词严地表示："我们是抗日军，不同于你们的保安师专为保驾的，给钱才打，我们的士兵只知为国为民，用不着拿公款做私人人情！"

临沂阻击战是台儿庄战役的重要组成部分。此役将板垣、矶谷两师团拟在台儿庄会师的计划彻底粉碎，为台儿庄大捷、围歼矶谷孤军创造了契机。

四、日照碑廓之战

徐州会战逐步展开，五十七军归韩德勤的集团军指挥，部署于苏北，担任长江北岸右翼牵制敌军任务。

1938年1月，五十七军一一二师三三四旅六六七团团长万毅率团开往连云港一带，以防日军从海上进攻。3月，经中共中央长江局的批准，从高密抗日游击队（蔡晋康部）撤出的108人中的80多人由伍志钢和李欣率领，以从徐州招来的新兵为名，搭上从徐州到新浦的火车。由于没有座位，他们就趴在车皮顶上。火车一开动，真可能被晃下来。火车顶风疾驰，烟筒冒出的煤烟，刮得他们满头满身都是煤灰，身上又冷，但是，靠着坚强的革命意志他们忍受住了，到达东北军五十七军一一二师三三四旅六六七团驻地。而此之前的几天，长江局巡视员张文海（那时叫张吉人）和谷牧已见到了万毅，万毅用招兵的名义向师长霍守义请示，由于部队缺兵，师长很快就同意了。这批新兵到万毅团的主要任务，是使一一二师成为一支同共产党合作的坚决抗战的队伍。

而谷牧则是在1936年任"左联"北平的负责人之一时，被派到东北军，从事兵运工作。在西安东城门楼，谷牧参加了张学良卫队营主持的东北军学兵队。学兵队是张学良为了实行联共抗日、改造部队而举办的。共产党负责领导东北军兵运工作的北方局给予学兵队大力支持，先后介绍三批抗日爱国青年、民先队员和地下党员到西安参加学兵队，学兵队成了共产党员的训练班。学兵队当时计划是四个队，其中，一队的书记是郭峰（中华人民共和国成立后任辽宁省委第一书记）；三队的书记是伍志钢，后来成了万毅部队的中共工委书记。中华人民共和国成立后担任文化部副部长的吕志先、铁道部副部长李震、上海市委书记王一平、《光明日报》发表《实践是检验真理的唯一标准》时的社长杨西光等高级干部，当年都参加了学兵队。

由于按东北军的规定，万毅作为团长无权任命军官，所以，伍志钢只好当了"上士文书"，李欣和谷牧都成为"二等兵"。

万毅仿照西安事变前在西安东城门楼成立学兵队的方式，将进入团里的80余人组建为第一期新兵队，这其中，中共党员20人，其余都是民先队员。他们由上尉副官何儒林任队长，中校团附孟广仁任军事教官，李欣被任命为新兵连第一班班长。一个多月的训练结束后，新兵中的地下党员以传令兵的身份，被分配到基层连队秘密建立党的组织；在团部留下20余人组成宣传队，有计划、有组织地开展抗日救亡宣传工作；同时创办团报。这样，一方面可以深入广泛地开展抗日宣传活动；另一方面可以接近群众，便于做群众工作，逐步改造好这支部队。

为配合徐州会战的外围作战，1938年春，第六六七团随第一一二师第三三四旅北上，赴山东日照一带作战，打击登陆的日军及其别动队刘桂堂（刘黑七）、张宗元、刘沛臣等土匪部队。刘桂堂曾经是多年流窜山东、河北、河南几个省的惯匪。在收复被土匪占领的碑廓、巨峰等地时，第六六七团的山炮一响，正在抵抗的土匪武装不敢再战，慌忙逃跑，碑廓和巨峰被收复。以后六六七团二营在圣公山争夺战中打得英勇顽强，二营营长樊鸿盛负了重伤，五连连长孟昭胜英勇牺牲。

不久在赣榆的柘汪、大石桥一线，第六六七团与六六八团并肩携手，对日军及土匪部队展开进攻，经一夜作战，将进犯之敌击溃，并将其打下海去。此役共缴获迫击炮十一门，步机枪、弹药等甚多，使当地士气民心大振，坚定了人们抗战必胜的信念。

新兵队员们也参加了战斗，任务是掩护炮兵阵地。原新兵队队员，离休前曾任国务院港澳办副主任的李后老人在其回忆文章《风雨六十年》中有这样的记述[1]：

我们来到六六七团后，先在专为我们成立的新兵队接受了大约一个月的军事训练。每人领到一支"三八"式步枪，并且进行了实弹射击。自抗日战争爆发以来，我们多么渴望有一杆枪啊！这种心情，大概只有处在我们那个时代和环境的人才能理解。尽管第一次实弹射击的成绩很不理想，但对我们这些刚离开学校和家门的学生娃娃来说，由过去从来没有摸过枪，到懂得枪

---

[1] 李后：《岁月留踪》，中国华侨出版社，2001年6月版。

的构造和射击要领，并亲自射出了三发子弹，毕竟还是在从军道路上迈出了重要一步。

一个月以后，新兵队随部队北上山东日照一带作战。当时正值台儿庄会战，日照战场可说是台儿庄会战的一个侧翼。万毅同志指挥六六七团部队，在友邻部队配合下，连克日照以南的碑廓、巨峰等要地，给从日照南犯的敌伪军以沉重打击。作战期间，上面配属给六六七团两门山炮。万毅同志为了锻炼我们，就把新兵队放在炮兵阵地上，担任警戒，负责掩护炮兵。这是我们生平第一次亲临战场，经受战火的洗礼。随着从我们身边发出的一声声震耳欲聋的巨响，看到敌人阵地上冒起一团团白烟，接着从远处传来炮弹的爆炸声，我们每个人的精神都处在高度亢奋的状态。

部队在日照作战期间，新兵队结束。多数同志分到各营连，负责做下层军官和士兵的工作；党组织（中共一一二师工委会）的主要负责人和包括我在内的部分年轻同志留在团部，成立了一个宣传队，任务是通过演剧、唱歌，宣传抗战，鼓舞士气，活跃部队生活；同时掩护党的领导机关以及党在基层的工作。

战役后，六六七团宣传队还编写了活报剧《孟连长之死》，宣扬英雄们的事迹。

关于从高密抗日游击队（蔡晋康部）撤出的108人中的80多人由伍志钢和李欣率领参加六六七团的经历，李欣在《李欣口述自传》中也作了记述[1]：

当第一期新兵队训练结束后，我们被派到各营连以传令兵的名义去做党的工作。一共有20多人，每连一至二人，有陈汉、王儒林、王翀、邹铎[2]、徐炜、徐信、张翼、赵欣、尤深、刘家栋、李后、吴健民、王洛、兰孝永、张茂森、张懋钧、庄明箴、姜明吾、王平、夏锡铭、王功哲、张战戈、孙聘之、陈先、张锐等同志。各营成立了党支部，我和赵书扬、赵志刚分别任一营、二营、三营的支部书记。党的工作方针是：通过我党的工作，使一一二

_____

①李欣口述，徐建中整理：《李欣口述自传》，第139—140页，中国大百科全书出版社，2014年4月。

②邹铎（1917—1974）山东威海人。抗战时，在鲁南参加抗日民主解放先锋队，从事抗日爱国活动。1944年12月，在昆明经楚图南（曾任民盟中央主席）、周新民（曾任民盟中央委员）介绍加入中国民主同盟。中华人民共和国成立后，历任徐州市青年学校总务科长、中苏友好协会总干事、抗美援朝分会秘书长及徐州市政府委员、副市长等职，1964年调往南京任江苏省民盟秘书长，1974年病逝于南京。

师成为一支坚持抗战团结的铁的国防军。为达到这一目的，我们还成立了宣传队，由王中任队长兼支部书记。队员有徐天石、徐云浦、黎明、李玄、单中和（单岗）、吴华民等20余人，还组建了民运工作组，由王国栋（鲁平）负责，开展战区群众工作。

当时我们属于地下党，表面上是宣传队，实际上是地下党领导的以宣传队作为公开形式出现的。用萝卜来比喻，那是"白皮红心"，外头是白的，里头是红的。

后来，六六七团驻防淮阴和转战鲁南，又组建过第二、第三期新兵队。万毅率领这支面貌日新的队伍转战苏北、鲁南大片土地上，不仅多次挫败日寇妄想从海上登陆的企图，也使他们一次又一次的攻城略地计划不能得手。

当时以传令兵的名义派了20多名同志到营、连区，便在营里成立了党支部。李欣、赵书扬、赵志钢分别担任一、二、三营的支部书记。留在团部的同志，办起了名为《火线下》的油印小报，由郭虹隽、王希坚分任正副主编，赵欣、李后任编辑；还成立了一支二十余人的宣传队，由王中任队长兼支书。另有民运工作组，由王国栋（鲁平）负责，开展战区群众工作。党的工作方针是：通过共产党的工作，使该部成为一支坚持抗战的铁的国防军。

在万毅同志的大力支持下，经过一段时间的工作，部队政治觉悟有了很大的提高，战斗情绪高昂，遵守群众纪律。六六七团的这一转变，很快传到了六六八团，团长崔锡璋便来向万毅要人帮忙。他们也仿照六六七团的办法成立了宣传队，派了地下党的同志去连队工作。该团一营原来一直就有吕志先（姚希平）同志在那里坚持党的工作（吕志先是1937年5月由"东工委"派去的），这样一来，地下党的力量就增强了。

工委书记伍志钢同志非常重视连队基层党的建设，为遵循工作方针，使部队成为一支坚持抗战的铁的国防军，他亲手拟定了一份很详细的组织工作计划，规定了严格的组织制度，定期举行会议汇报。据李欣回忆：

我们下到营、连以后，首先熟悉工作环境，搞好群众关系，在战士们中间，通过教唱救亡歌曲，给他们读报，同他们打成一片，广交朋友。发现有的人违犯群众纪律（如抓老百姓小鸡之类），他们主动掏钱赔偿老乡，然后再进行批评教育，使这些人口服心服，再也不干那种事了。他们还注意从官兵中发现进步分子，经过缜密考察和培养教育，个别吸收入党，或发展为"民先"队员。同时，为适应旧军队的特殊环境，做到有步骤地把旧军人改造成新军人，有的连队把正直的军人组成"健全军人同志会"，运用这种形式，不断鼓励他们上进。这在当时是一个创造。

团部办的《火线下》油印小报，有消息，有评论，有表扬，有批评，内容丰富，形式活泼，出刊及时，深受欢迎。当时万毅团长也针对部队的倾向给小报撰写文章，介绍军事知识，表扬模范人物，对部队教育很大。

六六七团宣传队是依靠"差占"（即占用连队名额）建立起来的，队长和队员一律按照二等兵待遇。他们在部队中展开歌咏活动，搞得非常活跃，上至师长下至士兵，都会唱《流亡三部曲》。每逢部队集合，团长亲自指挥唱歌，连队之间相互拉歌，歌声嘹亮，情绪激昂。万毅还将他利用法国《马赛曲》的乐谱填词作的《六二七团团歌》改为《六六七团团歌》，在全团教，到处传唱。歌词如下：

> 神圣的自卫战争是民族最后生路，
> 大家向前！
> 倭寇逞强权侵我东北，
> 更无餍踏进长城关。
> 寇已深，国将亡，家已破，
> 我们要誓死收复旧河山。
> 遵守团体铁纪律，
> 组织成救亡铁阵线，
> 统一意志，集中一切力量，
> 为争生存而战，为复失土而战，
> 勇敢前进，到东北去，
> 青年的六六七团！

宣传队还经常演出话剧、活报剧，其中《放下你的鞭子》《东北一角》《流寇队长》《孟连长之死》《连云港暴风雨》等比较有影响。万毅团长、王中队长有时和队员们同台演出，体现了一种新的官兵关系，使大家很受教育。

那段时间，留日回国学生秦寄萍、秦亢青（民先队员，七七事变前在北平上大学）兄弟俩，在第一一二师工委领导下的经历，就反映出工委在帮助地方党恢复和重建党组织的活动中，取得的扎扎实实的工作成果。

兄弟俩的老家是山东日照。1937年7月，日本大举侵略中国，同年冬，侵入山东。1938年2月，日本飞机和军舰轰炸了日照。面对敌人的滔天罪行，秦亢青和哥哥秦寄萍按捺不住愤怒的心情，到处寻找抗日的机会。1938年春，他们听说附近来了一支抗日的队伍，4月中旬，秦亢青主动跑去了解情况，非常惊喜地遇到了一个熟人：第五十七军六六七团的新兵——曾流亡北平的大学生赵书扬（中共地下党员），了解到他是随伍志钢、李欣等八十多人一齐加入第六六七团的。秦亢青回家叫上哥哥，第二天，赵书扬陪着兄弟俩一起到了第六六七团，见到了团长万毅（中共特别党员）。很快，部队接受了秦寄萍、秦亢青两人的参军要求，二人被编入了该团，成为新兵。①

当年夏天，第一一二师中共地下工委派共产党员赵志刚、李欣、王国栋等，由秦寄萍和秦亢青做向导，以"五十七军日照宣传队"的名义来到了下元村，开展抗日宣传，并成立了中共下元特别支部，由赵志刚任特支书记。下元特支属第一一二师工委领导，主要活动在以下元为中心的涛雒、碑廓、巨峰等地，深入日照以南地区开展抗日宣传和帮助地方恢复或建立党的组织。中共下元特别支部领导统战性的群众团体"日照县抗日民众自卫联合会"（简称"区联会"），"区联会"主任是赵志刚。秦寄萍、秦亢青协助工作，兄弟二人都受过高等教育，均为"区联会"的骨干成员。他们宣传抗日民族统一战线政策，宣传"有力出力，有钱出钱"的抗日爱国思想，争取社会上层人士站到抗日旗帜下。活动的方式有，印刷传单，书写抗日标语，每天将收到的抗日消息刻印成传单，到各村和集市上散发。还召开群众大会，进行抗日救亡的演讲，组织文艺宣传队，成立了"血花剧团"。由秦寄萍和秦亢青领导，在当地排演抗日戏剧和歌曲。在开展宣传活动的过程中，吸引了一批青年学生和爱国知识分子，如郑炎、郑怡、牟峰、丁君谦等都参加了宣传工作。当时由秦寄萍、郑怡合演的短剧《放下你的鞭子》深受欢迎，有力地激励和鼓舞了群众的抗日斗争情绪。②

通过实际斗争的锻炼和考验，下元特支逐步培养和先后发展了一批共产党员。1938年9月，下元特支首先在范家村由赵志刚介绍了秦亢青入党；后来又由秦亢青先后介绍了郑干、郑炎、丁勋南、丁君谦等人入党，增强了党的战斗力。

1939年春，为积聚、壮大抗日力量，随第一一二师从江苏北部转战至山东的师工委和六六七团团长万毅，又派人找到赵志刚、秦亢青等人，要求动

---

①摘编自日照市委党史资料征集委员会1985年9月编写的《日照抗日八年》，第131—133页，日照抗日八年大事年表。

②同上。

员进步青年充实部队。在秦寄萍、秦亢青兄弟俩的联络带动下，八九十名进步学生来到第六六七团，被编入第三期新兵队训练。①两个月的训练结束后，大部分成员被分配到旅部战地工作团。工作团通过生动的戏剧表演和唱歌等形式，大力宣传团结抗战的宗旨，对提高部队抗日救亡的思想觉悟和焕发斗志发挥了相当积极的作用。

据万毅将军回忆②：

……三期新兵队的训练和分配使用，使部队的面貌大为改观，为我党的政治宣传工作，思想教育工作，基层组织工作，都打下了一个很好的基础。过去我们这里是一支军阀部队，干什么都是旧军队那一套。这批青年来了就不一样了，他们一下子都到连队去了，去做实际工作，有的人很善于做群众工作。在他们的宣传教育下，一些人被发展入党，有的营长、连长、排长是党员，建立了支部和小组，大家一心一意抗日，去掉军阀旧习气，关心士兵，不"喝"兵血。部队还提出了这么几句话：打鬼子，爱百姓，自觉遵守纪律，团结进步。就这么简单，却鼓舞了士兵情绪，提高了战斗力。这些青年在火线上也同战士一起战斗，有的英勇牺牲了，对部队影响很大。师工委书记伍志钢在战斗中带着两个病号突围时，牺牲了……

　　1990年2月10日，曾在东北军五十七军战斗、工作过的部分在京老战友元宵节合影。前排左二起：张翼、李欣、万毅（双目失明）、谷牧、吕志先、秦寄萍。中排左起：陈先、赵欣、牟锋、张文欣（原名张茂钧）、蓝孝永、黄毅、秦盾、卢山、刘准。后排左起：徐信、徐昂（原名徐德法）、李后、王冰、王烈、鲁平。

①万毅：《万毅将军回忆录》，第60页，中共党史出版社，1998年11月。
②万毅：《万毅将军回忆录》，第60—61页，中共党史出版社，1998年11月。

五、第五十七军一一一师战地服务团

1937年8月，国民党东北军五十七军一一一师进驻南通。当时市内集聚着一批开展抗日救亡活动的学生，为首的是徐惊百与邹强、孙卜菁、吴质等7名大学生。一一一师进驻南通城后，由徐惊百、邹强提议，组织了"抗日义勇宣传队"。该队队员还有：孙卜菁、吴质、赵琅、张非武①、吴滨、王衍（王颂旋）、陈瘦秋②，以便取得一一一师的承认与支持，有利于名正言顺地开展抗日救亡宣传活动。他们通过关系消除了国民党控制的政治部政训处的怀疑，在五十七军中共地下工委的支持下，经常师长同意，进入一一一师。但政训处以种种理由，不将宣传队列入编制，名额限30人，宣传队队长由政训处派政训员段克文担任，借以对全队进行控制。宣传队虽然名义上归一一一师政训处领导，但实际上已与中共地下工委建立了密切的关系。宣传队成立后，出版《军民导报》，宣传抗日救亡，组织歌咏队、剧团，在剧场和街头演出，陈瘦秋、张聪武演出的《放下你的鞭子》曾轰动一时，观众演员声泪俱下，台上台下一片激情。1937年底，一一一师整军。军工委发挥宣传队的作用，加强部队的政治工作，出版《烽火报》，宣传抗战的意义，坚定胜利信心，教唱抗战歌曲，如《军民合作一条心》《大刀进行曲》等，激励士气，活跃部队，广泛开展交朋友活动，发送进步报刊，扩大共产党八路军的影响。

一一一师抗日义勇宣传队隶属于一一一师政训处序列，而实质上接受五十七军中共工委（1938年1月改为一一一师工委）领导，工委首批发展的党员即在抗日义勇宣传队内。1938年夏秋时节，一一一师工委在宣传队发展的第一批党员是徐惊百、邹强和周丕炎。1939年3月，宣传队成立党支部，周

①张非武（1916.12.12—2016.9.9）江苏南通人，南通著名实业家、教育家、清末状元张謇的长孙女。毕业于通州女师。曾携二妹柔武同去日本游学。组织参加了东北军五十七军一一一师义勇宣传队，并把小妹聪武（1922年生，次年中秋夜在小马桥遭敌军包围，突围时不幸牺牲在日寇的枪口之下）带去演歌舞、话剧。抗战胜利后，与丈夫及朋友在美国办起了人人企业公司，经营电器产品，总店设在纽约，在美国其他城市及中国大陆、台湾地区均有分店，侨居美国。1981年，非武在中国香港约其弟、妹晤面，阔别了33年的亲人终于相见。1987年两岸通航后，曾携子女回故里，受到地方政府和亲朋故旧的热情接待，现住中国台北市。

②陈瘦秋（1913.11.17—1940.11.27）原名陈广钰，祖籍安徽巢县，幼年随父母定居于南通市唐闸镇。抗战烈士，话剧编剧、导演、演员、化妆师。20世纪30年代初，经南通籍著名演员顾而已介绍加入上海业余实验剧团，后成为上海业余剧人协会会员，参加过著名话剧《醉生梦死》等的演出。1937年加入抗日义勇宣传队，自编自导自演过多种活报剧，积极鼓动民众投身抗日洪流。1940年11月27日被汉奸杀害，年仅27岁。

一一一师宣传队员张非武(右)与战友徐微合影

丕炎为书记,邹强为组织委员,徐惊百为宣传委员。9月,党支部改组,直接归师工委领导。

同年6月,日军调动两个师团、一个混成旅,对鲁南进行大"扫荡",国民党控制的五十七军政治部跟着一一一师后方机关逃难,一一一师各团的政训人员几乎全部被吓跑。常恩多急调宣传队去前方,扩充人员组成战地工作队,加强反"扫荡"中的政治工作。战地工作队以王维平为队长、张苏平为民运组长。9月下旬敌情逐渐缓和,政治部回到师前方指挥部,王维平辞去战地工作队队长职务,战地工作队改名为战地服务团。

这时,一一一师三三一旅开办军事队,政治教育量较大,战地服务团的徐惊百、邹强、孙卜菁、吴质等人参加授课,并辅之以文化教育。政治教育以毛泽东的《抗日游击战争的战略问题》《论持久战》为基本教材,包括西安事变的历史意义、团结友军、军民合作、打回老家去等内容。

1940年下半年,五十七军政治部主任调战地服务团去军部集训。此时原东工委书记项乃光叛变,为防止暴露,师工委要求部分党员撤退。战地服务团接到指示,借去军部集训的机会,让一些党员和进步青年撤出五十七军。徐惊百因骨痨病复发,准备回江苏老家医治,邹强等人以陪送为名随之撤走,还有些人告长假回家,剩下20余人集中到军政治部驻地集训。

1941年2月,在国民党掀起的第二次"反共"高潮中,一一一师在政治上发生逆转,几个顽固派军官将部队里主张联共抗日的人,视为投靠蒋介石的障碍。他们阴谋制造了"二一七"反动事件,大搞白色恐怖,提出"为了延续一一一师的政治生命,清除左倾分子"的口号,按照事先拟定的名单逮捕、审讯和杀人,战地服务团也被集体扣押监禁。顽固派军官本打算将服务团押送到国民党军鲁苏战区总部,师工委利用"反共"顽固派的疏漏,暗中派人传递信息,告知外面的斗争情况,指示服务团进行反迫害斗争。服务团的党支部带领大家拒绝前往总部并集体绝食抗议,服务团上下一心,在敌对势力面前,全体成员无一屈服,他们大唱抗战歌曲,引起广大官兵和驻地群众的关注,甚至有进步军官出面为服务团说情。在军内外舆论的强大压力下,斗争取得胜利，"反共"顽固派军官不得不中止上送决定，改将服务团就地遣散，只留下7个人分散在师里的不同部门。至此，战地服务团终止了活动，被迫解散。

六、中共人物（三）

壹佰陆拾　陈　先

陈　先（1922.5—1993.6.20）又名陈廷柱，山东诸城人。

1937年11月参加抗日民族解放先锋队，1939年5月加入中国共产党。

抗日战争时期，受党的地下组织的影响和教育，在山东高密游击队工作，历任山东省青年抗日先锋总队副总队长，山东青年干部学校一队队长、科长，山东鲁中区青联鲁中青年抗日先锋队总队长，鲁中区党委民运部科长，《鲁中大众》总编等职。

解放战争时期，先后任豫、皖、苏区党委民运部科长，尉氏县委副书记，武装部、宣传部部长，豫、皖、苏分局青年科长等职。

中华人民共和国成立后，历任武汉市青联主席、共青团市委副书记，武汉市体育总会分会主席，中南文委党组成员，中南体育总会副主席兼秘书长，中南体委办公室主任兼中南团委军体部长。

1954年调国家体委，先后任群体司司长，训练局党委书记兼局长，国家体委副主任、党组成员，中华全国体育总会副主席、中国奥委会副主席、中国乒乓球协会主席，亚洲奥林匹克理事会副主席，中国航空运动协会主席、中国高尔夫球协会副主席。

是第六届全国政协委员。

1989年被国际奥委会授予"奥林匹克银质勋章"；被国际乒乓球联合会授予"贡献金质奖章"。

1991年被国家体委授予"体育工作荣誉奖章"。

1993年在北京逝世，享年71岁。

2002年12月，中国乒协追授他"中国乒乓球运动最高荣誉奖"。

壹佰陆拾壹　陈绍先

陈绍先（1916.2.13—2001.3.12）北平房山县周口店人，出生于大家族殷实家庭。幼入私塾，后在北京前门外煤市桥德和祥洋货铺学徒。

1931年11月入北京北苑东北军炮七旅十五团当兵，1932年夏入山海关东北军独立九旅（何柱国部）骑兵连。

1934年秋至1935年夏考入国民党中央军校洛阳分校军士教导队。

1935年夏至冬任五十七军一〇九师六二七团八连班长。1935年11月，在甘肃天水直罗（镇），与红军作战时，整师被歼被俘。此时他任营长，与副营长李鸿德同期被俘，在瓦窑堡受训，第一次接触到红军，受到教育。

1936年春至夏任新组建的五十七军一〇九师六二七万毅团八连副排长。1939年5月由王翀、王儒林介绍加入中国共产党。

南京保卫战后重新组建为六六七团。任该团三营小炮排排长（小炮排直属营部）。其间参加了淞沪会战的江阴保卫战，南京保卫战侧翼的扬州保卫战，徐州会战的连云港保卫战，驰援武汉会战的突袭合肥机场，返援安徽的宿迁战役。

1940年夏至1941年秋任五十七军一一一师三三三旅六六六团七连连长。

1941年秋至1942年8月任五十七军一一一师六六六团团部附员。

1942年8月至11月任新一一一师少校副官，在新一一一师三三三旅任职。负责该旅与师部并山东分局的联络工作。

1943年6月至1945年9月任兖州办事处主任，山东鲁南军区大股敌军工作团团长，鲁南军区驻兖州办事处。

1945年秋至1949年历任东北通化军区司令部兼杨靖宇支队侦察科长，辽宁军区政治部联络科长，四野五纵十四师（原独立二师）炮兵营营委书记，四野四十二军一二五师（原五纵十四师）政治部联络科并民运科科长。

1950年10月至1955年8月随四十二军入朝参战，后调志愿军司令部。

1952年1月至1958年7月历任志愿军司令部招待科、司令部行政经济管理处接待科科长等职务。

1958年7月至2001年3月——山西省潞安矿务局。历任筹备基建处副处长、生产处长、党委组织部部长等职。

1983年12月离休。

荣获二级独立自由勋章（抗日战争），三级解放勋章（解放战争），三级红星勋章（抗美援朝）。

2001年逝世，享年85岁。

壹佰陆拾贰　陈振麓

陈振麓（1913—1939.2.11）山东平阴县北辛村人，出生于知识分子家庭。1920年随父迁居济南。曾就读于平阴夏沟小学、济南一中、聊城山东省立二中、北京师范大学附中。九一八事变后，参加济南学生赴南京请愿团。

1933年，他在察北（今张家口北郊）一带参加了冯玉祥、方振武、吉鸿昌等领导的察哈尔民众抗日同盟军，其间，1935年加入中国共产主义青年团。抗日同盟军失败后，他与组织失去联系，重新开始上学。1936年秋，考入青岛国立山东大学生物系。其时，李欣正在山东大学联络进步学生，开展多种形式的抗日救亡活动，在李欣介绍下，加入了中华民族解放先锋队青岛山大学生队。1937年9月，经中共东北军工委批准，恢复了陈振麓的组织关系，同意转为党员。中共东北军工委指示成立中共青岛特支，李欣任特支书记，陈振麓任组织委员，带领山大学生到毕家村参加抗日游击队。同年11月，东北军工委决定，撤销中共青岛特支，成立青岛市委，他任中共青岛市委书记。

1938年1月，率崂山抗日游击队到诸城，与高密游击队工委领导的力量会合，组成高密游击队第四中队。不久，带领第四中队向徐州转移，与中共中央长江局取得联系。后被派往东北军五十七军六六七团万毅部。1938年秋天，六六七团在连云港附近与日军作战，因为给养送不上去，战士们三天没吃东西，他因患晚期肺结核病口吐鲜血，晕倒在战壕里。党组织把他送到赣榆城里地下联络站暂住，不久，中共日照特支派人接他到日照卜萝村共产党地下关系叶香坡的医院治疗。在卜萝村期间，他仍然支撑病体，培养、发展了一批党员，建立了中共卜萝村党支部。

1939年1月，陈振麓病情加重，家里人准备将其接回济南。因日本人不准担架上火车，他的亲人硬是步行将他抬回济南家中。

1939年2月，在喃哝着《国际歌》中逝去，时年26岁。

1950年，被山东民政部门追认为革命烈士。

壹佰陆拾叁　谷　牧（刘曼生）

谷　牧（1914.9—2009.11.6）本名刘家语，山东荣成宁津镇东墩村人，生于农民家庭；家境困难，祖父对谷牧说："日子再艰难，也要供你读书，支撑起咱这个家。"因此从7岁开始，入私塾。16岁考取荣成县立第一高等小学，其间被吸收为共青团员。后入山东省立（文登）第七乡村师范。1932年7月，加入共产党，改名"谷牧"。

1934年，受中共委派赴北平，加入中国左翼作家联盟，成为"左联"在北平的负责人之一。1936年，又到张学良所属东北军，从事兵运工作。

1938年3月，受中共中央长江局指派，前往东北军五十七军一一二师，在万毅任团长的六六七团做兵运工作。1940年，在离开东北军后，进入山东抗日民主根据地。历任中共中央山东分局秘书主任，统战部长，山东军区政治部统战部长，中共滨海第二地委书记、兼滨海军区第二军分区政委等职务。

解放战争期间，历任中共中央华东局秘书长，中共华东局直属滨海地委书记兼滨海军分区政治委员，中共新海连特委书记兼新海连警备区政治委员，鲁中南区党委副书记兼鲁中南军区副政治委员。

中华人民共和国成立后，任济南市委书记、济南市市长，济南警备区政治委员等职。

1952年3月，调任中共上海市委宣传部部长，12月起，历任中共上海市委第二副书记、上海市工业生产工作委员会书记、中共中央华东局工业部部长、中共上海市委副书记。

1954年12月，调任国家建设委员会副主任。1955年4月，任国务院第三办公室副主任。1956年7月至1965年3月，任国家经济委员会副主任、党组委员、党组副书记，1964年8月至1965年3月兼任中央工业交通政治部主任。1965年4月，任国家基本建设委员会主任、党组书记。为三线地区的交通建设、国防工业建设、电子工业建设等做了大量卓有成效的工作。

"文革"期间，受到迫害。1966年9月，党中央决定谷牧协助国务院领导同志抓经济工作。他常常白天挨批斗，晚上抓工作。

1973年3月后，任国家基本建设委员会革委会主任、党的核心小组组长，兼任国家计划委员会革委会副主任、党的核心小组副组长。在周恩来总理的关心和支持下，由他主抓的港口建设工作取得显著成绩。

1975年1月，他任国务院副总理兼国家基本建设委员会主任、党组书记。在邓小平同志主持下，他参与组织实施对国民经济的全面整顿，并以铁路运输为整顿的突破口。

粉碎"四人帮"后，分管对外经济贸易工作。1979年8月，他兼任国家进出口管理委员会、国家外国投资管理委员会主任、党组书记。

1978年9月后，兼任国家计委副主任、党组副书记，中国人民解放军基建工程兵政治委员、党委第一书记。

1980年2月至1985年9月，任中央书记处书记，1982年5月至1988年4月任国务委员。

1988年4月，当选为全国政协第七届委员会副主席，兼任全国政协经济委员会主任。

1993年3月，届满退休。

中共第十、十一、十二届中央委员，第十一、十二届中央书记处书记。

2009年在北京逝世，享年96岁。

壹佰陆拾肆　管松涛

管松涛（1902.10—1966.5.1）原名管之山，出生于山东巨野县田桥乡邬官屯村的一个雇农家庭。8岁给地主放猪，来帮助父亲维持家庭的生活。10岁时，他母亲由于贫困和病魔交加离开人世，扔下他和两个弟弟。由于依靠父亲当长工扛活已无法养活全家，他就只好带着两个弟弟去讨饭糊口。16岁时，他到一家姓赵的地主家去扛活，一晃3年过去了，结账时地主却只给了管松涛少得可怜的两吊钱。性格刚毅的他痛苦至极，两眼含泪将两吊钱交给了他的父亲，一句话也没说就离开了家。

他远走异乡到天津，生活依然无着落。恰逢直系军阀的军队在天津招兵，他从此开始了戎马生涯。直奉战争中他又参加了东北军。由于肯吃苦，作战勇敢，他历任班长、排长，在1927年就当上了连长。

四一二政变，国民党大肆逮捕和屠杀中国共产党人。济宁市的中共党员刘山林逃出后，投奔到管松涛的连队当文书。他将刘山林掩护起来，并且掩护其开展革命活动，为其提供活动费用。

九一八事变后，东北军放弃东北奉命入关。寄希望于共产党的他千方百计地寻找中共党的地下组织。1931年冬，在天津经石又新介绍，秘密加入中国共产党。

1933年入南京炮兵学校学习，毕业后任东北军四十九军炮兵营连长。参加西安事变，后任东北军五十七军少校团附，参加徐州、扬州对日作战。1938年重新加入中国共产党。1940年他参与万毅组织的捕捉东北军五十七军军长的行动。1941年2月17日，———师反共军官扣押了三三三旅代旅长万毅，并按照事先拟定的名单逮捕、审讯和杀人。在这一逆流冲击下，六六五团团附管松涛，不得不撤出该旅，加入到名为五十七军补充团，实则为共产党领导的部队工作。他任补充团团附。1941年12月，任"统战面貌、（共产党）党军本质"的五十七军独立旅参谋长。1944年10月，任八路军山东军区滨海支队参谋长。

解放战争期间，进入东北，任东北民主联军七纵二十旅旅长。1946年任辽宁军区第二军分区司令员，参加了四平保卫战和三下江南战役。1948年任第四野战军四十军一五三师师长，参加平津战役。1949年因病休养。

1950年参加抗美援朝，任志愿军三十八军参谋长，参加了第一至五次战役。

回国后，任炮兵学校副校长、高级炮兵学校副校长。

1955年被授予少将军衔。1957年6月荣获二级独立自由勋章、二级解放勋章。

1966年病逝，终年64岁。

壹佰陆拾伍　郭虹隽

郭虹隽（1912—1941）又名季田，抗日烈士，山东诸城万家庄乡郭新庄（原名北郭家庄）人。1923年随家迁居城里，入高小读书。喜阅文学作品，1927年高小毕业改入县立中学。

济南五三惨案发生后，与臧君宇等同学组织学生会，领导学生游行、演讲、贴标语、撒传单、宣传抗日救国、抵制日货。同时创办了《青年旬刊》，后被责令停办。1930年初中毕业，考入北平弘达学院读高中，其间结识了李雪淡、余修、时玳（张万吉）等左翼文化名人，在他们的影响下，阅读一些文艺理论与社会科学方面的书籍，撰写诗歌、散文与评论，在报纸杂志上发表。

1933年夏高中毕业后毅然放弃考大学的机会，回到家乡义务办农民夜校，对青年男女进行新文化、新思想教育，启迪抗日救国思想。后因家族封建势力的阻挠，学校解散。1934年秋重返北平，改入法商学院经济系。翌年春，以共产党嫌疑遭捕，后脱险，逃往上海，为苏联在沪出版的《时代周刊》当英文版校对。不久因病辞职，以撰写文章为生。1936年12月，与弟郭梦家一起回诸城，任府前小学教师。

抗战爆发后，去鲁西北加入范筑先部，从事抗日救亡宣传工作。同年冬返回诸城，由府前小学校长王少云（王树成）介绍加入中国共产党。与弟郭梦家在郭家庄一带发展组织、筹建武装。12月，按组织决定参加蔡晋康部，做地下党的宣传工作。后因蔡部内国民党顽固分子对中共地下党进行袭击，于1938年2月根据上级指示统一退出蔡部，后参加东北军一一二师三三四旅六六七团，任《火线下》主编，编辑部为中共地下党一一二师工委的工作地点。后来他担任工委领导成员和六六七团党组织负责人。

1940年国民党加强对五十七军的控制，中共中央山东分局决定将在该军工作的地下党员、中华民族解放先锋队队员全部撤出。他被分配到山东分局宣传部工作，从此改名郭季田。

1941年，调山东大众印书馆（山东人民出版社前身）任编辑部副主任。同年冬，在鲁南大青山被日寇包围，突围时壮烈牺牲。

壹佰陆拾陆　江　潮

江　潮（1917—1996）河北定县人。父亲是一位乡村土医生，母亲早逝，继母对他并不好，因此学习刻苦，成绩总是第一名。但家境贫寒，被迫停学。

1934年，东北军五十七军到保定招收学生兵，听说学生兵可以有机会读书，他便报名，成了五十七军的一名"写字兵"。一年后被派到士官学校学习，由于各门成绩优秀，回到原部队就当上了排长。

抗日战争期间，他打仗勇敢机智，受到地下党组织的关注，1938年，发展他参加了党的外围组织——民族解放先锋队。1940年初，由张冀和当时的中共地下党工委书记谷牧发展他为中共党员。

由于东北军五十七军部分上级军官和日本人勾结在了一起，不仅密谋投敌，还要"清洗"军中的共产党员。为保存实力，罗荣桓指示派入五十七军的同志撤离。不准带走东北军的一人一枪，原先管钱管账的也要写好交接工作的清单。

撤离当天的起床号响起后，东北军的各部队都发现有战士不知去向，而他们的枕头下却多了一份《告东北军抗日将士书》，上面写着：我们是为抗日救国而去，此处不给我们继续抗日的机会，只得另寻为抗战尽力的地方。但有一些党员并没有走。他们在五十七军"土生土长"，还没有暴露共产党员的身份。其中连长江潮就是留下坚守的党员之一。

1940年底，他的共产党员身份被营长发现。他得知消息，将部队紧急集合，带着大量精良的武器装备起义。在前有岗哨把守、后有骑兵追击的情况下，抄小道历经千难万险跑了三天三夜，终于找到了中共特别党员万毅，与其他共产党员共同组织了新的部队。这支部队后来被扩编为海陵独立团（中国人民解放军三十八军一一三师三三九团前身），他任团长。江潮率领海陵独立团参加了甲子山三次反顽战役，坚持海陵地区反"蚕食"斗争。

解放战争时期，任由滨海军区部队一部编成的山东军区二师六团团长，东北民主联军第一纵队二师六团团长。10月上旬二师奉命挺进东北，次年8月编为东北民主联军第一纵队第二师，他任参谋长，后任第四野战军三十八军司令部参谋处长，解放军一一三师副师长、师长。挺进东北后，参加了三下江南（松花江）战役、四打四平战役、长春攻防战、辽沈、平津和渡江等战役。

中华人民共和国成立后，任中国人民志愿军三十八军一一三师师长，开赴朝鲜战场，参加了第一至第四次战役。三十八军曾经打出过一记漂亮的"左勾拳"——"三所里迂回穿插"行动，粉碎了敌军总司令麦克阿瑟的"圣诞节攻势"，成为世界战史上的经典案例。战役胜利后，司令员彭德怀亲自在嘉奖令中加上了"三十八军万岁"六个字。

从此，三十八军被称为"万岁军"，而具体负责穿插三所里的一一三师则被人们给予了"飞虎师"的美名。

回国后，任三十八军副参谋长、副军长。到南京军事学院学习了三年，门门功课都很优秀，经常能拿到满分5分，被留校任军事学院炮兵教授会主任、合同战术教研室副主任、训练部副部长。

1963年到西藏，任西藏军区（大军区）副参谋长、参谋长。在西藏期间，他两次因为肺结核和肺部支气管扩张吐血，被军用飞机送到北京抢救，最后只好离开西藏休养身体。"文革"期间，被调任四川省军区副司令员。"文革"后，任南京高级陆军学校副校长（正兵团），分管训练部。

1964年晋升少将军衔。获二级独立自由勋章和二级解放勋章各一枚，朝鲜政府颁发的一级自由独立、二级国旗勋章各一枚。

1996年因病在南京逝世，享年79岁。安葬于雨花台功德园。

壹佰陆拾柒　蓝孝永

蓝孝永（1921—2016.5.30）山东青岛北宅街道兰家庄人。1937年参加崂山抗日游击队。1938年加入中国共产党。曾在驻连云港的东北军五十七军一一二师六六七团万毅部历任战士、机枪连战士。八路军胶东军区十六团、十四团排长、连长，抗大队长，独立营副营长，胶东军区西海军分区司令部作战参谋、作战科长等职。解放战争时期，任苏南松江军分区金山县总队长。

中华人民共和国成立后，历任上海警备区军法处处长、军事检察院检察长，上海警备司令部工兵主任兼工程处处长，中共中央农林政治部组织部副部长。

20世纪70年代末，调任北京全国农业展览馆副馆长。

2016年5月，在北京逝世，享年95岁。

连云港保卫战发生时，蓝孝永只有17岁。因为年龄小，他并没有太多直接参加战斗的机会。蓝孝永回忆说，当时他和李欣、张翼等人一起辗转来到连云港，他参加了万毅团的学生队。

带着青年人的那份革命激情，蓝孝永开始了在连云港的战斗生活，平时除了参加新兵训练和军事斗争外，作为一名中国共产党党员，他还肩负着党组织交付的任务。蓝孝永说："组织上给我的任务是教育士兵要抗日，不能亡国，要积极向群众宣传党的思想，帮助他们反抗封建地主的压迫。"

壹佰陆拾捌　李　风（李凤，女）

李　风（1918.7.10—2010.7.6）原名李凤，山东省益都人。1936年在青岛国立山东大学参加一二·九学生运动。1937年在山大加入中华民族解放先锋队，12月加入中国共产党。先后任山东高密抗日游击队——蔡晋康部队员，山东省政府第一巡回宣传队队员。八路军陇海游击支队第一梯队教导员。中共苏北淮海、盐阜地委宣传部长。中共淮安县委第一书记。1943年前往延安，入中央党校二部学习。

解放战争时期，1945年任邓颖超秘书。1946年后任中共辽西突泉中心县委民运部长，县委副书记，齐齐哈尔市委组织部副部长。大连石油厂第一任厂长，石油学校校长。北京石油学院党委副书记、副院长，石油部炼化司副司长。

2010年7月6日，在北京逝世，享年92岁。

壹佰陆拾玖　李　后

李　后（1923.6.15—2009.9.27）原名李垕，山东省诸城人。1937年在本县府前小学结业，后到济南私立正谊中学就读。1938年1月，参加了蔡晋康游击队，并同青岛来的同志一起，组成党组织领导下的第四中队并参加了"民先"。不久，由于蔡部中的反动分子制造事端，又在党组织的带领下从蔡部撤出。3月初随同党组织以"新兵"名义进入东北军万毅部，从事友军工作，担任宣传队员。同月，加入了中国共产党。

1941年后在中共中央山东分局宣传部任宣传干事。1942年调山东《大众日报》社工作，先后担任通联科长、记者、编辑、地方版主编、特派记者、报社编辑委员会委员。

中华人民共和国成立后，历任新华通讯社山东分社编辑主任，《大众日报》编委。1951年调北京解放军总政治部八一杂志社任政工编辑组副组长。1956年以后，先后在中共中央国际活动指导委员会和国务院外事办公室任宣传组和研究组副组长。"文革"期间受到冲击，1969年下放到宁夏平罗"五七"干校劳动。1974年调国家基本建设委员会任核心组办公室副主任。

1978年调国务院参与组建国务院港澳事务办公室，先后担任副秘书长、副主任兼秘书长、党组书记等职。1985年中华人民共和国香港特别行政区基本法起草委员会成立，任起草委员会秘书长、委员。

中共十三大代表，第七、八届全国人大代表，法律委员会委员。

2009年在北京病逝，享年86岁。

壹佰柒拾　李　欣

李　欣（1917.7.14—2017.5.9）福建长汀县汀州镇人，在家乡读书时受革命思潮影响，后到同济大学读书，其间积极从事抗日救亡工作。1936年3月，加入共青团、同年9月，在上海秘密加入中国共产党，后被派往青岛山东大学组织青岛中华民族解放先锋队。1937年9月，任中共青岛特别支部书记，组织筹划了青岛崂山起义。

1938年2月，任中共鲁东南工委委员，奉命往东北军万毅部做友军工作，后任中共东北军五十七军一一二师工委委员。1940年5月，任中共中央山东分局社会部科长。1941年，任山东分局高级党校支部书记。

1942年，任山东分局宣传部干事。1942年12月，任中共东北军新一百一十一师工委委员，团主任。1944年10月，任八路军山东军区滨海支队政治部副主任。1945年9月，任八路军山东军区东北挺进纵队第一支队政委。

1946年1月，任东北民主联军十九旅政治部主任。8月，任东北民主联军一纵三师政治部主任。10月，任东北民主联军一纵政治部宣传部长兼秘书长。1947年8月，任东北野战军一纵一师政治部主任。

1948年8月，任东北野战军一纵二师政治部主任。1949年2月，任第四野战军独立二十一师政委。5月，任三十八军一一三师政委。

1950年8月，任中华人民共和国驻德意志民主共和国政务参赞兼文化参赞。

1954年8月，任中华人民共和国驻大不列颠及北爱尔兰联合王国政务参赞兼领事部主任。

1957年9月，入解放军军事学院高级系第四期学习。1960年6月，任军事科学院外国军事研究部副部长。1964年，到河北省滦县姜庄大队搞"四清"。1966年下放，后到"干校"劳动。

1978年，调任解放军政治学院一系政委、纪律检查委员会委员、科研部研究员和学术委员会副主任。

1984年，离休。曾任中共中央东北军党史小组成员、东北野战军一纵和三十八军军史副主编。

著有《中共东北军五十七军党史》等书。懂英语、俄语和德语。曾翻译《战争论》德文原著，并多次将毛泽东的军事著作介绍到苏联。

2014年4月，中国大百科全书出版社推出了《李欣口述自传》一书。2010年应崔永元口述历史工作组之邀，时年93岁的李欣以惊人的记忆力，用46个小时详述了自己的人生经历，详尽细数了自己经历的学生运动、抗日战争、解放战争、新中国外交、外国军事研究等各个人生阶段的事件和故事。

2017年5月9日，在北京逝世，享年100岁。

壹佰柒拾壹　李鸿德

李鸿德（1901—1991）黑龙江省拜泉人。1927年冬，考入东北军陆军讲武堂第七期学习。1928年6月，随东北军撤出北京，亲历了皇姑屯事件。1936年参加了西安事变。1938年，任五十七军一一二师六六七团一营营长，参加连云港守备战，在抗击日寇登陆的残酷战斗中表现顽强。同年秋，领受任务率营夜袭日军合肥机场，一举摧毁敌机四架。1940年，调入五十七军一一一师，任六六一团上校团附，一度代理团长。1941年6月，被第一一一师的反共分子扣押撤职。1942年在进步军官帮助下离开东北军部队。同年10月，返回脱离了国民党军序列的新一一一师。1943年初，任新一一一师后勤部副部长。同年夏，加入中国共产党。1944年秋，任八路军山东军区滨海支队后勤处处长。

1945年9月，随东北挺进纵队进军东北，曾任纵队参谋处处长，吉林铁路局警务部副部长、部长等职。1947年5月，调入东北民主联军吉林军区后勤部任副部长。1948年1月，任东北人民解放军第十纵队后勤部副部长。1949年3月，任第四野战军第四十七军后勤部副部长。参加了辽沈战役、平津战役、解放大西南、湘西剿匪等。

1950年2月，任中国人民解放军四十七军后勤部长，后改为供给部部长。1954年，转业后任河南省搬运局局长。1958年，任河南省航运局局长。1964年，任中国汽车工业公司郑州销售分公司党委书记兼经理。"文革"中受冲击，被下放劳动。1976年获平反，任河南省汽车工业公司顾问。1982年离休。

壹佰柒拾贰　李西山（李旦夫）

李西山（1903—1954.7.2）原名李修爽，曾用名李旦复、李丹夫、李昧夫、李玉培、姜尚文，青岛市崂山区北宅街道毕家村人。毕业于青岛李村公学堂师范科。1922年考入青岛邮政总局当邮务员。1926年2月加入中国共产党，并任中共青岛邮局支部书记。此间，与徐子兴等利用邮务员职务之便，建立了青岛党组织与上海党中央的通讯联系，通过邮局接收和分发从中共中央寄来的大批革命书刊和党的秘密文件。

1927年任中共青岛市执委委员。

1928年8月调任中共泰安县委书记，11月调任中共山东省委组织部秘书。

1929年1月在济南被捕入狱。

1937年2月获释出狱后，与王景瑞、王焕章失去关系的党员组成小组分头寻找党组织，后来与山东大学"中华民族解放先锋队"取得联系，11月由中共青岛特支恢复其组织关系。建立中共毕家村党支部，任宣传委员。中共青岛市委在毕家村成立后，任宣传部长。11月底，崂山抗日游击队成立，他为崂山抗日游击队主要负责人之一。

1938年1月，与中共青岛市委其他成员一起率崂山抗日游击队到诸诚和该地党领导的抗日武装力量会合，后奉党组织派遣到东北军万毅部做友军工作。历任八路军山东纵队二支队司令部宣传队长、山东战邮总局业务科长等职。

1949年4月任上海邮政总局军代表，9月任安徽省邮政管理局局长。1950年2月调任邮电部供应局计划处处长。

1954年病逝，终年51岁。

壹佰柒拾叁　刘　杰（刘震远）

刘　杰（1908—1984）原名刘震远，满族，黑龙江五常人。1925年参加东北军。

抗战爆发后，任营长，参加了苏北、两淮、鲁南诸多战役。1938年5月加入中国共产党。

1939年任鲁苏战区五十七军一一二师六七二团团长。1940年因身份暴露脱离一一二师，任新成立的东北军五十七军独立团团长，1941年8月任东北军五十七军独立旅旅长。

解放战争时期，任东北民主联军第七纵队四支队支队长兼专员，辽北第一军分区司令员兼专员，淞江第三军分区副司令员，第一纵队兵工处长。

中华人民共和国成立后，历任东北人民政府军工部第七办事处主任，东北盘山农场管理处处长，东北森工局、带岭局局长，长春汽车制造学校副校长，国家第一机械工业部行政司副司长、办公厅副主任、视察室视察员、办公厅顾问等职。

壹佰柒拾肆　吕志先

吕志先（1917.7.12—2016.10.31）原名姚琬卿、姚希平，广东平远县人。其父姚海珊曾投身辛亥革命，立下功勋。1925年在东征军进击平远后还担任了两年的平远县长。自幼聪敏，博闻强记。1927年11月，姚海珊弃政从商，10岁的他跟随父母，离开平远，到广州求学。因成绩优秀，他从执信女子中学附属小学毕业后即免考入读国立中山大学附属中学。九一八事变后，中山大学师生率先成立抗日救亡团体，举行示威游行。14岁就跟随高年级学生走在游行队伍之中，向广州国民政府递交请愿书。

高中毕业后，由于成绩优异，被暨南大学、中山大学同时录取，但他却决定去陕北读红军大学。1936年下半年，吕志先等人到达北平，于10月秘密加入中国共产党，并将名字由姚琬卿改为吕志先。但党组织决定让他们到西安张学良部的学兵队受训，将来到东北军做地下工作。他们9个男生来到东北军总部学兵队学习。

西安事变后，他被派去东北军五十七军一一二师的中共秘密工作委员会工作。经吕志先等人考察，原六六八团一营营长刘震远被吸收入党。同时，他们积极与下级军官和士兵交朋友，先后吸收一营一连连长王福成、排长董愚、李信民、关长信、营部传令兵石在等人秘密加入中国共产党。

1940年9月，从东北军一一二师撤出到山东抗日根据地工作。先后担任过中共鲁南区党委社会部、宣传部和组织部副部长，秘书主任、秘书长，赵博县委书记，济宁市委副书记，徐州市人民政府副市长，中共嘉兴地委副书记兼嘉兴市委书记。1949年4月，随解放军渡江后在浙江省工作。

中华人民共和国成立后，历任浙江地委书记兼专员，温州地委书记，金华地委第一书记，中共浙江省委常委、宣传部长，秘书长，杭州大学党委书记兼杭州大学校长。他执掌杭大的三年，是杭州大学最有生气和朝气的时期之一。

1965年1月，奉命调国务院外交部，先后担任驻毛里塔尼亚伊斯兰共和国、匈牙利、刚果、朝鲜外交大使。

1981年回国后，先后任中国对外文化委员会副主任和中国文化部副部长。1986年任中国对外文化交流协会副会长。

2015年，中共中央、国务院、中央军委给吕志先同志颁发了"中国人民抗日战争胜利70周年"纪念章；2016年，中共中央、中央军委给吕志先同志颁发了"中国工农红军长征胜利80周年纪念章"。

2016年10月31日在北京逝世，享年99岁。

壹佰柒拾伍　彭景文

彭景文（1905—1991.6.8）辽宁抚顺人。1922年参加东北军，东北讲武堂第十一期毕业。在西安事变中，拥护张学良，率部与"讨逆军"作战。

抗日战争中，参加了台儿庄战役、朱磻反"扫荡"等战斗。彭景文在东北军五十七军地下党员反对军长缪澂流密谋降日当伪军的战斗中表现出色。1940年9月21日，五十七军旅长万毅扣押了缪澂流派去和日军密谈的六六五团团长董汉卿，并对六六六团进行锄奸动员，任该团第三营营长的彭景文主动要求带队捉拿军长缪澂流，但六六七团一营营长韩子嘉自称该部在看戏现场捉缪更合适，万毅没提防，让彭景文去控制军部，韩子嘉去戏场捉缪，结果彭景文抓住了副军长朴炳珊，韩子嘉却放跑了缪澂流和旅长荣子恒，后来荣子恒公开当了伪军。缪澂流和师长常恩多都向蒋介石和战区总部打报告，结果蒋介石一怒之下撤销了五十七军番号，所辖第一一一师、第一一二师改隶鲁苏战区直辖。

1942年8月上旬，彭景文随原东北军第一一一师脱离国民党军，辗转到达八路军抗日根据地，山东分局和八路军很快派出干部和共产党员对进入根据地的2000余官兵进行改造整训。

1943年9月加入中国共产党。曾任新一一一师六六六团团长，八路军山东军区滨海支队副支队长、代支队长。

解放战争时期，先后任东北挺进纵队第一支队支队长，东北民主联军第七纵队十九旅旅长，第一纵队第三师师长，东北军政大学第四团团长，第四野战军特种兵炮兵第一师师长。解放军第四野战军成立初期，下属的特种兵司令部首任司令肖华，第二任司令就是万毅，而下属三个炮兵师，师长都来自东北军。第一师师长彭景文，第二师师长沙克，第五师师长张志毅。

中华人民共和国成立后，先后任东北军区防空学校副校长，军委装甲兵炮兵主任，1955年被授予大校军衔。1958年转业到地方工作，历任青海省建工局副局长、辽宁省机电设备成套局副局长等职。

1981年5月，离职休养。

壹佰柒拾陆　秦寄萍

秦寄萍（1914.7.29—2007.10.4）山东日照人，早年留学日本，曾在原东北五十七军一一二师六六七团万毅部参军。

抗战期间，到山东日照地区做抗战的宣传工作，参与和组织了日照地区抗日民众自卫联合会等工作，并在日照参议会任驻会委员。后成立了"血花剧团"，并组织民众自卫队，任日照文化界抗敌协会会长。主持编导并主演了《放下你的鞭子》《民族英雄》《沦陷以后》等抗日剧目。

先后创作了《谁养活谁》《我们的救星八路军》《我的家乡》《槐叶绿》《缝棉衣》《小蜜蜂》等近百首诗歌和革命歌曲。

解放战争期间，在山东解放区，参加山东战地邮政工作的组织和宣传工作，任《山东战邮》报总编和山东《大众日报》总编。随军南下解放及接管上海，在上海军管会工作。任华东交通部秘书，华东邮电社副社长。

中华人民共和国成立后，调到北京参加组建新中国邮政总局工作，任邮电部翻译室主任。1950年创办了新中国邮电部第一份月刊杂志《人民邮电》。

1953年任人民邮电出版社第一任社长。他主持出版了《无线电》《集邮》《电信技术通讯》《电信科学》等大量邮电图书和杂志。

2007年在北京逝世，享年94岁。

壹佰柒拾柒　秦亢青

秦亢青（1916—?）山东日照人，早年在济南读书，后来考入国立北平农学院。1938年，在老家日照，秦亢青和秦寄萍两兄弟找到亢青北平上学时期认识的地下共产党员谷牧，加入了万毅部的东北军五十七军战地工作团，从事地下工作。

秦寄萍在《走上革命路》中，对弟弟也有介绍："亢青早在几年前在北京上大学时就参加了'中华民族解放先锋队'，他的思想非常积极，还参加了北京大学的'一二·九运动'。"

秦亢青是中共日照党组织的创建人之一，参加过解放济南战役。

中华人民共和国成立后，秦亢青曾任山东省工业厅秘书、科长，山东省自然科学研究所副所长，山东省博物馆副馆长、馆长。

壹佰柒拾捌　孙卜菁

孙卜菁（1913—1997）曾用名孙以嘉，江苏省南通人。1932年夏毕业于南通中学师范科。曾在绍兴、南京任小学教师。1937年肄业于上海大夏大学教育学院。1938年初参加五十七军一一一师战地服务团，在鲁南、苏北一带与日军作战。离开服务团后，到了苏北新四军控制的地区，加入了共产党。

中华人民共和国成立后，历任南通县县长、南通市市长（1952年至1957年）、南京药学院院长、江苏省教育厅副厅长、南京工学院（东南大学前身）副院长兼副书记、正厅级离休干部。

壹佰柒拾玖　唐棣华（胡家珍，女）

唐棣华（1918.9—2000.3.22）曾用名胡家珍、胡箎。湖北省武汉市人。1935年在山东大学参加一二·九爱国学生运动。1937年2月，加入中华民族解放先锋队，同年12月加入中国共产党。

抗日战争全面爆发后参加山东高密抗日游击队蔡晋康部，从事政治宣传工作。后到徐州，参与组建山东省第一巡回宣传队。一年后随八路军山东纵队陇海南进支队进入苏皖地区。自1939年春，先后任陇海南进支队先遣第一梯队政治处组织科科长，苏皖区党委秘书，苏北二、三地委委员，民运部部长，阜宁县委书记等职。

抗战胜利后，先后任张家口市企业党委委员、齐齐哈尔市委宣传部部长、沈阳军需企业党委委员、天津军管会文教部教育处副处长、天津女中校长等职。

中华人民共和国成立后，先后担任湖南省妇联副主任、省工业厅秘书主任、省工业党校校长，政务院重工业部化工局化工设计院院长、化工部设计司司长。

1957年底，调中国科学院哲学社会科学部文学研究所任副所长。1979年，转任中国社会科学院近代史研究所副所长。

是中国共产党第八届全国代表大会代表、第二届全国人民代表大会代表及第六届全国政治协商会议委员。1986年离休。丈夫是著名大将黄克诚将军。

2000年3月22日，在北京逝世，享年82岁。

壹佰捌拾 万 毅

万 毅（1907.8.8—1997.10.31）原名万允和，字倾波，辽宁金县四十里堡（今大连市金州区三十里堡）人，农民家庭，满族。7岁时随父母移居县城，先后入蒙学堂、私塾读书共约3年半。1918年，曾在大连市钱庄做杂活。1922年，到奉天省财政厅当雇员。

1925年春，考入东北军陆军军士教导队第四期步兵科（队长是张学良）学习。同年秋毕业，先后任东北陆军第一、第三联军司令部副官处文书股上士，东北陆军第三、第四方面军副官处少尉副官、第十九师第一旅旅部少校军械官等职。

1928年底，考入东北陆军讲武堂第九期。1930年毕业时，在近两千名毕业生中总成绩第一。1931年，九一八事变发生，“不抵抗”的命令使他十分不解与愤懑。1936年，任东北军第六二七团团长，掩护中共秘密小组在该部开展抗日救亡工作。西安事变时，他率部在渭南前线阻截国民党中央军，为促成国共实现第二次合作以及全民族抗日统一战线的形成，发挥了积极作用。

西安事变期间，万毅任东北军第六二七团团长，率部到渭南前线，抵御国民党进攻西安的军队。因一贯力主抗日，言行直率，在1937年2月，被第五十七军军长下令扣押、逮捕入狱。

1938年3月，在张文海、谷牧介绍下秘密加入中国共产党，成为特别党员。率部参加连云港保卫战期间，粉碎了日军登陆增兵的企图。

1939年，随国民党军鲁苏战区部队入鲁。1940年初，任第五十七军第一一一师第三三三旅代旅长。同年9月，与师长发动针对与日军勾结的反共军长的“九二二”锄奸运动，军长仓皇逃走一去不返。“九二二”锄奸粉碎了日军的诱降企图，使反动的“曲线救国”方针遭受沉重打击。

1941年2月17日，被第一一一师顽固派三三一旅旅长孙焕彩逮捕，在该师关押9个多月后，又转押国民党军鲁苏战区监狱。1942年8月，在蒋介石密令处决的前夕，越狱找到中共中央山东分局。很快又被派回（举事脱离了国民党军的）东北军部队，组织领导、改造旧军队的工作，任新一一一师副师长、师长。

1944年10月20日，任八路军山东军区滨海军区副司令员兼山东军区滨海支队支队长（新一一一师被授予八路军山东军区滨海支队的新番号）。

1945年，中共七大召开期间，在没有与会的情况下，当选为中央候补委员。

解放战争时期，1945年10月至1949年5月，任中共中央东北局委员、八路军山东军区东北挺进纵队司令员（至1946年1月）。1945年11月至1946年1月，任中共吉林省工作委员会委员、吉林军区第一副司令员。

1946年1月至7月，任中共吉辽省委员会领导成员。1月至8月，任东北人民自治军吉辽（东满）军区副司令员、东北民主联军第七纵队司令员。2月至5月，任中共吉辽省委员会辽北分省委员会委员、吉辽（东满）军区辽北军区司令员。7月至1947年5月，任中共吉林省委常务委员、吉林军区副司令员。1946年8月至1947年5月，任东北民主联军第一纵队司令员。率部参加了四平保卫战和三下江南四保临江战役。

1947年5月至12月，改任东北民主联军第一纵队政治委员。8月至12月，任党委书记。与司令员李天佑率部参加了东北民主联军发起的夏、秋、冬季攻势等作战。参与指挥了四平攻坚战和收复战。

1948年1月至3月，任东北军区暨东北野战军第一纵队政治委员、党委书记。3月至11月，任东北野战军第五纵队司令员、党委书记。11月至1949年3月，任中国人民解放军第四十二军（第五纵队改称）首任军长、党委书记。率部参加了辽沈战役和平津战役。

1949年4月至12月，任第四野战军（同年5月起兼华中军区）特种兵司令员、党委书记。1949年5月至12月，任中共中央华中局委员。

1950年1月至1951年10月，任中共中央中南局委员、中南军区特种兵司令部司令员、党委书记（至1950年5月）。1950年4月，任中南军政委员会委员，5月至10月，任第四野战军兼中南军区炮兵司令部司令员、党委书记，7月，任东北边防军炮兵司令员，10月任中国人民解放军炮兵第一副司令员（至1952年7月）兼志愿军炮兵主任（至1951年1月）。1950年12月至1951年5月，任军委炮兵临时党委委员。在志愿军进入朝鲜之前，领受新的任务，留在国内主持接收苏联援助的装备和改建炮兵部队并组织训练。

1951年4月，兼任解放军炮兵学校校长、党委书记。同月，兼任东北军区炮兵司令员、党委书记。

1952年8月至1953年9月，任中央人民政府第二机械工业部副部长。1953年9月至1959年9月，任解放军总参谋部装备计划部部长。

1958年5月，任国防部第五部部长，负责领导全军特种武器装备的科学技术研究和特种部队的组建及其装备计划等工作，9月当选为中国科学技术协会第一届委员会副主席。1959年初，参与核试验场的空中勘察选址工作。

1959年4月至11月，任国防部国防科学技术委员会副主任兼解放军总参谋部装备计划部部长，5月至9月，任国防部国防科学技术委员会机关党委书记。同年，因在庐山会议上受彭德怀错案株连，9月被撤销党内外职务（1979年平反）。

1960年4月，被迫离开部队，下放陕西，5月起，任陕西省基本建设委员会副主任，1960年12月至1966年6月，任陕西省林业厅副厅长。

1966年6月起，任陕西省农林厅副厅长。"文革"中再次受到迫害。

1967年11月至1973年11月，被关押6年，患青光眼得不到治疗，1969年左眼失明。1973年11月，被释放。

1977年11月至1982年12月，任解放军总后勤部顾问。

1979年11月和1980年11月，解放军总政治部两次为其平反，恢复名誉。

1982年9月至1985年9月，当选为中共中央顾问委员会委员。1985年7月，起按大军区正职待遇。

他是第七届中共中央候补委员，第一届全国人民代表大会代表，第一、二届国防委员会委员，第七、八届中央候补委员，第五届全国政协常务委员，中共第十二次全国代表大会代表，1982年被选为中共中央顾问委员会委员。

1955年，被授予中将军衔，获一级独立自由勋章、一级解放勋章。1988年，获一级红星功勋荣誉章。

1997年10月31日，在北京逝世，享年90岁。著作有《在庐山会议上》《万毅将军回忆录》等。

壹佰捌拾壹　王　翀

王　翀（1916—1976.3.24）山东聊城莘县人。1937年10月参加革命工作。1938年2月入党。1938年3月进入东北军五十七军一一二师。中共地下党员，是陈绍先的"民先队"和入党介绍人。

中华人民共和国成立后，历任华东军区淞沪警备区师政委，华东军区公安干部学校政委，第十二军政治部主任、副政委。安徽生产建设兵团副政委。中共安徽省委常委、安徽省革委会副主任等职。

1955年9月授予大校军衔。1957年获二级独立自由勋章、二级解放勋章。

1976年在上海逝世，终年60岁。

壹佰捌拾贰　王　良（王　艺）

王　良（1913.8.5—2003.12.15）原名王艺，江苏涟水人。曾就读于南京中山大学（后改为师范大学）附小、附中。1934年毕业于南京中央大学实验高中。

1935年，考入青岛山东大学外文系。1936年4月，参加革命。1937年10月，加入中国共产党。1938年赴延安,先后在延安抗日军政大学、马列主义学院学习并担任支部委员。1940年2月，受中共中央社会部派遣赴莫斯科学习。1941年4月，回国，在苏联共产党驻中国代表团领导下，在上海、南京负责收集日军政治、军事情报。1946年8月，在我党领导下筹建电台等工作。

1948年，回到解放区，在河北平山参加中共中央社会部训练班。1948年12月，编入中央社会部领导的接管班子，进入北平接管伪警察局。

1950年4月，由市公安局派遣到中央贸易部贸易司负责交际、秘书处工作。1952夏，调回北京市公安局任文保处处长。

1956年10月，任北京市委政法工作部秘书长并兼任北京市中级人民法院院长，并当选第三届北京市人民代表大会代表。

1961年12月，任北京市委财政贸易部副部长。

1964年11月，任中国政治法律学会书记处书记，并担任国际民主法协会理事。

1969年3月，随最高人民法院下放湖北沙洋干校劳动。

1971年9月，恢复工作返回京,任最高人民法院清案办公室负责人。

1978年3月，先后任最高人民法院司法教育行政厅副厅长、交通厅副厅长。

1982年12月，离休。

2003年12月15，在北京逝世，享年91岁。

壹佰捌拾叁　王　洛

王　洛（1921—1987.11.5）原名雅云，曾用名啸风，山东诸城县皇华镇王家庄子人。1936年初中肄业后，在东关初级小学任教。七七事变后学校停办，从兄王树成进行抗日救亡宣传活动。

1937年11月参加诸城县国民党游击队。1938年1月参加革命。为巩固抗日民族统一战线，在党的统一组织下加入蔡晋康部做政治宣传工作。后因国民党的排挤，统一退出蔡部，南下徐州，加入东北军五十七军一一二师六六七团任连部文书。

1939年加入中国共产党，从事党的地下工作。先后参加连云港守备战、夜袭合肥敌机场、宿迁阻击战等多次战斗。同年在滕县破袭铁路激战中，左腿中弹负伤，自己把炮弹皮挖出包扎后，继续战斗。1940年9月，根据中共中央山东分局指示，由东北军调到八路军一一五师五旅司令部任秘书。后任一一五师支队秘书，政治部保卫干事。1944年调山东军区滨海支队任连长、政治指导员。1945年参加解放诸城战役。

1947年调十三纵队一一〇团任营教导员、团参谋长，9月在抗击蒋军进犯胶东半岛的阻击战中，他亲临前沿阵地与战士并肩作战，屡次击退敌人的强攻。

1948年济南解放后，先后任军政大学政治处主任、政委、华东军区政治部青年部副部长、济南军区政治部青年部长、组织部长等职。1965年当选为团中央委员，随代表团出国访问，任副团长，严守外事纪律，对授赠的纪念品全部交公。1975年12月，任六十七军政治部副主任。1978年7月，任济南军区炮兵政治部顾问。1980年7月，以副军职离休。

1987年病逝于济南，终年66岁。

壹佰捌拾肆　王　中

王　中（1914—1994）山东高密人，原名单勖，笔名张德功。1935年考入国立山东大学外文系读书，参加一二·九爱国学生运动，翌年参加抗日民族先锋队。1937年7月起在青岛和高密组织抗日游击队，翌年加入中国共产党，同年去东北军从事抗日救亡的宣传和兵运工作。

1940年转移到山东抗日根据地，历任《大众月刊》《大众日报》、新华社山东总分社、《新民主报》等编委、编辑部主任、总编等职。

1949年南下上海，任上海市军管会新闻室军代表、秘书股长，接管上海的新闻出版机构，创办华东新闻学院，任教务长。后任复旦大学教学科学部自然科学教学组组长、复旦大学图书馆副馆长等职。

1979年再次出任复旦大学新闻系主任、教授，并主持创建复旦大学分校

（现上海大学文学院），担任校长。1981年和1984年，先后被聘为国务院学位委员会文学学科评议组成员，博士生导师，并任上海新闻学会副会长、中国新闻教育学会副会长等。

1985年离休后仍担任中国新闻教育学会副会长等职务，享受副市长级待遇和国务院特殊津贴。

他对《民呼日报》《民吁日报》和《民立报》的研究，颇有深度和独到之处。长期从事新闻理论教学和研究工作，撰述的《新闻学原理大纲》，为我国新闻学走上系统化、理论化和科学化轨道建立了里程碑式的功绩。

壹佰捌拾伍　王焕章

王焕章（1909—2000.4.7）曾用名王景文、王景礼、王允臣、王化之，青岛市崂山区北宅街道蓝家庄人。1927年7月5日在青岛市加入中国共产党，后任中共青岛市委组织部干事兼交通员，中共中央交通科交通员。1929年6月在济南被捕入狱，1930年8月出狱。后任中共青岛市四方区委书记、沧口区委书记，兼任山东省互济会组织部长。1933年6月在青岛第二次被国民党逮捕，先后关押在山东省高等法院看守所、济南第一监狱和反省院，1937年1月获释出狱。

抗战爆发后，历任中共青岛市委职工运动部长，中共河南省确山特委信阳县直属区委书记兼武装部长，中共中央中原局组织部秘书处财务科长兼总务科长，新四军豫鄂边区挺进总队司令部科长，新四军五师司令部科长、副部长。

解放战争时期，任中原军区第二军分区副处长。

中华人民共和国成立后，历任中南公安司令部第四公安干校管理科长、基建办公室主任，华中农学院党委委员、武装部长、总务处长等职。

2000年病逝，享年91岁。

壹佰捌拾陆　王景瑞

王景瑞（1905—2001.9.22）曾用名王义成，青岛市崂山区北宅街道兰家庄村人。1922年起在青岛沧口钟渊纱厂（现国棉六厂）做工。1927年1月在青岛加入中国共产党。1928年至1929年，先后任中共青岛市委职工运动部部长，青岛市委书记，山东省委委员兼淄博特派员。1929年7月在淄川被国民党反动当局逮捕，押解济南国民党监狱坐牢5年，1934年7月因病被保释出狱。

1937年11月在毕家村成立中共青岛市委，由陈振麓、李西山、王景瑞、王焕章、李明海5人组成，他任组织部长，他分管西北方向杨家林、桃林、北疃、大北曲一带。市委领导下的崂山抗日游击队的活动中心和司令部设在埠落小学，成立了四个中队。王景瑞分管第二中队，即桃林、北疃、大北曲一带。1937年8月，东北军五十一军进驻青岛，这时在中共东北军工委书记项乃光同志的领导下建立了中共青岛特支，因当时未能和中共山东省委取得联系，青岛的党组织由东北军工委领导。1938年1月10日，日本海军在青岛近郊山东头登陆，侵入青岛市区。在这种紧急情况下，中共东北军工委决定：青岛市委立即带领崂山人民抗日游击队向诸城转移。随后，他参加了东北军五十七军六六七团万毅部队新兵连，之后转到河南省工作。

自1938年5月起，先后担任中共河南省确山县委书记，竹沟地委书记，汝南地委副书记、书记，信阳地委委员兼信罗边工委书记，鄂东第一地委委员兼红安中心县委书记，安麻中心县委副书记，黄陂中心县委财经局长，鄂东第一军分区粮食局副局长。

1946年起，先后担任中共信罗边县委书记，汝（南）正（阳）确（山）信（阳）工委书记。

1949年2月后，历任中原、中南和武汉市总工会劳保部部长，武汉市供销合作总社主任，全国手工业合作总社推销局代局长，中央工艺美术学院党委书记，邯郸市纺管局党委副书记、书记，全国手工业合作总社小农具局长，第二轻工业部办公厅副主任。

1982年离休。

2001年在北京逝世，享年96岁。

壹佰捌拾柒　王少云

王少云（1912.3.3—2001.1.22）原名王绍云，曾用名王肖亭，后改名王树成，山东省诸城县（现诸城市）皇华镇王家庄子人，生于诸城城里。少时在诸城初小上学。后进入青岛市教会学校读高小。之后又回到诸城县立初级中学读书。1931年考入山东省立第一师范学校。1934年毕业后，先后在山东省立莱阳乡师附小、诸城县立府前小学任教。1935年12月任诸城县立府前小学(即诸城六小)校长。1937年12月，经赵志刚、董昆一介绍加入中国共产党，同时成立党支部，并任支部书记。此后不久，中共诸城临时县委成立，任临时县委成员。

1938年参加了蔡晋康的游击队，编入独立第4中队。同年2月脱离蔡部，3月初到达徐州，随同党组织以"新兵"名义进入国民党东北军五十七军一一二师三三四旅六六七万毅团，任团新兵连党支部书记。1938年四五月间任东平县政府秘书。1938年12月任泰西八路军山东纵队第6支队3团政治处主任。1940年任泰西日报社社长、总编。1940年5月至1941年5月任鲁西日报社社长。1941年5月任鲁西区第三（鲁西北）专署（后改冀鲁豫行署第三专署）秘书主任。1942年冬精兵简政时调任观城县抗日民主政府县长。1943年2月观城、朝城县合并为观朝县，旋任观朝县抗日民主政府县长。1944年春调任冀鲁豫第二（运西）专署第二办事处主任。1945年11月任濮（县）、范（县）、观（城）、朝（城）、清（丰）、南（乐）六县办事处主任。后任冀鲁豫行署建设处副处长，晋冀鲁豫后方战勤总指挥部动员部部长、办公室主任等职。其间将名字由王绍云改为王树成。

1947年8月随军南下大别山，曾任中共鄂豫边区经扶县委民运部部长，鄂豫边区第二专署副专员，中共鄂豫边区第四地委委员、宣传部部长。1949年5月任中共湖北省黄冈地委宣传部部长，中共湖北省黄冈地委第二副书记兼宣传部部长。1951年7月任中共湖北省委副秘书长，后任中共湖北省委政策研究室主任。1952年2月任中共武汉市委（中央直辖）委员、副秘书长，中共武汉市委常委、市委秘书长。1954年任中共湖北省委秘书长。1956年2月至7月任中共湖北省委副书记。1956年7月任中共湖北省委书记处书记。中共八大后在中共中央高级党校学习，1957年底结业后回到湖北省委。1958年2月任中共湖北省委书记处书记兼荆州地委第一书记。1959年初兼任宜都工业区书记。不久，工业区被撤销，返回省委。1968年2月任湖北省革命委员会常委。1969年兼任丹汉线建设（建设丹江口至武汉220千伏超高压输变电线路）指挥部副指挥长（湖北省军区司令员韩东山任指挥长）。1969年8月任江汉油田勘探会战指挥部副指挥长，常驻油田现场。1972年油田会战结束后，1973年7月任中共湖北省委工交政治部副主任（其间曾兼任湖北省革命委员会工交办公室副主任）。

1979年3月至1980年10月任中共河南省委副书记、河南省副省长，分管工业。1980年5月响应中共中央关于废除干部终身制的决定，向中共河南省委正式提交了离休申请。1980年10月至1986年5月任中共湖北省委顾问、常委。同年应邀参加中共冀鲁豫边区党史工作组，并与谷正范等同志利用5年时间写作编辑了《冀鲁豫边区战勤工作资料选》。

1986年5月离职休养，住湖北省武汉市水果湖巷港南院9号东。

2001年在武汉逝世，享年89岁。

壹佰捌拾捌　王希坚

王希坚（1918—1995）王翔千三子。山东诸城相州王氏人。当代著名作家、诗人。1937年毕业于济南师范学校，同年加入中国共产党。1941年任八路军独立旅政治宣传科科长，后任山东省农会宣传部部长，《山东群众》《群众文化》主编。

1947年出版了通俗小说《地覆天翻记》。1948年任华东局土改指挥部秘书，次年在淮海战役前线采访报道。

1950年任新华书店山东分店编辑部副主任，出版小说《变工组》和诗集《黑板报上写诗歌》等。1951年初调山东省文联，不久调中宣部编辑通俗教材。1952年赴朝鲜战场访问。半年后回山东任省文联编创部长、代理副主席等职。

1954年出版了反映农村生活的长篇小说《迎春曲》。1957年被错划为"右派"。1979年平反后，创作了反映解放战争时期山东老解放区人民群众斗争生活的中篇小说《雨过天晴》。任山东省文联副主席。

1983年参加创办历山诗社，主编《历山诗刊》，研究写作旧体诗词。

中国作协第一、二届理事。

壹佰捌拾玖　王振乾（王维平）

王振乾（1914—2005.2.13）曾用名王维平、张宏，辽宁沈阳市人，出生于小康之家。1920年入本村小学，继入沈城文华中学。1929年被送到北平文汇中学读高中。王振乾受过著名翻译家曹靖华的教诲，文学功底扎实，以肖尔为笔名。

九一八事变时，参加救国救亡运动。1932年加入中国共产主义青年团。1933年入东北大学文学院边政系。一二·九运动期间，在中共地下党领导下，积极组织东北大学学生请愿团南下请愿，反对投降。1936年加入中国共产党。西安事变前，奉党的指示，借陪同燕京大学著名教授顾颉刚给张学良讲学之机，向张学良面陈东北大学广大师生抗日救国的强烈愿望。西安事变后，他又前往西安做东北军的统战工作，并在东北军中组建了抗日救亡先锋队第二支队，任指导员。后任中共东北军第五十七军工作委员会负责人，在———师从事党的秘密工作。

———师师长常恩多倾向抗日，两次向中共党组织要求派一个秘书给他，而且必须是中共党员。1937年，王振乾在———师任上尉秘书，后晋升少校。王振乾在———师积极开展工作。9月，常恩多派王振乾到南京找周恩来，周恩来给常恩多一封亲笔信，信中有"主动在我，命运自决，光明在望，后会有期"之语。12月，王振乾以采购器材为名去武汉，与中共长江局接上关系，周恩来就共产党在五十七军和———师的工作作出指示。1941年皖南事变爆发后，中共山东分局通知王振乾撤出———师。

1942年8月，常恩多和苏鲁战区秘书主任兼政务处长郭维城率该师举行"八三"事变。中共山东分局闻讯，立即派从该师撤出的秘密党员万毅（该师三三三旅旅长）和王振乾急返部队。新———师推选万毅任师长（常恩多病逝），后编为八路军滨海支队，王振乾任滨海支队政委。

抗战时期，任八路军山东纵队政治部科长，东北军第———师政治部主任，山东军区滨海支队政治委员。

解放战争时期，1946年，王振乾担任军调部第三十三调处小组中共代表。任东北民主联军第七纵队政治部主任，东北民主联军第一纵队政治部副主任，辽吉军区政治部副主任，第四野战军曾泽生五十军政治部主任。

中华人民共和国成立后，任第四野战军五十五军政治委员，中南军区公安部队政治部主任，中国人民解放军军政治委员，国防科委第六研究院政治委员，第三机械工业部党组成员、副部长，北京航空学院党委书记，第三机械工业部副部长、顾问。

1955年被授予少将军衔。荣获二级八一勋章、二级独立自由勋章、一级解放勋章。

2005年2月13日，在北京逝世，享年91岁。

壹佰玖拾 吴 缙（女）

吴 缙（1917—1987.10.12）女，江苏吴县唯亭人，生于知识分子家庭，14岁参加九一八抗日救亡运动。1935年因参加一二·九学生运动曾被捕入狱。1937年春在青岛山东大学读书时参加民族解放先锋队并任队长。

七七事变后赴高密参加抗日武装蔡晋康游击队，同年11月加入共产党。

1939年春，参加八路军山东纵队陇海游击队先遣第一梯队，先后任苏皖特委宣传部长、中共邳睢铜地委

李浩然、吴缙夫妻1946年2月21日除夕前一天，于宿西邵庄

副书记、淮北边区妇救会主任、中共豫皖苏三地委宣传部长、阜阳地委宣传部长等职。

中华人民共和国成立后，历任安徽省六安地委委员兼六安县委书记、合肥市委书记、华东区妇联第二书记、全国妇联党组成员、《中国妇女》杂志社社长、全国妇联书记处书记、民政部党组成员、中国盲人聋哑协会主席等职。1963年至1964年曾任中共苏州地委副书记。1972年任联合国妇女地位委员会第一任中国代表。

是中共八大与十大代表、第一

1936年山东大学师生代表赴绥远慰问途中于云冈，左起黄丽偶、吴缙、马骏、周学普。

届全国人大代表、第二至六届全国政协委员。丈夫李浩然，见本书第五章。

1987年在北京病逝，终年70岁。

壹佰玖拾壹　伍志钢

伍志钢（1909.11.13—1939.9.16）曾用名吴山、伍石夫等，四川仁寿县伍家岗人。家境困难，勉强在家乡读完初中，考入公费的南京军需学校，不久转入计政学院。他和好友一起来到北京大学所在的沙滩街住下，参加左翼作家联盟。创办文艺刊物《榴火》（后改为《联合文学》），并任主编。作品有诗歌《除夕三部曲》《铁流之歌》及部分论文、小说、散文等。

1936年3月，经邹韬奋的弟弟邹恩绚介绍，加入中国共产党。因上过国民党军官学校，西安事变后，中共组织派他到东北军骑兵军第三师负责中共地下工作，继而调任中共一一〇师工委书记、中共五十一军工委书记兼中共东北军工委宣传部长。

抗战爆发后，到山东高密蔡晋康部任中共工委书记、东北军五十七军一一二师中共工委书记。

1939年9月，在鲁南费县板上的奇宝山遭日伪"扫荡"时牺牲，时年30岁。

据目击者秦亢青说："师工委书记伍志钢在突围中因照顾两个病号，其中一个年仅14岁，行动迟缓，不幸中敌炮弹，3人一起牺牲。"

壹佰玖拾贰　徐　炜

徐　炜（1921—1990）曾用名徐崇孝，山东诸城人。1936年上小学时开始参加党领导的抗日活动。

七七事变后，毅然辍学参加了党领导的抗日游击队，到东北军做党的地下工作。其间，于1938年加入中国共产党，并担任党的地下支部书记。1940年撤离东北军到中共山东分局学习，同年11月，东北军六六七团部分官兵起义，成立海陵独立旅，山东分局派他到该部先后担任连队指导员，旅政治部组织科长、宣传科长。1942年，调到八路军山东滨海军区，先后任连教导员，营副教导员、教导员。

解放战争时期，历任东北民主联军营教导员、师直工科长、团政治处主任，第四野战军团政委等职，参加了三下江南、四战四平、辽沈战役、平津战役、渡江战役、宜沙战役、衡宝战役及广西战役等。

中华人民共和国成立后，参加抗美援朝，先后任中国人民志愿军团政委、师政治部副主任等职务。归国后历任师政治部主任、副政委、政委，保定地委第一书记、保定地区革命委员会主任，北京军区军政干部学校政委，陆军第二十六集团军政委等职。

中共十二大代表。

壹佰玖拾叁 徐 信

徐 信（1922.2—2005.11.18）曾用名吕刚，山东诸城市昌城镇徐家河岔村人，1938年2月，参加革命，在东北军五十七军做统战工作。1941年，在诸城敌占区工作。1944年，任日北县洪凝区（今属山东省日照市五莲县洪凝街道）委委员。1945年，任滨北地委城工部干事。1945年8月，在青岛市做地下工作。1946年，任青岛市工委党群科副科长。

1949年6月，任青岛市委组织部干部科长、副部长。1956年，任中共中央组织部干部二处巡视员。1958年，任哈尔滨市太平区委第一书记、中共黑龙江省委组织部秘书长、省监委副书记。1965年，任中共中央东北局处长。1977年，任中共辽宁省委组织部副部长。1978年后，任中央文化部对外文委、对外经贸部干部司长、人事局长、机关党委书记、部党组成员。1986年1月，任中国对外经济贸易广告协会会长、中国亚洲广告联合会会长。

壹佰玖拾肆 徐惊百

徐惊百（1915—1946.8.27）名徐震，字惊百，江苏南通人。父亲是大学教授，母亲毕业于师范学校，从小受良好的家庭教育，少时喜读鲁迅著作、热爱革命文艺。小学即因患结核性右腿髁关节炎而辍学。经刻苦自学，1932年考入上海美专，第二年复考入南京国立中央大学教育学院美术科，深得科主任徐悲鸿器重。当选为中大学生会主席团成员，联络进步同学积极参加抗日救亡运动，声援一二·九运动，北上慰问平津学生和绥远前线伤员，并在中央大学481期《校风》上发表文章《谈大众艺术》。

1937年夏毕业于中大获得教育学士学位。他撰写了《版画艺术的个性》，江苏省版协主席李树勤曾专门撰文称徐惊百是江苏版画第一人。

抗战开始后，他投入抗日救亡的洪流，发起成立"抗日义勇宣传队"加入驻南通一带的国民党五十七军一一一师，办《军民导报》，编印宣传小册子，写讲义，深入部队进行歌咏和戏剧演出，随军转战于扬州、宝应、徐淮、鲁南一带。1938年加入中国共产党。近4年的军旅生活历尽艰辛，体力消耗过度，终于旧病复发，结核病灶破溃，关节发炎化脓，部队后方医院治疗无效转上海，不得已做高位截肢手术。

因经济不堪重负返回南通治疗，创口久不愈合，溃烂漫延至小腹，导致长期高热不退和剧烈疼痛。躺在床上的五六年间，他以惊人的勇气和毅力与病魔搏斗。"废了的是我的肉体，残伤的是我的四肢，而我的心仍完整，即这颗热血年轻的心，永不会在呻吟病苦老旧，仍旧要奉献给光明"。他的这种革命乐观主义精神感动了许多来访者，推荐进步书刊，交流读书心得，讨论文学、教育、艺术、社会问题，他高尚的思想境界和博识卓见在进步青年中享有崇高的威望，大家称他为"中国的保尔·柯察金"。他千方百计寻找党组织，不断写文章揭露黑暗、歌颂光明，控诉反动派制造"南通惨案"的无耻行径，争取社会声援。直到生命的最后时刻，他还在读《政治经济学》，写信给留学美国的弟弟"不要忘记祖国受难人民"，建议党组织加强农村文化工作，提出文艺协会"依靠群众、巩固组织"的方针，写诗《献给柯勒惠支》并译成英文刊于《苏北文艺》，悼念德国女版画家凯绥·柯勒惠支逝世……

1946年走完了他短暂而光辉的31年人生路。

中华人民共和国成立后，南通市政府追认徐惊百为烈士。南通博物苑收藏了他大量的日记、书刊、文稿、版画、油画、速写、水彩、粉画作品和遗物近200件，其中有徐悲鸿签名赠他的柯罗版印刷中国画集。2001年中共南通市委党史工作办公室与市文联整理出版了65万字的《惊百文存》。

壹佰玖拾伍　杨战韬

杨战韬（1913.5—2017.1.25）黑龙江虎林人。1936年参加革命，成为东北军的一员。抗日战争时期担任地下工作者。历任山东省高密县游击队指导员，临沂专区第二游击支队政治部主任。河南省襄城县宣传队队长，叶县县委副书记兼组织部长，豫中地委宣传部长。

解放战争时期，在吉林省扶余县负责剿匪、土改。

曾任中共叶县县委副书记、扶余县委书记。

抗美援朝时，带队在公主岭、延边、通化三地修建了三座轰炸机场。曾先后担任吉林省民政厅厅长、省政府秘书长，中共吉林省委常委，吉林省副省长、省第六届人大常委会副主任。

第六届全国人大代表。

1985年离休。担任了中国老年体育协会副主席、吉林省老年网球协会主席，曾经5次带领吉林队在全国老年网球比赛中夺得亚军。

2008年北京奥运会时，95岁的他作为奥运圣火火炬手在吉林长春传递，成为国内第一高寿火炬手。

2017年1月25日在长春逝世，享年104岁。骨灰安放在长春革命公墓。

壹佰玖拾陆　尤　深

尤　深（1923—1947）又名王培义，山东诸城城关镇人。1937年冬由府前小学学生参加中共鲁东南工委和诸城临时县委领导的抗战大队。后随该队统一编入蔡晋康部，后因蔡部的国民党分子制造摩擦，党组织决定该队于1938年2月统一退出蔡部，参加东北军五十七军一一二师六六七团（即万毅部），他在团部宣传队工作，同年加入中国共产党。1940年调中共中央山东分局干训班学习，结业后分配到滨海支队任连指导员。

抗战胜利后，随滨海支队编入中国人民解放军第四野战军，任营教导员。1947年在吉林省九台县其塔木攻坚战中壮烈牺牲，时年24岁。

战前把个人钢笔、手表交给党组织作为永久党费。其遗物现存于哈尔滨"东北革命烈士纪念馆"。

壹佰玖拾柒　于　克（闻绍义）

于　克（1913—2004.6.20）原名于文，曾用名于树文、闻昭义、于心之，吉林长春市人，1932年1月参加革命工作并加入中国共产党。1934年在北平中山中学学习期间参与领导了中山中学的一二·九学生运动。

七七事变后，按照党组织安排，在东北军任地下党的工委副书记、代理书记。1939年6月到山东分局工作，先后任山东分局社会部组织科科长、中共胶东区党委社会部部长兼城工部部长和区党委东北工作委员会书记、区首席检察官、区公安局局长。1945年8月，任东北人民自治军副司令员。9月赴长春任吉合军区副政委。后任东北民主联军吉黑纵队独立团政委、吉辽省委社会部部长兼公安处处长、长春特别市公安局局长、吉林省公安厅厅长。

中华人民共和国成立后，历任吉林省委常委、省人民政府副主席兼公安厅厅长、常务副省长、省委副书记。

粉碎"四人帮"后，先后任吉林省委副书记、省长（1980.4—1982.6）、省委书记、省人大常委会主任（1983.4—1985.6）。1985年6月，辞去省人大常委会主任职务，1990年离职休养。

中共第八、十二、十三、十四大代表，第五、六届全国人大代表，全国政协第一届第二次会议特邀代表。

2004年在北京逝世，享年91岁。

壹佰玖拾捌　张　翼（张维贞）

张　翼（1918—2015.7.13）山东诸城县人，生于城市贫苦家庭。16岁考入山东省立诸城第十三中学，19岁毕业后考入第一师范，积极参加学生运动。1937年，加入中华民族解放先锋队。

1938年，按照中共诸城临时县委的要求，参加了国民党组织的高密游击队。不久，中共党组织撤出了这支游击队，被分配到东北军，期间加入共产党，参加了在滨海地区粉碎伪军的作战、保卫连云港阻击日军登陆作战、合肥机场破击战和宿迁作战。

1940年，撤出东北军，在山东纵队政治部工作。1941年，原所在东北军某营起义，编为海陵独立团，任连指导员。1943年，调到另一支起义部队——滨海支队工作，先后任二十七团营教导员、团政治处副主任、二十五团政委。曾在甲子山战斗中负伤。

1945年9月，任八路军一一五师暨山东军区滨海军区滨海支队一团政委。后奔赴东北，任滨海支队政治部主任，参加了梅河口战斗和通化战斗。

1946年，任东北民主联军第七纵队十九旅五十五团政委。四平保卫战撤退时，五十五团作为后卫，歼敌一个连，俘敌百余人，受到上级的表扬。部队渡松花江时，被敌军阻击，与主力隔断，滞留松花江南岸。他克服许多困难，终将部队带回江北。后任第一纵队三师政治部副主任，参加了三下江南战役。

1947年，任东北民主联军第一纵队政治部敌工部部长。

1948年1月，东北民主联军改称东北野战军，任第一纵队政治部敌工部部长。参加了辽沈战役。11月，东北野战军第一纵队改称中国人民解放军第三十八军，任第三十八军政治部秘书长。

1949年3月11日，解放军第三十八军改称第四野战军第十三兵团第三十八军，任第三十八军政治部秘书长。

中华人民共和国成立后，因病离队休养两年。

1951年，任中南军区公安部队政治部组织部部长。1955年，任中南军区防空部队（广州军区防空军）政治部主任。1957年，任广州军区空军政治部第二主任。1961年，任空军第六航空学校政委。1963年，任兰州军区空军政治部主任。1968年，任成都军区空军指挥所副政委。

1978年起，历任空八军副政委、军政委、空军学院副政委、学院顾问。

1964年晋升为少将军衔，荣获二级独立自由勋章、二级解放勋章、独立功勋荣誉章。

第四届全国人大代表。

2015年7月13日在北京逝世，享年97岁。

壹佰玖拾玖　张克侠

张克侠（1900.10.7—1984.7.7）原名张树棠，河北献县侯陵屯村人。1916年7月考入北京清河陆军军官预备学校。1921年升入保定陆军军官学校，1923年毕业后加入冯玉祥部队。1924年2月9日，冯玉祥的前妻去世，续娶了张克侠的妻子李德璞的胞姐李德全。生性好强的张克侠不愿攀亲附贵，婉言谢绝了冯玉祥的聘请，只身南下广州。

张克侠到广州以后，先在陆军讲武堂任教官，后来又当了队长。北伐开始后，他回到张家口，动员冯玉祥率部参加北伐。此时，身在苏联的李德全寄回来一封信，希望他去莫斯科学习。1927年春，张克侠辗转到了莫斯科，进入中山大学学习。不久他便向冯玉祥的随从副官、中共地下党员张振亚提出了加入中国共产党的愿望。在党组织考察他期间，国内政治局势发生了重大变化，大革命由于蒋介石的叛变而失败，而冯玉祥则公开表示支持蒋介石。如此一来，他不仅没入得了党，还被要求离开中山大学。

1928年秋，张克侠回国后，仍在冯玉祥领导的西北军中工作。但他并没有与张振亚失去联系，而是时常把冯部的情况，通过各种渠道向张振亚汇报，并多次表示想加入中国共产党。1929年秋，张克侠接到张振亚的一封密信，约他在上海见一面。见面后，张振亚对张克侠在白色恐怖中仍能矢志不渝地争取入党给予了很高的评价，并说党组织很快就会派人来对他进行考察。没过多久，张克侠在莫斯科中山大学的同学张存实和李翔梧做了他的入党介绍人。周恩来批准他为"特别党员"。"中央已批准你为共产党员，因为你是'特别党员'，故不能与地方党组织发生关系，你要严守党的纪律，切不可暴露身份。以后，中央会派人直接和你联系，你与党进行书信联络时，请使用'张光远'这个名字。假如发生意外，你也不要说出自己的共产党员身份。党是会记得你的，也会设法保护你的家人。"张振亚在向张克侠交代工作时说。张克侠牢记党的嘱咐，一直到1950年，才公开了他的共产党员身份。

1933年5月，冯玉祥在张家口组织察绥民众抗日同盟军，他任同盟军的高级参谋、干部学校校长。七七事变前，任第二十九军副参谋长，参加了卢沟桥抗战。此后，先后担任冯玉祥第六战区司令部高级参谋、副参谋长等职，后随冯玉祥前往武汉。1938年初张自忠请张克侠前去相助，经中共党组织批准，张克侠到达山东滕县任张自忠第五十九军少将参谋长。此后，该部改为第三十三集团军，冯治安为集团军司令，张克侠仍任参谋长。

1945年，被任命为第三绥靖区副司令官。1948年11月8日，他与何基沣一起，率五十九军两个师、七十七军一个半师共二万三千余官兵，在贾汪、台儿庄防地举行起义。起义后，参加了渡江战役和解放上海的战役，先后担任解放军三十三军军长，并兼任上海淞沪警备区参谋长。

中华人民共和国成立后，曾任林业部副部长、中国林业科学研究院院长。

"文革"中，他受到不公正对待，仍抱病为百余名旧属写证明材料。

1955年被授予一级解放勋章。第四届全国人大代表、全国政协第五届常委。

综上，张克侠就有了两种身份：公开的是国民党军的校级、将级军官，直至官居国民党军第三绥靖区中将副司令；秘密的是中共的"特别党员"。在派系林立的国民党军中，张克侠有着广泛的人脉资源，"保定系""西北系""黄埔系"他都有份。他到处都能碰上同窗、同僚、师长、学生、老上司、老部下，这为他卧底敌营创造了有利的条件。另外，他还是冯玉祥的连襟。

他曾被蒋介石授予"中正剑"，但蒋没有想到，当他把"中正剑"赏赐给他时，他早在5年前就已秘密加入了中国共产党。故素有"佩剑将军"之称。

著作：《张克侠军中日记》。

1984年在北京逝世，享年84岁。

贰佰　张苏平（张士琦）

张苏平（1913—1987.12.8）山东武城县甲马营乡前玉皇庙村人。中学时代就接受了共产党的影响，积极参加进步活动。1934年，考入北平朝阳大学政治系读书。

1935年，参加一二·九、一二·一六学生运动。1936年3月，加入共产党并参加左联工作。1936年秋，到东北军部队开展党的工作和抗日救亡工作，参加了西安事变，先后任东北军六十七军一一七师政治部副主任、东北军五十七军地下工委书记、五十七军一一一师地下党师工委组织委员、工委书记等职。

七七事变后，在苏、鲁、豫、皖地区进行抗日武装斗争。1942年，参与领导八三举事。1943年，任诸城县抗日民主政府县长。

1946年春，任华东军区交际处长，负责国共谈判代表的政治接待工作。后任济南前线国委会副书记。1948年，任华东军区俘训军官总团副教育长兼将官大队政委、大队长。

1949年上海解放后，历任上海市军管会、上海市人民政府交际处副处长、处长、办公厅副主任，市人委副秘书长，市建委副主任，市政府秘书长等职。

直至逝世前还担任宋庆龄基金会理事，上海孙中山故居、宋庆龄故居和陵园管理委员会顾问。

1987年在上海华东医院逝世，终年74岁。

贰佰零壹　张文海（张吉人）

张文海（1905.11—1978.6.13）别名张君平、张吉人，吉林长春县城西乡人。1925年春，被保荐入吉林省立第二中学。1928年秋天考入吉林省立第一师范学校。1931年秋考入北平中国大学政治系，冬加入中国共产党，任中共"中大"支部书记。1933年5月，受党的派遣到抗日同盟军张家口"五工委"任工委书记，化名张君平。1934年6月，奉命到北平临时市委从事地下斗争。

1937年6月，任东北特别委员会书记、东北军工作委员会组织部部长兼副书记。1938年5月，到抗日军政大学和马列学院学习。

1945年11月，任长春特别市秘书长。1946年2月调任吉林市政府秘书长。1948年3月任吉林市人民政府副市长。1948年10月调任长春市副市长。不久任长春特别市市长。

1950年8月，任吉林省政府秘书长兼卫生厅厅长。1954年10月，任吉林市市长。1958年11月任吉林省副省长。"文革"遭受迫害，投入监狱。后任吉林省政协副主席。

第二届全国人大代表，全国政协第五届委员。

1978年在长春逝世，终年73岁。

贰佰零贰　张战戈

张战戈（1917—1982.2.2）原名王忱戈，山东荣成夏庄镇王家泊子村人。1934年4月在青岛参加反帝大同盟，5月加入中国共产党，1937年11月在崂山参加中共青岛市委领导的崂山抗日游击队。后任胶东军区锄奸科副科长等职。

解放战争期间，曾任胶东军区北海军分区政治部主任、华东军政大学政治部保卫部部长等职。

中华人民共和国成立后，曾任华东军区空军政治保卫部部长、空军政治部保卫部副部长、空军航空兵第十五师政委、空军政治部副主任等职。"文革"中，遭受迫害，仍坚持革命气节。

1979年抱病参加中越边境自卫还击战。

1982年在北京逝世，终年65岁。

贰佰零叁　赵志刚

赵志刚（1908—1990.2）曾用名赵琏珩，化名赵暗炬。直隶（今河北）阜城人。1920年到北平香山慈幼院读书。1927年3月加入中国共产党。1928年慈幼院毕业后到东北从事党的地下工作，先后任中共吉林和龙县委书记、东满特委委员、中共延边特委书记等职。1930年调任中共满洲省委秘书处文书，并担任党内交通工作。1931年11月至1934年，先后任中共安东县委书记、中央交通局满洲分局负责人、哈尔滨道里区委书记、吉林局委员兼穆陵中心县委书记等职，1934年6月被捕入狱，9月获释。同年底回到河北景县继续从事党的地下工作，任县委委员。1937年1月，到北平东方印书馆工作，任中共北平市委市民委员会委员。

抗战爆发后，奉派到山东诸城开展抗日救亡活动。1937年10月与董昆一、爱人王辩在相州建立中共诸城临时特支，他任书记。12月又到县城成立中共诸城临时县委，任书记。1938年到东北军第五十七军做党的秘密工作。曾任日照县委书记。1941年，到中共山东分局党校学习。1942年到山东战时工作委员会、山东省政府工作，任战时工作委员会邮政总局局长。

解放战争时期，先后任山东省交通局局长、邮政管理总局局长、华东财办交通部长、华东邮电总局局长、上海军管会邮政处处长等职。

中华人民共和国成立后，先后任邮电部邮政总局副局长、供应局局长、办公厅主任、部长助理、副部长兼纪检组组长等职。

全国政协第五届、第六届委员会委员。

1990年在北京逝世，享年82岁。

贰佰零肆　郑　洵（郑瑞星）

郑　洵（1911—1981）原名郑星瑞，山东省高密市县城人。从小勤奋好学，18岁考入高密县立中学，毕业后在南关私立崇实小学任教。

1931年九一八事变后，他除认真授课外，还对学生进行爱国主义教育。启发学生在形势需要时开展抗日活动。他擅长绘画，1935年曾为《高密县志》绘郑公祠图。抗日战争前在北京国立艺术专科学校学习绘画。1937年七七事变后，他加入中华民族解放先锋队，并随中共东北军工作委员会的伍志钢、邹鲁风打入蔡晋康的游击队。1938年1月上旬，日本侵占高密前，随蔡部转移诸城。同年2月间，政治部及其所属108名共产党员、民先队员、进步学生被排挤出蔡部。他随邹鲁风等到鲁西，打入国民党省政府，从事地下工作。参加了共产党员邹鲁风、周持恒等人所组织的"山东省政府巡回宣传队"，编写宣传品和画宣传画，并兼做导演和演员。

1938年参加八路军。1939年1月，他加入中国共产党。其后，在泰西人民抗日自卫团、八路军山东纵队第六支队、八路军一一五师教导三旅九团、鲁西军区政治部、冀鲁豫军区政治部和华北军区等单位工作，1938年任八路军山东六支队政治部宣传股干事。1940年任八路军一一五师三四三旅政治部宣传科美术股股长，负责《挺进报》的编辑工作。他创作的《五五纪念歌》，由姜思毅谱曲，在鲁西部队传唱一时，影响很大。1943年调冀鲁豫军区政治部宣传部，参加《战友报》的创作并任编辑。

解放战争期间任《战友报》报社编辑科副科长、科长以及出版社副主编、副社长、社长等职，负责前线版的整个编辑出版工作。

他擅长书画碑帖鉴定，曾任人民美术出版社编辑部副主任。

贰佰零伍　周持衡

周持衡（1916—1986.6.18）原名周溶，祖籍浙江绍兴县。1935年，考入青岛山东大学外国文学系。次年夏，参加中华民族解放先锋队。

抗战爆发后，在山东东平一带开展抗日工作，先后任山东省政府第一巡回宣传队负责人、东平抗日政府县长。其间，他从枪支、给养和经费等方面积极配合泰西抗日游击队工作。1938年1月，加入中国共产党。同年冬，先后在八路军山东纵队第六支队、山东纵队第三教导旅负责政治思想工作。1940年4月，任鲁西第三专署秘书主任。1941年5月，升任鲁西第三专署专员。

抗战胜利后，调东北历任吉林省民政厅副厅长、省政府秘书长、省政府副主席、主席（1950.4—1952.3）及省委常委。

1958年后，历任辽宁省水电厅副厅长、代理党组书记，省水利设计院党委书记兼院长，省水利局局长。

"文革"中遭受迫害。1979年后，历任辽宁省革委会副主任、省人大常委会副主任。1984年，恢复其省级待遇。

1986年在沈阳逝世，终年70岁。

贰佰零陆　邹鲁风

邹鲁风（1910—1959）辽宁辽阳后三块石人，曾用名邹素寒，从事革命工作后曾化名陈蜕。与邹大鹏、邹宝骧为兄弟。1926年，东北大学毕业后，考入了武昌军事政治学校。参加了平定夏斗寅的叛乱。1932年在东北参加北满游击队。

1933年秋，就读于北平东北大学俄语系。当时的东北大学是专为东三省流亡到关内的青年开办的学校，是北平学生进行反蒋、抗日救亡运动的一个堡垒，中共地下党领导的北平"学联"就设在东北大学。1935年12月，中共北平临时委员会组织和领导了一二·九学生运动，其主要领导人则是北平临时市委书记谷景生、组织部长彭涛、宣传部长周小舟以及河北省委特派员李常青等。当时他们汲取了过去"左"倾错误的教训，决定大力发展党的外围组织，建立北平市"学联"。"学联"主席则是女一中的郭明秋，秘书是清华大学的姚依林，总交通是镜湖中学的孙敬文，总纠察是东北大学的邹鲁风，总交际是燕京大学的黄华。

西安事变时，他正在东北军负责开展统战工作，并协调东北军在北平招收学兵，成立学兵队。西安事变之后，他被派到东北军一〇五师开展统战工作。

抗战后，他奔赴延安，后来到抗日前线开展斗争。任高密县游击队政治部主任，不久转入山东省巡回宣传队做地下工作，在平阴、肥城、东平一带开展抗日活动。

1938年7月任平阴县抗日民主政府县长。

1938年12月任八路军山东纵队六支队一团政治处主任。

1939年9月调任泰西行政委员会委员、秘书长。1940年4月任鲁西行署第二（运西）专署副专员、中共鲁西第二（运西）地委委员。11月任专员兼地委政府工作部部长。

1941年7月鲁西、冀鲁豫两区合并后，任冀鲁豫区第二专署专员。

1944年3月参加整风学习。

1945年抗战胜利后，调往东北工作，历任辽阳市市长、辽南行署主任、辽宁省人民政府副主席。

中华人民共和国成立后，历任东北人民政府教育部副部长、中国人民大学党委副书记、副校长和北京大学副校长等职。出任刚刚成立的中国人民大学副校长时，因仰慕鲁迅，改名邹鲁风。因调研社会生产出现的浮夸问题，受到批判，一时实在承受不了，在北大镜春园西面的湖水中溺死，时年49岁。

1979年，彭德怀沉冤昭雪之后，邹鲁风的错案得到纠正。在北京补开了邹鲁风的追悼会。

吕东来 著

台儿庄大战中的
中共党员 （下）

团结出版社

第五章　台儿庄序战之滕县保卫战中的中共党员

　　七七卢沟桥事变爆发的第二天，刘湘即电呈蒋介石，请缨抗战。同时通电全国，吁请一致抗日。1937年8月7日，刘湘飞赴南京参加国防会议，力主抗战。他表示："抗战，四川可出兵三十万，供给壮丁五百万，供给粮食若干万石。"回成都后，按南京政府部署，蒋任刘湘为七战区司令长官，将川军编成第二十二、二十三两个集团军，第二十二集团军总司令邓锡侯，副司令孙震，辖四十一、四十五、四十七军，第二十三集团军由刘湘自任总司令，唐式遵副之，辖二十一、二十三军。蒋介石先将从川北出川的邓锡侯二十二集团军调往山西，划入阎锡山二战区，参加太原会战。当由川东出川的二十三集团军到汉口时，蒋将其划归程潜第一战区，拱卫南京外围。

　　1937年底，第二十二集团军调归第五战区，属李宗仁指挥管辖。1938年1月初，第二十二集团军奉令开赴山东滕县。在抗击日军的滕县保卫战中，该集团军第四十一军第一二二师中将师长王铭章、师参谋长赵渭滨、第一二四师参谋长邹慕陶及数千名官兵阵亡殉国，为台儿庄大捷奠定了胜利的基础。

　　李宗仁曾挥泪而言："川军以寡敌众，不惜重大牺牲，阻敌南下，完成战斗任务，写成川军史上最光辉的一页。"

一、中共与川军的统一战线

　　1911年辛亥革命爆发后，四川地区（包括现在的重庆）陷入长期的军阀混战。1926年10月，广东革命政府率领的北伐军占领武汉，12月四川军阀全部正式改易旗帜，归属国民政府统辖。虽然国民政府形式上完成全国的统一，但是四川地方军阀的内斗尚未终结。

　　1932年9月，经过多年的经营，在先后击败杨森和刘文辉等众多竞争者后，刘湘正式确立了自己在四川的霸主地位，形式上统一了全川，成为四川

省主席和四川地区最大的地方实力派，节制川中各派军阀。另外四川还有其他一些地方实力派，主要有西康二十四军刘文辉，川西二十八军邓锡侯，川北二十九军田颂尧，重庆二十军杨森等，以上这些实力派人物对四川军政有着重要的影响力。

1934年10月中央红军开始长征，蒋介石电邀刘湘到南京，10月20日刘湘抵达南京与蒋介石反复磋商"围剿"红军事宜。随后，以贺国光为主任的南昌行营驻川参谋团进入四川，国民政府中央势力开始进入四川。1935年蒋介石追击长征中的红军至四川，带着统一西南军政这一另外目的，1月国民政府的中央军正式入川，四川军阀割据的局面开始被打破，中央化趋势加强。5月，蒋介石主力部队进入四川，形成了中央军控制四川的局面。6月，参谋团着手整顿川军，规定各军、师一律按现额缩减三分之一，军费减发三分之一。8月，参谋团又成立点验委员会，点验川军，核实名额。11月1日，蒋介石为了进一步加强对四川和西南各省的控制，改设军委会委员长重庆行营，以顾祝同为主任，贺国光为参谋长，参谋团即行撤销。

随着中央军的入川，遂与四川地方军队不可避免地产生矛盾。时任红军总司令的朱德便利用与川军多为故交、同乡或滇军旧部的关系，积极开展对川军的统战工作。1935年5月，朱德写信给杨森侄儿杨汉忠，要他认清形势，不要在与蒋介石的关系中落得"兔死狗烹，鸟尽弓藏"的下场。12月25日，朱德发表了致川军将领的公开信，信中指出：日本帝国主义下决心要灭亡中国，大敌当前，川军应同红军联合起来，共同反蒋抗日。信中还具体提出了订立抗日军事协定的三项条件。此后，他又接连给川军第二十军军长杨森，第二十八军军长邓锡侯，第二十九军军长孙震，以及川军总司令、四川省政府主席刘湘等过去旧友写信，晓以"国难当头，应停止内战，一致抗日"的民族大义，并明白告知："不愿与先生等以兵戎相见于四川"，希望与川军联盟救国，共赴国难。考虑到川军与蒋介石矛盾较深和川军将领的具体处境，朱德提出"倘因处在蒋贼严密监视之下，一时不便动作，则建立爱国友谊关系，相约互不侵犯，以保国防实力"。

朱德的信既使川军了解了红军北上抗日的诚意，解除了川军的顾虑，又揭露了国民党蒋介石排斥异己、借刀杀人的阴谋。杨森接信后，即令部队给北上红军让道，邓锡侯也密令部队与红军保持一天的路程。尽管蒋介石多次下令川军各部向红军占据区迅速推进，但川军只是尾随红军之后，假装追击，以应付蒋介石。朱德对川军将领所做的工作，为红军顺利出川北上抗日创造了有利条件。

同时，面对蒋介石势力进入四川，控制和瓦解川军，刘湘也深以为虑，不得不想办法对抗。首先，他在改组省政府时，任用自己的亲信。另外，刘湘还宣布废除近二十年的防区制，原防区内一切政权交给省府。在军队方面，刘湘仿效蒋介石组织黄埔同学会的方法，健全原先已有的松散组织武德学友会，作为团结、考核、控制军队的工具。同时，着手联络民主人士和共产党人，共同抵制蒋介石。冯玉祥系统的汪导予、李荫枫、高兴亚，共产党人郭秉毅、张曙时、黄子谷、罗世文、李一氓等先后到刘湘部工作。

青年时期的朱德

中共也加强了对刘湘、刘文辉等地方实力派的统战工作，对于促进川军走上联共、拒蒋、抗日之路发挥了重大的作用。刘湘本身是四川财阀的代表，与金融界、实业界关系紧密，一些社会上有影响的知识分子和开明绅士张澜、黄慕颜与刘湘等关系也比较密切，刘湘重要部属潘文华与中共川康特委联系也很紧密。1935年夏秋，上海中共中央执行局派张曙时入川，做刘湘的统战工作。他利用傅春吾等与刘湘的个人关系，密切与四川知名人士的沟通，曾经参加过南昌起义的四川老共产党员李嘉仲介绍刘湘与张澜相识，张澜尽力帮助，道义与利害相结合，使刘湘联共之心毅然而定。秋天，中共中央又派李一氓来成都，刘湘委托张澜、鲜英、钟体乾为谈判代表，达成川康支援红军的秘密协议。1936年4月间，李宗仁派叶琪来成都，刘湘又派张斯可到桂林与在桂林的红军代表廖广云三方面共同签订了"川、桂、红军事协定"，协定的主要内容是蒋介石不抗日，再打内战，三方面联合起来反蒋。经过这一协定，中共中央稳定了西南局面，得以放手发动西北及东北方面的统一战线。

1937年，中共中央又派罗世文为代表来成都与刘湘联系，刘湘聘罗为顾问，并任命罗为政治教官。同时，中共四川党组织还积极与其他四川地方实力派密切联系，也派人到刘文辉、潘文华、邓锡侯、田颂尧所部做统一战线工作，应该说，这些川军将领在共产党的帮助下，为国共合作、共同抗日做了大量工作，也是第二次国共合作的成果。

毛泽东曾指出：刘湘在四川实力派中军队最多、武器最好、实力最强、

四川抗日民族统一战线工作的主要奠基人——张曙时

影响也最大，做好刘湘的工作，四川抗战的局面就可观了。四川实力派对蒋介石集团进入四川既有戒心又十分无奈，他们既害怕蒋介石对自身的排挤，同时难以抗拒中央军的强大实力，又有联合中共抗日的强烈愿望，这为中共在四川组织统战工作的开展提供了可能性。

1938年1月，刘湘在武汉病逝后，其旧部潘文华等与中共川康特委依然保持了联系。另外中共还广泛深入川军中下层官兵中开展抗日宣传运动，积极动员广大青年参军入伍，支援前线，中共举办的各种宣传杂志和报刊，也发挥了巨大的舆论导向作用。

1937年抗战爆发后，邓锡侯被委任为第二十二集团军总司令兼四十五军军长。

早在护国讨袁战争中，邓锡侯奉命进入泸州棉花坡南翼的马鞍山阵地，北翼则由朱德所部防守。他们两部相互支持，并肩战斗，打退敌人的多次进攻，守住了阵地。邓锡侯与朱德结下了深厚的战斗友谊。

1937年9月，邓锡侯率部沿川陕公路徒步北上，奔赴抗日前线。于11月1日进驻山西寿阳。

1937年11月5日，时任第二战区副司令长官、第八路军总司令朱德带着丁玲及十几名士兵来到山西寿阳马首村看望驻扎在这里的邓锡侯、孙震等，向他们告知现在情况严重，阎锡山已离开太原，由傅作义留守，情况危急，当前的紧急任务是回援太原，嘱邓赶快准备。

邓锡侯鉴于战局突变，即同孙震、陈离等会商决定，命令部队火速回援太原。11月6日，将要到达太原南畔村时，因为向导是汉奸，陷入敌人包围圈，邓差点遇险。以后每年11月6日，邓都以这一天作为他的"抗日遇险纪念日"。

1937年11月7日，太原弃守，战局恶化。第二十二集团军经交城、孝义转移至洪洞县城同心花店，一面在安泽、沁源、长治一线构筑阵地拒敌前进，一面整训部队，待命反攻。这时八路军总司令部也驻在洪洞县东关外约八九里远的一个村庄。其间，邓锡侯与朱德曾多次会晤。邓锡侯还请朱德给二十二集团军团级以上军官讲解抗日形势和游击战术问题。朱德在讲课前称赞川

军是他遇到的所有中国军队中装备最差却打得最顽强的军队，表现很不错，消灭了不少日军，为掩护友军撤退立下了汗马功劳。他结合东线战事和整个太原战役，尤其是以川军官兵大多了解的事情为例，深入浅出地讲解游击战术的道理和实战应用方法。最后还特别强调：一定要注意和当地群众紧密结合、打成一片，并把红军的"三大纪律、八项注意"完整传授。以丁玲为团长的"西北女子战地服务团"还经常为二十二集团军表演鼓舞士气的精彩节目，增强了川军抗战的爱国热情。八路军和川军还经常开展联欢活动，两军官兵合作良好。朱总司令离开洪洞县时，还特意送给邓锡侯、陈离共六匹缴获日军的战马。邓锡侯也回送朱德一批手枪，以后还派部下张鹏翼等赴延安"抗大"学习。①

二、中共党组织在邓锡侯部及第二十二集团军一二七师②

1926年，由国共两党共同领导的北伐军从广东出发，在短短两个月内势如破竹，北进两湖，10月10日直取武汉。四川各派军阀纷纷发表宣言，拥护国民大革命，并将所部改编易帜，统称为"国民革命军"。12月，邓锡侯将所部改编为国民革命军第二十八军，陈离担任第二十八军第二混成旅旅长，继续驻防新都、广汉。

陈离作为一名有思想、有建树的青年军官，他在《自述》中写道：

"1926年，汹涌澎湃的国民革命洪流已经弥漫四川，甚至像新都、广汉这样的角落，革命进步书刊也如潮水般涌来。在这些书刊帮助下，我对中国革命前途问题开始深深地思索：为什么辛亥革命胜利果实被袁世凯和北洋军阀窃取后，革命即一蹶不振？为什么孙中山领导国民党改组后，实行'联俄、联共、扶助农工'的三大政策，北伐很快就得到胜利？这无疑是有苏联的帮助和中国共产党与国民党实现合作，进行革命斗争才有的结果。我逐渐认识到中国革命必须以马列主义的理论作指导，由中国共产党来领导才能得到成功这个真理，从而克服了过去的个人英雄主义与社会改良主义的思想与作风，开始下决心，愿靠近中国共产党，为中国革命贡献出自己的力量。"

①高勇：《朱德与抗日川军》《四川档案》2006年第6期。

②金雷：《陈离将军》，团结出版社，2012年3月。

陈离一贯亲共的倾向，使人们称他为"桃色"将军。由于国民党反动派背叛了革命，1927年3月31日，四川军阀刘湘率先在重庆制造了三三一惨案，杀害了包括杨闇公在内的三百余名共产党人和革命群众。四川省中共党组织遭到了严重的破坏，轰轰烈烈的大革命由此转入低潮。

1927年7月，中共中央派付烈到四川清理和恢复党组织。8月在重庆建立中共四川省临时省委，付烈任书记。不久，临时省委在成都组建川西特委，付烈派刘愿庵担任川西特委书记，负责领导成都及其周边地区的地下党革命工作。

中共川西特委书记刘愿庵来到成都，很快通过共产党员车耀先①的牵线搭桥，频频接触陈离、吴景伯、张志和等四川著名"左派"亲共将领和共产党人。

此时，国共合作早已破裂，而陈离对共产党的政治立场却没有改变。当刘愿庵要求陈离设法掩护和转移中共党员时，陈离欣然接受。1927年冬，第一批四名共产党员陈晓岚、邓作楷、曹仲英、沈首群等从成都转移到广汉陈离的部队。陈离高兴地对他们说："我要以社会主义思想来教育我的部队，欢迎你们来！"

陈离把他们转移到广汉，全部予以重用。他委任陈晓岚为第一团政治指导员，邓作楷为第二团政治指导员，曹仲英为旅部秘书，沈首群为旅部政治训练室主任。

不久，刘愿庵告知陈离，中共四川省委常委张秀熟要到广汉暂住一段时间。陈离把张秀熟安排到第二团团部住下，由邓作楷陪同。

张秀熟回成都后，即介绍陈离手下的旅部参谋长刘的均、第二团团长陶凯、第二团第三营营长曾学圃三人加入了共产党。一年后，刘愿庵被选为中共"六大"的四川代表，张秀熟担任中共四川省委代理书记。

从1927年开始，陈离接受中共川西特委书记刘愿庵的请求，陆续转移了很多共产党员和国民党左派人士来广汉。比较著名的有曹荻秋、朱近之、帅惠仙、徐一平、雷志烈（女）、李司克、苏端佩、杜桴生等。另外还有三三一惨案被害的中共四川省委领导人杨闇公的妹妹杨亚柏和侄女杨绍兰。陈离给

①车耀先（1894—1946）四川大邑县人。早年投身川军，由司务长、连长升为团长，目睹军阀混战，民不聊生，在徘徊苦闷中信仰过基督教。1928年东渡日本，1929年加入中国共产党，任川康特委军委委员。后在成都以经营"努力餐馆"为掩护从事革命活动。1934年在成都主办"注音符号传习班"，引导许多有志青年走上革命道路。1937年1月，创办《大声周刊》，进行抗日宣传，成为成都抗日救亡领导人。1940年3月在国民党制造的"抢米事件"中被捕，关押于贵州息烽集中营和重庆渣滓洞监狱。1946年8月18日，牺牲于松林坡戴笠停车场。

这批转移过来的人员都一一安排了工作。曹荻秋任厂汉中学训育主任，帅惠仙任第二团陶凯团部的书记官，雷志烈任广汉女中校长，杨亚柏、杨绍兰任小学教师，苏端佩任第三团团部书记官，李司克任女小教师，杜桴生任曾学圃营书记官，所有人员均有任职。

1930年，陈离同刘的均、陶凯、曾学圃、钟克容等五个人，成立了共产党的秘密外围组织"五育社"。由时任中共广汉特委书记、温江县工委书记曹荻秋领导，在部队内部作为改造旧军队的核心。他们在广汉三水关焚香盟誓，各不背离，"要干，大家一起干！"陶凯负责军事，刘的均负责军训和财务，曾学圃负责广汉、新都两县地方建设，钟克容负责政治训练，陈离负责掩护革命力量、改造旧军队和对外应付反动政权的工作。他们每周一次，在成都青石桥的陈离公馆秘密开会，研究军政大计。另外又组织了一个公开的政治训练委员会，陈离任主任委员，邓作楷、陶凯、钟克容等任委员。这个委员会的主要任务是：一方面加强部队的军事训练，鼓舞士气；另一方面对官兵进行政治教育，提高他们的思想觉悟。刘的均负责组成军事教导队，轮训全旅各级军官，加强思想教育。

曾学圃营驻唐家寺，他组织了一个"晨兴守约会"，要求全体军官都加入，每天早上按时签到；又组织了"青白剧社"开展各种形式的文艺宣传演出活动；设立"学圃读书室"，组织士兵阅读进步书刊，用革命思想武装士兵。曾学圃的过激行为，引起了国民党反动派的注意和当地封建势力的反对，陈离为了掩护曾学圃，把他调到驻广汉的第二团三营做营长。

多年以后，曾在陈离部队工作过的共产党人何翔迥回忆说：

陈离对部队的训练，采取军事与政治相结合，管教从严，待遇从宽的办法，努力提高官兵的进步思想，要求官兵自觉遵守军纪。他关心官兵的生活和困难，注重医疗卫生设备，按时对官兵发放薪饷。该旅对官兵除进行军事政治教育外，还要进行文化教育，每月进行一次文化测验。陈离曾自夸地说，他的官兵都有一定的知识，随便抽一个士兵出来，都可以点评国内外的形势。

为了进一步改造部队，陈离决定从成都招收一班学生队，约有一百人。共产党川西特委乘此机会输送了一批党、团员和进步青年入伍。学生队设在广汉城关武庙后院，学制两年，毕业后分配到连队做骨干。

川西特委还把党、团员和进步青年派到陈离部队去做文书工作。他们在

连队开办文化夜校，组织士兵学习文化科学知识，积极开展体育、歌咏、演剧等文体活动，以丰富连队文化生活，逐步改变士兵的恶习。到广汉起义爆发前，陈离部队已发展有共产党员近二百人，全旅三个团、八个营半数以上均有共产党的组织。

1930年秋，中共地下党在广汉陈离的第二混成旅发动了武装起义。广汉兵变的消息传到成都，成都的各大军阀大为震恐，指责陈离长期掩护共产党才酿此重大事变，主张对他撤职查办。第二十八军内部各师、旅长想借此来占领新都、广汉的人不少，他们纷纷上书邓锡侯，要求取消其防区。

邓锡侯对陈离一向信任，把他作为少数几个亲信之一，此次事件也得到了邓锡侯的庇佑，仅仅象征性地给了一个"撤职留任，戴罪图功"的处分，责令他"自行筹措，重建部队，掀起足额，听候点验"并继续保留新都、广汉防区。不久，邓锡侯还派他的顾问康记鸿前往广汉慰问地方人士，同时电召陈离到成都面商善后事宜。

在外界的强大压力下，随后成立清共委员会逮捕、囚禁了一百多人，其中有共产党员23人。被开列判处死刑的有曹仲英、柯仲生、陈同生、李斯克、杨芳型、陈鹏、王耀东、王炳南等。

邓锡侯还要求陈离交出曾学圃等共产党员。陈离对邓锡侯说："曾学圃早已离开部队，其他共产党员我不知道。"实际上，陈晓岚去芬兰、邓作楷去北京大学、曾学圃去上海，都是陈离资助的。邓锡侯听了陈离的话，也不再深究，使陈离得以从容地把其他没有暴露的中共地下党员，从广汉转移出去。苏端佩、杨绍兰、杨亚柏等都是在起义失败后，陆续离开新都、广汉的。

在如此困难和危险的情况下，陈离仍然用实际行动，支持地下党领导的革命斗争，受到了中共上海中央局、川西行动委员会领导的赞扬。但是，当清共委员会拿出真凭实据，要处决那些参加起义的共产党员时，陈离是想保也不能保，想保也保不住。他只能眼睁睁地看着这些共产党人走上刑场，其中还包括自己的侄子陈鹏。

1937年抗战全面爆发后，邓锡侯部被改编为第二十二集团军，下辖孙震第四十一军（王铭章一二二师、孙震兼一二四师）、邓锡侯兼四十五军（陈鼎勋一二五师、陈离一二七师）。9月，中共上海特科党员张晓峰带着车耀先写的全川军事情报，到西安办事处交给林伯渠，并向林伯渠汇报了陈离为党工作的情况。林伯渠说："陈离到西安后，我要见他，你安排一下。"陈离抵达西安后，张晓峰立即联系两人的见面事宜。当时，虽然国共已经合作，但对于两党之间公开的来往仍存戒心。陈离下榻的西京招待所，住的都是国民党

高级将领，林伯渠不便前去拜访。同样，陈离也不便去拜访林伯渠。于是，两人约定在西京招待所旁边一个名叫鼓楼旅馆的小饭店见面。张晓峰先把陈离接到一个安静的房间休息，然后再同林伯渠一起乘车前来。林伯渠此时年过五十，头发雪白，怕被人发现，还特地借了一个小战士的帽子戴上。林伯渠与陈离一见如故，相谈甚欢。虽然为避耳目，他们已经长话短说，但会谈还是进行了两个多小时。根据林伯渠的建议，陈离安排张晓峰担任一二七师师部少校副官，负责同八路军的联络。陈离后来率部到山西，即由张晓峰拿着林伯渠的介绍信陪同去会晤太原八路军办事处处长彭雪枫。陈离后又派张晓峰去汉口八路军办事处见董必武，并送去法币二千元，作为捐赠在汉口筹建"八路军办事处"的经费。董必武即派了冯成琦、翟醒楚、赵尊一三名中共党员，随张晓峰到滕县，参加一二七师担架连工作。

1937年底，第二十二集团军调离山西划拨徐州第五战区。第五战区司令长官李宗仁坐镇徐州指挥，为粉碎日军会攻徐州的阴谋，第二十二集团军邓锡侯部承担了在滕县阻击日军南下徐州的任务。

3月14日，滕县外围阵地逐个被日军击破，第四十一军、四十五军的绝大部分兵力已在滕县外围被敌人打垮、冲散。保卫滕县的中国守军大都在滕县外围，滕县县城已完全暴露在日军面前。强敌压境，然而此时的滕县县城几乎是一座空城，当时城内仅驻有第一二二师、第一二四师、第一二七师3个师的师部和第一二二师三六四旅旅部，每个师部和旅部只有1个警卫连、1个通信连和1个卫生队，城防处于十分危急的状态。在守军浴血坚守3天后，17日晨，陈离带上他的幕僚、随从和特务连，出西门直奔南沙河。行至距南沙河一里远的地方，突遇日军骑兵和坦克，队伍被包围在一块开阔地带。大炮、机关枪不断射来，此地毫无隐蔽之处，陈离身先士卒，率领士兵与日军交锋，肉搏数次，伤亡过半。在击退敌人后，陈离率众边打边撤。突然，陈离的右腿被日军机关枪洞穿，子弹从大腿射入，从臀部穿出，血流如注。此刻距日军仅一百五十米左右，带着伤，陈离在众人的扶持下边打边跑，来到一处乱坟堆，陈离命令大家顺势在坟堆里隐蔽下来。此时的陈离，已几度陷入昏迷。隐隐约约，大队的敌人远远地在移动，他们始终没有发现这支隐藏在坟堆里的队伍。直到夕阳西下，日军怯于夜战收兵。四十五军代军长、一二七师师长、前线总指挥陈离绝处逢生，终于同死神擦肩而过！他是二十二集团军受重伤的最高长官。陈离在警卫吴兆祥、罗昆的扶助下行进到一个村落，在老百姓的家里将大腿伤口简单包扎了一下，深夜即绕过敌哨，转至临城，后由张晓峰、赵尊一夫妻帮助，搭乘火车至徐州，再安全转移到汉口协和医院治

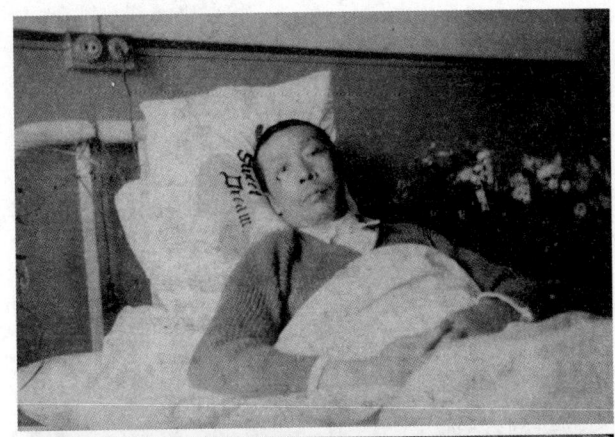

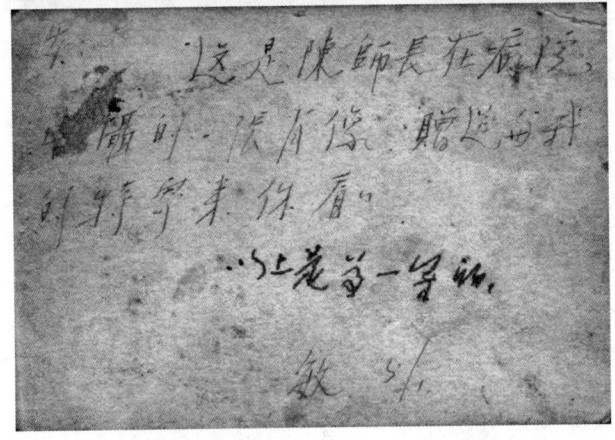

滕县保卫战负伤后，陈离师长在汉口协和医院。

疗。而与陈离在军官学堂是老同学的一二二师师长王铭章却没有那么幸运，于17日傍晚牺牲在滕县城内。

张晓峰的儿媳、著名剧作家沈虹光女士在《壮士无言》①一书中写道：

滕县战役结束后，赵尊一护送负伤的陈离师长南下，到汉口疗伤。

躺在病床上的陈离拍了一张照片，靠里有一盆鲜花，枕头垫高了一些，枕套上有绣花——公公（即张晓峰）说，那是母亲（即赵尊一）绣的。绣花部分压在陈离头下，看不完全，似乎是英文，就像母亲在上海南京路启昌照相馆拍的照片上印的英文，花哨的美术体，也是20世纪三四十年代好莱坞电影字幕的风格。母亲在照片背面写道："这是陈师长在病院拍摄的一张肖像，赠送与我的，特寄来你看看。"落款是"敏"。

为什么要"寄"给公公呢？因为公公又回到了徐州战场。台儿庄大捷后，五月份徐州又打起来，公公回部队参战，而后随部队辗转经安徽到湖北，回到第五战区，在樊城与陈师长会合，再一次由死亡之地中走出，见到了母亲。

母亲在汉口也拍了照片，这就是她留下来的第三张单人照。

在滕县炮火中奔逐了两个多月，她明显地清瘦了，比出狱时还显单薄。初夏了，换了短袖布旗袍，一条细带挂在颈项上，端头塞入旗袍右边大襟，

①沈虹光：《壮士无言》，第128—129页，长江出版传媒，崇文书局，2015年6月。

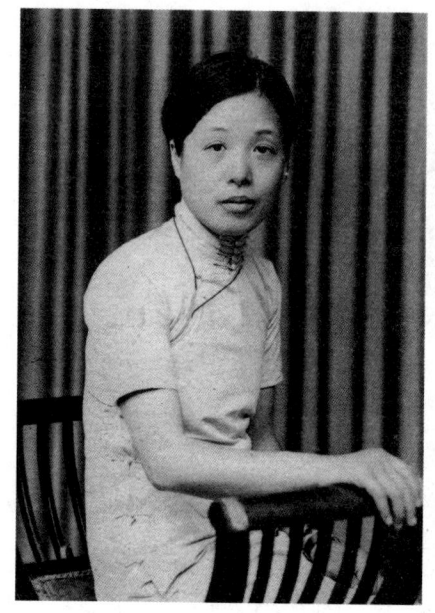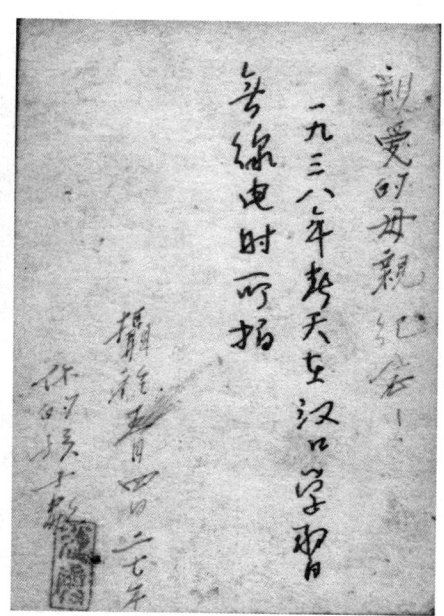

照片背面中间两行字为丈夫张晓峰所写

可能是钢笔。旗袍是浅色的，细带是深色的，密排的领扣抵到下颌，包裹着脖子，显得很纤秀。照片背面有字："亲爱的母亲纪念！摄于五月四日二十七年你的孩子敏。"这是寄给上海外婆的，母亲又用了"亲爱的"，然后是"你的孩子"，这是她心底最柔软的一部分。

　　母亲的第一张单人照片摄于1930年之前，第三张摄于1938年初夏，跨度将近十年，是母亲不同境遇的写真，生离死别，何等沧桑！可是，我惊讶母亲的变化竟然不大。还有她的表情，一直不笑，也不悲切，十年了，就那么坦然地直面，仿佛有一种不变的东西沉淀在她已然变化的外表之下，稳住了她，岁月战火也没奈何。

　　这张照片背后公公也写了两行小字，"一九三八年春天在汉口学习无线电时所拍"。

　　时任一二七师军法处处长的杨尚仑在陈离师长负伤期间，在汉口协和医院看护疗伤的陈离师长。

　　1938年7月，陈离伤愈重返抗日前线。早在5月份，徐州失守前夕，第一二七师从徐州撤至河南信阳，师部冷副官长奉陈离之命，负责收容散兵游勇，一路收容了千余人。武汉会战打响后，日军对武汉三镇实行战略包围，第一

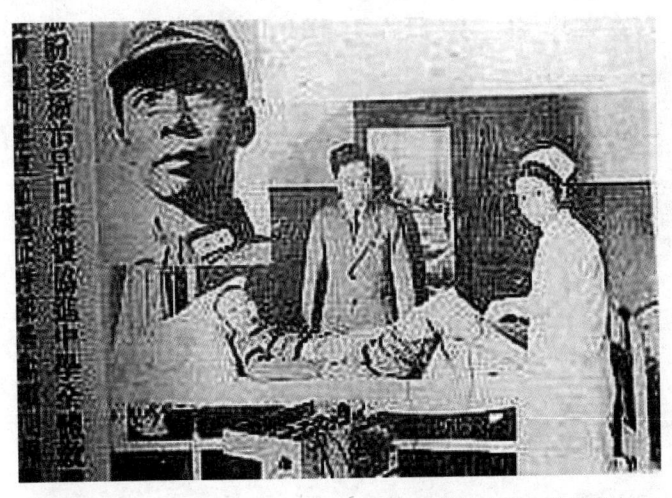

陈离在汉口协和医院疗伤,中立者为陈离部军法处处长杨尚仑。

二七师又奉命开赴湖北随县高城一带驻防。军需杨月湘鉴于敌人要切断陇海线,担心自己经手的部队经费和账务丢失,经陈离同意,先行一步,携带账务、军款、家属提前到达樊城,为陈离设置了临时公馆。

武汉失守前夕,周恩来、董必武率中共代表团及八路军办事处人员,从武汉撤到重庆。行前,决定派中共党员钱俊瑞、胡绳、李相符等人,到李宗仁的第五战区文化工作委员会任职,开展鄂西北抗日统一战线工作。其中钱俊瑞任文化工作委员会主任,同时,中共党员张执一领导的湖北战时乡村工作促进会也转移到了第五战区司令部驻地樊城。陈离得知这些情况,主动与钱俊瑞、张执一保持密切联系。

尽管李宗仁知道钱俊瑞是中共党员,但他同蒋介石有矛盾,所以对共产党的活动通常采取睁一只眼闭一只眼的态度。因此,第五战区的地下党员特别活跃,但都是单线联系。在钱俊瑞、张执一的领导下,中共地下党人源源不断地来到第五战区,其中包括陈离安排在第二十二集团军四十五军的中共地下党员:政治部主任陈烈贻、胡春浦①、易野源(即田拓夫,据胡春浦1969年回忆,中华人民共和国成立后,易野源曾在新疆石河子建设兵团设计院工作)等人。

---

①胡春浦(1913—1983)四川渠县人。1935年在上海加入中国共产党并投身中央特科。受派遣入川军从事情报、军运及抗日宣传工作。1938年随二十二集团军开赴湖北第二战区,任战区政治特派员办公室中校参谋。回川后,由南方局周恩来、董必武直接领导,从事上层统战、情报工作,开办企业、结交袍哥、发展统战关系,为中共提供经费。曾三次被捕,其共产党员身份一直未暴露,经多方营救均脱险于刑场或囹圄。1949年被营救出渣滓洞后,直接参与推动了刘文辉、邓锡侯、潘文华在彭县的起义,并代表军管会接管成都。

1950年后,在中央情报、外事、外贸机关工作,后任宁夏区委统战部长。"文革"中受迫害。晚年回四川任省委统战部顾问。

1938年6月，武汉八路军办事处王梓木同志，代表党组织分配郑绍文①到张自忠第三十三集团军干训团当政治教官。郑绍文拿着冯玉祥将军的介绍信到河南郾城，先后见到张克侠和张自忠将军，随后来见张克侠和张自忠将军的还有曹荻秋②、任泊生。③张自忠将军封他们三人少校军衔，月薪八十元。但是到职不久，身份暴露，第三十三集团军干训团团长董升堂逼郑绍文和曹荻秋离开干训团。

正当郑绍文和曹荻秋离开干训团，准备经老河口、襄樊回四川重庆的时候，第五战区文化工作委员会主任钱俊瑞、胡绳来了。也正是在这个时候，于1930年在陈离的部队内发动广汉起义的曹荻秋，意外打听到陈离率第一二七师驻守高城的消息，于是叫上郑绍文一道，不顾风雪前去拜访陈离，他们这些老友在此相会了。由于在滕县组建的第一二七师担架连几乎在滕县保卫战中全部牺牲，于是，陈离向曹荻秋、郑绍文提出重新帮助第一二七师组建一个担架队的要求。后来，陈离同郑绍文商量，又以第四十五军副军长身份

----

①郑绍文（1905.11—1993.10.8）四川省潼南县三汇乡（今重庆市潼南县小渡镇）人，早年求学于北京农业大学。1927年5月加入中国共产党。从1927年至1933年，曾四次被捕入狱。

战争年代，先后任新四军豫鄂挺进纵队参谋长、鄂中军分区司令员、中原军区驻汉办事处少将处长、中共中央中原局秘书长、江汉军区副政治委员、江汉行署主任、湖北省军区政治部主任等职。

中华人民共和国成立后，历任中南军政委员会民政部长、中南行政委员会副秘书长、最高人民法院中南分院院长。1954年2月任中央司法部副部长。1958年12月被调广西，先后任地区副专员、农垦局副局长、局长、党组书记，农办副主任等职务。“文革”中，受到迫害。1979年1月调任最高人民法院副院长。曾任第一届全国政协委员、全国人大代表，中共八大、十二大代表，第五、六届全国政协常委。

②曹荻秋（1909.8.1—1976.3.29）名聪，字仲榜，号健民，四川资阳县南津驿和平街人。1929年加入中国共产党。广汉苏维埃政府的创立者、新四军老战士。

1949年11月起，先后任中共重庆市委第三、第二、第一书记，中共四川省委第三书记，重庆市副市长、市长。1955年11月，先后任中共上海市委副书记、市委书记处书记，上海市常务副市长、市长。

中共第八次全国代表大会代表，第一、二、三届全国人民代表大会主席团成员、代表资格审查委员会委员。“文革”期间，被迫害为“大叛徒”。

③任泊生（1909—1990）原名任康林，东莞常平镇金美村人。出生于越南一侨商家庭。少年回国就读于广州知用中学。1927年在武汉加入叶剑英的军事教导团。

1937年3月，奔赴延安，加入中国共产党。先后在中共中央宣传部、西安八路军办事处、汉口十八集团军办事处、武汉国民党军委政治部第三厅、新四军等处工作。1945年任中共华中分局联络部副部长兼华中军区政治部联络部部长。1946年后在上海、昆明从事地下工作。中华人民共和国成立初期，曾任广州民航分局局长兼党委书记、民航总局飞行处正师级处长。1953年后，先后在国务院对外友协、广州外事办公室、广东省人民委员会等部门工作。1979年3月，任广东省科委副主任，是广东省政协第三、四、五届常委。

向军长陈书农建议，拟在国民政府军事委员会政治部驻第二十二集团军政治特派员办公室下面成立一个政工队，由郑绍文主要负责。政工队一成立，第二十二集团军特派员办公室便给郑绍文发了委任状。由于特派员办公室负责人易野源是地下党员，全权负责一应事务，因此所有人事和具体事务都是由易野源、胡春浦和郑绍文一手经办的。

1939年9月中旬，驻河南省确山县竹沟镇的中共中央中原局，派黄宇齐① 为特派员到襄樊地区川军第二十二集团军开展工作。曹荻秋因在第五战区身份暴露，已被调回中原局工作。由于曹荻秋同陈离关系密切，黄宇齐带着曹荻秋的介绍信到襄阳找到杨尚仑，通过他联系陈离见面。黄宇齐将中原局的介绍信交给陈离，谈了党对陈离的希望和要求。陈离考虑得很仔细，让黄宇齐写一封江津同乡、旧川军师长甘德明介绍黄宇齐来找陈离"谋职"的信，交师部存档备查。然后，陈离让黄宇齐自选想做的官职，因为"编外"可以少办公，自由活动。"中尉"官小，不引人注目，黄宇齐便成为师部副官处的"编外"中尉书记官。一切安排好后，黄宇齐便到第二十二集团军总部，同总部情报处正副处长、中共地下党员刘景素、刘蜀道等研究工作，于10月10日返回襄阳，到副官处正式"任职"。

陈离除向黄宇齐介绍第二十二集团军高级军官的政治态度外，一切国民党中央发给军部、师部的机密文件都及时给黄宇齐看，黄宇齐将所看到的文件及时报告中共中央中原局。

1940年的一天，李宗仁对陈离厉声说："根据政治部的情报，你师有异党分子。按五届五中全会的决定，你要迅速处理，小心大祸临头。"陈离接过文件一看，原来是中共中原局派到鄂北老河口做统战工作的项乃光被捕，供出了共产党在第五战区的活动情况和共产党员的名单：张晓峰、杨尚仑、张鹏翼、黄宇齐等名字历历在目，还包括陈离同新四军接触的一些事情。

---

① 黄宇齐（1911.8—2011.3）四川江津（今重庆市江津区）人。1929年10月加入共青团。1933年6月加入中国共产党。历任上海社联法南区委委员，中共上海沪中区委宣传部干事，上海社会科学家联合会常委，国民党政府第二十二集团军中共特派员，新四军第五锄奸部部长、政治部联络部部长，新四军抗大十分校教育长，中共中央中原局武汉工委书记，中原军区一纵队敌工部部长，北平军事调处执行部人事组组长，北平军事调处执行部第九执行小组中共代表，中共中央东北局城工部处长，第四野战军第四十九军敌工部部长，四野南下工作团教务部副部长。

中华人民共和国成立后，历任湖北省委统战部长兼省民政厅厅长、工业厅厅长，电力工业部中南电业管理局局长，电力工业部水电建设总局副局长，水利电力部水利水电建设总局局长，中共中央华东经济委员会副主任，中共上海市委经委（工交办）副主任，1979年8月任电力工业部副部长兼华东电业管理局局长。

陈离带着文件马上返回师部，向张晓峰、黄宇齐等人通报了情况，并给了黄宇齐一百张特别通行证和经费，让他组织第二十二集团军的共产党员迅速转移。在陈离的资助下，黄宇齐、杨尚仑等共产党员得以安返新四军。杨尚仑临走时，向杨月湘嘱咐道："我们走了，你要注意，新任的副师长王澄熙，曾在南京受过蓝衣社训练，小心他加害于你。"杨月湘听后，又动了要走的念头，便向陈离提出辞呈："我们都走了，上司追究下来，师长也好交代。"但陈离对杨月湘一再挽留，杨月湘只好又搁下了走的念头。至此，川军第二十二集团军中的中共党员就极少了。

三、第一二七师担架连在滕县保卫战

第四十五军一二七师以滕县为据点，在界河东西的香城、九山、王福庄、金山一线占领阵地，构筑工事，阻击日军进犯，并于1月中旬、下旬主动出击，冒雪夜袭两下店的日军，杀伤了部分日军。同时派小部队到兖州、邹县、曲阜之间开展游击战争，在小雪村、凫村成功地袭击了日军，击毙日军翻译官中岛荣吉以下的官兵40余人，缴获了武器弹药、军用地图、文件、作战资料等，打击了日军的嚣张气焰，鼓舞了我军的士气。

邓锡侯和孙震两位总司令亲自到滕县、界河一带视察。川军总司令刘湘在汉口不幸病故后，邓锡侯奉命回川继任川康绥靖公署主任。第二十二集团军副总司令孙震升任总司令，陈书农升任第四十五军军长，陈离升任第四十五军副军长兼一二七师师长。此时，陈书农仍在郑州养病，即由陈离负责指挥第四十五军在前线作战。

关于第二十二集团军一二七师在滕县保卫战中的情况，1988年，张晓峰同志晚年撰写了《张庆炎革命回忆录》，给我们留下了极其珍贵翔实的历史资料，他写道：

二十二集团军奉命调去山东滕县，陈师长想去总部辞行，我写信由二科转给朱总，派来两匹马，接陈师长和我去总部。任弼时主任用一张带衔名片，背面写上林、刘、贺三个师长名字，加盖私章，给我去山东□和八路军接头。朱总问我陈师长和邓总司令需要什么？我说他们的坐骑在太原作战都丢了。朱总派人送给邓、陈等六匹日本洋马。

部队在风临（陵）渡过黄河，我和杨尚仑再去西安，我向林老汇报，他向林老辞行。林老写信将□组织关系介绍到汉口办事处董老（必武）领导，

我在郑州下车去汉口，陈师长捐两千元给办事处，我将介绍信和□□给董老。晚上我问办事处工作人员，武昌监狱关的我们同志是否全放出来了？他们说："前些时我们接出来一批，你有恋人吗？"我说有赵尊一同志，上海人，在洪湖被俘，判刑十四年。几年前，组织派我去看过他。他们一查名册，赵尊一明天出狱。我在洪洞县，八路军总部送我一件日本军大衣，大家都带（戴）青天白日帽徽。我和工作人员回去武昌，尊一见到我，悲□交加，泪流满面，一时激动，说不出话来。有三十多名男女同志，被接出狱，办事处安置他们住到现在抚顺路一排灰砖洋房子。晚上，我叫尊一将七八名女同志（其中有同她一道被俘的王文宣大姐）出去到餐馆请他们吃的晚饭。这时上海已经沦陷，对赵尊一同志来说，丈夫在洪湖牺牲，自己坐了七年牢，母亲、姐姐、哥嫂、伟尊女儿在上海，不能团聚，她的悲痛心情可以理解，我告诉她母亲在上海一直住军委机关，小阿哥在江西路电话公司工作，母亲住的地方仍然保密，电话公司可以公开写信交小阿哥收。

我去办事处住了两天，回山东滕县师部，陈师长要我在滕县招兵，新成立担架连（因为在山西作战，重伤员未救下来，深感痛心，拨给我二十多个正负班长，一个排长，派我去汉口购制担架、行军炊具等等），嘱我向汉口办事处加派同志来一二七师任职，野战医院也缺医生、护士。

三八年元月初，我带两个班长来汉口，住交通旅馆，董老派冯成琦、翟醒楚、赵尊一三位同志随我去山东滕县，由陈师长派冯任担架连排长，翟任担架连司务长，赵任野战医院护士班长，带一个救护班，随同担架连去第一线对伤员进行抢救、包扎，每次界河前线日军打炮，担架连即从县城出发，去前方阵地抢救伤员。尊一因牢六年，两腿走路困难，界河离县城四十华里，她来回均须骑我的马，并叫她每天清早在城墙上练习跑步，陈师长对担架连每次去前方将全部伤员抢救下来运送到野战医院，实现了他的愿望，不断表扬，对赵尊一同志，不怕牺牲去阵前包扎伤员，多次表彰！一九三八年三月八日，由陈师长当介绍，我和赵尊一在滕县结婚。三月十六日，前方部队电讯中断，日军从东边突破我防线，午夜尊一率救护班回医院，乘最后一次火车去徐州后方，次日清晨，日军大炮打进城内，孙震总司令从临城来电，一二二师守城，一二三师曾师长（此处回忆，可能记忆有误，应为一二四师税师长），一二七师陈师长率直属部队突围，至南沙河，由汤恩伯军一个团任掩护，搜索从前线溃退部队，□次本师两个旅全在前方，师直属仅有特务连、工兵，由我训练七十人的游击队从西门出去，搜索敌军伏兵，我带着担架连二十多支枪同特务连掩护陈师长和非战斗人员突围。全连四十副担架由张义

斋排长率领，我们出城后，日军骑兵冲来，被我们击退，从滕县到南沙河六十华里（存疑？）。沿途各村庄均有日军伏兵，因他人数不多，只能在村内打枪，不敢出来，我们到南沙河见全村只有几个老人，知道汤军团早已撤走，因无部队掩护，向南撤退，出村庄不远，见有徐州开来的铁甲火车停着未动，滕县以北路轨，我们已经破坏，此铁甲车当然不是敌军，待我们□□多人出场口与铁甲车平行时，铁甲车上的日军钢炮机枪向我们射击，师长叫司号长吹号联络，他站在我身旁，号声一响司长被日军射中倒地，我要师长上马向东边离去，我带二十多枪掩护，铁甲车上炮弹机枪子弹都从我们头上向东撤退我军官兵延伸射击，眼见我军人和马匹被敌人击中纷纷倒地，听到东边枪声大作，南边也发现日军，我们二十多人四面已被敌人包围，我们都卧倒在几座坟土边，日军五辆小型坦克，从我们身旁向南开去，我的兵未见过坦克车，我叫他们不要动，坦克车是聋子不是瞎子。我说我们不当俘虏，不被刺刀杀死。我们打完最后一颗子弹，为抗日民族战争，死于南沙河。东边日军一个联队向西边铁甲车的日军集合，要从我们身边走来，我已下了死的决心。一个兵对我说："我们不能在此等死。"我马上反应出往外冲杀还有活的可能，就下令向南角冲去，大家刚站起来，四面敌人均向我射击，子弹落到我们身边，我就叫他们卧倒，停一会又命他们向前冲，并要他们散开，有几个战士被击中，跑几步又卧倒，因子弹射来太多不敢站起来，就匍匐前进几十公尺，才脱离敌人射击圈，我的裤子就磨破了，走了不多远又发现一个村子内有不少穿黄军服的兵，我的兵认为是中央友军，我发现敌人卧倒架链机枪，叫他们卧倒，话音未落，子弹向我们打来，侧边有一个大车道，我们滚向车道，仅有一个士兵膀子被击中，我们爬进一个水塘，顺塘内□□缺口出来，只剩十几（个）兵了。我们向南走了几里，看到从徐州开来的火车，士兵下车向北走来，我们走拢去，是汤恩伯第四师，我们告诉□□他们，日军已到前面，他们才就此散开，师长的黑色小轿车从临城开来，寻找师长，我们到临城后，师长被接回来了，但腿部正受重伤，我随陈师长去徐州，野战医院派赵敏（即赵尊一）护送陈师长去汉口，赵敏一听同事们说我在南沙河被日军包围，未撤退下来，□见到我才安心，第二天，师长从郑州发来电报，□我去汉口，司务长翟醒楚同志告诉我冯成琦排长于南沙河阵亡，他是跑到老百姓家，用五元□买一套便衣而脱险的，张义斋同志仅到差三天阵亡，我感到悲痛难过，我来到汉口向董老、周总理、彭雪枫首长说明陈师长负伤，住在协和医院，周、董、彭和李涛处长四人携带两个花篮去医院向陈师长表示慰问，并在《新华日报》上用头条新闻大号字登载陈师长在抗日前线身先士卒负了光荣创

伤。陈师长派（人）给彭雪枫同志送去四支二十发新手枪和五百发子弹。朱总司令从山西发来电报，向陈师长表示慰问。

三月我去汉口，听说原四四师三五年被捕的杨□旅长、边团长、丁琦营长、官化亭连长，□□放政治犯、均□□出狱，我写信他们先后来到汉口，我带他（们）去八路军办事处，向董老介绍他们是我当年领导的党员，仅边团长未来见我，可能是因三五年我领导他们在老河口暴动，成立红三十二军，他在政治上动摇，执行任务不力，无脸来见我。

四月初我回徐州参加台儿庄战役，因冯成琦排长阵亡，董老又派去吴基永同志去徐州任担架连排长。五月参加徐州保卫战，因日（军）切断陇海路砀山，我军向西南撤退，经过沭阳、蒙城、陈□，十天走到洛河，和同事们见面，大家互相感到吃惊，因为长途跋涉，脸皮都发黑，嘴唇都枯干，我去澡堂，发现肉已经腐烂。我来汉口向董老汇报徐州战役经过情况。赵敏从三月护送陈师长来后，未去前方，我介绍他在二十二集团军驻汉办事处学无线电收发报。五月我来汉口，她一分钟已能收发一百多个字了。我转回信阳，随部队转移到樊城，在行军途中，代师长王承熙（旅长）轻易将一个炊事员打死，一个抗日战士去前方未被日军打死，仅因挑一担□□，在路旁等连队来了入列而被枪杀，感到痛心，这是十足的军阀作风。

六月部队到达樊城开始整训，部队补充一批苏联捐助的轻重两用机枪和几门迫击炮，因兵员缺乏，王代师长将担架连改编迫击炮连，我调回师部兼任执法大队长。八月，陈师长从成都返回师部，张执一同志来师部和我接上关系。陈叫我给新四军制好两千件棉背心，派□□□营长送到大洪山纵队司令部。我们驻樊城时，我写信叫我弟弟张晓春来樊城，他带来两个同乡青年，均去师部安排工作。

四、四川旅沪同乡会战地服务团[①]

川军出川抗日的爱国行动，得到了全国的大力支持。特别是四川籍在上海的同乡，更钦佩川军的爱国之举。于是，在上海的四川同乡会组成了以川籍青年为主体的战地服务团20余人。他们于1938年2月5日来到山东临城、滕县，随川军第二十二集团军战地服务。

团长陈鲲（后改名陈麦坡，四川渠县人，1931年与胡春浦一起考入上海

---

① 本节中共人物：郭子化、张福林、万春圃、于公、郭致远、朱道南简介见本书第九章中共人物（八）。

的持志大学）、副团长易野源为中共地下党员，还有负责人地下党员李浩然、任崇高等人，服务团辖宣传队和医疗队两个分队，宣传队由李浩然负责，驻枣庄，医疗队驻滕县，开展阵地救护、转运伤员。李浩然在徐州时便接受了边区特委书记郭子化的嘱托，领导这一组织在枣庄开展抗日宣传活动。中共鲁南中心县委派中兴公司中学宣传队队员汪国璋与李浩然接上关系后，决定动员在这一带活动的枣庄抗日宣传队全体人员及部分进步工人、学生、职员加入四川旅沪同乡会战地服务团，以"战地服务团宣传队"名义扩大抗日宣传队伍。李浩然组织了部分煤矿工人和中兴中学的学生参加，新参加的有**张福林、李汝佩、王世荣（张恺）、金刚（金冠淑，见第九章）、戴伟珍、杜继贤、白秀蓉（白超）、沈春城及杨瑞武（杨辛）**等。1938年3月，宣传队召开抗日群众集会，会后进行了游行示威。曾任国民党县长的韩文一在集会上发表了激昂的即席演说，并于会后加入服务团。

　　朱秀金（朱微明）随川军第二十二集团军在滕县和运河两岸参加战地服务团的工作，她以日记体的形式，在《突围归来》一文中，记录了1938年5月15日至25日间，徐州城的被炸，随军突围的种种艰辛。然而他们面对将来时的回答："永不灰心，永不失望，献身国家，献身民族！"①道出了那个年代热血青年们的精神追求和爱国情怀。

　　据后来为上海市市政工程院离休干部的**戴伟珍**女士撰文回忆：

　　1938年春台儿庄大战，四川战地服务团到枣庄，我和**王世荣、白秀蓉**参加了该团宣传队。政委**李浩然**是共产党员，一起到滕县慰问过川军。日军打台儿庄，地下党要我们几个给家里打招呼，做好进山打游击的准备。我母亲和几个女生的母亲追到队伍来，都说女儿太小，都不同意我们跟走。情况紧迫，三个女生都要我拿主意，我对老人们说：躲过鬼子轰炸，天黑从防空洞出来回家。老人们信以为真。

　　第二天，3月16日晨，我们团在**郭子化、宋子成、李浩然**带领下，向抱犊崮进发。到临沂大炉村，住在进步士绅万春圃大院。从枣庄一起出来的还有**李汝佩、金刚**。金刚介绍我参加共产党领导的"抗日民主先锋队"，入"民先"后不久我向组织提出了入党申请。填了一张油印的申请表，又过了十几天，**金刚**告诉我批准了，并说："你年轻，历史清楚，不要候补期。"1938年4月11日，我在大炉村南门外石阶上举行了入党宣誓。

---

　　①朱微明：《突围归来》《往事札记》，第105页，广东人民出版社，2001年2月。

刚从枣庄中兴职业中学毕业，17岁的白秀蓉随同战时服务团撤离了该地。1938年3月19日，转移到峄县大北庄，与郭致远领导的鲁南抗日自卫团第三中队会合。5月，白秀蓉加入了中国共产党。不久，党在鲁南建立了苏鲁人民抗日义勇总队，她被编入第三大队，后又调至总队宣传队工作。组织上让她承担演出《放下你的鞭子》的任务。

特委还以服务团的名义，举办了两期游击战术训练班，委派于公等人任教员，训练的对象是农村地下党员和进步人士。3月初，服务团宣传队到滕县前线为川军服务，为伤员慰问演出。该团分3个组：宣传组、谍查组、爆破组。服务团演讲、唱歌、救护伤员、送水送饭，抗日热情很高。服务团中的矿工主要是抬担架，炸桥梁。南沙河大桥是津浦线上在滕县一带的主要桥梁。当日本兵利用装甲火车威胁川军时，矿工们便冒着生命危险，炸毁了大桥，使日军不能肆意冲撞。日军为了扰乱民心，派特务造谣、暗杀、投毒、放火，谍查组在群众协助下，破获了南沙河纵火和桃村投毒两件大案，稳定了民心和军心。

出身书香世家、滕州籍老先生陈慕唐在《参加川军政宣队亲历记》[①]一文中写道：

扩大政宣队四出宣传

开宣传大会　川军到滕不久，在进德会（今市广播站所在地）借用旧戏台召开抗日宣传大会。一位穿着朴素旧军服的同志，从幕侧走出站在幕前正中，司幕员介绍说："这是我们的部长范长江，来给大家作报告。"台下一阵掌声，掌声一停，他稳重地讲起日寇侵华史事，足有两三个小时，当时听众虽多，但始终静肃无声。讲完后接着演出节目：第一幕《歌咏》，歌咏后接演了三个独幕话剧《放下你的鞭子》《唐官屯》《毒药》，场面非常简单，剧情也不太曲折复杂，但很动人心弦，演员都是青年学生。

扩大组织　隔了三两天，由我的提琴老友张寅生带领一位川军的政工人员张冠五，到我学校里来，邀我参加政宣工作。他说："我们川话这里乡亲们不好懂，特请您参加，共同宣传抗日"。我认为抗日救亡，人人有责，便欣然应允了。他俩走后，我先向学东孔昭同暂时辞馆，又到家里向老少说明道理，当然表面上都说不出什么来，尤其我父亲他是个教学的老师，有爱国之心，

①陈慕唐：《参加川军政宣队亲历记》《悲壮之役——记1938年滕县抗日保卫战》，第144—150页，山东人民出版社，1992年12月。

同意我去。我八旬的祖母、六旬的母亲，就不是滋味。至于我爱人的心情更是难忍、难受，看面色一会惨白，一会枯黄，两眼噙着泪，就要哭出声来。我把心一横，换上用自己的钱做的军服，从床上揭下正铺着的线毯，打上背包就去报到了。

这天是1938年旧历正月初二（2月1日），那年我已37岁。按以往情景，正月初二有多热闹呀，到处乒乒乓乓鞭炮响，到处飘着浓厚的酒香，碰着熟人总是互相道声：您年好！而现在呢？到处冷冷清清，几乎空气也要冻结成冰块了。

这都是鬼子造成的啊……不把鬼子赶走，以后更不堪设想了。我来到报名处，发现王诗兖、刘恩坦等20岁上下的小青年都早到了。他们一见到我，便围上来，握手的握手，说话的说话，热情地欢迎和介绍。这时我又像到了另一个新家庭。

分组出发宣传　我们的队长姓吴，川人，很热情。他告诉我们说："我们的部长姓雷（后来又有人说姓冷），我们的人很多，都分散住着，也分了好些组，我们小组就由罗蜀南同志领着出发……"他先到东沙河安排住处去了，等我们赶到了好休息。我们组里有罗蜀南（川人）、陈淮（川人）、谷剑英（女，听口音非川人），另外就是我和王诗兖、刘恩坦、李振佩，其余我不记得了，总之大约20人左右。就由罗蜀南带队（负责生活联系），我领路向城东一带出发，第一站是东沙河，以后是桑村、城头、东潮、冯卯等五六个乡镇，我们照样地演出那三个独幕话剧和宣传日寇侵华的罪恶。王诗兖、刘恩坦、李振佩他们演《放下你的鞭子》《唐官屯》，我和谷剑英演《毒药》，我饰老汉，她饰孙女。我们每到一处，地方招待得很周到。我们从冯卯又向北沙河出发，在途中走在一个沙岭上已听到西北方向隆隆炮声。太阳快落的时候到了北沙河。第二天午前，民众教育馆馆长徐进之也来到这里参加，跟着到周围村庄宣传讲话，并到前线演出慰问。北张庄的地方剧团（不是职业）也来配合演出慰劳战士。

敌机狂轰乱炸　旧历二月初九（3月10日），鬼子飞机轰炸县城南门里，我的学东孔昭同一家就被炸死五口，有他大儿和三儿（我的学生），还有另外三个客人。我听说了，立刻请假同徐进之进城去慰问，将走出村南头，鬼子的飞机来了，飞得很低，像专追俺俩，我俩即跑过河去，跳进战壕里。敌机转了个圈到北沙河南边投下两枚炸弹。我俩爬上战壕，赶向城里。在十里铺村西路上见路旁有两尊大炮，昂首北向，像一双睡醒猛狮，要向凶寇咆哮。我俩回来时天色已晚，又经过十里铺，啊！大炮不见了，后来听说因炮弹不

对口径拉回去了!

日寇中伏

我俩不见大炮,只长叹不已。从城里返回,又经过十里铺,在街里,战士排得整整齐齐的四路纵队,扛着枪往外走。听群众说,他们是从战场上撤回的,不是原建制,而是战后生还者重新编起来的,又在连长、排长率领下再赴战场——可能到龙山西侧,那里早有做好的工事。

12日拂晓,听见炮声隆隆,鬼子果然进犯了,等鬼子进入埋伏圈,战士们英勇还击。鬼子更逼近了,战士们跳出战壕,白刃相迎,鬼子几乎没剩,我亦伤亡惨重。

宣传队改为迎尸队

13日下午,政宣队停止宣传,迎接群众运尸小车队(滕县土名小独拱),有多少辆小车呢,不知道。从什么地方迎的现在记不清楚了,送到哪里呢,可能是滕县北郊。路上有推尸来的小车,也有空车回去的。天色越来越晚,已看不清人脸。我迎的那辆车上有两具尸体,看得较为清楚,记得也较长久(今天仍记得)。那两具尸体光溜溜地没挂一丝:一位看样子年约三十,留着平顶头,张着大嘴好像仍在喊"杀!冲呀!"是中弹而亡的,嘴里镶着金牙,像是个军官;另一位年纪也不多大,脸上有一道很深的刀痕,鼻梁砍得断断的,血肉模糊,目不忍睹。推车的是大人低着头只管推,拉车的是年约十七八的小青年,他说他害怕,不敢拉了。我就替下他来。送到滕北郊又回北沙河,天到了点灯时候,我们又在原处聚齐了。

另一件感人的事,也是我终生难以忘怀的事。当我迎尸路过十里铺,见一位年约50的老大娘,她背着一具尸体,往南跟着走,她走得慢,我们走得快,一会儿撇下她了。这是多么动人心弦的呀!后来听说北沙河以及附近村子的人民,不管男女老少,被鬼子杀害的可多啦。这位负尸老大娘究竟怎样呢?是否幸免于难呢?当时没问问她老人家姓氏住处,现在就更无从知晓了。

调回县城

我们小组在北沙河住了一宿,天明是旧历十四日(3月15日)。天刚发亮,由吴队长率领我们回城了。因为城门关了就住在前北坛(今胜利桥东)群众家。我们只是一个小组,有20个人左右。

我们除王诗充携着一口大刀,刘恩坦带一支三八式盒子枪,余下皆手无

寸铁。我们从参加政宣队离开家后，谁也没回家一趟，谁也没考虑自己的生死。

夜间我们从来不站岗，这夜队长偏让站岗，不知道为什么。不是站门岗，而是在村东北角站瞭望哨，按个排号，我和陈淮个子矮，摊最末班。这时天刚发亮，忽然陈淮喊："你看！东边有火光！"果然真有，但没想到鬼子到了东沙河（后来听说的）。我俩站完哨回屋上铺和衣而卧，刚一合眼，王诗兖提着他那口大刀，刘恩坦钳着他的那支三八盒子，一起跑进屋里来喊："鬼子堵门了！"我还以为年轻人沉不住气。忽的他俩又跑进屋来喊："赶快起呀，鬼子堵门了！"说完他俩急着出去了。我们都跟出去，看见了鬼子从会馆（今龙泉塔西退休干部宿舍和中医院宿舍地点）扑向西来。谁也没能回去拿东西，急忙向黄山桥跑去，想进东关大街，或者能进城，我在最后，赶不上他们，便在黄山桥东从下城壕的石阶下到城壕里，过黄山桥洞拐弯向南跑，这时我也看不见他们了。这就是川军滕县保卫战在滕县城守城战的第一天——旧历二月十五（3月16日）。

我穿过黄山桥洞到了护城壕，拐弯往南去又穿过东门吊桥洞，我看吊桥上没个人影，心里很悬念他们。我知道东关街从南头到北头有三个阁儿门，北头的叫北阁门，中间的叫黄山桥阁儿门，门朝北，门额上刻着"九省通衢"四个字，最南头的叫善国门，门朝南，门前就临今天的荆河路。这时三个门都没关。城壕里本来没路好走，幸而这段没水，我拼命向南走，走到南头，壕里有水，上边是临街人家，不通路，就爬上城壕，顺护城街向西跑。估计这时他们早到善国门外了。而这时炮声枪声响成一片，城墙上有些战士仍在紧急地用麻包堵垛口。我越过南门，又跨过一道城壕，穿过铁路三孔桥洞向西跑，刚到曹庄西张家林前，鬼子的飞机来了。路上逃难的人先挤成疙瘩，又赶快分散开趴在路旁麦地里，飞机飞到县城以北丢下几颗炸弹，炸死难民很多，就回去了。人们起来又向西跑，路上鬼哭神嚎，闻之痛心。我到了级索，天快到中午，又累又饿，从清早到这连口水没喝，路上人也少些了，情况也松散些了。我惊魂稍定，实在也没力气再走了，便在路旁找个地方一歇。刚坐下，徐进之（家城南杜家堰）从后面赶来，挨我坐下。我问："你们怎样？他们呐？"他一沉气说："太吓人了，太危险了！"他又沉了沉气说："我们一起奔到善国门，诗兖拎着大刀急忙到家安排。[今年（1983年）阳历八月，诗兖胞弟诗徐在徐州体专教文学，请假回家看母亲，拐到我家，我和诗徐谈起此事"，诗徐说："先兄那时回家一趟是事实，不过那时只有先伯父先伯母在家，先兄敲开大门，仅跟先伯父说了一句：'赶快逃，鬼子来到啦。'

说完走了，以后永不见先兄了，伯父伯母也就逃走了。父亲母亲嫂嫂……早去东乡卞家庄，那时嫂生一男孩才二十来天，跟先兄没见面，这个小孩就是现在的书亚……"〕回来，这时门外人已挤满。阁门前东南西三岔路，都往西挤着走。我们不能快走，鬼子从东从南扑向善国门来。我亲眼看着王诗宪挥动大刀大叫迎向鬼子，看样鬼子想抓活的，诗宪一刀砍倒一个，恩坦抢开盒子猛打。他们就在这里壮烈牺牲了！就在这里鬼子开动机枪向手无寸铁逃难的人群猛力射击，人一堆一堆地倒下。我问徐进之："你到哪去？"他说："我过湖。"我告诉他我上龙岗（从1929年到1934年我在东龙岗小学教书）小学找孔远衢校长去。说完话他奔西过湖去，我也奔西上龙岗，这天就是旧历二月十五日。以后有人说，我过张家林时，鬼子的坦克车就在张家林里，大约是十四夜里到的。我过了张家林不大会，坦克车出来伤害了很多人。

我跟徐进之分手之后，跑到东龙岗老校长孔远衢家。我因为穿着军服，当天没有出门。晚上，老学生陈培美（号仲甫，现任中央气象研究院副院长）给我换了身便服大夹袍。一夜没能睡着，隐隐听到炮声。第二天是十六日，我一赶早起来跟在村人后面，向东看，只见黑烟滚滚直上天空。太阳落了，天色越来越黑，黑烟变成红火烧天，炮声似乎更紧。天明，人们走出寨东门外迎西来逃难的人。人比昨天少了些，而城那里的烟更浓了，炮声更紧了，夜里火势更大了。人们都感觉到完了，为什么到现在还没有一人一枪一弹增援呢？天空也不见有一架飞机来助战呢？人们异常纳闷，好歹熬过一夜。第二天，大家起得特别早，到大路上迎西来的人。有来人，大家跑上去，还没等问，来人就喊着说："完了！完了！王师长牺牲了！士兵跟鬼子拼开了刺刀。鬼子见人就劈、就刺，逃不出的没个活，现在人死的可多啦，城破了！"从此，人们就怕鬼子下乡，还是见人就打听。后来听说，王师长就是一二二师师长王铭章。当时鬼子破了城，王的护兵架着他，从西门往外闯，他不走，他说："有城就有我，没城就没我。"就这样牺牲在西门城外……

3月中旬，津浦前线的日本侵略军再次发动攻击，医疗队收容了大批伤员撤到枣庄。服务团募集一批医药和慰问品，多次组织慰问活动。3月17日，日军进入枣庄西郊齐村一带，战地服务团撤出枣庄。当晚转移到郭里集，入夜后又撤至大阁村与朱道南的队伍会合。服务团在这里召开会议，田拓夫与医疗队转移到大后方，在李浩然的提议和坚持下，将服务团部分成员：王鉴波、乔锦章、顾望平、王继华、苏维民、任崇高等人留在敌后坚持抗日游击战争。此后服务团宣传队又在阁庄、大炉、车辋一带农村进行抗日宣传活动。

5月，宣传队转移到枣庄西北的墓山、南塘一带，加入了苏鲁人民抗日义勇总队，走上敌后抗日战场。

五、中共人物（四）

贰佰零柒　白秀蓉（白超，女）

白秀蓉（1919—1940）原名白超，又名白潮，生于山东峄县（今枣庄市市中区），祖籍河北省唐山市郑各庄。1911年，祖父为生活所迫，携眷流落到山东枣庄谋生，后在枣庄中兴煤矿当挖煤工人，从此定居该地。1928年，枣庄一带匪患成灾，7岁的她便又跟随母亲返回原籍避难。是年，就读于唐山市培英女子小学。初小毕业后，她回到枣庄考入中兴煤矿子弟小学。1934年考入徐州市文昌女子中学。次年转至济南建国中学求学。1937年又回到枣庄，入中兴职业中学读书。

1937年七七事变爆发不久，参加了中共领导下的枣庄抗敌后援会。她散发张贴传单，积极参加街头演讲、游行示威和募捐等活动。她还和同学自编自排了一些文艺节目，进行公开演出。

1938年1月，四川旅沪同乡会战时服务团进驻枣庄。枣庄抗敌后援会宣传队集体并入战时服务团。白超等20余名宣传队员随即转入该团宣传队，在台儿庄战役之前，她踊跃参加了慰问前线抗日将士的活动。

3月18日，日军侵占枣庄，她随同战时服务团撤离。19日，转移到峄县大北庄，与郭致远领导的鲁南抗日自卫团第三中队会合。

她还积极参加了破袭临枣铁路、公路以及其他的支前活动。1938年5月，加入共产党。不久，成立了苏鲁人民抗日义勇总队，她被编入第三大队，后又调至总队宣传队工作。组织上让她承担了演出《放下你的鞭子》的任务。8月，鲁南形势进一步恶化，苏鲁人民抗日义勇总队奉命开始了艰苦的东征。她跟着部队转战于大炉、山亭等地。9月，被调入鲁中岸堤干校受训。11月，从岸堤干校毕业，分配到新泰县各界抗日救国动员委员会负责妇运工作。不久，她和新泰县独立营政委李枚青相识，共同的革命志向促成了他俩的结合，两人于1939年初喜结良缘。婚后不久，李枚青调任泰山特委第一大队政治处主任。

1939年下半年，调任至莱芜县妇救会副会长。1940年牺牲，时年21岁。

贰佰零捌　陈慕唐

陈慕唐（1901—1999）滕州市城关镇北坛村人。其祖父和父亲是清末民初的私塾教师。1912年入本村贾姓办的改良私塾上小学，后入县立高等小学（书院）。1919年考入山东省立第二师范学校，1923年毕业。

1924年在滕县第一初级小学。1929年至1934年在私立龙岗小学任教。1935年经孔繁达介绍做孔昭同的家庭教师。

1938年初，参加了川军的抗日政宣队，先后活动于东沙河、桑村、城头、东郭、冯卯、界河和龙阳等地，宣传、组织群众，慰问前线将士，还演出了《放下你的鞭子》《毒药》等独幕话剧，在《毒药》中饰"老汉"。滕县失陷后，辗转至滕县东部山区，随孔昭同司令游击抗日，任政治部宣传队长。其长子汉鼎亦随其参加宣传队，于10月11日和另一名宣传队员在板上村惨遭日寇杀害。他曾奉孔昭同司令之命，携带番号经山亭到羊庄找董尧卿联系，董部遂编为孔昭同抗日部队的第二旅。

1946年曾在私立中正中学等校任教。

中华人民共和国成立后复到东沙河小学任教。1952年春调入滕县专区第一速成师范。又先后在白彦速成师范、曲阜师范、济宁专署教师轮训班和邹县二中任教。1958年错划为"右派"，旋即甄别。

1963年退休回滕，1986年改为离休，为枣庄市书法协会会员，他工诗词，通音乐，擅长书法、篆刻。

1999年辞世于滕州市，享年98岁。

贰佰零玖　戴伟珍（女）

戴伟珍（1922—）化名周洪，生于枣庄，住枣矿东门里，父亲教私塾，祖籍江苏镇江。1937年15岁高小毕业，1938年春台儿庄大战时，四川战地服务团到枣庄，她和王世荣、白秀蓉参加了该团宣传队。跟随政委是李浩然，一起到滕县慰问过川军。日军打下台儿庄，地下党要她们几个给家里打招呼，做好进山打游击的准备。

3月6日晨，她们在郭子化、宋子成、李浩然带领下，向抱犊崮进发。到临沂大炉村，住在进步士绅万春圃大院。由金刚介绍，加入"抗日民主先锋队"，4月11日在大炉村南门外石阶上举行了入党宣誓。

1938年夏，随八路军四支队到山东省委驻地——沂蒙山区里的王庄。9月

派她随工作组到国民党张里元部保安二旅做统战工作，任政治部教官。当时工作组刘琪人、潘维舟的党员身份是公开的，她和三个女同志是秘密的。后来，她发现她们一起的王冰和郝旅长暧昧，向领导反映后，刘琪人再三同她谈话，反而到日照同郝结婚，成为郝云喜的第三个小老婆。

1939年初，回到抗大山东分校，学习3个月，又回到省委做妇女儿童工作。1941年被调到鲁南区党委宣传部。区委书记赵博、副书记张雨帆、宣传部长是林乎加、副部长吕志先。宣传部几个人主办的《鲁南时报》，一直到《枣庄日报》报庆时，被追溯为前身。当时是抗战最艰苦岁月，缺吃少穿，经常饿得走不动，冬天有鲁南铁道大队打火车得来的布，里面装羊毛当棉衣，没衣服换，阴雨天返潮，满身羊骚味儿，再加汗味儿，不能够洗澡，满身虱子，痒得难受。

1942年10月27日拂晓，国民党五十一军一一四师六八三团张本之部突然向我鲁南区委驻地银厂发动袭击，大门被封锁，他们推倒另一面墙，冲了出去，赵博同志本来已走出房门，又折回处理文件，警卫员也牺牲了，没再走了，和他一起被捕的有20多人，受尽折磨后，被敌人活埋在九女山下。戴伟珍有幸突围。

1942年12月，她同从延安派过来的干部靳怀刚（靳怀刚父亲靳云鹗，曾当过吴佩孚的副司令和河南省省长，伯父靳云鹏，在北洋军阀政府时期曾两度出任国务总理）结婚，战争年代有个内部规定，"285团"，即28岁、5年革命经历、团级干部、组织批准。他们在老乡牛棚里度过了新婚之夜。

抗战胜利后进枣庄，1948年进济南，任济南汽车装备总厂和华东器材燃料公司党支部书记兼政治指导员。

中华人民共和国成立后，历任八路军干部南下八大队接管上海公用局党总支副书记，上海市建委人事处副处长，上海市城市规划设计院副院长、党总支副书记，上海住宅所和建筑管理处副所长、副处长，上海市城市规划设计院副院长、党总支副书记。

"文革"后恢复工作，任上海市市政工程研究所党总支书记。

1982年6月离休。

贰佰壹拾　杜继贤

杜继贤（1918.5—2008.1.20）山东枣庄市中区人，富裕家庭。幼年上小学，后就读于滕县弘道中学、济南东鲁中学、南京三民中学和滕县滕文中学。1938年3月，在枣庄参加革命工作。1938年6月，加入中国共产党。

抗日战争时期，先后任宣传员、宣传队长、连队政治指导员、滨海军区武工队政治指导员，海陵县敌工部副部长。

解放战争时期，任滨海军区第六武工大队政委，滨海独立军分区特务营政治教导员，军分区组织科长。山东军区政治部干部科长。

中华人民共和国成立后，历任山东军区干管部任免科长、济南军区干部部任免调配处副处长。济南军区政治部干部部副部长。济南军区后勤部政治部副主任等职。

1955年5月，被授予抗美援朝纪念章、自由独立勋章、三级独立自由勋章、三级解放勋章，1988年7月，被授予中国人民解放军独立贡献荣誉章。

1980年11月，离职休养，副军职待遇。

2008年，在济南逝世，享年90岁。

贰佰壹拾壹　韩文一

韩文一（1895.11.26—1969.2.4）河北威县夏家村人，生于贫苦农民家庭。1914年毕业于济南私立海右师范学校。先后在邱县、开封、济南、利津等地任小学教员、校长、县教育局局长等职。1928年后，历任国民党山东省政府科员、龙口公安局督察长、文登县政府代县长、惠民专署视导员。

1937年7月，组织河北盐山县群众抗战。次年2月参加中共枣庄干部训练班，3月加入共产党。5月任苏鲁人民抗日义勇总队参谋长。1939年后任中共济南工委委员、费县县长、临郯费峄四县边联办副主任、滨海盐务署主任、山东军区办事处副主任等。

1945年后赴东北，曾任赛马矿务局局长、东北煤管局处长、中共辽东分局办事处主任等职。

1955年调回山东，任煤炭部济南基本建设局副局长、徐州基本建设局副

局长、山东省煤管局局长等职。1960年当选山东省政协第三届驻会常委兼党组成员。

1969年病逝，终年74岁。

贰佰壹拾贰　金　刚（金珏淑，女）

金刚（1917—1967）出生在枣庄老街一个回族家庭，幼年在枣庄街女子小学读书时受进步思想影响，具有强烈的爱国反帝思想。1936年参加抗敌后援会做宣传工作。1937年入党，成为枣庄第一个妇女党支部的成员。同年，参加了党内秘密组织的抗日突击宣传队，工作非常出色。

1938年2月，四川旅沪同乡会战地服务团由前线到了枣庄，金刚与李汝佩等参加到该服务团中去，宣传抗日，后又参加抗日义勇队、运河支队。1946年任鲁南三地委公安处长。1948年调任省妇联副主任。

金刚夫妻合影1953年5月，纪华、金刚夫妇离鲁赴鞍前在山东济南，山东分局老战友欢送纪华、金刚。前排左纪华、右金刚。

1953年被调参加国家141项工业建设，在鞍钢、包钢负责人事工作，尔后调中国铝业公司分管人事工作。丈夫纪华，见本书第九章。

"文革"期间，遭受"四人帮"迫害，含冤去世，时年50岁。

贰佰壹拾叁　李浩然

李浩然（1911.1.7—1996.10.27）原名吴懋德，曾用名李林、李毓林。四川省渠县岩峰场杨家坪人。1930年，考入黄埔武汉分校第八期，1933年2月，加入共青团。1934年到上海从事革命工作，1935年2月，在上海加入中国共产党。

后在云南、上海、山东枣庄等地从事革命活动。抗日战争全面爆发后，在上海参加四川旅沪战地服务团，任宣传部主任。为支援川军抗战，1938年2月，随军到滕县、枣庄。与鲁南中心县委建立组织关系。党组织将该团宣传队与枣庄中兴中学宣传队合并后，在滕县、峄县等地宣传抗日斗争。

1938年5月，抗日宣传队编入苏鲁人民抗日义勇队第一总队，李浩然任三大队副政委。1938年7月，总队政委何一萍牺牲后，接任总队政委。1938年9月，任山东分局军政干部学校科长。12月，山东分局派他随陇海南进支队南下苏皖地区，历任苏皖特委书记、苏皖区党委组织部长兼军分区政治部主任、军分区司令员等职，为开辟苏皖抗日根据地做出了积极贡献。

1949年任安徽阜阳军分区、六安军分区司令员兼地委书记；安徽省交通厅厅长，省财经委委员；国务院第六办交通组组长；中央交通部基建总局副局长，基建司司长；顾问。

1979年中组部对"反右倾斗争"的错误结论彻底平反。任中国港湾工程公司副董事长兼总经理。夫人吴绪，见本书第四章。

1996年10月27日，在京病逝，享年85岁。

贰佰壹拾肆　李汝佩（女）　宋子成

李汝佩（1918.8—?）回族，山东枣庄市市中区市郊乡利民村人。1935年夏，考入中兴中学农科，因为家贫，寒假时便被迫退学。凭借族兄李微冬在峄县教育界的影响，找到了一份在台儿庄私立女子初小教师的工作。1937年1月，成为枣庄地区的第一位女共产党员。不久，在中共苏鲁豫皖边区特委鲁南中心县委书记何一萍组织下，李汝佩和张恺、袁化坤、金刚4个女同志成立了枣庄第一个妇女党支部，她担任支部书记。

1939年1月28日，鲁南特委（年改称鲁南三地委）在临沂大炉成立，宋子成任书记，刘剑任组织部长，许言任宣传部长，杨士法任民运部长，于化琪任政府工作部长，张福林任职工部长，蓝铭述任青年部长，李汝佩任妇女部长。

后历任鲁南区委妇救会、沭河地委妇女委员，临沭县委妇救会长，山东省委妇委会委员，青岛市委民运组干事，青岛市总工会女工部部长，上海市妇联党组成员、组织部长，北京市妇联组织部长、联络部长、党组成员、副主任等职。

丈夫宋子成。

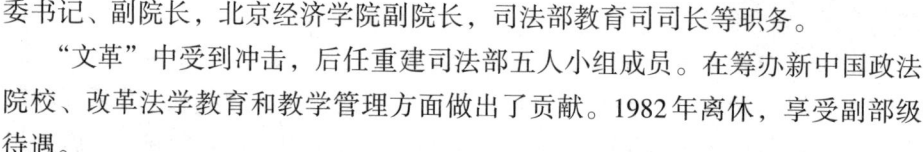

宋子成（1912—2000.9.2）又名孙镒、孙彩云、孙毓仙，号雨先，山西文水县人。1931年加入中国共产党。历任中共鲁南中心县委书记、鲁南特委书记兼保卫局长、中共山东分局社会部教育科、审讯科科长，鲁南三地委书记兼社会部长、鲁南区党委统战部长兼社会部长、鲁南行署公安局长。

中华人民共和国成立后，曾任青岛市公安局长，青岛市委书记，华东政法委员会秘书长，华东政法学院党委书记、副院长，北京经济学院副院长，司法部教育司司长等职务。

"文革"中受到冲击，后任重建司法部五人小组成员。在筹办新中国政法院校、改革法学教育和教学管理方面做出了贡献。1982年离休，享受副部级待遇。

2000年在北京病逝，享年88岁。

贰佰壹拾伍　汪国璋

汪国璋（1921.2.4—）山东省枣庄市人。1937年5月加入共产党。七七事变后，他参加了抗日宣传队，并担任党的交通工作。

1938年3月参加了苏鲁人民抗日义勇队，任交通员、连队政治指导员。

1940年3月入抗日军政大学学习，8月返回山东。

1941年4月被分配去山纵九支队政治部任组织干事。

1942年4月调山纵二旅五团任组织干事、政治指导员。

1943年1月任一一五师四团六连政治指导员。

1945年8月日本投降后，被调到胶县薛家岛武工大队任副政委、大队长。

1946年春，调滨海区滨北军分区政治部做干部档案工作，10月调山东胶东军区炮兵团任教导员。1948年10月任炮团参谋长。

1949年春任解放军第三十二军炮兵团参谋长。

1950年9月，调炮校学习，因抗美援朝战争开始学校推迟开学，暂在南京军区炮兵司令部帮助工作。

1951年5月入沈阳军区炮校学习。1952年夏毕业，留校任战术教员。

1953年2月调北京军区炮兵司令部作战处任作战教练科科长。1959年2月任北京军区炮兵司令部作战处副处长。

1963年4月调炮兵第九师任参谋长。

1967年2月调浙江温州军分区任副司令员。

1970年1月调宁波军分区任副司令员，1978年6月任宁波军分区司令员。

1982年11月离休。

1988年7月荣获二级红星功勋荣誉章。

贰佰壹拾陆　吴基永

吴基永（1913—?）湖北红安县翅庄乡人，贫下中农出身，系高桥镇供销社营业员。

1928—1931年先后在当地赤卫队和苏维埃政府工作。1932年春参加工农红军，同年4月加入共青团，7月加入中国共产党。到1937年秋，先后任红四方面军总保卫局审讯秘书、连指导员、组织干事等职。在职期间，出席过川陕第一次苏维埃代表会议。

1937年秋，在延安抗大三期学习。1938年元月期满，被分到中央驻武汉办事处工作，同年4月派到一二七师任少尉排长，同年7月，在樊城加入国民党，10月在河南信阳负伤，被转到西安第十修养院休养，其间集体加入三青团。

1940年8月在国民党中央战干团陕西地方行政干训班受训一月。1940年11月至1942年在国民党安徽庐江县黄泥河区属第一中队任分队长，自此脱离党组织。1942冬至1944年春在岳陈渭川家闲居。1944年春至1945年冬返回原籍生产，1945年冬至1946年秋任黄安县国民党县训所中尉分队长。1946年秋至1955年在家种田，并经营小生意。1956年过渡到高桥区供销社工作。

吴的上述历史，1957年审干时，经中共地县委五人小组审查，并做了"思想动摇自动脱党，并两次任伪职是错误行为""可不列为反革命分子和其他坏分子"的结论。在"文革"中的清队"财贸整队"运动以来，经群众揭发，吴自动脱党后有"反革命叛党"罪恶尚未搞清，故此组织上重新给予了调查，其结论是：维持原审干结论，可不定为叛徒。（红安县革命委员会，1974年2月24日，由张晓峰之子张德深先生提供。）

贰佰壹拾柒 杨 辛（杨瑞武）

杨辛（1915—？）曾用名杨瑞武，回族，枣庄市枣庄街人。自幼在枣庄读书，后升入枣庄中兴中学。

七七事变爆发，杨辛等一批青年学生在枣庄地下党的领导下，思想觉悟迅速提高，以张洪仪同学为首投入各种抗日活动。杨辛参加抗日宣传队，到大街小巷、工厂、矿山和农村贴标语、撒传单、搞募捐、演活报剧，宣传《抗日救国十大纲领》。

1938年春，枣庄召开反侵略大会，地点在枣庄南、北大井之间。有近两万人参加，声势很大，杨辛第一次登台发了言。不久他同董鸣春、李克功等同志到岸堤干校学习，结业后调鲁南特委工作，先在保卫局（后改为社会部）负责与枣庄、峄城、韩庄三个地方的地下党联系工作。经常与枣庄的王子刚、王寿山、郑毓林等地下党员接触。有一次他秘密潜入枣庄，住在马增林家里，收集到不少军事情报。1939年夏天，六八六团准备攻打枣庄，党组织又派杨辛到枣庄了解日、伪军和矿警队的情况，后因作战计划变更没有实施这一计划。

1940年，社会部改为公安局，杨辛仍在公安局工作。1945年冬，山东省回协负责人刘格平指示在鲁南建立回民协会，鲁南特委书记宋子成将任务交给杨辛，并派他到台儿庄、枣庄、平邑等地回民居住区搞土改，组织回民协会。1946年5月，枣庄地区回民协会成立，由杨辛、李宗海负责。不久，在枣庄老街组建了一支70多人的回民支队，同年9月枣庄回民支队正式建立，杨辛任支队长兼政委。支队直属鲁南军区领导，后编入张光中部，杨辛到渤海工作。历任中共鲁南地委组织部、保卫局科长，鲁南区党委社会部科长，临沂专署公安局代局长，费南县公安局长，临城（现薛城）专区公安局副局长，鲁南回民协会主任，回民支队队长、政委，山东渤海区土改工作团团委书记，中共惠民县委书记。

中华人民共和国成立后，历任中央民族事务委员会副司长，中央民族学院教务长、党委副书记、副院长，宁夏回族自治区党委委员、宣传部副部长，自治区科协主席，文教厅党组书记、厅长，宁夏大学党委副书记、副校长，自治区党委统战部部长，自治区第四届政协副主席，宁夏教育学会会长等职。

贰佰壹拾捌　杨尚仑

杨尚仑（1910—1962.2.26）又名电如，四川省潼南县（现重庆潼南县）人，在家排行第六。早年在成都成属联中（今石室中学）读书。1927年进黄埔军校六期学习。1928年在成都参加中国共产党，任中共少城支部书记。1930年到上海法政大学读书。

1937年赴延安，后受命回川。曾担任国民革命军四十五军一二七师军法处处长，广元、大邑、广安田粮处副处长、处长，成都市禁烟委员会主任。曾为成都解放做了大量工作。

中华人民共和国成立后，曾任成都市军管会高级顾问，川西行署财政厅副厅长，四川省民政厅副厅长。

1962年病逝于成都，终年52岁。

曾为刘伯承同志口述《刘伯承回忆录》做过记录。

贰佰壹拾玖　张　恺（王世荣，女）

张　恺（1918.8—2015.1）原名王世荣，生于山东峄县，祖籍辽宁营口。七七事变时，她放暑假回到了枣庄家中。由于她在学校时参加过一二·九学生运动和西安事变后的爱国学生运动。很快，和当地一些爱国学生一起，每天上街宣传局势的变化，宣讲抗日救国。中共枣庄地下党组织很快注意到了张恺，他们派人主动接近她，不久，她加入了共产党。

1937年底，国民革命军第二十二集团军（原川军）经长途跋涉，到达滕县枣庄一带抵御日军南下。川军出发时还是盛夏，此时已是隆冬，不少战士还穿着单衣。川军中的中共党员、旅沪同乡会战时服务团团长李浩然同志找到枣庄地下党组织请求帮助。在与当地民众团体一起为川军筹集棉衣、粮草的同时，枣庄党组织还派张恺带领部分当地爱国学生参加了服务团的宣传队工作。

1938年3月17日，枣庄、滕县城沦陷的前一天，她离开了家，并自作主张将王世荣改名为张恺，张是她母亲的姓，恺是她自取的，取其凯旋胜利之意，而且读音响亮。改名换姓也是为了对家人有所保护。

1938年4月，八路军苏鲁人民抗日义勇总队成立。由枣庄出来的人组成了三营，由于工人居多，又被称为"工人大队"。

当时，男青年学生中的党员多被安排担任连队指导员，组织上拟安排张恺担任总部宣传干事。听说连队指导员的人选不够，张恺主动要求下连队担任指导员，成为三营四连，也是义勇总队作战连队唯一的女指导员。

1938年秋，她受中共山东分局派遣，以爱国青年学生的身份，到国民党山东保安二旅任中尉政治教官。1939年秋至1941年初，她又先后担任中共山东分局第一区党委党校、鲁南区党委党校组织科长。

1941年秋，组织上批准时任鲁南区党委妇委书记的她和在沭海地区工作的穆林完婚。她一天赶了近百里山路，天擦黑时到了江苏省东海县穆林的驻地。进了村，发现军分区的部队以及当地县区武装和民兵已经集合完毕整装待发。一问，原来当晚有行动，要去袭击陇海铁路，破坏敌人的铁路交通。她行李都没放下，就和穆林一道奔赴战场。任务完成得差不多时，被敌人发现了，机关枪、小钢炮一阵紧似一阵地打过来，"咚咚、啪啪"地响个不停。战友们风趣地对她说："看，你们的婚礼多热闹啊，又是鞭炮，又是礼花。"在一个月的婚假期间，张恺两次参加破袭陇海铁路的战斗。

1943年春，她奉命下派到敌占区做地下党的秘密工作，任微山湖畔的沛滕峄县县委委员兼夏镇特别支部书记。

日本投降后，日军刚走，她就带领工作组进驻峄县城开展调查，作为指导后来一个时期的城镇工作的基础。

中华人民共和国成立后，曾任山东省妇联副主席、民政厅副厅长、省妇联主席、济宁市委第一书记、中共山东省委委员。1978年至1983年任吉林省纪委副书记、吉林省政协常委等职。

第三届全国人大代表。丈夫穆林是吉林省常务副省长，省人大常委会副主任，离休。

2015年逝世，享年97岁。

贰佰贰拾　张晓峰　赵尊一（女）

张晓峰（1904—2000）又名张庆炎，湖北秭归香溪人，祖辈以驾船为业，幼习武术，见义勇为。1926年参加配合北伐的革命斗争。1928年加入中国共产党，曾任归（秭归）兴（兴山）巴（巴东）联合县委会工运委员，在搬运工人中宣传革命发展组织。

1929年赴上海，进入中央军委特科，直接领导人为王世英（曾任山西省委书记、中央监察委员会专职委

员）。奉命考入公共租界巡捕房，警号3284，以法租界巡捕身份掩护，为党搜集发送情报，在营救第三国际代表牛简夫妇工作中受到党中央表彰。1931年3月，特科负责人顾顺章被捕叛变，参加紧急救援，冒险连夜通知在沪中央委员转移撤退，避免了重大损失。

1934年与周俊烈（曾任北京政法学院院长）、许云轩（曾任济南园林局局长）赴鄂北老河口领导西北军四十四师兵运，成立红三十二军，任党代表、副军长，周任参谋长，拟赴鄂豫陕交界处的荆紫关与徐海东红二十五军会合，被敌人发现，事败。

1935年返沪，正值地下党组织又遭破坏，再次参加抢救，将谢甫生（曾任海军保卫部长、驻蒙古大使）、周维（曾任南昌飞机制造厂党委书记）、周鲁民等十四位同志安全转移。

1936年入川，与车耀先、刘连波（曾任重庆市政协主席）、周俊烈、杨家桢（少将，曾任南京军事学院教官）、曾学圃、胡春甫（曾任宁夏统战部长）、刘文化（曾任河北师范学院院长）、刘文哲、梁洪、邓耘丛、钟敬民、赵默等同志一同对川军进行统战工作，联系一二七师师长陈离，配合红军长征，使萧克、贺龙部顺利通过松潘理懋等地北上。陈离还经常搜集政治军事情报交张晓峰上报中共中央。

1937年七七事变后，随川军二十二集团军出川抗日，在西安，周密安排了陈离师长与八路军西安办事处林伯渠会面。经林伯渠正式提出，陈离当即委任张晓峰为一二七师少校副官。

在太原，他带领陈师长会晤了太原八路军办事处彭雪枫。

后辗转洪洞，与王世英会面，赴八路军总部向朱德、彭雪枫、任弼时、周恩来汇报川军统战工作。朱德遂晤陈离，并在陈离陪同下，会晤了第二十二集团军总司令邓锡侯。经邓锡侯热情邀请，朱德为川军官兵两次训话，介绍八路军平型关战役，讲解持久战的战略思想，鼓舞了川军斗志。

开赴山东前到八路军总部辞行，任弼时给张晓峰一张背后写有林彪、刘伯承、贺龙名姓加盖私章的名片，邓锡侯、陈离在太原战役中丢失坐骑，朱德送日本战马六匹。张晓峰又赴西安向林伯渠汇报。林给董必武写信，将张组织关系转到汉口八路军办事处。

由郑州转下汉口向董必武交组织关系，代陈离师长将两千元交与八路军办事处。赶赴山东滕县一二七师师部，奉命招兵成立担架连，任连长。

1938年1月，赴汉口购制担架、行军炊具，转达陈师长请求，要求汉口八路军办事处加派中共同志来一二七师任职。野战医院也缺少医护人员。董

必武遂派冯成琦、翟醒楚、吴基永（红安人，长征老兵）、赵尊一赴一二七师。又有四十四师发展的共产党员张义斋等人一并随张晓峰赴滕县。吴、冯任排长，翟任司务长，赵任护士班长。

1938年3月8日，陈师长主婚，张晓峰与赵尊一在滕县举行婚礼。

1938年3月16日，前方部队电讯中断。夜间，赵尊一随野战医院乘最后一次火车撤到徐州。张晓峰率二十多人掩护陈师长于南沙河突围。

1939年，于西安游击干部受训。1941年，以购买药品为名，到随县大洪山新四军五师，报告一二七师收到围剿新四军的电令。

中共华中局友军工作部项乃光叛变，被通缉，遂撤离一二七师，返回香溪老家。张晓峰利用国民党军少校的公开身份，担任乡长，组织运送军需物资，抗税抗丁，保护乡民。

1946年，营救被俘的新四军五师突围的女战士陆方、王平。

1949年，与解放军取得联系，担任县大队长，参加解放鄂西战斗。

1950年，担任西南公安处特情科长。1951年，蒙冤入狱。1956年获释。1956年，于长江流域规划办公室任房建科长。

1979年，湖北省高院撤销原处分，宣布无罪。

1984年，恢复党籍与老红军待遇。

2000年，于武汉逝世，享年96岁。

赵尊一（1905—1944）又名赵敏，上海人。1928年加入中国共产党，在上海中共中央机关工作。1930年赴洪湖苏区，任列宁学校校长。

1932年，前夫朱勉之（红九军二十五师政委）在肃反中被夏曦杀害。

洪湖苏区失陷，被俘，押往武汉被判死刑。经被俘人员亲属斡旋，改判有期徒刑15年。

1937年底，国共谈判释放政治犯，由汉口八路军办事处营救出狱。

1938年1月，前往山东滕县，在川军一二七师担任护士班长，营救伤员表现英勇，多次受到陈离师长表彰。3月8日，陈离师长主婚，在滕县与地下党员一二七师少校副官张晓峰成婚。护送滕县战役负伤的陈师长返回武汉。

1939年后，随仍在一二七师的丈夫张晓峰辗转襄阳一带。

1941年，中共中央华中局友军工作部项乃光叛变，张晓峰身份暴露被通

缉，随丈夫撤离陈部，返回香溪老家。

1944年，于香溪辞世，终年39岁。

贰佰贰拾壹　张义斋

张义斋（？—1938.3.17）河南南阳县红泥湾张敏庄人（现属南阳市宛城区），1935年初由中共中央特科成员张晓峰、周俊烈介绍入党，张、周策动国民党二十六军四十四师组建红三十二军，因重要人物吕渭熬被捕叛变而失败，他因掩护张、周脱逃而暴露，遂离鄂北至武汉南阳烟厂务工暂避，只保持与张晓峰单线联系。

1938年初张晓峰召张义斋弃职，随其赴山东滕县，担任一二七师担架连排长，张义斋还在家乡张敏庄动员张家本姓十多人参加担架连，从军抗日。滕县保卫战惨烈，南阳家乡从军人员捐躯殆尽，张义斋本人也在此役中牺牲。

后张义斋的家属和子女遭族人及社会的误解、排斥和嫉恨，被迫迁居他乡邓县。

（本材料由张晓峰之子张德溢、张德深先生提供。）

贰佰贰拾贰　朱微明（朱秀金，女）

朱微明（1915.9.28—1996.12.13）本名朱明，学名朱秀金，江苏无锡人。父亲系经营缫丝业的资本家，4岁时，家中破产。

1935年，在无锡县立女子中学毕业。1937年在镇江师范高三毕业时，抗战爆发，随进步同学流亡鲁南、赣北等地做救亡工作。1939年初，任重庆《大公报》记者。是年6月，经桂林八路军办事处介绍，参加皖南新四军。1941年2月入党。先后担任解放区的报纸编辑和记者工作近10年。

1952年春，插入上海俄专高级班学俄文。

1953年春，分配在上海电影译制厂翻译电影。

"文革"中，受到严重摧残。

翻译了《奇婚记》《不可战胜的人们》《魔椅》《崩溃的城堡》等数十部译制片。

1983年离休。丈夫彭柏山中华人民共和国成立初期曾任上海市委宣传部部长。

1996年在上海逝世，享年81岁。

第六章　台儿庄大战中的中共党员

　　台儿庄战役的核心部队是国民革命军第二集团军和第二十军团，第二集团军是由原冯玉祥创建领导的西北军演变而来的，第二十军团则是蒋介石国民党中央黄埔嫡系部队。

　　第二集团军总司令孙连仲及所辖第三十军军长田镇南、第四十二军军长冯安邦以及池峰城（三十一师师长）、张金照（三十师师长）、黄樵松（二十七师师长）、吴鹏举（独立四十四旅）等众师旅团长，都是从当兵开始就长年跟随冯玉祥，并且经历了北京政变、击溃张勋、驱逐清室、脱离直系军阀系统、组建国民军、五原誓师、南口会战等历史事件。这些具有进步倾向的举动，一开始就引起共产党的高度重视。李大钊派人到冯玉祥的国民军中工作，并亲自做冯玉祥的工作。所以，西北军中自始至终都有共产党的人。

　　还有一支原冯玉祥领导的后归蒋介石指挥的西北军第三集团军韩复榘部，在台儿庄战役期间，由孙桐萱率领攻击日军已占领的济宁、汶上，虽伤亡很重，但曾一度攻入济宁城。第三集团军总部所属的吴化文[①]手枪旅被改编成国民革命军陆军独立第二十八旅，吴化文还兼任了山东省政府委员。时任手枪旅第一团团长的中共地下党员贾本甲在护卫韩复榘北渡黄河前线督战时，与日军装甲车队遭遇，贾本甲奋力掩护突围，腿部受伤。接任贾本甲团长的营长于怀安受贾本甲的影响，思想进步，在济南驻防期间多次掩护中共地下活动。

　　1936年6月，留学德国学习军事的王志远在回国途中，专程绕道苏联参

---

　　①吴化文（1904—1962.4）字绍周，山东掖县李家村(今莱州铁民村)人，原冯玉祥部参谋，后投奔蒋介石，再投靠汪精卫，又反投蒋介石，济南战役时起义。其部被改编为解放军第三十五军，任军长。下辖：一〇三、一〇四、一〇五师3个师，属中国人民解放军第三野战军第七兵团建制。参加了渡江战役，1949年4月24日凌晨第三十五军第一〇四师三一五团2营占领南京总统府，把红旗插在总统府上。5月3日解放杭州，被任命为杭州警备司令。1950年11月至1959年任浙江省政府、省人民委员会委员、交通厅厅长。1959年至1962年任浙江省政协副主席、全国政协委员。病逝于上海，终年58岁。被授予中华人民共和国一级解放勋章。

观学习。回到济南后，他原本打算与彭雪枫一起回根据地工作，但根据彭雪枫指示他利用其兄王向荣任山东省政府委员、财政厅厅长的社会关系，被任命为省政府顾问、第三路军总部少将高级参谋。王志远干的第一件事就是成立了一个以争取团结爱国进步军官的"知行学会"的组织。由他出面，由朱晦生实际领导，广泛吸收第三路军的中下级军官为会员。

七七事变后，第三路军改编为第三集团军，韩复榘在济南开办了一个军事干部教练养成所，王志远被任命为教育长，朱晦生任办公室主任，实际掌握了授课与训练工作，为救亡运动和敌后战争准备了力量。日军很快侵入山东，王志远一方面向第三集团军上层施加影响，促进官兵坚持抵抗，一方面派遣骨干会员奔赴抗日前线。根据彭雪枫的指示，王志远和朱晦生安排地下党员赵伊萍等人到聊城协助范筑先组建抗日武装，并派知行学会的郭武林带领20余名学员到胶东参加游击队。还通过知行学会筹集了14挺机枪，40箱子弹援助范筑先的抗日活动。

一、中共与西北军的统一战线

早在20世纪20年代初期，冯玉祥担任陆军检阅使，驻扎北平南苑时，就同中国共产党的领导人李大钊建立了密切的联系，在李大钊等人帮助下，他思想转变很大。1924年10月，他发动北京政变后，立刻邀请孙中山北上主持国事，从而大大推动了国民革命在北方的发展。

1925年5月上旬，在国共第一次合作期间，李大钊曾专程赴张家口与冯玉祥和苏联顾问就在国民军中开设政治俱乐部、派宣传员问题进行会商。冯玉祥批准并指定李大钊和徐谦①负责领导国民军的政治工作。李大钊即派中共党员宣侠父、陶梁等人前往国民军，又利用向国民军派送政治工作人员或帮助办报纸的机会，陆续派出中共党员、共青团员深入到国民军，在下层军官和士兵中做工作。五原誓师后，刘伯坚被任命为政治部副部长，代理部长。

李大钊还引荐冯玉祥给苏联大使，促使其去苏联访问。在苏联和中国共产党的帮助下，重组西北军，举行了著名的五原誓师，出兵陕豫，为北伐胜利建立了功勋。1926年9月26日，中共驻共产国际代表蔡和森给李大钊写信

①徐谦（1872—1940.9.26）字季龙，晚年自署黄山樵客。安徽歙县徐村人，生于江西南昌。抗战时，曾任国防委员会委员、国民党北京分部主任、福建国民政府委员等职。一生为中国现代司法制度的建立和完善尽心竭力，贡献颇大。主要著述有《民法总论》《刑法丛编》《劳资合一》《徐季龙先生遗诗》《笔法荟谈》等。病逝于香港，终年68岁。

道：国民军中工作人员，除由莫斯科中国留学生中选派最好者前去外，应注意在国民军本身培养大批工作人员，并选择一部分在广东革命政府工作过的优秀干部前去该部。

此后中共中央和北方区委派往国民军的共产党员和共青团员前后达四百余人，分别在总政治部及各路军、师、旅、团政治处工作。如宣侠父、刘志丹、方仲如、李世乐等分别任第三、四、五、六路军政治处处长。

1927 年 3 月，受中共中央的调遣，邓小平一行 20 余人告别了莫斯科，回到阔别 7 年的祖国，到达国民革命在北方的中心——西安。当时的西安完全控制在冯玉祥国民军联

刘伯坚在西北军待了九个月后被"礼送出境"，但共产党由此积累了改造旧军队的重要经验。

军之手，由于共产党人的影响，一批中共党员遂在国民军联军及其驻陕总部中工作，推动陕西反帝、反封建革命运动向前发展。先后从国内外到达西安的共产党人有200多名，除了邓小平外，还有陈延年、唐澍等人。在有"第二黄埔"之称的西安中山军事学校，23岁的邓小平担任了政治部主任兼政治教官，着力对学员实施政治训练，提高学员的政治觉悟。他和其他所有官兵一样，一日三餐吃黑面窝窝头和咸菜。

1927年，四一二政变后，冯玉祥在"反共"的歧路上选择了有别于蒋介石、汪精卫采取大屠杀的做法，将宣侠父、刘伯坚、刘志丹、方仲如、刘惯一等人"礼送出境"。刘伯坚等人走后，冯玉祥惋惜之余，派郭春涛任政治部主任，简又文任副主任，黄少谷虽是李大钊派来的中共党员，但是留苏学生，留任秘书长，邓飞黄（邓力群之弟）是顾孟余由武汉派来的，仍留任。[1]

在另一支西北军第十七路军杨虎城部。1930年春，中共陕西省委派习仲勋到长武县杨虎城部的警备骑兵第三旅三团二营从事兵运工作，进入该营后，习仲勋立即和共产党员李秉荣、李特生三个人成立了党小组，他们确立了

---

①吴恒长：《国共两党与西北军》，第78页，解放军出版社，2012年1月。

在西北军做兵运工作时的习仲勋

"在发动士兵进行日常斗争、促进士兵革命化的基础上，发展组织，团结士兵，积蓄力量，等待时机"的工作方针；提出了反对打骂士兵，改善士兵生活，按时发饷、发鞋袜的要求；进而提出"反对军阀战争、拥护红军"的口号，成立了"红军之友"社。他们还在该营积极发展党员，扩建组织。随后又成立营党委，推选习仲勋担任营委书记。通过半年多的艰苦努力。发展了30多名共产党员，全营从营到连、排、班都建立了支部，该营逐步被地下党所控制。因此，习仲勋于1932年4月，组织发动了两当兵变，并将起义部队改编为中国工农红军陕甘游击队第五支队。从此，在西北军第十七路军内埋下了革命的火种，以至在日寇全面侵华的前夜与东北军一起发动了西安事变。

中原大战后，西北军土崩瓦解，韩复榘、石友三、孙连仲、梁冠英、吉鸿昌、季振同等众多西北军高级将领降蒋接受收编。只有少数将领率残部突围后北渡黄河到达晋南，其中以张自忠、赵登禹、刘汝明、过之纲的部队比较完整，而张自忠的第二十五师人数最多，宋哲元、孙良诚几成光杆司令。蒋介石将晋南西北军残部的编遣事宜，交给时任军委会北平分委会委员长的张学良全权处置。于是，张学良将其编遣为第二十九军（军长宋哲元），下辖三十七师（师长冯治安）、三十八师（师长张自忠）。

虽然，西北军作为一个独立的庞大的军事集团不复存在，但是，中共早年在国民军中的工作，不仅影响促进了其中一部分将领们思想的进步，而且还促使其发动了一系列重大历史事件。如与张学良一起发动西安事变的原西北军第十七路军将领杨虎城，1931年发动宁都起义的赵博生、董振堂，1933

年领导察哈尔抗日同盟军的吉鸿昌，二十九军宋哲元领导的长城抗战，解放战争时期高树勋领导的邯郸起义，何基沣和张克侠领导的贾汪起义，孔从洲领导的巩县起义，吴化文领导的济南起义，戴心宽领导的盐城起义等，他们的革命行动都可以追溯到国民军时期中共对他们的深刻影响。

1932年10月，冯玉祥赴张家口，受到其部下宋哲元等二十九军将士的欢迎，开始组织抗日武装，筹集抗日经费。中共地下党组织陆续派肖明、张存实、吴化之、陈天秩、张慕陶等，以及黄埔一期毕业的党的军事干部宣侠父和许权中等，前往张家口，具体支持帮助冯将军开展抗日斗争，从此拉开了在察哈尔联合抗日的英勇悲壮的一幕。

当时，奉派陆续抵达张垣、张家口从事联冯抗日活动的中共地下党员，组成了在中共华北政治保卫局领导下的中共张家口特别委员会（简称"特委"）。为使双方合作顺利进行，冯玉祥与特委的领导人约定：只提打倒日本帝国主义及其走狗，不提打倒南京政府及地方军阀。领导机构成员名单中，党员亦不公开，冯称此举为"里红外不红的西瓜政策"。这是符合当时形势要求又能广泛联合抗日力量的正确策略方针。

冯利用自己的威望和影响，高举联合抗日救国的大旗，"登高一呼，应者云集"，各方爱国志士，纷至沓来，如著名爱国将领方振武、吉鸿昌，还有东北退入关内的抗日义勇军，热、察两省的抗日民军、自卫军，山西介休的抗日救国军、汾阳军校的师生及各地投奔同盟军的热血青年等。

1933年6月13日至18日，抗日同盟军又称察绥抗日同盟军在张家口召开第一次民军代表大会，冯玉祥、吉鸿昌、方振武及中共党的干部宣侠父、张慕陶等61人出席，选举35人为军事委员会委员。冯、吉、方、宣等11人组成常委。

在抗日同盟军中，有些武装力量是由中共地下党组织直接掌握的部队，如第一军第二师，主要由汾阳军校学生组成，师政治部主任、3名团长及多名连排长，均为中共党员。第二军第五师，师长宣侠父、副师长陈天秩，均为中共党员。第五军第十八师，中共党员许权中是师长，党的干部谢子长、阎红彦均在该师。同盟军干部学校副校长张克侠，系中共特别党员，等等。所以，抗日同盟军是冯玉祥指挥的、国共局部合作的抗日武装。

当时抗日同盟军中的地下党组织还有中共河北省委领导，省委前委书记张木陶。当时中共北方局派朱大鹏（朱军）到抗日同盟军开展党的地下工作。朱军时任抗日同盟军一团一营的党支部书记，其他成员有宣传委员蒋明成，组织委员王绍武，排长张文周等共计30多位党员。根据朱军的回忆在抗

日同盟军中,党的地下组织主要领导有:二师(汾阳军校)师长支应遴、一团尹心田、二团贾振中、三团周茂兰(周树一),还有许全仲等,五师师长也是地下党员,陕西人,姓名不详。①

抗日同盟军从酝酿到成立,从武装力量来源到领导人员组成,从政治纲领到军事目标,都证明它是冯玉祥在中国共产党支持下组成的统一战线性质的抗日武装,是九一八事变后国共局部合作抗日的实践和成果。

抗日同盟军失败后,冯玉祥于1934年初夏到泰山隐居。在这他接见了原抗日同盟军中的中共地下党员谢和赓,谢是奉中共中央的派遣,准备潜回家乡广西从事桂系上层统战工作的。谢请求冯将他与抗日同盟军第五师师长宣侠父推荐至白崇禧麾下。他爽快地给白崇禧写了推荐信,同时又给远在广东、曾任国民革命军总参谋长、白的老上级——李济深打了电报,请他也代为推荐。这样,宣侠父和谢和赓便得以进入桂系上层工作。后来,谢成了白崇禧的"贴身秘书"。此举既推动了中共与桂系的合作,又保存了革命力量。

卢沟桥事变前夕,中共曾试图通过其潜伏在西北军高层的地下党员,时任第二十九军副参谋长兼三十八师参谋长的张克侠利用职务之便直接影响第二十九军的对日决策。鉴于日军在北平周围剑拔弩张日益严峻的形势下,第二十九军参谋长张樾亭提出了"必要时撤出北平,保持实力,以待全国抗战"方案。张克侠立即将此案向中共组织做了汇报,中共立即决定由张克侠出面提出一个"以攻为守"的方案以对,并且建议聘请进步人士担任政治教官,加强抗日思想教育,成立情报处等。因此,经宋哲元同意,第二十九军以著名学者身份聘请中共地下党员张友渔和进步人士温建公等担任军官教导团政治教官;成立情报处并派中共地下党员靖任秋任处长,开展对日情报工作。中共党员冯洪国、朱大鹏(朱军)等同志也参加了教导团的具体组织工作。

1936年8月,毛泽东亲自给宋哲元写信,介绍中共党员张经武到二十九军工作,他在信里说:"如荷同意,即以张同志为敝方长驻尊处之联络代表,一切通信联络均以秘密出之。"宋哲元接函后,即留张经武长驻二十九军。与张经武一道做联络工作的还有朱则民、刘昭等同志。他们与二十九军高级官员建立工作关系,并注意培养和发展秘密党员。1935年9月,中共中央北方局给西北中央局的报告中提到共产党已与二十九军中三个团长和两个师参谋长分别建立了秘密关系,在二十九军四个团中秘密建立了士兵党支部。②二十

---

①剑钧:长篇传记文学《守桥翁的中国梦》,中国青年出版社,2014年9月。

②李长生、言明:《七七事变与党对二十九军的统战工作》《新视野》第四期,1987年。

九军军训团中中共的地下组织也有相当规模。

卢沟桥事变中身负重伤的何基沣，在离军养伤期间，经当年认识的西北军中的中共地下党员李荫南介绍下，想到延安看看。在周恩来的秘密安排下，何基沣如愿以偿。在延安的30多天的时间里，毛泽东、刘少奇、朱德、张闻天、林伯渠等人多次与这位卢沟桥抗日的民族英雄深谈。离开延安前夕，他递交了加入共产党的申请书。刘少奇对他说：回去抓好部队。回到部队后，他向老上司冯治安汇报了私访延安的事，虽然冯治安很生气，但还是让他担任第七十七军副军长，分管军训团等工作。于是，何基沣将延安秘密派来的十几名干部安插进来。①

抗战时期，中共对西北军的策略，一是对降蒋的一部分西北军执行抗日民族统一战线政策，二是对投日当伪军的另一部分西北军采取打击消灭、分化瓦解政策。对宋哲元的第二十九军、杨虎城的第十七路军，以及投日之前的孙良诚、张岚峰、石友三部，做了大量的统战工作。与第十七路军达成了互不侵犯协议；与冯治安、高树勋部达成了团结抗日的默契；与鹿钟麟、石友三还有过短期的合作。抗战中，中共虽从未中断在西北军中发展党员的努力，但的确不再在抗日的西北军中策动兵运和兵暴。

七七事变后，石友三部队新被扩编为宋哲元第一集团军一八一师，石任师长，驻守北平的清河一带。不久在日军攻势下，石率部随集团军撤至山东省境内。一路上与日军有所交锋，"在张北抗战中有一定贡献。"②鉴于石友三能投身抗日，抗战初期，中国共产党对石的斗争策略以团结争取为基本点，通过两方面展开：一是将团结争取石友三的工作作为山东省委进行广泛的统一战线工作的一部分列入议事日程。1937年11月7日，山东省委在致周恩来、叶剑英转毛泽东的信中写道："目前特区在重新开展扩（广）泛的下层组织工作，干部也派了一批……石友三之部属也派去十数同志，同时有东北工委的领导，行将统一起来。"③派往石部的干部，以公开身份在其新组建的学兵队开展工作，用演讲、办《战地日报》、演街头话剧等多种形式进行抗日宣传鼓动。一时，士兵抗战情绪大为高涨，军事素质也有所提高。武汉出版的中共中央机关报《新华日报》于1938年1月31日发了题为《今日的石友三》通讯专稿。

① 吴恒长：《国共两党与西北军》，第283页，解放军出版社，2012年1月。

② 《历史的回顾》，解放军出版社，第627页。

③ 《山东革命历史档案资料选编》第四辑。

石友三为部队抗日士气所鼓舞，屡表抗战决心："一定要打回东北去。"他还让共产党员张克微担任第一八一师政治大队长。1938年3月，石被蒋介石委以第六十九军军长后，在第六十九军成立政治部，以继续在部队中开展抗日宣传教育。1938年7月，受中共山东省委的委派，也应石友三之聘请，共产党员张友渔到第六十九军任政治部部长。张友渔到任后，在已有的基础上加强工作，将学兵队的青年骨干作为政工人员分派到第六十九军的各级基层开展思想政治工作，以期进一步推动部队进步。还促成石友三同共产党第四支队签订互相支援的协定，发展了鲁南团结抗战的形势。

二、中共党组织在第二集团军

1937年8月上旬，原西北军一部组成的第二十六路军为主编组而成的第二集团军（军长孙连仲），其第三十军（军长田镇南）第三十师（师长张金照）、第三十一师（师长池峰城）和第四十二军（军长冯安邦）第二十七师（黄樵松）是该集团军的基本部队。其三十军可追溯到原西北军二十二路军，总指挥吉鸿昌，下辖三十、三十一、三十二师，由冯玉祥指挥。这支部队大多数中下层军官和士兵是晋冀鲁豫陕甘一带的贫苦农民。冯玉祥和李大钊等同志早有交往，在第一次国共合作期间，深受中国共产党的影响。

中原大战后，二十二路军缩编为第三十军，下辖只有三十（吉鸿昌兼任师长）、三十一两个师，军长仍为吉鸿昌。在三十军军部，只要蒋介石的亲信不在场，官兵们就可以自由谈论时局和国家的前途，可以宣传马克思主义，可以唱进步歌曲，可以抨击国民党、蒋介石。

中原大战期间，蒋介石收编了国民革命军第二十六路军，孙连仲任总指挥，赵博生为参谋长。下辖部队改编为第二十五、第二十七师和骑兵第四师。1931年春，第二十六路军被调往江西围攻红军。12月14日，该路军1.7万余人在第二十五师参谋长赵博生、第二十五师第七十四旅旅长季振同、第七十五旅旅长董振堂等人带领下举行宁都起义，集体加入红军。宁都起义后，第二十六路军进行改编。原第二十五师余部重新编成第二十五师，骑兵第四师改编为独立第四十四旅。1932年春，该军进行整编，撤销第二十五师番号，将其一部编入第二十七师。此时，第二十六路军辖第二十七师、独立第四十四旅；孙连仲仍任二十六路军总指挥兼二十七师师长。1933年6月，以第二十六路军所属第二十七师和独立第四十四旅编成四十二军，孙连仲兼任该军军长，田镇南为副军长，仍隶第二十六路军，原孙连仲所任二十七师师长由

冯安邦接任。同年9月，孙连仲奉命赴鄂豫皖整理第三十军，于1934年初率该军及所属三十、三十一师入赣，归入二十六路军参加对中央苏区的第五次"围剿"。当年6月，三十军军长兼三十师师长彭振山被免职，由孙连仲兼军长及师长，红军长征后，该路军调到湖北，"追剿"贺龙、萧克部红军，当年10月，调驻苏北，参加国防工事的构筑。当年11月，原三十一师师长李敬明他调，池峰城接任师长。西安事变后移驻河南信阳。1937年6月，张金照代理三十师师长。

全国抗战爆发后，第二十六路军于7月12日奉命支援华北战场，8月25日，田镇南接任三十军军长，冯安邦接任四十二军军长。同年9月13日，孙连仲被任命为第一军团军团长，所部改称第一军团，并于当年10月初编入第二集团军序列，至此第二十六路军历史结束。

所以，第二集团军是一支深受冯玉祥、吉鸿昌、宁都起义总指挥赵博生等进步人士影响的部队，加之前期李大钊、刘伯坚、邓小平、习仲勋等共产党人在西北军中所做的卓有成效的工作，使第二集团军这支原西北军旧部演变的部队一直成为中共开展统战的重点对象之一。

以致后来曲茹到延安向毛泽东汇报工作时，毛泽东十分重视该部孙连仲、池峰城和黄樵松等人的情况，对他们坚持抗战、反对蒋介石制造"反共"摩擦尤为满意。

抗战初期，应国民党二十六路军孙连仲部（后改编为第二集团军，辖三十军和四十二军）友好人士池峰城（三十一师师长，后为三十军军长）、黄樵松（二十七师师长，以后也曾任三十军军长）的邀请，中共党组织曾先后派出一些人员去该部进行统战工作，为密切该部的官兵关系、军民关系，促进团结、进步、抗战，做出了有益贡献。但也遭到国民党反动派的破坏与镇压。因此，这些统战工作人员，绝大部分都撤出二十六路军，只有个别人仍留在该部坚持工作。留在二十六路军坚持工作的共产党员和友好人士，也在抗日战争和解放战争中做出了新的贡献和重大牺牲。

三十军的二十七师曾受过董振堂、赵博生宁都暴动的影响；三十师和三十一师原是吉鸿昌的部队，一些老兵和军官仍怀念吉鸿昌。这些情况对开展统战工作是十分有利的。三十军士兵每人有一块臂章，上面写着"不扰民，真爱民，誓死救国"十个字。在吉鸿昌三十军工作的，有许多倾向革命、思想进步的人员。军务处长马松如、参谋处长咸仲谋、秘书长（名字不详）以及一个会俄语的教官（名字不详，是个留苏返国的学生），等等，他们经常宣传革命道理，说布尔什维克的道路是中国的唯一正确的出路。其中军务处长

马松如就是共产党员。吉鸿昌去职后，马松如、咸仲谋等人也先后不见了。

但中共党组织在三十军军部里，仍有一些党员在活动。秘书李子纯[①]（共产党员）、教官陈化愚、"大参谋"（外号）魏子和，团结了一些倾向进步的军官，经常借一些进步书籍给他们看。陈化愚任政治教官，在每周一次授课中讲授"剩余价值论""社会发展史""欧洲工人运动史"，等等。

但不久李子纯被三十军军长彭振三抓去活埋了，陈化愚失踪。1933年4月前后，吉鸿昌从国外归来，到三十军驻地湖北麻城。他派随从副官长阎红家找来一些旧部属谈心，鼓动抗日，组织抗日力量。在一个夜晚，他把八十九旅大部带走。当时军部的"大参谋"魏子和，还有其他人，以及八十八、九十旅的少数人也跟去了。彭振三发现后，连夜带队堵截，将八十九旅大部追回。与吉鸿昌同来的阎红家被彭振三抓住严刑拷打后将其杀害。不到一年时间，吉鸿昌被国民党杀害了。吉将军治军有方，英勇善战，反对内战，积极主张抗日，难道有罪吗？这一事实反而教育了这支旧军队。[②]

池峰城与共产党的关系，由来已久。他出身贫寒，地位低下，从小就艰辛尝遍，炎凉看尽，15岁就投奔西北军。当时军阀混战，天下大乱。因此，在部队里，他训练、学习刻苦，被冯玉祥看中调入卫队营，并赐号"镇峨"。从此，在冯玉祥的影响下，一直从班长、排长，晋升至旅长，深得冯玉祥的信任，与孙连仲关系甚密。

1930年中原大战后，池峰城所部也与孙连仲、高树勋等各部一起，被改编为第二十六路军，他担任第七十九旅旅长。1931年3月，第二十六路军被调往江西"剿共"时，他系二十六路军主力。同年九一八事变爆发，蒋介石坚持"攘外必先安内"的反共政策，引起了第二十六路军官兵的强烈不满。终于在第二十六路军总参谋长赵博生和第七十三旅旅长董振堂、第七十四旅旅长季振同的率领下，在"剿共"前线的江西宁都，发动起义，投奔红军。

虽然池峰城这支部队没有参加宁都起义，但池峰城仍受到很大震动。从此情绪消沉，经常唠叨"打红军吃败仗，打日本又不让。"无可奈何之下，只有保存实力，以图日后打回北方老家。1935年，他升任三十一师师长。抗战

①李子纯（1900.4—1933）河南西华县人，先后就读于西华师范学校和开封东岳高中，1925年底加入中国共产主义青年团。1927年3月至6月，在武昌中央农民运动讲习所学习，转为中国共产党党员。1930年3月，受中共豫南特委派遣，进入西北军吉鸿昌所部第十一师做军运工作，担任政训处上校秘书。1932年初，任十一师改编后的三十军军部中校秘书兼八十八旅副旅长，随后又任三十军秘书长。1933年夏，被叛徒出卖被捕，英勇就义，年仅33岁。

②刘莫西：《党在西北军三十军中的一些活动情况》《团结 斗争 胜利》（马福元、曹伟编），第10—19页，金盾出版社，1991年6月。

伊始，池峰城率部先在涿州以南一带与敌死拼了数昼夜，后又血战台儿庄。被誉为"铁血将军"和"抗日名将"。

在三十军三十一师任骑兵连长的共产党员刘兰斋，后来被作为"共党"嫌疑犯逮捕，瘐死在狱中。在刘兰斋掩护下工作的三十军中共地下党工委书记孔子凌①，也在敌军工作中惨遭杀害。曾为和平解放北平而奔波的共产党员丁行和在太原起义未遂的黄樵松，均被国民党反动派杀害于南京雨花台。原二十六路军总司令、后任十一战区司令长官的孙连仲和池峰城，也因掩护中共工作人员的嫌疑，丢了"乌纱帽"。总之，共产党在二十六路军和汪伪第四方面军的中共地下党员和友好人士，既谱写了一曲曲胜利凯歌，也谱写了一曲曲慷慨悲歌。②

1937年底，韩复榘弃黄河南逃，地处山东的濮阳县（1952年划归河南）已听到隆隆的炮声，曾随中共地下党濮阳县县委书记孔子凌学习世界语的刘岱③奉中共党组织之命，置年高祖母（已双目失明多年）、父母病弱于不顾，毅然同孔子凌、胞兄刘兰斋、郭启亮（即郭耀如、刘西）、刘酉山、张桂兰等党员同志十四五人，率大中学生及小学教员二百余名，经冀鲁豫特委报中共山东省委组织部长张霖之同意，去孙连仲部做抗日民族统一战线工作。

先到河南渑池县，见了该部军需处长，原本入三十一师丁行战地服务团，但因已招收够，无奈大都去了二十六路军干部训练所（简称干训所），干训所所长由总司令孙连仲兼任，副所长是鲁崇义兼任。女同志则入救护队受训。农历除夕，他们乘火车开赴武汉北的花园车站，步行60里抵达湖北安陆县城。先住城外一个和尚庙里，后又搬进城里中心南小街一个王氏宗祠里，开始了紧张的军事训练。

---

①孔子凌（1914—1942）又名孔繁阁，曾用名繁森、繁华，山东濮县桑庄人，佃农出身。1933年6月，考入山东省立滋阳第四乡师，1934年夏加入中国共产党。1936年4月2日，在范县被捕。5月押送至济南，韩复榘亲自审判。在监狱中开展绝食活动。1937年4月，出狱后任中共濮县县委书记，12月，鲁西特委经山东省委批准，组织"战地服务团"，建立工作委员会，任书记。带领100余名党员干部支援国民党二十六路军三十一师。1939年4月15日入中共中央党校学习。当年8月1日分配到华北局任秘书。1942年，被派往白区，惨遭敌人杀害，年仅28岁。

②刘鲁民：《前言》《团结 斗争 胜利》（马福元、曹伟编），第1页，金盾出版社，1991年6月。

③刘岱（1916—1998）山东濮阳（今河南）人，1937年10月加入共产党，当年年底加入国民革命军第二集团军。曾任延安抗大校部、第十八集团军总部、八路军豫北办事处、晋冀鲁豫军区、华北人民政府冀中行署、河北人民政府秘书。1950年任政务院、国务院秘书。1963年任国务院参事室办公室主任，1966年3月任国务院参事，1983年11月离休。民革党员，中央文史馆馆员，中国书法家协会会员。1998年病逝于北京，享年82岁。

池峰城三十一师骑兵连连长刘兰斋是1934年经濮阳中心县委书记刘晏春介绍加入共产党的。在干训所孔子凌对外公开身份是三十一师骑兵连学兵班班长（上士），秘密做党的工作，后孔子凌、郭启亮、刘兰斋三人又成立了第二集团军中共工委，工委下属两个支部，一个在骑兵连，一个在学生队。

1938年春，在安陆受军事训练时，郭耀如（即郭启亮）、刘岱、郭海瀛三人组成支委会，由郭耀如担任支书，成员七人，秘密活动，利用礼拜天放假时间，到城西大河滩里开会。时间只限三小时返回队部，逾期不归必受中队长韩世杰点名惩罚，重则打竹杠，他们不敢逾期不归。他们活动的内容和中心目的是：除秘密谨慎地发展组织外，就是坚持抗日，坚持持久抗战，巩固与扩大抗日民族统一战线，反对妥协投降，决不当汉奸做出亲痛仇快之勾当；努力学军事，自修马列主义理论和时事。生活是非常艰苦而紧张的，几乎全是照搬西北军、日德制的训练方式、方法，在训练场上只讲绝对服从，毫无道理可说。河南大学学员在明港车站暂住时，那时尚未到达湖北地界，有三个人夜间开小差被抓回来，当即戴上脚镣，次早在戏台上亮相，大队长训话，后来送进县监狱里去。河北学员张维思请求中队长韩世杰允许他去山西找父母，韩坚决不许，张上前再次请求，不慎将韩的上衣口袋拉开。韩盛怒之下，立即叫伙夫三人用竹杠子打张，把张的屁股打肿了，张从此疯了，直到毕业未愈。如此的例子还很多。特别是河南一个姓高（高鸿勋）的学员，和班长争执了几句，立即被送到安陆县监狱，关了一个月。还是经全中队学员一致请求释放，才经所长鲁崇义在朝会上向全所学员训了话，说看着高某一贯学习成绩不坏云云，被放了出来。

1938年春夏，刘岱和郭耀如、郭海瀛、刘河美（即刘鲁民）、鲍廷干、李文英、刘酉山等党员同志，均在湖北安陆县城内中心街稍南的王氏宗祠里受军事训练。所名为二十六路军干部训练所，实际由鲁崇义负责，他那时还兼在武汉陆大特别班学习。大队长是王书忱[①]，中队长是韩世杰（西安人，性粗暴，复兴社分子）。

刘兰斋在王氏宗祠北邻赁了几间房，名为刘兰斋家属居住（刘兰斋妻子

[①]王书忱（1907—1986）河北景县人，北京西山温泉中学毕业。1925年7月考入西北陆军干部学校，毕业后历任国民军排、连、营长。中原大战后，随部编入第二十六路军，1936年任二十七师七十九旅一五八团一营营长。在河北涿州、良乡等地与日军作战，参加娘子关战役。1938年春，在湖北安陆第二十六路军干部训练所任上校大队长，干训所迁往河南鲁山县后，改任教育主任。解放战争时，原为中共党员后失掉组织关系的王书忱，因率一个团起义事泄，被调为二十七旅副旅长，1947年4月，在山西侯马与陈赓部晋冀鲁豫野战军第四纵队遭遇时，命令部队放下武器投诚被俘。1986年病逝于北京，享年79岁。

崔素英、她姨妹李秀云、长子泉清、次子泉冷，叔父刘子才、病友张射斗），其实刘岱他们也乘便在该处购置些新华书店的进步书刊，趁星期日放假溜进去，登上顶棚，翻看那些理论、新闻、图册，边看边议论。间或刘兰斋来安陆省视家眷，便互相汇报交流情况。当时，刘兰斋堂弟刘文华、妻子崔素英、张射斗之堂弟张星河（后改名张文楷，在上海离休），均已在是年入党。对他们印象最深的书刊是：毛泽东的《抗日游击战争的战略问题》《论新阶段》《论持久战》《陕北集影》《大众哲学》等，《新华日报》是必阅的报纸。[1]

　　1937年底，山东省立（阳谷）第八乡村师范学校毕业的刘鲁民[2]，随该校师生流亡到河南许昌，经许昌四中的张绍渠同学介绍报名参加河南大学抗敌工作训练班，结业后又考入在许昌招考的二十六路军三十一师游击干部训练班（简称游干班）。由于三十一师调往台儿庄，游干班并入设在安陆的二十六路军干部训练所，刘鲁民被编入二大队学习。干训所的学员进行短期基本军事训练后，分为：步、炮、工三科。主要是学习战术、兵器、筑城、地形、射击等军事学科，也讲授三民主义等。在队列教练和战术演习方面都由单兵学到营。吃饭时必须先唱"吃饭歌"，歌词是："这些饮食人民供给，我们应当为民努力，帝国主义人民之敌，救国救民，吾辈当知。"仍保持了冯玉祥爱国、爱民的一些传统。

　　1938年5月，孔子凌、郭启亮介绍刘鲁民加入共产党。受训八个月，刘鲁民被分配到第二集团军三十军三十一师后，又在师部的军官训练队（由中央军校的两个学生任教）学习了一个多月，被分配到军械处，任保械队副队长。

　　台儿庄战役后池峰城到干训所看望了三十一师的学生（二大队四队、五队），给学生们讲了台儿庄作战的情况和持久必胜的思想，虽然没有提到毛泽东的名字，但实际上讲的却是《论持久战》的观点。原来讲稿是由丁行、蒋牧良起草的。[3]

　　第二集团军另一位将军黄樵松不仅具有爱国思想和民族气节，而且在政

---

　　① 刘岱：《我们在二十六路军干训所的活动情况》《团结 斗争 胜利》（马福元、曹伟编），第55—57页，金盾出版社，1991年6月。

　　② 刘鲁民（1920—2003.12.29）山东东平县人，1938年5月加入中国共产党。历任淮北抗大四分校军事助教、作战教育参谋、侦察参谋兼情报站站长、科长、团长、总后学校管理部训练处处长、总后司令部训练局局长、总后副参谋长等职。正军职离休干部。2003年病逝于北京，享年83岁。

　　③ 刘鲁民：《我党在二十六路军的统战工作》《团结 斗争 胜利》（马福元、曹伟编），第4—9页，金盾出版社，1991年6月。

治上很有卓见，主张国共合作、共同抗战，反对内战。

1938年1月，他担任二十七师师长时，在潼关参加了蒋介石召开的国防军事会议。会议期间，他和朱德、彭德怀、贺龙等人都有接触，还交谈了今后抗日作战的战略战术。他向曲茹表示钦佩八路军。他拿出照相机为彭德怀拍了一张半身照片，一直放在身边。

1937年9月，三十军固守娘子关，本来打得很好，正当准备继续迎敌，突然传来上级电令：向后撤退至山西阳泉。部队到达后，饭也不吃就做工事，刚做好工事，又令向后撤退到平定一线。后又令退到山西太谷一带。几天时间里后退了百余里，大片土地丢给日本侵略者。眼看着日本鬼子一步步跟上来，上面就是不让打，许多士兵都气火了。有的望着身后的火光浓烟，日寇在那里蹂躏我们的百姓，气得直骂娘。部队议论纷纷说：蒋介石的嫡系部队大部分向后方调，把我们西北军和四川、广东军这些杂牌向前拉，拉到前边又不让我们打，这是安的什么心？1937年10月的一天，第三十师一七七团团附刘奠西[①]团退至太谷县郭庄，继续还击日军，但部队还没展开，又令撤退。他们刚一撤出，八路军就进驻了郭庄。刘奠西他们见此情景心里不是个滋味，他与中校团副陈扶民说："老陈，再这么撤，日本打不垮我们，咱自己撤也撤垮了！既然撤垮，不如打垮，就是打死了也算是个中国人！"陈扶民叹着气，直点头："是啊。"刘奠西便轻声对他说："干脆，咱们晚上甩开孙礼卿（团长），把部队拉走，找八路去！"因为他们过去多次谈论脱离这支部队，酝酿参加共产党、八路军。陈扶民毫不犹豫地回答说："好！今晚上就走。"他们俩简单研究了拉队伍走的办法。

傍晚，部队又奉命后撤，在行进中，孙团长带团部人员走在前头，后面是一营、二营，三营还在二十里外的村子里与敌人战斗。当时天气阴沉，能见度很差。快接近岔路口时，陈扶民按计划佯称要解大便，就蹲入了庄稼地里，刘奠西站路边等他。望着孙礼卿带团部人员走远，他们就截住了上来的一、二营。将二营长王文甫、一营的三个连长（营长李文彩负伤）找来，讲明我们再不能后撤的道理，同时动员全体官兵去投奔八路军才是出路，结果

①刘奠西（1910—2003.2.3）陕西乾县人，1938年10月加入共产党。抗战时期，曾为延安中央党校学员，历任中央招待所学会秘书、会计、炮兵学校教员、研究委员。解放战争时期，历任辽东军区炮兵大队大队长、炮兵团团长，东北炮司高射炮指挥所副主任，是共产党第一支高炮大队大队长、第一个高炮团团长。中华人民共和国成立后，历任高射炮第一师副师长兼参谋长，中南军区司令部防空处副处长、处长，中南防空司令部参谋长，南京军区防空军高炮指挥部司令员，南京军区空军高炮指挥部司令员。1955年被授予上校军衔，1965年被授予大校军衔，曾荣获独立自由勋章、二级解放勋章。1970年离休。2003年在南京逝世，享年93岁。

大家都同意。于是，他们带着部队就向另一个方向转回郭庄。部队隐蔽在山上，由刘奠西去找八路军联系。接待他的八路军干部在惊讶之余，经请示后说："我们首长讲，你们积极要求抗日的精神很好，但是，我们不能接受你们参加八路军的要求，因为这是违反抗日民族统一战线精神的，希望你们仍回原部队抗战到底。"这一答复对他们打击不小，好不容易拉出一支部队抗日，竟被婉言拒绝。回到部队后，陈扶民说："不行，那咱就自己干吧！"便将国民党符号收起来，拉着队伍，在太谷一带山区转了半个月。天逐渐冷了，他们一不懂游击战术，二无物资装备补充，棉衣问题无法解决，最后只好又戴上国民党的符号，把部队拉回三十军，在赵城找到了三十师，第二天他们几个被关起来了。经西北军的老人多方活动，40天后把他们放了出来。

刘奠西已无心在这个部队待下去了。1937年11月，便以探亲为名请假去西安找共产党的组织，想去延安。最终在西安冒险找到八路军办事处。

刘奠西身穿国民党军官服，走进了办事处，他直截了当地说明来意。工作人员回答："这里不办此事，只要坚决抗战，到处都可以出力。"第一次不成，他又第二次前去。接待人员说："如果你真心要加入共产党，是会有人找你的。"几天后，忽然有一个人来找他。原来是三十军的秘书，姓王（名字不详），过去与刘奠西在军部一起共过事，他介绍刘奠西认识了宣侠父。过了一些天，刘奠西收到了陈扶民、李文彩向孙连仲建议他回三十军的电报。宣侠父和王秘书听了此事对他说："你就回三十军吧！在那里也能达到你的愿望。"至此，刘奠西结束了在西安六个月的流浪生活。

回到三十军，李文彩已当上了八十九旅一七七团团长，刘奠西被分配在一七六团当少校团副。李文彩误认为刘奠西已加入了共产党。便个别对他说："我们这个团的范副官很进步，你可以多接近点他。"

原来，台儿庄战役后期，在贾家铺子战斗中东北军一一四师六八〇团、六八三团和六八四团打得英勇，打得顽强。但敌人增兵很多，我军伤亡惨重，在麦地里抬不起头，六八〇团传令兵（团党总支书记）刘培植把在该团工作的范离同志派往二十六路军（实际已改为第二集团军）去工作（让他躺在地上滚动出了阵地）。刘培植和其他同志坚持到晚上撤出阵地，随部队从徐州突围，一夜加半天急行军180里。[①]于是，范离来到第二集团军当上了三十师八十九旅一七七团副官。

刘奠西结识范副官（当时叫范之公，即范离，中华人民共和国成立后在

①刘培植：《我参加了台儿庄大战》《台儿庄文史资料》第二辑，第135—136页，1991年10月。

国务院事务管理局任顾问）后，他们很谈得来。但不在一个团，刘奠西便找李文彩要范之公，范之公也向李提出来到一七六团，李文彩很爽快地同意了。

1938年8月，根据（中共）党的指示，建立了三十一师、二十七师地下党支部，三十一师秘书蒋牧良和从三十一师调来二十七师筹建战地服务团的曲茹分任支部书记。①

1938年10月的一天夜里，范之公突然把刘奠西叫到一间老百姓的破草房里介绍刘奠西正式加入了中国共产党。刘奠西成为范之公在三十军三十师发展的第一名共产党员。

原来，范之公曾早在1930年3月即受中共鄂豫皖根据地情报局委派来三十军工作。当时公开的身份是给三十师八十八旅旅长张金照做后勤工作。1932年春，中共地下党员李子纯被害后，张金照则把范之公以嫌疑分子的罪名驱逐。范之公来到东北军第五十一军，参加台儿庄战役后，范之公由东北军第五十一军中共地下党组织刘培植派遣，利用过去与张金照的旧部属关系，重来西北军工作，被张金照任命为一七七团副官。经过范之公、刘奠西介绍，先后发展了一七五团团长陈扶民、一七七团团长李文彩、李文彩团的一个连长张振林（中华人民共和国成立后，任某建筑公司经理）以及上尉军械员高刚（后改名高尔谦，被捕后自首）。1938年底，范之公批准在三十师建立了以刘奠西为书记的党支部，由刘奠西单线联系4名中共党员。

在三十一师也发展了彭少武（被捕后自首）、刘河美（刘鲁民）等十几名中共党员。

在二十七师，1939年11月发展了一五七团团长刘奠西的结拜兄弟杜新民为中共党员，杜新民又发展了他的营长邢剑五等五六人。②

随着国民党"反共"活动的不断升级，郭启亮、孔子凌和一些党员先后撤出，原工委也撤销，组成了一个由刘鲁民任书记和郭云蒲（郭芸）、徐炳章（徐冠三）的三人中共党支部。以后又发展了王怀卿（1939年在任机枪连副连长时，指挥高射机枪同日机英勇作战，牺牲在河南泌阳）、高鸿勋两人，共五人。任务是在青年军官中进行坚持团结、进步、抗日的宣传教育工作。并利用同学、同乡、同事等关系，团结一些进步军官。开始，他们的组织关系隶属于河南省委（由豫西特委改组），直接由刘子久书记领导。1939年秋，他们

---

①张之强：《我未能当面叫他一声"同志"》《团结 斗争 胜利》（马福元、曹伟编），第44页，金盾出版社，1991年6月。

②刘奠西：《党在西北军三十军中的一些活动情况》《团结 斗争 胜利》（马福元、曹伟编），第10—19页，金盾出版社，1991年6月。

的组织关系转到中原局友军工作部，由范离（即范钟、范之公）直接领导。这时，在范离领导下，除了三十一师这个支部外，还有三十师、二十七师和三十军军部的党组织。

据范离回忆道（周毅整理：《范离：一位老革命无怨无悔的自述》）：

我到三十军后，八路军洛阳办事处主任刘子久和中原局先后把张振林、刘河美（现名刘鲁民）两个同志的关系传给我。

我们根据以上的条件，积极地开展了工作，先后在各师、团、营中发展党员，建立党支部。这个时候发展的党员有：二十七师的杜新民（团长）、邢占武（营长）；三十师的陈扶民、李文彩（均为团长）、张文均（团军需主任）、谢人吾（书记官）、高岗（团副官）、常新民（团军需主任）、李执中（团卫生队长）；三十一师的郭云南（团运输连司务长）、王怀珠（排长）、王怀清（高射机枪连副连长）、高鸿勋（辎重营参谋）。此外，还有彭少武（师保械队军械官）、刘莫西（军部修械所所长）、徐炳章（集团军干训所区队长）。除团一级的军官党员由我直接领导外，其余的党员编了两个支部，支部书记分别由高岗和刘河美担任。

由于工作顺利，形势发展很快，党员越来越多，又加上3个师驻地分散，我忙不过来了。为了做好党的工作，我辞去了中尉副官的公开职务，以住闲的名义住在后方叶县刘莫西的修械所里，专职搞党的工作。

我们当时是受中原局的领导。河南局设在中原的竹沟镇，书记是刘少奇，朱理治是副书记兼河南省委书记和友军工作部长。直接领导我们的是友军工作部的秘书项乃光和王西平。

正当工作进展很顺利、很有成效的时候，一件意外的事件发生了。1940年3月，中原局友军工作部的科长项乃光，携带在三十军、七十七军等部队为新四军伤病员募集的大批捐款，在湖北老河口被捕后叛变了。国民党根据项乃光提供的部分捐款人名单立即进行逮捕。七十七军的张克侠、何基沣及三十军的池峰城、黄樵松等将领得到讯息后，马上把部分捐款人员请来或者把他们所知道的共产党员安全送走。剩下刘鲁民这些身份并未公开的党员，其余大部分都被逮捕了。

此时黄樵松部移防河南叶县，第五战区司令长官部接到密报，说二十七师有共产党人活动。孙连仲在总部召开团、营长会议，并带着名单到叶县三十军驻地召开军官会议，当场逮捕了二十七师的上校团长陈扶民、杜新民

（上校衔，因台儿庄作战有功，按少将待遇①）等七人，交军法处软禁在河南省鲁山县二十七师留守处，并声言要加以处决。

曲茹（即张之强）到花园找到黄樵松商量对策，黄樵松表示先设法营救，以观事态发展。并说："如果形势紧迫，我可以把队伍拉走，靠拢新四军，继续抗战。"曲茹认为此举须请示组织后再定。黄樵松情绪激动地说："我绝不会做民族和人民的罪人，逼得走投无路，我会杀它一个回马枪的。"后来曲茹到延安向毛主席汇报了此事。毛主席当时十分重视该部孙连仲、池峰城和黄樵松等人的情况，对黄樵松坚持抗战、反对蒋介石制造"反共"摩擦尤为满意。当得知黄樵松"拉出部队，靠拢新四军"的坚决态度后，指示曲茹继续做好该部工作。

被逮捕的陈扶民、杜新民等七人，后经台儿庄大战时任连长的王范堂和黄樵松等力保，得免于难，但都被逐出了二十七师。黄樵松也因此不再受到国民党当局的信任，而调往他任。时任团长的王范堂还放走在自己部下任连长的共产党"嫌疑"孙浩等3人。

在三十军中先后被捕的还有李亚庭（李子华，副团长）、李执中（军医主任）、张文钧（军需主任）、常新民（军需主任）、高尔迁（军械官）、谢仁吾（书记官）、张振林（军械官）、彭少武（军械官）、徐炳章（干训所区队长）、郭云蒲（郭芸，司务长）和刘鲁民等十多人。还有的党员得信逃走了，如刘莫西（三十军军械所长）、邢剑五（二十七师营长，由黄樵松帮助逃离）、范离等。也有既未逃走，又未被反动派发现的党员，如李文彩（三十师的团长）、高鸿勋（三十一师辎重营参谋，后任三十军军械所长）等。

这些人被捕之后，经师、军及第二集团军总部逐级关押审讯，只有高尔迁、彭少武等少数人自首叛变，多数人只是承认根据国共合作抗日和人道主义的精神，为新四军伤病员捐过"寒衣捐"。国民党第五战区的特务们要把所有被捕人员全部活埋。孙连仲是个忠厚长者，既不忍心杀害，又怕激起兵变，在池峰城、黄樵松和总部何（章海）参谋长等人的劝说下，提出将这些人驱逐出部队。经过同第五战区讨价还价，最后决定将这些人在第二集团军的防区内关起来反省。随后就把被捕的这些人分别关押在唐河、叶县、方城等地。刘鲁民和张文钧、徐炳章、常新民、谢仁吾等于1940年4月6日，被押到方城南关看守所。由于日寇的进攻，孙连仲电令："张文钧等五人着即释放。"5月11日出狱后，关押在叶县的杜新民等人也被相继释放。这些人出狱后，由于

---

①杜新民：《我率领伪十八师起义的前前后后》《团结 斗争 胜利》（马福元、曹伟编），第172页，金盾出版社，1991年6月。

头上戴着"红帽子"，不能返回三十军工作，又不知领导人范离的去向，因急于找生活出路等原因，就四散了。①以后，有的人参加了八路军、新四军，有的人另谋职业，还有的人为权宜之计参加了汪伪军。

三、第二集团军在台儿庄阵地战

1938年3月14日，蒋介石将军事委员会直接掌握的原西北军第二集团军孙连仲部转隶徐州第五战区。李宗仁在临城失守时决心集中兵力将沿津浦路南进的日军围歼于临城以南地区。

第二集团军三十一师池峰城部自信阳北开，刚到许昌，立即被调到徐州，归刚刚抵达的汤恩伯第二十军团指挥。该部于3月19日到达徐州车站。全体官兵未下车就地待命。池峰城师长到徐州晋谒第五战区司令长官李宗仁。

随后李宗仁布置了战斗任务：第三十一师到台儿庄后驻守韩庄至运河防线，坚决在台儿庄堵住南下之敌，待第二十军团迂回敌侧背时，聚而歼之。

第三十一师属第三十军（军长田镇南），下辖第九十一旅（旅长王冠五）及九十三旅（旅长乜子彬），共四个团：一八一团（团长戴炳南）、一八二团（团长韩世俊）及一八五团（团长王郁彬）、一八六团（团长王震）；师直属部队计有：骑兵连（连长刘兰斋）、工兵营、辎重营、特务连、通信连、卫生队第一、二两个连，另配属炮七团一个营、全师共8000人。该师战斗力较强。但由于是非嫡系部队，装备较差。各连步枪较杂，多为旧枪，汉阳造七七步枪居多，也有日本三八式和六五式，另外还有少量捷克式七九枪。每连配有轻机枪3—4挺，并有少量掷弹筒，手榴弹较充足（战后统计全师共用了30多万枚），营配有重机枪3—4挺，团有迫击炮连，配八二迫击炮3—4门。

3月21日，第三十一师在台儿庄南车辐山火车站集结完毕，遵照军团迂回作战的方略，担任在台儿庄正面阻诱敌之任务，以期歼灭日军于峄南地区。

22日，第三十一师到达指定地点。根据日军在峄县的兵力部署，池峰城师长即以九十三旅一八五团置于北洛，旅部率一八六团禹营（禹功魁营）位置于南洛；一八六团担任台儿庄守备；九十一旅一八一团控置于台儿庄，以一八二团担任台儿庄运河南岸警戒。师部推进至台儿庄。

23日，第三十一师骑兵连连长刘兰斋率部从台儿庄出发，向峄县方向搜索前进，九十三旅旅长乜子彬率王郁彬一八五团在后跟进。与由峄县出发沿

①刘鲁民：《我党在二十六路军的统战工作》《团结 斗争 胜利》（马福元、曹伟编），第4—9页，金盾出版社，1991年6月。

台枣支线南下的日军濑谷支队台儿庄派遣队骑兵200余人，步兵600余人，坦克6辆，炮4门，在康庄（位于峄县南3公里）发生遭遇战，刘兰斋率骑兵连边打边撤诱敌深入，台儿庄战役正式拉开帷幕。上午10时，日军续增300余人，炮4门，沿枣台支线向东南追击至赵庄，再与刘兰斋骑兵连接战。11时，敌再增500余人，战车7辆、炮6门，向赵庄、前城、獐山之线压迫，并炮击泥沟。下午2时，敌攻占赵庄，包围前城，同时以猛烈炮火攻击獐山，我副营长王保甲、连长寇宝珍率部占据有利地势，沉着应战。王保甲负伤不下火线。中国军队手榴弹用尽，后方联络线被截断，王团长多次下令后退，寇宝珍以"人在阵地在"之决心，坚持战斗。敌机炮联合轰炸，中国军队官兵百余人，几乎全部牺牲，獐山陷于敌手。

据时任三十一师战地服务团成员方飞在《史录·方飞回忆录》一书中记载：

1938年3月24日，与日寇的战斗就开始了。我骑兵连长（刘兰斋）带队北出侦查，与敌遭遇，缴获敌人文件，由我翻译，其内容谓：全力夺取台儿庄而固守之。我当即译出交给师长池峰城，池峰城下决心坚守台儿庄，誓与台儿庄共存亡。

24日，日军逼近台儿庄，开始向台儿庄地区大举进攻。与此同时，第二集团军第三十师、第二十七师、独立第四十四旅自河南先后奉命向徐州以北集结。第四十二军军长冯安邦率黄樵松二十七师抵徐州以北贾汪柳泉，并严令所部吴鹏举独立四十四旅固守运河一线，并派一部北出朝鲁沟，威胁日军侧翼。次日，二十七师徒步开抵台儿庄，担任城外右翼防御，准备侧击日军左翼。第二十七师第一五七团团长杜新民及团附张国安随部渡过大运河在贾汪东北集结，立即投入阵地，构筑工事。

第二十七师在斐庄、前后枣庄、孙庄一带与日寇展开拉锯战。28日，日军调集兵力，再次发起猛攻，从西北角冲入台儿庄内。一五七团团长杜新民、一五九团团长郭金荣率部分别向刘家湖、邵家庄、前园村、坟上等处进攻，并占领邵家庄，迫近刘家湖。

4月1日，日军主力攻击城东部，另一部又大举进攻北站，三十师一七五团团长吴明林和团附陈扶民率部增援台儿庄北站，击退了日军的进攻。

黄樵松二十七师与张金照三十师分为台儿庄左右两翼，不断出击，从而保障了台儿庄战役的胜利。

关于李文彩①率第一七七团及杜新民率第一五七团在台儿庄战斗的情形如下②：

3月26日，孙连仲总司令命令四十四旅附属于三十师，该旅以一团集结于胡鲁沟附近，主力乘夜向高家庄、西邵里前进，于明（27日）拂晓协同攻击之敌后之侧背，并派一部占领獐山，阻断其归路。

奉到命令后，第三十师于当夜开始行动，师部进驻台儿庄西侧的顿庄闸，第八十九旅及李文彩第一七七团驻范口，一七五团驻龚庄，独立四十四旅部命驻龚庄，其第一线在鱼鳞、板桥一带，与三里庄之敌对峙中。

28日，第二集团军为确保台儿庄之目的，以一部固守城寨，以主力实行机动战，击破敌人。上午5时，第二十七师郭金荣团长率所部猛攻刘家湖，5时30分，该师杜幼鼎（杜新民）团长亦率所部猛攻邵庄、前园村、汶上之敌，官兵奋勇进击，将公路以东之敌渐次压迫到铁道以西地区，但敌仍凭各村落据点顽强抵抗。7时30分，杜幼鼎团第九连击溃邵庄之敌，占领了该村。郭金荣团亦进攻到了刘家湖寨边，战况十分惨烈。敌我伤亡均重。10时，敌骑二三百余向黄庄、张楼等村前进，坦克数辆亦由岔路口北端绕攻郭团第一营阵地，战至下午2时，双方成对峙状态。下午3时，日军集中炮火向杜幼鼎团所占之邵庄、孟庄等村（均在刘家湖东面）阵地猛烈攻击，中国军队伤亡奇重，仍沉着应战，屹然不动。是役，中国军队官兵伤亡400余名。

30日上午8时，三十师接孙总司令电令：

一、敌已陷于被我完全包围，形成穷途力尽积极待援之势。二十七师已将孙庄占领与南洛进行联络。

二、本路军以迅速歼灭该敌之目的，以二十七师及三十师为攻击部队，均于本午12时开始。

三、二十七师以一部固守孙庄，与南洛三十师之部队进行联络，防敌突围及增援队之南下，以主力攻击刘家湖、台儿庄之敌，攻击奏效后，一举歼灭之。三十师以一部固守南洛、鱼鳞、板桥等村落，防敌突围及阻敌增援之南下，以主力攻击三里庄之敌，奏功后协同二十七师扫荡残敌而歼灭之。三十一师及三十师之八十九旅，除各固守原阵地外，相机协助二十七、三十师之攻击。

---

①李文彩，抗战胜利后，解甲归田，中华人民共和国成立后，曾任河南开封市政协副主席、主席，党籍未恢复。（见刘莫西：《党在西北军三十军中的一些活动情况》《团结 斗争 胜利》（马福元、曹伟编），第18页，金盾出版社，1991年6月。）

②韩信夫：《鏖兵台儿庄》第149—160页，重庆出版社，2008年6月。

四、各部完成任务后迅速报告。

后因敌情有变，发现敌援兵由北驶南，装甲汽车4辆进入北洛，步骑兵、炮兵约1联队附坦克20辆向贾口方向驶去。三十师师长闻讯后马上电告孙总司令，孙总司令电话谕："本日命令作废，新发现之敌由该师长酌量情形迅速派队迎击，尔后情形随时报告。"三十师据此调整原作战部署，以一部向贾口、黄口一带，迎击该敌，以达阻敌援军南进之目的。上午9时40分，该师一七七团李文彩团长令第二营营长王迺谦，率该营轻装速向贾口、黄口一带迎击，与敌骑兵在黄家口激战。后敌逐渐增加兵力，已数倍于中国军队，敌众我寡，该营官兵仍浴血抗敌，先后往复肉搏达10余次，损伤过半，王营长犹激励士气，坚持战斗，继续苦撑。这次战役毙敌甚众，敌终未能超雷池一步。

4月4日，台儿庄左翼战场，第三十师师长张金照致电李宗仁，报告该部4月3日晚至4日战况，电文如下：

（1）自昨晚迄今，敌向我彭家楼、插花庙一带连续进攻。彭家楼以南云巫山已被敌占领。刻敌四五百名（附坦克车四辆）正向彭家楼猛冲中。同时小屋子、范口亦被敌攻击。

（2）马兰屯、南城子一带被敌步炮联合数百协力猛攻，我李文彩团（一七七团）第二营守兵伤亡过半，现在李沟附近收容整理。

四、第二集团军战地服务团

第二集团军将士在台儿庄前线浴血奋战的同时，另一支由许多知识分子、爱国学生组成的战地服务团、宣传队等活跃在前线和后方，也发挥了相当大的作用，一批中共地下党员也穿梭其中，奔赴台儿庄，在火热的战场上谱写出一曲曲可歌可泣的悲壮乐章，令人感动和难忘。

（一）第三十一师战地服务团

关于第三十一师战地服务团在台儿庄战役中的情况及其组建，曲茹（即：张之强）于1988年撰文进行了回忆：[1]

1937年12月初，第三十一师师长池峰城在河北、山西与日军作战时，

①张之强：《31师战地服务团》《枣庄文史资料》第三辑，第26—32页，1989年4月。

同八路军接触后，深感政治思想工作的重要性。在其秘书兼军法处处长丁行（中共地下党员）的建议鼓励下，学习丁玲领导的西北战地服务团的经验。派丁行到西安组织招聘工作，丁行到西安后找到西安平津流亡同学会，要求予以帮助。经上级党组织研究决定，为了开展对国民党军队的统一战线工作及战地文化工作，由西安临时大学民族解放先锋队负责组织，很快组织起20余人的战地服务团。一些知名的文学青年如：蒋牧良、叶以群、李辉英[①]等纷纷参加，蒋牧良后来还做过第三十军（辖三十、三十一师）的秘书。

据曲茹说能记起来的同志有：北平师范大学（西北临大）教育系学生蒋弼[②]、任言、曲茹、钟国梁[③]，历史系学生李洁，文学系学生岳秋莱[④]；北平大学学生董冰[⑤]（女）、安棣[⑥]（女），北平大学法商学院学生邱孝平、余桂林[⑦]、兰荣棠（即兰干亭）；留日学生房焕章（即方飞）；北平中国大学学生屈勤；河北省流亡学生于克[⑧]、王兰[⑨]等。

---

①李辉英（1911—1991）满族，吉林永吉人，是20世纪30年代较早崛起的东北籍现代文学作家，当代香港著名小说家、学者。抗战胜利后，曾在东北任长春大学、东北大学（今东北师范大学）教授。1950年定居香港，以写作为生。1963年后执教于香港大学东方语言学院、香港中文大学联合书院，任中文系讲师、系主任等职，被聘为中文学会名誉会长。著有长篇小说《万宝山》《松花江上》、抗战三部曲（《雾都》《人间》《前方》）等。学术著作有《中国现代文学史》《中国小说史》等。

②蒋弼（1911—1942）原名欧阳弼，湖南宁乡人。1931年入上海光华大学教育系，同年参加左联，1934年考入北平师范大学读书。参加一二·九运动。抗战爆发后，跟随学校到西安参加西北军学生队，参加台儿庄大战，为第三十军三十一师池峰城部战地服务员，编辑《战地半月》。1939年进入太行山八路军晋东南根据地，参加文教总会编辑工作，1940年到晋东南鲁艺，主编《鲁艺校刊》，出任"文协"分会负责人和《华北文艺》主编。1942年5月，在日军对太行山区发起的"铁壁合围"的大"扫荡"中被俘，押往太原，被敌当活靶子活活刺死，年仅32岁。

③钟国梁，北平师大文学系学生，中华人民共和国成立后在武汉某中学任教。

④岳秋莱，又名岳邦洵，北平师大文学系学生。1939年回延安后，在陕甘宁边区从事教育工作。中华人民共和国成立后，在西安政治经济研究所从事研究工作。

⑤董冰，女，北平大学学生，中华人民共和国成立后，任中央高级党校政治经济学教研室副主任。

⑥安棣，女，北平大学学生，1939年回延安从事妇女工作。

⑦余桂林，北平大学法商学院学生，1939年战地服务团解散后，回北联大学习，中华人民共和国成立后，任武汉大学外文系教授。

⑧于克，河北流亡学生，1939年回延安，分配到军队工作。离休前任昆明军区炮兵司令员。

⑨王兰，河北流亡学生，1939年回延安，到部队工作。中华人民共和国成立后，到中国人民银行工作，后任中国农业银行顾问。

三十一师战地服务团先遣队记者

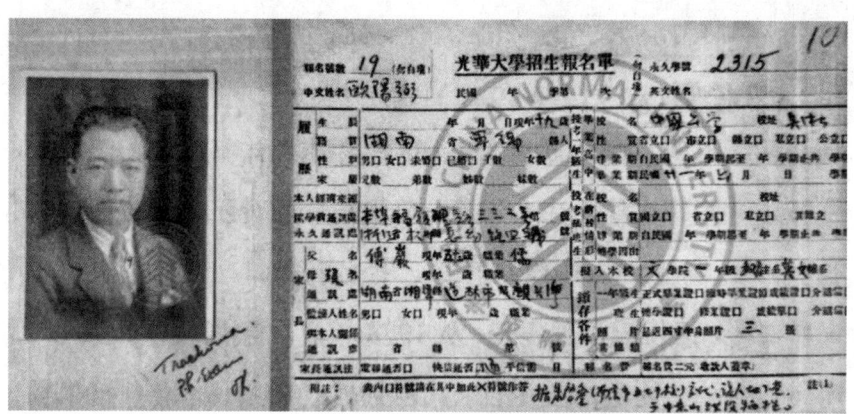

蒋弼烈士入上海光华大学报名单

　　战地服务团组成后，（中共）党组织指定曲茹为民族解放先锋队负责人，领导战地服务团的工作。战地服务团的工作由八路军驻西安办事处直接领导，联系人为王哲然。1937年12月下旬，全团在丁行带领下，前往山西省霍县师部，到达师部数日正式成立国民革命军三十一师战地服务团，团长由池峰城兼任，丁行（任三十一师中共地下党支部书记）兼任副团长。下设总务、宣传、组织几个组。

　　1938年1月，三十一师奉命调往河南渑池县补充后，开到信阳明港地区训练。丁行鼓动池峰城为"服务团"购置了服装、道具和油印机。服务团利用春节之际，在镇上公开演出，举办军民联欢会，组织歌咏队下连队，到农村演唱和教唱抗战歌曲。一时间，部队士气高涨，军民关系也十分融洽。他

们还办了一张油印小报，刊登时事评论、长官讲话、部队训练情况。一时间服务团驻地门庭如市。①

关于战地服务团在台儿庄战地服务的情况，曲茹（即张之强）在《三十一师战地服务团》②中回忆道：

1938年3月中旬，三十一师接到集结台儿庄附近的紧急命令。丁行告诉我们，这是我国军队准备的一场大战役。当时，日军以其精锐之师板垣师团、矶谷师团从北齐头南下，逼近徐州，企图打通津浦线。为了保卫徐州，阻止日军南下，第五战区司令长官李宗仁将军决定在徐州一带与日决一死战。战地服务团经过充分研究，决定到前线的任务是宣传鼓动、组织群众支前、采访报道等。

第二集团军日夜兼程赶到车辐山，三十一师担任坚守台儿庄的任务，待友军包抄任务完成后，共同歼灭来犯之敌。战地服务团通过丁行向池峰城师长建议，向全师官兵提出"三十一师誓与台儿庄共存亡"的战斗口号。到台儿庄之后，全师各部都进行了战前的战斗动员，士气十分高涨。

战地服务团随师部驻于台儿庄车站西北约1里多的村庄内，池峰城的前线指挥所，设在台儿庄车站西北的搬道夫的小房子里，总机和参谋人员在车站南大桥下工作。此处是部队进出台儿庄寨子的通道。战地服务团放下背包即开始工作。

1. 向部队进行战斗动员

当时各部队都已进入指定地点，我们建议师部下达口头指令：要求各部队长官向所属部下官兵讲明敌我兵力部署态势，有利条件。发扬西北军近战、夜战及白刃战的战斗作风。要爱护群众，军民团结，共同歼灭进攻台儿庄的敌人。部队要带上战地服务团印发的对敌宣传材料，熟记日语喊话内容。战地服务团在开往前线的路口要道，为战士演唱抗战歌曲，如《大刀进行曲》等，高呼"打倒日本帝国主义""誓死不当亡国奴""不让日本鬼子回东洋""誓与台儿庄共存亡"等口号，当时行军官兵亦高呼口号，情绪高涨，斗志昂扬。

2. 动员组织群众支援前线

由于过去国民党军队纪律不好，群众害怕军队，我们到了前线驻地，很

---

① 张之强：《我未能当面叫他一声"同志"》《团结 斗争 胜利》（马福元、曹伟编），第41页，金盾出版社，1991年6月。

② 《枣庄文史资料》第三辑，第29页，1989年4月。

多群众已经外逃。服务团逐户做工作，并且召开保、甲长会议，讲解抗战意义，说明保卫徐州的意义，宣布军队爱民纪律，要求保、甲长动员群众回家，支援抗日战争。很快群众陆续回家，我们分头在各村召开群众大会，讲演、唱歌、演短剧，启发群众支援前线打击敌人的积极性。接着按区、保、甲的行政系统，组织担架队、民伕队、慰问队，夜晚民伕队协助部队向前沿阵地送弹药，和敌人打响之后，伤员开始下来，担架队白天运，夜里也运，给伤员送饭喂水，换衣服。在敌人飞机和大炮的轰炸之下，群众不顾生死到前线接受伤员，有的群众壮烈牺牲。台儿庄一战，第二集团军3个师1个独立旅，共三万多人，大战结束后，仅剩五千多人。三十一师的4个团长，3位伤亡，12位营长只剩下3人，连排长几乎尽数捐躯。在台儿庄寨内任前线指挥的王旅长亦受重伤，被抬下火线。伤员从台儿庄内下来之后，服务团带领群众慰问伤员，喂水喂饭，包扎后连夜送上火车转后方医院。从3月23日开始，大家在飞机、大炮轰炸下工作，很少休息、睡觉，有的同志带病工作。部队对战地服务团的工作反应很好，有的战士说："大学生，男的女的，上前线和我们一起打日本，老百姓给我们喂水喂饭，这是从来没有的事，这才是全民族抗战。"

3. 采访报道

为了及时将台儿庄作战的英勇事迹和胜利消息向全国和国外报道，克服当时一些人中的"亡国论"和悲观情绪，粉碎日本不可战胜的神话，我们抓住胜利事实宣传报道。当时曲茹任《全民通讯社》特派记者，他们与武汉联系，武汉全民通讯社派记者秋江来到徐州，随后《大公报》特派记者范长江、《新华日报》记者陆诒、作者臧克家，及中外记者云集徐州，为了扩大宣传，服务团组织6人的先遣队到徐州，与新闻记者、作家联系，组织他们到台儿庄采访，他们在战场上写了不少专电、通讯，发往全国各报。战地服务团也组织团员写通讯，多在《徐州日报》《新华日报》《阵中日报》上发表。为了向全国宣传，丁行还派蒋弼同志到武汉办了个《战地半月刊》，发表了不少战地服务团同志写的文章，兰荣棠同志还写了一篇《挥泪别徐州》。房焕章、兰荣棠同志还将在台儿庄缴获的日兵日记摘录译出，写了《血泪斑斑的日记》等文章，在《大公报》上连载3天。后又译出一些在茅盾、老舍先生主编的《文艺阵地》上发表。服务团这些活动，提高了全民抗战的积极性，对国民党军队给予很大的鼓舞。

台儿庄大战前，池峰城临行前，亲自到"服务团"驻地看望。他讲了此

战的意义，对"服务团"随军助威表示敬佩。最后，他拍着曲茹的肩膀说："上了前线不要怕，打过几仗就惯了！"台儿庄大捷后，池峰城说："几个月前，当他们来要求我答应他们在前方工作时，我简直没有预料到他们的团体会变得这样重要，现在我承认他们的工作是绝对重要的。"①

对于三十一师战地服务团在台儿庄的情形，盛成在《台儿庄纪事》"前线通讯之六"中也进行了描述②：

在韩佛寺听罢了屈处长（三十一师参谋处）声色俱到的长篇报告后，顺便访问了三十一师的战地服务团。留在这里的只有六七位，都是在徐州已经认识的。他们睡在两间堂屋里，门都是北向的，说是两间，其实是一口空洞屋当中插一道高粱秸的屏障。半寸厚的一点点软草，上面覆一床军用毡，几件灰布棉大衣，这就是他们的安身处。没有桌子，没有几个小凳子供人安坐。睡在地铺上，坐在地铺上。我们躺着，坐着，随便地亲切地说着话。他们争着对我讲述一些台儿庄血战的小故事，这些故事都是用生命换来的，所以他们追述起来津津有味，使我这个听故事的人也如身历其境。

他们一共有四十多位同志，男的女的，操着不同的言语，有着不同的环境和学历，为了一个目的，大家亲亲热热地像一个家庭里的姊妹弟兄。

四十多个人在工作上分配到三个组别里去：总务、宣传、服务。宣传组又分为六个股：教育、民宣、研究、话剧、艺术、歌咏。

我们对士兵作精神讲话，教他们认字、唱救亡歌曲，还读报给他们听。他们出版了战地半月和三十一（师）日报，里面的文字都很通俗现实，他们艺术股附设的俱乐部里，有抗战画刊、救亡小册子供士兵浏览。箫笛鼓锣也有，拿一点高尚的娱乐给干枯的行伍生活一点调剂。

他们不是在这里廉价卖嘴，他们真干。有时跟士兵一道上火线，卧战沟，抬伤兵。

"人家有身份的公子小姐们都来卖命，我们这些穷小子怕什么呢！"士兵们都感动地相向这么说。

师长也很爱护他们。在车辐山时因为前线不需要这么多的人，想调一部分到后方去，可是叫谁回去谁也不肯。结果是经过了许久争呼才用推选的办法把几个人硬派到了后方去。

---

①王金瑞：《池峰城将军与台儿庄大捷》《台儿庄大战亲历记》，第105页，山东人民出版社，1988年1月。

②盛成：《台儿庄纪事》，第215—217页，北京语言大学出版社，2007年10月。

他们的后方在许昌。一部分人在那里做组织训练民众和看护伤兵的工作。还出了一份《老百姓报》，每清早把收音得到的消息翻成白话，定价很低，有着很大的销路。此外，徐州也留一部分人工作，作为前后方的沟通。

团员里有几位是在日本大学里住过的。知道日军的顽强，宁死不投降，是受了他们长官的反宣传。为了克服这一点，他们教给自己的兵士一个"我们是优待俘虏的"日语口号，好讲给敌人要他投降。有一次我们困住了一个敌人，一个士兵急忙跳过去，喊了一句口号，遗掉了头还不说，声调又不准，那个日本兵向他举起了枪来。

戴着很高的太阳，我随着他们到一个农家的小破院子里去用晚餐。粗黑的大碗，磨台做了饭桌，高粱秸当了象牙筷。立着的，坐在石头上的，脚踏着磨台的，大口扒饭，这野旷自然的风味，使我的灵魂展开了翅膀，饭，蜜样的甜。战地的生活把一个弱者可以锻炼成钢铁。饭罢回来的时候，我心下作如是想。

（二）第三十师战地服务团（宣传队）

1938年春，第二集团军三十师在部队到达徐州后，在当地也招收了12名宣传队员，报名者大都来自沦陷区的流亡学生，后期不少也都加入了中共。台儿庄大捷后，三十师宣传队和三十一师战地服务团等在台儿庄召开了庆祝联欢会。三十一师李洁自编自导的小歌剧《赶牛车》（表现男女村民兴高采烈地赶着牛车，把粮秣弹药送上前线支援抗日）；三十师出演小提琴独奏，还有京剧清唱；三十一师一位团员自告奋勇唱了一段青衣戏……战火纷飞的台儿庄一时出现了欢快的海洋。

关于三十师宣传队在徐州招收队员及在台儿庄大战期间活动的情形，当时的队员刘震作了详细的回忆：①

1938年3月初，第二集团军三十师政训处在徐州招见宣传队员，报名者多是来自沦陷区的流亡学生。当我接到录取通知书后，立即到该军邮代办处报到（设燕子楼）。共录取12人，八男四女。男的有孙立人（东北大学学生）、冯玉亭（徐州艺专学生）、权且明（徐州中学学生）、徐锦章（邳县人）、刘宝华（即刘震，蚌埠人），还有张、陈等3人。女的有王梅、唐一琴（皆涟水人）、王志刚和王志强，她俩名似而实非姐妹，因对抗战刚强有志，自诩不

① 刘震（时任三十师宣传队队员）：《三十师宣传队在台儿庄大战期间的活动》《台儿庄大战亲历记》，第182—186页，山东人民出版社，1988年1月。

逊须眉，遂改用男名，结伴离开山东老家，到徐州从军。

我们满怀抗日激情来到台儿庄附近的李沟村师部。在师部，政训处长彭陶宣布正式成立宣传队。队员以准尉官待遇，每人月资国难薪20元。（30师师长张金照）秘书陈楚翘兼任队长，指认孙立人为队附，并指派副官一人和宣传兵两人随队工作。我们爱好全面，诸如歌咏、演剧、演说、绘画、写作等各有所长，抗日意志坚强，对战地工作充满信心。

我们一面受训一面工作。彭处长作动员讲话，陈秘书讲"抗战建国纲领"和"军队政训要点"，少校科员彭瑞夫（北大文学系学生）讲抗战文学和战地宣传，并请师参谋处官员讲述敌情及我军作战情况。一切训练计划皆由陈楚翘拟订。他每天上午带我们出操，进行个人教练和班教练。从特务连借来步枪10余支，他叫我们射击打靶。下午练唱歌、看剧本、背台词、排演节目或开会写作。

此时我军在滕县、临沂一带与敌人展开激战，第二集团各军、师在台儿庄外围紧急备战。部队不时调动，日机空袭频繁，训练计划受到很大影响。宣传队奉命移驻运河西侧王沟村，上课、排戏、吃住都在几间矮小的土屋里。男女混杂睡觉尤感不便，老乡主动把住屋床铺让给女同志。春寒料峭，夜晚用稻草铺地，和衣而眠，三四个人蜷缩一团。那些餐风宿露效命疆场的士兵是得不到这样的享受的。

我们每月六元钱的伙食费，一天两餐，东西是从农民家里买来的，军队不抢不拿，公平交易。农民对军队格外优惠，想必是赶紧把家里禽畜卖掉，以免落入敌手。

张师长来了

一天下午，我们正在排练街头剧《放下你的鞭子》，王志刚扮演剧中卖艺姑娘。她正在唱"高粱叶子青又青，九月十八来了日本兵"，就见门外有位穿黄马呢裤的军官走了进来。他四十上下年纪，一口浑厚的河南腔，边走边问："来的学生在哪，让我见见。"彭处长向我们介绍说："本师的张师长，刚刚开完会，特意抽空来看望你们。"我们不约而同地立正致敬。张师长紧接着说："我叫张金照，听说你们学生到前线来打仗来了，我很高兴，欢迎你们多来些人啊！"说完他就地一蹲，把手一摆："不能耽误你们排戏，俺就是来当观众的。"副官递上一支烟，他蹲在一旁边吸烟边看。王志刚接下来唱道："先占火药库，后占北大营，杀人放火真是凶，中国军队有好几万，恭恭敬敬让出了沈阳城。"她唱到这里不禁啜泣了起来，张师长见状连连夸赞说："这个女

学生唱得好，表情也好。"他猛地站了起来说："你们放心吧，这一回咱们决定抗战到底了。只要全国同胞团结一致奋勇杀敌，一定能打败小日本。收复东三省！"几句豪言壮语，说得大家暖乎乎的。我们集合起来，由孙立人指挥唱了几首抗战歌曲，随后便无拘无束地和师长聊天。他问我们到前线来吃得了苦吗，生活过得惯吗。他看我们身上穿得很单薄，军服不整，告诉彭处长说："到军需处拿点钱，派人到徐州给这些学生每人搞一套新军装，军人要有个军人的样子嘛！"说罢朝外走去。我们中有人喊了声"立正"口令，目送他出了门。这位行伍出身的师长，平易近人，爱护青年学生的挚诚，给我留下了难忘的印象。

第二集团军总司令孙连仲所辖2个军3个师，原是西北军冯玉祥先生的旧部，带兵军官多半起自行伍，深知没文化的苦楚，因而对青年学生非常器重。不过西北军某些人对军训处是敬而远之，貌合神离，但为了团结抗战，他们顾大局。张师长很尊重政训处彭处长，有事商求，师部总是大力支持。当时三十师政训工作很是薄弱，宣传队成立后，弥补了此项工作的缺陷，政治面貌大为改观，因而受到全师官兵的欢迎。

战地宣传

宣传队的工作方向有两个：一是面向军队，二是面向民众。我们利用战斗间隙到各团、营、连慰劳，开官兵座谈会或者讲演会。有时会深入战壕掩体与士兵促膝交谈，把后方来的慰问信交给他们并念给他们听，把一些慰劳物资、饼干、糖果、四川榨菜等，分送到官兵手里，还替士兵代写书信。女队员带着针线替官兵缝缝补补。只要环境许可，我们就唱歌、演剧，以活跃战场气氛。政治部第三厅编印的对敌宣传品如《告日本人民书》等，我们带到连、排以便战斗中散发。我们还经常到后方医院去慰问伤兵。

面向民众的方式是多样的。到临近前线大小村庄挨家串户家访、慰问军属、了解民情、宣传日本暴行、调查军民合作抗日的情况等。另外，我们还在人口集中的乡镇演街头剧，其中以《放下你的鞭子》演的次数最多，收效最大。大家化妆好了，然后上街表演。群众在锣鼓声中围成圆圈，剧中卖艺老汉手中拿小锣，边敲边喊："小小锣儿转悠悠，五湖四海皆朋友，南边收了南方去，北方收了北方游，南北两方都不收，黄河岸边度春秋。不是老汉夸海口，俺胜似乡下一条牛。"接下去老汉与小伙计对答："光说不练，""嘴把戏。""光练不说，""哑吧戏。""又说又练，""真把戏。""喂，小伙计，敲打起来！"那卖唱小姑娘既饿且病难以演唱下去，便躺倒在地，老汉气急败坏举

鞭就打。此时，观众中突然跃出一位青年指着老汉大喊一声："放下你的鞭子!"老汉悲痛地诉说日军暴行，父女抱头痛哭。每演及此，观众无不感动地流泪，"打倒日本帝国主义!"的口号声经久不停。

我们还演过《当兵去》《捉汉奸》《伤痕》《民族公敌》《三江好》《恶邻》等。在战时，我们还赶排了大型话剧《古城的怒吼》，原准备攻克峄城后，庆祝胜利演出。后来，部队在湖北广水整顿时始得上演。

我们也自编了几个小节目，如活报剧《老总饶命》《拾黄金》《骂汉奸》等。记得《骂汉奸》有几句是："为开言，不由我牙根咬断，骂一声狗汉奸卖国的奴才……我死是汉家鬼，活是中国人，落一个青史明标万古留名存。"道出了军民坚持抗战、反对投降、宁死不做亡国奴的爱国精神。

我们经常唱的抗战歌曲，有《义勇军进行曲》《救国军歌》《游击队之歌》《大刀进行曲》《黄河谣》《流亡三部曲》《从军好》《打杀汉奸》《八百壮士》《到前线区把鬼子赶出去》《牺牲已到最后关头》《工农兵学商，一齐来救亡》《保卫马德里》和《黄河大合唱》等。还有两首老歌子，西北军官兵都会唱。一首歌词是："大哉大哉中华民族，五千年来雄踞亚洲，如今反遭倭寇欺辱，亡国灭种就要临头，全国同胞奋起杀敌，收复失地雪耻报仇。"另一首歌词有这么几句："黄族英雄黄海泉，亚洲人种亚洲田，青年、青年，且莫同种自相残，不怕死，不爱钱，丈夫决不受人怜，方不负作先鞭。"听说此歌在北洋军阀时期就唱开了。原意是不打内战，团结对外，因这里的"亚洲"二字包括日本，于是后来就不唱了。

我们每到一个村庄后，就用水泡开红土加点胶，用炊扫蘸着在墙上写标语画漫画，或事先画好写好沿街张贴。标语内容不加规定，只要有利抗日的就行。如"誓死坚守阵地，决心抗战到底""军民合作，共御外辱""有钱出钱，有力出力，有粮出粮""军事第一，军人第一，抗战必胜，建国必成""全民总动员，抗日杀汉奸"等。我们也写日语口号，如"日本人民是我们的朋友""军部暴力派是中日两国人民的共同敌人""日军朋友们，欢迎你到中国来参加反战同盟"等。

此时，各部队的战地服务团和宣传队几乎跑遍了台儿庄周围的大小村庄，各种各样的标语漫画比比皆是，标语上还写着部队番号，如"XXA战宣""XXD政宣"。宣传工作盛极一时。

此外，还有演说。王梅擅长演说，往往讲得声泪俱下，听者动容。权且明思想先进，在校时经常阅读进步书刊，在演说时，引用得当，深入浅出，通俗易懂，很受听众欢迎。记得，后来他在某团政训室充当中尉干事，不久

听说他战场失踪。后辗转得知，有人因他言论偏激多疑忌，权便脱离部队到解放区去了。

台儿庄会演

4月下旬的一天，在台儿庄召开庆祝台儿庄大捷军民联欢会，我们三十师宣传队和三十一师战地服务团应邀参加演出。因苏联塔斯社两位记者到泥沟师部采访，张师长把孙立人叫去当翻译（事后听孙立人说，有位女记者中国话说得很好，毋须他人翻译）。稍一耽搁，我们到台儿庄时，三十一师战地服务团已经上演了。该师战地服务团是在河南成立的，建团较早，团员30余人，其中女团员占了一半，大多是平、津一带的流亡学生。池峰城对战地服务工作非常重视，团员训练有素，技艺水平较高，工作也很出色。我们两队战地相逢分外亲切。他们演出的节目生动活泼，丰富多彩。记得有位李队长是北大学生，他写的小歌剧《赶牛车》（表现男女村民兴高采烈地赶着牛车，把粮秣弹药送上前线支援抗日），取材实际，剧情新颖，载歌载舞，于诙谐中表达了人们对日军的鄙视、仇恨和我军民团结抗战的壮志豪情，博得观众阵阵掌声。

我们队成立较晚，人数不多，比起三十一师差距很大，只得由孙立人出演小提琴独奏，其他队员来了两段京剧清唱。不料想这引起了三十一师一位女团员的兴致，自告奋勇唱了一段青衣戏。其歌喉婉转，吐字清晰，群众拍手叫好，欲罢不能。在战火纷飞的台儿庄前线一时出现了歌舞升平的景象。

然后，两师宣传队员列队齐唱抗战歌曲。由三十一师某同志指挥，军民随声唱和，歌声慷慨激越，抗日情绪极其高昂。群众散去了，我们和三十一师战地服务团的团员们仍坐在空场上亲切交谈，交流工作经验，彼此互赠了歌本剧本。三十一师的同志把他们编写油印的几张《阵中简报》送给我们，战场的友情多么珍贵啊。

（三）第二十七师战地服务团及抗战歌曲队

1938年1月中旬，黄樵松在洛阳给三十师来电报，调第三十师军法处少校附员于竹山任二十七师师部少校秘书。

1月下旬，黄樵松参加了蒋介石在潼关召开的国防军事会议，第二集团军师长以上的将领全部参加。开会期间，黄樵松和朱德、彭德怀、贺龙等八路军将领多有接触，还研究了今后作战的战略战术。黄樵松根据半年来和日军作战得出的经验：我们的武器装备处于劣势，不能死守硬拼打阵地战。应采

取机动灵活的运动战拖住敌人；用游击战扰乱敌人，消耗敌人；还要发动群众配合作战，实行全民抗战。这便是在二十七师成立战地服务团的主要原因。

2月，黄樵松认为，军歌对鼓舞士气能起到一定的作用，便决定成立抗战歌曲队，定名为"陆军第二十七师抗战歌曲队"。于竹山任队长，每连选拔两名聪明伶俐有文化的战士，共120多人，集中师部、编为三个分队、九个班，挑选了三名优秀排长（牛乃超、郝长富、张书声都是黄埔洛阳分校毕业生）任分队长。不久，二十七师奉命奔赴台儿庄参战。歌曲队在进行了短暂集训学习之后，也于1938年3月下旬赶赴台儿庄前线。

于竹山把1937年在北战场抗战的三个阶段的实际情况编成歌词，并谱成曲子。取名《北战场抗战三捷曲》——《琉璃河的游击战》《娘子关的歼灭战》《韩侯岭的阵地战》。因为这是战士们自己打出来的，用血肉换来的，它唱出了战士们的感情和心声。此歌带到前线，传到部队，极大地鼓舞了官兵士气，振奋了抗战精神，深受战士们的喜爱和欢迎。后来被定为二十七师师歌，每逢开会、典礼都要唱它。《抗战三捷曲》中的《琉璃河的游击战》：

> 河北遍地高粱红，
> 琉璃河的水汹汹。
> 卢沟桥事变，
> 二十七师展开了民族的神圣战争。
> 不怕敌人的飞机来炸，
> 不怕敌人的大炮来轰。
> 我们利用游击战对付这些鬼子兵！
> 今天炸毁他的战车，
> 明天打落他的飞机。
> 纸坊村边击溃了敌人的骑兵，
> 重创倭奴夜袭了良乡城。
> 河北遍地高粱红，
> 琉璃河的水汹汹，
> 游击战歼灭敌人，
> 我们为了民族独立生存而斗争。

从郑州转车至台儿庄运河车站，在二集团军前线指挥所见到了总司令孙连仲，他接见了歌曲队全体队员，并让歌曲队给他唱了学会的抗战歌曲，孙

连仲听了很是高兴，大加夸赞。歌曲队员们趁着傍晚过了运河，前方炮声愈见激烈。他们赶到了师部指挥所黄林庄。黄师长和战士一一握手，亲切慰劳。他找来各处长听了我们所学的歌曲，大加赞赏。说前方战事激烈要我们留在师部。我们坚决要求去前线战壕里把歌曲唱给战士们听。实现他在新郑临别时对我们的期许。黄师长批准了我们的要求，并找来军乐队韩队长，要他带着军乐队配合我们一起去。参谋处长杜荫宗（字绍先，河北邯郸人。他在部队资格最老，故人称杜老帅）说："带着军乐队去战壕里唱歌，恐怕不合适吧，暴露目标会招来敌人的炮轰，要增加伤亡的。"黄师长却风趣地说："怕什么，我们奏军乐，唱战歌也让敌人听听，中华民族的抗战精神不可侮，他们打大炮正好给我们唱歌奏乐打拍子，我们武器不如人，要以旺盛的士气压倒敌人。放心去，打仗就不怕牺牲！"

当晚我把一份抗战歌曲讲义交给韩队长，选了其中有代表性的十几首歌曲，请他让军乐队演奏熟悉，以便配合演唱。次日下午他们便冒着敌人的炮击和飞机轰炸进入阵地。他们的行动也确实招来了敌人的疯狂炮击。但由于主要在夜间活动，敌人虽闻其声却只能盲目射击，损失甚微。这时前线正处于殊死苦战阶段，敌我伤亡都很大。当此之时，歌曲队的出现，不啻给艰苦奋战的战士在精神上增加了一支生力军，他们不断在战壕高唱战歌鼓舞士气，还用自己的枪和战士们并肩战斗，对准敌人射击，歌曲队简直成了支援前线的预备队。师长每天根据战况给他们下达任务，哪里战况紧张就让他们到哪里去。他们沿着上村、涛沟桥之线跑遍了全师阵地。完成任务后返回师部时，歌曲队二人、军乐队一人和于竹山被炮弹皮炸伤。[①]

4月10日，台儿庄大捷的第三天上午，二十七师师长黄樵松和他的秘书、歌曲队队长于挽中（于竹山）带领着歌曲队到三十一师来看望池峰城师长和三十一师战地服务团的全体同志。一经池峰城师长介绍，黄樵松就非常亲热地和大家一一握手说："大家为了抗战救国，从北平或国外来到前线一起打日本，真使我们钦佩。今天我带歌曲队来，一是慰问你们，二是向你们学习。我们二十七师也想成立一个战地服务团。"

池峰城很赞成，应二十七师师长黄樵松之邀，三十一师战地服务团副团长曲茹到该师去筹建"战地服务团"，4月12日，于竹山和曲茹就去西安组建服务团。在西安他们见到了西安八路军办事处的宣侠父和西北战时工作团团长丁玲。由于曲茹既有革命工作组织才能，又积极负责，并得到了宣、丁两

---

① 于竹山：《八年抗战亲历记》。

位的大力帮助，在西安只用了几天时间，就组织了来自"青救会""民先"等进步团体的男女20余名青年，其中有大、中学生，也有留日学生，有的还是共产党员。曲茹还起草了"第二十七师战地服务团工作章程"，曲茹任副主任兼组织部长，孙宗暄、滕久炎、赵茜（女）分任总务部、宣传部、话剧歌咏组部长、组长。[①]

据曲茹撰文回忆：

二十七师战地服务团是由党领导的安吴堡青训班的冯文彬、胡乔木同志负责组织起来的，共20余人，当时都是中共党员或民先队员。

1938年4月底，第二十七师战地服务团组成后，立即奔赴徐州前线。黄师长带领师部各处长来看全体同志，他向同志们一一握手问好，亲切地告诉："军队生活，开始可能有些不习惯，过一阵很快就适应了。"他讲话时总是满脸堆笑，非常谦逊，一再向大家说："我是行伍出身，没有文化，请大家多多帮助，我是个小学生。"后来我们逐步了解到：他胸怀大志，竭诚拥护国共合作、共同抗战，坚决相信最后胜利一定属于我们。他不抽烟，不喝酒，努力学习，工余之暇，常请老师授课；他不仅会做诗，而且能写一手好字，是一个很少见的文武双全的将军。

没过两天，为了保卫徐州作战斗准备，二十七师加紧构筑工事，要我们先西去开封，以免遭受不必要的损失。我们乘火车西去，由于日军已占领黄口车站，切断了铁路交通，我们只好乘原车返回徐州。黄师长见我们西撤不成，不禁喟然叹息地说："现在我们四面受围，大家要有'杀身成仁'的思想准备。"他要战地服务团和他本人一同行动。

第二天早晨，20多架敌机对徐州车站疯狂轰炸，并在城郊来回盘旋扫射，同时升起两个气球监视我军行动，给部队撤退造成极大困难。"敌前撤退，乃兵家所忌。"但根据当时情况，如稍微迟误，就有全军覆没的危险。在这千钧一发之际，黄师长当机立断，命令部队向北急行军，在徐州城北的东贺村集结突围。

到了东贺村国防工事时，大家刚停下休息，后面即响起隆隆坦克声，只见尘土飞扬，敌人坦克向我们追来，坦克上面的大炮正瞄准我们射击。黄师长命令特务连进入阵地抵抗，令于挽中带领战地服务团立即撤退，会合地点定为东山桃山集。还有敌人的飞机低空扫射，把服务团的撤退队伍冲乱。大

---

①于竹山：《高唱抗战歌 奔赴台儿庄》（此文写于1988年5月）《枣庄文史资料》第三辑，第60—61页。

家只好跟随着溃散的士兵往东山奔跑。白天隐蔽农村，晚上摸黑突围，走了五六天，才到了河南周口镇。这时服务团的同志们虽然疲惫不堪，立即在所住店门上和村口贴上"二十七师官兵收容处"的条子，两天内就收容了二百多人。第三天，黄师长到了周口镇，看到服务团安全突围，而且积极在做收容工作，十分高兴。他和每个团员亲切握手说："我一路上最担心的是服务团。我真怕有人，特别是女同志出不来……"

他（黄樵松）向曲茹表示钦佩八路军，拥护国共合作、团结抗战。他站起身，拿出他为彭德怀同志拍的半身照片说："经过一年的抗战，我深深感到：我们不仅要改变和加强对敌作战的战术训练，更重要的是抗日救亡的宣传教育工作必须立刻抓。这点，我想请你们战地服务团的同志承担起来。眼前更加迫切的是，要自己设法补充排、连一级军官。台儿庄战役中绝大部分排、连长都伤亡了，如果自己不设法补充，'别人'就会派人插进来。我的意思是派人到汉口和信阳去招生，成立一个二十七师抗战随营干部学校。另外，请你为我聘请一两位学者帮助我学习政治和文学。"①

1939年1月，国民党五届五中全会在重庆召开，通过了蒋介石提出的《限制异党活动办法》。2月，蒋介石命令撤销国民党军队中的战地服务团。迫于形势，曲茹和战地服务团部分团员决定撤离。黄樵松知无法挽留，给他们发了路费，临行前还和他们聚餐，语重心长地说："你们看得远，想得周到，就这样办吧！不过你们不要忘了我们是志同道合的朋友。"②

三十一师、三十师和二十七师"服务团"被迫撤销，但丁行征得池峰城同意，以子弟学校需要教员为由，将共产党员蒋牧良等四位同志留下，掩护了三十一师的进步力量。③

五、中央军第二十军团在台儿庄运动战

1938年3月，当津浦路北段日军开始由邹县南进攻击滕县之时，蒋介石应第五战区司令长官李宗仁急请，仓促调第一战区驻河南补充训练尚未完成

---

①曲茹、高鲁：《和黄樵松将军共同战斗的日子》（摘自1987年5月28日《人民日报》）《团结 斗争 胜利》（马福元、曹伟编），第20—25页，金盾出版社，1991年6月。

②同上。

③张之强：《我未能当面叫他一声"同志"》《团结 斗争 胜利》（马福元、曹伟编），第44页，金盾出版社，1991年6月。

的汤恩伯第二十军团星夜增援徐州。3月18日，日军矶谷师团濑谷支队攻陷滕县后，当晚攻占临城（今薛城），以一部沿津浦线南下，于20日攻占韩庄，企图直犯徐州，遭到布防于运河沿线的关麟征第五十二军第二师郑洞国部的阻击；另一部由日军福荣大佐的第六十三联队沿临赵（墩）铁路于18日攻占枣庄，20日攻占峄县城，挥师直指台儿庄。李宗仁制定了以孙连仲部在徐州东北60公里的台儿庄正面迎敌，以汤恩伯穿插峄县北部山区再潜行南下拊敌之背，协同孙部包围日军而歼灭之的作战计划。

第二十军团下辖十三军（军长汤恩伯兼，一一〇师师长张轸、骑兵团团长李之山）、第五十二军（军长关麟征，二师师长郑洞国、二十五师师长张耀明）、八十五军（军长王仲廉，四师师长陈大庆、八十九师师长张雪中）。

张轸第一一〇师下辖第三二八旅（旅长辛少亭）、第三三〇旅（旅长李世绩），共有六五五团、六五六团（团长廖运周）、六五九团、六六〇团四个团，师直属部队有工兵营、骑兵连、通信连、特务连等。全师官兵为11340人。该师于3月18日奉命由河南临汝出发，到许昌乘火车于20日抵徐州。张轸会见李宗仁司令长官后，即拨该师归孙连仲总司令指挥。接替向北兰陵镇地区转进的五十二军担任万年闸至韩庄15公里河防任务。与第二集团军第三十一师在台儿庄形成正面防御阵势。

25日张轸下达了作战命令：三二八旅明天拂晓进入韩庄附近运河南岸的防御阵地，以第六五五团为右翼，第六五六团为左翼，密切关注韩庄日军动向，随时准备出击消灭增援韩庄之敌!白天，张轸命令两个炮兵营向韩庄轰击，给日军造成了很大的威胁。夜晚，张轸命令武工大队，用梭镖、大刀等武器，偷袭营房，杀哨兵，闹得韩庄日军胆战心惊。4月初，日军矶谷师团等主力向台儿庄发起总攻，参谋长秦鼎新发现日军后方顿时空虚，建议张轸立即派辛少亭三二八旅两个营全线出击峄县，断敌后路，毁敌辎重，炸敌仓库，以配合友军在台儿庄作战。4月7日，廖运周率六五六团完全占领南洛，截断了日军后方联络线。至此，日军在台儿庄作战因腹背受到威胁，被迫停止攻击，连夜突围，向峄县、枣庄地区撤退。

4月3日上午，第一一〇师第三二八旅向峄县县城发起攻击。该师自担任运河河防守备以来，虽训练不足、装备又差，但每日都向韩庄东站及日军重要据点发炮射击，并不时以小部队出击。该师自豫西带来红枪会的一支梭镖队，勇于夜袭，敢于肉搏，使人为之胆寒。自3月28日以来，多次与敌接仗。4月1日夜，敌由韩庄渡河，向该师阵地袭击，激战4小时，将敌打退。随即准备攻打峄县县城。第三二八旅渡河占领了峄县西南面十多个山区村庄，日

夜进行侦察，发现峄县城内只剩下接运尸体和运送弹药的百十辆马车，十分空虚。后被敌发现，敌人对三二八旅进行轰击，但三二八旅并未撤退。晚上，六五六团团长廖运周派陈银贵连长、左虎排长带领50多人组成突击队，偷袭了峄县北门外的汽车站一个大院，把敌人的弹药库及装好弹药的车辆浇上汽油点燃，爆炸了两个小时，一度中断了敌人由枣庄、峄县向台儿庄的弹药输送。张轸师长闻讯后打电话表扬廖运周团长，说敌人整整一天没有补充上炮弹，几乎停止了对台儿庄的炮击。他下令对突击队员每人奖赏50元钱。

3日上午，第一一〇师第三二八旅官兵抬着云梯向峄县县城发起了进攻。三二八旅到达城南门附近，城里的残敌闻讯就向城东北逃窜。中午，敌五六架飞机向中国军队扫射，北洛的敌人也向峄县增援，中国军队调转兵力迎击敌人。第六五五团团长鲍汝澧派出一个营的兵力击退了来犯之敌，还破坏了日军的通信联络。接着临城方面之敌又派出200多人，在飞机掩护下，分两路围攻中国军队，六五六团团长廖运周派两个连向枣庄附近佯攻，诱敌向东北方向转移兵力，又派第二营从左翼猛攻进犯之敌，敌猝不及防，狼狈而逃。枣庄之敌惊恐万状，不敢迎战。

6日，第一一〇师自金陵寺向泥沟前进，当夜发起进攻。令李世勖旅长率兵一营佯攻峄县，令王振淮团长带兵一营佯攻泥沟，令袁国贤营佯攻北洛，张轸师长亲自率辛少亭全旅（鲍汝澧六五五团、廖运周六五六团）及（李世勖旅）张继烈第六六〇团猛攻南洛。夜10时开始，各按原计划进攻，南洛之敌被中国军队南北西三面包围，中国军队以迫击炮8门、重机枪8挺集中向村庄两端猛射，使坚守该村之敌死伤惨重，救援不及，7日拂晓前廖运周团完全占领南洛。台儿庄前线之敌与后方联络线被截断，全线退却。

在6日夜的进攻中，一一〇师三二八旅廖运周团奉命经白山、獐山之间向泥沟猛攻。第一营攻占泥沟以北公路两侧的辛庄。天明后被敌发现，獐山守敌射来密集炮火，并以坦克掩护步兵，向第一营围攻。营长王韵泉将主力撤守白山附近占领阵地，该营第一连张明山班被敌冲散，与大部队失去联系，到了公路边的一个小寨子，钻进了寨内一座三层的碉堡里，敌人用炮击，又派一百多步兵围攻，打了一天，都未攻下。第二天上午，碉堡里中国军队士兵死守不降，全部战死。班长张明山最后自戕殉国。敌人见了，也十分感动，在那里立了一个牌子，上面写着"中国的英雄班"。[1]

台儿庄战役时，覃异之任第五十二军二十五师少将参谋长，4月接替戴安

---

①韩信夫：《鏖兵台儿庄》第182—183页，重庆出版社，2008年6月。

澜七十三旅长一职。

3月26日上午，敌机不断向郭里集附近村庄投弹轰炸，并进行炮击，后以装甲车掩护步兵前进。第二十五师加强步兵营和便衣队按照原定计划，边抵抗边逐步向东撤退。直到上午10时前后，敌人始占领郭里集附近村庄。上午12时，中国军队在鹁鸽窝观察敌人行动，清楚地看到敌人除一部向东搜索外，大部陆续向郭里集附近村庄集合整队，以步、炮兵为主，共约5000人，并有战车、装甲车等。在3月25日至26日，汤恩伯未按原定计划令第八十五军会同第五十二军向枣庄攻击前进，对关麟征提出的攻击敌人侧背的意见也没有发出指示，关麟征当即派五十二军参谋长姚国俊和第二十五师参谋长覃异之，于3月26日下午，前往汤恩伯总部汇报情况，并请示今后作战行动计划。

27日拂晓，到达汤总部宿营地。此时汤恩伯已接到孙连仲告急电报，据称：“敌步炮兵两千余人从3月24日起不断向我台儿庄附近阵地发动猛烈攻击，其后尚有增援部队向台儿庄方向前进。”要求汤恩伯军团南下，支援台儿庄方面作战。关麟征又向汤恩伯表示以全力攻敌侧背的意见。接着李宗仁又来电令汤恩伯以全力攻击台枣支线敌人侧背，汤才决定先令第五十二军南下进击台儿庄东北地区，向台枣支线之敌侧背攻击。第八十五军暂集结于抱犊崮以南山区，准备对付郭里集附近之敌。第五十二军根据汤恩伯命令，即于3月27日晚南下，在兰陵镇附近集结。28日开始向台儿庄附近之敌侧背攻击。

第五十二军于28日晨开始向进犯台儿庄之敌攻击，先占领泥沟东北的红瓦屋屯。令第二师向北洛、北大窑方面攻占，第二十五师戴安澜的七十三旅（韩梅村、何士雄二团）接第二师左翼向南洛、北洛之间攻击前进。第二师曾于30日下午攻占北大窑，会同第二十五师第七十三旅向占领北洛之敌发起攻击，战斗极为激烈。31日上午，敌人由北面和南洛方面向北洛方面增援，与第二师发生激战。在敌人向北洛方面增援之际，第七十三旅向南洛攻击，曾一度攻占南洛，在敌人增援反攻下，退至南洛东北端附近，向第二师靠拢，仍与敌激战。

4月1日下午2时许，当中国军队以全力向台儿庄东北和台枣支线附近之敌包围攻击时，第五十二军军部在向城附近的便衣侦察队，派员骑着自行车仓促来到军部指挥所报告紧急情况。据称：有步、骑、炮联合之敌约四千余人由临沂方面开来，向通兰陵镇之大道南进，其先头部队快要到达向城附近。

关麟征军长命令此时正在军部附近的步兵营长徐文亮指挥该营和军直属骑兵连，即刻跑步向兰陵镇方面前进。到达兰陵镇附近，与敌前头部队遭遇，

即向敌猛烈攻击。敌人果然展开，向该营炮击，约一小时后，我第二十五师的七十五旅已赶到兰陵镇附近向敌攻击。同时军部又令第二十五师师长张耀明率该师第七十三旅开至兰陵镇参加战斗。入夜以后，敌人绕过兰陵镇西北向杨楼、底阁方面逃窜，企图与台儿庄方面之敌濑谷支队会合。其掩护部队步、骑兵百余人，被中国军队包围于兰陵镇西北之傅庄内。

困守傅庄之敌步骑兵，在第二十五师韩梅村一四五团围攻之下，利用傅庄土围墙顽抗，不肯投降，曾几次突围未逞。中国围攻部队在炮兵直接射击掩护下，一举攻进傅庄，全歼该敌，俘获一些军马和伤兵。4月6日至7日在肖汪附近的坂本支队，在第二师和第二十五师围攻下，曾几度向西面突围，企图与濑谷支队会合，未逞。

4月21日晚，第五十二军乘夜由峄县东面的九顶山以东阵地出发，向邳县以北地区前进，22日上午到达连防山、艾山附近地区。

由于敌人占领连防山后，先后向第二十五师阵地前沿之虎皮山、艾山西两个据点发动攻击。首先集中火力攻击虎皮山阵地，守备该地的第七十三旅段培德营，在炮兵支援下，侯敌人接近中国军队阵地时，即集中各种武器猛烈打击敌人，同时派出部队逆袭，敌人被迫溃退。此时七十三旅旅长戴安澜因战功卓著，升任第八十九师副师长。军部根据过去作战经验，为了保持各重要守备部队的战斗锐气，令第二十五师新任第七十三旅覃异之部和第七十五旅张汉初部轮流在第一线作战。对于第一线各据点守备部队，采取以营为单位，每隔24小时轮换一次，保证部队有较充分的休息时间，保其锐气。敌人先后向该师正面之虎皮山、艾山西、半步店子等据点轮番攻击，结果敌人伤亡很大，且均遭失败。敌人经过两天休整后，又改用夜间攻击，在中国炮兵预定的阵地前的射击区域，有苏罗通小炮、轻重机枪在阵地前组成的严密火网，敌人每次夜间来犯，均未奏效，遗弃在中国军队阵地前的尸体、武器不在少数。由于双方第一线相距很近，火力相接，无法清扫战场，敌遗弃尸体很多，臭气难闻。中国第一线守备部队有时乘敌溃退之际，派队在阵前麦田里收集敌弃武器、弹药补充自己。[1]

3月29日，另一路敌军板垣师团从临沂以西窜来步、骑、炮联合兵种约3000人（这时临沂仍在庞炳勋、张自忠两部固守中），侵入兰陵镇北面之向城，并派一个加强中队约200人侵占向城西南面的刘庄。汤令关麟征负责消灭刘庄之敌。此时关军第二十五师第一四五团团长韩梅村接受了这项任务。这

---

①姚国俊（时任五十二军参谋长）：《台儿庄一带作战记》《徐州会战——原国民党将领抗日战争亲历记》，第195—206页，中国文史出版社，2010年9月。

个团在河北保定及河南漳河两次战斗中伤亡惨重，剩余老兵拨补了其他团，在洛阳接收新兵2300名，虽经过了3个多月的严格训练，但很需要实战锻炼。因而关麟征令韩梅村团附卜福式山炮一连，包围刘庄之敌而消灭之。

刘庄居民近50户，村外四周是麦田，地形开阔。韩梅村令第一营立即占领刘庄西北面的两个小村庄，向刘庄构成火网，防敌向西逃窜；令第二营向刘庄东南疏散前进，迫近刘庄，令山炮、迫击炮、苏罗通小炮位于刘庄南面约700米的两个小村，其余部队随团部位于炮兵阵地稍后的小村，团指挥所在炮兵阵地。3月30日上午7时许，各营电话架通。炮兵开始向刘庄射击。由于刘庄有部分茅屋，在中国军队炮击后成了火海（村里老百姓早已逃走）。中午前后，第二营之一个连，已冲进刘庄东北角房屋。据该连报告，敌人在刘庄外沿房屋墙壁上有枪眼，墙脚下挖洞，上盖门板，门板上盖土，守兵在洞里，因而中国军队接近时颇有伤亡。战斗至黄昏时，有40多个敌人向村西冲去，全被第一营消灭。这时，韩梅村亲率第三营增援第二营，同时令第一营派出一个连突进村内。晚8时左右，第二、三营全部进村，战斗结束。俘敌50多名，内有伤兵30余名，其余全被打死。在清扫战场时，还有少数敌人躲在墙脚洞内不肯出来，顽强抵抗，均被打死。从俘房口供和缴获文件可知，敌是板垣师团以片野联队为基干的步骑炮联合支队，其任务是增援攻台儿庄的矶谷师团，掩护其主力南窜。

韩梅村团在这次战斗中，2名排长阵亡，3名排长负伤，士兵伤亡80余人，而日军则死伤、被俘180多人。此战增强了中国军队与强敌作战可以取胜的信心，鼓舞了士气，锻炼了新兵。这次胜利，得力于炮兵，而敌人孤军无援，中国军队又以多胜少。[1]

韩梅村率一四五团在台儿庄之刘庄、枣庄东南进攻战中都给日军以重创，在虎皮口防御战中坚守5天5夜，阵前日寇横尸500余具。韩梅村在战场上由团长提升为少将师参谋长，台儿庄战役期间，作家田汉曾经采访过韩梅村，对他英勇杀敌的事迹进行了报道。

台儿庄大捷后，中国军队追击退守峄县之敌，郑洞国率部以"精兵夜袭"的方式，一举攻占了峄县城外地形险要的制高点九山。五十二军军长关麟征异常高兴，率军参谋长姚国俊、师参谋长覃异之、参谋徐幼常等人到九山阵地视察。

因淞沪抗战，张钫第十二军团被打散，其二二八团团长范龙章部被编入

①韩梅村：《刘庄、税郭和虎皮山战斗》《徐州会战——原国民党将领抗日战争亲历记》，第215—219页，中国文史出版社，2010年9月。

汤恩伯第二十军团第十三军独立旅任旅长，随张轸参加了台儿庄会战。

另外，1935年出狱的老共产党员郭雪萍（郭琴舫），经介绍到国民党陆军大学任《陆大月刊》编辑官，随后进入汤恩伯部队，历任第八十五军第四师政治部政训员、秘书，参加了台儿庄战役。

六、第十三军青年战地服务团和抗敌宣传队①

由第二十军团军团长汤恩伯兼任军长的第十三军作为整个军团的核心，装备精良，颇有战斗力。第十三军曾是"围剿"苏区红军的主力部队之一，1936年派驻绥远。当伪蒙军李守信部大举进犯绥远、傅作义所属原西北军奋起反击时，奉命监视傅作义不得"轻启战端"的十三军一部官兵，不顾上面的命令，自发地协同西北军痛击伪蒙军的进犯，一举收复蒙北重镇百灵庙。消息传来，举国振奋，北平学生救国联合会以及全国的救亡组织，包括陈波儿同志在内的各界知名人士，纷纷组团前往慰问，呼吁国民党当局早日停止内战、一致抗日。十三军的抗日将士，同样受到了同志式的热情慰问。这种热烈的情绪，对一支一贯坚决打内战的"剿共"主力，当然会有一种异样的感受和振奋。因而当汤恩伯派所部旅长石觉负责接待慰问团时，石向慰问团中湖南湘雅医院的李芳兰女士表示：汤恩伯军长爱国也不甘后人，唯有团结抗战、共御外侮，中华民族才有希望。由于有此共识，双方建立了通信关系。而且无意之中为他以后通过李芳兰女士，要求长沙临时大学学生会组建十三军青年战地服务团预伏了引线。

当平津沦陷后，暑期留在北平的各校学生，在中共北平市委学委、民先总队部、北平学生救国联合会的领导下，开始组织中共党员、民先队员、进步学生骨干分头撤退到保定、济南、太原三地集中。中共北平市委学委负责人蒋南翔与北平学生救国联合会的人员到达南京，他们商议让原打算离开南京赴太原抗日前线的北平学生救国联合会代表、清华大学学生、中共党员赵石，不以学联而是以清华暑期学生会主席的身份去长沙，把由清华、北大、南开三校联合成立的长沙临时大学的学生会组织起来，以便将一二·九等运动之中党所领导的进步学生运动传统，在国民党统治的大后方延续下来。北

①据赵石《洪波续曲——一二·九运动与国共第二次合作及全民抗战》《洪波续曲——国共第二次合作的黄金时期与台儿庄大捷》《洪波续曲——前事不忘，后事之师》，睦新亚《两进台儿庄和徐州突围》及贡献之（《徐州会战——原国民党将领抗日战争亲历记》，第341—349页，中国文史出版社，2010年9月）等文章整理。

1938年董必武在汉口珞珈山路中共长江局开会

平学联到达南京的王文彬等人先后去武汉、山东等地，之后不久，蒋南翔等去了太原。1937年12月中旬，长沙临时大学、韭菜园的学生宿舍遭日机轰炸被毁，三校决定再次南迁云南，改名西南联合大学。

一部分准备再次南迁的师生，正在选择绕道香港或步行前往昆明，另一部分同学则再次掀起了投笔从戎、奔赴抗日前线的高潮。刚刚成立的学生会和中共党的组织也在根据新的形势，重新安排各方面的工作。除请八路军办事处主任徐特立同志报告形势、解答问题、积极安排和组织学校南迁应当注意的问题外，为了坚定国民党及其武装抗战的决心和必胜的信心，党支部决定组织三个团组，到国民党正规军中去"帮助友军工作，推动友军进步"：一是到驻扎在西安一带的第一军胡宗南部，一是到山西前线的十四军李默庵部，一是到由南口撤到河南的十三军汤恩伯部。

支部书记丁务淳决定要赵石和张师载（即张华俊）、李鼎声、陈责、沈肇熙（时任山东省政府主席沈鸿烈之侄）几个同学先到武汉，在中共湖北省委的帮助下把这个团组织起来。于是，赵石由长沙临时大学到武汉后，在董必武直接关怀与中共长江局军委李涛、湖北省委书记兼军事部长郭述申领导下组建了一个战地服务团，人员由在青联工作的祁式潜、唐秉光具体帮助介绍并组织学习。祁式潜建议将南京失守前后由江苏丹阳（以中小学教师为主）、安徽滁县（多为铁路员工）撤退到武汉的两个救亡团体并入，正式命名为十三军青年战地服务团，受长江局军委和湖北省委双重领导，并指定赵石任团

长兼中共党团（党组）书记，张师载、冯骥、张绍祖为党组成员，任务是"宣传抗战、帮助友军、上下广交朋友"。全团30人左右，分4个队，队长依次为张绍祖（丹阳服务团负责人）、冯骥、罗墩元（滁县宣传队负责人）、张师载（话剧队，清华大学学生）。1938年1月，在武昌女子师范学校集中培训。为加强领导，省委派张劲夫任副团长，协助组织学习，内容有哲学（主要讲辩证法与历史唯物主义）、抗战形势、统一战线、游击战争等。授课人大都是邀请学术界、文化界、艺术界等知名人士潘梓年、刘季平、范长江、冼星海、丰子恺等人。这次学习给全体团员当时及以后在思想上的启迪是十分重要的。张劲夫以后虽因另有任务（去了安徽）未率团赴前方，但他对前段的学习出力很多，否则只是依靠服务团党组的力量，很难完成这一重要任务。

尽管当时大家都处在困难之中，但依然精神焕发，专心致志地学习讨论；斗志昂扬，歌声不断。其中学唱和指挥革命歌曲要算是另一项重要任务。除了派王衍泰①、睦新亚、贡献之到武昌市青年会向赵启海②学习外，最使人难忘的还属冼星海同志的到来。他不但教唱而且教指挥，每次都按时到达，决不迟到，却又无拘无束，谈笑风生。在谈到他当时尚未公开发表的新作《游击军歌》时，冼星海一面教唱，一面讲解全曲的乐程，既根据歌词"三个两个、一群两群、在高山上、在溪水边、我们是游击队的弟兄……"分析歌声由慢到快，由轻到重，由低到高，最后达到高潮的进程，同时又用脚擦着地面，口中模仿着"嚓嚓""嚓嚓"的脚步声，使大家面前好像真的展现了中国军队深夜"行军、战斗"和"化整为零""积零为整"、神出鬼没的情景。冼星海要求大家在指挥时，一是要把思想感情、心音、目光集中到指挥棒的尖端，再以沁人心脾的歌声，去感染自己的听众。因而他的到来，一次又一次地掀起了全团歌咏的高潮。

---

①王衍泰（？—1941.5）丹阳县立师范学校中学部（初中）一九三三届学生，参加革命后改名王炎，1941年5月在福建武夷山区担任中共福建省委交通员时被反革命分子杀害，时年仅21岁。2010年由福建邵武县人民政府追认为烈士。

②赵启海（1914.5.13—2002.3.14）江苏徐州铜山县人，1935年入北京师范大学，先后就读于青木关国立音乐学院、南京金陵大学。参加了一二·九、一二·一六学生运动。组建"北平学生流亡剧团"南下宣传抗日。与冼星海等人组建"武汉救国会歌咏团"并与冼星海创作了《到敌人后方去》和《起来吧祖国的孩子们》等抗日歌曲。与刘雪庵创作了《柳条长》等歌曲，与张瑞芳、崔嵬等在街头演出《放下你的鞭子》、演唱《流亡三部曲》等宣传抗日。1938年4月在武汉参加了周恩来领导、郭沫若任厅长的国民政府军委会政治部第三厅的工作。1946年考取留美研究生。1947年入美国密歇根大学研究生院攻读经济学硕士学位。毕业后任匹兹堡大学波特帕克学院终身教授。病逝于美国匹兹堡。

　　还有给大家留下最深记忆的，要算是朱穆之同志了。当时他很年轻，穿一件蓝白相间的西装上衣，戴一顶法兰西帽，风度翩翩，充满着"青运"干部的革命朝气；时常哼着苏联歌曲《快乐的人们》，以其雄健的旋律、轻快的节奏、优美的男中音歌喉和俄罗斯民歌特有的韵味，使大家感到美的享受，并促使大家愉快地参加到学唱的行列，团里领导同志也不例外。朱穆之同志中途改到山东西北部范筑先那里帮助工作，未与团同行。

　　结束集训，全团于1938年2月5日从汉口大智门东站，乘敞篷火车出发，到河南许昌十三军石觉旅长所部驻地报到，先住许昌简易师范学校。

　　十三军服务团到达许昌的第二天，石旅所在的第四师师长陈大庆，借中国银行大厅，设西餐为大家接风，汤恩伯亲自出席。十三军固守南口时，由于大公报记者范长江作了长篇报道，它已在全国人民心中留下了深刻的记忆，汤恩伯本人也成了抗日名将。据他在席间自述：当他由南口经山西南撤时，曾与前来山西作战的八路军一一五师在白雪皑皑、寒风凛冽的北国塞外相遇，并同10年前在江南鱼米之乡与红军作战的对手、当时八路军将领彭德怀、林彪、聂荣臻相晤，握手言欢，互相拜会，聚谈数日。对过去互相残杀的内战十分遗憾，而对当时的共同抗日甚表欣慰。彼此探讨了某些战役得失，交流了作战经验。八路军提供的意见，也正是汤恩伯本人切身的体会和重大教训，就是必须重视政治工作。应从加强官兵爱国主义教育、提高政治思想水平，密切军民合作，重视敌军工作等三个方面入手。

　　此时的汤恩伯，已升任二十军团司令，但仍兼十三军军长，同时指挥关麟征五十二军、王仲廉八十五军。为了突出十三军的番号，他提出服务团不必改名，但可直属军团部，列入军团部行军序列，并指定参谋周启担任政工队队长，并负责同服务团联系。在欢迎会上，汤除了表示欢迎服务团莅临之外，再一次提出他很佩服八路军的政治工作，不无坦诚地说："人家有一支得力的政工人员，不但军队的思想工作做得好，军民关系也好，还把工作做到俘虏身上。"并谈到自己在南口作战时的切身体会：指挥部无论迁到那里，都有汉奸给敌机打信号指示轰炸目标。而自己这方面的民众却逃跑一空。战士在战场上抓到日本兵，无不借故杀死，从来没有一个把活的上交。因而希望有一批大学生，到部队来进行政治工作。希望服务团搞好宣传，鼓舞士气，奋勇杀敌，不开小差，不杀日本俘虏。服务团事后由张师载和懂日语的团员，编了一套"缴枪不杀""优待俘虏""我们的共同敌人是日本军阀"等日语口号，并将第一次大革命时期流行歌曲中的"打倒列强、除军阀"改为"打倒日本、除汉奸"，用以配合对部队的宣传教育工作，同时，还到尉官训练班、

士官教导队上政治课、日语课，举行劳军大会，表演文艺节目。

服务团除随时演出当时流行的《放下你的鞭子》《三江好》等街头剧外，有时也临时自编些活报剧。汪其中曾是当年田汉同志所领导的《南国剧社》成员，还打得一手好锣鼓；贡献之拉得一手好胡琴，柳纯真的演唱、伴奏都各有千秋。张师载在团里是老大哥，在学校读电机系，但却担任了话剧队长。后来，贡献之在《徐州会战——原国民党将领抗日战争亲历记》一书中，撰写了《战地服务团在徐州会战的日子里》一文，对服务团的成立和台儿庄战场上的情形进行了详尽的回忆。

不久，二十军团先是奉调津浦南线，后又奉命驰援徐州前线，令服务团立即随军出发。他们在商丘附近的一个小站登上火车，直赴徐州外围的台儿庄。

这时守军第二集团军正在布防，形势十分严峻。服务团到达车站时，一片漆黑，除巡逻的部队岗哨外，只有两个铁路员工手提信号灯维持秩序。当大家下车后，刚刚在镇上一个仓库里放下行李，准备休息时，忽又接到总部紧急通知，令服务团五分钟内赶到车站集中。等大家到车站时，火车已经启动，周启队长一面攀着车门，一面随车小跑，挥手高喊："快快上车，快快上车。"当大家爬上火车时，火车已开始快速向西奔驰。这时才知敌人已占领峄县、枣庄，正向台儿庄前进，总部令服务团撤到徐州城内待命。服务团到达徐州，在熟悉战况之后，于第三天即赴徐州外围的柳泉等地，向二十军团在这一带布防的五十二军第二师郑洞国部进行重点慰问。

此时，冯骥从武汉又带来一部分新团员到徐州。这时全团人数已近40人[①]，他们是：

丁人美（女）、文洪、**文铭（文毓秋，女）**、王玉章、**王西彦**、王衍泰、王起凤（女）、**申伸**（女）、**冯骥（方纪）**、吴达明、吴秋生、吴和生、吴杏珍（女）、许月娥（女）、乔雪初、邱凤鸣、贡献之、陈国良（陈落）、陈纯英（女）、郑静之、**张师载（张华俊）**、张绍祖、张景晰、汪其中、那玉汝、罗曦元、柳纯真（女）、胡韵彦、**查立平**、宜粪东、**树扬（女，即戈扬）**、**赵儒洵（即赵石）**、夏同仁、路白、高领秀（女）、**睦新亚**、**章一梁**、程浩飞、谭文（谭兴坦）等。另有几人是由武汉与服务团随行的，到徐州以后离开，他们是唐小石、陈宗泽、薛允珑、孙竹儿等人。新参加同志的到来，极大地提高了服务团的实力。恰在此时，原在武汉帮助组织服务团的唐秉光同志也到徐州

①由于缺乏资料，40人中仅将知道的有限的几位具有中共党员背景的队员用黑体字标注，在本书加以介绍。

地区工作。他同五战区长官部及共产党地方组织、群众团体都有联系，主动从各方面给服务团以帮助。赵石通过他同山东地方党的郭子化同志、"民先"华东队部的武衡同志也建立了联系。经过他们的推荐和安排，服务团不但参与了徐州当时各界的活动，而且成了"祝捷"活动中的一支主力，取得了很好的效果。记得在长官部前临时剧场的几天联合演出中，服务团演出的新编活报剧，写一个日本士兵蹂躏中国民女的故事。由于演得逼真，许多观众泣不成声，切齿怒骂。在饰演日本兵的同志下台后，一群小孩一拥而上，向他围攻。要不是维持秩序的同志帮助，险些被打。此外，服务团还以自己的节目单独对军官们进行了慰问演出。在这次演出中，文毓秋（文铭）同志独唱的流亡三部曲博得的掌声最多，夏同仁和邱凤鸣从抗敌剧团新学来的曲艺节目《卖梨膏糖》也受到热烈欢迎，这一切都在五战区留下了深刻的记忆。

服务团第二次到达台儿庄时，一部分同志撤回徐州参与"保卫大徐州"的宣传，一部分人留在运河前线，坚持战地服务工作。在运河、赵墩车站及宿羊山几个地方，设立了战地军民文化服务站，除陈列一些由武汉、徐州募到的报纸、杂志、抗日救亡的小册子，供当地军民阅读外，还尽可能与部队和当地群众联系，进行一些口头宣传和歌咏活动。虽在战地接触的人不可能很多，但在炮声隆隆的前线，坚持这样一些文化服务站，在当时还是个创举。赵石有次到运河服务站看望大家，在那里遇到敌机空袭。他走到站外，背靠一棵枝叶茂密的大树，仰视着迎面扑来猛烈扫射的敌机，五梭子弹冒烟入地之后，飞机擦着树梢掠过，机上射手穿的白底蓝条上衣都历历在目。

在回来的路上，他遇见躲在麦田里的章一梁和申伸。章一梁口里正咀嚼着顺手拾起的将熟的麦粒，申伸则哼着他们刚刚编成的顺口溜："敌机来，我休息，咀麦粒，裹肚皮。"神色那么自然，一点没有惊慌的样子。她说运河正好处于敌我双方炮兵阵地之间，不但白天敌机经常轰炸，而且晚上双方的炮弹也常常从头顶上空飞过，这些都已成了家常便饭，不但根本不知道害怕，而且有时会披上衣服到屋外看热闹。当年的申伸，还是一个16岁的小姑娘。

还有一次是在赵墩车站，当赵石到达服务站时，其他同志都到外面去了，只有陈国良一个人在站里留守，他向赵讲了一件事。4月20日，江苏联合中学有200多名学生过运河时，团员们就向他们讲抗战的形势，怎么才能争取抗战的彻底胜利。不料带队的江苏教育厅的督学曹某，不但干涉团员们和学生们谈话，还污辱团员们不好好读书，而到这里胡闹，让学生不要理睬团员们。于是，第二天他和团员们怒斥江苏教育厅的督学曹某，使其狼狈至极。

此时各服务站的团员们正在紧张地工作，有的应战士们的要求为他们代

写家信，白天写好，晚上托人带徐州寄出。有时一天要写几十封；有的正在动员群众抬着担架运走被炸伤的士兵；有的则组织群众供应鸡蛋、蔬菜，组织公开交易，或为受灾乡亲们发放救济款等活动。

在家乡丹阳参加青年救亡服务团的眭新亚等人于1938年元旦抵达江西九江，经中共长江局安排进入"汤恩伯第二十军团青年战区服务团"（亦称"十三军战地服务团"）。3月，眭新亚随军开赴以徐州为中心的第五战区。在台儿庄大捷前后，眭新亚和他的战地服务团曾两次上台儿庄战场服务。

眭新亚在《中共党史资料》2008年第一期撰文《两进台儿庄和徐州突围》进行了详细的回忆：

1938年初，国共合作抗战的形势较好，一个由共产党员和进步青年组成的抗战宣传团体在武汉成立，这就是"十三军青年战区服务团"。这个团是由清华大学暑期同学会会长赵儒洵（赵石）通过间接介绍和直接联系，取得汤恩伯部旅长石觉和武昌十三军办事处的认可，并向中共长江局请示，得到董必武的支持而组建的。全团有20余人，大部分为平津和江南城市的青年，由平津同学会、丹阳青年救亡服务团和安徽滁县救亡团三个单位来武汉的人员组成，受中共长江局军委和湖北省委军委的双重领导。具体联系的上级党负责人是中共长江局军委的李涛。经李涛和湖北省委书记兼军事部长郭述申研究指示，服务团的任务是"宣传抗战、帮助友军、上下左右广交朋友"。指定赵儒洵和张师载（张华俊）、冯骥、张绍祖（"丹救"负责人）四人组成领导小组。另外还有领导成员朱穆之（因去向未定，未参加党组）、陈国良（陈落）等，都是一二·九运动领导骨干。人员到齐后，在驻地进行短期培训。

湖北省委特派张劲夫以副团长身份来团抓学习。集训期间，先后邀请著名马列主义哲学家潘梓年、刘季平、《大公报》名记者范长江等来团作讲座，并曾请人民音乐家冼星海来给我们教了一次歌。冼星海的到来，更在我们团里掀起了不断高涨的歌潮。宿舍里、会议室、排练场，从早到晚，歌声不断。这热情的歌声，是我们这群来自各地的男女青年互相沟通、加深革命友谊的纽带，也是我们这个集体战斗活力的集中表现。大家经常唱的除熟悉的救亡歌曲外，还有大学校园里流行的苏联歌曲。领导成员中唱得最好的要数朱穆之同志。当时他很年轻，穿一件蓝白相间的人字呢西装上衣，戴一顶法兰西帽，风度翩翩，充满"青运"干部的革命朝气。他哼唱的《快乐的人们》，以其雄健的旋律，轻快的节奏和苏联歌曲特有的韵味，使我们深受吸引，并很快学会，提高了审美能力。集训结束后，我们去河南许昌向汤总部报到。在

武汉出发时，张劲夫留下来，由湖北省委另委重任，朱穆之则转往鲁西范筑先将军处工作。尽管冼星海走了，但他那轻快的《快乐的人们》的歌声却在团里流传开来，伴随着我们行进在荒凉的黄土平原和烽烟弥漫的陇海线上，驱散了我们行军途中乘坐"大车"（以牛力或骡力拉的运输工具）和闷罐火车的寂寥。到达许昌后，我们受到汤总部的热情接待。

由汤部第四师师长陈大庆出面，设西餐宴请了我们，汤恩伯亦亲自入席表示欢迎。

3月上旬，汤部补充训练完毕，奉调支援第五战区并向第五战区中心徐州开拔。服务团随总部从许昌乘火车到漯河，然后步行到周家口，穿越豫东和皖北的黄土平原，向陇海铁路行进。过了周家口，一路都是光秃秃的一望无际的黄色原野，人烟稀少，满目荒凉。我们每天步行三四十公里，脚板底都起了水泡，但没有一个人叫苦掉队，连女同志也不例外。经过集镇或县城，我们还利用休息和宿营时间进行宣传演出，或与当地各界人士、青年举行座谈，宣传军民合作，抗战必胜。团里负责美术宣传的同志，每天出发行军时，赶在部队前面，沿途刷写大字标语。汤恩伯行军时习惯于脱离总部直属部队，独自带警卫提前或殿后出发，他亲眼看到服务团不辞劳苦，起早摸黑，沿途刷写标语，颇加赞许，吩咐副官处立即购买10辆崭新的自行车，拨归服务团使用。我们长途跋涉了10多天，经过鹿邑、太和、淮阳、阜阳、亳州，到了陇海路的马牧集，才结束了黄土平原的徒步行军，乘上久违了的铁篷火车，向徐州进发。

一进台儿庄

我们上了火车不久，周参谋传来总部命令：部队奉命增援鲁南前线，服务团不在徐州下车，直接开赴台儿庄前线。大家听说要上前线，都高兴得跳起来。连日长途行军的倦意全消失了。同志们告别亲人，远离家乡，千里从军，目的就是为了能直接上前线抗敌报国。现在这机会终于到来了，怎么不欣喜若狂呢！台儿庄是山东峄县的一个大镇，位于运河北岸，扼江淮漕运的咽喉，是保卫徐州的前哨阵地。当时，鲁南日寇分兵三路，向徐州猛扑过来。台儿庄的守军第二集团军第三十一师池峰城部正在积极布防，形势十分严峻。

我们在台儿庄下车时，车站一片漆黑，除了部队的岗哨来回巡逻外，只有一两个铁路工人提着信号灯在维持行车秩序。我们以最快的速度卸下车上的行李，拖着疲乏的身体去镇上一个仓库的空房里宿营。大家刚把行李打开，准备歇息，忽然传来总部紧急通知：10分钟内赶到车站集中，撤回徐州。等

我们急急忙忙赶到车站时，铁篷列车已徐徐启动。周参谋一面攀着车门随着列车小跑，一面向落在后面的同志大喊："快上车！快上车！"等大家全上了车，列车加快速度向西奔驰。这时我们才知道，原来日寇的先头部队直扑枣庄峄县，离台儿庄只有30多公里。汤恩伯部队奉命向台儿庄侧翼山地迂回，让我们服务团撤回徐州待命。

我们到达徐州后，在驻地少华街小学休息了两天，熟悉了战况，第三天就去徐州外围的集镇柳泉、贾汪、利国驿等地进行宣传慰问。当时，二十军团所属五十二军第二师郑洞国部正在这一带布防，我们就把慰问驻军作为工作重点，同时向当地居民宣传全民抗战。由于工作地区接近前线，对象是战地军民，不可能进行大型戏剧演出，只能以歌咏、广场剧、墙报、漫画、大字标语等进行战斗。话剧队队长张师载在武汉出发前，大家都忙于收拾行装时不声不响地准备了许多包包裹裹、瓶瓶罐罐，从胡须假发、破衣烂衫到化装油彩，一应俱全。他不仅是剧作者、化妆员、演出的总剧务，在台上还是惟妙惟肖的日本鬼子小队长、叼着烟斗的农民老大爷和封建顽固的老乡绅。我们在成功地演出《放下你的鞭子》等广场剧的同时，还深入到驻军连队、学校、里巷给战士和群众教唱抗战歌曲，鼓舞士气民心，取得很好效果。

台儿庄大捷后，武汉的《中央日报》《新华日报》同时发出号外。捷报传来，举国欢腾。徐州军民更是奔走相告，欣喜若狂。一时，武汉各大报名记者范长江、陆诒、曹聚仁等都到徐州采写前线新闻。各部队直属服务团和从武汉前来慰劳军队的军委会政治部抗敌剧团（团长郑君里）以及荣高棠、杨易辰率领的北平学生移动剧团，纷纷在徐州集中举行祝捷演出。

恰在这时我团为扩编，派遣党组成员冯骥去武汉招来一支有艺术专长的生力军，其中有导演兼团长程浩飞、丁人美夫妇、歌咏指挥谭文（谭兴坦）、女演员申伸、文毓秋（文铭）、青年作家王西彦等。谭文能作曲，能指挥，又是男高音独唱演员，他独唱著名作曲家张曙新创作的民歌《日落西山》，嗓音悦耳，感情丰富，唱出了抗战新民歌健康豪迈、刚柔相济的韵味。女同志申伸是张学良将军故交、著名进步人士申伯纯的爱女，她一身男孩子打扮，身穿翻领上装，活泼开朗，一口标准的北平话，唱歌演戏都是女同志中的佼佼者。文毓秋是一二·九运动中北平学联联络员，曾骑着自行车风风火火地出入于大中学校传递信息。她大胆泼辣，能说会道，唱歌、演戏、演讲都很出色。在下连队演唱时，她独唱的《流亡曲》，如泣如诉，官兵们听后激动得热泪盈眶，热血沸腾。团里来了这批艺术人才，更加充满生气和战斗力。

在长官部前临时剧场的几天联合演出中，我团演出的新编活报剧和文毓

秋唱的《流亡三部曲》，夏同仁和邱鸣风跟抗敌剧团的吕班、范莱学来的曲艺剧目《卖梨膏糖》，都给观众和兄弟团体留下深刻印象。此外，我团还曾以自己创作的节目单独向军官们进行了慰问演出，取得了很好的宣传效果。

二进台儿庄

慰问演出的第二天，我们正准备参加全市（徐州）的火炬游行，忽然接到命令，全团开往台儿庄前线，从事战地宣传服务工作。

我们到达台儿庄时，大战刚结束不久，和我们第一次来时比台儿庄已面目全非。集镇消失了，只剩一片废墟。我们住过的仓库房屋已被夷为平地。南北车站都被击毁。只有刻着站名的水泥站牌还完好无损地矗立着。北站的站台旁横陈着一架被击落的敌机残骸。后来我们在报纸上看到一幅照片：李宗仁全副戎装，站在敌机残骸旁边，脸上露出胜利的微笑，近旁的站牌上，"台儿庄"三字清晰可见。这张照片成为台儿庄大捷的历史见证。

当时，台儿庄战场还没来得及打扫，城内外纵横交错的战壕里，还留有战斗中丢弃的敌人的钢盔和战士出击前来不及吃完的半碗米饭。防御工事多系老百姓家里的门板、木箱加上草包石块垒成的。这些都是老乡们自动捐献的，反映了台儿庄人民全力支援部队抗战的爱国热情。

零星的战斗还在不远处进行，不断传来断断续续的枪声。敌机整天在上空盘旋扫射，当地居民中的幸存者均到远处山沟避难，我们更无下榻之地，当晚只好在被炮火掀掉屋顶的北火车站房里歇宿。午夜醒来，头顶敞开的蓝天上，挂着一轮明月，银色的清辉洒满我们的头脸和全身。

第二天上午，一部分同志又陪同中央社记者察看了台儿庄内外的废墟。残垣断壁上的弹痕和双向缺口，说明该处曾有敌我双方剧烈争夺；地上片片血迹记录着守军英勇壮烈的搏斗。当天下午，我们就分组活动，在大道旁断壁上刷标语，挂漫画，向过往军民进行宣传。

当时日寇不甘心于台儿庄的惨败，正在调兵遣将大量增援，企图进行反扑。随着战局的变化，我们服务团大部分同志回徐州参与"保卫大徐州"的宣传，留下小部分人坚持战地服务工作。

我们留下的同志，分组在战地前沿或通往前线的交通枢纽地区运河、赵墩、宿羊山、车辐山等地设立战地军民服务站，为前线过往部队供应茶水、急救药品和抗战宣传资料，并组织民工为前线部队输送粮弹，抬运伤兵。服务站的俱乐部还备有乒乓球、胡琴和宣传抗战的小册子、连环画等，向进来休息的战士和民工教唱抗战歌曲，讲八路军大战平型关的战斗故事，并应战

士的要求，代写家信，有时一天要写几十封，白天写好一批，晚上送军邮代办所或托人带往徐州寄出。大家忙得连饭也顾不上吃，讲话讲得嗓子都哑了，每天东方发白就起来，直忙到夜晚，困乏至极，倒头便睡。

我们的服务站离前线不远，特别是车辐山离前沿阵地仅三五里，敌我双方的炮弹都从我们头上飞过去，我们开始有些紧张，渐渐也就习以为常了。每当敌炮轰鸣时，我们就同声合唱《大刀进行曲》《洪波曲》等战歌，雄壮的歌声压倒了敌人的炮声。

我们的歌声还引来一群女兵。她们是友邻部队卢汉将军所属滇军六十军妇女战地服务团团员，我们曾在野战医院见到过她们。这群来自西南边陲的云南姑娘，不怕苦不怕累，不怕牺牲，热情勇敢而又落落大方，能歌善舞。她们不请自来，主动要求和我们联欢。于是，我们这些原先天各一方、素不相识，为保卫祖国陌路相逢而聚集到一起的男女青年，就在我们简陋的站房里，在战地之夜炮声隆隆的伴奏下，团团围坐，举行击鼓传花的游戏。道具是姑娘们在营地附近野山里临时采摘的一束鲜花。花束在忽缓忽急的鼓声中传递着。第三遍传到我的手里时，鼓声骤停，我顿时成为满座注视的中心，在大家的欢笑催促声中，我不得不腼腆地站起来，红着脸唱了一曲刚学会的张曙创作的《日落西山》。这是我第一次当众表演独唱。

不久，战局突变，日寇调集重兵进行反扑，分三路迂回包围徐州，即将合围。军情十分紧急，可远离总部的我们还蒙在鼓里，幸亏这些云南姑娘给我们通报了情况，使我们及时撤回徐州，随大军突围。

难忘的徐州突围

我们回到徐州少华街驻地，就碰上敌机狂轰滥炸。我们近旁的二阳医院是敌机的轰炸目标。我们躲在屋角里，听到炸弹落下时和空气摩擦的嘘嘘声，接着就是轰然一声巨响，震得屋梁抖动，窗玻璃全部破裂，满屋是灰尘和石灰。我们冲出大门时，只见满街是逃避轰炸的群众，扶老携幼，向城外云龙山的方向挤去。有些刚从倒塌的房子里爬出来的老人，苍白的脸上布满灰尘和血迹，由子女搀扶着在人流中跌跌撞撞地向前走。还有从二阳医院里逃出来的伤兵，旧伤加上新伤，头部和腿部的绷带上鲜血淋漓，惨不忍睹。

第二天，听说敌军已占领黄口车站，铁路已被切断。我们随大军改从涡阳、蒙城一线突围。为冲越沿途敌军的封锁线，我们忍痛扔掉了仅有的行李，日夜兼程，徒步疾行，一昼夜走90公里，累得边走边打瞌睡，碰到前面人身上才猛然惊醒。就这样连续急行军多个日日夜夜，冲越了四道封锁线，到了

曹市集，才逃离了敌人的包围圈。总部下令暂停行军，就地休整。又饥又累的我们，经过一天休息，仅以总部发下的黄豆煮汤填了一下饥肠辘辘的肚子，就又打起精神，以歌咏和快板表演鼓舞部队的士气。

军委会政治部抗敌剧团的遭遇比我们更为艰险，他们在突围途中遭敌军炮击，团员赵曙不幸中弹牺牲，其余同志是换上农民装，分散穿越敌占区，绕道孤岛上海回武汉的。

我团回到武汉，向中共长江局和湖北省委汇报了情况，并由团员树扬（女，即戈扬）和章一梁同志分别撰写《十三军青年战区服务团随大军突围记》《记运河战地军民服务站》，在救国会机关刊物《抗战三日刊》发表。汤恩伯肯定了我们的成绩，他经过四个月的接触与观察，曾不胜感慨地说："服务团是好样的，可惜领导成员都是共产党！"

他这样说，不是因为我们的领导同志不慎暴露了自己的身份，诚如我们的老团长赵儒洵在回忆文章中所说："服务团的工作态度、工作作风、宣传内容等，不但和当时国民党的政工人员不同，就是和汤总部的政工队也大不一样。加上服务团组织的扩编，在徐州等地与各界所建立的联系，每到一地，各项活动都能立即迅速地开展，这一切都说明它不可能是由几个青年学生自发组织起来的团体，而是背后有一个强大的组织力量在支持着它，这个支持者只能是共产党。故而服务团的工作越活跃，事情做得越多，就越会引起汤恩伯他们对服务团的戒备。"于是这位汤将军出于他的"反共"本性，在表扬的同时解散了我们的服务团。

中共湖北省委和长江局研究决定，将我团大多数同志另行分配工作，只留下我们几个丹阳同志（张绍祖等8人）作为汤总部政训处人员留在那里继续坚持。不久，我们终因受到歧视，工作无法开展，在请示组织后转往江西南昌工作。

实际上，在1938年出版的《徐州突围》一书中章一梁撰写了《突围线上所见》一文，戈扬发表了《随鲁南大军突围记》一文。

1985年，在抗战胜利40周年之际，当年十三军青年战地服务团团员戈扬又撰文《徐州突围前后》，记述了这段令人难忘的历史：

一九三八年初，我在从上海流亡到武汉的一个救亡团体，编一张叫作《老百姓》的小报。当时的爱国青年没有一个安心于后方的生活，要不就是去革命圣地延安，要不就是去抗日战争前线。是年三月，恰好徐州前线的几个

集团军在武汉招收青年战地服务团团员，我们便去报了名。第三天就带着洋瓷碗上了火车，烟尘滚滚到徐州前线去了。

到了徐州，正是台儿庄大捷之后，那气氛倒反而比较平静。我们新来的一群青年，被编入第二十集团军青年战地服务团。听说我的镇江师范的同班同学朱秀金，在第二十二集团军战地服务团，我便去看她。见面时看到彼此都穿上军装，一股热流便鼓鼓地激动着心房，学生时代真的是一去不复返了。我们拉着手，简直没有什么话好说，明天到哪里去，去干什么，只有等待战争的安排。

几天后，我们服务团分成小分队到下面去。我们十几个人被派到徐州以东陇海路上的赵墩车站附近，做接送伤兵的工作。晚上，打地铺住在车站附近的村里老乡家，白天去车站给过路的伤兵送水送饭，包扎伤口。这些伤兵从哪里来，到哪里去，对于重伤员如何安排，我们自然是不知道的，也不见有人过问。

树上放出绿叶，田野里是青的麦苗，黄的菜花，可是春天已经被战争踩蹂得不成样子了。远处有枪声，近处不时遭到敌机轰炸，老乡的脸上满是愁云，过着朝不保夕的日子。

还是初到赵墩的时候，有一天黄昏前，我们走了十多里路到战后的台儿庄去看看。走着走着，只觉得一股焦烟味扑面而来。一眼望去，台儿庄镇外的地面上，炮弹坑密如蛛网。通往镇内有一条新铺的土路，薄薄的一层黄土，踩在上面软绵绵的。原来这层黄土下面，便是堆积的尸体。多少万人死于这次战争呵！走不多远，看到路旁有一辆栽歪着的日本坦克，一个死了的日本兵，嘴上衔一支烟斜靠在司机座上。有人说，他的灵魂早已到地狱去了，身子还留在人间。为什么不埋掉呢？也许是打扫战场的人故意留着展览的吧！

进入台儿庄，整个市镇已是一片焦土，房屋倒塌成堆，看不到一间完整的。焦了的房梁，横七竖八地倒在瓦砾堆上，有的还冒着青烟，闪着火光。已是黄昏，我们提着脚步走过几条黑乎乎的大街，像凭吊古战场似的望着这英雄的市镇。不想就在这个时候，从附近的废墟中颤颤巍巍地走出一个人来。一看，是个干瘪得像骷髅似的老太婆。她一把抓住我的胳膊，丧魂失魄似的说道："吓死我了，吓死我了！"原来她家就在这里，打仗前全家都往外逃，她不肯离开这个家，留下看家的。据打扫战场的人说，像她这样活下来的老人还有几个，都安排到别处去了。可是她仍然不肯走，不肯离开她的"家"，要等儿孙们回来。台儿庄战后的这幅惊心动魄的图景，以及这个骷髅一般的刚强老人的影子，至今还留在我的记忆之中。

我们在赵墩待了有一个多月，我们的团长——一位清华大学的流亡学生，先还经常来，后来来得少了。战局到底怎样，形势有无变化，我们一点也不知道。五月十五日清晨，忽然接到通知，集合出发，便开始了急行军。每夜一百多里，翻山越岭，连续走了四夜，赶到徐州以南津浦路上的符离集。原来徐州地区已经被日本军队包围，我们被包围了。五月十九日，是整个集团军突围的日子。天黑前，大批人马出现在野地，说是今夜突围，路上不许说话，不许抽烟，不许掉队……可是走不多远，却看到斗大的白光在闪亮，据说那是汤恩伯的机械化部队。这一夜衔枚疾走，天明后过了祀河，到中午算是走了百四十五里。其中最后的几十里，是一位连长看到我是个女的，大吃一惊，把马让给了我。我骑在马上，手挽缰绳，打着瞌睡，跑出了敌人的包围圈。后来来到一个黄土路比房子还高的县城，这个县城叫涡阳。

经过突围，我们的服务团团员东一群西一个，实际上已经散了。我们便搭上一辆西行的卡车，穿过河南省的腹地，直奔平汉线上的漯河。河南的农村是什么样子，我没有看到，只觉得满眼黄沙，满地坑凹，汽车颠颠簸簸，一蹦老高。我躺在卡车里，一天下来，便像埋在沙土里一样。一位国民党军官和我们搭乘同一辆车，满脸黄土，一问还是一位旅长，也和我们一样成了散兵。

汽车到漯河后，我们改乘火车。这时的火车和一个多月前又不一样了，车站上人山人海，直往火车上涌，车厢里更是挤得水泄不通。有的人爬在列车顶上，有的人伏在火车头上，勉强回到武汉。武汉的情况也有了变化，我再去找原来的团体——上海青年服务团内地工作团，已经没有了，解散了。到哪里去呢？我只好在熟人家里借宿。就在这几天，我写了一篇突围记，准备找个地方发表。我这才想起来，我有个没有见过面的亲属在《新华日报》工作，他的名字叫戈宝权。

我把文章交给宝权，他转给艾寒松，很快地便在邹韬奋主编的《全民抗战》周刊上发表了，题目是《随鲁南大军突围记》。

后来又听说这篇东西被范长江编进了《徐州突围》这本书。可是那时我还不认识长江同志，也没有去找这本书，何况没有多久我就离开了武汉，哪里还有心思去管这些。现在看到这本书，我才知道我的同学朱秀金（现名朱微明）写的《突围归来》也编在这本书里。

突围分兵五路，朱秀金随二十二集团军走的是北面第二路，我所属的这个二十集团军（作者注：应为二十军团）走的是中间的一路，李宗仁总指挥部走的是最南面的一路。

1938年6月，朱微明（即当时的朱秀金）在徐州突围后来到武汉，据她1993年于上海时撰写的《第一次投稿》一文中记述[1]：

在我逛市区"生活书店"时，遇见了高中同学戈扬，她也是从徐州突围出来的。彼此劫后重逢，感触很多，就在街头畅谈各人的遭遇。末了，她说："这些事，我一辈子也忘怀不了，特地写了一篇文章，《生活周刊》这期登了，还发了我十五元稿费……"

这与戈扬对这段难忘历史的回忆相互作了很好的印证。

对于十三军青年战地服务团在台儿庄的这段历史，著名作家王西彦在晚年回忆道：

我从浙东到武汉，参加一个战地服务团（作者注：十三军青年战地服务团）到鲁南苏北，那时我作为一个年轻的记者参加了台儿庄会战，后来也在徐州被日本兵包围，突围出来。从台儿庄撤退我们要通过日本人占领的那个地段，我们晚上把军帽翻过来是白的，会看得见，一个人白天不能动，白天动就轰炸得更厉害了，我们都是晚上跑。晚上跑要看哪个地方日本兵比较少，就通过哪里。那天我们通过一个村庄，村庄里面就是日本兵，但是我们是大军，军队人多，他们不敢和我们打的，他们躲藏在那儿，我们派一些兵布防，我们从旁边跑，当然很紧张。后来突围到了一个地方，就是我跟陆诒在一起的时候，那个地方已经给日本人占领了，我记得有一晚通宵就在日本人的包围之下，我们就趴在麦田里面，看见日本人坦克、兵车经过我们的空隙，也居然给我们躲过来了。当时，我们那批人从徐州往南跑，再往西跑，经过安徽到了河南，沿路都是飞机轰炸，日本人飞机跟着中国军队撤退，你往哪里撤退他就往哪里轰炸，当时晚上天气蛮冷的，因为我们东西都丢光了，晚上就拿干的牛粪当被子扒在身上再睡觉，我们沿路出来，战地服务团里面也牺牲好几个，我记得有一个女同志就炸死了。当然我们跑了一个多月，每天白天睡觉晚上跑，一直到河南，然后再从河南挤火车到武汉，这段路程惊险也很多，辛苦更不要说了。

台儿庄打了之后撤退了，老百姓怕日本人，他们想跟国民党军队跑，国

---

[1] 朱微明：《第一次投稿》《往事札记》，第106页，广东人民出版社，2001年2月。

民党军队拒绝，把老百姓丢在那里，那个时候很惨。当时我们做民众运动、民运工作，给军队运军火什么，我们都让老百姓做这个事情，到了他们军队一走，把老百姓丢在那里，妻离子散，整个抗战来讲，灾难最多、牺牲最大的是老百姓。

1998年11月11日，中国社会科学院历史研究所定宜庄老师在北京市安贞里某居民楼里采访了77岁高龄的文铭（文毓秋）文老，她说①：

> 到了十三军服务团②汤恩伯这儿，实际上这个服务团是归共产党领导的，团长叫赵石，原来是清华大学的。
>
> 徐州大会战我们失败以后，徐州被敌人占领了。占领之前突围，我们团长让我跟他们记者一道先走，我就跟着陆诒一道突围，陆诒是《新华日报》非常有名的大记者，后来被划成了"右派"。那时我们突围才有意思呢，5月18号嘛，敌人探照灯照，我和高紫瑜（即高天）两人就在麦田里扒拉着，一点一点地匍匐前进，最后从虞城走到郑州。郑州有火车到开封，我就和我们十三军服务团会面了。

时任《扫荡报》《时事新报》记者的高紫瑜（高天）他们和十三军战地服务团的团员被堵在黄河故道，日军派出四架飞机低空扫射，前进的道路被阻，大家连续奔波，疲惫不堪，饥渴难耐，不少同志十分懊丧；高天临危不惧，带领大家高唱《五月的鲜花》等救亡歌曲，鼓励大家战胜疲劳，克服困难，继续前进。通过四天的昼伏夜行，他们终于有惊无险地冲过了封锁线，到达豫东平原安全地带。高紫瑜与天真烂漫、活泼可爱又充满艺术气息年仅17岁的文毓秋（文铭），在当时他人的眼里："演成罗曼史故事""那便是小文和紫瑜！小文和紫瑜！"③

著名记者张高峰作为平津流亡学生组成的抗敌宣传队队员，随同汤恩伯所部二十军团奉命增援台儿庄。张高峰和七个同学组成抗敌宣传队，随八十五军八十九师（军长王仲廉、师长张雪中均为黄埔军校一期毕业生）师部行

---

① 定宜庄：《胡同里的姑奶奶》第218页，北京出版社，2017年2月。

② 十三军战地服务团由南下的"平津同学会""滁县救亡团"等组成，亦称"二十军团战地服务团"，后随汤恩伯开赴徐州第五战区。

③ 石宝瑚、席丹：《徐州突围后会见李德邻将军——不胜感慨话徐州（1938年6月21日）》《金戈铁马烽火天——石宝瑚抗日战地通讯》，第101页，武汉大学出版社，2012年3月。

动。部队从豫西出发，开始行军时全是徒步，每天少则二三十千米，多则四五十千米，甚至更多。团长以上的军官才有马可骑，以下一律步行，是名副其实的步兵。经过连日行军，部队到达豫东陇海路的商丘待命。商丘距马牧集车站很近，可随时登车转津浦路，增援徐州南北两路的抗敌友军。

3月16日，八十九师奉命出发，全师两个旅四个团，分乘六列火车开往徐州方向。抗敌宣传队随师部的参谋处、军需处、军械处、副官处及直属特务连、骑兵连、通信营、炮兵营、辎重营等约2000名官兵，乘坐第四列车。

八十九师的任务是截击南下日军，增援在徐州以北津浦路山东段坚守滕县的四十一军孙震部。据师部参谋处主任说，日军已经占领山东邹县，滕县吃紧，守军有不支之势，所以才调八十五军增援。

列车向徐州行进，沿途难民成群结队，有的竟挎着饭篮、背着包袱冒着摔死的危险攀爬兵车，为的是到徐州逃生。他们哪知那里也将成为战场。

列车到徐州时已近黄昏，站台上有许多青年男女学生忙着送茶水、喊口号、唱歌曲，鼓舞战士们的杀敌士气。还有的青年提着铁桶爬上火车头，用白灰水写下"杀出山海关，收复东三省"的大字，在列车厢板上写下"抗战到底""誓雪国耻""不灭倭寇誓不还"等标语。他们的行动受到出征官兵的欢迎，纷纷报以热烈掌声。

抗敌宣传队员整天随军跑路，途中休息时，就在路边的墙壁上刷标语，内容是"军民合作""肃清汉奸""收复失地""拥护领袖"等，都是四字一句，把事先用马口铁刻好镂空的铁片按在墙上，用石灰水填涂，拿开铁片就成了，比自己用排笔写要快得多，也整齐、美观。战斗开始后，买不到石灰，转移又频繁，标语刷不成了，宣传队改为组织民众运弹药、做向导、救伤员。后来，军委会政治部从武汉运来大量日文反战传单和归降优待证，学生们又常常冒着敌人的炮火，尽量到前沿去散发。

抗日战争确实是全民战争。徐州会战数十万大军的弹药、粮草、伤兵，都要靠当地人民群众运送、救护；行军途中，大小村庄都有群众摆出开水缸，供战士们饮用；就是带路也少不得群众做向导，尤其是夜间行动。一个满天星斗的夜晚，张高峰从师指挥部到某团指挥所，相距不过四五里路，又是平原，却因为找不到向导，竟在茫茫荒野转了一夜，结果连师部也找不到了。跑了一天，实在太累也太困了，他摸到一处有中国军队标示的营地，看到一间屋子里地上睡了许多人，便钻进去找了个缝隙躺下了。一觉醒来，天已大亮，那一屋子人竟都没有动静，仔细一看，不禁大吃一惊，原来那都是没有来得及掩埋的牺牲的战士！

　　战斗间隙，张高峰写了通讯《我们在最前线服务》，投寄给邹韬奋先生在武汉主编的《抗战三日刊》上发表。

　　在一次战斗退却中，宣传队的同学不断地卧倒在山坳的低洼处，躲避着横飞的弹片。天黑了，竟与师部失去了联系，只能依靠天上的星星判断方向，寻找部队。结果直到第三天遇到了友军第四师的部队，才打听到八十九师的去向。在台儿庄东北的红瓦屋屯，看到了佩戴"雪"字臂章的战士时，才确认回到了八十九师的防区。

　　当时，各部队官兵的军装上没有标示军阶的领章和肩章，都佩戴布质臂章，上面印有代字。如八十九师师长叫张雪中，全师官兵的臂章代字为"雪"；第四师师长陈大庆字养浩，"养"字谐音"漾"就是四师臂章代字；八十五军军长王仲廉字介仁，臂章代字"介"；五十二军军长关麟征字雨东，代字"雨"，等等。臂章便于识别，便于联络，但缺点是容易暴露部队番号，因此，徐州会战后各部队改为胸章了，也有代字代号。

　　1985年，为纪念抗日战争胜利40周年，张高峰发起部分当年活跃在抗日战场的老记者撰写回忆文章。他写到了目睹罗芳珪牺牲的情景。文章发表后，被当时在西安西北建筑工程学院任教的罗芳珪遗腹女罗本忠看到。她是在父亲牺牲后12天出生的，不仅没有见过父亲，还曾因罗芳珪是国民党将领而受连累多年。于是，她写信给张高峰，求证历史真相。

　　4月8日，张高峰从八十九师驻地赶往台儿庄。激战后的大地显得异常宁静，田野上花盛开，沿途村庄却断壁残垣，十室九空，气氛很不协调。途中所见，证实这确是一次大捷，也确是一场血战。敌我双方战死者尚未及掩埋，尸横遍野。敌军着黄呢军装，戴黄褐色日式钢盔；国民党军池峰城部也着黄呢军装，颜色稍深，戴褐蓝色德式钢盔。因为天气转暖，有的尸体已经开始腐烂，散发着难闻的气味。张高峰轻轻地从长眠的中国军队战士身旁走过，默默地向他们致哀。

　　敌军仓皇逃窜，丢下的武器、弹药、食品、衣物俯拾皆是，还有瞎了眼或受了伤的马匹。张高峰在路上拾到两面写有"祈武运长久"字样的太阳旗和日军丢下的书信、酱油粉、罐头等，还有几个"千人缝"。"千人缝"是一种布质针线包，据说是日本士兵出征前，由家乡妇女一人一针缝制而成，表示对士兵的牵挂并祝愿他们安泰。士兵随身携带，缝补衣物时也能引起思乡报国之情。但她们不会想到，如今这些士兵却做了他乡之鬼。

　　走进台儿庄北门，满目惨烈，全镇4000多户民房几乎全部毁于炮火。许多地方余烟未尽，日军士兵的骨灰来不及运走，还堆在街上。逃难的民众正

扶老携幼陆续返回。留在镇内的劫后余生，惊魂未定，开始收拾家园。

令人惊奇的是，镇内邮局竟然已经利用两间倒塌的破房子恢复营业了！张高峰高兴地拿出笔记本，请他们盖上邮戳，上有"山东·台儿庄·二十七年四月八日"字样。这个盖有珍贵邮戳、具有重要纪念意义的小本子和他在台儿庄战场上捡拾的几件战利品，保存了近30年，直到1966年"文革"中被毁掉，十分可惜。

七、中共人物（五）

贰佰贰拾叁　陈扶民

陈扶民（1905—1948）字兆风，江苏铜山县人。江苏铜山第一师范毕业，早年参加西北军，后入陆军检阅使（冯玉祥）署学兵团炮兵科受训。历任国民一军第一师二旅炮兵营排长、连长、营附、总部炮兵营营长、炮兵团团长、钢甲车少将团长等职。

中原大战后，任第二十六路军（总指挥孙连仲）第三十师（师长张金照）第八十九旅（旅长黄鼎新）第一七七团中校团附。

抗战期间，任第三十军三十师八十八旅一七五团团长。1940年因共产党嫌疑，被孙连仲下令逮捕，获释后投奔日伪张岚峰部，任汪伪和平救国军第一军参谋长，伪第四方面军第八军第十四师师长。1943年10月10日被汪伪中华民国南京政府授予陆军少将。1944年，升任第八军军长。

抗战胜利后，所部被蒋介石收编。1945年8月，任国民党暂编第三路军（总司令张岚峰）副总司令兼第八军军长。1946年5月，任国防部保安第三纵队（总队长张岚峰）第一总队总队长。1947年任暂编第二十四师暂编五旅少将旅长，同年12月在解放军发动的平汉、陇海铁路破击战中被俘。

后被处决（存疑），时年43岁。

贰佰贰拾肆　丁　行

丁　行（1908—1948.9.19）山西夏县人。1927年8月加入中国共产党，曾先后两次组织夏县农民暴动，失败后潜入西北军池峰城部，以文书、上校秘书等身份从事党的地下活动。

1938年抗战初期，经池峰城同意，他邀请30余位文

学、文艺青年及作家成立了战地服务团，慰问前线将士。抗战胜利后，他奉命随第十一战区司令长官孙连仲北上。任第十一战区长官部军法处少将副处长（后改任保定绥靖公署军法处少将副处长），兼任河北省政府机要秘书（省主席由孙连仲兼任），同时，他又是孙连仲的家庭教师。丁行利用他的特殊身份，在从事地下情报工作的同时，营救了不少被捕的同志。

1946年初，北平军事调处执行部成立后，丁行即与中共代表薛子正、徐冰取得联系。在此期间，他多次提供国民党军队在华北战场上的兵力部署、作战计划及其他政治、经济方面的重要情报。1947年9月，被叛徒出卖被捕，但他始终坚贞不屈。

1948年在南京雨花台就义，时年40岁。

贰佰贰拾伍 杜新民（杜幼鼎）

杜新民（1903—1970.1.28）曾用名杜幼鼎，祖籍安徽凤阳县，母亲早亡，幼年随父辗转于亳县、济南等地，生活的艰苦，使他从小养成倔强、爱打抱不平的性格。他先入私塾，后考入山东省立模范小学。1919年，父亲去世，他被迫中途辍学，到北京当兵。1923年6月，他投入冯玉祥军队。

历任第十旅（旅长魏凤楼）司令部二等四级参谋、营长。宁都起义后，被编入二十六路军工兵营。他以探家为名，脱离该部，到察哈尔参加了冯玉祥组织的抗日同盟军，任第二挺进军军官教导队总队长，后任团长。

1937年10月，他在娘子关战斗中荣立军功，调任第二集团军二十七师一五七团团长。1938年春，参加台儿庄战役。1939年3月，加入中国共产党。

1940年3月，由于项乃光、彭少武的叛变，杜新民等人被捕，被软禁在河南省鲁山县二十七师留守处，与党组织失去了联系。1940年5月，孙连仲因查无实据，将杜新民、刘鲁民、张振林等人取保释放。他辗转到了商丘。驻商丘的伪和平救国军第一军军长张岚峰以西北军旧部关系，委任他为军部教导团团长。他于1941年2月与中共睢杞太（水东）地委派到张岚峰部任教导团上尉副官的王飞霄建立了联系。1942年6月，他由王飞霄、陈子良（1942年春打入张岚峰部）介绍重新入党。1944年3月，被任命为张岚峰十八师中将师长，在永城县（今永城市）酂城驻防。

1945年，八路军、新四军已在敌后对日军发起反攻，新四军四师已越过

津浦铁路西进，活动范围已接近杜新民部驻地。经中共冀鲁豫区党委同意，中共中央批准，十八师的起义工作由四师领导。四师先后派刘鲁民（化名王伯烈）、李杰（化名李俊彦）等20多人到十八师，刘鲁民充任师消费合作社主任，李杰充任师部便衣队队长。在十八师内重新组建了中共地下支部，杜新民任支部书记。

1945年9月20日（农历八月十五日），杜新民毅然举行了武装起义。9月23日，张爱萍、邓子恢、韦国清、张震、吴芝圃等联名给他写了贺信，信中写道："欣闻此次起义壮举，以告胜利成功，远道驰闻，极感兴奋。""吾兄多年为党进行秘密工作，在极艰苦困难的环境下，惨淡经营，终于创造出这样一支武装部队，并在时局转变的重要关头，毅然决然使之走入党的怀抱，肩起为人民为民主奋斗的旗帜，这是对党对人民事业的重大贡献"。

华中军区授予该部新的番号："中国人民解放军独立第二军"，杜新民被委任为该军军长。1946年5月，中国人民解放军独立第二军与华中野战军九纵合并，任第二副司令员。不久，调任华东军区高干研究院副主任，后又任华东军大副教育长。1949年6月中旬，奉命率校部、老干部团、学生团等到达苏州，与前方干部合并，担任第二总队教育长。

中华人民共和国成立后，历任南京防空司令员、中国人民解放军第十二步兵学校副校长、山东省人民政府林业厅副厅长等职。

"文革"中，受到污蔑和攻击，但他始终对革命充满必胜的信心。

1970年在济南逝世，终年67岁。

贰佰贰拾陆　范龙章

范龙章（1898—1972）字柳堂。河南汝阳县人。幼年在本乡读乡学，后因家贫辍学务农。1918年2月，经乡友介绍，赴陕西西安加入于右任领导的陕西靖国军当兵。不久升任排长。1920年调西安镇嵩军第四营当连长。因与上司发生冲突而于1922年3月擅自离营返回家乡，秘密组织绿林武装对抗官府。

1924年11月，随姜明玉被镇嵩军憨玉琨收编，任营副。1925年春升营长，年底又升团长。因函谷关阻击国民二军岳维峻部而名声大振。1926年春，随刘镇华参加围困西安，同年11月升旅长。1927年，镇嵩军被编为国民革命军第二集团军（总司令冯玉祥）第八方面军，升任师长。不久，他随姜明玉倒戈投向张宗昌。在山东曹县与孙良诚部大军对抗数月，兵败被俘，囚禁开封。

1929年5月获释，重回豫西。奉冯玉祥令组织豫西自卫军，任总司令。不久，由于伊阳县民团的反扑，撤离伊阳，被孙良诚收编为一个师，参加反蒋。1929年底，孙良诚失败西撤，他的一个师仅剩100余人。无奈，投奔万选才第六路军任旅长。中原混战中，万选才被扣押南京，他被河南省代主席李筱兰关押。未几获释，复回豫西收编民众武装。1930年，国民革命军二十路军总指挥张钫将范部收编为一个师，任范为师长。年底部队缩编，他任七十六师二二八旅旅长，驻开封一带。1935年4月授陆军少将。8月因案被撤职滞留南京，遂入中央军校高教班受训。

抗日战争爆发后，第二十路军改编为第十二军团赴上海抗日。他率部参加了上海八一三抗战。不久，十二军团被解散，范部编入汤恩伯的第十三军。他任十三旅旅长，参加台儿庄会战，旋赴江西参加瑞昌会战。1938年年底，程潜成立抗日自卫军，任范为第二十七纵队司令，归豫东游击司令杜淑指挥。

1940年，因反对杜淑与日军勾结，共同"反共"，遂越平汉线，进太行山区归二十七军指挥。1943年，庞炳勋集团军投敌，二十七军被击溃，范率所部二十七军两个营，由山西树掌镇突围，南渡黄河。是年8月，入第三十九集团军（总司令高树勋），任新八军新六师师长。

1945年10月，在河北邯郸协助高树勋起义。任民主建国军中将军长、副总司令。1946年10月，率民主建军国学习团赴延安学习。1947年1月15日，经申伯纯、金城、周子健介绍，刘少奇、周恩来、朱德等签字同意，加入中国共产党。

中华人民共和国成立后，先后在开封面粉厂、河南省参事室工作。

1972年病逝于郑州，终年74岁。

贰佰贰拾柒　方　飞（房焕章）

方　飞（1910.11.125—1976.7.28）原名房焕章、字斐卿，曾用名房环章、沛然、房飞庆、方飞，又名房飞，山东掖县（现为莱州市）西大原村人。1935年毕业于国立北平大学法商学院经济系。在日本留学时参加了中国留日学生进步组织"社会科学研究会"，积极撰写文章和出版发行进步刊物。1937年5月在山东济南参加中共领导的"济南市学界抗敌后援会"，10月在云阳参加中共领导的"青训班"。

1937年12月，一名吕姓同学找到方飞，他们俩去了第三十一师招考政治

工作人员那儿，受到池峰城的秘书丁行和另外一个连级军官的欢迎，遂加入战地服务团，后因工作需要，改名方飞，1940年加入中国共产党。

关于池峰城为什么要去西安招收青年进步学生到三十一师作政治工作，方飞在他的回忆手记中写道：

> 抗日开始时，该师驻河北省娘子关附近，受刘峙指挥，他接到命令向南撤退。路过娘子关，适我八路军向敌后挺进。池有民族感，颇觉惭愧，此时在该师的国民党政工人员，早已逃之夭夭。池对我八路军是很佩服的，他知道我军英勇善战是由于有坚强的政治工作，他想向我军学习，乃派其秘书丁行去西安招收青年政工人员。战地服务团在该师的一年工作中，可以自由地、广泛地宣传我党的抗日主张。

台儿庄战役后，参加了保卫大武汉之大别山血战。1939年1月在延安抗大第五大队敌军工作训练队高级班受训。1939年底任晋察冀边区冀中军区敌工部干事。1943年任冀东军分区政治部敌工科干事。1944年任中共中央晋察冀分局社会部冀东东北工作委员会秘书、冀热辽区党委社会部秘书等职。

1946年任冀东行署公安局情报科长、侦查科长、秘书主任等职。1948年任冀东区13专署公安处长、地委常委、社会部长。

1948年12月12日唐山解放后，历任唐山市委委员、市军管会市政办事处（即市政府）秘书长、市公安局副局长、市委纪律检查委员会书记、市政府监察委员会主任、市人民检察院检察长、市常务副市长、市人委党组副书记、唐山地委常委等职。市第一、二、三届人大代表，主席团常务主席。1958年任中国科学院河北省分院常务副院长、党组副书记等职。1962年底任唐山市委常委、市委党校党委书记兼校长。"文革"中遭迫害。

1976年在唐山大地震中不幸遇难，终年66岁。1982年获昭雪平反。

贰佰贰拾捌　方　纪（冯骥）

方　纪（1919—1998.4.29）现代著名作家，笔名公羊子，原名冯骥、冯文杰。河北省辛集市（原束鹿县）人，出身农民家庭。

在北平读书期间，参加一二·九运动。1936年加入中国共产党，并参加左翼作家联盟。抗战开始，先后在武汉、长沙、重庆等地做政治宣传工作。1939年从重庆

到延安，分别在中央党校、文协、马列学院和《解放日报》社工作。解放战争时期，在《冀中导报》工作，参加过土改工作队。抗日战争胜利后，任热河省文联主席。

中华人民共和国成立后，曾先后担任《天津日报》编委、文艺部主任，天津市文化局局长，中共天津市委宣传部副部长，天津市文联党组书记等职。

"文革"中受迫害致严重病残。1979年担任中国文联委员、作协理事。

1956年春，随长江三峡地质勘查队在长江中上游工作、采访，写了《长江行》《到金沙江去》《三峡之秋》等散文。他的散文以《挥手之间》（1960年10月，记录了毛泽东赴重庆参加国共和平谈判这一重要的历史时刻）影响较大。其他作品有：长篇小说《老桑树底下的故事》，中篇小说《不连续的故事》，短篇小说《来访者》，散文特写集《长江行》《挥手之间》，长诗《不尽长江滚滚来》《大江东去》，文学评论集《学剑集》等。

贰佰贰拾玖　戈　扬（树扬，女）

戈　扬（1916—2009.1.18）原名树佩华，笔名洛人、淮士。江苏海安人。1937年，毕业于江苏镇江师范学校。同年参加战地救亡工作。1938年春参加了台儿庄战役战地服务团。后到延安，在邓颖超领导下工作。1941年参加新四军，历任新四军新华支社主任、新华分社社长，新华社华中分社副主任、华东总分社副总编辑，新华社上海分社社长，上海《解放日报》驻京办事处主任、《新观察》主编，《鸭绿江》编辑室主任等职。

20世纪70年代末，重任《新观察》主编。1989年5月，滞留美国定居。

中国著名女记者、作家，与杨刚、浦熙修、彭子冈并称为"中共新闻四大名旦"。

2009年在纽约去世，享年93岁。

贰佰叁拾　郭雪萍（郭琴舫）

郭雪萍（1906.1.8—1941.1.28）族名铨基，原名琴舫，字雪萍，号岫夫，以字行。曾化名吴治平、丁渔等。四川威远县龙会镇詹家林人。广州中山大学社会系肄业，黄埔军校高级政治训练班毕业。

郭氏先祖于元末明初入川，世居东乡严家坝，其后

子孙繁衍，共分六大房。清道光年间，郭氏在城内首开"济沽"当铺，继后在荣县、资中、自流井、乐山开设当铺和钱庄，遂为荣威富一带富裕家族。祖父郭宏权，授中书科中书，"平易近人，凡有义举咸乐成之"。父名成彦，号英三，授国子监典籍衔，娶南乡秀才尹若清之女为妻，生育三子，郭雪萍居长。

自幼过继给大伯为子，六岁入郭氏私塾。九岁入本乡国民小学，接受新式教育。1920年考入威远县立中学校，正值五四运动，他与同学张挹骞、李君儒等人手持小彩旗沿街游行，还在"茶馆演说，宣传抵制日货"。他学业优秀，国文出众，同张挹骞、李君儒一道被同学称为"威中三学士"。后因带头组织学生反对校方克扣学生伙食费遭开除。

1922年初赴成都，先后就读四川法政专门学校和四川陆军讲武堂步科。后历任川军第八师见习官、第二混成旅三等军法正、少校营长，率队驻防蓬溪并代理过短时间的县知事。后回乡奔丧，不久结婚生子，取名振华（意在振兴中华）。

1926年初约好友张挹骞、李君儒等人一道去广州投考黄埔军校，因黄埔军校第六期改在武汉招生，随后考入广州中山大学社会系，张挹骞、李君儒经同乡张涤痴安排到黄埔军校特训班作文书工作。入校不久由吴玉章、谢独开介绍信加入中国共产党。同年夏初，经党组织推荐入周恩来任训练班主任的黄埔军校"高级政治训练班"学习。

1927年初训练班结束后，由孙炳文（中共党员）介绍到驻防湖北鄂城的国民革命军独立十五师任少尉连政治指导员，师长贺龙、师政治部主任周逸群。同年4月，随独立十五师参加了由武汉国民政府组织的第二期北伐。又随贺龙参加了南昌起义。部队被打散后，他带着枪伤由汕头逃往香港。同年底，伤愈后辗转回到家乡威远，与同期从广东回威的中共党员张涤痴、李君儒、张挹骞等人筹建中共威远县地下党组织。

1928年春由中共四川省委派往国民革命军第四十三军杨其昌师做兵运工作，随部队赴鄂西，任中共宜昌县委秘书。随后被派回四川做联络川鄂工作。同年9月，由中共四川省委派到涪陵任县委书记。1929年受组织安排去上海从事秘密工作。

1930年3月，在上海因叛徒出卖被捕入狱。次年初，经周恩来通过国际联盟和国际友人营救出狱，任中共江苏省军委巡视员。1931年夏，郭雪萍（当时化名吴治平）由中共江苏省委派往扬州县委指导工作。9月14日，由于县委军委周道生被捕叛变，他与陈辛樵、田景田、徐开林、周云、梅春芝、

张桂兰等10人被捕。1934年2月，由泰县监狱移送苏州"江苏省反省院"，接受所谓"强化学习"。

1935年3月，经陆军大学朋友吴正清、龚致和联名担保出狱。到南京陆军大学任编辑官。不久，由于文采出众被国民革命军第四师师长汤恩伯委任为师部秘书，主要负责代拟文稿和公文。

全面抗战爆发后，随第四师转战河北南口、山西沁县、沁源、长子、长治等地抗击日军。1938年3月参加徐州会战中的峄县、台儿庄战役。后参加武汉会战中的阳新、通山战役。在一次与日军肉搏战中，"门牙都被刺掉了两颗"。

1938年底在湖南衡阳成立"军事委员会军训部南岳游击干部训练班"（简称"游干班"），汤恩伯、叶剑英为正副教育长，他为游干班政治部第二科上校科长。其间，他与游干班第一期进步女青年杨剑芬结婚。

1939年下半年第三十一集团军司令汤恩伯奉命开辟和建设豫鄂边抗日根据地，成立豫鄂边区游击总指挥部，他被委任为游击总指挥部政治部少将主任，不久派任豫鄂边区游击队第五纵队指挥官，奉命率部赴位于鄂豫边界的枣阳一带开展游击战。1940年1月，他率队从日军手中夺回枣阳后，遂兼任枣阳县县长。

由于他与新四军来往及发展武装力量之事引起了国民党顽固派的高度怀疑，1941年1月22日在成都被捕，旋即于26日被押解到河南集团军总部驻地。同月28日清晨，汤恩伯未经公开审理，即下令将郭雪萍枪杀于河南漯河县坡陈村。遇难时年仅35岁。

2005年、2015年获中共中央、国务院、中央军委颁发抗战胜利纪念章。

贰佰叁拾壹　韩梅村

韩梅村（1901.12.8—1996.11.27）又名雪庵，湖南华容县塔市驿镇人，生于贫苦农民家庭。1921年到湘军中当兵，1925年2月考入黄埔军校第三期。后从中央军校军官团毕业。历任第五十二军二十五师参谋主任，1937年8月任第五十二军二十五师七十三旅一四五团团长，在平汉路北段阻击日军。1938年4月任第五十二军二十五师少将参谋长，参加台儿庄战役。6月调任第五十二军一九五师五六六旅少将旅长，参加武汉会战。1939年7月任第五十三军一九五师参谋长，参加第一次长沙会战。1941年10月离职赴广西养病。1945年

5月任昆明防守司令部少将高参兼直属部队指挥官，12月任东北保安司令长官部直属部队指挥官。1946年1月任热河省阜新市市长，7月兼任东北保安第三支队司令。

1947年5月1日在热河凌源"率其所属一部三个连举行战场起义，协助人民解放军扫清城内残敌"（1947年5月14日《黄海日报》）。

后任热河民主联军救国军独立第一旅旅长，东北民主联军独立第六师师长，解放军第四十八军一六一师师长。

中华人民共和国成立后，先后任江西省浮梁军分区司令员、江西省军区干校校长等职。1959年转业任江西省农林厅副厅长，南京市黄埔军校同学会副会长。1955年被授予解放军大校军衔。1970年离休。

1996年逝世，享年95岁。

贰佰叁拾贰　贾本甲

贾本甲（1905—1949）字晓东，山东省寿光县人。山东青州中学毕业。1925年7月考入西北陆军干部学校工兵队学习。1926年8月，国民军在南口大战失利，师生随军撤到内蒙古包头，全体学员提前毕业，他与部分学员继续西撤到五原，在新成立的国民联军军事政治速成学校继续学习。时值冯玉祥发动五原誓师，同年11月，被分配到国民联军第六路军韩复榘部，先后任差遣、参谋等职。与吴化文、傅瑞瑗等在参谋长李树椿手下共事。1929年3月，调任第三路军手枪团（团长雷太平）第一营（营长谢书贤）少校连长。1930年3月，手枪团扩编成手枪旅，任手枪旅（旅长雷太平）第一团（团长谢书贤）第二营中校营长。1933年1月，谢书贤调任鲁南民团军指挥，他升任手枪旅第一团团长，直至抗战开始。

1936年10月，入中央军校高教班第五期受训。1937年8月毕业后，日军沿津浦线南下，占领鲁北地区。他率手枪队保护韩复榘赴前线督战，途中与日军装甲车队遭遇，贾奋力掩护韩复榘突出重围，他腿部受伤。后任第二集团军（总司令孙连仲）参谋处作战科长。

1946年，任新编第十师副参谋长。1947年，任整编第八十四师（师长吴化文）副参谋长。1948年8月21日，第八十四师扩充为第九十六军，他任该军副参谋长。济南解放后，随部队参加了淮海战役，不久因病离职，在中共华东军区山东分局所在地青州疗养。

1949年春，在山东省人民医院病逝，终年44岁。

贰佰叁拾叁 蒋牧良

蒋牧良（1901.5.4—1973.2.23）原名希仲，后名牧良，笔名涟沛等；湖南湘乡县（今涟源市）杨家滩桥头蒋家冲人；家境贫寒，4岁丧父，5岁发蒙，读了7年私塾。12岁入县城求实学校读书。1916年布店倒闭，辍学到新化县一个矿山当小职员。他仍想读书，于是攒了点钱，又重新回到学校。1922年中学毕业。1923年考入长沙雅礼大学预科，后又转入武昌高等师范旁听。

1925年投军。参加了北伐战争。在旧军队干了5年，当了营部军需。他感到这样下去没有出路，于1930年春离开了部队，考上南京训练总监部司书。1932年到南京卫戍司令部当收发员。不久又调至国民党军事委员会第三厅副官室当司书，恰好与同乡张天翼共事。此时，张天翼已是有名的作家，张得知他对文学非常喜爱，便鼓励他拿起笔来。于是，他开始了创作生涯。

同年11月，他的处女作《高定祥》在当时最大文学刊物之一的《现代》上发表，获得读者好评，被认为是继茅盾《春蚕》发表后的又一篇反映农村生活的力作，受到鲁迅的关注。

七七事变后，与张天翼等从上海回到湖南，投身长沙文化界抗日救亡活动。1938年4月，由谭丕模介绍加入共产党。此后，他根据党组织的安排，到西北军孙连仲部第三十一师做统战工作。行动被发觉后，回到家乡。虽然与党组织失去联系，但仍以笔当枪，宣传抗日救国。1944年赴湘西，参与《中国晨报》的筹办并开始新闻编辑工作，先后担任《中国晨报》《中央日报》（湖南版）和《国民日报》副刊主编。

1947年春，他辗转上海、香港，终于与党组织取得联系，并于同年8月重新入党。协助周而复编辑《北方文丛》，参加茅盾主编的《小说》编委会。

1949年春，以新华通讯社特派记者身份，随解放军第四野战军转战鄂、湘、桂，撰写《歼灭自匪解放广西》等一批反映解放军辉煌战果的通讯报道，受到四野政治部的表彰。

中华人民共和国成立后，历任中央军委总政治部文化部创作员、《解放军文艺丛书》编辑部副主任、中国作家协会理事。1958年当选为湖南省文联副主席和作协湖南分会主席。

"文革"中，受到不公正待遇，党籍也被停止了。他坚信自己一生清白。

1973年2月，恢复了党籍，并任省文化组副组长，但恢复工作仅7天，他就一病不起。

代表作：短篇小说集《夜工》，小说、通讯集《铁流在西线》，中篇小说《旱》等。

1973年病逝，终年72岁。

贰佰叁拾肆　兰干亭（兰荣棠）

兰干亭（1918—1987.4.6）原名兰荣棠，山东招远欧家夼村人。北平大学法商学院毕业。1936年参加中华民族解放先锋队。1939年入延安抗大学习，同年12月加入中国共产党。毕业后分配至八路军一二〇师政治部。后任师政治部宣传部编辑科副科长、科长、晋绥军区宣传部科长，《战斗报》《战斗季刊》主编，辽吉省委《胜利报》编辑部主任、总编辑、社长，辽北日报社、辽北新报社、辽西日报社社长。

中华人民共和国成立后，历任辽西日报社社长，中共辽西省委、吉林省委常委、宣传部部长，吉林省委书记处书记、省委副书记，1979年底调安徽省任省委副书记，后兼宣传部部长，

1983年退居二线，1984年任中共安徽省顾委副主任。早年学习过世界语。热心世运。20世纪80年代积极支持安徽省世界语者开展活动，成立世界语组织，曾加入中国世界语之友会。

中共八大代表。

1987年在北京逝世，终年69岁。

贰佰叁拾伍　李　洁

李　洁（1907—1981.6.27）曾用名李树藩，又名李建中（李建平），出生于直隶省束鹿县（现河北省辛集市）的一个地主家庭。

1927年，就读于北平师范大学，在校期间加入中国共产党。1932年毕业后，按照党的秘密工作安排，前往青海、甘肃国民党马步芳部，任马步芳的生活副官，中尉军衔。1933年春，因出现叛徒，党组织通知尚未暴露身份的李洁转移，辗转返回北平。回北平后，参加了北方左翼作家联盟。

1935年12月，参加北平一二·九爱国学生抗日游行活动。1936年，加入中华民族解放先锋队，并担任民先出版刊物的副主任编辑工作。

1936年，被国民党当局逮捕，关入苏州陆军第一监狱。在狱中与其他党员一起坚持斗争，他蓄髭明志，留下了"胡子"的绰号，后被著名诗人公木写进诗篇《哈喽，胡子》。

1937年，抗日民族统一战线建立后，经党组织营救出狱，辗转来到延安，向组织汇报了出狱全过程，并入延安抗日军政大学第三期班学习，毕业后留校任教。

由于秘密工作、被捕等原因，李洁曾数度失去组织关系。1941年，他调延安中央党校工作，党龄从在中央党校填写表格之日算起。曾任中央党校副校长彭真的秘书和党校研究室研究员，后调任雁门区党委报社总编。1943任抗大宣传科干部。1945年，任晋绥野战军宣传科长。1946年1月，在集宁（西北战区）军事调处执行部三人小组担任参谋、秘书和翻译。

1948年，天津解放后，参加接收天津工作。1949年春，随中国人民解放军一野第三军进京，先后担任一野第三军教导团政治处主任、军政治部宣传部长。

中华人民共和国成立后，参加了由第三军干部为主的筹备装甲兵的工作，任装甲兵政治部宣传部长。1952年，任中国人民解放军公安军政治部宣传部长。1958年，转业至地方工作，任故宫博物院副院长、党委副书记。1960年，任副院长、党委书记。1978年，离休。

1981年6月27日，在北京逝世，享年74岁。

贰佰叁拾陆　廖运周

廖运周（1903—1996.5.11）原名廖冠周，冠洲，字冠渊，别号汇川，安徽凤台县廖家湾（今淮南市）人。河南中州大学肄业后即于1926年春考入武汉中央军事政治学校第五期炮兵科，南京军事学院（人民解放军）第一期毕业。在武汉军校学习期间，由中共著名兵运专家靖任秋介绍，加入了中国共产党。

历任国民革命军第二方面军直属炮兵团见习，第二十五师七十五团一营参谋。1927年8月参加南昌起义，任二十五师七十五团团部参谋、连长。南下潮汕失利后到南京，1928年奉派入三十三军学兵团从事兵运工作，因学兵团解散，回廖家湾建立了党支部，并发动了"六六"雇

工罢工。参加阜阳和正阳关武装暴动、参加发动芜湖兵变，在国民党军队先后任团部副官、师部参谋、连长、师部副官长、团长。1933年与中共失去组织关系。后升任国军少将旅长、副师长、一一〇师师长。中共一直重视包括廖运周师在内的原西北军冯玉祥部的争取工作。中共顺直省委、北方局、晋冀鲁豫中央分局、华东局、中原局乃至中共中央军委，于不同历史时期向廖运周部署任务，多次选派干部秘密进入一一〇师，帮助开展兵运活动，发展党员和进步力量。

1938年廖运周恢复中共组织关系，在其任师长的一一〇师建立中共秘密师党委。1946年任一一〇师中共地下党委书记。

1947年夏，淮海战役期间，邓小平指示廖运周积极准备，耐心等待，在最有利的时机起最大作用。1948年11月27日，廖运周率一一〇师师部和两个团5000人，在解放军炮火掩护下，经六纵让开的通道，迅速向指定的地区开进。黄维以为一一〇师突围成功，命令后续3个师沿一一〇师路线突围，当即遭六纵痛击，折回双堆集。廖运周率师起义成功，所部改编为解放军第十四军四十二师，廖运周任师长。

中华人民共和国成立后，他离开四十二师，1954年毕业于军事学院高级速成系，任沈阳炮兵学校校长兼党委书记，后转业任吉林省体委主任；民革中央委员，民革中央常委兼秘书长，黄埔军校同学会理事等职。

1955年被授予解放军少将。

1996年在北京逝世，享年93岁。

贰佰叁拾柒　刘兰斋

刘兰斋（1908—1940.12）河南濮阳县户部塞乡刘高庄人。曾就读濮阳师范讲习所，毕业后先在本县慈云阁模范小学，后在柳屯镇第三完全小学当教员。当时，由于薪金收入不多，无法养家，乃愤然和其弟刘文元同时投笔从戎。最初在北洋军阀步兵团部当文书，继升参谋、师参谋处长，后又任骑兵连长、营长等职。

1933年，参加塞外喜峰口、围场抗击日寇。4月，冯玉祥、吉鸿昌、方振武等在张家口建立察哈尔民众抗日同盟军，旋即收复多伦。但由于遭到日蒋的夹击，于9月底遭受解组。他觉悟到军阀可恨，遂解甲归里。在濮阳找到了中共党组织。1934年夏，由中共濮阳中心县委书记刘晏春介绍，加入共产党。他同张射斗、张鸿飞、张捷三等党员，在本县参加清理县财政事宜，数月内查出房科贪污12万5千余元巨款，县长张应麟不得不法办房科头目。1936年，

他得到党组织同意，打入二十六路军孙连仲部，后经老同事王冠五介绍考入南京中央参谋业务训练班，受训数月，复回二十六路军三十一师师部任机要参谋，后任骑兵连长，颇得师长池峰城之信任。

1937年底，刘兰斋返里与刘晏春研究，经冀鲁豫特委刘晏春请示山东省委组织部长张霖之批准，中共濮阳县地下党县委书记孔子凌和刘兰斋、郭启亮、刘奠西、刘岱、张桂兰等中共党员十四五人，率大中学生及小学教员200余名，由刘兰斋介绍加入孙连仲部田镇南第三十军，从事坚持抗战，坚持持久战，巩固和扩大抗日民族统一战线工作。由孔子凌、刘兰斋、郭启亮三同志组成工委。在骑兵连与二十六路军干训所内部，建立了两个秘密党支部。为掩护工委的工作，在骑兵连成立了学兵班，以孔子凌为班长，实践红军之传统作风，连长与士兵同甘共苦，财政公开，上下团结。

1938年春，刘兰斋奉命随池峰城参加台儿庄战役，他亲率骑兵连探敌后至山东峄县，并在台儿庄展开巷战。《大公报》将以刘兰斋署名的文章《我们是怎样打击日寇的》连载三天。刘兰斋还缴获了日军大佐的战刀一把，送给了当时三十一师参谋处长屈伸留念。后在大别山、大洪山诸战役中都有战绩，曾在该军传令嘉奖。后因中共党组织决定将不适于继续留在国民党部队工作的党员和进步学生，陆续分配去陕北或确山受训，而退出的方式则多为潜逃（开小差），尽由刘兰斋发给路证和川资，保护他们安全到达目的地。这更引起了三十军内部国民党的观察和注视。

1940年秋，骑兵连士兵郭水财的妻子被村里恶霸霸占，郭水财和地主作斗争，常到县政府去，国民党县长袒护地主，反而向三十军军长那里告了骑兵连长刘兰斋一状，说刘兰斋是共产党，借机将其投入监狱。当军法处审讯时，刘兰斋始终理直气壮，坚持立场，一一反驳，使审讯之法官理屈词穷。

1940年12月，瘦死在南阳狱中，时年32岁。

葬于南阳安皋镇，中华人民共和国成立后，他的烈士证由濮阳县迁移到开封市他的长子刘堤处。

贰佰叁拾捌　邱孝平

邱孝平，北平大学法商学院学生，1940年在西安被捕，不久即逃出，至西北联大继续学习，毕业后在四川做地下党工作。中华人民共和国成立后，任四川省南充医学专科学校校长。

贰佰叁拾玖　任　言

任　言（？—1985）又名任从言，北平师大教育系学生。1939年回延安，后在新华社工作。中华人民共和国成立后，任华南师院副院长，有多种著作。1985年病逝。

贰佰肆拾　申　伸（女）

申　伸（1920.3.20—2014.8.1）北京市人。卢沟桥事变后，正在上高一的17岁的申伸随父申伯纯离开北平，辗转来到武汉。1938年3月，父亲帮她联系去黄安的新四军训练班学习。训练班里大多是流亡学生，讲统一战线、游击战，申伸似懂非懂。学了不到两个月，申伸就到武汉找董必武办事处给安排工作，可是人太多，见不到董必武，于是他们就找到武汉青年救国团。4月底5月初，徐州会战，青年救国团要组织十三军（汤恩伯的部队）青年战地服务团，在武汉招人，说是去台儿庄，几个人连夜就参加了这个团，坐火车到了徐州。他们找了几间房子，安定下来，弄来很多书、小册子。战场上下来的伤兵到此休息。服务团里有书，给他们看；不识字的，给他们讲，给他们念。受伤的人需要赶快跟家里联系，申伸等人帮着写家信，士兵没钱，就自己掏钱买邮票。不久，他们跟着身边的军队往南撤，跑了好几天，总算突围出去。

她到武昌找到了父亲，这时候父亲正要跟鹿钟麟往河北走，她就跟着鹿钟麟的队伍到了河北。因为父亲是鹿钟麟部的政治部主任，申伸就留在政治部，帮助父亲翻译秘密电报，主要是给杨虎城的，还收听广播，帮助记录战区情况。后来，鹿钟麟遣散了政治部。

离开鹿钟麟部后，她跟着几个从鹿钟麟那里下来的人一起去了在深县的冀中抗战学院，当了少先队的教导员。

半年以后，从冀中抗战学院毕业，又到了冀中文协。后来，她来到晋察冀根据地司令部所在地城南庄，经组织部门介绍，去了在七祖院一二〇师的战斗剧社。在这里，她与同事导演成荫（山东曹县人，曾导演《西安事变》，曾任北京电影学院院长）结婚。

1947年11月调西北电影工学队赴东影学习电影。初时学剪接，旋即调任行政处党支部书记。

1950年任干部科长，党总支副书记。

1951年6月调任中央电影局人事室副主任，后改为干部处任副处长、处长。

1960年9月调电影工程学院负责全面工作。该院与电影学院合并成立电影工程系，任系主任。1961年春调任表演系系主任。

1966年初调任电影学院政治部主任、院党委副书记。

1972年秋调北京科学教育电影制片厂，先后任领导小组组长，党委副书记。

1978年调回北京电影学院，先后任领导小组副组长、党委副书记。

1983年离休。

曾参加编写《贺龙与战斗剧社》一书部分工作，又于1984年参加编写《成荫与电影》《论成荫》《电影学院四十年》等书的部分工作。

1993年获电影学院首届"金烛奖"。

2014年8月1日，在北京逝世，享年94岁。

贰佰肆拾壹 眭新亚

眭新亚（1917.11—2008）曾化名徐家俊、许谔、王富生，江苏丹阳云阳镇人。1933—1936年就读于丹阳县立中学。1936年秋考入南京市立师范后，与同学洪同寿（洪流）、程坤源同时参加中共领导的南京地下学联。在校内开展革命宣传和支援绥东抗战的活动，遭到班主任封开基（特务）的暗中搜查。

七七事变爆发后，自动辍学，参加丹阳青年救亡服务团（以下简称"丹救"），在丹阳城乡开展街头宣传、文艺演出和慰问负伤将士的活动。同年11月，随同"丹救"流亡队伍按照地下党指示奔赴抗战前线。经武汉八路军办事处（中共长江局）介绍，参与中共领导的十三军战地服务团，参加台儿庄大战和徐州突围。1938年7月在武汉加入共产党。先后在中共领导的江西省青年服务团、赣县抗敌后援会宣慰工作团和军委会政治部抗敌演剧队等进步团体，辗转战斗在赣北、赣南、赣东等国统区。1942年在上饶被捕，关押在上饶集中营。同年5月，参加茅家岭夺枪暴动越狱，去福建武夷山地区寻找中共福建省委游击队，但未能找到。1948年9月参加党的秘密外围组织"解放社"，为核心组成员之一，在中共茅山工委的领导下，从事迎接丹阳解放的地下革命斗争。

中华人民共和国成立后，历任中共丹阳县委秘书处调查研究组组员、省

丹中校委会主任、团委书记、政治教师、文教局（文化局）创作组组长、丹剧团编剧。

1983年1月离休，享受县处级政治生活待遇。离休后撰写了10余篇革命回忆文章在省、市报刊发表；同时参与文联工作，为中国戏剧家协会江苏省分会会员，丹阳市文联委员，丹阳市（县）戏剧、曲艺工作者协会第一、二届理事长，镇江市戏剧家曲艺家协会理事、顾问。

1942年创作的抗战歌曲《向太平洋呼唤》（词曲）在福建的《改进》杂志发表。1961年创作《欢迎中央卫生检查团》（词曲）在《镇江日报》发表。创作或与人合作创作丹剧和曲艺作品十余个。其中的小型丹剧《支农图》，参与江苏省现代剧目会演。丹剧《落户》参与江苏省社教文艺会演，发表于《江苏文艺》杂志。大型丹剧《雷电颂》参与镇江地区专业剧团会演，获创作二等奖。其被列入由江苏省戏剧家协会编写、中国戏剧出版社出版的《当代江苏戏剧家》。

贰佰肆拾贰　孙宗暄

孙宗暄（1917—1945.8）安徽怀远县草寺南圩村人。自幼寄居于县城姑母家，就读于乐群小学。高小毕业后因家贫辍学，经叔叔介绍至蚌埠商务书局当学徒，两年后回家乡草寺小学当教员。1937年初，随表兄沈立基（中共党员）奔赴延安，在安吴堡学习。1939年加入中国共产党，被派往国民党军队孙连仲部做秘密工作。

1940年7月，跟随八路军三四四旅进军淮上，开辟淮上抗日根据地，建立怀远县抗日民主政府，孙任县政府秘书，后又转任军事科科长、一区区长。孙宗暄任军事科长时曾深入县城日占区了解情报，八路军六八九团根据孙的情报一举端掉了城西日军据点，俘日军12人，缴机枪一挺。

皖南事变后，新四军主力部队撤离淮上，移转至皖东北坚持抗战，他奉命留下掩护伤病员，照顾不便转移的妇女干部和小孩。当时每天都有一二十名掉队人员找他联络，他及时将他们组织起来，转移出去，他家成为地下联络站。李丰平、董启翔等领导干部的孩子都是由他妥为安置并负担其寄养费。1942年4月转移到皖东北根据地。

1944年8月15日，随新四军四师在淮北半城誓师西征，收复津浦路西抗日根据地。宿怀县成立后，被委派为泚河区区长。

1945年7月8日，率泚河区队配合四师二十七团全歼古城伪军，缴获各种枪支300余支。同年8月底，在怀远新集阻击国民党地方反动武装时牺牲。

贰佰肆拾叁　覃异之

覃异之（1907.7.7—1995.9.17）原名异存，壮族，广西安定县（今都安）人，祖籍广西宾阳县。因小时聪明过人，老师为其改名异知。早年就读于私塾和中学。

1924年夏赴广州，入建国桂军军官学校第一期。1925年6月入黄埔陆军军官学校二期炮兵科，期间参加北伐。1925年1月任黄埔陆军军官学校第三期少尉副区队长，此间加入共产党。1926年1月任第四期入伍生第三团连、中队长。四一二事变后，离开黄埔军校。1928年去上海，不久与共产党脱离，更名异之。1928年入南京中央军校学习。曾任师参谋处科长，师部参谋、中央陆军军官学校中队区队长及副中队长。1930年任中央陆军军官学校教导第二师团附、营长。

1932年8月参加对红军第四次"围剿"，同年任第二十五师参谋处处长代理参谋长。1933年3月率部参加长城古北口抗战，任一四九团团长。同年10月赴江西参加第五次"围剿"。1936年3月入山西"围剿"陕甘红军，任西北"剿总"第十一纵队二十五师七十五旅一四九团上校团长。

1937年9月奉命参加平汉路北段对日作战，在保定保卫战中胸部中弹负伤。1938年3月任第五十二军二十五师少将参谋长，参加台儿庄战役。4月任该师第七十三旅少将旅长。同年7月参加了武汉会战。不久任第五十二军第一九五师中将师长，参加了第一次长沙会战。1942年4月任第五十二军副军长兼衡耒师管区司令。不久任中国驻印度总指挥部战术学校副校长。1944年回国参加衡阳战役。1945年初蒋介石钦点其任青年军第二〇四师师长。

1946年9月当选为三青团中央干事会干事，同年由青年军第六军整编为第二〇五师，覃异之出任整编师师长。1947年10月任东北行政长官部第八兵团副司令兼第五十二军军长。1947年9月选为中国国民党第六届中央执行委员。1948年3月当选第一届国民大会代表。11月任首都卫成副总司令兼江北指挥所主任。淮海战役期间，兼任总统府战地视察组组长，并当选为国民党中央委员。在任首都卫成副总司令期间，保护了大批革命人士，并掩护了号称御林军的其部下国民党首都卫成九十七师师长王晏清起义。

1949年去香港。同年8月与黄绍竑等通电反蒋，宣布脱离中国国民党，在香港起义并担任香港起义第一组召集人，主持政治、军事方面的联络和策反工作，12月全家回到北京。其后受副总参谋长李克农委派，返回香港继续

从事国民党高层将领的策反工作，后由于身份行踪的暴露，中共中央为了保护其安全，将其接回北京，从事土改工作。

历任水利部、水利电力部参事室副主任、主任，第二、三届国防委员会委员，全国政协第二、三、四、七届委员，第五、六届常委，全国政协第七届提案委员会委员，全国政协文史委军事组副组长，民革中央五、六、七届中常委，民革北京市委第八、九届主委，第十届名誉主委，民革第八届中央监察委员会副主席，北京市人大常委会副主任，黄埔同学会总会副会长，北京市黄埔同学会首任会长等职。

1995年在北京逝世，享年88岁。骨灰安放于八宝山革命公墓骨灰堂。

著有《第五十二军台儿庄抗战经过》《黄埔建军》《舒宗鎏等谈中山舰事件》《衡阳保卫战前后回忆》《蒋经国与青年军》《中国驻印军始末》（与人合著）、《古北口抗战纪要》（合著）等，遗作编入《覃异之回忆录》等。

贰佰肆拾肆　王西彦

王西彦（1914.11.22—1999.9.24）原名正莹，又名思善，小名余庆，浙江义乌青塘下村人，生于农村私塾教师之家。6岁随哥哥在一个名叫"西竺庵"的庙宇里上国民小学。不久，母亲病逝。父亲把年仅12岁的他送到义乌最早的官办学校绣湖小学读书。两年后考进刚刚起办的县立初中。

1930年在义乌初中毕业后到杭州民众教育实验学校就读。1933年入北平中国大学国学系读书，开始文学创作。

抗战初期，赴武汉参加战地服务团，到鲁南、苏北战地做民运工作。1938年10月，到湖南《观察日报》和塘田讲学院从事编辑、教学工作。1940年到福建永安主编《现代文学》月刊。1942年后，先后担任桂林师院、湖南大学、武汉大学、浙江大学等校教授。

抗战后期，开始写长篇小说"追寻"三部曲：《古屋》《神的失落》《寻梦者》。同时又写作"农村妇女三部曲"：《村野的爱情》《微贱的人》和《换来的灵魂》，但第三部未完成。1948年加入中国民主同盟。

中华人民共和国成立后，参加湘东和皖北的土地改革运动。

1953年担任上海《文艺月报》编委。

1955年后从事专业创作，发表了长篇小说《春回地暖》《在漫长的路上》（第1部）。

"文革"中，他和巴金等人一起关"牛棚"。平反后，他以参加社会活动和整理20世纪三四十年代作品为主。1984年，71岁的王西彦被选为中国作家协会上海分会副主席。1986年加入中国共产党。

1986年10月，任中国作家代表团团长，出访南斯拉夫，在南斯拉夫贝尔格莱德举行的国际作家会议上做了题为《文学应该相信自己的力量》的发言。

中国作家协会第二、四届理事。

1999年逝世，享年85岁。

贰佰肆拾伍　王志远

王志远（1907—1999）字振声，河北省滦县倴城王官寨（今河北省滦南县）人。1924年，入北京育德中学（原为冯玉祥创办的第十六混成旅军官子弟学校）就读，与彭雪枫(当时北京东城区我党负责人)同学并成"管鲍之谊"，积极参加了李大钊等同志领导的革命学生运动，为党的外围组织"育德同学会"主要成员。1925年五卅惨案发生后，彭雪枫和王志远带领育德中学的同学参加北京国民大会，抗议帝国主义的暴行。1926年9月，冯玉祥国民军与直奉军阀作战失利，育德中学在北京无法存在，王志远、彭雪枫和几个要好的同学转到教会开办的汇文中学就读，毕业后，考入北平民国大学。1932年，他抱着救国富民的强烈愿望，自筹经费赴德国步兵专科学校学习。其间，他积极在留德中国学生会中宣传我党的抗日主张，同国民党特务组织"兰衣社"进行了针锋相对的斗争。1936年初，回国途中，他专程去苏联参观访问、学习。6月回到国内，他没到国民党训练总监部报到上任，而是立即回到济南，与地下党员、第三路军二十师六十旅的书记长朱晦生接上了关系。以后，彭雪枫到济南与他会晤，他提出与彭雪枫同志一起回根据地工作的要求，但彭雪枫让他利用其兄王向荣任山东省政府委员、财政厅厅长的有利社会关系，开展地下革命工作，积蓄力量。随后，他接受山东省顾问、第三路军少将参议的聘书。由朱晦生同志领导，王志远出面，以原彭雪枫领导的"育德同学会"及"志宏坚拔"部分成员为基础，吸收了第三路军中一些中下级军官，组织了党的外围组织"知行学会"。

七七事变后，他又任山东省乡农学校军事干部教练养成所教育长，朱晦生任教育长办公室主任干事，利用这个教育机构为我党我军培养了很多的抗日武装的中、高级指挥员。王志远因调共产党员赵伊萍任宣传科长事，与当时政训处长余心清发生矛盾，被调任补充团长，朱晦生同志又随之任该团军需主任。

1938年7月，他任第三集团军少将高级参谋，并将朱晦生介绍给该集团军总司令孙桐萱任侍从秘书。仍在一起紧密配合，开展各项地下斗争。

1939年因"知行学会"组织暴露，王志远被免职，并被调往国民党中央训练团受训。1942年，朱晦生在郑州因工作不慎暴露被捕，经王志远全力营救保释，安全出狱。该年底，他被派往国民党第五十五军任副军长兼汴兰师管区司令。1945年底，调任第六十八军副军长。

解放战争中，1946年6月，中共汴郑工委成立，王志远由华中分局转到晋冀鲁豫中央局，在汴郑工委领导下，进行策反第四绥靖区刘汝明、刘汝珍部的工作。1947年春，组织上又调叶超同志来担任交通工作，经王志远签字担保，刘汝珍同意委任叶超为军部上尉副官。他还在执行中央局刘邓首长的指示，全力阻止1947年夏蒋介石密令二刘决黄河之堤，水淹鲁西南及苏北一带解放区军民，迟滞我军战略反攻的阴谋，使广大解放区及几十万根据地军民免遭水患。

1947年9月，按组织指示，他与朱晦生共同策动六十八军一一九师张公干团在鄄城起义。同时，他长期负责掩护以刘鸿文为书记、朱晦生为副书记的汴郑工委收集情报、营救被捕同志（曾一次营救19名区级党员干部）等工作，做出了重要贡献。

1949年5月3日，遵照叶超同志传达的二野刘邓首长关于瓦解刘部的第三条指示，王志远策动并亲自率领六十八军军部一部分、第八十一师全部及一一九师、一四三师各一部共7000余人，在江西弋阳参加中国人民解放军。同月，根据刘邓首长的指示，王志远率领40名将校军官赴南京第二野战军政治部高级研究班学习，而后任华东军政大学教员、研究班主任。1950年，南京军事学院成立，王志远先后任教导团参谋长、队列体育教授会副主任、队列技术教研室主任。

1951年1月，由张震、聂凤智介绍，经中共中央组织部批准加入中国共产党。

1958年2月，解放军南京军事学院大礼堂内春意盎然，时任国防部副部长、军事学院院长的廖汉生中将和政委钟期光上将，代表国防部部长彭德怀元帅，向159名"非党教员"颁授中国人民解放军军衔，曾经是国民党军中将的王志远被授予人民解放军大校军衔，是此次被授予的最高军衔。所谓"非党教员"，泛指曾在国民党军队中任职、起义、投诚后加入中国人民解放军的教职员。

1958年，任江苏省人民代表大会第二届代表，并于1964年连任第三届。

1963年，离职休养（正军职）。1988年，被授予二级红星功勋荣誉勋章。

1999年，在南京逝世，享年92岁。

贰佰肆拾陆　文　铭（文毓秋，女）

文　铭（1921.11.28—2010.8.20）女，满族，原名文毓秋，生于杭州驻防的旗人家庭。其父文成章，毕业于保定军校七期，是东北讲武堂、黄埔军校教官，病故于抗战期间。

5岁在保定入私塾，6岁时从保定迁居北京，入中法合办的孔德学校（即现在的北京二十七中），男女分校后入北平市立女一中。不久爆发一二·九运动，由于校长孙荪荃（谭平山的夫人）思想进步被捕，一中成了学生运动的中心。15岁的文毓秋参加了一二·九运动并成为交通员。

七七事变后，到武汉参加了位于鄂东黄安七林坪的红军训练班。在武汉参加了国民革命军第十三军战地服务团，到台儿庄前线。1938年5月在山东参加八路军一一五师，在文工团演话剧。解放战争时期，随第三野战军从山东到上海，转业到上海电影制片厂，后调到华东局宣传部，并在上海艺术学院担任领导工作。再后调到黄浦区文化局任编导，以副局级待遇离休。历次政治运动均受到冲击。

2010年于上海逝世，享年89岁，葬于上海革命烈士陵园。

5岁时的文毓秋

贰佰肆拾柒　邢剑五

邢剑五（1906—1966.4.4）曾用名邢容镜，河南省临颍县皇帝庙乡商桥村人。他12岁开始被雇到商桥车站铁路巡警所做童役，在村东小学当杂役。

1922年5月，他离家到冯玉祥部当兵。1927年5月，被任命为国民革命军第二集团军司令副官。在国民革命军第二集团军中，他接触到许多共产党人，受到了革命思想的影响，对军阀混战的统治政权感到心灰意冷，他毅然辞去军职，脱离旧军阀，解甲归田，回到家乡。

1931年春，邢剑五到国民党第二十六军担任十一师少校团副。因工作关系经常和军司令部总参谋长、中共地下党员赵博生（宁都暴动的领导者）接触。赵经常给他谈一些社会问题，让他看一些进步书籍，从思想上开导他。邢剑五逐渐产生了救国救民的思想，由于对国民党不抵抗政策不满，他再次解甲归田。

1932年，邢剑五得知国民党第二十九路军在长城喜峰口一带抗击日军的消息，就立即投奔该部参加战斗。不久，蒋介石下令二十九路军停止抵抗，部队解散，邢剑五又回到了家乡。9月，邢剑五获悉杜新民在抗日同盟军任团长，就马上北去，投奔抗日同盟军，并担任运输连连长。

七七事变后，邢剑五转战于河北窦店、琉璃河、涿州等地。1938年春，参加了台儿庄战役，同日军浴血奋战，战功卓著。1939年秋天，邢剑五随部队驻防临汝县，经团长杜新民介绍加入了共产党。

1940年3月，邢剑五所在部队的地下党组织遭到了破坏，他也因此被审查，由于没有证据，只得让他辞职回乡。1941年2月，在党组织的安排下，他担任了国民党驻商丘伪和平救国军教导团军官大队队长，按照中共冀鲁豫区党委和八路军总政治部的指示，他克服困难，在救国军第一军中建立了第一个中共党支部。1944年3月，邢剑五任第一军第十八师七十团团长后，不断利用各种关系向广大官兵进行爱国主义教育，使他们树立民族正义感，争取早日起义。

1945年9月20日，在国民党第十八师被新四军包围的形势下，邢剑五和杜新民在驻地永城宣布起义，开往豫皖苏抗日根据地整编，后被华中军区编为"中国人民解放军华中军区独立第二军"，邢剑五任第一旅旅长、第二军党总支委员。1946年5月，华中军区独立第二军与华东军区第九纵队合编，称九纵，邢剑五任七十七团团长。不久，又调任九纵司令部副参谋长，曾在灵璧、泗水一带与国民党部队展开战斗。

1947年春，邢剑五先后到华东区高级干部研究班、华东区党校和华东区军事政治大学学习。1948年8月，参加了解放济南的准备工作，他被任命为济南城区警备司令部司令员兼城区党委副书记，随军攻入城内。

1949年2月，他任华东区铁路警备司令部参谋长，6月转业，任济南铁路管理局公安处副处长兼党委委员。

1954年，任铁道部公安局第三处处长。次年5月，他又到铁道部设计总局东北设计分局任分局长。1956年分局改为铁道部第五勘测设计院，他任代理院长。1957年与第三勘测设计院合并，称铁道部第三勘测设计院，邢剑五

任副院长。

由于长期为革命奔波操劳，积劳成疾，1966年4月4日，在北京病逝，终年60岁。

贰佰肆拾捌 叶以群

叶以群（1911—1966）乳名志泰，原名叶元灿、叶华蒂，笔名以群，安徽歙县蓝田村上门上新屋人。少年在蓝田正谊小学念书，随后随父到杭州读书。

1929年高中毕业，曾因在《浙江潮》发表文章，号召青年学生以钱塘潮的汹涌气概，冲破社会禁锢而被捕。后经同辈族人叶元龙教授保释出狱。

1929年秋，留学日本，就读东京政法大学经济系。但他兴趣在文学，参加日本无产阶级科学研究会和中国问题座谈会，阅读和翻译了不少左翼文艺论著和进步作品，次年，负责建立东京"左联"支部，并团结东京"教联"和"社联"，成立"文化总同盟"。以华蒂为笔名发表文章，介绍日本进步作家和作品。后因参加东京中国留学生爱国反日活动，被迫回国。

1931年，在上海任左联秘书处干事和《北斗》《青年文艺》杂志主编。次年同丁玲、田汉等人一起加入中国共产党。同年被推为左联组织部长，主编左联机关刊物《十字街头》，负责组建左联安徽分会，主编《安徽学生》。

1933年，左联派他和丁玲、艾思奇（李生萱）等人成立"上海反帝大同盟"。

1934年夏被捕，次年9月，经族人叶元龙教授托人保释，后去西安。

1938年参加中华全国文艺界抗敌协会，任该会机关刊物《抗战文艺》编委。后根据周恩来的安排，赴重庆协助茅盾做了大量文艺领导和组织工作，有"茅盾的参谋长"之誉。

1946年赴上海创办新群出版社，出版文艺丛书。

1948年被派往香港主持文艺通讯社，开展对海外华侨文艺社团和报刊的文艺通讯及联络活动。

中华人民共和国成立后，先后任文化部对外文化联络局副局长。1952年调上海，任华东局和上海中苏友好协会副总干事，上海电影制片厂副厂长、上海市文联副主席、上海市作家协会副主席、上海市文学研究所副所长、《上海文学》和《收获》副主编等职。

因受"潘汉年案件"株连，被长时间审查。"文革"初期被迫害，跳楼自杀身亡，时年55岁。

在文艺理论方面造诣极深，著述很多，主编有高校教材《文学的基本原理》。著作有《创作漫谈》《文学的基础知识》《在文艺思想战线上》《鲁迅的文艺思想》等十多种。译作有《苏联文学讲话》《新文学教程》等。

贰佰肆拾玖　于怀安

于怀安（1903.10—1996.7.23）字敬斋，山东单县人，生于贫苦农民家庭。1920年投奔冯玉祥西北军，长期在西北军任职。参加了北京政变、北伐战争。1930年中原大战后，历任国民军第三路军手枪团连长，手枪旅营长，受其团长贾本甲（中共地下党员）影响，在济南驻防期间，多次掩护中共地下党活动。

抗战时期，任国民革命军新编第四师手枪旅第一团团长，率部积极投身抗战，参加了鹊山阻击战、柳河阻击战、台儿庄战役外围战、沂蒙山区第一次反扫荡、1942年初反扫荡等战役战斗，颇有战绩。1943年1月任国民革命军鲁苏战区新编第四师副师长，与八路军鲁西军区建立联系。后被迫随吴化文率部投靠汪伪南京国民政府，任汪伪军第三方面军第六军军长。

解放战争时期，所部被蒋介石收编，任国民革命军新编第五路军（总司令吴化文）第一军军长，1945年11月4日在山东滕县津浦路徐济段战役中，被新四军第二纵队第二师所俘。经教育后，任八路军山东军区高参，受中共指派积极开展对吴化文的教育争取工作。1948年9月济南战役后，历任由吴化文起义部队改编的中国人民解放军第三十五军代参谋长、第一〇三师长，积极协助做好起义部队的教育和参与对国民党军的策反工作。率部参加了淮海、渡江、浙江剿匪等战役，为人民又立新功。

中华人民共和国成立后，历任中国人民解放军第三十五军代参谋长、第一〇三师师长（政治委员彭胜标），浙江省军区第三军分区司令员等职。

1952年转业到地方工作，历任绍兴联合工厂厂长、绍兴市政协副主席、浙江省政府委员、绍兴市政协副主席等职。

1985年加入共产党，积极开展对台湾的统战工作。

1996年在绍兴逝世，享年93岁。

贰佰伍拾　张华俊（张师载）

张华俊（1912.11—1994.12）原名张师载，河北遵化县人，少年时随父母移居天津市，就读于天津南开中学。1933年考入清华大学，加入中共领导的中华民族武装自卫会、社会主义联盟等进步组织。1936年3月，在清华大学经蒋南翔介绍加入中国共产党。

他参加了一二·九抗日救亡运动，在姚依林等人的领导下，宣传共产党的抗日救亡主张。1938年在长沙党组织的领导下，他参加了八路军驻武汉办事处领导的战地服务团，后被调往中共湖北宜昌中心县委、城区区委任军事干事、区委书记并担任中共湖北宜都等二县党组织负责人，负责与国民党军事机关中的中共地下党干部进行联系，利用统一战线关系筹办战地工作人员训练班；后又调任中共湖北宜昌县委书记、中共湖北咸丰中心县委书记。利用教员身份领导当地革命运动，保存和发展党的组织，积极开展党的工作。

1941年，经鄂西、重庆等地，辗转到昆明西南联合大学复学，随后被党组织派往盘溪中学、宝秀中学、临安中学，利用教员身份负责开展建水、石屏等地党的工作，并相继任中共云南省工委委员、中共滇南工委书记、中共思普地委书记、边纵九支队政委等职。转战红河、思茅、玉溪、西双版纳等地区。

中华人民共和国成立后，历任云南个旧市第一任市委书记、市长和云锡公司经理。

1952年，进入云南省委党校学习后，先后调任国家二机部四局任教育处、总技术处长、成都电讯工程学院教务长、二系系主任兼党总支书记等职务。

1975年任云南省电子工业局副局长。

1980年后，负责筹组中国科学院云南宇宙射线研究所，任所党委书记。

1982年离休。

1994年逝世，享年82岁。

贰佰伍拾壹　张之强（曲茹）

张之强（1915.9—2005.4.24）曾用名璩含煜、曲茹，河南孟县人。

1936年在北平师范大学参加中华民族解放先锋队。全国抗战爆发后，参加支援二十九军的抗日行动。1937年被派到国民党三十一师、二十七师战地服务团做统战工作。1938年8月，加入中国共产党。1939年任八路军前总政治部宣传部干事，同年7月，被派到国民党三十军做统战工作。1940年到延安中央马列学院、延安中央党校学习。1942年任陕甘宁边区绥德警备区联络科科长。1944年任豫西军分区情报处处长。

1946年1月，起任晋冀鲁豫军区第四纵队政治部、敌工部副部长、部长，军事调处执行部临汾执行小组中共代表。1948年任豫陕鄂军政大学教育长。

1949年任第二野战军军政大学第一纵队政委。1951年任中国协和医学院军事代表、政委。1958年任中国医学科学院党委第一书记、副院长。1965年任卫生部政治部主任、党委委员。1975年任卫生部副部长、卫生部党的核心小组成员。1982年离休。

2005年4月24日，在北京逝世，享年90岁。

贰佰伍拾贰　章一梁

章一梁（？—2002）他一生聪明绝顶，记忆力过人。他可以把毛泽东的《为人民服务》《矛盾论》《实践论》等背得只字不差。

早年，他曾在国民党军队战地服务团与著名演员张瑞芳等共事，为《新华日报》和邹韬奋主办的《全民抗战》杂志写过不少通讯和报道。他曾几次决意北上延安，终因各种原因没有成行。后来，他自学成才，以第一名的成绩毕业于国民党中央政治大学财政金融高等科。经考试，他担任了美国陈纳德民航公司的会计主任，持有蒋介石的委任状，陈诚介绍他们集体加入了国民党。这段"反革命"的历史让他在"文化大革命"中饱受折磨和煎熬。

1948年，他带领全家去了香港。在中华人民共和国成立之时，他又迫不及待的怀着满腔的爱国热忱，义无反顾地举家迁回北京，后被安置于鞍山钢铁公司。

1954年，他在鞍钢独创了班组经济核算法，在全国各行各业推广，并著书立说，为国家节约资金数百万元，被载入财会史册。美国著名经济学教授

史库森称，这是一切经济责任制的雏形。他还先后翻译了100多万字的美、英、日、俄的财会书籍，在财经方面颇负盛名。

"文革"时期，他被戴上了"历史反革命""反动学术权威""牛鬼蛇神"的大帽子，到处游街示众。

1973年底，章一梁获得平反。在他七十寿辰之时，加入了中国共产党。

译著有：

1. 章一梁译：《冶金工厂资产负债表及其分析》（А.И.瓦路也夫著），重工业出版社，1956年。

2. 章一梁译：《再生金属收购系统的会计核算》（М.П.别尔科维奇、Е.П.鲍特著），重工业出版社，1956年。

3. 王为民、章一梁等译：《冶金生产组织》（И.А.普利马克等著），冶金工业出版社，1959年。

译文：苏联里伯涅赫塔钢管厂轧制车间实行的《班组节约核算账》和彼德洛夫斯基冶金工厂轨梁车间的《班组节约核算账》两篇有关班组经济核算方面的文章。

贰佰伍拾叁　赵　石（赵儒洵）

赵　石（1914.4.29—2009.4.12）原名赵儒洵，曾用名张一民，河南省荥阳县汜水镇（现荥阳市汜水乡）赵村人，生于书香门第家庭，他七岁开始读私塾。1925年7月，考入郑州第一完全小学。1928年春，考入开封河南省联合中学，暑假时转到河北保定育德中学读书。1929年，由陈来茂介绍秘密参加了共青团，陈来茂被学校开除后，他失去了团组织的联系。1930年初冬，联络同学发起组织了秘密的班会和班联会，并担任班会和班联会主席。

九一八事变后，担任抗日宣传队队长，后来又担任育德平民学校的教员。1934年暑期，考取清华大学和北洋大学的电机工程系，他选择了清华。一二·九运动中，参加游行并担任交通联络。1936年春，任《清华周刊》总经理，负责《清华周刊》的出版发行；年底，由共青团员转为共产党员。1937年初的寒假后，在清华党支部书记吴继周动员下，被选上十级级会主席，不久他又担任了清华大学出席北平学联的代表。1937年5月，被选为清华暑期学生会主席。

七七事变后，和清华民先队员、清华暑期留校学生及西郊农民代表慰问

二十九军守城官兵，其后他又代表北平学联前往保定前线慰问何基沣将军的三十七师官兵。1937年底，正式告别了清华，投笔从戎，奔赴抗日战场。

第十三军青年战地服务团受长江局军委和湖北省委双重领导，他被指定为团长兼中共党团书记。1938年2月服务团在集中培训后到河南许昌十三军驻地报到，后随军赴徐州前线。台儿庄战役期间，带领全体团员，冒着枪林弹雨到前沿随军服务，组织开展多种形式的战地宣传和慰问，并向当地居民宣传全民抗战。1938年6月，到湖北省委党训班第三期学习，任第四期训练班主任，省军委干事；12月，组织委派他到鄂西北地区从事地下党工作，先后任湖北均州中心县委、荆（门）当（阳）远（安）地委书记。

1940年7月，鄂西北地区沦陷后，被派往延安。他在马列学院、中央党校学习期间担任支部书记、学习干事，参加延安整风学习。补选为七大代表，任大后方代表团湖北组副组长。

抗战胜利后，主动提出到东北根据地工作。1945年底到东北后，先后任中共辽西省委宣传部副部长、蒙古工作团团长、中共辽吉省哲里木盟（今内蒙古通辽市）地委书记、骑兵二师政委、哲盟政府党团书记等领导职务。

东北解放后，先后任中共辽北省委委员、宣传部长，中共辽西省委常委、宣传部长、组织部长，兼任中国新民主主义青年团辽西省筹委会主任，辽西省文学艺术界联合会主任等职。

1952年后，历任东北人民政府贸易部副部长，抚顺（时为直辖市）市委书记。

1954年，下放基层。其后曾任沈阳中捷人民友谊厂机修车间副主任，沈阳第三机床厂副厂长。1979年经辽宁省委复查和中央组织部批准，恢复原行政七级级别，予以平反。虽然受到长达25年的不公正待遇，"文革"期间又屡受迫害，但坚持实事求是的态度。

此后，先后当选为辽宁省工会主席、党组书记、中华全国总工会主席团成员。

1985年离休后，曾任东北解放战争史研究会理事长、《辽沈决战》东蒙写作组组长、辽宁省人大常委会机关离休党支部书记、辽宁省气功科学研究会理事长、中国气功科学研究会副理事长等职。

中共十二大代表。第五、六届辽宁省人大副主任。

2009年逝世，享年95岁。

贰佰伍拾肆　朱晦生

朱晦生（1904.2.1—1948）乳名春官，学名熙祥，字善初。陕西朝邑县（今陕西大荔县）平罗朱村人。其父朱序馨系清光绪年间贡生，曾在商州任州同。后退坐塾馆。他自幼随父读书，好学上进。13岁时，父母相继去世。家道从此衰落，无力继续求学，只好以给人家放牛谋生，后又到大荔县城内念点书局当学徒。18岁时，在澄城县席家庄小学教书。由于收入微薄，生活难以为继，每临学校放假，就去充当"忙工"。他白天做工或教书，晚上自学。还练出一手出众的毛笔字和熟练的篆刻技术。

1926年冬，共产党员李子谦受组织派遣，回家乡朝邑开展工作，着手筹建国民党县党部。由于朱晦生在高明一带影响较大，追求进步，李子谦便很快结识并介绍他加入国民党，参加党部的筹建工作。1927年初，朱晦生和党克俭受李子谦（公开身份是县党部常务）委托，以朝邑县党部代表的身份，列席了国民党陕西省第一次代表大会。回朝邑以后，他在家中土地庙前写下一副对联："耕者要有其田、民生完全靠地"，横额是"劳农神圣"。

1927年6月，经李子谦、党文伯介绍，加入了中国共产党。

大革命失败后，朱晦生从国民党县党部撤出。同年9月，朝邑县共产党的负责人李子谦被捕，朱晦生失掉了与上级党组织的联系。不久他与张重义、党文伯等通过吴卜亭又和上级党组织接上关系，以教书为掩护，继续进行活动。

1928年春节前，朱晦生与张重义串联了20多名进步青年，组成了一个业余剧团——哀鸿剧社。每次他都要在戏台两旁写一副对联："哀鸿遍野嗷嗷待哺，赤地千里民不聊生。"

1928年夏，陕西各地的武装起义相继失败后，国民党陕西当局疯狂搜捕镇压共产党员和革命志士。朱晦生再次与组织失去联系。他投亲访友，经人介绍，他担任韩复榘部下20师119团迫击炮连司务长。后因他精文善写，又先后调任文书和准尉司书、书记官等职。

1936年6月，朱晦生联络了王志远等原育德同学会的进步军官，以换贴交朋友的形式，在济南秘密成立了抗日救亡团体"志宏坚拔"，后改名为"知行学会"。

七七事变后，大批平津学生涌进山东，韩复榘把这些学生集中起来，开办了"乡农学校军事干部教练养成所"，朱晦生任办公室主任。根据彭雪枫的指示，他和王志远安排地下党员赵伊萍等人到聊城协助范筑先组建抗日武装，

并派知行学会的郭武林带领20余名学员到胶东参加游击队。他还通过知行学会筹集了14挺机枪，40箱子弹援助范筑先的抗日活动。

1938年春，朱晦生听到家乡的共产党组织已经恢复，遂以探亲为名，赶回朝邑，与县工委取得了联系，恢复了他的组织关系。此后，他又参加了安吴青训班。学习结束后，他又协助朝邑县工委在县城内创办了"七七书报社"作为抗日的宣传阵地和党的秘密联络点。他以国民革命军第三集团军第十二军第二十师少校副官处长的公开身份，一面为报社筹集经费，一面与县政府、县党部及当地驻军交涉，使书报社取得了合法的地位。同时，他与妻子王奋生分别担任报社股东和负责人。

1938年10月，经王志远等人推荐，朱晦生担任了第三集团军司令孙桐萱的随从秘书，为孙桐萱处理信件、电报，并起草文稿。他利用自己的特殊身份，积极做孙桐萱的统战工作。在他的影响下，孙桐萱赞同共产党的抗日主张，拥护国共合作，工作很快打开了局面。1938年冬，新四军游击支队司令员彭雪枫派人到郑州筹集棉军服和武器弹药，经朱晦生、王志远与孙桐萱联系，得到孙部大力支持，为游击队解决了一个团的过冬用品。次年仲夏，彭雪枫又派刘贯一到第三集团军募捐，孙桐萱听了

朱晦生的介绍，在家中设宴招待了刘贯一，并以5000元现款相助。朱晦生还通过知行学会，发动进步军官为游击队筹集了2500元现款、200余支长短枪和20000发子弹。

朱晦生的活动引起了特务的注意。1940年夏，重庆派一名少将特派员，以视察党务为名，到郑州对朱晦进行秘密侦察。国民党苏鲁豫皖党政分会主任汤恩伯也曾电令孙桐萱立即将朱晦生押送分会，孙桐萱不软不硬地将汤顶了回去。在这险恶的环境中，朱晦生随机应变，多次化险为夷。

1941年，孙桐萱去重庆晋见蒋介石，朱晦生随同前往。冯玉祥的副官送他一部《资本论》，他非常高兴，戴着1200度的近视镜彻夜阅读。1943年，他还获得了世界语的高小毕业证书。朱晦生从未间断书法的练习，他师法魏碑。他的篆刻技术又得力于书法。他曾用木、石甚至肥皂，多次仿制敌人各种证件上的印鉴，达到以假乱真的地步，在敌人的关卡上通行无阻。

孙桐萱的抗日行动遭到国民党反动派的敌视。1943年3月，孙被撤职，软禁于重庆。朱晦生以老部下的身份去重庆探望。这期间，他经内线介绍，曾秘密地到八路军办事处。八路军办事处的负责人董必武听了朱晦生的汇报后，指示他坚持"隐蔽精干，长期埋伏"的方针，就近与党组织联系，接受任务，开展工作。回到河南后，进入了国民党苏鲁豫皖敌后工作研究室，任

第一组中校副组长。

1945年9月，国民党反动派纠集重兵进犯华东解放区，企图打通津浦路，进军华北、东北。第十九集团军前进指挥部任中校军需科长的朱晦生随军进驻滕县。

为了回击国民党军队的进犯，新四军发起津浦路战役。战前，朱晦生接到内线通知，奉命秘密地赶到临河新四军部汇报情况。他就敌前进指挥部的情况向陈毅军长做了通宵汇报，然后又根据陈毅的指示，返回滕县，和打入九十七军的地下党员，搜集该部连以上驻地的工事、火力配备、口令旗语、灯光信号及地图密码，当晚又赶往临河汇报，受到陈毅军长的称赞。

1946年6月，中共华中分局决定在开封成立中共汴郑工委，统一领导这一地区的地下斗争。朱晦生任工委委员、军事部长，主要负责瓦解国民党军队和搜集情报工作。解放战争爆发以后，为联系方便，汴郑工委改由晋冀鲁豫中央局领导，军运工作的主要对象是国民党六十八军及八十一师。八十一师原属第三集团军，有朱晦生长期工作建立的基础。六十八军原系西北军，军长刘汝珍在苏联学军事时和刘伯承是同学，副军长即是王志远。地下党组织决定朱晦生深入虎穴，将刘伯承的一封信交给刘汝珍，刘汝珍态度暧昧，只表示愿意和共产党交个朋友。朱晦生毫不放松，深入做基层工作，不久即争取一个团起义，余部在1949年渡江战役中主动向我方投诚。

由于刘邓大军强渡黄河南下，敌人更加疯狂地搜捕和镇压革命力量。汴郑工委由于处境险恶，按上级指示撤至解放区。朱晦生同志为了迎接解放，仍然单独留在开封，他一面积极做国民党军队内的统战工作，一面从各方收集敌人的情报。1948年春节前后，朱晦生曾两次冒着生命危险到解放区汇报情况，为开封的早日解放做着准备工作。清明节时，朱晦生又不顾危险带着收集到的情报，第三次到驻沈丘县直河头的豫皖苏区党组织汇报，在返回途中失踪。党组织得知情况后，曾派多人寻找，但杳如黄鹤，没有下落。终年46岁。

中华人民共和国成立以后，经民政部批准，追认朱晦生为革命烈士。

第七章　台儿庄外围禹王山血战中的中共党员

台儿庄大捷后，日军不甘心失败，立即从平、津、晋、绥、苏、皖等各战区调集了十三个师团二十余万人，兵分六路向徐州进攻，企图一举包围歼灭大量调集的第五战区中国军队，台儿庄危在旦夕。李宗仁急电蒋介石，指名请求调派精锐滇军第六十军火速驰援。

当时，第六十军属武汉卫戍部队。蒋介石接到李宗仁的急电后，立即叫武汉卫戍总司令陈诚与卢汉商谈。陈诚征询卢汉意见，卢汉回答得很干脆："军人以服从命令为天职，统帅部叫去哪里，就去哪里。"

第六十军于4月17日离开武汉，卢汉是在部队开拔后离开的，但他是乘坐统帅部为他调派的专列，所以先部队到达徐州，面谒李宗仁请示机宜。至此拉开了滇军血战台儿庄禹王山的序幕，六十军付出了重大伤亡，取得了禹王山大捷。对于台儿庄禹王山抗日这一仗，云南省政府主席龙云也态度坚决，电告军长卢汉：

"须知目前鲁南之战，已成为中日相争之焦点，胜负攸关，无论如何牺牲，必留为中日战争史上最光荣之一页也。愿互相奋勉，以获得最后之胜利为要"。[1]

当时的日本报纸评论说：

自"九一八"与华开战以来，遇到滇军猛烈冲锋，实为罕见。[2]

台儿庄一役使第六十军为滇军抗日谱写了最光辉的篇章。

---

[1] 云南省档案馆馆藏档案，龙云4月28日电（二）。

[2] 唐纯良等：《中共与国民党地方实力派关系史》，第28页，人民出版社，1995年。

一、中共与滇军的统一战线

中国共产党与滇军的联系有着悠久的历史渊源。早在二十世纪初叶，朱德、叶剑英就受训于云南讲武堂，朱德毕业后即在滇军中任职，在昆明参加了云南重九起义和讨袁护国战争，他们与滇军中的许多将领有着密切的联系。中国共产党创建后，十分重视对滇军的工作。

中国共产党从各个历史时期党的总任务、总目标和滇军的实际情况出发，对滇军展开了大量的、长期的、卓有成效的团结争取工作，创造了成功的经验，是新民主主义革命时期党的军运工作和对地方实力派工作的重要组成部分。为了推动国民党进行民主主义革命，准备北伐战争，中国共产党在国民党军队中广泛展开了政治工作，帮助其提高部队素质，培养军事干部，鼓励和支持官兵投入国民革命。在滇军中，1924年9月，党组织在驻粤滇军杨希闵部展开工作，发展了总司令部参谋、进步青年军官赵醒吾入党，之后，赵醒吾和进步军官赵镕一起，利用云南同乡关系，打入驻赣州的北洋军阀吴佩孚守军杨如轩、杨池生部，进行争取工作，为北伐军出师打通赣南通道起到了重要作用。北伐战争开始后，又动员杨如轩、杨池生部加入了国民革命军。

驻粤滇军朱培德部编为国民革命军第三军后，成为北伐的一支重要力量，为了提高部队的思想政治素质，为北伐进一步培养革命力量，中国共产党大力加强了对第三军的政治工作。在中共党组织的帮助下，第三军建立了军、师、团、营、连各级政治工作机构，党组织先后派朱克靖、赵适然、赵济、吴少默、陶光潮等到该军担任政治部主任和党代表，在全军广泛展开对滇军官兵的宣传教育工作。

与此同时，驻广西平马的滇军范石生部，亦被改编为国民革命军第十六军。党组织先后派党员韦义光、王振甲、夏崇先、马季唐、赵薪传等到该军工作，建立了政治工作和党代表制，展开政治宣传，改进军纪，改进部队与地方民众的关系，为加强滇军建设、提高官兵素质起到了积极作用。

四一二反革命政变后，根据中共党组织的指示，第三军和第十六军中的党员陆续撤出，进行疏散转移；云南由于一度处于军阀角逐权利之争中，因此中共党组织在滇军中的工作一直持续到1928年1月，龙云在击败胡若愚，取得在云南的稳固统治权之后，他追随蒋介石，组织"清共"委员会，搜捕共产党员和革命者，并下令撤销各师政治部，逮捕各师政治部中的共产党员。这时，云南党组织才迅速撤出了在滇军中工作的党员。

大革命时期，中国共产党在滇军中展开的工作，为宣传革命，推动北伐起了积极的作用，在滇军官兵中产生了深远的影响，探索了党的兵运工作的经验，为以后的滇军工作打下了基础。

九一八前后，中共党员费炳及进步青年朱家壁等从黄埔军校第八期毕业，分回云南教导团（前身是云南讲武堂）、昆明军分校等滇军部队。他们团结进步官兵，参加抗日救亡活动。1935年和1936年，红军长征两次经过云南，党中央、中央军委和地方党组织通过各条渠道写信给龙云和滇军将领，宣传团结抗日主张，产生了一定的影响。①

七七事变后，蒋介石在全国各族人民的强烈要求下，被迫接受了中国共产党抗日民族统一战线的主张，表示团结抗日，8月，在南京召集各省首脑商讨出兵。中共为推动滇军出兵抗日，在云南省政府主席龙云途经西安时，周恩来、朱德、叶剑英会见了他，并同机赴南京。会议期间，朱德、叶剑英以

1938年叶剑英（右一）与罗炳辉（左一）等在武汉八路军办事处。

---

① 中共云南省委党史研究室：《综述》《中国共产党在滇军中的工作》，第1—5页，云南人民出版社，1993年12月。

云南讲武堂同学和滇军旧僚的关系，与周恩来一起和同时参会的龙云进行了会晤，交谈合作抗日，并商定电台联系。[1]龙云还提出准许他派人到八路军中学习游击战术的要求，朱德当即表示欢迎。这些工作为以后中共和滇系地方实力派的稳定联系奠定了基础，坚定了龙云的抗战决心，统战工作取得了初步的成效。

龙云回滇后即开始组建抗日出征的云南部队，仅用了28天时间，就将滇军中战斗力较强的六个旅组编成国民革命军第六十军，作为第一支武器装备精良、军容整齐的出征部队，以卢汉为军长，管辖三个师：一八二师，师长安恩溥；一八三师，师长高荫槐；一八四师，师长张冲；共计六个旅和十二个团。部队刚刚组建完毕，蒋介石即令"滇省军队，务望从速出动为盼"。龙云回到昆明时，还召集军分校学生讲话，号召大家报名去八路军中学习，在军分校的地下党员费炳和他组织的"读书会"的进步青年带头响应，后因国民党省党部和滇黔绥靖公署政训处的阻挠没有成行，但在滇军中留下了影响。

1937年10月5日重阳节，第六十军在昆明巫家坝军营誓师出征，昆明各界各族群众献旗相送。全军将士庄严宣誓："我们要发扬云南护国主义之精神，杀尽倭寇，保卫祖国，还我河山！"在雄壮的出征歌声中，第六十军开赴前线。从昆明出征后，步行40余日，跋涉2000多公里，奉命抵达长沙。蒋介石对这支生力军颇为重视，电令龙云力促卢汉"率部兼程驰进，赴京增援。"保卫南京。11月中旬，六十军由长沙登车，经粤汉路，浙赣路开往浙江，龙云去电激励将士要"努力从事，是为至盼"。当六十军先头部队抵达金华、衢县时，南京已告沦陷。部队奉命迫回武汉待命，于1938年元旦抵达武昌。

六十军抵达武昌时，正值首都南京陷落，全国笼罩在一片"亡国"的阴云之中。当时国内外舆论认为，蒋已无一支像样部队可以开赴前线对日作战。因此，蒋特命六十军在武汉去孝感、花园、武胜关一带整训之前，将军容威武整齐，训练有素的六十军各师，从江汉码头过渡后，顺汉口繁荣闹市绕行一周，借此安定人心。以向外国人显示、张扬中国抗日军队，还有一支装备精良的由南方夷（彝）族将领统帅的精锐部队尚未开赴前线。

杜聿明后来在《蒋解决龙云的经过》一文中说："当时我曾在湘潭附近遇到龙云的部队，觉得'中央军'同这支'云南军'比起来，军容上似有逊色。"

---

①湖北省委党史资料征集编研委员会：《抗战初期中共中央长江局》，第19页，湖北人民出版社，1991。

缪云台①在回忆录中则说：龙云主政云南以后，"经过10年努力，到抗战时期，滇军素质已成为全国之冠"。蒋的德国军事顾问在参观了滇军在汉口的展示后对蒋说："卢汉率领的滇军是中国最精锐、最有力的部队！"

在武汉整训时，卢汉军部驻孝感，安恩溥一八二师驻孝感郊区，高荫槐一八三师驻河南信阳，张冲一八四师驻广水县鸡公山、武胜关一带。

期间，滇军故乡云南的各族百姓，又给六十军输送来了三个补充团。于是，军部和各师都增编了工兵、辎重通信等直属部队，设立了后方医院、野战医院。六十军的军力大增，编制更加健全。

1938年，周恩来和王明、吴玉章、罗炳辉在汉口合影。

蒋介石为了表示对这支部队的关心，特意派了德国顾问斯达开等人帮助部队训练，传授军事技术。斯达开到一八二师教炮兵战术，史托茨纳教通信，包尔教连以下的步兵战术，特别是班、排的战斗动作。这些德国顾问为了显示自己的水平，训练部队相当卖力。蒋介石还让部队营以上军官轮流到珞珈山军官训练团受训，让卢汉兼任训练团的大队长。

在此期间，中共驻武汉办事处的周恩来、叶剑英等领导人常到珞珈山训练团讲话，六十

---

①缪云台（1894.3.23—1988.9.3）著名爱国民主人士和政治活动家；原名缪嘉铭，字云台，云南昆明人；1913年留学美国堪萨斯州西南大学、伊利诺伊大学、明尼苏达大学。1920年回国后任云南个旧锡务公司经理，云南省政府委员兼农矿厅厅长等职。抗日战争期间任国民参政会参政员，云南经委主任。1946年参加重庆政治协商会议。1947年任国民政府行政院政务委员、国大代表、立法委员。1950年赴美国，1979年回国定居。曾任对外经济贸易部特邀顾问，中国国际信托投资公司董事。1983—1988年任全国政协副主席。出版有《缪云台回忆录》。

军的将官都听过他们的讲话，对他们的印象很深。六十军驻孝感期间，与中共驻武汉办事处来往很多，罗炳辉将军曾专程到孝感探望老乡卢汉将军，又到武胜关与张冲将军叙旧。张冲生病住医院，办事处的领导曾亲到医院探望。六十军与共产党领导下的抗日救亡团体及进步人士交往也很频繁。部队经常邀请演出队、歌咏队、电影队到孝感、花园、武胜关等驻地为部队演出，请他们帮助部队写壁报、画漫画、教唱抗日歌曲，和部队一起向群众宣传抗日救亡。有些电影制片厂的摄影师曾经随军工作，拍摄了不少抗战的画面。新华社、《大公报》都派了常驻六十军的随军记者。冼星海和田汉夫人安娥为激励云南子弟兵英勇抗击日寇，共同创作了一首军歌——《六十军军歌》，深受将士们的喜爱，不论驻防、行军途中，还是战场上将士们都喜欢高唱。

中共对滇军的统战工作，早在大革命时期，中共就向滇军派去了共产党员，1927年国共分裂后，多数党员相继撤出。土地革命初期，朱德、陈毅率领的南昌起义军余部曾与滇军范石生第十六军建立过统一战线关系。

滇军第六十军编成北上抗日后，中共再次派遣党员进入该军。中共在滇军中的地下活动，最早也主要是在一八四师进行。地下党开展了大量的抗日救亡活动，这些工作卓有成效地推动了第一八四师及师长张冲将军的进步，但也暴露了地下党员，引起了国民党当局和滇军"反共"军官的警觉。1938年11月，张冲被蒋介石撤职查办，地下党员多数相继撤离部队，留下来的党员坚守岗位，暂停发展党员，长期隐蔽，分散埋伏，实行单线联系，转入潜伏状态。

第六十军所辖一八二、一八三、一八四三个师，在台儿庄战役中，虽然都打得很勇敢，然伤亡很大，但唯有一八四师牺牲小、取得的胜利大。除了张冲师长的指挥有方及官兵的英勇外，也与在该师的地下党所做的卓有成效的工作是分不开的。

二、中共党组织在第六十军

中共在第六十军中的地下组织，主要集中在张冲的一八四师。1937年10月，在卢汉的率领下一八四师北上抗日。随军北上之时，张冲特意向云南省主席龙云和六十军军长卢汉提出，要求自己的同乡张永和（1925年在上海加入中共，后入狱经张冲全力营救出狱），担任师政治部主任。龙云和卢汉答应了张冲的要求。

出发前，张永和去找云南地下省委负责人李浩然联系时，由于李浩然已

经离开昆明，未能联系上。张永和另外找到了地下党员郑易里[①]，告知将随一八四师去抗日前线。郑易里告诉张永和，到汉口后可以找"读书生活出版社"的经理黄洛峰（即黄垲，原云南地下党员）联系。

1937年10月临出发前，经中共党组织同意，青年工人刘孟田（云南石屏人）找张永和，坚决要求随军前往抗日前线。张永和说："我没有用人的权力，只能带一个勤务兵。"刘孟田当即表示愿以勤务兵身份随行。后来张永和了解到，原来刘孟田是李剑秋同志1936年介绍入党的地下党员。刘孟田勤奋好学，能作诗和写文章，便让他参加了师政工队的工作，并成为一八四师秘密党支部的成员。

1938年元旦前，一八四师到达长沙，由长沙乘车去九江、南昌一线驻扎，充当守卫马当要塞的后备队，司令部驻在德安县车站。张冲派张永和去武汉招收些热血青年到一八四师加强政治工作，并要他设法找到共产党并取得联系。张永和立即去汉口，根据郑易里提供的地址找到了黄洛峰且住在他那里，请黄洛峰帮助介绍热血青年去一八四师政工队工作，并协助与八路军办事处取得联系。黄洛峰先介绍在北平念书、参加过一二·九学生运动的云南籍革命青年蒋南生与张永和见面。

北平沦陷后，蒋南生流落到武汉，听说滇军北上抗日来到武汉，积极要求参加滇军部队去前线。经过交谈后，张永和即同意接受蒋南生到一八四师政工队工作。一天，八路军武汉办事处，以八路军副参谋长名义协助周恩来、叶剑英开展军事统战工作，并任统战组组长的罗炳辉来到黄洛峰处，黄介绍张永和与罗炳辉见面。张永和汇报了滇军和一八四师的情况，并询问当年红军长征过云南的一些事情，罗炳辉热情地作了回答。罗还说，他听到云南军队已编成六十军开赴前线杀敌的消息，非常高兴，他也是云南人，很希望和云南的父老兄弟见见面。张永和进一步向罗炳辉介绍张冲本人很倾向于革命，希望能与共产党建立联系。并请示罗："若张冲来汉口，可否与罗将军联系？"罗欣然表示同意。由于都是云南同乡，交谈十分亲切融洽。张永和带着蒋南生一道回到部队，立即向张冲详细汇报了与八路军办事处罗炳辉将军见面交谈的情况。张冲早就听说过这位从云南走出去的将军。当得知罗炳辉愿意和他建立联系后，感到非常高兴。

一八四师部队在德安驻防约两个月，2月份奉命调往武胜关。部队从九江

---

①郑易里（1906.10—2002.4）原名郑雨笙，生于云南玉溪县。1928年12月入党。中华人民共和国成立后，在中科院做编审，主编《苏联农业科学》和《农业科学译报》等。改革开放后，在国内最早研究汉字形码，称之为"郑码"，为我国汉字输入法研究做出了卓越贡献。

乘船去江岸，再从江岸乘火车去武胜关。到达江岸后，张冲借口未到过武汉，向部队说要去武汉走一趟。于是张永和陪同张冲穿便装由江岸乘轮船到汉口，两人顾不上旅途劳累，下船后即直奔江汉路去找黄洛峰。黄洛峰让二人就近找旅馆住下，并立即去八路军办事处通知罗炳辉将军。第二天罗炳辉即来黄洛峰处，和张冲、张永和2人见面，双方进行了深入的沟通，交谈得非常满意。张冲进一步要求与叶剑英将军见面谈一谈，罗炳辉同意立即转告。叶剑英同意了与张冲见面的要求，由黄洛峰具体安排在一家旅馆订了房间，一天晚上，叶剑英和罗炳辉两位将军在黄洛峰的陪同下，在旅馆同张冲进行了深入的会谈。在这次会谈中，张冲提出了3点要求：第一，本人要求加入共产党。第二，要求八路军、共产党遴选军事及政治工作人员来一八四师工作。第三，派人到延安接受军事训练。对张冲的要求，罗炳辉向周恩来同志做了报告，并安排张冲秘密会见了周恩来。关于入党问题，周恩来让罗炳辉告诉他："暂时留在党外，可以更好地开展工作。"同时，同意从延安派党员到一八四师工作和接受张冲派人到延安接受训练。至此，张冲与中共和武汉八路军办事处建立了秘密联系。

罗炳辉从黄洛峰处了解到张永和早在上海南洋大学（今上海交通大学前身）读书时就加入了共产党，后来在昆明被捕，曾与党组织失去联系。在张永和第二次到汉口与罗见面时，特意对张永和说，党很关心这些同志，也在派人和这些同志重新建立联系，并鼓励他在滇军中做好党的工作。

一八四师在武胜关、鸡公山驻防（师部在柳林车站）时，延安派来的张天虚（云南昆明呈贡人）、周时英（云南罗平人）找张永和联系，张永和向张冲报告后便将他们安排在政工队工作。不久，八路军武汉办事处派薛子正（薛孤帆），借成立战地文工团的机会，通过罗炳辉的关系深入到滇军之中去。薛子正一开始做张冲的秘书，后到师参谋部，再以后做了张冲的参谋长。[①]党组织还派来杨华做报务员以备急用。

杨重（后改杨滨）贵州安陇人、布依族，1934年毕业于云南教导团第三期步兵科。1935年初，教导团改为中央军校昆明分校，他被留校任见习分队长兼器械操教官，同年，经中共地下党员费炳[②]介绍加入中共。六十军成立后，受党组织的安排，杨重通过同学张士明和赵鸿基的推荐及亲戚的帮忙，

---

① 湖北省委党史资料征集编研委员会：《抗战初期中共中央长江局》，薛子正：《友军工作及筹办南岳训练班》，第525页，湖北人民出版社，1991年。

② 费炳（1909—2000）昭阳区石头塘人。1928年2月，在昭通加入中国共产党，后长期从事地下工作。曾任中共云南省临时工委和省工委书记，云南省政协常委。

到六十军一八四师师长张冲的师部工作。10月，部队调赴抗日前线，被安排在师副官处工作。

1938年初，六十军移师武汉后，周时英又通过新四军平江办事处要来了黄先平、林和顺等4名党员。这时在第六十军内总共已有12名共产党员，于是建立了党支部，由周时英任支部书记。支部成员有张永和、刘孟田、杨重等。这时云南早期的地下党员马逸飞也在黄洛峰处遇见张永和，不久就到了一八四师政工队，因他在陆大学过军事，后来就被调到师部参谋处工作了。[①]

在武胜关驻防期间，通过张永和安排，罗炳辉还身着便衣秘密到一八四师师部访问过一次，会见了张冲师长。

这段时期，张永和多次往来汉口和武胜关之间，与秘密支部书记周时英等人在八路军武汉办事处开过会，并受到周恩来和秦邦宪（博古）同志的接见。秘密党支部建立后，工作十分活跃，一方面通过政治部和后来招收的进步青年组织的政工队，大力加强了部队的政治宣传工作，组织官兵阅读进步书刊，在鸡公山时还筹办了《抗日军人》的油印小报，向官兵灌输抗日救亡的革命思想，激发官兵抗日士气。当时《抗日军人》的主要撰稿人就是张天虚、刘孟田、李乔、蒋南生和张永和。另一方面，先后在一八四师发展了张士明、宁坚、王立中、杨永新等11名中共党员，在滇军中培养和发展进步力量。

1938年夏，台儿庄战役后，一八四师回师武汉。此时，延安抗大毕业的张子斋（云南剑川人）被派往武汉八路军办事处，叶剑英、罗炳辉将张子斋安排到滇军一八四师张冲部队做党的地下工作。罗炳辉这种以同乡促统战的工作方法在滇军中明显地产生了作用，这为后来滇军在东北起义奠定了基础。

一八四师坚守禹王山22昼夜的战例被蒋介石编进军事教材，提供国民党军和军事院校学习。由于台儿庄战役立下的突出战功，张冲受到蒋介石通令嘉奖，并提升为新编第三军军长。

1938年11月间，蒋介石召开了南岳军事会议，参加会议的有军长、师长和军师的政治部主任。中共周恩来、叶剑英等参加了会议。张永和陪同张冲参加这次会议。因武汉撤退，一八四师失去了与党和八路军的联系。会议期间，张冲让张永和设法再和党与八路军办事处取得联系。张永和向周恩来作了请示，周恩来即告诉了张永和联络地址。张冲和叶剑英开会时恰巧坐在前后一排，叶剑英也开了一个联络地址给他。南岳会议后，张永和在衡阳住了

----

①张致中：《抗日战争初期我在一八四师的经历》《云南文史资料选辑》第二十辑，第70页。

几天。根据周恩来留给的联络地址，先去见到了叶剑英，后来特意去见周恩来，向周恩来汇报了张冲和新三军在南林桥的作战情况。周恩来帮助分析了战局，并做了重要指示。

第六十军扩编为第一集团军后，下辖孙渡第五十八军、高荫槐六十军、张冲新编第三军。改编后，一八四师仍归属张冲新三军，不久移住浏阳，仍保持着旺盛的士气。然而由于滇军第一集团军内部矛盾重重，集团军司令卢汉病假离职，高荫槐代理。1939年初，一八四师内中共地下党支部活动被敌特察觉，受到监视，高荫槐等向国民党密报张冲私通共产党，想拉部队投靠共产党，一八四师有被"赤化"的危险，并指责张冲放弃南林桥突围，导致崇阳失守，以推卸责任。高荫槐等人的告状，使张冲受到蒋介石"撤职留用"的处分，调回云南密令龙云"看管教育"，并密派特务暗中监视。

当时滇军集团军军部的机要秘书吴禾生是地下党员，高荫槐等人打电报给国民党统帅部和龙云经过吴禾生，吴都转告了张永和。张冲被调回云南不久，张永和被调到醴陵军部，薛子正和周时英找张永和共同分析了张冲被调走后的形势，一致认为由延安和武汉八路军办事处派来的秘密党支部成员，已不宜继续留在一八四师工作，准备离开部队撤走。张冲回到昆明后，听说张永和处境危险，也要受处理，于是连忙给张永和发电报，告知张母病逝，要其立即请假回云南奔丧。张永和心中有数，抢在被处理前请假离开一八四师回到昆明。他在昆明仍有危险，遂返回泸西老家。离部队前，张永和曾赶到一八四师找地下党支部书记周时英提出办理转组织关系，但因当时军队地下党组织与地方地下党组织之间无横向联系，未能办成。张永和回到云南后与党组织再次失去了联系。

一八四师中共党支部召开紧急会议，对当时的形势作了具体的深入分析，除了留下一部分不易暴露、基础较好的党员坚持工作外，将其余部分党员调离一八四师。会议还决定留下的党员各自坚守岗位，实行隐蔽埋伏，不再发展党员，不集会，实行单线联系，部队开到哪里就跟到哪里。1938年6月，一八四师组建工兵营时，杨重担任了该营二连连长。1939年1月，周时英调离一八四师，党支部暂由杨重负责。宁坚改由张子斋联系，不久张子斋到桂林八路军办事处，宁坚又由方正（方文彬）联系，宁坚的主要工作对象也由张冲变为新任师长万保邦。1939年春，部队在江西奉新、高安一带布防，与侵犯南昌的日寇对峙，战斗一年余。第一八四师师长张冲被调走后，地下党组织被大部撤出。此时，薛子正调到南岳游击干训班，和叶剑英一道帮助国民党训练游击干部。周时英、刘孟田调到新四军工作。张天虚、蒋南生返回

云南。①周时英调走后，杨华接任地下党支部书记。7月，李克农派方正传达上级指示，要滇军中的共产党员争取和利用合法身份，掌握兵权，关心士兵生活；利用战斗间隙，在注意交朋友的同时，了解滇军中上层军官的政治面貌；长期埋伏，分散隐蔽，不发展党员，实行单线联系。宁坚和其他同志一起，认真执行了上级指示，以"同流不污"勉励自己，不断改进工作方法，继续开展党的工作。

杨重因"土生土长"的关系隐伏了下来。不久，一起留下的杨华也不得不撤离，杨重就接替杨华任一八四师中共临时党支部书记。

一八四师地下党支部的这一阶段工作，虽然历时不长，但已在一八四师播下了革命种子，并留下了张士明、杨重、宁坚、马逸飞、张子斋、杨永新等未暴露的党员继续开展地下党支部工作，到1939年滇军中已转入和发展了30余名共产党员。为一八四师后来在解放战争中于1946年在东北海城起义打下了一定的思想基础。

第一八四师历任师长，都是比较进步的，张冲之后是万保邦（中华人民共和国成立后加入民革）、曾泽生（后任六十军起义军长）、潘朔端先后四任师长，起义的起义，反蒋的反蒋，其中还有人成了中共党员。

第一八四师地下党的工作，充分践行了《中共中央关于帮助国民党及其军队工作原则的决定》②的精神要求。

以我们之知识、力量、干部及经验，来帮助国民党及其军队工作，应根据以下原则：

（一）凡我们的帮助，能推动国民党及其军队之进步，有利于整个抗战者，应决心帮助之。

（二）但他们想利用我们的知识、经验、干部、造成对付我们的条件，制造摩擦，而不利于整个抗战者，我们应拒绝帮助。

（三）因此，帮助必须有条件的、有限度性的、有进展程度的。否则，所谓大公无私、披诚相见，实际只自己搬石头打自己脚，不但于我无利，且于整个抗战有害。

因此，凡我对国民党及其军队各项工作之建议、计划、贡献经验及供给

---

① 杨永新：《血战台儿庄前后》《台儿庄大战亲历记》，第147页，山东人民出版社，1988年。

② 中共云南省委党史研究室编：《中国共产党在滇军中的工作》，第30页，云南人民出版社，1993年12月。

干部等，均应遵守上述原则。望加注意。

中央书记处

1939年1月26日

曾泽生起义后就任中国人民解放军第五十军军长，率部入朝作战。1955年4月，五十军奉命撤回祖国后，毛泽东在中南海再次接见曾泽生时说："你们打得不错啊！"对于曾泽生要求入党，毛泽东微笑地说："这些年来你进步很快，觉悟不低呀，其实你不需要我来批准，就可以加入中国共产党。"毛主席停了一会儿又说："你还是不加入共产党好。""你不入党比入党作用更大，为了统一祖国这个大局，你可等一段时间"。于是，曾泽生为了统一祖国这个大局，满怀希望等了下去。遗憾的是他没有等到，直到1973年2月22日在北京去世，他的骨灰盒上也没有覆盖中国共产党党旗。

曾泽生将军先后当选为第一、二、三届全国人民代表大会代表，全国政协第三、四届委员会常务委员。他还于1953年获朝鲜民主主义人民共和国一级国旗勋章。1955年被授予中国人民解放军中将军衔，并获中华人民共和国一级解放勋章。

台儿庄战役时，潘朔端是一八三师一〇八一团团长。1946年5月，潘朔端在辽宁海城率部宣布起义，同年加入中国共产党。

台儿庄战役期间，第六十军一八四师战斗序列：

师　　长：**张　冲**

　　参谋长：萧大中

　　　　参　　谋：**薛子正、马逸飞、宁　坚**

　　　　秘　　书：**周时英**（师中共党支部书记）

　　　　副官处：**杨　重**（即：**杨滨**）

　　　　译电员：**杨　华**（即：**尹冰**）

　　政治部主任：**张永和**

　　　　政工队：**张天虚**（即：**张鹤**，负责《抗日军人》小报）、**刘孟田**（**刘梦田**）、**杨永新、蒋南生、李　乔**

　　　　特务营

　　　　　　排　　长：**张士明**

第五四三旅旅长：万保邦

第一〇八五团团长：曾泽生

第一〇八六团团长：杨宏元

三营三连连长：**李　佐**

第五四四旅旅长：王秉璋

第一〇八七团团长：王开宇

第一〇八八团团长：邱秉常

三、禹王山血战

张冲路经徐州就让火车停下来，亲往第五战区长官部面晤战区长官李宗仁，请示机宜和了解战况。这次他还闹了一个笑话，因为他只认得副总参谋长白崇禧，不认得司令长官李宗仁，对李很失礼。后来他对人讲："李宗仁为人忠厚，比白崇禧好得太多。"[1]

李宗仁介绍了情况和徐州会战的战略意图之后，问张冲是什么出身，张冲爽朗地回答："我是绿林出身。"李和张还谈起了1925年、1930年的两次滇桂战争。李则表示，从前是大家混战，现在是全民族的神圣抗战。他本人一定不再计较过去混战时代的前仇旧恨，国难当头，当以民族大局为重，希望滇军也要抛弃前嫌，大家互相配合，共同对敌，一定要把台儿庄这一战役打好。李还向张殷勤递烟划火，态度诚恳谦虚，毫无长官对下属的架子。张冲从长官部出来，对部下说，李长官看来很是厚重，深明民族大义，大敌当前，能够不计滇军两次侵扰广西之仇。[2]

4月24日、25日，日军对一八四师阵地未发动进攻，中国军队仍按前日布置继续警戒及赶筑工事。敌军仍在不时炮击中国军队阵地，以示骚扰。

张冲趁着这个时机到处视察阵地，检查工事。还亲自去台儿庄走遍城里城外，四处查看。到了夜晚，张冲就派出小部队去袭击敌人，进行火力侦察和骚扰敌人。

27日，敌军又把主要进攻的矛头指向一八二师阵地，飞机重炮齐向一八二师前线狂轰滥炸。张冲这时又接到军部电话，命一八四师驰援一八二师。因一八二师损失较大，被敌人压缩到禹王山下，情况非常危急。张冲命令师

---

[1] 马逸飞：《张冲在台儿庄》《云南文史资料选辑》，第二十辑，第107页。

[2] 张士明：《回忆张冲将军在台儿庄》《台儿庄大战亲历记》，第154—155页，山东人民出版社，1988年1月。

部预备队一〇八六团（团长杨洪元），驰援一八二师，自己带领特务排张士明等人急奔一八二师阵地。

那时敌人炮火打得正酣，到处硝烟弥漫，敌机疯狂投弹扫射，很多士兵看见师长亲临前线，准备穿过火线，都向他劝说，让他回去。张冲却向他们说："不要怕，你们用火力掩护我。"说完，就喊机枪手开枪向敌人阵地射击。他就趁这时，穿过火线往一八二师阵地去了。特务排的战士也学着他的样，穿过了火线。起先士兵们很为自己的师长安全担心，但看到他非常大胆而机灵的穿越敌军火线，很是钦佩。他们深深感到，有这样胆识的师长指挥着他们作战，有什么害怕的呢？[1]

第六十军于4月19日开拔增援台儿庄，并于4月22日拂晓到达台儿庄车辐山站。一八三师潘朔端率一〇八一团首先过了运河浮桥直奔战地。全军面对的是日军两个师团加伪军共四万余人的空前兵力，以及相当数量的机械化武装尚不清楚，不知面前友军（汤恩伯部）未交防已撤开，前方已形成一个大缺口，在部队尚未展开的情况下，即与突入之敌不期而遇。在如此严峻的情势下，潘朔端团作为滇军的先头部队于当日拂晓首先与乘虚而入的日军王牌矶谷及板垣混合师团遭遇于陈瓦房、小庄、耿庄、邢家楼一带。敌军以五千余人步兵、三十余门大炮、二十余辆坦克向一〇八一团扑来。

部队刚到阵地，用望远镜即可看到前方二百米处全是穿呢子制服的日本兵在抢修工事。潘朔端临危镇定，火速命令二营速攻占耿庄，一、三营分别占领陈瓦房左右地段，团部及直属部队在村子中间占领阵地，并高喊："坚决阻击进犯之敌，掩护全军部队展开！"瞬时间双方展开了轻重机枪对射，炮弹迅即在四周炸开，残酷的遭遇战开始了。团部及直属队跑步冲进村子，团副和一名卫兵正护着潘朔端跑到村边小河的桥头，一枚炮弹突然在桥边爆炸，卫兵小马迅速将其推倒，潘朔端幸免于难。面对日军机枪加坦克大炮的凶猛进攻，潘朔端果断指挥快速构筑高射机枪掩体，以高射机枪平射敌军坦克；命令迫击炮连长射程远点轰击敌步兵及轻重机枪阵地；又命速挖散兵坑，速架速修电话线……由此展开了一场与机械化部队空前激烈的肉搏战。

此时，耿庄附近的敌人以猛烈的炮火已攻占了村庄，顿时硝烟弥漫，百步外就不见人影。所部尹国华营与敌激烈交火，尹营长带领尖兵班冲锋陷阵，火攻人拼歼灭了这股敌兵，抢占了阵地。敌军又集聚上千兵力在七八辆坦克的掩护下疯狂反扑，双方短兵相接，展开了白刃战。潘朔端遂亲自率一个营

①张士明：《回忆抗日战争初期的张冲将军》《云南文史资料选辑》第二十辑，第86—89页。

奔耿庄去增援，在小庄一带敌军一面以炮兵火力阻击我增援部队，一面派部队绕过陈瓦房，直犯小庄，企图包抄我部。潘团所率部队与敌军在小庄展开了激烈战斗，在密集的炮火中团副黄云龙等阵亡。潘朔端在边指挥边冲锋时被敌军炮弹飞来的弹片击中，臀部血流如注，弹片无法取出。副官潘尧速用白药替他包扎好伤口，他命令周围的人不许传出自己受伤的消息，并吩咐安放好黄团副遗体后，坚持还要到尹营去督战，只得在担架上冒着炮火前行并指挥。一营郑营长见状情不自禁地大喊："弟兄们，潘团长重伤不下火线，来和我们共生死。集中火力消灭来犯之敌于阵地前！"顿时士气高涨，没有一人退缩。敌军以炮火和步兵轮番向潘部展开猛攻，战斗进入白热化。潘朔端只能派副团长继续带一营突围去支援尹营，自己带直属部队在小庄激战并牵制敌军。敌军始终无法插入我军侧翼。

尹国华营在耿庄受到日军坦克的前后夹击扫射，战士与坦克短兵相接，顽强拼搏。不断有战士跳上坦克又滚下来，有的抱着集束手榴弹冲向坦克，战斗异常惨烈。敌军也伤亡惨重，没有一个活着出村，只得在外部用枪炮把村口封锁死。中国军队救援部队付出很大代价，但仍无法冲破敌军封锁。在硝烟弥漫、血肉横飞的激战中，尹营长英勇牺牲，全营最后剩余的十来个战士突围时也倒在了密集的机枪扫射之下。最终全营五百余人壮烈殉国，仅一人生还。

下午三时至黄昏，耿庄的硝烟还未散，敌军就以成倍的兵力猛增了对小庄和陈瓦房方面的攻势，以坦克大炮及轻重武器猛攻中国军队阵地，弹如雨下，震耳欲聋。在强大炮火轰击下敌兵步步逼近。潘朔端在伤口血流不止的情况下仍裹伤指挥，命令不断加强已构筑好的工事，轻重武器配合集中射击。云南大山里出来的士兵们勇猛顽强，白刃拼搏，并用高射机枪将敌坦克打得残缺冒烟，敌军尸横遍野。一〇八一团所剩官兵众志成城，视死如归，击退了敌军一次又一次的凶猛进攻，最终守住了陈瓦房，稳住了阵地。敌军伤亡重大，据亲临者回忆，日军始终没有越过阵地前他们自己的死尸线。潘朔端率领的一〇八一团将士，真正用血肉铸成了一道长城。

傍晚时分，传令官送来旅部杨宏光旅长对潘朔端团长暨全团将士在遭遇战中英勇果断，消灭大批日寇，守住了前沿阵地，立下头功的嘉奖令。同时，传令官传达卢汉军长指令：速将潘团长抬过已被严密封锁的运河，送野战医院手术急救。该团由张吉祥副团长接替指挥，部队次日拂晓前撤离陈瓦房到五圣堂参战。潘朔端离开前还召集会议，作了要求全团官兵必须听从张副团长指挥、如何妥善处置好牺牲将士、安排好受伤官兵等四点指示，并告慰将

士们，待自己伤势稍好即返回部队共同战斗。全团官兵执意把团里的500元公积金送给团长到后方治伤。潘团长最后让护送的上尉何淙将公积金带回给了大家。（由于野战医院条件简陋无法实施大手术，潘朔端最终被辗转送到后方医院。）

4月28日《云南日报》大版幅载出通栏标题："金碧辉煌！台儿庄北敌进犯受创，滇军健儿初建奇功。""我一零八一团在台庄以北与敌矶谷板垣之混合队遭遇，发生激战，团长潘朔端身先士卒，中弹受伤，复裹创指挥……战况之激烈为台庄战后仅见"。又讯："……我健儿施展神威……阵地屹然不动，迭挫凶锋。丧倭寇之胆，增国家之光。"潘朔端被国民政府授予了一级宝鼎勋章。

张永和等人组成的政工队，在台儿庄的行军途中，组织战士沿途宣传抗日救国的道理，张贴抗日救亡的标语；检查全师行军军容风纪，以八路军的三大纪律八项注意教育军人；教唱革命歌曲，在战斗行军、驻军间隙，公演节目，如《放下你的鞭子》等。一八四师的官兵当时有个口号："宁在一八四师当兵，不在友军当官。"[1]

（禹王山）当时鏖战激烈，伤员成倍增长，仅凭卫生连、担架队已不能完成抢救伤员下火线的后运任务。关键时刻，中共中央长江局派一八四师政治部工作的地下党支部书记周时英挺身而出，连夜跑到几十里远的后方，在之前工作人员的帮助下，动员了几百人的担架队赶来前线。黎明时就运下了第一批伤员。随后杨永新和杨某沿着周时英开辟的道路，又动员了一批担架上前线，完成抢运伤员的任务。这在当时还是首创，为别的部队所没有。[2]

张天虚曾参加过丁玲担任主任的西北战地服务团，并任通讯股长。1938年，滇军奉命开赴前线，驻防湖北鸡公山一带时，被派到一八四师。据蒋南生回忆，张天虚是由山西的礁县召回延安的，"朱德亲自向他交代了任务，还和他拍照留念，天虚把照片给我（蒋南生）看了"。他们到江西一八四师驻地后，张冲决定由他们成立一个"纠察队"负责全师的政治、时事、纪律教育工作，由张致中任队长，张天虚、马逸飞、蒋南生、李乔等任干事。

张天虚不仅编印出深受官兵欢迎的《抗日军人》小报，而且创作了凝聚着火线体验的作品。他在报告文学《火网里——鲁苏皖豫突围记之一》里写

①刘惠之、张子斋：《回忆六十军在禹王山的阻击战》《台儿庄大战亲历记》，第134页，山东人民出版社，1988年1月。

②杨永新：《血战台儿庄前后》《台儿庄大战亲历记》，第146页，山东人民出版社，1988年1月。

道：在突围中他与部队失散，扔掉了代用为雨衣兼被套的呢大衣，装有许多要紧东西的2斤重的图囊也不得不扔掉，甚至包括照片、炒面干粮，但是把日记抽出来保存在身上，因为上面记载着战地生活，将战地经历报道给国人正是作家到军队做政治工作所附带的一项任务。当他在隐蔽的芦苇池边发现了部队里的弟兄之后，带领二三十人的行列去寻找部队。茫茫黑夜，敌情莫测，生死未卜，他在本子上写下了"遗言"："同志们，请转告我所有的同志和朋友，不要念我，加强斗争的决心和信念，相信中华民族是会在艰难困苦和错误当中挣扎进步和健全起来。争取最后的胜利，我们有充分的把握。踏着我的血路来！"他把"遗言"撕下来塞在衣袋里，带领弟兄们前进了。

张冲师长很喜欢张天虚，他们两个人谈锋很健，一见面总是天南地北谈论不止。在固守禹王山战斗中，张天虚经常到前沿指挥所向师长采访战况。师长虽不能与之长谈，但仍详细介绍情况，还叮嘱他注意安全。张天虚也很敬爱师长，常以夏伯阳①与其相媲美。②

刘孟田随六十军一八四师从昆明到长沙的行军途中，他参加了师部宣传队的活动，经常一到宿营地，手里便提着糨糊桶、石灰桶，忙着贴标语、写墙标。不久，师部成立了政工队，刘孟田到政工队与李乔、张天虚等负责《抗日军人》的编印工作。他编写了不少战地通讯，如《渐入前线》《铺在公路上的沙石》等。台儿庄战役时，刘孟田白天奔忙于前线，采访、编报、刻印、写标语、画宣传画等，还常常冒着生命危险，将书报送到前沿阵地，鼓舞士气。晚上则参与轮流值勤、巡逻，防敌特的潜入破坏。在滇军第六十军的两年中，刘孟田转战各地，经历了多次战斗，别人把值钱的东西，甚至枪械都丢了，而他胸前挂着的一大包书却始终随他出生入死。每到一地宿营，刘孟田就立即把大包及墨水瓶拿出来，或是看书，或是埋头写作，有时连饭都顾不上吃。当时，老舍主编的《抗战文艺》上常能看到刘孟田写的战地通讯。

1938年3月，宁坚参加了创办《抗日军人》专刊的活动，他把国家和个

---

① 苏联著名作家富尔曼诺夫根据苏维埃国内战争时期，立下赫赫战功、深受人们敬重的传奇英雄人物、红军指挥员夏伯阳的事迹写成了他的代表作《夏伯阳》。小说描写的是1919年1月至8月在苏联东线上战场上，大多是由农民组成的红军部队，夏伯阳师就是其中的一支。穿上军装的农民在夏伯阳的指挥下英勇善战，屡建奇功。夏伯阳足智多谋、顽强勇敢、视死如归，在战争中所向披靡，但对党不够理解。政委克雷奇科夫到任后，把夏伯阳引上了正确的道路，成为一名优秀的军事将领。

② 杨永新：《血战台儿庄前后》《台儿庄大战亲历记》，第147页，山东人民出版社，1988年1月。

人的前途联系起来进行认真的思考，在给其兄长的信中写道："暴风雨生长我们，斗争养育了我们。我们愿意欢笑着在荆棘上走，命运不能玩弄我们，我们要自己选定命运，自己踏上新中国的生活。"1938年5月，宁坚随六十军参加了台儿庄战役，坚守禹王山阵地。战役结束时，他写了《禹王山的血火》《李家圩的拉锯战》等通讯稿，刊登在当时国内各大报纸上。在给其兄的信中他曾这样写道："此次战争，我军牺牲之烈士可以惊天地泣鬼神……自进入阵地以至奉命退出，从未失去国家一寸土地，这是足以自慰的……今后的境遇，将有十百倍于今日的困苦，都要后死者来担负了。"字里行间，既有对战斗激烈之感慨，又为守土抗战出力而自豪，更显示出对迎接新的更加残酷的斗争而无所畏惧。战斗中，他始终随师长张冲来往于枪林弹雨的第一线，充分发挥了一个参谋人员应有的作用。在一八四师奉命撤退过程中，他又与卫士连长张士明紧随张冲，机智果断地掩护张冲脱离险境。尔后随军参加了武汉保卫战和排市、通山、崇阳等地的抗日作战，于同年10月到湖南浏阳整训。11月，宁坚由周时英（一八四师地下党支部书记）介绍加入中国共产党。周时英向他交代了工作任务、党的纪律和组织联系的办法等。要他利用工作之便，专门做张冲的工作，了解张冲的思想及活动情况，掌握其来往关系，宁坚经常将《新华日报》《群众》等报刊送给张或读给他听。为团结广大官兵，提高他们对民族革命战争的认识，丰富文化生活，宁坚在地下党组织的号召下，还利用战斗间隙，组织军乐队、教育委员会、文化队等群众组织。

据杨永新回忆，党组织在一八四师部队里非常活跃，做了许多工作[①]：

一、抓士兵的政治思想工作。

二、台儿庄的战斗打响了，周时英到战线后面发动群众，组织担架队上前线救护伤员。

三、政训处办了两份油印小报，一名《抗日军人》，由李乔编刻；一名《前卫》，由我编刻。我们深入前线，及时报道当天战况和官兵英勇战斗的事迹。小报印好后，直接送到前线战壕给官兵看，大大地鼓舞了官兵的士气。

四、为了防止敌特的骚扰破坏，保卫阵地后方的安宁，我们夜间都荷枪实弹，进行巡逻守卫。

五、在炮火连天的激烈战斗中，我们支援军械处把弹药运上阵地。

六、张天虚深入前线采访，与下了《运河血流》这篇报告文学。

①中共云南省委党史研究室编，杨永新：《我在滇军参加地下工作的回忆》《中国共产党在滇军中的工作》，第424页，云南人民出版社，1993年12月。

七、蒋南生同志常到连队教士兵们唱军民团结、抗日救亡的歌曲，如《流亡曲》、《枪口对外》等。直到现在，士兵们在硝烟滚滚的禹王山战壕里，高唱《义勇军进行曲》的悲壮情景，仍在我眼前常常浮现，不能忘怀。

李乔在随滇军第六十军在台儿庄禹王山血战时，曾写了一些通讯报告文学，如《旅途中》《军中回忆》《禹王山争夺战》《活捉铁乌龟》等，分别发表在1933年至1939年的《文艺阵地》《战时知识》《申报·自由谈》等报刊上。

从4月30日晨开始，敌人调集重兵，向禹王山全面发动进攻，六十军第一道防线被突破。营长王朝卿随即指挥三连在离禹王山顶100多米的棱线防御正面部署14挺轻机枪，每个士兵身边都备有一两箱子弹和一箱手榴弹，团迫击炮群进行策应，与坚守阵地的日军形成对峙态势。李佐率领全连战士在18昼夜的激烈战斗中，经过两次人员补充，先后伤亡官兵360余人。到5月18日晚奉命撤离禹王山时，全连只剩下130余名官兵。由此，李佐也在滇军中被公认为是血战禹王山的"硬骨头连长"，并成为当时中共地下党团结争取的对象。后来李佐撰文回忆：

我是步兵第三连连长，全连官兵共二百八十六人，为夺回禹王山顶，巩固我后方安全，四月三十日凌晨三时许，团长杨洪元命我连带到禹王山南侧距山顶约三百米处，给我下达任务说："占据禹王山顶的只是退不走的少数敌人，你赶快在各排挑选数十名勇敢的士兵，组成一个敢死队，趁夜暗发起进攻，把敌人歼灭掉，夺回山顶向前发展，在山头构筑坚固的防御阵地。"当时我想：出征抗日的官兵，人人都怀有抗日报国的志愿和不怕牺牲的精神，现在距天亮只有两个多小时，再到各排区挑选敢死队，不但贻误战机，而且临时组成的敢死队，官兵互不熟悉，难以发挥夜战的威力，不如用建制排，一个排一个排地连续冲击，一定能把山顶夺回来。团长同意我的意见后，我先率领第三排往上冲，前面两个班已经夺回山顶正向前冲击，在我左右的一个班快到山顶时，只听见身边一声爆炸，在我附近的五六个士兵，有的应声而倒，有的负伤，冲过山顶的两个班也全部牺牲；接着又把第三排投入战斗，也遭到同样的结果。两个排一百三十多人经两个冲击，已伤亡过百名，只剩下三十多人守在禹王山顶。在此情况下，第三营营长王朝卿就向团长杨洪元建议："不能再命令第三连向前冲了，只要能守住山顶就行了，否则全连都会被打光。"得到团长同意后，就命令我连停止前进。这样，我连从四月三十日

八时起就在禹王山顶棱线上与敌人形成对峙状态。①

　　在台儿庄战役中，张冲率一八四师在强敌面前固守台儿庄战略高地禹王山22天，打退号称日军王牌军的板垣、矶谷师团所属部队的数十次疯狂进攻，粉碎了敌人渡过运河直下徐州的企图。在艰苦的战斗中，地下党员和政工人员，哪里有危险，就出现在哪里，一面协助救护伤员，运送弹药；一面进行战地宣传鼓动工作，将地下党支部创办的油印小报《抗日军人》散发给官兵传阅，鼓舞官兵斗志，对提高部队的士气和战斗力发挥了作用。在部队休息时，政工队就展开文艺活动，教唱抗战歌曲，蒋南生教唱的抗战歌曲深得官兵欢迎，赞誉他是抗战歌手。②"不能让敌人横行在我们的国土，不能让敌机在我们的领空翱翔……"一八四师在战斗中杀伤日军千余人，坚守住了禹王山。一次，一个营指挥所被敌夜间偷袭占领，一八四师立即调迫击炮进行轰击，不仅消灭了潜入的敌人，还缴获了许多战利品。其中有一把日本天皇赏赐给百川一义大将的指挥刀，鲨鱼皮包裹着刀鞘，刀锋异常锋利，寒光闪闪。

在禹王山作战的滇军将士们（照片现存于云南省昭通市博物馆）。

①李佐：《禹王山顶争夺战》《徐州会战——原国民党将领抗日战争亲历记》，第278—288页，中国文史出版社，2013年1月。

②张致中：《一八四师在台儿庄的作战经过》《台儿庄大战亲历记》，第137页，山东人民出版社，1988年1月。

张冲用这些战利品搞了一个展览，以提高我军的战斗意志。[1]

当六十军官兵们含着眼泪撤退突围时，一路上没吃没喝，"疲劳得连走路都会睡着"。但张天虚始终打起精神，推醒将要睡过去的蒋南生，扶起爬不起来的李乔，鼓励他们在敌人用枪炮组成的火网里继续赶路，向敌人开枪还击。张天虚还说服并带领沿途二三十名有枪无弹、士气低落的士兵兄弟突围，带头动员他们说："快跟我来!我在前，要死先死我!"事后师长张冲曾说："天虚虽是捻笔杆子的，但打起仗来比我还英勇胆大。"师政治部主任张永和也说："天虚无论行军还是驻防，抑或战斗间隙都坚持记笔记。禹王山战斗中，他是最勇敢的。"这些经历，他写成了《血肉筑成的长城》《杀过单城集》等战地通讯文章，编入《运河的血流》《两个俘虏》《火网里》集子中。

当一八四师撤出禹王山，准备大突围的命令由师部传达到前方部队时，犹如晴天霹雳，个个诧惊愕首，大家都舍不得用血肉夺回的禹王山，舍不得离开埋在身旁战友的忠骸，更舍不得把这大好河山丢弃给敌人。有的官兵嘀咕埋怨，有的流泪哭泣，整个部队沉浸在一片惶惑伤感之中。张冲师长一面下令部队官兵做好突围准备，一面率领薛子正到禹王山前沿阵地，给旅、团长做思想动员工作，让他们把命令层层传达到每一个战士。当撤退的命令传达到最基层时，我们平时最英勇的战士竟流下了眼泪，哭出了声音。[2]

四、"云南花木兰"——云南妇女战地服务团

在台儿庄禹王山这场血战中，活跃着一支由云南女子组成的云南妇女战地服务团，她们在枪林弹雨中奋战在大运河两岸，台儿庄留下了她们的足迹。在民族危机的紧要关头，云南妇女出征抗敌的英勇壮举，在中国的抗战史上写下了光辉的一页。

七七事变后，全国各地抗日救亡团体相继建立。云南省昆明市大、中学校的女学生们在民族危亡的生死关头，也纷纷组织抗日游行，要求奔赴前线参加抗战。开始只有几百名女生，她们手持小旗呐喊着过街穿巷。经过几条大街后，围观的女孩子陆续挤进了请愿队伍，最后竟形成了4000余人的浩荡大军，向云南省府前进。云南省省府主席龙云在光复大楼前接见了游行队伍，

---

①张致中：《一八四师在台儿庄的作战经过》《台儿庄大战亲历记》，第137页，山东人民出版社，1988年1月。

②杨永新：《血战台儿庄前后》《台儿庄大战亲历记》，第148页，山东人民出版社，1988年。

热情洋溢地讲道："你们这些女学生，奋起爱国准备投笔从戎，当云南省的新花木兰，精神十分可嘉。但省府刚派遣了第六十军开赴前线，筹措军费十分困难，尚难帮助你们。希望你们组织起来，自费自助。至于军事、医护训练事宜，省府自当派员协助。等到前方需要，即可送你们开赴前线，参与战地抗日工作。"请愿抗日的女学生们听后万分激动，口号声、欢呼声排山倒海，一个个摩拳擦掌，跃跃欲试。

经过报名体检，挑选出60名女学生组成云南省妇女战地服务团。推选徐汉君女士为团长，胡延璧为副团长，关秉坤、宋志飞、姚仙名为区分队长。每人交5元伙食费，自带行李到昆明西山华亭寺集训。每日鸡鸣，女学生们起床爬山，继以习操练武，学习救护，练习演讲，教唱抗战歌曲，排练街头短剧，每天风雨无阻。

不久，云南妇女战地服务团接到省府命令："第六十军卢汉军长来电，要战地服务团到前方工作，准备出发。"女学生闻讯，个个兴高采烈。龙云派军医处长周铭斋率服务团到陆军医院再次体检，消息传出，千余女学生挤在医院大门口，吵嚷着要求参加体检，到前方去抗日。因人数所限，当局只好疏导、动员她们做好思想准备，争取参加第二批战地服务团。好多女学生抹着眼泪，不情愿离开医院门口。

最后确定60名女学生通过二次体检，组成云南妇女战地服务团，最大的不过25岁，最小的只有15岁。为了到前方去抗战，有的冲破了家长的阻拦，有的说服了未婚夫推迟婚期。女学生换上了戎装，准备了背包水壶、饭盒、工作服和药品，整装待发。

1937年12月13日，首都南京沦陷的当日，久雨初晴，阳光普照。精挑细选的60名团员，列队整齐地从东寺街陆军医院到状元桥，过二里长街，然后乘坐政府派送的4辆大卡车，告别亲人，告别故乡，走向抗日的战场。市民、学生、机关人员、服务团亲属、上万人排挤在大街两侧为她们送行，欢呼、爆竹声以及战地服务团团员们高唱着的抗战歌曲声相互交织，热闹非凡。

军车爬山越岭，经过四天到达贵阳。战地服务团女战士的到来，轰动了贵阳，各界人士召开了隆重的欢迎大会，不料在"打倒日本帝国主义""誓死不当亡国奴"口号此起彼伏时，贵阳上百女学生蜂拥挤到主席台前，呼喊着要参加战地服务团，随同去前线抗战。众多女同学强烈要求坚决要随服务团去前线，如彭旺绪、陈琴芬等，并说滇黔是一家。不得已，云南妇女战地服务团又增添了6名贵州籍女战士。从贵阳出发那天，其中有一个只有十二三岁的女孩，她叫孟昭文，父母来把她拉走了。当车子上路后，却发现她又躲藏

在座位下。

军车到达湖南，湖南省主席张治中派女儿张素我前来驻地慰问，赠送了锦旗、御寒衣物和慰劳金。湖南各界人民热情接待，关怀备至。

团员们换上特制的女军装之后，个个精神抖擞。乘轮渡到汉口时，为了显示云南抗日巾帼的英姿，操正步、过闹市，引来潮水般的欢迎人群，有人喊出："快来看呀，云南女蛮兵来了！"当时被报刊报道称赞为"云南抗日女英雄"。

六十军军长卢汉在驻地武汉接见了战地服务团，他委托基督教汉口女青年救国会总干事陈纪彝女士会同军部，安排好训练计划，聘请武汉的爱国知名人士给他们上课。

服务团暂改名为"云南学生军训班"，借用汉口熊庭壁路的"公勉女子中学"进行集训。科目有：日本侵华史、抗日民族统一战线、军事基本知识、游击战术、战地救护常识、野战医院临床实习、话剧和街头剧的排练化妆、救亡歌曲的演唱和指挥、编写墙报和时事报告宣传等。邀请的教师有：郭沫若、邓颖超、史良、田汉、冼星海和胡若愚等人。

国立戏剧学校王家齐校长及教师董心铭等来服务团指导排练《放下你的鞭子》《济粮者之歌》等街头剧。战地服务团在武汉上街演了三十多场。演得真切动人，围观群众真把演员当成了从东三省逃来的难民，挥手呼喊，解囊捐钱赠物。战地服务团将收到的钱物全部送武汉抗敌后援会。

1938年3月底的一天，正是团员们受训最紧张忙碌的时候，来了几个英国记者，专程对她们采访和拍摄纪录影片，把这些云南女学生受训时救护实习、演讲宣传、文艺演出以及生活情况都拍成影片，带回本国及西欧放映。他们写的文章还编入了英国自修大学的教材。当时，第二次世界大战即将爆发，英国记者报道她们的活动，目的是为了唤起英国的妇女从军抗击德国法西斯。后来，英国的《大公报》转寄给她们一份《云南女学生》文章的影印件，称赞这些来自遥远的云南的女学生不仅是中国全民族抗战的一个缩影，也为世界反法西斯战争做出了贡献。

在训练班里，著名作曲家冼星海、任光等人传授给团员许多抗战歌曲的演唱法和指挥法，讲解歌曲是激发千千万万人民和士兵的爱国情操最有效的武器之一，要她们很好地掌握它，运用它鼓舞民众。这期间，在云南女学生们的热情邀请下，由冼星海、任光谱曲，田汉夫人安娥女士作词，为云南将士谱写了一首《六十军军歌》：

我们来自云南起义伟大的地方，
走过了崇山峻岭，
开到抗日的战场。
弟兄们用血肉争取民族的解放，
发扬我们护国、靖国的荣光。
不能任敌人横行在我们的国土，
不能任敌机在我们领空翱翔。
云南是六十军的故乡，
六十军是保卫中华的武装！

　　这首军歌，词曲雄壮激昂，内容进步向上，云南的姑娘们马上就学会了，她们到各部队教唱这首军歌，很受六十军官兵们的热烈欢迎。雄壮的歌声，迅速在军中传唱开来，它激发了六十军官兵们的爱国情、救国心、杀敌志。从此，这首军歌伴随着六十军，血战台儿庄，横扫湘鄂赣。1938年8月，第五十八军等部队相继从云南出征，奔赴前线，人们又把这首军歌称为《滇军军歌》。

云南妇女战地服务团团员

　　4月下旬，日军卷土重来，台儿庄烽火又起，滇军第六十军奉命增调台儿庄。六十军在台儿庄附近禹王山与日军血战数日，打退了敌人的多次反扑。云南妇女战地服务团宋志飞等人闻讯，积极请战："六十军在台儿庄同鬼子打起来了，伤亡惨重。我们战地服务团，不到战地服务，在这干吗？走啊。"随即刘先德、刘佩兰、彭明绪、张丽芬、陈琼芬、孟昭文、黄自仙、姜笛芳、苏志贤、汤炳贤、马绍良响应，没等上司批准，12人背上群众送给前方的慰劳品，自动跑到火车站，说服了后勤部

门的长官，钻进了军车，"万里赴戎机"，直驱硝烟弥漫的台儿庄。

卢汉军长在指挥部见到12名女战士，很高兴安排他们到军医处报到。六十军军医处设在陇海路车辐山站，是个几十户人家的小站。从禹王山、邢家楼、陈瓦屋与日军血战多日转下来的伤员很多，妇女战地服务团的同志，放下背包，拿起扫帚，打扫打谷场，给牛棚铺上稻草，安置伤员。打针、服药、包扎、喂水喂饭。处理好马上送车站，转送后方医院。马连长腹部重伤，昏迷中喊"打，狠狠打鬼子"，抢救无效，倒在了焦土上。战地服务团的同志把马连长掩埋在运河旁，沉痛地唱着《悼念烈士挽歌》。

六十军将士在禹王山与日军惨烈厮杀，战地服务团的女战士彭明绪、刘先德、刘佩兰、张丽芬等人携带慰问品，冒着敌人的炮火，爬过运河浮桥，穿过枪林弹雨到达禹王山下。敌人一阵枪炮打来，女战士即卧倒在麦地里，枪声一停，跃起救护伤员，送水、送物到战壕。张冲师长见了说："你们辛苦了。"爬到山顶，战士们见到家乡的小姑娘来到了前线，并肩战斗，很受鼓舞。杨洪元团长说："你们这些女孩子都不怕死，不要命。我们要坚守阵地，誓与鬼子拼到底，为国家为民族战死疆场是光荣的。"女战士钻进战壕，分发慰劳品，为战士缝补衣服，代战士写家信。有的女战士摸起枪向敌人阵地打上一枪，引得日军狂扫一阵。从日俘口中得知，日军知道碰上了云南部队，称"南蛮兵"，很是头痛。日军称服务团的女战士为"女南蛮"，战地服务团在躲避空袭时，在防空洞里凑了一首打油诗："古有花木兰，今有女南蛮。奋起保国家，解放又何难？"

5月上旬，上海话剧演出队来台儿庄慰问，云南妇女战地服务团的同志与上海的王莹、金山等人相遇，非常高兴。上海的同志为战士们演出后，又指导云南的同志排练节目，还一起开了座谈会，畅谈全民抗战，团结一致，必能取得最后胜利。会后共唱：

> 我们要以一当十，
> 以百当千。
> 我们没有退路，
> 只有向前！
> 向前
> ……

从此，云南妇女战地服务团慰问演出的水平有了很大的提高。

5月17日，第六十军在台儿庄奉命撤出，卢汉军长命令妇女战地服务团随军部特务团同行。女战士把伤员全部送走，背上毛毯、大米、手榴弹出发。运河两岸的老百姓跑来送行，或带水壶，或带鸡蛋，或提果品，眼含热泪亲切地喊着："老总喝口水，吃个鸡蛋，不要钱。为了保护老百姓，来打鬼子，你们辛苦了。"一张张朴素而苦难的脸，一双双流着泪水的眼睛，女战士看着心酸欲泣。白发苍苍的大娘喊着"女老总"。握着女战士的手问长问短，把鸡蛋、烧饼硬往女战士们的口袋里塞，女战士们泣不成声地告别了鲁南苏北。白天敌机尾追轰炸，晚上照明弹搜寻，卢汉军长在前，服务团随后，日夜兼程，边打边走，突破了敌人的封锁线，终于转移到武汉，又投入到一六六后方医院，抢救伤员。从台儿庄转送来3000多名伤员。医护人员忙不过来，云南妇女战地服务团即投入抢救，打针、换药、倒屎倒尿，忙得衣不解带。

在历时月余的台儿庄大战中，云南妇女战地服务团在抗日的战场上做出了贡献，在台儿庄留下了足迹，台儿庄人民没有忘记这一支特殊的队伍。台儿庄人民不断寻访服务团的老同志，先后与云南妇女战地服务团的徐汉君、彭明绪、张芝、赵凤稚、鄢文琰、段毅贤（原名段竞强）等健在的女同志们取得了联系，征得了珍贵的"三亲"资料。

1993年4月8日，台儿庄大战纪念馆落成时，特邀云南妇女战地服务团的老战士来参加盛典。云南76岁的段竞强女士千里迢迢赶来台儿庄，受到热烈欢迎。在座谈会上，段竞强感慨万千地回忆了随军抗战的艰难岁月，情不自禁地在会上唱起救亡歌曲。在纪念馆里她不停地擦着眼泪。

云南妇女战地服务团出征历时5年，历经黔、湘、鄂、苏、鲁、皖等十余省。后来随着时局的发展，李莹等6人去了陕北。吕传淑在去陕北途中过河身亡，李景淑等3人去陕北受阻，改道去新疆。1942年初，服务团返滇，出发时60人的队伍回到滇黔原籍时只剩36人，但云南妇女战地服务团一直工作至1945年抗战胜利。

当时和几个同学一起到云南省政府门前请愿，要求加入抗日队伍中有一名18岁的富家子女段毅贤。她正就读于昆明赫赫有名的"云南省立昆华女子中学"，该校1908年成立时名为"云南省会女子师范学堂"，辛亥革命后，改名为省立女子中学。这里培养了吴澄、卓琳（邓小平夫人）、丘钟惠等优秀妇女人才；这是一所敌机从头上飞过，书声却永不停歇的女子中学。

段毅贤的父亲当时是蒙自有名的商人和地主，家里很有钱。她哪里能听得进去父亲坚决劝阻的话，就以死威胁，说如果不让她参军的话，她就吞金而死。看她态度这样决绝，父亲拿她没办法，只好同意了。为了表明抗战的

决心，后来她还给自己改了名字，叫段竞强（因为她崇拜秋瑾，秋瑾的字叫竞雄）。实现了她投笔抗日、改名从军的愿望。到长沙后，她和前来慰问的湖南省主席张治中的女儿张素我结下了友谊，往后的几十年一直保持着联系。她家里还保留了她们的通信，也有张素我寄来的相片。

段毅贤加入第六十军后，十分激动，为了表明自己抗战的决心，她发誓说，只要抗战一日不胜利，就一日不谈婚嫁。1939年，段毅贤去到重庆，参加了军委会战时工作干部训练团，后被派往伤兵服务队和乡村服务队工作，在这里她拒绝了众多追慕者。抗战胜利后，她还作了一首诗："为国许身学木兰，随军作战有余欢。安危早置乾坤外，孰料携随明月还。"直至1946年，她才与一名黄埔十四期的国民党少校军官王臣斌结婚。而当时她们的证婚人，则是赫赫有名的"七君子"之一、被毛泽东称为"女中豪杰"的新中国首任司法部部长史良。段毅贤践行了她抗战不胜利，坚决不谈婚嫁的诺言。王臣斌虽说是国民党少校军官，但他一直负责后勤工作，之前没有上过前线。后来他参加了辽沈战役，解放军打锦州的时候他被俘虏了，后来回到了昆明。1949年底的时候，他参加了昆明起义，之后就离开了军队，回到老家和妻子段竞强过着平淡而安定的生活。

段竞强回忆自己的一生时曾说：整个抗战时期是她一生中最幸福的时候。抗战时期的中国，全国上下，不分党派、不分阶层，团结一心，共同抗日，整个社会生机勃勃。另一方面，当时正是国家用人之际，作为有文化、有理想的热血青年，段竞强显然有着美好的前程。

关于幸福，著名历史学家何兆武先生在回忆录《上学记》中这样说："幸福的条件有两个，一个是你必须觉得个人前途是光明的、美好的……另一方面，整个社会的前景也必须是一天比一天更加美好……"

他（她）们就是那个年代、那样幸福的人群吧。

另一位云南省立昆华女子中学毕业的女生鄢文琰，1915年出生在云南昭通的一个书香门第家庭，15岁时成为昭通能上省城求学唯一的女佼佼者。她女扮男装，只身义无反顾地赴省城求学。18岁从学校毕业后，经长辈介绍，到昆明市国民党党部当了一名工作人员，从事文书工作。虽然在1936年，鄢文琰参加工作不久，认识了滇军中一位贵州水城县籍军官王重钦，定为婚约。但是国难当头，鄢文琰与爱人王重钦双双以身许国，毅然辞职投笔从军，成为服务团的一名骨干，后来还被共同推选为副团长。

台儿庄战役后，服务团团员分散到各部队，鄢文琰分到一八四师。该师的任务是参加武汉保卫战。此时，鄢文琰打听到爱人王重钦已升任为一八二

师五四九团的团长，驻防江西万载、宜春一带。两师虽然同属六十军，但军与团之间、团与团之间，总是隔山隔水，相距几十里，只有心心相印，却很难见上一面。后来经部队批准，她调到王重钦所在的五四九团工作，不久就在部队举行简单的婚礼，结为一对抗战夫妻。从此，夫妻俩随着战局变化，转战南北，相随相伴，并在战争环境中生儿育女。历尽千辛万苦，终于迎来抗日战争的全面胜利。后王重钦调到新三军新闻处任处长，因不满国民党发动内战，1948年底接到母亲病重的信，王重钦以请假送妻回乡侍奉母亲的名义，从此离开军旅生涯。

1949年初，夫妻双方终于踏上回乡之路。病中的母亲在十分欣慰之中，病情大有好转。

年底，解放大军进入贵州，水城县伪县长黎季心带领执政官员弃城逃跑。王重钦、肖辑轩、吴承卿等几位有影响的地方人士，自发成立治安组织，维持城内秩序。1949年12月18日水城和平解放。毕节军分区派马有庆、朱广臣来接管水城。人民政府鉴于王重钦在协助和平解放和维持社会治安方面做出的积极贡献，安排他在县税务局工作。

镇反等政治运动开始后，王重钦便因伪军官等罪名，于1952年被判刑劳改三年，送到遵义磷肥厂劳动改造。由于表现好，就提前释放，安排在厂工作，后成为一名车间主任。后因矿井发生事故，王重钦为抢救30余名工人而牺牲。

鄢文琰在水城县1957年第一届政协会上，以有文化、有知识、有影响的妇女，被选为政协委员。多年间，为政协工作的发展做出了突出贡献。1960年被口头宣布为"四类分子"，交街道管制，经常挂黑牌罚扫大街。直到1977年经公安、法院核查，原来宣布她为"四类分子"毫无文字根据和法律依据，纯属冤案，应彻底平反。从此，又恢复了她的政协委员身份。

鄢文琰终究是个经过血雨腥风的过来人，她宽宏大度，看到共和国在不断欣欣向荣、看到子女们都在勤勤恳恳地为人民服务、看到晚年生活有依有靠，她欣慰地走完人生之路。

鄢文琰在书法造诣上很深，也是水城县文学艺术中的一笔财富。八十高龄时，六盘水市举办的五次书画大展，她都有作品参展。全市出版的几本大型诗书画集，都收入了她的作品。她的书法艺术也将永留人间。

2015年7月6日，昆明《春城晚报》报道了赵凤稚：昆明唯一健在滇军女兵。当时在昆华女子中学初三年级学生的赵凤稚，瞒着家人，参加了云南妇女战地服务团。1921年8月，赵凤稚出生在昆明的一个大家庭。家里的生意

主要是经营丝线，算是大户人家，家庭经济条件富足。那时人们都喊赵家为"赵丝线"。

赵凤稚说："父母以为我还在学校，我们当中6名女生的父母听说后，将她们拉了回去。实际出发的是54人，到贵阳后，在贵阳女中又补充了6名女生，凑齐了60人。"

台儿庄大捷后，赵凤稚跟随多数人回到武昌白沙洲的后方医院，可赵凤稚却没做医务工作，做的依然是宣传工作，帮士兵写家信、读报纸、开晚会。1940年，赵凤稚和战地服务团的6个人被调到了第一集团军高荫槐的副总部政治处。"在这里完全不做医务工作，完全以宣传军民合作、训练新兵为主，我们组织了演剧队，往来长沙、浏阳、平江，为部队演剧、教歌"。1941年冬，长沙会战（第三次）前，赵凤稚和在副总部的几个同学调到第九战区。"在这里（上级）让我们学会计，并对我们讲，以后我们在部队上，跟着军队搞财务"。长沙会战结束后，赵凤稚和5个女同学与部队失去了联系，"不知道部队转移到什么地方去了，我们前进不得"，只能跟家里打电报要钱，选择返回昆明大后方。

1945年8月15日，抗日战争胜利消息传来，赵凤稚抱着刚出生3个月大的孩子走上了街头庆祝，"那时候心里实在是太高兴了"。

如今的赵老已是四世同堂，与近百岁的老伴王嘉瑜相濡以沫，每天都过

云南妇女战地服务团部分团员于台儿庄大捷43周年(1981年)在昆明合影。

着悠闲的生活。赵老说，参加云南妇女战地服务团是她一辈子都不曾后悔过的选择，也是她一生中最宝贵的经历。现在，赵老仍然每天都要看新闻。她说，看到国家越来越强大，她觉得曾经付出的一切都是值得的。

五、中共人物（六）

贰佰伍拾伍　黄洛峰

黄洛峰（1909—1980.4.11）原名黄垲，云南鹤庆县人。1927年在云南省立第一中学高中读书，5月加入中国共产主义青年团，8月加入共产党。同年底，到易门等地开展党的工作，建立秘密党团组织，领导农民运动。1928年，他领导组建了安宁、易门、禄丰3县特委，并任特委书记。曾任昆明市团委书记，领导昆明市的青年和学生运动。

1930年去日本留学，1931年7月中旬，被日本警方怀疑参与反日活动拘留关押一个多月。九一八事变爆发后，和其他留学生一道，开展了种种反日活动。不久，遵照党组织通过留日学生总会所发的全体罢学回国的指示回到上海，投身于抗日救亡运动，参加了上海民众反日救国联合会，并担任秘书长。次年，因反日活动在英租界被捕入狱。出狱后，1934年，他到了北平，先编《学会生活》杂志，宣传爱国主义和进步思潮，被查禁后，改为《西南风》杂志。

1936年1月，他在艾思奇的帮助下，用黄洛峰的名字发表文章，并参与《读书生活》杂志的编辑出版工作。1937年1月，与艾思奇、郑易里等一起创办了读书出版社，任总经理。

在他主持下，出版社先后出版了大量进步书籍。《资本论》第一个中文全译本就在1938年由读书出版社出版。在武汉期间，他除了肩负读书出版社的工作外，还担负为党发行《群众》周刊的任务，并从事向延安、国民党军队输送干部的工作。

1938年10月，到重庆。他是中共南方局文化工作委员会（即文委）书店组的成员，负责全民通讯社与中共南方局文化组的联络工作。他还负责过与中共云南省工委的联络工作。

1946年，他到上海同徐伯昕、沈静芷共同研究了人民出版事业发展的新

途径，先后在北平开办了"朝华书店"，在胶东和东北解放区开办了"光华书店"，还在台北与人合作开办了"新创造出版社"等。1947年10月，在党的指导下，三联书店的重心由上海转到香港，11月他到香港继续筹划三联书店的工作。1948年底三联书店彻底合并，他任管理委员会主席。

1949年2月党中央调他到北平，筹建出版委员会，他任主任委员。7月，在北平成立了由出版委员会领导的华北联合出版社，由商务、中华、世界、大东、北新、儿童等15家私营书店参加，这是公私合营的一个新的尝试。不久，由新华、三联和商务、中华、世界、大东、开明等62家书店联合成立上海联合出版社。这两个联合出版社的成立，对全国出版事业产生了极大的影响，各大城市相继成立了类似的机构，为统一全国的出版事业奠定了基础。11月中央政府设立出版总署，他任该署党组成员、出版局局长，1950年4月兼任新华书店总管理处总经理。1951年4月，出版总署成立了"毛泽东选集出版印刷发行工作委员会"，他任主任委员。1952年任总署办公厅主任，党组副书记。

在他担任出版系统领导工作期间，统一了全国的新华书店，在各大区成立了9个总分店，在各省成立了47个分店，在各县成立了889个支店。同时，实行了出版、印刷和发行三种业务的分工，并合理调整了公私关系。还建立了大批专业出版机构，如工人出版社、青年出版社、人民教育出版社、科技出版社、机械工业出版社、人民文学出版社、人民美术出版社、世界知识出版社、外文出版社、民族出版社等。他还相继成立公私合营的专门负责发行的中国图书发行公司和经营书刊进出口的国际书店。

1954年出版总署撤销，出版事业转为文化部管理，黄洛峰任文化部出版局局长，部党组成员，后任部长助理仍兼出版局局长、文化学院院长、中国出版工作者协会副主席等职。

中共八大代表，第一届全国人大代表，全国政协第三至五届委员。

1980年在北京去世，终年71岁。

贰佰伍拾陆　李乔

李　乔（1908.8.10—2002.4.18）笔名普济，彝族作家，云南石屏城关人。1929年毕业于东陆大学预科。

20世纪30年代，李乔在云南个旧写了一些通讯，反映矿工生活和云南见闻，发表在1937年的《申报》《中学生》和《星岛日报》上。

抗战爆发后，随滇军第六十军到台儿庄，写了通讯报告文学《旅途中》《军中回忆》《禹王山争夺战》《活捉铁乌龟》等，分别发表在1938年至1939年的《文艺阵地》《战时知识》《申报·自由谈》等报刊上。

1949年前任中小学教员和滇、桂、黔边区纵队石屏支队参谋长及第二支队文书等职。

1950年，李乔参加中央西南民族慰问团，到边疆进行为时一年的访问后，调云南民族学院和云南民族事务委员会工作，并参加民族工作队到金沙江边开辟凉山彝族地区的工作。1951年，在《云南文艺》发表报告文学《拉猛回来了》，获抗美援朝征文一等奖。1954年，李乔调云南省文联从事写作，并加入作家协会。1955年，写出长篇小说《欢笑的金沙江》第一部《醒了的土地》，1961年9月由作家出版社出版，外文出版社译成英、日、俄文出版，在四川译为彝文出版。1962年出版第二部《早来的春天》。1965年又出版第三部《呼啸的山风》。

1978年，任云南省文联副主席，中国作家协会云南分会副主席。同年，李乔出版《破晓的山野》；集旧作短篇小说、散文，汇编作《春的脚步声》。1989年7月，创作现代长篇传奇小说《彝家将张冲》。

中华人民共和国成立后，历任中央西南民族访问团员，云南民族学院、省民族事务委员会副科长，云南省文联创研部副部长、专业作家，云南省作家协会、文联副主席及云南省作家协会名誉主席。

第三届全国人大代表，第四届全国文联委员，第四届中国作家协会理事。

贰佰伍拾柒　李　佐

李　佐（1913.1—2009.9.21）白族，云南大理县银桥村人。1931年毕业于云南讲武学校。曾任国民党政府军第三十八军第九旅排长、连长，第六十军营长、团长、副师长。抗日战争时期，参加了徐州、武汉会战。

1948年10月，在长春随曾泽生起义。后任解放军第四野战军第五十军一五〇师师长，参加了鄂川战役。抗美援朝期间，任志愿军第五十军司令部副参谋长，参加了第一、二、三、四次战役，参与指挥了朝鲜北部西海岸的攻岛作战和抗登陆防御。

1956年回国后，先后任解放军第五十军坦克部队副军长兼坦克兵处处长、第五十军副军长，1956年3月加入共产党。1962年毕业于高等军事学院战役

系。后任成都军区后勤部副部长。

全国政协第五、六、七届委员会委员，第二、三届辽宁省人大代表，四川省政协第五、六、七届委员会常务委员。

1981年11月以副兵团职离职休养。

1983年12月被军区评为离休干部先进个人。

2009年在成都军区总医院逝世，享年97岁。

贰佰伍拾捌　刘孟田（刘梦田）

刘孟田（1916—1942）原名刘现龙，云南石屏县人。1931年考入石屏中学。九一八事变后，他组织同学出墙报，积极宣传抗日救国，帮助成立"青年读书会"。初三时被推选为学校学生会主席。

1935年，刘孟田到昆明模范工艺厂当学徒工。1936年6月，加入共产党，11月，"云南省各界抗日救国联合会"成立，刘孟田负责宣传工作，与张子斋共同创办了省临工委秘密宣传刊物《救亡》。之后，受党组织安排，到党的又一刊物《南方》帮助工作。

1937年10月，经组织同意，到滇军第六十军当政工人员，随滇军第六十军一八四师奔赴抗日前线。从昆明到长沙的行军途中，他参加了师部宣传队，经常一到宿营地，手里便提着糨糊桶、石灰桶，忙着贴标语、写墙标。不久，师部成立了政工队，刘孟田到政工队与李乔、张天虚等负责《抗日军人》的编印工作。他编写了战地通讯：《渐入前线》《铺在公路上的沙石》等。台儿庄战役时，他白天奔忙于前线，忙于采访、编报、刻印、写标语、画宣传画等；晚上则参与轮流值勤、巡逻，防敌特的潜入破坏。

武汉失守后，根据党组织安排，他到新四军政治部的《抗敌报社》工作。1941年皖南事变发生后被俘。在集中营里，他受尽酷刑，被摧残成残病之躯，之后又染上严重的肺病，仍坚强不屈。1942年4月，他逃出集中营。他希望到大后方、文化人集结的地方桂林工作。

在历尽艰难，辗转到湖南衡阳时，不料病倒了。但他仍不忘写作，在一家破陋的旅店里，用一支破裂的铅笔，写下了最后3篇文稿：《春雨蒙蒙的黎明》《酬报》《幸福旅伴》，寄给桂林的《文艺生活》主编。同年夏，他来到桂林，此时他贫病交加，又误被投入"游民劳作队"当苦役，被同情者保释不久，病逝于桂林街头。

一个文艺革命战线上年仅26岁的生命，就这样悲惨地结束了，但他的精神为中国的革命文艺谱写了一首短促而又令人回肠荡气的诗篇。

2009年，在庆祝新中国成立60周年之际，为进一步弘扬伟大的爱国主义精神，深切缅怀为解放云南做出突出贡献的英雄模范人物，弘扬他们的崇高精神，为实现中华民族伟大复兴而努力奋斗，云南省委宣传部、省委组织部等部门联合开展了"60位为解放云南做出突出贡献人物"评选活动，"文艺革命战线上的角斗士——刘孟田"榜上有名。

贰佰伍拾玖　马逸飞

马逸飞（1905—1997）云南盐津人。曾经是昆明学生联合会主席，1926年在昆明入党。1929年任中共蒙自中心县委代理书记。1930年云南省委遭破坏后与党组织失去联系。后随六十军一八四师参加抗战。

1946年2月，于陆军大学高级班毕业，3月赴越南海防。归队后任六十军一八四师参谋长，

4月，六十军所属部队奉命北上，5月11日，一八四师抵达葫芦岛。此时该师官兵才得知是北调东北与解放军作战，而且到达辽阳后才知晓一八四师已经脱离六十军建制，改归新六军指挥。5月23日黄昏，东北民主联军第四纵队进攻鞍山，25日鞍山解放。

5月28日晚，东北民主联军第四纵队所属部队向海城发起攻击。国军一八四师连夜开会，在师长潘朔端决心起义的倡导下，潘朔端将参谋长马逸飞派出，前往民主联军第四纵队指挥部见韩先楚司令员，举行起义。起义后，一八四师改编为民主同盟军第一军，潘朔端任军长，郑祖志任副军长，马逸飞任参谋长；下属一个师仍称一八四师，魏瑛任师长。10月他重新加入了中国共产党。民主同盟军第一军于1947年6月分别被编成第三、六、九三个支队，每个支队约有六百余人，马逸飞任第三支队长。

1948年5月18日，调入东北野战军独立六师任副师长。

1948年11月，东北野战军独立六师编入第四野战军四十三军，授番号一五六师，他任副师长。

云南解放后，历任省交通接管部主任、省交通厅副厅长。

第五、六届云南省人大常委会委员。

贰佰陆拾　宁　坚

宁　坚（1913—1981.10.7）原名林奇骧，字仲超，云南宣威榕城东门街人。自幼在家读私塾，后就读于宣威县立小学。1930年先在县教育局任办事员，后到本县倘塘小学任教。1931年11月，到云南炮兵军事队受训。1932年

4月受训结束，分配到炮兵第四连任下士副班长。7月，任建水十三团十一连下士班长。1933年3月，调团部任传达中士。1935年9月任准尉司书。

1937年9月，任六十军一八四师（师长张冲）参谋处少尉附员，不久改任少尉参谋。同年10月随军开赴抗日前线。1938年11月加入共产党。1940年11月，六十军回到云南，驻防文山。升任少校参谋，并受命到桂林陆军大学西南参谋班受训。1942年6月，到张冲的第二路军指挥部任中校作战科长，后任军务处长、师参谋长、九十三军副参谋长等职。

回到人民解放军后，历任冀热辽军区联络处长、陆军第五十军一五〇师参谋长、一四九师参谋长等职。先后参加鄂西、成都战役和抗美援朝作战。

1954年后，先后任电力部设计师处长、西安电力学校校长、水电部昆明勘测设计院副院长、党委书记、第三水电工程局党委副书记等职。

1981年在昆明病逝，终年68岁。

贰佰陆拾壹　潘朔端

潘朔端（1901—1978）又名潘燮，字孝源，云南威信县长安乡人。幼时在家乡私塾就读，1918年，不顾家人反对，只身前往昆明，考入云南省立第一中学。1924年毕业，回家筹集去广州的路费。考入黄埔军校第四期，毕业后，留校任第五期入伍生队排长。

在黄埔军校的两年中，周恩来讲的《军事运动与农民运动》，恽代英和萧楚女讲的《中国民族革命史》和《社会主义问题与社会主义》等课程，给他留下很深刻的印象。特别是周恩来讲到孙中山先生三大意愿："统一广东，统一中国，打倒帝国主义"，对他触动非常大。

全国抗战爆发后，晋升为第六十军一八三师一〇八一团上校团长，率部开赴抗日前线。在台儿庄战役中带领先头部队奋勇杀敌，裹伤指挥作战，坚守阵地至后续部队到达，立下战功，被国民政府授予一级宝鼎勋章。后还参加过武汉会战、长沙会战。

1945年，任一八四师师长，同年9月，入越南接受日本投降。

1946年5月，率部在海城宣布起义，成为内战初期国民党第一个起义将领。

后历任东北民主同盟军军长、东北嫩江军区副司令员，中国人民解放军第四野战军第十二兵团副参谋长、西南军政委员会委员、中共昆明市委常委、

昆明市市长、昆明市革命委员会副主任。

第一至第五届昆明市人大代表、第一至第四届全国人大代表、省政协第四届常委、全国政协第五届委员。

1955年，中央军委授予其国家一级解放勋章。

贰佰陆拾贰　薛子正

薛子正（1905—1980.7.3）曾化名薛孤帆，四川省梁平县（今属重庆市梁平县）礼让镇人。曾在武昌、南京读书，参加学生爱国运动。1925年秋考入上海大学，不久加入中国共产主义青年团。1926年8月加入中国共产党，同年秋被派到杭州后被捕，经组织营救获释，到上海全国学生联合总会工作。1927年3月参加上海工人第三次武装起义，5月，被派到苏联入东方大学军事训练班受训；1928年，转入列宁格勒军政大学。

1930年毕业回国，被派到赣东北革命根据地，历任红十军某团团长、团政治委员、红军第五分校教育长等职。1931年秋调任闽北红军独立团政治委员。1932年改任闽北军分区司令员、中共闽北特委委员。1933年初闽北独立团扩编为独立师，任政治委员。同年秋调任闽赣军区参谋长。同年冬改任福建军区司令部参谋、作战科科长。1934年秋调任江西军区参谋长，率部参加赣东北革命根据地各次反"围剿"作战及中央革命根据地第五次反"围剿"作战。

中央红军主力长征后，奉命留下协助曾山领导江西地区游击战争。1935年上半年率江西独立第一、四团在永丰、乐安一带坚持斗争。7月游击队失败，潜回四川家乡。1936年春往川南寻找红军游击队未遂，在綦江中学任教。

抗战爆发后，找到武汉八路军办事处恢复中共组织关系，奉命入滇军六十军张冲部从事兵运工作。1939年随叶剑英到南岳游击干部训练班任上校军事教官。1940年到重庆八路军办事处，任中共中央南方局军事组成员。

解放战争时期，历任北平军事调停处执行部中共方面处长、参谋长，中共中央土改工作团参谋，华北军政大学办公室主任，北京市人民政府秘书长等职。

中华人民共和国成立后，历任北京市副市长，国家经济委员会副主任，中共中央统战部副部长兼秘书长，第五届全国政协副秘书长、全国政协机关党组副书记等职。1956年，被选为中共第八届中央监察委员会候补委员。

全国政协第四、五届委员。他是一个政治、军事理论家，在《新华日报》《群众》杂志上发表过《论运动战》《论太平洋战局》《从大陆上击败日本》《红军英勇战斗的一年》等文章。

1980年在北京逝世，享年75岁。

贰佰陆拾叁 杨 滨（杨重）

杨 滨（1913—1990.12.29）原名杨重、杨云，布依族，贵州安龙县龙广镇人。幼年丧父，1931年考入云南讲武学校军士队，1934年毕业于云南教导团第三期。1935年教导队改为昆明军分校，他留校任工兵见习分队长兼器械操教官。当时与在昆明的安龙同乡韦杵交往甚密，同年9月，经费炳、韦杵介绍加入共产党。

1937年7月，受党组织的安排到六十军一八四师师长张冲的师部工作。10月，部队调赴抗日前线，被安排在师副官处工作。1938年初，六十军移师武汉。此时，在一八四师成立了第一个中共地下党支部，杨滨参加了党支部工作。3月，部队投入台儿庄战役，坚守禹王山阵地，给日寇以重大打击。6月，一八四师组建工兵营，任该营二连连长。1939年春，部队在江西奉新、高安一带布防，与侵犯南昌的日寇对峙，战斗一年余，当时他任中共临时支部书记。

1945年，六十军开赴越南接受日军投降，随后在越南接受整编，骑兵搜索营撤销后，他任军部副官长兼特务营营长，成为军长曾泽生身边的人。

1946年，六十军开赴东北，途中部队中共地下党的工作由杨滨负责。到东北后，他和王立中等人先后将经过长期培养的孙公达、陆飞、赵雄、俞元、詹玉佩等人发展入党，并设法为他们办理在国民党军队里的合法手续，把他们安排到要害部门。

1948年3月，六十军撤到长春，随即被人民解放军围困。10月17日，六十军宣布起义。次年1月3日，改编为中国人民解放军第五十军，他任四四二团团长，随军参加了解放鄂西、成都等重大战役。

1950年10月，奉命赴朝抗美，入朝后他任一五〇师参谋长，先后参加了云山、安州、博川、古梅里等战役。1951年，参加在汉江两岸狙击敌人50昼夜的战斗。1955年4月，随军回国，任副师长。

回国后，先后任福州军区工程兵副主任、福建省军区副司令、顾问（正军职待遇）等职。

1962年11月，被授予大校军衔，荣获三级八一勋章，二级独立自由勋章

和二级解放勋章，1988年，被授予二级红星功勋荣誉章。

1990年在上海逝世，享年77岁。

贰佰陆拾肆　杨永新

杨永新，云南大理人。1937年10月5日，随滇军六十军出征北上抗日。他在一八四师政训处工作，在奔赴抗日前线途中，在中共地下党支部的领导下，进行了一系列抗日救国的宣传鼓动工作，鼓舞了士气，在台儿庄等战役中英勇杀敌。1938年底，蒋南生发展他加入中国共产党（因当时有规定不在友党友军里发展组织，故长江局没有批准），到1940年5月才正式同意杨永新加入中国共产党。

他曾以师政治部秘书、科长等职务为掩护在滇军中开展党的兵运工作。1946年离开滇军。1949年3月，他的党组织关系转到中共大理县工委，担任中共大理县委副书记。9月建立中共大理中心县委，他任书记，领导大理、凤仪、蒙化3个县的工作。

中华人民共和国成立后，任大理专员公署专员。

贰佰陆拾伍　张　冲

张　冲（1901.1.25—1980.10.30）原名绍禹，又名维新，字云鹏，彝族，彝姓尼娜，云南省泸西县永宁乡小布坎（现划归弥勒县）人。幼年读过私塾，后入乡和县城小学读书。他15岁时智退土匪，被当地群众誉为"小孔明"。

1918年，赴昆明读书。20世纪20年代初受孙中山民主革命思想影响，参与1927年云南"二六政变"，任滇军旅长、师长。倾向中国共产党。

1930年6月，第二次滇桂战争爆发，张冲奉命入广西作战，10月，兵败回昆明。年底他营救了遭龙云逮捕的中共云南省委委员张致中，为他后来与中国共产党取得联系，最终走上革命道路提供了契机。

1937年8月，任国民党六十军副军长兼一八四师师长。先后与罗炳辉、叶剑英见面，与八路军建立了联系。1938年，参加台儿庄战役，被提升为军长。1939年被撤去军长职务。利用赋闲在家时间，将精力投入到建设事业中。1940年修建弥勒、泸西两县的水利事业。捐资创办"云鹏图书馆"（泸西县）、圭山小学（路南县）、西山小学（弥勒县）、泸西师范等。

1942年任云南部队第二路军指挥官。1945年到延安。1947年2月加入中国共产党。从延安撤退时，受党中央委派到达东北前线。先后任东北人民解放军总部高级参议、松江省人民政府副主席等职。

云南解放后，任云南省人民政府副主席、西南军政委员会委员、西南民委副主任兼凉山临时军政委员会主席。

1954年以后，曾任云南省副省长、云南省民委主任、中共云南省委委员、云南省人大常委会副主任。

1956年以后，他多次考察云南省各地水电事业，提出了治理金沙江、虎跳峡的一整套方案，云鹏水电站就是以张冲将军表字"云鹏"命名的。

第一至五届全国人大代表，全国人大民委副主任，全国政协第一届委员、第五届副主席等职。

1980年在北京逝世，享年81岁。

按照其遗愿，骨灰撒在了虎跳峡。

贰佰陆拾陆　张士明

张士明（1905—1985.11.7）彝族阿乌支系，云南省泸西县云兴乡木豆黑新寨村人（今属弥勒县东山镇新寨村）。祖父及父亲系清光绪年间武官，从武门第家庭，参加抗法战争立过战功。

1914年入小学。1927年，22岁的张士明带领村中二十多个彝族青年投奔到张冲任师长的一〇一师十九团四连，先后任排长、副连长。1932年选送云南讲武堂炮兵科学习。

1937年编入六十军一八四师出征抗日，任张冲师师直特务连连长，先后参加台儿庄战役、武汉保卫战和江西境内的数次战役。张冲被蒋介石撤职后，张士明随张冲回云南。后云南省主席龙云组建滇军第二路军指挥部，委张冲任总指挥（实为军长），张士明任特务营营长。指挥部隐蔽的中共党员张子斋做张士明的教育工作，并介绍他加入中共地下党组织，后任特别支部组织委员、书记。

张士明先后将昆明来的20余名中共党员安排在特务营开展地下活动，创办了抗日《泸江小报》。培养了弥勒、泸西、路南30多名彝族军事人员，准备日军侵占云南时由他们在3县山区发动群众打游击战（后来这些人成为反蒋武装斗争的骨干力量，如弥勒的龙光明、龙于湘、昂天学等）。秘密分送了张冲购回的外造6挺轻机枪、120支步枪和10万发子弹到上述3县骨干分子家中保存。在建水建民中学和白家营小学帮助一批老师走上革命道路。

1945年9月，六十军开赴越南河内接受日军投降，中共党员白麦浪以《扫荡报》记者身份随军采访，他的行踪被特务发觉上报，国民党中央电令卢汉追查。张士明机智沉着应对，将白秘密转移至西贡华侨办事处，又将受嫌被扣押的中共党员朱家璧秘密转移脱险，然后给卢汉打掩护了结。1946年，六十军调东北打内战（卢汉回云南接替任省主席），张士明任第九十三军第二十师第二团团长，他在策反起义中暴露身份，党组织急速将他接出转移到解放区。1947年，张士明任中国人民解放军冀察热辽军区司令部炮兵主任，指挥炮兵参加了辽沈战役，攻打锦州时受伤失去右眼。伤治好后，1948年任整编后的中国人民解放军第五十军曾泽生部下的副师长。10月，他率十一纵队攻打河北隆化，歼敌一个团。1949年1月，率一八四师参加鄂西咸东路战役，活捉国民党军长肖炳演。后又参加解放四川成都之战。

1950年10月，随中国人民志愿军第五十军抗美援朝，先后任炮兵主任、炮兵指挥部参谋长、炮兵副军长，参加一、二、三、四次大规模战役。在白云山、清川江、监津江和汉江防卫战中，击退美军数十次疯狂进攻，战功卓著，所部一九四师四七七团被志愿军司令部授予"白云山团"光荣称号。

1955年志愿军回国，张士明任辽宁省辽阳军分区司令员、辽宁省军区党委委员。

1958年转业地方工作，先后任云南省民政厅副厅长，云南省体委副主任，省体育学院院长。省政协第四、五届委员等职。

1985年11月7日，在昆明去世，享年80岁。

贰佰陆拾柒 张天虚

张天虚（1911.12.8—1941.8.10）原名张鹤，字有松，又叫剑平，云南呈贡县人，先后就读于云南省立第一中学、东陆大学预科班。在中学时，他参加进步团体"云南青年努力会"。在预科学习时开始了最早的文学创作，并参加党的秘密外围组织济难会，积极参加七一一火药惨案救灾工作和演出活动。在救灾活动中，他认识了聂耳，并结为终生不渝的好朋友。

1930年，他到上海，加入了"中国左翼作家联盟"。1931年，到北平，与主持北平"左联"工作的同乡陆万美共同提出"活路文学"的口号（活路即"普罗"的谐音，即无产阶级之意）。1933年初，他全身心投入50万字的长篇小说《铁轮》的创作。《铁轮》是"左翼"文学的重要作品之一。郭沫若欣然

为之作序，并给予很高的评价。1933年，在上海加入共产党。1935年3月，为躲避敌人的追捕，东渡日本，在东京参加了郭沫若创办的大型文艺刊物《东流》的编撰工作，成为"左联"东京分盟的活跃分子。7月，聂耳不幸在日本溺水身亡，张天虚悲痛万分，立即奔赴藤泽市与日本当局交涉，收领聂耳的遗体。在东京为聂耳举行的追悼会上，张天虚报告了聂耳革命的一生，并撰写《聂耳论》一文作为悼词；其后，与蒲风一道主编了第一部《聂耳纪念集》。1936年，张天虚亲自把聂耳的骨灰护送回国。

1937年，他奔赴延安，参加了丁玲任主任的第十八集团军西北战地服务团，任通讯股长。他创作的宣传全民抗战思想的独幕话剧《王老爷》首演时，毛泽东曾送给他一支钢笔，以示奖励。在繁忙的工作间隙，他写了不少报告文学和战地通讯，为抗战史留下了珍贵的文献资料。1938年初，中共中央派张天虚等人到滇军第一八四师工作。临行前，朱德亲自教他们如何开展工作，同他们合影留念，朱德还送给张天虚一部留声机，好让他开展工作。3、4月间，张天虚等人在滇军一八四师建立了党支部，他负责宣传组织工作。他组织编印的《抗日军人》小报，很受官兵欢迎。他随部队参加了台儿庄战役、徐州会战、鲁苏皖豫突围等战役。在频繁的战斗中，他仍忘我地创作，作品先后发表在茅盾主编的《文艺阵地》、老舍主编的《抗战文艺》等报刊上，后来汇集为报告文学集《运河的血流》，1939年6月由读书生活出版社出版。

1940年，他辗转来到缅甸仰光，参加当地华侨报纸《中国新报》的编辑工作，大力宣传党的统一战线。

1941年1月因病回国，8月10日病逝。他在不足30岁的生命旅程中，创作了300多万字的作品。郭沫若在为其撰写的墓志铭中，把他与聂耳并列：西南二士，聂耳天虚，金碧增辉，滇海不孤。义军有曲，铁轮有书，弦歌百代，永示壮图。

贰佰陆拾捌　张致中（张永和）

张致中（1902.5.7—1992.12）又名张永和，云南第一代共产党人。云南泸西县东山区云兴乡拖格寨人。1915年起，年幼的张永和独自到昆明、北京、天津、唐山、上海等地求学，亲历了云南蔡锷护国运动、五四运动、五卅运动等重大历史事件。

1923年至1926年在南洋大学（现上海交通大学）电机科读书。他在交大时加入共产党，并介绍陆定一等同

志入党，是交大最早的中共党员，最早的中共交大党支部书记。1925年，当选上海学联执行委员会主任，参与组织发动"五卅运动"，同年8月受全国学联和上海学联派遣，回云南发展了省立一中李国柱、陈祖武、吴澄、严英俊等人加入共青团，并将他们的名单带交上海团中央，创建了云南共青团组织。1926年，他离开交大，先后担任中共上海法南区、沪东区、沪西区、沪中区部委书记。1927年在周恩来、罗亦农直接领导下负责组织领导上海沪东区工人第三次武装起义。1927年9月王若飞调他任江苏省委宣传部秘书。1928年初，被周恩来派往湖北，任中共湖北省委常委、秘书长，当年年底回沪向中央汇报工作。

1929年初，周恩来派他回故乡云南省委工作，曾任中共云南临时省委书记、常委，云南迤南地区特委书记等职。在此期间，还到张冲任师长的滇军一〇一师，任张冲秘书，秘密开展滇军的工作。

1930年，在云南昆明被国民党政府逮捕，判刑3年。后幸得滇军师长张冲全力营救出狱。

1937年，经党组织同意到张冲任师长的一八四师任政治部主任。1938年开赴山东、湖北抗日前线。

1939年，滇军内特务向蒋介石密报张冲私通共产党，因此他被解职，地下党支部成员被迫疏散，张永和也无法继续留一八四师工作而回云南。1940年后经张冲举荐，张永和先后担任泸西县教育科长、省立泸西师范学校校长。

1948年，在泸西参加中共领导的云南游击队武装斗争，曾担任泸西县临

陆定一、张永和二位老人久别重逢，热情握手，畅叙旧情。原中共中央宣传部长、国务院副总理陆定一1992年2月为赠张永和书题词。

1925年底，南洋大学(今上海交大)第一个中共党支部成立，成员是张永和(张致中)、陆定一、费振东、竺延璋(祝百英)。张永和为第一任党支部书记，且是陆定一的入党介绍人。

时人民政府县长和弥泸地区专员公署副专员。

中华人民共和国成立后，1951年参加云南省委党校整党学习，因1930年被捕问题被错误处理开除党籍。

"文革"期间又遭受迫害。

1982年8月，云南省委组织部批准省委党校的复查报告，"撤销1952年开除党籍的决定，……先恢复1948年的党籍，再进一步研究处理"。云南省委对张永和的党籍问题和专案工作非常重视，经专案组的充分调查，省委组织部向中共中央组织部提交了专门报告。1985年4月5日中共中央组织部就张永和党籍问题批复云南省委组织部：

1985年3月6日报来《关于恢复张致中同志1925年党籍的报告》收悉。经研究，同意你们意见，恢复张致中同志1925年4月至1948年11月的党籍，党龄连续计算，参加革命工作时间从1924年12月加入共青团算起。

获平反后，任云南省政协第四、五届委员会委员。

1992年在昆明逝世，享年90岁。

贰佰陆拾玖　周时英

周时英（1915—1940.9）原名周家祥，云南罗平县板桥镇人。童年时，就读于板桥镇私塾和东胜小学。

1935年，到昆明昆华中学读高中，积极参加中共云南地下党领导的"读书会"，成为地下党外围组织的骨干分子。响应北平一二·九运动，被开除学籍。

1936年3月，受中共云南临时工委指派，与同乡同学刘浩回到罗平，受聘到板桥东胜小学教书，以此合法身份从事革命活动。他们组织"读书会"，发展"农民小组"，开展抗日宣传，提倡"妇女解放"，传播民主爱国思想。8月，他救亡心切，离家奔赴抗日前线，经滇越铁路至海防，转乘轮船去上海，到读书生活出版社找着中共党员艾思奇、黄洛峰（云南人），经介绍进入大夏大学读书。后于1937年3月辗转至革命圣地延安，入陕北公学学习，同年加入中国共产党，给周恩来做秘书。

1937年10月，滇军一八四师师长张冲邀请八路军办事处派数名军政干部到一八四师帮助工作。后经请示周恩来副主席，同意从延安抽调其秘书周时英等人到一八四师做党的秘密工作。周时英任该师地下党支部书记。

1938年，随一八四师与日军血战禹王山。

1939年，张冲离开部队回云南，周时英被撤回八路军办事处，后又受命到新四军政治部宣传科任副科长。

1940年9月，随新四军与日军大战于江苏镇江车站。此车站系战略要地，双方争夺甚烈，白刃拼刺，几进几出，他临危不惧，身先士卒，不幸在激战中英勇牺牲，年仅25岁。

第八章　台儿庄大战战略配合中的中共党员

七七卢沟桥事变爆发后，国共两党终于捐弃前嫌，结成了抗日民族统一战线，双方携手团结，共同抗日。

1937年8月下旬，中国共产党与国民党经过谈判达成协议，中国共产党领导的工农红军主力部队改编为国民革命军第八路军，朱德任总指挥，彭德怀任副总指挥，叶剑英任参谋长，下辖第一一五师（师长林彪）、一二〇师（师长贺龙）、一二九师（师长刘伯承）3个师，共计3万余人。10月，将在江南八省十四个地区的红军和游击队改编为国民革命军新编第四军，叶挺任军长，项英任副军长，张云逸任参谋长，下辖第一支队（司令员陈毅）、第二支队（司令员张鼎丞）、第三支队（司令员张云逸）、第四支队（司令员高敬亭）4个游击队、10个团、一个特务营，共计1万余人。

在台儿庄战役期间，无论是在临时政治、军事中心武汉还是在津浦线南北两端，中共领导人和八路军、新四军都为配合台儿庄战役做出了积极的努力和贡献。

一、周恩来秘密会晤白崇禧

台儿庄战役前夕，周恩来、叶剑英与即将赴徐州襄助李宗仁指挥徐州会战的白崇禧在武汉进行了秘密会晤。在白崇禧官邸随从白参加会晤的还有军令部作战厅长刘斐、第三十一军军长刘士毅、高参刘仁、机要参谋刘维周、机要秘书谢和赓。因谢的母亲也姓刘，谢和赓作诗戏云："四刘随白会周叶，内幕知情有半刘。"即随从人员是"四个半刘"。

会晤中，周恩来表现出过人的胆识和风度，给白留下深刻的印象。周恩来不计前嫌，对白相当尊重。他谦逊地说："我因为没有亲自到过徐州前线，所以贵战区的兵力布置和已经研究既定的作战部署，不甚了解，不敢妄加评论嘛。"

白崇禧听罢，微微一笑，对军令部作战厅长刘斐将军吩咐："你先给周将军介绍一下战区情况吧。"

周恩来聚精会神地听着。周恩来和叶剑英向白崇禧表示："我党真诚地拥护李宗仁将军打好台儿庄战役，并将给予全力地支持和配合。"

之后，他又提出了自己的一些见解，和白进行探讨和研究。周恩来说："在作战过程中，李宗仁将军必须拥有统一指挥部队的全权，要点是指挥中央军，这是个很关键的问题。"

周恩来提醒白说："我只担心，蒋委员长有独保中央军实力的企图，而让其他地方部队如桂系、西北、西南各省的'杂牌军'，在前线抗拒强敌。如果这样，则有失全国同心同德一致奋战的原则，是对台儿庄作战有害的。"

白崇禧频频点头，答道："英雄所见略同啊！"

周恩来着重谈到，中共方面已经命令张云逸部新四军和游击队，一定在津浦线南段加强活动，配合桂系李品仙集团军等牵制日军北上，支援第五战区的友军向敌猛攻，破坏敌人的交通线，截断敌人的供给，夜袭敌人的重要据点。同时，将派张爱萍以八路军代表的身份，赶赴徐州向李宗仁表示，八路军一二九师三八六旅则在津浦路北段牵制日军南下，竭尽全力来支持第五战区。周恩来希望李宗仁能把这个消息向军、师级高级将领们发出密令通告，使战区的正规部队都知道新四军、八路军在全力支持国民革命军，以增加全军将士对日军作战的勇气和信心。

当时，由于双方仍持分歧，有些商定之事最后并没有实行。如周恩来希望李宗仁"通告"的意见，白崇禧转告给李宗仁以后，李宗仁觉得事关重大，必须要向蒋介石请示后才能决定。同时，他担心如果这样做，会使蒋介石认定他是在帮助共产党做宣传。这一点，李宗仁比白崇禧考虑得还要多一些。又如，周恩来提出新四军需要何应钦兼部长的军政部拨给一定数量的炸药、手榴弹、轻机关枪和其他军用品，如水壶、棉被、军鞋等。会后，黄琪翔开列了一个补给新四军军用品的明细清单呈送白崇禧转交军政部。但后来，何应钦并没有照办。

白崇禧在会谈中，向周恩来侃侃谈到他对长期抗战的看法时，一再提到他在南京失陷前，便向蒋介石提出"积小胜成大胜，以空间换时间"的战略思想，周恩来、叶剑英和黄琪翔表示赞成。在谈到第五战区作战部队的装备时，白崇禧认为汤恩伯的武器和军事装备是最好的，桂系部队居次，而云南、四川、西北部队的装备较差，西北军的装备还不及云南的部队。李宗仁和白崇禧在长途电话中，也谈到此事，并且向何应钦写过报告，希望给予补充。

这件事，经孙连仲和张自忠两位将军列单呈报，得到圆满解决。在台儿庄战役中，蒋介石和何应钦对李宗仁和白崇禧的补给要求从没有刁难过，但对八路军、新四军的补充则是不公平的，经常另眼相待。

在会谈中，白崇禧提到，李宗仁曾在电话中讲到，孙连仲军从八路军那里学到了游击战的经验，这对台儿庄战役很有利。从抗战初期各战场的经验中不难看出，今后的抗战是长期的，必须重视游击战配合正规战，即与运动战、阵地战相结合。白崇禧告诉周恩来，他已提出要成立游击训练班，可能以南岳作为训练基地，而以西南各省军队军官为主要受训的对象。

谈到这里，白崇禧目不转睛地盯着周恩来，接着说："如果将来国民党需要训练游击战术，我就要向委座提出建议，邀请八路军派教官前往执教。"

周恩来爽快地一笑，回答："我党一定会协助。"（后来叶剑英果真应邀作为了"南岳游击干部训练班"教官。开始由汤恩伯任主任，叶剑英任副主任。后来改由蒋介石兼主任，白崇禧、陈诚兼副主任，汤恩伯为教育长，叶剑英为副教育长，陈大庆为总队长，廖运泽为副总队长。实际由汤恩伯、叶剑英两人负责。）

白崇禧素有"小诸葛"之称，在为维护广西地方利益和实力上费尽心机。他对共产党、国民党都抱有相当的警惕之心。

白崇禧生怕蒋介石派特务打入桂系，更怕蒋侦察桂系与中共有什么联系。在他的回忆录中，有与记录者这样的问答："健公在抗战时期与驻中央的共党分子等有没有往来？"白答："武汉撤退时，与周恩来不期而遇，我说：'谢谢你们不派人到广西来。'他说：'都像你们那样就用不着去了！'我说：'谢谢。''共产党与我没有什么来往。'"这是周恩来与白崇禧在武汉撤退途经长沙市的一个小镇时相遇，周恩来邀请他同车时所讲的话。①

1938年3月初，白崇禧准备在武汉向国民党军队师长以上的集训团发表重要演讲，他事先安排谢和赓和另外两人分别草拟讲稿，题目为《军队政工与群众政工之关系》，限一周内交稿呈阅。毫无疑问白是在考察他们三个工作人员的学识才能，谢和赓接受任务后，一连三天三夜挤出时间来夜战，初稿一再修改，最后定稿有14000余字。谢和赓先和正在汉口治病的未婚妻王莹商量，她说写得太长了，要谢和赓斟酌删短。谢和赓灵机一动，便想到李克农，马上过江把稿子拿到汉口给他看，并请转陈绍禹、周恩来核阅。当时，周恩来正在郭沫若家，李完全同意请周斧正。

---

①谢和赓：《周恩来白崇禧武汉密谈》《春秋》，1995年第5期。

次日，谢和赓过江取稿，到家中时把原稿打开一看，周已用红笔删去2000多字！谢和赓喜愧交加！愧的是自己作文、做人经验确实有限；喜的则是经周恩来一改后文章的确明晰不少。李克农也说："讲稿改得很好，这才完全体现了白崇禧军训部长的地位、立场和口气，避免使用指责国民党中央军脱离群众的语气，也避免使用指责政治部工作缺点的字眼……原稿所提出的政治训练原则、方法，与我党的太相似了，应当改一改。"

谢和赓马上照着修改稿复写了两份，并将周先生用红笔改过的原稿毁掉。然后，将一份誊正的讲稿放到白的办公桌上，此时，另两人的拟稿已经整整齐齐地摆在桌面上了。

当白前往会场训话的早晨，他通知谢和赓三人乘车随行。谢和赓与两位同事并肩坐在车上，忐忑不安，心里琢磨白崇禧的葫芦里卖的是什么药，估计他会把3个拟好的讲稿"平分秋色"，各取一些。到了会场，白开始讲话。他并没有念讲稿，但训话的内容与谢和赓所草拟的稿子几乎完全相同。当他讲到"军队政治工作和群众政治工作"是目前提高士气、动员群众与军队并肩作战，使全国军政步伐一致，在统帅部指挥下完成抗战大业的重要问题时，谢和赓感到自己很幸运！有党作为后盾，有周先生作为"改文老师"，又有李克农的热情帮助，使谢和赓在第一炮（即向蒋提出"万言书"）打响后，马上又打响了这第二炮。从此，谢和赓得到了白崇禧更大的信任。

何曾想到，一个国民党的军事领袖的演讲稿，竟能够先得到中国共产党的领袖人物亲笔修改呢？事后，李克农笑容满面地拥抱着谢和赓说："有恩来同志做你的改文老师，这恐怕是国共合作中的一个奇事，也是一个'绝密的佳话'！小鬼，你真幸运，有党做靠山，只要你谨慎而沉着地奋斗，你的工作一定会成功。"克农那胖胖的身躯，圆圆的手臂紧紧地抱着谢和赓，使他感到天下人间"我是一个最幸福的青年"。[1]

二、张爱萍赴徐州

1938年3月间，周恩来与叶剑英商定，命刚从中共江浙军委书记任上奉调武汉、任八路军办事处参谋的张爱萍，作为八路军全权代表，到徐州拜访李宗仁，建议李在济南以南、徐州以北抵抗日军，同日军打一仗。据张爱萍

---

[1]谢和赓：《我在桂系工作的一些情况》《抗战初期中共中央长江局》第612—613页，湖北人民出版社，1991年5月。

将军回忆①：

  台儿庄战役前，大概是1938年3月份的时候，周恩来、叶剑英派我代表他们到徐州会见李宗仁，去的目的就是要劝李宗仁在济南以南、徐州以北之间抵抗日军，同日军打一仗，要我从各方面说服他。周恩来告诉我，他曾同白崇禧谈过此事，现派你再直接向李宗仁了解情况并做促进工作。我记得向李宗仁讲了几条。第一，主要分析了占领济南后继续南下的这支日军侵略部队的情况。它企图从华北一下子打到南京，几乎是长驱直入，非常嚣张，但骄兵必败，而且还是孤军深入，名义上是一个师团，但已经不完整了。第二，济南以南、徐州以北的地形很好，是山区，台儿庄、张庄一带都是山区，地形对我方有利。再一个就是蒋介石不抵抗地撤退，南京、华北失守很不得人心。我鼓励李宗仁说，你们广西军队是有战斗力的，还有北边八路军战略上的配合，应该在这样有利的地形和敌情下，集中兵力，打一仗，虽然伤亡的代价大一些，但可以取得相当可观的战绩。这样既给日军一次沉重的打击，又可以提高广西军队在整个民众中，特别是在国民党中的威信。我还提醒李宗仁，蒋介石嫡系部队后撤，把一些非嫡系部队调往前线，想借日军的手消灭杂牌军，达到他消除异己的目的。开始谈时，他一直在沉思，谈到最后，李宗仁的神气就来了。他表示这个意见很好，要我转告周恩来、叶剑英。

  1965年，台儿庄战役的最高指挥官李宗仁自海外归来，在一次宴会中与时任中国人民解放军副总参谋长的张爱萍再次重逢，握手之际，虽觉面熟，却想不起来在哪儿见过。经张爱萍说出，李宗仁猛然忆起："你是当年周恩来主任派来的那位高参。台儿庄大捷有你的大功……"

  "我何功之有？真正的有功之臣是司令长官阁下，是那些浴血奋战的将士们！"张爱萍真诚地回答。

  是啊，彪炳史册的台儿庄战役悲壮、惨烈，李宗仁和流血牺牲的将士们功不可没，他们的名字永远铭刻在抵御外侵、英勇抗战的史册上。然而，人民不会忘记，历史不会忘记，这胜利中也有周恩来的智慧、心血和张爱萍的辛劳、谋略……

---

  ①张爱萍：《我在长江局的工作简况》《抗战初期中共中央长江局》第518—523页，湖北人民出版社，1991年5月。

三、罗炳辉以同乡促统战

1938年1月，周恩来调罗炳辉到八路军驻武汉办事处工作，做由滇军改编的国民革命军第六十军的统战工作。罗炳辉是云南人，1915年至1929年先后在唐继尧、朱培德领导的滇军中闯荡14年，在滇军中有不少朋友。

1938年3月，罗炳辉通过武汉"读书生活"书店经理、地下党员黄洛峰（云南籍）的介绍，与滇军第一八四师政治部主任、地下党员张致中（张永和）取得联系。

3月下旬，应张冲的要求，经武汉八路军办事处向中共中央报告后，党中央从延安派党员**周时英、杨华、张天虚、张子斋**和武汉八路军办事处的**薛子正**等，到滇军第一八四师建立秘密党支部，在中共中央长江局领导下开展工作。罗炳辉、黄洛峰负责与滇军第一八四师党支部联系。同时，由地下党员**蒋南生、刘孟田**等与被招收的一批进步青年在第一八四师中组成政工队，协助党支部在滇军中展开抗日宣传工作。

当月，罗炳辉通过张致中从中联络，罗炳辉与叶剑英在武汉会见了滇军第六十军第一八四师师长张冲。罗炳辉与张冲进行了几次交谈，宣传团结抗日主张。张冲表达了想加入共产党的愿望，要求八路军选派

1938年叶剑英（三排右一）与李涛、罗炳辉（三排右二）、张爱萍（四排右一）、聂鹤亭、童小鹏、彭雪枫（四排右四）、张经武、陈家康等在武汉中共中央长江局参谋处。

军事及政治工作人员到一八四师工作。罗炳辉、叶剑英根据国共合作建立抗日民族统一战线的精神，指示张冲暂不加入共产党，要留他在党外以便更好地工作。

在一八四师驻湖北武胜关、鸡公山时，张冲在鸡公山养病。罗炳辉到第一八四师师部看望张冲和部分官兵。张冲送出门时，还被国民党特务偷拍了一张照片。[①]

4月6日，台儿庄大捷的消息传到武汉，蒙藏回族联合慰劳抗敌将士代表团在汉口举行献旗典礼，罗炳辉和钱之光代表八路军参加了大会。罗炳辉还代表八路军在献旗典礼上为抗敌将士献旗。次日的《新华日报》在显著位置刊登了献旗典礼的报道。

4月7日，罗炳辉参加武汉几十万人举行的台儿庄战役胜利大游行，代表八路军在祝捷大会上发表演说。他说："今天虽然胜利，但我们要更加紧团结，而不能自骄。我们要把代表团的盛意，带到前线指战员中去，让他们知道后方的力量是这样的雄厚，认识抗日必定胜利。这样，一定能增加他们的抗战力量和决心，更英勇地用热血和头颅来争取中国独立自由！"

罗炳辉与叶剑英到驻湖北孝感的滇军第六十军军部访问军长卢汉。台儿庄战役后，罗炳辉还结识了刚从台儿庄前线归来的滇军第六十军第一八四师第一〇八五团团长曾泽生。

5月8日，罗炳辉与吴玉章、董必武一起，参加国民政府在武汉为台儿庄战役牺牲的国民革命军第一二二师师长王铭章举行的追悼大会，并敬献了挽联。

6月上旬，滇军第六十军参加台儿庄会战后到武汉鸡公山休整，罗炳辉前往慰劳家乡官兵，看望卢汉、张冲等将领。

在台儿庄禹王山负重伤的第一八三师第一〇八一团团长潘朔端，系云南威信人，与罗炳辉家乡云南彝良县毗邻。潘朔端于1938年4月中旬在武汉养伤时，罗炳辉便以云南老乡的名义结识了潘朔端，并多次到医院看望他，向他宣传中共倡导的抗日民族统一战线的主张。潘朔端伤好与罗炳辉临别时，罗炳辉意味深长地说道："你我同生在一块土地上，但愿将来能走到一条道路上。"8年后，罗炳辉终于如愿以偿。

1946年5月30日，已担任第六十军一八四师师长的潘朔端，为反对打内战，毅然决然率领该师2700多官兵在辽宁海城起义，打响了国民党军队在东

[①]马逸飞：《张冲在台儿庄》《云南文史资料选辑》第二十辑，第106页。

北战场上反内战的第一枪。1946年6月10日，罗炳辉在鲁南前线巡视战场时，得知滇军第六十军第一八四师师长潘朔端在辽宁海城率部起义的消息，为之获得新生感到十分庆幸，当即，亲笔拟写核电，发给潘朔端将军。电文为：

> 抗战胜利，举国欢腾，乃反动派坚持独裁，私心不死，扩大内战，凶焰方张。中共一让再让，反动派得寸进尺。际此全国和平遭受严重威胁之时，潘兄顺应潮流，拥护真理，率部起义，使正义昭张，至闻敬佩。吾滇自先烈蔡锷先而后，革命人才辈出，吾兄戎马倥偬，抗敌台庄、鄂南，转战西南各地，使日寇胆寒，国人赞佩。今得在和平民主大道上，共同携手前进，鹏程万里，胜利堪期，禹胜欣慰，仅电驰贺，并致慰问……①

罗炳辉这位从奴隶到将军的中共滇军将领，时刻关注着家乡的这支抗日队伍。他以抗日民族统一战线的伟大旗帜感召他们，为这支抗日生力军在最后关头，分别在卢汉、曾泽生、潘朔端等人带领下投向人民做出了重要贡献。而且由这支国民党滇军第六十军起义后改编成的中国人民解放军第五十军，在第五十军军长曾泽生等原滇军将领的带领下，在抗美援朝中又立下汗马功劳，成为抗日、抗美的真正英雄之师。

四、第八路军之战略协作

1938年1月15日，朱德与彭德怀、贺龙、刘伯承、林彪赴洛阳，参加蒋介石召集的第一、第二战区将领会议。17日，彭德怀应蒋介石之约，与蒋同赴武昌商谈军务。蒋介石谈即将在徐州与日军决战，要求八路军在敌后出击支援。即允诺。②

蒋介石询问八路军副总司令彭德怀："八路军是否可以在青纱帐起时派部队袭击浦津线，声援徐州会战？"彭德怀慨然回答："本军为配合徐州会战，不待青纱帐起，即当派队前往。"③

在战略战术上，中共中央于1938年3月25日，致电④"国民党临时全国代

---

① 中共云南省委党史研究室：《罗炳辉年谱》，第149—244页，云南民族出版社，2008年6月。电文：《罗炳辉文集》第243页，中共党史出版社，2006年。

② 王焰：《彭德怀年谱》，第192页，人民出版社，1998年3月。

③ 转引自唐培吉等编：《两次国共合作史稿》，浙江人民出版社，1989年出版，第302页。

④ 《抗战初期中共中央长江局》，第194页，湖北人民出版社，1991年5月。

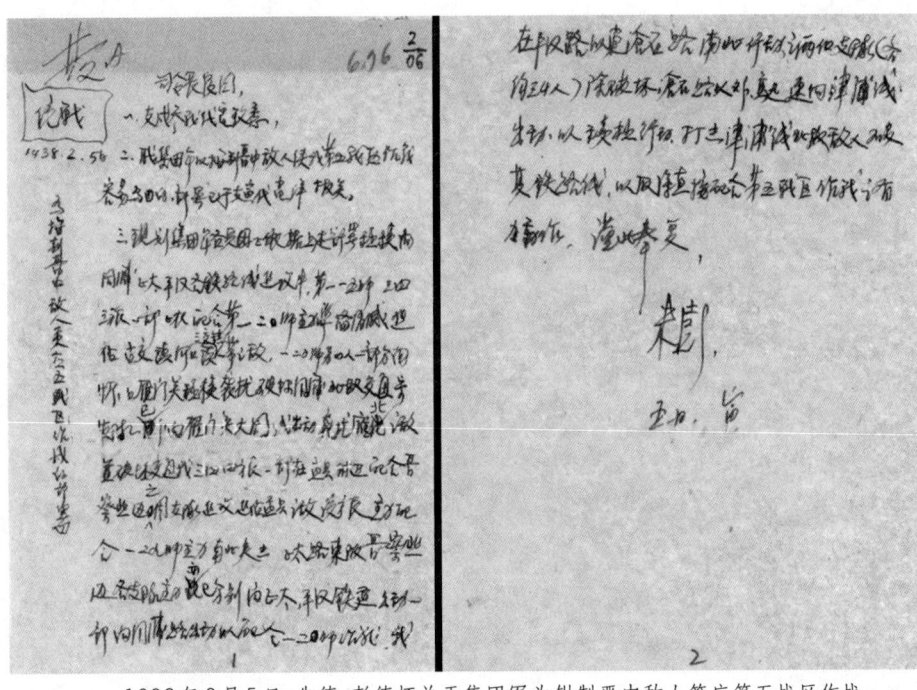

1938年2月5日,朱德、彭德怀关于集团军为钳制晋中敌人策应第五战区作战的部署问题给阎锡山的电报。

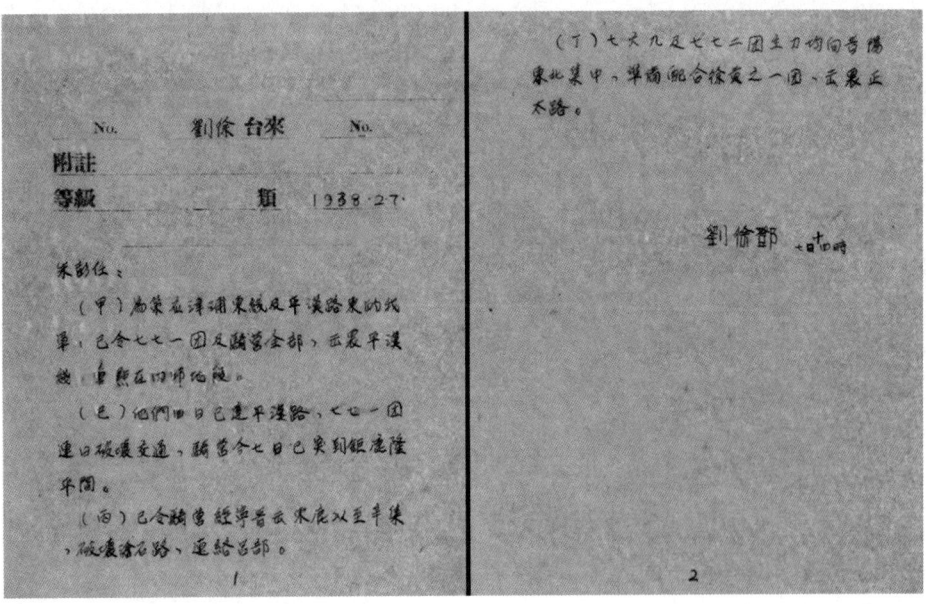

1938年2月7日,刘伯承、徐向前、邓小平关于已令七七一团及骑营全部出袭平汉线给朱德、彭德怀、任弼时的报告。

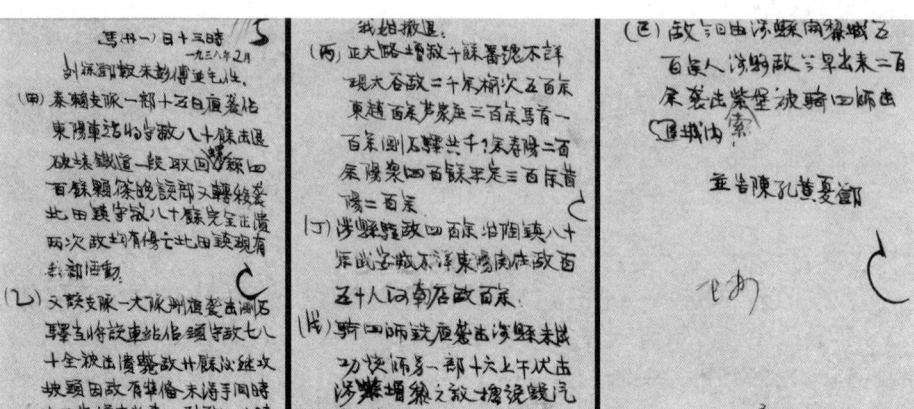

1938年2月21日,刘伯承、徐向前、邓小平关于秦赖支队夜袭敌军等情况给朱德等的报告。

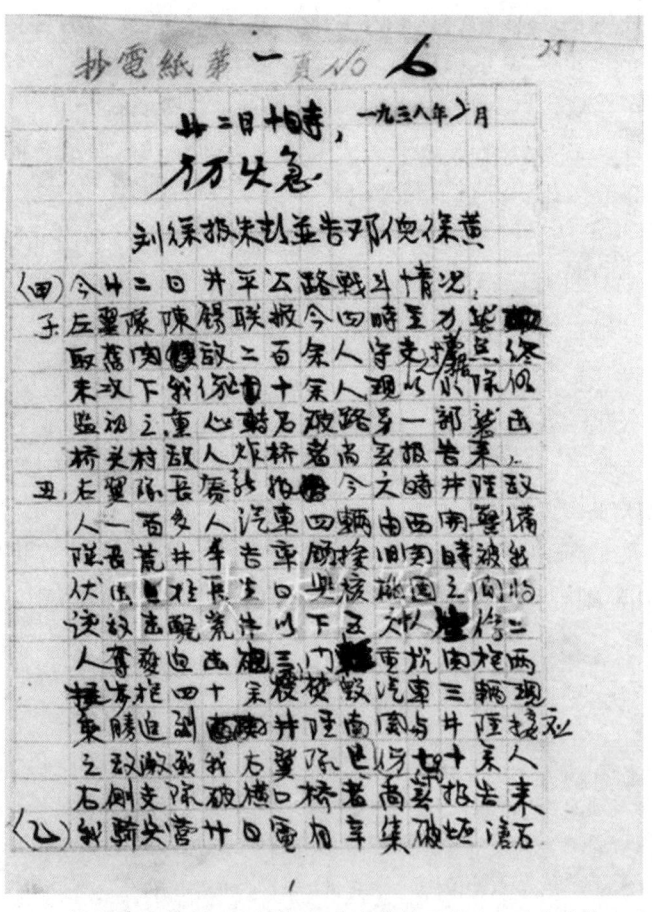

1938年2月22日,刘伯承、徐向前关于井平公路战斗情况给朱德、彭德怀的报告。

表大会①"：

在前线，彻底执行阵地战、运动战、游击战三者适当配合的新战略，以击破敌人前进部队，消耗敌人力量。在敌人后方，坚决援助与发展广泛的人民的自卫战，以达到收复失地，创立许多抗日根据地与支点的目的。

纵观台儿庄战役的过程，不难看出，正是这一战略指导思想的具体实践。

李宗仁在去徐州前也曾会见彭德怀，希望八路军配合他在津浦线和鲁南战场的作战。为此，朱德、彭德怀于2月5日致电刘伯承、徐向前、邓小平：敌人集中主力由津浦线南北夹攻徐州，为策应第五战区作战，我军主力除在晋积极作战外，应派出得力支队出平汉线以东向津浦线袭扰。第一二九师应即准备一个团或两个营的兵力，由宋任穷率领，配足干部与通信器材，在一个星期左右的时间内，东出沧（州）石（家庄）路以南邢台、德州间活动，声援徐州友军作战，并为在该地建立抗日根据地作准备。②

2月23日，彭德怀致电毛泽东、朱德及各师长：山西敌未超过三万，南犯企图配合夺取徐州，无进入陕北可能。我军应力求打击分进运动之敌。③

3月9日，朱德、彭德怀致电聂荣臻、刘伯承等：津浦南北段的国民党军队仍在苦战中，日军已遭受沉重打击，你们以前派出之东进部队，应令其向沧（县）德（州）线积极动作，以配合津浦北段。④

同日，据《彭德怀年谱》记载：朱、彭分析敌夺取徐州后，可能迅速主力转移华北攻我，命聂（荣臻）、刘（伯承）所派东进部队积极配合津浦北段作战。命刘、徐（向前）、邓（小平）坚持华北游击战争。命宋任穷积极向道清线大名地区加紧收枪，发动民众。⑤

3月13日，朱德通过在武汉的八路军参谋长叶剑英转告蒋介石说，已"派第一二九师副师长徐向前率该师所属一个旅东出津浦线，配合鲁南主要战

---

①这次会议于1938年3月29日—4月1日召开，正是台儿庄战役的生死关头之际，在武昌召开。会上，中共中央递交了"建议书""致电"。

②中共中央文献研究室：《朱德年谱》，第184页，人民出版社，1986年12月。

③王焰：《彭德怀年谱》，第194页，人民出版社，1998年3月。

④中共中央文献研究室：《朱德年谱》，第188页，人民出版社，1986年12月。

⑤王焰：《彭德怀年谱》，第196页，人民出版社，1998年3月。

线作战。现该部已逾南宫，东进津浦线行动。"①

徐向前部与先期抵冀南的孙继先率东进支队、陈再道所率东进纵队，宋任穷所率骑兵团等并肩作战，连克安国、高阳、献县、南宫、巨鹿等地，迟滞了津浦线北段南侵的日军。第一二〇师收复平社、高村、原平等地，破坏铁路50余里、桥梁19座。第一二九师专门组建了津浦支队，夜袭黄河崖车站和津浦铁路桥，对津浦路北段之日军构成直接威胁。

与此同时，一二九师在晋东南粉碎了敌人3万余人的九路合围，分散和牵制了日军主力，有力地配合了台儿庄战役。在整个徐州会战期间，华北八路军不断袭击敌人，牵制了敌人的大量兵力，出色地从战役上配合了台儿庄大战。毛泽东指出："敌攻鲁南时，整个华北5省的游击战争，对于配合鲁南我军的战役作战，也尽了相当的力量。"②

4月1日，朱德和彭德怀致电刘伯承、徐向前、邓小平转陈再道、宋任穷，命令停留在南宫附近的津浦支队从山东临清县及武城县之间渡运河，渡河后即以高唐县、恩县、夏津线为依据，向德州、济南之线发展，破坏该段交通，暂不过津浦路以东。并要他们与在聊城附近的范筑先取得联络。③

3月下旬至4月6日，国民党军队在徐州东北组织台儿庄战役，获得胜利，歼灭日军一万多人。八路军、新四军广泛开展敌后游击战争，积极配合了这一战役。④

5月2日，在粉碎日军的九路围攻后，为配合南路军歼灭晋南敌人，

1938年3月27日，李宗仁关于国民党军队在台儿庄一带击敌情况给朱德、彭德怀的电报。

---

①王辅：《日军侵华战争》，第三章："十八 八路军与华北敌后抗日根据地"或《军事博物馆》展出件。

②《毛泽东选集》第二卷，人民出版社1991年第二版，第417页。

③中共中央文献研究室：《朱德年谱》，第189页，人民出版社，1986年12月。

④中共中央文献研究室：《朱德年谱》，第189页，人民出版社，1986年12月。

1938年4月8日，李宗仁关于击溃进犯台儿庄之敌情况给朱德、彭德怀的电报。

朱、彭部署国民党中央军朱（怀冰）师，八路军陈赓旅、周建屏旅破击正太路；徐向前策应东进纵队、津浦支队，在津浦北段配合五战区作战。[①]

5月9日，朱德和彭德怀致电聂荣臻、刘伯承等：敌夺取徐州后，华北形势将更加困难。以前派出之东进部队应向沧州、德州一线积极动作，以配合津浦北段之作战。[②]

5月12日，收到周恩来10日电，问可否由徐向前率部东出津浦，加强陈（再道）支队？朱、彭复电：向前率三个团已过路东与陈（再道）、宋（任穷）纵队会合，准备继续向南活动。[③]

5月29日，在沁县各机关团体联席大会上做报告，彭德怀指出台儿庄战役、徐州战役和华北军民英勇斗争之意义，号召坚持华北抗战，积极、英勇向敌进攻，配合华中、华南作战，要求武装民众，扩大抗日团体，肃清汉奸土匪，施行减租减息，优待抗日军人家属，增加生产，救济难民和发展教育

---

①王焰：《彭德怀年谱》，第201页，人民出版社，1998年3月。

②中共中央文献研究室：《朱德年谱》，第192页，人民出版社，1986年12月。

③王焰：《彭德怀年谱》，第202页，人民出版社，1998年3月。

等，并要求对八路军缺点错误给予批评。[1]

八路军一二九师三八六旅陈赓部于1937年10月，一投入抗日战场就以三战三捷闻名全国。他先是在山西省平定县的长生口的七亘村在同一地点两次设伏，以伤亡30余人的代价，共歼灭敌400余人。几个月后，陈赓巧用"引蛇出洞计"，在神头岭设伏，两个小时肉搏加枪战，毙伤鬼子1500余人，缴获长短枪500多支。随后，又在响堂铺设伏，一个"口袋阵"套住500多个鬼子，毙伤其官兵400多人，缴获汽车180辆。八路军总司令朱德和副总司令彭德怀邀请国民党高级将领现场观战，国民党将领们"啧啧啧"地赞叹不停。这三战震撼了鬼子，也使得八路军声望大增。

1938年4月2日，刘伯承、徐向前、邓小平关于响堂铺战斗战况给集总、军委及朱德、彭德怀的电报。

一个月后，陈赓在长乐村再次设伏，三八六旅歼敌2200人。一次，美国大使馆武官卡尔逊来到三八六旅考察，禁不住称赞说："三八六旅是中国最好的旅。"

1938年3月16日，在山西潞城县到涉县之间，邯（郸）、长（治）公路上进行的一次伏击战——神头岭伏击战，充分说明了陈赓的指挥才能，八路军一二九师师长刘伯承命令陈赓在神头岭打一次伏击战。在旧地图上，标明神头岭是一个险要地段，大家一下子就乐了，这回有好处可捞了。但是陈赓不放心，带着手下的军官到实地考察，发现现场根本不是如地图所标的那样，神头岭地势并不险要，不利于隐蔽，而且路段狭长，不利于部队展开，且上面有国民党的旧工事，会引起敌人的警惕，工事最近的离公路不过100米，极易被敌人发现。大家议论纷纷，觉得这一仗不能打。陈赓思考后决定原计划

---

[1] 王焰：《彭德怀年谱》，第202页，人民出版社，1998年3月。

不变，理由有三，这里地势不险要但是正是因为不险要，敌人会以为我军不会在此设伏从而放松警惕；这里有旧的工事正好为我军所用，敌人对这里早已熟悉反而不会对这些工事产生警惕，只要隐蔽好就会给敌人以出其不意的打击；这里路段狭长，不利于我军展开但敌人就更不容易展开，就像两个人在独木桥上打架，最先出手的最后一定会是胜者。结果果然如陈赓所说，神头岭设伏战以近距离奇袭的战法击毙敌人1500余人，生俘8人，击毙和缴获骡马600余匹，缴获长短枪550支和大批军用物资。这次战斗粉碎了敌人的九路围攻，提高了军民的信心，在配合台儿庄战役上起到了尖兵作用。

4月7日，台儿庄战役胜利后，在武汉的中共领导人及八路军办事处、新华日报社的全体人员，同武汉三镇人民群众一道，参加了规模盛大的"祝捷火炬大游行"。延安各界也举行了热烈的庆祝活动，庆祝台儿庄战役的伟大胜利，称赞这一胜利"写下了抗战史上最光荣的一页"。4月8日，周恩来在武

1938年4月16日，一二九师长乐村战斗中缴获的部分战利品。

汉发表了《争取更大的新胜利》（在武汉各界第二期抗战扩大宣传周第五日的广播词）的长篇广播讲话，从7个方面，阐述了台儿庄战役胜利的意义和如何争取更大的新的胜利。[①]

关于全国各战区，特别是华北敌后游击战对台儿庄大战配合所起的作用，国民政府军事委员会政治部部长陈诚说："目下敌军在中国境内各战场者（东北4省不算），计共有50余万人，而参加台儿庄会战不过五六万人，彼何以不抽调他处兵力增援，此盖因我国自采用游击战以来，各处围歼其小部，袭击其后方，即如山西境内，我方有20万之游击队。遂使敌五师团之众，只能据守同蒲路沿线，不敢远离铁路一步，其

1938年4月17日，一二九师关于长乐村战斗报告给集总、军委及倪志亮、谢富治的电报。

他平汉线以及江北、江南、浙西各战场，均自顾不暇，遑言抽调，以远水不救近火，故台儿庄之战胜，在战略上观察，乃各战场我军努力之总和，不可视为一战区之胜利。简言之，即我游击战运动战，在战略上之功效也。"[②]

1938年5月，毛泽东在总结抗战10个月的经验时，写下了著名的军事论著《论持久战》。其中，有多达13处谈及台儿庄战役。"每个月打得一个较大的胜仗，如像平型关、台儿庄一类的，就能大大的沮丧敌人的精神，振起我军的士气，号召世界的声援"。[③]毛泽东不但指出了台儿庄战役的意义，而且总结了台儿庄战役的经验，并提高到战略战术上来考察，认为台儿庄战役所实行的正是共产党人所主张的"战略防御中的战役和战斗的进攻战，战略持

---

① 周恩来：《争取更大的新胜利》《抗战时期国共合作纪实》（上卷），第510—514页，重庆出版社，1992年1月。

② 《台儿庄歼敌战》，转引自《抗战中的中国军事》。

③ 《毛泽东选集》第二卷，人民出版社1991年第二版，第485页。

久中的战役和战斗的速决战，战略内线中的战役和战斗的外线作战"，正是抗日战争所必需的战略方针。《论持久战》不但被共产党人和全国人民视为经典，也被忠诚于抗日的国民党军将士们所赞赏。白崇禧当时就将此书印行10万册，发给每个桂系军官阅读。

五、新编第四军之战略协作

1937年8月20日，在第五战区成立之时，国民政府军事委员会所颁布的第五战区战斗序列中，将新四军第四支队高敬亭部纳入李品仙第十一集团军战斗序列。

12月28日，在日寇南京屠城，正准备渡江北上，南进之敌刚过黄河之际，毛泽东就高瞻远瞩，致电长江局周恩来、项英，命新四军一部应尽早占领战略要点。[1]

周、项：

高俊[敬]亭率部可沿皖山山脉进至蚌埠、徐州、合肥三点之间作战，但须附电台并加强军政人员。

毛
十二月二十八日

1938年1月11日，"周恩来、叶剑英关于高敬亭部暂归第五战区指挥致朱德、彭德怀电"[2]：

朱、彭：

高俊[敬]亭部在建制上编归新四军，在指挥上暂归第五战区李宗仁，并已得何应钦、陈诚同意，即开禁[霍]山、立熙[煌]附近集中行动。剑英明日即去整理。

周、叶
真酉[3]

---

① 《抗战初期中共中央长江局》，第124页，湖北人民出版社，1991年5月。

② 《抗战初期中共中央长江局》，第135页，湖北人民出版社，1991年5月。

③ 真酉，即11日17时—19时。

1938年2月，红二十八军和豫南红军游击队奉中共中央命令，改编为新四军第四支队，高敬亭任支队司令员，林维先任参谋长，下辖七、八、九3个团及1个手枪团，全支队3100人。

根据《董必武年谱》①记载：

1938年1月，董必武和周恩来、叶剑英等受中共中央、毛泽东的委托，向新四军四支队负责人高敬亭等传达了中共中央关于开展敌后游击战争、发展抗日武装力量的指示，要求四支队从湖北黄安七里坪、河南确山竹沟向东挺进抗日，建立敌后抗日根据地，坚持游击战。

2、3月间，董必武和周恩来、叶剑英先后到新四军四支队驻地黄安七里坪，检查该部改编工作和挺进敌后的准备情况。

根据中共中央"高敬亭部可沿皖山山脉进至蚌埠、徐州、合肥三点之间作战"的命令，1938年3月8日，高敬亭在黄安七里坪召开四支队东进抗日誓师大会，率部东进皖中、皖东，成为新四军进军敌后最早的部队。他们在进军和县、含山等地途中，发现处处是难民，国民党军队不战而退，"皇军不可战胜"的论调甚嚣尘上。高敬亭决定打几个胜仗，鼓舞军民士气。

4月，高敬亭率部展开于舒城、桐城、庐江、无为地区。5月，为配合徐州正面战场国民党军作战，一部挺进到淮南铁路合肥至裕溪口段出击敌人。5月12日，在安徽巢县（今巢湖市居巢区）蒋家河口伏击日军，炸毁日军汽艇，击毙日军第六师团巢县守备队20多人而自己无一伤亡，缴枪11支，军心、民心大振，取得新四军东进抗日的首战胜利，揭开了华中敌后游击战的序幕。这也是新四军挺进敌后的第一仗，比苏南韦岗战斗还早一个月。当日，蒋介石亲自致电叶挺、项英："贵军四支队蒋家河口出奇挫敌，殊堪嘉慰。"接着第四支队在椿树岗、棋盘岭等处设伏，炸毁日伪军60多辆运输汽车，毙伤日伪军400多人，缴枪200多支，大振了新四军军威。林维先率所属部队的八团二营、七团三营以及特务营，于1938年5月至11月间，在合安公路桐城段的大小关、范家岗、棋盘岭等处多次伏击侵华日军，歼灭数百人，炸毁敌军军车50多辆，并缴获了大批军用物资，凯歌高奏，日寇丧胆。

5、6月间，第四支队又先后发动大小战斗数十次，毙伤日伪军800多人，

① 《董必武年谱》第131—14页，中央文献出版社，1991年5月。

蒋家河口战斗结束后官兵们凯旋时的情景

击毁汽车100多辆。

徐州失守后，为牵制日军西进，执行保卫武汉任务，高敬亭率部转至安（庆）合（肥）公路、六（安）合（肥）公路两侧抗击日军。至10月武汉失守时，高敬亭率领第四支队转战皖中、皖东和江苏的江浦等20余县，以伏击、奇袭战术，在大关、小关、范家岗、棋盘岭、铁铺岭、三十里岗、运漕等地，与日军连续作战数十次，有效地支援了正面战场作战，初步打开了皖中敌后的抗日局面。到次年4月的一年多时间里，与敌作战120余次，歼灭日军1700余人，伤日军400多人，俘日军9人，歼伪、顽军和地方反动武装3700多人，炸毁日军汽车156辆、汽艇2艘，打开了庐江、无为县城，赶走了驻舒城的日军。其作战次数、歼敌人数，在当时新四军4个支队中是最多的，并且开辟了敌后抗日根据地，为之后中国军队开辟华东抗日战场打下了基础。

在台儿庄战役前夕，周恩来还在武汉主动向副参谋总长白崇禧提出，将命令活动在津浦铁路南段一带和长江流域的张云逸部新四军，协同李品仙、廖磊等桂军作战，钳制南线日军。因此，活动在津浦铁路南段的张云逸部新四军不断袭击日军，从战略和战役上配合了李宗仁指挥的台儿庄战役。

抗战初期，张云逸任新四军参谋长兼第三支队司令员，新四军江北指挥部指挥，新四军副军长兼第二师师长。抗日战争全面爆发后，参与领导新四军的组建、整编等工作。1938年春，他指挥了清水潭战斗、马家园战斗，日军伤亡惨重，后又在台儿庄战役期间率部运动，迫使先南下的日军不敢贸然北上援助后南下的日军。

台儿庄战役期间可以说是国共两党第二次合作中战略协作配合最好的时期。因此，台儿庄大战的胜利也是国共合作结出的硕果。

六、中共人物（七）

贰佰柒拾　陈赓

陈　赓（1903.2.27—1961.3.16）原名陈庶康，湖南省湘乡市龙洞乡泉湖村人。出身将门，其祖父为湘军将领。1916年入湘军当兵，1921年脱离湘军，在长沙的铁路局当办事员，参加爱国运动，得到共产党人何叔衡、郭亮等的帮助，接受了共产主义思想。1922年加入中国共产党，1924年5月考入黄埔军校第一期。毕业后留校任连长、副队长，参加了平定商团和讨伐陈炯明的东征等战斗。1925年10月，第二次东征时，在华阳附近战斗失利，叛军追了过来。到前线督战的蒋介石怕被叛军俘虏，拔枪企图自杀，要"杀身成仁"，幸亏陈赓眼明手快下了校长的武器，陈赓不顾个人安危，连背带拖，将蒋救了出来。之后，陈赓又不眠不休，长途跋涉找到何应钦和周恩来的第一师，搬来救兵。因为这次救命之恩，1933年，陈赓在上海被捕后，蒋介石最终也睁一只眼闭一只眼地任凭中共将陈赓营救出去。

1926年秋，被派到苏联学习，1927年初回国。8月参加南昌起义，到贺龙部任营长。失败后，由香港转赴上海。1928年起，主持中共中央特科的情报工作。1931年9月赴鄂豫皖苏区，任中国工农红军第四方面军的团长、师长。1932年因负重伤秘密到上海就医，曾向鲁迅详细介绍鄂豫皖红军的斗争事迹。1933年3月被捕，由上海解往南昌。正在南昌指挥对中央苏区的第四次"围剿"的蒋介石亲自用高官厚禄进行劝降。陈赓大义凛然，严词拒绝。经中共和宋庆龄等营救，脱险后到中央苏区，任彭（湃）杨（殷）步兵学校校长。

抗战时期，历任八路军一二九师三八六旅旅长等。率部开赴太行山区，参与神头岭、响堂铺、长乐村等战斗指挥，继又转战于平汉铁路中段、鲁西北和冀南平原。1940年5月任太岳军区司令员，曾率部参加百团大战。1941年8月，被任命为太岳纵队司令员。1943年11月赴延安，12月入中共中央党校学习。

中华人民共和国成立后，任西南军区副司令员兼云南军区司令员，云南省人民政府主席。1950年7月应邀赴越南民主共和国，帮助越南军民进行抗法战争。1951年参加抗美援朝，任中国人民志愿军副司令员兼第三兵团司令员、政委。1952年6月回国。

1953年任解放军军事工程学院院长兼政委。1954年10月任解放军副总参谋长。1958年9月兼任国防科学技术委员会副主任。1959年9月任国防部副部长。

1955年授予大将军衔，获一级八一勋章、一级独立自由勋章、一级解放勋章。

中共七大代表，第七届候补中央委员；中共八大代表，第八届中央委员；第一、二届国防委员会委员。

1961年在上海病逝，终年58岁。

贰佰柒拾壹　陈再道

陈再道（1909.1.24—1993.4.6）原名程载道、程再道，湖北麻城市乘马岗镇新村程家冲人。3岁时父亲程源瀛因痨病去世，不久，姐姐和母亲也离开人世，因此他从小体验到了穷苦人家的苦难。17岁时，他只身一人参加了共产党领导的农民自卫军，配合北伐军作战。由于报名时"程"误写为"陈"，就改叫陈再道。1926年4月起先后参加农民协会和农民自卫军。1927年9月参加大别山南麓秋收暴动，同年11月参加黄麻起义。

随农民自卫军编入工农革命军鄂东军。黄安县城失守，他与起义武装转到黄陂县木兰山坚持斗争，是木兰山72名游击英雄战士之一。同年夏起任中国工农红军第十一军排长、连长，第四军十一师三十二团三营营长。1928年8月，在江子英等人的介绍下，加入中国共产党。历任中国工农红军第四军一师三团排长、连长，十一师十二团营长，十一师十一团团长。参加鄂豫皖革命根据地的历次反"围剿"。

长征中，入红军大学学习，任红四军副军长。到达陕北后，任军长，率部先后参加甜水堡伏击战及山城堡战役。

抗战爆发后，任八路军第一二九师三八六旅副旅长，参与指挥七亘村、黄崖底和长生口等战斗，初步取得了对日作战经验。

1938年1月，任八路军东进纵队司令员，4月率部巧妙越过日军戒备森严

的平汉铁路，未受任何损失。东进纵队进入冀南仅3个多月，即协助冀南区党委建立20多个县抗日政权。

1940年5月任冀南军区司令员，8月率冀南部队10个团参加百团大战。1943年10月进入延安中共中央党校学习。

解放战争期间，历任晋冀鲁豫野战军冀南纵队司令员，第二纵队司令员兼冀南军区司令员，中原野战军第二纵队司令员。

1947年7月，晋冀鲁豫野战军强渡黄河后发起鲁西南战役。1949年2月任河南军区司令员。

中华人民共和国成立后，1950年共剿灭伏牛山、桐柏山、大别山土匪及国民党军的散兵游勇十余万人，稳定了中原局势。历任中南军区副司令员兼河南军区司令员，中国人民解放军武装力量监察部副部长，武汉军区司令员兼湖北省军区司令员。

1972年后任福州军区副司令员，中央军委顾问。1977年9月至1983年1月任中国人民解放军铁道兵司令员、党委第二书记。

1980年12月，写信给中央军委要求从领导岗位上退下来，未获批准。1982年，主持了铁道兵集体转业，并进入铁道部工作。

1955年被授予上将军衔，全国政协第六届副主席，中共中央顾问委员会委员。

1993年在北京逝世，终年84岁，葬于麻城烈士陵园。

贰佰柒拾贰 董必武

董必武（1886—1975.4.2）原名董贤琮，又名董用威，字洁畲，号壁伍。湖北黄安（今红安）人。1903年考取秀才。1905年考入湖北"文普通"学堂，1910年毕业，获清朝学部授予的拔贡学衔。后在黄州任教员。1911年参加了辛亥革命，同年加入中国同盟会。

1914年考入日本东京"私立日本大学"学习法律，在日本加入孙中山创建的中华革命党。1915年6月回国从事反袁世凯活动，两次被捕入狱。1916年出狱后再度赴日本。1918年回国，参加"护法运动"。1919年在上海参加了五四运动，后创办武汉中学，教授国文。1920年秋在武汉建立共产主义小组。

1921年7月出席中共一大，是武汉小组代表。随后建立和发展湖北省的党组织，任中共武汉区委委员、湖北民运部部长、湖北省委委员。第一次国

共合作时领导筹建了国民党湖北省党部，并任湖北省国民党工作委员会主任、国民党中央候补委员。

1928年赴莫斯科中山大学、列宁学院学习。1932年回国，在江西中央革命根据地，历任中共中央党校校长、中央党务委员会书记、中央工农民主政府执行委员、最高法院院长、工农检察委员会副主任。

1934年10月参加长征。到陕北后，任中共中央党校校长，陕甘宁边区政府代理主席。抗日战争时期和抗战胜利后，是中国共产党同国民党谈判的代表之一。

1945年代表解放区参加旧金山联合国制宪会议。曾任中共中央南方局副书记、中共重庆工委书记、中共中央财经部长、华北局书记、华北人民政府主席。

中华人民共和国成立后，历任中央财经委员会主任、政务院副总理、政务院政法委员会主任、最高人民法院院长、全国政协副主席、中共中央监察委员会书记、中华人民共和国副主席、代主席。

1975年1月任第四届全国人大常委会副委员长。

中共第六届中央委员，第七、八、九届中央政治局委员，第十届中央政治局常委。

出版有《董必武选集》《董必武政治法律文集》《董必武诗选》《董必武年谱》。

1975年在北京逝世，享年89岁。

贰佰柒拾叁　高敬亭

高敬亭（1907.8—1939.6）原名高志员，河南信阳新县新集镇城郊董店村人，生于贫苦农民家庭。10岁丧母，因家庭贫困，只读过六年私塾就辍学在家帮父亲种田。他于1928年参加革命，1929年3月加入中国共产党，同年秋当选为乡苏维埃政府主席，不久又调任区苏维埃武装委员。1930年，任鄂豫皖特区苏维埃政府主席。1931年后，历任中共中央鄂豫皖分局委员、鄂豫皖省委常委兼组织部长、苏维埃政府主席，光山县书记，豫东南道书记，红二十五军七十五师政治委员。

1934年11月，红二十五军长征北上，奉命重建红二十八军，在异常困难的条件下，在大别山坚持了三年坚苦卓绝的游击。

1937年9月，红二十军同国民党卫立煌部谈判，改为鄂豫皖工农抗日联军。10月，南方八省十三区的红军游击队改编为国民革命军陆军新编第四军，鄂豫皖抗日联军遂改为新四军第四支队，他任司令员。

1939年6月，被错误处决。

1977年4月，中国人民解放军总政治部发出《关于给高敬亭同志平反的通知》，为其平反，对高敬亭的功过做出了实事求是的评价。

贰佰柒拾肆　林维先

林维先（1912.9.8—1985.7.28）又名林新，生于农民家庭，安徽金寨县人。1929年参加中国工农红军。1930年加入中国共产主义青年团，1932年转入中国共产党。土地革命战争时期，任鄂东游击总司令部特务营班长，红二十五军第七十四师特务连政治指导员，第二二二团营政治委员、团政治委员，皖西红八十二师师长。1934年11月至1935年1月错误的"肃反"过程中，被撤销师长职务，在皖西道委会做苦工。后调红二十八军任参谋、第二二四团营长、副团长。

抗战时期，任新四军第四支队参谋长、副司令员，新四军教导总队第九队队长，第一大队队长兼军部特务营营长，新四军第三支队参谋长兼挺进团团长，第七师副参谋长兼皖江军区副参谋长，沿江支队支队长兼中共沿江地委书记，新四军第七师十九旅旅长。

解放战争时期，任新四军第七师参谋长，华东野战军第七纵队副司令员，华东军区后备兵团司令员。

中华人民共和国成立后，历任淞沪警备区副司令员，华东军区公安部队副司令员，浙江军区司令员，南京军区副司令员兼参谋长，武汉军区副司令员。

1955年被授予中将军衔和一级八一勋章、一级独立自由勋章、一级解放勋章。

第二、三届国防委员会委员，第一、五届全国人大代表。

中共十二届中央纪委检查委员会委员。

作为红二十八军指挥员之一，他出生入死，8次负伤，毛泽东曾称赞他为"游击专家"。

1985年在武汉逝世，享年73岁。

贰佰柒拾伍　罗炳辉

罗炳辉（1897.12.22—1946.6.21）别名罗德富，生于贫苦家庭。其父做佃农与买卖为生，长期受地主剥削。他自小性格倔强，11岁时与当地劣绅争论而被记恨。次年，地主诬陷罗家，罗炳辉孤身到县城告状，终因地主金钱贿赂，仅被判平头官司。这场官司引起全乡震动，都表示罗炳辉不好惹。罗炳辉从此立志打倒土豪恶霸。

他萌生参军念头，用12天时间徒步数百公里到省会昆明寻求参军，因无关系，不得加入。其后在昆明先后做过木匠、伙夫、马夫，终在1915年利用一次偶然机会加入当时云南的唐继尧部当兵。由于他吃苦耐劳，作战勇敢，被提升为三等中士。到1920年，罗炳辉当上了唐继尧的随行军士。由于随唐继尧与唐继虞赴香港，见到二唐糜烂奢侈的生活后，他在多次向唐继尧请假不准后，留下一封书信，悄悄离开香港。

1922年，他到桂林投奔滇军，参加讨袁护国战争、东征战争和孙中山领导的北伐战争。

1927年3月，他在南昌参加被国民党杀害的赣州总工会领导人赞坚的追悼会上，听到了朱德的讲话，大受启发。

1929年4月，他任江西吉安县靖卫大队大队长。中共中央派滇籍中共党员赵醒吾到吉安对他做教育争取工作。7月，罗炳辉秘密加入中国共产党，11月在江西吉安领导靖卫大队士兵起义，参加中国工农红军。历任团长、旅长、第六军第二纵队长、第十二军和第二十二军军长等职。第五次反"围剿"开始不久，任红九军团军团长。曾任中华苏维埃共和国中央执行委员。率部参加广昌保卫战，并护送北上抗日先遣队出征。

抗日战争时期，先后以副参谋长和副司令员的名义在武汉从事统一战线工作以及开辟皖东抗日根据地。

解放战争期间，任新四军第二副军长兼山东军区第二副司令员。1946年6月9日，在罗炳辉的指挥下，新四军向盘踞枣庄的敌军发起进攻，全歼对方部队，解放枣庄。6月21日，因脑溢血在山东临沂病逝并安葬于临沂。

他是中华人民共和国成立后中央军委认定的解放军33个军事家之一。2009年9月14日，罗炳辉被评为100位为新中国成立做出过突出贡献的英雄模范之一。

贰佰柒拾陆 彭德怀

彭德怀（1898.10.24—1974.11.29）原名彭清宗、石穿，字怀归，号得华。湖南湘潭县石潭镇乌石寨人，生于贫苦农民家庭。小时读过两年私塾，后因母亲去世、父亲病重被迫辍学，靠砍柴、放牛、出外做工为生。15岁时参加饥民闹粜，被官府通缉，逃到洞庭湖当堤工。1916年3月入湘军第二师六团一营当兵。1918年后任班长、排长，在连队秘密组织救贫会，并逐渐萌发富国强兵思想。1921年任代理连长时，因派会员杀死一恶霸被捕，在押解途中机智逃脱。

1922年8月改名彭德怀，考入湖南陆军讲武堂。1923年8月毕业后回湘军第二师六团一营任连长。1926年5月任营长，后随部队编入国民革命军，参加北伐战争。在进攻武昌时结识共产党员段德昌。1928年4月在革命低潮时期，经段德昌介绍加入中国共产党。7月22日与滕代远、黄公略等领导平江起义，组建中国工农红军第五军，任军长兼第十三师师长。8月起率部在湘鄂赣边界开展游击战争，建立革命根据地，成立中共湘鄂赣边界特委，任特委委员。1928年底率红五军主力到井冈山，同朱德、毛泽东率领的红四军会师。所部编为第三十团，任红四军副军长兼三十团团长。

1929年9月红五军重建时任军长。1930年6月红三军团成立时任总指挥和中共前委书记，8月在浏阳永和与红一军团会合，任新组建的红一方面军副总司令兼红三军团军团长。

1931年11月任中华苏维埃共和国中央革命军事委员会副主席。在中央苏区反"围剿"作战中，与红一军团密切配合，在运动中捕捉战机，取得第一至第四次反"围剿"的胜利。

1933年9月被授予一级红星奖章。在第五次反"围剿"中，曾对共产国际派来的军事顾问李德（又名华夫，原名奥托·布劳恩）的错误指挥表示强烈不满，当面斥其是"崽卖爷田不心痛"。

1934年1月补选为中共第六届候补中央委员。长征开始后，率部连续突破国民党军四道封锁线，掩护中央纵队、军委纵队渡过湘江。在1935年1月举行的遵义会议上，拥护毛泽东的主张。

1935年6月红一、红四方面军在川西北会合后，坚决拥护北上抗日的方针，反对张国焘的分裂活动。9月任中国工农红军陕甘支队司令员，10月与政

治委员毛泽东率部到达陕北，胜利结束长征。毛泽东赞扬他："山高路远坑深，大军纵横驰奔，谁敢横刀立马，唯我彭大将军。"同年11月任西北革命军事委员会副主席、红一方面军司令员，参与指挥直罗镇战役。

1936年1月补选为中共中央政治局委员，2月任中国人民红军抗日先锋军司令员，与政治委员毛泽东指挥红军东渡黄河，挺进山西，宣传抗日，扩大红军。5月任西方野战军司令员，率部西征宁夏、陇东，扩大了苏区面积，迎接红二、红四方面军北上，实现了三大红军主力胜利会师。12月任中央革命军事委员会主席团成员。

抗战期间，任中共中央军委委员、中央军委前方分会（1941年改称华北军委分会）副书记、国民革命军第八路军副总指挥（9月11日改称第十八集团军副总司令），协助朱德指挥八路军开赴华北抗日前线，取得平型关等战役战斗的胜利。1937年11月，在延安抗日军政大学发表《争取持久抗战胜利的几个先决问题》的演说，阐述中日双方敌强我弱必然转化的依据，提出整个抗日战场应当采取的作战方针，详细论述了发动游击战争与全民动员的意义和方法。

1938年起在华北敌后参与领导发动群众，创建抗日根据地，扩大抗日武装；指挥部队开展独立自主的游击战和有利条件下的运动战。

1942年8月任中共中央北方局代理书记，统一领导华北敌后的对敌斗争、整风学习、大生产和减租减息运动，巩固敌后抗日政权，实行精兵简政，领导军民渡过抗日战争最困难的阶段。1943年9月到延安参加整风运动。1945年6月当选为中共第七届中央政治局委员。8月被任命为中共中央军委副主席兼总参谋长，协助毛泽东、朱德指挥大反攻作战。

解放战争时期，任解放军副总司令。1947年3月起任西北野战兵团（后相继改称西北野战军、第一野战军）司令员兼政治委员。1949年6月任中共中央西北局第一书记。

中华人民共和国成立后，任中央人民政府人民革命军事委员会副主席、西北军政委员会主席、西北军区司令员、新疆军区司令员兼政治委员。1950年10月，在中共中央政治局扩大会议上，坚决拥护毛泽东关于抗美援朝的主张。出任中国人民志愿军司令员兼政治委员。1952年4月因病从朝鲜回国就医，愈后被留在中央，一面主持军委日常工作，一面兼顾志愿军作战。1953年6月返回朝鲜前线。被授予"朝鲜民主主义人民共和国英雄"称号。

1953年12月受中共中央委托，主持全国军事系统党的高级干部会议，代表中央军委作《四年来的军事工作总结和今后军事建设上的几个基本问题》

的报告。

1954年9月起任国务院副总理兼国防部长、国防委员会副主席。

1956年9月在中共第八次全国代表大会上作《为中国人民解放军的现代化而斗争》的报告，并当选为中央委员和中央政治局委员。

1959年7月，在中共中央政治局扩大会议（庐山会议）期间，因写信给毛泽东，对1958年"大跃进"开始后"浮夸风""小资产阶级狂热性"等问题提出批评，被错误地认为是"向党进攻"和右倾机会主义。8月在中共八届八中全会上，又被错定为"反党集团"的首要人物。9月被免去国防部长职务，停止一切工作。

1955年9月被授予中华人民共和国元帅，一级八一勋章、一级独立自由勋章、一级解放勋章。中共第六、七、八届中央委员会委员、政治局委员。第一、二届全国人大代表。

1974年在北京逝世，时年76岁。

1978年11月平反昭雪，恢复名誉；11月24日，中共中央在北京人民大会堂为他与陶铸同志同时举行了隆重的追悼大会，邓小平同志亲致悼词。

著作：《彭德怀自述》《彭德怀军事文选》等。

贰佰柒拾柒　宋任穷

宋任穷（1909.7.11—2005.1.8）原名宋韵琴，曾用名宋绍梧，生于湖南浏阳县乌石垅村一个落魄地主家庭。幼年读过私塾。1922年考入本县金江高级小学。毕业后当过小学教员。1926年6月加入中国共产主义青年团，12月转入中国共产党。先后任浏阳县冲和区农民协会委员长、区党委宣传委员兼共青团区特支书记。

1927年马日事变后，任浏阳县工农义勇军第四团第二中队党代表，参加了秋收起义。三湾改编后跟随毛泽东上井冈山，任连党代表。

1928年冬，敌人重兵"围剿"井冈山革命根据地，他随红五军团转移被打散后，历尽千辛万苦，重新找到红军。先后任红四军第三纵队连政治委员、红十二军三十五师一〇四团政委、四十四师一三〇团政委，参加了第五次反"围剿"斗争。宁都暴动后，任红五军团三十八师政委、十三师政委、五军团政治部地方工作部部长。

1934年10月，参加长征，任中央纵队干部团政委。在突破国民党军队四

道封锁线、强渡乌江、激战土城、攻克遵义、四渡赤水、南渡乌江等战斗中，他和陈赓率红军干部团为掩护中央军委英勇作战。

1935年5月，他率部日夜兼程160里，抢占金沙江重要渡口皎平渡，消灭驻守敌人，掩护红一方面军安全渡过金沙江。6月，红一方面军和红四方面军会师，干部团先后改编成红军学校特科团、随营学校、红军学校，任政治委员。到达陕北后，任二十八军政委，同军长刘志丹一起率部打通了陕北苏区和神府苏区的联系。刘志丹同志牺牲后，他任二十八军军长。

1936年任援西军政治部组织部部长、政治部主任，负责接待失散归来的西路军官兵。

抗战期间，任八路军第一二九师政训处副主任、政治部副主任。

1938年3月，率骑兵团和一个独立支队奔赴冀南，开辟平原抗日根据地，历任东进纵队政委，冀南军区司令员、政委，冀南区党委书记，冀南行政公署副主任、主任。参与指挥东进纵队南征北战。

1943年后，历任平原军区司令员、代理政委，平原分局组织部部长、代理书记。

解放战争时期，任晋冀鲁豫军区政治部副主任、晋冀鲁豫野战军第二纵队政委、晋冀鲁豫中央局组织部部长、豫皖苏中央分局书记兼豫皖苏军区政治委员、中原局委员、华东野战军第三副政委。

1949年，任中共安徽省委书记、省政府主席、军区政委。带领安徽人民组织数十万民工日夜赶送军粮，筹集渡江船只，支援渡江战役。4月，任南京市委副书记、南京市军管会副主任，协助刘伯承同志进行接管工作。6月，根据邓小平同志建议，成立了以宋任穷为团长的中国人民解放军西南服务团，于10月率西南服务团云南支队经河南、湖南，挺进大西南。

中华人民共和国成立后，任二野四兵团政委、中共云南省委第一书记，云南省军区政委、西南军区副政委。

1952年7月，任西南局第一副书记、西南军政委员会副主席。

1954年，任中共中央副秘书长、中共中央组织部副部长、解放军总干部部第一副部长。

1956年11月，任第三机械工业部（后改为第二机械工业部）部长，是共和国原子能事业大规模建设时期的主要领导者。

1960年9月，任东北局第一书记、沈阳军区第一政委。

"文革"中，遭受迫害，他刚正不阿，对党的信念毫不动摇。

1977年10月，任第七机械工业部部长、党组书记。

1978年12月，任中央组织部部长。

1980年2月，当选为中央书记处书记。

1982年9月，在党的十二大上当选为中央政治局委员。

1985年6月，与王震联名向党中央提出申请，主动要求退出第一线，积极响应废除领导职务终身制的号召。

1985年9月至1992年10月任中央顾问委员会委员、常委、副主任。

1955年获一级八一勋章、一级独立自由勋章和一级解放勋章，1988年获一级红星功勋荣誉章。

第一至三届国防委员会委员，中共第七届中央候补委员、第八届中央委员和中央政治局候补委员，第十一届中央委员（三中全会增补）、中央书记处书记，第十二届中央委员和中央政治局委员，全国政协第四、五届副主席。

著有《宋任穷回忆录》。

2005年在北京逝世，享年96岁。

贰佰柒拾捌　孙继先

孙继先（1911—1990.4）山东曹县梁堤头镇嘴尖刘庄人。家境贫寒，自幼割草、放牛，十八九岁时，便挑起家庭的重担。1931年1月，到济宁参加冯部二十六路军新兵营，不久随部队到江西参加对红军的"围剿"。在宁都，参加了"反帝大同盟"。11月，参加宁都起义，被编入瑞金独立第四师教导大队，任区队长。1932年2月加入中国共产党。

1932年8月，任红二十二军六十四师连长，之后参加了中央革命根据地第三、四次反"围剿"斗争。1933年11月，入红军学校学习，半年结业后，任江西模范师二团、三团三营营长。1934年10月，长征开始，调任红一军团第一师一团（先遣团）一营营长，率部参加了四渡赤水、突破乌江、巧渡金沙江等战斗。在安顺场，他亲自挑选并带领十七勇士强渡大渡河。1935年10月任陕甘支队一大队连长，11月，相继参加了直罗镇战役和东征作战，调任红一军团第一师一团参谋长，红三十一军九十三师参谋长。

抗战全面爆发后，任八路军一二九师三八六旅七七二团参谋长。1938年1月任一二九师挺进队队长，3月改为津浦支队，担任津浦支队支队长，后来担任山东纵队第二支队支队长，参加了常生口、黄底崖等战斗。1940年8月起，调任第二旅旅长，教导第一旅旅长，率部挺进鲁南。1943年7月，调任中国

人民抗日军政大学第一分校（山东抗大分校）副校长。次年5月任鲁中军区三分区司令员。

解放战争时期，1946年6月，调任山东省野战军（山东军区）第四师师长，率部参加了莱芜战役。1947年4月，任华东野战军第八纵队副司令员，5月奉命率部从孟良崮东侧秘密插入敌纵深，割裂了敌七十四师与其友邻八十三师的联系，完成了对敌七十四师的包围。激战2日，全歼敌七十四师32000余人。是年底，任第三纵队代司令员。1949年1月，任第三野战军二十二军军长。4月，率军完成渡江作战，并一举解放了舟山群岛。

中华人民共和国成立后，1950年11月，任七兵团兼浙江军区参谋长。1951年1月，入南京军事学院高级系学习，兼任该系副主任。1953年留任高级系主任，军事学院战役系副主任。

1957年9月，任中国人民志愿军二十兵团副司令员。1958年10月回国后，率部开赴大西北，组建导弹实验基地（即二十基地）。

1962年5月，任国防部第五研究院副院长。1970年5月，调任济南军区副司令员。1975年8月改任济南军区顾问，1982年6月离休。

1955年被授予中将军衔，荣获二级八一勋章、一级独立自由勋章和一级解放勋章，1988年被授予中国人民解放军一级红星功勋荣誉章。全国政协第五届委员会委员。

1990年4月在北京逝世，终年79岁。

贰佰柒拾玖　徐向前

徐向前（1901.11.8—1990.9.21）字子敬，谱名象谦，山西五台县永安村（原名薄家村）人，出生于贫寒的教书先生家庭，父亲徐懋准是清末秀才，母亲赵金銮是一位典型的家庭主妇。徐向前在母亲身边长大，母亲是一位虔诚的佛教徒，勤劳善良，平素经常积德行善。

他七岁开始干捡粪、拾柴、挖野菜之类力所能及的事。边参加劳动边跟父亲识字、练字。十岁入私塾正式读书。两年后升入东冶镇陀阳寄宿式高等小学校。后由于家庭困难，被迫辍学，回家劳动。经亲友介绍到书店当学徒。

1919年3月考入山西国民师范第一期速成班学习，在此受到五四运动的影响。毕业后，被介绍到阳曲县教小学。正当他努力教学时，却被不明不白地被解雇了。失业回家后，他又在阎锡山的老家河边村小学找到了教书的差

事。由于徐向前给学生讲述鸦片战争、太平天国运动、五四运动等内容受到校长的干预，又被辞退了。

1924年1月，徐向前听说广州的国民政府要办军官学校，在上海招生，于是串联了几个同乡，一同去上海报考。3月中旬，初试通过，山西来应试的共有十来个人，都被录取。后到广州参加复试，考入黄埔军校第一期。毕业后，他和白龙亭、赵荣忠、孔少林等来到了驻河南安阳的国民革命军第二军第六混成旅。在这支军队里，他目睹了军阀贪污、吃空名额、军纪败坏的情况，感到非常失望。1926年，他追随着广州国民革命军来到武汉。他从汉口走到武昌，看到标语满目、歌声震天，好一派革命的景象，又重新点燃了他内心革命的火焰。在这里，他担任了学兵团的一名指导员，不久又被任命为武汉军校总队政治大队第一队少校队长。他逐渐认识到，国民党多是一些官僚政客，昏庸无能，只有共产党才是中华民族的希望。1927年3月，在国共合作面临分裂的严重关头，他选定了自己的奋斗方向，由樊炳星、杨得魁介绍，加入共产党。4月任武汉中央军事政治学校队长。曾率学生队参加攻打叛军夏斗寅部，后被派往张发奎部任司令部参谋。

1927年后，历任工人赤卫队第六联队队长，中国工农革命军第四师第十团党代表，四师参谋长、师长等职。

1929年6月，被中共中央军事委员会派往鄂东北，先后任中国工农红军第三十一师副师长，中共鄂豫边特委委员，鄂豫边革命委员会军事委员会主席。

1930年春，任中国工农红军第一军副军长兼第一师师长。

1931年初，第一军与第十五军合编为中国工农红军第四军，任军参谋长。7月，任第四军军长。11月，当选为中华苏维埃共和国中央革命军事委员会委员，任红四方面军总指挥兼第四军军长。他组织指挥了一系列战役，粉碎了国民党军对鄂豫皖苏区的第三次"围剿"。

1932年10月，由于敌人的强大和张国焘战略指导的错误，鄂豫皖红军未能打破国民党军的第四次"围剿"，红四方面军主力2万多人被迫撤出鄂豫皖苏区，开辟川陕革命根据地。

1933年11月至1934年8月，指挥所部参加抗击国民党军20多万人的川陕苏区反"六路围攻"。

1934年2月，当选为中华苏维埃共和国中央执行委员。

1935年6月，第一、四方面军会师后，被任命为红军前敌总指挥部总指挥。曾获金质红星奖章。

1936年7月，第四方面军与第二方面军会师后，任中共中央西北局委员。8月，再次率军北上，指挥了通（渭）庄（浪）静（宁）会（宁）战役。会宁会师后，中央军委指示，第四方面军一部西渡黄河，执行宁夏战役计划。11月，奉军委命令任西路军军政委员会副主席兼西路军总指挥。

抗日战争爆发后，参加中共中央在洛川召开的政治局扩大会议，被选为中共中央革命军事委员会委员。

1937年8月，任八路军第一二九师副师长。

1938年4月，率第一二九师和第一一五师各一部进入河北南部，创建冀南抗日根据地。

1939年6月到山东，任八路军第一纵队司令员。

1942年任陕甘宁晋绥联防军副司令员，后任中国人民抗日军政大学代理校长。

1945年，先后任晋冀鲁豫军区副司令员、华北军区副司令员兼第一兵团（后改为中国人民解放军第十八兵团）司令员兼政治委员。

1948年10月至1949年4月初，带病组织指挥太原战役，任太原前线司令部司令员兼政治委员、中共太原前线总前委书记。

1949年10月，任中国人民解放军总参谋长。

1954年起，任中央人民政府人民革命军事委员会副主席，国防委员会副主席。

1965年起，任第三、四届全国人大常委会副委员长。

1966—1987年任中共中央军委副主席。"文革"中，被诬为"二月逆流"，被红卫兵两次抄家。

1978—1980年，任国务院副总理兼国防部长。

1983年6月—1988年4月，任中华人民共和国中央军委副主席。

1955年9月27日，在北京中南海怀仁堂被授予中华人民共和国元帅军衔和一级八一勋章、一级独立自由勋章、一级解放勋章。中共第七至第十二届中央委员，第八届（十一中全会补选）、第十一届、第十二届中央政治局委员。

著作有：《徐向前军事文选》、回忆录《历史的回顾》（1984年出版）。

1990年在北京逝世，享年89岁。

贰佰捌拾 叶剑英

叶剑英（1897.4.28—1986.10.22）原名叶宜伟，字沧白。广东省梅县区雁洋堡人，少年时在丙村三堡学堂和梅县东山中学读书。1916年随父赴南洋。翌年回国，入云南讲武堂学习，毕业后追随孙中山先生，投身于民主革命。1920年夏，参加了孙中山组织的驱逐桂系军阀之役。翌年10月，随大总统孙中山出巡广西。

1922年6月，军阀陈炯明叛变。任海军陆战队营长的叶剑英率部护卫孙中山脱险，同叛军英勇作战。嗣后，前往福建任东路讨贼军第八旅参谋长，随军入粤讨伐陈炯明。

1924年初，任建国粤军第二师参谋长。受廖仲恺先生邀请，参加创建黄埔陆军军官学校，任教授部副主任。

1926年任国民革命军新编第二师师长，后任四军参谋长。1927年加入中国共产党。1927年12月率领所部教导团参加广州起义，任军事指挥部副总指挥。

1928年赴莫斯科苏联共产主义劳动大学特别班学习。1930年回国，历任中华苏维埃共和国中央革命军事委员会委员兼总参谋长，中央军委总参谋长兼红一方面军参谋长，西北军委会参谋长兼红一方面军参谋长，工农红军学校校长，瑞金卫戍区司令，闽赣及福建军区司令员。参加了长征，任一纵队司令员、前敌总指挥部参谋长。

到陕北后参与和平解决西安事变。抗日战争时期，曾任八路军参谋长，并协同周恩来在国民党统治区做统战工作。1941年2月任中央军委参谋长。

解放战争时期，历任华北军政大学校长，国民革命军第十八集团军参谋长，中国人民解放军总参谋长，北平军事管制委员会主任，北平市市长。1946年任北平军调处执行部中共首席代表。1948年12月—1949年8月任中共北京市委第一副书记。

中华人民共和国成立后，历任广东军区司令员兼政治委员，广州市军事管制委员会主任，广州市市长、市委书记，华南军区司令员兼政委，中南军区副司令员、代司令员，中共中央中南局代书记。1949年10月当选为中苏友好协会总会理事、中央人民政府华侨事务委员会委员、中央人民政府人民革命军事委员会委员。

1949年12月—1953年1月任中南军政委员会副主席。1950年4月任广东

省政府主席。1950年9月—1954年7月任广东省政府财经委员会主任（兼）。1953年1月任中南行政委员会副主席。

1954年6月任中央人民政府革命军事委员会副主席。1954年9月任国防委员会副主席。1954年11月任中国人民解放军武装力量监察部部长。1958年3月任军事科学院第一任院长兼政委。1959年4月—1965年1月任国防委员会副主席。1965年1月当选为第四届全国政协副主席。

1975年1月任国防部长。1978年3月当选为第五届全国人大常委会委员长（1983年辞）。1982年9月任中共中央军事委员会副主席。1983年6月任中华人民共和国中央军事委员会副主席。

1955年被授予元帅军衔，并获一级八一勋章、一级独立自由勋章、一级解放勋章。1982年获哥伦比亚众议院授予的特级大十字民主勋章。

中共第七届中央委员，第八届中央政治局委员、中央书记处书记，第九届中央政治局委员，第十、十一届中央副主席，第十二届中央政治局常委。

1986年在北京逝世，享年89岁。

贰佰捌拾壹　张爱萍

张爱萍（1910.1.9—2003.7.5）四川达县罗江口镇张家沟人，生于农民家庭。1925年春入达县中学，任学生会副主席。1926年4月加入中国共产主义青年团。1928年8月转为中国共产党党员，任罗江口党支部书记、临时县委委员。

1929年6月赴上海参加党的地下工作，任中共上海市闸北区委委员、副书记。曾两次遭外国巡警和国民党保安队逮捕，在狱中坚贞不屈。12月参加中国工农红军第十四军一师。

1930年底，到中央苏区，历任共青团闽西特委常委、宣传部部长，共青团苏区中央局秘书长，共青团万（安）太（和）中心县委书记，共青团江西省委常委、宣传部部长，少年先锋队中央总队部训练部部长、参谋长、总队长，中央反帝拥苏大同盟青年部部长，中华苏维埃共和国中央执行委员会候补委员。参加第三、四、五次反"围剿"作战。

1934年春入红军大学学习，9月任红三军团第四师第十二团政委。长征中，历任红三军团第四师政治部主任，第十一团、第十三团政委。

到达陕北后，任中央军委骑兵团政委兼代团长。1936年6月，进入红军大学学习。1937年上半年，任抗日军政大学教员。

抗日战争爆发后，受毛泽东委派赴上海任中共江浙省委军委书记。1938年春，任八路军总指挥部参谋，在八路军武汉办事处做统战工作。4月下旬，赴浙江金华进行统战工作。8月中旬赴河南确山，组建新四军挺进纵队。1939年1月，任中共豫皖苏省委书记。6月，任八路军、新四军皖东北办事处处长。12月，任新四军第六支队第四总队总队长兼政委，后任八路军苏皖纵队政委。1940年8月，任八路军第五纵队第三支队司令员，率部挺进淮海、盐阜地区，接应江南新四军渡江北上，开辟苏北抗日根据地。1941年皖南事变后，任新四军第三师第九旅旅长，第三师副师长兼苏北军区副司令员。1942年12月，任第三师副师长兼第八旅旅长、政委，兼盐阜军分区司令员、政委及盐阜地委书记。1944年9月，任新四军第四师师长兼淮北军区司令员。

解放战争初期，任华中军区副司令员、中共中央华中局委员，在指挥部队破击津浦铁路顽敌的战斗中头部负重伤，赴苏联治疗。1948年底，伤愈回国，任第三野战军前线委员会委员。任华东海军司令员兼政委。创办了解放军第一所海军学校及第一个海军技术研究指导机构——海军司令部研究委员会。

1951年初，任解放军第7兵团暨浙江军区司令员。后任华东军区暨第三野战军参谋长，华东军、政、局委员会委员。

1954年8月，任浙东前线指挥部司令员兼政治委员。9月，任解放军副总参谋长。1955年任总参党委副书记、中央军委办公会议成员。

1959年9月，先后任国防科委副主任、国防工业办公室副主任，中央专委委员兼办公室副主任，中央军委委员。曾组织领导"两弹一星"大会战，先后4次担任核试验委员会主任委员、现场试验总指挥，成功地组织了我国第一代地地导弹，首次原子弹塔爆、空爆及第三次原子弹爆炸试验。

1964年2月，任地地导弹专门领导小组组长，负责建立导弹作战基地及组建导弹部队领导机构。

"文革"中惨遭迫害，被批斗、囚禁达6年之久，左腿致残。但他刚正不阿。

1975年3月，任国防科委主任。

1977年3月，历任中央军委委员、国防科委主任、中国人民解放军副总参谋长，国家科委第一副主任、党组副书记并兼任中央专委办公室主任、中央军委科技装备委员会主任。

1980年5月，他成功地组织、指挥了中国第一颗洲际导弹的发射。9月，任国务院副总理。1982年9月，任中央军委副秘书长，11月，任国务委员兼

国防部长。

1987年11月，任中央顾问委员会常委。

1955年被授予上将军衔。曾获一级八一勋章、一级独立自由勋章、一级解放勋章、一级红星功勋荣誉章。

中共第八届中央候补委员，第十一、十二届中央委员，中顾委常委，第五届全国人大常委，第一、二、三届国防委员会委员。

著有《神剑之歌》《张爱萍军事文选》等。

2003年在北京逝世，享年93岁。

贰佰捌拾贰　张云逸

张云逸（1892.8.10—1974.11.19）别名张运镒，字胜之，乳名益友，参加革命后，改名云逸。广东文昌（今属海南省文昌市）头苑区造福乡上僚村人，生于贫苦农民家庭。

1908年春，考入广州黄埔陆军小学，1909年10月，他与同班的几位爱国青年秘密加入了中国同盟会。1911年夏天，与十多名同盟会会员离开陆军小学投身辛亥革命。他从广州到达香港后，积极参加武装起义的各项准备工作。10月中旬，他所在的革命军，同其他起义军一起，相继向广州进逼，并参与攻击两广总督府之役。战斗中，他担任革命军炸弹队队长，负责为大部队的进攻扫清道路。1912年春，经民国政府选派，入广州虎门陆军速成学校学习，毕业后，历任排长、连长、营长、揭阳县长、旅长、国民革命军第四军（军长李宗仁）二十五师参谋长、第二方面军参谋处长。

1926年11月，在武汉秘密加入中国共产党，时年34岁。后来，他回忆说："我入党时年龄已经很大，薪俸相当高，我是为了解放劳动人民才来入党的。"

1929年12月11日，与邓小平等领导百色起义，创建中国工农红军第七军，任军长。

1931年4月，在永新与红七军主力会合，改任河西总指挥部参谋长。同年冬任中央革命军事委员会副参谋长兼作战局局长。1933年任粤赣军区司令员，后任红军总司令部和红一方面军司令部副参谋长兼作战部部长。长征中，任中央革命军事委员会副参谋长兼作战局局长，到陕北后，兼红一方面军副参谋长。1936年12月，任中央革命军事委员会委员。1936年两广事变后，受

中共中央派遣，往来于广州、香港、南京、武汉、福州、桂林等地，在国民党上层军政人员中做抗日民族统一战线工作。

抗战初期，参与领导新四军的组建、整编等工作。1938年春任新四军参谋长兼第三支队司令员。1939年5月，参与组建新四军江北指挥部，任指挥和中共前委书记。1940年1月，任中共中央中原局委员。

皖南事变后，任新四军副军长兼第二师师长，抗日军政大学第八分校校长。1943年1月，专任新四军副军长。1943年11月，陈毅代军长赴延安后，主持新四军军事工作。

解放战争时期，先后任新四军第一副军长兼山东军区第一副司令员、华东军区副司令员兼山东军区司令员、华东军政大学校长等职。1949年9月，任中共中央华南分局第二书记。

中华人民共和国成立后，任中央人民政府人民革命军事委员会委员，中共广西省委书记、广西省人民政府主席、广西军区司令员兼政治委员，中共中央中南局委员、中南行政委员会副主席。

1955年被授予大将军衔和一级八一勋章、一级独立自由勋章、一级解放勋章。

中共第七至第十届中央委员，第一至第三届全国人大常委和第一至第三届国防委员会委员。

1962年任中共中央监察委员会副书记。

1974年在北京逝世，享年82岁。

贰佰捌拾叁　周恩来

周恩来（1898.3.5—1976.1.8）字翔宇，小名大鸾，曾用名飞飞、伍豪、少山、冠生等。

原籍浙江绍兴，生于江苏淮安。1913年进天津南开中学学习。1917年留学日本。1919年回国，在天津参加五四运动，组织觉悟社。

1920年至1924年先后去法国和德国勤工俭学，在旅欧的中国学生和工人中发起组织旅欧中国少年共产党（后改称旅欧中国社会主义青年团）。1922年转入中国共产党（由张申府等人介绍），任中国社会主义青年团旅欧总支部书记，并参加中共旅欧总支部的领导工作。

1924年8月从巴黎回国，任黄埔军校政治部主任，国民革命军第一军政

治部主任，中共两广区委委员长、常委兼军事部部长，主持建立党直接领导的革命武装叶挺独立团。

1926年曾在广州农民运动讲习所讲授军事课程，同年冬到上海，任中共中央军委书记兼中共江浙区委军委书记。1927年3月领导上海工人第三次武装起义获得胜利。8月领导南昌起义，在起义中任中共前敌委员会书记。同月在中共八七会议上，当选为中央政治局候补委员。

1928年出席党的六大，在会上作了关于军事问题和组织问题的报告。后在上海坚持地下工作，任中共中央组织部长、中央军委书记。

1931年12月进入中央革命根据地后，任中共苏区中央局书记，中国工农红军总政委兼第一方面军政委，中央革命军事委员会副主席。

1933年春和朱德一起领导和指挥了第四次反"围剿"战争，取得了胜利。

1935年1月在遵义会议上，坚决支持毛泽东的正确路线，遵义会议后，仍任中央革命军事委员会副主席，并任中央三人军事指挥小组成员。

1936年12月，任中共全权代表去西安同被逮捕的蒋介石进行谈判，和平解决了西安事变。抗日战争时期，任中共中央代表和南方局书记，并任国民政府军事委员会政治部副部长，长期在驻国民党政府所在地武汉、重庆进行党的工作和统一战线工作。

1945年8月和毛泽东去重庆，《双十协定》签订后，率中共代表团留在重庆和南京。

1946年11月从南京返回延安。1947年7月，国民党军队重点进攻陕甘宁边区时转战陕北，同年8月任中央军委副主席兼代理中央军委总参谋长。

1948年9月，参加领导和指挥了辽沈、平津、淮海三大战役，同年11月任中央军委副主席兼总参谋长。

中华人民共和国成立后，历任政府总理、外交部长（兼任）、中共中央军委副主席，第一届全国政协副主席，第二、三届主席。

中共第五届中央委员，中共第六至十届中央政治局委员，中共第六、七届中央书记处书记，中共第八至十届中央政治局常委，中共第八、十届中央委员会副主席，第一至四届全国人大代表。

"文革"中，他顾全大局，为保护大批党内外干部费尽心血。

1972年患病以后，一直坚持工作。

1976年在北京逝世，终年78岁。

主要著作编为《周恩来选集》。

贰佰捌拾肆 周建屏

周建屏（1892—1938.6.13）原名宗尧，字兴唐、兴堂，曾用名子炎，生于云南宣威县倘塘村，原籍江西金溪。其父周义忠清末时在云南省宣威县做小官，幼时攻读"四书""五经"。

1908年投入云南军队当兵。1909年，更名周建屏考入云南讲武堂第八期。1915年护国战争时在朱德部下任连长，后在云南军中逐渐升任至旅参谋长。

1924年弃职返江西祖籍务农，后考入黄埔军校。1926年加入中国共产党。北伐战争期间，他在国民革命军第四军任营长。1927年8月1日，率部参加南昌起义，后在三河负伤，与部队失散。其后，前往上海，与中共中央恢复联系。

1929年，被派往闽浙赣苏区担任军事指挥，与方志敏、邵式平等人合作，打下景德镇等多处要地。1930年9月，所部被扩编为红十军，担任军长。1933年初红十军被调往中央苏区，整编成为红十一军，他继续担任军长。1933年10月，红军整编后，担任红十九师师长，后又调任独立红二十四师师长，长征开始后率部留在南方进行游击战。

1935年，在一次战斗中负重伤，被送往上海抢救，次年伤愈后赴延安，任抗大第二科科长。

抗日战争爆发后，被任命为八路军一一五师三四三旅副旅长，参加了平型关战役。1937年底，率部开创了晋察冀边区四分区。

1938年因旧伤复发，在河北平山县病逝，时年46岁。

遗体安葬在他战斗过的平山小觉镇。1939年，晋察冀边区行政委员会把平山县小觉镇改名为建屏镇，1945年10月，又以小觉镇为中心建立建屏县（建屏县于1958年与平山县合并）。2014年9月，民政部公布第一批著名抗日英烈，周建屏是其中之一。

第九章 第五战区敌后抗日游击队中的中共党员

七七事变后，日本帝国主义开始了全面侵华战争。在这民族存亡的紧急关头，把一切抗日的人们团结起来，建立广泛的抗日民族统一战线，是中国共产党在抗日战争时期做出的战略决策。在此方针政策的指导下，中国共产党领导的地方性群众性的抗日组织纷纷建立。

一、中共敌后抗日游击战的开展

卢沟桥事变爆发后，国民党统帅部于1937年7月11日至8月12日在南京召开军事会议，研讨对日作战方略，中共领导人周恩来、朱德、叶剑英等应邀参加会议。8月11日，周恩来、朱德在会上提出，为维持战略持久作战，在"战术上应采取攻势"，在部署上不宜实行正面消极防御和一线配置，而应将主力置于敌之侧后，"由阵地战转为平原与山地之扩大运动战"，在正规战之外，还须采用游击战术"牵制敌人不能不以大量兵力守其后方。"应该说中共的建议未引起统帅部应有的重视。

1937年8月1日，毛泽东、洛甫在《关于红军作战原则的指示》中提出了开展抗日游击战的方针：红军必须坚持"在整个战略方针下执行独立自主的分散作战的游击战争……才能发挥红军特长，给日寇以相当打击。"[①]在8月22日至25日的中共中央洛川会议上，正式决定八路军、新四军等抗日武装力量要实行军事战略转变。其方针是："基本的是游击战，但不放松有利条件下的运动战。"[②]毛泽东指出："必须把过去的正规军和运动战，转变为游击军和

---

① 中央档案馆编：《中共中央文件选集》，第10册，第590页，中共中央党校出版社，1991年。

② 《毛泽东选集》（合订本），第467页。

游击战。"①中共中央认为：在抗战中，游击战不仅是个战术问题，而且具有特殊的战略内涵。毛泽东曾说中共领导的游击战争："关系于整个抗日战争的坚持、发展和胜利，关系于中国共产党的前途非常之大。"②朱德在《抗日游击战争》中讲道："抗日游击战争是整个抗日战争中的一部分，而且是必不可少的部分，是取得抗日战争最后胜利的主要条件之一。"③因为抗日战争是长期的，日军兵力不足，但占地甚广，一定会留下许多空隙，这就决定了游击战主要不是在内线配合正规军的战役战斗，而是应当并有能力在外线独立作战，创造战争奇迹。在战略相持阶段，"一方面因敌在其占领的大城市和大道中取战略守势，一方面因中国技术条件一时未能完备，依托一切敌未占领区域，配合民众武装，向敌人占领地作广泛的和猛烈的游击战争"④。因此，游击战原则的运用就不仅是战术战役上的微观要求，而更成为战略上的宏观指导方针。

1937年9月，八路军主力东渡黄河，在配合正面战场作战、抵抗日军进攻的同时，派出有力部队，组成工作团，深入敌后发动群众，组织游击战争，开始实行军事战略转变，揭开了敌后抗日游击战争的序幕。11月太原失守后，在华北"以国民党为主体的正规战争已经结束，以共产党为主体的游击战争进入主要地位"⑤。八路军以一部分兵力着手开展平原地区游击战，以主力挺进山区，一边作战，一边分兵

1938年4月21日，毛泽东、洛甫、刘少奇关于平原游击战给刘伯承、徐向前、邓小平等的指示。

---

① 《毛泽东选集》（合订本），第516页。

② 《毛泽东选集》（合订本），第516页。

③ 《朱德选集》，第34页。

④ 《朱德选集》，第31页。

⑤ 《毛泽东选集》（合订本），第358页。

发动群众，到1938年4月，已建立起晋察冀、晋西南、晋西北、晋冀鲁豫边等抗日根据地。之后，八路军大规模地开展平原游击战争，挺进冀、鲁、豫平原。这样，八路军依托山区，发展平原游击战，又以平原游击战争巩固山区抗日根据地，胜利完成了在华北的战略部署。在华中，新四军挺进大江南北，创建了苏南、皖南、皖中和豫东抗日根据地，开辟了广阔的敌后战场，八路军和新四军相互策应，华北、华中敌后战场密切配合，山区与平原、河湖港汊、铁路线等游击战争融为一体，创造了战争史上的奇观。

1938年5月，毛泽东先后发表《抗日游击战争的战略问题》和《论持久战》，全面地论述了抗日战争的战略战术。在强调动员民众、组织民众起来进行战争时，毛泽东在《论持久战》中指出："战争的伟力之最深厚的根源，存在于民众之中。"①朱德在《论抗日游击战争》中也指出："抗日游击队与群众的关系，好比鱼和水的关系一样，鱼在水中才能生存和长大，抗日游击队有了群众依托才能生存和长大。"②对于敌后游击战争的根据地问题，毛泽东指出："它是游击战争赖以执行自己的战略任务，达到保存和发展自己、消灭和驱逐敌人之目的的战略基地……没有根据地，游击战争是不能够长期地生存和发展的，这种根据地也就是游击战争的后方。"③徐州会战结束后，新四军将领彭雪枫建议国民党："除去布下了足够独立作战的野战兵团之外，还应更多地派出政治坚定、战斗力坚强的指挥官、机动的挺进兵团到黄河以北去，配合原留于华北的正规军及游击部队，以游击运动战方式活动于平汉、津浦、胶济及其中间地带，钳制敌之增援，截断敌之后路，必要时在敌之迂回线外，配合迂回线内的我军夹击敌人。发动敌人后方的游击运动，建立敌人后方的我国政权。"④

中国共产党每一次从敌人手中解放出国土时，都在政治上，由人民选举抗日地方政府，实行三三制原则⑤；经济上，实行减租减息，取消一切苛捐杂税，发展生产，改善人民的生活。在这样的基础上将广大人民武装起来，使

---

① 毛泽东：《论持久战》《毛泽东选集》第二卷，第511页，人民出版社，1991年。

② 朱德：《论抗日游击战争》《朱德选集》，第41—42页，人民出版社，1983年。

③ 毛泽东：《抗日游击战争的战略问题》《毛泽东选集》第二卷，第418页，人民出版社，1991年。

④《新四军和华中抗日根据地史料选》第2辑，上海人民出版社，1984年，第90—91页。

⑤ 三三制原则，是抗日战争时期，在民主政权组成人员的分配上，按共产党员、非党员的左派进步分子、中间分子各占1/3的比例组成。共产党员代表无产阶级和贫农，左派进步分子代表农民和小资产阶级，中间分子代表民族资产阶级和开明绅士。

他们成为抗日的一分子。中国共产党在敌后实行的这些措施，极大地激发了敌后民众抗日救国的积极性和自觉性，他们将八路军、新四军看成是自己的队伍，用一切方法参加和帮助人民军队打击日寇。发展不到数年，便形成了大片解放区。在抗日战争进入相持阶段后，八路军、新四军遭到日伪和顽军的夹击、围攻，虽然敌人的进攻达到非常残酷的程度，其"封锁""分割""扫荡""蚕食""三光""治安强化"政策都达到最高峰，但由于抗日根据地的工作已有基础，群众性的游击战争已广泛开展，山区与平原根据地已构成整体，在有人民作后盾、有广阔的回旋地等条件下，八路军、新四军及敌后人民经受住了日寇残酷的反复"扫荡"，终于打退了敌人的一切进攻，坚守了抗日阵地，保存了自己。历史已经证明，拥有最广泛、最深厚的群众基础和巩固的根据地，是中国共产党领导的抗日游击战争得以蓬勃发展，长期坚持，立于不败之地的重要原因之一。就连当时的美国驻华使官谢伟斯在向美国国内的报告中也高度称赞："人民的积极参加抗日战争，给共产党人以机会最大限度地增强他们的实力具有重要意义……他们在有关地区内得到人民的广泛支持，这是大规模和持久地进行这种战斗所必需的。"[①]国民党敌后抗日游击战在获得人民支持、建立根据地方面，与中国共产党相比，不可同日而语。

　　中国共产党领导的敌后游击战争，由于执行了正确的战略方针，坚持全民参战的全面抗战路线，抓住了开展游击战的有利时机。不仅从战略上有力地配合了正面战场的作战，而且还保存了自己的有生力量，也积蓄和发展了革命的力量和阵地。抗战之初，中国共产党领导的武装力量只有3万多人，根据地只有陕甘宁边区一个，就这3万多人深入敌后开展游击战争，成为抗战的火种和骨干力量。他们在敌后开展游击战一年多，就取得了显著的成绩，到1938年10月，八路军发展到15.6万多人，新四军发展到2.5万多人，先后创建了华北、华中等多块抗日根据地。到1940年底，中国共产党领导的武装部队已经发展到50万人，创建了16块抗日根据地。到抗战胜利时，中国共产党已成为120多万名党员的大党，八路军、新四军已由抗战之初的几万人发展到120多万人，根据地19个。

　　面对强大的日军，在物质条件极其贫乏、武器装备极简陋的穷乡僻壤中，共产党却在敌人的包围中创建了一片又一片抗日根据地。他们以超乎常人的坚强的意志与严密的组织纪律，得到了人民的支持和拥护，终于在敌后站稳了脚跟，打开了局面，发展了自己的力量，消灭日伪军大量的有生力量，逐

---

　　①[美]约瑟夫·W.埃理克编著，罗清、赵仲强译，《在中国失掉的机会——美国前驻华外交官约翰·S.谢伟斯第二次世界大战时期的报告》，第276—278页。

渐转变了敌强我弱的形势，实现了对日本侵略者的全面反攻，为夺取抗日战争的最后胜利做出了重大历史性贡献。

二、国民党敌后抗日游击战的开展

卢沟桥事变前，蒋介石的军事顾问蒋百里就曾提出，要采用正规战与游击战相结合的方针，以广大农村为基础，全民动员开展广泛的游击战。[①]李宗仁也曾明确说过："日本利于主力战，而中国则以游击战扰之。"[②]

1937年8月7日，国民政府在南京召开最高国防会议，决定了开展"全面抗战，采取持久消耗战略"的基本战略方针，并做了军事部署和分工：由国民党军队担负正面战场的抵抗任务，中共军队负责在敌后侧击日军。抗战初期，国民党对日作战主要是依靠正面防御。

虽然，国民政府也曾指令各战区或陷于敌后的国民党军政官员组织游击队，"以游击战辅助正规战，牵制消耗敌人，并掌握沦陷区以防止敌伪夺取治权"[③]。为了贯彻"持久消耗战略"的指导方针，1937年冬，国民政府在武汉召开军事会议，军委会副参谋总长白崇禧建议，在战术上"应采游击战与正规战配合，加强敌后游击战，扩大面的占领，争取沦陷区民众，扰袭敌人，使敌局促于点线之占领。同时，打击伪组织，由军事战发展为政治战、经济战，再逐渐变为全面战、总体战，以收'积小胜为大胜，以空间换取时间'之效"[④]。当时，国民党内一些将领也认识到游击战是对付日军的有效战术，主张仿效八路军。胡宗南讲："要打日本只有采取八路军的办法。"关麟征也说："只有用红军打我们的战术，才能打倒日本。"国民党统帅部遂对敌后游击战刮目相看，在形势推动下，最终决定调整战法。于是，白崇禧的建议被蒋介石采纳。军委会遂做出开展敌后游击战的决策，并致电各战区："我为长期抗战，应一面于交通要线上，纵深配备有力部队，增加抵抗力，构筑工事，集积粮弹，设备联络方法，以期随时独立作战。"[⑤]但终因无切实指导措施，未能组织起能有效抵御日军的游击队。

在第五战区山东，由于韩复榘消极避战，鲁北、胶东等地都很快失陷。

①李良志、王树荫等：《全民抗战气壮山河》，第25页，上海人民出版社，1995年。

②李宗仁：《焦土抗战的理论与实践》，第19—20页，南宁：全面抗战周刊社，1938年。

③虞奇：《抗日战争简史》(上)，第248页，台北：黎明文化事业公司，1982年。

④苏志荣等：《白崇禧回忆录》，第303页，解放军出版社，1987年。

⑤孙泽学：《国民党敌后游击战述论》，华中师范大学学报(哲学社会科学版)，1997 (4)。

1938年1月，韩被处决后，第三集团军改由孙桐萱率领，停止了退却，留驻鲁西南。不久，庞炳勋的四十军也开入鲁西南堵住战线缺口。但已沦陷的鲁北、鲁中地区，国民党没有留下主力，只由少数人组织了一些抗日游击武装。1937年10月，不肯随韩复榘南逃的原山东省第六区专员、保安司令范筑先，在鲁西北树起抗日旗帜。范将鲁西北各县保安队和各色武装整编为36个支队，共5万余人，成为当时华北最大的民众抗日武装。[1]1937年11月，原国民党山东省党部委员秦启荣于鲁北惠民县组织"鲁冀边游击司令部"。次年，鲁中沦陷后，秦部移至沂水、莱芜一带活动。1938年1月，青岛失守后，青岛市长沈鸿烈奉令率领海军陆战队及地方团队转移至诸城、沂水一带，开展游击战。并与庞炳勋部协力收复蒙阴，并保有鲁东南各城市。[2]原东北军将领刘震东在莒县、沂水等地组织游击战，阻击敌板垣第五师团。敌进攻临沂时，游击队袭击敌后，迫使敌放弃潍台公路，"于临沂之胜有极大贡献"[3]。

据时任三十军军长田镇南的副官倪志本回忆：在台儿庄被日军占据三分之二以后，田军长曾问他："抱犊崮山区里面你是否熟悉？"他回答说："不甚熟悉。幼小时在城市上学，离开学校即进入部队，但山区里面亲友尚多。"田军长说："看吧，万不得已时，我们不能向后退，只能拉到抱犊崮山区打游击。"并派倪志本到山区里面联系，为打游击战做准备。

从徐州会战开始，国民党已经注意发挥敌后游击战的配合作用，这与周恩来、叶剑英在武汉和白崇禧秘密会晤，并且派遣张爱萍赴徐州出谋献策不无关系。在李宗仁、白崇禧制定的徐州会战指导方针中，要求："以军队联合组织训练之民众，施行游击，以牵制破坏敌之后方，前呼后应"[4]。1938年2月，山西的国民党军队为配合徐州会战而反攻太原，卫立煌任南路军总指挥，傅作义任西路军总指挥。八路军参加反攻战役，朱德、彭德怀任东路军正副总指挥，指挥八路军一一五师、一二九师和国民党军4个军3个师共同作战。5月，南路军卫立煌部奉命攻击晋南之敌，收复黄河渡口。北路军傅作义部奉命攻击同蒲路、正太路、平绥路之敌。

徐州会战期间，蒋介石亦亲自部署敌后游击作战。1938年5月13日，蒋介石致电李宗仁、白崇禧速派正规部队到大砚山附近及新泰、莱芜建立根据

①《范筑先将军的抗日业绩和殉国纪实》，载《山东文史资料选辑》第6辑。

②"台湾国防部史政局"编纂：《中日战争史略》上册，第232页，中正书局，1968年出版。

③苏志荣等：《白崇禧回忆录》，第289页，解放军出版社，1987年。

④郭代习：《论国民党抗日游击战术思想的成长》，《史学月刊》，2005（11），第50页。

地并实施游击。18日，又指示石友三部到敌后扰袭，施行游击。对国民党政府重视游击战，中共在武汉创办的《新华日报》于1938年2月15日发表评论说："自从最高统帅部整饬前线以来，我军战略战术的确有了许多改变和进步""我们的战略方针已表现出以运动战为中心，配合阵地战辅之以游击战。"①

台儿庄战役的胜利得益于游击战的配合。陈诚说，日军当时在中国关内共55万人，"而参加台儿庄会战，不过五六万人"。"彼何以不抽调兵力增援？此盖我国采用游击战以来，各处围歼其小部，袭击其后方，即如山西境内，我方有20万之游击队，遂使敌五师团之众，只能据守同蒲路沿线，不敢离铁道一步，其他平汉线以及江北江南浙西各战场自顾不暇"。因此，台儿庄战役的胜利是"我游击战、运动战在战略上之功效"②。

1938年5月徐州会战后，国民党在山东的部署又有改变，孙桐萱部第三集团军和庞炳勋部第四十军调往河南，鲁南由石友三部接防。与此同时，沈鸿烈被任命为山东省主席兼保安司令，沈接收到原第三集团军吴化文部，改编为第四师，与山东省政府一起驻扎于鲁中沂水东里店。

在第五战区江苏，南京沦陷后，国民党江苏省政府迁至苏北淮阴，省主席韩德勤将苏北各县保安团组编成八十九军。还有东北军第五十七军缪徵流部也被日军截留敌后。此外，还有李明扬、李长江分任正副总指挥的苏鲁皖游击纵队和陈泰运的税警团等，在江苏省敌后开展游击战。

截至1938年底，国民党在敌后的各种游击武装力量总数60万—70万人，其中正规军有30多万人。③

总的来说，抗战初期国民党实行的是以阵地战正规战为主体的防御方针，游击战没有提到应有的位置。随着正面战场军事上的溃败和大片国土的丢失，特别是中国共产党在敌后猛烈发展游击战争建立广大抗日根据地的战绩，使国民党对游击战有了新的认识，并重视起来。蒋介石在1938年冬召开的第一次南岳军事会议上提出："政治重于军事，游击战重于正规战，变敌后方为其前方，用1/3力量于敌后。"同时蒋介石下令各战区划分若干游击区，指派部队担任游击作战。根据蒋介石的提议，会议决定：以1/3的部队（约60个师兵力）进入敌后开展游击战争，1/3的部队用于正面防御，1/3的部队调到后方

①《论目前战局》《新华日报》，1938-2-15。

②陈诚：《台儿庄歼敌战》，转引《抗战中的中国军事》，第30页，河南人民出版社，1981年12月。

③潘荣：《抗日战争中的敌后国民党军》，载《近代史研究》1986年第4期。

整补。根据南岳军事会议精神，军事委员会制定了抗战第二期作战之战略指导方针："国军连续发动有限度之攻击与反击，以牵制消耗敌人。策应敌后之游击队，加强敌后之控制与扰袭，化敌后方为其前方，迫敌局限于点线，阻止其全面统治与物质掠夺，粉碎其以华治华、以战养战之企图。"[1]1939年春，国民党变更了战争序列，增设了冀察、鲁苏两个敌后游击战区，派遣部队进入敌后，加强游击。同时，各战区划前方若干地区为游击区，指定部队从事游击。[2]

为适应游击战争发展需要，国民党军委会还在共产党帮助下在南岳举办了游击干部训练班。军委会军训部编印了《游击战纲要》一书，分发各战区及军事学校，作为研究游击战教材和实施游击战的依据。该书对游击队任务与作战主旨，游击队组成与领导，根据地创设与扩展，游击队政治工作与军民关系，游击队战法与战斗技术训练等，均作了详尽规定。[3]

南岳军事会议后，游击战普遍开展。自1939年起，国民党军队在华北、华中、华东、华南地区广泛开展游击战，开辟了大小不等的抗日游击战场，同中共领导的敌后战场共同抗击日军。

国民党军游击战的开展和游击战场的开辟，配合了正面战场，达到了以空间换时间的意图，创建了一批游击根据地，一定程度地推动了人民抗战，在一定程度上配合了共产党领导的敌后抗日游击战，敌后战场国共两党的抗日游击战和抗日游击根据地，彼此互为犄角、相得益彰。

在抗战初期，毛泽东曾说："我军在敌后开展游击战，创建抗日根据地，友军的协助是很明显的，没有正面战场主力军的英勇抗战，便无从顺利地开展敌后游击战争；没有同处于敌后之友军的配合，也不能取得这样大的成绩。"[4]

然而，蒋介石将部分国民党军队留驻敌后，尤其是1939年以后，大规模地有计划地加强敌后武装力量，除了一面对日作战外，还隐含着抑制共产党领导的敌后抗日武装和抗日民主政权迅速发展的一面。第四十八军参谋长李盛宗说："二十一集团军以大别山为根据地，'立煌'为核心，向陇海、津浦及皖西、鄂东沿江据点之敌经常进行游击，主要目的在于确保大别山根据地，

①蒋纬国总编著：《抗日御侮》第三卷，台北黎明文化事业股份有限公司1978年版，第720—721页。

②苏志荣等：《白崇禧回忆录》，第280页，解放军出版社，1987年。

③（国民政府）军事委员会军训部军事编译处编印：《游击战纲要》，1939年版。

④《八路军军政杂志》1938年1月20日。

这是一方面。另一方面，也是更重要的，则是为了对付共产党领导的鄂、豫、皖边区的新四军。因此，兵力部署是有两面性的。"①白崇禧在谈及"冀省游击战"时也曾说：我军（国民党军）"于太行山东南要地实施游击，支持达5年之久，牵制敌人，防止中共政权组织，对抗战贡献殊大。"②

国民党敌后抗日游击战从兴起、发展，到1940年达到了鼎盛时期，发展到约100多万人，建立了一批敌后抗日根据地。华北有太行山根据地、中条山根据地、吕梁山根据地、五台山根据地、恒山根据地；华东、华中有沂照山区根据地、浙西根据地、皖东和皖北根据地、大别山根据地、鄂东根据地、大云山、九宫山、庐山根据地等；华南有海南根据地。③

但是，由于敌后国民党军未能处理好同人民群众的关系、采取错误的战略战术导致屡战屡败、"伪化"情况严重等因素，这些游击部队和游击根据地大都垮掉了。1939年成立的苏鲁、冀察两大游击战区，1943年春已不复存在。中条山根据地1941年5月被日军攻占，太行山根据地1943年春也落入敌手。除了山西游击根据地、浙西游击根据地、大别山根据地、海南岛等少数几块根据地外，其余都丧失了。

国民党建立的敌后政权及其武装在政治上仍沿用过去的统治方法，经济上不但没有履行"二五减租"的诺言，以解决人民生计，相反还横征暴敛，搜刮民财。如，李品仙在大别山搜刮民脂民膏不择手段，他曾对其心腹说："到了抗战胜利后，政治走上轨道即不能乱搞钱了。"④言下之意是，现在要趁乱捞一把。阎锡山在山西滥发晋钞达8000万元，沈鸿烈也在山东滥发"民生券"，使人民深受其害。老百姓指责一些国民党游击队："以游击为名，抢劫是实""抗敌不足，殃民有余。"⑤称他们为"游吃队"。

1939年初，在国共合作举办的南岳游击干部训练班上，当叶剑英阐述"敌后军民关系犹如鱼水关系"的论点时，汤恩伯似乎恍然大悟，他对叶剑英说："过去（十年内战）我们打你们为什么老打不过呢？一个原因是你们同群

---

①李盛宗：《第二十一集团军在安徽》，载《广西文史资料选辑》第30辑，第354页，1991年。

②苏志荣等：《白崇禧回忆录》第279—296页，解放军出版社，1987年。

③同上。

④张义纯：《新桂系统治安徽概述》，载《广西文史资料》第三期，第296页，1982年7月。

⑤冷欣：《从参加抗战到目睹日军投降》，胡必林、方灏编《民国高级将领列传》，解放军出版社，2006年1月。

众的关系是鱼水关系。"①汤恩伯虽然明白了这个道理，但行动照旧。这样，国民党敌后部队渐渐就失掉了民心，这与共产党领导的敌后抗日游击队和敌后抗日政权形成了鲜明的对比。

三、第五战区敌后抗日游击队

1938年初，日军沿津浦铁路大举南侵，韩复榘部溃逃，在鲁南面临危急的情况下，鲁南、鲁西北、苏北的共产党员、爱国人士积极响应中共中央"武装民众全面抗战"的号召，按照中共山东省委、中共苏鲁豫皖边区特委的部署，发动领导了各地抗日武装起义，组建了由共产党直接领导的人民抗日武装。抗日的烽火立即在山东大地、微山湖畔、鲁南山区、运河两岸熊熊燃烧起来，第五战区抗日游击队通过各种方式纷纷成立：各地中共党组织直接发动武装起义，组建抗日游击队；派共产党员打入已有的地方武装中，做争取和改造工作，使其接受党的领导或改编；从上海、济南等大城市国民党监狱释放的共产党员、进步人士，回到家乡，组建抗日武装，开展抗日活动；外地流亡学生中的共产党员、"民先队员"、从国民党主力部队撤出的共产党员，以及从红军中抽出来的军政干部，到鲁西北、鲁中、鲁南、苏北地区开展抗日活动，组建抗日武装。由于是在抗日民族统一战线旗帜下组建的，所以一般都要在国民党的机构中取得一个合法名义，如"人民抗日义勇队"等。

（一）沛县人民抗日义勇队

根据苏鲁豫皖边区特委黄口扩大会议组建人民抗日武装的决定，特委委员兼沛县县委书记张光中，以县委早在1935年就建立的一支地下游击队为基础，吸收部分青年学生、农民参加，于1937年11月组织起一支五六十人的抗日武装。这时，中共西北特支和边区特委分别从西安、徐州派来部分红军干部和青年救国团团员，协助沛县县委发展人民抗日武装。同年11月，夏镇（原属沛县七区、滕县八区，今微山县）战前的共产党员郑安良（又名郑一鸣）、张运海（现名张新华）利用国民党区长白赤霞组织夏镇保家自卫团的机会，打入其内部，使自卫团成为共产党掌握的抗日武装。同时，共产党员王志成变卖家产、渔船，购买枪支，在夏镇南庄一带组织渔民抗日自卫团。1938年3月，日军炮击夏镇，形势危急，张运海、郑安良和王志成分别带领

①廖运泽：《我的片断回忆》，载《江苏文史资料选》第十八辑，第26页，1993年5月。

夏镇和南庄的武装，转移到湖西沛县宋庄，与张光中领导的沛县武装会合，共100余人。

3月初，郭子化、张光中通过统一战线关系，从国民党徐州专员兼第五战区游击总指挥李明扬处获得"第五战区游击总指挥部人民抗日义勇队"的番号，李明扬委任张光中为队长，谢文秀任副队长，这是特委领导的第一支公开抗日武装。边区特委利用这一名义，公开在沛县、滕县、峄县等地发展人民抗日武装。

3月中下旬，沛县人民抗日义勇队在沛县宋庄正式成立之后，为配合台儿庄战役，张光中与萧继周率部跨微山湖东渡，三次袭击津浦铁路临城（今薛城）的日军，烧毁临城火车站，破毁铁路1华里，毙敌数十人。第一次缴获迫击炮一门，第二次焚毁了临城火车站，第三次袭击了日军巡逻队。三战三捷，将缴获的战利品在沛县宋庄举行展览，人民群众深受鼓舞，义勇队迅速发展壮大。5月17日，在沛县沦陷前一天，沛县人民抗日义勇队除留下少部分队员坚持当地游击战外，其余由张光中、谢文秀率领乘船过微山湖，到滕县沙沟镇（今薛城区）北面的黎墟村，同褚思沛、褚耀斌、褚子方组织的30余人的抗日武装汇聚，然后北进，到达滕峄边的南塘一带，与苏鲁豫皖边区特委调集的峄县、滕县等地的抗日武装会师。

（二）峄县人民抗日义勇大队

峄县抗日武装由三部分组成：朱道南、刘景镇等领导的鲁南抗日自卫团，郭致远、褚雅青等领导的大北庄抗日武装，以及李浩然等领导的四川旅沪同乡会战地服务团宣传队武装。

1937年9月，朱道南、刘景镇、朱玉相（后叛变）等利用七庄会组织发动数百名群众，在峄县第二区举行邹坞乡农学校暴动，将鱼肉乡里、欺压百姓的反动校长王效卿击毙，缴获步枪几十支，随即建立了鲁南抗日自卫团。全团有100余人、60多支枪。10月间，朱道南与鲁南中心县委书记何一萍取得联系，从此，这支武装在党领导下，继续吸纳进步青年，逐渐发展壮大。11月，为了解决自卫团的供给困难，经边区特委同意，暂编入由滕文中学校长杨士元（曾任国民党阎锡山部师长）建立的鲁南民众抗敌自卫军序列，仍保持原有独立编制，受边区特委领导。

1938年3月16日，日军进犯滕县，自卫团在邹县城前村配合国民党守军作战。尔后，根据鲁南中心县委的指示，朱道南、刘景镇率自卫团与四川旅沪同乡会战地服务团宣传队一起向鲁南山区转移，3月底到达峄县墓山一带

集结。

1938年3月18日，枣庄和峄县城相继被日军占领，峄县北部山区大北庄一带的形势也日趋紧张。共产党员郭致远受边区特委派遣以峄县联庄会军政教官的身份做梁继箴部的统战工作，又以武装群众、保卫山区的名义向庞炳勋第四十军军械处长要来57支步枪和3万发子弹，武装了部分党员、群众和由枣庄进入山区的工人、学生。他与共产党员褚雅青、邱焕文、丛衍瑞一起，拉起了一支五六十人的队伍，被称作大北庄抗日武装。

鲁南抗日自卫团、四川旅沪同乡会战地服务团宣传队及大北庄抗日武装3支队伍，于3月底在墓山会合后，遵照苏鲁豫皖边区特委的指示，在鲁南中心县委的统一领导下合编为"峄县人民抗日义勇大队"，朱玉相任大队长，纪华任教导员，刘景镇、李浩然、郭致远任副大队长，张鸿仪任副教导员。全队共200余人，编为4个中队。

3、4月间，峄县人民抗日义勇大队在朱道南、刘景镇领导下，先后在邹县城前和峄县临枣铁路（甘霖）、公路上多次设伏，袭击日军增援部队，打击日军，击毙日军数名，缴获战马3匹，缴获物资一批。

（三）滕县人民抗日义勇队

1938年1月，中共山东省委巡视员王见新（化名孙俊才）和王右池、李乐平、李叔铭等在滕县善堌创办了农民抗日训练班。训练班每期7至10天，

王见新、李乐平、王右池、李叔铭等人当年在善堌创办的农民抗日训练班的老房子还保存完好

学员40至100余人不等，所用经费和粮食多靠募捐。政治教育课学习《抗日救国十大纲领》、统一战线政策和中共中央洛川会议文件；军事课以学习游击战术为主。军事训练所用的武器多是利用关系暂借的。农民抗日训练班办完第三期，日军已逼近邹（县）滕（县）交界的两下店。2月，王见新到徐州与苏鲁豫皖边区特委接上关系，特委派八路军随营学校军事教官于公（原名袁永懿）和党的干部于化琪赴滕县，任训练班军事和政治教员。

3月14日，滕县保卫战前奏界河阻击战打响。为支援前线，使训练班学员经受战火的锻炼和考验，经研究，由王右池组织训练班部分骨干和农民协会大部分成员奔赴前线，支援川军作战。经过紧张筹备，由数百人组成的担架队、小推车队冒着敌人的炮火，往返界河与县城之间，协助部队运送弹药和给养，抢运和救护伤亡人员。其间，他们多次遭遇敌机空袭，担架队10余人负伤、2人牺牲。正是由于支前队员们舍生忘死的协助，千余名阵亡将士遗体被运回安葬，2000多名伤员被运往临城后方医院治疗。滕县农民抗日训练班办到第五期时，滕县城失守。外县学员大部分返回本地发动群众，组织武装。滕县籍学员在党组织的领导下，积极投身到反侵略斗争中。尽管善堌农民抗日训练班只办了五期，但为日后鲁南地区培养了数百名抗日骨干力量，如第一期学员杨广立、杨斯德、孟昭煜、司中锋等，为以后开展敌后游击战和创建抗日根据地打下了坚实的基础。

李景黄还委派刘炳文、刘守环、马奉羲带领刚刚组建的滕西农民抗日武装，奔赴前线，支援川军，并组织担架队抢救伤员。3月18日，滕县城破，李景黄与马奉羲帮助伤病交加的县长周侗从城内潜逃出来，在马奉羲家养病疗伤。痊愈后，李景黄与马奉羲代表党组织促使周侗全面接受了中共抗日统一战线的主张，在中共党组织的帮助下，周侗当上了滕县联合政府的县长，滕西的抗日救国运动轰轰烈烈地开展了起来。

王见新等人以训练班骨干为基础拉起四五十人的武装，命名为"农民抗日救国军"，推举于公为指挥，王见新为政治指导员。4月，特委书记郭子化到善堌巡视时，将该部易名为"滕县人民抗日义勇队"，于公任队长，渠玉柏任指导员。4月，滕县人民抗日义勇队在于公、王见新率领下，在滕县岗头山前的公路上伏击日军运输队；在津浦铁路官桥、井亭一带多次伏击日军汽车队，并炸毁了津浦铁路滕县城南北的两座铁路大桥，击毙日军修桥工兵10余人。

滕县人民抗日义勇队在与日军斗争中，不断取得胜利，受到当地群众拥护和爱戴。5月下旬，滕县人民抗日义勇队已发展到120余人。

（四）鲁南民众抗敌自卫军

七七事变后，滕县沙沟曙光小学校长董一博和其胞兄董尧卿（曾任国民党东北军炮兵旅长，后闲居在家）主动与阎锡山部原师长、滕文中学校长杨士元及曾任过福建镇守使的孔昭同联络，共商筹建抗日武装。1937 年 10 月，杨士元、孔昭同、董尧卿等人到济南，从韩复榘那里领了番号并经第五战区批准，成立"鲁南民众抗敌自卫军"。委任杨士元为司令，孔昭同、谭松艇为副司令，谭兼任参谋长。司令部下设政训处、参谋处、军需处和招编处。孔昭同变卖了所有土地和家产组军抗战，还身披"抗日保国"彩带遍游城乡，搞募捐，招兵员，很快便在滕县县城建立了百余人的武装。杨士元、朱景韩带领的滕文中学 200 余名学生参加了自卫军，又招募部分工人、农民和市民。11 月，朱道南等领导的鲁南抗日自卫团编入鲁南民众抗敌自卫军。经扩军，该部编为三个旅、一个特务营。董尧卿被委任为第二旅旅长。在枣庄扩军之时，董一博、董尧卿找到鲁南中心县委书记何一萍，汇报了组建鲁南民众抗敌自卫军的情况，并分别提出恢复党籍和加入共产党的请求，何一萍报请苏鲁豫皖边区特委批准，介绍董尧卿入党，并恢复了董一博的党组织关系。12 月，鲁南中心县委根据边区特委的指示，派纪华、梁度世、李作森、许在廉、李又远等党员和进步青年 20 多人去自卫军政训处工作。纪华被任命为政训处副主任。

1938 年 3 月，日军兵临滕县，形势危急，杨士元与国民党军庞炳勋部第四十军联系，欲将鲁南抗敌自卫军编入第四十军作战序列。特委闻讯后立即命令朱道南、纪华等去滕县，将鲁南抗日自卫团及政训处人员调回枣庄。滕县沦陷后，杨士元率原滕文中学学生为主体的部分武装撤往徐州，后又转移大后方。日军进攻滕县时，孔昭同的儿子孔宪尧、孔宪纲遭飞机轰炸而遇难。孔昭同老年丧子，更激起了国恨家仇。他重整自卫军，率部转移到邹（县）滕（县）边地区，发展武装，进行抗日。董氏兄弟也率少数武装，仍以鲁南民众抗敌自卫军名义在家乡临城、沙沟一带开展扩军抗日活动，部队很快发展到 300 余人，活动于峄西、滕南一带。

卢沟桥事变后，当教员的张立峰（南下时改名张冠五）受到临沙区委书记褚思沛的赏识，除教学外还兼职区委的抗日宣传简报刻印工作，后任沙沟茶棚村抗日小学校长。1937 年 10 月，经董尧卿介绍，张立峰参加"鲁南民众抗敌自卫军"任直属营一连连长，同年加入中国共产党。

1938 年 3 月 18 日，日军攻陷滕县后，准备策划在周营、南山一带抢粮。

根据张庄情报站张凤立（系张立峰的姑夫）提供的消息，5月7日，董尧卿率直属营近千人，在张庄召开军民誓师大会，决心夺取保卫麦收的胜利，这次行动打破了敌人的抢粮计划，扩大了部队影响。6月，张立峰带领一连在临枣铁路邹坞站夜袭枣庄日军的轧道车，打死日军5人，缴获手炮1门、新式轻机枪1挺、步枪4支及其他战利品一宗。

（五）临（沂）郯（城）费（县）峄（县）四县边联常备队

郭子化在鲁南时，就十分注重利用万春圃的社会关系，以临沂为中心，积极开展与周边地区各党各派各界的抗日民族统一战线工作，尤其是对工人、农民、青年学生、知识分子和枣庄中兴煤矿职员的抗日救亡宣传。

1937年8月，国民党山东临沂地区专员张里元，为扩充实力，邀请临沂大炉（现属兰陵县）的爱国士绅万春圃到临沂县城商议建立联庄会事宜。万春圃心怀忐忑，派人询问中共苏鲁豫皖边区特委到底能不能去，边区特委认为，这是建立合法抗日武装的极好机会。特委不仅给他以"能去"的肯定答复，而且还派郭致远陪同万春圃去临沂，与张里元共同商定建立联庄会及其武装。随后，特委派李微东、李韶九、郭致远、刘清如、万国华等人，协助万春圃进行筹建工作。11月10日，临（沂）郯（城）费（县）峄（县）四县边区联庄会在临沂县尚岩沟西村开明士绅陈玉山家举行第一次会议，张里元参加了会议，会议决定成立四县边区联庄会。万春圃任会长兼临沂分会会长、李以锦任费县分会会长，田瑶峰任峄县分会会长。联庄会下设办事处，由国民党第三专署秘书李同伟任主任，地方上层人物宋鲁泉任副主任，办公地点设在陈玉山家。办事处下设6个股，除总务股外，其余5个股的股长均为共产党员。办事处设有一支五六十人的常备队，万国华、刘清如分别任正副队长，他俩都是共产党员。费县高桥、临沂大炉、峄县大吕巷及郯城也先后建立联庄会常备队，每队有四五十人，加上办事处常备队共计200余人。在各县联庄会和常备队中，均有边区特委委派的党员干部参加，使联庄会武装直接掌握在共产党手中。为解决联庄会常备队的武器装备、给养等问题，万春圃捐献出自家的枪支、粮食和猪羊，陈玉山献出5万斤小麦。万春圃和陈玉山的换帖兄弟、曾任临沂县第七区流泉保保长、开明士绅倪廷俊（其次子倪志本，台儿庄战役时任第二集团军三十军军部副官）多次向联庄会常备队捐赠粮食和猪羊，并与万春圃一起在抱犊崮山脚下的云涧峪村创办了抱犊崮抗日小学，担任校长。台儿庄战役期间，万春圃亲自带领常备队打扫战场，收集到一门迫击炮、4挺机枪、50多支捷克式步枪、100余箱子弹和手榴弹，装备了常

备队。

1938年4月，四县边联常备队已发展到300余人，武器弹药配备充足，在万国华、刘清如率领下，活动于抱犊崮山区的车辋一带。5月，兰陵爱国人士孙立臣、鲁城的王汉农、万村的李伯方等，各率一部分武装投奔边联办事处。为统一领导，边区特委和鲁南中心县委将办事处常备队整理扩编为一个教导大队，共产党员、办事处政治部主任郑华光任大队长，岳杰任副大队长。教导大队下辖四个中队、一个大炮队、一个警卫连。不久，又将边联办事处所辖的各地常备队编为三个大队：第一大队以办事处直属常备队为基础组建，万国华任大队长；第二大队由共产党员宋宜安、杜季伟、王墨山等人及长新桥开明地主宋云石的武装组建而成，宋云石任大队长；第三大队由刘清如率领的原教导大队第三中队扩编而成，刘清如任大队长。

1935年2月，在枣庄成立的中共苏鲁边区临时特别工作委员会（简称临时特委）决定到敌人统治力量比较薄弱的临、郯、费、峄四县边联的抱犊崮山区建立工作基点。梁邱村是个较大的村，家住费县梁邱的爱国热血回民青年魏立久的家成了党组织从抱犊崮至沂蒙山、天宝山、枣庄之间的秘密联络点。临时特委的负责同志郭子化、邱焕文、李韶九等经常在此开会，魏立久的妻子李氏给予了极大的帮助和支持。李氏是枣庄人，娘家的叔伯弟弟李微东、妹妹李汝佩等都是早期的中共地下党员。

1936年，枣庄临时特委机关遭到敌人破坏。郭子化等将特委机关迁往抱犊崮山区的费县高桥镇，并决定在高桥建立"广德堂药店"作掩护。魏立久这时经常直接和临时特委联系，在特委的领导下进行工作。他还变卖家产，筹凑银圆200元，捐献给党组织，使广德堂药店很快建成开业。1936年9月，郭子化代表党委和魏立久谈话，由李韶九、郭致远介绍加入了中国共产党。1938年初，日寇东路迫近临沂，西路直逼滕县，鲁南形势异常紧张。特委决定广泛发动群众，在各地建立我党领导的人民武装。魏立久把梁邱、关阳司一带率先觉悟起来的民众（回民占多数），组成了一支10余人的抗日武装即费县抗日游击队，魏立久任队长。

游击队仅有3支长枪和魏立久自买的1支短枪。这时，国民党庞炳勋四十军在抱犊崮山下的黄龙洞（现属枣庄市山亭区）设立了弹药库并可以处理枪支弹药，魏立久便立即拍卖8亩好地，买来12支步枪，带压弹机的机枪一挺。日寇占领梁邱后，他带领游击队在老虎山、赶牛路一带打游击。

（六）第五战区人民抗日义勇总队

1937年10月中共苏鲁豫皖边区临时特委迁出鲁南，丛林随特委机关进驻徐州，他与郭子化、郭影秋等人参与了第五战区动委会党的工作，推动了第五战区抗日救国运动的蓬勃发展。为了加强对鲁南抗日工作的领导，中共苏鲁豫皖边区临时特委决定在枣庄建立中共鲁南中心县委，何一萍任书记，丛衍瑞任组织委员，宋子成任宣传委员，委员有张鸿仪、李韶九、梁度世、李微东等。

中心县委成立后，组建了"枣庄各界抗敌后援会"和"中华民族解放先锋队枣庄队部"，李微东任后援会和"民先"负责人。同时，在中兴中学建立了"枣庄抗日宣传队"，张鸿仪任队长，张福林也参加了宣传队，后来又参加了义勇队。

1938年2月，鲁南中心县委先后派纪华、梁度世、李作森、汪国璋、许在廉等20余名同志到鲁南抗敌自卫军工作，并组建了党支部。

1938年3月鲁南中心县委在阎庄召开会议。17日，滕县城、临城被日军占领。18日，枣庄失陷。之前，鲁南中心县委机关于17日撤离枣庄，向鲁南山区转移。19日，途经苍山县阎庄时，中心县委召开了扩大会议。参加会议的有何一萍、宋子成、纪华、朱道南、梁度世、李韶九、刘景镇等。

会议研究部署了县委撤出枣庄后的工作：

1.由宋子成、梁度世、李汝佩、金刚等县委机关少数同志转移到高桥，继续开展山区党的工作。

2.何一萍去徐州向特委汇报中心县委撤出枣庄后的情况。

3.纪华、朱道南、刘景镇率武装向滕峄边集结。

1938年2月，河南省委派彭雪枫来徐州，向中共苏鲁豫皖边区特委传达了党中央关于开辟敌后抗日根据地的指示。他指出，徐州即将被日军占领，特委要早作向敌后转移的打算。郭子化到枣庄向特委委员、鲁南中心县委书记何一萍通报了河南省委的指示，传达了关于特委要向鲁南山区转移的计划。然后，他们到沛县，与在那里发动群众组建武装的张光中、丛衍瑞交流了情况。张光中、丛衍瑞对此表示赞同，并开始将沛县武装向滕峄边区集中。5月，郭子化在徐州召开紧急会议，决定让王文彬、郭影秋、张如、陈筹等人到湖西地区进行抗日发动工作，邵幼和、张芳久等人到徐州东南开展工作。特委机关由郭子化率领转移到鲁南抱犊崮山区。会议还决定调集沛县、滕县和峄县的人民抗日武装，组建一支由特委直接领导的基干队伍，并决定特委

领导的另一支队伍——鲁南民众抗敌自卫军暂不合编，仍沿用原番号，由董尧卿、董一博率领，单独活动于滕峄边山区。

5月17日夜，郭子化率苏鲁豫皖边区特委机关撤出徐州城，丛林等人随同边区特委机关经利国驿抵达鲁南山区。将沛县、临城、滕县、峄县的人民抗日武装在滕峄边集结，分驻墓山、凤凰庄、南塘和善堌一带。

5月21日，中共苏鲁豫皖边区特委在墓山附近老古泉村（今属枣庄市山亭区西集镇）召开扩大会议，特委书记郭子化、特委委员张光中、丛衍瑞、何一萍、陶洪瀛及各县县委、抗日武装的负责人参加会议。会议决定将沛、滕、峄三县人民抗日武装合并，成立第五战区"人民抗日义勇总队"，张光中任总队长，何一萍任政治委员，王见新任政治部主任，韩文一任参谋长。总队下辖三个大队和一个警卫连。沛县人民抗日义勇队及褚思沛等人的武装编为第一大队，谢文秀、宋学敏（后叛变）分别任大队长、教导员；滕县人民抗日义勇队编为第二大队，于公、渠玉柏分别任大队长、教导员；峄县人民抗日义勇大队编为第三大队，朱玉相（后叛变）、纪华分别任大队长、教导员，刘景镇、李浩然、郭致远任副大队长，张鸿仪任副教导员，董鸣春任分队长；总队警卫连由李荆山任连长，李季如任指导员。总队机关设四个处，李微东任秘书处长，褚子方任副官处长，李景黄任军需处长，褚雅青任军医处长。全队800余人。总队部暂驻南塘，三个大队分别驻沙冯、善堌和凤凰庄。

鉴于当时统战工作任务繁重，特委书记郭子化、峄县人民抗日义勇大队的主要组建者朱道南，滕县人民抗日义勇队主要组建者李乐平，以及由上级派来的红军军事干部童陆生等都未在总队任职。但是，在总队创建初期，他们都在总队部一起参与领导部队的抗日活动。

原来，在国民党军队做地下统战工作的童陆生，于1938年1月，来到八路军驻西安办事处，带着李富春的亲笔信，想要回老家湖北工作。鉴于他在杨虎城部因参与西安事变，已被国民党特务注意，林伯渠经慎重考虑，决定派他到受西北特支领导的、在山东枣庄一带郭子化领导的苏鲁特委，帮助他们做武装斗争工作。郭子化对童陆生的到来，非常欢迎，还派了年轻的特委秘书丛林照顾他工作和生活。由于郭子化工作繁忙，童陆生替他受萧县县长王雪勤的邀请，做了抗日宣传动员工作。随后，应山东第三专区专员兼国民党鲁南保安司令张里元的约请，坐张里元派来的汽车从徐州到临沂作抗日宣传。时值台儿庄大捷，张里元甚感乐观。听了童陆生所做的日军不甘失败，徐州必将沦陷和人员物质疏散农村、准备持久战、游击战的讲演后，他拱手

道："受益匪浅"。张里元立即安排空室清野，迁出的物质用了几年，度过了上世纪30年代末和40年代初抗战最困难的日子。

人民抗日义勇总队初建时的番号没有冠以"苏鲁"或"鲁南"两字，也没有"第一"的称谓。

原来，1938年春，经王文彬介绍，李贞乾加入共产党。他在家乡李新庄成立了丰县抗日游击队第六中队。6月11日，第六中队又与华山镇抗日游击队，在中共徐西北区委领导下，在丰县渠楼合编创建为苏鲁人民抗日义勇队第二总队（后改为八路军苏鲁挺进支队），李贞乾任队长，王文彬任政委，下辖4个大队。后来成为秘密交通员的胡玉岭一开始就在这支部队中。

七七事变后，在中共徐州特委领导下，李贞乾以丰县中学为基础，组织了"青年抗日救国服务团"，演节目，搞宣传，使抗日救亡运动的烈火燃遍丰县城。国民党当局极为恐慌，扬言要逮捕"服务团"的后台孙叔平及进步学生王效斌、梁步庭、王晓旭等。李贞乾义愤填膺，亲自到国民党县党部辩理，县党部理屈词穷，未敢下手。1938年初梁步庭他们就参加了革命工作，走上抗日的道路。

1937年冬，根据中共中央和山东省委的指示，中共金乡县工作委员会工委成员秦和珍等决定组建抗日武装，组织起百余人70多支枪的队伍，番号为"第五战区第二抗日游击纵队"。后因国民党金乡县政府企图收编这支队伍，遂分散隐蔽。1938年5月13日，日军占领金乡县城。翟子超、王鉴览、秦和珍在耿楼重新拉起抗日武装，又收缴了国民党第三集团军（原韩复榘）第二十九师溃兵1个排的20多支枪，后被编为刚刚成立的人民抗日义勇队第二总队第十三大队。9月，第十三大队参加了攻打土匪汉奸王献臣的战斗。1939年2月，改编为一一五师苏鲁豫支队第四大队，秦和珍任一营一连指导员。

人民抗日义勇队第二总队成立后不久，第五战区人民抗日义勇总队才改称"人民抗日义勇队第一总队"。因两总队皆处于苏鲁边区，最初又都是由苏鲁豫皖边区特委统一领导部署发起的，故又分别称"苏鲁人民抗日义勇队"第一总队和第二总队。因两总队的活动区域一个在鲁南，一个在微山湖西，故又分别称"鲁南人民抗日义勇总队"和"湖西人民抗日义勇总队"。

卢沟桥事变后，文立正随平津流亡学生来到济南，受地下党组织安排，进入韩复榘的第三集团军抗日军政人员训练班，化名赵宓。1937年10月，他到鲁西北武城县任范筑先组织的政训员。1938年3月经李锐、谢文跃介绍加入中国共产党。同年由八路军驻武汉办事处介绍到徐州的中共苏鲁豫皖边区特委工作。徐州沦陷前，他随特委书记郭子化、张光中进入抱犊崮山区，参

加苏鲁人民抗日义勇总队。

七七事变后，枣庄中兴公司煤矿停产，矿工失业，洪振海无奈又拾起了旧业，爬火车，搞煤炭，生活非常艰苦。1938年3月18日，滕县被日军占领。刘景松、洪振海、王志胜及刘景松的侄子刘秉南一起奔向峄县人民抗日武装驻地墓山参军。10月5日，受总队长张光中的派遣，回枣庄火车站西侧的陈庄建立情报站并任站长。以后，洪振海和王志胜、刘景松他们更是演绎了一段家喻户晓的铁道游击队的传奇故事。

（七）山东省第六区（聊城）抗日游击第一支队

1937年5月，为了争取、团结富有爱国心和正义感的山东省第六区（聊城）专员兼保安司令范筑先，在冀南、鲁西北共同抗日，周恩来即派彭雪枫（七七事变后任中共中央军委会华北联络局书记）到山东开展统一战线工作。早在4月间，张维翰应北平民国大学政治系同学彭雪枫之约到北平晤面，5月中旬张维翰陪彭雪枫抵达聊城。彭雪枫在聊城住了7天，这期间他同大革命时期的共产党员赵伊坪（第六区办事员）接上了组织关系，发展了时任范筑先秘书的张维翰及另一位北平育德中学同学牛连文为共产党员。从此，山东第六区专署内正式有了共产党的活动。5月22日，彭雪枫离开聊城去太原时，他还一再嘱咐："倘若中日战争打起来，你们一定要争取范筑先，建立抗日根据地，坚持鲁西北抗战。"①

8月，赵伊坪（这时已调中共山东省委）、张维翰、王化云、牛连文邀请范筑先到济南，和原西北军将领共同座谈抗战形势，范筑先当时提出聘请共产党人到鲁西北协同抗战。中共山东省委遂派共产党员姚第鸿（西北军高级将领姚以介的儿子，和范有旧交）到聊城，范委任姚为专署秘书。

这时，周恩来又派张经武、张震为中共党代表到济南做统战工作，中共中央军委华北联络局以华北救国会名义，帮助第三集团军成立政训处，并在济南举办了政治工作人员训练班，韩复榘兼班主任，余心清为副主任。华北联络局派共产党员和平津进步教授黄松龄、张友渔、许德瑗②、齐燕铭、陈北

---

① 张维翰回忆文章：《忆彭雪枫同志到聊城》，聊城地区行政公署出版办公室编《光岳春秋》，山东人民出版社，1981年。

② 许德瑗（1900—1972）江西九江人。1931年获法国帝雄大学法学院法学硕士学位。后入德国柏林政治大学财经研究院学习。1936年回国后，曾任北平大学副教授、英士大学教授。1946年参加中国民主同盟会。中华人民共和国成立后，历任江西省教育厅厅长，民盟第一、二届中央委员和江西省主任委员，江西省第一届政协副主席。

鸥等到训练班任教，并组织动员了平津流亡学生中的共产党员、民先（中华民族解放先锋队）队员和山东省的共产党员、爱国青年约千人考入训练班学习。

9月中旬，日军沿津浦线攻抵山东边境，占领德州、平原和禹城以北老黄河崖一带，范筑先提出邀请更多的共产党人到聊城协助抗战。中共山东省委通过余心清，从第三集团军政治工作人员训练班学员中，挑选出以共产党员和民先队员冯基民、刁子言、解彭年等为骨干的12名少校干事和240名上尉服务员，于10月中旬分三批到达聊城，开展宣传抗日动员民众的工作。

10月16日下午，当张维翰率第三批百余名服务员到聊城时，范筑先接到了韩复榘要他率部撤退到黄河以南的命令，张维翰劝范筑先不要撤走，范说这是命令，拟撤到齐河县黄河北岸观察形势。张提出愿留守聊城，服务员中一部分人也主张留下组织游击队，坚持敌后抗战。经过讨论，最后留下的有张维翰、解彭年、高元贵、冯基民、张承先、张潭、陈中民、于笑虹、史钦深、吴鸿渐、郭鲁、刘昌、李福尧、王式廓、毕睿夫、李育仁、黄白莹、吴新之、晋士林、成润、黄祖一、张少卿、苏赖洲、许言、潘玉麟、曾毅、叶笃成、孙鹏程、徐翼、张德政、靖实秋、刘显、郭澄之、王汝梅、熊康、林铎、袁科先、张光和、简戎、刘家三、徐德元等42人。范筑先委任张维翰代理聊城县长，并留下20余支步枪和若干发子弹及2000元生活费。

10月17日凌晨，范筑先率领专署机关和保安部队共800余人临离开聊城时，向留下的人员讲话说："我很佩服你们青年人抗日救国的热情和勇敢精神。但是，你们缺乏战斗经验，敌人来了千万不要硬拼。"范筑先走后，张维翰和留下的同志立即布置保卫聊城事宜，派人把守城门，并拟调四乡民团参加保卫聊城。

在范筑先率部暂驻齐河官庄渡口期间，姚第鸿以世交晚辈身份，

1937年5月，中共中央代表彭雪枫到聊城，四位育德同学（左起）赵伊坪、彭雪枫、牛连文、张维翰在聊城合影。

力陈撤退黄河南作流亡政府，无依无靠，不是出路的利害。范筑先深为共产党人和爱国青年的抗日赤诚所感动，遂决定率部回聊城。回聊城后，范筑先即令第六区保安司令部成立了政训处（后改为政治部），任命张维翰为主任，姚第鸿为副主任，张霖之、王幼平等同志也都在政训处任职。这样，实际上政训处就成了中共鲁西北特委的公开办事机构，从此摆脱了地下活动的状态。政训处在各县设立了分支机构，将政训干事和服务员分配到各县。各县政训处与原地方党组织相结合，发动群众，组织农民、青年、妇女、儿童等抗日群众团体，动员爱国青年参加游击队，发展抗日武装。

范筑先将军

　　在此之前，中共山东省委派组织部长张霖之到聊城，以第六区政训处组织部长的合法身份，代表省委统一领导津浦路以西的抗日斗争。同时派红军干部洪涛（洪裕良，原为红军的团长）、王幼平（共产党员，宁都起义参加者）、廖云山、金维国和从济南被营救出狱的原山东省工委代书记赵健民到聊城。共产党员、民先队员赵晓舟、高境、昊钟现、李一黎、熊义吾等30余人也先后到达，张霖之作为省委驻鲁西北特委的代表受省委委托，重新组建了中共鲁西北特委，赵健民任书记，徐运北任组织部长，邵子言任宣传部长，洪涛任军事部长（后为王幼平），赵伊坪任统战部长。此后，赵健民主动要求放弃担任特委书记而回家乡冠县组建抗日武装（1938年5月，徐运北任特委书记）。鲁西北特委即以政训处为公开办事机关。在特委直接领导和帮助下，范筑先很快扭转了因一度撤退而出现的混乱局面。

　　11月中旬，韩复榘又令范筑先率部撤退到黄河以南，并说："黄河以北再无中国军队，如现在不撤，以后就来不及了。"在此关键时刻，张霖之指示姚第鸿、张维翰反复向范筑先阐述抗战形势，说明八路军在山西连打胜仗，鲁西北绝不是孤军作战。范筑先经反复考虑，也认识到靠国民党坚持敌后抗战不可能，上次撤退又回聊城的经验证明共产党的意见是对的。

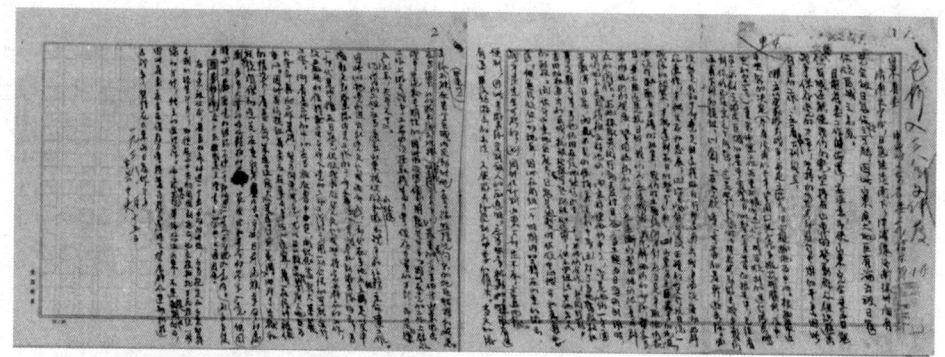

1938年1月15日，中共中央关于发动游击战争、建立根据地和党的工作等问题给山东省委的指示。

于是，19日向全国发出了著名的皓电：

盖自倭奴入寇，陷我中华，铁蹄所至，版图易色。现我大军南渡，黄河以北坐待沉沦，哀我民众，青陷水火，午夜彷徨，泣血椎心。筑先吞督是区，守土有责，裂眦北视，决不南渡。誓率我游击健儿和武装民众与日寇相周旋，成败利钝在所不计，鞠躬尽瘁亦所不辞。所望铜项械弹，时予接济，律能抗战到底，全期愚忠。引领南望，不胜翘企。

济南和全国各大报纸相继发表了这一通电。鲁西北人民和全国人民得知范筑先誓死率部留在敌后抗战，受到了极大鼓舞。很快，范在中共的协助下掌握了鲁西北20多个县的政权，并对各路武装力量进行收编，其兵力达到两万余人，国民政府也委任他为"山东省六区游击司令"。

1937年12月27日，济南陷落，坚持鲁西北敌后抗战显得更为重要。中共中央和八路军领导人给予范筑先极大的鼓励和支持。

1938年1月，范筑先采纳中共鲁西北特委的建议，派政训处民运科长、共产党员成润去西安八路军办事处联络，朱德总司令致书范筑先，表示钦佩和慰勉，随后派红军干部胡超伦和抗大学生武绍文等二十多人到鲁西北。3月，中共中央军委豫鲁联络局书记张友渔先后派北平师范大学教授张郁光和执教于北平中国大学的齐燕铭率第三集团军教育团一批共产党员和进步学员王长年、李力殿、张方一等到聊城。同月，范筑先派张郁光、牛连文、刘子荣作武汉之行，周恩来、叶剑英、董必武等都对鲁西北抗战予以热情支持，《新华日报》《大公报》介绍了鲁西北抗战的真实情况。周恩来同志又派来红军干部袁仲贤（1924年入党，1927年参加南昌起义时任第三师参

谋处长）、杜守山、曹洪胜和共产党员周紫珊等得力干部。八路军驻武汉办事处还陆续介绍北平、天津的大学生刘子毅、朱穆之、莫循、任仲夷、王玄等到聊城工作。[①]

　　远在延安的毛泽东，对鲁西北敌后抗战非常关心。1938年3月25日，他在给八路军一二九师师长刘伯承、副师长徐向前和政治委员邓小平等人的电报中指示："鲁西北特委有少数游击队。鲁西特委负责人邢金声（张霖之的化名）与范筑先合作，有武装数千。冀南专员丁树本坚决抗日，有武装3000，亦急欲与我们合作，要求派干部。丁范两专员均派代表到汉，已受到中央奖励。我们武装除四支队，又扩大濮阳八大队，人枪400。请转陈（再道）、宋（任穷）设法与上述武装联络。"4月21日，毛泽东又发电报给徐向前等人："在范专员、丁专员地区，仍有原来的政府，应即经过统一战线的推动，迅速改造与加强政府，使之成为人民的政府，吸收坚决有能力的分子参加进来，洗刷腐化无能的分子，使政府、部队、人民密切联系起来。"

　　按照毛泽东的指示，1938年5月，八路军一二九师副师长徐向前率部开进冀南与东进纵队会合。徐向前的到来，在冀南引起很大震动，许多当地的知名人士都慕名前来。6月中旬，徐向前向范筑先发出到河北威县会晤的邀请。范筑先于6月14日率张霖之、张维翰、袁仲贤、姚第鸿等随从，渡过卫河抵达威县。6月15日上午，徐向前同范筑先举行了会谈，八路军方面参加会谈的有刘志坚、宋任穷、陈再道等。双方在热烈、友好、诚挚的气氛中，就冀南、鲁西北的联防问题达成了几项协议：1.建立情报联系，双方一方发生战事，互相通报情况；2.划定双方活动地域，冀南由八路军负责防御，鲁西北由范筑先的抗日武装负责防御；3.八路军不到鲁西北收编队伍，鲁西北所有各色武装均归范筑先收编；4.冀南、鲁西北的干部可以互相交流；5.由冀南代鲁西北培训军政干部，供给鲁西北地区抗战的报刊、书籍。徐向前在会谈时分析了目前的抗战形势，并着重阐述了毛泽东的打持久战的思想。随后陪同范筑先参观了东进纵队参谋训练队上课情况。在沙盘前，徐向前给范筑先介绍了威县战役，还介绍了红军时代的"席卷战术"。范筑先仔细聆听着徐向前的介绍，同时让随从一一记下，表示作为改进部队政治和军事工作的样板。

　　4月6日，朱德致电毛泽东、王明、周恩来等，报告山东聊城地区抗日将领范筑先情况。范部辖鲁冀边20余县，现有部队4.9万人，武装民众20万人，

---

　　①张维翰回忆文章：《忆彭雪枫同志到聊城》，聊城地区行政公署出版办公室编《光岳春秋》，山东人民出版社，1981年。

斗争情绪极高，战斗成绩颇好。其政治领导者多半是受我们影响的进步青年。但该区域干部十分缺乏，尤其是高级干部，请迅速设法派一批前往。①

4月，陕甘宁边区党委书记郭洪涛被派去山东省委工作，路过聊城时，他向张霖之传达了毛泽东、刘少奇同志的指示，要求与范筑先搞好合作关系，不断总结经验，坚持统一战线中独立自主的原则，并留下了一批抗大、陕公的学生。6月，八路军一二九师副师长徐向前邀请范筑先到威县会晤，9月，又邀请范去南宫参加冀鲁军政联席会，两次都对范筑先表示热烈欢迎和高度称赞，同时达成互通情报、协同作战的协议。1938年8月，黎玉赴延安向党中央汇报工作后和张经武同志一起，率领近200名干部到山东。10月，到达聊城地区，黎玉会晤了范筑先，并转交了毛泽东给范筑先的亲笔信，信中对范筑先与我党全力合作，坚持敌后抗战的功绩，给予了高度评价。范筑先深受鼓舞地说："当今之世，要救中国，唯有听共产党的话。我要和共产党合作抗战到底；今生决不辜负毛主席的希望。"

中共党组织先后从济南、西安、武汉派来的三四百名干部中，有红军军政干部，有大学教授、留学生、大学生、中学生，还有新闻工作者和文化工作者，其中不少人经过一二·九运动的锻炼，到鲁西北后，与当地的共产党员相结合，许多是共产党员和民先队员。他们形成了一支强大的干部队伍。这些同志在党的领导下，对团结范筑先所建立的各游击纵队和其他抗日武装，对党的建设、政权建设和群众工作，都发挥了重要作用。

范筑先在中共鲁西北特委的帮助下，发动群众组织武装，他一面加强六区、四区（赵仁泉逃走，已由范领导）的保安营，一方面扩编民团武装，收编土杂武装，改编溃兵武装。共产党地方组织也积极帮助其建立武装。当时，根据党的指示，政训处派驻堂邑办事处的政训干部**解彭年**（共产党员、留日学生、堂邑人）和服务员**张潭**、**陈中民**、**晋士林**、**黄祖一**、**曾毅**、**刘昌**、**苏赖洲**、**潘玉麟**、**郭鲁**、**吴新之**、**陈耀光**、**李福尧**、周乐亭等共产党员分别在堂邑各乡发动群众，并迅速集中起来，和当地党员建立起第一支游击武装。

1937年9月，在中共的推动下，驻守济南的国民党第三集团军开办了政治工作人员训练班，济南和外地流亡学生中的共产党员、爱国青年纷纷报考。在济南私立尚志中学任体育教师的晋士林毅然弃教，参加了政训班，在政训班学习期间加入了共产党。

10月12日，国民党第六行政区督察专员兼保安司令（驻聊城）范筑先，

①中共中央文献研究室：《朱德年谱》，第190页，人民出版社，1986年12月。

派员到政训班挑选了240人，奔赴鲁西北从事抗日活动，范筑先本人即在其中。16日黄昏，晋士林一行到达聊城，住宿在省立二中。这时，聊城县城内相当混乱。日军已占领聊城以北百余里的高唐县，并有继续南侵之势。国民党山东省主席韩复榘，电令黄河以北各地军政人员火速退往黄河以南，范筑先被迫接受命令，准备往齐河撤退。这使晋士林等抗日心切的革命青年大为失望。后来，经张维翰等人的积极争取，范筑先同意留下部分枪械和人员，并委任张维翰代理聊城县县长。晋士林等人自愿报名留下来，坚持抗日斗争。他们研究制定了坚守聊城、万不得已就退至堂邑县农村或到卫河以西馆陶一带打游击的行动方案。

当天午夜，范筑先率专署及保安司令部人员离开聊城，张维翰及晋士林等政训班学员接管了城防。这些青年，大多是共产党员或抗日民族先锋队队员，一身正气，血气方刚，但毕竟缺乏军中常识，未经正式训练，有的还是第一次接触枪弹。

20日，晋士林一行来到东阿县，这时只剩下28人。23日，他们得到消息：高唐、临清的日军已经撤走，范筑先即将返回聊城，守土抗战。于是，他们又回到聊城。

晋士林等人回到聊城后，按照中共鲁西北特委的指示和范筑先的安排，由解彭年带领，到堂邑农村发动群众，组建抗日队伍，准备相机发动武装起义。

他们活动在堂邑县城东北的十几个村庄，在地方党组织和人民群众的支持下，组织起一批人，搞到了十几支旧步枪，在武训中学内组成了由青年农民和学生参加的鲁西北平原抗日游击队。1937年11月，中共鲁西北特委张霖之、王幼平、徐运北和洪涛来到堂邑，宣布了范筑先的命令，命名为"山东省第六区抗日

1938年6月，徐向前在威县南关欢迎范筑先将军到威县会谈共商抗日大计。

游击第一支队"，委任曾在红军红九团当过团长的洪涛为支队长，李福尧为指导员，建队伊始就遵照红军部队的建设原则。从此，鲁西北有了共产党的武装。群众亲切地称之为"洪队"。支队成立后，即到堂邑城东南肖家厢房一带，动员群众，扩大人枪。晋士林和表弟周乐亭在支队当队员。

在支队发展过程中，遇到了各方面的阻挠和破坏。12月11日，支队在大觉寺被地主民团2000多人包围，在此紧急情况下，解彭年、黄汝汉（共产党员、北平中国大学学生）、解树魁（共产党员、清华大学学生、解彭年胞弟）闻讯赶到，对民团首领晓以大义。经双方谈判，遂得以和平解决。次日，支队向马颊河转移途中遭到了土匪的伏击，洪涛沉着机敏地指挥，打跑了土匪。不久，支队到聊城进行了政治教育、文化学习和军事整训后，洪涛调走（到泰安），廖云山继任支队长，晋士林任第二中队中队长。在整训期间，范筑先的参谋长王金祥趁范不在聊城，企图改编这支武装，扬言如不听令，就缴械遣散。支队作了应变的充分准备，挫败了王金祥的阴谋。

各部队在范筑先的指挥下，积极开展游击战争。1937年11月22日，临清日军一个骑兵小队进攻聊城，在其遭中国守城部队痛击向临清逃窜时，范筑先率部在梁水镇伏击敌人，缴获7匹战马和一批其他战利品。11月27日，临清敌酋高桥率步、骑、炮混合部队300余人，进犯堂邑县以图报复，范筑先率部到界牌截击，赵晓舟、刘子荣等率政工队配合作战，击退了进犯之敌。

沿津浦路南下日军之右翼兵团，于12月26日，从禹城出动五六百人，进占高唐、博平、往平三县交界的南镇，企图通过东阿县的铜城，由滑口渡口过黄河，经平阴、长清钳击济南。范筑先闻讯后即令往平、博平民团堵击。毙伤日军40余人。随后，范筑先率部赶到，在薛庄歼敌一部。12月28日又毙伤进犯周庄之敌80余人。当敌军集中火力疯狂进行反扑时，我部队抢占徒骇河堤，又毙伤日军数十人，迫其退回高唐。进入1938年后，支队移驻阳谷、寿张，支持这两个县的抗日政权，消灭土匪武装，威慑拒交抗日粮款的封建势力，影响扩大，迅速发展到200人。共产党员金谷兰在高唐县组织的游击队被红枪会冲散，金英勇牺牲，剩下的20余人，由共产党员张希彦、冯兰亭、李金峨带领参加了支队。

第一支队转战于阳谷县、博县等地，不断扩充力量，很快发展到200人枪。1938年3月初，支队奉命到冠县西唐寺驻防，消灭了一股土匪，使根据地扩大到卫河岸边。这时，在解彭年的影响下，他家叔侄兄弟多人参加了革命。谢德元、解长泰等20人，带着自家的枪弹参加了支队。支队发展到400多人时，编为一个营，营长由长期在上海和华北从事军运工作的共产党员刘

致远担任。3月底，经中共鲁西北特委与范筑先商量，以第一游击支队为基础，将冠县、博平、范县、寿张等县的抗日武装合并，建立了第六游击区司令部第十支队。

张维翰任司令，王幼平任政治部主任，刘致远营作为骨干力量编为直属营。赵晓舟、金维国、熊义吾、杨啸如等在阳谷、寿张等县组织的游击队200多人组成警卫营。长清小学校长张耀南于1937年底发动青年学生和教师组成的抗日武装400余人编为独立营，曹洪胜任营长，郭强任教导员，活动在长清、肥城、平阴三县交界处的大峰山区一带。另外，还有三个团、两个梯队和一个教导队：由李凤藻任团长的馆陶二区民团千余人，经张廉芳、王乐亭争取，编为第一团。由宋风岐任团长的冠县二区民团约800人，经宋雪峰和赵健民、许梦侠的说服，编为第二团。由郝国藩任团长的馆陶八区民团约500多人，经王化云劝说和地方党组织争取，编为独立团。汶上、东平两县100多名师生和农民组成的汶上县抗日自卫队与东平几个区队合并，编为东进梯队，陈伯衡为队长，刘星（清华大学学生、共产党员）任政委。由熊义吾等在临漳组织的一支武装编为西进梯队。济南第一乡村师范学校南迁巨野后，党支部领导人辛明允等与鲁西南工委与鲁西北特委取得联系，1000余人北上到冠县，编为教导队，队长为赵晓舟，教导员为郭强。

第十支队成立后，王幼平等红军干部，不断传播红军的优良传统和政治工作经验，逐步建立可行的政治工作制度，支队政治部下设组织、宣传、民运、锄奸、总务等科；团设政委和政治处；支队政治部出版了《冲锋报》，由张书诚、崔守伦主编；并成立了"冲锋剧团"，王宗孟（王克）、李鸣歧、张晋德为领导人（均为山东第一乡村师范学生、共产党员），部队的政治思想工作开展得生气勃勃，指战员的政治素质不断提高。在此同时，部队的装备也不断得到加强。当时，由共产党掌握的几个县政府机关筹集一部分资金，服务员同志们也捐献一部分生活费，共2700元，通过关系从河南买回了轻机枪，装备了一个机枪营，营长为刘致远，教导员为李福尧（以后是吴新之、张潭升）。1938年5月，第十支队对盘踞在馆陶县城的皇协军王金甲部发起进攻，刘致远率机枪营攻入城内，毙伤、俘敌百余人，收复馆陶县城，打通了鲁西北与冀南的通道，范筑先委任王化云为该县县长。不久，王金甲投诚，被范筑先收编为第二十五支队。以后，机枪营开赴黄河以南的大峰山区，活动在长清、平阴、肥城、东阿一带，打击外出之敌，有力地配合了泰西抗日根据地的开辟。为配合台儿庄战役，曾数次破坏济南、泰安间的津浦路。这时，第十支队已发展壮大为5000人的队伍，成为以后组成筑先纵队的基本力量。

在第十支队发展的同时，赵健民、许梦侠等在冠县建立的游击队，也迅速发展到百人左右。当时冠县有"南杆""北杆"两股绿林武装。各有四五百人。赵健民为争取"南杆"摆脱国民党顽固派的控制，动员了爱国心强又在直系军队当过排长的赵发荣（赵健民的叔父），拉起一百多人的队伍，"南杆"被编为第十队，赵健民率领的游击队也加入该队。1937年11月中旬，范筑先要收编这股武装时，第十队等在内部配合，很快使"南杆"归编为第六支队，随后收编"北杆"为第五支队。

至1938年3月抗日游击大队发展到35个支队，三路民军，6万余人，其中第十支队是由中共鲁西特委直接创立的，由张维翰兼任司令，是规模最大、战斗力最强的一支队伍。此外，还有在特委影响和协助下组成中共直接掌握的第七、十一、十二、十三、三十五支队，每个支队，范筑先都请政训处委派了党的政治工作人员，普遍建立起了政治工作制度。

在保卫徐州的日子里，鲁西北游击部队积极配合作战，予敌重创。从1938年2月起，由平汉线北段南犯之敌不断进攻杞县、范县等地，多次被中国军队击退。1938年4月，敌人大举进攻徐州，其主力土肥原第十四师团1万多人，向濮县、濮阳地区集结，企图从濮县董口、彭楼渡过黄河，直插陇海路沿线，包围徐州。鲁西北部队选拔精锐参战，第六支队到濮阳、濮县公路沿线阻击日军汽车队，毙敌20多人，夜间，又到濮阳以西公路线上，破坏敌人的电话线。日军大部队于5月11日从董口过黄河，只留下一个步兵大队和后勤部队守护濮阳、濮县公路和黄河渡口。中国军队多次袭击敌人运输车队，范筑先、袁仲贤还于5月25日，指挥部队在麦田中巧袭出城放马之敌，毙日军30余人，打死战马20余匹，缴获战马20余匹和一批枪支弹药。6月8日，又在濮县的石墓头村伏击了日军汽车运输队。在6月15日濮县城北七里堂战斗中，范筑先沉着镇定地指挥反击，他脱光上衣，亲自端起机枪向日军猛扫，范部官兵受到极大激励，个个逞勇奋威，击退了日军的进攻，敌人溃逃大名县，濮县遂告光复。6月下旬，济南日军数千人，经东阿南下包围徐州，其后尾五六十辆汽车陷在黄庄附近的黄河故道，中国军队第五、六支队围歼押车日军，毙伤敌数十人，烧毁汽车多辆，缴获满载辎重物资汽车数辆。抗战周年纪念日前夕，运回聊城展览，大长了鲁西北抗日军民的志气。

1938年5月1日，鲁西北特委以政训处名义召开了第一次政治工作会议，分析了形势，明确了任务，会后，政训处改为政治部，张维翰任主任，姚第鸿任副主任，赵伊坪任秘书长，组织科长张霖之，宣传科长管大同，民运科长成润。会后在聊城创办了山东第六区政治干部学校，范筑先兼校长，张郁

光任副校长，齐燕铭任教育长（兼《抗战日报》总编辑），周子明任训育长，巩固任校党支部书记。同时接办了由王金祥主办的军事教育团，由范筑先兼团长，袁仲贤任教育长，于会川任副教育长，胡超伦任训育长。政治干部学校和军事教育团成为培训政治军事干部的熔炉，3000多名爱国青年和部队基层干部经过学习，分配到第十支队等部队。这些人经过锻炼，后来大都成为党的优秀干部。1938年5月，毛泽东主席在《论抗日游击战争的战略问题》一文中说："河北平原、山东的北部和西北部平原，已经发展了广大的游击战争，是平地能够发展游击战争的证据。"充分肯定了鲁西北开展平原游击战争的成绩，极大地鼓舞了鲁西北军民坚持平原游击战争的斗志，创建的"鲁西北抗日根据地"成为由国共合作创建的第一个抗日游击根据地。

对此，毛泽东在《抗日游击战争的战略问题》中指出："平地较之山地当然差些，然而绝不是不能发展游击战争，也不是不能建任何根据地。河北平原、山东的北部和西北部平原，已经发展了广大的游击战争，是平地能够发展游击战争的证据。"毛泽东对范筑先的平原游击战给予了很高的评价。

国民政府行政院也于1938年4月第354次会议议决，由院明令嘉奖，并颁赏抚费3000元，称赞范筑先是少数留在敌后抗战的国民党军政官员的优秀代表，被誉为开展平原游击战的"华北第一人"。

在武汉会战期间，范筑先更是全军而出，对被日军占领的济南展开攻势，一度攻占济南市郊机场。但是在日军的反扑下，范筑先部也遭到很大损失，其次子阵亡。范筑先与姚第鸿、张郁光、刘佩之、郑佐衡等人及600多名将士为国捐躯。

中共中央机关报《解放》周刊第58期发表了《哀悼民族英雄——范筑先先生》的时评。文章称：范筑先的牺牲，"是山东同胞一个极大的损失，是全国抗战一个极大的损失。我们中共党人对这位忠勇卫国、仁义至尽、真正堪称'民之父母'的民族老英雄之死，敬致极其深切的哀悼"！①

12月13日，重庆举行追悼大会。朱德、彭德怀送的挽联是："战事方酣，忍看多士伤亡，显其忠勇；吾侪尚在，势必长期抵抗，还我河山。"吴玉章、董必武送的挽联是："三友见精神，松道遒，竹身直，梅花亦自清高，格老气苍，直到岁寒全晚节；一门尽忠义，夫殉职，妻为民，子女都称勇武，顽廉懦立，共纾国难绍遗风。"蒋介石送的挽联是："碧血为山河，百里危城留与社会树模范；浩气存天地，千秋青史合为民族表英雄。"国民政府还"特令褒

---

①赵健民、王幼平回忆文章：《筑先纵队》，八路军太行纪念馆。

扬""通令全国下半旗三天"。1940年，聊城县曾更名为筑先县。

1988年，为纪念范筑先将军殉国50周年，聊城市在范筑先殉国的地方修建了范筑先纪念馆，邓小平为范筑先殉国处纪念碑题写了"民族英雄范筑先殉国处"，徐向前挥笔写下了"范筑先与鲁西北抗战"的题词。

（八）山东（鲁北）人民抗日救国军第五军

卢沟桥事变后，中共山东省委为开展长山县（今邹平）一带的抗日救亡运动，派中共鲁北特委原负责人赵明新和延安派来的红军干部廖容标到长山中学，廖容标任体育教员，与在此担任国文教员的中共党员姚仲明一起组成三人党小组，姚仲明任组长。争取当地进步人士长山中学校长马耀南，发动群众，进行抗日宣传。12月下旬，日军进攻周村，长山形势突变，党组织认为时机已到，集合了百余人的队伍。12月26日，姚仲明、廖容标带领长山中学60多名师生，步行30公里，赶到黑铁山下的太平庄小学，与先期到达的赵明新等部分起义人员会合，拿着仅有的三支步枪和八把拴着红布的大刀，正式举行了武装起义，宣布成立"山东人民抗日救国军第五军"，廖容标任司令员，姚仲明任政委，马耀南任参谋长，赵明新任政治部主任。27日，队伍开到黑铁山（今淄博张店区），第五军军旗插上了黑铁山之巅。不久，原国民党长山县保安大队200余人赶来投靠，队伍迅速增加到300多人。

1938年1月8日，廖容标率部夜袭了刚被日军占领的长山县城，摧毁了成立不到10天的伪维持会，俘虏伪军和伪维持会人员30余人，缴获枪支17支。19日，在小清河陶唐口附近伏击日军汽艇1艘，击毙日军青（岛）烟（台）潍（县）司令松井山村一行12人，缴获电台1部，国民党中央广播电台播发了这次胜利的消息。2月5日，在邹平县三官庙粉碎了来自周村、邹平等地敌人的报复性进攻，激战竟日，毙伤敌伪军近百名。第五军的三战三捷，激发了清河地区人民群众的抗日热情，纷纷参加第五军，到1938年三四月间，部队发展到30多个中队、2000多人。

2月中旬，为了扩大游击区，增大第五军的回旋余地，第五军党小组决定兵分两路，一路由廖容标、姚仲明率三、四、五中队南下到胶济铁路以南的淄川、博山地区机动作战；一路由赵明新和马耀南率部分部队留在长山、邹平一带坚持斗争，继续壮大力量，相机打击日军。1938年4月间，廖容标、姚仲明率部到达淄河流域的太和庄，为配合台儿庄会战，对胶济铁路西段和张博铁路支线实行大破袭，炸毁日军军车7列，攻克了淄川县城，捣毁了伪县维持会，缴获了一批枪支弹药。随后主动撤出淄川县城，活动于淄川、博山

一带。4月底，廖容标、姚仲明率部返回胶济铁路以北的长山卫固一带，与北路部队胜利会师。第五军领导人召开会议，决定廖容标率基干部队仍然到胶济铁路以南活动，姚仲明留在胶济铁路以北地区做政治工作。同年4月，郑兴率山东人民抗日救国军一部百余人加入第五军，郑兴任参谋长。至1938年4月，第五军队伍扩大到5000人之众。经过统一编制，组建成七个支队，下辖30个中队。其中第一支队司令员马天民是马耀南的三弟，第七支队司令员马晓云是马耀南的二弟。因而，在抗日战争中鲁北地区人民皆称之为"一马三司令"，并广为流传着称颂马家三兄弟的歌谣："一马三司令，得了抗日病。齐心打日本，保卫老百姓。"

6月，根据中共中央指示和中共山东省委决定，第五军整编为八路军"山东人民抗日游击队第三支队"，马耀南任司令员，杨国夫任副司令员，姚仲明任政委，鲍辉任政治部主任。辖第七、八、九团3个团和1个营。8月13日，为配合武汉会战，第三支队一部联合邹（平）章（丘）齐（东）抗日义勇军向日伪军盘踞的济南发动进攻，在黄台桥、青龙桥、西关、南关等处与敌人展开激战，一度攻至普利门附近。此役共毙伤日伪军近千人，受到国民党大本营的通令嘉奖及各大报的赞誉。同年底，山东人民抗日游击队第三支队改编为"八路军山东纵队第三支队"。

（九）山东（泰安）西区人民抗敌自卫团

1937年12月，张北华、远静沧等人受中共山东省委书记黎玉派遣，先后到泰安西部地区，同当地中共党员崔子明等人一起，开展抗日救亡活动，并组成了一支群众武装。12月31日，日军占领泰安县城，1938年1月1日，日军侵入肥城。同日，张北华、远静沧、崔子明、程重远、夏振秋、夏天任、曹龙骧、叶子真、叶明伦、刘西歧（刘标）等10人携11支枪转移到夏张镇西北的响水寺，举行武装起义。与此同时，王仲范、葛阳斋、孙新民等人，也在泰安第九区和肥城第三区分别建立了抗日武装。

1月11日，各路队伍在肥城第二区空杏寺集合，宣布成立"山东西区人民抗敌自卫团"，张北华任主席，葛阳斋任副主席，远静沧任政治部主任，李文甫任政治部副主任。下辖两个大队，泰安县组织的队伍编为一大队，肥城县组织的队伍编为二大队，从空杏寺出发，冒雪急行军50里，一举袭占肥城，俘虏全部敌人20余名，并处决维持会长范维新。28日（农历腊月二十八）夜，自卫团选拔了60余名队员，由北华同志率领，夜袭界首车站。张北华和崔子明等人乘夜摸进界首镇日军营房，用大刀砍死8名酣睡的日军，并毙伤界

首车站前来增援的10余名敌人，夺了两支崭新的日本三八式步枪和一支德国造马克枪，安然撤离。经过这两次战斗，敌伪胆寒，群众情绪高涨。

特别是夜袭界首车站的胜利，轰动了整个泰西地区，远静沧在肥城又贴出了捷报，大家看着捷报奔走相告。之后，辛俊卿带队并带着缴获的武器到大后方，广泛宣传八路军抗战的英勇事迹，使顽固派们污蔑八路军"游而不击"的谎言不攻自破。程重远同志为纪念这次战斗，曾写了一首五言诗：

贺界首大捷

抗日初试武，夜袭界首镇。健儿六十名，跃起精神振。军令如山倒，轻装战场奔。迅击雷霆怒，插肋牛刀深。枪弹何多发，战刀血淋淋。勇士显神威，敌阵天地昏。炮火震山鸣，健儿笑吟吟。

百岁老人孙新民对配合台儿庄大战，袭扰日军铁路运输线作了回忆：[1]

1938年3月，台儿庄大战期间，为了配合作战，我们决定切断日军的铁路运输线津浦铁路，泰安附近北极坡车站一段，铁路两边都是崇山峻岭，处于峡谷中，是设伏的好地段。

一天下午，我们悄悄地接近铁路，将道轨卸下枕板，然后埋伏在铁路两侧。一会儿，从泰安向南开来一列列车，火车上坡速度较慢，当下坡时，速度快了起来，走到我们破坏的铁轨处，火车头"轰隆"一声出了轨。后边的车厢由于惯性的冲击，一下子撞到前边的车厢，车厢里的日军有的被挤死，有的被撞死，有的被甩出车窗外。我们的队员一跃而起，步枪、手榴弹一齐打过去。崔子明把一个土造的像西瓜大小的土炸弹扔进一节车厢里，随着一声爆炸声，这个车厢飞上了天，车里的日军全部丧命。后边没有被颠覆的车厢里的日军被摔得晕头转向，伤亡惨重，除了个别逃脱外，其余全部被消灭。这时，大汶口的日本飞机前来增援，向我们投弹轰炸、扫射。我们来不及打扫战场，就急忙撤出了战斗，躲进山区的密林里。这一仗我们没有任何伤亡。在此前后，我们还炸毁了万德车站附近的铁桥，又多次伏击修桥的日军。上述战斗有力牵制了日军南下的兵力，很好地配合了台儿庄大战。

这时，国民党军第八十一师二十八旅展书堂部也接到配合台儿庄作战的命令，承担破坏交通的战斗任务。为了应付命令，展书堂多次召开会议，要

---

①孙新民：《征程纪事》，第18—20页，中国文联出版社，2015年1月。

我们参加配合作战。他们今天布置打这里，明天命令打那里，就是不见行动。他们的参谋长三天两头地往自卫团跑，今天探消息，明天要情报。我问他："你们也有侦察员，为什么老是让我们侦察敌情？"他支吾半天也回答不上来。原来他们的侦察员个个贪生怕死，不敢到敌后去，任何敌情都侦察不出来。当我们的侦察员向他们介绍铁路桥梁的情况后，他们叹服地说："你们的情况搞得真清楚。"实际上，他的部队离铁路线最近的有20里路，不用说破坏铁路，就是用望远镜也看不到铁路线。上峰强令他们出击，展书堂只好率领部队，心惊胆战地搞了一个"武装旅行"，远离日寇转了一圈。听说日军出动撤退就跑，更谈不上同日军接火了，就连老百姓都讽刺他们是逃跑的"长腿将军"。

而国民党的报纸，却连篇累牍地刊载展书堂部如何在敌后配合作战"战绩卓著"。事实证明，真正配合台儿庄会战的是山东西区人民抗战自卫团，而不是国民党军的展书堂部。而他们却不断地向国民政府邀功请赏，蒋介石还真发给了八十一师二十八旅三个月的双薪饷。

泰安县西南乡（今肥城市汶阳镇）田家东史村的田景韩（田锡琦），于1938年1月率领兄弟和族人组建了抗日游击队并任政委。不久也参加了泰西抗日武装起义，当地民众称游击队为"田家军"，三个儿子也先后参加了八路军。

至2月，部队迅猛发展到12个大队，2000多人。3月底，台儿庄会战最关键时刻，张北华派人和第三集团军原韩复榘部展书堂的八十一师联系，展部支援几箱炸药。崔子明、马鸣歧、李正华等率领抽调的几十名战士，趁黑夜在泰安城南津浦路大汶口北集坡车站附近的黑虎泉山峪设伏，他们在铁路穿过丘陵的路上破坏了铁路，部队埋伏在铁路两边的高地上，拂晓时，敌人军火列车开到这里，突然出轨，自卫团队员们的步枪、手榴弹、炸弹一阵猛打，列车被击中起火，毙伤日军30余名，阻断敌交通达一周之久。继又炸毁了泰安以北万德车站附近的铁路大桥和土门的公路桥，同时袭扰敌人，使之不能迅速架桥、修路，这次破袭又使敌人交通中断10余日，有力地配合了台儿庄会战。

4月4日，自卫团在红枪会武装配合下，在泰安至肥城公路上的道朗镇阻击日军，激战一天，毙伤敌120余人，自卫团政治部主任远静沧在战斗中不幸牺牲。7月，在大峰山地区活动的自卫团一部，于平阴至长清公路上的下巴村，选择山谷有利地形，伏击日军汽车，杀伤日军20余人。

毕业于济南山东高级职业学校的阴法唐，于1938年5月也参加了山东西区人民抗敌自卫团，并于6月加入中国共产党。7月，阴法唐到中国共产党领导的肥城县保安队，该部队10月改编为范筑先的十七支队，11月编为八路军山东纵队第六支队，活动于泰安、肥城等县。阴法唐曾任连政治指导员、营总支书记。

至12月，根据苏鲁豫皖边区省委的指示，山东西区人民抗敌自卫团、第六区第十支队东进梯队（原汶上县人民抗日自卫团）、大峰山独立营等部，在大峰山区南黄崖合编为八路军山东纵队第六支队，刘海涛任司令员，何光宇任副司令员，张北华任政治委员，马继孔任参谋长，李冠元任政治部主任，程重远任后勤部长。支队下辖3个团，1个独立团，3个独立营，1个特务营，共1000余支枪，4000余人。一团，陈伯衡任团长，刘星任政治委员；二团，曹洪胜任团长，张潭任政治委员；三团，于会川任团长，李文甫任政治委员；泰安独立团，武圣域任团长，夏振秋任政治委员，马亚鲁任副团长，李介人任政治部主任。整编后，第六支队开赴东平县和东阿、泰肥山区，继续在泰西一带发动群众，扩大武装，积极创建泰西抗日根据地。

（十）东（平）汶（上）人民抗日自卫队

九一八事变后，东平县部分青年学生投入抗日救亡运动。1934年夏，中共山东省委组织部长兼济南市委书记赵健民，到东平西部地区开展党的活动，传播马克思主义。1936年，中共山东省委鲁西巡视员董临仪到东平一带发展党组织，先后介绍董文华、王伯谋、王晓农、万里入党。9月，全县第一个中共支部在戴庙小学成立。同年7月，万里从曲阜师范学校毕业，受党组织派遣，在田大店（时属东平县七区）小学任教。他以教学为掩护，秘密从事党的工作。万里先后介绍田大店小学校长田子珍、王端甫、夏环吾、解嘉让（解抑峰）、刘灿军、于林甫、孟子明、强仁普等加入中国共产党，并在田大店小学建立了田大店小学党支部（为梁山县第一个中共支部）。1937年10月，根据中共山东省委指示，东平县工委成立，万里任书记。

1937年10月中旬，在济南齐光中学担任教务主任的陈伯衡随学校流亡师生南撤路经家乡汶上，与家乡挚友刘启文、曹志尚见了面。刘、曹二人把抗击日军的打算和秘密联络人员的情况告诉了陈伯衡，并要求陈伯衡留下领导汶上人民抗日。陈伯衡欣然接受了他们的要求，决定留下来，与他们一起，发动群众，组织力量，共同抗击日寇。

他们以力生合作社和陈伯衡的家作为汶上县抗日救亡运动的联络点，并

建立了两个秘密组织，一个是"民族解放社"，一个是"农民福利会"，主要吸收进步的青年农民入社。经过不长时间努力，"民族解放社"和"农民福利会"发展到500多人。其中张场小学校长张云峰，义桥乡农校教育主任孟晓东，力生合作社经理曹麟周，杨集村的杨卓亭，崔辛庄的崔孝堂，齐岗村的齐刚，路街的路廉本，阙庄的王英如（后叛变），东平县田大店（今属梁山县馆驿镇）的田中显、田怀仙等人，成为这两个组织的主要骨干。秘密联络点也由原来的两处，逐步扩大到张搂、张场小学、双楼、杨集、梁宝寺、老僧堂、齐岗和田大店等八九处。

陈伯衡在北大读书时，已经同共产党有过接触。他认定，要真正抗日救国，只有依靠共产党来领导。大家经讨论酝酿，统一了认识，公推陈伯衡去请求中共组织派人到汶上县来领导人民进行抗日斗争。

在这空前的灾难时期，中共山东省委根据中央指示，派遣干部到各地协同地方党组织发动群众组织抗日武装。1937年12月初，陈伯衡通过"民先"队员孟晓东，在济宁找到了山东省"民先"总部的负责人之一、中共鲁西南工委成员江明，请求派人到汶上县领导抗日武装。这时正值韩复榘第三集团军政训处从济南撤退到济宁。江明便将政训处的"民先"队员、共产党员刘星介绍给了陈伯衡。于是，刘星受中共鲁西南工委派遣，随陈伯衡到了汶上。

当时，汶上县没有党组织，刘星即到东平县，同县工委书记万里取得联系。

1938年1月，国民党东平县政府成立政训处。万里、于林甫、强仁普和其他有名望的知识分子应聘为政训员，利用政训员的合法身份，宣传共产党的抗日主张，唤起民众，秘密发展共产党员，壮大共产党的队伍，并把党员派到各地发展"民先"队员，改造旧区队和民团，掌握武装。政训处成了县工委领导人民进行抗日活动的场所。

万里、刘星一起研究关于建立抗日武装、筹备举行武装起义等问题。万里、刘星还联系了当时汶上、东平有威望的进步人士陈伯衡、曹志尚、田子珍、田怀先等人，通过社会关系在运西开河、袁口、齐岗、方庙一带和东平湖西宋铺、田店、侯集一带秘密组织力量。接着万里又在马公祠小学召开部分抗日积极分子会议，商讨建立抗日武装问题，刘星、陈伯衡等人参加了会议。他们的抗日活动得到了梁山爱国民主人士杨静斋、唐郎斋、王儒林的热情支持和赞助。

12月，万里派孟子明带着他给江明的信去济宁，向鲁西南工委请示建立抗日武装的问题。因遇日寇飞机轰炸济宁，未能找到江明。孟子明从济宁回

到苇子河赵效三家中找到万里做了汇报。万里又给张金铎①（张若谷，东平县凤凰台人，山东救国会负责人之一，当时任国民党第五战区总动委会主任）写了信，派孟子明、赵效三去济宁找他联系建立抗日武装问题。因国民党省政府机关已撤离济宁，他们又追到徐州，终于找到了张金铎，交上了万里的信，张金铎又叫郭影秋（徐州八路军办事处的负责人，公开身份是国民党第五战区总动委会组织干事）以总动委会的名义给东平县地方武装办理了第五战区第二游击司令部第一纵队的番号。在回东平时，适逢大雪，济宁、嘉祥已失守，路被切断。中共单县县委书记李毅把孟子明等人留在单县，在单县搞起了抗日活动。于是，东平县工委与鲁西南工委失去联系，派去的人又杳无音信，为尽快找到上级党组织，万里骑着自行车，冒着纷飞的大雪，跨过冰封的黄河，奔向聊城。通过邵子言见到中共鲁西北特委书记徐运北。从此，中共东平县工委在鲁西北特委领导下开展抗日工作。

1937年12月中旬，日本侵略军正沿津浦铁路南北并进，企图夺取徐州，会师武汉。国民党山东省政府主席兼第三集团军总指挥韩复榘在北段稍加抵抗，便于下旬率主力及山东省政府退至曹县、成武、单县一带。日军继续向南推进，派飞机到处狂轰滥炸。25日，日机轰炸了东平县城，炸毁房屋26间，炸死炸伤平民百姓30余人。

日军飞机轰炸了东平县城后，东平的国民党县长孙永汉携带着搜刮的巨款，弃城鼠窜，各区区长弃职躲避，县区武装全部瓦解，地方治安无人维持，土匪、溃兵危害乡里，到处是一片混乱状态。此时，万里、刘星、田子珍等共产党员都冒着土匪抢劫和冰层塌裂的危险，黑夜里来往于东平、汶上、田大店之间，进行聚义串联，研究对策，组建武装，以对付土匪、汉奸的抢劫和日本鬼子的进攻。

1938年1月10日，汶上县国民党县长陶一鸣也挟县大队部分武装仓皇而去。1月16日，日军200余人轻取汶上，运河以东地区陷入敌手。为了武装抗击日本侵略者，刘星在万里、陈伯衡、曹志尚、孟晓东、田子珍、田怀先、田仲显等人的积极配合下，决定立即举行武装起义。1938年1月14日，刘星、陈伯衡在战湾村开部分领导骨干会议，决定举行抗日武装起义。

①张金铎（1905—1979）字若谷，东平县新湖镇凤凰台村人，同盟会会员。北伐战争前，在广州黄埔军校任政治教官，后任北伐军一路军参谋长。阎锡山、冯玉祥倒蒋战争发生后，投奔冯玉祥部任职。抗日战争期间，任第六战区顾问，第五战区民众总动员委员会主任。后到延安，任红军大学教员、新四军教导队教员。1949年，由香港回到北京列席全国政协会议，参加了开国大典。后任山东省政协常委。

1938年2月5日(农历正月初六)，春节刚过，东平、汶上一带近百名教师、学生、农民三三两两以走亲访友为掩护，他们携带各自动员或买来的武器，冒着凛冽刺骨的寒风，从四面八方悄悄向汶上县的永安寺（今梁山县拳铺镇申垓村，原属汶上县老七区）集合，公开树起武装抗日的旗帜，成立了"东(平)汶(上)人民抗日自卫队"（亦称山东西南区人民自卫团或汶上人民自卫队）。刘星分管政治工作，陈伯衡、曹志尚负责军事、行政，刘起负责后勤。至2月12日，陆续到达起义地点的有100余人，枪支近100支，其中也有爱国的国民党溃兵。

自卫队成立以后，分为三个大队和一个宣传队。但永安寺四周不靠村庄，队伍的生活供应发生了困难，再加上人多进出目标大，周围的反动势力对这支新生革命力量又恨又怕，处处封锁刁难。为了便于开展斗争，队伍第三天就东进到汶上城西汶河渡口的杨集村。由于队伍刚刚组织起来，面临许多具体的问题，又要外出联系，扩大人员枪支，还要解决吃饭问题，有时要等到中午才能吃上早饭，晚上只能睡在草堆里，生活非常艰苦。但是队员们的情绪都很高涨，队员们严守纪律，没有一个人触犯群众。

4月5日，万里、刘星、陈伯衡把队伍转移到汶上城东白塔村一带活动。为了配合台儿庄会战，夜里，他们冒着大雨，破坏了兖州通往汶上的公路和桥梁。驻汶上城里的日本侵略军妄图将这支新生的抗日力量一举歼灭，天一亮敌人发现后就顺着脚印寻找，得知抗日自卫队在白塔村，便于4月6日的拂晓偷偷出发，企图对自卫队突袭。自卫队巡逻队发现后，立即鸣枪阻击，等敌人进入埋伏圈后，隐避在路旁树林里的自卫队战士，猛烈向敌人射击。最终这支由啃书本、握锄头的人组成的抗日武装因成立时间短，没经过军事训练，既无战斗经验，又缺乏武器弹药，在敌人轻重机枪和钢炮的强大火力进攻压制下，却从黎明一直坚持到上午十点钟左右才不得不撤出战斗。万里指示刘星、陈伯衡率部迅速向大屯、武村一带转移。

白塔村战斗，如平地响雷在鲁西南炸开，打击了日军的嚣张气焰，鼓舞了这一带劳苦大众保卫家乡、抗日救国的信心。第一次听到打击日寇的枪声，当地群众人心大快，倍受鼓舞。战斗结束后，群众主动给战士送饭、送水进行慰劳。几天后，部队摆脱了国民党专员郁仁治的钳制，经过宁阳白马庙，在山东西区人民自卫团的驻地泰安边家院找到泰西特委，决定到鲁西北整编。4月，东汶人民抗日自卫队经聊城到达冠县，根据中共鲁西北特委指示编为第六区范筑先部第十支队挺进队。东汶人民抗日自卫队离开后，万里派共产党员杜子俭去鲁西北，到部队建党，在士兵中秘密发展党员。不久自卫队建立

了两个党支部，杜子俭、谭继振担任支部书记。七月间又回到东平、汶上一带。群众就像欢迎远道而归的亲人一样，纷纷送子女参军，两三天就增加了近200名新战士，部队进行了扩编，由两个连扩大为四个连，其中一个为特务连。在泰西特委的支持和赵效三、强仁普等党员干部的配合下，部队又开始打击恶霸地主和汉奸卖国贼，他们掌握了苇子河村大地主赵老八等人私通日军汉奸的罪行后，从赵老八等人家里搜出300多支枪，数万发子弹和数万块银圆。部队用缴获的枪支弹药武装了自己，装备大大增强，处境有了改善，声势浩大，威震鲁西。根据泰西特委指示，11月上旬，这支部队到东平县戴庙活动时，与东平县第五区抗敌自卫团和几个区队整编，正式成立山东省第六区游击第十支队东进梯队，队伍发展到1000余人。部队先后在石河王、双塔、韩山头等地发起对敌袭击，沉重地打击了敌人。11月底，山东西区人民自卫团和第十支队东进梯队及长清县第十支队独立营等抗日部队，在长清县大峰山区整编为八路军山东纵队第六支队，兵力达到4000余人。第十支队东进梯队编为八路军山东纵队第六支队第一团。陈伯衡任团长，刘星任政委，邹鲁风任政治部主任，杜子俭任党总支部书记。1939年初，陈伯衡加入中国共产党。从此，参加起义的进步农民变成了抗日军人，起义部队从游击队整编成八路军。永安寺起义的所在部队成为八路军山东纵队的一支劲旅。这支部队在中国共产党的领导下，高举抗日的大旗，他们奔驰于冀鲁豫战场，前赴后继，英勇杀敌。解放战争又逐鹿中原，参加淮海战役、渡江战役、解放大西南、进军西藏，谱写了威武雄壮的历史篇章。

永安寺起义是继中共山东省委领导的徂徕山起义、泰西抗日武装起义后的又一次抗日武装起义。永安寺起义打响了鲁西南地区向日本侵略者讨还血债的第一枪，吹响了鲁西南人民反抗日本侵略军的号角。从此，抗日烽火燃遍鲁西南大地。

（十一）八路军山东人民抗日游击队第四支队

洪涛于1937年12月底，受党中央派遣，由延安到山东省委工作，任省委委员。洪涛等长途跋涉，化装来到济南，与省委取得了联系，被派到鲁西北的聊城等地开展抗日工作。这时，在聊城地区主政的范筑先积极与共产党合作抗战。他被安排在范的保安司令部政训处任职。政训处实际上是中共鲁西北特委的公开机关，洪涛以政训处的名义积极开展抗日工作。11月，堂邑县党组织动员了一支20余人的抗日武装，范筑先命名为"山东省第六区抗日游击第一支队"。任命洪涛为支队长，李福尧任指导员。这支武装被群众称之为

"洪队"。

1937年10月，中共山东省委机关从济南陆续迁到泰安，决定在泰安直接领导徂徕山抗日武装起义，并在泰安、莱芜、新泰、宁阳等地做了一系列组织发动工作。12月，日军逼近济南，韩复榘望风南逃，省委见起义时机即将成熟，遂通知洪涛赶赴泰安参加领导徂徕山抗日武装起义。

1938年1月1日，中共山东省委书记黎玉、宣传部长林浩、延安派来的红军干部洪涛、赵杰，以中共泰安县委已掌握的武装民众自卫团和山东省委带来的一些青年知识分子以及新争取过来的5名携枪国民党散兵为骨干，在泰安县东南的徂徕山大寺地区举行起义。队伍名称为"八路军山东人民抗日游击队第四支队"，洪涛任支队司令，赵杰任副司令，黎玉任政治委员，林浩任政治部主任，编为第一、第二两个中队。泰安、莱芜、新泰、泗水、宁阳等县抗日武装相继奔赴徂徕山，第四支队迅速扩大。随后，由孙汉卿、董琰、单昭洪等率领的新泰县起义部队来到徂徕山，编入第一中队。4日，刘居英、程绪润、秦云川等带领在莱芜县莲花山起义的部队来到徂徕山，编为第三中队。

部队整训二周后，随即开始对日伪军作战。1月26日，第四支队在徂徕山南的寺岭庄成功伏击一股日军，毙伤4人；2月17日，又在四槐树村用地雷炸毁日军汽车2辆，毙伤日军大佐以下40余人，中国军队无一伤亡。继而又将俘虏的原国民党新泰县长朱奎声处决，从而极大地打击了日军和汉奸的气焰。第四支队积极配合了台儿庄会战。在斗争中，第四支队不断壮大，迅速扩编为7个中队。

2月底，省委决定第四支队在新泰县刘杜村分两路活动：洪涛、林浩带领第一、三、四中队编成的第一大队，向淄川、博山、长山一带发展；黎玉、赵杰等带领第二、五、七中队编成的第二大队南向蒙山、费县、沂水一带发展。4月中旬，到博山一带的部队，与从清河区南下的第五军一部会合，协同淄博地方起义部队，袭入淄川、博山。随后，淄博、十字路（今莒南县城）、沂水等地的起义武装亦编入第四支队。至4月，部队发展到4000余人。遂成立抗日人民政权"莱芜县政执行委员会"，四支队改为山东人民抗日联军独立第一师，洪涛任师长。

济南第一师范毕业的汪洋，1936年2月加入中国共产党，受党的派遣赴西安东北军学兵队，组建并领导学兵队抗日民族先锋队，任政治指导员。西安事变后，汪洋和谷牧一起离开东北军去延安。七七事变后，汪洋受命到东北军五十一军于学忠部做统一工作，后受党派遣返回山东组建抗日武装。他抵鲁南后，深入莒县、沂蒙、临沂等地发动群众，迅速组建了500人的抗日武

装队伍，后因缺少武器装备，又处于国共合作期间，被国民党部队以"统战"名义强编吞并。他就深入国民党山东第三专员公署辖区、山东第五战区第八游击司令张里元部的独立营做兵变工作。他利用部队内部的共产党员和抗日先进分子拉出一营，挺进沂蒙山区，收缴土匪、地主武器，发动贫苦农民参军，树起"鲁南抗日独立营"大旗，成为中国共产党领导的鲁南第一支抗日武装。独立营在临沂、泰山、潍坊、淄博一带不断袭击日伪据点，扩充抗日力量，日军曾对其多次合围夹击。为保存革命力量，汪洋、张岗和崔介率部北上转移到莱芜常庄，与中共山东省委领导的徂徕山起义军会师，编入八路军山东抗日游击第四支队独立团，汪洋任团长。后游击队改编为八路军山东纵队第四支队，汪洋任第三团团长兼政治委员。

1938年4月，国民党秦启荣部对日妥协，破坏抗战，杀害八路军山东纵队第三支队400余人，造成"博山惨案"。为打击国民党投降派的"反共"气焰，汪洋率部夜袭莱芜城，给秦启荣部以沉重打击。1939年，汪洋任山东纵队第四支队政治部主任。

4月28日，第二大队奇袭莱芜城，活捉顽固县长谭远村，缴获大批武器弹药。接着，两路部队在莱芜城胜利会师，并改番号为"山东人民抗日联军独立第一师"，下辖3个团。此后不久，部队又返回徂徕山一带活动。

5月，中央为加强对山东领导，派以郭洪涛为首的50多名干部，携电台两部，辗转到达徂徕山区。根据中央关于山东"基干部队可恢复八路军游击部队番号"的指示，于6月初撤销"独立师"番号，恢复"八路军山东人民抗日游击队第四支队"的番号，并调第五军司令员廖容标为支队司令，来接替已病逝的洪涛。

7月，林浩率省委和四支队机关及部分部队东去岸堤、坦埠一带开辟沂蒙山区根据地；郭洪涛率第二、三两个团南下滕县东部支援苏鲁人民抗日义勇队反击国民党土顽势力的斗争；第一团仍留在泰山区活动。不久，第四支队各路部队在岸堤一带会师，集中力量创建以沂蒙山区为中心的抗日根据地。后转战滕县，歼灭汉奸申从周的地主武装，威震鲁南。

中共山东省委书记黎玉要赴延安向党中央汇报工作，请求中央派干部来山东。1938年3月8日，黎玉和助手冯平化装成教书先生，高锡贵、郅润清①及另一名警卫员化装成农民。他们一行5人从蒙山万寿宫出发，直奔台儿庄。几天之后到达台儿庄，接着转赴徐州，乘上火车，顺着陇海线先到西安，4月

---

① 郅润清，山东省新泰市西关人，1917年出生，中华人民共和国成立后曾任安徽六合军分区司令员。

2日到达延安。后以高锡贵、冯平等人为向导，郭洪涛率领50余名干部，带着两部电台，从延安出发，来到山东。

（十二）苏北抗日同盟总会

卢沟桥事变，特别是八一三事变后，江苏淮阴地区民众的抗日激情迅速高涨。一批被国民党释放出狱的共产党员，在外地读书或工作的爱国青年，纷纷重返家乡，重新聚合，积极开展抗日宣传活动。如淮安县葛葆桢等举办的抗日画展，许邦仪、俞臻等办的墙报、周刊，淮阴县胡绍祖、周太和等组织的抗日救亡宣传队等，都异常活跃。而影响最大的，则是群众性抗日团体"苏北抗日同盟总会"的活动。

1937年11月，已失去组织关系的宋振鼎找到中共驻汉口八路军办事处负责人徐烈（张爱萍）、吴缄之（吴仲超），原想解决组织问题，八路军办事处根据苏北地区党组织被破坏的情况，以及中共抗日民族统一战线方针，要求他回到苏北老家，发动群众，组织抗日救亡团体，积极创造条件，建立民众抗日武装。并指示对自首的或参加过特务的人，如果他们愿意抗日，可以组织他们一起抗日；对一些想找党组织的失去关系或从监狱出来的党员，让他们先把工作做起来，党以后会去找他们的。按照八路军办事处的指示精神，宋振鼎带着有关抗日形势、任务和统一战线方针政策的小册子，回到涟水，开始发起组织抗日同盟会。两淮及泗阳地区的许多老同志，也纷纷向他聚拢过来。宋振鼎向他们传达了八路军办事处的指示，大家决定回到各自家乡，开展筹建苏北抗盟的宣传组织活动。

12月初，宋振鼎、吴觉、谢冰岩、夏如爱等在清江市召开了苏北抗盟筹备会议。会议介绍了淮（阴）、淮（安）、涟（水）、泗（阳）等县抗盟的筹组情况，分析了四县的具体形势，认为要有效地组织起广大群众必须建立一个坚强的领导中心，必须有明确的政治纲领和具体的行动纲领。为此，会议根据中共《抗日救国十大纲领》和抗日民族统一战线精神，草拟了苏北抗盟的《政治纲领》《行动纲领》《组织工作纲领》《宣传工作纲领》和《苏北抗日同盟会告苏北人民书》等文件。

12月20日前后，宋振鼎等召集淮阴、淮安、涟水、泗阳四县的代表，在清江市正式召开成立苏北抗盟的筹备大会。会议讨论通过了预先草拟的文件，组织抗盟筹委会，吴觉负责组织工作，谢冰岩负责宣传工作，宋振鼎任秘书长，负责处理筹委会日常事务，夏如爱负责总务工作。同时，决定成立苏北抗盟自己的武装——苏北人民抗日自卫总队，先在淮阴、淮安、涟水、泗阳

县分别成立大队，迅速发展抗日武装。会议确定以淮阴、淮安、涟水、泗阳四县为中心，向盐城、阜宁、东台、南通、启东、兴化、泰州、泰兴、宝应、高邮、宿迁、睢宁、沭阳、灌云等县发展，迅速扩大其政治影响。到1938年一二月间，淮阴、涟水、淮安三县抗日同盟会相继正式成立，直属苏北抗盟筹委会领导。淮阴县抗盟理事长张一平、副理事长夏如爱，涟水县抗盟理事长李干成，淮安县抗盟理事长赵心权，其他一些县也在积极筹备中。各县根据苏北抗盟筹委会的指示，尤其注重发展抗日武装。1938年1月，淮阴、淮安、涟水、泗阳四县已集中了五六百支枪，其中还有4挺轻机枪，自卫队员千余人。

苏北抗盟筹组期间，国民党江苏省代主席韩德勤为加强对苏北地区的控制，成立了"江苏省战时特工指挥处"，整顿恢复各县特务室，将其改名"县战时特工指挥站"，重新拨给活动经费，并以此积极向苏北抗盟渗透，企图加以控制和利用。苏北抗盟筹委会为缓和与国民党当局的关系，分别派万金培、夏仲芳、沈肇华等人出任涟水、淮阴、泗阳等县的特工指挥站站长。对抗盟组织的人民自卫军，韩德勤和国民党八十九军军长李守维也积极筹划收编。由于韩德勤和李守维意在吞并，条件苛刻，谈判没有成功。李守维扬言要解散苏北抗盟，用武力解决苏北人民抗日自卫队。当时苏北抗盟处境相当困难。

为摆脱困境，苏北抗盟筹委会通过著名开明士绅朱德轩的关系，派吴觉、谢冰岩到徐州，向第五战区司令长官李宗仁面呈申请报告。李宗仁随即通过第五战区抗日总动员委员会（简称总动委会）批准备案，正式下达了成立苏北抗盟的命令。同时任命谢冰岩、吴觉、朱公亮、薛味五、万金培、谢楠、夏松（李寄农）等抗盟骨干分子为江苏省和淮阴、淮安、泗阳、涟水、沭阳、盐城、阜宁等县动委会的委员，并颁发了委任状。苏北抗盟还应第五战区的要求，派涟水县抗盟理事林士钧到徐州，作为苏北抗盟的常驻代表。

1938年2月19日，苏北影响最大的群众性抗日救亡团体——苏北抗日同盟总会（简称苏北抗盟）在淮阴城正式成立。苏北抗日同盟总会在清江（现淮阴城区陈家花园）举行了各县代表参加的成立大会。通过了《苏北抗日同盟会章程》，产生了理事25人，常务理事7人，宋振鼎为理事长，谢冰岩为秘书长，吴觉、李干成、陈书同、夏如爱、薛汉扬等人为常务理事。

苏北抗盟成立前后，淮阴、涟水、淮安、泗阳各县的抗盟分会也相继成立，淮阴县理事长夏如爱，涟水县理事长李干成，淮安县理事长赵心权，泗阳县理事长谢楠。这几个县的一些乡村还建立了抗盟支会或小组。盐城、阜宁、灌云、东海、宝应、泰兴、东台、南通、海门、启东等县也相继建立了

抗盟组织，江南的江阴、安徽的泗县都和苏北抗盟建立了联系，到1938年三四月，组织范围达到17个县。

为适应组织发展和抗日救亡工作的需要，苏北抗盟在涟水灰墩、金城庵举办了两期干部培训班，每期学员三四十人，都是各县抗盟选送的积极分子，有工人，有农民，也有知识青年。教员大多是从延安抗大和陕北公学学习后回原籍从事抗日救亡运动的爱国青年，如丁宕之、薛汉扬等。训练班的课程有抗日民众运动、抗日民族统一战线、抗日游击战术、军事学、一般政治常识等。由于采用抗大式的教学方式，尽管每期培训班只有两周时间，但学员们的政治觉悟，宣传、组织、武装民众的工作能力都得到很大提高，学员们回到各地后，大都成为本地区抗日救亡活动的骨干。此外，苏北抗盟还与国民党第五十七军第一一二师第六六七团（万毅团）学兵队中的中共地下支部取得联系，从淮阴、淮安、涟水、泗阳地区发动百余名青年到学兵队受训，为地方抗日培养了一批干部。

苏北抗盟鉴于苏北地区抗日救亡的文化读物十分匮缺的情况，组建了苏北出版社，翻印了中国共产党的《抗日救国十大纲领》等一些重要文献和国内报刊上一些分析抗战形势和介绍游击战术的文章。从1938年3月开始，总会又出版了每周一期的小型油印刊物，加强对会员的辅助教育。为从思想上巩固抗盟组织，同时加强对上层人士的统战工作，苏北抗盟经常利用讨论会的方式组织抗盟人员分析政治形势，检讨工作，总结经验，有的县还专门成立巡视委员会加强工作指导。抗盟还经常邀请各地具有代表性的上层非抗盟人士参加讨论，向他们宣传统战意义，介绍抗战形势和工作情况，争取他们的支持。

淮安的赵心权、吉乐山等人被选为"苏北抗日同盟会"理事。3月，由赵心权、吉乐山、丁澄等人发起，"淮安县抗日同盟会（分会）"在淮城何维桀（韦举）家开会成立。参会代表50余人，还邀请了国民党县特务室主任张雪涛、顽十区区长王吉明出席会议。会议由何毓章主持，赵心权做报告，苏北抗盟总会负责人宋振鼎到会讲话，会议通过了《告淮安抗日同胞书》和县抗盟纲领章程。选举产生了淮安抗日同盟会理事会成员，赵心权为理事长。淮安县抗日同盟会成立后，积极开展组织发动和宣传教育等抗日救亡活动，分别在淮城、城郊、钦工、宋集、车桥等地成立了同盟支会或小组，派出骨干参加涟水金城庵抗日干部训练班学习。到1938年底，抗盟成员发展到近三百人，且发展势头强劲。1938年11月，在赵心权、吴乐群、吉乐山、胡效川等人的发动和组织下，在菱陵镇召开万人抗日大会（实际到会人数约3000人）。

这次大会有三区（今顺河镇、季桥乡）、十二区（今钦工镇、宋集乡）和淮安、涟水、阜宁毗邻地区的群众参加，是淮安抗战前夕最大规模的一次抗日救亡活动和盛会，把淮安的抗日救亡活动推向了高潮。

在农村工作方面，涟水县抗盟编印了《涟水日报》和《动员朝报》，散发近万份《抗日救国十大纲领》和中共中央号召抗战的宣言，以及数千册抗日救亡单行本和抗日救亡歌曲选；涟水、淮阴、盐城等县抗盟还深入农村开办识字班、出墙报、召集农民谈话会等；泗阳县抗盟到东河滩、洋河镇、穿城等地写标语、散传单、教唱抗日歌曲，发动民众抵制日货。各县还成立了抗日文艺宣传队，走村串户，巡回演出。演出既有《大刀进行曲》《流亡三部曲》《松花江上》《打回老家去》《义勇军进行曲》《游击队歌》《洪泽湖畔》《武装保卫苏北》等广为传唱和自编或改编的歌曲，也有不少群众喜闻乐见的活报剧、双簧、相声、二人转小戏。每到一处，观众常有千人乃至数千人之多。演出之余，队员们还组织当地青少年成立青少年歌咏队，教唱抗日歌曲。广大乡村，随时都可以听到抗日救亡的歌声。做好农民宣传工作的同时，宣传队还积极向地主士绅宣传国难当头的政治形势，消除他们疑虑和惶恐的情绪，号召他们同仇敌忾，各尽所能，抗日救亡，使农村上层统一战线工作也取得了可喜的成绩。

在城市的宣传方面，苏北各县的妇女救国会、学生救国会等，大都先在城镇成立；歌咏队骨干、话剧演员等，都先在城镇青年中挑选，宣传演出也先从城镇开始。淮阴县抗盟骨干张德雨、方炳文负责的营坝战时服务团，则主要在王营、西坝和淮阴城搞宣传活动，非常活跃。

各县抗日文艺宣传队成立不久，淮阴、淮安、涟水、泗阳等县又成立了"救亡剧社""国难剧社""铁血剧社"，排演《放下你的鞭子》等剧目，和文艺宣传队密切配合，到处公演。涟水的文艺宣传队、剧社，还对驻涟水境内的东北军官兵慰问演出，激发了东北军官兵对故土的思念和与日寇血战到底的决心。

对于抗日武装工作，苏北抗盟根据苏北各县民间自卫队枪支较多、发展武装潜力较大的有利条件，加紧组织民众武装力量；发挥洪泽湖、盐阜一带湖荡的地理优势，开展游击战争。为便于开展工作，苏北抗盟决定以特工指挥处和动委会的名义组织抗日武装。1938年4月，淮阴县民众抗日自卫队成立，夏仲芳任队长，陈书同任参谋，下辖三个中队。到8月，自卫队已由50多人、20多支枪发展到80多人、四五十支枪。由于夏仲芳兼任淮阴县特工指挥站站长，通过这一渠道，自卫队从国民党当局获得了大部分经费和弹药、

服装等补助，缓解了队伍给养紧张的情况，各区、乡也相继成立了抗日自卫队。不久，王业奎、沈肇华、马伯扬等组建了泗阳民众抗日自卫队，苏一山、朱大同组建了海州民众抗日自卫队。1938年4月，苏北抗盟还派薛汉扬等到泰兴、泰州协助共产党员陈玉生、陈进觉领导的游击队工作。

国民党顽固派江苏省主席韩德勤，害怕人民群众日益高涨的抗日情绪动摇其统治，在妄图利用控制抗盟的企图破产后，于1938年3月，首先将支持抗盟的国民党淮阴县长撤职，并下令逮捕了苏北抗盟理事、国民党员夏仲芳和张一平，通缉吴觉等抗盟骨干；胁迫参加抗盟的国民党员登报声明退出；严禁翻印和传播延安报刊和文件，并利用其掌握的区乡政权和地方顽固派势力，从下面对抗盟组织进行破坏。10月，又干脆以苏北抗盟不符合《江苏省民众组织条例》为借口，宣布予以取缔。苏北抗盟在韩德勤的政治高压下，被迫解散，抗盟所领导的活跃一时的抗日宣传队、自卫队、模范队也最终解散了。但其骨干分子的活动一刻也未停。他们一面秘密筹集枪支弹药，一面继续四处寻找共产党组织，希望得到党的直接领导。①

在这种情况下，苏北抗盟的宋振鼎、李干成、吴觉和灌云、沭阳抗盟的部分骨干如汤曙红、汤化愚、孙海光等，以及中共派在国民党第五十七军内搞统战工作的李欣，在沭阳汤沟召开会议，认真分析形势并研究对策。经过讨论，大家认为：应避免与国民党当局发生正面冲突，否则会给韩德勤找到更多的借口进一步扼杀民众抗日力量。会议商定：抗盟组织不再公开领导民众抗日斗争，而采取隐蔽活动方式。自此以后，苏北各地抗盟组织都转入了地下的分散活动。

苏北抗盟虽然被迫解散，但抗盟骨干寻求党的领导，坚持抗日斗争的决心丝毫没有改变。早在1938年2月，苏北抗盟成立不久，就派陈书同到武汉向中共长江局驻武汉办事处负责人董必武汇报情况，请求党派干部到苏北领导抗日运动。抗盟解散后，根据李欣的意见，他们又派李干成和孙海光到山东寻找党组织，争取党的直接领导。1939年1月，李欣、李干成、孙海光到达中共苏鲁豫皖边区省委所在地沂水王庄，受到省委组织部长程照轩的热情接待，实现了寻找党组织的夙愿。他们回到涟水后，迅即派朱慕萍、陆亚东去苏皖特委所在地邳县铁佛寺，坐等特委派人来淮阴、涟水开展重建党的工作。2月10日，由朱慕萍、陆亚东做向导，苏皖特委派出的张芳久、高兴泰、戴曦三位同志顺利来到涟水。3月，李干成和陈亚昌等人建立抗日义勇队，不

---

① 《江苏省志·大事记》（中），1937年11月30日。

久，该队又与涟水县民众抗日独立营合并为涟水抗日义勇队，李干成任队长。4月，他率领涟水抗日义勇队在鲁渡北小朱庄附近伏击了强迫民夫筑路的日军，在县内打响了民众抗日战争第一枪。6月，涟水抗日义勇队被编入八路军陇海南进支队八团。从此，在共产党的领导下，淮安人民抗日斗争的历史进入了崭新一页。

苏北抗盟活动存在的时间虽然不长（十个月），但它扩大了抗战影响，增强了苏北人民抗战的信心，宣传了中共倡导的抗日民族统一战线的方针政策，扩大了中共的政治影响，团结了一大批愿意抗日的力量，这其中有土地革命战争时期脱党和自首的人，有胡海泉等愿意抗日的国民党官员和其他爱国人士，更多的是工人、农民和学生中的抗日积极分子，他们绝大多数在抗盟解散后不久加入了抗日队伍，为中国共产党和八路军、新四军创建苏北抗日根据地准备了干部、奠定了基础。

四、中共人物（八）

贰佰捌拾伍　曹志尚

曹志尚（1903—1940）原名曹凌云，山东省汶上县曹庄（今属嘉祥老僧堂乡）人。曹志尚小时候跟随二叔曹炳宸上学读书。他个性很强，会武艺，好打抱不平、主持正义。1928年，曹志尚任汶上县农民协会干事兼县警备大队副大队长。

1930年，他因率县警备大队包围县政府，反对向农民暴征苛捐杂税，被国民党山东省政府以抗捐谋反的罪名撤职通缉。1936年11月，曹志尚考入济宁小学教师短训班，结业后回家乡担任小学教师。任职期间，他与刘启文、曹麟周等人在汶上县办的力生文具合作社成为了主张抗日进步人士的秘密联络点。

七七事变后，在共产党的领导下，曹志尚等人接收了马村、孟姑集两处乡农学校的枪支，在汶上县组成抗日民族解放先锋队。1938年2月5日，参加在汶上县申垓村永安寺（现属梁山县）举行的抗日武装起义，并负责军事训练。他先后任范筑先部十支队挺进队副队长、东进梯队独立营营长、八路军山东纵队六支队一团参谋长兼一营营长、八支队副支队长兼参谋长、八支队队长等职。1939年3月加入中国共产党。

1939年5月11日，一一五师师部和部分部队被日伪5000余人包围，曹志

尚率六支队一团一营迂回到敌军侧面进行袭击，为一一五师胜利突围创造了有利条件，受到陈光代师长的表扬。

1939年8月2日，曹志尚率领一个加强连参加了著名的梁山战斗，配合主力部队击毙日伪军300余人，俘虏日军24人，受到第十八集团军总部的表扬。

1939年9月，第十八集团军总部指示一一五师肖华部进驻鲁西运东地区。为配合运东地区的抗日活动，曹志尚和第六支队司令部一团政委刘星率两个连进驻鲁西地区开创抗日根据地，并接收了原国民党汶上县长白玉普和侯宪明的地方武装，编成郓汶巨嘉抗日游击队。

1939年11月，部队被改编为八路军山东纵队第八支队，侯宪明任支队长，白玉普任副支队长，曹志尚任副支队长兼参谋长。曹志尚率部队到达运西地区（大运河以西，今嘉祥县梁宝寺镇、大张楼镇），先后攻克驻南旺镇胡田局、郓城县黄堆集、济宁长沟和汶上县马村（现属嘉祥县）等日伪据点，给日军以沉重打击。但当年的12月，日军调集重兵大举扫荡南旺湖区，八支队遭受重大损失，侯宪明叛变，白玉普离开抗日队伍。曹志尚改任支队长，与刘星率八支队在运西地区坚持战斗。

1940年春天，反动会道门头子、伪区长李建德操纵红枪会暴乱。曹志尚率部队到达后，李建德操纵红枪会将其包围。在突围中，曹志尚不忍向群众开枪，命令战士用机枪向无人处开枪示警无效，后被包围在响水口村西一大坑内，壮烈牺牲，时年37岁。

曹志尚墓现位于嘉祥县老僧堂镇大曹村东约1公里处，一条幽静的小路径直通向墓地，路两侧柏树林立含翠。1995年12月，嘉祥县政府为曹志尚烈士重修坟墓，立花岗岩墓碑，墓两侧的栏杆上镌刻着："名垂青简黄河汶水留战绩，气壮丹霄泰山微湖吊忠魂。"

贰佰捌拾陆　陈北鸥

陈北鸥（1911—1983）笔名北鸥，福建闽侯人。大学毕业。1931年后历任北京左翼作家联盟执委，北京左翼文化总联盟常委，"左联"机关杂志《文学月报》和文联机关杂志《文化新闻》主编，日本东京帝国大学文学研究院研究员，北京东北大学教授。《时代文化》杂志、《救国导报》《救亡日报》《大公报》总编，重庆《通讯旬刊》主编，《北京导报》编辑，华北大学文学研究室研究员，文化部电影局资料研究组长，人民文学出版社编辑。

1932年开始发表作品。1956年加入中国作家协会。

著有长篇小说《前线恋》，专著《新文学概论》，诗集《心曲》，剧本《万年青》《红楼梦》《保卫工厂》，电影文学剧本《苏凤记》，译著《作家论》等。

贰佰捌拾柒 陈伯衡

陈伯衡（1906.02—1939.03.22）原名陈宪旋，笔名行鱼，山东汶上县西周村人。幼时家庭较富裕，得以私塾启蒙。16岁考入城内书院高小，后就读于济南第一师范学校。1931年，考入北京大学经济系，积极参加了北京大学组织的赴南京请愿示威活动。1935年，北大毕业后到济南齐光中学任教务主任，并成为《齐光校刊》的主要撰稿人。1937年10月，日军逼近济南，齐光中学举校南迁。经汶上县时，他听说旧友刘起文、曹志尚等准备组织抗日队伍，遂产生强烈共鸣。毅然决定留汶举义，共赴国难。他先后与中共鲁西南工委和中共东平县委书记万里取得了联系。1938年2月，与鲁西南工委派来的共产党员刘星等人一起在汶上县七区申垓村（现属梁山县）附近的永安寺发动武装起义。后任八路军山东纵队六支队一团团长等职。1939年初加入共产党。

1939年3月22日，他奉命率部赴东平郑海一带阻击日军。日军倚恃装备精良，骄狂直进。他抓住敌人这一弱点，利用地利、人和这些有利条件，一接火，就将敌先头部队打了个落花流水。敌人恼羞成怒，动用迫击炮、重机枪疯狂顽抗。激战持续了5个多小时。17时许，他亲临阵地，指挥发起最后反击，不幸中枪弹，壮烈牺牲，时年33岁。战斗结束后，中共鲁西区党委和一一五师师部为他召开了万人追悼大会。

贰佰捌拾捌 陈书同

陈书同（1909—1969.6）字一通，江苏涟水县大东镇陈大庄人。1928年秋，进涟水县立初级中学读书，经同学吴长来介绍加入了共产党，并担任涟城区工作委员会委员。1929年2月，因领导学潮被开除。离校后任中共涟水县委政治交通员。8月，改名陈朽，进盐城淮美中学读书，任学校党支部书记，不久任中共盐城县委宣传部部长。当时，他领导学生罢课两个月，学校被迫封闭，便转入职业中学就读。1930年春又转入盐城时民中学，因领导学生纪念五一国际劳动节，被学校勒令退学回家。

回涟水后，任中共程集区区委委员，参与领导了涟水八一暴动及大程集

暴动。暴动失败后，调任淮安城区区委书记。1931年春调任共青团淮阴县委书记。1931年秋，调任中共涟水西区区委书记、县委巡视员、东北区区委书记等职，1932年夏调任中共泗阳县委书记。1934年春调灌边境工作，以响水盐滩小学炊事员身份作掩护。1934年秋，调任中共沭阳县委书记，靠卖洋袜维持生活，并借以掩护。1935年3月，地下党组织遭到严重破坏，受中共淮盐特委派遣去上海寻找江苏省委。

抗战爆发后，返回涟水。1938年1月和李干成、万金培等人在灰墩小学组织成立了涟水抗日同盟会。2月，被选为苏北抗日同盟总会理事。3月，受苏北抗盟的派遣去八路军武汉办事处，请求派干部到苏北领导抗日运动。董必武接见了他。八路军已到山东，董必武指示他可以主动和山东党组织联系，并要求他回苏北后抓紧组织民众，抗战到底。8月，去山东，在邳县铁佛寺遇到中共苏皖特委负责人张芳九，受张的派遣到腾玉荣大队任副大队长，不久又被派到邳县义勇军独立营任教导员。11月，张芳九派他回苏北发展抗日武装。1939年2月，中共苏皖特委派张芳九等人来淮涟开展工作，陈书同重新加入共产党。3月，日寇侵占涟城，他和薛华甫等人成立涟水县常备独立中队，任中队副。6月，任八路军山东纵队陇海南支八团副团长。12月，任八路军苏皖纵队南支第三梯队八团团长。1940年8月，八路军主力来涟，八团上升为主力，他任作战参谋。1942年1月，调任涟水县民兵总队长，不久兼任独立团团长。1943年9月到华中党校学习，参加整风，经华中工委决定恢复了他1939年以前的党籍。1944年7月任淮阴县县长兼警卫团团长。1945年5月至1947年12月，先后任中共淮阴县委副书记、书记等职。

1948年1月，调任中共苏北第六行政区委委员、城工部长和社会部长。1949年，调任盐城行署专员。

1952年6月，任中共盐城地委书记。1954年秋任中共江苏省委经委副主任、计委副主任。1955年9月任中共江苏省委财政贸易工作部部长。1956年任中共江苏省委常委、江苏省人民政府副省长。1963年因脑瘤住进北京协和医院手术治疗。1964年返宁抱病工作。1966年赴广州参加春季广交会后脑瘤复发，进北京协和医院进行二次手术，不久便双目失明，全身瘫痪。

1969年6月在北京协和医院逝世，终年60岁。

贰佰捌拾玖　陈玉生

陈玉生（1899—1994）江苏泰兴县陈家庄人，生于普通农民家庭。为谋生，20世纪30年代初到上海做工。1936年春，由陈进觉介绍，加入了上海市工人抗日救国会。1937年春，日本人勾结上海公安局，诬陷他与日本纱厂罢工时打死一个日本人有关，导致他被关进监狱，妻儿5人也饱受囹圄之灾。然后，7次严刑审讯，无一供词。在毫无实据的情况下，上海公安局释放了他的妻儿。可是，他们却与国民党泰兴县政府串通一气，以他在1931年隐藏过共产党和红十四军人员为由，将他转押至泰兴。10月，在泰兴监狱里，他和难友向监狱负责人要求"到前线打鬼子去，决不做亡国奴"，他们以绝食相争。同月，终出牢笼。

1938年2月16日，在泰兴县常周乡龙王殿张之仙家的大院里，他宣布成立"抗日救亡大队"，并自荐任大队长。

1938年3月下旬，他先后收缴了国民党如皋县张黄港税所、江安区常务队、石庄、西米区公所、泰兴县古溪警察分局的枪约200支，并说服一些力量单薄的自卫队和古溪警察局的爱国巡警钱鸿等30来人带枪加入，在短短的两三个月内，重新组建的游击队一下子发展到六七百人。

为取得抗日的合法地位，1938年初夏，他率部受编于张公任的通如区右翼指挥部，编为张部第三支队第二大队，陈玉生任大队长。

韩德勤却下令保四旅旅长何克谦将陈玉生部一网打尽，阴谋未逞，恼羞成怒的他便下令撤销了"通如区右翼指挥部"番号。张公任和陈玉生商量后，决定利用国民党鲁苏皖边区游击总指挥部即李明扬部的番号。10月，他们到泰州找到正在招兵买马的李明扬，双方一拍即合。李明扬委任张公任为总部第三纵队司令，陈玉生部隶属三纵，编为第八支队第二大队，陈玉生仍然是大队长。1939年秋，陈玉生升任八支队支队长。

他发现在部队建设上有许多自己力所不能及的问题，迫切地想找到共产党，让共产党指导他、帮助他领好这支部队。他的爱国之举，中共苏北特委看在眼里。

1939年，党派金求真进入他的部队。不久，陈玉生加入共产党，率部加入了新四军。

历任新四军东进支队司令员、苏北指挥部第三纵队副司令员、苏中保安

司令员。

中华人民共和国成立后，历任华东海军后勤司令部司令员兼政委，华东海军司令部副参谋长。

1994年在南京逝世，享年95岁。

贰佰玖拾　陈中民

陈中民（1918—1987.5.5）山东长清县（今济南市）人。1935年参加革命。1936年8月加入中国共产党。

七七事变后，参加组建鲁西北人民抗日游击队第十支队，任连长。后赴延安抗大学习结业后，任鲁西北范筑先纵队副营长、营长。1941年任八路军一二九师新八旅团参谋长、副团长、团长，参加了"百团大战"。

1945年11月，任晋冀鲁豫野战军第二纵队五旅参谋长。先后参加了陇海、定陶、巨野、滑县等战役。在参与指挥阻击向鄄城进犯的国民党军队的战斗中，浴血奋战11天，保证了主力部队作战的胜利，受到刘伯承、邓小平的通令嘉奖。

1948年任五旅副旅长兼鄂豫军区一分区副司令员。率部参加了淮海战役。

1949年初，任中国人民解放军第二野战军第十军二十八师师长，参加了渡江战役及进军大西南和成都战役。

1950年任二十八师师长兼川南军区宜宾分区司令员、地区专员。1951年入南京军事学院学习。

1954年底赴苏联，先后在伏龙芝军事学院、伏罗希洛夫军事学院学习。

1958年任高等军事学院科研部副部长。

1963年后任训练部部长、副教育长兼战役教研室主任。

1969年任北京军区副参谋长。

1972年10月，任解放军军政大学副校长兼军事系主任，1977年2月任军事学院副院长。

1955年被授予大校军衔。

1961年晋升为少将，荣获二级独立自由勋章、二级解放勋章。第五届全国政协委员。

1987年3月离休。1987年在北京逝世，终年69岁。

贰佰玖拾壹　成　润

成　润（1910—1994）又名成滋、成瀚、成荣亭、成筱川，河北大名县城内人。幼入小学，后在城内高小读书。1923年高小未毕业，借其兄文凭，考入直求省立第七师范学校，被编入第三班。在校聪明活泼，勤快好学，师长与同学戏以"三弟"称呼。1926年夏，共产党员冯品毅到七师任英语教师，冯在校任教三个月，在奉调离校前夕发展了赵纪彬等三名共产党员之后，成润找冯迫切要求入党。经冯同意，成润加入中国共产党。随之，七师建立党、团两个支部，他任团支部书记。1927年春大名县团委建立，他任团县委书记。1928年，他为中共大名县委主要负责人之一。

1932年到1937年6月，他先后在北平、河南等地从事地下党的活动，其间曾两次被捕入狱，都因敌人抓不到确凿证据，最后均被释放。

七七事变后，他由北平转移到山东，到聊城专署政治部任民运科长，为范筑先专员接受共产党领导做了许多重要工作。1939年至1940年，他先在筑先纵队政治部工作，后任邱县县长、鲁西北专署民教科长。1941年至1945年，先后任鲁西、冀鲁豫行署粮食处处长、范县县长（兼任县大队长）、第八专署专员。

1946年至1947年，作为冀鲁豫解放区的代表到南京、上海，在中共代表团领导下同国民党谈判黄河归故。1948年后，相继任华北财办、卫运河管理委员会主任。

1950年至1954年，先后在华北水利委员会及水利部任水利工程总局局长、官厅水库工程局副局长。

1954年至1966年先后在水利部任设计管理局副局长、水电部规划局副局长。

1978年恢复行政职务，先在水利部规划设计院任副院长，后为顾问。

1983年离职后仍做一定工作。享受副部级生活待遇。

贰佰玖拾贰　程重远

程重远（1917—1991）山东章丘市明水镇查旧村人。历任山东泰西自卫团供给部部长，八路军山东纵队六支队后勤部长，冀鲁豫军区后勤部军工部长。

国家燃料工业部基建设计司副司长、电力工业部设计司副司长、华东电业管理局副局长兼上海电力学校党委书记、校长等职。

1983年离休后任中国军工史料编委和冀鲁豫军工史料编委主要负责人。组织编写了《中国军事工业历史资料丛书》《冀鲁豫军工史料丛书》。

贰佰玖拾叁　褚思沛

褚思沛（1899—1942）又名褚雨田。山东微山县李张阿村人。1935年底加入中国共产党。1936年3月，中共李张阿党小组成立，任小组长。6月，以李张阿党小组为基础，成立了中共临沙支部，任党支部书记。同年11月，中共苏鲁临时特委决定建立临沙区委，褚思沛任区委书记。其间，协助建立了张阿人民抗日义勇队，任指导员。

台儿庄大战期间，按特委指示，褚思沛带领沿湖群众破坏了津浦铁路韩庄至临城路段，迫使日军板垣师团改道步行，为中国抗日军队赢得了宝贵的时间。1941年春，再次协助组建抗日武装，后编为峄县大队。

1942年冬，由于叛徒出卖被捕，押在临城日伪监狱，后被日军押到济南，在白马山英勇就义，时年43岁。

贰佰玖拾肆　褚雅青

褚雅青（1902—1942.4.21）山东微山县塘湖乡（原属滕县八区）李张阿村人。16岁辍学。1919年离开家乡，南下到福建、广东投奔旧军队8年，曾任班、连长。1926年参加北伐。四一二后，他愤然离开了军队去徐州基督医院（徐州医学院前身）学医2年。结业后，到枣庄市的南石乡、峄县马兰屯、周营镇等地行医。

九一八事变后，他作诗道："山河破碎吾心碎，世浊无处不冤魂，雅青愿为苍生故，弃医寻法闯天门。"1932年他又南下到汉口、九江等地寻找中共党的组织，没有结果，便回到家乡枣庄矿区开办学校。又将广仁医院从周营镇迁来枣庄市金庄。白天行医，晚上帮工人补习文化。由于业务上的交往，认识了郭子化，并在郭子化的帮助和引导下，于1933年加入了中国共产党。

1933年夏天，建立矿区党委会，王明增任书记，他任委员。1936年6月17日，在雅青医院的小楼上召开苏鲁临时特委紧急会议。会上决定临时特委机关迁往抱犊崮，留下褚雅青负责联络。

1937年1月，临时特委决定派他到运河两岸开展抗日武装斗争。1938年3月18日，日军占领枣庄，他赶往大北庄，同郭致远等同志会合。1938年3月

20日，临时特委指示朱道南、刘景镇、褚雅青、郭致远领导抗日武装合编为抗日义勇总队第三大队，他任第三中队队长。

1938年5月中旬，正式成立了人民抗日义勇队总队，任军医处处长。1939年4月，被调到苏北邳县陇海游击支队（9月改为一一五师陇海南进支队）任作战参谋。不久，被上级派往"山纵"十四区队任参谋长。1939年12月，运河支队成立。1940年6月，调运河支队任作战参谋。

1941年12月，中共峄县县委决定成立峄县县大队，他任副大队长。1942年春，鲁南军民的抗日斗争进入最艰苦的阶段。4月20日得到情报，敌伪数千进攻微山岛。当天晚上，召开驻微山岛游击队及微山湖办事处负责人紧急会议，他被推选为副指挥。次日上午9时，他们面对腹背受敌的严重情况，沉着应战。上午10时，已身负重伤的他，命令幸存的几个战士立即突围。战士看到他身负重伤不肯离去，说："大队长，我们不能离开你，背也要把你背出去！"褚雅青着急地说："我的伤势很重，背着我都出不去。"但他们仍然不走，褚雅青严肃地说："同志们，请服从我最后一次命令吧。"战士们才含着眼泪，依依不舍地突围出去。这时，敌人又攻上来了，他打倒了几个鬼子后，饮弹自尽，壮烈殉国。时年40岁。

爱国诗人孙倚亭赞曰：我爱雅青勇出群，半生革命逐风尘。隐身自擅黄岐术，除恶人称"黑煞神"。百战英雄常藐敌，一朝湖水竟成仁，而今湖水明如镜，历数英雄更忆君。

贰佰玖拾伍　褚耀斌

褚耀斌（1896—1941.2.20）字印卿，原名褚思鉴。山东滕县沙沟村（今枣庄市薛城区沙沟镇四村）人。1934年3月加入中国共产党。1935年6月任临（城）沙（沟）党支部书记。1936年6月任临沙区委书记。

1937年夏兼任微湖抗日义勇队队长。1938年微湖抗日义勇队改名为微湖抗日武装连，改任连长。1938年5月18日，微湖抗日武装在滕峄边墓山一带编入苏鲁人民抗日义勇总队一大队，褚耀斌任一大队副大队长兼三中队队长。后曾任鲁南直辖四团（八路军苏鲁支队前身）副官长、参谋长、临郯抗日总队副司令、鲁南军区沛滕峄办事处主任等职。

1941年2月20日，在黎墟村被日伪军包围，英勇还击，中弹牺牲，时年45岁。

贰佰玖拾陆　丛　林

丛　林（1915.3—2003.2）原名丛树珊，江苏沛县大屯乡小屯村人。1930年9月在沛县六区孔庄小学读书时由郭子化同志介绍加入中国共产党。在学校即参加支部干事会。1931年高小毕业后，在本区做地下党的工作，历任沛北区委委员、区委书记等职。1933年2月，调山东枣庄矿区做地下党的工作，他与郭子化等人共同创建了"同春堂"药店，在与上级党失去联系的情况下，以枣庄矿区为基点向周围区县恢复发展党组织。1935年2月，任中共苏鲁边区临时特委秘书、中共苏鲁豫皖边区特委秘书。为了与上级党取得联系，他几次去西安，通过中共西北特别支部委员会宋倚云、谢华等人终于与党中央取得了联系。1937年党中央正式批准了边区特委，并划归河南省委领导。

1938年5月，徐州失守后，边区沦为敌后。他随同边区特委机关根据省委指示，挺进鲁南苏鲁边区，发动了鲁南人民抗日武装起义，组建了人民抗日义勇队第一总队、第二总队和临郯青年救国团等抗日武装，积极参加鲁南敌后抗日根据地的创建工作。8月，中央电示：撤销苏鲁豫皖边区特委，划归中共山东省委领导。他调任省委秘书处收发科长，不久调省委党校学习，同年12月中共山东省委派其赴延安，后又随朱瑞、徐向前同志回山东。

1939年7月调大众日报社任发行科长，后兼山东交通总站站长。1940年3月调抗大一分校学习。1941年学习结束后回《大众日报》社，任编辑部总务科长、秘书、支部书记。1945年调中共山东分局党校学习。

日本投降后，奉命调鲁南区党委，分配接收徐州工作。9月调中共枣庄市委任组织部长、市委委员。1946年6月中共枣庄矿区党委设立，任矿区党委常委、组织部长兼矿警总队政治部主任。1947年1月，国民党军队进攻山东，时任中共枣庄矿区党委书记的他，在鲁南山区率领矿区部队坚持武装斗争中不幸身负重伤，后被认定为二等甲级残废。1948年3月，参加中共鲁南区委召开的王崮山干部会议，后调华东局组织部办干部训练班。同年6月调华东局党校学习。8月调青州建设委员会，参加接收济南的筹备工作，任中共济南特别市委组织部干部科长。

1949年7月，任中共山东分局组织部干部科副科长，1950年任干部处长。1952年8月，调任济南市委重工业局党委副书记兼济南柴油机厂党总支书记。1954年3月，调任济南市纪委书记、市委委员。1955年任中共济南市委监委

书记、市委常委、市委书记处书记。1956年6月，调中央党校学习。

1958年整风补课时被划为"右派"，受到错误处理和不公正的待遇。1959年6月任济南市中医医院副院长。1965年1月平反后调任福州大学党委副书记。

"文革"中受到迫害。

1972年调福建省委党校学习，同年7月调福建师范大学进行筹建工作，任领导小组成员，临时党委委员。1982年任福建师范大学副校长、党委委员。

1984年12月离休，享受副省级待遇。离休后协助组织收集、编写党史，结合查证历史问题，帮助50余位老同志落实了政策。

2003年在济南病逝，享年88岁。

贰佰玖拾柒　丛衍瑞

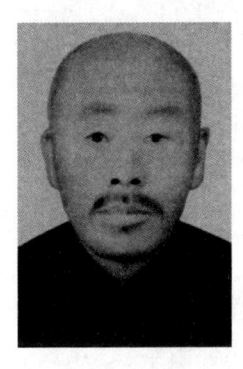

丛衍瑞（1892—1970）又名丛玉光，曾化名刘建业、刘老二、丛老二、殷延本。江苏沛县大屯乡小屯村人，生于农民家庭。1931年加入中国共产党。1932年，他与萧继周（即萧平，后为东海舰队副司令）等，在沛县创建了中国"工农红军沛县湖上游击队"，萧继周任队长，他兼任指导员。1933年，中共徐州特委及沛县党组织遭到国民党破坏，与上级党组织失去了联系，由于被国民党通缉。逃往海州，与郭子化、张光中取得联系，创建了中共苏鲁边区临时特委，郭子化任书记，衍瑞任组织委员，张光中任宣传委员。恢复发展党的工作。1935年，特委与中共西北特支（驻西安）取得了联系，于1936年将原特委扩大为中共苏鲁豫皖边区临时特委。1937年，和党中央取得了联系，被正式划归为中共河南省委领导。

七七事变后，他在鲁南组织发展"苏鲁人民抗日义勇队"的工作。1938年，又回到沛县，同中共沛县县委书记李广德会晤，开展对国民党军队的统战和兵运工作。他利用自己的社会关系，对国民党的冯子固（他的亲戚）和丛维三（他的胞兄弟、冯子固部的团长）宣传共产党的统一战线抗日救国的主张。巧妙地在国民党军队中发展"新兵连"力量，在1944年八路军反顽军战役中，这支力量配合武装起义，消灭了冯子固顽军一千余人，冯子固以20万元的赏金缉拿丛衍瑞。1946年他随军北撤，到鲁中南干校学习，中共鲁中南区党委错误认为：丛衍瑞在沛县做国民党军队兵运工作，是为敌人效力。1950年被开除了党籍，他本人多次上诉无果，1959年退休回原籍。回家后一

直协助公社和群众举办饲养家兔、家禽等副业生产。

1970年因病含冤去世，终年78岁。

1978年，在中共山东省、江苏省委、连云港市和中央组织部的支持下，认为原鲁中南区党委的处分决定是错误的，予以纠正，彻底平反昭雪。

贰佰玖拾捌　崔　介

崔　介（1910—1997）曾用名崔禾皿。河南省濮县（今范县）人。1933年4月加入中国共产党，任濮县城区党支部书记。1935年10月受党组织指派去淮阴，在杨虎城部新编第五师第九旅从事兵运工作。

抗日战争初期，在沂水、临沂等地开展同国民党第三督察专员公署专员张里元的统战工作。后历任八路军山东人民抗日游击队第四支队三团参谋长，中共鲁东南特委统战部长，中共山东一区党委第五地委民运工作部部长、政府工作部部长，滨海专员公署副专员兼日照县长，滨海行政公署一专署专员，山东省政府秘书处处长，华东支前委员会秘书处处长，华东女子学校副校长等职。

中华人民共和国成立后，历任青岛市民政局局长、市政府秘书长、常务副市长、青岛市政协副主席。1964年后曾任山东省劳动厅副厅长、厅长、党组书记，山东省知识青年上山下乡办公室主任，党的核心小组组长。曾任山东省第五届人大常委会委员、山东省中共党史学会副会长。

1997年在济南病逝，享年87岁。

贰佰玖拾玖　崔子明

崔子明（1903—1986.1.17）山东泰安县夏张（今泰安市岱岳区夏张镇）人。幼时上私塾，因家境贫困辍学务农。1928年，夏张成立农民协会，被推选为领导人。1933年2月，经县立师范王玉英介绍加入共产党。1933年3月，被中共泰安县委任命为二区区委书记。半年后，由于叛徒出卖而被捕。以"共产党嫌疑犯"的罪名判刑15年，投进山东省第一监狱。在监狱里，他与先后被押进同一狱号的三位共产党员组成了党小组，领导了全狱的多次绝食斗争。当他知道所住的"育"字号牢房曾是当年关押第一次党代会代表邓恩铭的牢房时，他再一次发出"为党的事业死而后已"的誓言。

1937年8月，党营救他出狱。9月，与山东省委取得了联系，参加了中共

山东省委领导的山东抗日自卫团，任副主席。在津浦铁路以西的夏张一带组织抗日武装自卫队，开展抗日斗争。

1937年12月31日，日军侵占泰安城。1938年1月1日凌晨，他带领10余人，在夏张镇小学举行了抗日武装起义，成立山东西区人民抗敌自卫团。4月，中共在夏张镇建立了抗敌自卫团驻夏张办事处，他任主任，指挥驻夏张镇周围的自卫团几个大队，开展对敌斗争。这时正值日军在台儿庄地区与中国军队决战，他率队星夜奔赴泰安城南黑虎泉，炸毁日军的列车，切断津浦铁路达一个星期，支援了台儿庄会战。

1939年5月，他带领泰西独立营参加了陆房战斗。这期间，他在特委领导下，冒险去做国民党二区区长和"光复军"、红枪会首领的工作。他的部队三次编入主力部队，不断为八路军输送新的兵员，泰西干部群众称他是"抗日的英雄""扩军的模范"，罗荣桓风趣地称他是革命的"兵贩子"。

1940年冬，任中共泰西地委委员兼敌工部部长。1942年初，中共泰西县委书记被捕叛变，全县的党组织遭到严重破坏，他和泰西各县委一起英勇战斗，杀敌除奸。

1943年9月，率领泰西军区一团编入晋冀鲁豫野战军二纵队四旅，任旅副政委。在二纵队司令员陈再道、政委宋任穷指挥下，参加上党战役和邯郸战役。之后，又调任泰西军分区司令员、冀鲁豫军区独立一旅政委。

1947年10月，肥城布山战斗中，中共泰西地委、专署机关遭受严重损失，还乡团趁机疯狂地向群众反攻倒算，捕杀干部群众，形势严峻。他奉命率领部队重返泰西扭转局面。

同年10月，国民党部队十五旅、七十七旅向泰西地区进攻，冀鲁豫军区决定发起东进战役。在军区司令员赵健民指挥下，他率一、二团参加战斗，经过数日激战，取得歼敌4000余人的重大胜利。

1948年11月，奉命率部队参加淮海战役。1949年2月，任中国人民解放军第二野战军五兵团十七军五十一师政委，同师长闵学胜奉命率部队渡过长江，进军赣浙两省，追歼逃敌至福建省瓯南平地区，并担任建瓯市军管会主任，之后，五十一师从福建经江西向贵州进军，解放贵阳。

中华人民共和国成立后，任中共贵州省贵阳地委书记和遵义地委书记兼军分区政委。

1952年10月，历任西南建工局副局长兼四川省重庆市建设局党委书记，西南地质局局长兼党委书记，云南省地质局局长兼党委书记等职。

后任云南省委组织部常务副部长，并兼任省委直属机关党委书记，他实

事求是地平反了一批整风"反右"被错误处理的党员干部，并恢复了他们的工作。1980年11月，调任河南省政协副主席。

1986年在昆明病逝，享年83岁。

叁佰　董鸣春

董鸣春（1908—1981）山东峄县枣庄镇人，生于城市平民家庭。1927年为找出路到张宗昌部第十军三营当了传令兵，年底，由枣庄开赴江苏作战。战败被中央军俘去，在三十二军二十七师当兵，不久当班长。在旧军队1年多，觉无出路回到枣庄，以出卖苦力为生。1932年参加了由共产党领导的枣庄煤矿工人罢工，1937年由李微东介绍加入中国共产党。

1938年3月，枣庄沦陷，根据特委指示，他和李微东等人发动群众，组织起200人的抗日武装，他任分队长。同年11月，进入岸堤军政干校学习。因原部队军事负责人投敌，未毕业即返回部队，经过他做工作，留下近百人，编为峄县保安大队，他先后任中队长、大队长。

1939年9月，他领导的部队改为鲁南支队，他任第二大队长。1940年6月，他随王六生等人到峄县支队工作，不久任支队参谋长。1941年6月，峄县支队与边联支队合编后，他调任鲁南军区第一军分区副司令员，一年后代理司令员。1943年6月军分区撤销，改建尼山独立营，他任营长，未及1月，调入中共山东分局高级党校参加整风学习。1944年3月，在党校学习结束后，被分配担任独立支队副支队长，同时为沛滕峄中心县委成员，同年10月任独立营营长。

1945年8月，任山东军区警备八旅十六团团长。1947年1月，任华东野战军第三纵队第七师某团团长，同年7月调任第三纵队参谋处副处长。1949年1月第三纵队改为二十二军，他改任后勤部部长。

1949年春，调任浙江军区舟山战役支前司令部副司令员。1年后任浙江军区后勤部副部长。1955年毕业于后勤学院，担任二十二军后勤部副部长。1958年二十二军驻地改为舟嵊要塞区，他任要塞区后勤部长。

1964年因病离职休养。

1981年病逝于济南，终年73岁。

叁佰零壹　董尧卿

董尧卿（1902—1975）又名广勋，山东滕县（今枣庄薛城沙沟）人。幼年家中贫苦，1932年，因受国民党排挤愤而弃职回家。居家期间，其人品学问受乡里尊崇，被推举为第八区沙沟第一小学校校长，并支持其胞弟董一博义办"曙光小学"。

他与到沙沟学田收租的滕文中学校长朱景韩结识，并通过朱与原阎锡山部下军长、后退伍回家创办滕文中学的杨士元以及原任福建兴泉永镇守使兼旧军队十七师师长、后弃官回家开药店的孔昭同结识，共谋组织武装抗战。是年冬，杨、董去山西，从阎锡山部下一些老相识中搞到七八十支轻武器，拉起一支人马。1937年2月，山东韩复榘颁发"鲁南民众抗日自卫军"关防，委任杨士元为司令，董尧卿任招编处处长兼第一支队司令。允许杨以自卫军名义在滕县一带设招编处，招编处初设临城，后移枣庄，驻来宾客栈。他在枣庄结识了朱道南、褚雅青、刘景镇等共产党人，并及时向中共地方党组织汇报了部队情况。12月底，中共党组织在褚雅青家里为董尧卿举行了入党仪式。之后，他率部深入敌后泗水县境内，于泗水县城及邹县黄田地区反击日军。

1938年春日军进攻滕县城。杨士元在泗水溃败，带余部撤退临沂。4月初，他和董一博到徐州，向苏鲁豫边区特委汇报请示工作。17日，日军飞机轮番轰炸徐州。根据特委指示，他掩护特委书记郭子化以及丛林、刘健、周南等10余人于是日晚乘车离开徐州到利国，连夜过湖到杨村，后过铁路至南常。在南常，特委指示他继续使用"鲁南民众抗日自卫军"第一支队司令的名义，坚持活动在临枣路南、峄县以西地区，也可以向运南、滕东一带发展。他的队伍成为下辖三个团和一个直属营，共2000人左右，分为公开武装和潜伏武装两大部分。公开武装脱产参军，组成正式战斗序列，全部人员不过400人。潜伏武装在敌占区、伪化区接受委任，但未公开，采取日休夜聚的办法，进行小型、分散、隐蔽的斗争。

1940年1月，他被编为八路军一一五师鲁南支队第四大队，任鲁南支队副队长。后调任山东抗协自卫军参谋长。1943年春，调山东军区参议室工作。同年冬回鲁南做联络工作，后任徐州办事处主任兼工委委员。1945年4月，董尧卿被选为鲁南区人民代表，赴延安参加会议。

日军投降后，回鲁南区党委任联络部主任。1946年11月，任华东军区炮

兵司令部参谋长。1947年3月，任特种纵队副参谋长。

1950年1月，任炮兵第三师师长。

1961年，任国务院石油工业部办公厅副主任。

1975年在北京病逝，享年73岁。

叁佰零贰　董一博

董一博（1912—1987.11.25）原名董开夫，山东滕县（今枣庄薛城沙沟）人。1929年9月入滕县第一高级小学读书。1931年9月入济南育英中学求学。期间参加了共青团。由于革命活动频繁，遭到国民党特务追捕，从1933年至1935年辗转流亡在外，与组织失去联系。

抗战爆发后，在家乡积极组织读书会、抗日后援会、鲁南抗日青年团活动。后与枣庄朱道南、褚雅青等共产党人取得联系。1937年10初，日军节节南侵，当地群众纷纷南逃，所创办曙光小学被迫放假。当时，沙沟乡农校校长逃离，校内存有20多支枪和几百发子弹，他遂组织青年团接管了全部枪械，带着6名青年，离开沙沟到枣庄，随胞兄董尧卿一起组织"鲁南抗日民众自卫军"。1937年11月初，枣庄特委接收他重新入党。

1938年1月中旬，自卫军北上泗水于敌后设营。他率两个中队和宣传小分队于腊月二十六首次截击日军辎重车队，初战获胜。3月，与胞兄南下徐州向特委请示工作。他带特委书记郭子化亲笔信化装去沛县找到张光中，一起到第五战区游击司令李明扬处讨得"鲁南人民抗日义勇队"的名义，张被委任为队长。他过湖转道峄西，将泗水溃败回家的孙景文中队重新发展起来，于4月20日下午在金马驹截击日军开往台儿庄前线的运输车辆，打死日军3人，缴获战利品一宗。5月，组织开展了保卫麦收运动。6月，在滕东参加讨伐土顽申宪武战斗，他起草战斗檄文《为讨伐叛逆申宪武告鲁南同胞书》。

1942年，调山东滨海解放区工作。1944年，任滨海建国学院分队长。1947年调鲁南军区任解放军军官训练处处长。

1949年调任华东大学部主任，教授哲学。1950年，调任山东大学讲师。1952年调华东局文化部秘书处任处长。

1954年，调中央燃料工业部任教育处处长。1956年，调任北京电力学校校长，1958年任北京电力学院筹建处主任，后任北京电力学院（今华北电力大学）副院长。

1978年，调任全国政协文史办公室主任。1979年5月29日，他在《人民日报》发表《为抢救文史资料大声疾呼》一文，积极提倡抢救和整理文史资料。他创办了文史资料出版社（现中国文史出版社），首先提出了开展海外史料的征集工作。

1981年离休后，以极大的热忱投入中国地方志修纂事业。是年7月，出任全国地方志协会副会长。1982年，他在《人民日报》发表《要重视编修新地方志》、在《中国地方史志》发表《试论中国地方志的发展》等文章。1983年4月，出席中国地方志规划会议，任大会秘书长。5月，主持召开全国县志座谈会。7月，出席城市编志座谈会。1984年，当选为中国地方志指导小组成员。在《武汉志通讯》发表《积极发掘整理旧方志资料为两个文明建设服务》文章。

1985年，任《中国大辞典》编辑委员会主任。在天津主持召开旧志整理工作会议，任旧志整理委员会主任。1986年，在《哈尔滨史志》上发表《探索创新方志总体论》。从1981年至1986年，为推动地方志事业，他两次上书党中央。他十分关心家乡的建设和方志工作，曾于1981年、1986年两次到薛城了解经济建设情况，指导家乡的地方志编写工作，并为《薛城区志》题写了书名。

1987年在北京逝世，终年75岁。

叁佰零叁　杜季伟

杜季伟（1911—1983.8.21）又名成德，山东苍山县兰陵镇沈坊前村人。1938年3月，参加抗日游击队，同年7月加入共产党。1942年2月，奉命与洪振海、王志胜等人一起组建"铁道游击队"，并任政治委员。他机智勇敢地带领铁道游击队在枣庄地区破坏敌人的交通运输，袭击日本驻军，截火车、打洋行、抓汉奸、筹资金、搞钱粮，支援鲁南抗日部队，救济人民群众。

1947年1月，调任鲁南军区特务团副政委。

1948年至1981年，先后担任过凫山县县委书记，鲁南军区七师二十一团政治委员，尼山和滕县军分区政治部主任，鲁中军区干部管理部副部长，炮十一师和炮五师政治委员，济南军区炮兵副政治委员。

1981年离职休养，享受正军级待遇。

1983年在济南病逝，终年72岁。

叁佰零肆　冯　平

冯　平（1903—1986）曾名冯广智、冯若愚，山东新泰市楼德村人。童年时在家乡读书，1919年3月考入省立曲阜二师讲习班读书，1921年3月毕业，先后在楼德、封家庄、苗庄等地教书。1938年2月参加徂徕山抗日武装起义，并加入共产党。3月，随省委书记黎玉赴延安向党中央汇报工作。6月，返回山东，任山东抗日游击第四支队供给部长。

1945年8月，任山东省财政厅副厅长。

1949年6月，任山东省接管委员会生产部部长。

1950年后，任山东省工业厅厅长，中共山东省委工业部部长。

1957年，任淄博市市长。1962年，任省委统战部部长。

1978年，任山东省政协副主席、党组成员。

中共山东省委员会第一届候补委员、第二届委员，第一、二、三届山东省人大代表，全国政协第四届委员。

叁佰零伍　冯基民

冯基民（1906—1950.6）原名肇元，化名颜亦英。生于河北泊头乡明家村，山东沾化县明家村人。1927年入山东大学预科。1929年夏考入北平师范大学历史系。1935年毕业后赴日本东京留学，修铁道专业。1936年冬，在日本东京加入中国共产党，并任党支部组织委员；联络山东留日学生，组织读书会、同乡会，研读马列主义，宣传抗日救国。

1937年夏，回到北平筹办刊物。10月，受中共北方局派遣，偕同平津150名学生奔赴山东聊城，协助专员范筑先开展抗日工作，任政治部组织干事（行部长职）。1938年4月受中共鲁北特委指示，去山东省第十区专员梁建章处任政治部主任。1939年，梁被谋害，他由中共山东分局派往鲁南抗敌协会，1942年初任组织部长。1943年10月，调任清河区垦区专署副专员。1944年3月改任渤海区四专署副专员，1947年任专员。1948年11月，调华东局任支前委员会巡视团团长，参加了淮海战役。翌年春任中共华东局调研室副主任。

1950年调任山东省人民政府行政处处长。

1950年因病逝世，时年44岁。

山东省人民政府批准追认其为革命烈士。

叁佰零陆 高 境

高 境(1914—1946)原名高培元,山东诸城县城人。幼年就读于诸城县立小学。五卅惨案发生后,积极参与控诉帝国主义罪行的宣传活动。1929年参加诸城县学生联合会,组织同学开展街头宣传。1930年考入诸城县立中学。

九一八事变后,带头组织学生进行抗日救国宣传,国民党诸城县党部指令学校当局进行监视,他即组织学生罢课、闹学潮以反抗学校当局的卑劣行径,因而被勒令退学。后去济南考入正谊中学。毕业后任济南《历下新闻》编辑,并以办报为掩护,进行党的秘密活动(时已为中共党员)。后又考入北平"山东中学"高中部学习。毕业后组织了《朴风通讯社》。

抗战爆发后,组织"流亡团"返回山东参加范筑先部,任政训处干事。不久,调延安抗大学习6个月。结业后分配到刘伯承部二纵四旅十二团任政治处主任,在晋、冀、鲁、豫、太行山一带进行抗日活动。

1946年在鲁西梁冠屯一带对敌作战中光荣牺牲,时年32岁。

叁佰零柒 高锡贵

高锡贵(1908—1947.7.2)山东费县南阳社石崮庄(今属平邑县平邑镇)。自幼上学,1925年考入山东省立第一师范学校。1928年毕业后去上海学医一年半,回乡后开设药房以行医为业,1932年加入共产党。1933年夏,他遵照党组织安排,和朱琳等人在费县西部一带宣传发动群众,为举行革命暴动做准备。他以开设药铺、串乡卖药为掩护,深入敌占区搜集情报。后来,参加了县大队,被选拔为特工队(俗称"飞虎队")队员。

1938年春天,中共山东省委书记黎玉赴延安向党中央汇报工作,请求中央派干部来山东。县大队派他担任黎玉的警卫员,护送黎玉同志去延安。同去的还有黎玉的助手冯平、郇润清(扮作黎玉的随从)和另一名警卫员。

4月2日到达延安后,毛泽东听了黎玉请求派干部到山东的意见,连声说:"好、好!你们能抓住时机,建立起自己的武装,这是很了不起的。"他指着地图说:"你们应当向鲁南山区发展,在这一带建立根据地。没有根据地,游击战争就不能长期生存和发展。"黎玉请求中央派1个独立团到山东,运筹帷幄的毛泽东同志坚定地说:"看来还要多去一些。"

高锡贵陪同黎玉向毛主席汇报时,毛主席得知高锡贵是鲁南本地人,就向他询问鲁南哪些地方可以打游击,部队供给如何解决等问题。他向毛主席

详细汇报了费县一带的地理环境、群众基础和党组织的活动状况。毛主席高兴地说："好哇！大水养大鱼嘛！"随后派陕甘宁边区党委书记郭洪涛担任山东省委书记，开辟山东抗日根据地。

1938年6月初，以高锡贵、冯平等人为向导，郭洪涛率领50余名干部，带着两部电台，从延安出发，远赴山东。他们6月20日到达山东省委驻地泰安县南尚庄，7月到达费县，高锡贵任中共费县五区区委书记。1938年9月29日，毛主席在六届六中全会上做出了"派兵去山东"的指示，1939年3月，罗荣桓、陈光率领八路军一一五师主力进军山东。

1939年4月，任八路军费县第三游击大队参谋长。1947年5月，在平邑县楼山一带掩护军区机关转移，被"还乡团"抓获，关押在费县监狱。他受尽酷刑，宁死不屈。7月2日，在费城解放前夕，被国民党残忍杀害，年仅39岁。

中华人民共和国成立后，被追认为革命烈士。

叁佰零捌　高元贵

高元贵（1908.3—1993.2.21）山东邹平县人，生于富裕的农民家庭。20世纪20年代考入山东省立第一师范学校。1927年11月，和王幼平、邓光镇等组织学生进行罢课斗争，被开除学籍。期间在山东新城兵工厂以办夜校、工人俱乐部的名义做工运工作。1928年8月，被团山东省委派到矿区开展工作，成立了共青团淄川（洪山）矿区支部，任书记。

1935年考入北平中国大学国文系，在校期间，积极参加并组织中国大学的一二·九学生运动。1936年从中国大学肄业，同年加入共产党。1937年10月，受党组织派遣，到山东聊城冠县地区开展抗日工作。以范筑先部政训处中校处长身份，秘密开展鲁西抗日救国运动。

历任山东冠县县委民运部长，鲁西北地委民运部长，鲁西区党委民运部副部长，冀鲁豫边区抗日救国联合总会主任，冀南区党委民运部长兼财委主任、行署副主任。

在任冀鲁豫行署副主任时期，夫人齐涛是县妇救会主任（中华人民共和国成立后任北京医院党委书记）。当时，万里是冀鲁豫二地委副书记。后任武汉物资接管处处长。

中华人民共和国成立后，历任中原临时政府工业部副部长，中南财委秘书长兼统计局副局长，中南建筑工程局局长兼党委书记，中央建筑工业部兰州总公司经理兼党委副书记。

1958年调任北京地质学院院长兼党委第一书记，湖北地质学院、武汉地质学院党委书记、革委会主任，国家地质总局顾问，地质部顾问。

1983年离休。

1993年在北京逝世，享年85岁。

叁佰零玖　管大同

管大同（1913.4.20—1981.2.27）笔名纪衡、同明、亦同等。山东潍县（今寒亭区）杨家营子村人。1927年考入济南中学，他积极参加学生运动，并担任济南市学生联合会主席。九一八事变后，他参加了全国学生赴南京示威请愿团。1933年，因组织学生罢课，反对国民党政府的会考，被校方开除后转到北平上学。1935年考入中国大学经济系。一二·九运动中，他担任中国大学学生会代表、北平社联中国大学小组负责人和北平学联常委，并积极参加《现实》《抗战日报》的编印工作。1936年10月，加入中国共产党。

七七事变后，他和北平、天津等地的流亡学生来到山东，先后任平津流亡同学会负责人、寿张县抗日民主政府县长等职务。为建立抗日根据地和冀鲁豫抗日民主政权，先后担任山东第六游击区三十一支队司令员，八路军平原纵队副司令员、党总支书记，鲁西南区专员，豫东区地委书记兼专员，八路军泰西第六支队副司令员等军政领导职务。

解放战争期间，任北平军事调处执行部黄河小组中共代表和解放区救济总会中共代表、解放区救济总会驻天津代表、华北财办出入口管理委员会主任。

1949年济南解放，任济南市工商行政管理局局长、市政府秘书长。1950年调北京，先后任中央财政经济委员会党组成员，中央外资企业管理局外资处处长、中央私营企业管理局外资处长兼秘书处长、中央工商行政管理局（后改为国家工商行政管理局）副局长、常务副局长、党组副书记、国家机关党委委员和国务院财贸党委委员等职。

1958年被聘兼任中国人民大学教授。1964年，曾代表国家出席在北京召开的国际科学讨论会。1978年，工商行政管理总局成立后，任副局长、党组书记。

1981年2月27日，在北京逝世，终年68岁。

主要著作：《过渡时期的国家资本主义》《国家资本主义的高级形式——

公私合营》《我国对资本主义工商业的和平改造》《工商业者的社会主义道路》等。

叁佰壹拾　郭　鲁

郭　鲁（1917.3—1989.10.20）山东省武城县四女寺村人。6岁时，父母同年早逝，由养母抚养，在本村读完高小。1931年考入省立第十二中学。在校期间，常阅读一些进步书籍，参加学生爱国运动。1932年同北京进步学生孙景鲁（共产党员）接触。1934年初中毕业后，考入济南高中。受一二·九学生运动影响，1937年春到北京。同年5月，参加中华民族解放先锋队。

七七事变后，随平津流亡学生回到济南。同年8月，参加韩复榘的第三集团军政训处训练班。训练班有党的领导，学习月余后，分配到聊城政训处。参加了范筑先、洪涛领导的抗日第一支队。1937年冬，到莘县政训处工作，由张炳元、苏群介绍加入共产党，并任莘县游击支队政治部主任。

1938年3月，受党组织派遣，做争取国民党第六十八军挺进队司令胡和道的工作，后因活动暴露，离开胡和道部队到鲁西特委。

1938年6月，受鲁西特委派遣，到临清任山东第四专署（专员韩多峰）任政治部主任。

1938年9月，任冀南三专署（在武邑县）秘书主任。

1939年4月，任枣强县抗日民主政府县长。

1940年夏，枣强分县后，调任冀南抗战学院总队长。同年冬，调任冀南二专署秘书主任。

1941年8月，任冀南运东专署专员，专署辖高唐、恩县、夏津、平原、禹城、德州、武城、清河各县。1945年，任冀南六专署专员。

1948年初，调铁路系统工作，任石家庄铁路局衡水办事处主任、华北交通部津浦铁路筑路处主任。

1949年春，天津解放，调天津参加铁路接管工作。后调铁道部工作，先后任铁道部计划局局长、办公室副主任。

1951年冬，调任中苏共管中长铁路中方局长、哈尔滨铁路局副局长。1954年冬，任铁道部办公厅主任。1958年秋，任铁道部工厂管理总局局长。

1959年10月，任铁道部副部长、党组成员。他在主管全路运输工作期间，狠抓基础建设和管理工作，使铁路运输质量指标达到了新的水平。

"文革"初期，通过他的努力基本上保证了铁路运输工作的正常运转。

第四届全国人大代表。

1985年10月离休。1989年在北京逝世，终年72岁。

叁佰壹拾壹　郭致远

郭致远（1915.9—?）又名郭子任，江苏邳县土山郭庄（今江苏省邳州市占城镇郭宋庄）人。其父郭春茂乃贫苦农民，其胞兄是郭子化。1930年7月参与邳县暴动（旧州起义）。1933年6月来枣庄从事地下活动，并加入中国共产党。1935年5月，在山东峄县大北庄开辟党的工作，建立了党支部。

1937年卢沟桥事变后任峄县联庄会副会长。1938年3月，中共苏鲁豫皖边区特委在北庄建立鲁南抗日自卫团，任副大队长兼三中队长。不久调任山东省委军事部第三科科长，八路军一纵二科科长，华野三纵队留守处政治委员。1947年任华东军区临沂医院副院长。

1958年后历任山东省农学院实习场副场长，山东省农学院副院长、党委副书记。

1982年12月离休。

叁佰壹拾贰　郭子化

郭子化（1896—1975.12.23）原名郭邦清，又名葛洁之、郭幼如、李念三、郭省三等，化名葛幼如。江苏邳县土山区郭宋庄（今江苏省邳州市占城镇）人。早年就读于江苏省立徐州第七师范学校。1919年参与领导响应北京五四运动的学生爱国运动，被推选为徐州学生联合会会长。曾领导组织宣传队和抵制日货小分队，到各商店、火车站查禁日货。后成立徐州地区八县学生联合会，被选为副会长。1920年夏，参与成立马克思学说研究小组。1921年1月，组织成立进步学生团体赤潮社，创办《赤潮》旬刊。他是徐州地区著名的学生领袖。1923年毕业于徐州师范。1924年春在北京加入国民党。1926年参加革命，同年加入共产党。

在家乡从事教育，秘密进行地下工作，1928年起先后任中共安徽省泗县县委组织部长兼马厂区委书记、中共泗县特委委员。1930年8月，领导发动

泗县农民暴动，失败后转至沛县任教。1931年1月，任中共永城县委委员兼组织部部长，后兼薛湖分区委书记。

1932年8月，被徐州特委派到山东枣庄煤矿从事地下工作，任中共枣庄区委书记，积极发展扩大党的组织。1935年2月，主持成立中共苏鲁边区临时特别工作委员会，任书记。他在同上级组织失去联系情况下，独立地开展党的地下工作，积极发展抗日救亡活动。5月去沛县帮助建立县委，组织发动两万余群众的围城斗争。1936年曾领导发动徐州贾旺煤矿5000名工人罢工27天。1937年初奉命赴延安，向中共中央汇报苏鲁边区党的工作情况。不久中央批准他任中共苏鲁边区特委书记，随后出席中央白区工作会议。

抗战爆发后，任中共苏鲁豫皖边区特委书记，在四省边界积极发展党的组织，开展抗日救国运动。1938年3月，领导发动鲁南沛县、滕县、峄县武装起义，成立鲁南人民抗日义勇队第一总队。同年夏率义勇队到费县抱犊崮山区开展游击战争，开辟抗日游击地。同年秋同中共苏鲁豫皖边区省委机关会合，任省委委员兼统战部部长。1939年10月，被选为出席中共七大代表，步行赴延安入中央党校学习。

解放战争时期，历任中共中央华东局委员、山东支前委员会主任、华东支前委员会主任、中共中央华东局秘书长、中共中央山东分局编制委员会主任。1948年9月济南解放后，任济南特别市市长。1949年2月起，先后任中共中央山东分局委员兼统战部长，山东省人民政府副主席、代理主席。

中华人民共和国成立后，历任山东省人民政府副主席。1954年1月，任华东军政委员会民族事务委员会副主任兼上海市民族事务委员会主任。1955年2月，任国务院卫生部部长助理、卫生部副部长等职。

全国政协第三、四届委员。

"文革"中遭迫害，1975年在北京逝世，终年79岁。

叁佰壹拾叁　韩去非

韩去非（1913.6—1999.7）曾用名韩克，河南辉县人。1920年入私塾。1929年到开封，经同乡介绍入教会中学。1932年在汉南国学专修馆读书，因参加抗日救亡运动被迫失学，后在亲友的支持下到了北平。1935年在参加抗日救亡活动中与抗日义勇军取得联系，后到家乡辉县、获嘉县边境发动抗日义勇军。1936年春返回北平，经组织派遣参加西安东北军学兵队。1937年1月被

东北军、西北军、红军新组成的"西北抗日联军临时军事委员会"任命为东北军骑兵第三师政治指导员。后被中共"东工委"分派到第五十一军做兵运工作。曾担任连队中共党支部书记，党总支副书记。后为开展敌后游击战争，被派到沂水县任小学教师。

1937年12月任中共临沂县特别支部书记。1938年5月，任中共临郯县委书记，8月任中共临郯中心县委组织部长，后为中共临郯特派员。1939年任八路军临郯独立团团政委、陇海南进支队第三大队政委等职。

1945年12月，历任中共鲁南区党委国军工作部部长，城工部部长，中共华东局国军工作委员会副书记，津浦铁路工委书记，徐州市委书记。1948年任中共济宁市委书记，八路军兖济特区警备司令部政委。

1950年2月，任中共鲁中南区党委秘书长，10月任济南市委秘书长。1956年6月，任济南市委书记。1958年3月，任济南黄台火力发电厂总指挥兼厂长。1960年7月，任中共山东省委交通部副部长。

1966年调上海华东社会主义学院副院长。

"文革"中遭批判审查。

1980年2月任上海市参事室副主任，1983年9月离休，享受副市长级待遇。

叁佰壹拾肆　郝国藩

郝国藩（？—1979）山东馆陶县人，1937年参加革命。1939年加入共产党，历任八路军一二九师新八旅二十三团团长兼馆陶县县长。冀南军区三分区武委会副主任，南冀九分区兵站站长。

解放战争时期，任二野十纵南下随军办事处副处长，桐柏行署财务处长，淮海战役西线支前司令部参谋长。

中华人民共和国成立后，历任湖北省农垦处长、湖北省农具委员会副主任、农机厅副厅长、工业厅副厅长等职。湖北省政协第四届委员。

叁佰壹拾伍　何一萍

何一萍（1914—1938）化名何冰如，河南孟县人。七七事变前加入共产党。1937年8月受中共河南省委的派遣，来山东枣庄矿区从事党的地下工作，曾先后任中共苏鲁豫皖边区特委宣传部长兼鲁南中心县委书记，苏鲁人民抗日义勇总队政治委员。1938年在反顽初战告捷数日之后，他到前沿阵地视察后返回，途经北塘村时被隐蔽的伏敌击中要害，经抢救无效牺牲，年仅24岁。

叁佰壹拾陆　洪　涛

洪　涛（1912.4—1938.5.25）原名洪裕良，又名裕良、均良，江西横峰县青板桥乡排楼村人，生于农民家庭。从小给地主放牛，做长工，受尽了苦不堪言的压迫与剥削。参加了赣东北苏维埃运动。1928年春，参加中国工农红军第十军。历任排长、连长、营长、团长等职。1930年2月，加入共产党。1934年10月，随红一方面军参加长征。任红九军团第七团团长，暂编师代理师长。长征中，参加了巧渡金沙江等多次战斗。1935年8月，红九军团改为红三十二军，任第七团团长，到达陕北，入中国人民抗日军政大学学习。

1937年12月底，受党中央派遣，由延安到山东省委工作，任省委委员。1938年1月，参与领导了徂徕山起义。后组建了八路军山东人民抗日游击第四支队，洪涛任支队司令员。随后，率北路军攻克莱芜城，设立八路军驻莱办事处。后挥师北上，以莲花山为根据地，在淄博地区会合其他抗日武装。第四支队改为山东人民抗日联军独立第一师后，任师长。1938年5月因连续行军作战，他的病情更加恶化，25日，病逝于徂徕山圈里村，时年26岁。

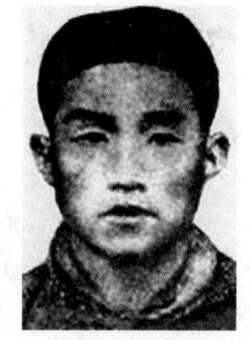

叁佰壹拾柒　洪振海

洪振海（1910—1942）山东滕县羊庄乡大北塘村人，生于贫苦农民家庭。3岁时随父到枣庄谋生。1925年其父到淮北谋生，将他寄养在姐姐家。姐夫是中兴公司的铁路工人，他跟着姐夫练就了一套爬火车的本领。1929

年，托关系下了枣庄大井当矿工。

七七事变后，中兴公司煤矿停产，矿工失业，他无奈又拣起了旧业，爬火车，搞煤炭，生活非常艰苦。

1938年3月18日，在中共地下党员王福根的启发和帮助下，他在日寇侵占枣庄的同日参加了抗日义勇队，在三大队当战士、班长。不久，便升为三连一排排长。同年10月5日，受总队长张光中的派遣，回枣庄建立情报站。他任站长。1940年1月25日，苏鲁支队首长根据洪振海等人的建议，创建了鲁南铁道队，他被委任为队长。同年7月，为了统一领导，鲁南军区决定将枣庄铁道队、临南铁道队和临北铁道队（滕县东辛庄的铁道队）合并，编为鲁南铁道大队，他任大队长。

1942年4月初，临城的日军纠集伪军1千余人，分两路突然包围了铁道游击队的驻地黄埠庄，他沉着指挥队员与敌人进行英勇顽强的作战，但终因寡不敌众，被迫突围，在指挥突围中不幸牺牲，时年32岁。

叁佰壹拾捌　胡超伦

胡超伦（1902—1951）原名胡玮，四川古蔺人，中学毕业。1927年12月参加了广州暴动。1928年1月，参加中国工农红军第四师，同时加入共产党。

1938年4月，到山东聊城，历任山东省第六区抗日游击司令部少将参谋、第六区军事教育团训育长、八路军第一二九师筑先纵队参谋长、鲁西军区作战股股长、八路军第一一五师教导第三旅团参谋长、冀鲁豫军区第七军分区副司令员、司令员等职。中华人民共和国成立后，任解放军第十九军副参谋长、西南军区干部管理部部长。因飞机失事遇难。

叁佰壹拾玖　胡玉岭

胡玉岭（1902—1985.12）江苏沛县鹿楼镇石婆庄人。1934年参加革命，1937年1月入伍，同年加入共产党。1938年编入共产党领导的抗日义勇队二总队，后编入苏鲁豫支队任第三工作团警卫队长。1940年6月改编为八路军主力部队之黄河支队，任黄河支队警卫营一连四排长。1940年11月，在鲁南战斗负伤（定为二等乙级伤残）。1941年7月至1942年，部队安排他到金乡抗日根据地负责部队后勤和八路军家属工作。1942年至1946年，任冀鲁豫军区湖西军分区湖西地下秘密交通线站长，组织上派他在鹿楼设店，以卖烟酒为名

作掩护，建立了鹿楼地下秘密交通站。微湖大队的张运海（又名张新华）常过往来站落脚。时任中共沛县县委书记李广德也曾住在他家开展地下活动。

在他的交通站，安全护送过刘少奇、陈毅、罗荣桓、肖华、朱瑞、彭雄等首长和数以百计的革命同志。

1944年丰沛县第一次解放，他兼任丰县张五楼区武装部长。1946年八路军北撤后，他因伤口复发不能随大军作战。1947年由冀鲁豫行政专署授以"荣誉军人"称号，并发给全家供给证，安排到第九军分区工作。

中华人民共和国成立后，历任农会长、边村长、乡委组织委员。"文革"期间，他受到不公正待遇落户农村。晚年，他义务宣传革命传统，为战争年代牺牲的战友作证、树碑；他还走机关到学校讲述革命斗争史。

1985年因战伤复发病逝，享年83岁。

其英烈事迹已载入山东省编写的《抗日烽火》、江苏省党史办编写的《江苏人民革命斗争群英谱》、徐州市史志办编著的《湖西英烈传》。

叁佰贰拾　黄白莹

黄白莹（1917.9.6—1941.3.24）原名黄冠义，笔名白莹、欧阳丽娜。生于天津市一个广东厨师家庭，原籍为广东省南海县沙头镇。1924年7岁入广东人在天津集资创办的旅津广东小学。1929年，父亲因所开饭馆亏蚀负债过多，抛下妻儿只身逃亡上海。铺底用具被债权人查封拍卖后，他们母子4人的生活陷入艰难境地。亲友劝他的母亲带3个孩子回广东老家另谋生路，但因筹措不出4人所需的巨额路费，不得不继续留在天津。

当时，他哥哥只有13岁，他12岁，弟弟仅9岁。起初，母亲常让孩子们拿着破口袋，到熟识的广东饭馆乞求一些烧焦了的大米锅巴回来煮粥吃，要不到的时候就只有挨饿。后来，母亲就托人把老大送进一家饭馆当学徒，把白莹送到一户有钱人家做杂役。主家只管吃饭，不给工钱。母亲自己到成衣铺里找些零星活路来做。这样母子4人勉强生活下来。

他在那户有钱人家干了不长时间，便不堪忍受女主人的虐待跑回了家。母亲劝他回去，他坚决不肯。母亲无奈，又托人把他送到仙宫理发馆当学徒。白天，他在理发馆打水、扫地、接待顾客，十分忙碌。晚上下班后，他不顾一天的劳累，坚持到私立刘廉士英文商业学校学习簿记、会计及商业知识。

4年后，逃亡上海的父亲返回天津，在北安利广东饭馆当厨师，他离开理

发馆随父亲当学徒，家庭生活从此逐渐转向安定。他仍然白天工作，晚上到天津众成商业学校读书学习。在商校，每次考试他都名列第一，各科成绩均为优秀，博得了老师和同学们的赞誉。父亲见他读书如此用功，成绩又好，便不让他再到饭馆做工了，让他把全部精力都投在读书上。同时他开始学习写作。他具有咏词作诗的天赋，经常咏诗言志。

1935年，发生一二·九抗日救国运动。他参加了由天津爱国学生组成的游行队伍，去天津市政府示威。1936年加入"民先"，6月，参加了天津"左翼作家联盟领导的"天津海风社"，担任《诗歌小品》月刊（1936年10月10日创刊）的散文编辑。这个刊物1937年改为《海风》月刊。他写了诗《出力者之群》（1934年2月作于天津）、《怕么？》《镇风》（注：1936年10月作）、《艰难的跋涉》《姜家井的黄昏小景》等。

1937年7月，天津沦陷后，他根据"民先"南下抗日的指示，和同学们由天津乘船到达山东烟台，又辗转来到济南。9月，济南的平津流亡学生和一部分留日学生，组成"平津学生流亡同学会"，在"民先"山东省队部的领导下，开展抗日救亡宣传活动。平津学生流亡同学会还组织了抗日剧团，先后在济南街头、山东省民众教育馆剧场等场所和鲁西南、冀南、豫北一带演出了《放下你的鞭子》《打鬼子去》《烙痕》《张家店》等抗日剧目。他参加了街头宣传队，教群众唱《义勇军进行曲》《救中国》《救亡进行曲》《淞花江上》《全面抗战》等抗战救亡歌曲。他还到火车站救护由沧州前线撤下来的抗日负伤战士，到济南各医院慰问伤员。

同月，在中共山东省委和中共山东联络局的推动和帮助下，韩复榘第三路军政训处开始筹办政治干部训练班，山东省主席韩复榘兼任主任，原西北军进步人士余心清任副主任，共产党员黄松龄任教务长。中共山东省委、济南市委和"民先"山东省队部积极动员"民先"队员和爱国青年参加训练。他参加了第一期训练班。10月中旬结业后，他和其他200多名爱国青年被分配到聊城山东省第二专署范筑先部政训处，开展抗日救亡活动。

他最初在山东省第六区游击司令部政训处任上尉"服务员"。1937年11月初，鲁西北各县相继建立了以共产党员为主的县政训处。黄白莹、徐茂里（山东临沂人，留日学生）、高境（山东诸城人，后任范筑先纵队七团政委，作战牺牲）和吴鸿渐（辽宁人，后任平阴县委书记，作战牺牲）等20人被派往冠县。这时他已被党组织接纳为候补党员。不久，宋哲元的二十九军经冠县南撤，地方秩序立即陷入混乱。此时，中共鲁西北特委遵照北方局和山东省委的指示，在各地建立发展抗日武装。他所在的冠县政训处，配合冠县县

委许梦侠、郭英、朱目同、孙洪等同志在八里庄举行抗日武装起义。当时，冠县"抗日"武装名目繁杂。而共产党拉起来的游击队，虽人数不多，却纪律严明，被老百姓称之为"学生杆"。为避免被地主武装吃掉，这支游击队遂与陆子衡的部队合编。他和吴鸿渐等政训处人员调回聊城政训处。

在中共鲁西北特委的领导下，范筑先部政训处于1937年11月创办了油印报纸《山东人身》（三日刊），不久停刊。年底，由他负责办起油印报纸《抗战日报》。刊载武汉电台每天早晚广播的战讯和本地区军事政治新闻等。该报每期2000字以上，日出100至150份，分送司令部各单位、各县政训处和各游击部队，并在聊城的重要街市张贴。在济南、上海、南京相继沦陷，外地报纸绝源的情况下，他主办的这张油印报纸，曾起过重要的宣传作用。它的编辑、刻版、印刷、张贴和寄发等具体工作，都是由他一人承担的。1938年5月1日，这张《抗战日报》改为四开铅印，成为鲁西北共产党人所领导的第一张铅印报纸，日出数千份，发行到鲁西北、冀南抗日根据地的数十个县，也寄往延安和武汉，成为党在鲁西北的有力宣传武器。

1938年3月，范筑先采纳鲁西北特委书记张震之的建议，派成润去延安汇报鲁西北抗战的情况。中共中央复信赞扬了范筑先精诚团结，共同抗日的壮举，同意调干部去鲁西北工作，批准鲁西北特委派干部到延安学习。4月，中共鲁西北特委先后派出两批干部赴延安学习，已成为正式党员的黄白莹也被派往延安。5月7日，黄白莹一行由聊城出发，背着行李徒步南行过黄河，经郓城、定陶、曹县，从兰封乘火车到开封，又辗转到达西安。在西安七贤庄八路军办事处住了几天后，步行去延安。在七八天长途跋涉中于6月初抵达延安。

他进入中国抗日军政大学第五期五大队十中队学习，半年学习期满后，1939年初春，黄白莹等离开延安，由陕北葭县渡过黄河，经山西临县、兴县，绕道晋东南，越过日军数道封锁线，才回到鲁西北。

回山东后，被分配到中共泰西地委任宣传部副部长。后来，担任泰西地委宣传部长。1941年3月21日，在肥城西南莲花峪战斗中，他和同志们被日军包围，突围时不幸中弹牺牲，年仅24岁。战斗结束后，地委机关为黄白莹举行了追悼会，把他的遗体浮厝于莲花峪。

1964年2月，泰安地委、专署将黄白莹的遗骨迁葬于泰山南麓的烈士陵园。黄白莹烈士抗战前的遗像、诗歌、散文手稿和一盏他用过多年的青瓷铁灯，如今存放在天津历史博物馆天津现代革命史陈列室中。

叁佰贰拾壹　黄松龄

黄松龄（1898.10.21—1972.11.28）原名黄克谦，湖南华容人。幼年丧父母，由祖父抚养成人。1904年入私塾读书。黄松龄14岁（1912年）奉命被逼成亲，两个苦命人同病不相怜，9年不同居！16岁（1914年）跟堂兄去北京求学。同黄克谦家庭的富裕相比，他的妻子杨淑贞就是贫苦出身了。杨淑贞的父亲是个教书人，收入微薄，生计不能维持，哥嫂还须租种地主的地。她出生前，她的母亲已溺死了两个女婴，她在出生后快被母亲掐死的时候，由家人破门而入抢出来，留下一条命。母亲没奶，她是"母牛哺大的姑娘"。后来又有两个弟弟，她就带着两个弟弟。母亲去世后，杨淑贞受到当家嫂子的虐待，吃尽了苦头。黄克谦的爷爷之所以定下这门穷亲，一是认准了杨父的学问人品，二是他认为能吃苦耐劳的女孩子比那些娇气十足的富家小姐对克谦的学业可能更有助益。

杨淑贞在黄家备受轻蔑、歧视，因此患了精神分裂症。这时，黄克谦得了消息，回家料理。对骨瘦如柴仅有一口气的名分上的妻子产生了怜悯，继而是眼见自己的妻子居然受虐后的不平。他发怒了，自责了。他尽心尽力为妻子延医治病。"人们都知道，淑贞的日子已屈指可数了。只有黄克谦全然不信。"就在百医不治的情况下，黄克谦五内俱焚，愧疚难当！他"握着淑贞青筋突露、毫无生气的手，声泪俱下地呼唤着：'淑贞，醒醒吧！你一定要好起来，我们以后好好地过日子。'"他的一声声深情呼唤，一句句发自内心的话，把妻子从死亡边缘拉了回来。杨淑贞终于苏醒，治疗慢慢见效，又活了过来！

1927年，把杨淑贞与孩子接到武汉，与毛泽东、杨开慧比邻而居。杨淑贞精打细算，操持家务，还不得不打工，卖苦力，贴补家用，支持丈夫革命。当然，担惊受怕更是常事。

为便于工作，党组织让黄克谦对妻子公开自己的身份与所从事的事业，杨淑贞很平静地说："我晓得。"黄克谦对此感到突然，但对杨淑贞而言，这也是"所由来渐也"。

黄与杨的坚贞不渝的爱情，在某些干部中一度刮起的换老婆歪风中经受住了考验，杨淑贞是老一辈高干的妻子中少有的"小脚女人"。她，她的丈夫，依然是一对革命伴侣、战友、老夫老妻。他们为此而满足而自豪而备受

世人尊敬。

1915年春在北平考入中央法政专门学校学法律。1919年5月3日，参加五四运动遭军警逮捕，后获释。同年夏，结识恽代英、林育南。1921年入中国大学学习。1924年东渡日本明治大学读研究生，加入国民党。1925年1月加入中国共产党。1926年3月，应恽代英之邀，弃学回国，到黄埔军校第五期二团入伍生部任少校政治教官，讲授《帝国主义侵略中国史》和《三民主义》。1927年4月17日，奉周恩来指示离粤赴汉，任中央军事政治学校教官，讲授《农民土地问题》。12月离开武汉赴南昌，1928年5月下旬不幸被捕。1930年3月获释出狱，把原名黄克谦改为黄松龄。

1930年7月到达北平，先后聘为朝阳大学、民国大学、北京大学、北京师范大学、中国大学教授。九一八事变后，发起成立大学教师联合会，开展抗日救亡运动。1933年转入中学教联参加活动，并与张友渔等组织《世界政坛》社，自费出版《世界政坛》杂志。1934年任中国大学经济系主任。1935年冬，组织"文化劳动者同盟"，同时，主编《时代文化》杂志。1937年被解聘。学校当局愿意改聘他为荣誉教授，他严词拒绝。

七七事变后，他离开北平到济南、武汉，参与组建湖北战时乡村工作促进会，吸收各界知名人士参加活动。在董必武的支持下，办会刊《战时乡村》，创办《民族战线》周刊。

1940年7月底北上延安，分配在中央财政经济部任指导员。1941年春，与毛泽东就当前政治、经济诸方面的问题作长时间的谈话。不久，他写了《论新民主主义经济》的提纲。参加了延安整风学习。1947年1月，任晋冀鲁豫中央局财经办事处研究室主任兼北方大学财经学院院长。

1949年1月15日，随黄克诚部进驻天津市，任中共天津市委常委、宣传部长、市军管会文教部长。领导出版了《天津日报》，开设广播电台。

1952年底任国家高教部第一副部长。1955年当选为中国科学院哲学社会科学部委员。

1958年他辞去高教部职务，专门从事社会主义经济理论问题的研究。1960年10月，任中央高级党校经济学教研室顾问兼中国人民大学副校长、国家计划委员会委员。

中共七大代表，全国政协第二届委员。

1972年在北京病逝，终年74岁。

出版有《黄松龄社会主义经济问题遗稿》《读马克思恩格斯论农业和农民问题》。

叁佰贰拾贰　吉乐山

吉乐山，江苏淮安人，思想进步，文学功底好，中国共产党早期党员。1928年执教于淮安谷圩小学，任毕业班班主任兼教国语，同时积极开展各种革命活动。

中华人民共和国成立后，担任福建三元县（今福建省三明市）第一任县长。

叁佰贰拾叁　纪　华

纪　华（1914.3—1970.10.3）原名席实三、席公权。河南孟县人。1931年10月在师范读书时加入共产党。1933年因组织师生罢课集会，揭露其反动校长邓瑞明的罪行，被国民党孟县当局从师范除名。同年秋，转另一个师范学校读书。毕业后，任孟县横涧小学教员。1935年12月担任孟县落驾头小学党支部组织委员。1936年12月，孟县县委成立，任县委委员。

1937年3月，受孟县县委的派遣赴延安抗大学习。同年10月，中共河南省委将他分配到苏鲁豫皖边区工作。被派往临、郯、费、峄四县边联办事处任宣传股长。时隔不久，被委任为鲁南中心县委委员。1938年3月18日，经特委批准，成立峄县人民抗日义勇队，被委任为政治委员。同年5月下旬，义勇队编入"苏鲁人民抗日义勇总队"。峄县抗日武装改编为第三大队，他被委任为大队教导员。1938年10月以后，历任峄县县委书记、峄县支队政治委员、鲁南四分区政委、运河县县委书记兼运河支队政委。

中华人民共和国成立后，历任鞍山钢铁公司、包头钢铁公司、中国铝业公司经理、党委副书记、书记等职。妻子金刚，见本书第五章。

1970年在"文革"中，因遭迫害致死，终年56岁。

叁佰贰拾肆　解树魁（谢占柏）

解树魁（1913—1941.7.26）后改名谢占柏。山东堂邑县凤凰集村（今属聊城市东昌府区）人。1928—1937年，先后在聊城省立第二中学、北平市立第二中学和清华大学读书。其间，参加了北平学生向南京国民政府请愿出兵抗日的政治活动及一二·九运动，于1934年加入共产党。

1937年10月，回到聊城参加抗日宣传工作，并协助中共运东地委书记谢

鑫鹤和王希永等人，建立了八路军聊（城）、博（平）、堂（邑）武装工作团，不久将其改建为先遣纵队第五大队。同时，他动员自己的家长，卖掉家中一部分土地和粮食，拿出看家护院的枪支，支援抗战，并在家中设立秘密联络站，接待从大峰山、茌平、博平到冠县的交通员和干部，开辟聊城、堂邑以北地区抗日根据地。

1939年秋，任中共鲁西区四地委民运部长，在聊城、东阿、茌平一带开展工作。

1941年3月，调任茌平县抗日政府县长兼县大队长。当时全县有日伪据点60多个，日伪军1万多人。在尖锐复杂的对敌斗争中，他发动全县人民，壮大武装力量，协助八路军一一五师三四三旅七、八团两团，在茌平南小马庄围歼国民党军队1000多人。7月26日拂晓，他带领干部群众撤出前姜庄圩寨时，被日伪军包围，不幸牺牲，时年27岁。

叁佰贰拾伍　解长泰

解长泰，山东聊城人。1937年参加聊城抗日游击队。1939年加入中国共产党。曾任八路军一二九师连指导员、晋冀鲁豫军区纵队组织科科长、第二野战军第三兵团军组织部副部长。参加了百团大战和邯郸、淮海、西南等战役。

1952年后，历任海军航空学校政治部副主任，海军航空兵师政委，海军舰队航空兵政委、舰队政治部主任，海军航空兵部副政委。

曾获三级独立自由勋章、二级解放勋章。

叁佰贰拾陆　金谷兰

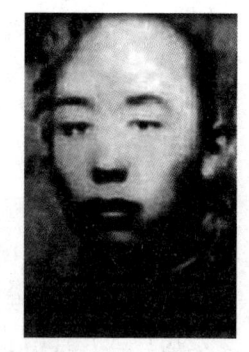

金谷兰（1904.12—1938.2.5）字贮溪，山东高唐县谷官屯人。父亲是清末贡生，思想进步，担任高唐县谘议局议员。7岁入本村初等小学读书，五四前夕，随在聊城省立第三师范执教的二哥金石兰，到三师附小读书。1920年夏，考入山东省立第三师范预科班。1925年，毕业于聊城省立第三师范。1926年加入共产党。曾奉共产党的指示，加入以除暴安良为宗旨的农民组织"红门"，拜师学艺，传播革命思想，发展党员30多人，创建了高唐县第一个党支部，并将"红门"改为"红团"，使其成为党领导下的农民武装。而后在高唐、恩县、夏津、武城一带创建党的基层组织，发动农民武装斗争。

1928年初，他发展壮大红团力量，团员达千余人，遍及25个村庄。同时，卖掉自家18亩地，购置大刀、长矛400余把，铸造铁蒺藜锤300个，用以武装红团。他带领红团处死了鱼肉乡民的大地主，严惩了垄断高唐食盐市场的"官盐店"，震动了高唐乃至华北地区。1928年4月，中共鲁北特委决定于5月4日在谷官屯举行暴动，夺取县城，建立红色政权。消息不幸走漏，县警备队勾结地方恶霸土匪，于4日凌晨将谷官屯包围。暴动失败，金谷兰等率众突围。同年9月，他在高唐城西袁庄被捕。1935年出狱后，在济南、金乡等地从事地下活动。

1938年2月5日下午，他代表范筑先将军去金郝庄收编当地武装盛绪亭部时，被匪徒詹化堂等枪杀，年仅34岁。

叁佰贰拾柒　晋士林

晋士林（1913—1948）山东聊城县（今聊城市）东乡夏庄村人，生于较富裕的家庭。父亲晋锡恩是原山东督军张宗昌部第四旅军需官。1920年小学毕业后考入山东省立第二中学，中学毕业后考入苏州体育专科学校读书。1933年毕业后，任济南私立尚志中学体育教师。七七事变后，在济南参加第三路军政治人员训练班。结业后，分配到聊城从事抗日工作。不久加入共产党。

1938年3月，建立了第六游击区司令部第十支队，晋士林任支队机枪营第四连连长。其后，晋士林先后赴延安抗日军政大学、太行山中共中央北方局党校学习。1940年被派到冀鲁豫军区工作，先后任作战科长、营长、教导员等职。1943年，被调到湖西冀鲁豫军区第十一团（原为教导第四旅兼湖西军区第十一团）任参谋长。

1945年11月，冀鲁豫军区主力部队改编为冀鲁豫野战军第七纵队，他任该纵队第二十旅第五十九团团长。

1946年7月，他带领第五十九团，参加了鲁西南曹楼战斗、围攻聊城及砀山战斗，反击国民党的进攻。9月3日，晋冀鲁豫野战军开始了大杨湖（定陶县西）围歼国民党军整编第三师（辖第二旅、第二十旅）的定陶战役。

1947年3月中旬，晋冀鲁豫野战军第一纵队、第七纵队合编为第一纵队，辖第一、第二、第十九、第二十旅，任该纵队第二旅第四团团长。部队挺进中原地区之后，又改称中原野战军第一纵队第二旅第四团，他任团长。

1947年11月上旬，陇海破击战役拉开帷幕。12月初，他率第四团奉命保

卫刘伯承司令员及中原局。1948年，率团参加淮海战役。在张公店战斗中，他亲临前线指挥，在兄弟部队的有力配合下，全歼国民党一八一师，活捉师长米文和。为扩大战果，他带着米文和写给部下胡德斋团长的劝降信亲临敌营，劝其弃暗投明，结果没费一枪一弹，使胡德斋全团缴械投降。6月30日起，他率部参加了刘邓十几万大军强渡黄河，发起鲁西南战役（在菏泽、郓城、金乡、巨野、定陶、曹县地区）。

1948年11月19日，在淮海战役第一阶段围歼黄维兵团的战斗中，他率钢铁第四团在蒙城以东，涡河阻击战攻打黄家战斗中，由于敌情不明，部队进攻遭到严重阻碍。第三营营长在指挥战斗中不幸负重伤，不能继续指挥战斗。他不顾个人安危，立即进村指挥战斗。率领部队前进到突破口附近时，遭到村东北方向敌猛烈炮火袭击，不幸身中数弹，光荣牺牲，时年35岁。

他牺牲后和政委郑鲁一起被安葬在安徽濉溪临涣镇，这座古镇是当年淮海战役总前委和中原野战军总部所在地，他的墓在镇中心的西尚寺。安葬日期是1948年11月28日。1950年10月，邯郸的晋冀鲁豫烈士陵园落成后，晋士林的遗骸就和左权等近200名烈士的遗骨被移葬到晋冀鲁豫烈士陵园。

叁佰贰拾捌 黎 玉

黎 玉（1906.5.12—1986.5.30）又名李兴唐。山西崞县陈赵野庄（今山西原平市大牛店镇东野庄）人。儿时在家乡读私塾、小学，考入崞县中学。1926年7月，中共崞县中学地下党支部建立，9月经刘保粹、冯汉瑛介绍加入共产党。1927年春，黎玉、李毓珍等按照上级指示以个人身份同时加入国民党。他被推举为国民党崞县党部常委和学生会主席，同年7月，任崞县中学中共党支部书记。1928年3月，"国民党崞县清党委员会"将地下党员黎玉等7人开除出国民党党籍并逮捕关押在太原第一监狱。1929年4月，被保释回家，同年考入北平大学法政学院。在校被中共法政学院党支部接收了组织关系。

1930年10月至1931年初，任中共北平市委市政工作委员会书记、职工部长。其后曾任中共天津市委代理书记，中共河北省石家庄中心县委书记，直中特委书记。1933年春任中共唐山市委书记，负责重建被破坏的唐山党组织。1934年初领导了震惊中外的开滦五矿总同盟3万余人反帝大罢工。后任中共河北省委直中、直南巡视员，直南特委书记，冀鲁豫边特委书记。

1936年被中共中央北方局派往山东，恢复和重建被叛徒出卖、屡遭敌人

严重破坏的中共山东省委，任省委书记。他转入济南，靠拉黄包车做掩护从事党的地下领导工作，成为恢复和重建山东地下党的元勋。

抗战爆发后，他领导山东省委发动山东各地的抗日武装起义，并亲自领导了徂徕山起义，兼任起义部队政委。1938年任中共中央山东分局委员、八路军山东纵队政委。

1939年夏，山东已有3支主力武装部队，总兵力达7万人。一是由原地方起义武装为基础，改编为八路军山东纵队，张经武任纵队指挥，黎玉任政治委员，辖8个支队，活跃在鲁中、鲁南及胶东地区，兵力4万余人；二是由第一一五师第三四三旅，第一二九师津浦支队为基础，组成的八路军东进抗日挺进纵队。肖华任司令员兼政治委员，开创了冀鲁边平原根据地，控制了15个县的地域，兵力2万多人；三是第一一五师师部及第六八五团。由代师长陈光、政治委员罗荣桓率领，与地方武装合编后为苏鲁豫抗日支队，兵力8000人左右。

1940年，任山东战时工作执行委员会主任，参与领导创建山东抗日根据地。在抗日战争最艰苦的时期，领导山东纵队与进入山东的八路军一一五师部队并肩战斗，进行反"扫荡"、反"蚕食"和反对国民党顽固派的斗争。

1941年9月，中共中央书记处和军委决定，山东分局由朱瑞、罗荣桓、黎玉、陈光四人组成，朱瑞为书记。将山东纵队及一一五师两军政委员会合组为一个军政委员会，罗荣桓任书记。

1943年起任山东军区副政委、山东战时行政委员会主任、中共中央山东分局副书记。

1944年至1945年，协助罗荣桓领导山东军民对日伪军进行局部反攻和全面反攻，解放了除济南、青岛等少数大城市以外的山东广大地区。

抗战胜利后，中共中央做出了新四军北移山东的战略决策，并在1945年12月将山东分局改组为中共中央华东局，由饶漱石任书记，黎玉任副书记。饶漱石于1946年1月去北平参加军调部工作，后又赴东北，1947年1月返回山东。期间黎玉按照"五四指示"的精神，主持制定了《中共华东中央局关于彻底实现土地改革的指示》（简称"九一指示"）和《山东省政府实行土地改革的布告》《山东省土地改革暂行条例》，领导了山东解放区的土地改革运动，并收到了较好的效果。

1947年1月，饶漱石回到山东，开始主持华东局工作。为了达到在山东称王称霸的目的，饶漱石和康生勾结在一起，将矛头指向了以黎玉为代表的山东地方干部。

1946年底，根据解放战争形势发展的需要，毛泽东产生了将"五四指示"中"区别对待"的政策，改变为"平分土地"的想法。当时在延安的康生获悉了毛泽东的这个想法，为了批判黎玉及山东地方干部，饶漱石和康生决定将黎玉主持制定的"九一指示"作为突破口。

说山东党是"富农党"，山东土改搞的是"富农路线"。在饶漱石主持下，在诸城县寿塔寺召开的中共中央华东局扩大会议上，先后给黎玉扣上了"地方主义""山头主义""宗派主义""富农路线"和"右倾机会主义"等帽子。

面对饶漱石的无端指责，林浩等许多被"搬了石头"的山东地方干部要求黎玉坚决顶住，甚至要求黎玉到中央把官司打清楚，而不要和稀泥。但黎玉只是在华东局负责人的小组会议上进行过申辩，在公开场合，反而违心地作了检查。他为了战争大局，默默地接受了不公正的批判。此时他担任华东局副书记、山东省主席、新四军副政委、山东野战军政委（以后是华东军区副政委）并兼管财政、粮秣、支前等多项工作，除分管的支援前线工作外，其他的工作都被迫停止了。

中华人民共和国成立后，任上海市委秘书长，1953年调中央财经委员会工作。

1954年起任第一机械工业部副部长。

1959年起任农业机械部（后为第八机械工业部）第一常务副部长、党组副书记。

"文革"中遭受迫害。

1978年起任第一机械工业部顾问，农业机械部顾问、党组成员。

中共第七届中央候补委员，全国政协第三、五、六届常务委员。

1986年在北京病逝，享年80岁。

1986年3月，在逝世前不久，黎玉、林浩才收到了中共中央为其在1948年所受错误批判进行平反的通知。

黎玉逝世后，新华社发了《黎玉同志生平》："黎玉同志的一生，是革命的一生、战斗的一生。他忠于党和人民的事业，坚持党性，坚持原则，是非分明，刚直不阿；他工作严肃认真，精明干练，吃苦耐劳；他生活俭朴，平易近人，联系群众，团结同志；他严以律己，也严格要求亲属和子女，对不正之风深恶痛绝。"

叁佰贰拾玖　李福尧

李福尧（1917—2000.3.23）河北冀县（冀州市）人。因家境较富裕，幼年被送到保定一所小学读书，后又到北京的燕京大学附属中学念书。参加了一二·九运动。1936年加入中国共产主义青年团，同年转入中国共产党。

七七事变后，他跟随党组织来到济南。第三集团军政训处于1937年9月在济南以王致远办的乡农建设人员养成所为基础，举办了一所"第三集团军政治工作人员训练班"。他成为第一批录取的213人之一。1937年10月13日，李福尧等分批由干事率领离开济南到聊城，参加鲁西北抗日游击支队。任连政治指导员，营政治教导员，第十支队一团政治处主任，一二九师冀南军区新八旅组织科科长，第三军分区政治部副主任、主任，独立第四旅政治部主任。

解放战争时期，任晋冀鲁豫军区独立第四旅政治部主任，桐柏军区二十八旅副政治委员，湖北军区独立师政治委员。

中华人民共和国成立后，任高级工兵学校政治委员，第五步兵学校副政治委员，中国人民解放军师政治委员，军政治部副主任、主任，军副政治委员，广州军区炮兵政治委员，广州军区政治部副主任，南京高级陆军学校副政治委员。

1964年晋升为少将军衔。

2000年在南京逝世，享年83岁。

叁佰叁拾　李干成

李干成（1909—1993.4.14）江苏涟水人。1929年在上海建设大学读书时参加了中国共产主义青年团（后转党），当年冬辍学从事共产党地下工作，担任上海市闸北区团委宣传部长。1930年春，被派到苏北组织农民暴动，先后担任中共宿迁县委书记、宿迁县行动委员会书记兼红十五军三师管区政治委员、中共邳县县委书记、共青团徐海蚌特委书记。

1931年1月，担任共青团吴淞区委、沪中区委书记。是年夏调任共青团江苏省委巡视员。九一八事变后，调任共青团河南省委书记。1932年调回江

苏，任沪西区团委书记，上海巡委会巡委。11月因叛徒出卖，在上海英租界被捕，面对严刑拷打，坚贞不屈，被引渡到国民党沪淞警备司令部。在国民党狱中5年，他拒绝自首，组织狱中党员参加争取获释、改善待遇的斗争。

1937年抗战开始后，被无条件释放。他拖着被牢狱折磨的病躯回到家乡，在与共产党失去组织联系的情况下，继续进行革命活动。1938年1月，和陈亚昌、万金培等人发起成立涟水县抗日同盟会，被选为理事长。2月，苏北抗日同盟总会成立时被选为理事。1939年3月，和陈亚昌等人建立抗日义勇队，不久，该队又与涟水县民众抗日独立营合并为涟水抗日义勇队，李干成任队长。4月，他率领涟水抗日义勇队在鲁渡北小朱庄附近伏击了强迫民夫筑路的日军，在县内打响了民众抗日战争第一枪。6月，涟水抗日义勇队被编入八路军陇海南进支队八团。李干成任该团政治部主任。1940年9月调任淮海区专员公署民政处长兼粮食处长，之后，相继担任中共泗沭县委书记、宿迁县委书记、淮海地委组织部部长。

解放战争时期，先后担任淮海区第二中心县委书记、华中行政办事处民教处长、华中支前司令部副政委。淮海战役结束后，他奉命渡江南下，接管苏州专区，担任专员。

中华人民共和国成立后，任中共常州地委副书记、代理书记。1953年调上海市工作，先后担任市政建设委员会副主任、党组书记、交通工作部部长、基建委员会副主任、党组书记。

1962年担任中共上海市委常委、副市长。长期负责上海市政建设工作。在他主持下，先后建成虹桥机场、沪嘉、沪闵公路；开挖了第一段地铁隧道和第一条越江隧道，并规划建设了闵行等新区。

"文革"中，遭到迫害，身心受到极大摧残，在关押中几次病危。

"文革"后，他相继任上海市政协副主席、市委顾问。

1993年在上海病逝，享年84岁。

叁佰叁拾壹　李荆山

李荆山（1917—1974）山东寿光县（今寿光市）人。1936年2月，在济南省立第一师范学校学习时参加中华民族解放先锋队，任分队长。1937年入陕北公学学习。1937年12月加入共产党。

1938年3月，在鲁南参加组建苏鲁人民抗日义勇总队，任特务队队长、特务连连长、直辖四团一营营长、二营教导员。1939年10月以后，历任八路军第一一五师苏鲁支队副连长、连长、连政治指导员、团组织股股长、营政

治教导员、团政治处主任、代理团政委、苏鲁支队政治部主任、山东分局高级党校学员、山东军区抗日军政大学政治部副主任。1940年12月，任鲁南军区政治部副主任，后任主任。1944年8月，任鲁南第二军分区副政委兼政治部主任、副政委。

1945年2月，任鲁南军区边联支队副政委，同年9月任山东军区第八师二十四团政委。1946年1月，任第八师政治部副主任，同年3月任第八师副政委兼政治部主任。

1947年1月，任华东野战军第三纵队八师第一副政委。1949年2月，任第三野战军二十二军六十四师政委，后任第六十六师政委、第六十四师政委兼余姚军管会主任。

中华人民共和国成立后，历任第二十二军政治部副主任、主任，华东军区空军政治部第二副主任、东北军区空军政治部代理主任。

1952年参加中国人民志愿军入朝作战，任志愿军空军第二军政治部主任，后兼中朝空军联合司令部辅助指挥所副政委。

回国后任解放军中南空军政治部主任、广州军区空军政治部主任、解放军政治学院学员、空军第二军副政委兼政治部主任、第二军政委、空军指挥所政委、军区空军副政委。1966年任新疆军区政治部副主任兼生产建设兵团政治部主任、副政委。

1972年9月，任广州军区生产建设兵团政委（副兵团职）。

1955年被授予大校军衔，荣获二级独立自由勋章和一级解放勋章。获朝鲜民主主义人民共和国二级国旗勋章。

叁佰叁拾贰　李景黄

李景黄（1903—1975）山东滕县城北关人。1922年在山东省立（济宁）第七中学就读期间，在进步教师的影响下，接受了共产主义思想。毕业后回滕县从事教育工作。

1928年，济南五三惨案后，他在开明士绅黄以元的支持下，与同学邻居李丹芳等人创办了滕县私立五三小学（滕州北关小学前身），该校在20世纪三四十年代培养了一批栋梁之材，如王学仲、张兆义等人。

1930年，他变卖了滕县北门里的祖宅，与王临之、李叔铭、刘炳文、马奉莪、王子桢、王公衡等在县城南门里创办"国民书店"，并任经理。利用书

店秘密销售《共产党宣言》《马列主义基础知识》《苏俄秘史》《社会主义科学概论》等进步书籍,传播共产主义思想;组织读书会,向青年学生借阅鲁迅、矛盾、丁玲、萧红等左翼作家的作品,宣传抗日救国的道理。

1931年夏,共产党员王临之受党组织委派由省立七中来滕县发展党的组织,首先介绍李景黄、李叔铭入党,并在徐家花园召开了第一次会议,成立了中共滕县特别支部,王临之任书记,李景黄任组织委员,李叔铭任宣传委员。学生党员渠玉柏为共青团书记。不久,经李景黄介绍,刘炳文也加入了党组织。读书会成员马奉莪、董一博、王佑池、马仲川等20余人,经过长期考验也先后加入了党组织。

1932年10月,国民书店引起了国民党军警人员的注意,"蓝衣社"成员周继舜密告国民书店是共产党开的,卖共产党的书,宣传抗日言论。一天夜晚,滕县驻军国民党第三路军二十师六十旅旅长来了个突然袭击,包围了国民书店,当时,共产党员渠玉柏及店员雷新修值班,李景黄的长子李纪明(12岁)放学后帮着打理生意,店内人员被这突如其来的场面吓呆了,等明白过来后,雷新修给李纪明使了个眼色,李纪明立刻明白用意,趁乱逃出书店,跑向民众教育馆,告诉父亲发生的事。李景黄不容多想,立即奔回北关新宅,将党的文件、书信烧掉,吩咐表弟李茂堂通知所有的共产党员隐蔽躲藏,奔向了逃亡之路。国民党军警搜走了一些书籍,逮捕了渠玉柏、雷新修。

他刚刚走出家门,滕县伪县长赵长江便派兵查抄了他的家,但一无所获。第二天一早,满城便贴满了通缉王临之、李景黄等共产党员的布告。李景黄等人逃到微山湖东岸满口,派人向山东省委汇报滕县发生的情况,请求对下一步工作做指示,所派人员回来报告说,负责领导滕县特支的省委特派员王溥泉已经被捕,从此,失去了与山东省委的联系。滕县特支在满口召开了会议,决定:特支党员撤离滕县,实在不能撤离的留下隐蔽;王临之、李景黄、李雪斋、刘炳文去上海寻找党组织。会后,他们四人乘船沿运河去了上海,李叔铭去了北平寻找党的组织,党员王子桢去东北参加抗日联军。

1933年初,他们一行四人辗转南京来到了上海,李景黄找到了昔日同窗滕县籍人李乐平,李时任中共上海市黄浦区军委书记,公开身份是法租界巡捕。由李乐平将他们介绍给中央军委驻沪办事处主任陈赓,陈赓将他们安排到中央军委训练班学习。训练结束,留在军委办事处工作一段时间后,便又被军委办事处安排回家乡开展党的工作。

1934年春,李景黄秘密潜回滕县,住在城外。等了解到滕县的官场变化后,便与邻人、知名士绅黄以元联系,请他出面斡旋国民书店启封之事。同

年夏季，第三路军二十师师长孙桐萱来滕县视察，黄以元特意宴请孙桐萱，席间，黄向孙提起国民书店查封之事，说是遭人诬陷，请予过问。孙即表示：书店被查封，也没查出来共产党。孙桐萱出示手令，交县公安局启封。随后，李景黄积极营救被捕的共产党员渠玉柏及店员雷新修。

书店启封后，李景黄秘密将党组织恢复了起来，但是，办公地点由城内的书店迁到了较隐蔽的北关外自己的前宅里。他的身份是党组秘密负责人，公开身份是第一高等学校教师。他与第一高校长、共产党员李季民共同组织进步教师成立了"滕县教育推进会"，与国民党CC系安插在教育系统的特务分子杨笑山、王益斋、褚汉峰等做尖锐的斗争。

七七事变后，他与李季民、孙仲起联合各校进步教师组织了"抗敌救援会"，配合县政府（县长已换周侗，他与周此时结识）发动师生集会游行，排演抗日话剧，上街检查日货，不几日，市场上的日货全部被封存。

1937年8月24日，李乐平由苏州监狱释放，9月初，党组织决定让其回滕县组织领导抗日武装，李乐平下车后就直奔李景黄的家，他住在李前宅堂屋里，召开了两次重要会议。参加会议的都是滕县特支的老党员。第一次会议，李乐平同志传达了党中央的洛川会议决议，即《抗日救国十大纲领》，并筹备组织抗日武装起义，成立党独立领导的抗日武装。第二次会议，决定将散落在四乡，主要是滕西的农民武装，集结起来，在城东山区墙崮村举办农民抗日训练班。他将家中的一驾马车，两支土枪，一台油印机及2000斤谷子捐献了出来；并动员自己的亲属及两个儿子几十人参加了抗日武装。他被任命为经理处处长，负责供给及统战工作。长子李纪明在侦察班，次子李纪洪在宣传队，随其父转战沂蒙山区，被司令员张光中昵称为"对帮子"。

1945年滕县解放后，参加滕县人民政府工作，任总务股长。1948年后，主要从事教育工作。1958年错化为"右派"，后经落实政策给予甄别，于1963年到滕县政协工作。

1975年在滕县病故，终年72岁。

叁佰叁拾叁　李乐平

李乐平（1906—1971.9.16）原名李子升，山东滕县羊庄镇赵庄人。20岁到上海法租界以巡捕为职业作掩护，从事革命活动。1932年5月加入中国共产党，不久被委任为上海法租界华捕地下党支部书记兼中共江苏省军事委员会常务委员。1933年4月6日被捕入狱。

1937年8月，获释后返回原籍滕县。经中共南京办事处批准，留滕县开展抗日工作，与中共滕县党组织接上关系。1938年3月，他与王见新等人在滕东善崮村创办了"农民抗日训练班"，并在其基础上组建了120余人的"滕县人民抗日义勇队"。1938年5月，沛、滕、峄三县抗日武装合编为鲁南人民抗日义勇队第一总队（亦称苏鲁人民抗日义勇队第一总队），9月，被任命为第一总队政治委员，后任八路军一一五师苏鲁支队政委。

1939年12月，调地方工作，历任鲁南特委委员兼鲁南四地委书记，鲁南区党委秘书长兼统战部长，鲁南专署专员，鲁中南行政公署主任，区党委书记。

中华人民共和国成立后，历任中共南京市委常委，南京市副市长，华东军政委员会交通局长，江苏省第三届政协副主席等职。

1971年在南京逝世，终年65岁。

1971年11月17日，被江苏省革命委员会政工组批准为革命烈士。

叁佰叁拾肆 李力殷

李力殷（1918.10—2010.6.13）曾用名李英，山东冠县人。1937年11月参加革命工作，1939年7月加入共产党。

历任鲁西北司令部参谋、鲁西独立旅第一独立营政治委员、鄄城县大队副政委、冀鲁豫八分区司令部作教股股长、晋冀鲁豫一纵队司令部作战科科长、一纵队二旅五团政治委员等职。

中华人民共和国成立后，历任第二野战军第十四军随营干部学校政治委员，中央军委联络部天津联络局办公室主任，中央军委联络部高级训练班班主任，中国驻缅甸大使馆参赞，中央调查部七局局长，总参谋部二部副部长，中央调查部党委副书记、副部长，国务院办公厅副主任、国务院副秘书长等职。

1982年12月离休，任国家安全部咨询委员会主任委员。

第四届全国人大代表、全国政协第五届常委。

2010年在北京逝世，享年92岁。

叁佰叁拾伍　李韶九（李凤仪）

李韶九（1900—1988.2.9）原名李凤仪，字韶九，山东费县新庄镇信兴庄人。父亲李殿一，曾任清政府费县衙门班总。幼年跟父亲在费城小学读书，12岁时父亲病故，家境日渐贫寒。母亲含辛茹苦，供他继续上学读书。他自知读书机会来之不易，学习倍加努力，成绩常常名列前茅。但终因家庭困难，16岁便辍学到梁邱街点心店学徒，后又到临沂县城中西药铺当伙计。在此期间，他便买来医学书籍自学，根据民间验方采集中草药为乡亲们治病。后来又到日照普济医院学习西医。由于他刻苦钻研，医术不断长进，很快成为费县南部有名的医生。

1925年9月，参加了由进步青年教师袁永平等人领导的兰陵农民起义。起义军很快发展到2万多人，并于10月间攻破临沂城，打击了北洋军阀的反动统治。后被推选为临沂县十一区农民协会主任委员。

1929年春，组织了卞庄、兰陵等地农民会员千余人，迫使省税务局将向城税务局长革了职。入党后，他在地方镇开办"惠民医院"时，结识了爱国进步知识分子、地方小学校长王兰斋，两人情投意合并借此机会向学生宣传爱国思想。

九一八事变后，他与抱犊崮山区有名的开明地主万春圃及其长子万国华，梁邱镇魏立久、地方镇马柏华、高桥乡乡长卞永祥结拜为兄弟，他们后来都加入了共产党并成为领导骨干。

1932年他舍家撇业，辞别妻子儿女，奔赴枣庄，以开办"同春堂药店"为掩护，建立了中共枣庄矿区临时工委。在此期间，他与枣庄矿区工委书记郭子化接上了党的关系。

1935年2月，中共苏鲁边区临时特委成立，他把开药店的收入全部交给党组织作活动经费，从未顾及家庭。4月，中共苏鲁特委决定创建抱犊崮山区根据地。李韶九是当地人，熟悉这里的风土人情；又领导过农民运动，群众基础好，与上层人士关系也较密切，特委决定派他和郭致远以医生身份进入抱犊崮山区，开辟党的工作；进入抱犊崮山区后，首先到了与李韶九交往较深的开明地主万春圃家里，并发展万的长子万国华入了党。随后他们经过艰苦细致的工作，在大炉、车辋、长新桥、尚岩、信行庄、高桥、梁邱等地发展党员40多名，建立、恢复了党的基层组织。

1936年2月，苏鲁边区特委任命他为峄县县委书记。同年夏天，特委决定成立临沂中心县委，调他任县委书记，统一领导临、郯、费、峄四县的党组织。6月叛徒朱大同带中统特务桑春田，在枣庄"同春堂药店"将特委书记郭子化逮捕，押往徐州。李韶九听说后，不顾个人安危，于当晚赶到徐州，以枣庄药业工会会长的名义出面保释郭子化。郭子化回到枣庄后，立即召开特委紧急会议。认为特委在枣庄的活动已暴露，应迁往抱犊崮山区，由李韶九安排机关驻地。李韶九利用与高桥乡长卞永祥的朋友关系，找了几间房子，开办了"广德堂药店"。特委书记郭子化以坐堂中医先生为掩护开展工作。

抗日和解放战争时期，先后任四县边联办事处卫生股长、八路军山东纵队卫生部科长、鲁中行署卫生科长、鲁南行署和鲁中南行署卫生局局长。

中华人民共和国成立后，先后任山东省卫生厅处长，烟台市卫生科长。1953年受到错误处理。

1982年中共山东省纪委决定，撤销对李韶九的处分，推翻原定错误事实，30年冤情终于昭雪。

1986年在他86岁高龄时，把自己的唯一财产——珍藏多年的3500多册书刊，无偿献给了他曾工作过的临沂市委。

1988年逝世，享年88岁。

叁佰叁拾陆　李叔铭

李叔铭（1899—1941）原名李树勋，山东滕县张汪镇五所楼人。18岁考入省立第二甲种农业学校，1924年北京平民大学毕业。1930年在滕县文庙完小教书。1931年加入共产党。他是中共滕县特别支部的创始人之一，并任宣传委员。

1932年秋，特支被破坏，他先去南京，后又流亡到北京、天津。1934年到江苏沛县职业中学任教务主任。次年，返滕县本村懋榛小学任教。

七七事变后，与李乐平组织"墙崮农民抗日训练班"和"人民抗日义勇队"。1940年10月，曾在邹县一带参加反"扫荡"。

1941年在与日军作战中壮烈牺牲，时年42岁。

叁佰叁拾柒　李微东

李微东（1911—1982.5.24）原名李汝震，又名李位东，回族。山东枣庄市市中区市郊乡利民村人。1928年任枣庄第一届抗日运动委员会秘书，后被选为主任。1934年开始与中共枣庄地下党组织联系。1935年9月加入共产党后，以小学教员和中西药品运销合作社董事长的公开身份为掩护，在枣庄从事党的地下工作。先后担任中共枣庄中心支部书记、中共枣庄中心区委宣传委员和中共湖东中心县委宣传部长、统战部长。

抗战期间，历任战地服务团主任。1938年5月，中共苏鲁豫皖边区特委在鲁南成立苏鲁人民抗日义勇队总队，他被特委委任为抗日义勇总队秘书长，后又奉命调任八路军山东纵队宣传大队教导员。1941年，转到地方工作，历任沂蒙专署文教科长、山东公学校长、鲁中回民协会主任、鲁中行署教育处长等职。

中华人民共和国成立后，先后担任山东省文教厅处长，华东军政委员会文化部艺术处处长，浙江省文化管理局长、党组书记，浙江省教育厅副厅长、党组副书记。1956年调任中国回民文化协会副主任。1958年又作为党的回族领导干部被派到宁夏回族自治区担任文教厅党组书记、厅长，自治区文联主席，并被选为区党委委员。1972年，先后担任宁夏回族自治区文教局党组书记、局长，宁夏回族自治区文办副主任，宁夏回族自治区第四届人大常委会副主任和党组成员等职务。

1982年病逝，终年71岁。

叁佰叁拾捌　李文甫

李文甫（1912—1987.6.11）别名李寿昌，山东肥城市桃园镇西里村人。早在中学时，曾与限制学生阅读进步书籍的校长进行斗争，被学校开除。他辗转来到济南正义中学念书。九一八事变后，他参加了济南学生赴南京请愿的队伍，却被武装押解回济南并被通缉。

1932年春节后去北平，经人介绍加入"左联"并加入共产党。在"左联"先后担任组织部长，党团书记，以燕京大学学生身份在各大学进行革命宣传和抗日救国活动。1932年9月18

日，他和战友们组织和率领各大学学生举行了大规模的九一八周年纪念活动，在北平城内发动抵制日货活动。同年秋天，又参与组织了"李大钊出殡"的行动，这个时期又邀请鲁迅到北平各大学演讲，为东北沦陷抗日做出了贡献。1933年秋，由于西城区委书记王志甫叛变，他在北京山东会馆被捕并被递解至南京，关进国民党中央军人监狱，后转至南京首都反省院。

卢沟桥事变爆发，中央派周恩来与叶剑英来到狱中探望"政治犯"并讲话。他做了详细记录并广为传抄。1937年9月，出狱，回到肥城便开始作抗日宣传活动。在山东省委指示下，1938年1月1日，泰西抗日武装起义爆发，成立了山东西区人民抗敌自卫团，他任自卫团政治部副主任。1938年秋，中共泰西特委成立，他任特委宣传部部长，后调任八路军山东纵队六支队三团政委。

1939年3月中旬，八路军一一五师师部率第六八六团挺进山东，落脚点就是肥城，与山东纵队六支队会合。10月，他从部队调回肥城，同时通过民意选举成为肥城县第一任"抗日民主政府"县长。他走到哪里就在哪里办公，经常在夜里办公，被日伪军叫作"夜老鼠县长"。

1941年秋，调到冀鲁豫行署督导室任副主任，整个冀鲁豫根据地的抗日中心在濮阳、范县和冠县一带。原郓城县长王省身被俘，行署不得已让李文甫去任县长。1942年末又被调任十九团政委。十九团是冀鲁豫军区四大主力部队之一，大多数战士是参加长征过来的老红军。1943年夏，他在冀鲁豫军区司令员杨得志的亲自指挥下，在曹县东南配合兄弟部队，在敌我极为悬殊的情况下，以少胜多，经过几次的战斗终于把李仙洲数万顽军打回陇海路以南。

1944年2月，调任泰运专区任秘书主任（代理专员）。

1945年8月，担任冀鲁豫第四军分区副政委兼政治部主任。1946年1月被选为山东省"国大代表"。6月担任冀鲁豫一地委（泰西地委原属鲁西区党委领导，也称鲁西一地委。1941年7月，随着鲁西、冀鲁豫两区党委合并，泰西地委改称冀鲁豫一地委。辖泰安、肥城、宁阳、汶上、东平、平阴、长清7个县委。）副书记，军分区副政委。1947年1月，担任一地委书记，军分区政委。

1948年4月中旬，任洛阳市委书记。

1949年11月，调任郑州市总工会主席、市委副书记，并主持郑州市委工作。

1952年初，因处理郑州市总工会在老坟岗新建立一个俱乐部所发生的干

群关系时，被开除党籍，逮捕法办。1952年末，从监狱出来没有回家，直接去了火车站，调往中南局工作。

1953年，调中南局城市工作部秘书长。他协助中南局领导把拖拉机厂、铜加工厂、矿山机械厂等厂矿定点落户河南洛阳。

1954年秋，中南局撤销，他调中共中央书记处任三办公室巡视员，到任后绝大部分时间跟随第一副主任李立三在全国各地调查研究，为中央高层提供决策信息。期间，在青岛四方车辆厂蹲点时，提出在加强党对企业领导的同时应当建立党代表大会制度，建立职工代表大会制度。

1955年，调任中共中央工业工作部重工业处长。

1957年夏，调任中共本溪市委书记处书记。1959年本溪的工业企业连夺全国九面红旗，新中国第一届群英会上榜上有名。

1967年被罢官关入"牛棚"，1980年河南省委撤销了对李文甫的处分决定，还李文甫以无罪，并重新安排工作。

1987年在山东泰安去世，终年75岁。

叁佰叁拾玖　李贞乾

李贞乾（1903—1942.12.20）江苏丰县李新庄人。1927年徐州师范毕业后，任丰县师范校长，兼国民党丰县县党部执行委员。因袒护进步学生，引起县党部的不满，后调任丰县中学校长。

1935年春，他结识了中共徐海埠特委秘书孙叔平，因政见一致结为密友。孙叔平劝他退出国民党的工作，专门从事教育。于是，他辞去国民党丰县执委的职务。

七七事变后，在中共徐州特委领导下，他以丰县中学为基础，组织了"青年抗日救国服务团"，演节目，搞宣传，使抗日救亡运动的烈火燃遍丰县城。

1938年春，经王文彬介绍，加入共产党。他在党的领导下，在家乡李新庄成立了丰县抗日游击队第六中队。6月中旬，六中队又与华山镇抗日游击队合编为苏鲁人民抗日义勇队第二总队（八路军苏鲁挺进支队），他任队长，王文彬任政委。二总队活动在李新庄一带，他把家里的枪支、粮食、马匹都献给了二总队，全家26口都参加了抗日工作。9月，他指挥二总队与丰、沛、肖、砀、单5县的抗日武装力量集中到丰县北部围歼汉奸王献臣部，经过21天的战斗，取得了辉煌的战果。

1939年6月，率队挺进鱼台，谷亭一战，消灭日、伪军700余人，并活捉伪县长朱启森。7月被鱼台县10个群众团体选为该县抗日政府县长。

1940年任湖西专员公署专员。

1942年12月20日，日军石井师团纠集步骑炮兵及各县伪军1万多人，对湖西抗日根据地实行拉网合围，他率领专署机关、部队奋勇抵抗。突围时，不幸中弹，以身殉国，时年39岁。

后将其遗骨安葬在湖西烈士陵园。

叁佰肆拾　李正华

李正华（1905—1941.4.22）原名李连秀，山东泰安县漕河崖村（今属泰安市岱岳区马庄镇）人。1937年加入共产党。同年10月，他与张杰组织建立了一支抗日游击队。1938年初，他领导的游击队与武冠英领导的边家院游击队合编为自卫团第五大队，他任大队长。是年秋，又改编为自卫团本部教导大队，他任大队长。

1938年3月，他率领自卫团破袭津浦铁路，击毙押车日军30余人，使铁路中断近10天。12月，山东西区人民抗敌自卫团改编为八路军山东纵队第六支队，他任特务营营长。1940年先后任泰安（西）县独立营副营长、泰安（西）县人民抗日自卫队司令员。

1941年1月，任泰西军分区基干营营长。4月22日晚，他从军分区开会回营部，夜宿宋家庄李广善家，被敌包围，壮烈牺牲，时年36岁。

为了纪念他，当地群众将布山改名为"正华山"。

叁佰肆拾壹　李作森

李作森（1916.2—）山东峄县（今枣庄）人。1937年6月毕业于中兴中学。10月，加入共产党。12月，遵照党组织决定到鲁南抗敌自卫军政训处任宣传员。

1938年4月，调苏鲁人民抗日义勇队任中队政治指导员。

1939年3月，调中共山东分局任财委秘书。

1940年7月，任鲁南专署视导主任，财政副科长、科长。

1944年3月，调鲁南工商管理总局任监委。

1946年2月，升任山东工商总局七分局局长。

1948年7月，任鲁中南工商局局长。

1949年7月，由于工作需要调到浙江省商业厅任副厅长、厅长。

1954年12月14日，民建总会常务委员会第54次会议决定，由包达三、李作森、唐巽泽负责筹建中国民主建国会浙江省工作委员会。

1955年2月18日经民建总会总组（55）字第50号函批准，李作森当选副主任委员。

1955年7月，调任浙江省委财贸部副部长。

1981年7月，任浙江省财办主任。

1983年1月离休。

第一届浙江省人大代表。

叁佰肆拾贰　梁步庭

梁步庭（1921.11—2021.4）山东微山县人，1939年加入共产党。1939年后，历任苏鲁豫边区丰县常备旅政训处教育干事、股长，八路军苏鲁豫支队政治处游击五大队文化教员、副指导员，中共苏鲁豫边区委员会军事部政治处教育干事，边区青年联合会宣传科长，边区文化界抗敌协会主任，湖西地区文化界抗敌协会顾问，中共湖西地委文委副书记、曹芳工委宣传部部长、地委党校负责人，鱼台县委副书记、书记，平原省湖西地委青委书记、省青委副书记，中共中央华北局青委宣传部部长、青委副书记。

1954年后，任中国共产主义青年团中央办公厅副主任、主任、书记处书记。1964年任国务院农林办公室副主任。

1974年任国防科委二一一厂联络组组长、厂党委第一书记。

1977年后，任中共青海省委常委、秘书长、省委书记、第二书记。

1980年任青海省委第一书记。

1983年任中共山东省委书记。

1988年任中共山东省顾问委员会主任。

中共十八、十九大代表，第十二、十三届中共中央委员，第六、七届全国人大代表，全国政协第八届常委。

叁佰肆拾叁　梁度世

梁度世（1904.4.27—1998）又名梁鸿济，河北蠡县荆邱村人，出生于富裕农民家庭。1921年3月，马列主义的传播者邓中夏来到保定高等师范任教，1922年底，保定建立了社会主义青年团、中共党组织。1923年，保定二师蠡县籍学生梁度世、刘宪曾等人先后加入共产党。他们利用假期在家乡进行革命活动，发展党员。

1923年6月，中共三大后，根据党的指示，他以个人的名义、以共产党员的身份加入了中国国民党，是跨党党员，中共蠡县的党团组织的创始人之一，也是中国国民党蠡县组织的创始人之一。

1925年共产党员刘宪曾、梁度世、宋泊周从保定二师毕业后回到蠡县高级小学任教，积极筹建中共蠡县县委。1926年4月，在县高小建立蠡县第一个中共蠡县支部（相当于县委），隶属保定。

1927年春在城内高小学校的教室里，成立了国民党蠡县县党部。选举任艺铺、刘宪曾、宋渤舟、张代鲁、刘通庸、张宅安、梁度世为委员。其中有5人为中共党员。

1929年梁度世去了天津，利用国民党员的身份工作。

1931年初至1933年，中共党的组织遭到国民党最严重的破坏。为躲避清查，1931年梁度世通过关系介绍，被山东省峄县中兴煤矿公司招聘为工人文化补习学校教员，同时也与党组织失去了联系。

1932年10月，中共徐州特委派郭子化到枣庄以行医为掩护，恢复、发展党组织和开展工人运动。1933年初，建立了中共枣庄矿区工委，由郭子化任书记。6月，中共枣庄矿区工委改建为枣庄矿区党委，同年，中共枣庄峄县县委在枣庄建立。由于徐州所属各县党组织相继被破坏，枣庄党组织成为徐州特委唯一保存下来的一个党组织。1934年秋，枣庄党组织又先后与萧县、永城等县不少党员接上组织关系。

1933年12月，中兴煤矿公司在枣庄创办私立中兴中学。两年后改办为中兴职业中学。这期间，梁度世参加中共枣庄矿区工委组织的活动，与郭子化书记建立了联系。

1936年，张鸿仪、梁度世等人在枣庄峄县中兴煤矿公司职业中学组织了一支篮球队和一个读书会。篮球队取名"红队"，为隐蔽斗争，对外称"虹队"；读书会取名"兴中读书会"，通过组织广大青年学生阅读进步书刊，发

展了革命力量。

七七事变后，张鸿仪在中共鲁南中心县委领导下，与梁度世、李作森等创办了《抗敌报》，宣传党的抗日民族统一战线政策。《抗敌报》由梁度世、方奕生、李作森等负责。

1938年1月，中共鲁南中心县委组建后，任县委组织部长。以后历任苏鲁人民抗日义勇总队政治部主任，鲁南行署专员兼民政、司法部长。1942年改任鲁南行署司法处长。1946年7月，鲁中区行政公署成立后，任司法处处长。

中华人民共和国成立后，历任济南特别市地方法院副院长，济南市人民法院（山东省人民法院济南分院）院长，山东省高级法院司法行政处处长，山东法律学校校长、书记，山东省司法厅副厅长、党委常委，曲阜师范学院副院长，山东省图书馆馆长，1964年3月任山东工学院副院长、党委常委。

1983年7月离职休养，行政11级，享受老红军待遇。

1998年在济南病逝，享年94岁。

叁佰肆拾肆　廖容标

廖容标（1912—1979.5.2）曾用名廖之秀，江西赣县韩坊乡水口村人，生于贫苦农民家庭，从小随父种田。12岁读私塾，不及4年，丧父辍学，弟妹年幼，他挑起家庭生活的重担。

1927年，工农革命运动不断向赣南农村发展，年仅16岁的他参加了水口村的农民暴动。斗争地主豪绅，减租抗债，济困扶贫。1929年8月参加工农红军。在赣县、信丰等5县边界政府政治保卫队、河西特委政治保卫队当战士、班长，1931年1月，加入共产主义青年团，同年3月加入共产党。1931年4月，调上犹县第三游击队任分队长。1932年4月到1934年8月，任红三军团一师一团、四师十团连长，参加了历次反"围剿"斗争，打洋口、占洵口。1934年5月在广昌会战中头部受伤，右手无名指断残。10月，随中央机关参加长征。1935年2月，任红一军团一师二营营长，同年7月，在毛儿盖战斗中头负重伤，他拖着病体顽强坚持到长征胜利。1936年5月，担任陕甘宁支队独立团团长即直属军委总部的红五团团长。

1937年4月，再次入红军大学学习，同年8月入八路军总政治部举办的"白区干部训练班"学习，结业后赴山东从事党的地下工作。10月廖容标由地

下交通员带领来到山东济南。中共山东省委书记黎玉分配他到长山中学，以体育教员的身份为掩护，与中共产党员姚仲明、赵明新团结进步人士马耀南校长，宣传发动和组织群众，进行武装起义的准备工作。12月24日领导举行长山起义，任山东人民抗日救国军第五军军长。

1938年6月，任山东八路军第四支队司令员。8月，山东省委书记黎玉赴延安向毛泽东汇报工作时说："山东抗日根据地的小学语文课本，称红军干部廖容标为'菩萨司令'。"毛泽东闻之击掌称善，继而于大会上表扬："山东八路军出了个'菩萨司令'，他就是我们的廖容标同志。"

1940年9月，任八路军山东纵队第一旅副旅长。1941年8月，任八路军四旅旅长兼泰山军分区司令员。1943年任山东军区鲁中一分区司令员兼泰山专署专员。

1945年8月任山东鲁中军区第四师师长。1946年任山东渤海军区副司令员。1949年2月，任济南警备区司令员。

中华人民共和国成立后，任华东公安部队副司令员兼淞沪警备区副司令员。

1952年入南京军事学院高级系学习。

1955年10月，任安徽省军区司令员。

1965年9月任南京军区副司令员。

"文革"期间，他说："战争年代不怕掉头，和平年代不怕丢官。"

1975年9月，任南京军区顾问。

1955年被授予中将军衔。荣获二级八一勋章、一级独立自由勋章、一级解放勋章。第五届全国政协委员。

撰写了《铁山烽火》《泰山顶擒日寇》《攻守奇峰记》《齐东战斗》等回忆录。

1979年在南京病逝，终年67岁。

2007年4月2日，根据廖容标生前的遗愿，他的后人将其骨灰安葬在淄博的黑铁山上。

叁佰肆拾伍　廖云山

廖云山（1914.10—1990.6）原名廖自钧，四川省黔江县人。1931年2月入伍。1936年12月，由共青团员转为中共党员。

历任红二方面军战士、班长、保卫干事，庆阳步兵教导师学员，八路军总部教导二队学员，筑先第十支队副团长，筑先纵队营长，山东军区抗大分

校学员，山东军区司令部四科生产股商店经理，军区政治部日本同盟学校管理员，华东军区司令部招待所所长，山东军区后勤部建国农场运输队队长等职。

1956年，转业到山东历城县北园小屯庄。

1979年3月离休。

1988年被授予二级红星荣誉奖章一枚。

1990年6月病逝，终年76岁。

叁佰肆拾陆　林　浩

林　浩（1916—1996.11.14）原名尹圭璋，别名尹浩林、骆忍，山东省牟平县观水镇崖地村人，生于富农家庭。9岁在本村初小上学，1929年考入牟平县初中。期间，受进步教师的影响。

九一八事变后，参加了牟平中学学生自发组织的反日示威游行。1932年加入共产主义青年团。1933年考入济南高中后，参加了宣传马列主义的"读书会"，10月，经赵健民介绍加入了共产党，担任济南高中党支部书记、中共济南市工委委员，负责济南高中、育英中学、第一中学、济南师范等单位的党支部的领导工作。

1935年12月，参加组织了济南高中、乡村师范、育英中学、第一中学和第一师范等学校的罢课活动，响应和声援北平的一二·九运动。

1936年春，任中共山东省委宣传部长，后兼任济南市委书记。9月高中毕业后，只身到费县师范讲习所，以教员身份作掩护，发展党员十几名，成立了中共费县工委，恢复了党在鲁南一带的组织联系。年底，返回济南，继续担任中共山东省委宣传部部长兼济南市委书记；同时，分工负责鲁东工委、淄川矿区、费县党的工作。

1937年7月，先后去淄川、博山、张店、青州等地传达省委关于组织抗日武装的指示，并帮助建立了中共鲁东工委和益都县委。10月，任中共山东省委副书记。

1938年1月，山东省委书记黎玉、副书记林浩领导了包括泰安、莱芜、泗水、宁阳、沂水及泰西大峰山地区的徂徕山起义，成立了山东人民抗日游击第四支队，开辟了以莱芜为中心的抗日根据地。他担任该支队政治部主任兼组织科科长，后兼任第四支队第四中队指导员。2月中旬，代理省委书记兼

任第四支队政委。12月，任八路军山东纵队第四支队政治委员、中共山东省委组织部部长、中共鲁中区党委书记。

1939年7月，任中共山东一区（即大鲁南区，含津浦路以东、胶济路以南、陇海路以北地区）党委书记兼第一军区（即山东纵队后方司令部）政委，后兼任第一区军政委员会书记，卓有成效地领导了泰安、沂蒙地区抗日根据地的创建和巩固工作。

1940年上半年，奉命到胶东工作，任胶东军区政治委员。9月底担任中共胶东区委书记兼胶东军政委员会书记，参与领导巩固和发展胶东抗日根据地的斗争。

1941年3月14日，许世友到达黄县的第二天，胶东区党委在黄县黄城阳村召开会议，成立了胶东反投降指挥部，许世友任指挥，林浩任政委。当时，山东省国民党第九区专员蔡晋康借日军"扫荡"共产党领导的大泽山根据地之际，趁机占领了牙山地区。胶东反投降指挥部发起牙山战役，歼灭蔡晋康部1800余人，收复了牙山地区。

1942年7月1日，胶东军区成立，他任政治委员，与许世友司令员、贾若瑜参谋长等率领胶东军区机关，留在胶济路东坚持敌后斗争。

烟台解放后，他举荐姚仲明出任烟台市长。烟台市委确立了"发展生产，繁荣经济，公私合作，劳资两利"的方针，促进了城市经济的发展。烟台经验成为毛泽东主席在中共七届二中全会上报告的素材。

解放战争期间，参与指挥和率部参加了胶济路东段自卫战、掖县沙河镇阻击战、胶东保卫战、莱芜、孟良崮战役、白马关阻击战和南麻、临朐、泰蒙等战役战斗。

1947年1月，胶东军区部队编为华东野战军九纵，他兼任纵队政委、党委书记。

1948年1月1日至2月17日，饶漱石在五莲县大茅庄主持了胶东区土地会议。饶漱石采用康生1947年11月在渤海土地会议的做法，大肆批判所谓党内组织不纯、土改中的"富农路线"以及所谓"宗派主义"。时任胶东区党委书记、胶东军区政委的林浩及行署主任曹漫之等受到错误批判，都被撤职。

1949年6月，调任中共中央华东局政策研究室研究员。同年秋，到中央马列主义学院学习。

1951年下半年起，前往南京军事学院工作，历任政治部教育部部长、宣传部副部长、训练部副部长、政治部副主任等职。随后担任高等军事学院政治部副主任、主任。1964年3月至1966年11月，任该院副政治委员兼政治部

主任。

1964年杨献珍被批判，邱会作向中央举报林浩等人请杨献珍到高等军事学院讲课，是为杨献珍提供反党讲坛。林浩因此被批斗数月并被停职。"文革"期间，林浩再次遭到残酷迫害。

1978年，邓小平采纳中共中央组织部长胡耀邦的举荐，停职14年的他出任中国人民解放军政治学院院长，至1983年后退居二线。

1986年3月，中共中央第62号文件做出批复，同意山东省委1985年12月《关于黎玉、林浩同志申诉问题的复议报告》，撤销1948年华东局扩大会议《决议》中对黎玉、林浩同志所做的结论，恢复政治名誉。对所有受到批判及作过错误结论的当事人，都予以纠正。

1955年9月，被授予少将军衔，并荣获一级独立自由勋章和一级解放勋章。1988年获一级红星功勋荣誉章。

中共十二大代表，全国政协第六、七届委员。

1996年在北京病逝，享年80岁。

叁佰肆拾柒　刘　星

刘　星（1914.10—2004.3.21）曾用名刘震，又名刘献忠。江苏萧县（今属安徽）人。1934年加入中国共产主义青年团。1936年转入中国共产党并参加革命工作。1936年在清华大学参加一二·九、一二·一六学生运动。

后任鲁西汶上县游击队、抗日人民自卫队负责人，鲁西十支队挺进纵队政委，鲁西八路军六支队一团政委，鲁西八路军第八支队政委，鲁西军区第二军区分区政委，冀鲁豫军区民运部长、统战部长，冀鲁豫军区第三军分区政委兼地委书记和回民支队政委，冀鲁豫军区第五军分区政委兼地委书记，第二野战军十一纵队参谋长，解放军第十七军参谋长，第二野战军军政大学五分校副校长，贵阳市军管会秘书长。

中华人民共和国成立后，历任西南军政委员会交通部副部长，西南行政委员会财经委员会副主任，国家建设委员会委员、副主任，国家计划委员会副主任，华北协作区委员会副主任兼办公厅主任，中共中央华北局经委主任，国务院第六机械工业部副部长，中共新疆维吾尔自治区委书记、革委会副主任，第八机械工业总局负责人，四川省人民政府副省长，中共四川省顾问委员会常委。中共八大代表。

1992年离职休养（按正部级待遇）。

2004年在成都逝世，享年90岁。

叁佰肆拾捌　刘秉南（刘炳南）

刘秉南（1912.4—1976）山东峄县（今枣庄薛城区）小屯村人，生于贫苦农民家庭，父母早亡，有两个哥哥、一个姐姐和一个妹妹（早年饿死）。从七、八岁开始就上山拾柴、放牛。在十二三岁时，跟着兄长外出逃荒要饭。为维持生计到十五六岁时，开始靠卖苦力、扛活、给人种地勉强度日。1931年至1936年在山东第三路军当兵。1937年8月，毅然加入了山东省峄县抗日义勇队，1939年加入中国共产党。

历任山东直辖四团三营副营长，山东第四游击大队第一中队长，山东峄县二区财粮助理员代理区长，峄县大队第二中队长，峄县大队军事教练，峄县大队军事参谋，鲁南军区第三军分区司令部教导队学员、教导队队长、滕、峄、沛三县夏防武工队任队长等职。

他是电影《铁道游击队》中鲁汉的原型，是刘景松的侄子。特别是影片中有一组铁道队员打军车的精彩镜头：一位身穿长衫、头戴礼帽、手提白酒、化装成商人在火车上与鬼子巧妙地周旋，最后把鬼子灌醉，又把鬼子的头卡在火车窗户上。这位既诙谐又机智的游击队员，就是源自于刘秉南在"打票车"的一次战斗中的亲身经历，经过作家刘知侠艺术加工创作而成。

1942年夏天，由于他枪法好，机智勇敢，身手矫捷，胆识过人，党组织还特派他护送保护刘少奇过微山湖。1944年冬季，鬼子开始疯狂地扫荡和清剿，当时他已被调到峄县县大队任第二中队长。在一场战役中，左上臂受严重枪伤，子弹打中神经，使上臂完全丧失功能致残，鉴定为二等甲级军残。

长期积劳成疾，身患多种疾病。1950年全国解放后，他不顾自己身体伤残和疾病缠身，毅然参加中国人民志愿军，任志愿军某部副营长。板门店谈判停战后，于1952年复员转业到山东501厂任政治指导员。1953年5月至1955年春，在重工部有色局材料处天津仓库任主任兼基建组长。1955年上半年调北京冶金部基建局总务科长，后又调该局招待所任所长和三局联合招待所所长。1955年下半年至1956年在冶金部勘察公司仓库任仓库主任。1956年下半年至1958年春冶金部干校学习。1958年春至1959年秋，任冶金部绿化队中队长。1959年调入红冶钢厂。

"文革"期间遭受政治迫害，被隔离审查，精神上受到极大打击。

1976年去世，终年64岁。骨灰安置在小屯老家。

叁佰肆拾玖　刘炳文

刘炳文（1905—1983.3）字守鰓，山东滕县峄庄乡（今大坞镇）苗庄村人。1925年于山东省立第二农校毕业后，在本村任小学教员。1930春，积极投资创办"民国书店"，先后担任书店副经理、经理。1932年入党。

七七事变后，他与马奉羲自发地在滕县西一带作"农救"工作。1940年秋任鲁南贸易局长。1941年4月，任一一五师贸易科科长，11月调回鲁南任贸易局长。1942年11月，在运河区任贸易局局长。1945年8月，任鲁南区工商二分局副局长。1946年3月，任滕麓工商支局局长。1948年1月，任鲁南区工商局税务科科长，7月任兖州市工商局副局长。

1951年5月，任山东省水产局财务科科长、渔政处处长等职。1965年离休。

1983年病故，享年78岁。

叁佰伍拾　刘景松

刘景松（1905—1959.12.22）山东峄县二区小屯村人，中医世家。21岁至25岁开始学医，随父刘兆丰在枣庄小洋街开设"庆丰"药铺。1932年，由郭子化介绍加入共产党，在枣庄秘密从事"工运"，此时结识了工运骨干王志胜、洪振海。

七七事变后，张光中化装成卖油郎来到小屯找他，共商抗日大计。他创建的联庄队更名为农民自卫团，同年9月，在张光中的组织下，发起了邹坞中学暴动，充实了自卫团的武装。1938年5月，峄县第一支抗日武装在墓山成立，他任墓山大队大队长，此时他动员并带领洪振海、王志胜来到墓山，参加革命，后来他们二人在战斗中成长为铁道游击队的正、副大队长。同年9月，张光中任保安司令部直属四团团长，他任作战参谋。1939年4月，张光中任保安二旅十九团团长，他任参谋长。

1939年10月，他任峄县二区区委书记，11月兼任二区区长，11月，他向洪振海、王志胜传达山里司令部关于建立"枣庄铁道队"的命令。1940年2月初（农历1939年底），杜季伟受张光中司令员派遣来到小屯刘家，之后，他

用自己的字"刘鹤亭"为杜季伟办来了"良民证"。1940年4月，在他家里成立了鲁南地下交通站并任站长。4月，铁道游击队7人在小屯刘景松家里集训5天。5月，"义合碳厂"被查封，杜季伟带领部分队员来到小屯。6月，同杜继伟等人一起研究部署打票车，他带领区中队配合。7月，在夫人郭士兰和杜政委原配夫人赵杰的操办下，在南于小学校内为大队长洪振海举办了婚礼。

1940年秋，成立峄县抗日第四大队，他任大队长，杜季伟任政委。1940年底，为了支援抗日武装扩编，刘景松把自己领导的区中队30多人的武装补充到教二旅五团三营十二连。

1940年底他开始犯腿疾，直到1942年春经鲁南军区司令员张光中、政委彭嘉庆、团长胡云升批准离队，并派铁道游击队中队长刘炳南等三人护送刘景松离开沂蒙山，赴徐州治病。

1950年土改时他被划为中农。1951年春任张范区医生联合会主任。1953年任县医生联合会副主席。1951年为本村苦主张广耀及李宗志等受敲诈勒索的村民代写诉状。1954年9月11日，被诬陷为"200亩土地的漏网大地主"而被捕。1959年12月22日，死于狱中，时年54岁。

1979年1月11日，在胡耀邦亲自批示下，中共薛城区委发文（即中共枣庄市薛城区委《薛发〔1979〕第8号》文件），为刘景松摘掉地主"帽子"，恢复土改时划定的中农成分。

叁佰伍拾壹　刘景镇（附：刘刚）

刘景镇（1901—1940.5.18）又名刘景宣。山东峄县二区甘霖乡小屯村（今枣庄市薛城区张范镇小屯村）人，生于农民家庭。7岁时进本村私塾读书。后进峄县高级小学。18岁毕业。19岁参加奉军。1930年返回家乡，在地方从事教育工作。

1937年，和朱道南一起组织了著名的邹坞乡农学校暴动。9月，又协助朱道南成立了一百余人的"鲁南抗日自卫团"。同年11月，任鲁南抗日自卫团副团长。1938年2月，经朱道南、纪华介绍加入共产党。5月，苏鲁豫皖边区特委决定组建苏鲁人民抗日义勇总队，担任第三大队副大队长兼第一中队长。不久任大队长。

1939年秋，义勇队更名为八路军一一五师苏鲁支队，刘景镇任第三营营长，1939年9月，刘景镇在战斗中身负重伤，他仍躺在担架上指挥战斗。后在田庄养伤。

1940年5月18日（农历4月12日）由于叛徒告密，他被敌人包围于田庄

村头一草垛中。他临危不惧，沉着地还击敌人，终因弹尽无援而饮弹殉国，时年39岁。

附：

刘　刚（1918—1945.9）刘景镇之子，自小随父进行抗日救国活动。于1939年入党并参加了抗日游击队。其父牺牲后，他继承父志。

1945年任鲁南军区第二军分区七连连长，他带领七连在古邵一带活动时，与日军发生遭遇战。战斗中，他腹部中弹，肠子流出体外，仍一手托住肠子，一手执枪，浴血奋战，直至牺牲，时年27岁。

被誉为"父子英雄兵"。父子二人的英雄事迹至今仍在当地流传。爱国诗人孙倚亭曾咏诗词《木兰花》（悼念刘刚）赞扬英雄父子：

古称教战重明耻，烈士精神永不死。国仇家恨重如山，年少英雄相继起。卫国执戈人可拟，杀敌托肠旷古史。将门世代生光辉，虎父自应生虎子。

叁佰伍拾贰　刘清如

刘清如（1901—1972）山东苍山县埠阳村人。1935年3月，加入中国共产党。1941年11月，任临、郯、费、峄四县边联县县长。他作战勇敢，工作积极，《大众日报》《鲁南时报》曾4次发表文章报道他的事迹。1949年12月，任临沂煤矿经理后，带领职工抢修被敌破坏的矿井和设备，使矿山迅速恢复了生产。

1962年2月，任临沂专署副专员。

叁佰伍拾叁　刘致远

刘致远（1904—1954）山东潍县人。1926年因生活所迫参加军阀部队，后入冯玉祥部任三旅五团副团长兼营长。

1932年参加反帝大同盟。1933年加入共产党。同年8月率部接受察哈尔民众抗日同盟军改编，任第八师副师长，后升为师长、第二军军长。

1934年调上海中共中央军委负责情报、保卫、交通工作。1936年赴延安抗日军政大学第一期学习，并兼第十一队军事教员。

抗战爆发后，他被派到山东工作。同年冬，同赵健民在冠县、馆陶一带收编民间武装，扩大抗日力量。1938年1月，任鲁西北抗日游击司令部第十支队机枪营营长、二团团长。同年11月，任一二九师先遣纵队参谋长。1939年夏，调任延安抗大一分校三支队副支队长。1940年4月至1945年10月，先后任鲁西军区四（运东）分区、冀鲁豫军区一（泰运）分区司令员。其间，1941年11月至1943年初，兼四（运东）专署专员。

1945年11月，任冀鲁豫军区副司令员。

1949年2月，任冀豫军区司令员。同年8月，任平原省军区司令员。

1952年11月，调任山西省军区第一副司令员。

1954年病逝于太原，终年50岁。

叁佰伍拾肆　马奉莪

马奉莪（1905—1941.2）原名马士章，山东滕县望冢乡（今滨湖镇）西马村人，其父马昭衡，是位中医，开一间"位育堂"中药铺。1931年从事革命活动。1938年加入中国共产党。

1938年3月滕县沦陷后，为广泛建立抗日民族统一战线，党组织派他去周侗（国民党滕县县长）处做统战工作。同年5月，共产党和各界人士支持周侗所建立的滕县抗日政府。同时建立五区区政权，马奉莪兼任区长。1939年秋，中共滕西县委建立，他任统战部长。

1940年7月，周侗公开反共，他和红五区中队、农联战士28人被捕。

1941年2月22日夜晚，周侗将其活埋于微山湖畔的夏镇北关路口，时年36岁。

叁佰伍拾伍　马天民

马天民（1910.2.16—1939.10.14）山东长山县三区北旺庄（今淄博市周村区张坊乡北旺庄）人。6岁上学，15岁辍学后到济南学徒。19岁时父亲去世，便在长山继掌父亲的"恒盛栈"酒店，兼营杂货。

1937年抗战爆发后，他利用自己的身份和地位四处奔走，筹集枪支，联络人员，组建成山东人民抗日救国军第五军第一支队，任队长，活动于长山、

邹平、桓台、章丘一带。1938年6月上旬，被任命为八路军山东人民抗日游击第三支队独立营营长。不久改作统战工作，与国民党保安二十四旅旅长胡凤林达成"相互配合，互相关照，团结一道，共同抗日"的协议。同年10月，为解决部队供应问题，中共党组织派其组织募集委员会。他积极工作，不久即募集到大量物资与经费，支持了抗日武装斗争。

1939年10月14日，他前往长山城西辛庄搜集枪支时，被叛徒出卖，在撤退途中身中数弹，壮烈牺牲，时年29岁。

他是马耀南、马晓云之三弟。

叁佰伍拾陆　马晓云

马晓云（1906—1944.8.10）原名马方杲。山东长山县三区北旺庄（今淄博市周村区张坊乡北旺庄）人。幼年读私塾，周村高等小学毕业后，务农且经营作坊。性情豪放，喜武术，乐交往。1924年赴天津参加东北军，屡立战功，升至营副。后返回家乡。

七七事变后，他在附近村庄串联有识之士，积极宣传抗日，筹措枪支弹药。"黑铁山抗日武装起义"前夕，他把筹集到的3支手枪和几百块银圆交给大哥马耀南带给起义部队。

1938年1月19日，日伪军突然包围北旺庄，他被抓到周村宪兵队，备受酷刑毫不屈服，后经邻里保释出狱。不久即组建起抗日武装，仅两个月队伍就发展到500余人。同年4月初，任山东人民抗日救国军第五军第七支队支队长。7月，七支队整编为八路军山东人民抗日游击队第三支队七团，马晓云任团长。

1939年初夏，奉命率部插入敌占区，在胶济铁路两侧打击敌人。曾拔掉小周家庄据点，炸坏黑铁山敌人火药库，破袭敌人火车站并炸毁铁路路段，给敌人以重创。同年加入共产党。1940年入延安抗日军政大学学习。1942年夏，回鲁任清西军分区副司令员，率部在周村处决叛徒，击毙汉奸，打死匪特，打击了日伪特的嚣张气焰。他注重用政治攻势分化瓦解敌人，使伪军头目赵聿俭率部反正，并恢复了地下交通联络点和情报站。

1944年3月，渤海行政主任公署成立后，任六专署（前身为清西专员公署）副专员兼任渤海军区第六军分区副司令员。

1944年8月10日，在攻打青城附近王家庄据点时不幸牺牲，时年38岁。

抗日战争时期，在鲁中地区，流传着这么一首抗日歌谣：

一马三司令啊，得了抗日病。专打日本鬼啊，保护老百姓。一马三司令，得了抗日病，齐心打日本，解救老百姓。歌谣中说的"一马三司令"指的就是为抗日捐躯的马耀南、马晓云、马天民亲弟兄三人。

2014年9月，民政部公布的第一批300名著名抗日英烈，马晓云是其中之一。

叁佰伍拾柒　马耀南

马耀南（1902—1939.7.22）名方晟，字耀南，山东长山县三区北旺庄（今淄博市周村区张坊乡北旺庄）人，生于农民兼手工业的家庭，父亲为私塾教师，母亲也知书达理。7岁入私塾，后考入周村高等小学。1920年考入济南省立第一中学。1924年考入天津北洋大学攻读机械工程学。在校期间，被选为北洋大学学生联合会和天津市学生联合会的负责人。加入了国民党。1930年毕业，他与进步同学一起组织反日会，到街头、农村宣传抗日救国，抵制日货。1930年，他以天津学界代表的身份参加了国民党在南京召开的第三次全国代表大会，参加了倒蒋运动。同年，国民党以亲共反蒋的罪名开除了他的党籍，并下令通缉。1933年，被长山县的乡绅们，联名邀请回本县当了长山中学的校长。

1937年12月，他同姚仲明、廖容标、赵明新同志一起领导了著名的黑铁山起义，担任了山东人民抗日救国军第五军参谋长，八路军山东人民抗日游击队第三支队司令员。同年10月加入共产党。

1939年7月22日，在桓台县牛王庄东侧的大寨村突围战斗中，突遭日军伏兵射击，不幸中弹牺牲，时年37岁。

为纪念马耀南司令为国捐躯，中共清河区委于1943年将清河区抗日中学命名为耀南中学。1946年中共渤海区党委命名长山县为耀南县。

2014年9月，马耀南名列第一批300名著名抗日英烈和英雄群体名录。

叁佰伍拾捌　孟晓东

孟晓东（1914.09—?）山东泰安市东平人。七七事变后，他以汶上义桥乡农学校教育主任的身份为掩护，在青年学生和农民中宣传抗日。他和齐光中学教务主任陈伯衡等爱国人士商议后，与中共鲁西南特委代表江明取得联系。江明派刘星到汶上组织抗日武装，由于汶上当时没有党组织，他和刘星到东平找到县工委书记万里，并在万里家见面商议。1938年2月，汶上、东平的100余名爱国志士在永安寺起义，建立了汶上人民抗日自卫队，打响了汶上人民武装抗日的第一枪。5月，加入中国共产党。他们在聊城被编为中共鲁西特委领导下的第十支队东进梯队。9月，部队返回汶上、东平一带。

11月改编为八路军山东纵队第六支队第一团，他先后任连长、指导员、团特派员。1940年春编入八路军运河支队，他任后方党总支书记兼特派员，负责领导医院、修械所、炸弹厂、被服厂等部门。抗日政权建立后，他任鲁西二专署科长，又前后3次任郓城等县县长。

抗战胜利后，被委任为冀鲁豫黄河第三修防处主任。

中华人民共和国成立后，先后任平原省黄河工务处长、水利部第四设计室副主任、黄河规划委员会技术室副主任等职。1956年被调至天津大学水利系学习，1960年毕业。先后担任黄河水利学院副院长、河南黄河河务局副局长、黄委会设计研究院副院长等职，被评为高级工程师。

1982年离职休养。

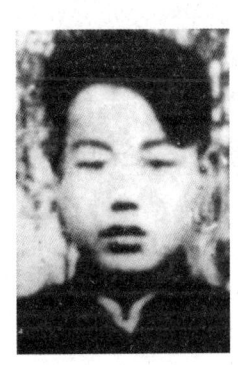

叁佰伍拾玖　孟昭煜

孟昭煜（1918—1943.3）字曦光，山东滕县羊庄镇土城村人。7岁开始上学，1934年初考入羊庄会馆学校。1936年暑假毕业，在中共地下党员燕遇明的影响下，参加了革命工作。1937年5月，经张开文、王右池介绍加入共产党。

七七事变后，他参加了滕县党组织创办的农民抗日训练班。1938年初，他在抗日义勇总队二大队做基层政治工作。3月，义勇队改为直辖四团，他任二营教导员。9月，调山东省委党校学习。年底，回原部队任政治处组织股长。1939年10月，部队改编为八路

军一一五师苏鲁支队，他任支队政治部组织科长。1940年冬，苏鲁支队改编为教二旅五团，任团政治处副主任。1942年春，调任鲁南军区沂河支队副政治委员。同年10月，鲁南区党委决定将活动在鲁南地区3支较大的游击队合编组成独立支队，辖3个大队，任命孟昭煜为独立支队政委。其第二大队是鲁南军区直接领导的铁道游击大队编成，他兼任政委。

1943年3月，被叛徒朱玉相（伪军"剿共"司令）杀害，年仅25岁。

2014年9月，孟昭煜名列第一批300名著名抗日英烈和英雄群体名录。

叁佰陆拾　孟子明

孟子明（1907.01—1988.10.29）山东省东平县后泊村人。1932年济南师范毕业，任小学教员。1935年冬在东平县参加救国会，任组织干事、指导员。1937年8月加入中国共产党，后任中共东平县委组织委员、第五战区第二游击司令部第一纵队政治部特派员、单县动员委员会指导员、湖边地委工作队长、万福河特别支部书记，八路军一一五师政治部干部教育干事，鲁南专署教育科主任科员、巡视团主任，赵博县政府秘书、代县长，鲁南区第三专署民政科长兼司法教育科长。

1945年起任鲁南区第三专署兵站站长，中共中央华东局党校学员，冀鲁豫区第二专署民政科长、秘书主任。1946年11月任冀鲁豫区第二专署副专员。1949年2月调任中国人民解放军第二野战军第五兵团南下支队二大队负责人，3月随军南下，5月任赣东北区上饶专署副专员。同年9月随中国人民解放军第二野战军向西南进军。

1949年11月28日毕节县解放，12月3日毕节专员公署正式成立，就任专员兼毕节区革命干部学校校长。1950年4月兼任毕节军分区剿匪委员会委员。1952年10月任中共贵州省毕节地委书记，中共贵州省毕节地委第一书记兼军分区政治委员。

1957年后受"左"的思想影响，犯了急躁冒进、强迫命令等错误。在纠正错误时，主动承担责任，对被错误处理的同志作了甄别平反。

1960年12月改任中共贵州省毕节地委副书记。

1966年4月任贵州省文教办公室副主任，贵阳师范学院党委书记兼院长，贵州省农业自然资源调查和农业区划委员会副主任兼省区划办公室主任。

1980年任贵州省第五届人大常委会副主任。后任中共贵州省顾问委员会常委。

1985年离休。1988年10月29日病逝，享年81岁。

曾任中共贵州省第一、二届委员会委员，贵州省第一、二、五届人大代表，贵州省第三届政协常委。

叁佰陆拾壹　莫　循

莫　循（1914.10—1979.1.19）原名张昭训，山东夏津县城东苏留庄镇前籽粒屯村人。1928年考入夏津县立第一高等小学读书。1930年考入济南山东省立第一中学。九一八事变后，同济南学生赴南京请愿，卧轨抗议韩复榘政府的阻挠，终于到达南京。1935年12月，在一二·九运动中，参加了济南学生声援平津学生的爱国运动。1936年冬，加入中华民族解放先锋队，任民先北京大学执委会执行委员，带领学生不屈不挠同敌人做斗争。

七七事变后，随平津流亡学生到济南、徐州、南京、武汉等地，从事抗日救亡活动。1938年2月，被民先总部派往聊城开展抗日活动，在齐燕铭主编的《抗战日报》任国际版编辑兼鲁西北政治干部学校教员。4月，加入共产党。11月，聊城沦陷。他带领几十名印刷工人搬运印刷器械，转移到莘县、堂邑、冠县一带坚持对敌斗争。不久，党组织派他去冀南区，任党刊《燎原》编辑、冀南文化界救国会执行委员。1939年6月，参与创办《冀南日报》，任总编辑，后任社长兼总编辑，冀南区党委宣传部宣传科长，《冀鲁豫日报》社长兼总编辑。

解放战争时期，任冀南区党委宣传部副部长。1948年秋，奉命南下到武汉，创办中共中央中原局机关报《中原日报》，任副总编辑。1949年5月，创办《江西日报》，任社长兼总编辑。

中华人民共和国成立后，历任中共江西省委宣传部副部长、部长，江西省委常委、宣传部长。

"文革"中受迫害。

1972年恢复工作，先后任江西省革命委员会文教办公室党委书记、主任，中共江西省委宣传部部长等职。

中共第八大代表，第五届全国人大代表，江西省政协第一、二、三届副主席。

1979年病逝于南昌，终年65岁。

叁佰陆拾贰　牛连文

牛连文（1909—1961.8）又名牛传锦，河南柘城县人。青少年时代，他在冯玉祥创办的北平育德中学上学，在同窗好友彭雪枫的影响下，走上革命道路。他参加了五卅、一二·九等爱国民主运动。

1938年加入共产党，年初，受党组织指派，赴河南确山竹沟与彭雪枫见面，接受党中央对鲁西北抗日根据地的指示，并在彭的介绍下，赴武汉八路军办事处。在周恩来同志直接领导和帮助下，与国民政府财政部抗争，并面见蒋介石，争取对鲁西北地区抗战财力、物力的支援。在汉口召开的全国学联大会和记者招待会上，他向全国介绍鲁西北抗战的战果和形势，吸引大批爱国青年奔赴鲁西北参加抗日战争。在周恩来同志的指示下，他还带回一批我党富有武装斗争经验的干部到鲁西北加强抗日领导力量。

他先后担任范筑先部第十一支队司令员、山东聊城第六专署驻济南办事处主任、山东馆陶县长兼筑先纵队卫西指挥、鲁西军区第三分区司令员、聊城县（筑先县）长、鲁西五县联办主任、冀鲁豫二十一专署副专员、冀鲁豫军区豫鲁办事处主任等职。

解放战争期间，他曾担任冀鲁豫救济办事处主任。后调任冀鲁豫行署实业处副处长、交通处长。

中华人民共和国成立后，他转而从事基本建设工作，曾担任平原省人民政府委员、平原省交通厅长兼水利局长。1953年后，牛连文同志相继调任第二机械工业部第八局局长、中央建筑工程部司长等职。1958年8月广西壮族自治区成立，他又调任广西壮族自治区建筑工程局局长兼党组书记。

1961年8月病逝，终年52岁。

叁佰陆拾叁　彭雪枫

彭雪枫（1907.9.9—1944.9.11）乳名隆兴，学名修道，河南南阳镇平县七里庄人，生于贫苦农民家庭。1912年初随教私塾的祖父彭如澜读书识字。后在伯父彭延庆办的私塾为富家子弟做伴读。1921年秋，投奔在天津教书的伯父彭延庆，并考入南开中学。1924年春夏之交，学校迁址于北京南郊团河，学校易名为"育德中

学"。同年秋，彭禹廷中断资助。得校长余心清照顾，让其在该校小学部教国文。

1925年在爱国进步教师的影响下，建立育德中学学生自治会，被选为会长。6月下旬，经唐纵介绍，在育德中学参加共产主义青年团。

1929年6月，被派到烟台刘珍年部二十一师做兵运工作。10月，在《国闻周报》副刊发表《烟台纪行》。12月，奉命去福山做农运工作。

1932年春夏之交，指挥二师参加宜（黄）乐（安）战役，歼敌五十二师高树勋残部。8月，粉碎了二师师长郭炳生的叛变阴谋并因此荣获"红星奖章"。

1933年5月，调任红三军团四师政委，率部东征，连战皆捷，进逼福州。11月，在浒湾八角亭战斗中身负重伤。

1935年2月，部队在扎西地区缩编，五师编为十三团，任团长。19日，红军回师遵义，在二郎滩二渡赤水河。十三团为先头部队，架设浮桥强渡，将敌击溃，保证了大军安全渡江。同月25日拂晓，十三团攻占桐梓城。当天，接受夺取娄山关任务。

1938年9月，按照周恩来、叶剑英指示，河南省委将工作重心转向豫东。29日，《拂晓报》创刊。他写了《拂晓报——我们的良友》发刊词并为刊头题字。11月26日，在河南杞县傅集成立新四军游击支队随营学校，彭雪枫亲自兼任校长，该校为南京陆军指挥学院的前身。

1939年11月，游击支队改番号为新四军六支队，他任司令员兼政委。豫皖苏边区党政军委员会成立，任主任。

1940年8月，八路军三三四旅、新二旅与六支队合编为八路军第四纵队，他任司令员。

1941年1月28日，八路军四纵队奉命改编为新四军第四师，他任师长兼政委。

1943年3月17日夜，率部参加山子头自卫反击战，活捉苏鲁战区副司令长官、江苏省主席韩德勤。

1944年9月上旬，率部西进，涤荡各地顽军，基本上收复了豫苏区八个县的地区。同月10日，围歼夏邑县八里庄顽军李光明支队，至11日，全歼顽军一个支队，俘支队司令李光明等千余人。他亲临前线指挥时，不幸中流弹牺牲，时年37岁。

毛泽东、朱德对他的一生做出了高度评价："中华民族英雄，共产党人好榜样。"陈毅曾称赞他："吾党匡天下，得君亦俊才。"被称为中国革命史上的

36位军事家之一。

为了纪念彭雪枫，在安徽省宿州市、蒙城县等地均建了彭雪枫纪念馆或以雪枫命名的公园或学校。

叁佰陆拾肆　齐燕铭

齐燕铭（1907—1978.10）曾用名齐振勋、齐震、田在东，笔名齐鲁、叶之余等，蒙古族，姓齐利特氏。北京人，破落的蒙古封建贵族家庭出身。自幼勤奋好学，对金石篆刻、书法、京戏均有兴趣。他是"桐城派"末代代表人物、中国近现代著名国学大师、古文学家、著作家、诗人、教育家吴北江的弟子。

1924年入中国大学预科读书，后转国语系。1930年6月毕业，曾在北平大同中学、光华女中、保定第六中学、北平中法大学、中国大学等校任教，并从事进步文化活动。

1932年至1937年，一面追随著名学者吴承仕教授治史学和训诂学，一面致力于文学史的研究。1933年任中国大学讲师、《文史》杂志编辑。

参加一二·九运动时，加入新学联，主编《盍旦》《时代文化》杂志，积极领导学生爱国运动。1938年2月加入共产党。后任鲁西北《抗战日报》主编、政治干部学校教务长、冀南行署太行办事处主任。

1940年后任延安中央研究院研究员，编写中国文学史，并在鲁迅艺术学院兼课。

1943年主持创作新编评剧《逼上梁山》，任导演兼饰林冲一角，毛泽东曾亲笔书函予以高度评价。

1945年初，参与创作评剧《三打祝家庄》。1945年后任中共赴重庆、南京代表团秘书长，中共中央城市工作部、统战部秘书长。

中华人民共和国成立后，历任中央人民政府办公厅主任，政务院副秘书长，中共中央统战部副部长，总理办公室主任、国务院专家局局长，文化部党组书记、副部长。

1966年4月至1967年1月，任济南市副市长。

"文革"中，遭受打击和迫害，被监禁在北京卫戍区长达7年。

在周恩来的过问下，1974年9月后复出，担任中国科学院及国家计委经济研究所顾问、全国政协第五届秘书长、中共中央统战部副部长和中国社会科学院顾问。

第一、二、三届全国人大代表，第二届中国剧协理事会理事、常务理事。1978年10月去世，终年71岁。

叁佰陆拾伍　秦和珍

秦和珍（1913.2—1996.9.3）原名秦令璞，字玉轩，山东金乡县鱼山乡秦庄村人，生于农民家庭。1931年夏，考入滋阳（兖州）乡村师范学校。1931年12月参加了由曲阜二师、滋阳乡师等7校师生在兖州火车站卧轨截车到南京请愿的斗争。1933年7月，加入了共产党，成为金乡县早期共产党员之一。

1936年11月，他与翟子超首批发展了3名共产党员，建立起金乡县第一个党支部——中共金乡县第一高小支部，并在翟庄、周楼等村建立了党支部。1937年9月，中共金乡县工作委员会成立，他任工委成员。1937年冬，组建了"第五战区第二抗日游击纵队"。1938年5月13日，日军占领金乡县城。秦和珍和翟子超、王鉴览在耿楼重新拉起抗日武装，被编为人民抗日义勇队第二总队第十三大队。1939年2月，改编为一一五师苏鲁豫支队第四大队，他任一营一连指导员。

1939年9月，发生湖西"肃托事件"。他在邹县郭里集被捕。11月，他被罗荣桓和郭洪涛解救出来并恢复了党籍。1939年底，他深入各乡村，传达上级有关处理湖西"肃托事件"的指示，初步扭转了混乱局面，建立了中共金乡县委，他任书记。

1941年3月，任湖西地委秘书长。1943年初，设立金巨县，他任县长兼县大队大队长。1945年5月，改任冀鲁豫十一专署巨南办事处主任。1946年1月，任冀鲁豫七专署副专员。3月，任冀鲁豫二专署副专员，11月任专员。先后兼任二专署战勤指挥部司令员、冀鲁豫战勤指挥部副司令员。1948年3月，任冀鲁豫一地委（泰西）地委书记兼军分区政委。同年7月，泰西地委划归鲁中南区党委，改称鲁中南第七地委，仍任地委书记。

1951年8月，任中共中央山东分局组织部副部长，1955年9月任部长。1951年下半年任山东省人事厅长。1956年7月，被选为中共山东省第一届委员会委员。1958年3月，任惠民地委第一书记。9月底，任济南市委第一书记。1962年6月，任山东省委组织部长。1963年12月，在山东省第二次党代会上当选为省委委员，并在省委二届一次全委会上当选为省委常委。

"文革"中，他被扣上各种政治帽子，降职下放。1969年8月，任省革委

政治部副主任。1974年秋，省委派他到枣庄抓煤炭生产。1975年底，他调回省革委分管财贸、农业工作。

1977年1月，任中共山东省委书记。之后又兼任省革委副主任、省政府常务副省长，全面主持省政府的日常工作。1983年4月，当选为山东省人大常委会主任、六届全国人大代表、山东省人大常委会党组书记。

1985年5月，离职休养。

1996年在济南逝世，享年83岁。

叁佰陆拾陆　邱焕文

邱焕文（1891—1960.8）原名邱华章。山东峄县陈家湖（今枣庄市市中区）人，生于贫苦农民家庭。10岁入私塾，14岁失学随父谋生，流落在苏北某中药店当学徒3年。19岁入伍当兵，受到北伐革命军的启蒙。

1931年加入中国共产党。1931年至1938年在枣庄开展地下革命活动。曾任中共枣庄特委委员。特委遭破坏后，他变卖20亩田产，在枣庄以开办中西药品运销合作社为掩护，任过枣庄矿区党委委员，互济会委员。

1938年至1940年在滕峄边抗日义勇队任三大队三中队队长。1940年至1942年在滕峄边动委会工作。1942年至1943年调山东分局高级党校学习。1943年任山东滨海区青岛办事处主任。1944年调任枣庄办事处主任。1945年任枣庄咨询委员会主任。1946年调任鲁南救济委员会委员。1947年至1950年任鲁南卫生院院长。

1950年后，任临沂法院院长，青岛煤炭管理局办公室主任，华东（青岛）煤矿疗养院院长。1956年至1958年任卫生部中药研究所所长。1958年退休在泰安定居。

1960年病逝，终年69岁。

叁佰陆拾柒　渠玉柏

渠玉柏（1914.3—1938.8）又名新民，渠茂亭，化名梁为之，山东滕县皇殿岗人。1931年加入共产党。入党后积极从事党的活动和阅读进步书刊。

1937年11月，在特委的关怀和支持下，与王见新、李乐平等在善堌举办"农民抗日训练班"，他用浅显易懂

的理论及亲身体会，宣传马列主义和共产党的政策，宣传《抗日救国十大纲领》，深受农民学员的拥护和爱戴。

1938年5月下旬，苏鲁豫皖特委决定，将沛、滕、峄3县抗日武装合编为"苏鲁人民抗日义勇总队"，渠玉柏被委任为第二大队政治教导员，同年8月为掩护部队转移壮烈牺牲，年仅24岁。

叁佰陆拾捌　任仲夷

任仲夷（1914.9—2005.11.15）原名任兰甲，曾用名任夷，河北邢台威县西小庄（西小庄在1940年前属山东省）人。

1935年在北平中国大学就读期间参加一二·九抗日救国学生运动。1936年3月参加共产主义青年团，5月转为共产党。1936年任北平中国大学中共党支部书记。1937年任北平中共西北区委书记。

1937至1938年在济南做平津流亡学生中党的工作，后任山西友军第六十六师政训处组织科科长、政训处中共党总支组委，鲁西北聊城政治干部学校中共党总支委员兼政治教官。鲁西北抗日游击第三纵队司令部秘书长、泰西八路军六支队军政干校校长、冀南行政公署教育处处长、中共冀南区党委党校总支书记、冀南政治学校校长、中共冀南五地委常委兼冀南五专署专员、中共冀南二地委常委兼冀南二专署专员、中共邢台市委书记兼市长。

1946—1952年，任中共辽南三地委常委兼三专署副专员，中共大连市委书记兼副市长，中共旅大行政公署党组副书记、行政公署秘书长，旅大市委常委兼秘书长。

1952年任中共松江省委常委兼秘书长。

1953年任中共哈尔滨（直属市）市委第二书记。

1954—1966年，任中共哈尔滨市委第一书记兼市政协主席、市警备区第一政委，中共黑龙江省委常务书记。

1966年秋开始被批斗，后下放农村劳动。

1972—1976年，任中共黑龙江省委书记兼省革委会副主任。

1977—1980年，任中共辽宁省委第二书记兼省革委会第一副主任，中共辽宁省委第一书记兼省军区第一政委。

1980—1985年，任中共广东省委第一书记兼省军区第一政委。1985年后退出领导工作岗位，任中共中央顾问委员会委员。

2005年在广州逝世，享年91岁。

中共第八、十、十一、十二、十三、十四、十五、十六次全国代表大会代表，中共第十一、十二届中央委员，中共第十二、十三届中央顾问委员会委员，第一、二、四、五、六、七届全国人大代表。

在辽宁任职期间，曾主持张志新案的平反工作，在广东任职期间，大力开展市场经济试点，使广东的经济走在全国前列。

叁佰陆拾玖　邵幼和

邵幼和（1898.11—1969.6.20）原名邵世桂，江苏铜山县东乡邵楼村人，生于普通农民家庭，祖上七代没有一个上学的，经常受地主欺侮，祖父和父亲决心勒紧腰带供他上学。9岁入本村私塾，由于本人勤奋和家庭的严厉，成绩是同龄中的佼佼者。1918年7月转入国民小学，1919年考入刚刚创立的铜山县第六高小，受到留日时参加同盟会的进步校长徐在滋的帮助和影响。1923年3月因与反革命势力斗争，他和进步学生被迫离校，随校长到南京私立建邺中学，同年4月，借王幼和的初中毕业文凭，将"王"改为"邵"，改名为邵幼和，考入江苏省立（南京）第一农业中学。

1925年8月毕业后，中共党组织派他和中共党员吕怀义到南京下关创办"五卅"工人学校，10月经吕怀义介绍加入共产党。1926年3月以"赤化嫌疑罪"判刑五年零二个月。1927年3月北伐胜利，经党组织营救出狱。党组织派他到南京市党部任工人部干事和总工会下关办事处主任。四一二反革命事变后，转移到武汉第九工人小学，以教员身份作掩护从事党的地下工作。7月中共中央正式宣布退出国民政府，他被派往莫斯科东方大学学习。1930年10月回国，到上海未能接上党组织关系。1931年初不得已回到家乡，暂时隐蔽。他到铜山不久，就遭到追捕，5月辗转到西安，通过杨虎城西安行营主任陈子坚介绍，任行营宣传科科员，枪炮科科员，文化日报社校对等职。

后与中共西安市委书记朱士吉取得联系，于1933年恢复组织关系。1937年12月奉命回到徐州，与中共苏鲁豫皖特委书记郭子化、中共铜山工委书记郭影秋及万众一、张道平等人会面，不久接替张芳久任中共徐东南区委书记。1938年5月徐州沦陷，他同邵晓平把国民党散兵遗弃的武器收集起来，拉起游击队，与万众一、萧周继拉起的武装合编为苏皖游击队，他任支部书记，萧继周负责军事，张道平负责宣传，张芳久负责组织，万众一、王景武负责

联络。8月成立苏皖特委，他任书记。12月中共山东分局成立八路军陇海游击队，李浩然任组织部长兼代理书记，他改任统战部部长。

1946年11月，任淮海区驻鲁办事处党委书记兼主任。1947年5月起任华东后勤司令部二十一中站站长、华东军区后勤司令部第二兵站处处长。

1949年2月至1952年底，历任华中行政委员会公安处副处长，苏北行署公安局局长、党组书记，苏北行署政法委员会副主任，苏北行署秘书长等职。

1953年1月，调任江苏省人民检察院副检察长兼党组书记。1960年9月，调任江苏省人委办公厅副秘书长，不久调任江苏省高级人民法院院长兼党组书记。

1967年春被审查，到"五七"干校劳动，患病得不到救治。1969年6月在南京病逝，终年71岁。

叁佰柒拾　邵子言

邵子言（1914.9—2000.6.14）曾用名刁鸿德、刁子言，山东平原县前曹村人。1932年在济南省立第一中学读书时，因参加学潮被开除，后入北平弘达学院读高中。1935年考入北平师范大学历史系（后肄业）。不久，参加"社联"。1936年7月加入中国共产党，曾多次参加学生爱国运动。1937年1月，因反对师大反动当局被开除，后去日本东京留学。

七七事变后回国，10月，受中共山东省委派遣，到聊城参加抗日工作，任山东省第六区抗日游击司令部政训处少校干事。11月，任中共鲁西北特委委员、宣传部部长，参加领导了鲁西北敌后抗战工作。1938年4月，根据特委决定，率一批中共党员、民先队员和进步青年入中央党校、抗大、陕北公学学习。

1939年2月，返回鲁西，任中共鲁西区党委党校教务长。同年7月，任中共鲁西四（运东）地委副书记兼组织部部长。1940年3月，任中共鲁西区党委民运部副部长。同年8月，任鲁西区党委直属昆山（今梁山）实验区区委书记。1942年后，历任中共昆（山）、东（平）、汶（上）、张（秋）、南（旺）五县工委书记，冀鲁豫军区二分区政治部主任，中共冀鲁豫七地委副书记，济宁市委组织部长，第二野战军六纵十六旅第二政委、政委，第二野战军十二军三十四师政委等职。1946年4月，在汶上县被选为冀鲁豫解放区"国大"代表。

中华人民共和国成立后，历任重庆市工会副主席、主席，全国兵工、机械工会主席，兰州机械厂副厂长，国家经委委员、党组成员兼轻工局局长，

内蒙古自治区革委会副主任，中国人民大学副校长、副书记，全国职工教育委员会副主任、顾问等职。

全国政协第三、四、六、七届委员，中国职工教育研究会顾问，国家计划委员会第二咨询组副组长。

2000年在北京逝世，享年86岁。

叁佰柒拾壹　沈肇华

沈肇华（1912—1940.6）又名沈其生，江苏泗阳县众兴镇西五里渡村人，地主家庭。他自幼勤奋好学，在本县读完了高小，在淮阴成志中学未毕业就于1929年秋考入淮安省立第九中学。

1930年加入共产党，他从淮安省立九中肄业后，即在淮安城里任初中补习教员。1933年至1935年任特委委员。

1935年1月，由于奸细告密，他在淮安被国民党反动派追捕和囚禁，下半年被党组织和社会进步人士营救出狱后，他就到泗阳曹庙附近的一家私塾教书麻痹敌人，敌人对他渐渐放松了戒备。这年秋天，他摆脱了泗阳县国民党特务的监视，只身潜赴上海，后辗转到延安，入陕北公学学习。

抗战爆发后，他从延安回到家乡泗阳。1938年2月，沈肇华和王业奎在运北王集一带组建"泗阳抗日自卫队"，准备抵抗日本侵略军。

1938年底，由于国民党江苏省主席韩德勤的压制，淮、泗、涟一带蓬勃发展的民众抗日救亡运动濒于夭折的边缘。他去邳县铁佛寺，找到了八路军陇海南进游击支队，被分配在支队政治部任宣传科干事。不久，他又被调到苏皖纵队政治部宣传科任干事。这期间，他创作的词曲，如《洪泽湖渔夫曲》中唱道："……叫声爹娘，叫声儿郎，叫声打鱼的同行，洪泽湖是我们的家乡，我们不能让鬼子到这里来胡闹乱抢。我们要团结起来，把洪泽湖保卫得像铁桶一样……"当年，这首歌曲在淮北、淮海、整个洪泽湖周围地区广为传唱。

1940年春夏之交，在当时肃反工作"左"倾错误的影响下，他因"托派"嫌疑在鲁南被错杀，年仅28岁。

1984年3月5日，中国人民解放军陆军六十三师党委，根据中共中央组织部转发山东省委《关于对湖西"肃托事件"遗留问题处理意见的报告》精神，做出了《给沈肇华同志平反昭雪的决定》，给他彻底平反昭雪，恢复名誉，恢复党籍，并郑重地追认他为革命烈士。

叁佰柒拾贰　司中锋

司中锋（1916—2003.6.19）山东邹城人，1937年加入中华民族解放先锋队。1938年参加山东人民抗日救国军，同年加入共产党。历任鲁南军区直属第四团连政治指导员，苏鲁支队营副政治教导员、大队政治委员，八路军——五师教导第二旅五团营政治教导员。

解放战争时期，任鲁南军区警备第九旅十七团政治处副主任，第十八团政治处主任，鲁南军区警备第八旅十九团政治委员，华东野战军第三纵队七师十九团、二十团政治委员，第三野战军二十二军六十六师一九六团政治委员。

中华人民共和国成立后，任中国人民解放军军政治部直工部部长，师政治部主任，空军师政治部主任，师政治委员，军政治部主任，北京军区空军政治部主任、空军军政治委员。

1964年晋升为少将军衔。正军职离休干部。

2003年在唐山逝世，享年87岁。

叁佰柒拾叁　宋宜安

宋宜安（1887—1973）山东苍山县东白山村人，佃户家庭。12岁时为地主家的孩子做陪读，他忍受屈辱，努力学习。1915年考入临沂师范讲习所。1917年毕业后教书。1918年组织白山小学，收学生70名。1927年组织农民协会，后发展到9个乡，他被推举为会长。1932年3月加入共产党，不久任白山村党支部书记。其长子宋荣昌、次子宋荣文也于翌年加入共产党。1933年7月在苍山暴动中他任西路指挥，暴动失败。为躲避敌搜捕，遂辗转至邳县、济宁等地。1935年返回家乡，迅速恢复了白山党支部并与上级取得联系。

1937年9月，任临郯民族解放促进委员会委员。1938年6月，组织起200余人的抗日队伍，编为临、郯、费、峄四县边联县直辖一营。

1938年9月，其次子牺牲后，又送小女参加八路军，妻子、儿媳也参加革命。1940年1月，任讨顽副总指挥，率21个自卫团摧毁制造管流庄惨案的顽固派县长李长胜的老窝。同年初，他任四县边联县农救会长。同年7月任山东省农救会总会副会长、省临时参议会参议员。1942年春刘少奇来山东时接见了他，并称誉他为"农民领袖"。1943年调任中共鲁南区党委委员、各救会长、武委会主任等职。

1945年赴延安出席解放区人民代表会议。1947年后，他先后调青州农场、济南新华农场工作。

中华人民共和国成立后，历任山东省政协委员、常务委员等职。

叁佰柒拾肆　宋振鼎

宋振鼎（1912—1979.3.6）江苏淮阴王营镇西坝人。1927年参加国民党，同年脱离。1928年加入共产党。1930年秋在淮安北乡被捕，关押6个月，经党组织营救出狱。出狱后，积极参加抗日救亡运动。1932年在淮阴第二次被捕，3年后经保释出"反省院"。

1936年夏，他与因被捕失掉组织关系的林福生等4人自发组织"预备党员委员会"，在上海工人中活动。该组织存在两个月，即被上海党组织发现，令其解散。之后，他将自己被捕和在狱中的经过如实向上海党组织汇报，经过一段时间的工作考验，上海党组织承认他的党籍，并分配他参加上海外县工作委员会。

南京被日军占领后，江苏的党组织撤离，外委会解散。他远赴武汉，找到八路军办事处汇报工作。党组织让他回苏北家乡，发动群众，组织抗日救亡团体，积极创造条件建立民众抗日武装。按照武汉党组织指示，他与吴觉等人一道领导成立了苏北抗日同盟会，并被选为理事长。

1938年冬，党组织派他到泰兴开展工作。1939年春，担任淮阴抗日义勇队指挥部政治处主任，后又担任淮阴抗敌协会主任委员，滨海大队大队长等职。1940年秋，苏皖边区党委批准他重新入党。

1941年1月，他被诬牵连托匪案入狱。次年秋出狱后，先被分配到敌占区开辟工作，后又调到新四军三师，任侦察队员、侦察队长、师部侦察科长。1945年冬随军出关到东北，在内蒙古哲盟剿匪，任骑兵总队政治委员，后调西满军区工作。同年5月到兴安盟王爷庙搞统一战线和群众工作，冬任西科前旗中心旗委书记。1948年后历任兴安盟委副书记、代理书记，内蒙古自治区林业部部长、计委副主任、农委副主任等职。

"文革"期间，遭受迫害，忧愤成疾。

1979年在北京逝世，终年67岁。

叁佰柒拾伍　孙海光（孙秉球）

孙海光（1907.11.29—2003.3.13）原名孙秉球，号冠吾，化名沈贯苏，江苏省灌南县张店镇上马台村人。1929年7月参加革命，同时加入共产党。他以教书为掩护在家乡开展党的地下活动。1930年8月，被国民党当局通缉，转往沭阳、东海等地活动。1931年底调往上海。1932年任中共江苏省委失业部干事。1933年6月任中共上海市沪东区委宣传部长兼沪东电灯厂地下党支部书记。

1940年3月，任中共苏皖区党委第三地委巡视员。1941年5月，奉调入中共中央华中局党校第一期学习，年底被分配到盐东县任县委书记；建立地方武装后，兼任盐东县总队、盐东县独立团政委。

1945年8月，随盐东独立团转为主力部队，并担任华东野战军第十纵队第八十四团政委。1947年3月，任第十二纵队政治部组织部长。5月，任第三十四旅副政委。7月，兼任华中第五军分区副政委。1949年4月，调任南通军分区副政委兼政治部主任、军分区党委副书记。

1952年7月，调任苏北军区干部管理部部长。11月，任江苏军区干部管理部副部长。1954年调任上海市兵役局局长。

1958年5月，调任中共江苏省监察委员会副书记。1960年7月起，任中共江苏省委组织部副部长，直至"文革"动乱。

1968年10月，被送农场参加"斗、批、改"。

1977年8月，任江苏省科委顾问。1979年2月，任江苏省人民检察院副检察长。

1984年离职休养（享受副省级待遇）。

获二级独立自由勋章和二级解放勋章，获最高人民检察院颁发的"检察人员荣誉勋章"。

2003年在南京去世，享年96岁。

留有口述回忆录：《征途漫忆》。

叁佰柒拾陆　孙新民

孙新民（1917.12—2023.1.8）原名孙诗轩，山东肥城县人，生于农民家庭。1933年在家乡王晋小学参加共产党领导的"读书会"，1936年任安临站小学教员。

1937年冬组织抗日游击队，参加泰西（空杏寺）人民抗日武装起义，曾任山东西区人民抗敌自卫团二大队指导员、肥城独立营指导员。1938年5月加入中国共产党。后历任八路军鲁西支队二营教导员、一一五师教导四旅十一团三营教导员、十一团组织股长、党总支书记，微山湖抗日游击大队政委，沛滕边中心县委委员，鲁南军区警备八旅十六团政治处主任，华东野战军三纵十师二十八团政治处主任，华东军区十四医院副政委、党委书记，华东军区白求恩医学院党委副书记等职。亲历了血战陈新庄、建立微山湖抗日游击大队，坚持湖区游击战争，打破敌伪封锁、建立"湖上秘密交通线"，护送中央领导同志安全往返延安和抗日根据地等艰苦卓绝的斗争，被授予"模范教导员"荣誉称号。

中华人民共和国成立后，曾任中央组织部干事（地师级），中共中央纪律检查委员会检查员，中央检查委员会监察员，中国科学院黑龙江流域考察队主任，西南地区（云贵川）考察队，南水北调考察队副队长、党的领导小组组长，国家计量总局情报研究所党委书记。

1983年离休。2004年10月，被表彰为全国老干部先进个人。

2015年98岁，获得抗日战争胜利70周年纪念章。

著有《征程纪事》一书。

2023年1月8日，在北京逝世，享年105岁。

叁佰柒拾柒　汤曙红

汤曙红（1915—1939年）原名宜秀，江苏灌南县汤沟镇人。破落地主家庭出身。6岁时在家读私塾，8岁时送他到小学读书。13岁小学毕业，考入淮安中学，后来转入上海正风中学读书，又转入东海师范学校就读，19岁时从东海师范毕业。

1933年秋，回到家乡，在汤沟小学任教。在他的倡导下，汤沟小学办起了抗日读书会，组织校内外青少年

100多人，阅读进步报刊。他们还走上街头，大唱抗日歌曲，演讲抗日道理。1937年10月，他创办了汤沟剧团，自任团长，先后排演过《宛平战斗》《血战卢沟桥》《古城怒吼》《放下你的鞭子》等抗日剧目，激发群众的抗日热情。

1938年春，在家乡发动民众1000多人，成立汤沟乡民众抗日武装自卫队，任队长。8月，经乡民选举，当选为汤沟乡乡长。

1939年3月，担任中共沭阳县委军事部长。3月底，东（海）灌（云）沭（阳）边区抗日游击总指挥部成立，汤曙红任总指挥。4月，这支队伍改编为八路军山东纵队陇海南进游击支队第三团，汤曙红被任命为团长。

为了团结抗日，7月17日傍晚，他只身前往汤沟乡公所，和国民党沭阳县常备大队长王绪五谈判，被王部小队长周法乾杀害，时年24岁。

为纪念汤曙红，1940年8月抗日民主政府改汤沟乡为曙红乡，改汤沟小学为曙红小学。1942年9月，中共淮海区委决定：由丁慎之、李一氓、张克辛、孙笃生等12人组成汤曙红烈士公葬委员会，为汤曙红烈士举行公葬仪式。后来，淮海行署主任李一氓、新四军三师师长黄克诚、淮海军区政委金明等领导同志都到汤曙红烈士墓前敬谒，以表示对汤曙红烈士的深切悼念。1945年，灌云县人民政府宣布建立中共曙红区委，下辖六塘（立宇）、汤沟、早北、连五、葛集、颜马等6乡。

1984年9月，灌南县人民政府在汤沟镇修建汤曙红烈士陵园，并于1998年清明节树立了纪念碑。

叁佰柒拾捌　陶洪瀛

陶洪瀛（1905—1944.8.12）山东峄县（今枣庄市薛城区南石乡大吕巷村）人。1932年底参加革命。1933年加入中国共产党。

1935年，参加了中共苏鲁区临时特委会议。特委成立后，被分配为津浦路交通员，从而加强了特委领导成员之间的联系。

1936年6月，任峄县县委书记。1937年，建立中共苏鲁豫皖边区特委，郭子化任书记，他为委员。10月，任鲁南中心县委委员。不久，被派往鲁南去延安之路的特别交通员。

1939年，遵照义勇总队的指示在大吕巷建立了军区交通情报站，负责接送往返延安和山东的干部，传递上级指示。

1944年8月，由于坏人告密，大吕巷情报站突遭日伪军的包围，在紧急关头，他沉着冷静烧毁文件，在突围时壮烈牺牲，时年39岁（另一说，为护送肖华过境，在探路时，被敌人包围，他奋起抵抗，英勇突围，不幸中弹，

壮烈牺牲)。

叁佰柒拾玖　田景韩(田锡琦)

田景韩(1905—1991)原名田锡琦,山东泰安县西南乡(今肥城市汶阳镇)田家东史村人,父亲是当地的开明缙绅,做过里正(乡长)。1927年赴济南,就读于省立高级师范学校,毕业后在泰安县城教书。擅诗文,尤以文言文为最,作品颇丰。

1938年1月,他和二弟田晋臣(原名田锡廷)组织了350余人、30余支枪的抗日游击队,他任政委,田晋臣任队长,他的三弟田锡贞、七弟田笑海(原名田锡珊)等人也先后参加了这支队伍,同年参加了中国共产党领导的泰西抗日起义,长期活跃于泰山大汶河一带,坚持抗击日寇和伪军,3个儿子也先后参加了八路军。当地民众称游击队为"田家军"。

抗战期间,担任泰安县抗日政府民教局局长、冀鲁豫边区聊城专署文教局局长、聊城中学校长。

中华人民共和国成立后,担任菏泽一中校长(原民国时期,国立六中),以及冀鲁豫行署文教处教育科长等职务。

"文革"中,被调到河南省洛阳市六机部所属柴油机厂的职工中学任教。不久蒙受不白之冤,被扣上反革命的帽子,"文革"结束后得以平反。

1971年与妻子杜兆芳一起转至成都定居生活,两年后妻子去世。1981年搬到北京居住。

1991年在北京逝世,享年86岁。

叁佰捌拾　田子珍

田子珍(1909—1940)16岁考入山东省立第一师范。1929年,考入北平辅仁大学。九一八事变后,因参加抗日救亡活动,被学校除名。1933年,回到家乡,被聘在田大店小学任教,后任学校校长。万里在曲阜二师毕业后,受党组织的派遣,回到了故乡东平,应聘到田大店完全小学任教。万里以教学为掩护,秘密从事党的工作,从此开始了职业革命者的生涯。已是校长的田子珍对万里在学校开展革命活动给予大力支持,并成为万里开展革命活动的得力助手。

1937年1月，万里介绍田子珍入党。8月，中共山东省委鲁西巡视员董临仪和万里研究决定建立中共田大店完小支部，田子珍任支部书记。这时，全校的9名教师，除1名体育教师外，所有教师都成为中共党员。

七七事变后，田子珍与其他党员一起，积极联络青年，收集枪支，准备组织抗日武装。他从家中带出步枪3支、手枪1支，捐献银圆200块。1938年春节后，田子珍与其他同志，带领100余人，50余支枪，赴汶上县永安寺，与汶上的部分起义人员会合，并宣布举行抗日武装起义，成立了东汶抗日游击队。游击队整顿后，田子珍离开队伍，重回田大店村，继续发动青壮年参军抗战，并动员两个侄子带头参军。在田大店，他先后组织了100多人参军。同年冬，他带领这个新兵连到达长清大峰山，编为六支队一团一营二连。把队伍安排好后，田子珍又奉命去中共山东分局党校学习。学习结束后，被指派到中共沂、临、费边联县委任组织部长。

1940年，根据地进行"肃托"，田子珍在运动中因被诬陷而遭错杀，时年31岁。

叁佰捌拾壹　童陆生

童陆生（1901—2001.2.27）湖北省黄陂县人。青少年时代在武昌大华中学读书，与恽代英、林育南交往甚密。参加了五四运动。1920年，进入云南讲武堂韶州分校第二期。1923年，加入了共产主义青年团，并于1926年加入共产党。

曾任北伐军第二军五师十三团参谋长。大革命失败后，李富春领导鄂西革命委员会时，他任公安暴动总参谋长。

1932年，他应杨虎城之邀，担任了宪兵营副营长。同年秋，中共在宪兵营建立了支部，他是支委。1933年11月，十九路军发动"福建事变"，他代表杨虎城去福建进行联系。

1934年1月，他任十七路军总部上校参议。

1936年，参与西安事变，领导了"西北特支"和"西救会"的工作。此后应邀到西北军许权中部任参谋主任。

七七事变后，率部参加了华北抗战的忻口战役。不久经林伯渠介绍，任山东省委军事部参谋主任。同年冬，党组织与山东省第三区督察专员兼第三区保安司令张里元建立了统战关系，先后派他和刘其人等去张部工作。曾任

山东鲁南抗日义勇总队临时总指挥、山东省委军事部参谋主任，山东鲁南保安副司令员。

1940年，到延安，先在抗大三分校当教员，后到延安总部高参室任少将高参。

1942年，整风运动中，曾被定性为"特务"。

1945年8月，从延安总部高参室调到中央军委作战部一局担任副局长、代理局长、局长。

1946年1月，经总参谋长彭德怀提名，他以十八集团军少将高级参谋的身份随周恩来到重庆谈判。后来代表团迁到南京，他也到了南京，担任代表团军事组组长。

1947年，党中央、毛泽东撤离延安，他率王家坪工作人员转移到晋西北。在延安，他还担任过四局副局长、代局长。

中华人民共和国成立后，他历任军委四局局长兼军事图书馆馆长，军事训练部军事出版局局长兼军事图书馆馆长，军事训练总监部军事出版部副部长兼军事图书馆馆长，军事科学院院务部副部长兼军事图书馆馆长等职，为繁荣发展我国的军事出版和军事图书馆事业做出了积极贡献。

1959年，被扣上"右倾机会主义"和"阶级异己分子"的帽子，被开除党籍、军籍，发配黑龙江北大荒。他劳动之余，钻研中医，并义务行医，在农场附近颇有名气。

1963年，调回北京，未分配工作，闲住在军事学院的大院里，他就在北京义务行医，渐起名声。他全身心倾注于中医，医术越发高超，不少同行前来请教，登门求医者络绎不绝。1981年恢复党籍和军籍。

中共第七大代表。1955年，被授予少将军衔，这是他第三次被授少将军衔。获二级独立自由勋章、一级解放勋章。1988年，获一级红星功勋荣誉章。

2001年2月27日，在北京逝世，享年100岁。

叁佰捌拾贰　万　里

万　里（1916.12—2015.07.15）幼名秀峰，学名万明礼，山东省东平县州城西卷棚街人。早年在家乡接受了小学教育和初级中学教育，1933年秋考入设在曲阜的山东省立第二师范，并在校秘密加入共产党。

1936年5月，万里随曲阜师范（山东省二师）毕业班全体同学到济宁乡农学校集训，此间，中共山东省委

鲁西巡视员董临仪会见并发展他为中国共产党员，与他一起探讨抗日救国道理。同年7月，万里于曲师毕业后，回东平发展党组织。

抗战初期，万里在馆驿镇东田店村东田店小学（旧称田大店小学）任教并秘密发展党组织，为党培育了大批革命干部，昆山县时期的县、区、乡干部，半数左右都源于田大店小学，所以后来一直在当地流传着一个说法，称田大店为"田半县"。万里领导和发动了永安寺起义，创建了鲁西抗日根据地。

历任中共东平县工委书记，泰西地委宣传部、组织部部长。

1940年后任中共鲁西区委宣传部副部长，冀鲁豫二、七、八地委书记。1947年后任中共冀鲁豫区委委员、秘书长，南京市军事管制委员会财委副主任、经济部部长、建设局局长。

中华人民共和国成立后，历任西南军政委员会工业部副部长、部长。1952年11月，任中央人民政府建筑工程部副部长。1954年任国务院建筑工程部副部长。1955年4月，任国务院城市建设总局局长。1956年5月，任城市建设部部长。

1958年3月至1966年10月，任中共北京市委书记处书记。1958年8月至1966年6月，任北京市副市长。1959年9月至1977年11月，任北京第二至四届政协副主席。1973年5月至1975年1月，任中共北京市委书记、市革委会副主任。1975年1月，被任命为铁道部长，轻工业部第一副部长。

1977年6月，任中共安徽省委第一书记。1978年1月—1979年12月，任安徽省革委会主任。1980年4月至1988年4月，任国务院副总理。1980年8月至1982年5月，任国家农委主任。

1982年9月在中共十二大上当选为中央书记处书记、政治局委员。1987年当选为中共第十三届中央政治局委员。1988年当选为第七届全国人大常委会委员长。

是中共第十一、十二届中央委员。

2015年7月15日，在北京逝世，享年99岁。

叁佰捌拾叁　万春圃

万春圃（1881—1972）字鸿源，山东苍山县大炉村人。家中拥有200多亩良田和500多亩山场。20世纪20年代初在本村组织民团，担任临沂县第七区联庄会会长。20世纪30年代初，倡议办小学，受教师、共产党员聂立人、聂益人的教育和影响，倾向革命。

1933年，中共临郯县委领导的"苍山暴动"失败，国民党临沂县当局密令他逮捕共产党员聂立人、聂益人，他暗中通知两人逃避。1934年，与中共枣庄矿区委员会建立密切联系，他的长子万国华加入共产党。此后，枣庄矿区党委书记郭子化及其他工作人员经常住在他家，进行革命活动。

抗战爆发后，他建起一支抗日队伍，并献出枪支、粮食、猪羊、装备和支援部队。这支部队被编入中共苏鲁豫皖边区特委控制的人民抗日义勇队。

1939年2月，中共鲁南特委机关在大炉突遭日伪军500多人包围，他主动率部阻击敌人。战斗中，他的次子万国英不幸中弹牺牲，他强忍悲痛高声呼喊："国英是为国家民族解放而死的，死得光荣，他为我们树立了榜样。"在他的激励下，大家英勇杀敌，胜利完成了掩护特委机关转移的任务。此后，鲁南特委机关就设在他家中。9月，八路军一一五师到达抱犊崮山区。他献出自家的粮食和木材供应军需，并向至亲好友筹集粮食十几万斤和银圆300元，支持抗日。

1940年3月22日，以他组织的武装力量为基础，成立了临、郯、费、峄四县边区游击支队，万春圃任支队长。1942年10月，中共鲁南区党委、鲁南行署、鲁南军区和边区县根据中共山东分局的决定，在云涧峪村举行几千人大会，祝贺万春圃60寿辰。

中共山东分局，八路军一一五师政委罗荣桓、代师长陈光和政治部主任肖华等均致电祝贺。一一五师的"战士剧团"专程由滨海区赶来作慰问演出。1943年，边区县游击支队与苏鲁支队合并，编为鲁南军区五团，他任鲁南军区副司令员。1946年2月加入中国共产党。当时罗荣桓评价说："一个从旧营垒中走出来的人，坚持站到了革命人民的这一边，这是一个根本的转变。这个转变确实是难能可贵的。"

中华人民共和国成立后，任济南市第三、四、五届政协副主席等职。

1972年在济南逝世，享年91岁。

叁佰捌拾肆 万金培

万金培（1910—1981.1.11）江苏涟水县大东镇人。1925年考入江苏省立第九师范学校，1927年转入涟水县立师范学校。1927年冬，加入共产党。1928年2月任中共涟水县委委员。3月，和吴长来、嵇荫根等成立涟水师范党支部，任书记，同时兼任中共涟水城区区委书记。该月下旬，共青团涟水县委员会成立，任书记。9月，师范毕业，任中共涟水县委书记，在全县建立5个区委，34个支部，发展党员300余名。

1929年春调任中共淮阴县委书记，同年夏，调任中共淮安县委书记。1930年夏调任中共江苏省委巡视员，同时兼任淮盐地区土地革命行动委员会书记。8月，在涟水、淮阴北乡、泗阳李口等地举行暴动。1931年4月，在上海参加工人运动被捕入狱，8月获释，任中共上海沪西区区委委员。1932年1至7月，先后任上海工联沪西罢工委员会、中共沪西区委组织部长。其间曾被捕坐牢一个多月。8月调任中共徐州特委书记。1933年因叛徒告密被捕送南京监狱，后转入苏州反省院。1934年春出狱后到东台黄巷小学当教师。1935年初在涟水被捕，复入苏州反省院。1936年春出狱回家。同年秋，任涟水县谭庄小学教师。1937年夏任大东小学教师。

抗战爆发后，他投身抗日救亡运动。1938年1月和李干成、陈亚昌等人发起成立涟水县抗日同盟会，被选为常务理事。1939年3月和薛华甫、陈书同等人在朱桥小学成立涟水县常备独立中队，任指导员，开展独立自主的抗日斗争。12月独立中队和八路军陇海南进支队八团合并，成立八路军苏皖纵队南进支队第三梯队，辖八、九两团，他担任九团副团长。1940年9月，涟水县抗日民主政府成立，他担任县政府民政科长。10月，成立涟东行署，他任主任。1941年涟东县抗日民主政府成立，他被选为县长。1942年7月，重新加入共产党。

1945年8月，调任苏北行署第二厅副厅长。1946年1月，调任苏皖边区第五专署专员，11月调任华中五地委书记。1948年4月，调任中共江淮区委财委书记。1949年4月，调任南京军管会经济部副部长，兼任建设、财政、工业等局局长。

1950年11月，被任命为国家治淮委员会财务部部长。1953年4月，任安徽省人民委员会财委副主任，后又任财办主任、省人委副秘书长、第四办公

室主任。1958年11月调任淮南矿务局副主任，经费管理处、财务处副处长。

1962年8月复任安徽省人委副秘书长。1964年1月调任安徽省财办副主任。"文革"中遭迫害，受批斗。

1978年后担任安徽省财贸办公室顾问、省会计学会顾问等职。

1981年在合肥逝世，终年71岁。

叁佰捌拾伍　汪　洋

汪　洋（1913—1942.10）原名汪之政，又名汪波，字诚齐，号洪波。山东台前（今属河南濮阳市）夹河乡顾庄村人。6岁入本村私塾读书，12岁转入郑三里高小。1931年考入山东省立济南乡村师范，学习刻苦，成绩优异，课余悉心阅读鲁迅、李大钊、高尔基等人著作，始受革命思想熏陶，成为济南乡师学生运动的主要领导人之一。同年，他带领济南学生代表团赴南京请愿，要求国民党政府接受共产党团结一致、共同抗日的主张。1935年休学回东阿县立高小执教，不久领导全县240名教员进行增资罢教斗争，被县府革职。此后，转入地下革命活动，奔波于济南与北平之间。

1936年加入共产党，受党派遣赴西安在东北军于学忠部做统一工作，对战士进行抗日救亡教育。西安事变后回到延安。1937年春，又受党的派遣到山东创建抗日根据地，组织鲁中南抗日独立营。1938年率部北上，和山东省抗日纵队第四支队会合，编为四大队独立团，任团长。1939年，任山东纵队第四支队政治部主任。1940年9月，八路军山东纵队整编后，任山东纵队四旅政委。1940年底任鲁中军区第一军分区政委兼泰山地委书记。

1942年10月，泰山军分区司令员廖荣标率主力部队挺进淄河流域，扩建抗日根据地。留他和专员赵笃生在博山县西部刘白杨村培训县、区领导干部。敌人乘机调动6000名日、伪军，分六路偷袭泰山抗日根据地，于10月17日拂晓前形成包围圈。他率地委、专署、军分区机关及教导队、警卫连共300余人组织突围，向东北博山方向猛冲，以期与军分区主力部队会合。至莱（芜）章（丘）公路时，发现有敌埋伏，遂沿路南撤，行四五里，遇莱芜北上之敌，他指挥部队转而北突，行10余里至茶叶口村又遇章丘之敌重兵南下，激战半小时未能突围，遂向东转移，奔向吉山。行至吉山西岭，发现四面均有日军，迫退河滩，又被敌包围。时弹药已尽，战士与敌白刃肉搏，有的与敌夺枪手心被刺刀豁开，有的拉响手榴弹与敌同归于尽。最后，他销毁文件，壮烈殉

国，时年29岁。

汪洋牺牲后，泰山地区军民怀着巨大悲痛，将其遗体葬于莱芜县吉山钓鱼台。1945年8月，莱芜县民主政府将钓鱼台改建为汪洋台，台上建有汪洋亭，亭中树烈士碑一座。碑上刻有山东省党、政、军领导舒同、廖荣标、李念林等人的题词。

1953年山东省人民政府将汪洋烈士遗骨迁至济南英雄山烈士陵园。

泰山区人民政府为纪念汪洋，教育后代，把当地学校、医院分别命名为汪洋小学、汪洋中学、汪洋医院。

叁佰捌拾陆　王化云

王化云（1908.1.7—1992.2.18）清末直隶省（今河北省）邯郸市馆陶县人。1931年考入北京大学法学院读书，其间，动员家庭出资，在北平创办精业中学。

1935年大学毕业后，任精业中学校长。后因组织带领学生参加一二·九爱国学生运动，被国民党北平当局指控为共产党而被迫还乡。后在聊城与张维翰等开展抗日活动。

七七事变后，根据中共鲁西北特委和山东省第六区专员范筑先的指示，在馆陶、冠县收编土匪队伍和地主武装。

1938年加入共产党。同年，任冠县抗日政府秘书。12月调任邱县抗日民主政府县长。

1939年6月，任冠县抗日政府县长。

1940年夏后，任鲁西、冀鲁豫行民政处处长、冀鲁豫区黄河水利委员会主任、黄河河防指挥部司令员等职。

1946年5月以来，他一直领导治黄工作。1946年至1947年在中国共产党解放区领导组建冀鲁豫黄河水利委员会和各修防处段。在花园口堵口复堤黄河回归故道之后，执行了"确保临黄（大堤），固守金堤，不准开口"的方针，发动群众，复堤整险，废除汛兵制，建立人民体制，领导著名的高村抢险，保卫了冀鲁豫险工地区的安全。

1949年以后他先后提出"宽河固堤""除害兴利，综合利用""蓄水拦沙""上拦下排"等治河主张。领导废除民埝，堵塞串沟，石化险工，培修大堤，消灭堤身隐患，修建临时蓄洪滞洪工程，为战胜历年洪水打下了基础。同时领导堵复沁河大樊决口，修建了引黄灌溉济卫的工程。

1950年至1954年，他领导广泛收集地形、地质、水文、气象、植被、水土流失及社会经济等方面的资料，为1954年完成《黄河综合利用规划技术经济报告》创造了条件。

1955年7月，全国人大一届二次会议审议通过《关于根治黄河水害和开发黄河水利的综合规划的决议》后，他参与组织领导了黄河上第一座大型工程——三门峡水利枢纽的筹建和建设工作，为我国水利水电工程建设积累了经验，培养了大批建设人才。

1958年7月，黄河下游发生了有实测资料以来的最大洪水，在党中央、国务院的关怀下，在周恩来总理的亲自领导下，他组织指挥了这场抗洪斗争。

1970年以后担任黄河水利委员会副主任、党的核心小组成员、副组长。

粉碎"四人帮"以后，担任水利部党组成员、副部长，兼任黄河水利委员会主任、党组书记。

他是我国南水北调的积极倡导者之一，早在1952年毛泽东同志视察黄河时，他就提出了南水北调的建议。后来他多次组织队伍并亲自参加了调水线路的查勘工作，推动了南水北调工作的开展。

1992年在北京逝世，享年84岁。

叁佰捌拾柒　王见新

王见新（1911—1999.6.12）原名孙俊才，自由职业者家庭出身，山东宁津县人。高小毕业后，去天津小站当学徒工。1920年当兵，1932年加入共产党。

1937年12月，以中共山东省委巡视员的身份，到邹县、滕县等地传达省委关于贯彻中央洛川会议精神的指示。同月下旬，省委确定他留滕县工作。1938年1月，和李乐平等同志在滕县善崮以"雇工会"的名义办起"抗日训练班"。2月，以"平津同学会"名义与于公、于化琪赴滕县，担任抗日训练班的军事和政治教员，进一步充实了训练班的骨干力量。

1938年3月17日，滕县失守，遵照上级指示，在善崮"抗日训练班"的基础上拉起了一支40余人的抗日武装，自称"农民抗日救国军"，他任政治指导员，于公任军事指挥。这支抗日武装组建以后，深入敌后农村，宣传党的抗日主张，筹备粮款、武器，扩充力量。同年4月，易名为"滕县农民抗日义勇队"，仍任指导员。为加强党对这支队伍的领导，苏鲁豫边区特委正式批准建立中共滕县特别支部，他任支部书记。他是滕县人民抗日武装的主要创始

人和领导者之一。担任抗日义勇总队政治部主任后，与总队长张光中、政委何一萍等同志密切协作，积极做好政治工作，为这支刚刚诞生的人民抗日武装的发展、壮大做出了贡献。同年7月后，任山东分局巡视团主任、山东分局敌占区工作科科长。

1939年3月，山东分局为了加强党对济南市的领导，决定建立中共济南工作委员会，他任书记。工委以合法职业为掩护，在工厂、学校以及日本商行、铁路等处团结教育群众，宣传党的抗日救国主张，发展党员，开展抗日救国斗争。在不到一年的时间里，先后发展了25名党员。同年夏天，还接受了鲁西区党委移交市内的一个支部。1940年9月，撤离济南，回到山东分局工作。后历任山东分局城市工作科科长、一一五师敌工部副部长、华东局城工部副部长、渤海区行署副主任、中共枣庄矿区党委书记等职。

中华人民共和国成立后，历任郑州铁路分局局长、中国交通学院教育长、政务院第三办公厅铁道组长、铁道部政治部副主任、太原铁路局党委书记、华北局经济委员会副主任等职。

1978年7月，任北方交通大学党委书记兼校长。1983年4月，任北方交通大学顾问，同年享受副部长级待遇。

1985年离休。1999年在北京逝世，享年88岁。

叁佰捌拾捌　王鉴览

王鉴览（1917—1939.9.15）山东金乡县城北郊孙庄人，生于富裕的农民家庭。1930年考入金乡县里仁初级中学，1933年初中毕业，以优异成绩考取山东省立高级中学。1935年高中毕业后，考取了清华大学地质系，参加了一二·九运动。1936年2月，参加了中华民族解放先锋队。5月，加入了共产党。1937年8月，他在济南与山东省委取得联系，受山东省委派遣，回金乡开展工作。9月，成立了中共金乡县工作委员会，他任工委书记。1938年5月至1939年5月，任中共金乡县委书记。

1939年6月，接到苏鲁豫区党委调他去湖边地委工作的命令，被分配做宣传队编导。这年秋天，湖西"肃托"事件发生。9月15日，在山东邹县郭里集被非法逮捕。他坚信自己的清白，面对暗害分子的严刑拷打，他坚定地回答"不是""不知道"。当夜12点，被暗害分子杀害，年仅22岁。

1941年春，中共湖西地委根据中共中央《关于湖西边区锄奸错误的决定》，追认王鉴览为革命烈士。

叁佰捌拾玖　王乐亭

王乐亭（1913.11—1996.11）曾用名王同喜，河南偃师县府店镇庙前村人。早在1932年北平中大附中读书时，参加了反帝大同盟、互济会等党的外围组织，积极投入爱国学生运动，组织并参加学生抗日游行示威活动。1933年4月，在北平中大附中加入共产主义青年团。参加了一二·九运动。1936年9月，加入中国共产党，并任党支部书记。

七七事变后，由北平党组织统一组织南下济南，进入鲁西北抗日根据地，同年9月入国民党第三集团军政治工作人员训练班学习。10月结束，由党组织派往聊城抗日，在中共鲁西北特委分配政训处驻馆陶县办事处，任干事和担负馆陶县党的组织联络工作。

1938年5月，中共山东馆陶县中心支部成立，任县委统战委员。同年8月任中共山东馆陶县委统战部部长、县保安大队主任，鲁西北地委军事部部长。1940年4月，成立鲁西军区鲁西北军分区，任鲁西军区第三（鲁西北）军分区政治委员。翌年7月任冀鲁豫军区第三（鲁西北）军分区政治委员，冀鲁豫军区政治部民运部部长。1941年秋任冀鲁豫军区沙区办事处主任兼军区政治部敌工部副部长。

1945年后任中共冀鲁豫区党委城市工作部副部长、冀鲁豫军区敌工部副部长。1949年起任中国人民解放军第二野战军第五兵团政治部敌工部部长。

中华人民共和国成立后，历任贵州军区敌工部部长、干部部副部长、部长，贵州省军区政治部主任。1958年7月转业到地方工作，历任中共贵州铝业公司委员会第一任书记（遵照朱德总司令的指示，贵州要建一个制造飞机重要原材料、不能在报纸上公开报道的保密工厂，军区要派领导干部支援工厂建设），兼中共白云区委第一书记，中共贵州省委统战部副部长。

"文革"中受冲击。1971年至1973年初，为"五七"干校学员，后为干校负责人。1973年下半年任中共贵州省委党校副校长、校党委副书记。

贵州省政协第三届委员，1979年任贵州省政协第四届副主席。

1984年任中共贵州省顾问委员会常委。离职休养后定居贵阳。

1996年11月去世，享年83岁。

叁佰玖拾　王墨山

王墨山（1911—1979）山东苍山县人。1935年入北平大学农学院学习。1938年在家乡组织抗日武装，同年加入中国共产党。

历任临、郯、费、峄四县边联办事处副主任、沛滕边县县长、临城县长、华东三纵后勤处长、临安军分区副司令员，军委后勤学院科学研究部技术研究室主任、副部长，济南军区山东生产建设兵团司令部副参谋长等职。

叁佰玖拾壹　王式廓

王式廓（1911.6—1973.5.23）山东掖县（现改为莱州市）人。自幼酷爱美术，中学毕业后曾先后在山东济南爱美中学艺师科、北平美术学院、杭州艺专、上海美专等院校专攻西洋画。

1935年日本留学，就读于日本国立东京美术学校，受到日本西洋画一代宗师滕岛武二的指导。在日学习期间参加中共海外支部领导下的文化座谈会、政治经济学研究小组、留日剧人协会等进步组织，学习马列主义，积极参与学联组织的革命活动。

七七事变第二天，他弃学回国参加抗日救亡运动，以画笔为武器投入抗敌活动。先在中共山东鲁西北特委领导的第三集团军、聊城保安司令部政训处画《总动员》《保家卫国》等抗日宣传画，后在驻武汉上海青年服务团、内地工作团画了《大刀向鬼子们的头上砍去》《全民动员》等20多幅宣传画。

1938年在武昌国共合作的政治部三厅文艺处三科（即美术科）任少校服务员，画了《台儿庄乡战》《南口大战》等多幅巨型抗战宣传画，这些作品鼓舞了军民的抗日士气，取得了积极的宣传效果。同年8月他徒步赴革命圣地延安。在鲁迅艺术文学院美术系任教员、研究员。1942年加入共产党。1943年在延安大生产运动中获劳动模范光荣称号。1945年专为布置党的第七次全国代表大会会场绘制了《毛主席与朱总司令》大幅油画侧面肖像。1947年至1948年在晋冀鲁豫边区任北方大学、华北大学教授研究员。

中华人民共和国成

王式廓画　血衣　画布·木炭　192cm×345cm
1959年　中国国家博物馆藏

立后，华北大学美术系与北平艺专合并，成立中央美术学院，他为建院领导小组成员。在中央美术学院任教授和研究部主任等职的几十年中，他成为该院最有威望的教授之一，并任该院历届党委委员、任中国美术家协会常务理事。

"文革"中，受到迫害，身体受到严重损害。

1972年平反，恢复名誉。10月，部队农场批准回北京养病。1973年4月，接受中国革命博物馆将《血衣》画成油画的任务，立即动身去河南搜集素材。从河南安阳跃进渠工地画了许多模范民工肖像并采访了一些民工的英雄事迹。5月7日从安阳到巩县山区农村康店。他认为山区的农民形象好，对他油画《血衣》创作帮助很大。他全身心地投入国画，忘记了自我，不顾有病的身体，不顾休息，每天工作十三四个小时，画了许多农民的肖像。5月22日下午，在画一老一少农民的头像时，因劳累过度手握画笔倒在油画架旁，抢救无效，与世长辞，时年62岁。

叁佰玖拾贰　王效斌

王效斌（1918—1980.9.22）江苏丰县人，1937年参加革命工作。同年加入共产党。先后任中共区委书记、丰县县委统战部部长、丰县县委书记及县长、地委委员、地委统战部部长等。

中华人民共和国成立后，历任国家铁路局局长、党委书记，铁道部局长、副部长等。1980年在北京病逝，终年62岁。

叁佰玖拾叁　王右池

王右池（1906—1995.12.6）山东滕县（今山亭区山城街道）沃里村人，自幼上学，1937年至1939年，参加并组织抗日训练班、组织抗日联合办事处。1939年至1943年，任滕县县委书记。1943年至1945年，在华东党校整风。1945年至1949年，在安东省调研室工作。

1949年至1951年，在华东局、北京要求解决个人问题。1951年至1981年在家务农当社员。1981年任枣庄市政协委员。

叁佰玖拾肆　王幼平

王幼平（1910—1995）曾用名王际坦，山东桓台县人。学生时期参加进步团体"甫晨"书社。1930年秋，随国民党二十六军到达江西。1931年加入共产党，任国民党第二十六路军中共士兵支部负责人。参与宁都起义的组织工作，同年12月宁都起义后参加红军，历任红五军团排长、连长、科长、十四师处长、师党务委员会委员、军委干部团上干队支部委员等职。参加了中央苏区第四、第五次反"围剿"斗争和长征。

长征结束后，调到中央白区工作部工作。1935年底，成功做通东北军被俘军官上校团长高福源的争取工作，为沟通中国共产党与东北军的联系提供了重要保障。1936年4月起，受党组织派遣，先后赴宁夏、绥远、山东开展白区工作，出色地完成了任务。

抗日战争和解放战争时期，被派往鲁西北，在范筑先领导的抗日游击队中从事党的工作。先后任中共鲁西北特委委员，军事部部长，山东人民抗日救国军第十支队政治部主任，八路军第一二九师先遣纵队政治部主任，新编第八旅政治部主任，冀南军区第三军分区政治部主任，冀鲁豫军区第三军分区政治委员，冀鲁豫军区、豫皖苏军区政治部主任，解放军第二野战军十五军副政治委员，第五兵团政治部主任。

中华人民共和国成立后，他调外交部工作，历任中国驻罗马尼亚、挪威、肯尼亚、古巴等国大使。1979年7月，他担任外交部副部长，是中共中央顾问委员会委员。

中共第十二、十三大代表和中央顾问委员会委员，第三、五届全国人大代表。

叁佰玖拾伍　王长年

王长年（1911.11—2010.11.7）山东聊城人。1937年10月参加革命工作，1938年10月加入中国共产党。历任聊城鲁西筑先纵队司令部副官、教育团分队长，筑先纵队五支队一团副团长。一二九师先遣纵队二团副团长、代营长、团长。筑先纵司令部教导大队大队长。肥乡独立营营长、模范团政委、县委常委。冀南区党委三大队党总支书记。冀南军区三分区永北支队政治处主任、平汉支队参谋长。晋冀鲁豫大军区第二纵队司令部队务科科长。

二野三兵团第十军司令部军政处处长、后勤部政委。

中华人民共和国成立后，历任乐山地区行署专员、川南行署民政厅第一副厅长、代行署副秘书长。四川省交通厅第一副厅长、厅长、分党组书记、厅党组书记、省人委党组委员。四川省人委经济委员会副主任、兼省交通厅副厅长、援索马里领导小组副组长。四川省建委副主任、党组成员。四川省人大常委会委员。

1985年12月离职休养。中央批准享受副省长级医疗待遇。

2010年在成都逝世，享年99岁。

叁佰玖拾陆　王志成

王志成（1891—1941）山东微山县昭阳乡东楼村人。1934年参加革命，1937年11月加入共产党。在沛县党组织领导下，组织发动渔湖民群众进行反封湖、反挖河等斗争。

抗日战争爆发后，买枪拉起一二百人的队伍，自任队长。1940年7月，任中共沛滕边县委军事部长。同年8月，湖区五县对敌斗争指挥部成立，为指挥部领导成员。1940年底，丰（县）沛（县）鱼（台县）3县游击大队成立，任大队长。

1941年春，任湖西专署贸易局局长。同年5月，受中共湖西地委委派，潜入济宁，以开设"复兴炭厂"为掩护，联络爱国抗日人士，发展地下党员，购买了大批敌人封锁禁运的药品、文具运往湖西抗日根据地。同年秋，被日军宪兵队逮捕，押至济南。在狱中宁死不屈，后于白马山下英勇就义。

为永远铭记抗日英烈的不朽功勋，弘扬伟大的民族精神和抗战精神，经党中央、国务院批准，民政部于2015年8月24日公布第二批在抗日战争中顽强奋战、为国捐躯的600名著名抗日英烈和英雄群体名录，王志成名列其中。

叁佰玖拾柒　王志胜

王志胜（1912—1987.4.24）山东峄县陈庄（今属枣庄市市中区光明路办事处）人，生于铁路工人家庭。因父过早去世，家贫如洗，未能上学读书。8岁在家推磨卖饭，15岁跑火车做小本生意。他家离枣庄火车站仅200米，自幼便与铁路结下不解之缘。他待人敦厚，善于结交朋友，幼年便与寄居在姐姐家的洪振海结为挚友。他俩时常爬火车搞些物资维持生计，因而练就了一身

"飞车"的本领。18岁时到枣庄中兴煤矿公司当矿工，次年改干绞车工。1932年，他积极参加中共枣庄地方组织领导的工人大罢工，并被选为小组长。1938年初，枣庄被日军侵占，他随共产党员刘景松参加峄县人民抗日义勇队。10月返回枣庄建立了抗日情报站，任副站长。

1939年秋，他和洪振海第一次血洗洋行，杀死日本特务2人，杀伤1人，夺取长短枪各一支，震慑了敌人。10月，他和洪振海经过周密计划，又在临枣铁路线上，"飞车"袭击日军，缴获两挺机枪、12支步枪和两箱子弹及时运到苏鲁支队。1939年10月，加入中国共产党。1940年1月，鲁南铁道队在陈庄诞生，他任副大队长。同年秋，活动在临城南北的两支铁道队奉命编入鲁南铁道大队，他仍任副大队长。这期间，他率队"飞车"搞机枪，打票车，截货车，扒铁路，断通信，炸桥梁，奇袭敌兵营，英勇果敢屡屡得胜。

自1942年至1943年，先后参与护送刘少奇、陈毅、肖华、朱瑞、陈光等党政军领导人往返延安。1943年春，鲁南铁道大队编为鲁南独立支队二大队。翌年秋又恢复铁道大队番号，王志胜仍任副大队长。

1944年7月，在参加湖西反顽战斗中身负重伤，后来转业到地方工作。1946年3月，任鲁南铁路局工会主任，同年10月，任枣庄市民主政府武装部长。1947年6月，奉命到河北省第四荼军学校任股长。淮海战役前夕，他又被调回枣庄任陶庄煤矿办公室主任。不久，又参加了接收枣庄中兴煤矿公司的工作，接收任务完成后，被留任枣庄煤矿办公室主任。

中华人民共和国成立后，曾任华北煤田地质勘探局一二三队副队长兼党总支书记。

1942年8月，被鲁南军区评为一等战斗英雄。1943年荣获战斗模范称号，并多次受到上级的通报表扬。他曾三次负重伤，是二等甲级残废。

1967年5月，当选为枣庄市政协第二届常务委员。1980年6月，当选为枣庄市人大常委会委员。鲁南铁道队主要创始人之一，小说《铁道游击队》人物王强原型。

1981年3月离休。

1987年因病逝世，终年75岁。

叁佰玖拾捌　王仲范

王仲范（1914—1991）山东肥城县（今肥城市）人。1932年3月，他在曲阜明德中学读书时加入共产党，后任该校党支部书记。因党组织暴露，他转移到家乡开展工作，根据中共泰安县委指示，帮助建立了中共泰安县第九

区委员会。

1933年12月，因叛徒出卖入狱。1937年七七事变后，获释出狱。他即与党组织联系，返回家乡，建立了宋王庄党支部，任支部书记，组建起40多人的抗日游击队。

1938年1月，山东西区人民抗敌自卫团成立，他任除奸科长兼特务队长。1938年5月任泰西特委保卫部部长。1940年后，任聊城行署警备大队长、东阿县副县长等职。1947年随刘邓大军南下，开辟新区。

中华人民共和国成立后，任河南省商水县县长。后调河南省检察署，先后任检察院科长、处长，河南省科学院化学研究所所长、党委书记等职。

叁佰玖拾玖　魏立久

魏立久（1903—1941.3.4）原名魏宗唐，回族，山东费县梁邱镇人，生于比较富裕的回族家庭。兄弟3人，他排行第三。12岁时，过继给三叔，继承了150多亩地的家产。

7岁时在本镇读私塾，15岁时去枣庄，寄居在姑母金子寅（回族）家，从而转入枣庄南马道高级小学堂就读。他秉性豪爽、刚强，急公好义，愤懑人间不平，经常慷慨解囊。他聪颖好学，善于思考，学习成绩一直居前三名。

1920年，高小毕业不久，他三叔病重，催他返回梁邱家乡。宗唐回家后，叔、婶很快给他定亲李氏（枣庄人，比他大三岁），翌年，给他结了婚。不数月他三叔病故，三婶将以后兴家立业的希望完全寄在宗唐身上。

1924年，20岁的他以做生意为名，摆脱了婶母、哥哥的阻拦，离家到了上海。

1929年夏，他再次去上海。他两次去上海以及在地方上进行革命活动的行为，引起了家庭对他的担心和不满。在魏家除了贤惠的妻子李氏同情支持他外，婶母、哥哥都把他视为魏家的叛逆，认为他是胡闹、不务正业，自讨苦吃。九一八事变后，他第三次去上海。

1932年1月28日，淞沪抗战爆发了。在激烈战斗的33个日日夜夜里，他毅然决然地脱下长衫，先到史量才组织的维持会中去，昼夜奔走街头，维持秩序，供应军需；后又参加了宋庆龄、何香凝等支持组建的义勇军。他手持武器，勇敢地走上离敌人只有几十米远的第一线，配合十九路军进行了闸北、浏河等保卫战。

十九路军被迫撤出上海第一防线，他也随部队退到嘉定第二防线。1932年5月，国民党政府同日本签订了屈辱的《淞沪停战协定》。他愤而离开嘉定，

返回山东故乡。他先到徐州、枣庄等地秘密寻找党的组织，靠近共产党。后在家乡费县结识了信行庄（现名新兴庄）的中共地下党员李韶九。

1933年，李韶九参加了苍山暴动。暴动失败后，返回家乡，继续发动领导群众开展斗争。国民党的费县县政府察觉了他的活动，下令对他通缉。他闻讯后，连夜送李韶九去枣庄隐蔽。为了找一职业作掩护，他还会同万国华、马柏华等，多次奔走联系，并为其筹集了一笔资金，帮助李韶九在枣庄开办了一处商社，下设两个门头，经营医药和纸张，并以此为职业，掩护自己的身份。

此后，他在枣庄陆续结识了中共枣庄矿区委员会书记郭子化和在党委工作的邱焕文、郭怀远、郭致远、王寿山、丛林等同志。1935年2月，在枣庄成立了中共苏鲁边区临时特别工作委员会（以下简称临时特委）。临时特委书记郭子化和特委其他负责同志，大多在同春堂药店和广仁医院等单位秘密进行党的工作。他经常去临时特委联系，并接受任务。1935年3月，他再次去枣庄时，临时特委决定交给他一项特别重要的任务，就是派人去梁邱建立抱犊崮山区第一个党的工作基点。

1935年4月初，临时特委派郭致远以东亚医学院学士的身份，会同李韶九去梁邱，以给梁邱较大的财主魏宗周和杨鸣柯戒大烟为名，开展工作。

郭致远、李韶九在梁邱建点期间，魏立久的妻子李氏给予极大的帮助和支持。李氏是枣庄人，娘家的叔伯弟弟李薇东、妹妹李汝佩等都是早期的中共地下党员，革命工作者。

从此，魏立久家成为共产党从抱犊崮至沂蒙山、天宝山之间的秘密联络点。临时特委的负责同志郭子化、邱焕文、李韶九等经常在此集会。

1936年9月，郭子化代表党委和魏立久谈了话，由李韶九、郭致远介绍，接受魏立久同志加入了共产党。

1938年初，日寇东路迫近临沂，西路直逼滕县，鲁南形势异常紧张。特委决定，广泛发动群众，在各地建立我党领导的人民武装。他积极响应，通过发动，把梁邱、关阳司一带率先觉悟起来的民众（回民占多数），组成了15人以上的抗日游击队，魏立久任队长。

听说国民党四十军的黄龙洞（现属枣庄市山亭区）弹药库处理枪支弹药，他便立即拍卖8亩好地，去买来步枪12支，带压弹机的机枪一挺（不能用的破机枪）。后来，他又卖掉十几亩地，解决了游击队的给养问题。这支游击队成为费县七区（梁邱区）区中队的前身。

1939年五六月份，八路军一一五师代理师长陈光、政委罗荣桓、参谋长

王秉璋率六八六团进入费县，师部驻费县马家峪一带。魏立久和王秉璋参谋长取得联系，并接受了为一一五师建立情报联络站的任务，配合师部情报处，开展对梁邱附近的日、伪、顽、匪敌情的侦察工作。

1940年2月，费县建立了第一个抗日民主政府。县长韩文一任命他为七区（梁邱区）中队长。原50多人的抗日游击队转为区中队。他带领中队，在老虎山一带坚持斗争。北与回民大队长米栻民、区中队长朱士范配合，南面和抱犊崮山区大炉村的万春圃司令联系，经常协同打击敌人。

1941年初，他升任费南县武装大队副大队长。当时，大队长由县长韩文一兼任，政委由县委书记张林夫兼任，县大队实际上由他负主要责任。

1941年3月2日，上级调他到沂水岸堤（现属沂南）抗日军政干校培训学习。4日晚，他们越过临滋公路，进入蒙山游击区，走到路北丘上村（现属平邑县）时候，偶遇汉奸抓夫，魏立久被枪杀，时年38岁。

肆佰　文立正

文立正（1911—1945.2.22）原名文立征，字国道。湖南衡山县东湖镇天柱村人。1927年考入长沙岳云中学。1934年7月高中毕业。1934年秋考入北平辅仁大学化学系。在北平读书时，他积极投身一二·九和一二·一六爱国学生运动。

卢沟桥事变后，他随平津流亡学生来山东济南，接受中共地下党组织的安排，进入韩复榘的第三路军抗日军政人员训练班。此时他化名赵忞。1937年10月，他到鲁北武城县任政训员。

1938年3月经李锐、谢文跃介绍加入中国共产党。同年由八路军驻武汉办事处介绍到徐州的中共苏鲁豫皖边区特委工作。徐州沦陷前，他随郭子化、张光中进入抱犊崮山区，参加苏鲁人民抗日义勇总队。当年初夏，他被派到鲁南人民抗日自卫军政训处任副处长。

1939年初，他被派和朱道南等人一道去国民党鲁南专员张里元部所属保安五旅政治部做争取改造土匪部队的工作。他又于同年秋重回邵剑秋部，做改编该部为一一五师运河支队的工作。1939年底，他任运河支队政治处主任。1940年底，任运河支队副政委。1941年3月，被派往鲁南军区第三军分区任政治处主任，之后又调第一军分区。1943年春，上级决定他留任独立支队代理政治委员兼铁道游击队政委。1943年秋，文立正进山东分局高级党校学习。

1944年秋，鲁南区党委和鲁南军区决定重建二地委、二军分区，他任二地委委员兼宣传科科长。

1945年2月中旬，他到临城六区开辟工作。2月22日夜，因叛徒告密，不幸壮烈牺牲，时年34岁。

肆佰零壹　吴　觉

吴　觉（1912—1984）江苏淮阴人，上海大夏大学肄业。1932年入党。因从事革命活动，他4次被关进国民党监狱或反省院，国共第二次合作后，吴觉回到淮阴。

抗战爆发后，他任苏北规模最大的抗日救亡团体——苏北抗日同盟会常务理事，拿出家中积蓄作活动经费，还出资出版刊物、翻印延安出版物，同时秘密购买枪支弹药，以备抗日。1939年3月1日，日军占领淮阴、涟水等7县。他组建了淮阴人民抗日义勇队，后该部联合其他抗日武装合编为陇海南进支队第三梯队，公开通称"淮河大队"，他任梯队长。

1942年5月，他任淮海行政公署民政处长，9月任淮阴县县长兼独立团团长、县委敌工部长。

1944年7月，他进中共华中局党校参加整风学习。1945年2月回淮海区，历任中共淮海地委委员、地委副书记、淮海行署专员、军分区副政委等职。

解放战争时期，历任中共淮海地委书记、中共两淮市委书记等职。

中华人民共和国成立后，历任中共常州地委书记，国务院治淮委员会秘书长、党委副书记，黄河三门峡工程局副局长。1979年任南京工学院党委书记、院长，江苏省政协第四届副主席。

1984年在南京逝世，终年72岁。

肆佰零贰　吴鸿渐

吴鸿渐（1915—1939.6.9）江苏吴县人。曾就读于天津南开大学。九一八事变后，积极参加抗日救亡活动，1932年12月初，参加天津学生南下请愿示威。1936年2月加入中华民族解放先锋队。不久，加入中国共产党。

七七事变后，同大批爱国青年学生一起到济南，成立中华民族解放先锋队驻济联络站和平津流亡学生会，参加了平津学生移动剧团，深入工厂、学校、农村进行抗日宣传。1937年9月，参加国民党第三集团军政训处举办的政治干部训练班。10月被中共山东省委派往聊城范筑先部队工作，任政治处

（后改政治部）组织股长，政治部机关总支书记。聊城失守后，随党组织转战冠县、堂邑一带。

1939年3月，率抗日工作团到平阿山区，兼任中共平阴县委副书记。同年6月9日被敌人杀害。

肆佰零叁　吴新之

吴新之（1913—1942.1.24）山东栖霞人。1934年考入清华大学。在校参加一二·九运动，七七事变前加入中国共产党。1937年9月，参加第三集团军政训人员训练班，结业后到山东聊城参加抗战，任第一游击大队一中队队长、指导员。1938年后，历任范筑先将军麾下山东第六区游击司令部第十支队机枪营教导员、二团政治主任、筑先纵队二团政治副主任、独立团政治主任。

1942年1月24日，在曲周吕洞崮反日军"扫荡"作战中，壮烈牺牲，年仅29岁。

肆佰零肆　夏如爱

夏如爱（1915—1985.9）江苏淮阴人，夏家"四虎"之一，夏家兄弟四人均为国共两党的高级官员。毕业于淮阴渔沟初小（现省重点渔沟中学的前身），后考入浙江大学，因参加爱国学生运动被开除学籍。1932年加入中国共产主义青年团。

1937年参与组织苏北抗日同盟会。1942年加入共产党。他为筹建苏北抗日根据地，变卖了所有家产，投身革命，身无分文，大冬天仍穿单衣，三嫂见了很心疼，做了棉衣送他，可下次见面他身上还是穿的单衣，原来他总是把厚衣服送给自己的下属穿，从不考虑自己。

曾任淮阴县抗日游击队队长、泗沭县县长、中共泗沭县委代理书记、中共长兴县委书记、天南专署专员、广德县委书记、烟台市委副书记、北海地委副书记。1949年南下时任一支队政委、临汝县委书记。

中华人民共和国成立后，历任中共邵阳地委书记兼军分区政委、湖南省委财委副书记、省计委主任、湖南省副省长、湖南省人民政府副主席。1957年庐山会议上因有支持彭德怀万言书的表现，被批为"彭黄张周反革命军事俱乐部"骨干成员而免职。

"文革"中受到南京军区许世友司令员的庇护，"文革"后平反，历任城市服务部办公厅主任、商业部调查研究室代理主任、工商行政管理总局副局长。

1984年拟调入中央办公厅任职，但于体检中发现患癌症，1985年9月病逝，终年70岁。

肆佰零伍　夏振秋

夏振秋（1901—1949）原名夏天保，又名夏厘东。山东泰安县泰城永福街（今属泰安市泰山区）人。1922年在北京大学文学系旁听，后因家境困难辍学。1931年秋在泰安育英中学任教。其间，阅读进步书籍，寻求救国真理。1933年加入共产党。

七七事变后，他不顾家境困难和病重的老人，毅然参加抗日工作，并说服妻、弟、子、侄参加抗战。1938年1月1日，他同崔子明等组织夏张抗日武装起义，同月12日，成立山东西区人民抗敌自卫团。为壮大抗日力量，他深入泰肥边境的山区和村庄，宣传组织群众抗日，巩固了抗日根据地。

国民党肥城县长郁仁治对他封官许愿，被断然拒绝。1938年5月，任中共泰西特委统战部长、民运部长等职。1939年3月，任中共泰安（西）县委书记兼泰安（西）县独立团政委。1941年7月后，调任运东专署专员，后任冀鲁豫行署抗战学院副院长。

其子夏建廷1941年牺牲后，他郑重地说："要革命就会有牺牲，这是必然的。"为了不影响妻子的工作，数年后才将此事相告。

抗战胜利后，任冀鲁豫边区人民政府民政厅副厅长。1948年，任华北人民政府民政部第一处处长。他因病手术后，即带工作团赴农村搞土地改革，与农民同吃同住。

1949年2月病逝，时年48岁。安葬于河北石家庄市革命烈士陵园。

肆佰零陆　萧继周（萧平）

萧继周（1909—1966.12.29）后更名为萧平，曾化名高志成。江苏沛县（今山东微山县东丁官屯村）人，贫苦家庭。1932年春加入共产党。1932年冬，筹集了几支长短枪，建立起中共沛县第一支武装保卫队，并任队长。1934年初，中共沛县县委遭破坏，他以演戏作掩护，活动在萧、铜、滕三县。一次演出时，不慎身藏手枪滑落在舞台上，身份暴露，遭国民党警察追捕，从此离开戏班，化名高志成去山东枣庄隐蔽。后秘密返回，同中共徐州特委的郭子化接上关系。1935年2月，中共苏鲁边区临时特委建立，仍任武装保卫队

队长。后与李公俭等扩充武装。1936年秋，由于叛徒出卖，于兖州被捕。西安事变后获释。

1937年11月，与郭子化、张光中组织起百余人的抗日武装沛县人民抗日义勇队。台儿庄战役期间，与张光中3次率义勇队过湖袭击驻临城、官桥的日军，三战三捷，无一伤亡。不久，其义勇队改编为苏鲁人民抗日义勇队第二总队。1939年2月，改编为苏鲁豫支队四大队，他任一营二连连长。

翌年12月，任师特务营副营长。1940年5月至1943年4月，奉调先后任胶东军区特务团副团长、独立二团副团长、五支队十七团团长、北海军分区副司令员等职。

抗战结束后，任渤海二分区副司令员、山东省海防纵队司令员等职。1949年，调任渤海南下军区参谋长。过江后不久，任华东局人民大学参谋长。同年4月，奉调第一批参加华东海军的组建工作，任华东海军训练二大队大队长，带领国民党起义、投诚的海军人员赴武汉进行政治训练。

在抗日战争和解放战争中，他先后任队长、连长、营长、团长和军分区司令员等职，参加战斗百余次，负伤10余次，曾一次从体内取出7颗子弹，尚有两处弹片未能取出。

1950年，调任中国人民海军第七舰队参谋长、第六舰队副司令员等职。在解放嵊泗列岛和一江山岛的战役中，率海军在第三野战军的配合下，解放了沿海数十个岛屿。1957年，进南京海军学院深造，毕业后分配到舟山海军基地工作，先后任参谋长、副司令员等职。

1965年8月离职休养。"文革"中遭迫害。

1966年12月29日去世，终年57岁。

1978年后，经解放军总政治部批准，海军党委为其平反昭雪，追认为烈士。

肆佰零柒　谢冰岩

谢冰岩（1909—2006.7.24）江苏省淮阴市人。幼年就读于私塾。1930年4月加入共产党，参加新四军，在抗日根据地和解放区中从事党的新闻工作，担任当地文化特支书记。是共产党新闻工作的先驱者之一。曾任《皖东日报》《江淮日报》、新四军《无线电讯》编辑，《新华报》编辑、编辑主任，新华通讯社苏中分社社长兼《苏中报》编委，华中新闻专科学校教育长，新华社中原

总分社副社长兼中原大学新闻系副主任。负责创办了华中新闻专科学校。

中华人民共和国成立后，历任新华社总社秘书长、国务院新闻总署办公厅副主任、国家出版局副局长、文化部群众文化局副局长、中国社会科学院新闻研究所副所长、顾问。

1981年，参加中国书法家协会的筹备工作。1982年，中国书法家协会成立，他和启功等几位著名书法家同为发起人和组织者。中国书法家协会第一届常务理事，《中国书法》杂志主编、顾问，中国书法家协会顾问等。2001年获中国书法家协会"中国书法艺术特别贡献奖"。

2006年在北京逝世，享年97岁。

肆佰零捌　谢文秀

谢文秀（1913—1938）江西人。早年参加中国工农红军并加入共产党。七七事变后，他被选送进延安抗日军政大学学习。1938年初抗大毕业后，被分配到徐州苏鲁豫边区特委办事处。接着特委派其到江苏沛县协助张光中等同志组建人民抗日武装并负责军事课的教授任务。

1938年5月下旬，沛滕峄3县武装合编人民抗日义勇总队以后任一大队队长。以后又任陇海游击支队一营营长。八路军一一五师到鲁南后，陇海游击支队改编为八路军苏皖纵队陇海南进支队后仍任营长。不久又奉命调运河支队任大队长。

随着对敌斗争形势的恶化，他在率部与日军作战中不幸光荣牺牲，年仅25岁。

肆佰零玖　徐　翼

徐　翼（1917—1944）原名宏仁，生于辽宁辑安，祖籍江苏吴县。其父和舅父均为东北军军官，父亲在从事抗日活动中被捕而病死狱中，舅父在对日作战中牺牲。徐翼目睹日军给国家、民族、家庭带来的不幸和灾难，愤然参加抗日队伍，1935年加入共产党。

抗战爆发后，即辞别慈母和新婚妻子，奔赴鲁西北抗日战场。1938年11月，范筑先抗战殉国，聊城形势严峻。时任中共鲁西北第三地委委员、战争动员部部长的他，奔波于聊（城）、阳（谷）、（东）阿地区，建立阳谷县第四区抗日政权，组建东进支队第四大队，开展游击战，在3县交界处创立了较为稳固的抗日根据地。

1940年，被任命为阳谷县抗日民主政府县长后，大力扩充地方抗日武装，加强地方政权建设。1941年，升任冀鲁豫军区第六分区副司令员，兼分区第三团政委，率部活动于聊、阳、阿一带，两年对敌作战30余次，歼敌数千人。他身先士卒，作战勇敢，指挥有方。1943年3月，在阳谷县七级镇歼灭战中，他指挥部队以"打击先头，阻击后尾，集中火力消灭中间"的战术，打得日军及治安军血肉横飞，狼狈而逃。1943年秋，调冀鲁豫军区任旅长。

1944年秋，在率部赴郓城消灭大汉奸刘本功的战斗中牺牲，时年27岁。

1946年，中共党和政府将聊、阳、阿交界地区划为徐翼县。

肆佰壹拾　徐运北

徐运北（1914—2018）曾用名徐鸿轩。山东省堂邑县（现聊城市）人，农民家庭出身。1931年至1934年在济南高中读书，多次参加共产党领导的学生运动。1934年1月加入共产党。在山东济南和鲁西北从事党的地下活动。1935年2月至1936年6月，任中共山东省鲁西特委书记。在堂邑、临清、聊城等地开展抗日救亡活动，发展党员，建立党的组织。

在鲁西北组织发动群众，发展抗日武装，开展和范筑先的统一战线工作，实行合作抗战。1938年春至6月，任中共鲁西北特委书记，同年6月至1939年1月，任中共冀南（冀鲁豫）省鲁西特区书记。1939年1月至5月，任鲁西区党委委员、组织部副部长。同年5月至1940年1月，任鲁西区党委民运部部长、鲁西（山东第二）区委员会常委、青年工作委员会书记（1939年10月起）。1939年冬作为鲁西地区代表去延安参加七大。1940年冬到达延安。因七大延期，1941年春到中共中央政策研究室工作。1942年春进中共中央党校一部学习，参加整风运动。1945年4月至6月，作为山东代表团成员出席中共七大。

1945年11月至1949年2月，任中共冀鲁豫区委常委、宣传部部长（至1948年10月）。1946年8月至1947年6月，任中共冀鲁豫区委党校校长。1947年4月至1949年2月，任中共冀鲁豫区委副书记。1948年5月至1949年3月，任冀鲁豫军区副政治委员。发动和组织群众，支援解放军主力部队作战和坚持本地区的对敌斗争。1949年春率干部随第二野战军第五兵团过江南下。5月至9月任中共赣东北区委第一副书记、社会部部长兼赣东北军区政治委员（至同年8月）。9月奉命随第二野战军第五兵团解放大西南，11月解放贵州。

1949年11月，任贵阳市军事管制委员会委员、中共贵州省委第一副书记兼贵州省民族事务委员会主任和贵州省农会主任（至同年12月）。1949年12月至1952年11月，任中共贵州省委副书记、省委政策研究室主任（1950年1月起）、省委纪律检查委员会书记（1950年5月起）。

1951年负责筹建贵州民族学院的工作，同年5月担任贵州民族学院第一任院长。1950年7月至1952年10月，任贵州省民族事务委员会主任。1950年9月至1955年1月，任贵州省人民政府委员。1950年至1951年9月，任中共贵州省委保密委员会主任。1951年7月至1955年2月，任贵州省第一届各族各界人民代表会议协商委员会副主席。参加领导完成贵州的剿匪反霸和土地改革工作。

1952年11月至1965年3月，任卫生部副部长。1954年10月至1956年，任卫生部党组副书记。1956年至1964年底，任卫生部党组书记。曾任中央防治血吸虫病九人小组副书记。

1965年2月调工业部门工作，在中华全国手工业合作总社的基础上组建第二轻工业部，同月至1967年8月任第二轻工业部部长、党组书记（至1967年4月）。

1966年2月任中央工业交通党委成员。

"文革"期间受冲击，下放江西分宜"五七"干校劳动三年。

1973年5月至1978年8月，任中共北京市委常委。

1976年10月至1977年11月，任北京市革委会副主任。

1979年到中共中央党校学习。

1980年8月至1982年4月，任轻工业部副部长、党组副书记。

1982年，担任中国工艺美术学会理事长。

中共七大、八大代表，第三届全国人大代表，第六、七届全国人大常委、财经工作委员会委员。

肆佰壹拾壹　许梦侠

许梦侠（1919.12—2004.11）山东冠县人，生于贫苦农民家庭。早年受爱国主义教育和进步思想的熏陶，1935年6月参加革命工作，7月加入共产党。1937年8月，任冠县县委委员。先后在冠县、临清县以教书为掩护，从事革命活动。

抗战爆发后，先后任冠县抗日游击队副队长，范筑

先抗日卫队营党支部书记，冠县县委书记兼组织部长，鲁西区一地委组织部长、地委书记，冀鲁豫区三地委书记，冀南一地委副书记兼军分区副政委，冀南一地委书记兼军分区政委。在艰难的岁月里，他广泛宣传党的抗日方针和各项主张，积极发动群众，坚持政权建设，发展党的组织，发展武装力量，建设和巩固抗日根据地，坚决同敌人进行"反封锁、反蚕食、反清剿"的斗争。

解放战争期间，任解放军二野二纵队政治部主任、第十军政治部主任。先后参加了豫北战役、强渡黄河天险、千里跃进大别山及淮海战役、渡江战役、进军大西南和成都战役等，充分发挥思想政治工作的威力和作用。

中华人民共和国成立后，历任中共川南区党委委员兼组织部长、川南军区政治部主任，中共四川省委委员、常委、组织部长，中共四川省委副书记、省委书记处书记兼省委秘书长等职务。

1953年，他身患严重的肺结核，但仍坚持领导全省粮食统购统销工作，长期分管组织人事工作。

"文革"期间，受到残酷迫害，他始终刚正不阿。

1971年5月，他恢复工作后被安排到成都市工作，历任中共四川省委常委、中共成都市委书记、市委第一书记、市革委副主任、主任。1975年10月至1982年12月，任中共四川省委书记、省委常务书记兼省纪律检查委员会第一书记、省委常委兼省纪律检查委员会书记。

1985年7月起，担任中共四川省顾问委员会主任。

1994年12月离休。

肆佰壹拾贰　许在廉

许在廉（1919—2003.11.7）江苏崇明（今属上海市）人。1937年参加鲁南人民抗日自卫军。次年加入共产党。抗日战争期间，曾任中共苏鲁豫皖边区省委财委审计科科长、山东省战时行政委员会财政处科长、山东鲁中区行署财政处科长、胶东西海专署财粮科科长兼工商局副局长。

解放战争期间，历任山东省人民政府财政厅科长、通化财经办事处副主任、通化矿务局局长兼矿区党委书记、市委委员。

1951年赴苏联库兹巴斯矿区实习。1953年回国。历任阜新矿务局局长、党组书记、中共阜新市委书记处书记、煤炭工业部计划司司长、燃料化学工

业部综合计划组副组长。

1975年任煤炭工业部副部长、党组成员、世界采矿会中国采矿委员会主任委员。

1977年任煤炭工业部常务副部长、党组副书记。

1982年任煤炭工业部顾问。

1988年离职休养。

2003年在北京逝世，享年84岁。

肆佰壹拾叁　杨广立

杨广立（1918—1997.11.2）字泽普，山东滕县（今滕州市）柴胡店镇柴胡店村人，农民家庭出身。1936年春考入五所楼私立完全小学，他在学校共产党员教师的教育启发下，懂得了革命的道理，成为学校进步活动的积极分子。学生组织望湖村学生会和读书会，他被推选为主席。同年由张学周介绍加入共产党。翌年从五所楼私立完全小学毕业。

1938年1月，他参加了善堌抗日训练班。学习结束后编为义勇总队第二大队。他先为战士、后为班长，先后参加了岗头山、攻打夏镇维持会的战斗。同年7月，他在苏鲁人民抗日义勇总队二营五连任指导员。1939年秋八路军一一五师进入鲁南，义勇总队（十九团）改编为一一五师苏鲁支队，他任苏鲁支队二营政治教导员。后部队改编为教导二旅五团，他仍任二营教导员。精兵简政时，部队改设大队，他任第三大队政治委员。一一五师在开展评选模范干部的活动中，他在教导二旅党代表大会上被评为模范干部并授予奖章。1943年春，被调到武工队任副队长。5月，被任命为独立支队副政委兼铁道游击队政委。他率部战斗在微山湖畔、津浦路两侧，沉重打击了敌人并圆满完成了护卫陈毅、朱瑞、陈光等领导过湖的任务，受到罗荣桓司令员的嘉奖。1944年秋，鲁南军区第二军分区成立，独立大队撤销，他任总支部书记兼军分区政治部组织股长。

解放战争时期，第二军分区改编为山东野战军第三师二十四团，他任团政治处主任，后历任团政委，山东野战军第八师二十四团政治处主任，华东野战军第三纵队八师二十四团政治委员，第三野战军二十二军六十四师政治部主任。在此期间参加了苏北、鲁南、济南、淮海、渡江等战役。

中华人民共和国成立后，任解放军二十二军六十四师副政治委员，师政

治委员，二十二军政治部主任，舟嵊要塞区政治部主任，军政治部副主任、主任，舟嵊要塞区副政治委员，六十军政治委员，1969年8月任南京军区政治部副主任。

1968年成立江苏省革命委员会时，任江苏省革委会副主任。1970年至1975年，任中共江苏省委副书记。1975年至1977年，任江苏省书记，中共江苏省委副书记、书记等职。

1955年被授予大校军衔，获得二级独立自由勋章和二级解放勋章。1964年4月，晋升少将军衔。1988年7月，荣获一级红星功勋荣誉章。

中共九大代表，第四届全国人大代表。

1984年9月离职休养。

1997年在北京逝世，终年79岁。

肆佰壹拾肆　杨斯德

杨斯德（1921.11.17—2018.9.7）山东滕县（今滕州市）南沙河镇杨行村人，生于普通农民家庭。1936年7月，他从陈公祠小学毕业考入滕县乡师。滕县乡师和其他学校的地下共产党员以公开的合法身份积极从事抗日宣传。不久，他加入了中华民族解放先锋队。

1938年1月，共产党员王见新、李乐平等在善堌村（今枣庄山亭区）创办了"农民抗日训练班"，为抗日培养骨干。他成为第一期学员。不久，在"训练班"的基础上组建了滕县人民抗日义勇队。5月，鲁南人民抗日义勇总队成立，滕县武装编为第二大队，杨斯德在该大队二班当战士。这年9月，他加入了共产党，此时，他还不满17岁。

1939年春，党组织根据杨斯德的政治素质和文化素养，把他选送到八路军山东纵队政治部敌工部训练班学习。在短短数月的时间里，他系统地学习了党的对敌斗争政策和策略，于同年秋结业返回鲁南，先后任直辖四团政治处敌工股长和苏鲁支队政治部敌工股长兼特务二大队政委。他以党的政策和策略为武器，凭着对民族解放事业的赤胆忠心，从事瓦解敌伪军工作。

1941年是中国抗日战争最艰苦的战略相持阶段，敌我犬牙交错，斗争十分复杂。这年6月，他由一一五师五团调到六团任政治处敌工股股长兼中共赣榆县委敌工部部长。在滨海地区参加组织指导瓦解敌伪军和开展边沿区对敌斗争。赣榆县城是日军"确保"海州地区殖民统治的重要据点，驻守赣榆地

区的是伪"和平建国军"第七十一旅,共有1600多人。为了适时拔掉这颗"钉子",他指派党员干部李德新、徐忠信打入伪军内部,进行地下秘密活动,并同该旅一团团长黄胜春建立了关系。

到1943年11月,在徐忠信等内线关系的策应下,一举全歼守城伪军一个整旅1600多人,活捉伪旅长李亚藩,解放了赣榆城。战后,杨斯德升任滨海军区第一军分区政治部敌工股股长兼胶(县)高(密)办事处副主任。

解放战争时期,任胶东军区政治部联络科科长,胶东军区政治部联络部副部长,前方政治部联络部部长,华东野战军第十三纵队政治部联络部副部长,民联部部长,第三野战军三十四军一〇〇师副政治委员兼政治部主任。

1947年1月,他被华东军区政治部派往李仙洲部四十六军军长韩练成部,以韩的秘书身份从事秘密联络工作,利用内线工作策应共产党军队作战。全歼李仙洲集团5万多人,取得了莱芜战役的彻底胜利。战后,他荣立特等功,升任胶东军区政治部联络部副部长。

1948年8月,他又奉命赶到华东军区政治部,舒同主任向他布置了任务,要他以陈毅司令员代表的身份,到国民党第三绥靖区向共产党地下党员张克侠、何基沣两将军传达陈司令员的指示,争取三绥区一部或大部举行起义。

10月22日,他在鲁中南军区前线办事处政工科副科长孙秉超陪同下秘密进入贾汪,先后见到了何、张两将军,分别向他们转达了陈司令员的问候和指示,并同他们研究了起义前的准备工作。为了保密和活动方便,他化名陈惠国,以南京派来的"高参"身份出现在何基沣的贾汪前线指挥所。他经过在贾汪一个多星期的调查和工作,认为争取这支部队的一部或大部起义是可以实现的。

10月底,他返回曲阜,向粟裕代司令员、陈士榘参谋长汇报了情况,粟、陈首长听取汇报后指示:淮海战役将于11月3日发起,届时何基沣、张克侠所部按计划在战役发起时起义,让开运河防线,控制所有桥梁,确保共产党军队顺利过河。

他和孙秉超再度进入贾汪作具体部署,其间做了大量艰苦细致的工作,克服种种困难,终于使国民党第三绥靖区三个半师2.3万余人,在何基沣、张克侠两将军率领下,于1948年11月8日毅然高举义旗,让开了东起台儿庄、西至韩庄的百里防地,敞开了徐州的东北大门,对实现共产党军队淮海战役第一阶段的作战意图起到了重大作用。人们所熟悉的电影《佩剑将军》,艺术地再现了这段惊心动魄的生活真实,影片中那个艺术形象的生活原型即是杨斯德将军。

中华人民共和国成立后，历任南京警备司令部政治部组织部部长、政治部副主任、政治部主任，华东军区公安部队师政治委员，空军师政治委员，解放军总政治部敌工部敌工处处长，总政治部联络部副部长兼广州联络局局长，福州军区政治部副主任，总政治部联络部部长。

1985年，调中共中央对台工作领导小组办公室工作，不久即任办公室主任。在这期间，他遵照党的和平统一、"一国两制"解决台湾问题的方针政策，开创性地工作。曾任全国政协常委、台港澳侨联络委员会常务副主任。

1964年晋升为少将军衔。中共十三、十四大代表。

2018年9月7日，在北京逝世，享年97岁。

肆佰壹拾伍　姚第鸿

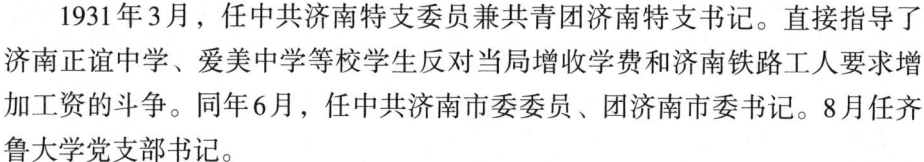

姚第鸿（1910—1938.11）乳名虎子，化名梦熊，山西河津县万荣人。其父姚以价是同盟会员，响应辛亥革命率先在山西举义的首领。自幼曾于军旅中随父在北平、天津等地读书。

1927年考入开封省立高中，曾被推选为学生会主席。1928年在开封加入共产主义青年团。1930年因参加学生运动被捕。释放后转入济南山东省立高中学习，很快与济南党团组织接上关系，积极投入地下斗争。不久加入共产党。

1931年3月，任中共济南特支委员兼共青团济南特支书记。直接指导了济南正谊中学、爱美中学等校学生反对当局增收学费和济南铁路工人要求增加工资的斗争。同年6月，任中共济南市委委员、团济南市委书记。8月任齐鲁大学党支部书记。

九一八事变后，积极发动学生开展抗日救亡活动。1931年12月，参与领导了济南学生南下请愿斗争。

1932年1月，任中共山东省委委员、共青团山东省特委书记。在白色恐怖十分严重的情况下，利用家庭的特殊地位，掩护革命同志。1932年3月被捕，后交其父"按家法处置"。同年冬去日本东京留学，参加中华留日同学会等进步组织。

1937年上半年回国。到第三路军政治干部训练班工作。不久，中共鲁西北特委为其恢复组织关系。同年10月，中共山东省委派他与张维翰率领第三路军政治干部训练班学员240人到聊城协助范筑先抗战，担任范筑先的秘书。1938年5月，任山东省第六专区保安司令部政治部副主任。

1938年11月中旬，日军3000余人分三路侵犯聊城。姚第鸿和政治部已撤出聊城，当他发现范筑先未按原计划离开，遂返回城内，被日军包围在城内。范筑先率卫队营、手枪连、游击营守城，姚第鸿也奋不顾身地参加了战斗。部队与日军激战到15日，双方伤亡都很大。日军在得到增援后再次强攻进入城内，双方展开激战，姚第鸿协助范筑先指挥守城，最后在激烈巷战中壮烈牺牲。时年28岁。

肆佰壹拾陆　姚仲明

姚仲明（1914—1999.12.26）别名姚梦龄，山东东阿县韩家堂村人，生于农民家庭。1930年考入济南的山东省立第一乡村师范学校。在校参加读书会，接受进步思想。1931年9月，在济南民教馆做宣传工作。参加组织宣传抗日救国运动，发动组织学生南下请愿。1932年2月，加入共产主义青年团，同年加入共产党，负责团支部工作，创办进步刊物《柔锋》，负责济南反帝大同盟的宣传工作。1933年和上级党组织失去联系。1934年毕业于济南乡村师范学校。后回家乡开展工作，发展党员，建立东阿县第一个党支部。1936年7月被捕入狱。

1937年10月，被党组织营救出狱，受中共山东省委派遣，赴长山县开展抗日武装起义工作。同年12月，与廖容标、赵明新、马耀南等人成功领导了黑铁山抗日武装起义，成立山东人民抗日救国军第五军，他任政委。

1938年6月，率第五军一部改编为八路军山东抗日游击第四支队第四团，任团政委。1939年任八路军山东纵队政治部联络部部长。

1939年被选为中共七大候补代表。1940年到达延安，进马列学院学习。后入中共中央党校学习，并任党校一部文教主任、四部文教主任。和陈波儿共同创作的话剧《同志，你走错了路！》受到好评，被评为文化劳动模范。1945年4月至6月，作为山东代表团成员参加中共七大。

1946年2月至1948年，任山东解放区派驻联合国分署代表、军调部中共驻青岛小组首席代表。

1946年10月至1948年3月，任山东烟台市市长。1946年11月至1947年11月，任中共烟台市委副书记。1947年6月至9月，任烟台市人民武装指挥部第一指挥。

1948年4月至12月，任潍坊特别市政府市长。4月至7月，任中共潍坊特

别市委宣传部部长，7月至12月，任潍坊特别市委常务委员，9月至12月，任潍坊特别市委代理书记。

1948年12月至1949年2月，任中共济南特别市常务委员、济南特别市政府副市长（至1949年5月）。1949年4月至9月，任中共济南市委街道工作委员会书记。5月至9月，任济南市政府市长、中共济南市委第一副书记。

1950年3月调外交部工作。历任驻缅甸首任大使，驻印度尼西亚大使、外交部条法司司长。1961年作为中国驻缅甸大使，任解决中缅边界谈判中方首席代表时，获缅方颁发勋章。

"文革"中受迫害。

1972年至1978年底，任外交部国际问题研究所筹备组组长。

1978年7月至1981年2月，任文化部副部长、党组成员。1981年3月至1982年5月，任对外文化联络委员会副主任、党组成员。

1984年受党中央委派，担任整党联络组负责人，指导江苏、安徽等地整党工作。

退居二线后，任中国国际文化交流中心副理事长、中国对外文化交流协会副会长。

中共七大候补代表，全国政协第六、七届委员，全国政协外事委员会委员。

1999年在北京逝世，享年85岁。

肆佰壹拾柒　叶子真

叶子真（1901—1948.4）山东泰安县（今泰安市岱岳区）夏张镇人，泰安育英中学毕业后，考入曲阜师范第四期旧制讲习班，经常参加进步宣传活动。1927年毕业后，先后在肥城安驾庄镇和家乡夏张镇教书，并与共产党人士经常接触。

1937年9月，夏张镇崔子明在家乡四处奔走宣传，动员有志之士抗日，组织起六七十人参加游击队。10月发展抗日积极分子曹龙骧、叶子真等人加入了共产党，从此，他便放弃教育工作，投入抗日救国斗争。

1937年12月31日，日军侵占泰城，当晚组织了10人，11支枪，这10人是：张北华、远静沧、程重远、崔子明、夏振秋、夏天任、曹龙骧、叶子真、叶明伦、刘西岐（刘标），他们共同组成了一支抗日游击队。从此，他将家中的毛驴卖掉带上钱与弟弟叶明伦奔赴抗日的征途。队伍后来扩大到100余人，80多支枪，成立了"山东人民抗敌自卫团"。不久，他调任泰西县任二区区

长，后任县民政科长。

由于积劳成疾，虽然吃了不少药，仍不见效果。1948年4月在安驾庄镇北面傅家沟村病逝，年仅47岁。

泰西县委得知叶子真病逝后，通知他的在部队文工团的女儿及家里的儿子，将他安葬在家乡夏张墓地。

肆佰壹拾捌　阴法唐

阴法唐（1922.7—）山东肥城桃园镇张里庄人。1937年毕业于泰安省立第三初级中学，后毕业于济南山东高级职业学校。1938年5月，参加中共山东省委发动领导的山东西区人民抗敌自卫团，1938年6月加入共产党。

1938年7月，阴法唐到中共领导的肥城县保安队，该部队10月改编为范筑先的十七支队，11月编为八路军山东纵队第六支队，活动于泰安、肥城等县。曾任连政治指导员，营总支书记。1940年任一一五师三四三旅（后改为冀鲁豫边区二分区）组织干事。1941年任濮县大队政委、中共濮县县委委员。1945年任独立团政治处副主任、主任。

解放战争时期，在晋冀豫军区（后改为第二野战军）先后任第一纵队五十八团政治处主任，五十九团（后改为五兵团十八军五十二师一五五团）政委、团长兼政委。参加过陇海战役、鲁西南战役、跃进大别山、淮海战役、渡江作战、大西南战役等。其间，比较大和激烈的战斗有山东菏泽地区的东明战斗，陇海战役中的吕庄战斗，大别山高山铺战斗，淮北汝南战斗，淮海战役中的小马庄战斗，大西南战役中的追歼宋希濂的战斗等。在吕庄攻歼国民党一八一师的战斗中英勇负伤。

1950年，任五十二师副政委，接受进军西藏、解放和建设西藏的任务。之后，历任昌都解放委员会委员，西藏江孜军分区政委，中共西藏江孜分工委（后改为地委）书记、西藏工委委员。1959年任某平叛部队第一政委，参与和指挥了平息西藏叛乱的战斗。

1962年印度向西藏蚕食挑衅时，参加了中印边境自卫反击作战，任对印反击作战前线指挥部政委。反击战胜利后，为毛主席接见的5名对印反击作战人员之一。

1963年任西藏大军区政治部主任。

"文革"中，遭到迫害。

1971年调出西藏，任福州军区政治部副主任，落实政策后又恢复主任职务。

1975年任济南军区政治部主任，1978年底任济南军区副政委。

1980年，由于达赖派西藏参观团煽动"西藏独立"等原因，他第二次进藏，被中央任命为中共西藏自治区党委第一书记，同时被军委任命为成都军区副政委兼西藏军区第一政委。在此期间还被选为西藏军区党委第一书记，西藏第三届政协主席。

1985年7月调出西藏，任中国人民解放军第二炮兵副政委。

1955年被授予上校军衔，并荣获二级独立自由勋章、二级解放勋章。1962年晋升大校军衔。1988年被中央军委授予中将军衔，并荣获独立功勋荣誉章。

中共第十二、十三大代表，第十二届中央委员，第五、六、七、八届全国人大代表，第七、八届全国人大常委、内务司法委员会委员，中巴友好小组成员。

肆佰壹拾玖　于　公（袁永懿）

于　公（1911—1940.4）又名袁永懿，生于北京一个富裕家庭。原籍贵州修文县。1930年由北京汇文中学考入辅仁大学。1931年转入清华大学历史学系。1936年毕业后到天津南开中学任教，同年进入南开大学经济研究所。

七七事变后，毅然投笔从戎，南下抗日，并参加了抗日民族解放先锋队。后经中共西安八路军办事处介绍，到山西五台山八路军随营学校学习。

1937年底结业后被派往徐州，参加"平津流亡学生同学会"的工作。1938年2月，到山东滕县"善堌农民抗日训练班"任军事教员，并组建了滕县历史上第一支共产党领导下的抗日武装"抗日义勇队"，任队长。5月任鲁南人民抗日义勇队第一总队第二大队队长。他作战勇敢，指挥有方，曾率部进行了在官桥岗头山袭击日寇军车等数十次战斗，屡建战功。

1938年秋经郭子化介绍加入共产党，11月义勇总队改称为直辖四团，他任该团二营营长。不久，调山东省委党校学习。12月山东纵队成立，他被任命为纵队参谋处作战科科长。他对党忠诚，文武兼备，出色地完成了各项任

务，并影响和鼓励其弟妹走上革命道路。

1939年8月的"肃托"中他被错误审查，1940年4月在沂南县被错杀，时年29岁。

1985年1月，中共山东省委组织部为之平反昭雪，恢复名誉。

肆佰贰拾　于化琪

　　于化琪（1907—1984.10）又名于化溪，曾化名周庭浩，江苏东海县南乡深沟庄（今江苏灌云县）人，生于农民家庭。9岁入私塾，1924年入高等小学读书。在校期间，他以高等小学代表身份参加反日会及进行爱国活动。1926年考入灌云县第八师范。1930年考入江苏省教育学院。1933年毕业后，受聘于铜山县农民教育馆当教育部主任。1935年2月到天津职工学校读书，并被选为中国农村研究会会员。

1936年夏到上海，任中国农村经济研究会组织干事（中共领导下的学术团体）。

1937年八一三事变后，受中共党组织派遣回到徐州，即至赣榆县农教馆任农事部主任。不久得到第五战区动委会赣榆县动委会指导员的委任，11月任主任指导员。

1938年1月，在徐州由郭影秋介绍加入共产党。随后在滕县墙崮任农民抗日训练班教员，3月调回徐州，特委派他到宿迁县政府当动员科长，9月受命重建峄县县委并任县委书记。公开名义为第五战区游击总指挥部鲁南办事处副主任。不久又调任临郯费峄四县边联县委书记。

1939年2月至1943年7月，历任鲁南特委统战部长，山东分局社会部政府工作科科长，鲁南三地委委员、政府工作部部长，鲁南区党委委员，鲁南行政专员，鲁南区党委秘书长、统战部长等职。1943年7月，任鲁南运河地委书记。

1944年6月，入山东分局党校参加整风。1946年后历任海州市委书记、市长，山东省政府处长。

中华人民共和国成立后，历任南昌铁路局党委书记、局长，上海铁路局党委副书记。

1962年任苏州市政协副主席。

1984年在苏州逝世，终年77岁。

家人根据其遗嘱，将其骨灰安葬在山东枣庄山亭区徐庄镇西七里河西岭。战争年代，那里曾是他战斗生活的地方。

肆佰贰拾壹　于会川

于会川（1899—1946.5.2）原名于百恩，辽宁省黑山县人。1921年毕业于奉天省立第一师范学校。曾在奉天省立第三小学任教导主任，因支持省城学生抗日示威游行、反对日本无理扩大鞍山矿山而被撤职。1922年3月，入东北陆军第八混成旅当兵，历任司务长、排长、连长。

1927年2月，考入东北陆军讲武堂第七期步兵科。1928年毕业后被派往东北军第六教导队任少校中队长。翌年1月调任东北陆军讲武堂第十一期战术教官。

1931年1月，奉命举行仪式集体加入国民党（无党关系）。1932年1月加入青年党，同年2月脱离青年党加入国社党。九一八事变后，他在北镇、义县等地组织抗日义勇军，历任辽西抗日义勇军独立第一支队（后改为第一军区第三路军）司令、东北义勇军第一军团第十二路军司令，开展对日寇的武装斗争。

1933年起，他结识进步青年苏西林和杨雨民，同年6月同国社党断绝关系，用近两年时间阅读进步书刊，认识到只有跟中国共产党走才能实现抗日救国的愿望。因此，他辗转华北地区从事救亡活动，担任北平难民子弟学校的军事教官，诚恳地向共产党靠拢。

1936年8—9月间，他通过苏西林、杨雨民与中共北平西区区委沟通联系，和杨西光同往西安，在杨的指导下开始革命活动。

1937年2月，经刘玉新介绍加入共产党。同年奔走于西北、华北各省发展进步青年参加革命队伍。

抗日战争爆发后，他在济南、徐州等地从事敌后抗日活动，曾任范筑先的高级参谋，并兼任该部政治学校副教育长。同年8月，他以民主人士身份，担任国民党肥城县第一任抗日县长，并将县大队改编成共产党领导下的抗日武装，亲任司令员。

1939年后，他历任八路军山东纵队六支队第三团团长、泰西行政委员会副主任、鲁西支队司令员。

1941年，他到延安军政学校学习。1942年转入中央党校一部学习。1944年12月调晋西，在邹大鹏的领导下从事情报工作，任中共中央晋绥分局情报

处长。

1945年，调中共中央东北局社会部工作，同年11月调大连工作，任中共大连市委社会部部长、市公安总局副局长。

1945年，中共大连市委研究决定建立人民法院和检察机构，于会川负责组建工作。

1946年1月，任大连市地方法院第一任院长兼首席检察官。

由于长期昼夜工作，积劳成疾，不久肝癌恶化，接连吐血。仍然坚持昼夜工作。1946年5月2日，他以极大的毅力，强忍着晚期肝癌的痛苦，对身边的同志说："我不行了，你们好好为党工作吧！"说完便离开了人世，时年47岁。

肆佰贰拾贰　于笑虹

于笑虹（1914—1973.6.18）山东即墨县人，生于手工业者家庭。九一八事变爆发时，他正在济南高中读书，参加了去南京请愿的行列。后来又领导"反会考"运动，被学校开除。一二·九运动前后，他在北平读书，参加了一二·九学生爱国运动。1936年参加中华民族解放先锋队。

七七事变后，他同平津流亡学生一起，历尽艰险到达济南，在中共山东省委动员大批青年到鲁西北发动抗日游击战争时，他被分配到聊城。他担任了范筑先的卫队长。1938年春，他被派往寿张，发动群众开展抗日救亡运动，进行政权建设，并建立了一支抗日武装。这年7月，他加入共产党，到范筑先部第二十一支队任政治部主任，从事争取改造该部队的工作。1939年春，他遵照党的指示，到临清以"八路军工作团"的名义发动群众，组织武装，建立了卫河支队，先后担任副司令、司令。1940年春，调任八路军一二九师先遣纵队一团团长，10月，又任一二九师新八旅二十二团政委。1943年他带领二十二团去开辟卫河以东地区，不久，任冀南七分区政治部主任。

解放战争期间，他先任晋冀鲁豫野战军二纵队六旅政治部主任，又任第二野战军第十军二十八师、二十九师政委。在刘、邓首长领导下，转战冀鲁豫战场，强渡黄河，挺进大别山，逐鹿中原，参加了淮海作战，后又渡江南下，转战西南战场，并参加了成都会战和多次剿匪战役。

中华人民共和国成立后，任中共川南区党委宣传部部长，宜宾地委书记

兼宜宾军分区政治委员，第二野战军十军二十八师政治委员，海军修造部政治委员，工程部政治委员。

1956年任第二海军学校校长兼政治委员。1958年海军科学技术研究部部长。1961年调国防部第七研究院副院长、院长。

1961年晋升为少将军衔。

1971年任第六机械工业部第七研究院院长，解放军第七、第三研究院院长。

1973年6月8日逝世，时年59岁。遵照其遗嘱将骨灰撒入海洋。

粉碎"四人帮"后，他蒙受的不白之冤得到了平反昭雪，并被授予烈士称号。

肆佰贰拾叁　袁仲贤

袁仲贤（1904—1957.2.16）曾用名袁策夷，湖南长沙人。1922年加入共产主义青年团，1923年底入湘军讲武学堂学习。1924年转入共产党，同年11月入黄埔军官学校第一期，后曾在黄埔军校政治部、国民革命军第四团、补充第五团和二十二师工作。

1927年南昌起义时在国民革命军第二方面军第二十军三师任参谋处处长。不久赴苏联莫斯科中山大学学习，1930年回国。

1931年起任广东东江革命军事委员会主席，中共湖南湘江特委书记。

抗日战争时期，历任八路军一二九师筑先抗日游击纵队政委，一一五师司令部教育科科长，山东军区教导团团长，胶东军区参谋长、副司令员。

解放战争时期，1946年1月起，历任新四军兼山东军区副参谋长，华东军区副参谋长。1949年3月，任中国人民解放军第三野战军第八兵团政治委员，第三野战军暨华东军区代理参谋长等职，参加淮海、渡江等战役。

南京解放后，曾任南京警备区司令员兼政委。1950年转做外交工作，任中国驻印度大使。

1956年初，奉调回国，就任外交部副部长，成为继张闻天和姬鹏飞之后第三位调任此职的驻外使节，但此时他已绝症缠身，早在1954年回国陪尼赫鲁访华之前，医生就发现他的右肺上叶有一小块阴影。为了工作，袁仲贤未加重视，照常工作和活动。

1956年5月，赴莫斯科就医，复查胸腔疾病，才发现肺癌细胞已大面积

扩散，无法切除。1957年逝世，终年53岁。

肆佰贰拾肆　远静沧

远静沧（1901—1938.4）原名远绍华，字哲生，河北任邱县鄚州镇石坞基村人。曾在保定师范读书，后考入北京师范大学文学系。毕业后，在北京师范大学附中任国文教员。他经常以"石泉"的笔名发表文章。后来，他到《中华大辞典》编纂处工作。以后去河南省睢阳师范学校教国文。1929年加入共产党。

1933年，他到山东青州（益都）师范学校（省立第四师范学校）任国文教员。在此期间，他积极从事党的地下工作，参加爱国学生运动，经常和一些进步青年聚会，宣传共产党的主张，抨击和揭露国民党政府的腐朽行为与反动作风，在群众中引起很大的反响。

1934年夏，由于叛徒出卖，他在青州师范被捕，押解到济南高等法院。判处五年徒刑被送到济南第一监狱，与张北华、崔子明等人押在一起。

1937年抗战开始，国民党释放政治犯时，他也被释放出狱。出狱后，及时与山东省委接上了关系。根据党的指示，他和崔子明一起以夏张小学为基地，以教师身份为掩护，联络共产党员和爱国志士宣传抗日救国、宣传共产党的主张，动员人们拿起武器抵抗日本帝国主义的侵略。成立了山东西区人民抗敌自卫团，张北华任自卫团主席、葛阳斋任副主席、他任政治部主任、程重远任供给部部长。

1938年春，日寇疯狂入侵华东地区。山东西区人民抗敌自卫团在泰西地区发动群众，组织人民武装力量，到处袭击敌人。

为配合台儿庄战役，自卫团破袭津浦铁路，切断敌人交通达十余次，给侵略者以沉重的打击。敌人为了保护运输线路畅通，抽调兵力，对泰西自卫团进行报复性围剿。

4月6日拂晓，日军100余人分三路向鱼池一带进攻。时任山东西区人民抗敌自卫团政治部主任的他率领自卫团急速赶来投入战斗。战斗中，不幸被敌人的子弹击中头部，以身殉国，时年37岁。

1955年，泰安人民政府为缅怀革命先烈，把远静沧烈士的遗榇迁葬于松柏环抱的泰安革命烈士陵园。

2015年民政部公布的第二批600名著名抗日英烈和英雄群体名录，远静沧名列其中。

肆佰贰拾伍　翟子超

翟子超（1912—1939.9.27）1921年入学，1927年春高小毕业后，以优异的成绩考入山东省立第一师范（习称济南一师）农村讲习科。1927年加入共产党，是金乡县早期党组织主要创始人。1928年，济南五三惨案发生，日军侵占济南，学校无法上课，他因而辍学。1929年，日军撤离济南，学校复课，继续入校学习。1930年，他以"稚心"为笔名，在《大明湖畔》报上发表数篇文章，在济南学生界颇有影响。同年底，修业期满，回到家乡。1931年1月，金乡县立第三小学校长梁希贤聘请他为该校训育主任。同年8月，经人介绍去齐东县台子小学教书。因宣传革命思想，于1932年被解聘。同年7月，又去成武县第一高小教书。1933年7月，因革命工作需要，又去阳谷县安乐镇小学教书，此间，与共产党员杨一斋、盛北光、申云浦等取得联系，建立了阳谷县的第一个党支部。

1934年冬，在阳谷县参加了"中坚社"。他们还编演了《孔雀东南飞》《九一八》等剧目，用以扩大政治影响。由于他在阳谷一带积极开展党的工作，1935年6月被学校辞退，返回原籍金乡。尔后，又应聘到金乡县第一高小教书。1936年6月初，组织"读书会"和"中华民族解放先锋队"。11月，建立金乡县的第一个党支部——中共金乡县第一高小支部，他和秦和珍为支部负责人。

1937年9月，中共山东省委派共产党员王鉴览到金乡县，与翟子超、共产党员耿荆山等人取得联系，根据省委的指示，成立了金乡县最早的党的县级领导机构——中国共产党金乡县工作委员会。10月，奉上级党组织的命令到单县以教书为掩护，从事党的工作。不久，建立了中共单县特别支部，他任书记。1937年12月底，经金乡县工委要求，鲁西南工委同意将翟子超从单县调回金乡县。

1938年2月15日，建立第五战区第二游击纵队，他任纵队民运干事。3月，国民党的第三路军要收编这支队伍。为保存实力，第二游击纵队主动疏散。5月13日，日军侵占金乡县城，3000余名守城民工惨遭杀害。侵略军到处烧杀掳掠，惨不忍睹。为抗击日本侵略军，翟子超等人在耿楼重新拉起一支50余人的抗日队伍。6月13日，湖西各县抗日武装会师，这支队伍被统编为人民抗日义勇队军二总队第十三大队，他任大队政治指导员。8月，参加了攻打汉奸王献臣部的战斗，他任第二总队一个连的指导员。年底，第二总队改编为山东纵队苏鲁挺进支队。1939年2月，又改为苏鲁豫支队第四大队，

他仍任连指导员。不久，改任苏鲁豫支队四大队宣教股长。7月7日，鱼台县建立了湖西地区的第一个抗日民主政府，他兼任教育科长，不久又升任苏支四大队某营教导员。

1939年8月底，混入党内的坏分子王须仁（湖边地委组织部长）制造了湖西"肃托事件"。9月15日，他和其他同志一起被王须仁以"托派分子"的罪名非法逮捕。27日，不幸遇难。

1941年春，湖西地委根据中共中央《关于湖西边区锄奸错误的决定》精神，在单县辛羊庙为被害的同志举行了隆重的追悼大会，翟子超同志被追认为革命烈士。

肆佰贰拾陆　张北华

张北华（1911.3.19—1975.7.2）原名张训荣，又名张恩堂、张维之。生于山东商河县营子镇一个中农家庭。1927年考入山东省立青州师范读书。1930年加入共产党。1931年上半年因参加学生运动，被国民党山东省党部下令通缉，离开青州去北平，从此走上了职业革命道路。1931年下半年，他以小贩身份做掩护，到长辛店铁路工人中做工作，后又回到北平。1932年初，他回到山东担任共青团济南市委书记。他在许多工厂和学校都建立了共青团组织。同年山东省委遭受大破坏，他被调到省委，担任省委秘书长工作。1933年2月，山东省委再次遭受破坏，省委书记任作民被捕后，由他担任临时副省委书记。同年夏天，他去泰安、鲁南巡视工作，并在沂水、苍山两县领导发动了农民暴动，由于敌人的残酷镇压，暴动遭受失败。1933年7月，由于省委组织部长宋鸣时叛变投敌，他在济南被捕。

1937年10月，由于党组织的积极营救和狱中同志们的坚决斗争，国民党反动当局被迫将他和一批共产党员、其他政治犯释放出狱。

出狱后，他没有回家，而是立即去找党组织。受中共山东省委书记黎玉派遣，去泰西地区发动群众，建立抗日武装。泰西地区是指泰山以西的泰安（西部）、肥城、长清、东平、平阴、东阿、汶上、宁阳等县。这个地区有泰肥、大峰、平阿、东平四个山区，基本上连接在一起。泰西地区北靠山东省会济南，西跨黄河，东临京浦铁路，南有汶河两岸，可以直接威胁济南和京浦铁路。到泰西后，他立即去找在济南一起坐过监狱和认识的战前党员崔子明等人，并和先到达泰西的战前党员远静沧一起，于1937年12月30日举行了

武装起义。

　　1938年1月11日，他们成立了"山东西区人民抗敌自卫团"，他被推选为自卫团主席。1938年1月28日（农历腊月二十八），夜袭界首车站。他和崔子明等人，手持大刀，身入敌营，砍死十几名正在酣睡中的日军，夺了两支崭新的日本三八式步枪和一支德国造马枪。同年三四月间，为了配合国民党正面战场台儿庄会战，他派人和国民党展书堂的八十一师联系。展部支援几箱炸药，自卫团派人炸了万德车站附近铁路大桥，并在泰安城南北集坡车站附近设伏，炸了一列军车，使敌人十多天不能通车，有力地配合了台儿庄会战。

　　1938年11月，泰西特委根据苏鲁豫皖省委指示，将特委领导的武装——自卫团和东进梯队改编为八路军山东纵队第六支队，下辖一、二、三团和泰安独立团，约4000余人，由刘海涛任司令员，张北华任政委。1939年8月，奉命调到津浦路东工作，以后到延安入马列学院学习，并参加了中央党校的整风。1945年，他出席了党的第七次代表大会。

　　抗日战争胜利后，他仍回到山东工作。1946年初任济南市委书记兼鲁中区党委委员。1948年济南解放后，他任市委副书记兼组织部长，后调任徐州市市长、市委书记、军管会主任。

　　中华人民共和国成立后，调任全国总工会第一机械工会主席。1961年下半年，他调任甘肃省委常委、省监委书记。

　　"文革"开始不久，他即受到迫害。

　　1975年逝世，终年64岁。

肆佰贰拾柒　张承先

　　张承先（1915.1.5—2011.1.26）曾用名张孝统，山东青州府高苑县（今淄博高青县）人，自幼读书，青年时期，积极参加抗日救亡活动。1936年3月，加入共产主义青年团。同年5月加入共产党。考入清华大学后，任地下党支部书记。

　　抗战爆发后，中共鲁西北特委为争取团结国民党山东省第六专署专员兼保安司令范筑先抗日，派他任范筑先的秘书。同时任中共鲁西北特委联络员，从事高唐、清平、夏津、平原、武城、恩县等地发展武装和恢复党组织的工作。

　　1938年春，代表地方党组织配合八路军津浦支队开辟高（唐）、恩（县）、夏（津）、武（城）地区，在恩县旧城创办八路军干部学校，任校长。同年6

月，成立以临清为中心的中共鲁西北特委，任特委书记。

1939年春，鲁西区党委成立后，任区党委委员、中共卫东地委书记。同年9月，任区党委常委、宣传部部长。

1941年7月，鲁西、冀鲁豫区党委合并为冀鲁豫区党委，任区党委常委、宣传部部长。精兵简政后，任冀鲁豫边区工农青妇联合会主任。

解放战争期间，任冀鲁豫二地委书记，后任区党委政策研究室主任、宣传部部长。

中华人民共和国成立后，曾任中共平原省委宣传部部长、华北局宣传部副部长、华北行政委员会文教委员会副主任、河北省委书记处书记。

"文革"开始时，任北京大学工作组组长兼北京大学党委书记。粉碎"四人帮"后，历任中共河北省委常委、省革委会副主任，国家科委副主任、党组成员，教育部副部长、党组副书记、书记等职。

第六、七届全国人大常委、教育科学文化卫生委员会副主任，第二、三届中国教育学会会长，中国中小学幼儿教师奖励基金会副理事长，青岛大学、烟台大学名誉校长。

中共八大、十二大代表，中共十一届三中全会上当选为中纪委委员。

2011年在北京逝世，享年96岁。

代表作品：《历史转折与教育改革》《张承先教育文选》《张承先回忆录》

肆佰贰拾捌　张芳久

张芳久（1913—1939.7）淮阴县刘老庄人。1938年初，他由延安"抗大"毕业，分配到中共苏鲁豫皖特委，任徐东南区区委书记。5月，徐州失守后，徐东南区委撤销，成立中共苏皖工委（后改为苏皖特委），他任副书记。1939年2月，中共苏皖特委根据党中央关于"巩固鲁南，向苏北发展"的方针，派他和高兴泰、戴曦三人到淮涟地区恢复和重建党组织，发展抗日武装，领导民众进行抗日斗争。

1939年2月10日，到达涟水朱后圩朱慕萍家。随即成立中共淮属临时工作委员会，他任工委书记，到淮阴、泗阳开展工作。到淮阴农村后，与吴觉、夏如爱、谢楠接上了联系。1939年3月，他批准成立了中共淮阴临时县委；4月，中共淮安工委成立，随后各县都建立了党组织。在不到一个月时间，他和吴觉、宋振鼎、夏如爱等人在渔沟拉起4股民众抗日武装，多达200多人，成立淮阴抗日义勇队，并在张圩设立总指挥部，吴觉任总指挥，他任参谋长，谢冰岩任秘书长，宋振鼎任政治部主任，张一平任副官主任。

　　1939年3月初，在涟西地区，林士钧、朱启勋、张景文、王雨洛、王晓楼等搞到了国民党第五十七军北撤时留下的武器，在朱南荡成立"涟水民众抗日救国独立营"。独立营成立后，他指示戴曦到独立营工作，先后发展王雨洛、王国干、朱启勋、朱洪滨等人入党，并建立党支部。与此同时，李干成、陈亚昌等在红窑乡龙兴寺组织了抗日义勇队，有30余支枪。3月12日，独立营和抗日义勇队在龙兴寺会合，合编为涟水县民众抗日义勇队，推选李干成为队长、林士钧为参谋、陈亚昌为副官。4月5日，日军强迫100余民工在鲁渡修筑公路，涟水抗日义勇队在李干成、林士钧、陈亚昌的率领下伏击日军，打响涟水民众抗击日军第一枪。

　　4月，经苏皖特委批准，撤销中共淮属临时工委，成立中共淮属中心县委，他任书记。1939年6月，根据苏皖区党委指示，他集中淮阴和涟水县抗日义勇队以及淮安民众自卫队在涟水集合编为八路军山东纵队陇海游击支队第八团，他任八团党代表。

　　7月，苏皖区党委决定，将淮属中心县委改建为中共苏皖第三地委，万众一任书记，张芳久改任副书记兼组织部长。7月下旬，他赴涟水检查工作，路宿淮阴渔沟北小潘庄，遭顽匪吴仲坚、蒋士功等人暗害，时年26岁。

　　1987年2月10日，淮阴县人民政府报江苏省人民政府批准，追认张芳久为革命烈士。

肆佰贰拾玖　张福林

　　张福林（1900—1978.7.19）又名张福友，山东峄县（今枣庄市）齐村人。1927年6月，成立了枣庄矿区工会，他任主席。同年7月，经纪子瑞介绍加入共产党。

　　1928年8月5日，他被捕后转送济南高等法院监狱，与邓恩铭、纪子瑞一起开展了狱中斗争。1934年10月，被释放出狱回到了枣庄。1937年11月，恢复了组织关系。1938年3月，日军占领了枣庄。他即随抗日义勇队活动在郭里集、税郭一带。1945年4月，中共枣庄市委、枣庄市人民政府成立，他任副书记兼市长。

　　中华人民共和国成立后，张福林曾先后担任山东总工会副主席、华东煤矿管理局技术安全监察处长、华东地区煤管局技术安全监察局副局长、山东煤矿学院副院长等职。

　　1978年逝世，终年78岁。

肆佰叁拾 张冠五（张立峰）

张冠五（1914.12—2000.1.17）原名张立峰（南下时更名张冠伍），山东峄县（今枣庄市薛城区）沙沟镇黎墟村人。

七七事变后，他所在学校会同"曙光""天主学堂""滕文"等学校，号召进步教员带领学生罢课，到滕县县城举行抗日游行示威活动，向沿途群众散发传单，从而唤醒民众的爱国行动。在教员的岗位上受到临沙区委书记褚思佩的赏识，除教学外还兼职区委的抗日宣传简报刻印工作，后任茶棚抗日小学校长。1937年10月经董尧卿介绍，参加"鲁南民众抗日自卫军"，任直属营一连连长，同年加入共产党。

1939年9月八路军一一五师抵达鲁南。他所在部队编入一一五师鲁南支队。

1943年7月，任"鲁南人民抗日义勇队"第二情报站站长，直属鲁南区党委领导。负责邹县、滕县、白彦、费县、峄县、沛县（今属徐州）等127个情报点的工作。身为站长，他首先要做的工作是锄奸，9月初在一一五师驻地徐庄（今属山亭）举办了有200名情报员参加的培训班，罗荣桓、王麓水到班上讲课，"谁是汉奸？怎么找汉奸？怎样在保护好自己的前提下抓住汉奸？"大家听后受益匪浅。

1943年11月底，陈毅一行三人由新四军军部（江苏盱眙黄花塘）出发赴延安，刘金山（铁道游击队队长）、杨广立护送到临城。到达微山湖东岸的蒋家集，住在崔玉伦家（系他的姑夫，时任张学良部下的步兵团团长），当张新华（微湖大队长）给陈军长汇报工作时说："我们住在这里最安全，给我们做饭的这位大娘就是张站长（指张冠五）的亲姑娘。"陈毅微笑着说："这很好嘛，就是要利用我们自己的亲戚、朋友、同学、知己来壮大抗日武装嘛。"准备登船过湖时，张队长将两块银圆交给张长兰（系张冠五的姑母）说："大娘，这是我们的食宿费，你一定要收下。"张冠伍的姑母说："别说你跟俺亲侄一块来，就是你们自己来，俺也不会要你们的饭钱，我们一家都是爱国的。"

随后张冠五升任鲁南军属管理委员会生产委员、滕县支前大队教导员。1948年10月，山东分局选拔340名老干部和西南籍干部10人组成南下干部队，定名为"中国人民解放军第二野战军西南服务团"，直属二野政治部领导。经过在临城（今薛城）、徐州集训和整编，1.7万名西南服务团团员，于

1949年7月24日踏上了进军大西南的征途。

他先后担任川东剿匪工委副主任兼巴县县委书记。江津地委常委兼工业交通部部长。

离休后享受省部级待遇。

2000年在重庆辞世，享年86岁。

肆佰叁拾壹　张光中

张光中（1901.10—1984.6.8）又名张心亭、张耀华，江苏沛县宋庄人。1931年8月加入共产党。20岁时后师毕业。立志教育救国。在本村自办高等小学，自任校长。

1932年春，经人介绍到微山湖东岸的夏镇民众教育馆任职员。在此期间，他阅读了大量进步书刊。1935年2月，他和丛衍瑞一起来到煤城枣庄与郭子化接上关系。经他们三人研究，建立了中共鲁南临时特委（后改为苏鲁豫皖边区特委）并任特委委员。1936年6月按特委的布置，他又秘密回沛县，恢复了县委并任县委书记。

1938年5月下旬任"苏鲁人民抗日义勇总队"总队长。同年9月进驻抱犊崮山区，因国共合作的统战关系，经省委批准，苏鲁人民抗日义勇总队第一大队改称张里元所属的国民党保安四团。次年又改为保安二旅十九团，他任团长。1939年9月，罗荣桓率八路军——五师挺进鲁南，他率部脱离张里元部隶属关系，列入八路军——五师建制，改编为苏鲁支队，他为支队长，在创建抱犊崮抗日根据地中做出贡献。1940年以后历任鲁南军区司令、鲁中南军区副司令，徐州警备区司令兼徐州市市长、市委副书记。

中华人民共和国成立后，任江苏省人民检察院检察长，江苏省政协副主席等职。

1984年在南京逝世，享年83岁。

肆佰叁拾贰　张鸿仪（张洪仪）

张鸿仪（1912—1945）回族，生于邮政工人家庭。枣庄人，原籍山东郯城县马头镇人。7岁时进基督教小学读书。13岁时免费进枣庄中兴小学。1935年23岁进枣庄中兴职业中学。在校期间，他积极参加党在学校领导开展的各种活动。1936年3月由李微东介绍加入共产党。

成为中兴职业中学的第一个共产党员。

1937年，抗战全面爆发，他在党的领导下，组织进步学生，创办《抗敌报》，摘编抗日新闻。同年12月，受党的派遣，随朱道南、纪华等人带抗日自卫团编入滕县"鲁南民众抗敌自卫军"，他和纪华等人在该部政训处工作。

1938年3月枣庄沦陷。5月苏鲁豫皖边区特委决定组织建立苏鲁人民抗日义勇总队。他任中队指导员。同年7月，义勇总队反顽斗争结束后，他任第三大队副教导员。10月，他继任三大队教导员。尔后义勇总队几次易名，他一直任三营教导员。1940年7月，他兼任运河支队政治处副主任和一大队政委。11月运河支队进入山区整训，其主力与教导二旅五团合编，他仍任三营教导员。

1942年3月，任鲁南军区第一军分区政治部主任。1943年夏，调任独立支队政委。1943年7月鲁南区党委决定组建二地委（运河地委），他任地委委员兼宣传部长。

1944年初夏，运河地委撤销建立沛滕峄中心县委，他兼任中心县委书记。同年8月，他改任鲁南铁道大队政委。1945年5月，在一次战斗中负伤后光荣牺牲，时年33岁。

肆佰叁拾叁　张廉芳

张廉芳（1910—1973）山东馆陶县（今属河北省）人。1937年参加革命，翌年10月加入中国共产党。曾任山东省第六区抗日游击司令部政治部总务科长、八路军第一二九师筑先纵队供给处处长、冠县抗日民主政府县长、鲁西银行副经理、冀鲁豫行署工商局副局长。

1949年2月南下。中华人民共和国成立后，曾任贵州省人民银行经理、中国人民银行西南区行长、中国人民银行信贷局局长，国家第一机械工业部船舶工业局、第三机械工业部九局副局长、第六机械工业部财务司司长、中国科学院计划局局长等职。

肆佰叁拾肆　张霖之

张霖之（1908.2.17—1967.1.22）原名张福筠，字崇良，又名张朝明，河北南宫县大村乡前水牛屯村人，生于农民家庭。1925年入南宫县师范讲习所学习。1927年起任小学教员。1929年夏考入驻山东烟台的国民党军陆军第二十一师军官教导队。同年12月加入共产党。曾在

该部任秘密的中共支部书记。1931年返乡从事革命活动。1932年9月，任中共南宫县委组织部长。1933年11月，任县委书记。在南宫、巨鹿、平乡、威县一带组织革命斗争，发动直南武装暴动。1935年起任中共直甫特委委员、书记。1936年4月，调任中共冀南特委组织部部长。

抗日战争爆发后，任中共山东省委委员、组织部部长。1937年冬以中共山东省委代表身份去聊城，指导鲁西北地区党的工作。1940年起任中共鲁西区党委书记。1941年6月，鲁西区与冀鲁豫区合并后，曾任中共冀鲁豫区党委书记，副书记，一度兼任冀鲁豫军区政委，致力于冀鲁豫边抗日根据地的巩固与发展。1944年5月，任中共中央平原分局组织部副部长、民运部部长。抗日战争胜利后，任中共冀鲁豫区党委书记兼冀鲁豫军区政委。

1946年11月，任晋冀鲁豫军区第七纵队政委。参加了出击陇海路和定陶等战役。1947年8月，任第十一纵队政委。后率部随陈（毅）粟（裕）野战军南下豫皖苏地区。1948年参加了豫东战役、淮海战役。1949年2月任第二野战军第五兵团副政委。

渡江战役后，1949年4月，任南京市副市长。同年底赴西南地区，曾任中共中央西南局委员、重庆工委书记、重庆市委第二书记和第一书记、西南军政委员会委员。

1952年8月，调任第二机械工业部副部长。

1955年1月，任中央人民政府城市建设总局局长兼国家建设委员会副主任，4月任第三机械工业部部长和党组书记。

1956年5月，任电机制造工业部部长和党组书记。

1957年9月—1967年1月，任煤炭工业部部长和党组书记。中共第八届中央候补委员。

1967年被迫害致死，时年59岁。

1975年平反，恢复了政治名誉。1992年被追认为革命烈士。

肆佰叁拾伍　张维翰

张维翰（1906—1979.10.11）河北邯郸市馆陶县南彦寺村人，幼时家境贫寒。二哥张维玺为生活所迫入冯玉祥部队当兵，后因战功卓著而不断得到提升，到1920年时已升任第十六混成旅步兵第三团团长，这才使他们的家境随之富了起来。排行老五的他，也便有了随母亲由南彦寺村到北平上学的机会。

1915 年，那时他才 9 岁，随母亲来到北平，进了由冯玉祥办的第十六混成旅军官子弟学校（1922 年改名为育德中学），他在此与彭雪枫结识。

育德中学校长是爱国民主人士余心清，而当时东城区学生运动的领导人，正是他的挚友彭雪枫。彭雪枫是冯玉祥部军官彭雨亭的侄子。

1926 年韩复榘背叛冯玉祥，公开投靠蒋介石，学院内立即充满白色恐怖气氛，他们随时都有被捕的危险，于是赵伊坪、赵子众、牛连文、王冠英和张维翰等人便连夜逃离学校，到农村隐匿起来。待到 1929 年八九月间，风声渐息，张维翰才又约集了彭雪枫、赵子众，一起考入了北平民国大学政治系。

这时二哥张维玺已经是冯玉祥部第十三路军的军长了，张家的事业也到了顶峰，成为当地最有名的大户。

大学毕业后，他的二哥张维玺曾介绍他到河南省民政厅（厅长李培基）做事，他在民政厅第一科仅当了 40 天的办事员，因不满政府部门中的庸碌腐败作风，主动辞职返回天津。后于 1933 年 11 月只身奔赴山东工作。1936 年 2 月，他由县长训练班被分配到牟平县实习，任县秘书科长及代理县长。他在 3 个月的工作实践中，因发现和举报原任县长王照旭的贪污行为而反遭民政厅厅长李树春诬陷，故愤然离职不干了，又经张维玺介绍去投奔刚由沂水县县长升任山东省第六专区督察专员、保安司令范筑先。他被委以专员秘书的重任。

1937 年 5 月，经彭雪枫、赵伊坪介绍，他参加了共产党。第六区保安司令部改组为战时体制的山东第六区游击司令部，成立了政训处（后改为政治部），任命他为主任。

在中共鲁西北特委的帮助下，范筑先先后将多股民众起义武装和民团武装改编或收编成为抗日队伍，组成了 35 个支队，号称"十万铁军"。其中第十支队是由中共鲁西北特委直接创立的，由他兼任司令。

1939 年 1 月，八路军总部命令，将第十支队改为一二九师筑先纵队，他任司令员兼鲁西北行政委员会主任。1940 年 4 月，筑先纵队与鲁西行署先遣纵队合并，合编为一二九师的新八旅（旅长张维翰，政委肖永智，副旅长王近山，政治部主任王幼平，参谋长高厚良）。

1942 年，新八旅与冀南三分区合并，他任分区司令员。

1943 年 10 月，他由冀南三分区到达延安，通过考试，进入中央党校二部十六支队学习。

1945 年 8 月，在延安被选为全国人民代表大会筹委会委员。1947 年 3 月，任晋冀鲁豫军区九分区司令员。1948 年 3 月，任冀南三地委武装部长。1949

年 8 月，任邯郸军分区司令员。

中华人民共和国成立后，先后任中共邯郸地委常委、邯郸军分区司令员。

因他学生时代就爱好体育运动，1940 年又在太行山八路军全军运动会上得过总分第一名，就被选派去广州当了军体校的副校长。后军体校撤销，军委成立国防体育协会，他调任国防体协陆上运动部部长。1958 年 11 月，国防体协并入国家体委，他从部队转业到国家体委任陆上运动司司长，直至 1963 年 7 月离职休养。

1955 年授大校军衔。

"文化大革命"中遭受迫害，1979 年 10 月 11 日病逝于北京。

肆佰叁拾陆　张新华（张运海）

张新华（1909.6—？）原名张运海，小土地出租者家庭出身，山东微山县夏镇三孔桥村人。14 岁小学毕业。1932 年 7 月，由张光中介绍，加入共产党。10 月，根据工作需要，他考取沙沟火车站的铁路警察，打入敌人内部。1933 年 8 月，由于被叛徒出卖，他在临城车站被捕。在敌人的严刑拷打与逼审下，他坚贞不屈，后送苏州监狱关押。在狱中，他还参加了"为去掉脚铐"的绝食斗争。

西安事变后，释放了一批入狱的共产党干部，他于 1937 年 8 月 24 日出狱。然后他立即返回夏镇，找到共产党员郑安良等人，在夏镇组织了一支 20 人的名为"夏镇人民抗日义勇壮丁队"的人民抗日武装。

1938 年在苏鲁人民抗日义勇总队特务连当班长，12 月沛滕县委成立，他负责组建部队。自 1939 年春至 1941 年春，先后任第五大队副大队长、沛中警卫营长，黄河支队五县游击大队、教导四旅独立团参谋长。

1941 年 5 月，为保卫山东经微山湖去延安的交通线，他受命带领便衣武装班专门负责交通工作。1942 年 8 月，微山湖游击队在湖西高楼整编，他任微湖大队长，孙新民任政委。他亲自护送过刘少奇、肖华等重要领导。同年秋，微湖大队由湖西军分区划归鲁南军区并组成独立支队，他任支队长兼第一大队长。

1943 年 8 月，他进入山东分局党校学习。翌年初夏，专任第一大队长。1944 年 10 月，鲁南军区第二军分区成立，撤销独立支队建制，他调任军分区对敌斗争办事处主任。

解放战争中，历任山东警备十四团团长、山东转业干部速成中学分校校长。

1955年转业地方，历任中匈农业机器拖拉机站副站长、济宁专署物资局局长、济宁地委档案局副局长等职。

1983年离休。

肆佰叁拾柒　张耀南

张耀南（1901—1974.10.5）山东长清县纸房村人。早年考入教会办的济南济美中学，因反对做礼拜被校方开除。1920年夏考入曲阜省立第二师范。1925年回家乡捐资办学，并负责筹备农民协会，后被推选为农民协会主任。

七七事变后，率全家参加革命。参加中华民族抗日先锋队。同年10月，与夏页文等人共同发起成立长清县民众抗敌后援会，任主任。此后参与创建大峰山抗日根据地。

1938年初，任山东西区人民抗敌自卫团第四大队参谋长。1938年11月，任长清县民众抗日动员委员会主任。

1939年1月加入共产党。历任长清县抗日民主政府第一任县长、长清县抗日独立营营长、鲁西第一行政督察专员公署专员等职。

1940年选为解放区出席全国国民代表大会代表。

中华人民共和国成立后，历任山东省泰安专区副专员、山东省卫生厅厅长、山东省林业厅厅长等职。

曾当选为中共山东省第一、二届代表大会代表，山东省第一、二届人代会代表。

1958年，因受反"右派"斗争扩大化的影响被免职。

1959年9月，任泰山林场场长。

1974他在泰山林场任职期间，主持制定《1960～1967年泰山林场八年发展规划》，提出"泰山是旅游胜地，泰山建设要和发展旅游业，美化人民生活相互促进"的设想。到"文革"前夕，通过全体林场职工的努力，初步实现了"要把泰山建设成一个四时有花，无时不绿，树种丰富多彩的山岳公园"的规划设想。

1962年初，他的"问题"得到甄别。领导就他是否回省工作征求他的意见，他坚持继续担任泰山林场场长职务。1962年5月，他在黑龙潭水库西创建山东社会主义劳动大学三分校，兼任校长。

1974年10月5日病逝，葬于长清烈士陵园。

肆佰叁拾捌　张友渔

张友渔（1898.1.10—1992.2.26）原名张象鼎，字友彝。山西灵石人，1918年考入山西省立第一师范学校。五四运动爆发后，被选为校学生会会长、省学生联合会执行委员，创办《共鸣》刊物，宣传爱国主义。1923年毕业后，考入北京法政大学，同时担任太原《并州新报》、北京《世界日报》、上海《申报》和汉口《中山日报》等多家报刊的驻京记者或特约撰稿人。1927年加入中国共产党。受党派遣，1930年、1932年和1934年他曾三次东渡日本求学和从事革命活动。

回国前后，先后担任过天津汉文《泰晤士晚报》总编辑、北平《世界日报》《民国晚报》《大同晚报》总主笔，并任燕京大学、中国大学、民国大学、中法大学、北平大学法商学院教授，讲授宪法学、劳动法学、新闻学和日本问题。在此期间，在党的领导下从事文化统战工作，创办《世界论坛》杂志和《时代文化》杂志（后改名《文化动向》）。

七七事变后，离北平去济南、开封等地，先后任中共山东联络局书记、中共豫鲁联络局书记。1939年春去重庆，作为中国救国会领导人之一从事民主宪政运动。

1941年春，去香港，任《华商报》总主笔。

1943年任中共南方局文委秘书长、《新华日报》社论委员会委员、中共重庆工作委员会候补委员兼政策研究室副主任、《新华日报》代总编辑、生活书店总编辑。

抗日战争胜利后，任中共代表团顾问，参加国共谈判。

1946年任中共四川省委副书记兼宣传部长、《新华日报》社长。

1947年任晋冀鲁豫边区政府副主席兼秘书长。

1948年4月，任中共中央华北局秘书长。

中华人民共和国成立后，历任中共北京市委副书记、书记处书记、北京市人民政府常务副市长，中国科学院哲学社会科学部副主任兼法学研究所所长，中国社会科学院副院长，全国人大常务委员会法制委员会副主任，全国人大常务委员会委员兼法律委员会副主任等职。

1982年任宪法修改委员会副秘书长，参与1982年宪法的起草工作。

1978年十一届三中全会以后，参加了中国多项重要法律的制定工作。

第一、二、三、六届全国人大代表，第六届全国人大常委，全国政协第一至五届委员。

著有《中国宪政论》《法学基础知识讲话》《社会主义法制的若干问题》等书籍。

主编有《辞海法学卷》《世界议会词典》《历史大地图集》《中国法学四十年》《中华人民共和国法律全书》《中外法律大典》等大型工具书。

1992年在北京逝世，享年94岁。

肆佰叁拾玖　张郁光

张郁光（1904—1938）原名张舒义，山东济南人，少年时入济南制锦市小学，从学于山东最早的共产党员之一鲁佛民，接受了进步启蒙教育。1919年考入济南山东省立第一中学（今济南一中）。1924年，考入北京师范大学数学系。参加了1926年李大钊领导的三一八爱国运动并在斗争中加入国民党。

1927年大学尚未毕业即南下广州，加入北伐军，次年随军返鲁。不久，因鄙视国民党党政军界的黑暗和国民党山东省党部书记长张苇村的横霸龌龊，愤然退出国民党党部转入教育界，先后任北平山东中学、畿辅中学教员，泰安山东省立三中校长。同年10月，任山东省教育厅督学。

1929年，曲阜山东省立第二师范学校（简称曲阜二师）在中共地下党影响下，爆发了震动中外的反帝反封建的"子见南子"案。张郁光参与调处，坚持进步，反对封建。1930年2月，年仅25岁的张郁光抵古城曲阜，就任二师校长。他知道教师楚图南是共产党员，在国民党曲阜县党部要逮捕教师楚图南时，马上掩护并资助其离校。

由于转移几名重要中共党员，省政府旋即宣布将他撤职查办。山东省临时军法会审委员会迭次传讯，他被迫离校躲藏。1931年春，他赴日本帝国大学学习。1934年底毕业回国，被聘为北平师范大学教育系讲师。1935年参加一二·九运动，先后为"北平教师救国联合会""华北救国联合会"执行委员。

七七事变后，与北平部分教授及流亡学生到济南。1938年1月，他与大批党员干部被党派往聊城。6月，加入共产党。不久任鲁西北政治干部学校副校长。

1938年11月12日，日寇——四师团勾结汉奸进攻聊城。他协助范筑先率部英勇抗敌。他本已率部突围出城，后发现范筑先还在城内，又毫不犹豫返回城内继续战斗。终因寡不敌众，逐渐失利。他与范筑先指挥部队血战一昼夜。15日，城破，范筑先与700位守城将士全部英勇殉国。张郁光等7人赤膊与敌巷战，坚持到最后，被日寇残杀于状元街一老百姓家，年仅34岁。

同时殉国的还有共产党员姚第鸿（范筑先秘书、政治部副主任）。范筑先、张郁光、姚第鸿牺牲后，被誉为"华北抗日三烈士"，其殉国之日被定为"华北抗战纪念日"。

肆佰肆拾　张云峰

张云峰（1915—1991.10）又名张兴岱，山东汶上县人。1937年12月参加革命工作。1938年2月参加汶上县永安寺起义，12月起义部队被编为八路军山东纵队六支队一团，任一营教导员。1939年春加入中国共产党，任东（平）汶（上）宁（阳）支队民运股股长。1940年初，调任东汶游击大队大队长。同年6月，任汶东县抗日民主政府县长。1942年4月，调中共鲁西区委党校学习。1943年春，任寿张县县长。

中华人民共和国成立后，任安徽省水利局党组书记、局长，省农委副主任等职。1982年1月离休，1991年10月在合肥逝世，享年76岁。

肆佰肆拾壹　赵　杰

赵　杰（1913—1996.3.3）又名赵东斌，河南商城县人。1928年参加中国工农红军。同年加入共产主义青年团。1933年加入共产党。任红四军第十二师三十四团政治处宣传队队长，红九军第二十五师七十三团连政治指导员，红三十三军第九十九师二九七团政治处主任、师政治部主任，红三十三军经理部代理政治委员，红五军第十五师四十三团政治委员。参加了鄂豫皖革命根据地第一至第四次反"围剿"斗争。

抗日战争时期，任八路军山东人民抗日游击队第四支队副司令员兼团长，独立第一师副师长，第四支队副司令员兼支队后方司令部司令员，鲁中军区第一军分区、第四支队、第三军分区、第四军分区司令员，滨海军区第三军分区司令员兼旅长。参与组织领导了山东徂徕山抗日武装起义和反"扫荡"斗争。

解放战争时期，任旅大公安总局局长，辽宁军区副司令员，辽北军区第一副司令员兼独立第一师师长，第四野战军战车第一师副师长。参加了辽沈、平津战役。中华人民共和国成立后，任坦克第一师副师长，东北军区装甲兵副司令员。

抗美援朝期间，任中国人民志愿军坦克兵司令员。荣获朝鲜民主主义人民共和国一级国旗勋章。回国后，任沈阳军区装甲兵司令员，第一坦克学校校长，装甲兵副司令员。

1955年被授予少将军衔，荣获二级八一勋章、一级独立自由勋章、一级解放勋章。

全国政协第六、七届委员。1988年荣获一级红星功勋荣誉章。

1996年在北京逝世，享年83岁。

肆佰肆拾贰　赵健民

赵健民（1912.6.24—2012.4.8）曾用名吴培强，山东冠县赵梁堂村人。1932年到济南入省立第一乡村师范学校求学，同年冬加入共产党，曾在该校任中共支部书记。

曾任中共济南市北区巡视员、市委书记，山东工委组织部部长、代理书记，山东省委组织部部长。

1936年9月在济南被捕，次年3月出狱。后任山东冠县抗日游击队政治委员，中共鲁西特委书记，在鲁西北地区发展建立抗日武装。1940年起先后任八路军一二九师新编八旅营长，冀鲁豫军区第三、七分区司令员，参加了冀鲁豫边区1943年反"扫荡"作战。1944年8月，指挥收复莘县战斗，全歼守城伪军，活捉伪模范县长兼保安司令刘仙洲。

解放战争时期，任冀鲁豫军区副政治委员、司令员，第二野战军十七军政治委员兼军长，率部参加淮海、渡江、西南等战役。

中华人民共和国成立后，任西南军政委员会交通部部长。1950年2月，任西南铁路工程局局长。1953年任铁道部副部长。1955年任中共山东省委第三书记、省长。

1958年，他因为反对"左"的错误而遭到批判，被扣上了"右倾主义、地方主义、分散主义"三顶"帽子"，降职为济南钢铁厂任副厂长。

1962年，获得平反，改任云南省委书记处书记、云南省政协副主席。

"文革"中遭受迫害，被监禁关押8年。

1975年9月起任云南省政协副主席，第三机械工业部副部长，航空工业部顾问。

中共第八届中央候补委员，中共第十二大、十三大上当选为中央顾问委员会委员。

2012年在北京逝世，享年100岁。

肆佰肆拾叁　赵明新

赵明新（1914—1967）原名赵杏村，曾化名李明、赵辰一，山东乐陵县人。1930年夏，考入北平私立艺文中学。1931年8月，任艺文中学团支部书记。1932年2月，到天津宝成纱厂开展反蒋抗日的组织发动工作。同年8月时任天津团市委委员兼宣传、青工部长的赵明新被捕入狱，后又被转到北平军人反省院继续关押。1936年10月，赵明新同薄一波、刘澜涛等52名同志一起出狱。根据党的指示，休养之后他接受了去冀鲁边区发展党组织，建立抗日武装的任务。1937年12月26日，同姚仲明、廖容标一起组织发动了黑铁山抗日武装起义，宣告山东人民抗日救国军第五军成立，赵明新任政治部主任。1938年8月，任清河特委宣传部长。

1939年8月，被选为中国共产党第七次全国代表大会代表。1940年到达延安，由于七大延期（1945年召开）未出席，而是入中央党校学习和工作达4年之久，并参加延安整风。1944年9月始，历任胶东区党委常委兼组织部长，苏南区党委常委、组织部长、区党委第二副书记，上海市委常委、组织部长等职。

1954年8月，担任第一汽车制造厂党委书记。1956年7月15日，第一辆"解放"牌汽车诞生。1958年，组织专家和科技人员自行设计、制造出了"红旗"牌轿车。同年8月，他受到了毛泽东主席的亲切接见。1965年9月，调任中国科学院华东分院党委书记兼院长。

1967年1月，受诬陷和迫害含冤去世，时年53岁。

1979年2月，经中共中央批准，在上海市龙华革命公墓大厅，举行了隆重的追悼会，为他彻底平反昭雪，恢复名誉。

肆佰肆拾肆　赵效三

赵效三（1908—1973.07）原名赵德立，山东省东平县彭集镇苇子河村人。1924年考入省立一中。1928年赴北平读书。1933年参加北平青年学生南下请愿团。1935年自费留学日本早稻田大学。期间参加"世界编译社""山东留日

同学会"等组织，创办《东声》月刊，宣传爱国主义思想。1936年6月回国。1937年9月返乡，参加中华民族解放先锋队。 1938年8月，加入中国共产党，受鲁西特委派遣，任山东第四专署（专员韩多峰）政治部主任。同年11月，任八路军山东纵队第六支队敌工科长。1939年后，历任东平县五区动委会主任、区长、县大队政委、县委书记兼县长等职。

在开展减租减息土地回赎运动中，赵效三以身作则，他动员父亲把家中占有的几百亩土地交给农会，分给无地少地的农民。赵效三还把所有的地契全部烧掉，并且向分地农民一再表示，这些土地本来就是农民的，现在交给农民合理合法，永无反复。在赵效三的影响下，他的近房、亲戚、朋友有的也做出开明的表示，自觉地交出了一部分土地和粮食。

1946年后，历任菏泽市市长，河南省荥阳县副县长，武汉市商品检验局军代表、局长。

中华人民共和国成立后，历任广州市商品检验局局长、广东省外贸局副局长等职。1973年7月在济宁逝世，终年65岁。

肆佰肆拾伍　赵晓舟

赵晓舟（1916—2007.8.21）河南郾城县人。他的长兄赵伊坪是彭雪枫、张维翰在北平育德中学和汇文中学的同学。赵伊坪1926年经彭雪枫介绍入党，在长兄的影响下，赵晓舟也参加了革命，1929年加入中国共产主义青年团，1931年加入中国共产党，当时只有15岁。

抗日战争时期，任鲁西北范筑先部第十支队教导队队长，八路军筑先纵队司令部参谋主任，八路军一二九师先遣纵队司令部作战股股长，第五大队大队长，第三团团长，新编第八旅二十四团营长，二十二团参谋长，冀甫军区司令部作战科科长，平原军区司令部作战科科长。

解放战争时期，任晋冀鲁豫军区第二纵队四旅参谋长，第二野战军十军副参谋长。

中华人民共和国成立后，任川南军区副参谋长、参谋长，解放军海军第一航空学校校长，海军技术部部长，海军副参谋长兼技术部部长，海军第三研究院副院长，海军装甲技术部部长，海军航空兵部顾问。

1955年被授予海军大校军衔。1961年晋升为海军少将军衔。曾荣获二级独立自由勋章、二级解放勋章、一级红星功勋荣誉章。

2007年在北京逝世，享年91岁。

肆佰肆拾陆　赵心权

赵心权（1899—1968.5.14）原名赵秉衡，江苏淮安县钦工镇大赵村人，生于普通农民家庭。幼年在家乡师从思想开明的塾师尹国衡，他在谷圩高等小学毕业后，怀着"从戎报国"的思想，考进淮扬镇守公署暨陆军第三师军官训练团学习。"军官训练团"结业后并未被分配录用，遂返回家乡。

1927年加入共产党。同年冬，全县已有横沟寺、贾庄、赵庄以及省九中等33个支部，670多名党员。接着在横沟寺成立了中共淮安县委员会，陈治平任书记，赵心权、谷大涛等任委员。

1928年2月成立"农民自卫军"进行武装暴动，他任副总指挥兼农民自卫军大队长。1929年冬，他任中共涟水县委秘书。中共涟水县委书记吴长来被捕，他继任中共涟水县委书记。不久，中共江苏省委任命他为扬州特委书记，负责江都、高邮、兴化、仪征、天长、六合等七个县的地下党工作。

1932年夏他又回到涟水，找到陈书同、陈亚昌、夏如爱等人，恢复了淮盐特委，他为特委书记。1933年由于叛变出卖，他被国民党特务逮捕。1936年12月西安事变后，他才被释放回家，与党失去了联系。

1940年，他任淮安县第一任抗日民主政府县长。

肆佰肆拾柒　赵伊坪

赵伊坪（1910.7.25—1939.3.5）原名赵廉越，号石庵，曾用名赵石越、赵罗萍、芒种。河南郾城人。1924年就读于北京育德中学。1924年秋，入冯玉祥陆军十一师军官子弟学校读书。1926年加入共产主义青年团。1927年加入共产党。同年底回郾城，以教书为职业，组建"文化促进会"，创办平民夜校，发展中共基层组织。1928年进西北军从事兵运工作。

1935年到河南杞县大同中学任教，同时担任中共杞县县委书记和豫东特委书记，以教书为掩护，从事革命活动。

1937年3月奉派到山东，进入国民党山东聊城第六专署专员保安司令范筑先的秘书处工作，先后任中共鲁西北特委委员、统战部长，第六区政训处秘书长。在济南第三集团军军政人员训练班负责中共组织工作。1938年7月，在姚第鸿、赵伊坪等共产党人的进步思想影响下，六区专员范筑先将军与四区专员韩多峰将军，在八路军一二九师东进纵队的配合下，共同实施了"津

浦铁路破袭战"，捣毁日军占领的平原、禹城火车站，发动辖区民众，挖断铁路百余里，给疯狂的日军以沉重的打击。之后他又协助范筑先将军组织六区民众，迎接延安文艺工作组的刘白羽、欧阳山尊和汪阳等陪同同情中国人民抗战的美国友人、海军少校卡尔逊到鲁西北访问。

1939年1月，任中共鲁西北区委委员、秘书长兼统战部长。同年3月5日，中共鲁西区党委机关由冠县、馆陶向泰西大峰区转移，途中在高唐县琉璃寺与日军遭遇，受伤被俘，被日本侵略者残酷杀害，时年29岁。赵伊坪的遗骨，连同琉璃寺战斗中一起牺牲的战友，安葬在高唐县琉璃寺镇徐庙村东头的烈士陵园。1984年郑州烈士陵园举办了赵伊坪烈士事迹展览。

中共中央顾问委员会副主任宋任穷为烈士题词。原鲁西北特委书记、中央顾问委员会常委赵健民挥笔题写了《念赵伊坪同志》诗一首：

> 忆昔当年鲁西北，戎马驰驱战敌伪。
> 痛君为党勇捐躯，悲思战友泪沾衣。

肆佰肆拾捌　郑　兴

郑　兴（1885—1940）又名汉卿，博山县五福峪郑庄人。1925年毕业于吉林警官学校。1926年任珲春东沟中苏边境警察署长。九一八事变后，任东北抗日救国军司令部法官兼第五旅旅长。1932年冬，在日本侵略军"围剿"下，退入苏联境内。

1935年，归国回到博山。1938年2月，参加山东人民抗日救国军第六军第一大队任参谋长，后调入八路军山东抗日纵队三支队任参谋长。1940年，在家养伤。四五月间，中共鲁中区党委调他回区党委机关工作时，发生误会，中弹牺牲。1979年2月12日，中共山东省委做出决定，为郑兴恢复名誉，并追认为革命烈士。

肆佰肆拾玖　郑一鸣

郑一鸣（1901—1990.7.6）曾用名郑安良，江苏沛县夏镇三孔村人。1911年至1919年在夏镇小学上学。1919年至1931年在家务农。1932年6月由张光中介绍加入中国共产党。1932年至1936年，在沛县七区任书记、赤卫队队长。1937年在夏镇义勇队当抗日壮丁队队员。

1938年至1940年，任沛边办事处统战部长、财政部

长、水上区区长。1940年至1941年，任湖西地委后勤处主任。1941年12月至1942年8月在湖东被捕入狱。1942年9月至1943年10月，任八路军微湖大队供应处主任。1943年11月至1945年8月，任凫山县支前指挥部秘书。1945年至1948年，在鲁南军区后勤部。

1949年至1953年，任临城县供销社主任。1953年至1963年，调任滕县柴胡店果园场长。1963年至1981年，任滕县政协副主席。1981年10月离休。

1990年在滕州逝世，享年89岁。

肆佰伍拾　郑佐衡

郑佐衡（1897—1938）名世均，字佐衡。山东沂水镇北关街人，著名同盟会员郑瑞麟次子。20世纪20年代初毕业于山东农业专科学校。1924年，任沂水县立乙种蚕业学校（1925年更名为沂水县立职业学校）教员，主讲"植桑""育蚕"等课程。郑在教学中坚持理论与实践相结合，授课通俗易懂，课余时间则带领学生到桑园实习，利用休假和晚上从事春蚕的养育管理。由于教学相长，同作同息，因而师生关系融洽，教学成绩显著。1925年冬因土匪扰乱，学校停办而赋闲。

北伐后，国民党沂水县政府改组，他被荐举充任建设科长。上任后，本着实业建国的精神，开始了振兴沂水实业的举措。后由于"高桂滋事件"遭牵连而被撤职，于是便专心实业。1931年，他联络城乡士绅，凑集5000余元资金，在北关街路东创办了"同兴缫丝厂"，他自任厂长，聘任临朐人梁文明为副厂长。采用高温烘茧新工艺，保证了茧的质量，成为沂水县用新法缫丝的第一个缫丝厂。在他的影响下，沂水"聚丰"商号也在东会馆（今县实验小学）西边附设缫丝厂，其规模超过"同兴"。一时间沂水缫丝业大有升腾之势。但由于日本帝国主义的垄断和掠夺，使沂水县新兴的缫丝事业不久即被扼杀。

他在"同兴"停办后，错案得到平反，恢复了原职。先在临淄县任建设科长，后于1932年回沂水县任科长。在沂水期间除了负责第一次架设了通往10个区的电话线外，还协助县长张里元修铺了东关大街的石面街道。1936年夏，修通了益（都）临（沂）公路的沂水段，全长100多公里，并规划和筹备了泰（安）石（臼所）路的修建工程。

1936年9月，范筑先将军升任聊城专员时郑随往聊城赴任，任专署建设科长，后任聊城县长。

抗战爆发后，他为范将军所领导的抗日活动做后勤工作，成绩显著。

1938年11月5日，日军侵犯聊城时郑随范将军抗击敌军，突围时壮烈牺牲，时年41岁。

肆佰伍拾壹　朱道南

朱道南（1902.8.31—1984.3.1）原名朱本邵，山东峄县张范乡北圩村人。父亲朱玉煊是当地有名的乡村塾师。朱道南4岁丧父。父亲去世后，朱道南孤儿寡母相依为命，日子过得十分艰难。朱道南在舅父和小学教师张捷三等人的帮助下，读完了小学。1922年，即将结束小学学业的朱道南，由于刚直不阿，善打抱不平，得罪了大地主的儿子黄僖棠。为了躲避报复，他与要好同学谢拙民、杨荣林连夜逃离家乡，在路上他们又遇到了为躲避仇人而出逃的地主的儿子孙之斌，于是四个人一起去了济南。在济南，四个人一起考入济南师范讲习所，1924年又考入了山东省立第一师范。

在省立第一师范，朱道南开始接触进步学生和进步思潮，这为他日后走向革命道路打下了基础。当时的省立一中，已有不少学生加入了共青团，田慕翰就是其中的一个。在省立第一师范，朱道南等很快便与田慕翰走在了一起，并在田慕翰的影响下经常参加共青团活动。在共青团的活动中，朱道南、谢拙民、杨荣林又结识了曲阜青年公今寿，再加上一同跟来济南的孙之斌。这五个人便是后来《大浪淘沙》电影中主要人物的原型。1925年夏参加共产主义青年团，1926年考入武汉中央军事政治学校黄埔分校，后转长沙黄埔军校第三分校（属黄埔军校第六期）。1927年随叶剑英参加广州起义。1930年朱道南因病回到家乡。1932年创办"南华书店"，引导青年走革命道路。

抗日战争爆发后，他和刘景镇等人领导了"邹坞暴动"，建立起一支百人的鲁南抗日自卫团。1938年3月，在墓山与郭致远所率大北庄抗日武装合编，成立苏鲁人民抗日义勇总队。6月，山外抗日四部联合委员会建立，朱道南任主任。1939年9月，任峄县抗日运动委员会主任、运河支队政治委员。1940年9月任峄县县长，1943年8月任秘书长。

中华人民共和国成立后，先后担任山东省干部学校党委书记、山东省人民政府办公厅副主任、华东军政委员会办公厅副主任、华东行政委员会机关事务管理局副局长、上海市房地产管理局党委书记、副局长、顾问。

上海市政协第五届常委。1978年7月，中央组织部批准其行政级别为副省级。1984年在上海逝世，享年82岁。

肆佰伍拾贰　朱穆之

朱穆之（1916.12—2015.10.23）原名朱仲龙，江苏江阴人。1933年起在北京大学外语系学习，参加一二·九运动、中华民族解放先锋队。1937年任南京《金陵日报》编辑。抗日战争爆发后，1937年至1939年任南京《金陵日报》编辑，山东聊城、临清专署秘书。1938年4月加入共产党。

1939年至1941年，任八路军第一二九师政治部宣传部副部长、统战部副部长。

1941年至1943年，任太行军区第六军分区政治委员，中共中央太行分局宣传部宣传科科长。1943年至1945年，任中共中央北方局宣传部秘书。

抗日战争胜利后，1945年至1946年被派做敌军孙殿英、高树勋部工作。1946年至1947年，任中共晋冀鲁豫中央局宣传科科长，新华通讯社特派记者，新华通讯社临时总社蒋管区组组长。

1947年至1949年，任新华通讯社解放区部主编、编辑部副主任、社委会成员、编辑委员会成员、新华通讯社第二副总编辑。

中华人民共和国成立后，1949年至1966年，任新华通讯社副总编辑、副社长。1964年12月起任新华通讯社编委会党组第二书记。

1966年至1972年，"文革"中受迫害，被关押。

1972年9月至1977年12月，任新华通讯社社长，党的核心小组副组长、组长，党组书记。

1977年12月至1982年4月，任中共中央宣传部副部长。

1982年4月至1986年3月，任文化部部长、党组书记。

1980年9月至1988年2月，任中共中央对外宣传小组组长。

1990年3月至1992年11月，任中共中央对外宣传小组负责人、组长。

1991年4月至1992年12月，任国务院新闻办公室主任。

曾任中国对外文化交流协会会长，全国文联委员，中国人权研究会会长。

中共第十、十一、十二届中央委员，中顾委委员，中纪委委员，第二、三届全国人大代表，全国政协第二届委员、第五届常务委员。

他写有《关于新闻写作的几个问题》《新华社对新闻的要求》《关于深入》等文章，著有《论新闻报道》。

2004年3月离休。2015年在北京逝世，享年99岁。

附录：

名　录

（以在各章出现先后为序）

第二章　第五战区司令部及救亡团体中的中共党员

一、中共与桂系的统一战线

1. **谢甫生**　中共北方局直属天津联络局（其主要任务是搜集日军的军事情报，台儿庄战役前夕为第五战区提供了一份极其重要的情报）

2. **韩练成**　第二十四集团军司令韩德勤部第八十九军第一一七师副师长兼三五一旅旅长

二、第五战区民众总动员委员会
三、徐州职工抗日联合总会

3. **夏次叔**　第五战区长官司令部机要秘书、第五战区民众总动员委员会组织部部长

4. **郭影秋**　第五战区民众总动员委员会组织部总干事、中共铜山县工委书记

5. **唐秉光**　第五战区民众总动员委员会组织部干事、第五战区青年救国团团长（第二任）

6. **徐智雨**　第五战区民众总动员委员会组织部干事、徐州职工抗日联合总会主任委员

7. **卢　斌**（陆沉）　第五战区民众总动员委员会情报部部长

8. **杨必声**（杨萍、杨德华）　第五战区司令长官部参谋

9. **刘仲华**　第五战区司令长官部参议

10. **彭畏三**　第五战区民众总动员委员会设计委员会委员

11. **洪雪村**　第五战区民众总动员委员会设计委员会委员、《动员日报》记者

12. **粟豁蒙**　第五战区民众总动员委员会设计委员会委员

13. **周　南**（周镇寰）　第五战区民众总动员委员会宣传干事

14. **刘　文**（刘敏）　中共河南省委特派员、中共苏鲁豫皖边区特委委员

15. **陈诚一**　中共铜山县工委委员

16. **万众一**（万凤仪）　中共铜山县工委组织委员、铜山县民众动员委员会委员

17. **鲁雨亭**　永城县县长、县民众动员委员会主任

18. **刘屏江**　永城县民众动员委员会委员

19. **陈　筹**　丰县民众动员委员会指导员、第五战区抗日青年训练班指导员

20. **苗宗藩**　沛县民众动员委员会指导员

21. **李砥平**　萧县民众动员委员会指导员

22. **栗培元**　邳县民众动员委员会指导员

23. **吴季讷**　睢宁县民众动员委员会指导员

24. **张道平**（张文胜）　铜山县民众动员委员会委员、第五战区抗日青年训练班学员、第五战区民众总动员委员会工作团团长

25. **王文彬**　北京学联、全国青救会、平津流亡同学会负责人、丰县民众动员委员会委员

26. **张　如**（张鹤如）　丰县民众动员委员会委员

27. **郝中士**　沛县民众动员委员会副主任

28. **彭笑千**　萧县政府秘书

29. **许西连**　萧县民众动员委员会委员

30. **纵翰民**　萧县民众动员委员会委员

四、第五战区青年救国团

31. **刘　剑**　第五战区青年救国团团长（第一任）

32. **蓝名述**（蓝铭述）　第五战区青年救国团团员

33. **狄克东**（狄庆楼）　第五战区青年救国团执行委员

34. **李　锐**　第五战区青年救国团负责人

35. **徐玉珍**　邳县青年救国团负责人

36. **吴培云**　邳县青年救国团战地服务团负责人

37. **丁梦孙**　临沂县民众动员委员指导员兼会副主任、临郯青年救国团筹

建人

38. **石金芝** 临郯青年救国团第十九分团团长

五、第五战区抗敌青年军团

39. **匡亚明** 第五战区抗日青年训练班政治教官

40. **权启礼** 第五战区抗日青年训练班学员、第五战区民众总动员委员会工作团成员

41. **李光军** 第五战区抗日青年训练班学员、第五战区民众总动员委员会工作团成员

42. **吴献贤** 第五战区抗日青年训练班学员、第五战区民众总动员委员会工作团成员

43. **戴尚义** 第五战区抗日青年训练班学员、睢宁县第五战区民众总动员委员会工作团团长

44. **王子模** 第五战区抗日青年训练班学员、宿县第五战区民众总动员委员会工作团团长

45. **孙朝旭** 第五战区抗日青年训练班学员、赣榆县第五战区民众总动员委员会工作团团长

46. **万籁天** 第五战区抗敌青年军团艺术组（也叫艺术大队，亦称抗敌剧社）负责人

47. **严 恭** 第五战区抗敌青年军团艺术组（也叫艺术大队，亦称抗敌剧社）负责人

48. **潘 琰**（女） 第十一集团军学生军成员

六、第五战区文化界抗敌协会
七、奔赴台儿庄前线的记者
八、中国青年记者学会第五战区（徐州）分会

49. **范长江** 《大公报》（汉口版）记者

50. **陆 诒** 《新华日报》记者

51. **徐光霄**（戈矛） 《新华日报》记者

52. **张企程** 《新华日报》记者

53. **高 天**（高紫瑜） 《扫荡报》《时事新报》记者

54. **李 蕤** 河南《大刚报》记者

55. **严怪愚** 长沙《力报》记者

56. **乔秋远** 河南《国民日报》记者

57. **钱俊瑞** 第五战区司令长官部文化工作委员会

58. **孔罗荪**（罗荪） 中华全国文艺界抗敌协会

59. **于黑丁** 中华全国文艺界抗敌协会

60. **爱泼斯坦** 美国合众社记者

61. **黄 薇**（女） 新加坡《星洲日报》记者

62. **王 杰** 徐州救亡演剧队"小戏迷"

63. **包之静** 新四军鄂豫皖根据地从事新闻工作,《皖北的红枪会》收入《徐州突围》

九、第五战区社会各界救亡、慰问团体

（一）中国战时儿童保育会

64. **曹孟君**（女） 中国战时儿童保育会常务理事

65. **王昆仑** 《全民抗战》三日刊负责人

66. **冯光灌** 中国战时儿童保育会理事

（二）北平学生移动剧团

67. **张 楠**（女） 北平学生移动剧团党支部成员、中国大学国学系学生

68. **杨易辰**（杨振久） 北平学生移动剧团党支部成员、中国大学法律系学生

69. **程光烈** 北平学生移动剧团党支部成员、东北大学学生

70. **张瑞芳**（女） 北平学生移动剧团团员、北平国立艺术专科学校美术学学生

71. **郝 龙** 北平学生移动剧团团长、副团长,北平国立艺术专科学校美术学学生

72. **方 深**（曹述铎） 北平学生移动剧团团员、北平大学学生

73. **管 平**（管振堃,女） 北平学生移动剧团团员、中国大学学生

74. **胡述文**（女） 北平学生移动剧团团员、中国大学学生

75. **荣高棠**（荣千祥） 北平学生移动剧团党支部书记、总务干事,清华大学学生

76. **陈荒煤**　武汉、上海左翼戏剧家联盟成员、北平学生移动剧团编剧、导演兼演员

77. **王　拓**　北平学生移动剧团团员、中国大学学生

78. **姚时晓**　中国左翼戏剧家联盟成员、北平学生移动剧团团员

79. **张　昕**（女）　北平学生移动剧团团员

80. **武　衡**　中华民族解放先锋队第五战区（徐州）办事处

（三）上海抗敌剧团——上海救亡演剧第二、三、四队

81. **田　汉**　国民政府军事委员会政治部第三厅第六处处长（主管艺术宣传）、政治部抗敌剧团团长

82. **洪　深**　上海救亡演剧第二队队长

83. **金　山**　上海救亡演剧第二队副队长

84. **田　方**　上海救亡演剧第二队副队长

85. **颜一烟**（女）　上海救亡演剧第二队秘书

86. **冼星海**　上海救亡演剧第二队

87. **王　莹**（女）　上海救亡演剧第二队

88. **张季纯**　上海救亡演剧第二队

89. **田　烈**　上海救亡演剧第二队

90. **熊塞声**（女）　上海救亡演剧第二队

91. **徐　韬**　上海救亡演剧第三队队长、政治部抗敌剧团副团长

92. **孟启予**（陈元，女）　上海救亡演剧第三队（中共地下党支部书记）

93. **张　客**　上海救亡演剧第三队、政治部抗敌剧团团员

94. **范　莱**　上海救亡演剧第三队、政治部抗敌剧团团员

95. **舒　模**　上海救亡演剧第三队、政治部抗敌剧团团员

96. **李　超**　上海救亡演剧第三队

97. **刘双楫**（刘木铎）　上海救亡演剧第三队

98. **高　博**　上海救亡演剧第三队

99. **郑君里**　上海救亡演剧第四队队长、政治部抗敌剧团团长

100. **瞿白音**　上海救亡演剧第四队队长、政治部抗敌剧团副团长

101. **沙　蒙**　上海救亡演剧第四队

102. **吕　复**　上海救亡演剧第四队、政治部抗敌剧团团员

103. **赵　明**　上海救亡演剧第四队、政治部抗敌剧团团员

104. **许之乔**　上海救亡演剧第四队

105. 舒　强　上海救亡演剧第四队、政治部抗敌剧团团员

106. 水　华　上海救亡演剧第四队

107. 洪　遒　上海救亡演剧第四队

108. 王家乙　上海救亡演剧第四队

109. 石联星（女）　上海救亡演剧第四队

110. 谢和赓　副参谋总长白崇禧机要秘书

111. 胡　考　政治部抗敌剧团团员

112. 王为一　政治部抗敌剧团团员

113. 吕　班　政治部抗敌剧团团员、安徽省民众总动员委员会

（四）郁达夫、盛成的前线慰劳之旅

（五）青海慰劳团

114. 李侠公　政治部第三厅设计委员、赴台儿庄慰问代表团成员

115. 罗任一　政治部第三厅设计委员、赴台儿庄慰问代表团成员

十、安徽省民众总动员委员会

116. 童汉璋　安徽省民众总动员委员会总务部副部长

117. 唐晓光　安徽省民众总动员委员会总务部第二组主任干事

118. 余亚农　安徽省民众总动员委员会委员

119. 翟宗文　安徽省民众总动员委员会委员、庐江县长

120. 史　迁　安徽省民众总动员委员会总务部第二组主任干事（主管全会财务）

121. 周新民　安徽省民众总动员委员会组织部副部长兼总干事

122. 张劲夫　安徽省民众总动员委员会组织部主任干事

123. 狄超白　安徽省民众总动员委员会宣传部副部长兼总干事

124. 朱　凡　安徽省民众总动员委员会宣传部主任干事

125. 陈国栋　安徽省民众总动员委员会干事、庐江县政府科长

126. 胡允恭（胡邦宪）　安徽省民众总动员委员会怀宁县抗敌动员委员会主任、怀宁县长

127. 孙以瑾（女）　安徽省民众总动员委员会干事

128. 麦世发　安徽省民众总动员委员会干事

129. 刘鸿文　安徽省民众总动员委员会干事

130. **杨思九** 安徽省民众总动员委员会干事、指导员

131. **李竹平** 安徽省民众总动员委员会舒城县抗敌动员委员会指导员、县政府主任秘书

第三章 台儿庄序战之淮河阻击战及外围战中的中共党员

一、中共与东北军的统一战线

二、中共党组织在第五十一军

三、淮河阻击战

四、台儿庄外围战

132. **王学明** 第五十一军中共工委委员（五十一军中职位待考）

133. **郭维城** 第五十一军军部机要秘书

134. **解 方**（解沛然） 第五十一军军部参谋处二科（侦查科）科长（上校参谋）、中共军工委委员

135. **王再天** 第五战区第二路游击司令部（司令刘震东）任参谋长、第五十一军军部副官处少校参谋兼交通站站长

136. **张志毅** 第五十一军炮兵营副连长

137. **刘 准** （刘国良）安吴青训班四队学员，被分到第五战区徐州

138. **乌庆霖** 第一一三师三三九旅副旅长

139. **李 桢** 第一一三师三三九旅六七七团团附

140. **李 震**（周怒涛） 第一一三师三三九旅六七七团团部文书

141. **阎振兴**（阎士弘、阎伯强） 第一一三师三三九旅六七七团二营班长、团总支委员兼二营支部书记（淮河阻击战后由六七九团调来）

142. **周宜明** 第一一三师三三九旅六七七团

143. **孟宪章** 第一一三师

144. **刘培植** （陈百川） 第一一四师三四〇旅六七九团团部传令兵、团党总支书记

145. **韩宁夫** 第一一四师三四〇旅六七九团八连机枪手兼文书

146. **林 千**（史炳正） 第一一四师三四〇旅六八〇团一营一连排长

147. **杨国治** 第一一四师三四〇旅六八〇团二营五连排长

148. **范 离** 第一一四师三四〇旅六八〇团三营八连传令兵

149. **项 鄂** 第一一四师三四〇旅六八〇团

150. **贾 陶** 第一一四师三四二旅副旅长、中共军工委委员

151. **魏 轩** 第一一四师三四二旅六八三团八连传令兵

152. **罗广智** 第一一四师三四二旅六八四团一营营附

153. **于维哲** 第一一四师三四二旅六八四团三营营长

154. **苏我华**（苏恩启） 第一一四师三四二旅六八四团三营副官

155. **王西萍** 第一一四师三四二旅六八四团三营传令兵、军工委组织委员、团党总支书记

156. **曲 径**（曲俊亭） 第一一四师三四二旅六八四团三营八连传令兵

157. **林 明**（陈湘） 第一一四师三四二旅六八四团三营八连三排传令兵

158. **朱 涛**（苑金勋） 第一一四师三四二旅六八四团三营八连

159. **张 紧** 第一一四师三四二旅六八四团三营八连

160. **李特夫** 第一一四师

五、第五十一军战地服务团

161. **刘 放** 第一一四师战地服务团副团长

162. **黄宇齐** 第一一四师战地服务团副团长

163. **徐瑞林** 第一一四师战地服务团、五十一军中共工委宣传委员

164. **张震寰** 第一一四师战地服务团

165. **常 诚** 第一一四师战地服务团

第四章 台儿庄序战之临沂阻击战中的中共党员

一、第五十九军中的中共特别党员

166. **张克侠** 第五十九军参谋长

二、中共党组织在第五十七军

三、临沂阻击战

四、日照碑廓之战

167. **王振乾**（王维平） 第五十七军军部少校秘书

168. **张苏平**（张士琦）　第五十七军军部参谋处译电员

169. **管松涛**　第一一一师三三一旅六六五团团附

170. **彭景文**　第一一一师三三三旅六六六团三营营长

171. **张文海**（张吉人）　长江局巡视员

172. **万　毅**　第一一二师三三四旅六六七团团长

173. **王　中**　第一一二师三三四旅六六七团团部宣传队队长

174. **郭虹隽**　第一一二师三三四旅六六七团团部

175. **王希坚**　第一一二师三三四旅六六七团团部

176. **伍志钢**　第一一二师三三四旅六六七团一营文书、师工委书记

177. **李　欣**　第一一二师三三四旅六六七团一营部宣传队、一营中共党支部书记、师工委委员

178. **李鸿德**　第一一二师三三四旅六六七团一营营长

179. **张　翼**（张维贞）　第一一二师三三四旅六六七团一营部宣传队

180. **谷　牧**（刘曼生）　第一一二师三三四旅六六七团一营三连八班、师工委委员

181. **蓝孝永**　第一一二师三三四旅六六七团二营四连

182. **陈绍先**　第一一二师三三四旅六六七团三营小炮排排长

183. **赵志刚**　第一一二师三三四旅六六七团三营、三营支部书记

184. **于　克**（闻绍义）　第一一二师三三四旅六六七团

185. **江　潮**　第一一二师三三四旅六六七团

186. **陈振麓**　第一一二师三三四旅六六七团

187. **李　后**　第一一二师三三四旅六六七团

188. **王焕章**　第一一二师三三四旅六六七团

189. **王景瑞**　第一一二师三三四旅六六七团

190. **王　洛**　第一一二师三三四旅六六七团

191. **徐　炜**　第一一二师三三四旅六六七团

192. **杨战韬**　第一一二师三三四旅六六七团

193. **尤　深**　第一一二师三三四旅六六七团

194. **张战戈**　第一一二师三三四旅六六七团

195. **秦寄萍**　第一一二师三三四旅六六七团

196. **秦亢青**　第一一二师三三四旅六六七团

197. **邹鲁风**　第一一二师三三四旅六六七团

198. **周持衡**　第一一二师三三四旅六六七团

199. 王　良（王艺）　第一一二师三三四旅六六七团

200. 王　翀　第一一二师三三四旅六六七团

201. 陈　先（陈廷柱）　第一一二师三三四旅六六七团

202. 唐棣华（胡家珍，女）　第一一二师三三四旅六六七团

203. 李　凤（李凤，女）　第一一二师三三四旅六六七团

204. 王少云　第一一二师三三四旅六六七团

205. 吴　绪（女）　第一一二师三三四旅六六七团

206. 徐　信　第一一二师三三四旅六六七团

207. 郑　洞（郑瑞星）　第一一二师三三四旅六六七团

208. 刘　杰（刘震远）　第一一二师三三四旅六六八团一营营长

209. 李西山（李旦夫）　第一一二师三三四旅六六八团一营

210. 吕志先　第一一二师三三四旅六六八团一营三连机枪连、一营支部副书记

五、第五十七军一一一师战地服务团

211. 徐惊百　第一一一师战地服务团

212. 孙卜菁　第一一一师战地服务团

第五章　台儿庄序战之滕县保卫战中的中共党员

一、中共与川军的统一战线

二、中共党组织在邓锡侯部及第二十二集团军一二七师

三、第一二七师担架连在滕县保卫战

213. 张晓峰　第一二七师副官、担架连连长

214. 张义斋　第一二七师担架连排长

215. 吴基永　第一二七师担架连排长

216. 杨尚仑　第一二七师军法处处长

217. 赵尊一（女）　第一二七师野战医院护士班长

四、四川旅沪同乡会战地服务团

218. **李浩然** 四川旅沪同乡会战地服务团负责人、宣传队队长

219. **朱微明**（朱秀金，女） 四川旅沪同乡会战地服务团团员

220. **汪国璋** 中共鲁南中心县委负责人

221. **宋子成** 中共鲁南中心县委负责人

222. **李汝佩**（女） 中兴中学学生、四川旅沪同乡会战地服务团宣传队

223. **张 恺**（王世荣，女）中兴中学学生、四川旅沪同乡会战地服务团宣传队队员

224. **金 刚**（金冠淑，女） 中兴中学学生、四川旅沪同乡会战地服务团宣传队

225. **戴伟珍**（女） 中兴中学学生、四川旅沪同乡会战地服务团宣传队

226. **杜继贤** 中兴中学学生、四川旅沪同乡会战地服务团宣传队队员

227. **白秀蓉**（白超，女） 中兴中学学生、四川旅沪同乡会战地服务团宣传队队员

228. **杨 辛**（杨瑞武） 中兴中学学生、四川旅沪同乡会战地服务团宣传队队员

229. **韩文一** 中共枣庄干部训练班、第五战区人民抗日义勇总队参谋长

230. **陈慕唐** 四川旅沪同乡会战地服务团团员

第六章　台儿庄大战中的中共党员

一、中共与西北军的统一战线

二、中共党组织在第二集团军

三、西北军第二集团军在台儿庄阵地战

231. **贾本甲** 第三集团军手枪旅第一团团长

232. **于怀安** 第三集团军手枪旅第一团营长

233. **王志远** 第三集团军总部参谋军事干部教练养成所教育长

234. **朱晦生** 第三集团军十二军二十师六十旅书记长、军事干部教练养成所教育长、办公室主任

235. **刘兰斋** 第二集团军三十军三十一师骑兵连长

236. **陈扶民**　第二集团军三十军三十师一七五团中校团附

237. **杜新民**（杜幼鼎）　第二集团军第四十二军二十七师一五七团团长

238. **邢剑五**　第二集团军第四十二军二十七师一五七团

四、第二集团军战地服务团

（一）第三十一师战地服务团

（二）第三十师战地服务团（宣传队）

（三）第二十七师战地服务团及抗战歌曲队

239. **丁　行**　第二集团军三十军三十一师秘书、军法处处长兼三十一师战地服务团副团长

240. **蒋牧良**　知名文学青年、三十一师战地服务团团员

241. **叶以群**　知名文学青年、三十一师战地服务团团员

242. **任　言**　北平师范大学（西北临大）教育系学生、三十一师战地服务团团员

243. **张之强**（曲茹）　北平师范大学（西北临大）教育系学生、三十一师战地服务团团员

244. **李　洁**　北平师范大学（西北临大）历史系学生、三十一师战地服务团团员

245. **邱孝平**　北平大学法商学院学生、三十一师战地服务团团员

246. **兰干亭**（兰荣棠）　北平大学法商学院学生、三十一师战地服务团

247. **方　飞**（房焕章）　留日学生、三十一师战地服务团团员

248. **孙宗暄**　第二十七师战地服务团

五、中央军第二十军团在台儿庄运动战

249. **廖运周**　第二十军团十三军一一〇师三二八旅六五六团团长

250. **韩梅村**　第二十军团五十二军二十五师七十三旅一四五团团长

251. **覃异之**　第二十军团五十二军二十五师参谋长、七十三旅旅长

252. **范龙章**　第二十军团十三军独立旅旅长

253. **郭雪萍**（郭琴舫）　第二十军团第四师师部秘书

六、第十三军青年战地服务团和抗敌宣传队

254. **赵　石**（赵儒洵）　清华大学暑期同学会会长、第十三军青年战地服务团团长兼中共党团（党组）书记

255. **张华俊**（张师载）　第十三军青年战地服务团话剧队队长兼中共党组成员

256. **方　纪**（冯骥）　第十三军青年战地服务团第二队队长兼中共党组成员

257. **戈　扬**（树扬，女）　第十三军青年战地服务团团员

258. **王西彦**　青年作家、第十三军青年战地服务团团员

259. **申　伸**（女）　第十三军青年战地服务团团员

260. **文　铭**（文毓秋，女）　第十三军青年战地服务团团员

261. **眭新亚**　第十三军青年战地服务团团员

262. **章一梁**　第十三军青年战地服务团团员

第七章　台儿庄外围禹王山血战中的中共党员

一、中共与滇军的统一战线

二、中共党组织在第六十军

三、禹王山血战

四、"云南花木兰"——云南妇女战地服务团

263. **潘朔端**　第六十军一八三师五四一旅一〇八一团团长

264. **张　冲**　第六十军一八四师师长

265. **张致中**（张永和）　第六十军一八四师政治部主任

266. **黄洛峰**　汉口"读书生活出版社"经理、张冲与罗炳辉、叶剑英、周恩来的介绍人及帮助介绍热血青年去一八四师政工队工作的重要联络人

267. **刘孟田**（刘梦田）　第六十军一八四师政工队、一八四师地下党支部成员

268. **张天虚**　青年作家、第六十军一八四师政工队、师部《抗日军人》油印小报创办人

269. **周时英**　第六十军一八四师政工队、师地下党支部书记

270. 李　乔　第六十军一八四师政工队

271. 杨永新　第六十军一八四师政工队

272. 薛子正　八路军武汉办事处、第六十军一八四师参谋

273. 马逸飞　第六十军一八四师参谋

274. 宁　坚　第六十军一八四师参谋

275. 杨　滨（杨重）　第六十军一八四师副官处

276. 张士明　第六十军一八四师特务营排长

277. 李　佐　第六十军一八四师五四三旅一〇八六团三营三连连长

第八章　台儿庄大战战略配合中的中共党员

一、周恩来秘密会晤白崇禧

278. 张云逸　国民革命军新编第四军参谋长兼第三支队司令

279. 周恩来　中共中央长江局负责人兼国民政府军事委员会政治部副部长

280. 叶剑英　第八路军参谋长并协同周恩来在国民党统治区做统战工作

二、张爱萍赴徐州

281. 张爱萍　第八路军驻武汉办事处参谋、八路军赴第五战区特使

三、罗炳辉以同乡促统战

282. 罗炳辉　第八路军驻武汉办事处统战组组长

四、第八路军之战略协作

283. 彭德怀　第八路军副总司令

284. 徐向前　第八路军一二九师副师长

285. 孙继先　第八路军一二九师东进支队

286. 陈再道　第八路军一二九师东进纵队

287. 宋任穷　第八路军一二九师骑兵团

288. **陈　赓**　第八路军一二九师三八六旅旅长

289. **周建屏**　第八路军一一五师三四三旅副旅长

五、新编第四军之战略协作

290. **高敬亭**　新编第四军第四支队司令

291. **林维先**　新编第四军第四支队参谋长

292. **董必武**　中共中央长江局负责人

第九章　第五战区敌后抗日游击队中的中共党员

一、中共敌后抗日游击战的开展

二、国民党敌后抗日游击战的开展

三、第五战区敌后抗日游击队

（一）沛县人民抗日义勇队

293. **张光中**　中共苏鲁豫皖边区特委委员兼沛县县委书记、沛县人民抗日义勇队、第五战区人民抗日义勇总队队长

294. **郑一鸣**（郑安良）　沛县人民抗日义勇队

295. **张新华**（张运海）　沛县人民抗日义勇队

296. **王志成**　沛县人民抗日义勇队

297. **谢文秀**　沛县人民抗日义勇队

298. **萧继周**（萧平）　沛县人民抗日义勇队

299. **褚思沛**　临（城）沙（沟）区委书记

300. **褚耀斌**　苏鲁人民抗日义勇总队一大队副大队长兼三中队队长

（二）峄县人民抗日义勇大队

301. **朱道南**　鲁南抗日自卫团负责人、峄县人民抗日义勇大队组建者

302. **刘景镇**　鲁南抗日自卫团负责人、峄县人民抗日义勇大队副大队长

303. **郭致远**　大北庄抗日武装负责人、峄县人民抗日义勇大队副大队长

304. **褚雅青**　大北庄抗日武装负责人、抗日义勇总队三大队三中队队长

305. **邱焕文**　大北庄抗日武装负责人

306. **丛衍瑞**　大北庄抗日武装负责人

307. 纪　华　峄县人民抗日义勇大队教导员

308. 张鸿仪　峄县人民抗日义勇大队副教导员

（三）滕县人民抗日义勇队

309. 王见新　中共山东省委巡视员、滕县善堌农民抗日训练班创办人、第五战区人民抗日义勇总队政治部主任

310. 王右池　滕县善堌农民抗日训练班创办人

311. 李乐平　滕县善堌农民抗日训练班创办人

312. 李叔铭　滕县善堌农民抗日训练班创办人

313. 于　公（袁永懿）　滕县善堌农民抗日训练班军事教员、滕县人民抗日义勇队队长

314. 于化琪　滕县善堌农民抗日训练班政治教员

315. 杨广立　滕县善堌农民抗日训练班第一期学员、滕县人民抗日义勇队

316. 杨斯德　滕县善堌农民抗日训练班第一期学员、滕县人民抗日义勇队

317. 孟昭煜　滕县善堌农民抗日训练班第一期学员、滕县人民抗日义勇队

318. 司中锋　滕县善堌农民抗日训练班第一期学员、滕县人民抗日义勇队

319. 李景黄　滕县善堌农民抗日训练班经理处处长、第五战区人民抗日义勇总队军需处长

320. 刘炳文　滕县人民抗日义勇队

321. 马奉莪　滕县人民抗日义勇队

322. 渠玉柏　滕县人民抗日义勇队指导员

（四）鲁南民众抗敌自卫军

323. 董尧卿　鲁南民众抗敌自卫军第二旅旅长

324. 董一博　鲁南民众抗敌自卫军

325. 张冠五（张立峰）　鲁南民众抗敌自卫军直属营一连连长

（五）临（沂）郯（城）费（县）峄（县）四县边联常备队

326. 万春圃　临（沂）郯（城）费（县）峄（县）四县边联会长兼临沂分会会长

327. 刘清如　临（沂）郯（城）费（县）峄（县）四县边联常备队副队长

328. 宋宜安　临（沂）郯（城）费（县）峄（县）四县边联常备队教导大队第二大队

329. 杜季伟　临（沂）郯（城）费（县）峄（县）四县边联常备队教导大队第二大队

330. 王墨山　临（沂）郯（城）费（县）峄（县）四县边联常备队教导大队第二大队

331. 魏立久　费县抗日游击队队长

332. 韩去非　中共临郯县委书记

（六）第五战区人民抗日义勇总队

333. 郭子化　第五战区民众动员委员会委员、中共苏鲁豫皖边区特委书记

334. 丛　林　中共苏鲁豫皖边区特委秘书

335. 何一萍　中共鲁南中心县委书记、第五战区人民抗日义勇总队政治委员

336. 李韶九（李凤仪）　中共鲁南中心县委委员

337. 梁度世　中共鲁南中心县委委员、鲁南民众抗敌自卫军

338. 李微东　中共鲁南中心县委委员、第五战区人民抗日义勇总队秘书处长

339. 张福林　第五战区人民抗日义勇总队

340. 李作森　鲁南民众抗敌自卫军

341. 许在廉　鲁南民众抗敌自卫军

342. 邵幼和　中共苏鲁豫皖特委徐东南区委书记（接任张芳久）

343. 张芳久　中共苏鲁豫皖特委徐东南区委书记

344. 陶洪瀛　中共鲁南中心县委委员

345. 董鸣春　第五战区人民抗日义勇总队第三大队分队长

346. 李荆山　第五战区人民抗日义勇总队警卫连连长

347. 童陆生　红军军事干部

348. 李贞乾　苏鲁人民抗日义勇队第二总队队长

349. 胡玉岭　苏鲁人民抗日义勇队第二总队秘密交通员

350. 王效斌　丰县中学学生、丰县青年抗日救国服务团团员

351. 梁步庭　丰县中学学生、丰县青年抗日救国服务团团员

352. 秦和珍　第五战区第二抗日游击纵队、苏鲁人民抗日义勇队第二总队第十三大队

353. 翟子超　第五战区第二抗日游击纵队、苏鲁人民抗日义勇队第二总队第十三大队

354. 王鉴览　第五战区第二抗日游击纵队、苏鲁人民抗日义勇队第二总队第十三大队

355. **文立正**　苏鲁人民抗日义勇队第二总队

356. **洪振海**　第五战区人民抗日义勇总队

357. **刘景松**　第五战区人民抗日义勇总队

358. **王志胜**　第五战区人民抗日义勇总队

359. **刘秉南**（刘炳南）第五战区人民抗日义勇总队

（七）山东省第六区（聊城）抗日游击第一支队

360. **彭雪枫**　中共中央军委会华北联络局书记

361. **张维翰**　第六区保安司令部政训处（政治部）主任

362. **赵伊坪**　第六区保安司令部政训处（政治部）秘书长

363. **牛连文**　第六区保安司令部政训处（政治部）

364. **王化云**　第六区保安司令部政训处（政治部）

365. **姚第鸿**　第六区保安司令部政训处（政治部）副主任

366. **黄松龄**　第三集团军政训处政治工作人员训练班教育长

367. **张友渔**　第三集团军政训处政治工作人员训练班任教

368. **齐燕铭**　第三集团军政训处政治工作人员训练班任教、山东第六区
政治干部学校教育长兼《抗战日报》总编辑

369. **陈北欧**　第三集团军政训处政治工作人员训练班任教

370. **冯基民**　第三集团军政训处政治工作人员训练班上尉服务员

371. **高元贵**　第三集团军政训处政治工作人员训练班上尉服务员

372. **张承先**　第三集团军政训处政治工作人员训练班上尉服务员

373. **陈中民**　第三集团军政训处政治工作人员训练班上尉服务员

374. **于笑虹**　第三集团军政训处政治工作人员训练班上尉服务员

375. **吴鸿渐**　第三集团军政训处政治工作人员训练班上尉服务员

376. **吴新之**　第三集团军政训处政治工作人员训练班上尉服务员

377. **郭　鲁**　第三集团军政训处政治工作人员训练班上尉服务员

378. **李福尧**　第三集团军政训处政治工作人员训练班上尉服务员

379. **王式廓**　第三集团军政训处政治工作人员训练班上尉服务员

380. **黄白莹**　第三集团军政训处政治工作人员训练班上尉服务员

381. **晋士林**　第三集团军政训处政治工作人员训练班上尉服务员

382. **成　润**　第三集团军政训处政治工作人员训练班上尉服务员、第六
区保安司令部政训处（政治部）民运科长

383. **徐　翼**　第三集团军政训处政治工作人员训练班上尉服务员

384. **张霖之**　第六区保安司令部政训处（政治部）组织科长

385. **王幼平**　第六区保安司令部政训处（政治部）

386. **洪　涛**　第六区抗日游击第一支队队长

387. **廖云山**　第六区抗日游击第一支队队长（接洪涛）

388. **赵健民**　第六区抗日游击司令部第六支队

389. **赵晓舟**　第六区抗日游击司令部第十支队

390. **高　境**　第六区保安司令部政训处（政治部）

391. **徐运北**　山东省第六区抗日游击第一支队

392. **邵子言**　第六区抗日游击司令部政训处少校干事

393. **胡超伦**　山东第六区军事教育团训育长

394. **张郁光**　山东第六区政治干部学校副校长

395. **王长年**　第三集团军政训处政治工作人员训练班学员

396. **李力殷**　第三集团军政训处政治工作人员训练班学员

397. **朱穆之**　山东第六区专属秘书

398. **莫　循**　山东第六区政治干部学校教员

399. **任仲夷**　山东第六区政治干部学校政治教官

400. **解树魁**（谢占柏）　山东省第六区抗日游击第一支队

401. **金谷兰**　山东省第六区抗日游击第一支队

402. **解长泰**　山东省第六区抗日游击第一支队

403. **刘致远**　山东省第六区抗日游击第一支队直属营营长

404. **张耀南**　山东省第六区抗日游击第一支队独立营

405. **张廉芳**　山东省第六区抗日游击司令部政治部总务科长

406. **王乐亭**　第三集团军政训处政治工作人员训练班、山东省第六区抗日游击司令部政训处

407. **许梦侠**　冠县游击队

408. **郝国藩**　第六游击区司令部第十支队独立团团长

409. **袁仲贤**　山东第六区军事教育团教育长

410. **管大同**　第六区保安司令部政训处（政治部）宣传科长

411. **于会川**　山东第六区政治干部学校副教育长

412. **郑佐衡**　第六区保安司令部

（八）山东（鲁北）人民抗日救国军第五军

413. **赵明新**　山东人民抗日救国军第五军政治部主任

414. **廖容标** 山东人民抗日救国军第五军司令员

415. **姚仲明** 山东人民抗日救国军第五军政委

416. **马耀南** 山东人民抗日救国军第五军参谋长

417. **郑　兴** 山东人民抗日救国军第五军参谋长

418. **马天民** 山东人民抗日救国军第五军第一支队司令员

419. **马晓云** 山东人民抗日救国军第五军第七支队司令员

（九）山东（泰安）西区人民抗敌自卫团

420. **张北华** 山东西区人民抗敌自卫团主席

421. **远静沧** 山东西区人民抗敌自卫团政治部主任

422. **崔子明** 山东西区人民抗敌自卫团

423. **程重远** 山东西区人民抗敌自卫团

424. **夏振秋** 山东西区人民抗敌自卫团

425. **叶子真** 山东西区人民抗敌自卫团

426. **王仲范** 山东西区人民抗敌自卫团

427. **孙新民** 山东西区人民抗敌自卫团

428. **李文甫** 山东西区人民抗敌自卫团政治部副主任

429. **田景韩**（田锡琦）　山东西区人民抗敌自卫团

430. **李正华** 山东西区人民抗敌自卫团

431. **阴法唐** 山东西区人民抗敌自卫团

（十）东（平）汶（上）人民抗日自卫队

432. **万　里** 东平县工委书记、东（平）汶（上）人民抗日自卫队主要创办人

433. **刘　星** 东（平）汶（上）人民抗日自卫队政治工作负责人

434. **田子珍** 东（平）汶（上）人民抗日自卫队

435. **孟子明** 第五战区第二游击司令部第一纵队政治部特派员、单县动员委员会指导员

436. **陈伯衡** 东（平）汶（上）人民抗日自卫队军事工作负责人

437. **曹尚志** 东（平）汶（上）人民抗日自卫队行政工作负责人

438. **张云峰** 东（平）汶（上）人民抗日自卫队

439. **孟晓东** 东（平）汶（上）人民抗日自卫队

440. **赵效三** 第五战区第二游击司令部第一纵队

（十一）八路军山东人民抗日游击队第四支队

441. 黎　玉　八路军山东人民抗日游击队第四支队政治委员

442. 林　浩　八路军山东人民抗日游击队第四支队政治部主任

443. 赵　杰　八路军山东人民抗日游击队第四支队副司令

444. 汪　洋　八路军山东人民抗日游击队第四支队独立团团长

445. 崔　介　八路军山东人民抗日游击队第四支队

446. 冯　平　八路军山东人民抗日游击队第四支队

447. 高锡贵　八路军山东人民抗日游击队第四支队、黎玉警卫

（十二）苏北抗日同盟总会

448. 宋振鼎　苏北抗日同盟总会理事长、苏北人民抗日自卫总队

449. 吴　觉　苏北抗日同盟总会常务理事、苏北人民抗日自卫总队

450. 谢冰岩　苏北抗日同盟总会秘书长、苏北人民抗日自卫总队

451. 夏如爱　苏北抗日同盟总会常务理事、苏北人民抗日自卫总队、淮阴县抗盟理事长

452. 李干成　苏北抗日同盟总会常务理事、涟水县抗盟理事长

453. 赵心权　苏北抗日同盟总会理事、淮安县抗盟理事长

454. 万金培　苏北抗日同盟总会、涟水县特工指挥站站长

455. 沈肇华　苏北抗日同盟总会、泗阳县特工指挥站站长

456. 陈书同　苏北抗日同盟总会常务理事、淮阴县民众抗日自卫队参谋

457. 吉乐山　苏北抗日同盟总会理事、淮安县抗盟理事

458. 陈玉生　泰兴抗日救亡大队队长

459. 汤曙红　灌南县抗盟、灌南县汤沟乡民众抗日武装自卫队队长

460. 孙海光（孙秉球）　灌南县抗盟、灌南县汤沟乡民众抗日武装自卫队

索　引

后 记

台儿庄大捷是抗战初期国民党领导的正面战场上取得的首次胜利。台儿庄战役期间也是国共合作关系最为密切、配合最好的时期。

若论中共在其中的作用，一般讲述是在抗日民族统一战线号召下，与中国共产党及其领导下的八路军、新四军、民众的积极配合与支持分不开。而最具影响力的是周恩来、叶剑英于1938年3月初，在武汉会晤即将赴徐州协助李宗仁指挥作战的国民政府军事委员会副总参谋长白崇禧，并提出了围绕徐州作战应采取的战略战术。3月上旬再派特使、以八路军参谋身份的张爱萍专程去徐州面见李宗仁，转达关于中共支持桂系及八路军在华北战场配合作战等事宜。

然而，随着研究的深入，笔者不曾想中共地下党在台儿庄战役中有着如此丰满的历史遗存，有关史料不断被发现：

一、在台儿庄战役之序幕战淮河阻击战及台儿庄外围战中的东北军第五十一军、五十七军中，竟有几近健全的中共地下党组织。

中共党史出版社于1994年出版，由邓小平题写书名的中共东北军党史丛书：《中共东北军党史概述》《中共东北军地下党工作回忆》《中共东北军党史已故人物传》《东北军与民众抗日救亡运动》，完整系统记述了第五十一、五十七军军中的中共党组织及地下党的活动，使笔者兴奋至极，坚定了继续探寻台儿庄参战部队中的中共党组织的信心。

二、笔者在向西北军军史专家、《西北军人物志》的作者河南驻马店林业局杨宝森先生请教西北军中中共党组织活动的情况时，获知有一本发行量极少，1991年由金盾出版社出版的（内部发行）《团结 斗争 胜利——我党在孙连仲部的统战工作和在张岚峰部的工作资料选编》一书。该书对台儿庄战役主力部队原西北军孙连仲第二集团军中的中共地下党组织活动的来龙去脉作了详尽忆述。

三、台儿庄战役另一主力、中央军黄埔嫡系部队汤恩伯第二十军团中似乎没有中共党组织活动。但在武汉，1938年初中共中央长江局主要领导人之一董必武，亲自部署配属第二十军团的第十三军成立青年战地服务团，团长赵儒洵（赵石）即是中共党员。该团到达徐州时，全团近40人，其中后来走

出了许多知名的人物，如：著名作家王西彦、冯骥、戈扬、申伸，知名人士张师载、赵儒洵、文毓秋（文铭）等。

2018年1月8日，陆诒之子陆良年先生从上海打来电话说，四川自贡的郭李灵女士的祖父郭雪萍（郭琴舫）是第二十军团八十五军四师师部秘书，是参加台儿庄战役时的秘密共产党员，我们不能忘记这位英雄。于是，根据《中共威远县地方党史资料汇编》，将郭雪萍的事迹写入本书。

四、1993年由云南人民出版社出版发行，中共云南省委党史研究室编写的《中国共产党在滇军中的工作》一书中有杨永新的《我在滇军参加地下工作的回忆》和杨滨的《在滇军中秘密工作十二年》一文；1988年由山东人民出版社出版发行，山东省和枣庄市政协文史资料研究委员会编写的《台儿庄大战亲历记》一书中，杨永新的回忆文章《血战台儿庄前后》也有《军中中共党员的模范作用》一节。这使浴血在台儿庄外围禹王山上的六十军军中的中共党组织和一群地下党员：张致中、杨永新、杨滨、薛子正、周时英、李佐等十数人涌入笔者眼帘。

五、第五战区司令长官李宗仁的机要秘书夏次叔和前来襄助李宗仁的副参谋总长白崇禧的机要秘书谢和赓都是中共秘密党员。第五战区民众总动员委员会组织部长夏次叔、总干事郭影秋，还有公开中共党员身份的"动委会"委员郭子化。因此"动委会"聚集了一批中共地下党员。

六、许许多多奔赴台儿庄前线的记者在此后的岁月里加入了共产党，如：著名记者范长江、陆诒、李蕤、严怪愚、徐光霄等，甚至美国记者爱泼斯坦也加入了中国共产党。还有集聚台儿庄的各地救亡慰问宣传团体，其中荣高棠领导的"北平学生移动剧团"在徐州周边慰问演出近两个月；上海救亡演剧队的洪深、金山、王莹、徐韬、郑君里、瞿白音等都在运河两岸宣传演出和参加救亡工作。

这些共产党人的战斗身影，可以说是一个以整个第五战区、徐州为中心，以台儿庄大捷战场上殷红的鲜血为主基调，勾勒出一幅英勇悲壮的全景画面，奏响了一曲雄壮豪迈的抗击日寇的民族交响乐，定格在抗战历史的长卷中。在台儿庄战场上展露出的一缕抗战必胜的曙光中，无不闪现着共产党人的身影，将这些惊奇的发现串珠成链，于是《台儿庄大战中的中共党员》一书应运而生。

然而，在整个写作过程中，更多的发现、惊喜和感动使笔者应接不暇，怎一个"谢"字了得。

一、在查阅第五战区人民抗日义勇总队史料时，发现著名抗日烈士李贞

原山东省委书记梁步庭(左,2011年6月3日于枣庄开元凤鸣山庄)

乾在任丰县中学校长时组织了"丰县青年抗日救国服务团",16岁的梁步庭和王效斌、王晓旭等同学参加了服务团。2011年梁步庭老书记来枣庄时,笔者有幸目睹了他的风采,他满面红光,炯目定然,神韵怡人,思绪回到七八十年前,仍思路清晰而又淡然处之,令人肃然起敬。于是在2016年春本书完稿时,产生了请抗战60、70周年纪念勋章获得者、梁步庭老书记与其他3名台儿庄战役抗战老兵作为本书顾问的想法。虽然梁书记有约在先,不写自传、不作回忆录,但欣然同意担任本书的顾问,这是对驰骋在抗日烽火中优秀中华儿女深深的眷顾和赞誉,同时也令笔者荣幸至极。

1938年1月28日(农历腊月二十八),山东西区人民抗敌自卫团夜袭津浦铁路泰安南界首车站取得胜利。3月,为配合台儿庄大战,袭扰了日军铁路运输线。仍健在、现年已101岁的著名抗日老兵、时任山东西区人民抗敌自卫团成员孙新民在他的《征程纪事》一书中对此进行了详细描述。2016年春天,在与孙新民老人通电话时,他洪亮的声音、清晰的思路还有豁达的性格令笔者难以忘怀。当说起请他与梁步庭老领导一起作本书顾问时,他不无自豪地说,我们春节期间通电话时,他还喊我"老大哥"呢。

在研读《中共东北军地下党工作回忆》一书时,笔者从王西萍的《中共在东北军五十一军的秘密工作回忆》一文得知,林明(即陈湘)曾在青岛社会科学研究所工作,蓝孝永曾在国家农业展览馆工作,而且两位老人依然健在。正值笔者在烟台开发区挂职,于是,在2015年12月28日傍晚,因大雪纷飞,公路封闭无法通行,只好乘火车经潍坊与在济南上大学的儿子和从老家赶来的妻子在火车上相聚,转赴青岛。次日清早,我带着书稿,妻子手捧

原青岛市社会科学研究所副所长林明(左,2015年12月29日于青岛家中,左侧相框人物为林老走上革命道路的引路人、二哥林江革命烈士)。

鲜花,儿子背着摄影器材踏着皑皑白雪,来到林老的家里。92岁高龄的林老依旧铁骨铮铮,凛然之气溢于言表。让我们和下一代有幸目睹了这位抗日英雄的风骨。林老于2010年、2014年分别出版了《挥手道别时》《话说癌症》二书,在《挥手道别时》中,他写道:

挥手道别时,岁月不允许我再有什么留恋。

不曾想到,2016年10月15日,林老在青岛驾鹤西去,永远地和我们说再见了!

当与蓝孝永老先生的家人联系上时,老人家正在住院,其后代帮助提供了老人家的简历和照片。遗憾的是蓝老也于2016年5月30日在北京与世长辞。

曾是东北军五十七军一一一师抗日义勇宣传队队员的刘祖荫(广州军区后勤部政治部主任,军旅作家)老先生写了不少五十七军抗日的文章和著作,其中涉及台儿庄战役。从他1938年参加五十七军的历史情况看,有可能参加台儿庄战役,当我拨通刘老广州家中的电话时,传来爽朗、铿锵有力的声音。

2016年春夏,刘老病重住院。同时家父也重病在身,笔者在北京、上海间寻医问诊以求老父亲的一线生机。心情沉重而又无奈无助,这更加增强了笔者的责任感,咬着牙与时间赛跑,尽快完稿,以让亲历者能有所鉴定、甄别,也好将在台儿庄战役中的这些中共地下党员感天地泣鬼神的英勇事迹展现给世人。此时刘老说话已吃力,于是在病榻上,留下了他关于台儿庄战役最后的手迹。2017年2月19日,刘老在广州军区总医院与世长辞。笔者写下"驻海州援临沂保台庄将军英明流百世,抗日寇入中共卫国家文芳猷绩传千古"的挽联,以纪念刘祖荫将军和东北军为台儿庄大战所做的贡献。

二、在与众多台儿庄参战的中共党员的后人联络时,也是令人感动难忘,深刻地感受到他(她)们从父辈那里继承了一种追求真理、虚怀若谷的高尚

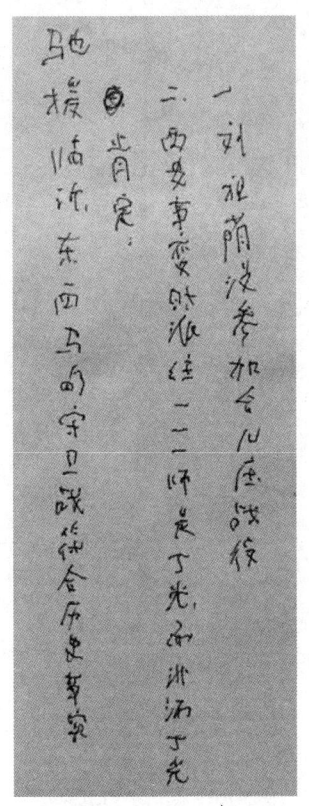

刘祖荫将军关于台儿庄战役的最后手迹

品德，同时他（她）们也为笔者提供了大量的素材和极大的帮助。在核实一些历史人物、史料的真伪等方面提出了非常宝贵的意见建议，并指出了笔者写作过程中出现的一些差错。有些历史经历的原原本本甚至超出了一名史料研究者自身无法从资料里能寻觅到的史实。还有的后代帮助笔者寻找其他台儿庄参战的人物和后代。张爱萍将军之子张胜先生、万毅将军之女万满女士在谈到父辈的丰功伟绩时，更是谦逊之至，给笔者留下了深刻的印象。万满女士还审校了第五十七军台儿庄抗战一章，她对笔者提出了坦率的批评，也给了无私、毫无保留地修正和鼓励。她时有社会活动或身有不适，也坚持将整个章节分几次审批、修改，甚至是逐字逐句，哪怕是错别字或标点符号。她坚持原则、实事求是、极负责任、极为担当的工作态度和精神，给笔者在重新审视书稿的原真性上提出了更高的标准，使得有些章节做了重新调整或修改。潘朔端将军之女潘海义女士远在美国，也对滇军台儿庄抗战一章提出了修改意见。他们这种对待史实、对待工作的态度和精神，不就是秉承老一辈红色基因的具体体现吗？不就是我们要著述记载并让历史传承下去的意义和真谛吗？不就是我们要继承的宝贵精神财富吗？

在写作时，由于缺乏滕县保卫战中川军中的中共党组织或中共党员的资料，所以滕县保卫战中的中共党员一章空白。但总觉有点遗憾，于是求助于一二七师师长陈离将军的外孙女、《陈离将军》一书的作者金雷女士，一二四师七四〇团团长何煜荣之子、《抗日战争中的川军》一书的作者何允中先生和曾在川军做地下党负责人的胡春浦长孙胡泊先生。辗转找到了一二七师副官、担架连连长张晓峰之子张德溢先生。张德溢夫妇于2017年7月来台儿庄、滕州寻访，提供了30年前张晓峰先生撰写的约10万字的回忆录，其中就有滕县保卫战前前后后的详细记录，令人惊喜。并且在张德溢先生的热情帮助下找到了张义斋、吴基永和杨尚仑等人的材料，弥补上了川军在滕县保卫战中的中共党员这一章节。

三、由于在国民党抗日正面战场特别是在参战部队中，研究中共地下党

的活动和参战史实还鲜有著述，所以渴望本书能够得到党史方面权威专家的指教。甚为荣幸的是，本书得到了中共中央党史研究室原主任、中国中共党史学会会长、中国中共党史人物研究会会长欧阳淞先生的垂青，并在百忙之中题写了序言，使本书大为增彩。深感欧阳淞老师治学之严谨，对笔者在人物考证和写作中提出的质疑，笔者在成书之际又对书中人物出处和史料引用上作了部分增补和订正，使本书增加了可考性，给笔者在这个领域的研究和努力以极大的教诲和勉励。

四、在写作过程中，得到了中共枣庄市委、市委统战部的鼓励和支持；得到了枣庄市政协、民革枣庄市委会的关心和帮助。团结出版社梁光玉社长给予了很大的帮助并担任责任编辑；编辑王云强进行了耐心仔细地校对、修改。这些无不给笔者以鼓舞和鞭策。

本书注重重要史料来源的可靠性探究，从地方党史资料、政协文史资料、馆藏档案、电报、文献、书籍、后代文章、回忆录中引用部分，都尽可能作了标注。在资料、图片等收集过程中，得到了枣庄市档案局、枣庄市党史研究室、枣庄市史志办、滕州市档案馆、台儿庄大战纪念馆、烟台市图书馆、苏鲁豫皖边区特委研究会等单位和个人的大力支持及帮助。

在此表示崇高的敬意和真诚的感谢！

书中涉及的中共人物有些是在台儿庄战役后入党，也列入书中；有些台儿庄战役中的中共党员，由于没能查到明确的资料或因能力、时间所限，未能列入本书；有些因个人资料缺乏未能列入中共人物中；有些因个人资料太少，仅作脚注处理。值得一提的是本书中有8对年轻夫妇一起战斗在台儿庄的战场上，其中一对还是于1938年3月8日妇女节这一天，在滕县保卫战打响之前6天，由一二七师师长陈离作为证婚人在滕县主持了婚礼。

由于笔者水平、资料所限，疏漏、差错甚至张冠李戴恐有发现。本书在这个领域的挖掘研究算是抛砖引玉，还请各位领导、专家、学者、社会各界和参战将士、人员后代、亲属不吝赐教，提出批评和宝贵意见、建议。

作　者

2018年4月22日